Ami lec

Ce Guide
Camping Caravaning France 1995,
réalisé en toute indépendance,
propose une sélection
volontairement limitée
de terrains choisis après visites et enquêtes
effectuées sur place par nos Inspecteurs.

Soucieux d'améliorer cet ouvrage,
vos précieux courriers et commentaires
seront toujours les bienvenus.

Merci de votre collaboration.

Bonnes vacances avec Michelin

Sommaire

5 Comment utiliser ce guide

6 Signes conventionnels

9 Précisions complémentaires

39 Tableau des localités
classées par départements

64 Atlas des localités
possédant au moins un terrain sélectionné

81 Renseignements
sur les terrains sélectionnés

482 Lexique

485 Calendrier
des vacances scolaires

Comment utiliser ce guide

3 choix possibles

Par départements

page 39

Le tableau des **localités classées par départements** vous permettra dans une région donnée, de choisir, parmi tous les terrains que nous recommandons, ceux qui disposent d'aménagements particuliers (✂ ⛱ ⛟), les camps ouverts en permanence (P), ceux qui proposent des locations (caravanes, mobile homes, bungalows, chalets) ou une possibilité de restauration, ou bien encore ceux qui bénéficient d'un environnement particulièrement calme (🪑).

Par l'atlas

page 64

L'atlas en repèrant les localités possédant au moins un terrain sélectionné vous permettra d'établir rapidement un itinéraire. Cet atlas signale aussi les villes possédant un camping ouvert à l'année ou des terrains que nous trouvons particulièrement agréables dans leurs catégories *(voir légende page 65).*

Par localités

page 81

La **nomenclature alphabétique** vous permet de vous reporter à la localité de votre choix, aux terrains que nous y avons sélectionnés et au détail de leurs installations.

Signes conventionnels
Abréviations principales

LOCALITÉS

P SP	Préfecture – Sous-Préfecture
23700	Numéro de code postal
12 73 ②	Numéro de page d'atlas (p. 64 à 80) – N° de la carte Michelin et du pli
G. Bretagne	Localité décrite dans le guide vert Michelin Bretagne
Bourges 47	Distance en kilomètres
1 050 h.	Population
alt. 675	Altitude (donnée à partir de 600 m)
	Station thermale
05000 Gap	Code postal et nom de la commune de destination
	Indicatif téléphonique
1 200/1 900 m	Altitude de la station et altitude maximum atteinte par les remontées mécaniques
2	Nombre de téléphériques ou télécabines
14	Nombre de remonte-pentes et télésièges
	Ski de fond
	Transports maritimes
	Information touristique

TERRAINS

CATÉGORIES

	Terrain très confortable, parfaitement aménagé
	Terrain confortable, très bien aménagé
	Terrain bien aménagé, de bon confort
	Terrain assez bien aménagé
	Terrain simple mais convenable

Sélections particulières

M	Terrain d'équipement moderne
	Caravaneige sélectionné

AGRÉMENT ET TRANQUILLITÉ

...	Terrains agréables dans leur ensemble
	Terrain très tranquille, isolé – Tranquille surtout la nuit
	Vue exceptionnelle – Vue intéressante ou étendue
« »	Elément particulièrement agréable

SITUATION ET ACCÈS

Fax	Téléphone – Transmission de documents par télécopie – Adresse postale du camp (si différente de la localité)
N – S – E – O	Direction : Nord – Sud – Est – Ouest (indiquée par rapport au centre de la localité)
	Parking obligatoire pour les voitures en dehors des emplacements
	Accès interdit aux chiens

CARACTÉRISTIQUES GÉNÉRALES

3 ha	Superficie (en hectares) du camping
60 ha/3 campables	Superficie totale (d'un domaine) et superficie du camp proprement dit
(90 empl.)	Capacité d'accueil : en nombre d'emplacements
	Camp gardé : en permanence – le jour seulement
	Emplacements nettement délimités
	Ombrage léger – Ombrage moyen – Ombrage fort (sous-bois)

ÉQUIPEMENT

Sanitaires – Emplacements

Installations avec eau chaude : Douches – Lavabos
Eviers ou lavoirs – Postes distributeurs
Lavabos en cabines individuelles (avec ou sans eau chaude)
Installations sanitaires spéciales pour handicapés physiques
Installations chauffées
Aire de services pour camping-cars
Branchements individuels pour caravanes : Electricité – Eau – Evacuation

Ravitaillement – Restauration – Services divers

Super-marché, centre commercial – Magasin d'alimentation
Bar (licence III ou IV) – Restauration (restaurant, snack-bar)
Plats cuisinés à emporter – Machines à laver, laverie

Loisirs – Distractions

Salle de réunion, de séjour, de jeux...
Salle de remise en forme – Sauna
Tennis : de plein air – couvert
Golf miniature – Jeux pour enfants
Piscine : couverte – de plein air
Bains autorisés ou baignade surveillée
Voile (école ou centre nautique) – Promenades à cheval ou équitation

LOCATIONS

Location de tentes
Location de caravanes – mobile homes
Location de bungalows – de chalets
Location de chambres

RÉSERVATIONS – PRIX – CARTES DE CRÉDIT

R	Réservations acceptées – Pas de réservation
8 – *5*	Redevances journalières : par personne, pour le véhicule
10/12	pour l'emplacement (tente/caravane)
7 (4A)	pour l'électricité (nombre d'ampères)
CB	Carte Bancaire (Eurocard, MasterCard, Visa)

LÉGENDE DES SCHÉMAS

Ressources camping

Localité possédant au moins un terrain sélectionné dans le guide
Terrain de camping situé

Voirie

Autoroute
Double chaussée de type autoroutier (sans carrefour à niveau)
Echangeurs numérotés : complet, partiel
Route principale
Itinéraire régional ou de dégagement
Autre route

Voirie

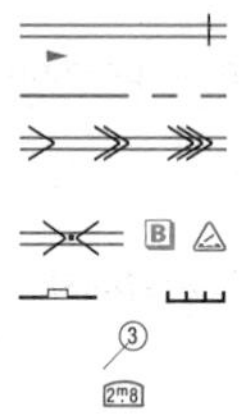

Sens unique – Barrière de péage
Piste cyclable – Chemin d'exploitation, sentier
Pentes (Montée dans le sens de la flèche) 5 à 9 % – 9 à 13 % – 13 % et plus
Col – Bac – Pont mobile
Voie ferrée, gare – Voie ferrée touristique
Limite de charge (indiquée au-dessous de 5 tonnes)
Hauteur limitée (indiquée au-dessous de 3 m)

Curiosités

Eglise, chapelle – Château
Phare – Monument mégalithique
Ruines – Curiosités diverses
Table d'orientation, panorama – Point de vue

Repères

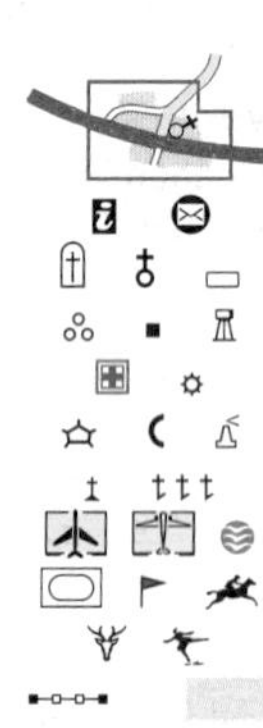

Localité possédant un plan
dans le Guide Rouge Michelin

Information touristique – Bureau de poste principal
Eglise, chapelle – Château
Ruines – Monument – Château d'eau
Hôpital – Usine
Fort – Barrage – Phare
Calvaire – Cimetière
Aéroport – Aérodrome – Vol à voile
Stade – Golf – Hippodrome
Zoo – Patinoire
Téléphérique ou télésiège – Forêt ou bois

Précisions complémentaires

SÉLECTION

Le nom des camps est inscrit en **caractères gras** lorsque tous les renseignements demandés, et notamment les prix, nous ont été communiqués par les propriétaires au moment de la réédition.

Toutes les insertions dans ce guide sont entièrement **gratuites** et ne peuvent en aucun cas être dues à une prime ou à une faveur.

Les terrains sont cités par ordre de préférence dans chaque localité.

CLASSE

La classe (⛺⛺⛺⛺ ... ⛺) que nous attribuons à chaque terrain est indiquée par un nombre de tentes correspondant à la nature et au confort de ses aménagements. Cette classification est indépendante du classement officiel établi en étoiles et décerné par les préfectures.

Terrains agréables (⛺⛺⛺⛺ ... ⛺) – Ces camps, signalés dans le texte par des « tentes rouges », sont particulièrement agréables dans leur ensemble et leur catégorie. Ils sortent de l'ordinaire par leur situation, leur cadre, leur tranquillité ou le style de leurs aménagements.

▸ *Voir atlas pages 64 à 80.*

SÉLECTIONS PARTICULIÈRES

Caravaneiges (❄) – Ces camps sont équipés spécialement pour les séjours d'hiver en montagne (chauffage, branchements électriques de forte puissance, salle de séchage etc.).

Location longue durée - *Places disponibles (ou limitées) pour le passage :* Nous signalons ainsi les camps à vocation résidentielle qui, bien que fréquentés en majorité par une clientèle d'habitués occupant des installations sédentaires, réservent néanmoins des emplacements pour accueillir la clientèle de passage.

Aires naturelles – Ces terrains sont généralement aménagés avec simplicité mais se distinguent par l'agrément de leur situation dans un cadre naturel et offrent des emplacements de grande superficie.

> Ce guide n'est pas un répertoire de tous les terrains de camping mais une sélection des meilleurs camps dans chaque catégorie.

PRESTATIONS

Admission des chiens – En l'absence du signe ⛒, les chiens sont admis sur le camp *mais doivent obligatoirement être tenus en laisse.* En outre, leur admission peut être soumise à une redevance particulière et très souvent à la *présentation d'un carnet de vaccination à jour.*

Le gardiennage permanent (⚷) implique qu'un responsable, logeant généralement sur le camp, peut être contacté en cas de besoin en dehors des heures de présence à l'accueil, mais ne signifie pas nécessairement une surveillance effective 24 h sur 24.

Le gardiennage de jour (⚷) suppose la présence d'un responsable à l'accueil ou sur le camp au moins 8 h par jour.

Sanitaire – *Nous ne mentionnons que les installations avec eau chaude (🚿).*

Branchements électriques pour caravanes (⊛) – Le courant fourni est en 220 V. Avec les prix, nous indiquons l'ampérage disponible quand cette précision nous est donnée.

Commodités - Loisirs – La plupart des ressources ou services mentionnés dans le texte, particulièrement en ce qui concerne le ravitaillement (), la restauration () et certains loisirs de plein air (), ne sont généralement accessibles qu'en saison en fonction de la fréquentation du terrain et indépendamment de ses dates d'ouverture.

Mention « A proximité » – Nous n'indiquons que les aménagements ou installations qui se trouvent dans les *environs immédiats* du camping (généralement moins de 500 m) et aisément accessibles pour un campeur se déplaçant à pied.

LOCATIONS *pages 39 à 62*

▸ Les localités possédant un ou plusieurs terrains pratiquant la location de **caravanes, bungalows** aménagés etc... La nature de ces locations est précisée au texte de chaque terrain par les signes appropriés () ou les mentions littérales : studios, appartements.
S'adresser au propriétaire pour tous renseignements et réservation.

OUVERTURES

Ouvertures – Les périodes de fonctionnement sont indiquées d'après les dates les plus récentes communiquées par les propriétaires.
Ex. : *juin-sept.* (début juin à fin septembre).
Les dates de fonctionnement des locations sont précisées lorsqu'elles diffèrent de celles du camping.
Ex. : *(avril-sept.)* : bungalows.
Faute de précisions, le mot saison signifie ouverture probable en saison.
Le mot Permanent signale les terrains ouverts toute l'année. *Voir p. 64 à 80.*

RÉSERVATIONS

Réservation d'emplacements (**R**). – Dans tous les cas où vous désirez réserver un emplacement, écrivez directement au propriétaire du terrain choisi (joindre une enveloppe timbrée pour la réponse) et demandez toutes précisions utiles sur les modalités de réservation, les tarifs, les arrhes, les conditions de séjour et la nature des prestations offertes afin d'éviter toute surprise à l'arrivée. *Des frais de réservation* sont perçus par certains propriétaires sous forme d'une somme forfaitaire non remboursable.

LES PRIX

Les prix que nous mentionnons sont ceux qui nous ont été communiqués par les propriétaires en fin d'année 1994 (à défaut, nous indiquons les tarifs de l'année précédente).

Dans tous les cas, ils sont donnés à titre indicatif et susceptibles d'être modifiés si le coût de la vie subit des variations importantes.

Sauf cas particuliers (location et forfaits longue durée, « garage mort »...), les redevances sont généralement calculées par journées de présence effective, décomptées de midi à midi, chaque journée entamée étant facturée intégralement.

Nous n'indiquons que les *prix de base* (tarifs forfaitaires par emplacement ou redevances par personne, pour le véhicule et pour l'emplacement) ainsi que les prix des branchements électriques pour caravanes et de l'eau chaude. Il est à noter que, dans la très grande majorité des camps que nous sélectionnons, l'eau chaude (douches, éviers, lavabos) est en général comprise dans les redevances par personne ou par emplacement.

Certaines prestations peuvent être facturées en sus (piscine, tennis) – les visiteurs, les chiens, certaines taxes (séjour, enlèvement des ordures ménagères, etc.) peuvent également donner lieu à une redevance complémentaire.

Les tarifs en vigueur doivent obligatoirement être affichés à l'entrée du camp (ainsi que son classement officiel en étoiles, sa capacité d'accueil et son règlement intérieur) et *il est vivement conseillé d'en prendre connaissance avant de s'installer.*

En cas de contestation ou de différend, lors d'un séjour sur un terrain de camping, au sujet des prix, des conditions de réservation, de l'hygiène ou des prestations, efforcez-vous de résoudre le problème directement sur place avec le propriétaire du terrain ou son représentant.

Faute de parvenir à un arrangement amiable, et si vous êtes certain de votre bon droit, adressez-vous aux Services compétents de la Préfecture du département concerné.

En ce qui nous concerne, nous examinons attentivement toutes les observations qui nous sont adressées afin de modifier, le cas échéant, les mentions ou appréciations consacrées aux camps recommandés dans notre guide, mais nous ne possédons ni l'organisation, ni la compétence ou l'autorité nécessaires pour arbitrer et régler les litiges entre propriétaires et usagers.

Dear reader

The 1995
Camping and Caravaning Guide to France,
which has been compiled
completely independently,
offers you a select number of sites,
chosen after on-the-spot visits
and research by our inspectors.

Your valued comments and letters
will always be most welcome,
to assist us in improving this Guide.

Thank you for your cooperation.

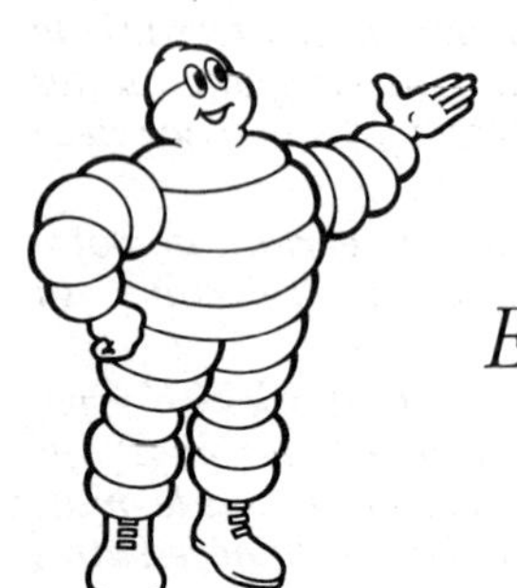

Enjoy your holiday with Michelin

Contents

14 How to use this guide

15 Conventional signs

18 Additional information

39 Table of localities
classified by "département"

64 Atlas of localities
with at least one selected camping site

81 Particulars
of selected camping sites

482 Vocabulary

485 School
holidays calendar

How to use this guide

Choose in three ways

By "département"

p. 39

The table of **localities, classified by "département"** (administrative district), lists all the camping sites that we recommend in a given area, and shows those which have particular facilities (✂ ⛱ 🚐), those which are open throughout the year (P), those which hire out caravans, mobile homes, bungalows or chalets, those with eating places, and also those which are in particularly quiet surroundings (🐸).

From the atlas

p. 64

The **atlas** marks the places with at least one selected site and makes it easy to work out a route. The atlas also shows the towns with sites that are open throughout the year or which we consider above average within a given category *(see key p. 65).*

By place name

p. 81

Under the name of a given place in the **alphabetical section** are listed the sites we have selected and the facilities available.

Conventional signs
Abbreviations

LOCALITIES

P ‹SP›	Prefecture – Sub-prefecture
23700	Postal code number
12 73 ②	Atlas page number (pp 64 to 80) – Michelin map number and fold
G. Bretagne	Place described in the Michelin Green Guide Brittany
Bourges 47	Distance in kilometres
1 050 h.	Population
alt. 675	Altitude (over 600m)
	Spa
✉ 05000 Gap	Postal number and name of the postal area
	Trunk dialling code
1 200/1 900 m	Altitude (in metres) of resort and highest point reached by lifts
2	Number of cable-cars
14	Number of ski and chair-lifts
	Cross country skiing
	Maritime services
	Tourist Information Centre

CAMPING SITES

CATEGORIES

	Very comfortable, ideally equipped
	Comfortable, very well equipped
	Well equipped, reasonably comfortable
	Acceptable
	Quite comfortable

Special features

M	Sites with modern facilities
	Selected winter caravan sites

PEACEFUL ATMOSPHERE AND SETTING

...	Pleasant site
	Quiet isolated site – Quiet site, especially at night
	Exceptional view – Interesting or extensive view
« »	Particularly attractive feature

LOCATION AND ACCESS

Fax ✉	Telephone – Telephone document transmission – Postal address of camp (if different from name of locality)
N - S - E - O	Direction from nearest listed locality : North – South – East – West
	Cars must be parked away from pitches
	No dogs allowed

GENERAL CHARACTERISTICS

3 ha	Area available (in hectares ; 1ha = 2.47 acres)
60 ha/3 campables	Total area of the property and area used for camping
(90 empl.)	Capacity (number of spaces)
	Camp guarded: day and night – day only
	Marked off pitches
	Shade – Fair amount of shade – Well shaded

FACILITIES

Sanitary installations – Pitch fitments

Sites with running hot water: showers – wash basins
Laundry or dish washing facilities – Running water
Individual wash rooms or wash basins with or without hot water
Sanitary installations for the physically handicapped
Heating installations
Service bay for camper vans
Each caravan bay is equipped with electricity – water – drainage

Food shops – Restaurants – Other facilities

Supermarket; shopping centre – Food shop
Bar (serving alcohol) – Eating places (restaurant, snack-bar)
Take away meals – Washing machines, laundry

Recreational facilities

Common room – Games room
Exercice room – Sauna
Tennis courts : open air – covered
Mini golf – Playground
Swimming pool: covered – open air
Bathing allowed or supervised bathing
Sailing (school or centre) – Pony trekking, riding

RENTING

Tents
Caravans – Mobile homes
Bungalows – Chalets
Rooms

RESERVATION – PRICES – CREDIT CARDS

R	Reservations: accepted – not accepted
8 – *5*	Daily charge: per person, per vehicle
10/12	per pitch (tent/caravan)
7 (4A)	for electricity (by no of amperes)
GB	Carte Bancaire (Eurocard, MasterCard, Visa)

KEY TO THE LOCAL MAPS

Camping

Locality with at least one camping site selected in the guide
Location of camping site

Roads

Motorway
Dual carriageway with motorway characteristics (no at grade junctions)
Numbered junctions: complete, limited
Major road
Secondary road network
Other road

Roads

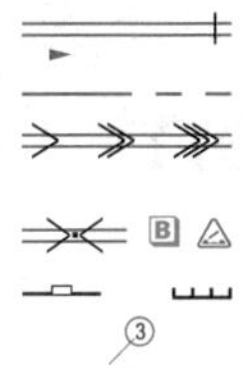

One-way road – Toll barrier
Cycle track – Cart track, footpath
Gradient (ascent in the direction of the arrow) 1:20 to 1:12; 1:11 to 1:8; + 1:7
Pass – Ferry – Drawbridge or swing bridge
Railway, station – Steam railways
Load limit (given when less than 5t)
Headroom (given when less than 3m)

Sights of interest

Church, chapel – Castle, château
Lighthouse – Megalithic monument
Ruins – Miscellaneous sights
Viewing table, panoramic view – Viewpoint

Landmarks

Towns having a plan
in the Michelin Red Guide

Tourist Information Centre – General Post Office
Church, chapel – Castle, château
Ruins – Statue or building – Water tower
Hospital – Factory or power station
Fort – Dam – Lighthouse
Wayside cross – Cemetery
Airport – Airfield – Gliding airfield
Stadium – Golf course – Racecourse
Zoo – Nature reserve – Skating rink
Cable-car or chairlift – Forest or wood

Additional information

SELECTION

The names of sites are in **bold type** when the owners have supplied us with all requested details, in particular prices, at the time of revision.

Inclusion in the Michelin Guide is **free** and cannot be achieved by pulling strings or bribery. In each town sites are listed in order of merit.

CLASSIFICATION

The classification (▲▲▲▲ ... ▲) we give each camping site is indicated by a number of tents corresponding to the nature and comfort of its facilities. This is totally independent from the official classification awarded by the local "préfecture", which is denoted by stars.

Pleasant sites (▲▲▲▲ ... ▲) – These grounds, indicated in the text by red tents, are particularly pleasant as a whole and within their own class. They may be outstanding in situation, setting, quietness or the style of their amenities.

▸ *See the atlas pp 64 to 80.*

SPECIAL FEATURES

Winter caravan sites (❄) – These sites are specially equipped for a winter holiday in the mountains. Facilities generally include central heating, high power electric points and drying rooms for clothes and equipment.

Location longue durée - *Places disponibles (ou limitées) pour le passage :* This mention indicates camping sites which cater essentially for regular campers using static pitches but nevertheless leave some touring pitches available.

Aires naturelles – Camping sites in a rural setting offering minimal facilities. Their chief attraction is their pleasant situation in natural surroundings. They generally offer spacious pitches.

This Guide is not intended as a list of all the camping sites in France ; its aim is to provide a selection of the best sites in each category.

SERVICES AND AMENITIES

Dogs – Unless this symbol is indicated, dogs are allowed on the camping site but *must be on a leash*. Furthermore some sites may charge for dogs. Very often an up-to-date *vaccination card is required.*

Camping site guarded day and night () – This implies that a warden usually living on the site can be contacted, if necessary outside of the normal reception hours. However, this does not mean round the clock surveillance.

Camping site guarded by day () – This indicates the presence of someone responsible, on the premises, for at least 8 hours a day.

Sanitary installations – *In the text we only mention installations with running hot water* ().

Caravan electricity supply points () – The electric current is 220 volts. When the information is provided by the proprietor, the power available in amperes is indicated in brackets after the mains electricity supply point rental charge.

Food shops – Recreational facilities – Most of the facilities and services indicated in the text, particularly those services concerned with food shops (), eating places () and certain outdoor activities (), are only available in season and even then it may depend on the demand and not the date the camping site opens.

« A proximité » : this mention indicates facilities in the immediate proximity of the camping site (generally less than 500m) and easily accessible for campers on foot.

RENTING *p. 39 to 62*

▸ The localities with at least one or more sites which rent **caravans** or **bungalows**. Detailed information of what exactly is available in each case will be found under the relevant site indicated by the appropriate symbol () or by the French terms *studios, appartements* (meaning studios or flats).
Enquire directly to the proprietor.

OPENING PERIODS

Opening periods – The periods of opening are the most recent dates supplied by the owner.
The mention, *juin-sept,* is inclusive (i.e. beginning June to end of September).
Opening dates for rented accommodation are given where these are different to the camping site opening dates:
Eg: *(avril-sept.)*: bungalows.

Season – If no information is supplied, the word "saison" (season) is used to indicate that the site will probably be open during the season.

Permanent – This indicates that the site is open all year round. *See p. 64 to 80.*

PITCH RESERVATIONS

Pitch reservations (**R**) – Whenever you wish to book a site in advance, write directly to the owner and include an international reply paid stamp coupon and self-addressed envelope. Ask for all details concerning the booking regulations, the prices, the deposits, any special conditions pertaining to the stay and the facilities offered by the site in question, to avoid any unpleasant surprises.
Booking fees, charged by some owners, are not refunded.

CHARGES

We give the prices which were supplied to us by the owners at the end of 1994. (If this information was not available, we give those from the previous year.)

In any event they should be regarded as basic charges and may alter due to fluctuations in the cost of living.

The charges are generally calculated on the actual number of days counting from midday to midday with each partial day being counted as a full day. Exceptions to the above mentioned are: renting long stay and residential rates.

We indicate *basic charges* either an all inclusive charge per pitch, or fee charged per person, per vehicle and per pitch. We indicate for caravans, the rental charge for connection to mains electricity supply and the charge for hot water. It should, however, be noted that for the great majority of camping sites which we select, the charge for running hot water (showers, wash basins and laundry or dish washing facilities) is included in the *basic charge* per person or per pitch.

Supplementary fees may be charged for certain facilities (swimming pool, hot water), visitors, dogs and taxes (tourist tax, refuse collection tax etc.).

Without exception *the following information should be posted at the site entrance:* the camp's regulations, its official classification (indicated by stars), its capacity and current charges. *It is advisable to study them well before settling in.*

If during your stay in a camping site you have grounds for complaint concerning your reservation, the prices, standards of hygiene and facilities offered, try in the first place to resolve the problem with the proprietor or the person responsible.

If the disagreement cannot be solved in this way, and if you are sure that you are within your rights, it is possible to take the matter up with the Prefecture of the "département" in question.

We welcome all suggestions and comments, be it criticism or praise, relative to camping sites recommended in our guide. We do, however, stress the fact that we have neither the department, the competence, nor the authority to deal with matters of complaint between campers and proprietors.

Liebe Leser

Dieser Führer
Camping Caravaning France 1995
bietet eine, in voller Unabhängigkeit getroffene,
bewußt begrenzte Auswahl an Campingplätzen.
Sie basiert auf den regelmäßigen
Überprüfungen,
die vor Ort durch unsere Inspektoren
vorgenommen werden.

Da wir bemüht sind
diesen Führer ständig zu verbessern,
sind Ihre Hinweise
und Erfahrungen stets willkommen.

Vielen Dank für Ihre Mithilfe

Schöne Ferien mit Michelin

Inhalt

23 Über den Gebrauch dieses Führers

24 Zeichenerklärung

27 Zusätzliche Hinweise

40 Ortstabelle,
nach Departements geordnet

64 Übersichtskarten mit den Orten,
die mindestens einen von uns ausgewählten Campingplatz besitzen

81 Beschreibung der ausgewählten Campingplätze

482 Lexikon

485 Ferientermine

Benutzung des Führers

Drei möglichkeiten

Auswahl nach Departements

ab Seite 39

Das nach **Departements geordnete Ortsregister** ermöglicht Ihnen, in einer bestimmten Gegend unter den empfohlenen Plätzen eine Wahl zu treffen nach den Einrichtungen (✂ ⛱ 🚐), der Öffnungszeit (P), der Möglichkeit, eine Unterkunft zu mieten (Wohnwagen, Wohnanhänger, Bungalows, chalets), ein Restaurant vorzufinden, oder wegen der besonders ruhigen Lage (🐎).

Auswahl nach Übersichtskarten

ab Seite 64

Anhand der **Übersichtskarten** können Sie rasch eine Route zusammenstellen, indem Sie die Orte heraussuchen, welche mindestens einen empfohlenen Campingplatz besitzen. Diese Übersichtskarten enthalten auch Hinweise auf ganzjährig geöffnete oder innerhalb ihrer Kategorie besonders angenehme Plätze (s. Zeichenerklärung S. 65).

Auswahl nach Orten

ab Seite 81

Mit Hilfe des **alphabetischen Verzeichnisses** können Sie direkt auf den von Ihnen gewählten Ort zurückgreifen und finden dort die von uns ausgewählten Plätze sowie nähere Angaben zu deren Ausstattungen.

Zeichenerklärung
Abkürzungen

ORTE

P SP	Präfektur – Unterpräfektur
23700	Postleitzahl
12 73 ②	Seitenangabe der Übersichtskarte (S. 64-80) – Nr. der Michelin-Karte und Faltseite
G. Bretagne	Im Grünen Michelin-Reiseführer « Bretagne » beschriebener Ort
Bourges 47	Entfernung in kilometer
1 050 h.	Einwohnerzahl
alt. 675	Höhe (wird ab 600 m angegeben)
	Heilbad
✉ 05000 Gap	Postleitzahl und Name des Verteilerpostamtes
	Ortsnetzkennzahl
1 200-1 900 m	Höhe des Wintersportgeländes und Maximal-Höhe, die mit Kabinenbahn oder Lift erreicht werden Kann
2	Anzahl der Kabinenbahen
14	Anzahl der Schlepp-oder Sessellifts
	Langlaufloipen
	Schiffsverbindungen
	Informationsstelle

CAMPINGPLÄTZE

KATEGORIE

	Sehr komfortabler Campingplatz, ausgezeichnet ausgestattet
	Komfortabler Campingplatz, sehr gut ausgestattet
	Gut ausgestatteter Campingplatz mit gutem Komfort
	Zweckentsprechend ausgestatteter Campingplatz
	Einfacher, aber ordentlicher Campingplatz

Spezielle Einrichtungen

M	Campingplatz mit moderner Ausstattung
	Wintercamping

ANNEHMLICHKEITEN

...	Angenehme Campingplätze
	Sehr ruhiger, abgelegener Campingplatz – Ruhiger Campingplatz, besonders nachts
	Eindrucksvolle Aussicht – Interessante oder weite Sicht
« »	Hervorhebung einer Annehmlichkeit

LAGE UND ZUFAHRT

Fax ✉	Telefon – Telefonische Dokumentenübermittlung – Postanschrift des Campingplatzes (sofern das zuständige Postamt in einem anderen Ort ist)
N – S – E – O	Richtung: Norden – Süden – Osten – Westen (Angabe ab Ortszentrum)
P	Parken nur auf vorgeschriebenen Parkplätzen außerhalb der Standplätze
	Hunde unerwünscht

ALLGEMEINE CHARAKTERISTIKA

3 ha	Nutzfläche (in Hektar) des Campingplatzes
60 ha/3 campables	Gesamtfläche (eines Geländes) und Nutzfläche für Camping
(90 empl.)	Fassungsvermögen: Anzahl der Stellplätze
	Bewachter Campingplatz: ständig – nur tagsüber
	Abgegrenzte Standplätze
	Leicht schattig – ziemlich schattig – sehr schattig

AUSSTATTUNG

Sanitäre Einrichtungen

	Einrichtungen mit warmem Wasser: Duschen – Waschbecken
	Waschgelegenheit (Geschirr oder Wäsche) – Wasserstelle
	Individuelle Waschräume (mit oder ohne warmem Wasser)
	Sanitäre Einrichtungen für Körperbehinderte
	Beheizte Anlagen
	Wartungsmöglichkeit für Wohnmobile (Stromanschluß, Olwechsel)
	Individuelle Anschlüsse für Wohnwagen: Strom – Wasser – Abwässer

Verpflegung – Verschiedene Einrichtungen

	Supermarkt, Einkaufszentrum – Lebensmittelgeschäft
	Bar mit Alkoholausschank – Restaurant, Snack-Bar
	Fertiggerichte zum Mitnehmen – Waschmaschinen, Waschanlage

Freizeitgestaltung

	Versammlungsraum, Aufenthaltsraum, Spielhalle ...
S	Fitneß-Center – Sauna
	Tennisplatz – Hallentennisplatz
m	Minigolfplatz – Kinderspiele
	Hallenbad – Freibad
	Baden erlaubt, teilweise mit Badeaufsicht
	Segeln (Segelschule oder Segelclub) – Reiten

VERMIETUNG

	Zelte
	Wohnwagen – besonders große Wohnanhänger
	eingerichtete Bungalows – eingerichtete Chalets
	Zimmer

PLATZRESERVIERUNG – PREISE – KREDITKARTEN

R R	Reservierung möglich – keine Reservierung möglich
8 – *5*	Tagespreise: pro Person, für das Auto
10/12	Platzgebühr (Zelt/Wohnwagen)
7 (4A)	Stromverbrauch (Anzahl der Ampere)
GB	Carte Bancaire (Eurocard, MasterCard, Visa)

KARTENSKIZZEN

Campingplätze

( )	Ort mit mindestens einem ausgewählten Campingplatz
	Campingplatz, der Lage entsprechend vermerkt

Straßen

	Autobahn
	Schnellstraße (kreuzungsfrei)
1 2	Numerierte Anschlußstelle: Autobahneinfahrt- und/oder -ausfahrt
	Hauptverkehrsstraße
	Regionale Verbindungsstraße oder Entlastungsstrecke
	Andere Straße

Straßen

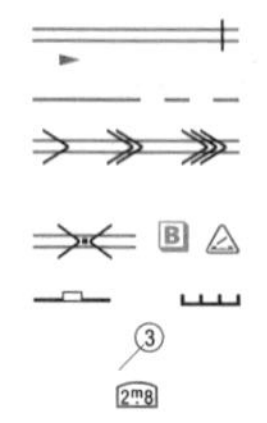

Einbahnstraße - Gebührenstelle
Radweg - Wirtschaftsweg, Pfad
Steigungen, Gefälle (Steigung in Pfeilrichtung 5-9 %, 9-13 %, 13 % und mehr)
Paß - Fähre - Bewegliche Brücke
Bahnlinie und Bahnhof - Museumseisenbahn-Linie
Höchstbelastung (angegeben bis 5t)
Zulässige Gesamthöhe (angegeben bis 3m)

Sehenswürdigkeiten

Kirche, Kapelle - Schloß, Burg
Leuchtturm - Menhir, Megalithgrab
Ruine - Sonstige Sehenswürdigkeit
Orientierungstafel, Rundblick - Aussichtspunkt

Orientierungspunkte

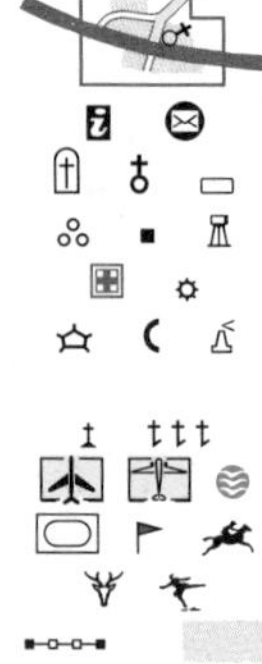

Ort mit Stadtplan im Roten Michelin-Führer

Informationsstelle - Hauptpost
Kirche, Kapelle - Schloß, Burg
Ruine - Denkmal - Wasserturm
Krankenhaus - Fabrik, Kraftwerk
Festung - Staudamm - Leuchtturm

Bildstock - Friedhof
Flughafen - Flugplatz - Segelflugplatz
Stadion - Golfplatz - Pferderennbahn
Zoo - Schlittschuhbahn
Seilschwebebahn oder Sessellift - Wald oder Gehölz

Zusätzliche Hinweise

AUSWAHL

Hat uns der Campingplatzbesitzer Preise und Auskünfte über die Einrichtungen mitgeteilt, so erscheint der Name des Platzes in **Fettdruck**.
Die Aufnahme in diesen Führer ist **kostenlos** und wird auf keinen Fall gegen Entgelt oder eine andere Vergünstigung gewährt. Die Reihenfolge der empfohlenen Campingplätze entspricht einer Rangfolge innerhalb des genannten Ortes.

KLASSIFIZIERUNG

Unsere Klassifizierung (⛺⛺⛺⛺ ... ⛺) der Campingplätze wird durch Zelte ausgedrückt, deren Anzahl den Annehmlichkeiten und der Ausstattung entspricht. Diese Bewertung ist unabhängig von der offiziellen Klassifizierung durch Sterne, die von den Präfekturen vorgenommen wird.

Angenehme Campingplätze (⛺⛺⛺⛺ ... ⛺) – Diese im Führer durch "rote Zelte" gekennzeichneten Plätze sind ihrer Einstufung entsprechend besonders angenehm. Sie unterscheiden sich von den anderen Campingplätzen durch eine schönere Lage oder Umgebung, die Ruhe oder den Stil ihrer Einrichtung.
▸ *Siehe Kartenteil S. 64-80.*

SPEZIELLE EINRICHTUNGEN

Wintercamping (❄) – Diese Gelände sind speziell für Wintercamping in den Bergen ausgestattet (Heizung, Starkstromanschlüsse, Trockenräume usw.).

Location longue durée – *Places disponibles (ou limitées) pour le passage :* Damit weisen wir auf Plätze hin, die zwar größtenteils von Dauercampern benutzt werden, aber auch Standplätze für einen kurzen Aufenthalt freihalten.

« **Aires naturelles** » – Diese Campingplätze zeichnen sich durch ihre reizvolle ländliche Umgebung aus. Sie sind im allgemeinen einfach ausgestattet, besitzen aber besonders große Standplätze.

Dieser Führer stellt kein vollständiges Verzeichnis aller Campingplätze dar, sondern nur eine Auswahl der besten Plätze jeder Kategorie.

AUSSTATTUNG UND DIENSTLEISTUNGEN

Mitführen von Hunden – Ist das Zeichen ✈ nicht angegeben, sind Hunde auf dem Campingplatz zugelassen, *müssen jedoch an der Leine geführt werden.* Außerdem können eine zusätzliche Gebühr und eine *Impfbescheinigung* verlangt werden.

Campingplatz ständig bewacht (⊶) bedeutet, daß eine meist auf dem Campingplatz wohnende Aufsichtsperson im Bedarfsfall auch außerhalb der Dienstzeit erreicht werden kann, besagt jedoch nicht, daß der Campingplatz Tag und Nacht bewacht ist.

Campingplatz tagsüber bewacht (⊶) bedeutet, daß sich eine Aufsichtsperson mindestens 8 Stunden am Tag am Empfang oder auf dem Platz befindet.

Sanitäre Einrichtung – *Wir geben im Text nur die Einrichtungen mit warmem Wasser* (⊡) *an.*

Stromanschluß für Wohnwagen (⊛) – Die Stromspannung beträgt 220 V. Die vorhandene Leistung ist nur dann mit dem Strompreis angegeben, wenn sie uns vom Campingplatzinhaber mitgeteilt wurde.

Annehmlichkeiten - Freizeitgestaltung – Die meisten im Text genannten Einrichtungen, insbesondere die für die Verpflegung (⊡) und die Restaurants (✕), sind im allgemeinen nur während der Saison und nur bei entsprechender Belegung des Platzes in Betrieb. Ihre Öffnungszeiten sind daher nicht unbedingt mit denen des Platzes identisch. Das gleiche gilt für bestimmte Sportanlagen (⊡).

« A proximité » : in unmittelbarer Nähe des Campingplatzes (meist in einem Umkreis von weniger als 500 m) gelegene Einrichtungen, die leicht zu Fuß erreicht werden können.

VERMIETUNGEN *ab Seite 39-62*

▸ Die Orte sind vermerkt, die einen oder mehrere Plätze besitzen, auf denen **Wohnwagen** oder eingerichtete **Bungalows** vermietet werden. Nähere Angaben über die Einrichtung finden Sie in der Beschreibung jedes Campingplatzes in Gestalt der Zeichen (⊡) oder des Vermerks: Studios (Einzimmerwohnungen), Appartements.
Nähere Auskünfte, auch über eine notwendige Reservierung, erhalten Sie beim Campingplatzbesitzer.

ÖFFNUNGSZEITEN

Öffnungszeiten – Die Öffnungszeiten entsprechen den neusten vom Platzbesitzer mitgeteilten Daten.
Beispiel : *juin-sept.* = Anfang Juni bis Ende September.
Vermietungszeit ist extra angegeben, wenn sie sich von der Offnungszeit des Campingplatzes unterscheidet.
Beispiel : *(avril-sept.)* : bungalows.

Das Wort saison bedeutet, daß der Platzbesitzer nur unvollständig, der Platz ist jedoch voraussichtlich während der Ferienzeit geöffnet.

Das Wort Permanent weist auf ganzjährig geöffnete Campingplätze hin. *Siehe Seite 64-80.*

PLATZRESERVIERUNG

Platzreservierung (**R**) – Wenn Sie einen Platz reservieren wollen, schreiben Sie bitte direkt an den Besitzer des Campingplatzes und fügen einen internationalen Antwortschein bei. Erkundigen Sie sich im voraus nach allen Bedingungen wie Reservierung, Preise, Anzahlung, Aufenthaltsbedingungen, gebotene Leistungen usw. Sie ersparen sich so unliebsame Überraschungen bei der Ankunft.

Bearbeitungsgebühren können für die Reservierung pauschal in Rechnung gestellt werden. Sie werden nicht zurückerstattet.

DIE PREISE

Die angegebenen Preise wurden uns Ende des Jahres 1994 von den Platzbesitzern mitgeteilt (falls nicht, sind die Tarife des Vorjahres angegeben).

Die Preise sind immer nur als Richtpreise zu betrachten. Sie können sich bei stark schwankenden Lebenshaltungskosten ändern.

Außer in Sonderfällen (Vermietung, langfristige Miete, « Garage mort », d. h. Miete eines Abstellplatzes) werden die Gebühren nach der Zahl der auf dem Platz verbrachten Tage von 12 Uhr bis 12 Uhr des nächsten Tages berechnet. Jeder angebrochene Tag wird voll in Rechnung gestellt.

Wir geben nur Grundpreise an (Pauschalen pro Stellplatz oder Person, für das Fahrzeug und den Stellplatz); außerdem vermerken wir die Preise für den Strom- und Warmwasseranschluß der Wohnwagen, wenn sie uns genannt wurden. Hierzu sei jedoch gesagt, daß bei der großen Mehrheit der Plätze die Gebühren für Strom und warmes Wasser (Duschen, Waschgelegenheiten) in den Grundpreisen pro Person oder Stellplatz inbegriffen sind.

Bestimmte Leistungen (Benutzung von Schwimmbad, Tennisplatz u. a. Freizeiteinrichtungen) können zusätzlich in Rechnung gestellt werden. Manchmal werden außerdem Gebühren (für Besucher, Hunde, Müllabfuhr) und Steuern (Kurtaxe) erhoben.

Auf jeden Fall müssen die Gebührensätze am Eingang jedes Campingplatzes angeschlagen sein (ebenso wie die Kategorie nach den offiziellen Normen, das Fassungsvermögen sowie die Platzordnung) und *es ist empfehlenswert, sie vor Aufstellen des Zelts oder Wohnwagens anzusehen.*

Falls Sie bei Ihrem Aufenthalt auf dem Campingplatz Schwierigkeiten bezüglich der Preise, Reservierung, Hygiene o. ä. antreffen, sollten Sie versuchen, diese direkt an Ort und Stelle mit dem Campingplatzbesitzer oder seinem Vertreter zu regeln.

Wenn Sie von Ihrem Recht überzeugt sind, es Ihnen jedoch nicht gelingt, zu einer allseits befriedigenden. Lösung zukommen, Können Sie sich an die entsprechende stelle bei der Zuständigen Präfektur wenden.

Unsererseits überprüfen wir sorgfältig alle bei uns eingehenden Leserbriefe und ändern gegebenenfalls die Platzbewertung im Führer. Wir besitzen jedoch weder die rechtlichen Möglichkeiten noch die nötige Autorität, um Rechtsstreitigkeiten zwischen Platzeigentümern und Platzbenutzern zu schlichten.

Beste Lezer

Deze Michelingids
Camping Caravaning France 1995
kwam op geheel onafhankelijke wijze tot stand.
Hij biedt een met opzet beperkte selektie
van terreinen die na bezoeken
en enquêtes ter plaatse
door onze inspecteurs werden uitgekozen.

Om ons te helpen deze gids te verbeteren,
zijn uw brieven en suggesties
meer dan welkom.

Hartelijk dank voor uw medewerking.

Goede reis met Michelin.

Inhoud

32 Het gebruik van deze gids

33 Tekens en afkortingen

36 Details

40 Lijst van plaatsnamen
ingedeeld per departement

64 Kaarten met plaatsen
waar zich tenminste één geselekteerd terrein bevindt

81 Gegevens over de geselekteerde terreinen

482 Woordenlijst

485 Kalender van de schoolvakanties

Het gebruik van deze gids

3 Opzoek methoden

Per departement

blz. 39

De lijst van de **plaatsen gerangschikt per departement** zal u in staat stellen in de betreffende streek uw keuze te maken uit alle terreinen die wij aanbevelen: terreinen die beschikken over een speciale accomodatie (✂ ⛱ 🚐), kampeerterreinen die het gehele jaar open zijn (P), terreinen waar men caravans, sta-caravans, bungalows en chalets kan huren of die over een eetgelegenheid beschikken, of terreinen in een bijzonder rustige omgeving (🐎).

Met de Kaarten

blz. 64

Op de **kaarten** zijn de plaatsen aangegeven met tenminste één geselekteerd kampeerterrein, zodat u snel uw reisroute kunt uitstippelen.
Op deze kaarten zijn ook de plaatsen aangegeven die over een kampeerterrein beschikken dat het gehele jaar geopend is of kampeerterreinen die wij in hun categorie bijzonder fraai vinden (zie verklaring blz. 65).

Per plaats

blz. 81

De plaats van uw keuze kunt u terugvinden in de **alfabetische plaatsnamenlijst** met de terreinen die wij er geselekteerd hebben en de details van hun accomodatie.

Tekens en afkortingen

PLAATSEN

P SP	Prefectuur – Onderprefectuur
23700	Postcodenummer
12 73 ②	Bladzijdenummer kaart (blz. 64 t/m 80) – Nummer Michelinkaart en vouwbladnummer
G. Bretagne	Zie de groene Michelingids Bretagne
Bourges 47	Afstanden in Kilometers
1 050 h.	Aantal inwoners
alt. 675	Hoogte (aangegeven boven 600 m)
	Badplaats met warme bronnen
✉ 05000 Gap	Postcode en plaatsnaam bestemming
	Netnummer telefoondistrict
1 200/1 900 m	Hoogte van het station en maximale hoogte van de mechanische skiliften
2	Aantal kabelbanen
14	Aantal skiliften en stoeltjesliften
	Langlaufen
	Bootverbinding
	Informatie voor toeristen

TERREINEN

CATEGORIE

	Buitengewoon comfortabel terrein, uitstekende inrichting
	Comfortabel terrein, zeer goede inrichting
	Goed ingericht terrein, geriefelijk
	Behoorlijk ingericht terrein
	Eenvoudig maar behoorlijk terrein

Bijzondere kenmerken

M	Terrein met moderne uitrusting
	Geselekteerd caravaneige terrein

AANGENAAM EN RUSTIG VERBLIJF

...	Fraaie terreinen (in het geheel)
	Zeer rustig, afgelegen terrein – Rustig, vooral 's nachts
	Zeldzaam mooi uitzicht – Interessant uitzicht of vergezicht
« »	Bijzonder aangenaam gegeven

LIGGING EN TOEGANG

Fax ✉	Telefoon – Telefonische doorgave van documenten – Postadres van het kamp (indien dit niet hetzelfde is als de plaatsnaam)
N – S – E – O	Richting : Noord – Zuid – Oost – West (gezien vanuit het centrum van de plaats)
P	Verplichte parkeerplaats voor auto's buiten de staanplaatsen
	Verboden toegang voor honden

ALGEMENE KENMERKEN

3 ha	Oppervlakte (in hectaren) van het kampeerterrein
60 ha/3 campables	Totale oppervlakte (van een landgoed) en oppervlakte van het eigenlijke kampeerterrein
(90 empl.)	Maximaal aantal staanplaatsen
	Bewaakt terrein : dag en nacht – alleen overdag bewaakt
	Duidelijk begrensde staanplaatsen
	Weinig tot zeer schaduwrijk

UITRUSTING

Sanitair – Staanplaatsen

	Installaties met warm water : Douches – Wastafels
	Afwas- of waslokalen – Stromend water
	Individuele wasgelegenheid of wastafels (met of zonder warm water)
	Sanitaire installaties voor lichamelijk gehandicapten
	Verwarmde installaties
	Serviceplaats voor camping-cars
	Individuele aansluitingen voor caravans : Elektriciteit – Watertoe- en afvoer

Proviandering – Eetgelegenheden – Diverse diensten

	Supermarkt, winkelcentrum – Kampwinkel
	Bar (met vergunning) – Eetgelegenheid (restaurant, snack-bar)
	Dagschotels om mee te nemen – Wasmachines, waslokaal

Vrije tijd – Ontspanning

	Zaal voor bijeenkomsten, dagverblijf of speelzaal
	Fitness – Sauna
	Tennis : overdeckt – openlucht
	Mini-golf – Kinderspelen
	Zwembad : overdekt – openlucht
	Vrije zwemplaats of zwemplaats met toezicht
	Zeilsport (school of watersportcentrum) – Tochten te paard, paardrijden

VERHUUR

	Verhuur van tenten
	Verhuur van caravans – van sta-caravans
	Van ingerichte bungalows – van ingerichte chalets
	Verhuur van kamers

RESERVERINGEN – PRIJZEN – CREDITCARDS

R	Reservering mogelijk – Reservering niet mogelijk
8 – *5*	Dagtarieven : per persoon, voor het voertuig
10/12	voor de staanplaats (tent, caravan)
7 (4A)	voor elektriciteit (aantal ampères)
CB	Carte Bancaire (Eurocard, MasterCard, Visa)

VERKLARING TEKENS OP SCHEMA'S

Kampeerterreinen

	Plaats met minstens één geselekteerd terrein in de gids
	Ligging kampeerterrein

Wegen en spoorwegen

	Autosnelweg
	Dubbele rijbaan van het type autosnelweg (zonder kruispunten)
1 2	Genummerde knooppunten : volledig, gedeeltelijk
	Hoofdweg
	Regionale of alternatieve route
	Andere weg

Wegen en spoorwegen

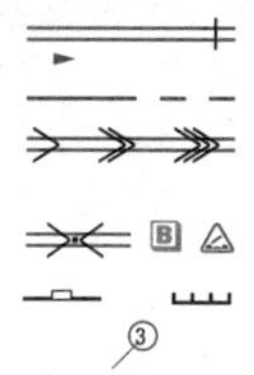

Eenrichtingsverkeer – Tol
Fietspad – Bedrijfsweg, voetpad
Hellingen (pijlen in de richting van de helling) 5 tot 9 %, 9 tot 13 %, 13 % of meer
Pas – Veerpont – Beweegbare brug
Spoorweg, station – Spoorweg toeristentrein
Maximum draagvermogen (aangegeven onder 5 ton)
Vrije hoogte (aangegeven onder 3 m)

Bezienswaardigheden

Kerk, kapel – Kasteel
Vuurtoren – Hunebed
Ruïnes – Andere bezienwaardigheden
Oriëntatietafel, panorama – Uitzichtpunt

Ter oriëntatie

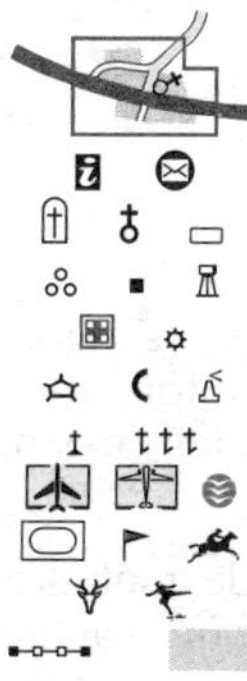

Plaats met een plattegrond
in de Rode Michelingids

Informatie voor toeristen – Hoofdpostkantoor
Kerk, kapel – Kasteel
Ruïnes – Monument – Watertoren
Ziekenhuis – Fabriek
Fort – Stuwdam – Vuurtoren
Kruisheuvel – Begraafplaats
Luchthaven – Vliegveld – Zweefvliegen
Stadion – Golf – Renbaan
Dierentuin – Schaatsbaan
Kabelbaan of stoeltjeslift – Bos

SELEKTIE

De naam van het kampeerterrein is **dik gedrukt** wanneer de eigenaar ons de gevraagde inlichtingen, en vooral de prijzen, op het moment van de herdruk heeft opgegeven.
Vermelding in deze gids is **kosteloos** en in geen geval te danken aan steekpenningen of gunsten. De terreinen worden per plaats in volgorde van voorkeur opgegeven.

CATEGORIE

De **categorie** (...) die wij aan een terrein toekennen, wordt aangeduid door een aantal tenttekens dat overeenkomt met aard en comfort van de inrichting. Deze rangschikking staat geheel los van de door de officiële instanties gebruikte classificatie met sterren.

Fraaie terreinen (...) – Deze in de tekst met "rode tenttekens" aangeduide kampeerterreinen, zijn over het geheel en in hun categorie bijzonder fraai. Zij vallen op door hun ligging, omgeving, rust of door hun wijze van inrichting.

▸ *Zie de kaarten blz. 64 t/m 80.*

BIJZONDERE KENMERKEN

Caravaneiges (❄) – Deze terreinen zijn speciaal ingericht voor winterverblijf in de bergen (verwarming, elektriciteitsaansluiting met hoog vermogen, droogkamer, enz.).

Location longue durée – *Places disponibles (ou limitées) pour le passage :* Zo geven wij de terreinen aan die voornamelijk plaatsen voor langere tijd verhuren, maar die ondanks de aanwezigheid van een meerderheid van regelmatig terugkomende klanten met een vaste plaats, plaatsen reserveren voor kampeerders op doorreis.

Aires naturelles – Deze terreinen zijn meestal eenvoudig ingericht. Zij zijn vooral aantrekkelijk wegens hun ligging in een natuurlijke omgeving ; de staanplaatsen zijn ruim.

> Deze gids is geen overzicht van alle kampeerterreinen maar een selektie van de beste terreinen in iedere categorie.

DIENSTVERLENING

Honden – Als het teken ✻ ontbreekt, worden honden op het terrein toegelaten ; *u bent echter verplicht uw hond aan de lijn te houden.* Bovendien geldt op sommige terreinen een tarief voor honden en meestal moet een *geldig bewijs van inenting getoond worden.*

Dag en nacht bewaakt kamp (🔑) – Dit betekent dat de beheerder, die meestal op het terrein woont, indien nodig buiten de openingsuren bereikt kan worden ; maar dit wil niet altijd zeggen dat er dag en nacht daadwerkelijk toezicht wordt gehouden.

Overdag bewaakt kamp (🔑) – Dit houdt in dat de beheerder minstens 8 uur per dag op het terrein aanwezig is.

Sanitair – *In de tekst vermelden wij slechts de installaties met warm water* (🚿🚰🛁).

Elektriciteitsaansluiting voor caravans (⊛) – Het voltage bedraagt 220 V. Als de eigenaar ons dit heeft opgegeven, vermelden wij het aantal ampères bij de prijzen.

Voorzieningen - Ontspanning – De meeste in de tekst vermelde inrichtingen of diensten, vooral wat betreft proviandering (🛒), eetgelegenheden (✕) en bepaalde recreatieve activiteiten in de open lucht (🏊⛵), zijn over het algemeen alleen in het seizoen van toepassing, naar gelang de drukte op het terrein en onafhankelijk van de openingstijden.

Vermelding « A proximité » (In de omgeving) : Wij geven alleen die voorzieningen of installaties aan die zich vlakbij het kampeerterrein bevinden (meestal op minder dan 500 m afstand) en die gemakkelijk te voet bereikbaar zijn.

VERHUUR *(39 blz. t/m 62)*

▸ De plaatsen met één of meer terreinen die **caravans** of ingerichte **bungalows** verhuren. De mogelijkheden worden in de tekst over het terrein aangegeven door middel van de bijbehorende tekens (🚐🏠) of door vermelding voluit : studios (eenkamerwoningen), appartements.

Richt u tot de eigenaar voor volledige inlichtingen en reserveringen.

OPENINGSTIJDEN

Openingstijden – De aangegeven perioden komen overeen met de laatste door de eigenaar opgegeven data.

Bijv. *juin-sept.* (van begin juni tot eind september).
Wanneer de data voor het verhuur verschillen van die van het Kampeerterrein, dan worden zij gepreciseerd.
Bijv. *(avril-sept.)* : bungalows.
Wanneer wij niet over voldoende gegevens beschikken, betekent het woord saison (seizoen) : waarschijnlijk geopend in het hoogseizoen.

Het woord Permanent duidt de terreinen aan die het hele jaar open zijn. *Zie blz 64 t/m 80.*

RESERVERINGEN

Reservering van een staanplaats (R) – De inlichtingen die wij geven over reserveringsmogelijkheden zijn uitsluitend gebaseerd op de gegevens die de kamphouders ons verstrekken. Schrijf, wanneer u een plaats wilt reserveren, rechtstreeks aan de eigenaar van het betreffende terrein (sluit een enveloppe met postzegel in voor het antwoord) en vraag alle nodige gegevens over de manier van reserveren, de tarieven, de aanbetaling, de verblijfsvoorwaarden en wat het terrein biedt, om onaangename verrassingen bij aankomst te voorkomen.

Sommige eigenaren brengen *reserveringskosten* in rekening ; deze worden niet terugbetaald.

DE PRIJZEN

De tarieven die wij vermelden, werden ons eind 1994 door de eigenaren opgegeven (indien deze gegevens ontbreken, geven wij het tarief van het afgelopen jaar aan).

In ieder geval zijn de prijzen slechts richtlijnen ; zij zijn onderhevig aan prijsschommelingen en kunnen veranderd zijn sinds de gids verschenen is. Behalve in bijzondere gevallen (lang verblijf-tarieven, zgn. "garage mort"-installaties) worden de tarieven meestal berekend naar het aantal dagen dat men aanwezig is (iedere aangebroken dag wordt als een volle dag berekend).

Wij vermelden slechts *basistarieven* (forfaitaire tarieven per staanplaats of tarieven per persoon, voor het voertuig en voor de staanplaats) en verder de prijs van elektriciteitsaansluitingen voor caravans en van warm water (indien bekend). Overigens geldt voor de meeste door ons geselekteerde terreinen dat het gebruik van warm water (douche, gootsteen, wasgelegenheid) meestal inbegrepen is in de tarieven per persoon of per staanplaats.

Sommige voorzieningen kunnen extra kosten met zich meebrengen (zwembad, tennisbanen, diverse inrichtingen). Voor *bezoekers, honden*, en *diverse belastingen* (verblijfsbelasting, belasting voor het weghalen van huisvuil, enz.) kan een extra vergoeding berekend worden.

In ieder geval *is de eigenaar verplicht zijn tarieven bij de ingang van het terrein aan te geven* (evenals de officiële classificatie (sterren), het maximale aantal kampeerders en het kampreglement) en *het is aan te raden er kennis van te nemen voordat men zich installeert.*

Indien er tijdens uw verblijf op een kampeerterrein een meningsverschil zou ontstaan over prijzen, reserveringsvoorwaarden, hygiëne of dienstverlening, tracht dan ter plaatse met de eigenaar van het terrein of met zijn vervanger een oplossing te vinden.

Mocht u op deze wijze niet tot overeenstemming komen, terwijl u overtuigd bent van uw goed recht, dan kunt u zich wenden tot de prefectuur van het betreffende departement.

Van onze kant bestuderen wij zorgvuldig alle opmerkingen die wij ontvangen, om zo nodig wijzigingen aan te brengen in de omschrijving en waardering van door onze gids aanbevolen terreinen. Onze mogelijkheden zijn echter beperkt en ons personeel is niet bevoegd om als scheidsrechter op te treden of geschillen te regelen tussen eigenaren en kampeerders.

Tableau des localités

Classement départemental

Vous trouverez dans le tableau des pages suivantes un classement par départements de toutes les localités citées dans la nomenclature.

Légende :

01 – AIN	Numéro et nom du département
1 à 17	Pages d'atlas situant les localités citées
⚘, ⛷	Nature de la station (thermale, de sports d'hiver)
[A]	Localité représentée par un schéma dans le guide
Le Havre	(Localité en rouge) Localité possédant au moins un terrain agréable sélectionné (⛺ ... ⛺⛺⛺⛺⛺)
P	(Permanent) Localité possédant un terrain ouvert toute l'année
⛱	Localité possédant au moins un terrain très tranquille
Restauration	Localité possédant au moins un terrain proposant une possibilité de restauration
Loc.	Localité dont un terrain au moins propose des locations
🎾 🎾	Localité possédant au moins un terrain avec tennis (de plein air, couvert)
🏊, 🏊	Localité possédant au moins un terrain avec piscine (de plein air, couverte)
🚐	Localité possédant au moins un terrain avec une aire de services pour camping-cars

Se reporter à la nomenclature (classement alphabétique général des localités pour la description complète des camps sélectionnés et utiliser les cartes détaillées à 1/200 000 pour situer avec précision les localités possédant au moins un terrain sélectionné (⊙).

Table of localities

Classified by "départements"

You will find in the following pages a classification by "département" of all the localities cited in the main body of the guide.

Key :

01 – AIN	Number and name of a « département »
1 to 17	Pages of the atlas showing the « département » boundaries and listed localities
⚘, ⛷	Classification of the town (health resort, winter sports resort)
[A]	Locality with a local map in the guide
Le Havre	(Name of the locality printed in red) Locality with at least one selected pleasant site (⛺ ... ⛺⛺⛺⛺⛺)
P	(Permanent) Locality with one selected site open all year
⛱	Locality with at least one selected very quiet, isolated site
Restauration	Locality with at least one selected site offering some form of on-site eating place
Loc.	Locality with at least one selected site offering renting
🎾 🎾	Locality with at least one selected site with tennis courts (open air, indoor)
🏊, 🏊	Locality with at least one selected site with a swimming pool (open air, indoor)
🚐	Locality with at least one selected site with a service bay for camper vans

Refer to the body of the guide where localities appear in alphabetical order, for a complete description of the selected camping sites. To locate a locality (⊙) with at least one selected camping site, use the detailed maps at a scale of 1 : 200 000.

Ortstabelle

Nach Departements geordnet

Auf der Tabelle der folgenden Seiten erscheinen alle im Führer erwähnten Orte nach Departements geordnet.

Zeichenerklärung :

01 – AIN	Nummer und Name des Departements
1 bis 17	Seite des Kartenteils, auf welcher der erwähnte Ort zu finden ist
	Art des Ortes (Heilbad, Wintersportort)
	Ort mit Kartenskizze im Campingführer
Le Havre	(Ortsname in Rotdruck) Ort mit mindestens einem besonders angenehmen Campingplatz (...)
P	(Permanent) Ort mit mindestens einem das ganze Jahr über geöffneten Campingplatz
	Ort mit mindestens einem sehr ruhigen Campingplatz
Restauration	Mindestens ein Campingplatz am Ort mit Imbiß
Loc.	Ort mit mindestens einem Campingplatz mit Vermietung
	Ort mit mindestens einem Campingplatz mit Frei- oder Hallentennisplatz
	Ort mit mindestens einem Campingplatz mit Frei- oder Hallenbad
	Ort mit mindestens einem Campingplatz mit Wartungsmöglichkeit für Wohnmobile.

Die vollständige Beschreibung der ausgewählten Plätze finden Sie im alphabetisch geordneten Hauptteil des Führers. Benutzen Sie zur Auffindung eines Ortes mit mindestens einem ausgewählten Campingplatz ( ) die Abschnittskarten im Maßstab 1 : 200 000.

Lijst van plaatsnamen

Indeling per departement

In deze lijst vindt u alle in de gids vermelde plaatsnamen, ingedeeld per departement.

Verklaring der tekens :

01 – AIN	Nummer en naam van het departement
1 bis 17	Bladzijden van de kaarten waarop de betreffende plaatsen te vinden zijn
	Soort plaats (badplaats, wintersportplaats)
	Plaats waarvan een schema in de gids staat
Le Havre	(Plaatsnaam rood gedrukt) Plaats met minstens één geselekteerd fraai terrein (...)
P	(Permanent) Plaats met een terrein dat het hele jaar open is
	Plaats met minstens één zeer rustig terrein
Restauration	Plaats met minstens één kampeerterrein dat over een eetgelegenheid beschikt
Loc.	Plaats met minstens één terrein met huur mogelijkheden
	Plaats met minstens één terrein met tennisbanen (openlucht, overdekt)
	Plaats met minstens één terrein met zwembad (openlucht, overdekt)
	Plaats met minstens één terrein met Serviceplaats voor camping-cars.

Raadpleeg voor een volledige beschrijving van de geselekteerde terreinen de algemene alfabetische opgave van plaatsen en gebruik de deelkaarten schaal 1 : 200 000 om een plaats met minstens één geselekteerd terrein ( ) te lokaliseren.

01 - AIN 11 12

	Permanent	[équitation]	Restauration	Loc. [caravane] ou	Loc. [chalet] et autres	[tennis] ou [tennis couvert]	[piscine] ou [piscine couverte]	[camping-car]
Ambérieux-en-Dombes	—	—	—	—	—	[tennis]	—	—
Ars-sur-Formans	—	—	—	—	—	[tennis]	—	—
Artemare	—	—	—	—	—	—	[piscine]	—
Bellegarde-sur-Valserine	—	—	•	—	•	[tennis]	[piscine couverte]	—
Bourg-en-Bresse	—	—	—	—	—	—	[piscine]	—
Champdor	P	—	—	—	•	[tennis]	—	—
Champfromier	—	[équitation]	—	—	—	—	—	—
Châtillon-sur-Chalaronne	—	—	•	—	—	[tennis]	[piscine]	—
Chavannes-sur-Suran	—	—	—	—	—	—	—	—
Cormoranche-sur-Saône	—	—	—	—	—	—	—	—
Dompierre-sur-Veyle	—	—	—	—	—	[tennis]	—	—
Gex	—	—	—	—	—	[tennis]	[piscine]	—
Hautecourt-Romanèche	—	—	—	—	—	—	—	—
Mantenay-Montlin	—	—	—	—	—	[tennis]	—	—
Massignieu-de-Rives	—	—	—	—	—	[tennis]	—	—
Messimy-sur-Saône	—	[équitation]	—	—	—	—	—	—
Montmerle-sur-Saône	—	—	—	—	—	[tennis]	—	[camping-car]
Montrevel-en-Bresse	—	—	•	—	—	[tennis]	—	—
Murs-et-Gelignieux	—	—	•	—	—	—	[piscine]	—
Niévroz	—	—	—	—	—	—	—	—
Le Plantay	—	[équitation]	•	—	—	—	—	—
Poncin	—	—	—	—	—	[tennis]	—	—
St-Paul-de-Varax	—	—	—	—	—	[tennis]	—	—
Serrières-de-Briord	—	—	•	—	—	[tennis]	—	—
Villars-les-Dombes	—	—	—	—	—	[tennis]	[piscine]	—
Virieu-le-Grand	—	—	—	—	—	—	—	—
Vonnas	—	—	—	—	—	[tennis]	[piscine]	—

02 - AISNE 2 6 7

	Permanent	[équitation]	Restauration	Loc. [caravane] ou	Loc. [chalet] et autres	[tennis] ou [tennis couvert]	[piscine] ou [piscine couverte]	[camping-car]
Berny-Rivière	P	—	•	—	—	[tennis]	[piscine]	—
Chamouille	—	—	—	—	—	[tennis]	—	[camping-car]
Charly	—	—	—	—	—	[tennis]	—	—
Chauny	—	—	—	—	—	—	—	—
La Fère	—	—	—	—	—	[tennis]	—	—
Fère-en-Tardenois	P	—	—	—	—	[tennis]	—	—
Guignicourt	—	—	—	—	—	[tennis]	—	—
Guise	—	—	—	—	—	[tennis]	—	—
Hirson	—	—	—	•	—	—	—	—
Laon [A]	—	—	—	—	—	—	—	—
Le Nouvion-en-Thiérache	—	—	—	—	—	—	[piscine]	—
Presles-et-Boves	P	—	—	—	—	[tennis]	—	—
Ressons-le Long	P	—	—	•	—	—	[piscine]	—
St-Quentin	—	—	—	—	—		[piscine couverte]	—
Seraucourt-le-Grand	P	—	—	—	—	—	—	[camping-car]
Soissons	P	—	—	—	—	[tennis]	[piscine couverte]	—
Villers-Hélon	P	[équitation]	—	—	—	[tennis]	—	—

03 - ALLIER 10 11

	Permanent	[équitation]	Restauration	Loc. [caravane] ou	Loc. [chalet] et autres	[tennis] ou [tennis couvert]	[piscine] ou [piscine couverte]	[camping-car]
Arfeuilles	—	—	—	—	—	[tennis]	—	—
Bourbon-l'Archamb. [thermal]	—	—	—	—	—	[tennis]	[piscine]	—
Braize	—	[équitation]	•	•	—	—	—	—
Châtel-de-Neuvre	—	—	•	—	—	—	—	—
Chouvigny	—	[équitation]	—	—	—	—	—	—
Couleuvre	—	—	—	—	—	[tennis]	—	—
Dompierre-sur-Besbre	—	—	—	—	—	[tennis]	[piscine]	—
Le Donjon	—	—	—	—	—	—	—	—
Ferrières-sur-Sichon	—	—	—	—	—	[tennis]	—	—
Isle-et-Bardais	—	—	—	—	•	[tennis]	—	—
Jenzat	—	—	—	—	—	—	—	—
Lapalisse	—	—	—	—	—	[tennis]	—	—
Louroux-de-Bouble	—	—	—	—	—	—	—	—
Mariol	—	—	—	•	—	[tennis]	[piscine]	—
Le Mayet-de-Montagne	—	—	—	—	•	[tennis]	—	—
Néris-les-Bains	—	—	•	—	•	[tennis]	[piscine couverte]	—
Paray-sous-Briailles	—	—	—	—	—	[tennis]	—	—
St-Bonnet-Tronçais	—	—	—	—	•	[tennis]	—	—
St-Pourçain-sur-Sioule	—	—	—	—	—	—	—	—
St-Yorre	—	—	—	—	—	[tennis]	[piscine]	—
Treignat	—	—	—	—	—	—	—	—
Varennes-sur-Allier	—	—	—	—	—	—	[piscine]	[camping-car]
Vichy [thermal]	—	—	•	•	—	[tennis]	[piscine couverte]	[camping-car]
Vieure	—	—	•	—	•	[tennis]	—	—

04 - ALPES-DE-HAUTE-PROVENCE 16 17

	Permanent	[équitation]	Restauration	Loc. [caravane] ou	Loc. [chalet] et autres	[tennis] ou [tennis couvert]	[piscine] ou [piscine couverte]	[camping-car]
Annot	—	—	•	•	—	—	—	—
Barcelonnette [ski]	P	—	•	•	—	[tennis]	[piscine]	—
Barrême	—	—	—	—	—	—	—	—
Beauvezer	P	—	—	—	—	—	—	—
Castellane [A]	P	—	•	•	•	[tennis]	[piscine]	—
Château-Arnoux-St-Auban	P	—	•	—	—	—	[piscine]	—
Clamensane	—	[équitation]	—	•	•	—	[piscine]	—
Condamine-Châtelard	P	—	•	—	•	[tennis]	—	—
Dauphin	—	—	—	•	—	[tennis]	[piscine]	—
Digne-les-Bains [thermal]	—	—	—	—	—	[tennis]	—	—
Esparron-de-Verdon	—	—	•	—	—	—	—	—
Forcalquier	—	—	—	—	—	[tennis]	[piscine]	—
Gréoux-les-Bains [thermal]	—	—	—	•	—	[tennis]	[piscine]	—
La Javie	—	—	—	—	—	[tennis]	—	—
Larche	—	[équitation]	•	•	—	—	—	—
Manosque	—	—	—	—	—	—	—	—
Les Mées	—	—	—	—	—	—	—	—
Mézel	—	—	•	—	—	—	—	—
Montpezat	—	—	•	•	—	[tennis]	[piscine]	—
Moriez	—	—	—	—	—	—	—	—
Moustiers-Ste-Marie	—	—	•	—	—	[tennis]	—	[camping-car]
Niozelles	—	—	•	•	•	—	[piscine]	—
Oraison	—	—	—	—	—	[tennis]	—	—
Puimichel	—	[équitation]	—	—	—	—	—	—
Puimoisson	—	—	—	—	—	—	—	—
St-André-les-Alpes	—	—	—	—	—	[tennis]	—	—
St-Jean (Col) [ski]	P	—	•	—	•	[tennis]	[piscine]	—
St-Julien-du-Verdon	—	—	—	—	—	—	—	—
St-Laurent-du-Verdon	—	[équitation]	•	—	•	[tennis]	[piscine]	—
St-Paul	—	—	•	—	—	[tennis]	—	—
St-Vincent-les-Forts	—	—	—	—	—	[tennis]	—	—
Ste-Tulle	—	—	—	—	—	[tennis]	[piscine]	—
Seyne	P	—	—	•	—	[tennis]	[piscine couverte]	—
Sisteron	—	—	—	—	—	[tennis]	[piscine]	—
Le Vernet	P	—	•	—	—	—	—	—
Villars-Colmars	—	—	•	—	—	[tennis]	[piscine]	—
Volonne	—	—	•	•	•	[tennis]	[piscine]	—
Volx	—	—	—	—	—	—	—	—

05 - HAUTES-ALPES 12 16 17

	Permanent	[équitation]	Restauration	Loc. [caravane] ou	Loc. [chalet] et autres	[tennis] ou [tennis couvert]	[piscine] ou [piscine couverte]	[camping-car]
Abriès [ski]	—	—	•	—	—	[tennis]	—	—
Ancelle [ski]	P	[équitation]	—	—	•	—	[piscine]	—
L'Argentière-la-Bessée	—	—	—	—	—	—	—	—
Barret-le-Bas	—	[équitation]	—	•	•	—	[piscine]	—
Briançon [ski]	P	—	•	•	•	[tennis]	[piscine]	[camping-car]
Ceillac [ski]	—	—	—	—	—	—	—	—

	Permanent	Équitation	Restauration	Loc. Caravane ou mobil-home	Loc. Bungalow, chalet et autres	[symbole] ou Tennis	Piscine ou Baignade	Camping-car
Chorges (ski)	P	—	—	•	—	—	Baignade	—
Embrun	P	Équitation	•	•	•	Tennis	Piscine	—
Espinasses	—	—	•	—	—	—	—	—
Freissinières	—	Équitation	•	—	—	Tennis	—	—
Gap	P	—	•	•	—	—	Baignade	—
La Grave (ski)	—	—	—	—	—	—	—	—
Guillestre	P	—	•	•	•	Tennis	Baignade	—
Jarjayes	—	—	—	—	—	—	—	—
Névache (ski)	—	Équitation	•	—	—	—	—	—
Orcières (ski)	—	—	•	—	•	—	—	—
Orpierre	—	—	•	•	•	Tennis	Baignade	—
Poligny	—	—	—	—	—	Tennis	—	—
Puy-St-Vincent	—	Équitation	—	—	—	—	—	—
Réallon	—	—	—	—	—	Tennis	—	—
Réotier	—	—	•	—	—	—	—	—
Ribiers	—	—	—	—	—	—	Baignade	—
La Roche-de-Rame	P	—	—	—	—	—	—	—
La Roche-des-Arnauds	P	—	•	—	—	Tennis	Baignade	—
St-Apollinaire	—	—	•	—	—	—	—	—
St-Bonnet-en-Champsaur	—	—	•	—	—	Tennis	Baignade	—
St-Clément-sur-Durance	—	—	—	—	—	—	Baignade	—
St-Disdier	—	—	—	•	—	—	—	—
St-Étienne-en-Dévoluy	—	—	—	—	•	—	—	—
St Firmin	—	—	—	—	—	Tennis	Baignade	—
St-Jean-St-Nicolas	—	—	—	•	—	Tennis	—	—
St-Maurice-en-Valg.	—	—	—	—	—	—	—	—
St-Michel-de-Chaillol	—	—	—	—	—	—	—	—
Savines-le-Lac	—	—	—	—	—	—	Baignade	—
Serres	—	Équitation	•	•	—	—	Baignade	—
Sigoyer	—	Équitation	—	—	—	—	—	—
Veynes	—	Équitation	—	•	—	—	—	—
Villar-d'Arêne (ski)	—	—	•	—	—	Tennis	—	—
Villar-Loubière	—	—	—	—	—	Tennis	—	—

06 - ALPES-MARITIMES 17

	Permanent	Équitation	Restauration	Loc. Caravane ou mobil-home	Loc. Bungalow, chalet et autres	[symbole] ou Tennis	Piscine ou Baignade	Camping-car
Antibes (▲)	P	—	•	•	—	Tennis	Baignade	Camping-car
Auron (ski)	P	—	•	—	—	Tennis	Baignade	—
Le Bar-sur-Loup	—	Équitation	•	—	—	—	Baignade	—
Breil-sur-Roya	P	—	—	—	•	—	Baignade	—
Cagnes-sur-Mer (▲)	P	—	•	•	—	Tennis	Baignade	Camping-car
Cannes	—	—	•	•	•	Tennis	Baignade	—
La Colle-sur-Loup	—	—	•	•	•	—	Baignade	Camping-car
Entraunes	—	—	—	—	—	—	—	—
Gilette	—	—	•	—	•	Tennis	Baignade	—
Grasse	—	—	—	—	—	—	—	—
Isola	—	—	—	•	•	Tennis	—	—
Lantosque	—	—	•	—	—	—	—	—
Mandelieu-la-Napoule	—	—	—	—	•	Tennis	—	—
Opio	—	—	•	•	—	Tennis	Baignade	—
Pégomas	—	—	•	•	—	Tennis	Baignade	—
Peillon	—	—	—	—	—	—	—	—
Puget-Théniers	—	—	—	—	—	Tennis	Baignade	—
Roquebillière	P	—	—	•	—	Tennis	—	—
Roquesteron	P	Équitation	•	—	—	—	—	—
St-Martin-Vésubie	P	—	—	—	—	Tennis	—	—
St-Sauveur-sur-Tinée	—	—	—	—	—	Tennis	—	—
Séranon	P	—	•	—	•	Tennis	Baignade	—
Sospel	P	—	—	•	•	—	Baignade	—
Touët-sur-Var	P	—	•	•	—	Tennis	—	—
Vence	—	Équitation	•	—	—	Tennis	—	—
Villeneuve-Loubet (▲)	—	—	•	•	•	—	—	Camping-car

Laissez votre emplacement net de toute trace de passage.

07 - ARDÈCHE 11 12 16

	Permanent	Équitation	Restauration	Loc. Caravane ou mobil-home	Loc. Bungalow, chalet et autres	[symbole] ou Tennis	Piscine ou Baignade	Camping-car
Andance	—	—	—	•	—	—	Baignade	—
Annonay	P	—	—	—	—	—	Piscine	—
ARDÈCHE (Gorges de l')	—	—	—	—	—	—	—	—
Balazuc	—	—	—	•	—	—	—	—
Chauzon	—	Équitation	—	•	—	Tennis	Baignade	—
Lagorce	—	—	•	—	•	—	Baignade	—
Pradons	—	—	—	—	•	Tennis	Baignade	—
Ruoms	—	Équitation	•	•	•	Tennis	Baignade	Camping-car
St-Martin-d'Ardèche	—	—	•	—	—	Tennis	Baignade	Camping-car
St-Maurice-d'Ardèche	—	Équitation	•	—	—	—	Baignade	—
St-Remèze	—	—	•	•	•	—	Baignade	—
Vagnas	—	Équitation	•	•	—	—	Baignade	—
Vallon-Pont-d'Arc	P	Équitation	•	•	•	Tennis	Baignade	Camping-car
Asperjoc	—	Équitation	•	•	—	—	Baignade	—
Aubenas	—	—	•	•	•	Tennis	Baignade	—
Beauchastel	P	—	—	—	—	Tennis	Piscine	—
Berrias-et-Casteljau	—	—	—	—	—	Tennis	Baignade	—
Bourg-st-Andéol	—	—	•	—	—	—	Baignade	—
Casteljau	—	—	•	•	•	Tennis	Baignade	—
Le Cheylard	—	Équitation	—	—	—	—	—	—
Darbres	—	Équitation	•	—	—	Tennis	Baignade	—
Dornas	—	—	—	—	—	—	—	—
Eclassan	—	Équitation	•	—	—	—	Baignade	—
Félines	—	—	—	•	—	—	Baignade	—
Issarlès (Lac d')	—	—	—	—	—	—	—	—
Joannas	—	Équitation	•	•	—	Tennis	Baignade	—
Joyeuse	—	—	•	•	•	Tennis	Baignade	—
Lablachère	—	—	—	•	—	Tennis	Baignade	—
Lalouvesc	—	—	—	—	•	Tennis	—	—
Lanas	—	—	—	—	•	—	—	—
Lavillatte	—	—	—	—	—	—	—	—
Maison-Neuve	—	—	—	•	—	Tennis	Baignade	—
Malarce-sur-la-Thines	—	—	—	•	—	—	—	—
Malbosc	—	—	—	—	—	—	—	—
Marcols-les-Eaux	—	—	—	—	—	Tennis	—	—
Meyras	—	—	•	•	—	—	—	—
Montpezat-sous-Bauzon	—	—	—	—	•	Tennis	—	—
Montréal	—	—	•	•	•	—	Baignade	—
Les Ollières-sur-Eyrieux	—	—	•	•	•	Tennis	Baignade	—
Payzac	—	—	—	•	—	—	—	—
Privas	—	—	—	—	—	Tennis	Baignade	—
Ribes	—	—	—	—	—	Tennis	Baignade	—
Rosières	—	Équitation	•	•	•	Tennis	Baignade	—
Sablières	—	Équitation	•	•	—	Tennis	Baignade	—
St-Alban-Auriolles	—	—	•	•	•	Tennis	Baignade	—
St-Cirgues-en-Montagne	—	—	—	•	—	Tennis	—	—
St-Etienne-de-Lugdarès	—	—	—	—	—	—	—	—
St-Fortunat-sur-Eyrieux	—	—	—	—	—	Tennis	—	—
St-Jean-de-Muzols	—	—	—	—	—	—	—	—
St-Jean-le-Centenier	—	—	—	—	—	—	—	—
St-Julien-en-St-Alban	—	—	—	—	—	—	Baignade	—
St-Lager-Bressac	—	—	—	—	—	Tennis	Baignade	—
St-Laurent-du-Pape	—	—	•	—	—	Tennis	Baignade	—
St-Martin-de-Valamas	—	—	—	—	—	Tennis	—	—
St-Maurice-d'Ibie	—	—	•	•	—	—	Baignade	—
St-Sauveur-de-Cruzières	—	—	•	•	—	—	Baignade	—
St-Sauveur-de-Montagut	—	—	•	•	•	—	Baignade	—
St-Vincent-de-Barrès	—	—	•	—	—	Tennis	Baignade	—
Satillieu	—	—	•	•	—	—	—	—
Tournon-sur-Rhône	—	—	•	•	—	—	Baignade	—
Ucel	—	—	•	•	—	Tennis	Baignade	—
Valvignères	—	—	—	—	—	Tennis	—	—
Les Vans	P	Équitation	•	•	—	—	Baignade	—
Vernoux-en-Vivarais	—	—	—	—	—	Tennis	Piscine	—
Vion	—	—	—	•	—	—	Baignade	—
Vogüé	—	—	•	•	—	Tennis	Baignade	—

08 - ARDENNES 2 7

	Permanent	🐎	Restauration	Loc. ⊞ ou 🚐	Loc. 🏠 et autres	✕ ou ◪	≋ ou ▣	⛟
Attigny	–	–	–	–	–	✕	–	–
Bourg-Fidèle	–	–	•	–	–	–	–	–
Buzancy	–	–	–	–	–	–	–	–
Charleville-Mézières	–	–	–	–	–	✕	◪	–
Le Chesne	–	–	–	–	–	✕	–	–
Juniville	–	–	–	–	–	–	–	–
Les Mazures	P	–	–	–	–	✕	–	–
Monthermé	–	–	–	–	–	✕	–	–
Mouzon	–	–	–	–	–	✕	≋	–
Sedan	–	–	–	–	–	–	–	–
Signy-l'Abbaye	P	–	–	–	–	✕	–	–
Signy-le-Petit	–	–	–	–	–	–	–	–

09 - ARIÈGE 14 15

	Permanent	🐎	Restauration	Loc. ⊞ ou 🚐	Loc. 🏠 et autres	✕ ou ◪	≋ ou ▣	⛟
Aigues-Vives	P	🐎	•	•	–	–	≋	⛟
Albiès	–	–	–	–	–	–	–	–
Artigat	–	–	–	–	–	–	≋	–
Augirein	–	–	•	–	–	–	–	–
Aulus-les-Bains	P	–	•	•	•	✕	–	–
Ax-les-Thermes ♆ ⛷	P	–	–	–	–	–	–	–
Cos	P	–	–	–	–	✕	≋	–
Durfort	P	–	•	•	–	–	≋	–
Lavelanet	–	–	–	–	•	–	≋	–
Léran	–	–	•	–	•	–	≋	–
Massat	–	–	–	–	–	✕	–	–
Mauvezin-de-Prat	–	–	–	–	–	–	–	–
Mazères	–	–	–	–	•	✕	≋	–
Mérens-les-Vals	P	–	–	–	–	–	–	–
Ornolac-Ussat-les-Bains	P	–	–	–	–	–	–	–
Oust	–	–	–	–	–	–	–	–
Pamiers	P	–	–	•	–	–	–	–
St-Girons	–	–	–	–	•	✕	≋	–
Seix	–	–	–	•	–	–	–	–
Sorgeat	P	🐎	–	–	•	–	–	–
Tarascon-sur-Ariège	–	–	•	•	–	–	≋	⛟
Verdun	–	–	–	–	•	–	–	–
Vicdessos	P	–	–	•	•	–	≋	–

10 - AUBE 6 7

	Permanent	🐎	Restauration	Loc. ⊞ ou 🚐	Loc. 🏠 et autres	✕ ou ◪	≋ ou ▣	⛟
Arcis-sur-Aube	–	–	–	–	–	–	–	–
Bar-sur-Aube	–	–	–	–	–	–	–	–
Dienville	–	–	•	–	•	✕	–	–
Ervy-le-Châtel	–	–	–	–	–	–	–	–
Géraudot	–	–	–	–	–	–	–	–
Radonvilliers	–	–	–	–	–	✕	–	–
St-Hilaire-sous-Romilly	–	🐎	•	–	–	✕	–	–
Soulaines-Dhuys	–	–	–	–	–	✕	–	–
Troyes	–	–	–	–	–	–	–	⛟

11 - AUDE 15

	Permanent	🐎	Restauration	Loc. ⊞ ou 🚐	Loc. 🏠 et autres	✕ ou ◪	≋ ou ▣	⛟
Axat	–	–	•	•	•	–	≋	–
Belcaire	–	–	–	–	–	✕	–	–
Belflou	–	🐎	•	•	–	–	–	–
Brousses-et-Villaret	–	🐎	•	–	–	–	–	–
Carcassonne ⛫	–	–	•	•	•	✕	≋	⛟
Lespinassière	–	–	•	–	–	–	–	–
Lézignan-Corbières	–	–	•	–	–	✕	≋	–
Mas-Cabardès	–	–	–	–	–	✕	–	⛟
Mirepeisset	–	–	•	•	–	✕	≋	–
Montclar	–	🐎	•	•	•	–	≋	–
Narbonne	–	–	•	•	–	✕	≋	⛟
Nébias	–	🐎	–	•	–	–	≋	–
Puivert	–	–	–	–	–	✕	–	–
Rennes-les-Bains ♆	–	–	–	–	–	✕	–	–
Saissac	–	–	–	–	–	✕	≋	–
Sigean	P	–	•	•	•	–	–	–
Trèbes	–	–	–	–	–	✕	≋	–
Villefort	–	🐎	•	–	–	✕	≋	–
Villepinte	–	–	–	–	–	✕	–	–

12 - AVEYRON 15

	Permanent	🐎	Restauration	Loc. ⊞ ou 🚐	Loc. 🏠 et autres	✕ ou ◪	≋ ou ▣	⛟
Alrance	–	–	–	–	–	–	–	–
Aubin	–	–	–	–	–	✕	≋	–
Belmont-sur-Rance	–	–	•	–	–	✕	≋	–
Brusque	–	–	•	–	–	✕	–	–
Canet-de-Salars	–	–	–	–	–	✕	≋	–
Capdenac-Gare	–	–	•	•	•	✕	–	–
Decazeville	–	–	•	–	–	✕	–	–
Enguiales	–	–	•	–	–	✕	–	–
Entraygues-sur-Truyère	–	–	–	–	–	✕	≋	–
Firmi	–	–	–	–	–	✕	–	–
Golinhac	–	🐎	–	–	•	–	–	–
Laguiole ⛷	–	–	–	–	–	✕	–	–
Marcillac-Vallon	–	–	–	–	–	✕	–	–
Millau	–	–	•	•	–	–	≋	⛟
Mostuéjouls	–	–	–	–	–	–	–	–
Najac	–	🐎	•	–	•	✕	≋	–
Nant	–	🐎	•	•	–	✕	≋	⛟
Naucelle	–	–	–	–	–	–	–	–
Le Nayrac	–	–	–	–	–	✕	–	–
Pons	–	–	–	–	•	✕	–	–
Pont-de-Salars	–	–	•	•	•	–	≋	–
Rignac	–	–	–	–	–	✕	≋	–
Rivière-sur-Tarn	–	–	•	•	•	✕	≋	–
Rodez ⛫	–	–	–	–	–	–	–	–
St-Amans-des-Cots	–	–	•	•	•	✕	≋	–
St-Geniez-d'Olt	–	–	•	–	–	✕	≋	–
St-Rome-de-Tarn	–	–	–	•	–	✕	≋	–
St-Symphorien-de-Th.	–	–	•	–	–	✕	–	–
Salles-Curan	–	–	•	•	•	–	≋	–
Sénergues	–	–	–	–	–	–	–	–
Thérondels	–	–	•	–	•	✕	≋	–
Le Truel	–	–	–	–	–	✕	≋	–
Villefranche-de-Rouergue	–	–	–	–	–	–	≋	–

13 - BOUCHES-DU-RHÔNE 16

	Permanent	🐎	Restauration	Loc. ⊞ ou 🚐	Loc. 🏠 et autres	✕ ou ◪	≋ ou ▣	⛟
Arles	–	–	•	–	•	✕	≋	–
Ceyreste	–	–	–	•	–	–	–	–
Châteaurenard	–	–	–	–	–	✕	≋	–
La Ciotat	–	–	•	–	•	–	–	–
La Couronne	P	–	•	•	•	✕	≋	–
Fontvieille	–	–	–	–	–	–	≋	–
Gémenos	–	–	•	–	–	✕	≋	–
Istres	P	–	–	–	–	–	≋	–
Mallemort	–	–	–	–	–	✕	≋	–
Maussane-les-Alpilles	–	–	–	–	–	✕	≋	–
Mouriès	–	🐎	–	–	–	–	≋	–
Peynier	–	🐎	–	–	–	✕	–	–
Puyloubier	–	–	–	–	–	✕	–	–
La Roque-d'Anthéron	–	🐎	•	–	•	✕	≋	–

	Permanent	🐎	Restauration	Loc. ▭ ou ▭	Loc. ▭ ou ▭ et autres	✗ ou ▭	≈ ou ▣	🚐
St-Étienne-du-Grès	–	–	–	–	–	–	–	–
St-Rémy-de-Provence	–	–	•	•	–	✗	≈	🚐
Stes-Maries-de-la-Mer	P	–	•	–	•	✗	≈	🚐
Tarascon	–	–	–	–	–	–	–	–

14 - CALVADOS 4 5

	Permanent	🐎	Restauration	Loc. ▭ ou ▭	Loc. ▭ ou ▭ et autres	✗ ou ▭	≈ ou ▣	🚐
Bayeux	–	–	–	–	–	–	≈	–
Bénouville	–	–	–	–	–	✗	≈	–
Bernières-sur-Mer	–	–	–	–	–	✗	–	–
Blangy-le-Château	–	–	•	–	–	✗	≈	–
Cabourg	–	–	–	–	–	✗	≈	–
Cahagnes	–	🐎	–	–	–	–	–	–
Colleville-Montgomery-P.	–	–	•	–	–	✗	–	–
Colleville-sur-Mer	–	–	–	–	–	–	–	–
Condé-sur-Noireau	–	–	–	–	–	✗	≈	–
Courseulles-sur-Mer	–	–	–	–	•	–	≈	🚐
Creully	–	–	–	–	–	✗	–	–
Deauville	P	–	•	•	•	–	≈	–
Dives-sur-Mer	–	–	–	–	–	–	–	–
Étréham	–	🐎	•	•	–	–	≈	–
Falaise	–	–	–	–	–	✗	≈	–
Grandcamp-Maisy	–	–	–	–	–	–	–	–
Hermanville-sur-Mer	–	–	–	•	–	–	–	–
Honfleur	–	–	•	–	–	✗	≈	🚐
Houlgate	–	–	•	•	–	✗	≈	–
Isigny-sur-Mer	–	–	–	–	•	✗	–	–
Luc-sur-Mer	–	–	–	–	•	✗	≈	🚐
Martragny	–	🐎	•	–	–	–	≈	–
Merville-Franceville-P.	–	–	–	•	•	–	–	–
Moyaux	–	🐎	•	–	–	✗	≈	–
Ouistreham	–	–	–	–	–	–	–	🚐
Pont-l'Évêque	–	–	•	–	–	✗	–	–
St-Aubin-sur-Mer	–	–	•	–	–	✗	≈	🚐
Surrain	–	–	–	–	–	✗	≈	–
Thury-Harcourt	–	–	–	–	–	✗	▣	–
Trévières	–	–	–	–	–	–	–	–
Vierville-sur-Mer	–	–	–	–	–	–	–	–
Villers-sur-Mer	–	–	•	•	–	✗	≈	–

15 - CANTAL 10 11 15

	Permanent	🐎	Restauration	Loc. ▭ ou ▭	Loc. ▭ ou ▭ et autres	✗ ou ▭	≈ ou ▣	🚐
Allanche ⛷	–	–	–	–	–	✗	–	–
Arnac	P	🐎	•	–	•	✗	≈	–
Arpajon-sur-Cère	–	–	–	–	–	✗	–	–
Aurillac	–	–	–	–	–	–	–	–
Cassaniouze	–	–	–	–	–	–	–	–
Champs-sur-Tarentaine	–	–	–	–	–	✗	≈	–
Chaudes-Aigues ♨	–	–	–	–	–	✗	–	–
Ferrières-St-Mary	–	–	–	–	–	✗	–	–
Fontanges	–	–	–	–	–	✗	–	–
Jussac	–	–	–	–	–	✗	–	–
Lacapelle-Viescamp	–	–	•	–	•	✗	–	–
Lanobre	–	–	–	–	•	–	–	–
Madic	–	–	–	–	–	–	–	–
Massiac	–	–	•	–	–	✗	≈	–
Mauriac	–	–	•	•	•	–	–	–
Maurs	–	–	–	–	–	✗	≈	–
Molompize	–	–	–	–	–	✗	–	–
Montsalvy	–	–	–	–	–	✗	≈	–
Neuvéglise	–	–	•	•	•	✗	≈	–
Pers	–	–	–	–	–	–	–	–
Pleaux	–	–	•	–	•	✗	≈	–
Riom-ès-Montagnes	–	–	–	–	–	–	–	–
Ruynes-en-Margeride	–	–	–	–	•	✗	≈	🚐
Saignes	–	–	–	–	–	✗	≈	–
St-Amandin	–	–	•	–	•	✗	▣	–
St-Constant	–	–	•	•	–	–	–	–
St-Flour	–	–	–	–	–	✗	–	–
St-Gérons	–	–	•	–	–	✗	–	–
St-Jacques-des-Blats	–	–	–	–	–	✗	–	–
St-Just	–	–	–	–	•	✗	≈	–
St-Mamet-la-Salvetat	–	–	–	–	•	–	–	–
St-Martin-Cantalès	–	🐎	–	–	–	–	–	–
St-Martin-Valmeroux	–	–	–	–	–	✗	≈	–
Salers	–	–	–	–	–	✗	–	–
Thiézac	–	–	–	–	–	✗	–	–
Trizac	–	–	–	–	•	–	–	–
Vic-sur-Cère	–	–	•	•	•	✗	≈	–

16 - CHARENTE 9 10

	Permanent	🐎	Restauration	Loc. ▭ ou ▭	Loc. ▭ ou ▭ et autres	✗ ou ▭	≈ ou ▣	🚐
Angoulême	–	–	–	–	–	✗	≈	–
Aunac	–	🐎	–	–	–	–	–	–
Chasseneuil-sur-Bonnieure	–	–	–	–	–	–	▣	–
Cognac	–	–	•	–	–	–	–	🚐
Le Lindois	–	🐎	•	–	–	–	–	–
Montbron	–	🐎	•	–	–	✗	≈	–
Montemboeuf	–	–	–	–	–	✗	≈	–
Ruffec	–	–	–	–	–	–	–	–
Sireuil	–	–	•	•	•	✗	≈	–

17 - CHARENTE-MARITIME 9

	Permanent	🐎	Restauration	Loc. ▭ ou ▭	Loc. ▭ ou ▭ et autres	✗ ou ▭	≈ ou ▣	🚐
Andilly	–	–	–	–	–	–	–	–
Arces	–	–	–	•	–	✗	≈	–
Archiac	–	–	–	–	–	✗	≈	–
Arvert	–	–	–	•	–	✗	–	–
Benon	–	–	–	–	–	✗	–	–
Bourcefranc-le-Chapus	–	–	•	–	–	–	–	–
Breuillet	–	–	•	•	•	✗	≈	–
Cadeuil	–	–	•	•	•	–	–	–
Charron	–	–	–	–	–	✗	–	–
Châtelaillon-Plage	–	–	–	•	–	–	–	–
Chevanceaux	–	–	–	–	–	–	≈	–
Cozes	–	–	–	–	–	✗	≈	–
Dampierre-sur-Boutonne	–	–	–	–	–	–	–	–
Dompierre-sur-Charente	–	–	–	–	–	✗	–	–
Fouras	P	–	•	•	•	✗	≈	–
Gémozac	–	–	–	–	–	✗	≈	–
Genouillé	–	–	–	–	–	–	–	–
Jonzac ♨	–	–	–	–	–	–	≈	–
Marans	–	–	–	–	–	✗	≈	–
Matha	–	–	–	–	–	✗	≈	–
Les Mathes ⛺	–	–	•	•	•	✗	≈	🚐
Médis	–	🐎	•	•	–	–	≈	–
Meschers-sur-Gironde	–	–	•	•	–	✗	≈	–
Mosnac	–	–	–	–	–	–	–	–
OLÉRON (Île d')	–	–	–	–	–	–	–	–
La Brée-les-Bains ⛺	–	–	•	•	–	✗	–	–
Le Château-d'Oléron	–	🐎	•	•	•	✗	≈	–
La Cotinière	–	–	•	•	–	–	≈	–
Dolus-d'Oléron	–	–	•	•	–	–	–	–
Le Grand-Village-Plage	P	–	–	–	–	–	–	–
St-Denis-d'Oléron	–	–	•	•	–	✗	–	–
St-Georges-d'Oléron	–	–	•	•	•	✗	≈	–
St-Pierre-d'Oléron	P	–	•	•	–	✗	≈	–
St-Trojan-les-Bains	–	–	•	–	•	✗	–	–

	Permanent	[équitation]	Restauration	Loc. [caravane] ou [mobile home]	Loc. [bungalow] et autres	[tennis] ou [tennis couvert]	[piscine] ou [piscine couverte]	[camping-car]
Pons	–	–	–	–	–	–	[piscine]	–
Pont-l'Abbé-d'Arnoult	–	–	–	–	–	[tennis]	[piscine]	–
RÉ (Île de)	–	–	–	–	–	–	–	–
Ars-en-Ré [△]	P	–	•	•	–	[tennis]	[piscine]	[camping-car]
Le Bois-Plage-en-Ré	P	–	•	•	–	[tennis]	[piscine couverte]	–
La Couarde-sur-Mer	–	–	•	•	•	[tennis]	[piscine]	[camping-car]
La Flotte	–	–	•	•	–	[tennis]	[piscine couverte]	–
Loix-en-Ré	P	–	•	•	•	[tennis]	[piscine]	–
Les Portes-en-Ré	–	–	•	•	–	[tennis]	–	–
St-Clément-des-B.	–	–	–	•	–	–	–	[camping-car]
St-Martin-de-Ré	–	–	•	–	–	–	–	–
Rochefort [thermalisme]	P	–	•	•	–	[tennis]	–	–
La Rochelle	P	–	•	•	•	[tennis]	[piscine]	–
Ronce-les-Bains	–	–	•	•	–	[tennis]	[piscine]	–
La Ronde	–	–	–	–	–	–	–	–
Royan [△]	–	–	•	•	–	–	[piscine]	–
St-Augustin-sur-Mer	–	–	•	•	•	[tennis]	[piscine]	[camping-car]
St-Fort-sur-Gironde	–	–	–	–	–	–	–	–
St-Georges-de-Didonne	P	–	•	•	•	[tennis]	–	–
St-Jean-d'Angély	–	–	–	–	–	–	–	–
St-Nazaire-sur-Charente	–	–	•	•	–	–	[piscine]	[camping-car]
St-Palais-sur-Mer	–	–	•	•	–	[tennis]	[piscine]	–
St-Sauveur-d'Aunis	–	–	–	–	–	[tennis]	[piscine]	–
St-Savinien	–	–	–	–	–	[tennis]	[piscine]	–
St-Seurin d'Uzet	–	–	–	–	–	–	–	–
St-Sornin	–	–	–	–	–	–	–	–
Saintes	–	–	•	–	–	–	[piscine]	–
Semussac	–	[équitation]	–	–	–	–	–	–
Vergeroux	–	–	–	–	–	[tennis]	–	–

18 - CHER 6 10 11

	Permanent	[équitation]	Restauration	Loc. [caravane] ou [mobile home]	Loc. [bungalow] et autres	[tennis] ou [tennis couvert]	[piscine] ou [piscine couverte]	[camping-car]
Aubigny-sur-Nère	–	–	–	–	–	[tennis]	[piscine]	–
Bourges	–	–	–	–	–	[tennis]	[piscine]	–
La Chapelle-d'Angillon	–	–	–	–	–	[tennis]	–	–
La Guerche-sur-l'Aubois	–	–	–	–	•	–	–	–
Henrichemont	–	–	–	–	–	–	–	–
Jars	–	–	–	–	•	[tennis]	–	–
Ménétréol-sur-Sauldre	–	–	–	–	–	–	–	–
Mornay-sur-Allier	–	–	–	–	•	–	–	–
Nançay	P	–	–	–	–	[tennis]	–	–
Oizon	–	[équitation]	•	–	–	[tennis]	–	–
St-Amand-Montrond	–	–	–	–	–	[tennis]	–	–
Ste-Montaine	–	–	–	–	–	[tennis]	–	–
Vesdun	–	–	–	–	–	[tennis]	–	–
Vierzon	–	–	–	–	–	–	–	–

19 - CORRÈZE 10 13

	Permanent	[équitation]	Restauration	Loc. [caravane] ou [mobile home]	Loc. [bungalow] et autres	[tennis] ou [tennis couvert]	[piscine] ou [piscine couverte]	[camping-car]
Argentat	–	–	•	•	–	[tennis]	[piscine]	–
Aubazine	–	–	•	–	–	[tennis]	–	[camping-car]
Auriac	–	–	–	–	–	[tennis]	–	–
Beaulieu-sur-Dordogne	–	–	–	–	–	[tennis]	[piscine]	–
Beynat	–	–	•	–	•	[tennis]	–	–
Bort-les-Orgues	–	[équitation]	•	–	–	[tennis]	–	–
Camps-St-Mathurin-Léobazel	–	–	•	–	•	[tennis]	–	–
Chamberet	–	[équitation]	–	–	–	–	–	–
Chauffour-sur-Vell	–	[équitation]	•	•	–	–	[piscine]	–
Corrèze	–	–	–	–	–	–	–	–
Donzenac	–	–	–	–	–	[tennis]	[piscine]	–
Lissac-sur-Couze	–	–	•	–	•	[tennis]	–	–
Marcillac-la-Croisille	–	[équitation]	–	–	•	[tennis]	–	–
Masseret	–	–	–	–	•	[tennis]	–	–
Meymac	–	–	–	–	•	–	–	–
Meyssac	–	–	–	–	–	[tennis]	[piscine]	–
Neuvic	–	–	•	–	•	[tennis]	–	–
Palisse	–	–	–	–	–	[tennis]	[piscine]	–
St-Pantaléon-de-Lapleau	P	–	•	–	–	[tennis]	–	–
St-Pardoux-Corbier	–	–	–	–	–	[tennis]	–	–
St-Salvadour	–	–	–	–	–	–	–	–
Seilhac	–	–	•	•	–	[tennis]	–	–
Servières-le-Château	P	–	•	–	•	[tennis]	–	–
Soursac	–	[équitation]	•	–	•	–	–	–
Tarnac	–	[équitation]	–	–	–	[tennis]	–	–
Treignac	–	–	•	•	–	–	–	–
Tulle	–	[équitation]	–	–	–	[tennis]	[piscine]	–
Ussel	–	–	•	–	–	[tennis]	–	–
Viam	–	[équitation]	–	–	–	–	–	–
Vigeois	–	[équitation]	•	–	–	–	–	–

2A - CORSE-DU-SUD 17

	Permanent	[équitation]	Restauration	Loc. [caravane] ou [mobile home]	Loc. [bungalow] et autres	[tennis] ou [tennis couvert]	[piscine] ou [piscine couverte]	[camping-car]
Ajaccio	–	–	•	•	–	–	–	–
Belvédère-Campomoro	P	–	–	•	–	–	–	–
Bonifacio	–	[équitation]	•	•	•	[tennis]	[piscine]	[camping-car]
Cargèse	–	–	•	–	•	[tennis]	–	–
Évisa	–	–	–	–	–	–	–	–
Favone	–	–	•	–	–	–	–	–
La Liscia (Golfe de)	–	–	•	–	–	–	–	–
Olmeto	–	–	•	•	•	–	–	–
Osani	–	[équitation]	•	–	–	–	–	–
Piana	–	–	–	–	–	–	–	–
Pinarellu	–	[équitation]	•	–	–	[tennis]	[piscine]	–
Porticcio	–	–	•	•	•	[tennis]	–	[camping-car]
Portigliolo	–	[équitation]	•	–	•	[tennis]	–	–
Porto	–	–	•	–	•	–	–	–
Porto-Vecchio [△]	P	[équitation]	•	•	•	–	[piscine]	–
Propriano	–	–	•	•	–	[tennis]	–	–
Ruppione (plage de)	–	–	•	–	•	–	–	–
Ste-Lucie-de-Porto-V.	–	–	•	–	•	–	[piscine]	–
Serra-di-Ferro	–	[équitation]	•	–	•	–	[piscine]	–
Sotta	–	–	–	•	–	–	–	–
Tiuccia	–	[équitation]	•	•	–	–	–	–

2B - HAUTE-CORSE 17

	Permanent	[équitation]	Restauration	Loc. [caravane] ou [mobile home]	Loc. [bungalow] et autres	[tennis] ou [tennis couvert]	[piscine] ou [piscine couverte]	[camping-car]
Aléria	–	–	•	–	•	[tennis]	–	[camping-car]
Algajola	–	–	•	•	•	[tennis]	–	–
Bastia	–	–	•	–	•	[tennis]	–	–
Calvi	–	[équitation]	•	•	•	[tennis]	[piscine]	–
La Canonica	–	–	•	–	–	–	–	–
Corte	–	–	•	–	–	–	[piscine]	–
Farinole (Marine de)	–	–	•	–	•	–	–	–
Figareto	–	–	–	–	–	–	–	–
Galéria	–	–	•	–	•	–	–	–
Ghisonaccia	–	–	•	–	•	[tennis]	[piscine]	[camping-car]
L'Île-Rousse	–	–	•	•	–	–	–	–
Lozari	–	[équitation]	•	•	•	[tennis]	[piscine]	–
Moriani-Plage	–	–	•	–	•	–	–	–
Morsiglia	P	–	•	–	–	–	–	–
St-Florent	–	–	•	•	•	–	[piscine]	[camping-car]
Vivario	–	–	–	–	–	–	–	–

Quand vous circulez en auto sur un terrain, roulez très lentement.

Pensez aux enfants.

21 - CÔTE-D'OR [7] [11] [12]

	Permanent	🐎	Restauration	Loc. 🚐 ou 🏠	🏠 et autres	✕ ou [✕]	≈ ou [≈]	🚐
Arnay-le-Duc	P	–	–	–	–	✕	–	–
Beaune	P	–	•	–	–	✕	–	–
Châtillon-sur-Seine	–	–	•	–	–	–	[≈]	–
Marcenay	–	–	•	–	–	–	–	–
Meursault	–	–	•	–	–	✕	≈	–
Montbard	–	–	–	–	•	✕	[≈]	–
La Motte-Ternant	–	🐎	–	–	–	–	–	–
Pouilly-en-Auxois	–	–	–	–	–	–	–	–
Précy-sous-Thil	–	–	–	–	•	✕	–	–
Premeaux-Prissey	–	–	–	–	–	–	–	–
Riel-les-Eaux	–	–	–	–	–	–	–	–
Saulieu	–	–	–	–	•	✕	≈	–
Selongey	–	–	–	–	–	✕	–	–
Semur-en-Auxois	–	–	•	–	–	✕	–	–
Vandenesse-en-Auxois	–	–	•	–	–	–	≈	–
Venarey-les-Laumes	P	–	–	–	–	✕	–	–

22 - CÔTES-D'ARMOR [3] [4]

	Permanent	🐎	Restauration	Loc. 🚐 ou 🏠	🏠 et autres	✕ ou [✕]	≈ ou [≈]	🚐
Allineuc	–	–	–	–	–	–	–	–
Binic [A]	–	–	–	•	–	–	–	–
Broons	–	–	–	–	–	✕	≈	–
Callac	–	–	–	–	–	✕	–	–
Caurel	–	–	•	–	–	✕	≈	–
Chatelaudren	–	–	–	–	–	–	–	–
Collinée	P	–	–	–	–	–	–	–
Dinan [A]	–	🐎	•	–	–	✕	≈	–
Erquy [A]	–	🐎	•	•	–	✕	≈	🚐
Étables-sur-Mer	–	–	–	•	–	–	≈	–
Jugon-les-Lacs	–	–	–	•	•	✕	≈	–
Lancieux	–	–	–	–	–	✕	–	–
Lanloup	–	–	–	•	–	✕	≈	–
Lannion	–	–	–	–	–	–	–	🚐
Louargat	–	🐎	•	–	–	✕	≈	–
Merdrignac	–	–	–	–	•	✕	≈	–
Mur-de-Bretagne	–	–	–	–	–	–	–	–
Paimpol	–	–	–	–	–	–	–	–
Perros-Guirec [A]	P	–	•	•	–	✕	≈	–
Plancoët	–	–	–	–	–	–	–	–
Planguenoual	–	–	–	–	–	–	–	–
Pléhédel	–	–	–	–	–	–	–	–
Plélo	–	–	–	•	–	✕	≈	–
Pléneuf-Val-André	–	–	–	•	•	✕	[≈]	–
Plestin-les-Grèves	–	–	–	–	–	–	–	–
Pleubian	–	🐎	•	–	–	–	–	–
Pleumeur-Bodou	–	🐎	–	–	–	–	–	–
Pléven	–	–	–	–	–	✕	–	–
Ploubazlanec	P	🐎	–	–	–	–	–	–
Plouézec	–	🐎	–	•	–	–	≈	–
Plougrescant	–	–	–	•	•	–	–	–
Plouguernével	–	🐎	–	–	•	–	–	–
Plouha	–	–	•	–	–	✕	≈	–
Plufur	–	–	–	–	–	–	–	–
Plurien	–	–	–	–	–	–	–	–
Pontrieux	P	–	–	–	–	–	–	–
Pordic	–	🐎	•	•	–	–	–	–
Quemper-Guézennec	–	–	–	–	–	–	–	–
Rostrenen	–	–	–	–	–	–	≈	–
St-Alban	–	–	–	–	–	✕	–	–
St-Brieuc	–	–	–	•	–	✕	≈	🚐
St-Cast-le-Guildo	–	🐎	•	•	–	–	[≈]	🚐
St-Jacut-de-la-Mer	–	–	–	–	–	–	–	–
St-Lormel	–	–	–	–	–	✕	–	–
St-Michel-en-Grève	–	–	–	–	–	✕	≈	–
St-Nicolas-du-Pélem	–	–	•	–	–	–	≈	–
Trébeurden [A]	–	–	•	•	–	–	–	–
Trégastel	–	–	•	–	–	✕	–	–
Trélévern	–	–	•	–	–	–	≈	–
Trévou-Tréguignec	–	–	–	–	–	–	–	–

23 - CREUSE [10]

	Permanent	🐎	Restauration	Loc. 🚐 ou 🏠	🏠 et autres	✕ ou [✕]	≈ ou [≈]	🚐
Anzême	–	🐎	–	–	–	✕	–	–
Aubusson	–	–	–	–	–	–	–	–
Bourganeuf	–	–	–	–	–	–	–	–
Le Bourg-d'Hem	–	–	•	–	–	–	–	–
Bussière-Dunoise	–	–	–	–	–	–	–	–
La Celle-Dunoise	–	–	–	–	–	✕	–	–
Chambon-sur-Voueize	–	–	–	–	–	✕	–	–
Châtelus-Malvaleix	–	–	–	–	–	✕	–	–
Chénérailles	–	–	–	–	–	–	–	–
Crozant	–	–	–	–	–	–	–	–
Dun-le-Palestel	–	–	–	–	–	–	–	–
Évaux-les-Bains ♨	–	–	–	–	•	✕	[≈]	–
Felletin	P	🐎	–	–	–	–	≈	–
Guéret	–	–	–	–	–	–	–	–
Royère-de-Vassivière	–	–	•	–	•	✕	≈	–
St-Vaury	–	–	–	–	–	–	–	–
La Souterraine	–	–	–	–	–	–	–	🚐

24 - DORDOGNE [9] [10] [13] [14]

	Permanent	🐎	Restauration	Loc. 🚐 ou 🏠	🏠 et autres	✕ ou [✕]	≈ ou [≈]	🚐
Abjat-sur-Bandiat	–	🐎	•	•	–	✕	≈	–
Alles-sur-Dordogne	–	–	–	–	–	–	≈	🚐
Angoisse	–	🐎	•	–	–	✕	–	–
Badefols-sur-Dordogne	–	–	•	•	–	✕	≈	–
Beaumont	–	–	–	•	–	✕	≈	–
Belvès	–	🐎	•	•	•	✕	[≈]	–
Bergerac	P	–	–	–	–	–	–	🚐
Beynac-et-Cazenac	–	–	•	–	–	✕	≈	–
Biron	–	🐎	•	•	•	✕	≈	–
Brantôme	–	–	–	–	–	✕	–	–
Le Bugue	–	🐎	–	–	–	–	≈	🚐
Le Buisson-Cussac	–	🐎	–	•	–	✕	≈	–
Cadouin	–	–	–	–	–	–	–	–
Campagne	–	–	–	–	–	–	–	–
Campsegret	–	–	•	–	–	✕	–	–
Carsac-Aillac	–	–	–	–	–	–	≈	–
Castelnaud-Fayrac	–	–	–	–	–	–	≈	–
Cazoulès	–	–	–	–	–	–	≈	–
Cénac-et-St-Julien	–	🐎	–	•	–	–	≈	–
Le Change	–	–	–	•	•	✕	≈	–
La Chapelle-Aubareil	–	🐎	•	•	–	–	≈	–
Coly	–	🐎	–	•	–	✕	≈	–
Coux-et-Bigaroque	–	–	•	•	•	–	≈	–
Couze-et-St-Front	–	–	–	–	–	✕	–	–
Daglan	P	–	•	•	–	✕	≈	–
Eymet	–	–	–	–	–	–	–	–
Les Eyzies-de-Tayac	–	🐎	•	•	•	✕	≈	–
Fossemagne	–	–	–	–	–	✕	–	–
Groléjac	–	–	•	•	•	–	≈	–
Hautefort	–	–	•	•	–	–	≈	–
Lalinde	–	–	–	–	–	✕	≈	–
Le Lardin-St-Lazare	–	–	–	•	–	–	≈	–
Lisle	–	–	–	–	–	✕	–	–
Maison-Jeannette	–	–	•	–	–	–	≈	–
Marcillac-St-Quentin	–	🐎	•	–	–	–	≈	–
Mareuil	–	🐎	•	–	–	✕	≈	–

	Permanent	Équitation	Restauration	Loc. Caravane ou mobile home	Loc. Chalet et autres	Tennis ou tennis couvert	Piscine ou piscine couverte	Camping-car
Ménesplet	—	—	—	•	—	—	—	—
Molières	—	Équitation	•	•	—	—	Piscine	—
Monfaucon	—	Équitation	•	•	—	—	Piscine	—
Monpazier	—	Équitation	•	•	—	—	Piscine	—
Monplaisant	—	—	—	—	—	—	—	—
Montignac	—	—	—	—	—	Tennis	Piscine	—
Mouleydier	—	—	—	—	—	Tennis	—	—
Nabirat	—	—	—	—	•	—	Piscine	—
Neuvic	—	—	—	—	—	Tennis	Piscine	—
Nontron	—	—	—	—	—	Tennis	Piscine	—
Parcoul	—	—	•	•	—	Tennis	Piscine	—
Périgueux	P	Équitation	•	•	•	Tennis	Piscine	—
Peyrignac	—	Équitation	—	—	—	Tennis	—	—
Peyrillac-et-Millac	—	Équitation	•	•	—	—	Piscine	—
Piégut-Pluviers	—	—	—	—	—	Tennis	—	—
Plazac	—	—	•	•	—	Tennis	Piscine	—
Pont-St-Mamet	—	—	—	—	—	—	Piscine	—
Ribérac	—	—	—	—	—	—	Piscine	—
La Roche-Chalais	—	—	—	—	—	—	—	—
La Roque-Gageac [site]	—	—	•	•	—	Tennis	Piscine	—
Rouffignac	—	—	•	•	•	Tennis	Piscine	—
Rouffillac	—	—	•	—	—	Tennis	Piscine	—
St-Antoine-de-Breuilh	—	—	—	—	•	Tennis	—	—
St-Astier	—	—	—	—	•	—	—	—
St-Aubin-de-Nabirat	—	Équitation	—	—	—	—	—	—
St-Aulaye	—	—	—	—	•	Tennis	—	—
St-Avit-de-Vialard	—	Équitation	•	•	—	Tennis	Piscine	Camping-car
St-Cirq	—	Équitation	•	—	•	Tennis	Piscine	—
St-Crépin-et-Carlucet	—	—	•	•	•	Tennis	Piscine	—
St-Cybranet	—	—	•	•	—	—	Piscine	—
St-Cyprien	—	—	•	—	—	—	—	—
St-Geniès	—	—	•	•	—	Tennis	Piscine	—
St-Jory-de-Chalais	—	—	—	—	—	—	Piscine	—
St-Julien-de-Lampon	—	—	—	—	—	Tennis	Piscine	—
St-Léon-sur-Vézère	—	—	•	•	—	Tennis	Piscine	Camping-car
St-Martial-de-Nabirat	—	—	•	•	—	Tennis	Piscine couverte	—
St-Pompon	—	—	—	—	—	Tennis	Piscine	—
St-Rémy	—	—	•	•	—	Tennis	Piscine	—
St-Saud-Lacoussière	—	—	•	•	—	Tennis	Piscine	—
St-Seurin-de-Prats	—	—	•	•	•	—	Piscine	—
Salignac-Eyvigues	—	—	—	•	—	—	Piscine	—
Sarlat-la-Canéda [site]	—	Équitation	•	•	•	Tennis	Piscine	—
Sigoulès	P	—	•	—	•	Tennis	—	Camping-car
Siorac-en-Périgord	—	—	—	—	—	Tennis	—	—
Tamniès	—	—	•	•	—	Tennis	Piscine	—
Terrasson-la-Villedieu	—	—	—	—	—	—	—	—
Thenon	—	—	—	—	•	—	Piscine	—
Thonac		—	•	•	—	—	Piscine	—
Tocane-St-Apre	—	—	—	—	—	Tennis	—	—
Tourtoirac	—	—	•	•	—	—	Piscine	Camping-car
Trémolat	—	—	•	—	•	Tennis	Piscine	—
Valeuil	—	Équitation	—	—	—	—	Piscine	—
Vergt-de-Biron	—	Équitation	•	•	—	—	Piscine	—
Verteillac	—	—	—	—	—	Tennis	Piscine	—
Veyrines-de-Domme	—	Équitation	—	—	—	—	—	—
Vézac	—	Équitation	•	•	•	Tennis	Piscine	—
Villamblard	—	—	—	—	—	—	—	—
Villefranche-de-Lonchat	—	—	•	—	•	Tennis	—	—
Vitrac	—	—	•	•	•	Tennis	Piscine	Camping-car

25 - DOUBS 7 8 12

	Permanent	Équitation	Restauration	Loc. Caravane ou mobile home	Loc. Chalet et autres	Tennis ou tennis couvert	Piscine ou piscine couverte	Camping-car
Arc-et-Senans	—	—	—	—	—	—	—	—
Glère	—	Équitation	—	—	•	—	Piscine	—
Les Hôpitaux-Neufs [ski]	—	—	—	—	—	Tennis	—	—
Huanne-Montmartin	—	—	•	—	—	—	Piscine	—
L'Isle-sur-le-Doubs	—	—	—	—	—	Tennis	—	—
Labergement-Ste-Marie	—	—	•	—	—	Tennis	—	—
Levier	—	Équitation	—	—	—	—	—	—
Lods	—	—	—	—	—	Tennis	—	—
Longevilles-Mont-d'Or	P	—	—	—	—	—	—	—
Maiche	P	—	—	—	•	—	—	—
Malbuisson	—	—	•	•	—	—	—	—
Mandeure	—	—	—	—	—	—	—	—
Morteau	—	—	—	—	—	Tennis	—	—
Mouthe [ski]	—	—	•	—	•	—	—	—
Ornans	—	—	—	•	•	Tennis	Piscine	—
Rougemont	—	—	•	—	—	—	—	—
Le Russey	P	—	—	—	—	Tennis	—	—
St-Hippolyte	—	—	—	—	—	—	—	—
St-Point-Lac	—	—	—	—	—	Tennis	—	—
Vuillafans	—	—	—	—	•	Tennis	—	—

26 - DRÔME 12 16

	Permanent	Équitation	Restauration	Loc. Caravane ou mobile home	Loc. Chalet et autres	Tennis ou tennis couvert	Piscine ou piscine couverte	Camping-car
Albon	—	—	—	•	—	Tennis	Piscine	Camping-car
Aurel	—	Équitation	•	—	—	—	Piscine	—
Beaumont-en-Diois	—	Équitation	—	—	—	—	—	—
Bonlieu-sur-Roubion	—	—	—	—	—	—	Piscine	—
Bourdeaux	—	Équitation	•	•	•	Tennis	Piscine couverte	—
Bourg-de-Péage	—	—	•	—	•	—	Piscine	—
Buis-les-Baronnies	—	Équitation	•	•	•	Tennis	Piscine	—
Chabeuil	—	Équitation	•	•	•	Tennis	Piscine couverte	—
Charmes-sur-L'herbasse	—	—	—	—	—	—	—	—
Châteauneuf-du-Rhône	—	—	—	—	—	Tennis	Piscine	—
Die	—	—	•	•	•	Tennis	Piscine	—
Dieulefit	—	—	—	—	—	Tennis	Piscine	—
Eymeux	—	—	—	—	—	Tennis	—	—
Hauterives	—	—	•	—	—	Tennis	Piscine	—
Lachau	—	—	—	—	—	—	—	—
Lens-Lestang	—	—	—	—	—	Tennis	—	—
Menglon	—	Équitation	•	—	—	—	—	—
Mirabel-et-Blacons	—	—	•	—	—	—	—	—
Mirmande	—	—	•	•	—	—	Piscine	—
Miscon	—	Équitation	—	—	—	—	—	—
La Motte-Chalancon	—	—	—	—	—	—	—	—
Nyons	—	—	—	—	—	—	—	—
Pierrelongue	—	—	—	•	—	—	Piscine	—
Le Poët-Laval	—	—	—	—	—	Tennis	—	—
Recoubeau-Jansac	—	—	•	—	—	—	Piscine	—
Rémuzat	—	—	—	—	—	—	—	—
Romans-sur-Isère	—	—	•	—	—	—	—	—
Sahune	—	—	•	—	—	—	Piscine	
St-Agnan-en-Vercors	—	—	—	—	—	—	—	—
St-Donat-sur-l'Herbasse	—	—	•	—	—	—	Piscine	—
St-Ferréol-Trente-Pas	—	—	—	•	—	—	Piscine	—
St-Jean-en-Royans	—	—	—	—	—	Tennis	Piscine	—
St-Martin-en-Vercors	—	—	—	—	—	—	—	—
St-Nazaire-en-Royans	—	—	—	—	—	Tennis	—	—
St-Nazaire-le-Désert	—	—	•	—	—	—	Piscine	—
St-Paul-Trois-Châteaux	—	—	—	—	—	—	—	—
St-Vallier	—	—	—	—	—	Tennis	—	—
Saou	—	Équitation	—	—	—	—	—	—
Séderon	—	—	—	—	—	—	—	—
Suze-la-Rousse	—	—	—	—	—	—	—	—
Tain-l'Hermitage	—	—	•	—	—	Tennis	Piscine	—
Tulette	—	Équitation	•	•	—	—	Piscine	—
Vercheny	—	—	•	•	—	—	Piscine	—
Vinsobres	P	—	•	•	—	Tennis	—	—

27 - EURE 5 6

	Permanent	🐎	Restauration	Loc. 🚃 ou 🏠	Loc. 🏠 et autres	[🎾] ou 🎾	[🏊] ou 🏊	🚐
Les Andelys	—	🐎	—	—	—	🎾	🏊	—
Bernay	—	—	—	—	—	🎾	[🏊]	—
Bourg-Achard	—	—	—	—	—	—	—	—
Fiquefleur-Equainville	—	—	•	—	—	—	—	—
Le Gros-Theil	P	🐎	•	•	—	🎾	[🏊]	—
Louviers	—	—	—	—	—	—	🏊	—
Lyons-la-Forêt	—	—	—	—	—	🎾	—	—
Pont-Authou	P	—	—	—	—	—	—	—
Poses	—	—	—	—	—	🎾	—	—
St-Pierre-du-Vauvray	P	—	—	—	—	—	—	—
Toutainville	—	—	—	—	—	—	—	—
Verneuil-sur-Avre	—	—	—	•	—	—	—	—

28 - EURE-ET-LOIR 5 6

	Permanent	🐎	Restauration	Loc. 🚃 ou 🏠	Loc. 🏠 et autres	[🎾] ou 🎾	[🏊] ou 🏊	🚐
Alluyes	—	—	—	—	—	🎾	—	—
Arrou	—	—	—	—	—	🎾	—	—
Bonneval	—	—	—	—	—	—	[🏊]	—
Brou	—	—	—	—	—	🎾	🏊	—
Brunelles	—	—	—	—	—	—	—	—
Cloyes-sur-le-Loir	—	—	•	—	—	🎾	—	—
Fontaine-Simon	—	—	—	—	—	—	[🏊]	—
Illiers-Combray	—	—	—	—	•	—	🏊	—
Maintenon	—	🐎	—	—	—	🎾	—	—
Nogent-le-Rotrou	—	—	—	—	—	—	🏊	—
St-Rémy-sur-Avre	—	—	—	—	—	🎾	—	—
Senonches	—	—	—	—	—	🎾	🏊	—

29 - FINISTÈRE 3

	Permanent	🐎	Restauration	Loc. 🚃 ou 🏠	Loc. 🏠 et autres	[🎾] ou 🎾	[🏊] ou 🏊	🚐
Arzano	—	—	•	•	•	🎾	🏊	—
Bénodet ⛺	—	🐎	•	•	—	🎾	🏊	🚐
Brest	P	—	—	•	—	—	—	—
Brignogan-Plages	—	—	—	•	—	—	—	—
Camaret-sur-Mer	—	🐎	•	•	—	—	🏊	🚐
Carantec	—	—	•	•	—	—	🏊	🚐
Châteaulin	—	—	—	—	—	—	[🏊]	—
Cléden-Cap-Sizun	P	—	•	—	—	—	—	—
Cléder	—	—	•	—	•	🎾	🏊	—
Combrit	—	—	—	•	—	—	—	—
Concarneau	—	🐎	—	—	—	—	🏊	—
Le Conquet	—	—	—	—	—	🎾	—	—
Crozon ⛺	—	🐎	—	•	—	—	—	—
Douarnenez	—	🐎	•	•	•	🎾	🏊	—
Elliant	—	—	—	—	—	🎾	—	—
La Forêt-Fouesnant ⛺	P	🐎	•	•	•	🎾	🏊	—
Fouesnant ⛺	—	🐎	•	•	•	🎾	🏊	🚐
Guilvinec	—	—	•	•	•	🎾	🏊	—
Guimaëc	—	—	—	—	—	🎾	—	—
Hanvec	—	—	—	—	—	—	—	—
Henvic	—	—	—	—	—	🎾	—	—
Huelgoat	—	—	—	—	—	🎾	🏊	—
Lampaul-Ploudalmézeau	—	—	—	—	—	—	—	—
Landéda	—	—	•	—	—	—	—	🚐
Landerneau	—	—	—	—	—	🎾	[🏊]	—
Landudec	—	🐎	•	•	•	🎾	🏊	—
Lanildut	—	🐎	—	—	—	🎾	—	—
Lesconil	—	—	—	—	—	—	—	—
Locmaria-Plouzané	—	—	—	—	—	—	—	—
Locquirec	—	—	•	—	—	—	—	—
Locronan	—	—	—	—	—	—	—	—
Loctudy	—	—	—	—	—	—	—	—
Logonna-Daoulas	—	—	—	—	—	—	—	🚐
Moëlan-sur-Mer	—	—	—	•	—	—	🏊	—
Névez	—	🐎	—	—	—	—	—	—
Penmarch	—	—	—	—	—	—	—	—
Pentrez-Plage	—	—	—	—	—	🎾	—	—
Plobannalec	—	—	—	•	•	🎾	🏊	🚐
Ploéven	—	—	—	—	—	—	—	—
Plomeur	—	🐎	•	•	—	—	🏊	—
Plomodiern ⛺	—	—	•	•	—	—	🏊	—
Plonéour-Lanvern	—	—	—	—	—	🎾	—	—
Plonévez-Porzay	—	—	•	•	•	🎾	🏊	—
Plouarzel	—	—	—	—	—	—	—	—
Ploudalmézeau	—	—	—	—	—	—	—	—
Plouescat	—	—	•	—	—	🎾	—	—
Plouézoch	—	—	—	—	—	—	🏊	—
Plougasnou	—	🐎	—	•	—	🎾	—	—
Plougoulm	—	—	—	—	—	—	—	—
Plouhinec	—	—	—	—	—	🎾	—	—
Plounévez-Lochrist	—	—	—	—	—	—	—	—
Plozévet	—	—	•	•	—	—	🏊	🚐
Pont-Aven	—	—	—	•	—	🎾	🏊	—
Pont-Croix	—	—	—	—	—	—	—	—
Port-Manech	—	—	—	—	—	—	—	—
Le Pouldu	—	—	—	•	—	—	🏊	—
Primelin	—	—	—	—	—	🎾	—	—
Quimper	—	🐎	•	—	—	🎾	🏊	🚐
Quimperlé	—	—	—	—	—	🎾	—	—
Raguenès-Plage ⛺	—	—	•	•	—	🎾	🏊	—
Rosporden	—	—	—	—	—	🎾	[🏊]	—
St-Jean-du-Doigt	—	—	—	—	—	—	—	—
St-Pol-de-Léon	—	—	—	•	—	🎾	🏊	—
St-Renan	—	—	—	—	—	🎾	—	—
St-Yvi	P	🐎	—	—	•	🎾	🏊	—
Sizun	—	—	—	—	—	🎾	🏊	—
Telgruc-sur-Mer	—	—	•	•	—	🎾	🏊	🚐
Treffiagat	—	🐎	—	•	—	🎾	—	—
Trégarvan	—	—	•	—	—	🎾	🏊	—
Trégourez	—	—	—	—	—	🎾	—	—
Tréguennec	—	—	•	•	—	—	🏊	—
Trégunc	—	—	•	•	—	—	🏊	—

30 - GARD 15 16

	Permanent	🐎	Restauration	Loc. 🚃 ou 🏠	Loc. 🏠 et autres	[🎾] ou 🎾	[🏊] ou 🏊	🚐
Aigues-Mortes	—	—	•	•	—	🎾	🏊	—
Aimargues	P	—	•	—	—	—	🏊	—
Alès	—	—	•	•	•	🎾	[🏊]	—
Anduze ⛺	—	🐎	•	•	•	🎾	🏊	—
Aiguèze (Ardèche Gorges de) ⛺	—	—	—	—	—	—	🏊	🚐
Barjac (Ardèche Gorges de)	—	🐎	—	•	—	🎾	🏊	—
Bagnols-sur-Cèze	—	—	•	•	—	—	🏊	—
Beaucaire	—	—	—	—	—	🎾	🏊	—
Bessèges	—	—	•	•	•	—	—	—
Boisson	—	🐎	•	•	•	🎾	🏊	—
Chambon	—	🐎	—	—	—	—	—	—
Chamborigaud	—	—	—	—	—	—	—	—
Collias	—	—	•	—	—	—	🏊	—
Crespian	—	—	—	—	—	—	🏊	—
Les Fumades	—	—	•	•	•	🎾	🏊	—
Gallargues-le-Montueux	—	—	•	•	—	🎾	🏊	—
Génolhac	—	—	—	—	—	🎾	—	—
Goudargues	—	🐎	—	—	—	🎾	🏊	—
Le Grau-du-Roi ⛺	—	—	•	•	—	🎾	[🏊]	🚐
Junas	—	—	—	—	—	—	🏊	—
Lasalle	—	—	•	•	—	🎾	🏊	—
Pont-du-Gard	—	—	•	•	—	—	🏊	🚐

	Permanent	🐴	Restauration	Loc. caravane ou mobile-home	Loc. bungalow et autres	[🎾] ou 🎾	[🏊] ou 🏊	🚐
Remoulins	P	–	•	•	•	🎾	🏊	🚐
St-Ambroix	–	🐴	–	•	–	🎾	🏊	–
St-André-de-Roquep.	–	–	•	–	–	–	–	–
St-Hippolyte-du-Fort	–	–	–	–	–	–	🏊	–
St-Jean-de-Maruéjols	–	–	–	–	–	–	–	–
St-Jean-du-Gard	–	🐴	•	–	•	🎾	🏊	–
St-Julien-de-Peyrolas	–	–	•	–	–	–	–	–
St-Laurent-d'Aigouze	–	–	–	–	–	–	🏊	–
St-Victor-de-Malcap	–	–	–	–	–	🎾	🏊	–
Sauve	–	–	•	–	•	🎾	🏊	–
Uzès	–	🐴	•	•	•	🎾	🏊	–
Vallabrègues	–	–	–	–	–	🎾	🏊	–
Valleraugue	–	–	–	–	•	–	🏊	–
Vauvert	P	–	•	•	–	🎾	🏊	–
Le Vigan	–	–	–	–	–	–	🏊	–
Villeneuve-lès-Avignon	–	–	•	–	–	🎾	[🏊]	–

31 - HAUTE-GARONNE 14 15

	Permanent	🐴	Restauration	Loc. caravane ou mobile-home	Loc. bungalow et autres	[🎾] ou 🎾	[🏊] ou 🏊	🚐
Aspet	–	–	–	–	–	🎾	🏊	–
Aurignac	–	–	–	–	–	🎾	🏊	–
Avignonet-Lauragais	–	–	–	–	–	–	–	–
Bagnères-de-Luchon ♨ ⛷	P	🐴	•	•	•	🎾	🏊	–
Boulogne-sur-Gesse	P	–	–	–	•	🎾	🏊	–
Caraman	–	–	–	–	–	🎾	–	–
Cazères	P	–	–	–	–	–	🏊	–
Fos	P	–	–	–	–	🎾	–	–
Mane	–	–	–	–	•	🎾	🏊	–
Martres-Tolosane	–	–	–	–	–	🎾	🏊	–
Peyssies	P	–	•	–	–	🎾	–	–
Revel	–	–	–	–	–	🎾	🏊	–
St-Bertrand-de-Comminges	–	–	–	–	•	–	–	–
St-Ferréol	–	–	–	•	–	🎾	–	–
St-Martory	–	–	–	–	–	🎾	–	–

32 - GERS 13 14

	Permanent	🐴	Restauration	Loc. caravane ou mobile-home	Loc. bungalow et autres	[🎾] ou 🎾	[🏊] ou 🏊	🚐
Barcelonne-du-Gers	–	–	–	–	–	–	–	–
Bassoues	–	–	–	–	–	🎾	–	–
Castéra-Verduzan ♨	–	–	–	•	•	–	–	–
Cazaubon ♨	–	–	–	–	–	🎾	–	–
Cézan	–	🐴	•	–	•	–	🏊	–
Condom	–	–	•	–	•	🎾	🏊	–
Estang	–	–	•	•	•	–	–	🚐
Lectoure	–	–	•	–	•	🎾	–	🚐
Masseube	–	–	–	–	–	🎾	🏊	–
Miélan	–	–	•	–	•	🎾	🏊	–
Mirande	–	–	–	–	–	–	🏊	–
Mirepoix	–	🐴	–	–	–	–	🏊	–
Monfort	–	–	–	–	–	–	–	–
Montesquiou	–	🐴	•	•	•	–	🏊	–
Pouylebon	–	🐴	–	•	–	–	–	–
Riscle	–	–	–	–	–	🎾	🏊	–
Thoux	–	–	•	–	–	🎾	–	–

33 - GIRONDE 9 13 14

	Permanent	🐴	Restauration	Loc. caravane ou mobile-home	Loc. bungalow et autres	[🎾] ou 🎾	[🏊] ou 🏊	🚐
Abzac	–	–	•	–	•	–	–	–
ARCACHON (Bassin)	–	–	–	–	–	–	–	–
Andernos-les-Bains [A]	–	–	•	•	•	🎾	🏊	🚐
Arcachon	P	–	•	–	–	–	🏊	–
Arès	–	–	•	•	•	–	🏊	🚐
Cap Ferret	–	–	•	–	–	–	–	🚐
Cassy	–	–	•	•	–	🎾	🏊	–
Claouey	P	–	•	•	•	🎾	–	–
Gujan-Mestras	–	–	–	–	–	–	–	–
Lanton	P	–	•	•	•	🎾	–	–
Lège-Cap-Ferret	P	–	–	–	–	–	–	–
Pyla-sur-Mer	–	–	•	•	•	🎾	🏊	🚐
Le Teich	P	–	•	•	•	–	🏊	–
La Teste-de-Buch	–	–	•	•	•	–	🏊	–
Bayas	–	–	–	•	–	–	–	–
Bordeaux	–	–	–	–	–	🎾	–	–
Carcans	P	–	•	•	–	🎾	🏊	🚐
Castillon-la-Bataille	–	–	–	–	•	–	–	–
Cazaux	–	–	•	–	–	–	–	–
Grayan-et-l'Hôpital	P	–	•	–	–	🎾	–	–
Hourtin	–	–	•	•	–	🎾	🏊	–
Hourtin-Plage	–	–	•	•	–	🎾	–	🚐
Lacanau (Étang de)	–	–	•	–	–	🎾	🏊	🚐
Lacanau-Océan	–	–	•	•	•	🎾	🏊	🚐
Lacanau-de-Mios	P	–	–	–	–	🎾	–	–
Laruscade	–	–	–	–	•	–	🏊	–
Montalivet-les-Bains	–	–	•	–	–	🎾	–	🚐
Naujac-sur-Mer	–	–	–	–	–	–	–	–
Pauillac	–	–	–	–	–	–	–	🚐
Petit-Palais-et-Cornemps	–	–	•	–	•	–	🏊	–
Le Porge	–	–	•	•	–	🎾	–	–
La Réole	–	–	–	–	–	–	–	–
St-Christoly-de-Blaye	P	–	–	•	•	–	–	–
St-Christophe-de-Double	–	–	•	–	–	🎾	–	–
St-Émilion	–	–	•	–	–	🎾	🏊	–
St-Palais	P	🐴	•	•	–	–	🏊	–
Salles	P	🐴	–	–	–	–	–	–
Sauveterre-de-Guyenne	P	–	–	–	–	–	🏊	🚐
Soulac-sur-Mer [A]	P	–	•	•	•	🎾	🏊	–
Vendays-Montalivet	–	🐴	–	–	–	–	–	–
Vensac	–	–	•	•	–	–	🏊	–
Le Verdon-sur-Mer	P	–	–	•	–	–	–	–

34 - HÉRAULT 15 16

	Permanent	🐴	Restauration	Loc. caravane ou mobile-home	Loc. bungalow et autres	[🎾] ou 🎾	[🏊] ou 🏊	🚐
Adissan	–	–	–	–	•	–	🏊	–
Agde [A]	–	–	•	•	•	🎾	🏊	–
Balaruc-les-Bains ♨	–	–	•	–	–	–	🏊	–
Bouzigues	–	–	–	–	–	🎾	–	–
Brissac	–	–	•	•	–	–	–	–
Canet	–	–	•	•	–	🎾	🏊	–
Carnon-Plage	–	–	–	–	–	–	–	–
Clermont-l'Hérault	–	–	•	–	•	–	–	–
Creissan	–	–	–	–	•	🎾	🏊	–
Frontignan [A]	–	–	•	•	•	🎾	🏊	🚐
Ganges	–	–	–	–	–	–	–	–
Gigean	–	–	–	–	–	🎾	–	–
Gignac	–	🐴	–	–	–	🎾	–	🚐
La Grande-Motte [A]	–	–	•	•	–	–	🏊	–
Lamalou-les-Bains ♨	–	–	–	–	–	–	–	–
Lodève	P	–	•	•	•	🎾	🏊	–
Loupian	–	–	–	–	–	🎾	–	–
Lunel	–	–	–	–	–	–	–	–
Marseillan	–	–	•	•	–	–	🏊	–
Mons	P	–	•	–	–	–	–	–
Montagnac	–	–	•	•	–	🎾	🏊	–
Montpellier	–	–	•	–	•	🎾	🏊	–
Palavas-les-Flots	–	–	–	•	–	🎾	🏊	–
Pézenas	–	–	–	–	•	🎾	🏊	–
Portiragnes	–	–	•	•	–	🎾	🏊	–
Le Pouget	–	–	–	–	•	🎾	–	–
St-André-de-Sangonis	–	–	–	•	–	–	🏊	–

	Permanent	Équitation	Restauration	Loc. caravanes ou mobile-homes	Loc. bungalows et autres	Tennis ou tennis couvert	Piscine ou piscine couverte	Camping-car
St-Martin-de-Londres	—	équitation	—	•	—	—	piscine	—
St-Pons-de-Thomières	—	équitation	—	—	•	—	piscine	—
La Salvetat-sur-Agout	—	—	—	—	—	tennis	—	—
Sauvian	—	—	—	—	—	tennis	piscine	—
Sérignan	—	—	•	•	—	—	piscine	—
Sète	—	—	•	•	—	tennis	piscine	camping-car
Valras-Plage	—	—	•	•	•	tennis	piscine	camping-car
Vias	—	—	•	•	•	tennis	piscine	camping-car
Vic-la-Gardiole	—	—	•	•	•	—	piscine	—
Viols-le-Fort	—	—	•	—	—	tennis	piscine	—

35 - ILLE-ET-VILAINE 4

	Permanent	Équitation	Restauration	Loc. caravanes ou mobile-homes	Loc. bungalows et autres	Tennis ou tennis couvert	Piscine ou piscine couverte	Camping-car
Antrain	—	—	—	—	—	—	—	—
Bourg-des-Comptes	—	—	—	—	—	—	—	—
Cancale	—	—	—	—	—	—	—	camping-car
La Chapelle-aux-Filtzm.	—	équitation	•	—	—	—	piscine	—
Châteaugiron	—	—	—	—	—	—	—	—
Châtillon-en-Vendelais	—	—	—	—	—	tennis	—	—
Cherrueix	—	—	—	—	•	—	—	—
Dinard	—	—	•	•	—	tennis	piscine	—
Dol-de-Bretagne	—	—	•	•	•	tennis	piscine	camping-car
Fougères	—	—	—	—	—	tennis	—	—
Marcillé-Robert	—	—	—	—	—	—	—	—
Martigné-Ferchaud	—	—	—	—	—	—	—	camping-car
Rennes	—	—	—	—	—	tennis	piscine couverte	—
St-Aubin-du-Cormier	—	—	—	—	—	—	—	—
St-Briac-sur-Mer	—	—	•	—	—	—	—	—
St-Coulomb	—	équitation	—	—	—	—	—	—
St-Guinoux	—	—	—	—	—	—	—	—
St-Lunaire	—	—	•	•	•	—	—	—
St-Malo	—	—	•	•	—	tennis	piscine	camping-car
St-Marcan	—	équitation	—	—	—	—	—	—
St-Père	—	—	—	•	—	—	piscine	—
St-Thurial	P	—	—	—	—	—	—	—
La Selle-Guerchaise	P	—	—	—	—	tennis	—	—
Sens-de-Bretagne	—	—	—	—	—	tennis	—	—
Tinténiac	—	—	•	•	—	tennis	piscine	—

36 - INDRE 10

	Permanent	Équitation	Restauration	Loc. caravanes ou mobile-homes	Loc. bungalows et autres	Tennis ou tennis couvert	Piscine ou piscine couverte	Camping-car
Argenton-sur-Creuse	—	—	—	—	—	—	—	—
Arpheuilles	—	—	—	—	•	—	—	—
Le Blanc	—	—	—	—	—	—	piscine	—
Buzançais	—	—	—	—	—	tennis	piscine	—
Chaillac	P	—	—	—	—	tennis	—	—
Châteauroux	—	—	•	—	—	tennis	piscine couverte	camping-car
Châtillon-sur-Indre	—	—	—	—	—	—	—	—
La Châtre	—	—	—	—	—	—	—	—
Diou	—	—	—	—	—	tennis	—	—
Fougères	—	—	—	•	—	tennis	—	—
Issoudun	—	—	—	—	—	—	—	—
Mézieres-en-Brenne	—	—	—	—	—	—	—	—
Migné	—	—	—	—	—	—	—	—
La Motte-Feuilly	—	—	—	—	—	—	—	—
Le Pont-Chrétien-Ch.	—	—	—	—	—	—	—	—
Poulaines	—	—	—	—	—	tennis	—	—
Rosnay	P	—	—	—	—	tennis	—	—
Ruffec	—	—	—	—	—	tennis	—	—
St-Gaultier	P	—	•	—	•	—	piscine	—
Ste-Sévère-sur-Indre	—	—	—	—	—	—	—	—
Valençay	—	—	—	—	—	tennis	piscine	—
Vatan	—	—	—	—	—	tennis	piscine	camping-car
Vendoeuvres	—	—	•	—	•	—	—	—

37 - INDRE-ET-LOIRE 5 9 10

	Permanent	Équitation	Restauration	Loc. caravanes ou mobile-homes	Loc. bungalows et autres	Tennis ou tennis couvert	Piscine ou piscine couverte	Camping-car
Abilly	—	—	—	—	—	tennis	—	—
Azay-le-Rideau	—	—	—	—	—	tennis	piscine	camping-car
Ballan-Miré	—	—	•	—	•	tennis	piscine	—
Barrou	—	—	—	—	—	tennis	—	—
Bléré	—	—	—	—	—	tennis	piscine	—
Bourgueil	—	—	—	—	—	tennis	—	—
Château-Renault	—	—	—	—	—	tennis	piscine	—
Chemillé-sur-Indrois	—	—	•	—	—	tennis	—	—
Chenonceaux	—	—	•	—	—	—	piscine	—
Chinon	—	—	—	—	—	tennis	piscine couverte	camping-car
Chisseaux	—	—	—	—	—	tennis	—	camping-car
Civray-de-Touraine	—	—	—	—	—	tennis	—	—
Descartes	—	—	—	—	•	tennis	piscine	—
Genillé	—	—	—	—	—	tennis	piscine	—
L'Île-Bouchard	—	—	—	—	•	—	—	—
Langeais	—	—	—	—	—	tennis	piscine	—
Limeray	—	—	•	—	—	—	—	—
Loches	—	—	—	—	—	tennis	piscine couverte	—
Luynes	—	—	—	—	—	tennis	—	—
Marcilly-sur-Vienne	—	—	—	—	—	—	—	—
Montbazon	—	—	•	•	—	tennis	—	—
Montlouis-sur-Loire	—	—	•	—	—	tennis	piscine	—
Monts	—	—	—	—	—	—	—	—
Nazelles-Négron	—	—	—	—	—	—	—	—
Preuilly-sur-Claise	—	—	—	—	—	tennis	piscine	—
Richelieu	—	—	—	—	—	tennis	piscine	—
Rivarennes	—	—	—	—	—	—	—	—
St-Martin-le-Beau	—	—	—	—	—	—	—	—
St-Paterne-Racan	—	—	—	—	—	tennis	piscine	—
Ste-Catherine-de-F.	—	—	•	•	•	tennis	piscine	—
Ste-Maure-de-Touraine	—	—	—	—	—	tennis	—	—
Tours	—	—	—	—	—	—	—	—
Veigne	—	—	•	•	•	—	piscine	—
Véretz	—	—	—	—	—	—	—	—
Villedômer	—	—	—	—	—	tennis	—	—
Vouvray	—	—	—	—	—	tennis	piscine	—
Yzeures-sur-Creuse	—	—	—	—	—	tennis	piscine	—

38 - ISÈRE 11 12 16 17

	Permanent	Équitation	Restauration	Loc. caravanes ou mobile-homes	Loc. bungalows et autres	Tennis ou tennis couvert	Piscine ou piscine couverte	Camping-car
Les Abrets	—	équitation	•	—	—	—	piscine	—
Allemont	P	—	•	•	—	tennis	piscine	—
Allevard	—	—	—	—	•	tennis	piscine	—
Autrans	P	—	•	—	—	—	piscine	—
Les Avenières	—	—	—	—	—	tennis	piscine	—
Beauvoir-en-Royans	—	—	—	—	—	—	—	—
Bougé-Chambalud	—	équitation	•	—	•	tennis	piscine	camping-car
Le Bourg-d'Arud	—	—	•	•	•	tennis	piscine	—
Le Bourg-d'Oisans	—	—	•	•	—	tennis	piscine	—
Chanas	—	—	—	—	—	tennis	piscine	—
Choranche	—	—	—	—	—	—	—	—
Clonas-sur-Varèze	P	—	•	•	—	—	piscine	—
Les Deux-Alpes	—	—	•	•	•	tennis	—	—
Entre-Deux-Guiers	—	équitation	•	•	—	—	piscine	—
Faramans	—	—	—	—	—	tennis	—	—
Le Freney-d'Oisans	—	—	—	—	—	—	—	—
Gresse-en-Vercors	—	équitation	•	—	—	tennis	piscine	—
Lans en Vercors	—	—	—	—	—	—	—	—
Méaudre	P	équitation	•	—	—	tennis	piscine	—
Meyrieu-les-Étangs	—	—	•	—	—	—	—	—
Monestier-de-Clermont	—	—	—	—	—	tennis	piscine	—
Montalieu-Vercieu	—	—	•	—	—	tennis	piscine	—
Petichet	—	—	—	—	—	—	—	—
Pommier-de-Beaurepaire	P	—	—	•	—	tennis	piscine	—

	Permanent	🎠	Restauration	Loc. [mobil-home] ou [caravane]	Loc. [bungalow] [chalet] et autres	🎾 ou [🎾]	🏊 ou [🏊]	🚐
Pont-en-Royans	—	—	—	—	—	🎾	—	—
Renage	—	—	•	—	—	🎾	🏊	—
Roybon	—	—	—	—	—	—	—	—
St-Christophe-en-Oisans	—	🎠	—	—	—	—	—	—
St-Clair-du-Rhône	—	🎠	•	—	—	—	🏊	🚐
St-Étienne-de-Crossey	—	—	—	—	—	🎾	—	—
St-Laurent-du-Pont	—	—	—	—	—	🎾	🏊	—
St-Laurent-en-Beaumont	—	—	•	—	—	—	🏊	—
St-Martin-de-Clelles	—	—	—	—	—	—	—	—
St-Martin-d'Uriage	—	—	—	—	—	🎾	🏊	—
St-Pierre-de-Chartreuse ⛷	—	—	•	—	—	—	—	—
Theys	—	🎠	—	—	—	—	—	—
Trept	—	—	•	—	•	🎾	—	—
Vernioz	—	🎠	•	•	—	🎾	🏊	🚐
Villard-de-Lans ⛷	—	—	—	—	—	—	[🏊]	—
Vinay	—	—	—	—	—	—	🏊	—
Vizille	—	—	—	—	—	—	—	—
Voiron	—	—	—	—	—	—	—	—

39 - JURA 12

	Permanent	🎠	Restauration	Loc. [mobil-home] ou [caravane]	Loc. [bungalow] [chalet] et autres	🎾 ou [🎾]	🏊 ou [🏊]	🚐
Arbois	—	—	—	—	—	—	🏊	—
Blye	—	—	—	—	—	—	—	—
Bonlieu	—	—	•	—	—	—	—	—
Champagnole	—	—	•	—	—	🎾	🏊	—
Chancia	—	—	—	—	—	—	—	—
Chaux-des-Crotenay	—	—	—	—	—	🎾	🏊	—
Clairvaux-les-Lacs	—	—	—	—	—	—	—	—
Dole	—	—	•	•	•	🎾	🏊	—
Doucier	—	—	•	—	•	🎾	—	🚐
Lac-des-Rouges-Truites	—	🎠	—	—	•	🎾	—	—
Longchaumois	P	—	—	—	—	—	—	—
Lons-le-Saunier ♨	—	—	—	—	—	🎾	[🏊]	—
Marigny	—	—	•	•	—	—	🏊	—
Monnet-la-Ville	—	—	—	—	—	—	—	—
Ounans	—	—	•	—	—	—	—	—
Pont-de-Poitte	—	—	—	—	—	—	🏊	—
St-Claude	—	—	•	—	—	🎾	🏊	—
St-Laurent-en-Grandvaux	—	—	—	—	—	—	—	—
Salins-les-Bains ♨	—	—	—	—	—	—	—	—
La Tour-du-Meix	—	—	—	—	—	—	—	—
Vouglans	—	—	—	—	—	—	—	—

40 - LANDES 13 14

	Permanent	🎠	Restauration	Loc. [mobil-home] ou [caravane]	Loc. [bungalow] [chalet] et autres	🎾 ou [🎾]	🏊 ou [🏊]	🚐
Aire-sur-l'Adour	—	—	—	—	—	—	—	—
Amou	—	—	—	—	—	—	🏊	—
Aureilhan	—	—	•	•	•	🎾	🏊	🚐
Azur	—	—	•	•	—	🎾	🏊	🚐
Bélus	—	—	•	•	—	🎾	—	—
Bias	—	—	•	—	—	🎾	🏊	—
Biscarrosse	—	—	•	•	•	🎾	🏊	🚐
Capbreton	P	—	•	—	—	🎾	—	🚐
Cauneille	P	—	—	—	•	—	—	—
Dax ♨	P	🎠	•	•	•	🎾	🏊	🚐
Gabarret	—	—	—	—	•	—	🏊	—
Gastes	—	—	•	•	•	🎾	[🏊]	—
Habas	—	🎠	—	—	•	🎾	—	—
Hagetmau	—	—	•	—	—	🎾	🏊	—
Hossegor	—	—	—	—	—	🎾	—	—
Labenne	P	—	•	•	•	🎾	🏊	🚐
Labrit	—	—	—	—	—	—	—	—
Léon	—	🎠	•	•	—	🎾	🏊	—
Lesperon	—	🎠	—	•	—	—	🏊	—
Linxe	—	—	—	—	—	—	—	—
Lit-et-Mixe	—	—	•	•	•	🎾	🏊	🚐
Louer	—	—	—	—	—	—	—	—
Messanges	P	—	•	•	•	🎾	[🏊]	🚐
Mézos	—	—	•	•	•	🎾	[🏊]	—
Mimizan	—	—	•	•	•	🎾	🏊	—
Moliets-et-Maa	—	—	•	•	•	🎾	🏊	—
Montfort-en-Chalosse	—	—	—	—	—	—	—	—
Mugron	—	🎠	—	—	—	—	—	—
Ondres	—	—	•	•	•	🎾	—	—
Onesse-et-Laharie	—	—	—	—	—	—	—	—
Parentis-en-Born	—	—	•	•	—	—	🏊	—
Pontenx-les-Forges	—	—	—	—	—	—	—	—
Roquefort	—	—	—	—	—	🎾	—	—
St-André-de-Seignanx	P	—	—	—	—	—	—	—
St-Julien-en-Born	—	—	•	—	—	🎾	🏊	—
St-Justin	—	—	•	•	—	—	🏊	—
St-Martin-de-Seignanx	—	—	—	•	—	—	🏊	—
St-Michel-Escalus	—	🎠	•	•	—	—	—	—
St-Paul-en-Born	—	🎠	•	•	—	—	—	—
St-Sever	P	—	—	—	—	🎾	🏊	—
Ste-Eulalie-en-Born	—	🎠	•	•	•	🎾	🏊	—
Sanguinet	P	—	•	•	—	🎾	🏊	🚐
Sarbazan	—	—	—	—	—	🎾	—	—
Seignosse	—	—	•	•	—	🎾	🏊	—
Sore	—	—	—	—	•	🎾	🏊	—
Soustons	—	—	—	—	—	🎾	🏊	—
Vielle	—	—	•	•	•	🎾	[🏊]	🚐
Vieux-Boucau-les-Bains	—	—	—	—	—	🎾	—	—

41 - LOIR-ET-CHER 5 6

	Permanent	🎠	Restauration	Loc. [mobil-home] ou [caravane]	Loc. [bungalow] [chalet] et autres	🎾 ou [🎾]	🏊 ou [🏊]	🚐
Blois	—	—	—	—	—	—	—	—
Candé-sur-Beuvron	—	—	•	•	•	—	—	—
Cellettes	—	—	—	—	—	🎾	—	—
Châtres-sur-Cher	—	—	—	—	—	🎾	—	—
Chaumont-sur-Loire	—	—	—	—	—	—	—	—
Cheverny	—	—	•	—	—	—	🏊	—
Crouy-sur-Cosson	—	—	—	—	—	🎾	—	—
Fréteval	—	—	—	•	—	—	—	—
Lunay	—	—	—	—	—	🎾	—	—
Mareuil-sur-Cher	—	—	—	—	—	🎾	—	—
Mennetou-sur-Cher	—	—	—	—	—	🎾	🏊	—
Mesland	—	—	•	•	—	🎾	🏊	🚐
Les Montils	—	—	—	—	—	🎾	—	—
Montoire-sur-le-Loir	—	—	—	—	—	—	[🏊]	—
Muides-sur-Loire	—	—	•	•	—	🎾	🏊	🚐
Mur-de-Sologne	—	—	—	—	—	—	—	—
Neung-sur-Beuvron	—	—	—	—	—	🎾	—	—
Nouan-le-Fuzelier	—	—	•	—	—	—	🏊	—
Onzain	P	—	•	•	•	🎾	🏊	—
Pezou	—	—	—	—	—	🎾	—	—
Pierrefitte-sur-Sauldre	—	🎠	•	—	•	🎾	🏊	—
Pruniers-en-Sologne	—	—	—	—	—	—	—	—
Romorantin-Lanthenay	—	—	—	—	—	🎾	🏊	—
St-Aignan	—	—	—	—	—	—	—	—
Salbris	—	—	•	•	—	—	[🏊]	🚐
Soings-en-Sologne	—	—	—	—	—	🎾	—	—
Suèvres	—	—	•	—	—	🎾	🏊	🚐
Vendôme	—	—	—	—	—	🎾	🏊	🚐
Vernou-en-Sologne	—	—	—	—	—	🎾	—	—

Faites-nous connaître vos observations et vos découvertes.

42 - LOIRE 11

Commune	Permanent	🐎	Restauration	Loc. caravane ou mobile-home	Loc. chalet ou et autres	🎾 ou couvert	🏊 ou couverte	🚐
Balbigny	–	–	–	–	–	–	🏊	–
Bourg-Argental	P	–	–	–	–	🎾	🏊	–
Chalmazel [ski]	P	🐎	•	–	–	🎾	–	–
Charlieu	–	–	–	–	–	🎾	🏊	–
Cordelle	–	🐎	–	–	–	–	🏊	–
Estivareilles	–	–	–	–	–	–	–	–
Feurs	P	–	–	–	–	🎾	🏊	–
Leignecq	–	🐎	–	–	–	–	–	–
Montbrison	–	–	–	–	–	🎾	🏊	🚐
Noirétable	–	–	–	–	–	🎾	–	–
La Pacaudière	–	–	–	–	–	🎾	🏊	–
Pélussin	–	–	–	–	–	–	🏊	–
Pouilly-sous-Charlieu	–	–	–	–	–	🎾	–	–
St-Alban-les-Eaux	–	🐎	–	–	–	–	–	–
St-Galmier	–	–	–	–	–	–	🏊	–
St-Jodard	–	–	–	–	–	🎾	–	–
St-Paul-de-Vézelin	–	🐎	–	–	–	–	–	–
St-Pierre-de-Boeuf	–	–	–	–	–	🎾	🏊	–
St-Sauveur-en-Rue	–	–	–	–	–	–	–	–
Villerest	–	–	–	–	–	–	🏊	–

43 - HAUTE-LOIRE 11 16

Commune	Permanent	🐎	Restauration	Loc. caravane ou mobile-home	Loc. chalet ou et autres	🎾 ou couvert	🏊 ou couverte	🚐
Alleyras	–	–	–	–	•	🎾	–	–
Aurec-sur-Loire	–	–	–	–	–	–	–	–
Auzon	–	–	–	–	–	🎾	–	–
Brioude	–	–	–	–	•	–	–	–
Céaux-d'Allégre	–	–	–	–	–	🎾	–	–
La Chaise-Dieu	–	–	–	–	•	🎾	–	–
Le Chambon-sur-Lignon	–	–	•	•	–	–	–	–
Langeac	–	–	–	–	•	–	–	–
Lempdes	–	–	–	–	–	🎾	🏊	–
Mazet-St-Voy	–	–	–	–	–	🎾	–	–
Le Monastier-sur-Gazeille	–	–	•	–	–	🎾	🏊	–
Monistrol-sur-Loire	–	–	–	–	–	🎾	🏊 (couverte)	–
Pinols	–	–	–	–	–	–	–	–
Le Puy-en-Velay	–	–	•	•	•	🎾	🏊	–
St-Didier-en-Velay	–	–	–	–	–	🎾	🏊	–
St-Julien-Chapteuil	P	–	–	–	–	🎾	🏊	–
St-Pal-de-Chalencon	–	–	–	–	–	–	🏊	–
St-Privat-d'Allier	–	–	–	–	–	🎾	–	–
Ste-Sigolène	–	–	–	–	•	–	–	–
Saugues	–	–	–	–	–	🎾	🏊 (couverte)	–
Sembadel-Gare	–	–	–	–	–	🎾	–	–
Tence	–	–	–	–	–	–	–	–
Vorey	–	–	–	–	–	–	🏊	–

44 - LOIRE-ATLANTIQUE 4 9

Commune	Permanent	🐎	Restauration	Loc. caravane ou mobile-home	Loc. chalet ou et autres	🎾 ou couvert	🏊 ou couverte	🚐
Ancenis	–	–	–	–	–	🎾	🏊	🚐
Arthon-en-Retz	–	🐎	•	–	–	–	🏊	–
Assérac	–	–	–	•	–	–	–	–
Batz-sur-Mer	–	–	•	–	–	–	–	–
La Baule [tente]	–	–	•	•	•	🎾	🏊	–
La Bernerie-en-Retz	–	–	•	•	–	🎾	🏊	–
Beslé	–	–	–	–	•	–	–	–
Blain	–	–	–	–	–	–	–	–
Le Croisic	–	–	•	•	–	🎾	🏊	–
Le Gâvre	–	–	–	–	–	🎾	–	–
Guémené-Penfao	–	–	–	–	–	🎾	🏊	–
Guérande	–	–	•	•	–	–	🏊	–
Héric	P	–	•	•	–	–	–	🚐
Machecoul	–	–	–	–	–	🎾	🏊 (couverte)	–
Marsac-sur-Don	–	🐎	–	–	•	–	–	–
Mesquer	–	–	•	•	–	–	🏊	–
Missillac	–	–	–	–	–	🎾	–	🚐
Les Moutiers-en-Retz	P	–	•	•	•	🎾	🏊	–
Nantes [tente]	P	–	•	–	–	🎾	🏊 (couverte)	–
Nort-sur-Erdre	–	🐎	–	–	–	🎾	–	–
Nozay	–	–	–	–	–	–	–	–
Piriac-sur-Mer	–	–	•	•	•	🎾	🏊	–
La Plaine-sur-Mer	P	–	•	•	•	🎾	🏊	–
Pontchâteau	–	–	–	–	–	–	–	–
Pornic	P	–	•	•	–	–	🏊	–
Pornichet	P	–	–	–	–	–	🏊	–
St-André-des-Eaux	–	–	–	–	–	🎾	🏊 (couverte)	–
St-Brévin-les-Pins	P	–	•	•	•	🎾	🏊	–
St-Étienne-de-Montluc	P	–	–	–	–	–	–	–
St-Julien-de-Concelles	–	–	–	–	–	🎾	–	–
St-Lyphard	P	–	•	–	–	🎾	–	🚐
St-Michel-Chef-Chef	P	–	–	•	–	–	–	–
St-Nazaire	P	–	•	–	–	–	–	–
St-Père-en-Retz	–	–	–	–	–	🎾	–	–
Ste-Reine-de-Bretagne	–	🐎	•	•	•	🎾	🏊	–
Savenay	–	–	•	–	–	🎾	🏊	–
La Turballe	–	–	•	–	–	–	🏊	–
Vallet	–	–	–	–	–	🎾	–	–

45 - LOIRET 5 6

Commune	Permanent	🐎	Restauration	Loc. caravane ou mobile-home	Loc. chalet ou et autres	🎾 ou couvert	🏊 ou couverte	🚐
Beaulieu-sur-Loire	–	–	–	–	–	–	–	–
Châteaurenard	–	–	–	–	–	–	–	–
Châtenoy	–	–	•	–	–	–	–	–
Châtillon-Coligny	–	–	–	–	–	–	–	–
Coulons	–	–	–	–	–	🎾	–	–
Dordives	–	–	–	–	–	–	–	–
Ferrières	–	–	–	–	–	🎾	–	–
Gien	–	🐎	•	•	•	🎾	🏊	🚐
Lorris	–	–	–	–	–	–	–	–
Malesherbes	P	–	–	–	–	–	–	–
Nibelle	–	–	•	•	•	🎾	🏊	–
Orléans	–	–	–	–	•	🎾	🏊	🚐
St-Père-sur-Loire	–	–	–	–	–	🎾	–	–
Vitry-aux-Loges	–	–	•	–	–	–	–	–

46 - LOT 10 13 14 15

Commune	Permanent	🐎	Restauration	Loc. caravane ou mobile-home	Loc. chalet ou et autres	🎾 ou couvert	🏊 ou couverte	🚐
Alvignac	–	🐎	•	–	–	🎾	–	–
Anglars-Juillac	–	–	–	–	–	–	–	–
Bagnac-sur-Célé	–	–	–	–	–	🎾	🏊	–
Brengues	–	–	•	•	–	🎾	🏊	–
Bretenoux	–	–	–	•	–	🎾	🏊	🚐
Cahors	–	–	–	–	–	–	🏊	–
Cajarc	–	–	–	–	–	🎾	🏊	–
Calviac	–	🐎	•	–	–	–	🏊	–
Cassagnes	–	–	–	–	–	–	🏊	–
Castelnau-Montratier	–	–	–	–	–	🎾	🏊	–
Cazals	–	–	–	–	–	🎾	–	–
Comiac	–	🐎	–	–	–	🎾	–	–
Concorès	–	–	–	•	–	–	🏊	–
Crayssac	–	–	•	•	•	🎾	🏊	–
Cressensac	–	–	•	–	–	–	🏊	🚐
Creysse	–	–	–	–	–	–	🏊	–

	Permanent	jeux	Restauration	Loc. caravanes ou mobile homes	Loc. bungalows ou chalets et autres	tennis	piscine	camping-car
Duravel	—	—	•	•	•	tennis	piscine	—
Figeac	—	—	•	•	—	tennis	piscine	—
Frayssinet	—	—	•	•	•	tennis	piscine	—
Girac	—	—	•	—	—	—	piscine	—
Goujounac	—	—	—	—	—	tennis	piscine	—
Gourdon	—	—	—	•	•	tennis	piscine	—
Gramat	—	—	—	—	•	tennis	piscine	—
Issendolus	P	—	•	•	•	—	piscine	—
Lacapelle-Marival	—	—	—	•	•	tennis	piscine	—
Lalbenque	—	—	—	—	—	tennis	piscine	—
Lamagdelaine	—	—	—	—	—	tennis	—	—
Larnagol	—	—	—	•	—	—	piscine	—
Leyme	—	—	—	—	•	tennis	piscine couverte	—
Limogne-en-Quercy	—	—	—	—	—	tennis	piscine	—
Loubressac	—	—	—	•	—	tennis	piscine	—
Loupiac	—	—	•	•	•	—	piscine	—
Marcilhac-sur-Célé	—	—	—	—	—	tennis	—	—
Martel	—	—	•	—	—	—	—	—
Miers	—	—	—	—	—	—	piscine	—
Montbrun	—	—	—	—	—	—	—	—
Montcabrier	—	—	•	—	—	—	piscine	—
Padirac	—	—	•	—	•	—	piscine	camping-car
Payrac	—	—	•	•	—	tennis	piscine	—
Puybrun	—	—	•	•	•	—	piscine	—
Puy-l'Évêque	—	—	•	•	•	tennis	piscine	—
Les Quatre-Routes	—	—	—	—	—	—	—	—
Rocamadour	—	—	•	•	•	—	piscine	—
St-Céré	—	—	•	—	•	tennis	piscine	—
St-Cirq-Lapopie	P	jeux	•	—	—	—	piscine	camping-car
St-Germain-du-Bel-Air	—	jeux	—	—	—	tennis	piscine	—
St-Pantaléon	—	—	•	•	—	—	piscine	—
St-Pierre-Lafeuille	—	—	•	—	—	tennis	piscine	—
St-Sulpice	—	—	—	—	—	tennis	piscine	—
Sénaillac-Latronquière	—	—	—	—	—	—	—	—
Souillac	—	jeux	•	•	•	tennis	piscine	—
Thégra	—	—	—	•	—	—	piscine	—
Touzac	—	—	•	•	•	tennis	piscine	—
Vayrac	—	—	—	—	•	—	piscine	—
Vers	—	—	•	—	•	tennis	piscine	—
Le Vigan	—	jeux	—	•	—	—	piscine	—

47 - LOT-ET-GARONNE 14

	Permanent	jeux	Restauration	Loc. caravanes ou mobile homes	Loc. bungalows ou chalets et autres	tennis	piscine	camping-car
Agen	—	—	—	—	—	tennis	piscine	—
Beauville	—	jeux	—	•	—	tennis	—	—
Casteljaloux	—	—	—	—	—	tennis	piscine	—
Castillonnès	—	—	—	—	—	tennis	piscine	—
Cuzorn	—	—	—	—	—	tennis	—	—
Damazan	—	—	—	—	•	tennis	—	—
Fumel	—	—	—	—	—	—	—	—
Lougratte	—	—	—	—	—	tennis	—	—
Miramont-de-Guyenne	—	—	•	—	•	tennis	—	—
Parranquet	—	—	—	—	—	tennis	piscine	—
Penne-d'Agenais	—	—	•	—	•	tennis	—	—
Puymirol	—	—	—	—	—	tennis	—	—
St-Sernin	—	—	•	•	—	—	—	—
St-Sylvestre-sur-Lot	P	—	—	—	—	—	piscine	—
Salles	—	—	•	•	—	—	piscine	—
Sauveterre-la-Lémance	—	—	•	•	—	—	piscine	camping-car
Tonneins	—	—	—	—	—	—	—	—
Tournon-d'Agenais	—	—	•	—	•	tennis	—	—
Trentels	—	jeux	—	—	—	tennis	—	—
Villefranche-du-Queyran	—	—	•	—	—	—	piscine	—
Villeréal	—	jeux	•	•	•	tennis	piscine	—

48 - LOZÈRE 11 15 16

	Permanent	jeux	Restauration	Loc. caravanes ou mobile homes	Loc. bungalows ou chalets et autres	tennis	piscine	camping-car
Canilhac	—	—	—	—	—	—	—	—
Cassagnas	—	—	•	—	—	—	—	—
Chastanier	—	—	•	—	—	—	—	—
Florac	—	—	—	—	—	tennis	piscine	—
Grandrieu	—	jeux	—	—	—	tennis	—	—
Ispagnac	—	—	—	—	—	tennis	piscine	camping-car
Laubert (ski)	P	—	•	—	•	—	—	—
Marvejols	—	—	—	—	—	tennis	—	—
Meyrueis	—	—	—	•	—	tennis	piscine	—
Naussac	—	—	•	—	—	tennis	piscine	—
Le Pont-de-Montvert	—	—	—	—	—	—	—	—
Rocles	—	—	•	•	•	—	—	—
Le Rozier	—	—	—	•	—	tennis	piscine	camping-car
St-Alban-sur-Limagnole	—	—	—	—	—	tennis	piscine	—
St-Bauzile	—	—	—	—	—	tennis	—	—
St-Germain-du-Teil	—	—	•	•	•	—	piscine	—
Ste-Énimie	—	—	—	—	—	—	piscine	—
Serverette	—	—	—	—	—	—	—	—
Les Vignes	—	—	—	—	•	—	—	—
Villefort	—	—	•	—	—	—	piscine	—

49 - MAINE-ET-LOIRE 4 5 9

	Permanent	jeux	Restauration	Loc. caravanes ou mobile homes	Loc. bungalows ou chalets et autres	tennis	piscine	camping-car
Angers [A]	—	—	•	—	—	tennis	piscine	—
Baugé	—	—	—	—	—	—	piscine	—
Bouchemaine	—	—	—	—	—	tennis	piscine	—
Brain-sur-l'Authion	—	—	—	—	—	tennis	—	—
Challain-la-Potherie	—	—	—	—	—	—	—	—
Chalonnes-sur-Loire	—	—	—	—	—	tennis	piscine	—
Châteauneuf-sur-Sarthe	—	—	—	—	—	—	—	—
Chaumont d'Anjou	—	—	—	—	—	—	—	—
Cheffes	—	—	—	—	—	—	—	—
Cholet	—	—	•	•	•	tennis	piscine	—
Coutures	—	—	•	•	•	—	piscine	—
Doué-la-Fontaine	—	—	—	—	—	tennis	piscine	—
Durtal	—	—	—	—	—	—	piscine	—
Gennes	—	—	—	—	—	—	piscine	—
Gesté	—	—	—	—	—	—	—	—
Grez-Neuville	—	—	—	—	—	tennis	—	—
La Jaille-Yvon	—	jeux	—	—	—	—	—	—
Le Lion-d'Angers	—	—	—	—	—	—	—	—
Montreuil-Bellay	—	—	•	•	—	—	piscine	—
Montsoreau	—	—	—	—	—	tennis	—	—
Morannes	—	—	—	—	—	—	piscine	—
Mûrs-Erigné	—	jeux	—	•	—	—	—	—
Noyant-la-Gravoyère	—	—	•	—	—	—	—	—
Nueil-sur-Layon	—	—	—	—	—	tennis	—	—
La Possonnière	—	—	—	—	—	—	—	—
Pouancé	—	—	—	—	—	—	—	—
Pruillé	—	—	—	—	—	—	—	—
Les Rosiers-sur-Loire	—	—	—	•	•	tennis	piscine	—
St-Lambert-du-Lattay	—	—	—	—	—	—	—	—
St-Martin-de-la-Place	—	—	—	—	—	—	—	—
Saumur	—	jeux	•	•	•	tennis	piscine couverte	camping-car
Seiches-sur-le-Loir	—	—	—	—	—	—	—	—
La Tessoualle	—	—	•	—	—	—	—	—
Thouarcé	—	—	—	—	—	tennis	—	—
Tiercé	—	—	—	—	—	tennis	piscine	—
La Varenne	—	—	—	—	—	tennis	—	—
Varennes-sur-Loire	—	—	•	—	—	tennis	piscine	—
Vihiers	—	—	—	—	—	—	—	—

50 - MANCHE [4]

	Permanent	🐎	Restauration	Loc. 🚃 ou 🏕	Loc. 🏠 et autres	🎾 ou [🎾]	🏊 ou [🏊]	🚐
Annoville	–	🐎	–	–	–	–	–	–
Barfleur	–	–	–	–	–	–	–	–
Barneville-Carteret ⛺	–	–	•	•	–	🎾	🏊	–
Beaubigny	–	🐎	–	–	–	–	–	–
Beauvoir	–	–	•	•	–	–	–	–
Blainville-sur-Mer	–	–	•	–	–	🎾	🏊	–
Brécey	–	–	–	–	–	🎾	🏊	–
Carentan	P	–	–	–	–	–	🏊	–
Cherbourg	P	–	–	•	–	–	–	–
Courtils	–	–	–	•	–	–	🏊	–
Coutances	P	–	•	–	–	–	[🏊]	–
La Croix-Avranchin	–	–	–	–	–	–	–	–
Denneville	–	–	•	•	–	🎾	–	–
Ducey	–	–	–	–	–	🎾	–	–
Gatteville-le-Phare	–	–	–	•	–	–	–	–
Genêts	–	–	•	•	–	–	🏊	–
Gouville-sur-Mer	–	–	–	•	–	–	–	🚐
Granville	–	–	•	•	–	🎾	🏊	–
Jullouville ⛺	–	–	–	–	–	–	–	–
Maupertus-sur-Mer	–	–	•	•	–	–	–	–
Montfarville	–	–	–	–	–	–	–	–
Montmartin-sur-Mer	–	–	–	•	–	🎾	–	–
Les Pieux	–	–	•	•	–	🎾	[🏊]	–
Ravenoville	–	–	–	•	–	🎾	🏊	🚐
St-Georges-de-la-Rivière	–	–	•	–	–	–	–	–
St-Germain-sur-Ay	–	–	–	•	–	🎾	🏊	–
St-Hilaire-du-Harcouët	–	–	–	–	–	–	–	–
St-Jean-le-Thomas	–	–	–	–	–	–	–	–
St-Martin-d'Aubigny	–	–	–	–	–	🎾	–	–
St-Pair-sur-Mer	–	–	•	•	•	–	🏊	🚐
St-Vaast-la-Hougue	–	–	–	–	–	–	–	–
Ste-Marie-du-Mont	–	–	–	•	–	🎾	–	–
Ste-Mère-Église	P	–	–	–	–	🎾	–	–
Surtainville	P	–	–	–	•	–	–	–
Torigni-sur-Vire	–	–	–	–	–	–	–	–
Tourlaville	–	–	–	–	–	–	[🏊]	–
Villedieu-les-Poêles	–	–	–	–	–	🎾	–	–

51 - MARNE [6] [7]

	Permanent	🐎	Restauration	Loc. 🚃 ou 🏕	Loc. 🏠 et autres	🎾 ou [🎾]	🏊 ou [🏊]	🚐
Châlons-sur-Marne	–	–	–	–	–	🎾	–	–
Fismes	–	–	–	–	–	–	–	–
Le Meix-St-Epoing	P	–	–	–	•	–	–	–
Reims	–	–	•	–	–	–	–	–
Ste-Menehould	–	–	–	–	–	–	🏊	–
Sézanne	–	–	–	–	–	🎾	🏊	–

52 - HAUTE-MARNE [7]

	Permanent	🐎	Restauration	Loc. 🚃 ou 🏕	Loc. 🏠 et autres	🎾 ou [🎾]	🏊 ou [🏊]	🚐
Andelot	–	–	–	–	–	–	–	–
Bourbonne-les-Bains ⛲	–	–	–	•	–	🎾	🏊	🚐
Bourg	–	–	•	–	–	–	🏊	–
Braucourt	–	–	–	–	–	🎾	–	–
Froncles-Buxières	–	–	–	–	–	🎾	–	–
Montigny-le-Roi	–	–	–	–	–	🎾	–	–

53 - MAYENNE [4] [5]

	Permanent	🐎	Restauration	Loc. 🚃 ou 🏕	Loc. 🏠 et autres	🎾 ou [🎾]	🏊 ou [🏊]	🚐
Ambrières-les-Vallées	–	–	–	•	–	🎾	🏊	–
Bais	–	–	–	–	–	🎾	🏊	–
Château-Gontier	–	–	–	–	–	🎾	🏊	🚐
Daon	–	–	–	–	–	–	–	–
Ernée	–	–	–	–	–	🎾	[🏊]	–
Évron	P	–	–	–	•	–	[🏊]	–
Laval	–	–	–	–	–	–	–	–
Mayenne	–	–	–	–	–	–	🏊	–
Ménil	–	–	–	–	–	–	–	–
Meslay-du-Maine	–	–	–	–	•	–	–	–
Montsurs	–	–	–	–	–	–	–	–

54 - MEURTHE-ET-MOSELLE [7] [8]

	Permanent	🐎	Restauration	Loc. 🚃 ou 🏕	Loc. 🏠 et autres	🎾 ou [🎾]	🏊 ou [🏊]	🚐
Baccarat	–	–	–	–	–	🎾	[🏊]	–
Blamont	–	–	–	–	–	🎾	–	–
Jaulny	–	–	•	–	–	–	–	–
Magnières	–	–	–	–	–	–	–	–
Mandres-aux-Quatre-T.	–	🐎	–	–	–	–	–	–
Tonnoy	–	–	–	–	–	🎾	–	–

55 - MEUSE [7]

	Permanent	🐎	Restauration	Loc. 🚃 ou 🏕	Loc. 🏠 et autres	🎾 ou [🎾]	🏊 ou [🏊]	🚐
Montmédy	–	–	–	–	–	–	–	–
Romagne-sous-Montf.	–	–	–	–	–	–	–	–
Varennes-en-Argonne	–	–	–	–	–	–	–	–

56 - MORBIHAN [3] [4]

	Permanent	🐎	Restauration	Loc. 🚃 ou 🏕	Loc. 🏠 et autres	🎾 ou [🎾]	🏊 ou [🏊]	🚐
Ambon	–	–	–	•	–	–	🏊	–
Arradon	–	–	•	•	–	–	🏊	🚐
Arzon	–	–	–	–	–	–	–	🚐
Baden	–	–	•	•	–	–	🏊	–
Baud	–	–	–	–	•	–	–	🚐
BELLE-ÎLE-EN-MER	–	–	–	–	–	–	–	–
Bangor	–	🐎	–	•	–	🎾	–	–
Locmaria ⛺	–	–	–	–	–	–	–	–
Le Palais	–	🐎	–	•	–	🎾	–	–
Belz	–	–	–	–	–	🎾	–	–
Camors	–	–	–	–	–	–	–	🚐
Carnac ⛺	–	–	•	•	–	🎾	🏊	🚐
Caudan	–	–	–	–	–	🎾	–	–
Crach	P	–	•	•	•	🎾	🏊	–
Damgan	–	–	–	•	–	–	–	🚐
Erdeven	–	–	•	•	•	–	🏊	–
Le Faouët	–	–	–	–	–	–	–	–
La Gacilly	–	–	–	–	–	–	–	–
Guémené-sur-Scorff	–	–	–	–	–	–	–	–
Le Guerno	–	–	–	–	–	–	–	–
Guidel	–	–	–	•	–	🎾	–	–
Île-aux-Moines	–	–	–	–	–	🎾	–	–
Île-d'Arz	–	–	–	–	–	–	–	–
Josselin	P	–	–	–	–	–	–	–
Larmor-Plage	–	–	–	–	–	–	–	🚐
Locmariaquer	–	–	–	•	–	🎾	–	–
Locmiquélic	–	–	–	–	–	–	–	–
Loyat	–	–	•	–	–	🎾	–	🚐
Melrand	–	–	–	–	–	–	–	–
Muzillac	–	–	–	–	–	🎾	🏊	–
Pénestin	–	🐎	•	•	–	🎾	🏊	🚐
Ploemel	P	–	–	–	–	–	🏊	–
Plougoumelen	–	–	–	–	–	🎾	–	–
Plouharnel	–	–	•	•	–	–	🏊	–
Plouhinec	–	–	•	•	–	–	🏊	–
Pont-Scorff	P	–	–	–	–	–	–	–
Questembert	–	–	–	–	–	–	–	–

	Permanent	(jeux)	Restauration	Loc. (caravanes) ou (mobil-homes)	Loc. (bungalows) ou (chalets) et autres	(tennis) ou	(piscine) ou	(camping-cars)
QUIBERON	–	–	–	–	–	–	–	–
Quiberon	–	–	•	•	–	tennis	piscine	camping-cars
St-Julien	–	–	•	•	–	–	–	camping-cars
St-Pierre-Quiberon	–	–	–	•	–	–	–	–
Réguiny	–	–	–	–	–	tennis	piscine	–
St-Congard	–	–	–	–	–	–	–	–
St-Gildas-de-Rhuys	–	–	•	–	–	tennis	piscine	–
St-Jacut-les-Pins	–	jeux	–	–	–	–	–	–
St-Philibert	–	–	•	•	–	tennis	piscine	–
St-Vincent-sur-Oust	–	jeux	–	–	–	–	–	–
Ste-Anne-d'Auray	–	–	–	–	–	tennis	–	–
Sarzeau	–	–	•	•	–	–	piscine	camping-cars
Sérent	P	–	–	–	–	tennis	piscine	–
Surzur	–	–	–	–	–	tennis	–	–
Taupont	–	–	–	•	–	–	piscine	–
Theix	–	jeux	•	•	–	–	piscine	camping-cars
Trédion	–	–	–	–	–	tennis	–	–
La Trinité-Porhoët	–	–	–	–	–	–	–	–
La Trinité-sur-Mer	–	jeux	•	•	–	tennis	piscine	–
Vannes	–	–	–	•	–	–	–	camping-cars

57 - MOSELLE 7 8

	Permanent	(jeux)	Restauration	Loc.	Loc.	(tennis)	(piscine)	(camping-cars)
Baerenthal	–	–	–	–	•	tennis	–	–
Corny-sur-Moselle	–	–	–	–	–	tennis	–	–
Dabo	–	–	–	–	•	–	–	–
Morhange	–	–	•	–	•	–	piscine	–
St-Avold	P	–	–	•	–	–	–	–

58 - NIÈVRE 6 11

	Permanent	(jeux)	Restauration	Loc.	Loc.	(tennis)	(piscine)	(camping-cars)
Bazolles	–	–	–	–	–	–	–	–
Brèves	–	–	–	–	–	–	–	–
La Charité-sur-Loire	–	–	–	–	–	tennis	piscine	–
Château-Chinon	–	jeux	–	–	–	–	–	–
Châtillon-en-Bazois	–	–	–	–	–	tennis	piscine	–
Clamecy	–	–	–	–	–	–	–	–
Corancy	–	–	–	–	–	–	–	–
Dornes	–	–	–	–	–	–	–	–
Luzy	–	jeux	•	•	•	–	piscine	–
Montapas	–	–	–	–	–	–	–	–
Montigny-en-Morvan	–	–	•	–	•	tennis	piscine	–
Moulins-Engilbert	–	–	–	–	–	tennis	–	–
La Nocle-Maulaix	–	–	–	–	–	–	–	–
Pougues-les-Eaux	–	–	–	–	–	tennis	piscine	–
Prémery	–	–	–	–	–	tennis	–	–
St-Honoré-les-Bains	–	–	–	–	•	tennis	piscine	–
St-Péreuse	–	jeux	•	–	–	–	piscine	–
Les Settons	–	–	•	–	–	tennis	–	–
Varzy	–	–	•	–	–	tennis	–	–

59 - NORD 1 2

	Permanent	(jeux)	Restauration	Loc.	Loc.	(tennis)	(piscine)	(camping-cars)
Aubencheul-au-Bac	–	–	–	–	–	–	–	–
Avesnes-sur-Helpe	–	–	–	–	–	tennis	–	–
Bavay	–	–	•	–	–	–	–	–
Bollezeele	–	–	–	–	–	–	–	–
Bray-Dunes	–	–	•	•	–	tennis	–	–
Coudekerque	P	–	–	–	–	–	–	–
Felleries	–	–	–	–	–	–	–	–
Grand-Fort-Philippe	–	–	–	–	–	–	–	–
Hondschoote	–	–	–	–	–	–	–	–
Maubeuge	P	–	–	–	–	–	–	–
Prisches	P	–	–	–	–	–	–	–
Renescure	–	–	–	•	–	–	–	–
St-Amand-les-Eaux	–	jeux	–	–	–	–	–	–
St-Jans-Cappel	–	–	•	–	–	–	–	–
Solesmes	–	–	•	–	–	–	–	–
Téteghem	–	–	•	–	–	–	–	–
Warhem	P	–	–	–	–	–	–	–
Watten	–	–	–	–	–	–	–	–

60 - OISE 6

	Permanent	(jeux)	Restauration	Loc.	Loc.	(tennis)	(piscine)	(camping-cars)
Attichy	P	–	–	–	–	tennis	piscine	–
Beauvais	–	–	–	–	–	tennis	piscine couverte	–
Lagny	–	–	–	–	–	–	–	–
Liancourt	P	–	–	–	–	–	–	–
Orvillers-Sorel	–	–	–	–	–	–	–	–
Pierrefonds	–	–	–	–	–	–	–	–
St-Leu-d'Esserent	–	–	–	–	•	–	–	camping-cars
Songeons	–	jeux	–	–	–	–	–	–

61 - ORNE 4 5

	Permanent	(jeux)	Restauration	Loc.	Loc.	(tennis)	(piscine)	(camping-cars)
Alençon	–	–	–	–	–	tennis	–	–
Argentan	–	–	–	–	–	tennis	piscine couverte	–
Bagnoles-de-l'O.	–	–	–	–	–	–	–	–
Bretoncelles	–	jeux	–	–	–	–	–	–
Domfront	–	–	–	–	–	tennis	–	–
Essay	–	–	–	–	–	–	–	–
La Ferrière-aux-Étangs	–	–	•	–	–	tennis	–	camping-cars
La Ferté-Macé	–	–	–	–	–	tennis	piscine	–
Flers	–	–	–	–	–	–	–	–
Gacé	–	–	–	–	–	–	–	–
St-Evroult-N.-D.-du-Bois	–	–	–	–	–	tennis	–	–
Vimoutiers	P	–	–	–	–	tennis	–	–

62 - PAS-DE-CALAIS 1 2

	Permanent	(jeux)	Restauration	Loc.	Loc.	(tennis)	(piscine)	(camping-cars)
Amplier	P	–	•	–	–	–	–	–
Ardres	–	–	–	–	–	–	–	–
Arques	–	–	–	–	–	–	–	–
Audinghen	–	–	–	–	–	–	–	–
Audresselles	–	–	–	–	–	–	–	–
Audruicq	–	–	–	–	–	–	–	–
Auxi-le-Château	–	–	–	–	–	tennis	–	–
Beaurainville	P	–	–	–	–	–	–	–
Beauvoir-Wavans	–	–	–	–	–	–	–	–
Berck-sur-Mer	–	–	–	–	•	tennis	–	camping-cars
Beuvry	–	–	–	–	–	tennis	piscine couverte	–
Biache-St-Vaast	–	–	–	–	–	–	–	–
Boubers-sur-Canche	–	–	–	–	–	–	–	–
Boulogne-sur-Mer	–	–	•	•	–	tennis	–	–
Camiers	P	–	–	–	–	–	piscine	–
Condette	–	–	–	–	–	–	–	–
Croix-en-Ternois	–	–	–	–	–	–	–	–
Cucq	–	–	–	–	–	–	–	–
Divion	P	–	–	–	–	–	piscine couverte	–
Escalles	–	–	•	•	–	–	–	–
Fillièvres	–	–	–	–	–	–	–	–
Frévent	–	–	–	–	–	tennis	piscine couverte	–
Guînes	–	–	•	•	•	tennis	piscine	–
Landrethun-les-Ardres	–	–	–	–	–	–	–	–
Leubringhen	–	–	–	–	–	–	–	–
Licques	–	–	–	–	–	–	–	–

	Permanent	🐎	Restauration	Loc. 🚐 ou 🏠	🏠 et autres	[🎾] ou 🎾	[🏊] ou 🏊	🚐
Maisnil-lès-Ruitz	—	—	•	—	—	🎾	🏊	—
Mametz	—	—	•	—	—	—	—	—
Merlimont	—	—	•	—	—	🎾	🏊	—
Montreuil	P	—	—	—	—	—	—	—
Oye-Plage	—	—	—	—	—	—	—	—
St-Omer	—	—	•	—	—	🎾	🏊	—
Serques	—	—	—	—	—	—	—	—
Tortequesne	—	—	•	—	—	🎾	—	—
Tournehem-sur-la-Hem	P	—	•	•	—	🎾	—	—
Villers-Brûlin	—	—	•	•	—	—	—	—
Warlincourt-lès-Pas	—	—	—	—	—	—	🏊	—

63 - PUY-DE-DÔME 10 11

	Permanent	🐎	Restauration	Loc. 🚐 ou 🏠	🏠 et autres	[🎾] ou 🎾	[🏊] ou 🏊	🚐
Ambert	—	—	—	—	—	—	[🏊]	—
Les Ancizes-Comps	—	—	•	•	—	—	—	—
Aydat (Lac d')	—	🐎	—	—	—	—	—	—
Bagnols	P	—	—	—	•	🎾	—	—
Billom	—	—	—	•	—	—	[🏊]	—
Blot-l'Église	—	—	—	—	—	🎾	—	—
La Bourboule ⛲	—	—	•	•	•	🎾	[🏊]	—
Bromont-Lamothe	—	—	—	—	—	🎾	—	—
Ceyrat	P	—	•	—	•	—	—	—
Chambon (Lac) [⛺] ⛷	—	—	•	•	—	🎾	—	—
Châtelguyon ⛲	—	—	•	•	—	—	🏊	—
Clémensat	—	—	—	—	—	—	—	—
Cournon-d'Auvergne	P	—	•	—	•	🎾	🏊	—
Courpière	—	—	—	—	—	—	🏊	—
Issoire	—	—	•	•	—	🎾	🏊	—
Labessette	—	🐎	—	—	—	—	—	—
Lapeyrouse	—	—	—	—	—	🎾	—	—
Loubeyrat	—	—	•	—	•	—	🏊	—
Les Martres-de-Veyre	—	—	—	—	—	🎾	—	—
Miremont	—	—	•	—	—	🎾	—	—
Montaigut-le-Blanc	—	—	—	—	—	🎾	🏊	—
Le Mont-Dore ⛲ ⛷	—	—	—	—	—	—	—	—
Murol	—	—	•	•	•	🎾	🏊	—
Nébouzat	—	—	—	•	—	—	[🏊]	🚐
Orcival	—	🐎	•	•	—	—	—	—
Orléat	—	—	—	•	—	🎾	🏊	—
Picherande	—	—	—	—	—	🎾	—	—
Pontaumur	—	—	—	—	—	🎾	—	—
Pont-de-Menat [⛺]	—	—	—	—	•	🎾	—	—
Pontgibaud	—	—	•	—	—	—	—	—
Rochefort-Montagne	—	—	—	—	—	🎾	—	—
Royat ⛲	—	—	—	—	•	🎾	—	—
St-Amant-Roche-Savine	—	—	—	•	—	🎾	—	—
St-Anthème	P	—	—	—	—	🎾	—	🚐
St-Clément-de-Valorgue	—	🐎	—	•	—	—	—	—
St-Donat	—	—	—	—	—	—	—	—
St-Éloy-les-Mines	—	—	•	—	—	—	—	—
St-Gal-sur-Sioule	—	—	—	•	—	—	—	—
St-Georges-de-Mons	—	—	—	—	•	—	—	—
St-Germain-Lembron	—	—	—	•	—	—	🏊	—
St-Germain-l'Herm	—	—	—	—	•	—	—	—
St-Gervais-d'Auvergne	—	—	—	—	—	🎾	—	—
St-Nectaire ⛲	—	🐎	—	—	•	—	—	—
St-Priest-des-Champs	—	—	—	—	—	—	—	—
St-Rémy-sur-Durolle	—	—	•	—	—	🎾	🏊	—
Sauvessanges	—	—	—	—	—	—	—	—
Sauxillanges	—	—	—	—	—	🎾	🏊	—
Singles	—	—	•	—	—	🎾	🏊	—
Tauves	—	—	—	—	•	🎾	🏊	—
Thiers	—	—	•	—	—	🎾	🏊	—
La Tour-d'Auvergne ⛷	—	—	—	—	—	—	—	—

64 - PYRÉNÉES-ATLANTIQUES 13 14

	Permanent	🐎	Restauration	Loc. 🚐 ou 🏠	🏠 et autres	[🎾] ou 🎾	[🏊] ou 🏊	🚐
Ainhoa	P	🐎	•	•	—	—	—	🚐
Anglet [⛺]	P	—	•	•	—	🎾	🏊	🚐
Arette	P	—	—	—	—	—	—	—
Arthez-de-Béarn	—	—	—	—	—	🎾	🏊	—
Ascain	—	—	•	—	•	—	🏊	—
Bayonne	—	🐎	•	—	•	🎾	🏊	—
Bedous	—	—	—	—	—	—	—	—
Biarritz [⛺]	—	—	•	—	—	—	🏊	—
Bidart	—	—	•	•	•	🎾	🏊	🚐
Bruges	—	—	—	—	•	—	—	—
Bunus	—	—	—	—	—	—	—	—
Cambo-les-Bains ⛲	—	—	—	—	—	🎾	🏊	—
Eaux-Bonnes ⛲	—	—	—	—	—	—	—	—
Gourette ⛷	—	—	•	—	—	—	—	—
Gurmençon	P	—	•	•	—	—	—	—
Hasparren	—	—	—	—	•	🎾	🏊	—
Helette	—	🐎	—	—	—	—	—	—
Hendaye [⛺]	—	🐎	•	•	•	🎾	🏊	—
Iholdy	—	—	—	—	—	—	—	—
Itxassou	—	—	—	—	•	—	🏊	🚐
Izeste	—	—	—	—	—	—	—	—
Larrau	—	—	—	•	—	—	—	—
Laruns	P	—	—	•	•	—	—	—
Lasseube	—	—	—	—	—	—	—	—
Lescun	—	—	—	—	•	—	—	—
Louvie-Juzon	—	—	—	—	—	—	—	—
Mauléon-Licharre	—	🐎	—	—	•	—	—	—
Oloron-Ste-Marie	P	—	—	—	•	🎾	[🏊]	—
Orthez	—	—	—	—	—	🎾	—	—
Ossès	—	🐎	—	—	—	—	—	—
Pau	P	—	—	—	—	🎾	🏊	🚐
St-Jean-de-Luz [⛺]	P	—	•	•	•	🎾	🏊	—
St-Jean-Pied-de-Port	—	—	•	—	—	—	🏊	—
St-Pée-sur-Nivelle	—	🐎	•	—	—	🎾	🏊	—
Salies-de-Béarn ⛲	—	—	—	—	—	🎾	🏊	—
Sare	—	—	•	—	•	🎾	—	—
Sauveterre-de-Béarn	P	—	—	—	—	—	—	—
Souraïde	P	—	—	•	—	🎾	🏊	—
Tardets-Sorholus	—	—	•	—	—	—	—	—
Urdos	—	—	—	—	—	🎾	—	—
Urrugne	—	—	•	•	—	🎾	🏊	—

65 - HAUTES-PYRÉNÉES 13 14

	Permanent	🐎	Restauration	Loc. 🚐 ou 🏠	🏠 et autres	[🎾] ou 🎾	[🏊] ou 🏊	🚐
Aragnouet	—	—	—	—	—	🎾	—	—
Argelès-Gazost [⛺] ⛲	P	🐎	—	•	•	🎾	🏊	—
Arreau	—	—	—	—	—	🎾	—	—
Arrens-Marsous	P	🐎	—	—	—	🎾	🏊	—
Bagnères-de-B. ⛲	P	—	—	—	—	🎾	[🏊]	—
Bourisp	P	—	•	•	•	🎾	🏊	—
Cauterets ⛲ ⛷	—	—	—	—	—	—	—	🚐
Estaing	P	🐎	•	—	—	—	—	—
Gavarnie ⛷	—	—	—	—	—	—	—	—
Gèdre	—	—	•	•	•	🎾	🏊	—
Gouaux	P	—	—	—	—	—	—	—
Hèches	P	—	—	—	—	—	—	—
Loudenvielle	P	—	—	—	—	🎾	🏊	—
Lourdes [⛺]	P	—	—	•	•	🎾	🏊	🚐
Luz-St-Sauveur [⛺] ⛲ ⛷	P	🐎	•	•	—	—	[🏊]	—
Mauvezin	—	—	—	—	—	—	—	—
Monléon-Magnoac	—	—	—	—	—	🎾	—	—
Orincles	—	—	—	—	—	—	—	—
St-Lary-Soulan ⛷	—	—	—	•	—	🎾	🏊	—

	Permanent	[cheval à bascule]	Restauration	Loc. [caravane] ou [mobil-home]	Loc. [chalet] et autres	[tennis] ou [icône encadrée]	[piscine] ou [icône encadrée]	[camping-car]
Ste-Marie-de-Campan	P	–	•	•	–	–	[piscine]	[camping-car]
Vielle-Aure	P	–	–	•	–	[tennis]	–	–
Vignec	P	–	–	–	–	–	–	–

66 - PYRÉNÉES-ORIENTALES 15

	Permanent	[cheval à bascule]	Restauration	Loc. [caravane] ou [mobil-home]	Loc. [chalet] et autres	[tennis] ou [icône encadrée]	[piscine] ou [icône encadrée]	[camping-car]
Alénya	–	–	–	–	–	–	–	–
Argelès-sur-Mer [tente]	–	–	•	•	•	[tennis]	[piscine]	–
Arles-sur-Tech	–	–	•	•	•	[tennis]	[piscine]	–
Le Barcarès	P	–	•	•	•	[tennis]	[piscine]	[camping-car]
Le Boulou [thermal]	P	–	–	•	–	–	[piscine]	–
Bourg-Madame	P	–	–	•	–	–	–	–
Canet-Plage [tente]	–	–	•	•	•	[tennis]	[piscine]	[camping-car]
Céret	P	[cheval à bascule]	–	–	–	–	–	–
Collioure	–	–	–	–	–	–	–	–
Egat	P	–	–	–	–	–	–	–
Elne	–	–	–	–	–	[tennis]	–	–
Err [ski]	P	–	–	–	–	–	–	–
Fuilla	–	–	•	•	–	[tennis]	–	–
Laroque-des-Albères	–	[cheval à bascule]	•	–	•	[tennis]	[piscine]	–
Maureillas-las-Illas	–	–	–	•	–	–	[piscine]	–
Molitg-les-Bains [thermal]	–	–	–	–	–	[tennis]	–	–
Néfiach	P	–	–	–	–	–	[piscine]	–
Palau-del-Vidre	P	–	•	•	–	–	[piscine]	–
Ria-Sirach	–	–	–	–	–	–	–	–
Saillagouse	–	–	•	•	•	[tennis]	[piscine]	–
St-Cyprien	–	–	•	–	–	[tennis]	[piscine]	[camping-car]
St-Jean-Pla-de-Corts	–	–	•	–	–	[tennis]	[piscine]	–
St-Laurent-de-Cerdans	–	–	–	–	–	–	[piscine]	–
Ste-Marie	–	–	•	•	•	[tennis]	[piscine]	[camping-car]
Sournia	–	–	–	–	–	[tennis]	–	–
Tautavel	–	–	–	–	–	–	[piscine]	–
Torreilles	–	–	•	•	•	[tennis]	[piscine]	–
Vernet-les-Bains [thermal]	–	–	•	•	•	–	[piscine]	–
Villelongue-dels-Monts	–	–	–	–	–	[tennis]	–	–
Villeneuve-des-Escaldes	P	–	–	–	–	–	–	–

67 - BAS-RHIN 8

	Permanent	[cheval à bascule]	Restauration	Loc. [caravane] ou [mobil-home]	Loc. [chalet] et autres	[tennis] ou [icône encadrée]	[piscine] ou [icône encadrée]	[camping-car]
Gerstheim	–	–	–	–	–	–	–	–
Haguenau	–	–	–	–	–	[tennis]	[piscine]	–
Le Hohwald [ski]	P	–	–	–	–	–	–	–
Keskastel	P	–	–	–	–	[tennis]	–	–
Lauterbourg	–	–	–	–	–	–	–	–
Niederbronn-les-B. [thermal]	P	[cheval à bascule]	•	–	–	[tennis]	[icône encadrée]	–
Oberbronn	P	–	–	–	•	[tennis]	[piscine]	–
Rhinau	–	–	•	–	–	[tennis]	[piscine]	–
Rothau	–	–	–	–	–	–	–	–
St-Pierre	–	–	–	–	–	[tennis]	–	–
Saverne	–	–	–	–	–	[tennis]	–	–
Sélestat [tente]	–	–	–	–	–	[tennis]	[piscine]	–
Wasselonne	–	–	•	–	–	–	[icône encadrée]	–

68 - HAUT-RHIN 8

	Permanent	[cheval à bascule]	Restauration	Loc. [caravane] ou [mobil-home]	Loc. [chalet] et autres	[tennis] ou [icône encadrée]	[piscine] ou [icône encadrée]	[camping-car]
Aubure	–	–	–	–	–	–	–	–
Burnhaupt-le-Haut	–	–	–	–	–	–	–	–
Cernay	–	–	–	–	–	[tennis]	[icône encadrée]	–
Colmar	–	–	•	–	–	–	–	–
Éguisheim	–	–	–	–	–	–	–	–
Fréland	–	–	–	–	–	–	–	–
Guewenheim	–	–	–	–	–	[tennis]	[piscine]	–
Heimsbrunn	P	–	–	–	–	–	–	–
Kaysersberg	–	–	–	–	–	[tennis]	–	–
Kruth	–	–	–	–	–	–	–	–
Labaroche	–	[cheval à bascule]	–	–	–	–	–	–
Lautenbach-Zell	P	–	–	•	–	[tennis]	–	–
Masevaux	–	–	–	–	–	[tennis]	[icône encadrée]	–
Mittlach	–	[cheval à bascule]	–	–	–	–	–	–
Moosch	–	[cheval à bascule]	–	–	–	–	–	–
Mulhouse	–	–	–	–	–	[tennis]	[icône encadrée]	–
Munster	–	–	–	–	–	–	[piscine]	–
Neuf-Brisach	P	–	•	–	–	–	[icône encadrée]	–
Orbey	P	–	•	–	–	[tennis]	–	–
Ranspach	–	–	–	•	–	–	[piscine]	–
Ribeauvillé	–	–	–	–	–	[tennis]	[icône encadrée]	–
Riquewihr	–	–	–	–	–	[tennis]	–	–
Rombach-le-Franc	–	–	–	–	–	–	–	–
Rouffach	–	–	–	–	–	[tennis]	[piscine]	–
Ste-Marie-aux-Mines	P	–	–	–	–	–	–	–
Seppois-le-Bas	–	–	–	–	–	[tennis]	[piscine]	–
Turckheim	–	–	–	–	–	[tennis]	–	–
Wattwiller	–	–	•	•	–	[tennis]	[piscine]	–
Willer-sur-Thur	–	–	–	–	–	–	–	–

69 - RHÔNE 11 12

	Permanent	[cheval à bascule]	Restauration	Loc. [caravane] ou [mobil-home]	Loc. [chalet] et autres	[tennis] ou [icône encadrée]	[piscine] ou [icône encadrée]	[camping-car]
Bessenay	–	–	–	–	–	–	[piscine]	–
Condrieu	–	–	•	–	–	[tennis]	[piscine]	–
Cublize	–	–	–	–	•	[tennis]	–	–
Fleurie	–	–	–	–	–	[tennis]	–	–
Lyon	P	–	•	•	–	–	[piscine]	–
Mornant	–	–	–	–	–	[tennis]	[piscine]	–
Poule-les-Echarmeaux	–	–	–	–	–	[tennis]	–	–
St-Jean-la-Bussière	–	–	–	–	–	[tennis]	–	–
St-Symphorien-sur-Coise	–	[cheval à bascule]	–	–	–	[tennis]	[icône encadrée]	–
Ste-Catherine	–	[cheval à bascule]	–	–	–	–	–	–
Villefranche-sur-Saône	–	–	–	–	–	–	–	–

70 - HAUTE-SAÔNE 7 8

	Permanent	[cheval à bascule]	Restauration	Loc. [caravane] ou [mobil-home]	Loc. [chalet] et autres	[tennis] ou [icône encadrée]	[piscine] ou [icône encadrée]	[camping-car]
Autrey-le-Vay	–	–	–	–	–	–	–	–
Champagney	P	–	–	–	–	–	–	–
Luxeuil-les-Bains [thermal]	–	–	–	–	–	[tennis]	–	–
Port-sur-Saône	–	–	•	–	–	[tennis]	–	–
Preigney	–	–	–	–	–	–	–	–
Rioz	–	–	–	–	–	[tennis]	–	–
Vesoul	P	–	•	–	–	[tennis]	–	–
Villersexel	–	–	–	•	–	–	–	–

71 - SAÔNE-ET-LOIRE 11 12

	Permanent	[cheval à bascule]	Restauration	Loc. [caravane] ou [mobil-home]	Loc. [chalet] et autres	[tennis] ou [icône encadrée]	[piscine] ou [icône encadrée]	[camping-car]
Anost	–	–	–	–	–	[tennis]	–	–
Autun	–	–	•	–	–	–	–	–
Bourbon-Lancy [thermal]	–	–	•	•	•	[tennis]	[piscine]	–
Chagny	–	–	•	–	–	[tennis]	[piscine]	–
Chambilly	–	–	–	–	–	–	–	–
Charolles	–	–	–	–	–	–	[piscine]	–
Chauffailles	–	–	–	–	•	[tennis]	[piscine]	–
La Clayette	–	–	–	–	–	[tennis]	[piscine]	–
Cluny	–	–	–	–	–	[tennis]	[piscine]	–
Couches	–	–	–	–	–	–	–	–
Crêches-sur-Saône	–	–	•	–	–	–	–	–
Digoin	–	–	–	–	–	–	[piscine]	–
Dompierre-les-Ormes	–	–	–	–	•	[tennis]	[piscine]	[camping-car]
Épinac	–	–	•	–	•	–	–	–

	Permanent	Équitation	Restauration	Loc. caravanes ou mobile homes	Loc. bungalows et autres	Tennis	Piscine ou piscine couverte	Camping-car
Gibles	—	équitation	—	—	—	—	piscine	—
Gigny-sur-Saône	—	équitation	•	—	—	—	piscine	—
Gueugnon	—	—	—	—	—	—	—	—
Issy-l'Evêque	—	—	—	—	—	—	piscine	—
Mâcon	—	—	•	—	—	—	—	camping-car
Matour	—	—	—	—	—	tennis	piscine	—
Mervans	—	—	—	—	—	tennis	—	—
Paray-le-Monial	—	—	—	•	—	—	piscine	—
St-Bonnet-de-Joux	—	—	—	—	—	tennis	—	—
St-Germain-du-Bois	—	—	—	—	—	tennis	piscine couverte	—
Salornay-sur-Guye	—	—	—	—	—	tennis	—	—
Toulon-sur-Arroux	—	—	—	—	—	—	—	—
Varenne-sur-le-Doubs	—	—	—	—	—	—	—	—
Volesvres	—	—	—	—	—	tennis	—	—

72 - SARTHE 5

	Permanent	Équitation	Restauration	Loc. caravanes ou mobile homes	Loc. bungalows et autres	Tennis	Piscine ou piscine couverte	Camping-car
Avoise	P	—	—	—	—	—	—	—
Bessé-sur-Braye	—	—	—	—	—	tennis	piscine	—
Bouloire	—	—	—	—	—	—	—	—
Brûlon	—	—	—	—	—	tennis	—	—
Chartre-sur-le-Loir	—	—	—	—	—	—	piscine	—
Conlie	P	—	—	—	—	—	—	—
Connerré	—	—	—	—	—	tennis	—	—
Écommoy	—	—	—	—	—	tennis	—	—
La Ferté-Bernard	—	—	—	—	—	—	—	camping-car
La Flèche	—	—	—	—	—	tennis	—	camping-car
Fresnay-sur-Sarthe	—	—	—	—	—	tennis	piscine	—
Lavaré	—	—	—	—	—	tennis	—	—
Luché-Pringé	—	—	—	—	•	tennis	piscine	—
Le Lude	—	—	—	—	—	tennis	piscine couverte	—
Mamers	—	—	—	—	—	tennis	piscine couverte	camping-car
Mansigné	—	—	—	—	•	tennis	piscine	—
Marçon	—	—	—	—	•	tennis	—	—
Mayet	—	—	—	—	—	—	—	—
Neuville-sur-Sarthe	—	—	•	—	—	tennis	—	camping-car
Précigné	—	—	—	—	—	tennis	piscine	—
Ruillé-sur-Loir	—	—	—	—	—	—	—	—
Sablé-sur-Sarthe	—	—	—	—	—	tennis	—	—
St-Calais	—	—	—	—	—	tennis	piscine	—
Sillé-le-Guillaume	—	—	—	•	—	—	—	—
Tennie	—	—	•	—	—	tennis	—	—

73 - SAVOIE 12

	Permanent	Équitation	Restauration	Loc. caravanes ou mobile homes	Loc. bungalows et autres	Tennis	Piscine ou piscine couverte	Camping-car
AIGUEBELETTE (Lac d')	—	—	—	—	—	—	—	—
Lépin-le-Lac	—	—	—	—	—	tennis	—	—
Novalaise-Lac △	—	—	—	—	—	—	—	—
Aillon-le-Jeune (ski)	P	—	—	—	—	tennis	—	—
Aime	—	—	—	—	—	—	—	—
Aix-les-Bains (thermal)	P	—	—	•	•	—	piscine couverte	—
Albens	—	—	—	—	—	—	—	—
Albertville	—	—	—	—	—	—	—	—
Aussois (ski)	P	équitation	—	—	—	tennis	—	—
La Bâthie	P	—	—	—	—	—	—	—
Beaufort	—	—	—	—	—	—	—	—
Bourg-St-Maurice (ski)	—	—	—	—	—	tennis	piscine couverte	camping-car
Bozel (ski)	—	équitation	—	—	—	tennis	—	—
Challes-les-Eaux (thermal)	—	—	—	—	—	tennis	—	—
Chanaz	—	—	•	—	—	tennis	—	—
Le Châtelard	—	—	—	—	—	—	—	—
Chindrieux	—	—	—	—	—	tennis	—	—
Entremont-le-Vieux	—	—	•	—	—	tennis	—	—
Lanslebourg-Mont-Cenis	—	—	—	—	—	—	—	—
Lanslevillard (ski)	—	—	•	—	—	tennis	—	—
Lescheraines	—	—	—	—	—	tennis	—	—
Les Marches	—	—	—	•	—	—	—	—
Modane (ski)	—	—	—	—	—	tennis	—	—
Montchavin	—	—	—	—	—	—	piscine	—
Montmélian	—	—	—	—	—	—	—	—
Orelle	—	—	—	—	—	tennis	—	—
Peisey-Nancroix (ski)	P	—	•	•	•	tennis	—	—
Pralognan-la-V. (ski)	—	—	—	—	—	tennis	piscine	—
Queige	—	—	—	—	—	tennis	—	—
La Rochette	—	—	—	•	—	—	—	—
La Rosière de Montvalezan (ski)	—	—	•	—	—	tennis	—	—
Ruffieux	—	—	—	—	—	tennis	—	—
St-Avre	—	équitation	—	—	•	—	piscine	—
St-Jean-de-Couz	—	équitation	•	—	—	—	—	—
St-Pierre-d'Albigny	—	—	—	—	—	—	—	—
St-Rémy-de-Maurienne	—	—	—	—	—	tennis	—	—
Col des Saisies (ski)	—	—	•	—	—	—	—	—
Séez	P	—	—	—	—	—	—	—
Sollières-Sardières	—	—	—	—	—	—	—	—
Termignon	—	—	—	—	—	tennis	—	—
La Toussuire (ski)	—	—	—	—	—	—	—	—
Val-d'Isère (ski)	—	—	—	—	—	tennis	—	—
Valloire (ski)	—	—	—	—	—	tennis	piscine	camping-car
Villarembert	—	—	—	—	—	—	—	—

74 - HAUTE-SAVOIE 12

	Permanent	Équitation	Restauration	Loc. caravanes ou mobile homes	Loc. bungalows et autres	Tennis	Piscine ou piscine couverte	Camping-car
Abondance (ski)	—	—	—	—	—	tennis	—	—
Amphion-les-Bains	—	—	—	—	•	tennis	—	camping-car
ANNECY (Lac d')	—	—	—	—	—	—	—	—
Alex △	—	—	—	—	—	—	—	—
Bout-du-Lac	—	—	•	•	•	tennis	—	—
Doussard	—	—	•	—	—	tennis	—	—
Duingt	—	—	—	—	—	—	—	—
Lathuile	—	—	•	—	•	—	piscine	—
Menthon-St-Bernard	—	—	—	—	—	—	—	—
St-Jorioz	—	équitation	•	—	—	—	piscine	—
Sévrier	—	—	•	—	•	tennis	—	camping-car
Talloires	—	—	—	—	—	—	—	—
Argentière (ski)	—	—	—	—	—	—	—	—
La Balme-de-Sillingy	—	—	—	—	—	—	—	—
La Baume	—	—	—	—	—	—	—	—
Bonneville	—	—	—	—	—	—	—	—
Chamonix △ (ski)	—	—	•	•	—	—	—	—
Châtel (ski)	—	—	•	—	—	tennis	piscine couverte	camping-car
Chêne-en-Semine	—	—	•	—	—	tennis	piscine	—
Choisy	—	équitation	—	—	—	—	—	—
La Clusaz (ski)	—	—	—	—	—	tennis	—	camping-car
Les Contamines-Montjoie (ski)	—	—	•	—	•	tennis	—	—
Cruseilles	—	—	•	—	—	tennis	piscine	—
Cusy	—	—	•	—	—	—	—	—
Excenevex	—	—	•	—	—	tennis	—	—
Les Gets (ski)	—	—	—	—	—	—	—	—
Le Grand-Bornand (ski)	—	—	—	•	•	tennis	piscine	—
Les Houches (ski)	—	—	—	—	—	—	—	—
Lugrin	—	—	—	•	—	—	piscine	—
Maxilly-sur-Léman	—	—	—	•	•	—	—	—
Megève (ski)	P	—	•	—	—	—	piscine	—
Neydens	—	—	•	—	—	—	piscine	—
Le Petit-Bornand-les-G. (ski)	—	—	—	—	—	tennis	—	—
Praz-sur-Arly (ski)	P	—	—	—	•	—	—	—
Présilly	—	—	—	—	—	—	—	—

	Permanent	[équitation]	Restauration	Loc. [caravane] ou [mobile-home]	Loc. [bungalow] ou [chalet] et autres	[tennis] ou [golf]	[baignade] ou [piscine]	[service caravanes]
Le Reposoir	—	—	—	—	—	—	—	—
Rumilly	—	—	—	•	•	—	[baignade]	—
St-Ferréol	—	—	—	—	—	—	—	—
St-Gervais-les-Bains	—	—	•	•	—	—	—	—
St-Jean-d'Aulps	—	—	—	—	—	[tennis]	—	—
St-Jean-de-Sixt	—	—	—	—	—	—	—	—
Sallanches	—	—	•	—	•	—	—	—
Samoëns	P	—	•	—	•	[tennis]	[baignade]	—
Sciez	—	—	•	•	—	—	—	—
Servoz	—	—	—	•	—	[tennis]	—	—
Seyssel	—	—	—	—	—	—	—	—
Sixt-Fer-à-Cheval	—	[équitation]	—	—	—	—	—	—
Taninges	—	—	—	—	—	[tennis]	—	—
Thônes	—	[équitation]	—	—	•	[tennis]	—	—
Thonon-les-Bains	—	—	—	—	—	—	—	—
Vallorcine	—	—	—	—	—	[tennis]	—	—
Verchaix	P	—	—	—	—	[tennis]	—	—

76 - SEINE-MARITIME 1 5 6

	Permanent	[équitation]	Restauration	Loc. [caravane] ou [mobile-home]	Loc. [bungalow] ou [chalet] et autres	[tennis] ou [golf]	[baignade] ou [piscine]	[service caravanes]
Aumale	—	—	—	—	—	—	—	—
Bazinval	P	—	—	—	—	[tennis]	—	—
Blangy-sur-Bresle	—	—	—	—	—	[tennis]	—	—
Bourg-Dun	—	—	—	—	—	[tennis]	—	—
Dieppe	P	—	•	—	—	[tennis]	[piscine]	—
Étretat	—	—	—	—	—	[tennis]	—	—
Gueures	—	—	—	—	—	—	—	—
Le Havre	—	—	—	—	—	—	—	—
Incheville	—	—	—	—	—	—	—	—
Les Loges	—	—	—	—	—	[tennis]	—	—
Martigny	—	—	—	—	—	—	—	—
Offranville	—	—	•	—	•	—	—	—
Omonville	—	—	—	—	—	—	—	—
Rouen	P	—	—	—	—	—	—	—
St-Aubin-sur-Mer	—	—	•	—	—	—	—	—
St-Martin-en-Campagne	P	—	—	—	—	[tennis]	—	—
St-Pierre-en-Port	—	—	—	—	—	—	—	—
St-Valéry-en-Caux	P	—	—	—	•	[tennis]	[piscine]	—
Touffreville-sur-Eu	—	—	—	—	—	—	—	—
Toussaint	—	—	—	—	—	[tennis]	—	—
Le Tréport	—	—	—	—	•	[tennis]	—	—
Veules-les-Roses	—	—	—	—	—	—	—	—
Vittefleur	—	—	—	—	—	—	—	—
Yport	—	—	—	—	—	[tennis]	—	—

77 - SEINE-ET-MARNE 6

	Permanent	[équitation]	Restauration	Loc. [caravane] ou [mobile-home]	Loc. [bungalow] ou [chalet] et autres	[tennis] ou [golf]	[baignade] ou [piscine]	[service caravanes]
Bagneaux-sur-Loing	—	—	—	—	—	[tennis]	—	—
La Ferté-Gaucher	P	—	—	—	—	[tennis]	[baignade]	—
La Ferté-sous-Jouarre	P	[équitation]	—	•	—	[tennis]	—	—
Hermé	P	[équitation]	•	—	—	[tennis]	—	—
Jablines	—	—	•	—	—	—	—	—
Louan	—	—	—	—	—	[tennis]	[baignade]	—
Marne-la-Vallée	P	—	•	—	•	[tennis]	[piscine]	—
Melun	—	—	—	—	—	[tennis]	[piscine]	—
Veneux-les-Sablons	—	—	—	—	—	—	[baignade]	—
Verdelot	—	—	—	—	—	[tennis]	—	—

78 - YVELINES 5 6

	Permanent	[équitation]	Restauration	Loc. [caravane] ou [mobile-home]	Loc. [bungalow] ou [chalet] et autres	[tennis] ou [golf]	[baignade] ou [piscine]	[service caravanes]
Condé-sur-Vesgre	—	[équitation]	—	—	—	—	—	—
Rambouillet	P	—	•	—	—	—	—	—
St-Illiers-la-Ville	—	[équitation]	—	—	—	—	[baignade]	—

79 - DEUX-SÈVRES 9

	Permanent	[équitation]	Restauration	Loc. [caravane] ou [mobile-home]	Loc. [bungalow] ou [chalet] et autres	[tennis] ou [golf]	[baignade] ou [piscine]	[service caravanes]
Airvault	—	—	—	—	—	—	—	—
Argenton-Château	—	—	—	—	—	[tennis]	[baignade]	—
Argenton-l'Église	—	—	—	—	—	[tennis]	—	—
Azay-sur-Thouet	—	—	—	—	—	[tennis]	—	—
Le Beugnon	—	—	—	—	—	—	—	—
Celles-sur-Belle	P	—	—	—	—	[tennis]	[baignade]	—
Coulon	—	—	—	—	•	[tennis]	—	—
Mauzé-sur-le-Mignon	—	—	—	—	—	—	—	—
Melle	—	—	—	—	—	—	—	—
Niort	—	—	—	—	—	—	—	—
Pamproux	—	—	—	—	—	[tennis]	[baignade]	—
Parthenay	P	—	•	—	—	[tennis]	[baignade]	—
Prailles	—	—	•	—	•	[tennis]	—	—
Puy-Hardy	—	[équitation]	—	—	—	—	—	—
St-Christophe-sur-Roc	—	—	•	—	—	[tennis]	—	—
St-Varent	—	—	—	—	—	[tennis]	[piscine]	—
Sauzé-Vaussais	—	—	—	—	•	[tennis]	[baignade]	—
Secondigny	—	—	•	—	—	[tennis]	[baignade]	—
Le Vert	—	—	—	—	—	—	—	—

80 - SOMME 1 2

	Permanent	[équitation]	Restauration	Loc. [caravane] ou [mobile-home]	Loc. [bungalow] ou [chalet] et autres	[tennis] ou [golf]	[baignade] ou [piscine]	[service caravanes]
Bertangles	—	—	—	—	—	—	—	—
Cappy	—	—	—	—	—	—	—	—
Cayeux-sur-Mer	—	—	—	—	—	—	—	—
Le Crotoy	—	—	—	—	—	—	—	—
Forest-Montiers	—	—	—	•	—	—	—	—
Fort-Mahon-Plage	—	—	—	—	—	—	—	—
Friaucourt	—	—	—	—	•	[tennis]	—	—
Lanchères	P	—	—	—	—	—	—	—
Montdidier	—	—	—	•	—	—	—	—
Pendé	—	—	—	—	—	—	—	—
Péronne	—	—	—	—	—	—	—	—
Poix-de-Picardie	—	—	—	—	—	—	—	—
Port-le-Grand	—	—	—	—	—	—	[piscine]	—
Proyart	—	—	—	—	—	—	—	—
Quend	—	[équitation]	—	•	—	—	—	—
Rue	—	—	—	—	—	—	—	—
St-Blimont	—	—	—	—	—	[tennis]	—	—
St-Quentin-en-Tourmont	—	—	—	—	—	—	—	—
St-Valery-sur-Somme	—	—	•	—	—	[tennis]	[baignade]	—
Villers-sur-Authie	—	—	—	—	—	—	—	—
Vironchaux	—	—	—	—	—	—	—	—

81 - TARN 15

	Permanent	[équitation]	Restauration	Loc. [caravane] ou [mobile-home]	Loc. [bungalow] ou [chalet] et autres	[tennis] ou [golf]	[baignade] ou [piscine]	[service caravanes]
Anglès	—	—	•	•	•	[tennis]	[baignade]	—
Le Bez	—	—	—	—	—	—	—	—
Brassac	—	—	—	—	—	—	—	—
Cahuzac-sur-Vère	—	—	—	—	—	[tennis]	[baignade]	—
Castelnau-de-Montmiral	—	—	—	—	•	[tennis]	[baignade]	—
Castres	—	—	•	—	•	—	[piscine]	—
Cordes-sur-Ciel	—	—	—	•	•	—	[baignade]	—
Damiatte	—	—	•	•	•	—	—	—
Gaillac	—	—	—	—	—	—	[baignade]	—
Labastide-Rouairoux	—	—	—	—	•	—	—	—
Mazamet	—	—	—	—	—	—	[piscine]	[service caravanes]
Mirandol-Bourgnounac	—	[équitation]	—	•	—	—	[baignade]	—
Nages	P	—	•	—	•	[tennis]	—	—
Pampelonne	—	—	—	—	—	—	—	—
Rabastens	—	—	—	—	—	—	[piscine]	—
Rivières	—	—	•	—	•	[tennis]	[baignade]	—

	Permanent	🐴	Restauration	Loc. 🚃 ou 🏠	Loc. 🏡 et autres	🎾 ou [🎾]	🏊 ou [🏊]	🚐
Roquecourbe	—	—	—	—	—	🎾	—	—
Rouquié	—	—	—	—	—	—	—	—
St-Pierre-de-Trivisy	—	—	—	—	•	🎾	🏊	—
Sorèze	—	—	—	—	—	🎾	—	—

82 - TARN-ET-GARONNE 14

	Permanent	🐴	Restauration	Loc. 🚃 ou 🏠	Loc. 🏡 et autres	🎾 ou [🎾]	🏊 ou [🏊]	🚐
Beaumont-de-Lomagne	—	—	—	—	•	🎾	—	—
Caussade	—	—	—	—	—	🎾	🏊	—
Caylus	—	—	—	—	—	—	—	—
Lafrançaise	—	—	•	—	—	🎾	🏊	—
Laguépie	—	—	—	—	•	🎾	—	—
Lavit-de-Lomagne	—	—	—	—	—	—	—	—
Montpezat-de-Quercy	—	—	—	—	•	🎾	🏊	—
Nègrepelisse	—	—	—	—	—	—	🏊	—
St-Antonin-Noble-Val	—	—	•	•	—	🎾	[🏊]	—
St-Nicolas-de-la-Grave	—	—	—	—	—	🎾	🏊	—
St-Sardos	—	—	•	—	—	🎾	—	—
Touffailles	—	—	—	—	—	🎾	—	—

83 - VAR 17

	Permanent	🐴	Restauration	Loc. 🚃 ou 🏠	Loc. 🏡 et autres	🎾 ou [🎾]	🏊 ou [🏊]	🚐
Agay	—	🐴	•	•	•	🎾	🏊	🚐
Artignosc-sur-Verdon	—	🐴	—	—	—	—	🏊	—
Aups	P	🐴	•	•	—	🎾	🏊	—
Belgentier	—	—	•	—	—	🎾	🏊	—
Bormes-les-Mimosas	P	—	—	—	—	—	🏊	🚐
La Cadière-d'Azur	—	—	•	•	•	🎾	🏊	—
Callas	—	—	•	•	—	—	🏊	—
Le Camp-du-Castellet	P	—	•	—	•	🎾	🏊	—
Carqueiranne	—	—	•	—	•	🎾	🏊	—
Cavalaire-sur-Mer	—	—	•	•	•	🎾	🏊	—
Cogolin	—	—	•	•	•	🎾	🏊	—
Comps-sur-Artuby	—	—	•	—	—	—	—	—
La Croix-Valmer	—	—	•	•	•	—	—	—
Fayence	—	—	•	—	—	🎾	🏊	—
Fréjus [⛰]	—	—	•	•	•	🎾	🏊	🚐
La Garde-Freinet	—	—	•	—	—	🎾	🏊	—
Giens	—	—	•	•	—	—	—	🚐
Grimaud [⛰]	—	—	•	•	—	—	🏊	—
Hyères [⛰]	P	—	•	—	•	🎾	—	—
Le Lavandou [⛰]	—	—	•	•	•	🎾	—	🚐
La Londe-les-Maures [⛰]	—	—	•	•	—	🎾	—	—
Le Muy	—	—	•	—	•	🎾	🏊	—
Nans-les-Pins	—	🐴	•	•	—	🎾	🏊	—
Le Pradet [⛰]	—	—	—	•	—	—	—	🚐
Puget-sur-Argens	—	—	•	•	•	🎾	🏊	—
Ramatuelle	—	—	•	•	•	🎾	🏊	—
Régusse	—	🐴	•	•	•	🎾	🏊	—
Roquebrune-sur-Argens	—	🐴	•	•	•	🎾	🏊	🚐
La Roque-Esclapon	P	—	—	—	—	🎾	🏊	—
St-Aygulf	—	—	•	•	—	🎾	🏊	—
St-Cyr-sur-Mer	—	—	•	•	•	🎾	🏊	—
St-Mandrier-sur-Mer	—	—	•	—	—	🎾	—	—
St-Maximin-la-Ste-B.	—	🐴	•	•	—	—	🏊	🚐
St-Paul-en-Forêt	P	🐴	•	—	•	🎾	🏊	—
St-Raphaël	—	—	•	•	—	🎾	🏊	—
Ste-Anastasie-sur-Issole	—	—	•	•	—	🎾	🏊	—
Salernes	—	—	—	—	•	—	—	—
Les Salles-sur-Verdon	—	—	—	—	—	—	—	—
Sanary-sur-Mer	—	—	•	•	•	🎾	🏊	🚐
La Seyne-sur-Mer	—	—	•	•	•	—	🏊	—
Signes	P	—	—	—	—	🎾	🏊	—
Sillans-la-Cascade	—	—	•	•	•	—	[🏊]	—
Six-Fours-les-Plages [⛰]	P	—	—	—	—	—	—	🚐
La Verdière	—	—	—	—	—	🎾	🏊	—
Vidauban	—	—	•	•	—	—	🏊	—
Vinon-sur-Verdon	—	—	—	—	—	—	—	—

84 - VAUCLUSE 16

	Permanent	🐴	Restauration	Loc. 🚃 ou 🏠	Loc. 🏡 et autres	🎾 ou [🎾]	🏊 ou [🏊]	🚐
Apt	—	🐴	•	•	—	🎾	🏊	🚐
Aubignan	—	—	—	—	—	🎾	—	—
Avignon	P	—	•	•	—	🎾	🏊	🚐
Beaumes-de-Venise	—	—	—	—	—	🎾	—	—
Bédoin	—	—	—	—	—	🎾	🏊	—
Bollène	P	🐴	•	•	•	—	🏊	—
Bonnieux	—	🐴	—	—	—	—	—	—
Cadenet	—	—	•	•	—	—	—	—
Caromb	—	—	—	—	—	—	—	—
Châteauneuf-du-Pape	—	🐴	—	—	—	—	—	—
Cucuron	—	🐴	•	—	—	—	—	—
L'Isle-sur-la-Sorgue	—	—	—	•	—	—	—	—
Jonquières	—	—	—	—	—	🎾	🏊	—
Malemort-du-Comtat	—	—	•	•	—	🎾	🏊	—
Mazan	P	—	•	—	—	—	🏊	—
Mondragon	P	—	—	—	—	—	—	—
Monteux	—	—	—	—	—	—	—	—
Mornas	P	🐴	•	•	•	🎾	🏊	—
Murs	—	🐴	—	—	—	🎾	—	—
Orange	—	—	•	•	•	🎾	—	🚐
Roussillon	—	🐴	—	•	—	—	—	—
Rustrel	—	🐴	•	•	—	—	🏊	—
Sault	—	—	—	—	—	🎾	🏊	—
Le Thor	—	—	•	•	—	—	—	🚐
La Tour-d'Aigues	—	—	—	—	—	🎾	—	—
Vacqueyras	—	—	—	—	—	🎾	—	—
Vaison-la-Romaine	—	🐴	—	•	—	🎾	🏊	—
Valréas	—	—	—	—	—	—	—	—
Vedène	—	—	•	—	—	—	🏊	—
Villes-sur-Auzon	—	—	•	—	—	🎾	🏊	—
Visan	—	—	—	•	—	—	🏊	—

85 - VENDÉE 9

	Permanent	🐴	Restauration	Loc. 🚃 ou 🏠	Loc. 🏡 et autres	🎾 ou [🎾]	🏊 ou [🏊]	🚐
L'Aiguillon-sur-Mer	—	—	•	•	•	🎾	🏊	🚐
Aizenay	—	—	—	—	—	🎾	—	—
Angles	—	—	•	•	—	🎾	🏊	—
Apremont	—	—	•	•	—	—	🏊	—
Avrillé	—	—	•	•	—	—	—	—
La Barre-de-Monts	—	🐴	—	•	•	—	🏊	—
Bois-de-Céné	—	—	—	•	—	🎾	🏊	—
La Boissière-de-Montaigu	—	🐴	•	•	—	🎾	🏊	—
Brem-sur-Mer	—	—	•	•	—	🎾	🏊	—
Brétignolles-sur-Mer	—	—	•	•	•	🎾	🏊	—
La Chapelle-Hermier	—	🐴	—	—	—	—	—	—
Les Essarts	P	—	—	—	—	🎾	[🏊]	—
La Faute-sur-Mer	—	—	—	•	—	🎾	🏊	—
Fontenay-le-Comte	—	—	—	—	—	—	—	—
Grand'Landes	P	—	—	—	—	—	🏊	—
Grosbreuil	—	—	—	—	—	—	🏊	—
Jard-sur-Mer [⛰]	—	—	•	•	•	🎾	🏊	—
Lairoux	—	—	—	—	—	—	—	—
Landevieille	—	🐴	•	•	•	🎾	🏊	—
Longeville-sur-Mer [⛰]	—	🐴	•	•	•	🎾	🏊	—
Luçon	—	—	•	•	•	🎾	—	—
Les Lucs-sur-Boulogne	—	—	•	—	—	—	—	—
Maillé	—	—	—	—	—	—	—	—

	Permanent	Équitation	Restauration	Loc. caravane ou mobile-home	Loc. bungalow et autres	Tennis ou golf	Piscine ou piscine couverte	Camping-car
Maillezais	—	—	—	—	—	Tennis	—	—
Le Mazeau	—	—	—	—	—	—	—	—
Mervent	P	—	•	—	•	—	Piscine	—
Montaigu	—	—	•	—	—	—	—	—
La Mothe-Achard	—	—	—	•	—	—	—	—
Mouchamps	—	—	—	—	—	—	—	—
Nalliers	—	—	—	—	—	Tennis	—	—
Nieul-le-Dolent	—	—	—	—	—	—	—	—
Nieul-sur-l'Autise	—	—	—	—	—	Tennis	—	—
NOIRMOUTIER (Île de)	—	—	—	—	—	—	—	—
Barbâtre	—	—	—	•	—	Tennis	Piscine	—
Noirmoutier-en-l'Île	—	—	—	—	—	—	—	—
Notre-Dame-de-Monts [A]	—	—	•	•	•	—	Piscine	—
Le Perrier	—	—	—	•	—	Tennis	Piscine	—
La Pommeraie-sur-Sèvre	—	—	—	—	—	Tennis	—	—
Pouzauges	—	—	—	—	—	—	—	—
Les Sables-d'Olonne [A]	—	—	•	•	•	Tennis	Piscine couverte	—
St-Denis-du-Payré	—	—	—	—	—	—	—	—
St-Étienne-du-Bois	—	—	—	•	—	Tennis	—	—
St-Gilles-Croix-de-Vie	—	Équitation	•	•	•	Tennis	Piscine	—
St-Hilaire-de-Riez [A]	P	Équitation	•	•	•	Tennis	Piscine couverte	—
St-Hilaire-la-Forêt	—	—	•	•	—	Tennis	Piscine	—
St-Jean-de-Monts [A]	—	Équitation	•	•	•	Tennis	Piscine couverte	—
St-Julien-des-Landes	—	Équitation	•	—	—	Tennis	Piscine	—
St-Malô-du-Bois	—	—	•	—	—	—	—	—
St-Michel-en-l'Herm	—	—	—	—	—	—	—	—
St-Révérend	—	—	—	—	—	—	Piscine	—
St-Vincent-sur-Jard	—	—	•	•	•	Tennis	Piscine	—
Sallertaine	—	—	—	—	—	—	—	—
Soullans	—	—	—	—	—	Tennis	—	—
Talmont-St-Hilaire	—	—	•	•	—	Tennis	Piscine couverte	—
La Tranche-sur-Mer [A]	—	Équitation	•	•	•	Tennis	Piscine couverte	Camping-car
Triaize	—	—	—	•	—	Tennis	—	—
Vairé	—	—	—	—	—	—	—	—
Vix	—	—	—	—	—	—	—	—

86 - VIENNE 9 10

	Permanent	Équitation	Restauration	Loc. caravane ou mobile-home	Loc. bungalow et autres	Tennis ou golf	Piscine ou piscine couverte	Camping-car
Availles-Limouzine	—	—	—	—	—	Tennis	Piscine	—
Bonnes	—	—	—	—	—	Tennis	—	—
La Bussière	—	—	—	—	—	Tennis	—	—
Couhé	—	—	•	—	—	—	Piscine	—
Dangé-St-Romain	—	—	—	—	—	—	—	—
Ingrandes	—	—	•	—	—	—	Piscine	—
Montmorillon	P	—	—	—	—	—	Piscine	—
Les Ormes	—	—	—	—	—	—	—	—
Poitiers	—	—	•	—	—	Tennis	Piscine	Camping-car
La Roche-Posay [station thermale]	—	—	—	—	—	—	—	—
St-Cyr	—	—	•	•	—	Tennis	—	—
St-Pierre-de-Maillé	—	—	—	—	—	—	—	—
St-Savin	—	—	—	•	—	—	Piscine	Camping-car
Sanxay	—	—	—	—	—	—	Piscine	—
Vouillé	—	—	—	—	—	Tennis	Piscine	—

87 - HAUTE-VIENNE 10

	Permanent	Équitation	Restauration	Loc. caravane ou mobile-home	Loc. bungalow et autres	Tennis ou golf	Piscine ou piscine couverte	Camping-car
Aixe-sur-Vienne	—	—	—	—	—	—	Piscine couverte	—
Ambazac	—	—	—	—	—	—	—	—
Beaumont-du-Lac	—	—	—	—	—	—	—	—
Bellac	P	—	—	—	—	Tennis	Piscine	—
Bessines-sur-Gartempe	—	—	—	—	—	—	—	—
Bujaleuf	—	—	•	—	—	—	—	—
Bussière-Galant	—	—	—	—	—	Tennis	—	—
Châteauneuf-la-Forêt	—	—	—	—	—	Tennis	—	—
Châteauponsac	—	—	•	—	•	—	Piscine	—
Cognac-la-Forêt	—	—	—	•	—	Tennis	—	—
Compreignac	—	—	—	—	—	—	—	—
Coussac-Bonneval	—	—	—	—	—	Tennis	—	—
Eymoutiers	—	Équitation	—	—	—	—	—	—
Laurière	—	—	—	—	•	—	—	—
Limoges	P	—	—	—	—	Tennis	—	—
Magnac-Bourg	—	—	—	—	—	—	—	—
Meuzac	—	—	—	—	—	—	—	—
Morterolles-sur-Semme	—	—	—	—	—	—	—	—
Nexon	—	—	—	•	•	—	—	—
Peyrat-le-Château	—	—	•	—	—	Tennis	—	—
Razès	—	—	•	—	•	Tennis	—	—
Rochechouart	—	—	•	—	•	Tennis	—	—
St-Germain-les-Belles	—	—	—	—	—	Tennis	—	—
St-Hilaire-les-Places	—	—	—	—	•	Tennis	—	—
St-Laurent-les-Églises	—	—	—	—	•	Tennis	Piscine	—
St-Léonard-de-Noblat	—	—	—	—	—	—	—	—
St-Martin-Terressus	—	—	•	—	—	—	—	—
St-Pardoux	—	—	—	—	•	Tennis	Piscine	—
St-Sulpice-les-Feuilles	—	—	—	—	—	—	—	—
St-Yrieix-la-Perche	—	—	•	—	—	—	—	—

88 - VOSGES 7 8

	Permanent	Équitation	Restauration	Loc. caravane ou mobile-home	Loc. bungalow et autres	Tennis ou golf	Piscine ou piscine couverte	Camping-car
Anould	P	—	—	—	—	—	—	—
La Bresse [ski]	P	—	—	—	—	Tennis	—	—
Bussang	P	—	—	—	—	Tennis	Piscine	—
Celles-sur-Plaine	—	—	—	—	—	—	—	—
La Chapelle-Devant-B.	—	—	—	—	•	Tennis	Piscine couverte	—
Contrexéville [station thermale]	—	—	—	—	—	—	—	—
Corcieux	—	—	•	•	•	Tennis	Piscine	—
Épinal	P	—	•	•	—	Tennis	Piscine	—
Ferdrupt	—	—	—	—	—	—	—	—
Fontenoy-le-Château	—	—	—	—	—	Tennis	—	—
Gemaingoutte	—	—	—	—	—	—	—	—
Gérardmer [A] [ski]	—	—	•	—	—	Tennis	—	—
Granges-sur-Vologne	P	—	—	—	•	Tennis	Piscine	—
Herpelmont	—	—	•	—	—	—	—	—
Plombières-les-Bains [station thermale]	—	—	—	—	—	—	—	—
St-Dié	P	—	—	—	—	—	—	—
St-Maurice-sur-Moselle [ski]	—	—	•	—	•	Tennis	Piscine	—
Senones	—	—	—	—	—	—	—	—
Le Thillot	P	—	—	—	—	Tennis	Piscine couverte	—
Le Tholy	—	—	—	—	•	Tennis	Piscine	—
Vagney	—	Équitation	—	—	—	—	—	—
Vittel [station thermale]	—	—	•	—	—	—	—	—
Xonrupt-Long. [A] [ski]	P	—	•	—	•	—	—	—

89 - YONNE 6 7

	Permanent	Équitation	Restauration	Loc. caravane ou mobile-home	Loc. bungalow et autres	Tennis ou golf	Piscine ou piscine couverte	Camping-car
Accolay	—	—	—	—	—	—	—	—
Ancy-le-Franc	—	—	—	—	—	—	—	—
Andryes	P	Équitation	•	—	—	—	Piscine	—
Auxerre	—	—	—	—	—	Tennis	Piscine couverte	—
Bléneau	—	—	—	—	—	Tennis	Piscine	—
Brienon-sur-Armançon	—	—	—	—	—	Tennis	—	—
Cézy	—	—	—	—	—	Tennis	—	—
Champignelles	—	—	—	—	—	Tennis	—	—
L'Isle-sur-Serein	—	—	—	—	—	Tennis	—	—
Ligny-le-Châtel	—	—	—	—	—	Tennis	—	—
St-Fargeau	—	—	—	—	—	—	—	—

	Permanent	[cheval]	Restauration	Loc. [caravane] ou [mobile-home]	Loc. [chalet] ou [bungalow] et autres	[tennis] ou [golf]	[piscine] ou [plan d'eau]	[camping-car]

91 - ESSONNE 6

Étampes	—	—	—	—	—	[tennis]	—	—
Milly-la-Forêt	—	[cheval]	—	—	—	—	—	—
Monnerville	—	[cheval]	—	—	—	—	[piscine]	—
St-Chéron	—	[cheval]	•	—	—	[tennis]	[piscine]	—

PRINCIPAUTÉ-D'ANDORRE 14

Canillo [tente]	—	—	—	—	—	[tennis]	[plan d'eau]	—
Encamp	—	—	•	—	—	[tennis]	[piscine]	—
La Massana	P	—	•	—	—	—	[piscine]	—

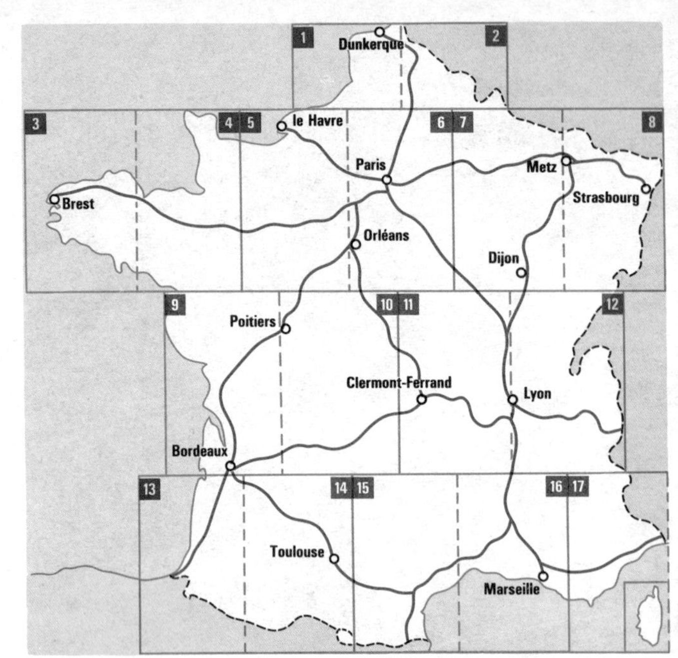

TABLEAU D'ASSEMBLAGE

ATLAS KEY MAP

SEITENEINTEILUNG

OVERZICHTSKAART

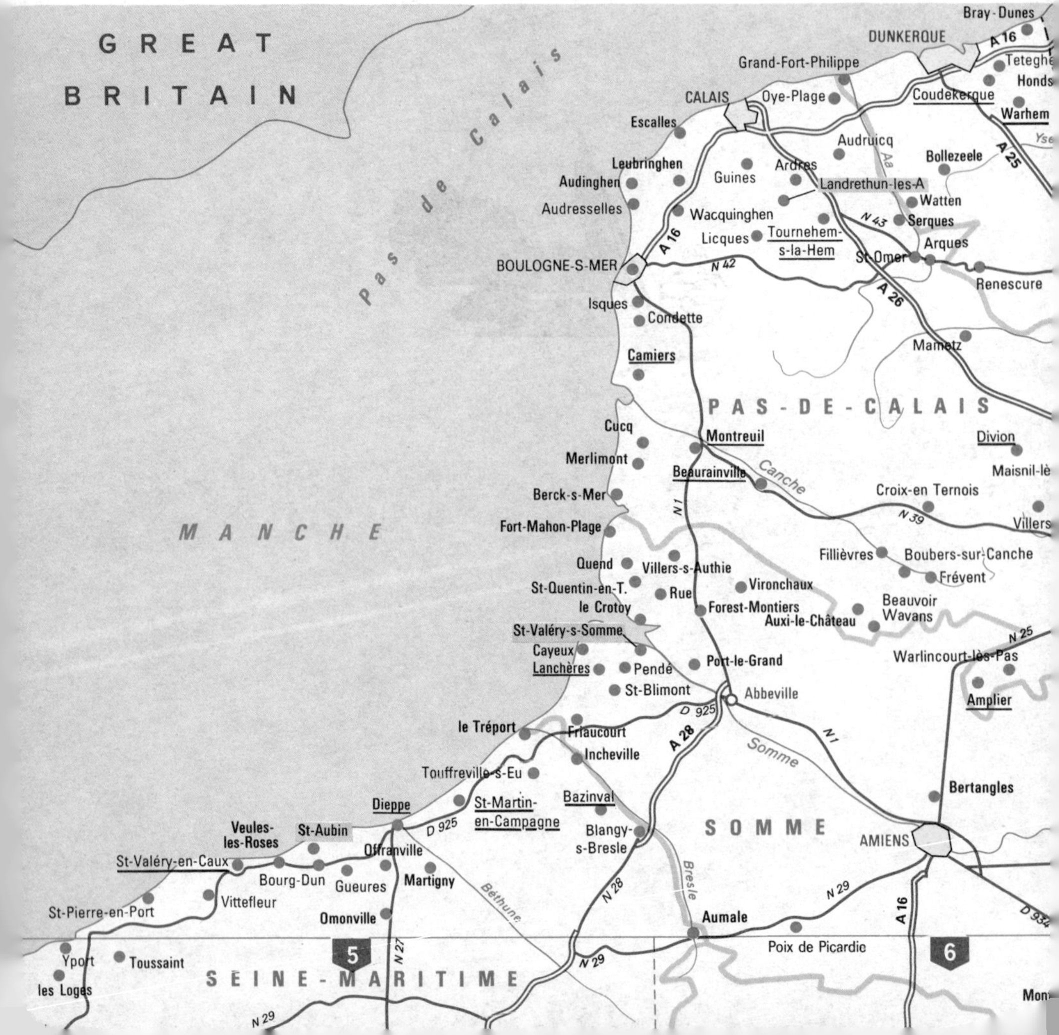

GREAT BRITAIN

Pas de Calais

MANCHE

Bray-Dunes
DUNKERQUE
A 16
Grand-Fort-Philippe
Teteghem
Honds
CALAIS
Oye-Plage
Coudekerque
Warhem
Escalles
Audruicq
Bollezeele
A 25
Yser
Leubringhen
Guines
Ardres
Aa
Audinghen
Landrethun-les-A
Audresselles
Wacquinghen
Watten
N 43
Serques
A 16
Licques
Tournehem-s-la-Hem
Arques
BOULOGNE-S-MER
N 42
St-Omer
Renescure
A 26
Isques
Condette
Mametz
Camiers
PAS-DE-CALAIS
Cucq
Montreuil
Divion
Merlimont
Beaurainville
Canche
Maisnil-lès
Berck-s-Mer
N 1
Croix-en Ternois
N 39
Fort-Mahon-Plage
Villers
Fillièvres
Boubers-sur-Canche
Quend
Villers-s-Authie
Frévent
St-Quentin-en-T.
Rue
Vironchaux
le Crotoy
Forest-Montiers
Beauvoir Wavans
Auxi-le-Château
St-Valéry-s-Somme
N 25
Cayeux
Lanchères
Pendé
Port-le-Grand
Warlincourt-lès-Pas
St-Blimont
Abbeville
Amplier
D 925
le Tréport
Friaucourt
A 28
N 1
Incheville
Somme
Touffreville-s-Eu
Bertangles
Dieppe
St-Martin-en-Campagne
Bazinval
Veules-les-Roses
St-Aubin
D 925
Blangy-s-Bresle
SOMME
AMIENS
Offranville
St-Valéry-en-Caux
Bourg-Dun
Gueures
Martigny
Bresle
N 28
Vittefleur
Béthune
N 29
St-Pierre-en-Port
Omonville
Aumale
A 16
D 934
Yport
Toussaint
5
N 27
Poix de Picardie
6
les Loges
SEINE-MARITIME
N 29
N 29
Mont

LÉGENDE		LEGEND
Localité possédant au moins un terrain de camping sélectionné	● Apt	Town with at least one selected camping site
Localité possédant un schéma dans le guide	■ Carnac	Town with a plan in the guide
Région possédant un schéma dans le guide	*Ile de Ré*	Region with a local map in the guide
Localité possédant au moins un terrain agréable sélectionné	Moyaux	Town with at least one selected camping site classified as pleasant
Localité possédant au moins un terrain sélectionné ouvert toute l'année	Lourdes	Town with at least one selected camping site open all the year round
Localité repère	LILLE	Town appearing as reference point only

ZEICHENERKLÄRUNG		VERKLARING
Ort mit mindestens einem ausgewählten Campingplatz	● Apt	Plaats met tenminste één geselekteerd kampeerterrein
Ort mit Stadtplan oder Übersichtskarte im Führer	■ Carnac	Plaats met schema in de gids
Gebiet mit Übersichtskarte im Führer	*Ile de Ré*	Gebied met schema in de gids
Ort mit mindestens einem ausgewählten und besonders angenehmen Campingplatz	Moyaux	Plaats met tenminste één fraai geselekteerd kampeerterrein
Ort mit mindestens einem ganzjährig geöffneten Campingplatz	Lourdes	Plaats met tenminste één gedurende het gehele jaar geopend kampeerterrein
Orientierungspunkt	LILLE	Plaats ter oriëntering

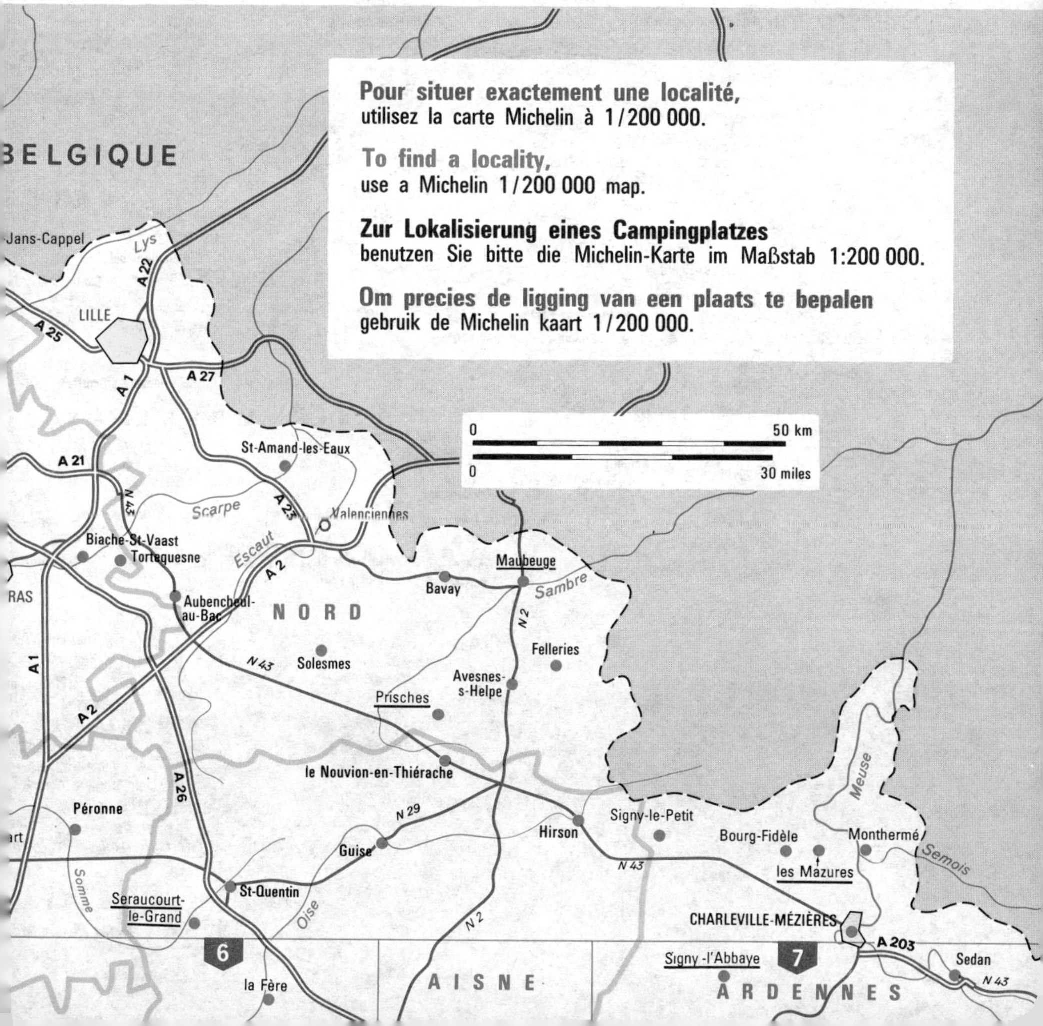

Pour situer exactement une localité,
utilisez la carte Michelin à 1/200 000.

To find a locality,
use a Michelin 1/200 000 map.

Zur Lokalisierung eines Campingplatzes
benutzen Sie bitte die Michelin-Karte im Maßstab 1:200 000.

Om precies de ligging van een plaats te bepalen
gebruik de Michelin kaart 1/200 000.

0 50 km
0 30 miles

BELGIQUE
Jans-Cappel
Lys
A 22
LILLE
A 25
A 1
A 27
St-Amand-les-Eaux
A 21
N 43
Scarpe
A 23
Valenciennes
Biache-St-Vaast
Tortequesne
Escaut
A 2
Maubeuge
Bavay
Sambre
RAS
Aubencheul-au-Bac
NORD
N 2
Felleries
N 43
Solesmes
A 1
Avesnes-s-Helpe
Prisches
A 2
le Nouvion-en-Thiérache
Meuse
A 26
Péronne
N 29
Signy-le-Petit
Hirson
Bourg-Fidèle
Monthermé
Guise
N 43
les Mazures
Semois
Somme
St-Quentin
Seraucourt-le-Grand
Oise
N 2
CHARLEVILLE-MÉZIÈRES
A 203
6
Signy-l'Abbaye
7
Sedan
N 43
la Fère
AISNE
ARDENNES

M A N C H E

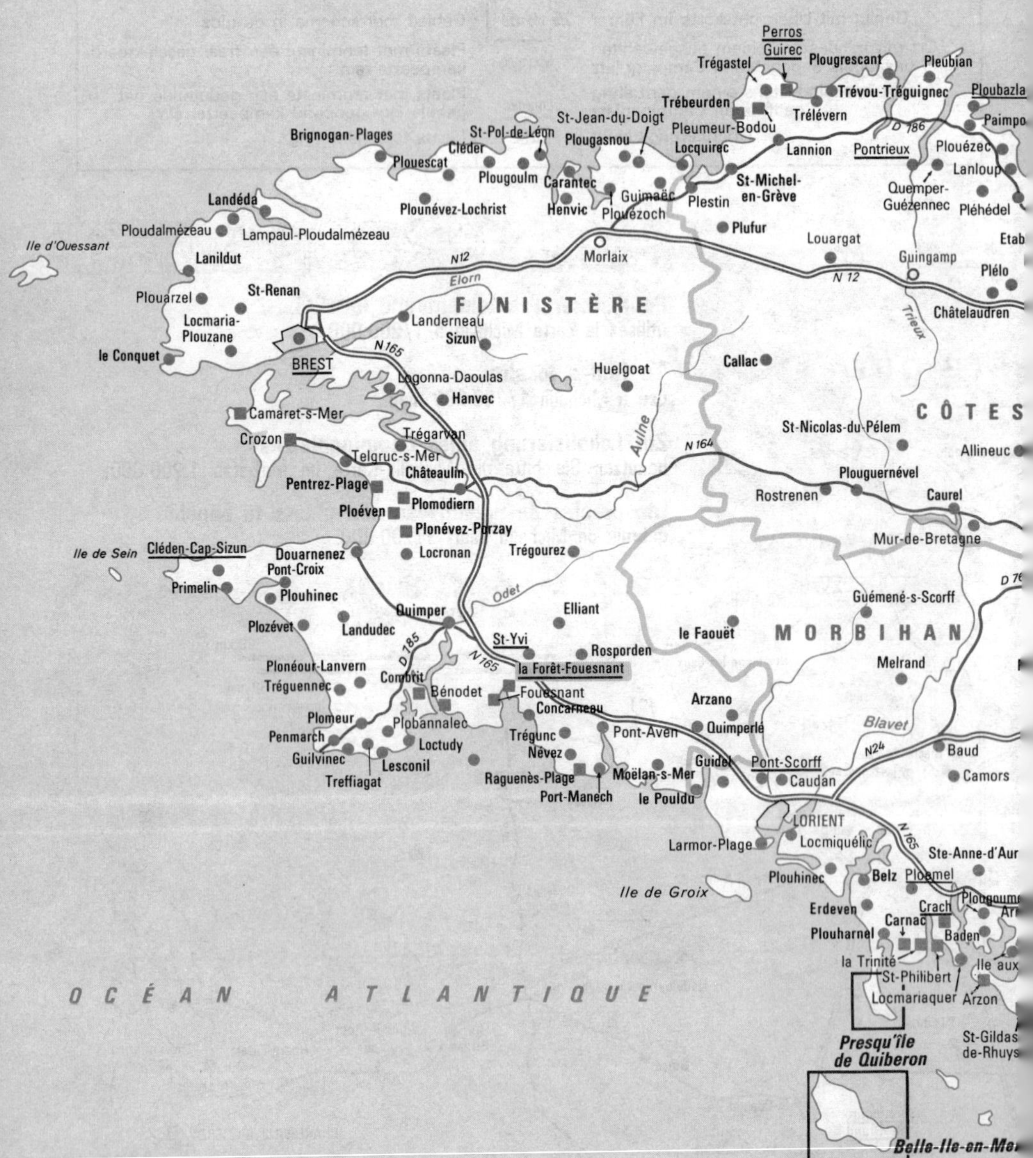

Perros Guirec
Trégastel
Plougrescant
Pleubian
Trévou-Tréguignec
Ploubazla
Trébeurden
Trélévern
Paimpo
St-Jean-du-Doigt
Pleumeur-Bodou
D 786
Brignogan-Plages
St-Pol-de-Léon
Plougasnou
Locquirec
Lannion
Pontrieux
Plouézec
Cléder
Plouescat
Plougoulm
Carantec
Lanloup
Landéda
Plounévez-Lochrist
Henvic
Guimaëc
Plestin
St-Michel-en-Grève
Quemper-Guézennec
Plouezoch
Pléhédel
Ploudalmézeau
Lampaul-Ploudalmézeau
Plufur
Etab
Ile d'Ouessant
Lanildut
N12
Morlaix
Louargat
Guingamp
Elorn
N 12
Plélo
Plouarzel
St-Renan
F I N I S T È R E
Landerneau
Châtelaudren
Locmaria-Plouzane
Sizun
Trieux
le Conquet
BREST
N 165
Callac
Huelgoat
Logonna-Daoulas
Hanvec
Camaret-s-Mer
C Ô T E S
St-Nicolas-du-Pélem
Tréguarvan
Crozon
Aulne
N 164
Allineuc
Telgruc-s-Mer
Châteaulin
Plouguernével
Pentrez-Plage
Rostrenen
Caurel
Plomodiern
Ploéven
Plonévez-Porzay
Mur-de-Bretagne
Ile de Sein
Cléden-Cap-Sizun
Douarnenez
Locronan
Trégourez
Pont-Croix
Primelin
Plouhinec
Odet
D 76
Guémené-s-Scorff
Quimper
Elliant
Plozévet
Landudec
le Faouët
M O R B I H A N
D 785
St-Yvi
Rosporden
N 165
Plonéour-Lanvern
la Forêt-Fouesnant
Melrand
Combrit
Tréguennec
Bénodet
Fouesnant
Arzano
Concarneau
Plomeur
Plobannalec
Blavet
Penmarch
Trégunc
Pont-Aven
Quimperlé
Loctudy
Nèvez
N24
Baud
Guilvinec
Lesconil
Guidel
Pont-Scorff
Treffiagat
Raguenès-Plage
Moëlan-s-Mer
Caudan
Camors
Port-Manech
le Pouldu
LORIENT
N 165
Larmor-Plage
Locmiquélic
Ste-Anne-d'Aur
Plouhinec
Belz
Ploemel
Ile de Groix
Plougoum
Erdeven
Crach
Carnac
Plouharnel
Baden
la Trinité
Ile aux
St-Philibert
Locmariaquer
Arzon
O C É A N A T L A N T I Q U E
Presqu'île de Quiberon
St-Gildas-de-Rhuys
Belle-Ile-en-Me

4
5
9
JERSEY
JERSEY
Cherbourg
Tourlaville
Maupertus-s-Mer
Gatteville-le-Phare
Barfleur
Montfarville
St-Vaast-la-Hougue
N 13
les Pieux
D 2
Surtainville
Beaubigny
Ravenoville
Barneville-Carteret
St-Georges-de-la-Rivière
Ste-Mère-Église
Ste-Marie-du-Mont
Grandcamp-Maisy
Vierville-s-Mer
Isigny-s-Mer
Surrain
Colleville-s-Mer
Bernie
Denneville
Carentan
Trévières
Etréham
Courseulles
Luc-s-
Herman
Bayeux
Creully
Martragny
N 13
St-Germain-s-Ay
St-Martin-d'Aubigny
N 174
MANCHE
CALVADOS
Gouville-s-Mer
Blainville-s-Mer
St-Lô
Coutances
Cahagnes
N 175
Torigni-sur-Vire
Montmartin-s-Mer
Annoville
D 971
D 999
Thury Harcourt
I. Chausey
Vire
Granville
Villedieu-les-Poêles
St-Pair-s-Mer
D 924
Jullouville
Condé-s-Noireau
St-Jean-le-Thomas
D 973
Brécey
St-Coulomb
N 175
D 924
St-Briac
St-Lunaire
St-Cast
Erquy
Plurien
St-Malo
Cancale
Genêts
Sée
Flers
St Jacut-de-la-Mer
Dinard
St-Père
Courtils
Lancieux
Cherrueix
Beauvoir
Ducey
la Ferrière-aux-Etangs
St-Alban
St-Lormel
St-Guinoux
St-Marcan
St-Hilaire-du-Harcouët
Plancoët
N 176
N 175
Sélune
Domfront
Planguenoual
Dol-de-Bretagne
N 176
Pléven
la Croix-Avranchin
Bagnoles-de-l'Orne
Antrain
N 176
Dinan
Jugon-les-Lacs
la Chapelle-aux-Filtzméens
N 175
Collinée
D 766
Rance
Ambrières-les-Vallées
Broons
Sens-de-Bretagne
Fougères
Tinténiac
Couesnon
Ernée
Mayenne
Merdrignac
St-Aubin-du-Cormier
N 164
MAYENNE
N 137
Ille
N 12
Châtillon-en-Vendelais
N 12
la Trinité-Porhoët
ILLE-
RENNES
Vilaine
Evron
Loyat
N 157
A 81
Montsûrs
St-Thurial
Taupont
N 24
Châteaugiron
Laval
Josselin
D 766
ET-VILAINE
MORBIHAN
Bourg-des-Comptes
Marcillé-Robert
Mayenne
Meslay du-Maine
la Selle-Guerchaise
N 171
N 137
Sérent
Martigné-Ferchaud
St-Congard
la Gacilly
Château-Gontier
Sablé-s-Sarthe
N 162
Ménil
St-Vincent-s-Oust
Daon
Précigné
Vilaine
Pouancé
St-Jacut-les-Pins
BesIé
Noyal-Muzillac
N 171
la Jaille-Yvon
Morannes
Noyant-la-Gravoyère
Guémené-Penfao
Châteauneuf-s-S
le Guerno
MAINE
ET
LOIRE
Muzillac
Marsac-s-Don
Challain-la-Potherie
le Lion-d'Angers
Cheffes
Tiercé
Nozay
Grez-Neuville
Pruillé
Missillac
le Gâvre
Loir
Ste-Reine-de-Bretagne
LOIRE-ATLANTIQUE
Assérac
Blain
Nort-s-Erdre
ANGERS
Mesquer
St-Lyphard
Pontchâteau
Héric
A 11
N 147
Bouchemaine
N 171
Brain-s-
Guérande
St-André-des-Eaux
Savenay
Ancenis
Mûrs-Érigné
la Possonnière
N 165
N 137
LOIRE
la Baule
St-Nazaire
St-Étienne-de-Montluc
Chalonnes-sur-L.
Coutures
Pornichet
la Varenne
Genn
St-Brévin-les-Pins
St-Lambert-du-Lattay

5
Etretat
Yport
Toussaint
les Loges
1
SEINE-MARITIME
N 27
N 29
D 925
N 15
LE HAVRE
A 131
Honfleur
N 182
A 28
ROUEN
N 31
Bernières-s-M.
St-Aubin
Colleville-Montgomery-Plage
Colleville-s-Mer
Courseulles
Luc-s-M.
Cabourg
Etréham
Creully
Hermanville
Houlgate
Bayeux
Martragny
Ouistreham
Merville-Franceville
Dives-s-Mer
Bénouville
Deauville
Villiers-s-M.
Fiquefleur-Equainville
Toutainville
A 13
Pont-l'Evêque
Bourg-Achard
Andelle
Lyons-la-
Poses
St Pierre-de-Vauv
les Andely
Blangy-le-Château
Pont-Authou
N 138
le Gros-Theil
Louviers
Touques
Moyaux
CALVADOS
CAEN
N 13
N 175
Bernay
Eure
EURE
Evreux
St-Illiers-la-Ville
Thury Harcourt
Falaise
Dives
Vimoutiers
N 154
Condé-s-Noireau
N 158
Gacé
St-Evroult-N-D-du-Bois
Iton
Orne
D 924
Argentan
Flers
N 12
Verneuil-s-Avre
St-Rémy-s-Avre
N 26
Condé-s-
la Ferrière-aux-Etangs
Avre
ORNE
EURE-ET-LOIR
Domfront
la Ferté-Macé
Sarthe
Bagnoles-de-l'Orne
Senonches
Mainten
Essay
Fontaine-Simon
4
Chartres
-Vallées
Alençon
Bretoncelles
Mayenne
Mamers
Nogent-le-Rotrou
Brunelles
Illiers-Combray
MAYENNE
Fresnay-s-Sarthe
Huisne
Loir
N 10
Bais
Sillé-le-Guillaume
SARTHE
A 11
Brou
Alluyes
Bonneva
Evron
La Ferté-Bernard
Montsûrs
Conlie
Tennie
Neuville-s-Sarthe
Arrou
Connerré
A 81
Lavaré
Meslay-du-Maine
Brûlon
LE MANS
Bouloire
Cloyes-sur-le-Loir
N 157
St-Calais
Avoise
Sarthe
N 162
Sablé-s-Sarthe
Fréteval
N 23
Ecommoy
Bessé-s-Braye
Pezou
Vendôme
Daon
Précigné
Mayet
Lunay
Morannes
Mansigné
Ruillé-s-Loir
Montoire-sur-le-Loir
Châteauneuf-s-S.
Luché-Pringé
Marçon
la Chartre-sur-le-Loir
LOIR-ET-CHER
ET LOIRE
La Flèche
Durtal
Loir
Cheffes
Tiercé
le Lude
Suèvres
Pruillé
A 10
Loir
Seiches-s-le-Loir
Blois
LOIRE
Chaumont-d'Anjou
St-Paterne-Racan
Château-Renault
Baugé
Candé-s-Beuvron
Cellettes
N 138
Villedômer
MAINE-ET-LOIRE
ANGERS
Mesland
Onzain
N 147
les Montils
Chev
INDRE ET LOIRE
Brain-s-l'Authion
Vouvray
Nazelles-Négron
Limeray
Chaumont-s-L.
Mûrs-Erigné
Luynes
Mur-d
Montlouis-s-L.
St. Martin-le-Beau
Civray-de-T.
Soings-en-Sologne
les Rosiers
Coutures
Langeais
N 152
TOURS
Chenonceaux
Cher
Gennes
St-Lambert-du-Lattay
St-Martin-de-la-Place
Azay-le-Rideau
Ballan-Miré
Véretz
Bléré
N 76
Saumur
Chisseaux
9
10
Thouarcé
Bourgueil
Montbazon
Varennes-s-L.
Rivarennes
Veigné
Mareuil-s-Cher
Monts
St Aignan
Montsoreau
N 143

Poix de Picardie
1
Montdidier
2
la Fère
AISNE
6
Lagny
Chauny
Orvillers-Sorel
Laon
A 26
Songeons
Chamouille
Guignicourt
Beauvais
OISE
Compiègne
Attichy
Berny-Rivière
Presles-et-Boves
N 31
Soissons
Aisne
A 16
Oise
Pierrefonds
Ressons-le-Long
Liancourt
Thérain
Fismes
Vesle
N 31
Villers-Hélon
St-Leu-d'Esserent
REIMS
A 1
Fère-en-Tardenois
N 2
Ourcq
A 4
Marne
N 1
Oise
D'OISE
SEINE
Charly
MARNE
Jablines
la Ferté-s/s-Jouarre
Marne
Marne-la-Vallée
Petit Morin
PARIS
A 4
Verdelot
Grand Morin
Versailles
SEINE
la Ferté-Gaucher
N 4
Sézanne
N 19
le Meix-St-Epoing
7
A 10
ET
Louan
Aube
St-Chéron
Melun
ESSONNE
MARNE
Hermé
St-Hilaire-sous-Romilly
N 19
Seine
Etampes
Milly-la-Forêt
Fontainebleau
Essonne
Monnerville
Veneux-les-Sablons
Yonne
TROYES
Malesherbes
A 5
AUBE
Sens
N 60
A 6
Bagneaux-s-Loing
Dordives
N 77
Ferrières
Ervy-le-Châtel
LOIRET
Nibelle
N 60
Brienon-s-Armançon
Vitry-aux-Loges
N 60
Cézy
ORLÉANS
Châtenoy
Lorris
Loing
Châteaurenard
Ligny-le-Châtel
LOIRE
Châtillon-Coligny
A 71
St-Père-s-Loire
N 7
Auxerre
YONNE
D 952
Champignelles
Salbris
Serein
Villeneuve-les-Genêts
Bléneau
Vermenton
Gien
Accolay
Coullons
St-Fargeau
l'Isle-s-Ser
Sauldre
A 6
Nouan-le-Fuzelier
Pierrefitte-s-Sauldre
N 7
Andryes
Ste-Montaine
Aubigny-s-Nère
Oizon
Beaulieu-s-Loire
Clamecy
Vézelay
Cousin
CHER
Ménétréol-s-Sauldre
D 940
la Chapelle-d'Angillon
Jars
Brèves
Cure
10
Nançay
11
Varzy
Yonne
Henrichemont
Châtres-s-Cher
LOIRE
NIÈVRE
151

AISNE
7
Signy-l'Abbaye
2
ARDENNES
Sedan
N 43
Semois
Mouzon
Montmédy
N 18
N 52
le Chesne
A 26
N 51
Meuse
N 43
Chamouille
Guignicourt
Attigny
Aisne
Juniville
Buzancy
Romagne s/s Montfaucon
Fismes
Vesle
N 31
REIMS
-Tardenois
Varennes-en-Argonne
N 3
Verdun
A 4
A 4
Ste-Menehould
Marne
A 4
Aisne
MEUSE
Jauln
MARNE
CHÂLONS-S-MARNE
Aire
N 44
Mandres-aux-Quatre-
Bar-le-Duc
N 4
N 35
N 4
Sézanne
N 4
A 26
Lac du Der-Chantecoq
Aube
Arcis-sur-Aube
Braucourt
N 67
Marne
St-Hilaire-sous-Romilly
N 19
Seine
Soulaines-Dhuys
Radonvilliers
Dienville
HAUTE-
Géraudot
TROYES
Froncles
A 5
Andelot
N 74
Lac de la Ft d'Orient
Meuse
AUBE
Bar-sur-Aube
A 31
Contre
6
A 5
Chaumont
MARNE
N 77
Ervy-le-Châtel
N 71
Montigny-le-Roi
Armançon
Bourbonne-les-Bains
Riel-les-Eaux
Aube
Ligny-le-Châtel
Marcenay
Châtillon-s-Seine
Ource
N 19
Bourg
Preig
Auxerre
YONNE
Ancy-le-Franc
Serein
Seine
Vermenton
Accolay
Montbard
Selongey
l'Isle-sur-Serein
N 71
A 6
Armançon
Venarey-les-Laumes
A 31
CÔTE D'OR
Vézelay
Cousin
Semur-en-Auxois
Brèves
Cure
Précy-s/s-Thil
Yonne
la Motte-Ternant
11
A 38
DIJON
A 6
A 39
12
Saulieu
NIÈVRE
Pouilly-en-Auxois

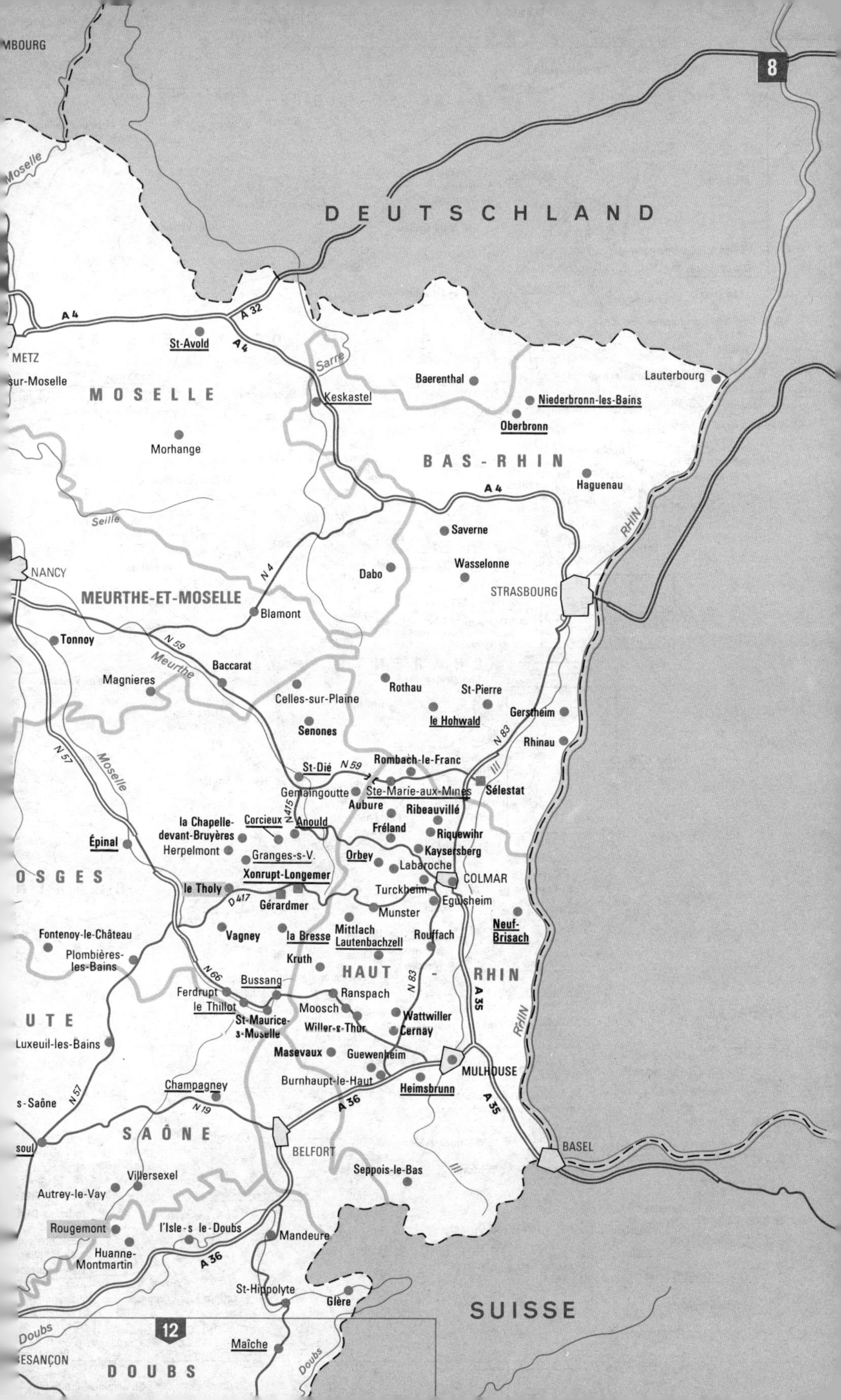
DEUTSCHLAND
8
MOSELLE
BAS-RHIN
MEURTHE-ET-MOSELLE
HAUT-RHIN
SAÔNE
DOUBS
SUISSE
12
METZ
NANCY
STRASBOURG
COLMAR
MULHOUSE
BASEL
BELFORT
St-Avold
Keskastel
Baerenthal
Lauterbourg
Niederbronn-les-Bains
Oberbronn
Morhange
Haguenau
Saverne
Dabo
Wasselonne
Blamont
Tonnoy
Baccarat
Magnieres
Celles-sur-Plaine
Rothau
St-Pierre
Gerstheim
le Hohwald
Senones
Rhinau
St-Dié
Rombach-le-Franc
Sélestat
Gemaingoutte
Ste-Marie-aux-Mines
Aubure
Ribeauvillé
la Chapelle-devant-Bruyères
Corcieux
Anould
Fréland
Riquewihr
Épinal
Herpelmont
Granges-s-V.
Orbey
Kaysersberg
Labaroche
Xonrupt-Longemer
le Tholy
Gérardmer
Turckheim
Eguisheim
Munster
Neuf-Brisach
Fontenoy-le-Château
Vagney
la Bresse
Mittlach
Lautenbachzell
Rouffach
Plombières-les-Bains
Kruth
Bussang
Ferdrupt
le Thillot
Ranspach
Moosch
Wattwiller
St-Maurice-s-Moselle
Willer-s-Thur
Cernay
Luxeuil-les-Bains
Masevaux
Guewenheim
Burnhaupt-le-Haut
Heimsbrunn
Champagney
Seppois-le-Bas
Villersexel
Autrey-le-Vay
Rougemont
l'Isle-s-le-Doubs
Mandeure
Huanne-Montmartin
St-Hippolyte
Glère
Maîche
A 4
A 32
A 35
A 36
N 4
N 59
N 57
N 83
N 415
N 66
N 19
D 417
Moselle
Sarre
Seille
Meurthe
RHIN
Doubs

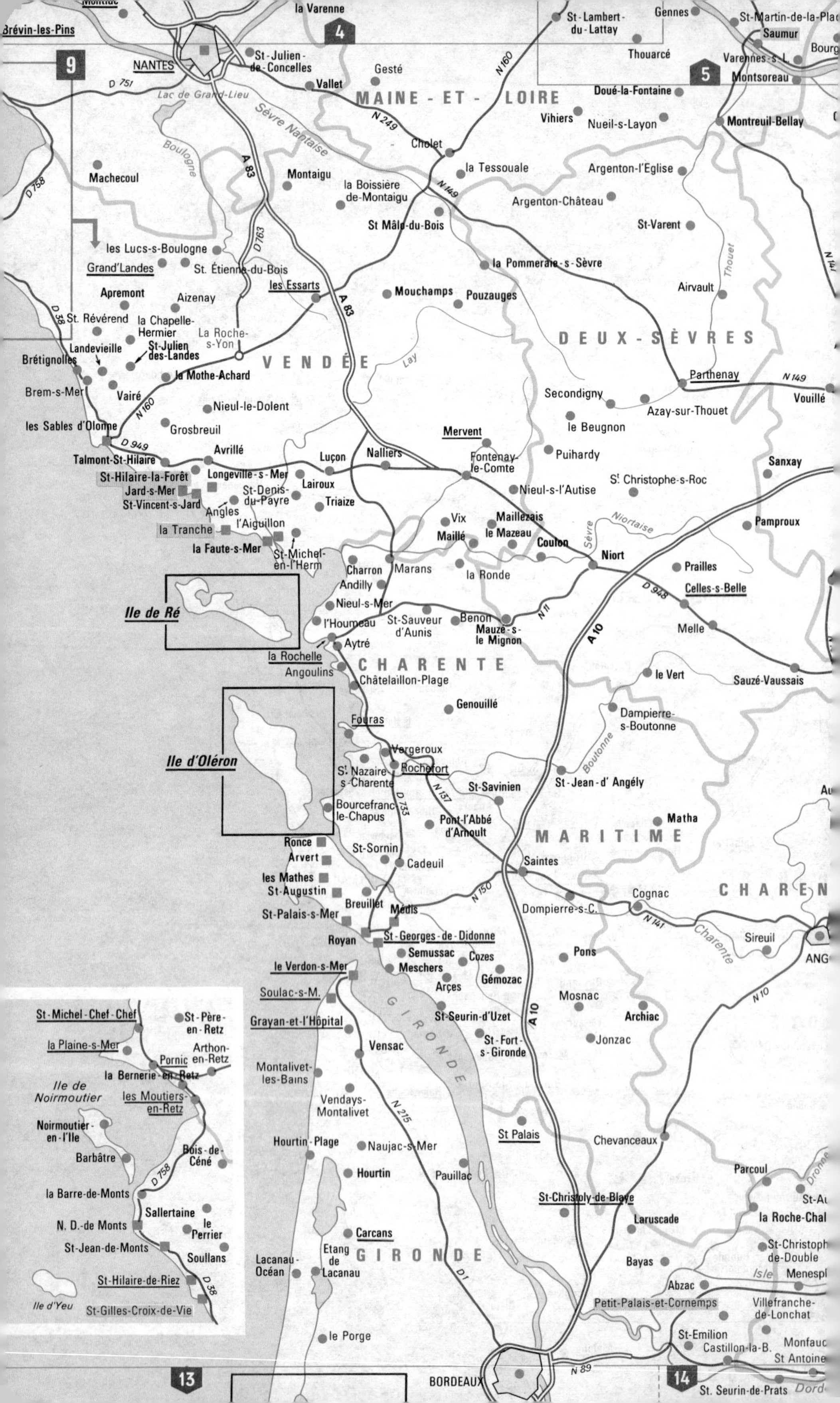

Brévin-les-Pins
la Varenne
4
9
NANTES
St-Julien-de-Concelles
Vallet
Gesté
D 751
Lac de Grand-Lieu
Sèvre Nantaise
MAINE - ET - LOIRE
N 249
N 160
St-Lambert-du-Lattay
Gennes
St-Martin-de-la-Place
Saumur
Thouarcé
Varennes-s-L.
Montsoreau
5
Doué-la-Fontaine
Vihiers
Nueil-s-Layon
Montreuil-Bellay
Cholet
Boulogne
A 83
Machecoul
D 758
Montaigu
la Boissière de-Montaigu
la Tessouale
Argenton-l'Eglise
N 149
Argenton-Château
St Mâlo-du-Bois
St-Varent
D 763
les Lucs-s-Boulogne
Grand'Landes
St. Étienne-du-Bois
la Pommeraie-s-Sèvre
Thouet
Apremont
Aizenay
les Essarts
Mouchamps
Pouzauges
Airvault
D 38
St. Révérend
la Chapelle-Hermier
La Roche-s-Yon
DEUX - SÈVRES
Landevieille
St-Julien des-Landes
VENDÉE
Lay
Brétignolles
la Mothe-Achard
Parthenay
N 149
Brem-s-Mer
Vairé
N 160
Secondigny
Vouillé
Nieul-le-Dolent
Azay-sur-Thouet
les Sables d'Olonne
Grosbreuil
le Beugnon
D 949
Mervent
Talmont-St-Hilaire
Avrillé
Luçon
Nalliers
Fontenay-le-Comte
Puihardy
Sanxay
St-Hilaire-la-Forêt
Longeville-s-Mer
Jard-s-Mer
Lairoux
St-Denis-du-Payre
St-Vincent-s-Jard
Triaize
Nieul-s-l'Autise
St Christophe-s-Roc
Angles
l'Aiguillon
Vix
Maillezais
Sèvre Niortaise
Pamproux
la Tranche
Maillé
le Mazeau
Coulon
la Faute-s-Mer
St-Michel-en-l'Herm
Niort
Charron
Marans
Prailles
Andilly
la Ronde
D 948
Celles-s-Belle
Ile de Ré
Nieul-s-Mer
l'Houmeau
St-Sauveur d'Aunis
Benon
Mauzé-s-le Mignon
N 11
A 10
Melle
Aytré
la Rochelle
CHARENTE
Angoulins
Châtelaillon-Plage
le Vert
Sauzé-Vaussais
Genouillé
Dampierre-s-Boutonne
Fouras
Ile d'Oléron
Vergeroux
Rochefort
Boutonne
St Nazaire-s-Charente
N 137
St-Savinien
St-Jean-d'Angély
Bourcefranc le-Chapus
D 733
Pont-l'Abbé d'Arnoult
Matha
MARITIME
Ronce
Arvert
St-Sornin
Cadeuil
Saintes
les Mathes
St-Augustin
N 150
CHAREN
Breuillet
Médis
Cognac
Dompierre-s-C.
St-Palais-s-Mer
N 141
Charente
Royan
St-Georges-de-Didonne
Sireuil
ANG
Semussac
Cozes
Pons
le Verdon-s-Mer
Meschers
Gémozac
N 10
Soulac-s-M.
Arçes
Mosnac
GIRONDE
St-Michel-Chef-Chef
St-Père-en-Retz
St-Seurin-d'Uzet
Archiac
Grayan-et-l'Hôpital
A 10
la Plaine-s-Mer
Arthon-en-Retz
Pornic
St-Fort-s-Gironde
Jonzac
Vensac
la Bernerie-en-Retz
Ile de Noirmoutier
les Moutiers-en-Retz
Montalivet-les-Bains
Noirmoutier-en-l'Ile
Vendays-Montalivet
N 215
Barbâtre
Bois-de-Céné
Hourtin-Plage
Naujac-s-Mer
St Palais
Chevanceaux
D 758
Hourtin
Pauillac
Parcoul
la Barre-de-Monts
Dronne
Sallertaine
St-Christoly-de-Blaye
St-Au
N. D.-de Monts
le Perrier
Laruscade
la Roche-Chal
Carcans
St-Jean-de-Monts
Soullans
Etang de Lacanau
GIRONDE
St-Christoph de-Double
Lacanau-Océan
Bayas
Isle
Menespl
St-Hilaire-de-Riez
D 38
D 1
Abzac
Ile d'Yeu
St-Gilles-Croix-de-Vie
Petit-Palais-et-Cornemps
Villefranche-de-Lonchat
le Porge
St-Emilion
Montfauc
Castillon-la-B.
St Antoine
13
BORDEAUX
N 89
14
St. Seurin-de-Prats
Dord

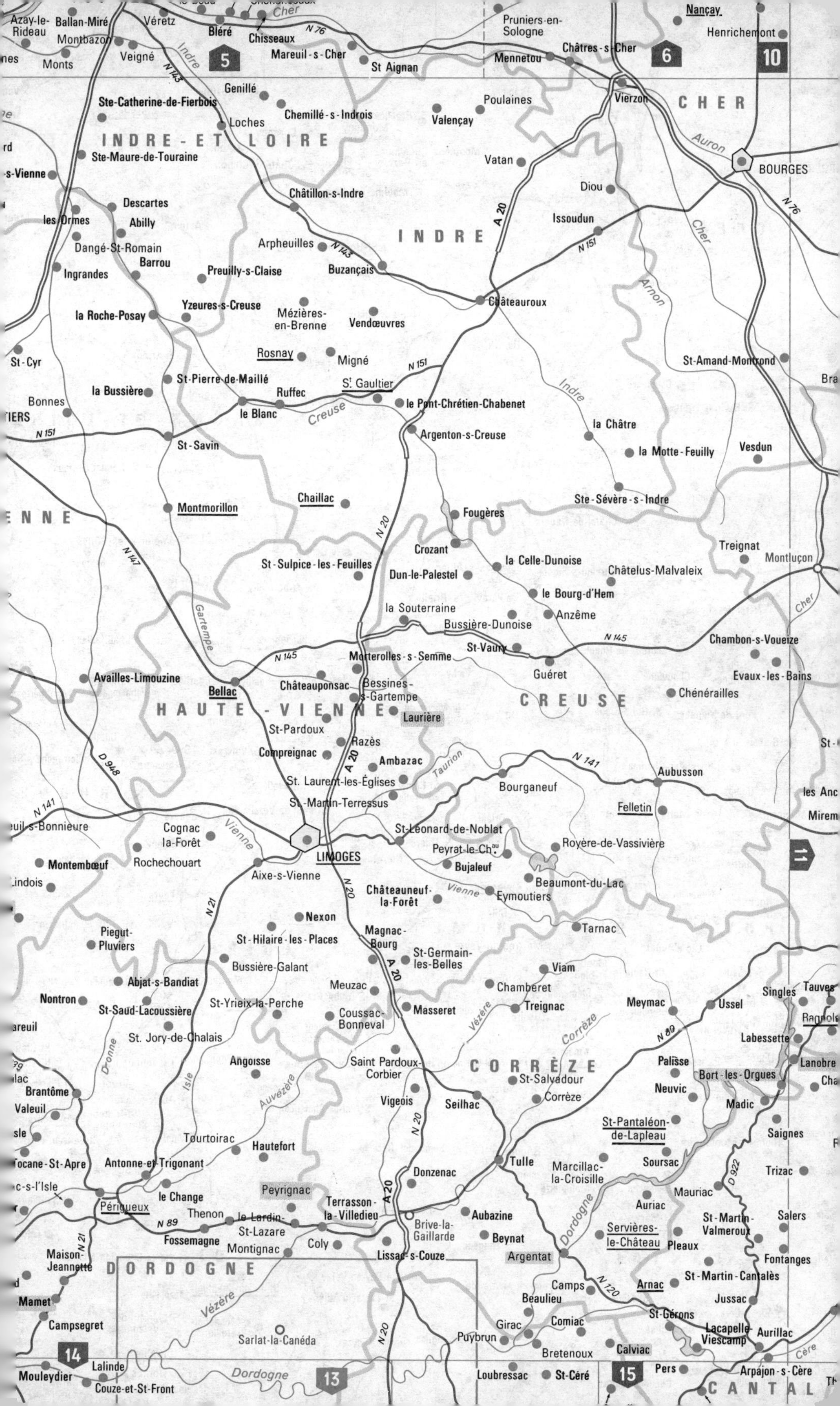

Azay-le-Rideau
Ballan-Miré
Véretz
Bléré
Chisseaux
Cher
N 76
Pruniers-en-Sologne
Nançay
Henrichemont
Montbazon
Monts
Veigné
Indre
N 143
5
Mareuil-s-Cher
St Aignan
Mennetou
Châtres-s-Cher
6
10
Genillé
Ste-Catherine-de-Fierbois
Loches
Chemillé-s-Indrois
Valençay
Poulaines
Vierzon
CHER
INDRE-ET LOIRE
Ste-Maure-de-Touraine
Vatan
Auron
BOURGES
Diou
Châtillon-s-Indre
Descartes
Abilly
les Ormes
Dangé-St-Romain
A 20
Issoudun
N 76
Cher
INDRE
Arpheuilles
N 143
N 151
Barrou
Ingrandes
Preuilly-s-Claise
Buzançais
Arnon
Châteauroux
la Roche-Posay
Yzeures-s-Creuse
Mézières-en-Brenne
Vendœuvres
St-Cyr
Rosnay
Migné
St-Amand-Montrond
N 151
St-Pierre-de-Maillé
la Bussière
Ruffec
S. Gaultier
le Pont-Chrétien-Chabenet
Indre
Bonnes
le Blanc
Creuse
N 151
St-Savin
Argenton-s-Creuse
la Châtre
la Motte-Feuilly
Vesdun
Montmorillon
Chaillac
Ste-Sévère-s-Indre
ENNE
Fougères
N 20
N 147
Crozant
Treignat
Montluçon
St-Sulpice-les-Feuilles
Dun-le-Palestel
la Celle-Dunoise
Châtelus-Malvaleix
le Bourg-d'Hem
Gartempe
la Souterraine
Anzême
Bussière-Dunoise
Cher
N 145
St-Vaury
N 145
Morterolles-s-Semme
Chambon-s-Voueize
Guéret
Evaux-les-Bains
Availles-Limouzine
Châteauponsac
Bessines-s-Gartempe
Bellac
Chénérailles
HAUTE-VIENNE
CREUSE
Laurière
St-Pardoux
Razès
Compreignac
A 20
Ambazac
Taurion
N 141
D 948
St. Laurent-les-Églises
Bourganeuf
Aubusson
N 141
St-Martin-Terressus
Felletin
Cognac-la-Forêt
Vienne
St-Léonard-de-Noblat
Royère-de-Vassivière
Rochechouart
Montembœuf
LIMOGES
Peyrat-le-Ch.au
Bujaleuf
11
Aixe-s-Vienne
Beaumont-du-Lac
Châteauneuf-la-Forêt
Vienne
Eymoutiers
N 20
N 21
Nexon
Tarnac
Piegut-Pluviers
St-Hilaire-les-Places
Magnac-Bourg
St-Germain-les-Belles
A 20
Bussière-Galant
Viam
Abjat-s-Bandiat
Meuzac
Chamberet
Nontron
St-Saud-Lacoussière
St-Yrieix-la-Perche
Coussac-Bonneval
Masseret
Treignac
Meymac
Ussel
Singles
Tauves
Vézère
Corrèze
Bagnols
St. Jory-de-Chalais
Labessette
N 89
Dronne
Angoisse
Saint Pardoux-Corbier
Palisse
Lanobre
CORRÈZE
Isle
Auvézère
Bort-les-Orgues
St-Salvadour
Brantôme
Neuvic
Vigeois
Seilhac
Corrèze
Valeuil
Madic
N 20
St-Pantaléon-de-Lapleau
Saignes
Tourtoirac
Hautefort
Tulle
D 922
Antonne-et-Trigonant
Marcillac-la-Croisille
Soursac
Trizac
Tocane-St-Apre
Donzenac
A 20
Peyrignac
Mauriac
le Change
Auriac
Périgueux
Terrasson-la Villedieu
Aubazine
Salers
Thenon
Brive-la-Gaillarde
Dordogne
St-Martin-Valmeroux
N 89
le Lardin-St-Lazare
Servières-le-Château
Pleaux
Fossemagne
Beynat
N 21
Maison-Jeannette
Montignac
Coly
Lissac-s-Couze
Argentat
Fontanges
DORDOGNE
Arnac
St-Martin-Cantalès
Camps
N 120
Mamet
Vézère
Beaulieu
Jussac
Campsegret
Comiac
St-Gérons
Girac
Lacapelle-Viescamp
Aurillac
Sarlat-la-Canéda
N 20
Puybrun
Bretenoux
Calviac
14
Lalinde
Mouleydier
Couze-et-St-Front
Dordogne
13
Loubressac
St-Céré
15
Pers
Arpajon-s-Cère
Cère
CANTAL

11
6
7
10
15
16
NIÈVRE
CHER
ALLIER
SAÔNE-ET-LOIRE
CÔTE-
PUY-DE-DÔME
LOIRE
RHÔNE
CANTAL
HAUTE LOIRE
ARDÈ
Varzy
la Motte-Ternant
Saulieu
Pouilly-en-A
Prémery
les Settons
Arnay-le-Duc
la Charité-s-Loire
Bazolles
Montigny-en-Morvan
Corancy
Anost
Pougues-les-Eaux
Montapas
Châtillon-en-Bazois
St. Péreuse
Château-Chinon
Nevers
Moulins-Engilbert
Epinac
la Guerche-s-l'Aubois
Autun
St-Honoré-les-Bains
Couches
Mornay-s-Allier
la Nocle-Maulaix
Luzy
Dornes
Issy-l'Evêque
Toulon-s-Arroux
Isle-et-Bardais
Braize
Couleuvre
St Bonnet-Tronçais
Gueugnon
Bourbon-Lancy
Moulins
Bourbon-l' Archambault
Salornay-s-G
Dompierre-s-Besbre
Volesvres
St-Bonnet-de-Joux
Vieure
Digoin
Paray-le-Monial
Charolles
Cluny
Châtel-de-Neuvre
Dompierre-les-Ormes
Gibles
Matour
le Donjon
St-Pourçain-s-Sioule
Varennes-s-Allier
la Clayette
Chambilly
Paray s/s-Briailles
Néris-les-Bains
Lapalisse
Crêches-s
Lapeyrouse
la Pacaudière
Charlieu
Chauffailles
Louroux-de-Bouble
Jenzat
St-Eloy-les-Mines
Chouvigny
Vichy
Arfeuilles
Pouilly-s/s-Charlieu
Poule-les-Echarmeaux
Montmerle-s
Pont de Menat
St-Gal-s-Sioule
St-Yorre
le Mayet-de-Montagne
Blot-l'Eglise
Ferrières-s-Sichon
St-Alban-les-Eaux
Roanne
Messimy-s
Cublize
St-Gervais-d'A
Mariol
Villerest
St-Jean-la-Bussière
Villefranche-s-Sa
St-Priest-des-Champs
Loubeyrat
Cordelle
les Ancizes-Comps
St-Georges-de-Mons
St-Rémy-s-Durolle
Miremont
Châtelguyon
St-Paul-de-Vézelin
St-Jodard
Pontaumur
Orléat
Thiers
Balbigny
Bromont-Lamothe
Pontgibaud
CLERMONT-FERRAND
Noirétable
Bessenay
Royat
Cournon-d'Auvergne
Courpière
Feurs
Rochefort-Montagne
Nebouzat
Ceyrat
Billom
Chalmazel
St-Symphorien-s-Coise
Orcival
Lac d'Aydat
les Martres-de-Veyre
la Bourboule
Montaigut-le-Blanc
Tauves
St-Nectaire
Montbrison
St-Galmier
Ste-Ca
Murol
St-Amant-Roche-Savine
le Mont-Dore
Clémensat
Ambert
Lac Chambon
St. Anthème
Sauxillanges
Bagnols
la Tour-d'Auvergne
Issoire
St-Clément-de-Valorgue
St Clair
St-Donat
St Germain-Lembron
Pélussin
Lanobre
Picherande
St-Germain-l'Herm
Sauvessanges
Estivareilles
ST-ETIENNE
Champs-s-Tarentaine
St-Pierre-de-
St-Amandin
Lempdes
Auzon
Leignecq
Aurec-s-Loire
St-Pal-de-Chalencon
St-Didier-en-Velay
Bourg-Argental
la Chaise-Dieu
Monistrol-s-Loire
St-Sauveur-en-Rue
Riom-ès-Montagnes
Brioude
Sembadel-Gare
Ste-Sigolène
Annona
Massiac
Vorey
Allanche
Molompize
Salers
Satillieu
Ferrières-St-Mary
Céaux-d'Allègre
Tence
Lalouv
Langeac
le Chambon-s-Lignon
St-Jacques-des-Blats
Pinols
le Puy-en-Velay
St-Julien-Chapteuil
Mazet-St-Voy
Thiézac
St-Flour
Ruynes-en-Margeride
St-Privat-d'Allier
Vic-s-Cère
St. Martin-de-Valamas
Neuvéglise
le Monastier-s-Gazeille
Saugues
Allevras
le Cheylard
Thérondels
St-Just
Chaudes-Aigues
Dornas
St-Laurer
Issarlès (lac d')
Marcols-les-Faux
St-Sauveur-de-M.
LOIRE
Loire
Allier
Yonne
Arroux
Besbre
Sioule
Cher
Dore
Alagnon
Truyère
Cère
Eyrieux
N 151
N 7
N 76
N 81
N 80
N 70
N 79
N 145
N 144
N 9
N 82
N 88
N 102
N 122
D 978
D 906
D 941 B
A 6
A 38
A 71
A 72
A 75
A 47

DIJON
Ognon
Doubs
BESANÇON
A 39
A 36
7
DOUBS
8
12
Maîche
le Russey
N 57
A 31
D'OR
Saône
Dole
Nenon
Ornans
Morteau
D 437
Vuillafans
Lods
Arc-et-Senans
N 83
Loue
Doubs
Ounans
Levier
Varenne-s-le-Doubs
Arbois
Salins-les-Bains
St-Point-Lac
Lac de Neuchâtel
N 78
Mervans
Labergement-Ste-Marie
Malbuisson
JURA
les Hôpitaux-Neufs
Longevilles-Mont-d'Or
Monnet-la-Ville
Champagnole
St-Germain-du-Bois
Mouthe
Marigny
Chaux-des-Crotenay
Lons-le-Saunier
Gigny-s-Saône
Blye
Doucier
Seille
N 78
Lac des-Rouges-Truites
SUISSE
Bonlieu
Pont-de-Poitte
Clairvaux-les-Lacs
St-Laurent-en-Grandvaux
N 83
la Tour-du-Meix
Lac Léman
Longchaumois
Amphion-les-B.
Lugrin
Mantenay-Montlin
Vouglans
Thonon
Maxilly-s-Léman
St-Claude
Excenevex
Chancia
Sciez
Abondance
Montrevel-en-Bresse
Gex
la Baume
RHÔNE
Ain
Valserine
N 5
St-Jean-d'Aulps
Châtel
A 40
Chavannes-s-Suran
GENÈVE
HTE - SAVOIE
Champfromier
les Gets
Bourg-en-Bresse
Hautecourt
Taninges
Verchaix
A 40
Arve
Bellegarde-s-Valserine
Neydens
Bonneville
Samoëns
A 40
Poncin
St-Paul-de-Varax
Présilly
Sixt-Fer-à-Cheval
Vallorcine
A 40
Cruseilles
le Petit-Bornand-les-Glières
Chêne-en-Semine
AIN
Dompierre-s-Veyle
Choisy
le Reposoir
Argentière
le Plantay
Champdor
Seyssel
le Grand-Bornand
Servoz
Villars-les-Dombes
la Balme-de-Sillingy
St-Jean-de-Sixt
Sallanches
Chamonix
N 504
Fier
la Clusaz
Artemare
Rumilly
Thônes
Megève
St-Gervais-les-Bains
les Houches
Ain
Ruffieux
A 41
Lac d'Annecy
N 83
A 42
Virieu-le-Grand
Chindrieux
Praz-s-Arly
les Contamines-Montjoie
Serrières-de-Briord
Chanaz
Albens
Nièvroz
Cusy
Col des Saisies
Montalieu-Vercieu
Massignieu-de-Rives
St-Ferréol
Queige
RHÔNE
Beaufort
LYON
Lescheraines
Albertville
la Rosière de Montvalezan
Trept
N 75
Aix-les-Bains
le Châtelard
Bourg-St-Maurice
Séez
A 43
Murs-et-Gélignieux
Aillon-le-Jeune
les Avenières
Lac d'Aiguebelette
la Bâthie
CHAMBÉRY
St-Pierre d'Albigny
N 90
Aime
Montchavin
A 43
Challes-les-Eaux
A 42
Isère
Peisey-Nancroix
Meyrieu-les-Etangs
Montmélian
les Abrets
les Marches
Val d'Isère
A 48
Pommier-de-Beaurepaire
St-Jean-de-C.
la Rochette
Rozel
Entremont le-Vieux
Entre Deux-Guiers
St Laurent-du-Pont
St-Rémy-de-Maurienne
Pralognan-la-Vanoise
Vernioz
Faramans
SAVOIE
Allevard
Arc
Voiron
St-Etienne-de-Crossey
St-Avre
Termignon
Lanslebourg-Mont-Cenis
ISÈRE
Sollières-Sardières
Lanslevillard
Bougé-Chambalud
Renage
St-Pierre-de-Chartreuse
Theys
la Toussuire
Lens-Lestang
N 6
Roybon
Isère
A 41
Orelle
Aussois
Villarembert
N 6
Modane
Hauterives
Vinay
GRENOBLE
St-Martin-d'Uriage
A 49
Autrans
Charmes-s-l'Herbasse
Allemont
Valloire
Lans-en-Vercors
Beauvoir-en-Royans
Méaudre
ITALIA
Romanche
Vizille
le Freney-d'Oisans
la Grave
Romans-s-Isère
Eymeux
Pont-en-Royans
Choranche
Villard-de-Lans
le Bourg-d'Oisans
Villar-d'Arêne
St Nazaire en-Royans
Névache
Bourg-de-Péage
les Deux-Alpes
St-Jean-en-Royans
St-Martin-en-Vercors
Petichet
le Bourg-d'Arud
Monestier-de-Clermont
N 85
St-Christophe-en-Oisans
Barbières
St-Agnan-en-Vercors
St-Laurent-en-Beaumont
Briançon
Chabeuil
Gresse-en-V.
St-Maurice-en-Valgaudemar
Puy-St-Vincent
DRÔME
16
St-Martin-de-Clelles
Drac
Villar-Loubière
17
l'Argentière-la-Bessée
Abriès
St-Firmin

9
Bassin d'Arcachon
BORDEAUX
N 89
Lacanau-Mios
A 63
A 62
GIRONDE
Cazaux
Salles
Sanguinet
Biscarrosse
Parentis-en-Born
Gastes
Ste-Eulalie-en-Born
Pontenx-les-Forges
Aureilhan
Mimizan
St-Paul-en-Born
Bias
Mézos
Onesse-et-Laharie
St-Julien-en-Born
Lit-et-Mixe
Lesperon
N 10
Linxe
Vielle
St-Michel-Escalus
Léon
Moliets-Plage
Messanges
Azur
Vieux-Boucau-les-Bains
Soustons
Seignosse
Hossegor
Capbreton
Labenne-Océan
Ondres
Bayonne
Biarritz
Bidart
Anglet
St-Jean-de-Luz
Urrugne
Hendaye
Ascain
St-Pée-s-Nivelle
Sare
Souraïde
Ainhoa
Itxassou
Cambo-les-Bains
Hasparren
Hélette
Ossès
Iholdy
St-Jean-Pied-de-Port
DONASTIA/ S.SEBASTIAN
Rio Bidasoa
Golfe de Gascogne
Sore
Labrit
Eyre
N 134
LANDES
Roqu
Sarbazan
Douze
Mont-de-Marsan
Midou
Midouze
N 124
Louer
Adour
Mugron
St-Sever
Aire-s-l'Ad
Dax
Rivière-Saas-et-Gourby
Montfort-en-Chalosse
Barcelonne
Bélus
Hagetmau
A 63
St-André-de-Seignanx
Cauneille
Habas
Amou
St Martin-de-Seignanx
Adour
Nive
Orthez
Arthez-de-Béarn
Salies-de-Béarn
A 64
Sauveterre-de-Béarn
Gave d'Oloron
Gave de Pau
PAU
Mauléon-Licharre
Lasseube
PYRÉNÉES
Bunus
Oloron-Ste-Marie
ATLANTIQUES
Gurmençon
Gave d'Ossau
Bru
Tardets-Sorholus
Arette
Izeste
Louvie-Juz
Larrau
Gave d'Aspe
Bedous
Laruns
Eaux-Bonne
Arrens
Gourette
Lescun
Urdos
Rouffignac
Thonac
Plazac
Vézère
Meyssac
la Chapelle-Aubareil
Chauffour-s-Vell
Cressensac
St-Léon-s-Vézère
St-Geniès
Salignac-Eyvigues
Tamniès
les Quatre-Routes
St Avit-de-Vialard
St-Crépin-et-Carlucet
St Cirq
les Eyzies
Marcillac-St-Quentin
Vayrac
Martel
le Bugue
N 20
Peyrillac
Trémolat
Campagne
Sarlat-la-Canéda
Souillac
Dordogne
Alles-s-D.
St-Cyprien
Creysse
Miers
Coux-et-Bigaroque
la Roque-Gageac
Rouffillac
Cazoulès
Badefols-s-D.
Beynac
Carsac
Padirac
N 140
le Buisson
Siorac
Vezac
St-Julien-de-Lampon
Thégra
Castelnaud-Fayrac
Vitrac
Molières
Cénac
Groléjac
Rocamadour
Alvignac
Cadouin
Monplaisant
Loupiac
Payrac
Belvès
St-Martial-de-N.
Gramat
Beaumont
St Cybranet
Veyrines-de-D.
Nabirat
le Vigan
Daglan
DORDOGNE
LOT
St-Aubin-de-N.
Gourdon
Monpazier
St-Pompon
Concorès
Frayssinet

Bergerac
Mouleydier
Lalinde
Couze-et-St-Front
St. Seurin-de-Prats
Dordogne
9
10
13
14
Loubressac
St-Céré
Sigoulès
St-Sernin
Eymet
Castillonnès
Villeréal
Parranquet
Sauveterre-la-Lémance
Cazals
LOT
Issendolus
Lacapelle
la Réole
Miramont-de-Guyenne
Lougratte
Vergt-de-B.
Biron
Cuzorn
Salles
Fumel
Duravel
Goujounac
Cassagnes
Montcabrier
St-Germain-du-Bel-Air
St-Pierre-Lafeuille
Marcilhac-s-Célé
St-Sulpice
Brengues
Figeac
GARONNE
LOT-ET-GARONNE
Trentels
Touzac
Puy-l'Evêque
Crayssac
Anglars
Juillac
Lamagdelaine
Cahors
Vers
Larnagol
Cajarc
Montbrun
St-Sylvestre-s-Lot
Tournon-d'Agenais
St-Cirq-Lapopie
D 911
Tonneins
Lot
Villefranche-du-Queyran
Casteljaloux
Damazan
Penne-d'Agenais
St Pantaléon
Limogne-en-Quercy
Castelnau-Montratier
Lalbenque
Beauville
Touffailles
D 933
Agen
Puymirol
Montpezat-de-Quercy
Caylus
Najac
A 62
TARN - ET - GARONNE
Lafrançaise
Caussade
D 926
St-Antonin-Noble-Val
Laguépie
Aveyron
Nègrepelisse
Cordes
Gabarret
St-Nicolas-de-la-Grave
Garonne
Gers
N 21
Condom
Lectoure
Lavit
St Sardos
Cahuzac-s-Vère
Castelnau-de-Montmiral
Rivières
Gaillac
Tarn
Beaumont-de-Lomagne
Rabastens
Castéra-Verduzan
Cézan
Montfort
A 68
TARN
Douze
Midou
N 124
GERS
Baïse
Thoux
A 62
Agout
Montesquiou
Bassoues
Pouylebon
TOULOUSE
15
Damiatte
N 126
Mirande
Caraman
Miélan
Masseube
Save
HAUTE-GARONNE
Revel
St-Ferréol
A 61
Avignonet-Lauragais
D 935
Adour
N 21
Baïse Darré
Peyssies
N 20
Belflou
TARBES
Boulogne-s-Gesse
Monléon-Magnoac
Aurignac
Martres-Tolosane
N 117
Cazères
Mazères
A 64
Durfort
Ariège
Mauvezin
Bagnères-de-Bigorre
St Martory
Artigat
Pamiers
Mirepoix
Mane
St Bertrand-de-C.
Mauvezin-de-Prat
ARIÈGE
Hèches
Neste
Aspet
St-Girons
D 117
Aigues-Vives
Léran
Cte-Marie-de-Campan
Cos
Foix
PYRÉNÉES
Augirein
Villefort
Arreau
Garonne
Lavelanet
Vielle-Aure
Gouaux
Fos
Oust
Massat
Vignec
Bourisp
Garin
Seix
Tarascon-s-Ariège
Ornolac
Ussat-les-Bains
Aragnouet
St-Lary-Soulan
Loudenvielle
Bagnères-de-Luchon
Verdun
Albiès
Belcaire
Gèdre
Gavarnie
Aulus-les-Bains
Vicdessos
Sorgeat
Ax-les-Thermes
Merens-les-Vals
Principauté d'Andorre
N 20
ESPAÑA
Villeneuve-des-Escaldes
Bourg-Madame

Loubressac
St-Céré
Pers
Arpajon-s-Cère
Thérondels
St-Just
Chaudes-Aigues
10
11
CANTAL
Grand
15
Leyme
Senaillac-Latronquière
St-Mamet-la-Salvetat
St-Symphorien-de-Thénières
St-Alban-s-Limagnol
Lacapelle-Marival
Montsalvy
Pons
Issendolus
N 140
Maurs
Cassaniouze
Truyère
Laguiole
LOT
Bagnac-s-Célé
Enguialès
Serverette
St-Constant
St-Amans-des-Cots
LOZÈRE
Bel-Air
Figeac
N 122
Entraygues-s-Truyère
le Nayrac
N 106
St-Sulpice
Brengues
Decazeville
Sénergues
Golinhac
N 9
Laubert
Marcilhac-s-Célé
Capdenac-Gare
Firmi
Marvejols
Montbrun
Lot
Vers
Larnagol
Cajarc
D 922
Aubin
Marcillac-Vallon
St-Geniez-d'Olt
St-Germain-du-Teil
St-Bau
St-Cirq-Lapopie
AVEYRON
D 911
Rignac
N 140
Limogne-en-Quercy
Villefranche-de-Rouergue
Canilhac
Ste-Enimie
Ispagnac
Rodez
Aveyron
N 88
Flo
Lalbenque
Pont-de-Salars
D 911
Cass
Montpezat-de-Quercy
Canet-de-Salars
les Vignes
Caylus
Najac
Naucelle
Mostuéjouls
le Rozier
D 926
St-Antonin-Noble-Val
Mirandol-Bourgnounac
Meyrueis
Rivière-s-Tarn
Laguépie
Viaur
Salles-Curan
Aveyron
Pampelonne
Alrance
Millau
Nègrepelisse
Cordes
N 88
le Truel
Tarn
Valleraugue
N 9
St-Rome-de-Tarn
Cahuzac-s-Vère
Nant
le Vigan
Castelnau-de-Montmiral
Rivières
A 75
Gaillac
ALBI
N 112
Rabastens
Tarn
Belmont-s-Rance
Br
A 68
TARN
Brusque
St-M de-L
St Pierre-de-Trivisy
Lodève
Agout
Viols-le
Roquecourbe
Nages
St-André-de-Sangonis
Damiatte
Brassac
Gign
Castres
Rouquié
Lamalou-les-Bains
le Bez
Clermont-l'Hérault
Canet
N 126
la Salvetat-s-Agout
le Po
Anglès
Mons
Adissan
Caraman
14
Mazamet
N 112
Labastide-Rouairoux
HÉRAULT
Montagnac
GARONNE
Revel
Sorèze
Pézenas
Loupian
St. Pons-de-Thomières
Orb
A 61
St-Ferréol
N 112
Avignonet-Lauragais
Mas-Cabardès
Lespinassière
Saissac
Creissan
Brousses-et-Villaret
BÉZIERS
Ma
Belflou
Villepinte
Vias
Agde
Villemoustaussou
Mirepeisset
Sauvian
Sérignan
Portiragnes-Plage
Mazères
Pennautier
Trèbes
Lézignan-Corbières
Valras-Plage
Carcassonne
Narbonne
Ariège
A 9
Golf
Montclar
Pamiers
Mirepoix
ARIÈGE
AUDE
Aude
Sigean
Aigues-Vives
Léran
Foix
Villefort
Puivert
Nébias
Lavelanet
Rennes-les-Bains
Ornolac
Ariège
Ussat-les-Bains
A 9
Tautavel
Verdun
Albiès
Belcaire
Axat
D 117
le Barcarès
Sorgeat
Sournia
Agly
Torreilles-Plage
Vicdessos
Ax-les-Thermes
Néfiach
PERPIGNAN
Têt
Ste-Marie
Canet-Plage
Principauté d'Andorre
Merens-les-Vals
Molitg-les-Bains
Alénya
St-Cyprien
N 20
PYRÉNÉES
Ria
ORIENTALES
Palau-del-Vidre
Elne
Argelès-s-Mer
Fuilla
Vernet-les-Bains
Collioure
Villeneuve-des-Escaldes
Egat
Têt
St-Jean-Pla-de-Corts
le Boulou
Villelongue
Céret
Laroque-des-Albères
Saillagouse
Maureillas-las-Illas
Bourg-Madame
Err
Arles-s-Tech
St-Laurent-de-Cerdans
Tech

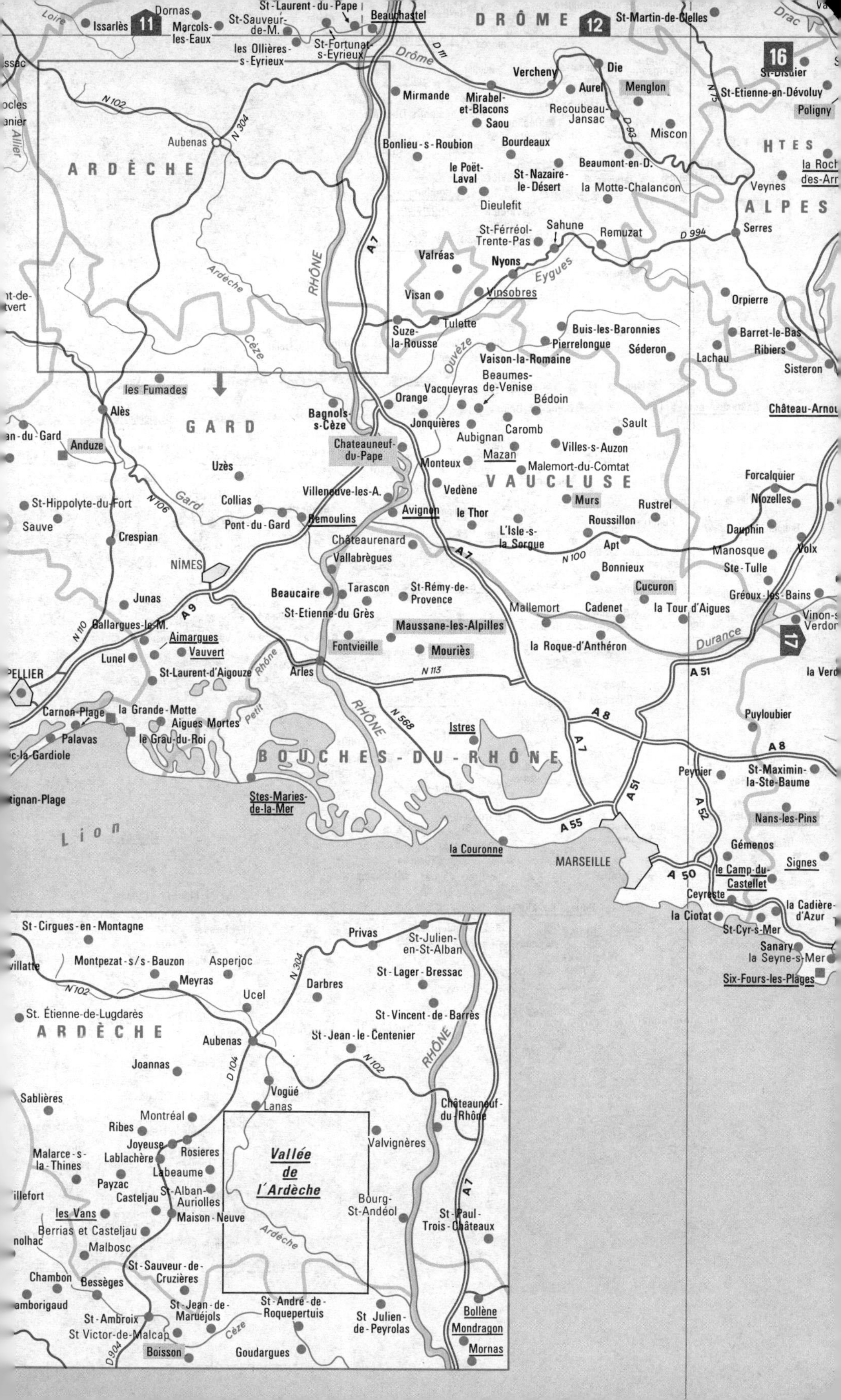

11
12
16
17
DRÔME
ARDÈCHE
GARD
VAUCLUSE
BOUCHES-DU-RHÔNE
HTES ALPES
Issarlès
Dornas
Marcols-les-Eaux
St-Sauveur-de-M.
St-Laurent-du-Pape
Beauchastel
les Ollières-s-Eyrieux
St-Fortunat-s-Eyrieux
St-Martin-de-Clelles
Mirmande
Mirabel-et-Blacons
Saou
Vercheny
Die
Aurel
Menglon
Recoubeau-Jansac
Miscon
St-Disdier
St-Etienne-en-Dévoluy
Poligny
Aubenas
Bonlieu-s-Roubion
Bourdeaux
le Poët-Laval
St-Nazaire-le-Désert
Dieulefit
Beaumont-en-D.
la Motte-Chalancon
Veynes
Serres
St-Férréol-Trente-Pas
Sahune
Remuzat
Valréas
Nyons
Visan
Vinsobres
Orpierre
Suze-la-Rousse
Tulette
Buis-les-Baronnies
Pierrelongue
Séderon
Lachau
Barret-le-Bas
Ribiers
Sisteron
Vaison-la-Romaine
les Fumades
Alès
Beaumes-de-Venise
Vacqueyras
Orange
Bédoin
Bagnols-s-Cèze
Jonquières
Aubignan
Caromb
Sault
Château-Arnoux
Anduze
Chateauneuf-du-Pape
Villes-s-Auzon
Mazan
Monteux
Malemort-du-Comtat
Uzès
Vedène
Villeneuve-les-A.
Collias
Murs
Rustrel
Forcalquier
Niozelles
St-Hippolyte-du-Fort
Sauve
Pont-du-Gard
Remoulins
Avignon
le Thor
Roussillon
L'Isle-s-la Sorgue
Apt
Dauphin
Crespian
Châteaurenard
Manosque
Volx
Vallabrègues
Bonnieux
Ste-Tulle
NÎMES
Beaucaire
Tarascon
St-Rémy-de-Provence
Cucuron
Junas
St-Etienne-du Grès
Mallemort
Cadenet
la Tour d'Aigues
Gréoux-les-Bains
Vinon-s-Verdon
Gallargues-le-M.
Aimargues
Vauvert
Maussane-les-Alpilles
Fontvieille
Mouriès
la Roque-d'Anthéron
Lunel
St-Laurent-d'Aigouze
Arles
Carnon-Plage
la Grande-Motte
Aigues Mortes
Palavas
le Grau-du-Roi
Istres
Puyloubier
Peynier
St-Maximin-la-Ste-Baume
Nans-les-Pins
Stes-Maries-de-la-Mer
la Couronne
MARSEILLE
Gémenos
Signes
le Camp-du-Castellet
Ceyreste
la Ciotat
la Cadière-d'Azur
St-Cyr-s-Mer
Sanary
la Seyne-s-Mer
Six-Fours-les-Plages
Lion
Rhône
Ardèche
Cèze
Gard
Ouvèze
Eygues
Drôme
Durance
Petit Rhône
Drac
Loire
Allier
N 102
N 304
N 106
N 110
N 113
N 568
N 100
N 75
D 93
D 994
A 7
A 9
A 8
A 51
A 52
A 55
A 50
St-Cirgues-en-Montagne
Privas
St-Julien-en-St-Alban
Montpezat-s/s-Bauzon
Asperjoc
Meyras
St-Lager-Bressac
Ucel
Darbres
St. Étienne-de-Lugdarès
St-Vincent-de-Barrès
Aubenas
St-Jean-le-Centenier
Joannas
Vogüé
Lanas
Sablières
Châteauneuf-du-Rhône
Montréal
Ribes
Valvignères
Joyeuse
Rosieres
Lablachère
Malarce-s-la-Thines
Labeaume
Vallée de l'Ardèche
Payzac
St-Alban-Auriolles
Casteljau
Bourg-St-Andéol
les Vans
Maison-Neuve
St-Paul-Trois-Châteaux
Berrias et Casteljau
Malbosc
St-Sauveur-de-Cruzières
Chambon
Bessèges
St-Jean-de-Maruéjols
St-André-de-Roquepertuis
St-Ambroix
St Julien-de-Peyrolas
Bollène
St Victor-de-Malcap
Mondragon
Boisson
Goudargues
Mornas
D 104
D 904

17
12
16
Valgaudemar
Villar-Loubière
l'Argentière-la-Bessée
Abriès
Drac
St-Firmin
Freissinières
la Roche-de-Rame
Ceillac
St-Disdier
St-Bonnet-en-Champsaur
St-Michel-de-Chaillol
Orcières
Réotier
Guillestre
St-Etienne-en-Dévoluy
Poligny
St-Jean-St-Nicolas
St-Clément-s-Durance
Réallon
Ancelle
St-Apollinaire
Embrun
HTES
ALPES
Gap
Chorges
la Roche-des-Arnauds
Savines-le-Lac
St-Paul
ITALIA
Veynes
Jarjayes
Espinasses
la Condamine-Châtelard
Larche
Sigoyer
St-Vincent-les-Forts
Serres
Durance
Col St-Jean
Ubaye
Barcelonnette
Seyne
Clamensane
Orpierre
le Vernet
Auron
ALPES-DE-HTE-
Barret-le-Bas
Villars-Colmars
Entraunes
Isola
Ribiers
la Javie
Lachau
Sisteron
A 51
St-Sauveur-s-Tinée
St-Martin-Vésubie
Beauvezer
ALPES
Volonne
PROVENCE
Château-Arnoux
Digne-les-Bains
Roquebillière
N 85
Bléone
Var
Tinée
Lantosque
N 204
les Mées
St-André-les-Alpes
Annot
Puget-Théniers
Touët-s-Var
Breil-s-Roya
Mézel
Forcalquier
N 207
M MES
Puimichel
Barrême
Moriez
Niozelles
Oraison
Sospel
St-Julien-du-V.
Roquesteron
Gilette
Puimoisson
Dauphin
Castellane
Peillon
Volx
Manosque
Moustiers-Ste-Marie
Ste-Tulle
Esparron-de-Verdon
Séranon
Loup
Vence
A 8
les Salles
Verdon
Montpezat
la Roque-Esclapon
N 85
le Bar-s-L.
Gréoux-les-Bains
NICE
d'Aigues
Vinon-s-Verdon
St-Laurent-du-Verdon
la Colle-s-Loup
Artignosc-s-Verdon
Comps-s-Artuby
Siagne
Opio
Cagnes-s-Mer
Durance
Grasse
Villeneuve-Loubet
Régusse
Fayence
A 51
la Verdière
Aups
Callas
Pégomas
Antibes
Mandelieu-la-Napoule
Sillans-la-Cascade
Salernes
St-Paul-en-Forêt
CANNES
Puyloubier
VAR
le Muy
A 8
A 8
Fréjus
Agay
Argens
Roquebrune-s-Argens
St-Raphaël
St-Maximin-la-Ste-Baume
Vidauban
Puget-s-Argens
St-Aygulf
A 52
Nans-les-Pins
la Garde-Freinet
Ste-Anastasie-s-Issole
N 98
Gémenos
Grimaud
Signes
A 57
Cogolin
le Camp-du-Castellet
Belgentier
la Croix-Valmer
Ramatuelle
Cavalaire-s-M.
Ceyreste
la Cadière-d'Azur
Bormes-les-Mimosas
TOULON
St-Cyr-s-Mer
Hyères
le Lavandou
le Pradet
Sanary
la Londe-les-Maures
la Seyne-s-Mer
Carqueiranne
Six-Fours-les-Plages
St-Mandrier-s-Mer
Giens
Iles d'Hyères
Morsiglia
Marine de Farinole
Bastia
St-Florent
l'Ile-Rousse
Lozari
Calvi
Algajola
la Canonica
Figareto
Galéria
Moriani-Plage
HAUTE-CORSE
Osani
Porto
Corte
Piana
Evisa
N 193
N 198
Vivario
Cargèse
Pont de Truggia
Aléria
Tiuccia
Golfe-de-la-Liscia
Ghisonaccia
CORSE
Ajaccio
Porticcio
DU
Ruppione-Plage
Favone
Olmeto
Serra-di-Ferro
Ste-Lucie-de-Porto-Vecchio
Propriano
Pinarellu
Portigliolo
SUD
Belvédère-Campomoro
Porto-Vecchio
Sotta
Bonifacio
0
50 km

Renseignements
sur les terrains sélectionnés

Particulars
of selected camping sites

Beschreibung
der ausgewählten Campingplätze

Gegevens
over de geselekteerde terreinen

ABILLY

10 - 68 ⑤

Paris 295 - Châtellerault 29 - Descartes 5 - Loches 37 - La Roche-Posay 24 - Tours 62

37160 I.-et-L. - 1 145 h.

Municipal, au bourg, par sortie S, rte de Leugny, dans une île de la Claise
1 ha (33 empl.) plat, herbeux - A l'entrée :
juin-15 sept. - **R** *juil.-août - Tarif 94 : 5,10 5,50 6,05*

ABJAT-SUR-BANDIAT

10 - 72 ⑮ ⑯

Paris 450 - Angoulême 56 - Châlus 24 - Limoges 56 - Nontron 11 - Périgueux 61

24300 Dordogne - 693 h.

Le Moulin de Masfrolet « Cadre pittoresque », 53 56 82 70, Fax 53 56 46 48, N : 2,4 km, bord du Bandiat et d'un étang
12 ha/6 campables (200 empl.) plat, incliné, en terrasses, herbeux - snack, cases réfrigérées - vélos - Location :
juin-15 sept. - **R** *conseillée - 26 piscine et tennis compris 30 18 (6A)*

La Ripole , 53 56 86 85, S : 0,8 km par D 96, rte de St-Saud-Lacousière puis à droite 2 km par rte de Chabanas
1,35 ha (32 empl.) peu incliné et plat, terrasse, herbeux, étang -

ABONDANCE

12 - 70 ⑱ G. Alpes du Nord

Paris 597 - Annecy 102 - Évian-les-Bains 28 - Morzine 25 - Thonon-les-Bains 27

74360 H.-Savoie - 1 251 h. alt. 930 - Sports d'hiver : 930/1 650 m 1 14.
Office de Tourisme, Mairie 50 73 02 90

Le Pré , 50 73 00 93, au bourg, bord de la Dranse (rive gauche)
0,6 ha (50 empl.) plat, herbeux, pierreux - garderie - - A proximité :

ABREST **03** Allier - 73 ⑤ - rattaché à Vichy

Les ABRETS

12 - 74 ⑭

Paris 518 - Aix-les-Bains 43 - Belley 33 - Chambéry 38 - Grenoble 49 - La Tour-du-Pin 12 - Voiron 22

38490 Isère - 2 804 h.

Le Coin Tranquille « Cadre agréable », 76 32 13 48, Fax 76 37 40 67, E : 2,3 km par N 6, rte du Pont-de-Beauvoisin et rte à gauche
4 ha (180 empl.) plat, herbeux - -
avril-oct. - **R** *conseillée juil.-août* - GB - *piscine comprise 2 pers. 106, pers. suppl. 29 8 (2A) 12 (3A)*

ABRIÈS

17 - 77 ⑲ G. Alpes du Sud

Paris 730 - Briançon 47 - Gap 92 - Guillestre 31 - Saint-Véran 20

05460 H.-Alpes - 297 h. alt. 1 547 - Sports d'hiver : 1 550/2 450 m 5.
Office de Tourisme 92 46 72 26, Fax 92 46 80 64

Queyras-Caravaneige , 92 46 71 22, sortie S, rte de Ristolas, bord du Guil
1,5 ha (109 empl.) non clos, plat, pierreux, herbeux - pizzeria - A proximité :

ABZAC

9 - 75 ②

Paris 532 - Bergerac 62 - Blaye 51 - Bordeaux 48 - Coutras 3 - Mussidan 40

33230 Gironde - 1 472 h.

Le Paradis, 57 49 05 10, SE : 1,5 km par D 247, à 300 m de la N 89, bord de l'Isle et d'un lac
5 ha (60 empl.) plat, herbeux (2 ha) - - (plage) vélos - Location :
avril-oct. - **R** - *16 25 10 (5A) 15 (10A)*

ACCOLAY

6 - 65 ⑤

Paris 190 - Avallon 29 - Auxerre 21 - Tonnerre 39

89460 Yonne - 377 h.

Municipal Moulin Jacquot , sortie O, rte de Mailly-la-Ville, près du canal du Nivernais
0,7 ha (50 empl.) plat, herbeux - -
15 mars-oct. - **R** *conseillée - 6 4 4 6 (6A) 8 (8A) 10 (10A)*

ADISSAN

15 - 83 ⑤ ⑮

Paris 739 - Bédarieux 35 - Béziers 33 - Clermont-l'Hérault 12 - Gignac 19 - Montpellier 54 - Sète 42

34230 Hérault - 706 h.

Les Clairettes , 67 25 01 31 34320 Fontès, NO : 1,4 km par D 128, rte de Péret
1,3 ha (50 empl.) plat, pierreux, herbeux - - - Location : bungalows toilés
15 juin-15 sept. - **R** *conseillée 15 juil.-15 août - piscine comprise 2 pers. 63 (79 avec élect. 3A)*

AGAY

17 - 84 ⑧ G. Côte d'Azur

Paris 886 - Cannes 31 - Draguignan 41 - Fréjus 12 - Nice 63 - St-Raphaël 9

83 Var - 83700 St-Raphaël.

Office de Tourisme, bd de la Plage, N 98 94 82 01 85, Fax 94 82 74 20

Esterel Caravaning, réservé aux caravanes Massif de l'Esterel « Site et cadre agréables », 94 82 03 28, Fax 94 82 87 37, NO : 4 km
12,5 ha (495 empl.) en terrasses, peu incliné, pierreux - 18 empl. avec sanitaires individuels (wc) squash - Location :
23 mars-sept. - R conseillée 15 juin-août - Tarif 94 : élect., piscine et tennis compris 2 pers. 140

Vallée du Paradis « Belle entrée fleurie », 94 82 16 00, Fax 94 82 72 21, NO : 1 km, bord de l'Agay
3 ha (213 empl.) plat, herbeux (2 ha) - - Location :
15 mars-15 oct. - R indispensable juil.-août - 3 pers. 90, 4 pers. 125 19 (10A)

Les Rives de l'Agay « Entrée fleurie », 94 82 02 74, Fax 94 82 74 14, NO : 0,7 km, bord de l'Agay et à 500 m de la plage
1,4 ha (120 empl.) plat, herbeux, sablonneux - - Location : , studios
15 fév.-4 nov. - R conseillée été - Tarif 94 : 4 pers. 122, pers. suppl. 24 16 (6A)

International du Dramont, 94 82 07 68, Fax 94 82 75 30, à 2 km au sud de la localité, bord de mer
6,5 ha (400 empl.) accidenté, herbeux, pierreux, rocheux pinède - snack - - Location : , bungalows toilés
15 mars-15 oct. - R conseillée juil.-août - GB - 2 pers. 145 17 (6A)

Azur Rivage, 94 44 83 12, à **Anthéor-Plage**, E : 5 km, près de la plage
1 ha (73 empl.) plat, en terrasses, peu incliné, pierreux - - - A l'entrée : - Location :
Pâques- sept. - R conseillée - 3 pers. 128, 4 pers. 165 21 (6A)

Agay-Soleil « Entrée fleurie », 94 82 00 79, E : 0,7 km, bord de plage - juil.-août
0,7 ha (65 empl.) plat, peu incliné, sablonneux - - - A proximité :
15 mars-15 nov. - R - 2 pers. 91, 3 ou 4 pers. 166 19 (2A) 23 (6A)

le Viaduc, 94 44 82 31, à **Anthéor-Plage**, E : 5 km, à 100 m de la plage
1,1 ha (69 empl.) plat, en terrasses, peu incliné, herbeux, pierreux - - - A proximité :
Pâques-sept. - R - 2 pers. 95, 3 pers. 127, pers. suppl. 26 20 (6A)

Royal-Camping, 94 82 00 20, S : 1,5 km, bord de plage -
0,6 ha (45 empl.) plat, herbeux, gravier - - - A proximité :
avril-7 oct. - R - Tarif 94 : 3 pers. 115 16 (3A) 20 (6A)

Le Rastel, 94 82 70 97, Fax 94 82 70 96, NO : 1,5 km
1 ha (78 empl.) plat et terrasses, pierreux - snack - (bassin) - Location :
avril-sept. - **Location longue durée** - *Places disponibles pour le passage - R conseillée - Tarif 94 : 2 pers. 110, 4 pers. 125, pers. suppl. 18 18 (10A)*

► *Consultez le tableau des localités citées, classées par départements, avec indication éventuelle des caractéristiques particulières des terrains sélectionnés.*

AGDE

15 - 83 ⑮ ⑯ G. Gorges du Tarn

Paris 771 - Béziers 23 - Lodève 67 - Millau 122 - Montpellier 53 - Sète 23

34300 Hérault - 17 583 h.

Office de Tourisme, espace Molière 67 94 29 68, Fax 67 94 03 50

International de l'Hérault, 67 94 12 83, Fax 67 94 42 84, S : 1,5 km, à 80 m de l'Hérault
10 ha (417 empl.) plat, herbeux - snack - salle d'animation - Location (juin-sept.) : , bungalows toilés
Pâques-sept. - R conseillée - GB - Tarif 94 : élect. (6A) et piscine comprises 2 pers. 122, pers. suppl. 23

La Pinède « Sur le versant nord du M[t] St Loup », 67 21 25 00, SE : 2,5 km par D 32[E], rte du Cap d'Agde et 0,6 km par chemin à gauche (hors schéma)
5 ha (247 empl.) en terrasses et incliné, pierreux, herbeux - -
juin-15 sept. - piscine comprise 3 pers. 140 19 (4A)

Les Sablettes, 67 94 36 65 34309 Agde Cedex, S : 3,5 km
2,6 ha (218 empl.) plat, sablonneux, herbeux - -
avril-sept. - R conseillée juil.-août - 2 pers. 79 15 (3A) 22 (6A)

Les Romarins, 67 94 18 59 34309 Agde Cedex, S : 3 km, près de l'Hérault
1,8 ha (130 empl.) (juil.-sept.) plat, herbeux - - -
juin-sept. - R conseillée - 2 pers. 70, pers. suppl. 17 15 (6A)

La Pépinière, 67 94 10 94 34309 Agde Cedex, S : 2,5 km, à 200 m de l'Hérault
1,9 ha (100 empl.) plat, herbeux, sablonneux - - - Location :

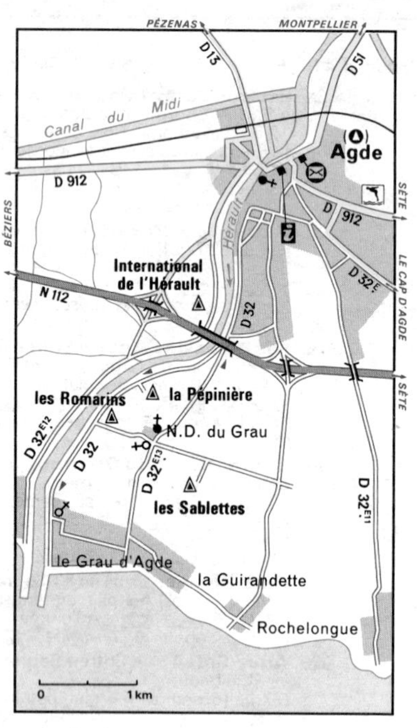

AGEN 🅿

14 - 79 ⑮ G. Pyrénées Aquitaine

Paris 719 - Auch 72 - Bordeaux 139 - Pau 157 - Périgueux 139 - Toulouse 115

47000 L.-et-G. - 30 553 h.

Office de Tourisme, 107 bd Carnot ✆ 53 47 36 09, Fax 53 47 29 92

Château Lamothe-d'Allot, ✆ 53 68 33 11, Fax 53 68 33 05 ✉ 47550 Boé, SE : 6,5 km par D 305, rte d'Auch et D 443, rte de St-Pierre-de-Gaubert, bord de la Garonne et d'un plan d'eau
12ha/1,5 campable (90 empl.) plat, herbeux, gravillons - Toboggan aquatique
avril-sept. - **R** *conseillée* - GB - 20 *piscine comprise* 20 15 *(3 à 5A)*

▶ ***In deze gids***
heeft een zelfde letter of teken, ***zwart*** *of* ***rood,*** *dun of* ***dik*** *gedrukt niet helemaal dezelfde betekenis.*
Lees aandachtig de bladzijden met verklarende tekst.

AGOS-VIDALOS **65** H.-Pyr. - 85 ⑰ ⑱ - rattaché à Argelès-Gazost

AIGUEBELETTE (Lac d')

12 - 74 ⑮ G. Alpes du Nord

73 Savoie

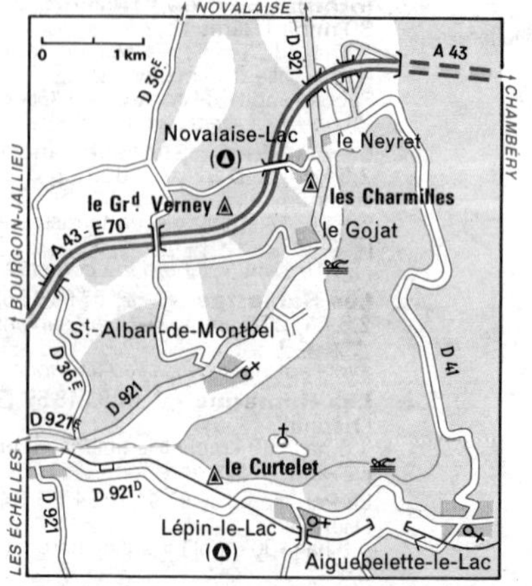

Lépin-le-Lac - 255 h. - ✉ 73610 Lépin-le-Lac.
Paris 558 - Belley 38 - Chambéry 25 - Les Échelles 19 - Le Pont-de-Beauvoisin 13 - Voiron 35

Le Curtelet ≤, ✆ 79 44 11 22, NO : 1,4 km, bord du lac
1,3 ha (94 empl.) (juil.-août) peu incliné, herbeux - A proximité :
mai-sept. - **R** *conseillée juil.-août - 17,50 8 16 13 (2A) 15 (4A)*

Novalaise-Lac - 1 234 h. - ✉ 73470 Novalaise.
Paris 530 - Belley 26 - Chambéry 21 - Les Échelles 25 - Le Pont-de-Beauvoisin 17 - Voiron 48

Les Charmilles ≤, ✆ 79 36 04 67, à 150 m du lac
2,3 ha (100 empl.) en terrasses, gravillons - vélos - A proximité :
25 juin-août - **R** *conseillée - 3 pers. 90, pers. suppl. 20 16 (3A) 19,50 (6A)*

Le Grand Verney ≤, ✆ 79 36 02 54, O : 1,2 km, au Neyret
2,5 ha (112 empl.) plat, peu incliné et en terrasses, herbeux
avril-1er nov. - Location longue durée - *Places limitées pour le passage -* **R** *conseillée juil.-août - 15 17 12 (2A) 14 (3A) 16 (4A)*

AIGUES-MORTES

16 - 83 ⑧ G. Provence

Paris 750 - Arles 48 - Montpellier 33 - Nîmes 37 - Sète 54

30220 Gard - 4 999 h.
Office de Tourisme, Porte de la Gardette ✆ 66 53 73 00, Fax 66 53 65 94

La Petite Camargue « Entrée fleurie », ✆ 66 53 84 77, Fax 66 53 83 48, O : 3,5 km par D 62, rte de Montpellier
13 ha (611 empl.) plat, herbeux, sablonneux (5 ha) - tir à l'arc, discothèque, vélos - Location :
22 avril-24 sept. - **R** *conseillée juil.-août* - GB - *piscine comprise 1 ou 2 pers. 70 ou 134 (85 ou 155 avec élect. 5A), pers. suppl. 26 ou 33*

AIGUES VIVES

14 - 86 ⑤

Paris 785 - Carcassonne 63 - Castelnaudary 44 - Foix 35 - Lavelanet 8 - Pamiers 33 - Quillan 38

09600 Ariège - 462 h.

La Serre ≤ lac Montbel, ✆ 61 03 06 16, Fax 61 01 83 81, sortie O du bourg - dans locations
5 ha (40 empl.) plat, peu incliné, en terrasses, herbeux - vélos - Location :
Permanent - **R** *conseillée - piscine comprise 1 pers. 28 14 (5A)*

AIGUÈZE

30 Gard - 80 ⑨ - voir à Ardèche (Gorges de l')

L'AIGUILLON-SUR-MER

9 - 71 ⑪ G. Poitou Vendée Charentes

Paris 454 - Luçon 18 - Niort 81 - La Rochelle 47 - La Roche-sur-Yon 48 - Les Sables-d'Olonne 49

85460 Vendée - 2 175 h.
Schéma à la Tranche-sur-Mer

Bel Air, ✆ 51 56 44 05, Fax 51 97 15 58, NO : 1,5 km par D 44 et rte à gauche
7 ha (350 empl.) plat, herbeux, sablonneux (4 ha) - Toboggan aquatique, tir à l'arc, vélos - A proximité : - Location : bungalows toilés
mai-15 sept. - **R** *indispensable* - GB - *piscine comprise 2 pers. 100, pers. suppl. 22 15 (3,5A) 18 (6A)*

Le Pré des Sables, ✆ 51 27 13 88, Fax 51 97 11 65, au nord de la ville
1,6 ha (140 empl.) plat, herbeux - Location :
avril-1er oct. - **R** *conseillée juil. août* - GB - *Tarif 94 : 2 pers. 67 (82 avec élect.), pers. suppl. 18*

Municipal les Baies, ✆ 51 56 40 70, au SE du bourg, rte de Luçon
3 ha (195 empl.) plat, herbeux - A proximité :
25 mars-sept. - **R** *juil. - 15 17 12 (3A) 18 (6A)*

Cléroca (aire naturelle), ✆ 51 27 19 92, Fax 51 97 09 84, NO : 2,5 km par D 44
1 ha (25 empl.) plat, herbeux - Location :
mai-sept. - **R** *conseillée - 2 pers. 42, pers. suppl. 16 12 (5A)*

AILLON-LE-JEUNE

12 - 74 ⑯ G. Alpes du Nord

Paris 571 - Aix-les-Bains 36 - Annecy 36 - Chambéry 23 - Montmélian 25 - Rumilly 38

73340 Savoie - 261 h. alt. 1 000 - Sports d'hiver : 960/1 840 m 24
Office de Tourisme (Les Aillons) ✆ 79 54 63 65, Fax 79 54 61 11

C.C.D.F. Jeanne et Georges Cher ≤, ✆ 79 54 60 32, SE : 1,8 km par D 32, à l'entrée de la station, à 50 m d'une rivière
1 ha (40 empl.) non clos, plat, pierreux, herbeux - A proximité :
Permanent - **R** *conseillée hiver - Adhésion obligatoire - 8,50 (hiver 12,50) 5 (hiver 7) 8,50 (hiver 12,50) 12 (5A) 15 (6A) 20 (10A)*

AIMARGUES

16 - 83 ⑧

Paris 734 - Aigues-Mortes 15 - Arles 53 - Beaucaire 45 - Montpellier 33 - Nîmes 28 - Sommières 17

30470 Gard - 2 988 h.

Bellevue, 66 88 63 75, au SE du bourg, accès par D 979
3,5 ha (181 empl.) plat, herbeux, verger - snack -
Permanent - **R** *conseillée - 20 piscine comprise 35/45 avec élect. (6A)*

AIME

12 - 74 ⑱ G. Alpes du Nord

Paris 622 - Albertville 40 - Bourg-Saint-Maurice 12 - Chambéry 87 - Moutiers 13

73210 Savoie - 2 963 h. alt. 690.
Office de Tourisme, av. Tarentaise 79 09 79 79

Le Tuff ≤, 79 55 67 32, SO : 5 km par N 90, rte de Moûtiers, à 0,7 km au S de Centron, bord de l'Isère et d'un petit plan d'eau
2,8 ha (150 empl.) plat, herbeux, gravier - -
juin-sept. - **R** - *18 25 13 (3A) 20 (6A) 32 (10A)*

La Glière ≤, 79 09 77 61, SO : 3,5 km par N 90 rte de Moutiers et à Villette, D 85 à droite, bord d'un ruisseau
1,5 ha (50 empl.) en terrasses, pierreux, herbeux -
juin-15 sept. - **R** *conseillée juil.-août - 3 pers. 69, pers. suppl. 17 13 (5A) 22 (10A)*

AINHOA

13 - 85 ② G. Pyrénées Aquitaine

Paris 797 - Bayonne 25 - Biarritz 26 - Cambo-les-Bains 11 - Pau 126 - St-Jean-de-Luz 22

64250 Pyr.-Atl. - 539 h.

Xokoan , 59 29 90 26, Fax 59 29 73 82, **à Dancharia,** SO : 2,5 km, puis à gauche avant la douane, bord d'un ruisseau (frontière)
0,6 ha (35 empl.) plat, peu incliné, herbeux - - - Location : (hôtel)
Permanent - **R** - *15 8 17 15 (10A)*

Harazpy (aire naturelle) ≤, 59 29 89 38, NO : 0,8 km par D 20, rte de Cambo et chemin à gauche à la sortie du bourg
1 ha (25 empl.) plat, peu incliné, incliné, herbeux - -
15 juin-15 sept. - **R** - *2 pers. 58 15 (10A)*

AIRE-SUR-L'ADOUR

13 - 82 ② G. Pyrénées Aquitaine

Paris 724 - Auch 83 - Condom 67 - Dax 74 - Mont-de-Marsan 31 - Orthez 58 - Pau 50 - Tarbes 70

40800 Landes - 6 205 h.
Office de Tourisme, pl. de Gaulle 58 71 64 70

S.I. les Ombrages de l'Adour, 58 71 75 10, près du pont, derrière les arènes, bord de l'Adour
2 ha (100 empl.) plat, herbeux -
mai-15 oct. - **R** - *15 16 12 (6 ou 10A)*

AIRVAULT

9 - 67 ⑱ G. Poitou Vendée Charentes

Paris 338 - Bressuire 29 - Loudun 31 - Mirebeau 28 - Parthenay 26 - Thouars 22

79600 Deux Sèvres - 3 234 h.
Syndicat d'Initiative, Mairie 49 64 70 13

Courte Vallée, 49 64 70 65, Fax 49 70 84 58, N : 1,5 km par D 121, rte de St-Généroux et chemin à gauche, près du Thouet - accès conseillé par D 725 et le pont de Vernay
3,5 ha (41 empl.) plat, peu incliné, herbeux - -
13 mai-24 sept. - **R** - *16 35 15 (8A)*

AIXE-SUR-VIENNE

10 - 72 ⑰ G. Berry Limousin

Paris 405 - Châlus 20 - Confolens 51 - Limoges 11 - Nontron 55 - Rochechouart 28 - Saint-Yrieix-la-Perche 39

87700 H.-Vienne - 5 566 h.
Office de Tourisme, 46 av. du Prés.-Wilson 55 70 19 71 (saison), Mairie 55 70 77 00 (hors saison)

Municipal les Grèves, 55 70 12 98, av. des Grèves, bord de la Vienne
3 ha (90 empl.) plat et peu incliné, herbeux (2 ha) - - A proximité : (découverte l'été)
15 juin-15 sept. - **R** *conseillée juil.-août - 12 6 7 10 (5A) 27 (10A) 43 (16A)*

AIX-LES-BAINS

12 - 74 ⑮ G. Alpes du Nord

Paris 540 - Annecy 33 - Bourg-en-Bresse 109 - Chambéry 18 - Lyon 106

73100 Savoie - 24 683 h. - 10 janv.-19 déc. et Marlioz.
Office de Tourisme, pl. Maurice-Mollard 79 35 05 92, Fax 79 88 89 69

Alp'Aix, 79 88 97 65, NO : 2,5 km, 20 bd du Port-aux-Filles, à 150 m du lac
1,2 ha (90 empl.) plat, herbeux, pierreux - - - A proximité : - Location :
5 avril-sept. - **R** *conseillée 15 juin-août - 2 pers. 62, pers. suppl. 15 12 (6A)*

à la Biolle N : 7 km par N 201 - 1 353 h. - 73410 la Biolle :

Le Clos des Fourches ≤, 79 54 77 77, sur N 201, accès par centre bourg
1 ha (50 empl.) plat à incliné, herbeux - (15 avril-15 oct.) - (bassin) - Location :
Permanent - **R** *conseillée juil.-août - 8 11 19 10 (3A)*

à Brison-St-Innocent N : 4 km par D 991 - 1 445 h.
✉ 73100 Brison-St-Innocent :

Le lac des Berthets ≤, ☎ 79 54 36 66, chemin des Berthets
1,6 ha (100 empl.) - mai-sept. - **R** *conseillée* - *14* *25* *11 (4A)*

La Rolande ≤, ☎ 79 54 36 85, chemin des Berthets
1,5 ha (100 empl.) peu incliné, herbeux - mai-sept. - **R** *conseillée juil.-août - Tarif 94 : 3 pers. 70,50, pers. suppl. 14,30* *11,60 (3A)*

AIZENAY

9 - 67 ⑬

Paris 442 - Challans 24 - Nantes 59 - La Roche-sur-Yon 17 - Les Sables-d'Olonne 32

85190 Vendée - 5 344 h.
Office de Tourisme, pl. Mutualité
☎ 51 94 62 72 (saison)

Municipal la Forêt, ☎ 51 34 78 12, SE : 1,5 km par D 948, rte de la Roche-sur-Yon et chemin à gauche
1 ha (70 empl.) plat, herbeux, bois attenant - A proximité : tir à l'arc, golf
15 juin-15 sept. - **R** - *10* *4,70* *6,70* *11,50 (6A)*

AJACCIO 2A Corse-du-Sud - 90 ⑰ - voir à Corse

ALBENS

12 - 74 ⑮

Paris 541 - Aix-les-Bains 11 - Annecy 22 - Belley 38 - Chambéry 29 - Rumilly 9,5

73410 Savoie - 2 439 h.

Beauséjour ≤, ☎ 79 54 15 20, sortie SO par rte de la Chambotte
2 ha (100 empl.) vallonné, prairie - 10 juin-15 sept. - **R** *conseillée* - *8,50* *9* *9* *12 (6A)*

ALBERTVILLE

12 - 74 ⑰ G. Alpes du Nord

Paris 582 - Annecy 45 - Chambéry 50 - Chamonix-Mont-Blanc 67 - Grenoble 80

73200 Savoie - 17 411 h.
Office de Tourisme, 11 r. Pargoud
☎ 79 32 04 22, Fax 79 32 87 09

à Venthon NE : 3 km par D 925, rte de Beaufort - 587 h.
✉ 73200 Venthon :

Les Marmottes ≤, ☎ 79 32 57 40, au bourg
1,6 ha (80 empl.) plat et peu incliné, herbeux - Pâques-1er nov. - **R** - *17* *6* *10* *12 (3A)*

ALBIÈS

14 - 86 ⑤

Paris 806 - Andorre-la-Vieille 73 - Ax-les-Thermes 13 - Foix 29 - Lavelanet 42

09310 Ariège - 141 h.

Municipal la Coume ≤, ☎ 61 64 98 99, au bourg
1 ha (50 empl.) peu incliné, en terrasses, herbeux -

ALBON

12 - 77 ① ② G. Vallée du Rhône

Paris 523 - Annonay 18 - Beaurepaire 22 - Romans-sur-Isère 37 - Tournon-sur-Rhône 23 - Valence 40

26140 Drôme - 1 543 h.

Senaud « Cadre agréable », ☎ 75 03 11 31, Fax 75 03 08 06, S : 1 km par D 122, au château
30 ha/3 campables (140 empl.) plat et peu incliné, herbeux, pierreux - cases réfrigérées - half-court, golf, vélos - Location *(mai-15 oct.)* : - Garage pour caravanes
mars-oct. - **Location longue durée** - *Places disponibles pour le passage* - **R** *indispensable juil.-août* - *22 piscine comprise* *10* *31* *18 (6A)*

ALENÇON

5 - 60 ③ G. Normandie Cotentin

Paris 192 - Chartres 119 - Évreux 116 - Laval 92 - Le Mans 48 - Rouen 146

61000 Orne - 29 988 h.
Office de Tourisme, Maison d'Ozé
☎ 33 26 11 36, Fax 33 32 10 53

Municipal de Guéramé « Cadre agréable », ☎ 33 26 34 95, au SO de la ville, par bd périphérique, rte de Guéramé, bord de la Sarthe
1,5 ha (60 empl.) plat et en terrasses, herbeux - mai-sept. - *Tarif 94 : 9,50* *10,50* *10,50* *8,50 à 24 (4 à 15A)*

ALÉNYA

15 - 86 ⑳

Paris 875 - Argelès-sur-Mer 12 - Céret 33 - Perpignan 11,5 - Port-Vendres 23

66200 Pyr.-Or. - 1 562 h.

Municipal, ☎ 68 22 17 26, sortie E vers St-Cyprien par av. de la Mer
1 ha (60 empl.) plat, herbeux

ALÉRIA 2B H.-Corse - 90 ⑥ - voir à Corse

ALÈS

16 - 80 ⑱ G. Gorges du Tarn

Paris 708 - Albi 231 - Avignon 73 - Montpellier 72 - Nîmes 44 - Valence 147

30100 Gard - 41 037 h.
Office de Tourisme, pl. Gabriel Péri
66 52 32 15, Fax 66 30 15 90

Municipal les Châtaigniers, 66 52 53 57, S par av. Jules-Guesde et chemin des Sports, face au stade
1 ha (75 empl.) plat, herbeux - - A proximité :
juin-15 sept. - **R** - *Tarif 94 : 2 pers. 40, pers. suppl. 14 12 (10A)*

à Cendras NO : 5 km par D 916 - 2 022 h. - 30480 Cendras :

La Croix Clémentine « Cadre agréable », 66 86 52 69, Fax 66 86 54 84, NO : 2 km par D 916 et D 32 à gauche
12 ha/6 campables (234 empl.) plat et en terrasses, pierreux, herbeux - discothèque -
Location :
avril-18 sept. - **R** *conseillée juil.-août* - GB - *35 piscine comprise 90/98 12 (6A) 22 (10A)*

ALEX **74** H.-Savoie - 74 ⑥ - voir à Annecy (Lac d')

ALGAJOLA **2B** H.-Corse - 90 ⑬ - voir à Corse

ALLANCHE

11 - 76 ③ G. Auvergne

Paris 511 - Aurillac 70 - Condat 22 - Massiac 25 - Murat 23 - Saint-Flour 36

15160 Cantal - 1 220 h. alt. 985 - Sports d'hiver : 1100/1280 m 1 .
Office de Tourisme, Mairie, 71 20 40 31 (saison)

Municipal Parc du Pont Valat , 71 20 45 87, S : 1 km sur D 679, rte de St-Flour, à 50 m de l'Allanche
3,4 ha (110 empl.) plat, peu incliné, herbeux -
15 juin-15 sept. - **R** - *7,50 3,20 4,80 12 (5A)*

ALLEMONT

12 - 77 ⑥ G. Alpes du Nord

Paris 615 - Le Bourg-d'Oisans 10 - Grenoble 45 - St-Jean-de-Maurienne 60 - Vizille 27

38114 Isère - 600 h. alt. 820

Municipal le Plan , 76 80 76 88, au pied du barrage du Verney, près de l'eau d'Olle - alt. 730
1,5 ha (101 empl.) plat, gravier, pierreux, herbeux - - - A proximité :
Permanent - **R** *conseillée - 1 ou 2 pers. 32/40 8*

Le Grand Calme , 76 80 70 03, au sud du bourg, sur D 526, près de l'eau d'Olle - alt. 720
3 ha (130 empl.) plat, herbeux (1 ha) - - A proximité : - Location : (hôtel)
Permanent - **R** *conseillée juil.-août* - GB - *2 pers. 45 17 (5A) 32 (10A)*

Les Grandes Rousses , 76 80 78 52, sortie SO par D 526, près du pont sur l'eau d'Olle - alt. 710
0,6 ha (34 empl.) plat, herbeux, pierreux - -
juil.-août - **R** *14 juil.-15 août - 2 pers. 45 15 (5 ou 10A)*

ALLEREY **21** Côte-d'Or - 65 ⑰ ⑱ - rattaché à Semur-en-Auxois

ALLES-SUR-DORDOGNE

13 - 75 ⑯

Paris 536 - Bergerac 38 - Le Bugue 9 - Les Eyzies-de-Tayac 20 - Périgueux 49 - Sarlat-la-Canéda 41

24480 Dordogne - 302 h.

Port de Limeuil « Cadre agréable », 53 63 29 76, Fax 53 63 04 19, NE : 3,4 km par D 51[E], rte de Limeuil et à gauche avant les deux ponts, au confluent de la Dordogne et de la Vézère
7 ha/4 campables (90 empl.) plat, peu incliné, en terrasses, herbeux - - (plage) vélos
mai-sept. - **R** *conseillée 10 juil.-20 août* - GB - *2 pers. 92 20 (5A)*

ALLEVARD

12 - 74 ⑯ G. Alpes du Nord

Paris 578 - Albertville 50 - Chambéry 34 - Grenoble 39 - St-Jean-de-Maurienne 68

38580 Isère - 2 558 h. - 12 mai-23 sept.
Office de Tourisme, pl. de la Résistance 76 45 10 11, Fax 76 97 59 32

Clair Matin « Décoration florale », 76 97 55 19, Fax 76 45 87 15, sortie SO, rte de Grenoble et à droite
3,5 ha (150 empl.) incliné et en terrasses, herbeux - - - A proximité :
15 mai-sept. - **R** *conseillée juil.-août - Tarif 94 : 2 pers. 76 10,50 (2A) 12,50 (3A) 13,80 (4A) 19 (6A)*

Idéal Camping , 76 97 50 23, sortie N sur D 525, rte de Chambéry, à 100 m du Bréda
1 ha (60 empl.) plat, peu incliné, herbeux verger - - - A proximité : - Location *(vacances scolaires)* :
mai-25 sept. - **R** *conseillée juil.-août* - *12 14 15,50 10,50 (2A) 13,50 (4A) 17 (6A)*

ALLEYRAS
11 - 76 ⑯

Paris 552 - Brioude 70 - Langogne 43 - Le Puy-en-Velay 34 - Saint-Chély-d'Apcher 59

43570 H.-Loire - 232 h. alt. 750

Municipal ⑤ ←, NO : 2,5 km, à Pont-d'Alleyras, accès direct à l'Allier - alt. 660
0,9 ha (60 empl.) (juil.-août) plat et peu incliné, terrasse, herbeux - A proximité : - Location : huttes
mai-sept. - **R** *juil.-août - 2 pers. 35 10 (6A)*

ALLINEUC
8 - 59 ⑬

Paris 457 - Lamballe 43 - Loudéac 20 - Pontivy 35 - Rostrenen 41 - Saint-Brieuc 27

22460 C.-d'Armor - 545 h.

Municipal ⑤, ✆ 96 28 87 88, SO : 3 km par D 41, rte d'Uzel et à droite rte du barrage de Bosméléac, accès direct à l'Oust
1 ha (49 empl.) plat, peu incliné, herbeux, pierreux -
mai-sept. - **R** - *Tarif 94 : 12 15 12*

ALLUYES
5 - 60 ⑰

Paris 114 - Ablis 55 - Bonneval 7,5 - Chartres 27 - Châteaudun 21 - Nogent-le-Rotrou 48

28800 E.-et-L. - 577 h.

Municipal, ✆ 37 47 29 46, sortie NO par D 28[1], rte d'Illiers Combray, attenant au stade et près du Loir
0,5 ha (33 empl.) plat, herbeux - - vélos - A proximité :
mai-sept. - **R** - *8 8 5/8 12 (10A)*

ALRANCE
11 - 80 ⑫ ⑬

Paris 663 - Albi 63 - Millau 54 - Rodez 36 - Saint-Affrique 43

12430 Aveyron - 468 h. alt. 760

Les Cantarelles ←, ✆ 65 46 40 35, S : 3 km sur D 25, bord du lac de Villefranche-de-Panat
2,5 ha (167 empl.) plat, peu incliné, herbeux (1 ha) -

ALVIGNAC
13 - 75 ⑲

Paris 536 - Brive-la-Gaillarde 51 - Cahors 60 - Figeac 42 - Gourdon 41 - Rocamadour 8,5 - Tulle 80

46500 Lot - 473 h.

Municipal, sortie E, rte de Padirac
0,6 ha (35 empl.) peu incliné et en terrasses, herbeux - - A proximité :
avril-15 oct. - **R** *conseillée saison - 10 16 8 (5A)*

La Chataigneraie (aire naturelle) ⑤, ✆ 65 33 72 11 ✉ 46500 Rocamadour, SO : 1,5 km par D 20, rte de Rignac et chemin de Varagne à droite
3 ha (25 empl.) (saison) peu incliné, herbeux -
15 avril-sept. - **R** - *12 12*

AMBARES-ET-LAGRAVE **33** Gironde - 71 ⑨ - rattaché à Bordeaux

AMBAZAC
10 - 72 ⑧ G. Berry Limousin

Paris 381 - Bellac 41 - Bourganeuf 39 - Limoges 20 - St-Léonard-de-Noblat 17 - La Souterraine 42

87240 H.-Vienne - 4 889 h.
Syndicat d'Initiative ✆ 55 56 85 76

Municipal de Jonas ⑤ ←, ✆ 55 56 60 25, NE : 1,8 km par D 914, rte de Laurière et chemin à gauche, près d'un plan d'eau
1,7 ha (76 empl.) (juil.-août) en terrasses, herbeux - - A proximité : (plage)
juin-15 sept. - **R** - *10 5 5 11 (5A) 16,50 (6 à 10A) 31 (plus de 10A)*

AMBÉRIEUX-EN-DOMBES
12 - 74 ① ②

Paris 438 - Bourg-en-Bresse 39 - Lyon 37 - Mâcon 42 - Villefranche-sur-Saône 16

01330 Ain - 1 156 h.

Municipal le Cerisier ←, ✆ 74 00 83 40, S : 0,8 km par D 66, rte de Lyon et à gauche, près d'un plan d'eau
2 ha (72 empl.) plat, herbeux, gravier - - A proximité :
avril-sept. - Location longue durée - *Places disponibles pour le passage* - **R** *conseillée - 11 6 11 11 (6A)*

AMBERT
11 - 73 ⑯ G. Auvergne

Paris 492 - Brioude 60 - Clermont-Ferrand 75 - Montbrison 46 - Le Puy-en-Velay 70 - Thiers 55

63600 P.-de-D. - 7 420 h.
Office de Tourisme, 4 pl. de l'Hôtel-de-Ville ✆ 73 82 61 90, Fax 73 82 44 00, et pl. Georges-Courtial (saison) ✆ 73 82 14 15

Municipal les Trois Chênes ←, ✆ 73 82 34 68, S : 1,5 km par D 906, rte de la Chaise-Dieu, bord de la Dore (rive gauche)
3 ha (120 empl.) plat, herbeux (1 ha) - - Toboggan aquatique - A proximité :
juin-sept. - **R** *conseillée - 14 9 11 15*

AMBON
4 - 63 ⑬

Paris 464 - Muzillac 6,5 - Redon 42 - La Roche-Bernard 21 - Sarzeau 19 - Vannes 22

56190 Morbihan - 1 006 h.

Les Peupliers, ✆ 97 41 12 51, sortie par D 140, rte de Damgan puis O : 0,8 km par chemin à droite
2,8 ha (100 empl.) plat, herbeux - Location :
juin-sept. - **R** *conseillée 14 juil.-15 août - 15 piscine comprise 12,50 12,50 12 (10A)*

AMBRIÈRES-LES-VALLÉES
4 - 59 ⑳

Paris 248 - Alençon 59 - Domfront 22 - Fougères 45 - Laval 43 - Mayenne 11,5 - Mortain 68

53300 Mayenne - 2 841 h.

Municipal de Vaux « Situation agréable », ✆ 43 04 00 67, SE : 2 km par D 23, rte de Mayenne et à gauche, à la piscine, bord de la Varenne (plan d'eau)
0,75 ha (61 empl.) plat et en terrasses, herbeux, gravillons - A l'entrée : tir à l'arc - Location :
avril-sept. - **R** *conseillée juil.-août*

L'AMÉLIE-SUR-MER 33 Gironde - 71 ⑯ - rattaché à Soulac-sur-Mer

AMOU
13 - 78 ⑦

Paris 769 - Aire-sur-l'Adour 51 - Dax 31 - Hagetmau 18 - Mont-de-Marsan 46 - Orthez 13 - Pau 49

40330 Landes - 1 481 h.

Municipal la Digue, sortie S par rte de Bonnegarde et à droite, au stade, bord du Luy
0,6 ha (33 empl.) plat, herbeux (0,4 ha) - - parcours sportif - A proximité :
avril-oct. - *7 6 12/20 avec élect.*

AMPHION-LES-BAINS
12 - 70 ⑰ G. Alpes du Nord

Paris 575 - Annecy 80 - Évian-les-Bains 3,5 - Genève 42 - Thonon-les-Bains 5,5

74 H.-Savoie - ✉ 74500 Évian-les-Bains.
Office de Tourisme, r. du Port (10 juin-sept.) ✆ 50 70 00 63

La Plage, ✆ 50 70 00 46, à 200 m du lac Léman
1,5 ha (83 empl.) plat, herbeux - - A proximité : (bassin) parcours sportif - Location :
avril- 1er nov. - **R** *conseillée juil.-août - 32 45 10 (2A) 15 (3A) 25 (10 A)*

AMPLIER
1 - 52 ⑧

Paris 171 - Abbeville 46 - Amiens 35 - Arras 36 - Doullens 6,5

62760 P.-de-C. - 271 h.

Le Val d'Authie, ✆ 21 48 57 07, au sud du bourg par D 24, 93 r. des Marais, bord de l'Authie et d'un étang
2,4 ha (75 empl.) plat, herbeux - -
Permanent - - GB - *15 20 12 (3A) 20 (10A)*

ANCELLE
17 - 77 ⑯

Paris 671 - Gap 16 - Grenoble 105 - Orcières 19 - Savines-le-Lac 29

05260 H.-Alpes - 600 h. alt. 1 327 - Sports d'hiver : 1 330/1 807 m 13.
Office de Tourisme, Mairie, ✆ 92 50 83 05

Les Auches, ✆ 92 50 80 28, Fax 92 50 84 58, sortie N par rte de Pont du Fossé et à droite - dans locations
1,8 ha (90 empl.) peu incliné, terrasses, herbeux - - - Location : studios
Permanent - **Location longue durée** - *Places disponibles pour le passage -* **R** *conseillée été, indispensable hiver - piscine comprise 2 pers. 77, pers. suppl. 21,50 14,50 (2A)*

ANCENIS
4 - 63 ⑱ G. Châteaux de la Loire

Paris 347 - Angers 45 - Châteaubriant 43 - Cholet 47 - Laval 102 - Nantes 43 - La Roche-sur-Yon 109

44150 Loire-Atl. - 6 896 h.
Office de Tourisme, pl. Millénaire ✆ 40 83 07 44

L'Ile Mouchet, ✆ 40 83 08 43, sortie O par bd Joubert et à gauche avant le stade, accès direct à la Loire
3 ha (150 empl.) plat, herbeux - - - A proximité : parcours sportif
avril-sept. - **R** - *élect. (5A) comprise 1 pers. 39, pers. suppl. 9*

Les ANCIZES-COMPS
11 - 73 ③ G. Auvergne

Paris 389 - Clermont-Ferrand 34 - Pontaumur 15 - Pontgibaud 19 - Riom 31 - St-Gervais-d'Auvergne 17

63770 P.-de-D. - 1 910 h. alt. 710

Comps-les-Fades, ✆ 73 86 81 64, N : 1,8 km par D 62 et rte de Comps à gauche
4,3 ha (100 empl.) peu incliné, herbeux - snack - Location :
avril-oct. - **R** *conseillée juil.-août - 10 14 12 (6A)*

ANCY-LE-FRANC

7 - 65 ⑦ G. Bourgogne

Paris 217 - Auxerre 54 - Châtillon-sur-Seine 43 - Montbard 27 - Tonnerre 19

89160 Yonne - 1 174 h.

Municipal, sortie S par D 905, rte de Montbard, face au château, bord d'un ruisseau et près d'un étang
0,5 ha (33 empl.) plat, herbeux
juin-15 sept. - R - *10* *5* *5/10* *10 (3A)*

ANDANCE

12 - 76 ⑩

Paris 523 - Annonay 13 - Beaurepaire 26 - Condrieu 28 - Privas 79 - Tournon-sur-Rhône 22

07340 Ardèche - 1 009 h.

Les Sauzets ≤, ✆ 75 34 20 20, N : 2 km par N 86, rte de Serrières et à droite, bord du Rhône et d'un plan d'eau
14 ha/9 campables (60 empl.) plat, gravier, pierreux, herbeux - Location :

ANDELOT

7 - 62 ⑫

Paris 296 - Bologne 13 - Chaumont 23 - Joinville 32 - Langres 56 - Neufchâteau 34

52700 H.-Marne - 1 024 h.

Municipal du Moulin, ✆ 25 01 38 72, N : 1 km par D 147, rte de Vignes-la-Côte, bord du Rognon
0,45 ha (23 empl.) plat, herbeux
juin-15 sept. - R - *Tarif 94 :* *6* *4* *4* *12,50*

▶ *Si vous recherchez :*
un terrain agréable ou très tranquille
un terrain ouvert toute l'année
un terrain effectuant la location de caravanes, de mobile-homes, de bungalows ou de chalets
un terrain avec tennis ou piscine
un terrain possédant une aire de services pour camping-cars

Consultez le tableau des localités citées, classées par départements.

Les ANDELYS

5 - 55 ⑰ G. Normandie Vallée de la Seine

Paris 93 - Beauvais 64 - Évreux 37 - Gisors 29 - Mantes-la-Jolie 53 - Rouen 38

27700 Eure - 8 455 h.
Office de Tourisme, 24 r. Philippe-Auguste (fermé matin hors saison) ✆ 32 54 41 93

à Bernières-sur-Seine SO : 6 km par D 135 - 2 340 h.
✉ 27700 Bernières-sur-Seine :

Château-Gaillard, ✆ 32 54 18 20, Fax 32 54 32 66, SO : 0,8 km rte de la Mare, à 200 m de la Seine
22 ha/13 campables (150 empl.) plat et peu incliné, herbeux, pierreux, sablonneux - tir à l'arc - A proximité :
fermé janv. - Location longue durée - *Places limitées pour le passage* - **R** *conseillée juil.-août* - GB - *25 piscine comprise* *27/62 avec élect. (16A)*

à Bouafles S : 4 km par D 313 - 6 820 h. - ✉ 27700 Bouafles :

Château de Bouafles, réservé aux caravanes « Cadre agréable », ✆ 32 54 03 15, sortie N par D 313, bord de la Seine
9 ha (191 empl.) plat, herbeux, gravier - A proximité :
fermé fév. - Location longue durée - *Places limitées pour le passage* - *20* *27* *15 (16A)*

ANDERNOS-LES-BAINS

33 Gironde - 71 ⑲ - voir à Arcachon (Bassin d')

ANDILLY

9 - 71 ⑫

Paris 460 - Fontenay-le-Comte 32 - Mauzé-sur-le-Mignon 32 - La Rochelle 17 - Les Sables-d'Olonne 85

17230 Char.-Mar. - 1 481 h.

Municipal (aire naturelle), à 3,8 km au NO du bourg, bord du canal du Curé et près du canal de Marans-la-Rochelle - itinéraire par Villedoux vivement conseillé (chemin d'accès à droite dangereux après le pont) - croisement difficile pour caravanes
1 ha (24 empl.) plat, herbeux
mai-sept. - R - *7* *12*

ANDORRE (Principauté d')

14 - 86 ⑭ ⑮ G. Pyrénées Roussillon

57 770 h. - 19-376 interurbain avec la France
Syndicat d'Initiative à Andorre-la-Vieille, r. du Dr-Vilanova ✆ 82 02 14, Fax 82 58 23

Canillo - alt. 1 531.
Andorra la Vella 12

Jean-ramon ≤, ✆ 51 4 54, NE : 0,4 km par rte de Port d'Envalira, bord du Valira del Orient (rive gauche)
0,6 ha plat, herbeux - A proximité :
15 juin-sept. - **R** - *11,50* *11,50 avec élect.*

Santa-Creu ≤, ✆ 51 4 62, au bourg, bord du Valira del Orient (rive gauche)
0,5 ha peu incliné et terrasse, herbeux - A proximité :
15 juin-sept. - **R** - *11,50* *11,50*

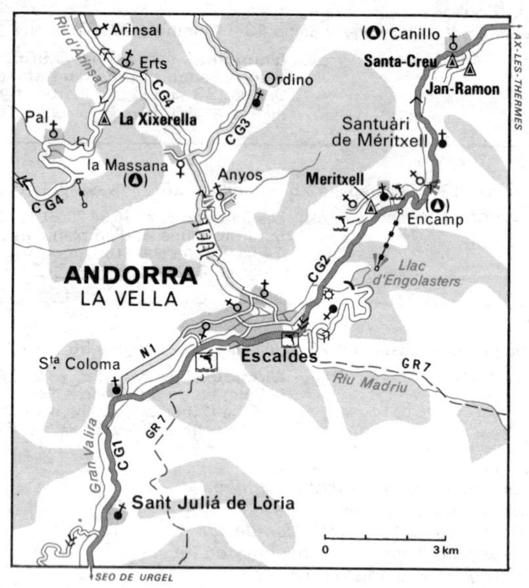

Encamp - alt. 1 313.
Andorra la Vella 6

Meritxell ≤, ✆ 31 1 00, à l'ouest du bourg, bord du Valira del Orient (rive droite)
2 ha plat et peu incliné, herbeux ♀♀ - A proximité :
fermé oct. - R - 19 19 19 11 (3A) 22 (6A)

La Massana - alt. 1 241.
Andorra la Vella 5

La Xixerella ≤, ✆ 36 6 13, NO : 3,5 km par rte de Pal, bord d'un ruisseau - alt. 1 450
5 ha plat, peu incliné, pierreux, herbeux - snack - discothèque - A proximité :
Permanent - R *conseillée août*

ANDRYES

6 - 65 ⑮

Paris 203 - Auxerre 38 - Avallon 43 - Clamecy 7,5 - Cosne-sur-Loire 48

89480 Yonne - 406 h.

Au Bois Joli ✆ 86 81 70 48, SO : 0,6 km par rte de Villeprenoy
5 ha (65 empl.) incliné, terrasses, pierreux, herbeux ♀♀ - vélos
Permanent - R *conseillée* - *piscine comprise 2 pers. 76,90/82,90 16,80 (3A) hiver : 26,80 (6A)*

ANDUZE

16 - 80 ⑰ G. Gorges du Tarn

Paris 720 - Alès 13 - Florac 67 - Lodève 85 - Montpellier 60 - Nîmes 47 - Le Vigan 53

30140 Gard - 2 913 h.
Office de Tourisme, Plan de Brie
✆ 66 61 98 17

Malhiver, ✆ 66 61 76 04, SE : 2,5 km, accès direct au Gardon - dans locations
2,26 ha (102 empl.) plat, herbeux ♀♀ - - Location :
15 avril-16 sept. - R *conseillée* - *élect. (6A) et piscine comprises 3 pers. 124*

L'Arche ≤, ✆ 66 61 74 08, Fax 66 61 88 94, NO : 2 km, bord du Gardon - dans locations
5 ha (250 empl.) plat, peu incliné et terrasses, herbeux ♀♀ - snack - half-court - Location :
avril-sept. - R *conseillée 15 juin-25 août* - *2 pers. 73, pers. suppl. 16 14,50 (6A)*

Le Pradal ≤, ✆ 66 61 81 60, N : 0,8 km par D 129, rte de Générargues, bord du Gardon
3,5 ha (133 empl.) plat, herbeux ♀♀ -
15 mai-sept. - R *conseillée juil.-août* - *piscine comprise 2 pers. 85 18 (6A) 22 (10A)*

Les Fauvettes ≤, ✆ 66 61 72 23, NO : 1,7 km
3,2 ha (120 empl.) plat, peu incliné et en terrasses, herbeux ♀♀ - Toboggan aquatique
mai-sept. - R *conseillée* - *piscine comprise 2 pers. 78, pers. suppl. 15 16 (6A)*

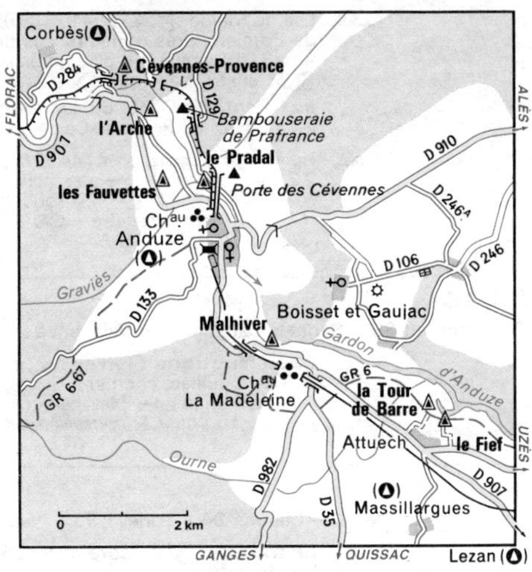

à Corbès NO : 5 km – 113 h. – ✉ 30140 Corbès :

Cévennes-Provence ⛰ ≤, ✆ 66 61 73 10, Fax 66 61 60 74, au Mas-du-Pont, bord du Gardon de Mialet et près du Gardon de St-Jean
30 ha/10 campables (230 empl.) ⊶ plat, accidenté et en terrasses, herbeux – Location :
avril-oct. – **R** *conseillée juil.-août* – *2 pers. 75, pers. suppl. 17 ⚡ 12 (3A) 16 (6A) 20 (10A)*

à Massillargues-Attuech SE : 7,5 km – 419 h.
✉ 30140 Massillargues :

Le Fief ⛰, ✆ 66 61 81 71, N : 1,5 km, à Attuech, près d'un petit lac (accès direct)
4 ha (80 empl.) ⊶ plat, herbeux – –
A proximité :

La Tour de Barre ⛰, ✆ 66 61 60 43, N : 1,5 km, à Attuech, accès direct au Gardon d'Anduze
3,5 ha (80 empl.) ⊶ (juil.-août) plat, herbeux, pierreux – – – A proximité : – Location : , bungalows toilés
15 juin-2 sept. – **R** *conseillée* – *piscine comprise 2 pers. 75, pers. suppl. 16 ⚡ 15 (6A)*

ANGERS P

4 – 63 ⑳ G. Châteaux de la Loire

Paris 294 – Caen 240 – Laval 78 – Le Mans 95 – Nantes 89 – Orléans 214 – Poitiers 132 – Rennes 127 – Saumur 49

49000 M.-et-L. – 141 404 h.

Office de Tourisme, pl. Kennedy ✆ 41 23 51 11, Fax 41 23 51 10 et pl. de la Gare (saison), ✆ 41 88 07 57

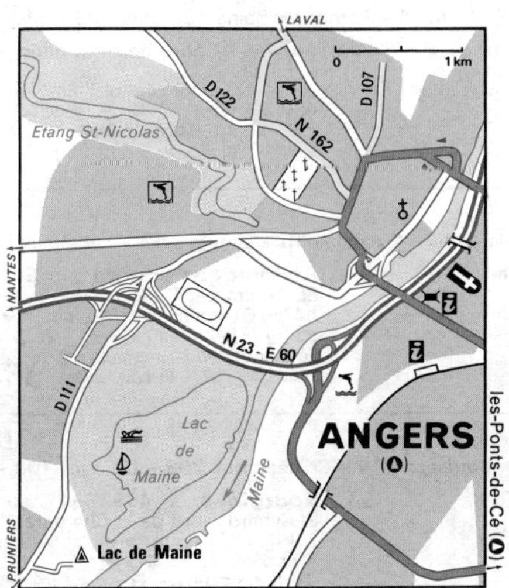

Lac de Maine 🌿 <, ✆ 41 73 05 03, Fax 41 22 32 11, SO : 4 km par D 111, rte de Pruniers, près du lac (accès direct) et à proximité de la Base de Loisirs
4 ha (163 empl.) plat, herbeux, gravillons - snack - - A proximité :
aux Ponts-de-Cé S : 6,5 km (hors schéma) - 110 320 h.
✉ 49130 les Ponts-de-Cé :

Ile du Château, ✆ 41 44 62 05, dans l'île du château, près de la Loire
2,3 ha (145 empl.) plat, herbeux, jardin public attenant - - Toboggan aquatique - A proximité :
mars-nov. - **R** *conseillée* - GB - *piscine et tennis compris 2 pers. 55* *12 (3A) 15 (5A) 17 (6A)*

ANGLARS-JUILLAC

14 - 79 ⑦

Paris 583 - Cahors 25 - Gourdon 39 - Sarlat-la-Canéda 55 - Villeneuve-sur-Lot 51

46140 Lot - 329 h.

Base Nautique Floiras 🌿, ✆ 65 36 27 39, Fax 65 21 41 00, SO : 1 km par D 8 et à Juillac, chemin à droite, bord du Lot
1 ha (25 empl.) plat, herbeux - - vélos
Pâques-15 oct. - **R** *conseillée juil.-août* - GB - *19* *30* *14 (16A)*

ANGLÈS

15 - 83 ②

Paris 748 - Béziers 77 - Carcassonne 71 - Castres 34 - Lodève 93 - Narbonne 77

81260 Tarn - 588 h. alt. 745

Le Manoir 🌿 « Cadre agréable », ✆ 63 70 96 06, au sud du bourg, rte de Lacabarède
3,3 ha (160 empl.) plat et peu incliné, terrasse, herbeux - - discothèque - A proximité : - Location : (hôtel)
Pâques-oct. - **R** *conseillée août* - *élect. et piscine comprises 2 pers. 95, pers. suppl. 15*

ANGLES

9 - 71 ⑪ G. Poitou Vendée Charentes

Paris 445 - Luçon 21 - La Mothe-Achard 38 - Niort 84 - La Rochelle 54 - La Roche-sur-Yon 31 - Les Sables-d'Olonne 36

85750 Vendée - 1 314 h.

Moncalm - l'Atlantique, ✆ 51 97 55 50, Fax 51 56 31 50, au bourg, sortie vers la Tranche-sur-Mer et rue à gauche - (en 2 parties)
4,3 ha (300 empl.) (saison) plat, herbeux, pierreux - - Toboggan aquatique, half-court, vélos - Location :
avril-1er oct. - **R** *conseillée* - GB - *piscine comprise 2 pers. 95* *15 (3A) 20 (6A) 25 (10A)*

Le Port de Moricq, ✆ 51 97 54 02, SE : 3 km sur rte de Grues, bord d'un canal
1 ha (50 empl.) plat, herbeux - - A l'entrée :
mai-sept. - **R** *conseillée - Tarif 94 :* *2 pers. 50/60* *15 (4A)*

Le Troussepoil, ✆ 51 97 51 50 ✉ 85560 Longeville-sur-Mer, O : 1,3 km par D 70, rte de Longeville-sur-Mer
0,6 ha (40 empl.) plat, herbeux - - - A proximité : - Location :
15 juin-sept. - **R** *conseillée* - *piscine comprise 2 pers. 48* *10 (3A)*

ANGLET

13 - 78 ⑱ G. Pyrénées Aquitaine

Paris 775 - Bayonne 3 - Biarritz 4 - Cambo-les-Bains 19 - Pau 109 - St-Jean-de-Luz 20

64600 Pyr.-Atl. - 33 041 h.
Office de Tourisme, 1 av. de la Chambre-d'Amour ✆ 59 03 77 01, Fax 59 03 55 91

Schéma à Biarritz

Parme « Cadre boisé et fleuri », ✆ 59 23 03 00, SO : 3 km par N 10 et rte à gauche
3 ha (200 empl.) plat, en terrasses et peu incliné, herbeux - - - A proximité : - Location :
Permanent - **R** *conseillée juil.-août* - GB - *Tarif 94 :* *22 ou 27 piscine comprise* *10* *25 ou 27* *25 (5A)*

ANGOISSE

10 - 75 ⑦

Paris 444 - Brive-la-Gaillarde 57 - Excideuil 15 - Limoges 53 - Périgueux 50 - Thiviers 25

24270 Dordogne - 559 h.

Rouffiac en Périgord 🌿 « Site agréable », ✆ 53 52 68 79, Fax 53 62 55 83, SE : 4 km par D 80, rte de Payzac, à 150 m d'un plan d'eau (accès direct)
54 ha/6 campables (100 empl.) (juil.-août) en terrasses et peu incliné, herbeux (3,5 ha) - - - A proximité : toboggan aquatique, tir à l'arc, vélos (plage)
mai-15 sept. - **R** *conseillée* - *18,40* *19,50 (31,90 ou 41,50 avec élect.)*

ANGOULÊME P

9 - 72 ③ ⑭ G. Poitou Vendée Charentes

Paris 444 - Agen 254 - Bordeaux 114 - Châteauroux 209 - Limoges 103 - Niort 106 - Périgueux 87 - Poitiers 108

16000 Charente - 42 876 h.
Office de Tourisme, 2 pl. St-Pierre ✆ 45 95 16 84, Fax 45 95 91 76

Bourgines, ✆ 45 92 83 22, sortie NO vers rte de la Rochelle, quartier St-Cybard, bord de la Charente
2,3 ha (187 empl.) plat, herbeux - - - A proximité :
18 mars-5 nov. - **R** - *Tarif 94 :* *13* *25* *16 (5A) 26 (15A)*

ANGOULINS 17 Char.-Mar. - 71 ⑬ - rattaché à la Rochelle

ANNECY (Lac d')

12 - 74 ⑥ ⑯ G. Alpes du Nord

74 H.-Savoie

Office de Tourisme, Clos Bonlieu, 1 r. Jean-Jaurès ✆ 50 45 00 33, Fax 50 51 87 20

Alex - 574 h. - ✉ 74290 Alex.

Paris 547 - Albertville 40 - Annecy 13 - La Clusaz 19 - Genève 59

Les Ferrières ⩤, ✆ 50 02 87 09, O : 1,5 km par D 909, rte d'Annecy et chemin à droite
5 ha (200 empl.) peu incliné à incliné, herbeux -
juin-sept. - **R** - *Tarif 94 : 2 pers. 42 11,50 (5A)*

Le Fier ⩤, ✆ 50 02 89 11, E : 2 km par D 909, rte de Thones (hors schéma)
1,5 ha (100 empl.) plat, herbeux -
15 juin-15 sept. - **R** *conseillée - Tarif 94 : 11 7 10 12 (3A)*

Bout-du-Lac - ✉ 74210 Faverges.

Paris 555 - Albertville 27 - Annecy 18 - Megève 42

International du Lac Bleu ⩤, ✆ 50 44 30 18, Fax 50 44 84 35, rte d'Albertville, bord du lac (plage) - 20 juin-20 août
3,2 ha (234 empl.) (saison) plat, herbeux, pierreux -
snack - - A proximité : - Location : , studios et appartements
7 avril-7 oct. - R - *2 pers. 88,50 15,50 (4A)*

Doussard - 2 070 h. - ✉ 74210 Doussard.

Paris 558 - Albertville 26 - Annecy 21 - La Clusaz 36 - Megève 42

La Serraz ⩤ « Cadre agréable », ✆ 50 44 30 68, Fax 50 44 81 07, au bourg, sortie E, près de la poste
2,5 ha (181 empl.) plat, herbeux - -
vélos
15 mai-sept. - **R** *conseillée juil.-août - 2 pers. 92, pers. suppl. 23 17 (3A) 23 (6A) 30 (10A)*

La Nublière ⩤, ✆ 50 44 33 44, Fax 50 44 31 78, N : 1,8 km, bord du lac (plage)
7 ha (500 empl.) (juil.-août) plat, herbeux, pierreux -
- - A proximité :
avril-15 oct. - **R** *conseillée juil.-août - élect. (6A) comprise 2 pers. 77, 3 pers. 95*

Simon de Verthier ⩤, ✆ 50 44 36 57, NE : 1,6 km, à Verthier, près de l'Eau Morte
0,5 ha (26 empl.) plat, herbeux -
mai-sept. - **R** *conseillée juil.-août - 12 10 20 12 (4A)*

Duingt - 635 h. - ✉ 74410 Duingt.

Paris 549 - Albertville 32 - Annecy 13 - Megève 48 - St-Jorioz 3,5

Municipal les Champs Fleuris ⩤, ✆ 50 68 57 31, O : 1 km
1,3 ha (123 empl.) plat et en terrasses, herbeux -
17 juin-10 sept. - R - *3 pers. 72, pers. suppl. 21 9 (3A) 14 (6A)*

Le Familial ⩤, ✆ 50 68 69 91, SO : 1,5 km
0,5 ha (40 empl.) plat, herbeux -
mai-15 oct. - **R** *conseillée - 2 pers. 52, pers. suppl. 11 12 (3A) 14 (5A)*

La Ferme ⩤, ✆ 50 68 58 12, SO : 1,8 km
0,65 ha (35 empl.) peu incliné, herbeux - -
16 juin-20 sept. - **R** *conseillée 20 juil.-15 août - 2 pers. 53, pers. suppl. 15 12 (3A)*

Lathuile - 668 h. - ✉ 74210 Lathuile.

Paris 557 - Albertville 28 - Annecy 20 - La Cluzaz 37 - Megève 43

La Ravoire ⩤, ✆ 50 44 37 80 ✉ 74210 Doussard, N : 2,5 km
2 ha (105 empl.) plat, herbeux - -
mai-sept. - **R** *conseillée juil.-août* - GB - *élect. (6A) et piscine comprises 135 9 (10A) 16 (15A)*

L'Idéal ⩤, ✆ 50 44 32 97, N : 1,5 km
3 ha (300 empl.) plat et peu incliné, herbeux -
-
15 mai-sept. - R - GB - *Tarif 94 : piscine comprise 2 pers. 65, pers. suppl. 16 16 (4A)*

Les Fontaines ⩤, ✆ 50 44 31 22, N : 2 km, à Chaparon
2,2 ha (135 empl.) plat, herbeux - -
juin-sept. - R - *Tarif 94 : 19 piscine comprise 24 14 (3A) 20 (6A)*

La Ferme, ✆ 50 44 33 10, N : 2 km, à Chaparon
2,5 ha (180 empl.) plat, incliné et en terrasses, herbeux -
- - A proximité : - Location *(fév.-oct.)* : studios
mai-sept. - **R** *conseillée - piscine comprise 2 pers. 55 13 (6A) 20 (10A)*

Le Taillefer ⩤, ✆ 50 44 30 34 ✉ 74210 Doussard, N : 2 km, à Chaparon
1 ha (32 empl.) peu incliné, en terrasses, herbeux - -
mai-sept. - **R** - *2 pers. 60, pers. suppl. 15 15 (4A)*

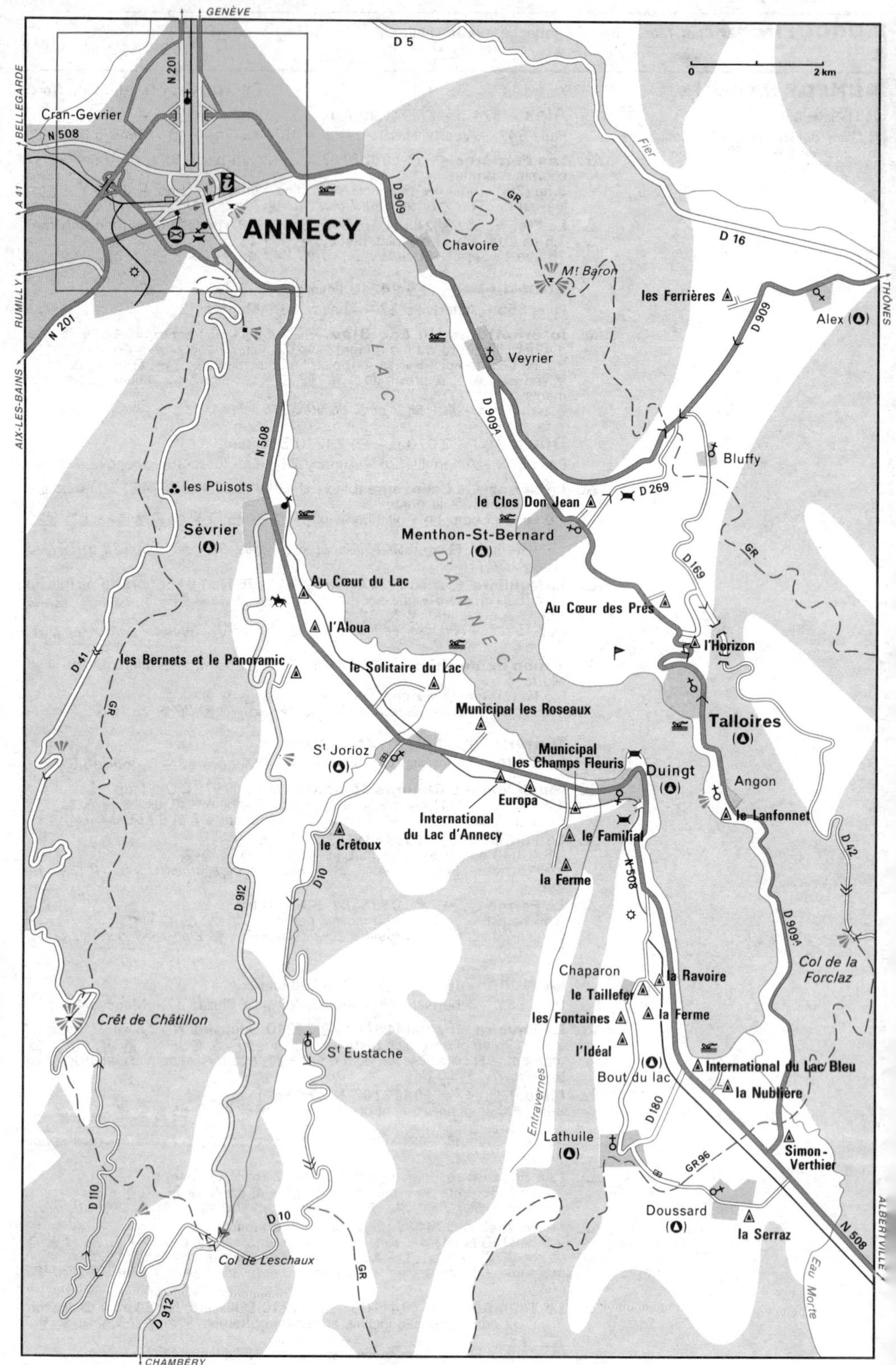
GENÈVE
D 5
0
2 km
BELLEGARDE
Cran-Gevrier
N 508
N 201
A 41
RUMILLY
AIX-LES-BAINS
ANNECY
D 909
Chavoire
GR
Mt Baron
Fier
D 16
les Ferrières
D 909
Alex
THÔNES
Veyrier
D 909A
LAC D'ANNECY
N 508
Bluffy
D 269
le Clos Don Jean
les Puisots
Sévrier
Menthon-St-Bernard
D 169
GR
Au Cœur du Lac
Au Cœur des Prés
l'Aloua
l'Horizon
les Bernets et le Panoramic
le Solitaire du Lac
D 41
GR
Municipal les Roseaux
Talloires
St Jorioz
Municipal les Champs Fleuris
Duingt
Angon
Europa
International du Lac d'Annecy
le Lanfonnet
le Crêtoux
le Familial
D 42
D 10
la Ferme
D 912
N 508
D 909A
Col de la Forclaz
Chaparon
la Ravoire
le Taillefer
les Fontaines
la Ferme
Crêt de Châtillon
St Eustache
l'Idéal
International du Lac Bleu
Bout du lac
la Nublière
Entravernes
D 180
Lathuile
Simon-Verthier
GR 96
D 110
D 10
Doussard
ALBERTVILLE
la Serraz
N 508
Col de Leschaux
GR
Eau Morte
D 912
CHAMBÉRY

Menthon-St-Bernard - 1 517 h. - ✉ 74290 Menthon-St-Bernard.
Office de Tourisme (fermé après-midi oct.-mai) ✆ 50 60 14 30
Paris 547 - Albertville 36 - Annecy 9,5 - Bonneville 44 - Megève 53 - Talloires 3 - Thônes 13

Le Clos Don Jean ≤, ✆ 50 60 18 66, sortie par rte de Veyrier-du-Lac et chemin à droite, au sud des Moulins
0,8 ha (76 empl.) peu incliné, herbeux -
20 mai-15 sept. - **R** *conseillée - Tarif 94 : 3 pers. 54 10 (2A) 11 (3A) 13 (4A)*

St-Jorioz - 4 178 h. - ✉ 74410 St-Jorioz.
Office de Tourisme pl. de la Mairie (fermé matin hors saison) ✆ 50 68 61 82
Paris 546 - Albertville 36 - Annecy 9,5 - Megève 51

Europa ≤, ✆ 50 68 51 01, Fax 50 68 55 20, SE : 1,4 km
3 ha (210 empl.) plat, herbeux, pierreux - snack -
15 mai-20 sept. - **R** - *Tarif 94 : piscine comprise 3 pers. 99 16 (4A)*

International du Lac d'Annecy ≤, ✆ 50 68 67 93, SE : 1 km
2,5 ha (133 empl.) plat, herbeux, pierreux (1,5 ha) - -
12 juin-15 sept. - **R** *conseillée - piscine comprise 2 pers. 86 16 (4A)*

Le Solitaire du Lac ≤, ✆ 50 68 59 30, N : 1 km, accès direct au lac
2,2 ha (200 empl.) plat, herbeux - -
avril-oct. - **R** *conseillée juil.-août - 2 pers. 78, 3 pers. 88 18 (5A)*

L'Aloua ≤, ✆ 50 52 60 06 ✉ 74320 Sévrier, NO : 1,5 km, à 300 m du lac -
2,3 ha (185 empl.) plat, herbeux (1 ha) - - -
A proximité :
20 juin-5 sept. - **R** - *2 pers. 58, pers. suppl. 18 12 (2A) 13 (3A) 14 (4A)*

Le Crêtoux ≤, ✆ 50 68 61 94, SO : 2,5 km
6 ha (80 empl.) incliné, en terrasses, herbeux (1 ha) - -
juin-sept. - **R** - *2 pers. 65, pers. suppl. 14 14 (3A) 15 (4A) 17 (6A)*

Municipal les Roseaux , ✆ 50 68 66 59, NE : 1,5 km, à 150 m du lac
0,6 ha (49 empl.) plat, herbeux, pierreux -
15 juin-12 sept. - **R** *conseillée - Tarif 94 : 14 19 13 (5A)*

Sévrier - 2 980 h. - ✉ 74320 Sévrier.
Office de Tourisme, pl. de la Mairie ✆ 50 52 40 56, Fax 50 52 48 66
Paris 542 - Albertville 40 - Annecy 5,5 - Megève 55

Les Bernets et le Panoramic ≤, ✆ 50 52 43 09, S : 3,5 km
2,5 ha (220 empl.) (juil.-août) plat et peu incliné, herbeux (1 ha) - snack - - Location :
15 mai-sept. - **R** - *jusqu'à 3 pers. 80 16 (3A)*

Au Coeur du Lac ≤, ✆ 50 52 46 45, S : 1 km, accès direct au lac
1,7 ha (100 empl.) en terrasses et peu incliné, herbeux - - - A proximité :
Pâques-sept. - **R** - *2 pers. 80 17 (3A)*

Talloires - 1 287 h. - ✉ 74290 Talloires.
Office de Tourisme, pl. de la Mairie ✆ 50 60 70 64, Fax 50 60 76 59
Paris 550 - Albertville 33 - Annecy 12 - Megève 49

Le Lanfonnet ≤, ✆ 50 60 72 12, SE : 1,5 km (près du lac)
1,9 ha (170 empl.) plat, peu incliné, herbeux (0,5 ha) -
mai-25 sept. - **R** *conseillée - Tarif 94 : 2 pers. 89 15,50 (3A) 17,50 (6A)*

Au Coeur des Prés ≤, N : 2 km
1 ha (100 empl.) peu incliné, herbeux -
juin-15 sept. - **R** *conseillée - Tarif 94 : 2 pers. 50, pers. suppl. 10 14 (4A)*

L'Horizon ≤ lac et montagnes « Site agréable », ✆ 50 60 78 71, N : 1 km
2 ha (165 empl.) (juil.-août) incliné, herbeux -
15 mai-20 sept. - **R** - *Tarif 94 : 2 pers. 55, pers. suppl. 13*

ANNONAY

11 - 77 ① G. Vallée du Rhône

Paris 535 - Grenoble 101 - Saint-Étienne 43 - Tournon-sur-Rhône 35 - Valence 50 - Vienne 44 - Yssingeaux 56

07100 Ardèche - 18 525 h.
Office de Tourisme, pl. des Cordeliers ✆ 75 33 24 51

Municipal de Vaure ≤, ✆ 75 32 47 49, sortie N, rte de St-Étienne, attenant à la piscine et près d'un parc
2,5 ha (78 empl.) plat et peu incliné, herbeux - - - A l'entrée : - A proximité :
Permanent - **R** *conseillée - 11 5 10/15 10A : 10 (hiver 14)*

ANNOT

17 - 81 ⑱ G. Alpes du Sud

Paris 820 - Castellane 32 - Digne-les-Bains 70 - Manosque 128

04240 Alpes de H.-Pr. - 1 053 h. alt. 700.
Office de Tourisme, pl. de la Mairie ✆ 92 83 23 03, Fax 92 83 32 82

La Ribière ≤, ✆ 92 83 21 44, NO : 1 km par D 908 rte d'Allos, bord de la Vaïre
1 ha (60 empl.) plat, en terrasses, pierreux, herbeux - snack - Location :
15 fév.-15 nov. - **R** - *14 15 5A : 11 (hiver 14)*

ANNOVILLE

4 - 54 ⑫

Paris 348 - Barneville-Carteret 60 - Carentan 48 - Coutances 14 - Granville 18 - Saint-Lô 43

50660 Manche - 474 h.

Municipal les Peupliers, 33 47 67 73, SO : 3 km par D 20 et chemin à droite, à 500 m de la plage
2 ha (100 empl.) plat, sablonneux, herbeux
15 juin-15 sept. - R *conseillée 15 juil.-16 août - 10,80 12,30 9,30 (2A) et 3,50 par ampère supplémentaire*

ANOST

11 - 69 ⑦ G. Bourgogne

Paris 273 - Autun 24 - Château-Chinon 19 - Luzy 45 - Saulieu 33

71550 S.-et-L. - 746 h.

Municipal Pont de Bussy, 85 82 79 07, sortie O, sur D 88, rte d'Arleuf, bord du Chenelet et près d'un étang
1,5 ha (45 empl.) plat et peu incliné, herbeux
15 juin-15 sept. - R *conseillée - Tarif 94 : 12 7 12 10 (6A)*

ANOULD

8 - 62 ⑰

Paris 441 - Colmar 46 - Épinal 47 - Gérardmer 16 - Saint-Dié 11

88650 Vosges - 2 960 h.

Les Acacias, 29 57 11 06, sortie O par N 415 rte de Colmar et chemin à droite
0,8 ha (60 empl.) plat, herbeux - (bassin)
Permanent - R - *16 9 9 14 (3A) 19 (6A) 32 (10A)*

ANTIBES

17 - 84 ⑨ G. Côte d'Azur

Paris 915 - Aix-en-Provence 159 - Cannes 9,5 - Nice 22

06600 Alpes-Mar. - 70 005 h.

Office de Tourisme, 11 pl. du Gén.-de-Gaulle 92 90 53 00, Fax 92 90 53 01

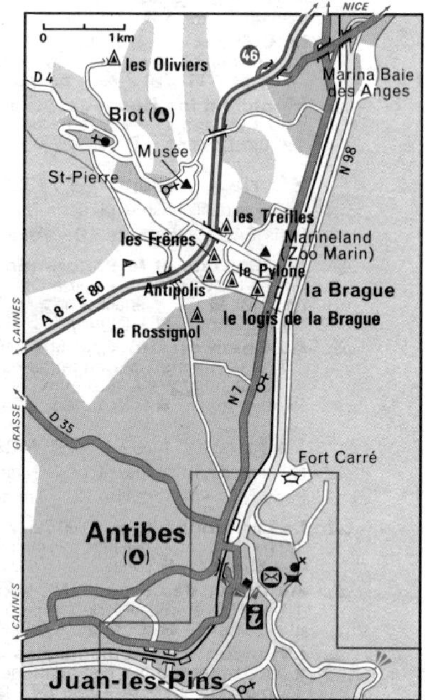

Le Pylone, 93 74 94 70, Fax 93 33 30 54, N : 4,5 km par N 7, à 300 m de la plage et au bord de la Brague - juil.-août
10 ha (800 empl.) plat, herbeux
Permanent - Location longue durée - *Places disponibles pour le passage -* R *juil.-août - 35 25 25 avec élect. (10A)*

Antipolis, 93 33 93 99, Fax 92 91 02 00, N : 5 km par N 7 et chemin à gauche, bord de la Brague
4,5 ha (260 empl.) plat, herbeux - snack - Location :
Pâques-sept. - R *conseillée juil.-août - élect. (10A) et piscine comprises 2 pers. 140*

Le Rossignol, 93 33 56 98, N : 3 km par N 7 et av. Jules-Grec à gauche
1,3 ha (111 empl.) plat et en terrasses, herbeux, gravier - Location :
avril-20 sept. - R *conseillée juil.-août* - GB - *piscine comprise 2 pers. 95/100, 3 pers. 118/125, pers. suppl. 20 14 (3A) 17 (6A)*

Les Frênes, ✆ 93 74 66 00, N : 4,9 km par N 7 et chemin à gauche
2,5 ha (110 empl.) plat, herbeux snack - Location :
15 juin-15 sept. - **R** - GB - *élect. comprise 2 pers. 128*

Le Logis de la Brague, ✆ 93 33 54 72, N : 4 km par N 7, bord de la Brague, à proximité de la mer
1,5 ha (130 empl.) plat self -
2 mai-29 sept. - *Tarif 94 : 1 à 3 pers. 86, 1 à 4 pers. 108 17 (8A)*

Les Treilles, ✆ 93 74 14 31, N : 5 km par N 7, D 4 à gauche rte de Biot puis chemin des Groules
0,8 ha (40 empl.) plat, herbeux
juin-août - **R** *conseillée - 20 15 10 ou 15/15*

à Biot : NO : 8 km - 5 575 h. - ✉ 06410 Biot.

Office de Tourisme, pl. de la Chapelle ✆ 93 65 05 85

Les Oliviers, réservé aux tentes « Cadre et situation agréables », ✆ 93 65 02 79, N : 2 km, 274 chemin des Hautes-Vignasses - (rampe à 20%) -
1 ha (50 empl.) en terrasses, pierreux, herbeux -
juin-sept. - **R** *conseillée juil.-août - 2 pers. 80*

ANTONNE-ET-TRIGONANT

24 Dordogne - 75 ⑥ - rattaché à Périgueux

ANTRAIN

4 - 59 ⑰ G. Bretagne

Paris 351 - Avranches 30 - Dol-de-Bretagne 25 - Fougères 27 - Rennes 45

35560 I.-et-V. - 1 489 h.

Municipal ≤, à l'ouest du centre ville, 4 rue des Pungeoirs
0,4 ha (25 empl.) incliné, herbeux - - A proximité :
15 mai-sept. - **R** - *Tarif 94 : 14 7 7 18*

ANZÊME

10 - 72 ⑨

Paris 345 - Aigurande 28 - Le Grand-Bourg 28 - Guéret 13 - La Souterraine 38

23000 Creuse - 519 h.

Municipal de Péchadoire ≤ « Situation agréable », SE : 2 km par rte de Péchadoire puis 0,7 km par chemin à gauche, à 150 m de la Creuse (plan d'eau)
1 ha (30 empl.) plat et peu incliné, en terrasses, herbeux (0,2 ha) - - A proximité : (plage)
mai-1er oct. - **R** *juil.-août - Tarif 94 : 7 6 6 11*

APREMONT

9 - 67 ⑫ G. Poitou Vendée Charentes

Paris 445 - Challans 21 - Nantes 63 - La Roche-sur-Yon 28 - Les Sables-d'Olonne 31 - St-Gilles-Croix-de-Vie 22

85220 Vendée - 1 152 h.

Les Prairies « Cadre agréable, entrée fleurie », ✆ 51 55 70 58, NE : 2 km, sur D 40, rte de Maché
6 ha (200 empl.) plat, herbeux (2 ha) - grill - vélos - Location :
Pâques-15 sept. - **R** *conseillée juil.-août - Tarif 94 : 17 piscine comprise 6 14,50 11,80 (4A) 14,80 (6A)*

APT

16 - 81 ⑭ G. Provence

Paris 730 - Aix-en-Provence 51 - Avignon 51 - Carpentras 49 - Cavaillon 31 - Digne-les-Bains 90

84400 Vaucluse - 11 506 h.
Office de Tourisme, av. Philippe-de-Girard ✆ 90 74 03 18, Fax 90 04 64 30

Les Chênes Blancs , ✆ 90 74 09 20 ✉ 84490 St-Saturnin-d'Apt, NO : 8 km par N 100 rte d'Avignon et D 101 à droite, par Gargas
3,4 ha (190 empl.) plat, pierreux snack - vélos - Location :
15 mars-oct. - **R** *conseillée juil.-août* - GB - *18 piscine comprise 22 14 (3A) 18 (6A)*

Moulin des Ramades, ✆ 90 74 03 67 ✉ 84750 Casaneuve, E : 5 km par N 100 rte de Forcalquier et D 35 à gauche, bord du Calavon
2 ha (67 empl.) plat, pierreux, herbeux, bois attenant snack - - Location :

Le Lubéron ≤, ✆ 90 04 85 40, Fax 90 74 12 19, SE : 2 km par D 48 rte de Saignon
5 ha (100 empl.) peu incliné, terrasses, herbeux snack - - Location :
Pâques-sept. - **R** *conseillée juil.-août - 19 piscine comprise 24 15 (6A)*

La Clé des Champs (aire naturelle) ≤, ✆ 90 74 41 41, N : 3 km, accès par rte de la Cucuronne (près de la poste) et quartier St-Michel
1 ha (25 empl.) plat, herbeux, pierreux verger -
avril-sept. - **R** *conseillée juil.-août - 13,50 7 11/14 10 (4A) 15 (6A)*

ARAGNOUET

14 - 85 ⑲ G. Pyrénées Aquitaine

Paris 873 - Arreau 23 - Bagnères-de-Luchon 55 - La Mongie 61 - Lannemezan 50

65170 H.-Pyr. - 336 h. alt. 1 000

Municipal du Pont du Moudang ≤ « Situation agréable », ✆ 62 39 62 84, E : 2 km par D 929 rte de St-Lary-Soulan, au confluent de deux torrents
1,5 ha (100 empl.) plat, peu incliné et en terrasses, pierreux, herbeux et goudronné (0,7 ha) - (sauf juil.-août) - A proximité :
hiver et été - **R** *conseillée été, indispensable hiver - pour tentes - Tarif 94 : 12 13,50 27 (6A) 45 (10A)*

ARBOIS

12 – 70 ④ G. Jura

Paris 398 – Besançon 47 – Dole 35 – Lons-le-Saunier 39 – Salins-les-Bains 13

39600 Jura – 3 900 h.

Office de Tourisme, r. de l'Hôtel-de-Ville ✆ 84 37 47 37, Fax 84 66 25 50

Municipal les Vignes ≤ « Cadre agréable », ✆ 84 66 14 12, sortie E par D 107, rte de Mesnay, au stade
2,3 ha (139 empl.) plat, peu incliné et en terrasses, herbeux, gravillons – – A proximité :
avril-sept. – **R** – *16* *16* *15 (10A)*

ARCACHON (Bassin d')

13 – 71 ⑲ ⑳ G. Pyrénées Aquitaine

33 Gironde

Andernos-les-Bains – 7 176 h. – ✉ 33510 Andernos-les-Bains.

Office de Tourisme, esplanade du Broustic ✆ 56 82 02 95, Fax 56 82 14 29

Paris 627 – Arcachon 40 – Bordeaux 46 – Castelnau-de-Médoc 51

Fontaine-Vieille, ✆ 56 82 01 67, SE : 2,5 km, au Mauret, bord du Bassin
13 ha (840 empl.) plat, sablonneux, herbeux – cases réfrigérées – vélos – A proximité : – Location :
6 mai-17 sept. – **R** *conseillée – Tarif 94 : 2 pers. 56 à 75 (72 à 95 avec élect. 5A), pers. suppl. 12 à 16*

Camping Confort, ✆ 56 82 03 27, NE : 87 av. de Bordeaux
1,5 ha (89 empl.) plat, sablonneux – – – Location :
avril-sept. – **R** *conseillée – 20 piscine comprise 7 39 18 (3A) 22 (6A)*

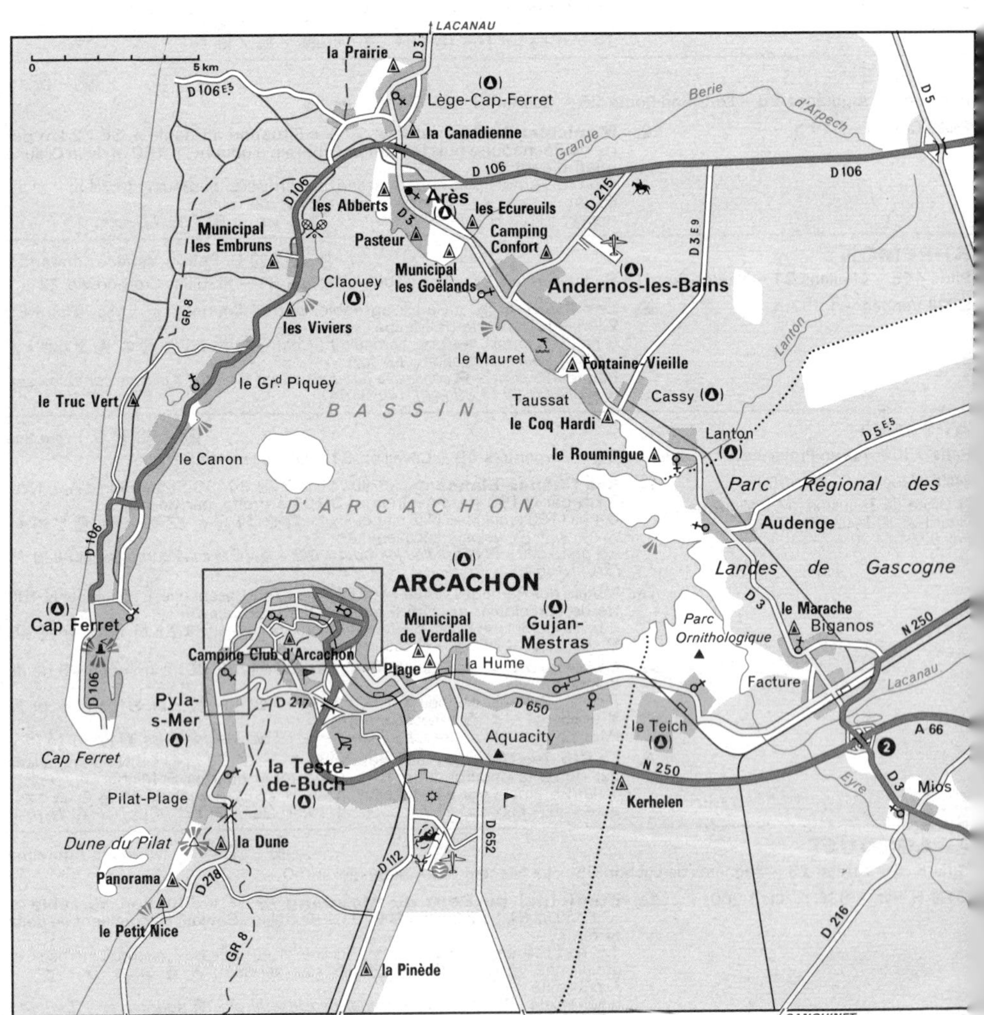

Arcachon – 11 770 h. – ✉ 33120 Arcachon.

Office de Tourisme, Esplanade G.-Pompidou ✆ 56 83 01 69, Fax 57 52 22 10 - Accueils : Château Deganne et l'Aiguillon

Paris 653 – Agen 193 – Bayonne 182 – Bordeaux 70 – Dax 143 – Royan 194

Camping Club d'Arcachon « Cadre agréable », ✆ 56 83 24 15, Fax 57 52 28 51, au sud de la ville, allée de la Galaxie, quartier des Abatilles
5,2 ha (250 empl.) vallonné, sablonneux – A proximité : – Location :
Permanent – **R** *conseillée* – GB – *Tarif 94 : piscine comprise 1 à 3 pers. 110 (130 ou 135 avec élect.)*

Arès – 3 911 h. – ✉ 33740 Arès.

Office de Tourisme, Jetée d'Arès ✆ 56 60 18 07, Fax 56 60 39 41

Paris 629 – Arcachon 45 – Bordeaux 47

La Canadienne « Cadre agréable », ✆ 56 60 24 91, Fax 57 70 40 85, N : 1 km
2 ha (100 empl.) plat, herbeux – vélos
mai-sept. – **R** *conseillée juil.-août* – *piscine comprise 2 pers. 95 15 (6A)*

Municipal les Goëlands, ✆ 56 82 55 64, SE : 1,7 km, près d'étangs et à 500 m du Bassin
10 ha (350 empl.) plat et vallonné, sablonneux – A proximité : (étang) – Location : bungalows toilés
avril-sept. – **R** *conseillée* – GB – *2 pers. 80, pers. suppl. 16 17 (6A)*

Les Abberts « Entrée fleurie », ✆ 56 60 26 80, sortie N puis r. des Abberts à gauche
2 ha (125 empl.) plat, sablonneux, herbeux – snack –
mai-sept. – **R** *conseillée juil.-août* – *Tarif 94 : 18 39 22 (6A)*

Pasteur, ✆ 56 60 33 33, Fax 56 60 05 05, au sud du bourg, rue du Pilote, à 300 m du bassin
1 ha (50 empl.) plat, herbeux, sablonneux – vélos – Location *(permanent)* :
avril-oct. – **R** *conseillée juil.-août* – *piscine comprise 2 pers. 74, pers. suppl. 18 15 (5A)*

Ecureuils, ✆ 56 26 09 47, SE : 1,5 km sur D 3, rte d'Andernos
0,8 ha (45 empl.) plat, sablonneux, herbeux – – vélos
juin-sept. – **R** *conseillée juil.-août* – *Tarif 94 : piscine comprise 2 pers. 70 16*

Cap Ferret – ✉ 33970 Lège-Cap-Ferret-Océan.

Office de Tourisme, 12 av. de l'Océan (saison) ✆ 56 60 63 26

Paris 648 – Arcachon 72 – Bordeaux 66 – Lacanau-Océan 56 – Lesparre-Médoc 84

Le Truc Vert « Entrée fleurie et cadre agréable », ✆ 56 60 89 55 et 56 60 86 40, Fax 56 60 99 47, N : 7,5 km par D 106 et RF à gauche, à 300 m de la plage
10,5 ha (480 empl.) plat, incliné, accidenté, sablonneux pinède – grill – vélos – A proximité :
15 mai-sept. – **R** *conseillée juil.-août* – *22 56 19 (6A)*

Cassy – ✉ 33138 Lanton.

Paris 627 – Arcachon 37 – Belin-Beliet 42 – Bordeaux 46

Le Coq Hardi, ✆ 56 82 01 80, sortie NO, bord du Bassin
8,5 ha (425 empl.) plat, herbeux, sablonneux (3 ha) – – A proximité : – Location :
15 mai-15 sept. – **R** *conseillée* – *2 pers. 78, pers. suppl. 16 18 (5A)*

Claouey – ✉ 33950 Lège-Cap-Ferret.

Paris 634 – Arcachon 59 – Belin-Beliet 60 – Bordeaux 54 – Cap-Ferret 13

Les Viviers « Agréable situation au bord des viviers, îles », ✆ 56 60 70 04, Fax 56 60 76 14, SO : 1,5 km, près du Bassin
33 ha (1 100 empl.) plat, sablonneux pinède – grill – vélos – Location : , bungalows toilés
mai-24 sept. – **R** *conseillée* – GB – *3 pers. 142/152 21 (6A)*

Municipal les Embruns « Cadre agréable », ✆ 56 60 70 76, O : 0,7 km
18 ha (800 empl.) plat, accidenté, incliné, sablonneux pinède – – A proximité :
Permanent – **R** – *Tarif 94 : élect. comprise 2 pers. 61, pers. suppl. 12,70*

Gujan-Mestras – 11 433 h. – ✉ 33470 Gujan-Mestras.

Paris 643 – Andernos-les-Bains 26 – Arcachon 15 – Bordeaux 60

à La Hume O : 3,8 km – ✉ 33470 Gujan-Mestras :

La Plage, ✆ 56 66 12 15, au N de la localité par av. de la Plage et chemin à droite, près du bassin, à 200 m de la plage (accès direct)
3,5 ha (120 empl.) (juil.-août) plat, herbeux, sablonneux – – A proximité :
avril-1er oct. – **R** *conseillée juil.-août* – GB – *2 pers. 75/85, pers. suppl. 20 15 (3A)*

Verdalle, ✆ 56 66 12 62, au N de la localité, par av. de la Plage et chemin à droite, près du bassin, accès direct à la plage
1,5 ha (108 empl.) plat, sablonneux, pierreux –

Lanton – 3 734 h. – ✉ 33138 Lanton.
Office de Tourisme, ✆ 56 26 18 63, Fax 56 26 19 91
Paris 625 – Arcachon 33 – Belin-Beliet 38 – Bordeaux 44

Le Roumingue, ✆ 56 82 97 48, Fax 56 82 96 09, NO : 1 km, bord du Bassin
33 ha/10 campables (300 empl.) plat, herbeux, sablonneux – Location :
Permanent – **R** *conseillée* – GB – *2 pers. 92, pers. suppl. 25* *25 (4A) 35 (6A)*

Lège-Cap-Ferret – 5 564 h. – ✉ 33950 Lège-Cap-Ferret.
Office de Tourisme, le Canon ✆ 56 60 86 43
Paris 630 – Arcachon 55 – Belin-Beliet 56 – Bordeaux 49 – Cap-Ferret 21

La Prairie, ✆ 56 60 09 75, NE : 1 km par D 3, rte du Porge
1,5 ha (70 empl.) plat, herbeux – (avril-1er nov.) –
Permanent – **R** *conseillée juil.-août – Tarif 94 : 2 pers. 54* *12 (10A)*

Pyla-sur-Mer – ✉ 33115 Pyla-sur-Mer.
Office de Tourisme, rond-point du Figuier ✆ 56 54 02 22 et Grande Dune de Pyla (juin-sept.) ✆ 56 22 12 85
Paris 654 – Arcachon 7,5 – Biscarrosse 33 – Bordeaux 71

Panorama ≤, ✆ 56 22 10 44, Fax 56 22 10 12, S : 7 km rte de Biscarrosse – accès piétons à la plage par escalier abrupt et chemin
15 ha/10 campables (450 empl.) accidenté, incliné, en terrasses, plat et sablonneux pinède – garderie – – Location :
Pâques-5 oct. – **R** *conseillée 7 juil.-20 août – 26 piscine comprise 30 45/55* *20 (6A)*

Le Petit Nice , ✆ 56 22 74 03, Fax 56 22 14 31, S : 7,2 km par D 218 rte de Biscarrosse – accès piétons à la plage par chemin et escalier abrupt
5 ha (200 empl.) en terrasses, accidenté, sablonneux pinède – – – Location :
avril-oct. – **R** *conseillée juil.-août – 25 piscine comprise 20 39/44* *25 (10A)*

La Dune, ✆ 56 22 72 17, S : 5,6 km par D 218 rte de Biscarrosse
6 ha (325 empl.) en terrasses, accidenté, sablonneux pinède – snack – garderie – Location :
mai-sept. – **R** *conseillée – élect. et piscine comprises 2 pers. 100/120*

Le Teich – 3 607 h. – ✉ 33470 Le Teich.
Paris 632 – Arcachon 19 – Belin-Beliet 34 – Bordeaux 56

Ker Helen, ✆ 56 66 03 79, Fax 56 66 51 59, O : 2 km par D 650 rte de Gujan-Mestras
4 ha (120 empl.) plat, herbeux – snack – – Location :
Permanent – **R** *conseillée juil.-août – 20 piscine comprise 45* *16 (6A)*

La Teste-de-Buch – 20 331 h. – ✉ 33260 La Teste de Buch.
Office de Tourisme, pl. J.-Hameau et pl. Marché (juil.-août) ✆ 56 66 45 59, Fax 56 54 45 94
Paris 648 – Andernos-les-Bains 35 – Arcachon 3,5 – Belin-Beliet 43 – Biscarrosse 33 – Bordeaux 65

la Pinède M « Cadre agréable », ✆ 56 22 23 24, S : 9 km sur D 112, rte de Cazaux, bord du canal (hors schéma)
5 ha (200 empl.) plat, sablonneux, herbeux – snack – – Location :
avril-oct. – **R** *conseillée juil.-août* – GB – *piscine comprise 2 pers. 89, pers. suppl. 20* *20 (5A)*

ARCES

9 – 71 ⑮

Paris 496 – Marennes 43 – Mirambeau 37 – Pons 27 – Royan 19 – Saintes 30

17120 Char.-Mar. – 485 h.

La Ferme de chez Filleux , ✆ 46 90 84 33, Fax 46 06 92 84, NO : 3,5 km sur D 244, rte de Semussac
1,5 ha (150 empl.) (juil.-août) peu incliné, herbeux, étang – – – Location :
mai-15 sept. – **R** *conseillée* – GB – *Tarif 94 : piscine comprise 3 pers. 5.* *16 (5A)*

ARC-ET-SENANS

12 – 70 ④ G. Jura

Paris 395 – Besançon 33 – Pontarlier 61 – Salins-les-Bains 17

25610 Doubs – 1 277 h.

Bords de la Loue , à 1 km au NE du centre bourg, près d'un ruisseau et à 150 m de la Loue
0,5 ha (28 empl.) plat, herbeux –
juin-15 sept. – **R** – *13* *18* *12 (16A)*

ARCHIAC

9 - 72 ⑫

Paris 491 - Angoulême 45 - Barbezieux 14 - Cognac 22 - Jonzac 14 - Pons 21

17520 Char.-Mar. - 837 h.

Municipal, ✆ 46 49 10 46, près de la piscine
1 ha (48 empl.) plat, en terrasses, herbeux, pierreux - A proximité :
15 juin-15 sept. - **R** *conseillée 14 juil.-15 août - Tarif 94 : 8,20 4,80 5,20 12*

ARCIS-SUR-AUBE

7 - 61 ⑦ G. Champagne

Paris 160 - Châlons-sur-Marne 50 - Fère-Champenoise 32 - Romilly-sur-Seine 34 - Troyes 28 - Vitry-le-François 51

10700 Aube - 2 855 h.

L'Île « Cadre agréable dans une île », ✆ 25 37 98 79, sortie N rte de Châlons-sur-Marne, bord de l'Aube
1,3 ha (80 empl.) plat, herbeux, gravillons

ARCIZANS-AVANT **65** H.-Pyr. - 85 ⑰ - rattaché à Argelès-Gazost

ARDÈCHE (Gorges de l')

16 - 80 ⑧ ⑨ G. Provence

Aiguèze Gard - 215 h. - ✉ 30760 Aiguèze - schéma C.

Paris 647 - Alès 58 - Aubenas 70 - Bagnols-sur-Cèze 20 - Bourg-Saint-Andéol 17 - Pont-Saint-Esprit 10

Les Cigales, ✆ 66 82 18 52, au SE du bourg, sur D 141, avant le pont de St-Martin
0,5 ha (36 empl.) plat et terrasse, herbeux
mars-oct. - **R** *conseillée saison - piscine comprise 1 ou 2 pers. 60 13,70 (4A) 23 (6A)*

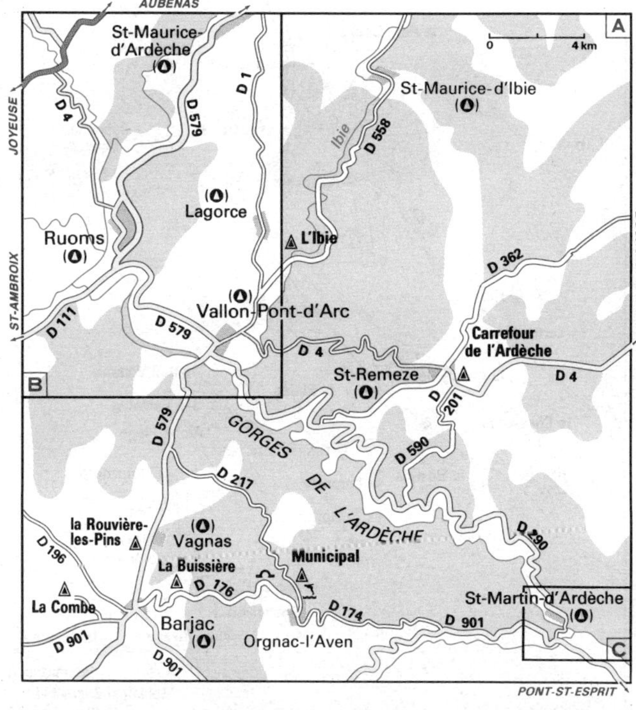

Balazuc Ardèche - 277 h. - ✉ 07120 Balazuc - schéma B.

Paris 646 - Aubenas 15 - Largentière 9,5 - Privas 45 - Vallon-Pont-d'Arc 19 - Viviers 41

Le Retourtier ≤, ✆ 75 37 77 67, SE : 1 km par D 294 - pour les caravanes accès recommandé par D 579 - (tentes)
1,2 ha (70 empl.) plat, peu incliné, en terrasses, accidenté, pierreux, herbeux - (bassin) - Location :
15 avril-15 sept. - **R** *juil.-août - 2 pers. 60, pers. suppl. 16 14 (3A)*

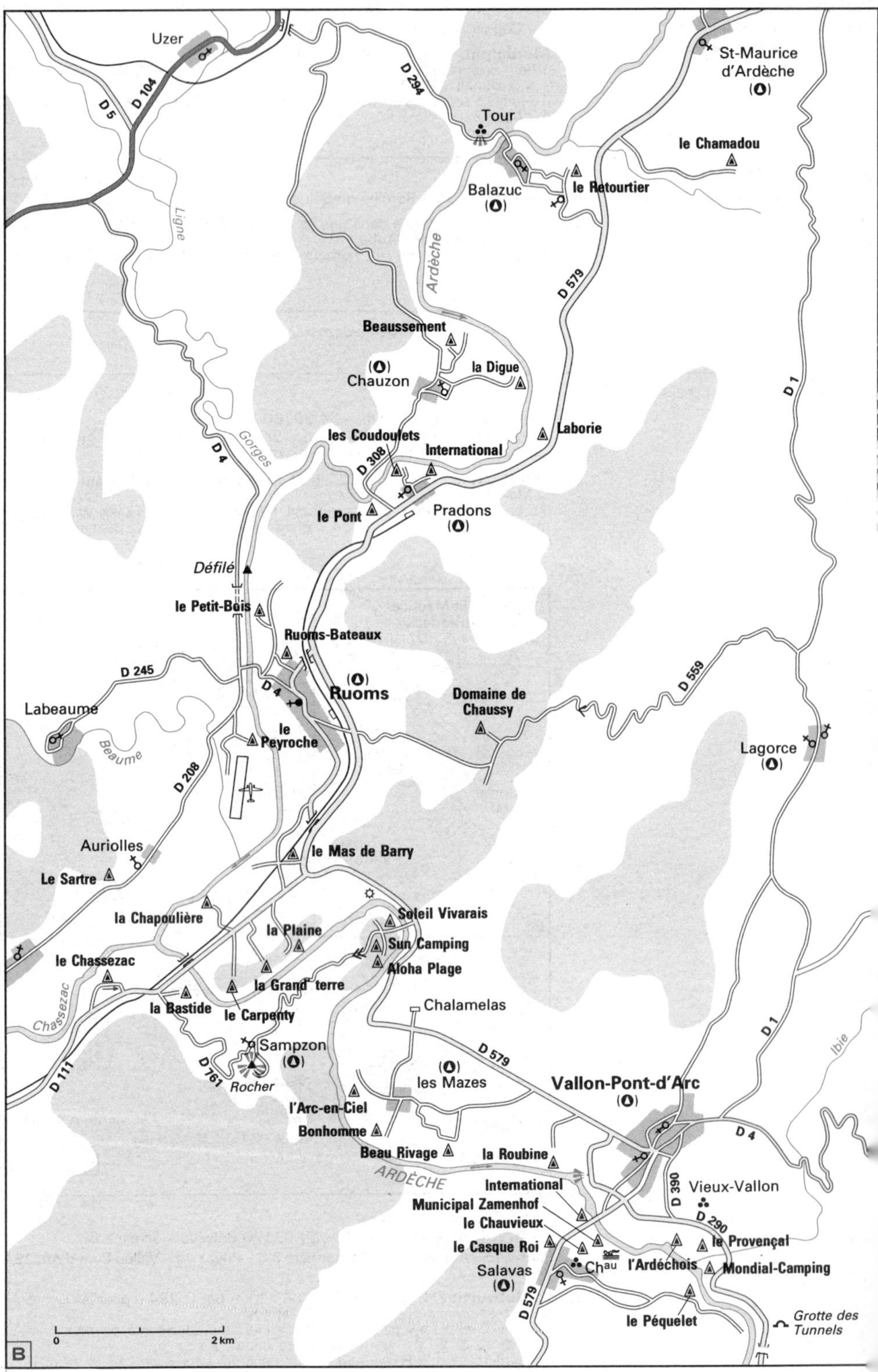

Uzer
D 104
D 5
D 294
St-Maurice
d'Ardèche
Tour
le Chamadou
Balazuc
le Retourtier
Ligne
Ardèche
D 579
Beaussement
Chauzon
la Digue
Laborie
Gorges
D 4
les Coudoulets
International
D 308
le Pont
Pradons
D 1
Défilé
le Petit-Bois
Ruoms-Bateaux
D 245
Ruoms
Domaine de
Chaussy
D 559
Labeaume
le
Peyroche
Beaume
Lagorce
D 208
Le Mas de Barry
Auriolles
Le Sartre
la Chapoulière
Soleil Vivarais
la Plaine
Sun Camping
le Chassezac
Aloha Plage
la Grand' terre
la Bastide
le Carpenty
Chalamelas
Chassezac
Sampzon
D 579
D 111
D 761
Rocher
les Mazes
Vallon-Pont-d'Arc
l'Arc-en-Ciel
Bonhomme
D 4
Beau Rivage
la Roubine
Ibie
ARDÈCHE
International
Vieux-Vallon
Municipal Zamenhof
D 390
D 290
le Chauvieux
le Provençal
le Casque Roi
l'Ardéchois
Mondial-Camping
Salavas
D 579
le Péquelet
Grotte des
Tunnels
0
2 km
B

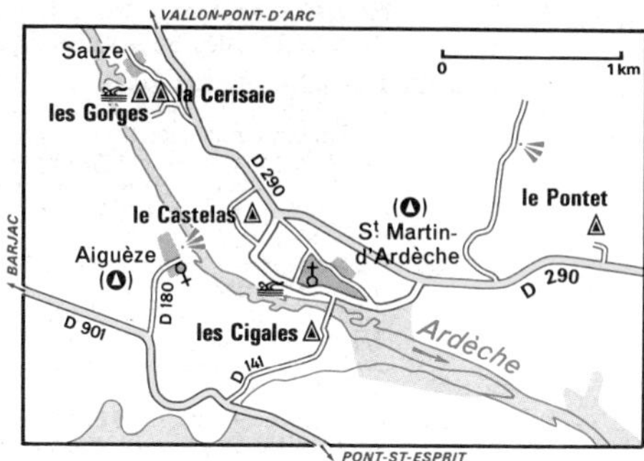

Barjac Gard – 1 361 h. – 30430 Barjac – schéma A.
Paris 670 – Alès 35 – Aunbenas 47 – Pont-Saint-Esprit 33 – Vallon-Pont-d'Arc 13

La Buissière « Cadre sauvage », 66 24 54 52, NE : 2,5 km, sur D 176, rte d'Orgnac-l'Aven
1,6 ha (40 empl.) accidenté, pierreux – Location :
avril-sept. – **R** *conseillée juil.-août* – *piscine comprise 2 pers. 79, pers. suppl. 16* *11,50 à 27 (2 à 10A)*

La Combe, 66 24 51 21, O : 3 km par D 901, rte de Mende et D 384 à droite, rte de Mas Reboul
2,5 ha (100 empl.) plat et peu incliné, herbeux (1 ha) –
avril-sept. – **R** *conseillée juil.-août* – *piscine comprise 2 pers. 70, pers. suppl. 35* *14 (10A)*

Chauzon Ardèche – 224 h. – 07120 Chauzon – schéma B.
Paris 651 – Aubenas 18 – Largentière 12 – Privas 48 – Ruoms 5 – Vallon-Pont-d'Arc 14

La Digue, 75 39 63 57, à 1 km à l'est du bourg, à 100 m de l'Ardèche (accès direct) – Accès et croisement difficiles pour caravanes – dans locations
2 ha (100 empl.) plat et en terrasses, herbeux – vélos – A proximité : – Location :
20 mars-sept. – **R** *conseillée juil.-août* – *piscine comprise 2 pers. 83, pers. suppl. 21* *17*

Beaussement, 75 39 72 06, à 0,7 km au nord du bourg, bord de l'Ardèche – Accès et croisement difficiles pour caravanes
2,3 ha (83 empl.) (juil.-août) plat et terrasses, pierreux, herbeux (0,5 ha) –
20 mars-sept. – **R** *conseillée juil.-août* – **GB** – *2 pers. 62* *13,50 (8A)*

Lagorce Ardèche – 706 h. – 07150 Lagorce – schéma B.
Paris 650 – Aubenas 22 – Bourg-Saint-Andéol 34 – Privas 52 – Vallon-Pont-d'Arc 6 – Viviers 45

L'Ibie « Cadre agréable », 75 88 01 26, SE : 3 km par D 1, rte de Vallon-Pont-d'Arc, puis 2 km à gauche par D 558, rte de la Vallée de l'Ibie et chemin à gauche avant le pont
3 ha (29 empl.) accidenté, pierreux, herbeux, bois attenant – snack – – Location :
avril-sept. – **R** *conseillée* – *piscine comprise 2 pers. 82, pers. suppl. 18* *14 (5A)*

Pradons Ardèche – 220 h. – 07120 Pradons – schéma B.
Paris 649 – Aubenas 21 – Largentière 14 – Privas 51 – Ruoms 3 – Vallon-Pont-d'Arc 12

Les Coudoulets, 75 93 94 95, au NO du bourg, accès direct à l'Ardèche
1,5 ha (94 empl.) (juil.-août) plat et peu incliné, pierreux, herbeux – – A proximité : – Location *(15 fév.-15 nov.)* : gîtes
avril-15 sept. – **R** *conseillée juil.-août* – *piscine comprise 2 pers. 74* *16 (5A)*

Laborie, 75 39 72 26, NE : 1,8 km par rte d'Aubenas, bord de l'Ardèche
2 ha (100 empl.) (juil.-août) plat, herbeux – –
juin-sept. – **R** *conseillée* – *2 pers. 61, pers. suppl. 13,50* *13 (5A)*

International, 75 39 66 07, Fax 75 39 79 08, NE sur D 579 rte d'Aubenas, accès direct à l'Ardèche (escalier)
1,5 ha (45 empl.) peu incliné, herbeux – – – Location :
avril-sept. – **Location longue durée** – *Places limitées pour le passage* – **R** *conseillée juil.-août* – **GB** – *piscine comprise 2 pers. 105* *18 (4A)*

Le Pont, 75 93 93 98, O : 0,3 km par D 308 rte de Chauzon, accès direct à l'Ardèche (escalier)
1,2 ha (57 empl.) (juil.-août) plat, herbeux, pierreux – –
avril-sept. – **R** *conseillée juil.-août* – *Tarif 94 :* *2 pers. 60*

Ruoms Ardèche – 1 858 h. – ✉ 07120 Ruoms – schéma B.
Paris 652 – Alès 55 – Aubenas 25 – Pont-Saint-Esprit 47

Domaine de Chaussy, ✆ 75 93 99 66, Fax 75 93 90 56, E : 2,3 km par D 559 rte de Lagorce – dans locations
18 ha/5,5 campables (240 empl.) plat, herbeux – pizzeria – discothèque parcours sportif, tir à l'arc, vélos – Location : (hôtel), pavillons, bungalows toilés
avril-sept. – **R** *indispensable juil.-27 août – piscine comprise 2 pers. 130 19,50 (5A)*

La Bastide, ✆ 75 39 64 72, Fax 75 39 73 28, SO : 4 km, à Labastide, accès direct à l'Ardèche
7 ha (300 empl.) plat, herbeux, pierreux – snack – vélos – Location :
avril-17 sept. – **R** *conseillée avril et juil.-août – Tarif 94 : piscine comprise 2 pers. 100, pers. suppl. 22 19 (3A)*

La Plaine, ✆ 75 39 65 83, Fax 75 39 74 38, S : 3,5 km, bord de l'Ardèche
4,5 ha (100 empl.) plat, sablonneux, herbeux (2 ha) – –
avril-sept. – **R** *conseillée 14 juil.-août – 2 pers. 78*

Ruoms-Bateaux, ✆ 75 39 62 05, N : 0,6 km par D 579 rte de Pradons et chemin à gauche
1 ha (45 empl.) plat, herbeux – – – Location :
avril-sept. – **R** *conseillée – piscine comprise 2 pers. 110, pers. suppl. 25 15 (4A)*

La Grand'Terre, ✆ 75 39 64 94, Fax 75 39 78 62, S : 3,5 km, accès direct à l'Ardèche
6 ha (300 empl.) plat, sablonneux, herbeux – –
Pâques-15 sept. – **R** *conseillée* – GB – *2 pers. 77, pers. suppl. 19 16 (6 ou 10A)*

Le Petit Bois, ✆ 75 39 60 72, à 0,8 km au N du bourg, à 80 m de l'Ardèche (hors schéma) - Accès piétons à la rivière par rampe abrupte – dans locations
1,2 ha (50 empl.) peu incliné et plat, en terrasses, pierreux, herbeux – – – Location :
avril-sept. – **R** *conseillée juil.-août – piscine comprise 2 pers. 72 16 (4 à 6A)*

La Chapoulière, ✆ 75 39 64 98, S : 3,5 km, bord de l'Ardèche
2,5 ha (100 empl.) plat et peu incliné, herbeux – – vélos
Pâques-oct. – **R** *conseillée – 2 pers. 80*

Le Carpenty, ✆ 75 39 74 29, S : 3,6 km, accès direct à l'Ardèche
0,7 ha (45 empl.) plat, pierreux, herbeux – –
15 juin-5 sept. – **R** – *2 pers. 56 13 (5A)*

Le Mas de Barry, ✆ 75 39 67 61, S : 2 km
1,5 ha (80 empl.) plat, peu incliné, herbeux – snack –
Le Sartre, ✆ 75 39 68 40 ✉ 07120 St-Alban-Auriolles, à **Auriolles**, SO : 3,2 km
1 ha (25 empl.) plat et peu incliné, en terrasses, pierreux, herbeux –
15 mai-15 sept. – **R** *conseillée – 2 pers. 63 12 (3A)*

à Labeaume O : 4,2 km par D 208 – 455 h. – ✉ 07120 Labeaume

Le Peyroche, ✆ 75 39 79 39, Fax 75 39 79 40, E : 4 km, bord de l'Ardèche
8 ha/5 campables (160 empl.) plat, sablonneux, herbeux – – vélos – A proximité : – Location : bungalows toilés
25 mars-16 sept. – **R** *indispensable 2 juil.-26 août* – GB – *2 pers. 58 à 70, pers. suppl. 15 14 (5A) 26 (10A)*

à Sampzon S : 6 km – 163 h. – ✉ 07120 Sampzon

Soleil Vivarais, ✆ 75 39 67 56, Fax 75 93 97 10, bord de l'Ardèche
6 ha (200 empl.) plat, herbeux, pierreux – pizzeria – discothèque vélos, tir à l'arc – Location : , bungalows toilés
avril-1er oct. – **R** *conseillée juil.-août* – GB – *élect. (10A) et piscine comprises 2 pers. 155*

Aloha Plage, ✆ 75 39 67 62, à 50 m de l'Ardèche (accès direct)
1,5 ha (120 empl.) plat, terrasses, herbeux – snack – half-court – Location :
avril-sept. – **R** *conseillée* – GB – *Tarif 94 : 2 pers. 80 16 (3A) 18 (6A)*

Le Chassezac, ✆ 75 39 60 71, Fax 75 39 76 35, bord du Chassezac
4,3 ha (140 empl.) plat, herbeux – – – Location :
mars-oct. – **R** *conseillée juil.-15 août – piscine comprise 2 pers. 72 17 (4A)*

Sun Camping, ✆ 75 39 76 12, à 200 m de l'Ardèche
1,2 ha (70 empl.) plat et en terrasses – – – A proximité : – Location :
Pâques-sept. – **R** *conseillée – Tarif 94 : 2 pers. 80*

St-Martin-d'Ardèche Ardèche – 537 h.
07700 St-Martin-d'Ardèche – schéma C.

Paris 643 – Bagnols-sur-Cèze 21 – Barjac 26 – Bourg-Saint-Andéol 13 – Pont-Saint-Esprit 10,5 – Vallon-Pont-d'Arc 37

Les Gorges ≤, 75 04 61 09, NO : 1,5 km, au lieu-dit Sauze, bord de l'Ardèche
1,2 ha (100 empl.) plat, terrasses, herbeux, pierreux – snack –
Pâques-sept. – R – *2 pers. 90, pers. suppl. 18* *17 (5A) 30 (10A)*

Le Pontet , 75 04 63 07, E : 1,5 km par D 290 rte de St-Just et chemin à gauche
1,8 ha (100 empl.) plat et terrasse, herbeux – snack –
2 avril-sept. – **R** *conseillée – Tarif 94 : piscine comprise 2 pers. 77* *15 (6A)*

La Cerisaie, 75 04 61 80, NO : 1,5 km, au lieu-dit Sauze, à 150 m de l'Ardèche (accès direct)
0,8 ha (45 empl.) plat, en terrasses, herbeux, pierreux – – A proximité :
avril-sept. – R – *2 pers. 68* *13 (2A) 15 (4A) 16 (6A)*

Le Castelas ≤, 75 04 66 55, sortie NO par D 290 et chemin à gauche, à 250 m de l'Ardèche
1,1 ha (65 empl.) peu incliné, herbeux – – – A proximité :
avril-sept. – **R** *conseillée – 2 pers. 52* *11 (3A) 12 (4A)*

St-Maurice-d'Ardèche Ardèche – 214 h.
07200 St-Maurice-d'Ardèche – schéma B.

Paris 641 – Aubenas 13 – Largentière 14 – Privas 43 – Vallon-Pont-d'Arc 20 – Viviers 36

Le Chamadou ≤, 75 37 70 61 07120 Balazuc, SE : 3,2 km par D 579, rte de Ruoms et chemin à gauche
1 ha (40 empl.) peu incliné, plat, herbeux – pizzeria –
avril-oct. – **R** *conseillée – piscine comprise 2 pers. 69* *15 (5A)*

St-Remèze Ardèche – 454 h. – 07700 St-Remèze – schéma A.

Paris 642 – Barjac 29 – Bourg-Saint-Andéol 16 – Pont-Saint-Esprit 23 – Privas 63 – Vallon-Pont-d'Arc 14

Carrefour de l'Ardèche ≤, 75 04 15 75, sortie E, sur D 4, rte de Bourg-St-Andéol
1,7 ha (66 empl.) plat et peu incliné, herbeux, pierreux – – – Location :
juin-15 sept. – **R** *conseillée juil.-août – piscine comprise 2 pers. 71, pers. suppl. 16* *16 (6A)*

Vagnas Ardèche – 383 h. – 07150 Vagnas – schéma A.

Paris 662 – Aubenas 42 – Barjac 4,5 – Saint-Ambroix 19 – Vallon-Pont-d'Arc 8,5 – Les Vans 30

La Rouvière-Les Pins , 75 38 61 41, sortie S par rte de Barjac puis 1,5 km par chemin à droite
2 ha (100 empl.) plat et peu incliné, terrasses, herbeux – – – Location :
Pâques-15 sept. – **R** *conseillée – Tarif 94 : piscine comprise 2 pers. 82* *20 (3A) 27 (6A)*

Vallon-Pont-d'Arc Ardèche – 1 914 h. – 07150 Vallon-Pont-d'Arc – schéma B.

Paris 654 – Alès 48 – Aubenas 34 – Avignon 80 – Carpentras 88 – Montélimar 49

L'Ardéchois ≤, 75 88 06 63, Fax 75 37 14 97, SE : 1,5 km, accès direct à l'Ardèche – dans locations
5 ha (244 empl.) plat, herbeux – snack – – A proximité : – Location :
avril-1er oct. – **R** *conseillée juil.-août – piscine comprise 2 pers. 129* *20 (6A)*

Mondial-Camping ≤, 75 88 00 44, Fax 75 37 13 73, SE : 1,5 km, accès direct à l'Ardèche – dans locations
4 ha (240 empl.) plat, herbeux – snack – – A proximité : – Location :
15 mars-sept. – **R** *conseillée juil.-20 août – piscine comprise 2 pers. 125, pers. suppl. 30* *19 (6 à 10A)*

Le Provençal ≤, 75 88 00 48, Fax 75 37 18 69, SE : 1,5 km, accès direct à l'Ardèche
3,5 ha (200 empl.) plat, herbeux – – – A proximité :
avril-sept. – **R** *conseillée juil.-août – piscine comprise 2 ou 3 pers. 146* *18 (6A)*

International ≤, ✆ 75 88 00 99, Fax 75 88 07 81, SO : 1 km, bord de l'Ardèche
1,5 ha (130 empl.) plat, peu incliné, herbeux, sablonneux – snack – – A proximité :
mai-sept. – **R** *conseillée* – *2 pers. 95* *18 (6A)*

Le Chauvieux, ✆ 75 88 05 37, SO : 1 km, à 100 m de l'Ardèche
1,8 ha (100 empl.) plat et peu incliné, herbeux, sablonneux – snack – – A proximité :
mai-20 sept. – **R** *conseillée* – *2 pers. 85* *15 (4A) 18 (6A)*

La Roubine ≤, ✆ 75 88 04 56, O : 1,5 km, bord de l'Ardèche
3 ha (135 empl.) plat, herbeux, sablonneux – snack – half-court
mai-15 sept. – **R** *conseillée* – *2 pers. 100*

Le Midi ≤, ✆ 75 88 06 78, SE : 6,5 km par D 290, rte des Gorges, à Chames, bord de l'Ardèche (hors schéma)
1,6 ha (52 empl.) (saison) en terrasses, peu incliné, herbeux, sablonneux –
avril-sept. – **R** *conseillée* – *2 pers. 88* *17 (4 à 10A)*

Municipal Zamenhof, ✆ 75 88 04 73, SO : 1 km, près de l'Ardèche
1,5 ha (150 empl.) plat, herbeux, sablonneux (0,8 ha) – –
Pâques-fin sept. – **R** *conseillée juil.-août* – *2 pers. 55* *12 (5A)*

aux Mazes O : 3,5 km – ✉ 07150 Vallon-Pont-d'Arc

Arc-en-Ciel , ✆ 75 88 04 65, Fax 75 37 16 99, bord de l'Ardèche
5 ha (218 empl.) plat et peu incliné, herbeux, pierreux – snack – – Location :
mai-sept. – **R** *conseillée juil.-août* – *2 pers. 92* *17 (6A)*

Beau Rivage « Entrée fleurie », ✆ 75 88 03 54, bord de l'Ardèche
2 ha (100 empl.) plat et terrasse, herbeux – pizzeria –
mai-15 sept. – **R** *conseillée* – *Tarif 94 : 2 pers. 90* *16 (5A) 17 (6A)*

Bonhomme , ✆ 75 88 04 62, Fax 75 37 15 95, bord de l'Ardèche
1,5 ha (100 empl.) plat, herbeux, pierreux – snack – – A proximité : – Location :
Permanent – **R** *conseillée* – *2 pers. 85* *16 (5A) 20 (10A)*

à Salavas SO : 2 km – 402 h. – ✉ 07150 Salavas

Le Péquelet , ✆ 75 88 04 49, sortie S par D 579, rte de Barjac et 2 km par rte à gauche, bord de l'Ardèche
2 ha (60 empl.) plat, herbeux – – – Location :
Pâques-fin sept. – **R** *conseillée* – *2 pers. 70* *15 (3 ou 6A)*

Le Casque Roi, ✆ 75 88 04 23, à la sortie N du bourg, rte de Vallon-Pont-d'Arc
0,4 ha (29 empl.) plat, herbeux – – – Location :
mars-15 nov. – **R** *indispensable juil.-août* – *piscine comprise 2 pers. 90* *13 (4 ou 10A)*

ARDRES

1 – 51 ② G. Flandres Artois Picardie

Paris 276 – Arras 95 – Boulogne-sur-Mer 35 – Calais 17 – Dunkerque 41 – Lille 89 – St-Omer 26

62610 P.-de-C. – 3 936 h.

St-Louis « Belle décoration arbustive », ✆ 21 35 46 83, **à Autingues,** S : 2 km par D 224, rte de Licques et D 227 à gauche
1,5 ha (72 empl.) plat, herbeux – –
mars-oct. – **R** *conseillée juil.-août* – *13* *14* *10 (4A)*

ARÈS

33 Gironde – 71 ⑲ – voir à Arcachon (Bassin d')

ARETTE

13 – 85 ⑤ ⑮ G. Pyrénées Aquitaine

Paris 828 – Accous 27 – Aramits 3,5 – Oloron-Sainte-Marie 17 – Pau 52 – Tardets-Sorholus 15

64570 Pyr.-Atl. – 1 137 h.

Municipal Pont de l'Aroue, sortie NO par D 918 rte de Lanne, bord du Vert d'Arette
0,5 ha (35 empl.) plat, herbeux –
Permanent – **R** *conseillée fév., juil.-août* – *1 à 4 pers. 18 à 35* *6A : 10 (hiver 20)*

ARFEUILLES

11 – 73 ⑥

Paris 357 – Clermont-Ferrand 98 – Lapalisse 15 – Moulins 63 – Roanne 36 – Thiers 60 – Vichy 30

03640 Allier – 843 h.

Municipal , sortie NE par rte de St-Pierre-Laval et chemin à droite, bord d'un étang
1,5 ha (66 empl.) incliné à peu incliné, terrasses, herbeux – – A proximité :
mai-1er oct. – **R** – *Tarif 94 : 12* *7* *7* *12 (jusqu'à 6A) 14 (jusqu'à 10A)*

ARGELÈS-GAZOST

14 - 85 ⑰ G. Pyrénées Aquitaine

Paris 827 - Lourdes 12 - Pau 55 - Tarbes 32

65400 H.-Pyr. - 3 229 h. -
10 mai-20 oct.
Office de Tourisme, Grande Terrasse 62 97 00 25

Les Trois Vallées M ≤, 62 90 35 47, Fax 62 97 53 64, sortie N
7 ha (250 empl.) plat, herbeux - Toboggan aquatique - A proximité :
Pâques-sept. - **R** *conseillée juil.-août* - *22 piscine comprise* *22* *15 (3A)*

Deth Potz ≤, 62 90 37 23, SE : 2 km par D 100, rte de Beaucens et à gauche, rte de Boo-Silhen (D 100A)
2 ha (100 empl.) (juil.-août) peu incliné à incliné, herbeux -
vacances scolaires, 15 juin-15 sept. - **R** - *11,50* *11,50* *10 (2A) 25 (6A)*

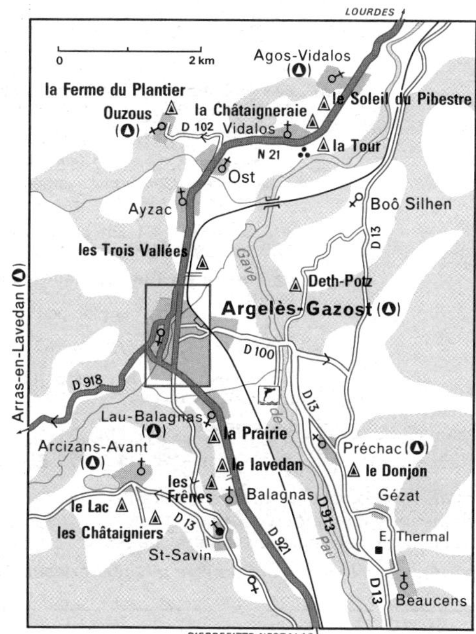

à Agos-Vidalos NE : 5 km par N 21, rte de Lourdes - 270 h.
65400 Agos-Vidalos :

La Tour ≤, 62 97 55 59, sur la N 21, à Vidalos
2 ha (130 empl.) plat, herbeux -
15 mars-15 oct. - **R** *conseillée juil.-août* - GB - *Tarif 94 : 21 piscine comprise* *21* *10 (2A) 25 (5A) 50 (10A)*

Le Soleil du Pibeste M ≤, 62 97 53 23, sortie S, sur la N 21
1,5 ha (90 empl.) plat et peu incliné, en terrasses, herbeux, pierreux -
Permanent - **R** *conseillée* - *20 piscine comprise* *20* *15 (3A) 28 (6A) 40 (10A)*

La Châtaigneraie ≤, 62 07 07 40, sur N 21, à Vidalos
1,5 ha (100 empl.) plat, peu incliné, terrasses, herbeux - - Location : studios
Permanent - **R** - *Tarif 94 : 18 piscine comprise* *18* *10 (2A) 24 (6A)*

à Arcizans-Avant S : 5 km par St-Savin - 258 h. - alt. 630
65400 Arcizans-Avant :

Le Lac « Site agréable ≤ lac, château et montagnes », 62 97 01 88, sortie O, à proximité du lac
2 ha (66 empl.) peu incliné, prairie -
juin-sept. - **R** *conseillée* - *Tarif 94 : 20* *22* *15 (3A)*

Les Châtaigniers (aire naturelle) ≤, 62 97 01 97, à 200 m au sud du bourg
1,5 ha (25 empl.) (saison) peu incliné, terrasse, herbeux -
15 avril-15 oct. - **R** *conseillée 14 juil.-15 août* - *10* *4,80* *4,80* *9,50 (2A) 27 (6A)*

à Arras-en-Lavedan SO : 3 km par D 918, rte d'Arras-en-Lavedan (hors schéma) – 418 h. – alt. 630 – ✉ 65400 Arras-en-Lavedan :

Relais de l'Aubisque ≤, ✆ 62 97 02 11, sortie SO
1 ha (50 empl.) incliné, herbeux – A proximité : – Location :
juin-20 sept. – **R** – *12* *12* *12 (2 ou 3A)*

Le Picourlet ≤, ✆ 62 97 02 11, sortie SO et à droite
0,7 ha (40 empl.) en terrasses, plat, peu incliné, herbeux – A proximité :
juil.-août – **R** – *12* *12* *12 (2 ou 3A)*

à Lau-Balagnas SE : 1 km par D 921, rte de Pierrefitte-Nestalas – 519 h. ✉ 65400 Lau-Balagnas :

Le Lavedan ≤, ✆ 62 97 18 84, SE : 1 km
1,6 ha (138 empl.) plat, herbeux (1 ha) – (couverte l'hiver) – Location :
15 déc.-oct. – **R** *conseillée juil.-août* – *piscine comprise 1 à 3 pers. 86 - hiver : pers. 20 piscine comprise* *22* *10 (2A) 15 (3A) 30 (6A)*

Les Frênes ≤, ✆ 62 97 25 12, SE : 1,2 km
3 ha (165 empl.) plat et terrasses, herbeux (1 ha) –
15 déc.-15 oct. – **R** *conseillée* – *17* *18,50* *5 par ampère (2 à 10A)*

La Prairie ≤, ✆ 62 97 11 87, SE : 1 km
1 ha (80 empl.) plat, herbeux –
15 juin-15 sept. – **R** – *Tarif 94 :* *12* *13* *11 (2A) 21 (4A)*

à Ouzous N : 4,4 km par N 21, rte de Lourdes et D 102 à gauche – 128 h. – ✉ 65400 Ouzous :

La Ferme du Plantier (aire naturelle) ≤, ✆ 62 97 58 01, au nord du bourg
0,6 ha (15 empl.) plat, peu incliné, incliné, herbeux –
juin-sept. – **R** – *10* *10* *10/11* *10 (3A)*

à Préchac SE : 3 km par D 100 et nouvelle route à droite – 209 h. ✉ 65400 Préchac :

Le Donjon ≤, ✆ 62 90 31 82, sortie SE par D 13, rte de Beaucens
0,5 ha (40 empl.) plat, herbeux –
fermé sept. – **R** – *12,50* *12,50* *12 (2A) 22 (6A)*

▶ *Avant de vous installer, consultez les tarifs en cours, affichés obligatoirement à l'entrée du terrain, et renseignez-vous sur les conditions particulières de séjour.*

Les indications portées dans le guide ont pu être modifiées depuis la mise à jour.

ARGELÈS-SUR-MER

15 – 86 ⑳ G. Pyrénées Roussillon

Paris 884 – Céret 27 – Perpignan 20 – Port-Vendres 10,5 – Prades 63

66700 Pyr.-Or. – 7 188 h.

Office de Tourisme à Argelès-Plage, pl. de l'Europe ✆ 68 81 15 85, Fax 68 81 16 01

Centre :

La Massane « Cadre agréable », ✆ 68 81 06 85, Fax 68 81 59 18
2,7 ha (184 empl.) plat, herbeux (1,6 ha) – – A proximité :
15 mars-15 oct. – **R** *conseillée juil.-août* – GB – *piscine comprise 2 pers. 96 (113 avec éléct.), pers. suppl. 20*

Pujol, ✆ 68 81 00 25, Fax 68 81 21 21
4,1 ha (249 empl.) plat, herbeux, sablonneux – snack –
juin-sept. – **R** *conseillée juil.-août* – *piscine comprise 2 pers. 95, pers. suppl. 24* *20 (3A)*

Les Ombrages, ✆ 68 81 29 83, à 400 m de la plage
3,2 ha (280 empl.) plat, herbeux – half-court
juin-sept. – **R** *conseillée* – *Tarif 94 :* *2 pers. 85, pers. suppl. 20* *18 (6A)*

Paris-Roussillon , ✆ 68 81 19 71, Fax 68 81 68 77 ✉ 66702 Argelès-sur-Mer Cedex
3,5 ha (200 empl.) plat, herbeux – – Location :
30 avril-sept. – **R** *indispensable juil.-16 août* – *piscine comprise 2 pers. 88, pers. suppl. 20* *18 (3A)*

La Chapelle, ✆ 68 81 28 14 ✉ 66702 Argelès-sur-Mer Cedex, av. du Tech, à 300 m de la plage
5 ha (350 empl.) plat, herbeux – – A proximité :
25 mai-25 sept. – **R** *conseillée* – *2 pers. 90, pers. suppl. 22* *16 (3A) 19 (6A)*

Le Stade, ✆ 68 81 04 40, Fax 68 95 84 55, rte de la plage – dans locations
2,4 ha (180 empl.) plat, herbeux – – A proximité : – Location :
15 avril-sept. – **R** *conseillée* – *2 pers. 85* *17 (6A) 20 (8A)*

Les Pins, ✆ 68 81 10 46 ✉ 66703 Argelès-sur-Mer Cedex, av. du Tech, à 500 m de la plage
4,5 ha (326 empl.) plat, herbeux, sablonneux – A proximité :
juin-15 sept. – **R** *conseillée* – GB – *Tarif 94 : 2 pers. 65 à 90, pers. suppl. 18 ou 24 13 ou 17 (6A)*

Europe, ✆ 68 81 08 10 ✉ 66701 Argelès-sur-Mer Cedex, à 500 m de la plage
1 ha (91 empl.) plat, herbeux – Location :
avril-20 oct. – **R** *conseillée juil.-août – 2 pers. 85, pers. suppl. 18,50 16 (3A) 18 (6A) 20 (10A)*

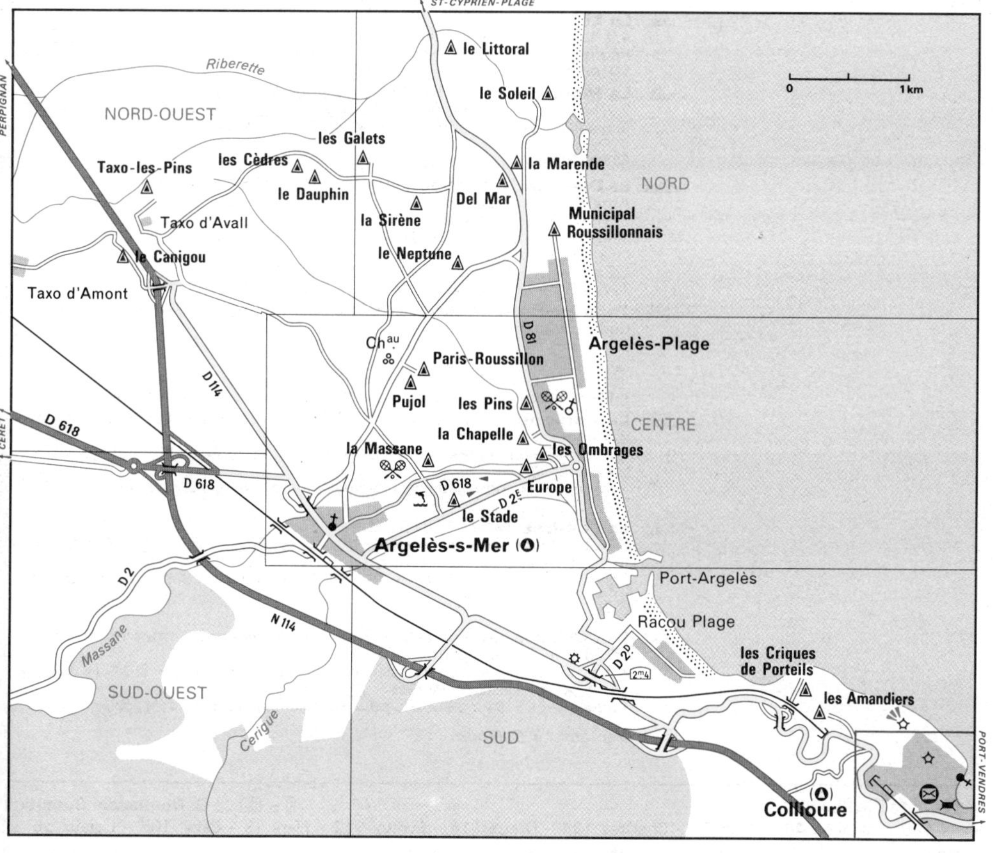

Nord :

La Sirène « Cadre agréable », ✆ 68 81 04 61, Fax 68 81 69 74 ✉ 66702 Argelès-sur-Mer Cedex
13 ha (591 empl.) plat, herbeux (9 ha) – cases réfrigérées – discothèque tir à l'arc, piste de bi-cross, vélos – Location :

Le Soleil « Cadre agréable », ✆ 68 81 14 48, Fax 68 81 44 34 ✉ 66702 Argelès-sur-Mer Cedex, bord de la plage et de la Riberette –
15 ha (750 empl.) plat, herbeux, sablonneux – discothèque – Garage pour caravanes à proximité
15 mai-sept. – **R** *conseillée* – GB – *38 piscine comprise 56 15 (10A)*

Les Galets, ✆ 68 81 08 12, Fax 68 81 68 76
3,4 ha (161 empl.) plat, herbeux (1 ha) – salle d'animation – – A proximité : poneys, toboggan aquatique tir à l'arc – Location :
mars-oct. – **R** *conseillée* – *piscine comprise 2 pers. 102, pers. suppl. 26 21 (6A)*

Municipal Roussillonnais, ✆ 68 81 10 42, Fax 68 95 96 11 ✉ 66702 Argelès-sur-Mer Cedex, bord de la plage –
10 ha (727 empl.) plat, sablonneux, herbeux – – discothèque
mi avril-mi oct. – **R** *juil.-août* – GB – *2 pers. 86 16,80 (5A)*

Le Neptune, 68 81 02 98, Fax 68 81 00 41 66702 Argelès-sur-Mer Cedex
3 ha (180 empl.) plat, herbeux (1,5 ha) – snack – Toboggan aquatique – A proximité :
Pâques-mi-sept. – **R** *indispensable juil.-août – Tarif 94 : piscine comprise 2 pers. 100, pers. suppl. 29 23 (6A)*

Del Mar, 68 81 10 38, Fax 68 81 63 85 66701 Argelès-sur-Mer Cedex, à 500 m de la plage
4,5 ha (273 empl.) plat, herbeux, sablonneux – snack – – Location *(mai-fin sept.)* : (hôtel), bungalows toilés
juin-sept. – **R** *conseillée 10 juil.-18 août – 3 pers. 157 19 (3A)*

Le Littoral, 68 81 17 74
4,5 ha (274 empl.) plat, herbeux – –
Pâques-fin sept. – **R** *conseillée juil.-août – Tarif 94 : piscine comprise 2 pers. 90, pers. suppl. 20 17 (2 ou 3A)*

La Marende, 68 81 12 09, à 400 m de la plage
2,7 ha (177 empl.) plat, herbeux – snack –
juin-sept. – **R** *conseillée – 25 40 17,50 (6A)*

Nord-Ouest :

Le Dauphin « Entrée fleurie », 68 81 17 54, Fax 68 95 82 60 66701 Argelès-sur-Mer Cedex
5,5 ha (300 empl.) plat, herbeux – - 93 empl. avec sanitaires individuels (wc) – – A proximité : tir à l'arc, toboggan aquatique
27 mai-sept. – **R** *conseillée juil.-août – Tarif 94 : piscine comprise 1 ou 2 pers. 125, pers. suppl. 27 22 (5A)*

Taxo-les-Pins, 68 81 06 05, Fax 68 81 06 40 66702 Argelès-sur-Mer Cedex, à Taxo d'Avall
7 ha (358 empl.) plat, herbeux – – vélos – Location :
15 fév.-15 nov. – **Location longue durée** – *Places disponibles pour le passage* – **R** *conseillée – 27 piscine comprise 38/58 avec élect. (3A)*

Le Canigou, 68 81 02 55 66701 Argelès-sur-Mer Cedex, à Taxo d'Amont
1,2 ha (110 empl.) plat, herbeux – – vélos – Location :
avril-sept. – **R** *conseillée – piscine comprise 2 pers. 70, pers. suppl. 18 17 (3A) 22 (10A)*

Les Cèdres , 68 81 03 82
3 ha (170 empl.) plat, herbeux – – – A proximité : toboggan aquatique, tir à l'arc
juin-sept. – **R** *conseillée juil.-août – 2 pers. 75, pers. suppl. 20 15 (3A)*

Sud :

Les Criques de Porteils « Situation dominante mer et Argelès », 68 81 12 73, SE : 5 km
5 ha (230 empl.) en terrasses et peu incliné, pierreux – cases réfrigérées –
Pâques-sept. – *2 pers. 85, pers. suppl. 27 16 (5A) 19 (18A)*

Voir aussi à ***Collioure***

ARGENTAN

5 – **60** ③ **G. Normandie Cotentin**

Paris 195 – Alençon 44 – Caen 51 – Chartres 134 – Dreux 114 – Évreux 112 – Flers 43 – Laval 107 – Lisieux 56

61200 Orne – 16 413 h.
Office de Tourisme, pl. du Marché 33 67 12 48

Municipal du Parc de la Noë « Situation agréable près d'un parc et d'un plan d'eau », 33 36 05 69, au sud de la ville, r. de la Noë, à proximité de l'Orne
0,3 ha (25 empl.) plat, herbeux – – – A proximité :
avril-sept. – **R** – *9,90 8,50 10,40*

ARGENTAT

10 – **75** ⑩ **G. Berry Limousin**

Paris 516 – Aurillac 55 – Brive-la-Gaillarde 53 – Mauriac 50 – St-Céré 39 – Tulle 32

19400 Corrèze – 3 189 h.
Office de Tourisme, av. Pasteur (15 juin-15 sept.) 55 28 16 05 et Mairie (hors saison) 55 28 10 91

Le Gibanel « Situation agréable près d'un château (XVIe) et au bord de la Dordogne » 55 28 10 11, Fax 55 28 81 62, NE : 4,5 km par D 18 rte d'Egletons puis chemin à droite
60 ha/6 campables (250 empl.) plat et en terrasses, herbeux – – – Location :
juin-15 sept. – **R** *conseillée 10 juil.-15 août* – GB – *Tarif 94 : 24,50 piscine comprise 12 14 15 (6A)*

Saulou « Cadre agréable », 55 28 12 33, Fax 55 28 80 67 19400 Monceaux-sur-Dordogne, sortie S rte d'Aurillac puis 6 km par D 116 à droite, à Vergnolles, bord de la Dordogne
5,5 ha (150 empl.) plat, herbeux, sablonneux (2,5 ha) – – vélos
avril-20 sept. – **R** *conseillée* – GB – *22 piscine comprise 24/31 10 (2A) 16 (6A)*

Le Vaurette <, 55 28 09 67, Fax 55 28 81 14 ✉ 19400 Monceaux-sur-Dordogne, SO : 9 km par D 12 rte de Beaulieu, bord de la Dordogne
3,5 ha (120 empl.) plat et peu incliné, herbeux (1 ha) - - - GB
mai-sept. - **R** *conseillée juil.-août* - GB - *23 piscine comprise 30 14 (6A)*

L'Echo du Malpas, 55 28 10 92, Fax 55 28 91 73, SO : 2,1 km par D 12 rte de Beaulieu, bord de la Dordogne
5 ha 100 (empl.) (saison) plat, herbeux (3 ha) - - - Location :
mai-sept. - **R** *conseillée juil.-août* - GB - *20 piscine comprise 24 12 (6A) 16 (10A)*

Municipal le Longour, 55 28 13 84, N : 1 km par D 18 rte d'Egletons, près de la Dordogne
1,8 ha (92 empl.) plat, herbeux (1 ha) - - A proximité :
juin-15 sept. - - *13,50 13 13,50 (3A)*

Le Vieux Port (aire naturelle), 55 28 19 55 ✉ 19400 Monceaux-sur-Dordogne, SO : 4 km par D 12 rte de Beaulieu puis D 12^E rte de Vergnolles et chemin, bord de la Dordogne
1 ha (25 empl.) plat et terrasse, herbeux (0,5 ha) - -
juil.-août - **R** - *Tarif 94 : 10 5 5 10 (5A)*

ARGENTIÈRE

12 - 74 ⑨ G. Alpes du Nord

Paris 620 - Annecy 102 - Chamonix-Mont-Blanc 8 - Vallorcine 8

74 H.-Savoie - alt. 1 253 - Sports d'hiver : voir Chamonix
✉ 74400 Chamonix-Mont-Blanc

Le Glacier d'Argentière <, 50 54 17 36, S : 1 km par rte de Chamonix, aux Chosalets, à 200 m de l'Arve
1 ha (70 empl.) incliné, herbeux - -
juin-20 sept. - - *20 8 10/15 11 (2A) 14,50 (3A) 18 (4A)*

L'ARGENTIÈRE-LA-BESSÉE

17 - 77 ⑱ G. Alpes du Sud

Paris 698 - Briançon 15 - Gap 73 - Embrun 33 - Mont-Dauphin 16 - Savines-le-Lac 44

05120 H.-Alpes - 2 191 h. alt. 970

Municipal les Ecrins <, 92 23 03 38, S : 2,3 km par N 94 rte de Gap, près de la Durance et d'un petit plan d'eau
3 ha/1 campable (60 empl.) non clos, plat, herbeux, pierreux - - - A proximité :
juin-18 sept. - **R** *conseillée 15 juil.-15 août - 17 15 11,50 (10A)*

ARGENTON-CHÂTEAU

9 - 68 ① G. Poitou Vendée Charentes

Paris 353 - Bressuire 18 - Doué-la-Fontaine 29 - Mauléon 25 - Niort 82 - Thouars 20

79150 Deux-Sèvres - 1 078 h.

Municipal du lac d'Hautibus <, 49 65 95 08, au NO du bourg, rue de la Sablière, à 150 m du Ouère (accès direct)
0,7 ha (70 empl.) peu incliné à incliné, herbeux - - -
A proximité :
15 juin-sept. - **R** *juil.-août - 10 9 10 9 (6A)*

ARGENTON-L'ÉGLISE

9 - 68 ①

Paris 327 - Bressuire 33 - Doué-la-Fontaine 20 - Mauléon 44 - Niort 92 - Thouars 9

79290 Deux-Sèvres - 1 491 h.

Municipal les Planches, N : 0,6 km rte du Grand-Sault, bord de l'Argenton
0,5 ha (30 empl.) plat, herbeux - - A proximité :
mai-15 oct. - **R** - *Tarif 94 : 5,60 2,80 2,80 5,60 (10A)*

ARGENTON-SUR-CREUSE

10 - 68 ⑰ ⑱ G. Berry Limousin

Paris 302 - Châteauroux 31 - Guéret 67 - Limoges 94 - Montluçon 103 - Poitiers 102 - Tours 130

36200 Indre - 5 193 h.
Office de Tourisme, pl. de la République 54 24 05 30 (fermé lundi hors saison)

Les Chambons, 54 24 15 26, sortie NO par D 927, rte du Blanc et à gauche, 37 rue des Chambons, à St-Marcel, bord de la Creuse
1,5 ha (75 empl.) plat, herbeux -
15 mai-15 sept. - **R** *conseillée juil.-août*

ARLES

16 - 83 ⑩ G. Provence

Paris 728 - Aix-en-Provence 76 - Avignon 36 - Béziers 140 - Cavaillon 42 - Marseille 89 - Montpellier 77 - Nîmes 31

13200 B.-du-R. - 52 058 h.
Office de Tourisme, 35 pl. de la République 90 18 41 20, Fax 90 93 17 17 - Accueils : esplanade des Lices et gare SNCF 90 49 36 90

Les Rosiers, 90 96 02 12, E : 2 km par N 453 rte de Raphèle-les-Arles, à Pont de Crau
3 ha (120 empl.) plat, herbeux - pizzeria -
15 mars-oct. - **R** *conseillée juil.-août - 16 piscine comprise 5 15*

O : 14 km par N 572 rte de St-Gilles et D 37 à gauche
✉ 13123 Albaron :

Crin Blanc, 66 87 48 78, Fax 66 87 18 66, au SO de Saliers
4,5 ha (183 empl.) plat, herbeux - - vélos, half-court - Location *(permanent) :*
avril-1er oct. - **R** *conseillée - élect. (10A), piscine et tennis compris 2 pers. 98*

ARLES-SUR-TECH

15 - 86 ⑱ G. Pyrénées Roussillon

Paris 903 - Amélie-les-Bains-Palalda 4 - Perpignan 43 - Prats-de-Mollo-la-Preste 19

66150 Pyr.-Or. - 2 837 h.

Le Vallespir-La Rive ≤, ✆ 68 39 05 03, Fax 68 39 87 13, NE : 2 km rte d'Amélie-les-Bains-Palalda, bord du Tech
4 ha (235 empl.) plat et peu incliné, herbeux - snack - - Location :
25 mars-1er nov. - **R** *conseillée* - GB - *23* *24* *13,50 (4A) 15 (6A) 16,50 (8A)*

ARNAC

10 - 76 ①

Paris 547 - Argentat 38 - Aurillac 34 - Mauriac 38 - Egletons 65

15150 Cantal - 203 h.

La Gineste ≤ « Site agréable », ✆ 71 62 91 90, NO : 3 km par D 61 rte de Pleaux puis 1,2 km par chemin à droite, à la Gineste, bord du lac d'Enchanet
3 ha (94 empl.) en terrasses, herbeux - - - Location :
Permanent - **R** *conseillée* - *piscine comprise 2 pers. 70, 4 pers. 115, pers. suppl. 26* *15 (12A)*

ARNAY-LE-DUC

11 - 65 ⑱ G. Bourgogne

Paris 287 - Autun 28 - Beaune 36 - Chagny 41 - Dijon 57 - Montbard 72 - Saulieu 28

21230 Côte-d'Or - 2 040 h.

Municipal de l'Étang de Fouché ≤ « Cadre et situation agréables », ✆ 80 90 02 23, Fax 80 90 11 91, E : 0,7 km par D 17C, rte de Longecourt, bord de l'étang
5 ha (190 empl.) plat, peu incliné, herbeux - - - A proximité : (plage)
Permanent - **R** *conseillée* - *9,60* *4,95* *6,75* *10,35 (10A)*

ARPAJON-SUR-CÈRE

10 - 76 ⑫

Paris 570 - Argentat 57 - Aurillac 4 - Maurs 44 - Sousceyrac 50

15130 Cantal - 5 296 h. alt. 600

Municipal de la Cère, ✆ 71 64 55 07, au sud de la ville, accès sur D 920, face à la station Esso, bord de la rivière
2 ha (106 empl.) plat, herbeux - - - A proximité :
juin-sept. - **R** *conseillée - Tarif 94 :* *9* *5* *6,70/8,30* *11,80 (6A) 15,50 (10A)*

ARPHEUILLES

10 - 68 ⑦

Paris 270 - Le Blanc 39 - Buzançais 13 - Châteauroux 39 - La Roche-Posay 45

36700 Indre - 273 h.

Municipal (aire naturelle), au bourg, derrière l'église, bord d'un étang et du Rideau
0,6 ha (8 empl.) peu incliné, herbeux - - Location *(permanent)* : gîte d'étape
Pâques-Toussaint - **R** *conseillée août - Gratuit*

ARQUES

1 - 51 ③ G. Flandres Artois Picardie

Paris 248 - Aire-sur-la-Lys 14 - Arras 70 - Boulogne-sur-Mer 52 - Hesdin 52 - Saint-Omer 3

62510 P.-de-C. - 9 014 h.

Municipal le Beauséjour, ✆ 21 88 53 66, N : 2,2 km par N 42, rte de Cassel et D 210 à gauche, rte de Clairmarais, bord d'étangs
10 ha/2 campables (150 empl.) plat, herbeux - -
avril-sept. - **R** - *12,50* *21* *15,50 (6A)*

ARRADON

3 - 63 ③

Paris 469 - Auray 17 - Lorient 55 - Quiberon 46 - Vannes 8

56610 Morbihan - 4 317 h.
Syndicat d'Initiative, r. Bouruet Aubertot ✆ Mairie 97 44 01 56

Penboch, ✆ 97 44 71 29, Fax 97 44 79 10, SE : 2 km par rte de Roguedas, à 200 m de la plage - dans locations
3,5 ha (175 empl.) (saison) plat, herbeux - - - Location :
8 avril-20 sept. - **R** *conseillée juil.-août* - *21 piscine comprise* *68* *15 (6A) 17 (10A)*

L'Allée « Verger », ✆ 97 44 01 98, O : 1,5 km par rte du Moustoir et à gauche
2 ha (100 empl.) plat et peu incliné, herbeux - -
avril-sept - **R** *conseillée 15 juil.-15 août - Tarif 94 :* *16* *26,50* *13 (6A) 17 (10A)*

ARRAS-EN-LAVEDAN **65** H.-Pyr. - 85 ⑰ - rattaché à Argelès-Gazost

ARREAU

14 - 85 ⑲ G. Pyrénées Aquitaine

Paris 851 - Auch 91 - Bagnères-de-Luchon 33 - Lourdes 59 - St-Gaudens 53 - Tarbes 58

65240 H.-Pyr. - 853 h. alt. 704

Municipal ≤, ☏ 62 98 65 56, au SO de la localité, bord de la Neste d'Aure
1,9 ha (41 empl.) plat et peu incliné, en terrasses, herbeux, pierreux - A proximité :
2 janv.-sept. - **R** *conseillée juil.-août - 15 17 12 à 36 (2 à 10A)*

ARRENS-MARSOUS

13 - 85 ⑰ G. Pyrénées Aquitaine

Paris 838 - Argelès-Gazost 12 - Cauterets 29 - Laruns 36 - Lourdes 25 - Taches 45

65400 H.-Pyr. - 721 h. alt. 878.
Office de Tourisme ☏ 62 97 02 63

La Hèche ≤ « Situation agréable », ☏ 62 97 02 64, E : 0,8 km par D 918 rte d'Argelès-Gazost, bord du Gave d'Arrens
5 ha (166 empl.) plat, herbeux (1 ha) - - A proximité : toboggan aquatique
Permanent - - *12 11 11 (3A)*

Le Moulian ≤, ☏ 62 97 41 18, à Marsous, à 500 m au SE du bourg, bord du Gave d'Azun
3 ha (100 empl.) plat, herbeux -
juin-10 sept. - **R** - *13,80 14,80 12 (3A) 24 (6A)*

Municipal le Tech ≤ lac et montagnes « Site agréable », SO : 7 km par D 105 rte d'Aste, à 50 m du lac du Tech et bord d'un torrent - alt. 1 230 - Croisement peu facile pour caravanes
1,2 ha (33 empl.) accidenté et en terrasses, pierreux, herbeux -
juil.-août - - *Tarif 94 : 12 4 11*

Le Gerrit ≤, ☏ 62 97 25 85, à l'est du bourg
1,1 ha (30 empl.) plat, peu incliné, herbeux - -
20 juin-20 sept. - - *10 10 10 (2A)*

ARROU

5 - 60 ⑯

Paris 139 - Brou 13 - Chartres 51 - Châteaudun 20 - Cloyes-sur-le-Loir 15

28290 E.-et-L. - 1 777 h.

Municipal, sortie O par D 111 rte du Gault-Perche, près de l'Yerre et d'un plan d'eau (accès direct)
1,4 ha (75 empl.) plat, peu incliné, herbeux - -
avril-oct. - **R** - *8 6 ou 8 9 (6A) 16 (10A)*

ARS-EN-RÉ

17 Char.-Mar. - 71 ⑫ - voir à Ré (Ile de)

ARS-SUR-FORMANS

12 - 74 ① G. Vallée du Rhône

Paris 433 - Bourg-en-Bresse 42 - Lyon 38 - Mâcon 47 - Villefranche-sur-Saône 9,5

01480 Ain - 851 h.

Municipal le Bois de la Dame , ☏ 74 00 77 23, O : 0,4 km, près d'un étang
1 ha (104 empl.) peu incliné et terrasse, herbeux, pierreux - -
mai-sept. - **R** *conseillée juil.-août - 2 pers. 40 7 (6A)*

ARTEMARE

12 - 74 ④

Paris 506 - Aix-les-Bains 33 - Ambérieu-en-Bugey 45 - Belley 15 - Bourg-en-Bresse 76 - Nantua 49

01510 Ain - 961 h.

Municipal ≤, ☏ 79 87 37 34, O : 0,7 km par D 69^{D} rte de Belmont, à Cerveyrieu, bord du Séran
1 ha (33 empl.) plat, herbeux - - A proximité :
mai-oct. - **R** *conseillée - 9 7 10 10 (6A)*

ARTHEZ-DE-BÉARN

13 - 85 ⑥

Paris 762 - Arzacq-Arraziguet 22 - Lacq 8 - Orthez 15 - Pau 31

64370 Pyr.-Atl. - 1 640 h.

Municipal du Lac , S : 2,5 km par D 31 rte de Lacq et chemin à gauche, bord d'un étang
0,6 ha (50 empl.) plat et terrasse, herbeux - - A proximité :
juin-oct. - - *Tarif 94 : 10 8 10/11 11*

ARTHON-EN-RETZ

9 - 67 ②

Paris 426 - Challans 40 - Nantes 38 - Pornic 12 - Saint-Nazaire 40

44320 Loire-Atl. - 2 321 h.

Retz-Jade , ☏ 40 64 85 25, NO : 3 km par D 5, rte de Chauvé et à droite après le canal de Haute-Perche
1,3 ha (50 empl.) plat, herbeux - snack -
juin-15 sept. - **R** *conseillée 15 juil.-20 août - piscine comprise 2 pers. 82, pers. suppl. 16 12 (5A)*

ARTIGAT

14 - 86 ④

Paris 751 - Foix 30 - Lézat-sur-Lèze 17 - Pamiers 23 - Saint-Girons 37 - Toulouse 58

09130 Ariège - 416 h.

Municipal les Eychecadous, 61 68 98 24, NE : 0,5 km par D 9 rte de Toulouse et chemin à droite, bord de la Lèze
0,4 ha (39 empl.) plat, herbeux
juil.-sept. - **R** - *13 piscine comprise* *11/12* *14*

ARTIGNOSC-SUR-VERDON

17 - 84 ⑤

Paris 818 - Aups 18 - Draguignan 48 - Gréoux-les-Bains 32 - Riez 26 - Saint-Maximin-la-Sainte-Baume 48

83630 Var - 201 h.

L'Avelanède, 94 80 71 57, SE : 3 km, à l'intersection de la D 471 et de la D 71
14 ha (80 empl.) plat et peu incliné, terrasses, pierreux, herbeux (2 ha) -
juin-15 sept. - **R** *conseillée 14 juil.-15 août* - *25 piscine comprise* *25* *15 (6A)*

ARVERT

9 - 71 ⑭

Paris 513 - Marennes 14 - Rochefort 34 - La Rochelle 68 - Royan 19 - Saintes 47

17530 Char.-Mar. - 2 734 h.
Schéma aux Mathes

Municipal du Bois Vollet, 46 36 81 76, au nord du bourg, à 150 m de la D 14
0,8 ha (33 empl.) plat, herbeux, sablonneux - A proximité :
4 juin-19 sept. - **R** - *Tarif 94 :* *3 pers. 36, pers. suppl. 10* *14 (6A)*

Le Petit Pont, 46 36 07 20, NO : 2,5 km, sur D 14
0,6 ha (33 empl.) plat, herbeux, pierreux - - Location : - Garage pour caravanes et bateaux
Pâques-15 sept. - **R** *conseillée* - *3 pers. 52, pers. suppl. 17* *12 (4A) 16 (6A)*

ARZANO

3 - 58 ⑰

Paris 507 - Carhaix-Plouguer 53 - Lorient 22 - Pontivy 46 - Quimperlé 9

29130 Finistère - 1 224 h.

Ty-Nadan « Cadre et site agréables », 98 71 75 47, Fax 98 71 77 31 29310 Locunolé, O : 3 km par rte de Locunolé, bord de l'Ellé
7 ha/3 campables (200 empl.) plat et peu incliné, herbeux - crêperie, pizzeria garderie - discothèque piste de bi-cross - Location : , gîte d'étape
mai-10 sept. - **R** - GB - *26 piscine comprise* *50* *14 (6 ou 10A)*

ARZON

3 - 63 ⑫ G. Bretagne

Paris 487 - Auray 52 - Lorient 90 - Quiberon 80 - La Trinité-sur-Mer 62 - Vannes 32

56640 Morbihan - 1 754 h.
Schéma à Sarzeau

Municipal du Tindio, 97 53 75 59, NE : 0,8 km, à Kerners, bord de mer
5 ha (220 empl.) plat et peu incliné, herbeux -
avril-2 nov. - R

ASCAIN

13 - 78 ⑪ ⑱ G. Pyrénées Aquitaine

Paris 800 - Biarritz 23 - Cambo-les-Bains 26 - Hendaye 20 - Pau 135 - St-Jean-de-Luz 7

64310 Pyr.-Atl. - 2 653 h.
Syndicat d'Initiative (saison)
59 54 00 84

Zélaïa « Cadre agréable », 59 54 02 36, O : 2,5 km sur D 4 rte d'Ibardin
2,4 ha (170 empl.) plat, herbeux -
juin-sept. - **R** *conseillée juil.-août* - *Tarif 94 :* *piscine comprise 2 pers. 75 ou 82, pers. suppl. 18* *16 (6A)*

La Nivelle, 59 54 01 94, NE : 1,7 km par D 918 rte de St-Pée, bord de la Nivelle
3 ha (168 empl.) plat, herbeux - - A proximité : - Location : huttes
15 juin-15 sept. - **R** *conseillée 15 juil.-15 août* - GB - *17* *28* *17 (3 à 10A)*

Les Truites, 59 54 01 19, NO : 2 km par la vieille route de Ciboure et à droite, bord de la Nivelle
1,2 ha (110 empl.) plat, herbeux -
juin-sept. - **R** *conseillée* - *18* *28* *15,50 (6A)*

ASPERJOC

16 - 76 ⑲ G. Vallée du Rhône

Paris 640 - Antraigues-sur-Volane 11 - Aubenas 14 - Privas 40 - Vals-les-Bains 8

07600 Ardèche - 370 h.

Vernadel montagnes « Belle situation dominante », 75 37 55 13, Fax 75 94 69 73, N : 3,7 km par D 243 et D 543 à droite, rte de Thieuré - alt. 500 - accès par pente assez forte, croisement difficile pour caravanes - Sauf juil.-août sur le camping
4 ha/2 campables (22 empl.) en terrasses, peu incliné, herbeux, pierreux - snack - - Location :
avril-oct. - **R** *indispensable juil.-août* - *piscine comprise 2 pers. 99* *15 (10A)*

ASPET

14 - 86 ②

Paris 785 - Lannemezan 44 - Saint-Béat 32 - Saint-Gaudens 15 - Saint-Girons 39

31160 H.-Gar. - 986 h.

Municipal le Cagire, 61 88 51 55, sortie S par rte du col de Portet-d'Aspet, bord du Ger
1,5 ha (42 empl.) (juil.-août) plat et incliné, herbeux - A proximité :
avril-sept. - **R** *conseillée août - 9 8 8 (6A)*

ASSÉRAC

4 - 63 ⑭ G. Bretagne

Paris 452 - La Baule 20 - Pontchâteau 24 - La Roche-Bernard 15 - Saint-Nazaire 29

44410 Loire-Atl. - 1 239 h.

La Baie, 40 01 71 16, O : 6 km rte de la pointe de Pen-Bé, à Keravélo, à proximité de la mer
2 ha (68 empl.) plat, herbeux - Location :
Pâques, mai-15 sept. - **R** *conseillée juil.-août - Tarif 94 : 15 24 14 (6A)*

Le Traverno, 40 01 73 35, sortie O par D 82 puis chemin à droite
2 ha (100 empl.) plat et peu incliné, herbeux - (juil.-août)
juin-sept. - **R** - *13,80 5 8,60 11,50 (3A) 15,70 (5A)*

ATTICHY

6 - 56 ③

Paris 98 - Compiègne 18 - Laon 60 - Noyon 23 - Soissons 23

60350 Oise - 1 651 h.

Municipal « Entrée fleurie », 44 42 15 97, au SE du bourg, près de la piscine, r. de la Fontaine Aubier, bord d'un étang et près de l'Aisne
1,5 ha (60 empl.) plat, herbeux - - A proximité :
Permanent - Location longue durée - *Places limitées pour le passage -* **R** *conseillée juil.-août - 12,50 11 10 (5A)*

ATTIGNY

7 - 56 ⑧

Paris 207 - Charleville-Mézières 36 - Reims 57 - Rethel 18

08130 Ardennes - 1 216 h.

Municipal le Vallage, 24 71 23 06, sortie N, rte de Charleville-Mézières et rue à gauche après le pont sur l'Aisne, près d'un étang
1,2 ha (100 empl.) plat, herbeux - A proximité :
Pâques-sept. - **R**

ATUR

24 Dordogne - 75 ⑤ - rattaché à Périgueux

AUBAZINE

10 - 75 ⑨ G. Périgord Quercy

Paris 500 - Aurillac 88 - Brive-la-Gaillarde 14 - St-Céré 54 - Tulle 17

19190 Corrèze - 788 h.

Centre Touristique du Coiroux, 55 27 21 96, Fax 55 27 29 33, E : 5 km par D 48 rte du Chastang, près d'un plan d'eau
165 ha/5 campables (143 empl.) peu incliné, herbeux (1 ha) - - A proximité : tir à l'arc, golf (1,2 km) (plage)
juin-sept. - **R** *conseillée juil.-août - Tarif 94 : tennis compris 2 pers. 45 (55 à 70 avec élect.), pers. suppl. 14*

AUBENAS

16 - 76 ⑲ G. Vallée du Rhône

Paris 631 - Alès 74 - Mende 107 - Montélimar 42 - Privas 30 - Le Puy-en-Velay 89

07200 Ardèche - 11 105 h.
Office de Tourisme, 4 bd Gambetta
75 35 24 87, Fax 75 93 32 05

La Chareyrasse, 75 35 14 59, Fax 75 35 00 06, SE : 3,5 km par rte à partir de la gare, à St-Pierre-sous-Aubenas, bord de l'Ardèche
2,3 ha (100 empl.) plat, herbeux, pierreux - pizzeria - - A proximité : - Location : bungalows toilés
avril-sept. - **R** *conseillée juil.-août - piscine comprise 2 pers. 85 20 (10A)*

Aubenas les Pins « Situation et cadre agréables », 75 35 18 15, NO : 2,5 km sur D 235 rte de Lazuel
7 ha/4,5 campables (160 empl.) accidenté et en terrasses, pierreux - (saison) snack - - Location :
mars-15 oct. - **R** *conseillée* - GB - *piscine comprise 2 pers. 55 12 (6A) 16 (10A)*

à St-Privat NE : 4 km par N 104 rte de Privas - 1 359 h.
07200 St-Privat :

Le Plan d'Eau, 75 35 44 98, SE : 2 km par D 259 rte de Lussas, bord de l'Ardèche
1 ha (100 empl.) (juil.-août) plat, pierreux, herbeux - snack - - Location :
juin-15 sept. - **R** *conseillée - piscine comprise 2 pers. 70 15 (4A)*

AUBENCHEUL-AU-BAC

2 - 53 ③

Paris 187 - Arras 33 - Cambrai 12 - Douai 14 - Lille 55 - Valenciennes 35

59265 Nord - 516 h.

Municipal les Colombes, ✆ 27 89 25 90, sortie S par N 43, rte de Cambrai puis O, 5 km par D 71 à gauche, bord d'un étang et près du canal de la Sensée
2,5 ha (101 empl.) plat, herbeux
15 mars-15 oct. - Location longue durée - *Places limitées pour le passage -* **R** *conseillée - 16 17 9 (4A) 17 (6A)*

AUBIGNAN

16 - 81 ⑫

Paris 671 - Avignon 29 - Carpentras 5,5 - Orange 20 - Vaison-la-Romaine 25

84810 Vaucluse - 3 347 h.
Office de Tourisme, pl. Benoite-Guillaume ✆ 90 62 65 36

Intercommunal du Brégoux « Cadre agréable », ✆ 90 62 62 50, SE : 0,8 km par D 55 rte de Caromb et chemin à droite
3,5 ha (197 empl.) plat, herbeux
15 mars-oct. - **R** *conseillée - Tarif 94 : 12,50 11 10 (7A)*

AUBIGNY-SUR-NÈRE

6 - 65 ⑪ G. Châteaux de la Loire

Paris 183 - Bourges 48 - Cosne-sur-Loire 40 - Gien 30 - Orléans 66 - Salbris 32 - Vierzon 44

18700 Cher - 5 803 h.
Office de Tourisme, r. des Dames (mai-sept.) ✆ 48 58 40 20 et à la Mairie (hors saison) ✆ 48 81 50 00

Municipal les Etangs, ✆ 48 58 02 37, E : 1,4 km par D 923 rte d'Oizon, accès direct à un étang
3 ha (100 empl.) plat, herbeux
- A proximité :
avril-oct. - **R** *conseillée juil.-août - Tarif 94 : piscine comprise 3 pers. 50, pers. suppl. 12 14 (6A) 21 (10A)*

AUBIN

15 - 80 ① G. Gorges du Tarn

Paris 600 - Conques 25 - Decazeville 4,5 - Figeac 29 - Rodez 41 - Villefranche-de-Rouergue 34

12110 Aveyron - 4 846 h.
Syndicat d'Initiative, pl. Jean-Jaurès, à la Mairie, ✆ 65 63 14 11

Municipal le Gua, ✆ 65 63 03 86, sortie E par D 11, rte de Cransac et chemin à droite, attenant à la piscine et à 100 m d'un étang
0,3 ha (18 empl.) plat, gravillons - A proximité :

AUBURE

8 - 62 ⑱ G. Alsace Lorraine

Paris 430 - Colmar 26 - Gérardmer 53 - Saint-Dié 37 - Sainte-Marie-aux-Mines 14 - Sélestat 24

68150 H.-Rhin - 372 h. alt. 800

Municipal la Ménère, ✆ 89 73 92 99, au bourg, près de la poste - Accès conseillé par sortie S rte de Ribeauvillé et chemin à droite
0,9 ha (60 empl.) en terrasses, herbeux, sablonneux
15 mai-sept. - **R** - *1 pers. 20, pers. suppl. 8 15 (6 à 10A)*

AUBUSSON

10 - 73 ① G. Berry Limousin

Paris 394 - Clermont-Ferrand 89 - Guéret 43 - Limoges 86 - Montluçon 63 - Tulle 106 - Ussel 59

23200 Creuse - 5 097 h.
Office de Tourisme, r. Vieille ✆ 55 66 32 12, Fax 55 83 84 51

Municipal, ✆ 55 66 18 00, S : 1,5 km sur D 982 rte de Felletin, bord de la Creuse
3 ha (95 empl.) plat, herbeux (0,5 ha) - tir à l'arc
vacances de printemps, Pentecôte, juin-sept. - **R** - *7,50 7,50 7,50 8,50 (10A)*

AUDINGHEN

1 - 51 ①

Paris 302 - Arras 123 - Boulogne-sur-Mer 18 - Calais 24 - Marquise 10,5 - Saint-Omer 56

62179 P.-de-C. - 503 h.

Municipal du Musée, ✆ 21 32 97 22, SO : 1,3 km par D 940 et rte à droite, près du musée de la 2e guerre mondiale
2,7 ha (157 empl.) plat, herbeux
15 mars-15 oct. - Location longue durée - *Places disponibles pour le passage* - **R** - *11,30 12,80 8 (2A) 16 (4A) 24 (6A)*

AUDRESSELLES

1 - 51 ①

Paris 301 - Arras 122 - Boulogne-sur-Mer 14 - Calais 29 - Marquise 12 - Saint-Omer 57

62164 P.-de-C. - 587 h.

Municipal les Ajoncs, ✆ 21 32 97 40, sortie SE par D 940, rte de Boulogne-sur-Mer et à gauche, à 300 m de la plage
2,5 ha (179 empl.) plat, herbeux, sablonneux
avril-oct. - *14,20 5,20 14,90 11,80 (4A)*

AUDRUICQ

1 - 51 ③

Paris 275 - Arras 96 - Boulogne-sur-Mer 44 - Calais 23 - Saint-Omer 25

62370 P.-de-C. - 4 586 h.

Municipal les Pyramides, ✆ 21 35 59 17, N : bord d'un canal
2 ha (90 empl.) plat, herbeux
avril-sept. - **R** *conseillée - 2 pers. 32, pers. suppl. 9 10 (6A)*

AUGIREIN

14 - 86 ②

Paris 807 - Aspet 22 - Castillon-en-Couserans 12 - Saint-Béat 31 - Saint-Gaudens 38 - Saint-Girons 22

09800 Ariège - 73 h.

Bellongue « Cadre agréable », 61 96 82 66, au bourg, bord de la Bouigane
0,3 ha (22 empl.) plat, herbeux - A proximité : snack
avril-oct. - **R** *indispensable 15 juil.-20 août - 20 17/26 15 (3A) 24 (6A) 35 (9A)*

AULUS-LES-BAINS

14 - 86 ③ ④ **G. Pyrénées Aquitaine**

Paris 827 - Foix 62 - Oust 15 - St-Girons 32

09140 Ariège - 210 h. alt. 762.
Office de Tourisme, résidence de l'Ars 61 96 01 79

Le Coulédous M , 61 96 02 26, sortie NO par D 32 rte de St-Girons, près du Garbet
1,9 ha (72 empl.) plat, herbeux, pierreux, gravillons, étang - - A proximité : tir à l'arc - Location : , gîtes
Permanent - **R** - *Adhésion obligatoire pour séjour supérieur à 4 jours - 14,50 15,50 9,80 (3A) 20 (6A) 30,40 (10A)*

► *Si vous recherchez :*
un terrain agréable ou très tranquille
un terrain ouvert toute l'année
un terrain effectuant la location de caravanes, de mobile-homes, de bungalows ou de chalets
un terrain avec tennis ou piscine
un terrain possédant une aire de services pour camping-cars

Consultez le tableau des localités citées, classées par départements.

AUMALE

1 - 52 ⑯ **G. Normandie Vallée de la Seine**

Paris 130 - Amiens 44 - Beauvais 47 - Dieppe 67 - Gournay-en-Bray 36 - Rouen 72

76390 S.-Mar. - 2 690 h.

Municipal le Grand Mail , par centre ville
0,4 ha (60 empl.) plat, herbeux -
avril-sept. - - *6,50 4 4 9 (6A)*

AUNAC

9 - 72 ④

Paris 417 - Angoulême 36 - Confolens 41 - Ruffec 14 - Saint-Jean-d'Angély 71

16460 Charente - 292 h.

Municipal (aire naturelle) « Situation agréable au bord de la Charente », à 1 km au SE du bourg
1,2 ha (25 empl.) plat, herbeux (0,5 ha) - -
15 juin-15 sept. - - *6,60 4,80 4,80/6,60*

AUPS

17 - 84 ⑥ **G. Côte d'Azur**

Paris 821 - Aix-en-Provence 89 - Castellane 73 - Digne-les-Bains 78 - Draguignan 29 - Manosque 59

83630 Var - 1 796 h.
Office de Tourisme, pl. F.-Mistral 94 70 00 80

International Camping , 94 70 06 80, Fax 94 70 10 51, O : 0,5 km par D 60, rte de Fox-Amphoux
4 ha (150 empl.) plat, pierreux, herbeux (2 ha) - - discothèque - Location *(juin-sept.)* :
avril-sept. - **R** *conseillée juil.-août* - GB - *20 piscine comprise 15 13,50 (10A)*

St-Lazare, 94 70 12 86, NO : 1,5 km, sur D 9, rte de Régusse
2 ha (56 empl.) plat, peu incliné, pierreux, herbeux - - - Location :
avril-sept. - **R** *conseillée juil.-août - 16 piscine comprise 12 12 (10A)*

Les Prés , 94 70 00 93, sortie SE rte de Tourtour et chemin à droite - Croisement difficile
1,2 ha (90 empl.) plat, herbeux - snack - A proximité :
Permanent - Location longue durée - *Places disponibles pour le passage -* **R** *conseillée juil.-août* - GB - *15 17 12 (4A) 17 (6A)*

AUREC-SUR-LOIRE

11 - 76 ⑧

Paris 541 - Firminy 14 - Montbrison 42 - Le Puy-en-Velay 57 - St-Étienne 21 - Yssingeaux 32

43110 H.-Loire - 4 510 h.
Office de Tourisme, r. du Monument (avril-Sept.) 77 35 42 65

Municipal le Port-Buisson , 77 35 24 65, SO : 1,5 km par D 46 rte de Bas-en-Basset, à 100 m de la Loire (accès direct)
3,5 ha (168 empl.) en terrasses, peu incliné et plat, herbeux - - - A proximité :
mai-sept. - Location longue durée - *Places disponibles pour le passage -* **R** - *15 10 13 17 (6A)*

AUREILHAN

13 - 78 ⑭

Paris 690 - Castets 53 - Mimizan 3 - Mont-de-Marsan 78 - Parentis-en-Born 21

40200 Landes - 562 h.

Eurolac « Cadre agréable », 58 09 02 87, Fax 58 09 41 89, sortie N, près du lac - juil.-août
13 ha (475 empl.) plat, herbeux, sablonneux - garderie - vélos - Location : bungalows toilés, studios

Municipal, 58 09 10 88, NE : 1 km, près du lac
6 ha (440 empl.) plat, herbeux, sablonneux - A proximité :
15 juin-15 sept. - **R** *conseillée - élect. comprise 2 pers. 40 à 52, pers. suppl. 12,50*

La Route des Lacs, 58 09 01 42, E : 1,5 km par rte de St-Paul-en-Born et chemin à gauche
3,5 ha (100 empl.) plat, herbeux (annexe) - Location :
avril-oct. - **R** *conseillée 14 juil.-14 août - 14 5 12 13 (6A)*

AUREL

16 - 77 ⑬

Paris 618 - Crest 25 - Die 23 - Dieulefit 44 - Valence 56

26340 Drôme - 204 h.

Municipal la Colombe « Site agréable », à 500 m au nord du bourg, bord d'un torrent
0,6 ha (50 empl.) non clos, en terrasses, pierreux - A proximité :
15 avril-sept. - **R** *conseillée - 12 piscine comprise 4 4 10 (10A)*

AURIAC

10 - 76 ①

Paris 494 - Argentat 27 - Egletons 32 - Mauriac 21 - Tulle 57

19220 Corrèze - 250 h. alt. 605

Municipal « Site agréable, entrée fleurie », 55 28 25 97, sortie SE par D 65 rte de St-Privat, près d'un plan d'eau et d'un parc boisé
1,7 ha (85 empl.) peu incliné, plat, herbeux (1 ha) - (plage)
juin-15 sept. - **R** *conseillée juil.-août - Tarif 94 : 9,40 3,50 3,50/4 7,50 (6A)*

AURIGNAC

14 - 82 ⑯ G. Pyrénées Aquitaine

Paris 771 - Auch 70 - Bagnères-de-Luchon 69 - Pamiers 84 - St-Gaudens 22 - St-Girons 42 - Toulouse 75

31420 H.-Gar. - 983 h.

An. Ac. Aur., 61 98 70 08, sortie SE par D 635 rte de Boussens et à droite, près du stade
0,9 ha (45 empl.) peu incliné et plat, herbeux - - A proximité :
15 mai-sept. - **R** *conseillée 10 juil.-20 août - 20 piscine comprise 10 6 (16A)*

AURILLAC P

10 - 76 ⑫ G. Auvergne

Paris 575 - Brive-la-Gaillarde 108 - Clermont-Ferrand 157 - Montauban 173 - Montluçon 258

15000 Cantal - 30 773 h. alt. 631.
Office de Tourisme, pl. du Square 71 48 46 58, Fax 71 48 99 39

Municipal l'Ombrade « Décoration florale », 71 48 28 87, N : 1 km par D 17 et chemin du Gué-Bouliaga à droite, de part et d'autre de la Jordanne
5 ha (200 empl.) plat et en terrasses, herbeux - - A proximité :
mai-sept. - **R** *conseillée juil.-août - 8,50 6 6 8 (5A)*

AURON

17 - 81 ⑨ G. Alpes du Sud

Paris 808 - Barcelonnette 66 - Cannes 110 - Nice 91 - St-Étienne-de-Tinée 7

06 Alpes-Mar. - alt. 1 608 - Sports d'hiver : 1 150/2 450 m 3 25 - 06660 St-Étienne-de-Tinée.
Office de Tourisme, Immeuble L'Anapurna 93 23 02 66, Fax 93 23 07 39

Caravaneige la Ferme, réservé aux caravanes, 93 23 01 68, sortie O par D 39, rte de Nabinas
1 ha (60 empl.) plat et peu incliné, pierreux, herbeux - - A proximité : patinoire
Permanent - **Location longue durée** - *Places limitées pour le passage -* **R** *conseillée hiver, indispensable juil.-août - Tarif 94 : 2 pers. 78, 3 pers. 87, 4 pers. 92, pers. suppl. 14 8 (2A) 15 (3A) 28 (6A)*

AUSSOIS

12 - 77 ⑧ G. Alpes du Nord

Paris 654 - Albertville 100 - Chambéry 110 - Lanslebourg-Mont-Cenis 16 - Modane 7 - St-Jean-de-Maurienne 38

73500 Savoie - 530 h. alt. 1 489 - Sports d'hiver : 1 500/2 750 m 11 .
Office de Tourisme 79 20 30 80, Fax 79 20 37 00

Municipal la Buidonnière M Parc de la Vanoise « Site agréable », 79 20 35 58, sortie S rte d'Avrieux et à gauche
4 ha (190 empl.) en terrasses et peu incliné, pierreux, herbeux - - - tir à l'arc, parcours sportif
Permanent - **R** *conseillée* - GB - *Tarif 94 : 1 pers. 24 10 (2A) 24 (6A) 33,50 (10A)*

AUTRANS

12 - 77 ④

Paris 596 - Grenoble 35 - Romans-sur-Isère 58 - St-Marcellin 45 - Villard-de-Lans 15

38880 Isère - 1 406 h. alt. 1 050 - Sports d'hiver : 1 050/1 700 m 5.

Office de Tourisme, route de Méaudre 76 95 30 70, Fax 76 95 38 63

Au Joyeux Réveil ≤, 76 95 33 44, sortie NE par rte de Montaud et à droite
1,5 ha (100 empl.) plat, herbeux - Location :
Permanent - **R** *conseillée - piscine comprise 2 pers. 55 (hiver 56), pers. suppl. 15 12 à 48 (2 à 10A)*

Caravaneige du Vercors ≤, 76 95 31 88, S : 0,6 km par D 106c rte de Méaudre
1 ha (90 empl.) en terrasses, herbeux, pierreux - - A proximité : - Location :
Permanent - **R** *conseillée été et hiver - piscine comprise 2 pers. 54, pers. suppl. 14 12,50 (2A) 21 (6A) 28 (10A)*

AUTREY-LE-VAY

8 - 66 ⑥

Paris 390 - Baume-les-Dames 29 - Belfort 44 - Luce 21 - Luxeuil-les-Bains 39 - Montbéliard 38 - Vesoul 24

70110 H.-Saône - 69 h.

Municipal, à l'est du bourg, près du D 9, bord de l'Ognon
0,8 ha (20 empl.) plat, herbeux -
15 avril-15 oct. - **R** - *Tarif 94 : 6 22 10 (5A)*

AUTUN

11 - 69 ⑦ G. Bourgogne

Paris 290 - Auxerre 127 - Avallon 79 - Chalon-sur-Saône 53 - Dijon 85 - Lyon 180 - Mâcon 111 - Moulins 99

71400 S.-et-L. - 17 906 h.

Office de Tourisme, 3 av. Charles-de-Gaulle 85 86 30 00, Fax 85 86 10 17 et pl. Terreau (juin-sept.) 85 52 56 03

Municipal du Pont d'Arroux, 85 52 10 82, sortie N par D 980 rte de Saulieu, faubourg d'Arroux, bord du Ternin
2,8 ha (104 empl.) plat, herbeux - snack -
Rameaux-oct. - **R** *conseillée juil.-août - 11,50 7 11 12 (6A)*

AUXERRE

6 - 65 ⑤ G. Bourgogne

Paris 166 - Bourges 137 - Chalon-sur-Saône 174 - Chaumont 141 - Dijon 149 - Lyon 299 - Nevers 111 - Orléans 154

89000 Yonne - 38 819 h.

Office de Tourisme, 1 et 2 quai de la République 86 52 06 19

Municipal, 86 52 11 15, au SE de la ville, près du stade, 8 rte de Vaux, à 150 m de l'Yonne - Interdit aux caravanes de plus de 5 m
4,5 ha (220 empl.) plat, herbeux - - - A proximité :
avril-sept. - **R** - GB - *Tarif 94 : 13 7 6 11 (3 à 6A)*

AUXI-LE-CHÂTEAU

1 - 52 ⑦ G. Flandres Artois Picardie

Paris 180 - Abbeville 27 - Amiens 44 - Arras 56 - Hesdin 23

62390 P.-de-C. - 3 051 h.

Office de Tourisme, Hôtel de Ville 21 04 02 03

Municipal des Peupliers, 21 41 10 79, sortie SO vers Abbeville et 0,6 km par rte à droite, au stade, bord de l'Authie
1,6 ha (82 empl.) plat, herbeux - - - A proximité :
Location longue durée - *Places limitées pour le passage*

AUZON

11 - 76 ⑤ G. Auvergne

Paris 474 - Brassac-les-Mines 5 - Brioude 13 - La Chaise-Dieu 39 - Massiac 28 - Le Puy-en-Velay 74

43390 H.-Loire - 920 h.

Municipal la Rivière Haute, 71 76 18 61, NE : 0,5 km par D 652, rte de St-Jean-St-Gervais, près d'un ruisseau
0,8 ha (40 empl.) plat, terrasse, herbeux - - A proximité :

AVAILLES-LIMOUZINE

10 - 72 ⑤

Paris 404 - Confolens 14 - L'Isle-Jourdain 14 - Niort 97 - Poitiers 66

86460 Vienne - 1 324 h.

Municipal le Parc « Cadre et situation agréables au bord de la Vienne », 49 48 51 22, sortie E par D 34, à gauche après le pont
2,7 ha (100 empl.) (juil.-août) plat, herbeux - - A l'entrée : - A proximité :
mai-sept. - **R** - *5,70 piscine et tennis compris 3,30 3,80 7,10 (6A)*

AVANTON **86** Vienne - 68 ⑬ - rattaché à Poitiers

Les AVENIÈRES

12 - 74 ⑭

Paris 510 - Les Abrets 14 - Aix-les-Bains 45 - Belley 24 - Chambéry 39 - La Tour-du-Pin 17

38630 Isère - 3 933 h.

Municipal les Épinettes, 74 33 92 92, à 0,8 km du centre bourg par D 40 rte de St-Genix-sur-Guiers puis à gauche
2,7 ha (84 empl.) plat et peu incliné, herbeux, gravier - - - A proximité :
avril-oct. - **R** *conseillée - 10,10 4,50 8,30 11,20 (3A)*

AVESNES-SUR-HELPE

2 - 53 ⑥ G. Flandres Artois Picardie

Paris 208 - Charleroi 52 - St-Quentin 67 - Valenciennes 41 - Vervins 33

59440 Nord - 5 108 h.
Office de Tourisme, 41 pl. du Général Leclerc ✆ 27 57 92 40

Municipal le Champ de Mars, ✆ 27 57 99 04, à Avesnelles, r. Léo Lagrange
1 ha (40 empl.) peu incliné, herbeux - A proximité :
avril-15 oct. - **R** - *8* *7* *8* *7 (6A)*

AVIGNON

16 - 81 ⑪ ⑫ G. Provence

Paris 688 - Aix-en-Provence 82 - Arles 36 - Marseille 95 - Nîmes 44 - Valence 127

84000 Vaucluse - 86 939 h.
Office de Tourisme, 41 cours Jean-Jaurès ✆ 90 82 65 11, Fax 90 82 95 03 et au Châtelet, Pont d'Avignon ✆ 90 85 60 16

Municipal du Pont St-Bénézet ≤ Palais des Papes et le pont, ✆ 90 82 63 50, Fax 90 85 22 12, sortie NO rte de Villeneuve-lès-Avignon, par le pont Edouard-Daladier et à droite, dans l'île de la Barthelasse
8 ha (300 empl.) plat, herbeux - snack -
2 mars-oct. - **R** - *19* *14/22* *14 (6A)*

Bagatelle ≤, ✆ 90 86 30 39, Fax 90 27 16 23, sortie NO, rte de Villeneuve-lès-Avignon par le pont Édouard-Daladier et à droite, dans l'île de la Barthelasse, près du Rhône
2,3 ha (238 empl.) plat, herbeux - self - - A proximité : - Location :
Permanent - **R** - GB - *16,90* *7,90* *7,90/9,90* *15 (2 à 6A) hiver : 15 (2 à 4A) 23 (6A)*

au Pontet NE : 4 km par rte de Carpentras - 15 688 h.
✉ 84130 le Pontet :

Le Grand Bois, ✆ 90 31 37 44, NE : 3 km par D 62, rte de Vedène et rte à gauche, au lieu-dit la Tapy - Par A 7 : sortie Avignon-nord
1,5 ha (134 empl.) plat, herbeux - - - Location *(permanent)* : (hôtel)
15 avril-sept. - **R** *conseillée juil.-août* - *16 piscine comprise* *10* *15* *12 (5A)*

Voir aussi à ***Vedène***

AVIGNONET-LAURAGAIS

14 - 82 ⑲

Paris 736 - Belpech 28 - Castelnaudary 14 - Foix 62 - Revel 25 - Toulouse 40

31290 H.-Gar. - 954 h.

Municipal le Radel (aire naturelle), SO : 2,2 km par N 113 rte de Villefranche-de-Lauragais et chemin à gauche, bord du canal du Midi
0,9 ha (25 empl.) plat, herbeux -
avril-15 oct. - **R** - *15* *15*

AVOISE

5 - 64 ②

Paris 243 - La Flèche 26 - Le Mans 40 - Sablé-sur-Sarthe 10,5

72430 Sarthe - 495 h.

Municipal, au bourg, par D 57, bord de la Sarthe
1,8 ha (30 empl.) plat, herbeux - -
Permanent - **R** - *élect. comprise 2 pers. 37, pers. suppl. 10*

AVRILLÉ

9 - 67 ⑪ ⑫

Paris 444 - Luçon 25 - La Rochelle 66 - La Roche-sur-Yon 26 - Les Sables-d'Olonne 23

85440 Vendée - 1 004 h.

Les Mancelières, ✆ 51 90 35 97, S : 1,7 km par D 105 rte de Longeville-sur-Mer
2,6 ha (130 empl.) plat et peu incliné, herbeux, petit étang (1 ha) - - - Location :
mai-sept. - **R** *conseillée juil.-août* - *2 pers. 79* *15 (6A)*

Municipal de Beauchêne, ✆ 51 22 30 49, sortie SE par D 949 rte de Luçon, bord d'un petit étang
2,5 ha (180 empl.) plat et peu incliné, herbeux - -
15 juin-15 sept. - **R** *conseillée 1er au 15 août* - *3 pers. 45* *13 (6A)*

AXAT

15 - 86 ⑦

Paris 830 - Ax-les-Thermes 52 - Belcaire 32 - Carcassonne 64 - Font-Romeu-Odeillo-Via 65 - Perpignan 65

11140 Aude - 919 h.

Le Moulin du Pont d'Aliès (ex Station des Pyrénées) ≤ « Site et cadre agréables », ✆ 68 20 53 27, N : 1 km, carrefour des D 117 et D 118, bord de l'Aude
2 ha (98 empl.) (saison) plat et peu incliné, herbeux (1 ha) - snack - - Location : , gîte d'étape
avril-15 nov. - **R** *conseillée juil.-août* - GB - *16 piscine comprise* *8* *32* *15 (6 à 10A)*

AX-LES-THERMES

15 - 86 ⑮ G. Pyrénées Roussillon

Paris 822 - Andorre-la-Vieille 62 - Carcassonne 105 - Foix 42 - Prades 99 - Quillan 53

09110 Ariège - 1 489 h. alt. 720 - (mars-nov.) - Sports d'hiver : 1 400/2 400 m 1 16.

Office de Tourisme, pl. du Breilh 61 64 20 64, Fax 61 64 36 41

Municipal Malazéou ≤, 61 64 22 21, NO : 1,5 km sur N 20 rte de Foix, bord de l'Ariège
5 ha (300 empl.) plat, peu incliné, herbeux
Permanent - Location longue durée - *Places disponibles pour le passage* - R - *11* *5* *7/11* *8 à 27 (2 à 10A)*

AYDAT (Lac d')

11 - 73 ⑭ G. Auvergne

Paris 444 - La Bourboule 34 - Clermont-Ferrand 21 - Issoire 39 - Pontgibaud 34 - Rochefort-Montagne 28

63 P.-de-D. - 1 322 h. alt. 825
63970 Aydat

La Clairière, 73 79 31 15, **à Rouillas-Bas**, à 3,2 km au NE d'Aydat, sur D 213
1 ha (48 empl.) en terrasses, herbeux
juin-15 sept. - **R** *conseillée* - *16* *21* *12 (5A)*

Les Volcans ≤, 73 79 33 90, **à la Garandie**, à 3,2 km à l'ouest d'Aydat, par D 788 - alt. 1 020
1,3 ha (54 empl.) peu incliné, herbeux
15 juin-5 sept. - **R** *juil.-août* - *14* *16* *14 (4A)*

AYTRE

17 Char.-Mar. - 71 ⑫ - rattaché à la Rochelle

AZAY-LE-RIDEAU

10 - 64 ⑭ G. Châteaux de la Loire

Paris 262 - Châtellerault 60 - Chinon 22 - Loches 52 - Tours 27 - Saumur 48

37190 I.-et-L. - 3 053 h.

Office de Tourisme, 42 r. Nationale 47 45 44 40, Fax 47 45 31 46

Municipal le Sabot « Entrée fleurie », 47 45 42 72, au sud du bourg par D 84, bord de l'Indre
6 ha (228 empl.) plat, herbeux - vélos - A proximité :
avril-oct. - **R** *conseillée août* - *2 pers. 43,25, pers. suppl. 10,80* *10,80 (10A)*

AZAY-SUR-THOUET

9 - 68 ⑪

Paris 383 - Bressuire 32 - Coulonges-sur-l'Autize 27 - Niort 40 - Parthenay 9

79130 Deux-Sèvres - 1 013 h.

Municipal les Peupliers, sortie S par D 139 rte de St-Pardoux, bord du Thouet
0,6 ha (16 empl.) plat, herbeux - - A proximité :
juin-sept. - R - *8* *4* *4* *10*

AZUR

13 - 78 ⑯

Paris 723 - Bayonne 44 - Dax 23 - Mimizan 74 - Soustons 6,5 - Tartas 47

40140 Landes - 377 h.

La Paillotte ≤, 58 48 12 12, Fax 58 48 10 73, SO : 1,5 km, bord du lac de Soustons -
7 ha (310 empl.) plat, sablonneux, herbeux - - (plage surveillée) vélos - A proximité : tir à l'arc - Location : - Garage pour caravanes et bateaux
25 mai-15 sept. - **R** *indispensable 10 juil.-15 août* - GB - *Tarif 94 :* *piscine comprise 2 pers. 120, pers. suppl. 30* *20 (6A) 28 (10A)*

Municipal, 58 48 30 72, S : 2 km, à 100 m du lac de Soustons
6,5 ha (200 empl.) (juil.-août) plat, sablonneux, pierreux, herbeux - - A proximité : tir à l'arc (plage surveillée)
15 juin-15 sept. - **R** *conseillée*

BACCARAT

8 - 62 ⑦ G. Alsace Lorraine

Paris 365 - Epinal 43 - Lunéville 25 - Nancy 59 - Saint-Dié 26 - Sarrebourg 42

54120 M.-et-M. - 5 022 h.

Office de Tourisme, pl. des Arcades (saison) 83 75 13 37

La Rive, 83 75 44 38, sortie NO, sur N 59, rte de Nancy, face au garage Peugeot, bord de la Meurthe
1,5 ha (50 empl.) plat et peu incliné, herbeux, gravier
mai-sept. - **R** - *10* *13* *8 (3A) 13 (6A)*

Municipal, sortie SE par D 158, rte de Lachapelle et à gauche, bord de la Meurthe
0,7 ha (50 empl.) plat, herbeux - - A proximité :
15 mai-15 sept. - **R** - *7* *5* *6/8*

BADEFOLS-SUR-DORDOGNE

13 - 75 ⑮ ⑯ G. Périgord Quercy

Paris 552 - Bergerac 26 - Périgueux 57 - Sarlat-la-Canéda 47

24150 Dordogne - 188 h.

les Bö-Bains, 53 22 51 89, Fax 53 22 46 70, sortie O, par D 29, rte de Lalinde, bord de la Dordogne
4 ha (90 empl.) plat, terrasse, herbeux - snack - vélos - A proximité : - Location :
15 avril-sept. - **R** *conseillée* - GB - *20 piscine comprise* *35* *15 (6A) 20 (10A)*

BADEN

3 - 63 ②

Paris 476 - Auray 10 - Lorient 49 - Quiberon 39 - Vannes 15

56870 Morbihan - 2 844 h.

Mané Guernehué, 97 57 02 06, Fax 97 57 15 43, SO : 1 km par rte de Mériadec et à droite
5,3 ha (200 empl.) plat, peu incliné à incliné et en terrasses, herbeux - - Toboggan aquatique - Location :
8 avril-sept. - **R** *conseillée* - GB - *22 piscine comprise* *60* *15 (6A) 18 (10A)*

BAERENTHAL

8 - 57 ⑱

Paris 448 - Bitche 15 - Haguenau 33 - Strasbourg 61 - Wissembourg 45

57230 Moselle - 723 h.

Municipal de Ramstein-Plage « Site agréable », 87 06 50 73, à l'ouest du bourg par r. du Ramstein, bord d'un plan d'eau
6 ha (350 empl.) plat et peu incliné, herbeux - - - Location : huttes
avril-sept. - Location longue durée - *Places limitées pour le passage* - **R** *conseillée juil.-août* - *14,50* *7,20* *21 (5A)*

BAGNAC-SUR-CÉLÉ

15 - 76 ⑪

Paris 585 - Cahors 81 - Decazeville 16 - Figeac 14 - Maurs 7,5

46270 Lot - 1 582 h.

Municipal du Pont Neuf, 65 34 94 31, au SE du bourg, derrière la gare, bord du Célé
1 ha (40 empl.) plat, herbeux - - - A proximité :
15 juin-15 sept. - **R** - *11* *13* *13 (6A)*

BAGNEAUX-SUR-LOING

6 - 61 ⑫

Paris 85 - Fontainebleau 21 - Melun 37 - Montargis 29 - Pithiviers 41 - Sens 49

77167 S.-et-M. - 1 516 h.

Municipal de Pierre le Sault, 64 29 24 44, au NE de la ville, près du terrain de sports, entre le canal et le Loing, à 200 m d'un plan d'eau
3 ha (130 empl.) plat, herbeux, bois attenant - -
avril-oct. - Location longue durée - *Places disponibles pour le passage* - **R** - *13* *10* *9,50 (3A) 16 (6A) 23 (10A)*

BAGNÈRES-DE-BIGORRE

14 - 85 ⑱ G. Pyrénées Aquitaine

Paris 815 - Lourdes 22 - Pau 59 - St-Gaudens 56 - Tarbes 21

65200 H.-Pyr. - 8 424 h. - 20 mars-18 nov.
Office du Tourisme, 3 allée Tournefort 62 95 50 71, Fax 62 95 33 13

Le Monlôo, 62 95 19 65, sortie N, par D 938, rte de Toulouse puis à gauche 1,4 km par D 8 et chemin à droite
1,5 ha (75 empl.) peu incliné et plat, herbeux - -
Permanent - **R** *conseillée juil.-août* - *18,50 piscine comprise* *18,50*

Les Tilleuls, 62 95 26 04, sortie NO, rte de Labassère, av. Alan-Brooke
2 ha (100 empl.) plat et peu incliné, herbeux - -
mai-sept. - **R** - *Tarif 94 :* *16,40* *17,50* *11 (2A) 22 (4A) 33 (6A)*

Les Fruitiers Pic du Midi, 62 95 25 97, 91 route de Toulouse
1,5 ha (100 empl.) plat, herbeux - - - A proximité :
mai-oct. - **R** *conseillée juil.-août* - *Tarif 94 :* *16,50* *17* *11 (2A) 22 (4A) 33 (6A)*

à Beaudéan SE : 4 km par D 935 - 410 h. - ✉ 65710 Beaudéan :

L'Arriou, 62 91 74 04, à l'est du bourg par D 935 et chemin, bord de l'Adour
2,8 ha (100 empl.) plat, terrasse, herbeux - - - A proximité :
Permanent - **R** - *16 piscine comprise* *15* *14 (2A) 19 (4A) 29 (6A)*

à Pouzac NO : 2,5 km par D 955 rte de Tarbes - 1 000 h.
✉ 65200 Pouzac :

Bigourdan, 62 95 13 57, S : sur D 935
0,6 ha (33 empl.) (saison) plat, herbeux - - - A proximité :
Pâques-sept. - **R** *conseillée juil.-août* - *Tarif 94 :* *16,50* *17,50* *11,30 (2A)*

▶ *Si vous recherchez :*
un terrain agréable ou très tranquille, ouvert toute l'année, avec tennis ou piscine,

Consultez le tableau des localités citées, classées par départements.

BAGNERES-DE-LUCHON

14 - 85 ⑳ G. Pyrénées Aquitaine

Paris 841 - Bagnères-de-Bigorre 80 - Saint-Gaudens 47 - Tarbes 89 - Toulouse 136

31110 H.-Gar. - 3 094 h. alt. 630 - avril-28 oct. - Sports d'hiver : à Superbagnères, 1 440/2 260 m 1 14.

Office de Tourisme, allées d'Étigny 61 79 21 21, Fax 61 79 11 23

Les Myrtilles <, 61 79 89 89, Fax 61 79 09 41 ✉ 31110 Moustajon, N : 2,5 km par D 125ᶜ, à **Moustajon**, bord d'un ruisseau
2 ha (100 empl.) plat, herbeux - snack - - A proximité : (centre équestre) - Location *(permanent)* : , gîte d'étape, studios, bungalows toilés
juin-sept. - **R** *conseillée juil.-août* - **GB** - *piscine comprise 1 pers. 60 13 (3A) 19 (6A) 30 (10A)*

Pradelongue <, 61 79 86 44 ✉ 31110 Moustajon, N : 2 km par D 125ᶜ, rte de Moustajon, près du magasin Intermarché - alt. 620
4 ha (135 empl.) plat, herbeux, pierreux - - - A proximité : - Location : bungalows toilés
fermé nov. - **R** *conseillée juil.-août* - *21 piscine comprise 25 12 (2A) 18 (5A) 27 (10A)*

La Lanette <, 61 79 00 38, **à Montauban-de-Luchon**, E : 1,5 km par D 27
4,3 ha (270 empl.) plat et peu incliné, herbeux - (mai-oct.) - - A proximité :
Permanent - **R** *conseillée - Tarif 94 : 1 à 3 pers. 70 (80 avec élect.), pers. suppl. 17*

à Salles-et-Pratviel N : 4 km par D 125 - 129 h.
✉ 31110 Salles-et-Pratviel :

Le Pyrénéen <, 61 79 59 19, Fax 61 79 75 75, S : 0,6 km par D 27 et chemin, bord de la Pique -
1,1 ha (80 empl.) plat, pierreux, herbeux - - (couverte l'hiver) - Location :
Permanent - **Location longue durée** - *Places disponibles pour le passage* - **R** *saison* - *piscine comprise 1 à 3 pers. 80 (95 avec élect. 8A), pers. suppl. 20*

à Garin O : 8,5 km par D 618 - 108 h. - alt. 1 120 - ✉ 31110 Garin :

Les Frênes <, 61 79 88 44, au nord du bourg
0,8 ha (50 empl.) plat, peu incliné, incliné, terrasses, herbeux - -
Permanent - **R** *conseillée - 19 (hiver 18) 21 (hiver 20) 12 (2A) 17 (6A)*

BAGNOLES-DE-L'ORNE

5 - 60 ① G. Normandie Cotentin

Paris 233 - Alençon 48 - Argentan 38 - Domfront 19 - Falaise 45 - Flers 27

61140 Orne - 875 h. -

Office de Tourisme, pl. de la République, 33 37 85 66, Fax 33 38 95 04

La Vée , 33 37 87 45, SO : 1,3 km, près de Tessé-la-Madeleine, à 30 m de la rivière
2,8 ha (263 empl.) plat, herbeux - -
début avril-fin oct. - **R**

Le Clos Normand, 33 37 92 43 ✉ 61410 Couterne, SE : 2,5 km par D 916 rte de Couterne
1 ha (65 empl.) plat, herbeux - -
avril-sept. - **R** - *2 pers. 36 15 (5A) 20 (10A)*

BAGNOLS

11 - 73 ⑫ G. Auvergne

Paris 484 - Bort-les-Orgues 20 - la Bourboule 21 - Bourg-Lastic 40 - Clermont-Ferrand 65

63810 P.-de-D. - 712 h. alt. 850

Municipal la Thialle, 73 22 28 00, sortie SE par D 25, rte de St-Donat, bord de la Thialle
2,8 ha (90 empl.) (saison) plat, herbeux - - (bassin) - A proximité : vélos - Location : huttes
Permanent - **R** *15 juil.-15 août - Tarif 94 : 8,45 5,95 5,95 10,55 (3A) 21,10 (10A)*

BAGNOLS-SUR-CÈZE

16 - 80 ① ⑪ G. Provence

Paris 653 - Alès 50 - Avignon 34 - Nîmes 51 - Orange 24 - Pont-Saint-Esprit 10,5

30200 Gard - 17 872 h.

Office de Tourisme, esplanade du Mont-Cotton 66 89 54 61

Les Genêts d'Or, 66 89 58 67, sortie N par N 86 puis 2 km par D 360 à droite, bord de la Cèze - juil.-20 août
3,5 ha (95 empl.) plat, herbeux - - - Location :
avril-sept. - **R** *conseillée juil.-août* - **GB** - *21 piscine comprise 21 38 13 (3A)*

La Coquille, 66 89 03 05, sortie N par N 86 rte de Pont-St-Esprit puis 1,7 km par D 360 à droite, près de la Cèze
1,2 ha (30 empl.) plat, herbeux, sablonneux - -
Pâques-sept. - **R** *conseillée juil.-août* - *piscine comprise 2 pers. 80 12 (4A)*

BAIS

5 - 60 ⑪

Paris 248 - Laval 45 - Le Mans 50 - Mayenne 20 - Sablé-sur-Sarthe 50

53160 Mayenne - 1 571 h.

Municipal Claires Vacances, sortie O par D 241 rte d'Hambers, près d'un plan d'eau
1 ha (20 empl.) plat, herbeux - - - A proximité :
15 mai-sept. - **R** - *Tarif 94 : 5,45 et 3,20 pour eau chaude 2,90 2,90 3,60*

BALARUC-LES-BAINS
15 - 83 ⑯ G. Gorges du Tarn

Paris 786 - Agde 31 - Béziers 48 - Frontignan 7 - Lodève 60 - Montpellier 30 - Sète 9,5

34540 Hérault - 5 013 h. - 21 fév.-22 nov.
Office de Tourisme, 6 av. du Port 67 48 50 07

Les Vignes, 67 48 04 93, NE : 1,7 km par D 129, D 2[E6], à droite, rte de Sète et chemin à gauche
2 ha (128 empl.) plat, herbeux, pierreux
avril-oct. - **R** *indispensable juil.-août - piscine comprise 2 pers. 70 12 (4A) 15 (6A) 18 (10A)*

BALAZUC
07 Ardèche - 80 ⑨ - voir à Ardèche (Gorges de l')

BALBIGNY
11 - 73 ⑱

Paris 513 - Feurs 9 - Noirétable 43 - Roanne 29 - Saint-Etienne 48 - Tarare 29

42510 Loire - 2 415 h.

La Route Bleue, 77 27 24 97, NO : 2,5 km par D 56, rte de Pinay et à gauche, bord de la Loire
2 ha (70 empl.) plat, peu incliné, herbeux
15 mars-oct. - **R** *conseillée* - GB - *18 piscine comprise 20 18 (8A)*

BALLAN-MIRÉ
5 - 64 ⑭ ⑮

Paris 249 - Azay-le-Rideau 15 - Langeais 25 - Montbazon 12 - Tours 11,5

37510 I.-et-L. - 5 937 h.
Office de Tourisme, 1 pl. du 11-Novembre 47 67 87 97

La Mignardière, 47 53 26 49, Fax 47 53 94 89, à 2,5 km au NE du bourg, à proximité du plan d'eau de Joué-Ballan
2,5 ha (177 empl.) plat, herbeux, petit bois attenant - vélos, tir à l'arc - A proximité : poneys grill - Location :
15 avril-sept. - **R** *conseillée* - GB - *29 piscine comprise 38 18 (6A)*

La BALME-DE-SILLINGY
12 - 74 ⑥

Paris 526 - Annecy 10 - Bellegarde-sur-Valserine 30 - Belley 58 - Frangy 13 - Genève 39

74330 H.-Savoie - 3 075 h.

La Vieille Ferme (aire naturelle), 50 68 84 05, NO : 1,3 km par N 508, rte de Frangy puis 2 km par rte à gauche
3 ha (25 empl.) plat et peu incliné, prairie
juin-sept. - **R** - *12,50 4,50 12,50 9 (2A) 12,50 (4A) 18 (6A)*

La Bergerie (aire naturelle), 50 68 73 05, NO : 1,3 km par N 508 et rte à droite, à Lompraz
1 ha (25 empl.) plat, herbeux
juil.-août - **R** *conseillée août - 8 5 13 9 (2A) 11 (3A) 13 (4A)*

BANGOR
56 Morbihan - 63 ⑪ ⑫ - voir à Belle-Ile-en-Mer

BARATIER
05 H.-Alpes - 77 ⑰ ⑱ - rattaché à Embrun

BARBÂTRE
85 Vendée - 67 ① - voir à Noirmoutier (Ile de)

BARBIÈRES
26 Drôme - 77 ② - rattaché à Bourg-de-Péage

Le BARCARÈS
15 - 86 ⑩

Paris 854 - Narbonne 54 - Perpignan 22 - Quillan 81

66420 Pyr.-Or. - 2 422 h.
Office de Tourisme, Front de Mer 68 86 16 56 et Centre Culturel Cocteau-Marais (mai-sept.) 68 86 18 23, Fax 68 86 34 20

L'Europe, 68 86 15 36, Fax 68 86 47 88, SO : 2 km par D 90, à 200 m de l'Agly
6 ha (361 empl.) plat, herbeux - Plates-formes aménagées et sanit. individuels (wc) solarium - vélos - Location :
Permanent - **R** *conseillée juil.-août* - GB - *piscine et tennis compris 4 pers. 190 18 (10A)*

California, 68 86 16 08, Fax 68 86 18 20 66423 Le Barcarès Cedex, SO : 1,5 km par D 90
5 ha (250 empl.) plat, herbeux, verger Toboggan aquatique, vélos, tir à l'arc - Location :
15 avril-25 sept. - **R** *indispensable juil.-août - piscine comprise 2 pers. 95, pers. suppl. 27 15 (10A)*

Le Pré Catalan, 68 86 12 60, Fax 68 86 40 17, SO : 1,5 km par D 90 puis 0,6 km par chemin à droite
4 ha (220 empl.) plat, sablonneux, herbeux - tir à l'arc - Location :
15 avril-sept. - **R** *conseillée juil.-août - GB - piscine et tennis compris 2 pers. 103, pers. suppl. 25 19 (10A)*

La Salanque, location exclusive de bungalows, 68 86 14 86, Fax 68 86 47 98, O : 1 km par chemin de l'Hourtou
2 ha (107 empl.) plat, herbeux - Sanitaires individuels (wc) - salle de musculation salle d'animation - Location :
25 mars-oct. - **R** *indispensable - GB - élect., piscine et tennis compris 4 à 6 pers. 1 470 F à 3 640 F la semaine*

BARCELONNE-DU-GERS

14 - 82 ②

Paris 723 - Aire-sur-l'Adour 2 - Mont-de-Marsan 33 - Nogaro 19 - Riscle 15

32720 Gers - 1 312 h.

Municipal les Rives de l'Adour, S : 1,5 km par D 107 rte de Lembeye et à gauche avant le pont, bord de la rivière
0,5 ha (40 empl.) plat, herbeux, pierreux
15 juin-15 sept. - **R** *conseillée - Tarif 94 : 9 12 8 (6 ou 10A)*

► *En juillet et août, beaucoup de terrains sont saturés et leurs emplacements retenus longtemps à l'avance.*

N'attendez pas le dernier moment pour réserver ; ou mieux : choisissez une autre période.

BARCELONNETTE

17 - 81 ⑧ G. Alpes du Sud

Paris 742 - Briançon 88 - Cannes 168 - Cuneo 96 - Digne-les-Bains 82 - Gap 68 - Nice 149

04400 Alpes-de-H.-Pr. - 2 976 h.
alt. 1 132 - Sports d'hiver : Le Sauze/Super Sauze 1 400/2 450 m 24 et Pra-Loup 1 600/2 500 m 5 32.
Office de Tourisme, pl. F.-Mistral 92 81 04 71, Fax 91 81 22 67

à l'Ouest sur D 900 rte du Lauzet-Ubaye :

L'Ubaye, 92 81 01 96, Fax 92 81 92 53 04340 Meolans-Revel, à 9 km de Barcelonnette, bord de l'Ubaye - alt. 1 073
5 ha (219 empl.) en terrasses, peu incliné, pierreux, herbeux, petit plan d'eau snack - vélos - Location :
Permanent - **R** *conseillée - piscine comprise 2 pers. 78 15 (6A)*

Le Rioclar, 92 81 10 32 04340 Meolans-Revel, à 11 km de Barcelonnette, bord d'un petit plan d'eau et accès direct à l'Ubaye - alt. 1 073
8 ha (150 empl.) accidenté et en terrasses, pierreux, herbeux (pinède) - snack - tir à l'arc, vélos, half-court - A proximité : - Location :
15 juin-4 sept. - **R** *conseillée - piscine comprise 2 pers. 82, pers. suppl. 20 15 (4 à 10A)*

Le Fontarache, 92 81 90 42 04400 Les Thuiles, à 7 km de Barcelonnette, près de l'Ubaye - alt. 1 108
4 ha (150 empl.) plat et peu accidenté, pierreux, gravier, herbeux, petit plan d'eau - - - Location :
juin-15 sept. - **R** *conseillée août - 2 pers. 50 14 (6A)*

BARFLEUR

4 - 54 ③ G. Normandie-Cotentin

Paris 359 - Caen 121 - Carentan 47 - Cherbourg 27 - St-Lô 75 - Valognes 25

50760 Manche - 599 h.
Office de Tourisme, rond-point Guillaume-le-Conquérant (avril-sept.) 33 54 02 48

Municipal la Blanche Nef, 33 23 15 40, à 500 m au NO de la ville, près de la mer
2,5 ha (90 empl.) plat et peu incliné, herbeux - - - A proximité :
fév.-nov. - **R** *conseillée juil.-août - 1 ou 2 pers. 42, pers. suppl. 11,50 7,50 (3A) 12 (6A) 16 (10A)*

BARJAC 30 Gard - 80 ⑨ - voir à Ardèche (Gorges de l')

BARNEVILLE-CARTERET

4 - 54 ① G. Normandie Cotentin

Paris 354 - Caen 116 - Carentan 43 - Cherbourg 38 - Coutances 49 - St-Lô 63

50270 Manche - 2 222 h.
Office de Tourisme, r. des Écoles 33 04 90 58

Municipal les Bosquets « Cadre sauvage », 33 04 73 62, SO : 2,5 km par rte de Barneville-Plage et rue à gauche, à 450 m de la plage
10 ha/6 campables (240 empl.) plat et accidenté, sablonneux, herbeux, dunes boisées - - - A proximité :
avril-sept. - **R** *conseillée - 14,75 17,95 11,60*

Le Relais de Gerfleur, 33 04 38 41, sortie NO par rte de Carteret, bord d'un ruisseau
1,5 ha (75 empl.) (saison) plat et peu incliné, herbeux, petit étang - -
15 mars-oct. - **R** *conseillée saison - 18 20 12 (3A) 17 (6A)*

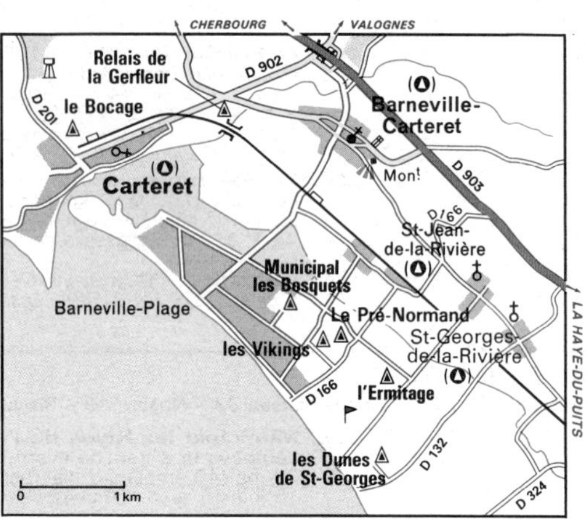

à Carteret O : 2,5 km – ✉ 50270 Barneville-Carteret :

Le Bocage, ✆ 33 53 86 91, par rue face à la mairie
4 ha (200 empl.) non clos, plat, herbeux – A proximité :
avril-sept. – **R** *conseillée juil.-août – 17 21 10 (2A) 11,50 (3A) 16 (6A)*

à St-Jean-de-la-Rivière SE : 2,5 km – 218 h.
✉ 50270 St-Jean-de-la-Rivière :

Les Vikings, ✆ 33 53 84 13, Fax 33 53 08 19, par D 166 et chemin à droite – dans locations
7 ha (200 empl.) plat, herbeux, sablonneux – – A proximité : golf – Location :
mars-15 nov. – **Location longue durée** – *Places disponibles pour le passage* – **R** – GB – *21 piscine comprise 24 16 (4A)*

L'Ermitage, ✆ 33 04 78 90, O : 2 km par D 166 et chemin à gauche
4 ha (100 empl.) plat, herbeux, sablonneux – – half-court – A proximité : golf – Location :
avril-15 sept. – **R** *conseillée juil.-août* – GB – *2 pers. 72, pers. suppl. 21 15 (3A) 22 (6A)*

Le Pré Normand, ✆ 33 53 85 64, Fax 33 53 73 17, sur D 166
1,4 ha (82 empl.) légèrement accidenté, herbeux, sablonneux – – – A proximité : golf – Location :
Pâques-15 sept. – **Location longue durée** – *Places disponibles pour le passage* – **R** *conseillée juil.-août* – GB – *21 piscine comprise 19,50 13,50 (3A) 20,50 (6A)*

Voir aussi à *St-Georges-de-la-Rivière*

La BARRE-DE-MONTS

9 – 67 ① ⑪

Paris 450 – Challans 21 – Nantes 68 – Noirmoutier-en-l'Ile 21 – Saint-Nazaire 66

85550 Vendée – 1 727 h.

Le Marais Neuf, ✆ 51 49 05 02, Fax 51 68 87 33, S : 1,3 km par rte de N.-D.-de-Monts puis 0,6 km par rte à droite
1,5 ha (100 empl.) plat, sablonneux, herbeux – – – Location :
avril-sept. – **R** *conseillée juil.-août – piscine comprise 2 pers. 80, pers. suppl. 20 15 (6A)*

La Grande Côte, ✆ 51 68 51 89, Fax 51 49 25 57, **à Fromentine,** O : 2 km par D 38B rte de la Grande Côte, bord de la plage
21 ha (880 empl.) plat et accidenté, sablonneux pinède – – tir à l'arc – Location : , bungalows toilés
15 avril-17 sept. – **R** *conseillée* – GB

La Corsive, ✆ 51 68 50 06, O : 1,2 km par D 38B rte de la Grande Côte puis 0,8 km par rte à gauche
1,3 ha (140 empl.) plat, herbeux, sablonneux – – – A proximité :
juin-15 sept. – **R** *conseillée 15 juil.-20 août – 2 pers. 43 (60 avec élect. 8A)*

Le Marais, ✆ 51 68 53 12, SE : 0,6 km par rue face à l'église, vers St-Urbain
1,3 ha (85 empl.) plat, herbeux, sablonneux –
Pâques-fin sept. – **R** – *Tarif 94 : 2 pers. 30,30 (40,10 avec élect.)*

BARRÊME

17 – 81 ⑰ G. Alpes du Sud

Paris 767 – Castellane 22 – Digne-les-Bains 30 – Moustiers-Sainte-Marie 54 – Saint-André-les-Alpes 12

04330 Alpes-de-H.-Pr. – 473 h.
alt. 720

Napoléon <, ✆ 92 34 22 70, sortie SE par rte de Castellane et 0,6 km par chemin à gauche après le pont, bord de rivière
2,5 ha (130 empl.) plat et terrasse, herbeux – –
15 juin-15 sept. – **R** – *2 pers. 40, pers. suppl. 10 10 (10A)*

BARRET-LE-BAS
16 - 81 ⑤

Paris 705 - Laragne-Montéglin 15 - Sault 46 - Séderon 20 - Sisteron 25

05300 H.-Alpes - 237 h. alt. 649

Les Gorges de la Méouge ≫ <, ✆ 92 65 08 47, sortie E par D 942, rte de Laragne-Montéglin et chemin à droite, près de la Méouge
1,5 ha (95 empl.) plat, herbeux - vélos - Location : gîtes
mai-sept. - **R** *conseillée juil.-août - piscine comprise 2 pers. 58,70, pers. suppl. 15,70 11,50 (2A) 15,50 (6A) 19 (10A)*

BARROU
10 - 68 ⑤

Paris 304 - Châtellerault 21 - Descartes 13 - Loches 42 - La Roche-Posay 58 - Tours 71

37350 I.-et-L. - 511 h.

Municipal ≫, sortie NO vers Descartes puis 0,8 km par petite route à gauche, près de la Creuse - Croisement difficile pour caravanes
0,5 ha (40 empl.) plat, peu incliné, herbeux - A proximité :
15 juin-15 sept. - **R** - *Tarif 94 : 7 7 8 (2A)*

BAR-SUR-AUBE
7 - 61 ⑲ G. Champagne

Paris 238 - Châtillon-sur-Seine 58 - Chaumont 42 - Troyes 52 - Vitry-le-François 65

10200 Aube - 6 707 h.
Office de Tourisme, bd Gambetta (15 mai-15 sept.) ✆ 25 27 24 25

Municipal la Gravière, ✆ 25 27 12 94, sortie NO par N 19 rte de Troyes et av. du Parc, bord de l'Aube
1,25 ha (62 empl.) plat, herbeux - A proximité :
avril-15 oct. - **R** - *Tarif 94 : 5,10 2,90 3 12,40 (6A) 22,70 (10A)*

Le BAR-SUR-LOUP
17 - 84 ⑨ G. Côte d'Azur

Paris 919 - Cannes 22 - Grasse 9,5 - Nice 33 - Vence 16

06620 Alpes-Mar. - 2 465 h.

Les Gorges du Loup ≫ < vallée et montagne **« Agréable cadre boisé, belle situation dominante »,** ✆ 93 42 45 06, NE : 1 km par D 2210 puis 1 km par chemin des Vergers à droite - Accès aux emplacements difficile (forte pente), véhicule tracteur disponible - P
1,6 ha (64 empl.) en terrasses, pierreux, herbeux -
avril-1er oct. - **R** *conseillée juil.-août - Tarif 94 : piscine comprise 4 pers. 140 12 à 20 (2 à 10A)*

BAS-RUPTS **88** Vosges - 62 ⑰ - rattaché à Gérardmer

BASSOUES
14 - 82 ③ G. Pyrénées Aquitaine

Paris 769 - Auch 39 - Marciac 14 - Mirande 19 - Plaisance 20 - Vic-Fézensac 25

32320 Gers - 454 h.

Municipal du Lac de St-Fris ≫, E : 0,9 km par D 943, rte de Montesquiou, près du stade et bord d'un plan d'eau
0,5 ha (60 empl.) plat, peu incliné, herbeux - A proximité :
mai-oct. - **R** *conseillée juil.-août*

BASTIA **2B** H.-Corse - 90 ③ - voir à Corse

La BÂTHIE
12 - 74 ⑰

Paris 591 - Albertville 9,5 - Bourg-Saint-Maurice 45 - Méribel-les-Allues 34 - Moûtiers 19

73540 Savoie - 1 880 h.

Le Tarin <, ✆ 79 89 60 54, O : 0,5 km par D 66, rte d'Esserts-Blay, près N 90
1 ha (43 empl.) plat, herbeux - discothèque
Permanent - **R** *conseillée - 16 (hiver 19) 18 (hiver 22) 16 (10A) 42 (20A)*

Le Joli Mont <, ✆ 79 89 61 13, au bourg
1,6 ha (65 empl.) plat, herbeux verger -
15 juin-15 sept. - **R** *conseillée juil.-août - 15 6 10 10 (10A)*

BATZ-SUR-MER
4 - 63 ⑭ G. Bretagne

Paris 460 - La Baule 9 - Nantes 82 - Redon 60 - Vannes 73

44740 Loire-Atl. - 2 734 h.

La Govelle, ✆ 40 23 91 63, SE : 2 km par D 45, bord de l'océan
0,8 ha (52 empl.) plat, herbeux, sablonneux - half-court, vélos
avril-sept. - **R** *conseillée - 3 pers. 150, pers. suppl. 25*

BAUD
3 - 63 ② G. Bretagne

Paris 470 - Auray 27 - Locminé 17 - Lorient 35 - Pontivy 25 - Vannes 35

56150 Morbihan - 4 658 h.
Syndicat d'Initiative, Mairie ✆ 97 51 02 29

Municipal de Pont-Augan ≫, ✆ 97 51 04 74, O : 7 km par D 3 rte de Bubry, bord du Blavet et d'un bassin
0,9 ha (32 empl.) plat, herbeux, pierreux - vélos - Location : gîtes
avril-sept. - **R** *conseillée juil.-août*

BAUGÉ

5 - 64 ② ⑫ G. Châteaux de la Loire

Paris 261 - Angers 42 - La Flèche 18 - Le Mans 61 - Saumur 36 - Tours 67

49150 M.-et-L. - 3 748 h.

Office de Tourisme au Château, ✆ 41 89 18 07

Municipal du Pont des Fées « Cadre agréable », ✆ 41 89 14 79, E par D 766 rte de Tours, bord du Couasnon
1 ha (50 empl.) plat, herbeux (0,5 ha) - A proximité :
15 mai-15 sept. - *Tarif 94 : 8,25 5 5 8,25 (10A)*

La BAULE

4 - 63 ⑭ G. Bretagne

Paris 448 - Nantes 75 - Rennes 125 - St-Nazaire 15 - Vannes 72

44500 Loire-Atl. - 14 845 h.

Office de Tourisme - Accueil de France, 8 pl. de la Victoire ✆ 40 24 34 44, Fax 40 11 08 10

La Roseraie « Décoration florale et arbustive », ✆ 40 60 46 66, Fax 40 60 11 84, sortie NE de la Baule-Escoublac
4 ha (240 empl.) plat, herbeux, sablonneux - Toboggan aquatique, half-court, vélos - Location :
avril-sept. - **R** *conseillée* - GB - *30 62 20*

Les Ajoncs d'Or « Décoration arbustive », ✆ 40 60 33 29, Fax 40 24 44 37, chemin du Rocher - dans locations
5,5 ha (200 empl.) plat, peu incliné, herbeux - - vélos - Location :
Pâques-sept. - **R** - *Tarif 94 : piscine comprise 2 pers. 94 (111 avec élect. 6A)*

L'Eden « Cadre agréable », ✆ 40 60 03 23, Fax 40 42 07 68, à 1 km au NO de la Baule-Escoublac, vers Guérande
4,5 ha (180 empl.) peu incliné, herbeux - - Toboggan aquatique - Location : , bungalows toilés
15 avril-sept. - **R** *conseillée* - *28 piscine comprise 40 20 (5A) 30 (10A)*

Municipal « Cadre agréable », ✆ 40 60 17 40, av. du Capitaine R. Flandin et av. de Diane, à droite après le pont du chemin de fer
5 ha (255 empl.) (saison) plat, accidenté et terrasses, sablonneux (caravaning) (camping) - - - A proximité :
15 mars-sept. - **R**

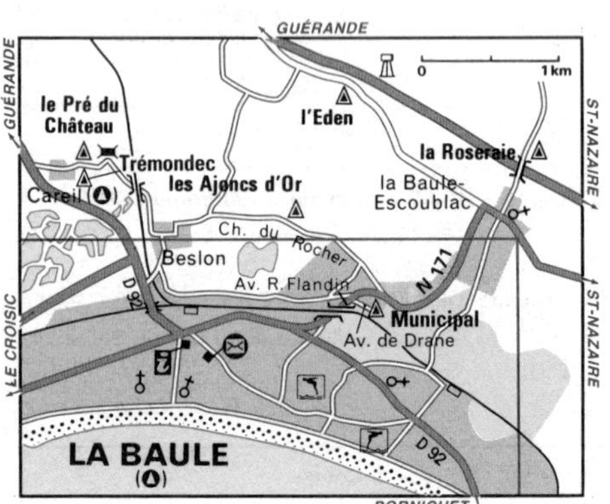

à Careil NO : 2 km par D 92 - ✉ 44350 Guérande :

Le Pré du Château « Cadre agréable autour d'un château du 14e siècle », ✆ 40 60 22 99
2 ha (48 empl.) plat, herbeux, gravier - -
avril-1er oct. - **R** *conseillée juil.-août - élect. (6A) et piscine comprises 2 pers. 115, pers. suppl. 25*

Trémondec, ✆ 40 60 00 07
2 ha (140 empl.) (juil.-août) peu incliné et en terrasses, herbeux - snack - vélos
Pâques-sept. - **R** - GB - *1 pers. 46, pers. suppl. 21 15 (6A)*

La BAUME

12 - 70 ⑰

Paris 585 - Abondance 23 - Annecy 81 - Evian-les-Bains 26 - Morzine 17 - Thonon-les-Bains 17

74430 H.-Savoie - 191 h.

Municipal ≤, N : 1,2 km, sur D 902, rte de Thonon-les-Bains
1 ha (25 empl.) plat et en terrasses, pierreux, herbeux - -
juil.-août - **R** - *15 5 8/10 10 (3A) 15 (6A) 20 (9A)*

BAVAY

2 - 53 ⑤ G. Flandres Artois Picardie

Paris 227 - Avesnes-sur-Helpe 22 - Le Cateau-Cambrésis 29 - Lille 73 - Maubeuge 15 - Mons 24 - Valenciennes 21

59570 Nord - 3 751 h.

Syndicat d'Initiative, Hôtel de Ville ✆ 27 63 06 74

à Hon-Hergies NE : 4 km par D 84 - 758 h. - ✉ 59570 Bavay :

La Jonquière, ✆ 27 66 95 17, NO : 2 km, à Hergies
3 ha (140 empl.) plat, herbeux, petit étang - brasserie -
15 mars-15 oct. - Location longue durée - *Places disponibles pour le passage* - **R** - *11 15 7 (2A) 13 (4A)*

BAYAS

9 - 75 ②

Paris 535 - Bordeaux 50 - Coutras 9 - Libourne 19 - Montendre 36

33230 Gironde - 447 h.

Le Chêne, ✆ 57 69 13 78, N : 2,2 km par D 247 rte de Laruscade et chemin à droite, sur D 133, bord d'un plan d'eau - dans locations (juil.-août)
2,3 ha (80 empl.) plat, herbeux - - vélos - Location :
avril-sept. - **R** *juil.-août* - *11,50* *20* *13 (4A)*

BAYEUX

4 - 54 ⑮ G. Normandie Cotentin

Paris 269 - Caen 31 - Cherbourg 94 - Flers 68 - St-Lô 36 - Vire 60

14400 Calvados - 14 704 h.
Office de Tourisme, Pont St-Jean
✆ 31 92 16 26, Fax 31 92 01 79

Municipal « Décoration arbustive », ✆ 31 92 08 43, N : sur bd périphérique d'Eindhoven
2,5 ha (225 empl.) plat, herbeux, goudronné - - (couverte l'hiver) - A proximité :
15 mars-15 nov. - - *13,60* *16,70* *13,90 (5A)*

BAYONNE

13 - 78 ⑱ G. Pyrénées Aquitaine

Paris 773 - Bordeaux 184 - Biarritz 7 - Pamplona 132 - San Sebastiàn 54 - Toulouse 295

64100 Pyr.-Atl. - 40 051 h.
Office de Tourisme, pl. des Basques ✆ 59 46 01 46, Fax 59 25 70 79 et Gare SNCF ✆ 59 55 20 45 (en saison)

La Chêneraie « Cadre agréable », ✆ 59 55 01 31, Fax 59 55 11 17, NE : 4 km par N 117 rte de Pau et chemin à droite - dans locations
10 ha/6 campables (200 empl.) plat et incliné, herbeux, étang - - tir à l'arc - Location *(juin-15 sept.)* : bungalows toilés
Pâques-15 sept. - **R** *conseillée juil.-août* - *20 piscine comprise* *45/50* *18 (6 à 10A)*

Voir aussi à *St Martin de Seignanx*

BAZINVAL

1 - 52 ⑥

Paris 158 - Abbeville 37 - Amiens 63 - Blangy-sur-Bresle 8 - Le Tréport 19

76340 S.-Mar. - 335 h.

Municipal de la Forêt, sortie SO par D 115 et rte à gauche
0,4 ha (20 empl.) plat et peu incliné, herbeux - -
Permanent - **R** - *7* *6* *6* *15 (10A)*

BAZOLLES

11 - 65 ⑮

Paris 251 - Corbigny 15 - Nevers 43 - Prémery 26 - Saint-Saulge 9,5

58110 Nièvre - 260 h.

Base de Plein Air et de Loisirs, ✆ 86 38 90 33, N : 5,5 km par D 958, rte de Corbigny et D 135 à gauche, près de l'étang de Baye (accès direct)
1,5 ha (50 empl.) plat, gravier - - A proximité : vélos
avril-oct. - **R** *juil.-août* - *9,50* *17* *14,50 (16A)*

BEAUBIGNY

4 - 54 ①

Paris 363 - Barneville-Carteret 8 - Cherbourg 32 - Saint-Lô 71 - Valognes 26

50270 Manche - 174 h.

Bel Sito <, ✆ 33 04 32 74, Fax 33 04 02 69, au bourg
6 ha (50 empl.) plat et incliné, herbeux, sablonneux -
Pâques-15 sept. - **R** - *16* *21* *12 (3A) 16 (4A) 20 (6A)*

BEAUCAIRE

16 - 81 ⑪ G. Provence

Paris 708 - Alès 68 - Arles 18 - Avignon 24 - Nîmes 24 - St-Rémy-de-Provence 17

30300 Gard - 13 400 h.
Office de Tourisme, 24 cours Gambetta ✆ 66 59 26 57, Fax 66 59 30 40

Le Rhodanien « Cadre boisé », ✆ 66 59 25 50, au champ de foire, à 50 m du Rhône
1,2 ha (80 empl.) plat, gravier, herbeux - -

BEAUCHASTEL

16 - 77 ⑪

Paris 580 - Aubenas 53 - Le Cheylard 47 - Crest 28 - Privas 23 - Valence 16

07800 Ardèche - 1 462 h.

Municipal les Voiliers, ✆ 75 62 24 04, E : 1,5 km par rte de l'usine hydro-électrique, bord du Rhône
1,5 ha (114 empl.) (juil.-août) plat, herbeux - - - A proximité :
Permanent - **R** *conseillée juil.-août*

BEAUDÉAN 65 H.-Pyr. - 85 ⑱ - rattaché à Bagnères-de-Bigorre

BEAUFORT

12 - 74 ⑰ ⑱ G. Alpes du Nord

Paris 601 - Albertville 19 - Chambéry 70 - Megève 42

73 Savoie - 1 996 h. alt. 743
✉ 73270 Beaufort-sur-Doron.
Office de Tourisme, pl. de la Mairie
✆ 79 38 37 57, Fax 79 38 16 70

Municipal Domelin ⋖, ✆ 79 38 33 88, N : 1,2 km par rte d'Albertville et rte à droite
2 ha (100 empl.) plat, herbeux
juin-sept. - **R** *conseillée juil.-août - 16 9,50 14 12,50 (4 ou 5A)*

BEAULIEU-SUR-DORDOGNE

10 - 75 ⑲ G. Berry Limousin

Paris 532 - Aurillac 70 - Brive-la-Gaillarde 44 - Figeac 60 - Sarlat-la-Canéda 70 - Tulle 44

19120 Corrèze - 1 265 h.
Office de Tourisme, pl. Marbot (avril-sept.) ✆ 55 91 09 94

Camp V.V.F. , ✆ 55 91 10 62, Fax 55 91 26 84, NE : 2 km par rte de St-Céré et D 41 à gauche après le pont, dans une île de la Dordogne (accès direct au bourg par passerelle piétons) -
1 ha (42 empl.) plat, herbeux - garderie - -
A proximité : - *Adhésion V.V.F. indispensable*

Les Îles « Situation agréable dans une île de la Dordogne », ✆ 55 91 02 65, rue Henri-Chapoulart
4 ha (100 empl.) (juil.-août) plat, peu incliné, herbeux - - - A proximité :
mai-sept. - **R** *conseillée juil.-août - 20 21 14 (6 ou 10A)*

► *Ihre Meinung über die von uns empfohlenen Campingplätze interessiert uns. Teilen Sie uns Ihre Erfahrungen mit und schreiben Sie uns auch, wenn Sie eine gute Entdeckung gemacht haben.*

BEAULIEU-SUR-LOIRE

6 - 65 ⑫

Paris 167 - Aubigny-sur-Nère 35 - Briare 15 - Gien 25 - Cosne-sur-Loire 18

45630 Loiret - 1 644 h.

Municipal Touristique du Canal, ✆ 38 35 89 56, sortie E par D 926, rte de Bonny-sur-Loire, près du canal
0,6 ha (37 empl.) plat, herbeux - -
Pâques-Toussaint - **R** - *Tarif 94 : 14,50 6,50*

BEAUMES-DE-VENISE

16 - 81 ⑫ G. Provence

Paris 671 - Avignon 32 - Nyons 40 - Orange 23 - Vaison-la-Romaine 24

84190 Vaucluse - 1 784 h.
Office de Tourisme, cours Jean-Jaurès (fermé après-midi hors saison) ✆ 90 62 94 39

Municipal ⋖, ✆ 90 62 95 07, sortie N par D 90 rte de Malaucène et à droite, bord de la Salette
1,5 ha (67 empl.) peu incliné et plat, herbeux, pierreux - -
avril-oct. - **R** - *9 5 8/10 avec élect.*

BEAUMONT

13 - 75 ⑮ G. Périgord Quercy

Paris 554 - Bergerac 29 - Lalinde 12 - Les Eyzies-de-Tayac 38 - Villeneuve-sur-Lot 46

24440 Dordogne - 1 155 h.
Syndicat d'Initiative R. Romieu
✆ 53 22 39 12

Les Remparts, ✆ 53 22 40 86, sortie SO par D 676 rte de Villeréal, près du stade
1,5 ha (60 empl.) (juil.-août) en terrasses, herbeux, pierreux - - - A proximité : - Location :
mai-sept. - **R** *conseillée juil.-août - 19 piscine comprise 22 11 (6A)*

BEAUMONT-DE-LOMAGNE

14 - 82 ⑥ G. Pyrénées Aquitaine

Paris 684 - Agen 58 - Auch 49 - Castelsarrasin 25 - Condom 57 - Montauban 36 - Toulouse 61

82500 T.-et-G. - 3 488 h.
Office de Tourisme, 3 r. Pierre-Fermat ✆ 63 02 42 32

Municipal du Lac ⋖ « site agréable », ✆ 63 65 26 43, E : 0,8 km, accès par la déviation et chemin, bord d'un plan d'eau
1,2 ha (100 empl.) plat, herbeux - - Toboggan aquatique parcours sportif - Location : gîtes

BEAUMONT-DU-LAC

10 - 72 ⑲

Paris 415 - Bourganeuf 29 - Eymoutiers 10,5 - Gentioux 16 - Limoges 55 - Peyrat-le-Château 11,5

87120 H.-Vienne - 129 h. alt. 650

Beaumont-du-Lac ⋖, ✆ 55 69 22 40, NE : 3,5 km par D 43, rte de Royère-de-Vassivière, près du lac de Vassivière (accès direct)
2 ha (112 empl.) incliné, en terrasses, herbeux (1 ha) -
15 juin-août - **R** - *Tarif 94 : 14,50 14,50 10,50 (10A)*

BEAUMONT-EN-DIOIS

16 - 77 ⑭

Paris 657 - Aspres-sur-Buëch 36 - Crest 64 - Die 26 - Valence 95

26310 Drôme - 58 h. alt. 657

Municipal St-Martin ⋖, S : 0,5 km, bord d'un ruisseau
0,8 ha (24 empl.) plat, herbeux, pierreux - -
15 avril-15 oct. - **R** - *9 5,50 5/8,50*

BEAUNE

11 - 69 ⑨ G. Bourgogne

Paris 313 - Autun 48 - Auxerre 150 - Chalon-sur-Saône 29 - Dijon 44 - Dole 68

21200 Côte-d'Or - 21 289 h.
Office de Tourisme, pl. Halle face à l'Hôtel Dieu 80 22 24 51, Fax 80 24 06 85

Municipal les Cent Vignes « Belle délimitation des emplacements et entrée fleurie », 80 22 03 91, sortie N par r. du Faubourg-St-Nicolas et D 18 à gauche, 10 r. Auguste-Dubois
2 ha (116 empl.) plat, herbeux, gravillons - snack -
15 mars-oct. - **R** *conseillée* - GB - *13,50* *20* *18,50 (6A)*

à Savigny-lès-Beaune NO : 6 km par sortie rte de Dijon et D 18 à gauche - 1 392 h. - 21420 Savigny-lès-Beaune :

Municipal les Premiers Prés, NO : 1 km par D 2 rte de Bouilland, bord d'un ruisseau
1,5 ha (70 empl.) plat et peu incliné, herbeux -
mai-sept. - **R** - *Tarif 94 : 8,50 4,20 5,35 12,50*

à Vignoles E : 3 km rte de Dole puis D 20 H à gauche - 552 h.
21200 Vignoles :

Les Bouleaux, 80 22 26 88, à Chevignerot, bord d'un ruisseau
1 ha (17 empl.) plat, herbeux - (avril-nov.) - - A proximité :
Permanent - **R** - *10 6 10 12 (3A)*

BEAURAINVILLE

1 - 51 ⑫

Paris 213 - Abbeville 41 - Amiens 77 - Berck-sur-Mer 26 - Le Crotoy 36 - Hesdin 14

62990 P.-de-C. - 2 093 h.

Municipal de la Source , 21 81 40 71, E : 1,5 km par D 130, rte de Loison et chemin à droite après le pont, entre la Canche et le Fliez
2,5 ha (120 empl.) plat, herbeux, étang - - A proximité :
Permanent - Location longue durée - *Places disponibles pour le passage* - **R** *juil.-août - Tarif 94 : 14,80 14,80 11,80 (4A)*

BEAUVAIS P

7 - 55 ⑨ ⑩ G. Flandres Artois Picardie

Paris 81 - Amiens 59 - Arras 126 - Boulogne-sur-Mer 168 - Compiègne 59 - Dieppe 107 - Évreux 99 - Reims 153

60000 Oise - 54 190 h.
Office de Tourisme r. Beauregard 44 45 08 18, Fax 44 45 63 95

Municipal <, 44 02 00 22, au sud du centre ville, rte de Paris et à gauche, rue Binet
2,8 ha (75 empl.) peu incliné, herbeux - - - A proximité : (découverte l'été)
juin-15 sept. - **R** - *12 6 6 3 (3 ou 4A)*

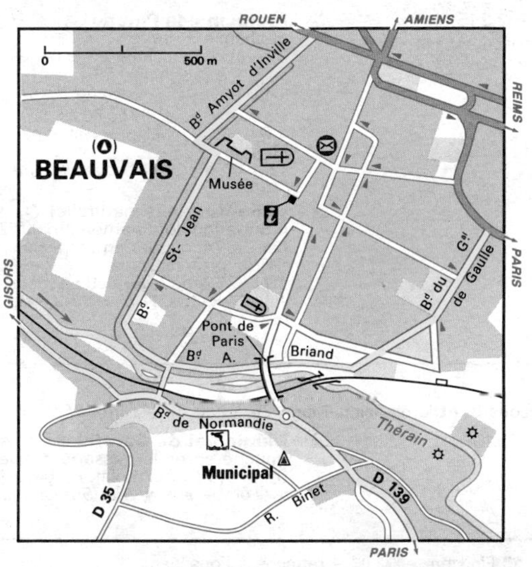

BEAUVEZER

17 - 81 ⑧ G. Alpes du Sud

Paris 787 - Annot 30 - Castellane 43 - Digne-les-Bains 65 - Manosque 123 - Puget-Théniers 52

04370 Alpes-de-H.-P. - 226 h.
alt. 1 150

Municipal les Relarguiers <, 92 83 47 73, au S du bourg, sur D 908, près du Verdon
1 ha (105 empl.) (saison) plat, gravillons, pierreux - -
Permanent - **R** *conseillée juil.-août* - *16 18 12 (10A)*

BEAUVILLE

14 - 79 ⑯ G. Pyrénées Aquitaine

Paris 631 - Agen 26 - Moissac 32 - Montaigu-de-Quercy 15 - Valence 26 - Villeneuve-sur-Lot 28

47470 L.-et-G. - 548 h.

Les Deux Lacs « Cadre agréable », ✆ 53 95 45 41, SE : 0,9 km par D 122, rte de Bourg-de-Visa, bord d'un plan d'eau - pente à 18 % : accès possible aux emplacements par véhicule tracteur
22 ha/2,5 campables (50 empl.) plat, terrasse, herbeux - - - Location :
mai-15 sept. - **R** - *18 tennis compris* *10* *10/16* *12 (6A)*

BEAUVOIR

4 - 59 ⑦

Paris 364 - Avranches 23 - Dinan 55 - Le Mont-Saint-Michel 4 - Pontorson 5

50 Manche - 426 h.
✉ 50170 Pontorson

Sous les Pommiers, ✆ 33 60 11 36, au bourg, sur D 976, à 200 m du Couesnon
2,5 ha (100 empl.) plat, herbeux - - - Location :
avril-15 oct. - **R** *conseillée 15 juil.-août* - **GB** - *12* *10* *10/13* *11,50 (6A)*

BEAUVOIR-EN-ROYANS

12 - 77 ③ G. Alpes du Nord

Paris 587 - Grenoble 52 - Pont-en-Royan 10 - Romans-sur-Isère 34 - Roybon 22 - Villard-de-Lans 34

38160 Isère - 59 h.

Château de Beauvoir ←, ✆ 76 38 40 74, Fax 76 38 49 60, au bourg
0,6 ha (20 empl.) plat, herbeux verger - - discothèque
avril-oct. - **R** *conseillée 15 juil.-15 août* - **GB** - *17* *7* *18* *15 (8 à 10A)*

BEAUVOIR-WAVANS

1 - 52 ⑧

Paris 179 - Abbeville 32 - Amiens 43 - Doullens 16 - Hesdin 27

62390 P.-de-C. - 409 h.

L'Eau Vive, ✆ 21 04 00 67, sortie S par D 117 vers Beauvoir-Rivière, bord de l'Authie
2 ha (92 empl.) plat, herbeux - -
avril-sept. - **Location longue durée** - *Places disponibles pour le passage* - **R** - *12,50* *18,50* *11 (3A)*

BÉDOIN

16 - 81 ⑬ G. Provence et Alpes du Sud

Paris 688 - Avignon 40 - Carpentras 15 - Nyons 37 - Sault 30 - Vaison-la-Romaine 21

84410 Vaucluse - 2 215 h.
Syndicat d'Initiative, espace Marie-Louis-Gravier ✆ 90 65 63 95

Municipal la Pinède , ✆ 90 65 61 03, sortie O par rte de Crillon-le-Brave et chemin à droite
6 ha (128 empl.) en terrasses, pierreux pinède - - - A proximité :
avril-sept. - **R** - *18,50 piscine comprise* *12* *12* *13 (20A)*

Pastory ←, ✆ 90 65 60 79, NO : 1 km par D 19, rte de Malaucène
1,2 ha (100 empl.) plat et peu incliné, pierreux, herbeux (0,7 ha) -
avril-1er nov. - **R** *conseillée juil.-août* - *12* *8* *8* *12 (6A) 20 (10A)*

Belle-Vue (aire naturelle) ← Mt Ventoux et plaine de Carpentras « Situation dominante », ✆ 90 62 42 29 ✉ 84410 Crillon-le-Brave, SO : 4 km par D 974, rte de Carpentras puis 0,7 km par chemin à gauche - Croisement difficile pour caravanes
1 ha (25 empl.) peu accidenté, pierreux - -
avril-15 oct. - **R** *conseillée* - *15 piscine comprise* *14* *14* *13 (5A)*

BEDOUS

13 - 85 ⑯

Paris 841 - Accous 3 - Oloron-Sainte-Marie 25 - Pau 60 - Tardets-Sorholus 39

64490 Pyr.-Atl. - 554 h.

Municipal de Carolle ←, sortie O rte d'Osse-en-Aspe et chemin à gauche après le passage à niveau, à 150 m du Gave d'Aspe
0,7 ha (46 empl.) plat, herbeux -
avril-oct. - **R** - *8 et 5 pour eau chaude* *5* *5* *13*

BEG-MEIL **29** Finistère - 58 ⑮ - rattaché à Fouesnant

BELCAIRE

15 - 86 ⑥ G. Pyrénées Roussillon

Paris 824 - Ax-les-Thermes 26 - Axat 33 - Foix 53 - Font-Romeu-Odeillo-Via 82 - Quillan 28

11340 Aude - 360 h. alt. 1 002

Municipal la Mousquière ←, ✆ 68 20 39 47, sortie O par D 613, rte d'Ax-les-Thermes, à 150 m d'un plan d'eau
0,6 ha (37 empl.) peu incliné, herbeux - - A proximité :
15 juin-15 sept. - **R** - *13* *16* *10*

BELFLOU

15 - 82 ⑲

Paris 742 - Belpech 20 - Castelnaudary 18 - Foix 56 - Revel 29 - Toulouse 46

11410 Aude - 85 h.

Le Cathare (aire naturelle) « Cadre et situation agréables », 68 60 32 49, E : 2,5 km par D 33 et chemin à gauche, au château de la Barthe, à 250 m d'un plan d'eau
1,2 ha (25 empl.) peu incliné, terrasse, herbeux, pierreux (tentes) - - Location :
mars-nov. - **R** *conseillée juil.-août - 11,50 12,50 8,50 (3A)*

BELGENTIER

17 - 84 ⑮

Paris 825 - Bandol 40 - Brignoles 27 - Cuers 15 - Hyères 23 - Toulon 23

83210 Var - 1 442 h.

Les Tomasses, 94 48 92 70, Fax 94 48 94 73, SE : 1,5 km par rte de Toulon puis 0,7 km par chemin à droite, bord du Gapeau
2 ha (91 empl.) plat, pierreux, herbeux - snack - - A proximité :
fév.-nov - **R** *indispensable - 18 piscine comprise 20/22 15 (3A) 18 (6A)*

BELLAC

10 - 72 ⑦ G. Berry Limousin

Paris 381 - Angoulême 99 - Châteauroux 110 - Guéret 73 - Limoges 40 - Poitiers 80

87300 H.-Vienne - 4 924 h.
Office de Tourisme, 1 bis r. L.-Jouvet 55 68 12 79

Municipal les Rochettes, 55 68 13 27, sortie N par D 675 vers le Dorat et à gauche
1,2 ha (100 empl.) plat et en terrasses, herbeux - - A proximité :
Permanent - - *7,40 4,50 4,50 - redevance pour la 1ère nuit 38 8,40 (2A) 16,80 (4A) 25,20 (6A)*

BELLEGARDE-SUR-VALSERINE

12 - 74 ⑤ G. Jura

Paris 498 - Aix-les-Bains 57 - Annecy 41 - Bourg-en-Bresse 72 - Genève 37 - Lyon 113 - Saint-Claude 46

01200 Ain - 11 153 h.
Office de Tourisme, 24 pl. Victor-Bérard 50 48 48 68

Municipal du Crêt d'Eau « Entrée fleurie », 50 56 60 81, N : 3 km par rte de Nantua et à gauche
5 ha (70 empl.) plat et peu incliné, incliné, herbeux - - - A proximité : toboggan aquatique
- Location : bungalows toilés
juil.-août - **R** *conseillée - 25,50 piscine comprise 28 16,50 (10A)*

BELLE-ÎLE-EN-MER

3 - 63 ⑪ ⑫ G. Bretagne

56 Morbihan - En été réservation indispensable pour le passage des véhicules et des caravanes. Départ de **Quiberon** (Port-Maria), arrivée au **Palais** - Traversée 45 mn - Renseignements et tarifs : Cie Morbihannaise et Nantaise de Navigation, 56360 Le Palais (Belle-Ile-en-Mer) 97 31 80 01

Bangor - 735 h. - 56360 Bangor

Municipal de Kernest, 97 31 81 20, O : 1,2 km
4 ha (100 empl.) plat, herbeux, gravillons - - - Location :
avril-sept. - **R** *conseillée juil.-août - 17 7 15 7*

Municipal, 97 31 89 75, à l'ouest du bourg
0,8 ha (65 empl.) plat et peu incliné, herbeux - - A proximité :
juin-sept. - **R** *conseillée juil.-août - 11 5,50 8*

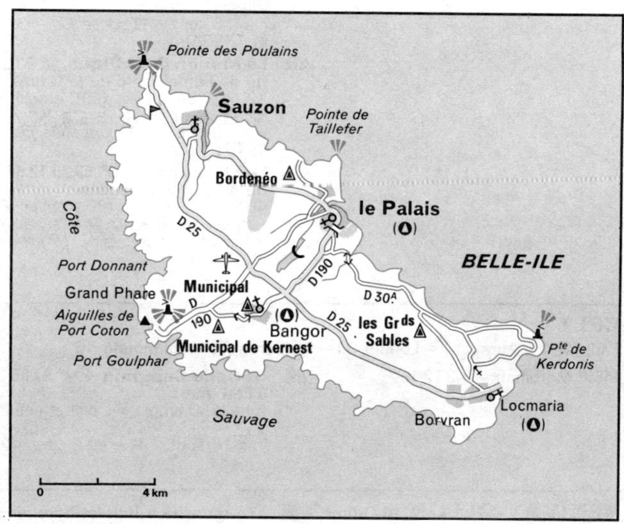

Locmaria - 618 h. - ✉ 56360 Locmaria

Les Grands Sables ≤, ✆ 97 31 84 46, NO : 3 km par rte des Grands Sables, à 400 m de la plage
2 ha (30 empl.) peu incliné, pierreux, herbeux
2 juil.-août - **R** *conseillée* - *13* *5* *8*

Le Palais - 2 435 h. - ✉ 56360 le Palais.
Office de Tourisme, quai Bonnelle ✆ 97 31 81 93

Bordenéo « Décoration florale et arbustive », ✆ 97 31 88 96, NO : 1,7 km par rte de Port Fouquet, à 500 m de la mer - dans locations
3 ha (165 empl.) plat, herbeux - vélos - Location :
15 avril-sept. - **R** *conseillée juil.-août* - GB - *18,50* *8* *26,50* *10,50 (5A)*

BELLERIVE-SUR-ALLIER 03 Allier - 73 ⑤ - rattaché à Vichy

BELMONT-SUR-RANCE

15 - 80 ⑬

Paris 699 - Camarès 13 - Lacaune 20 - Millau 51 - Saint-Sernin-sur-Rance 19

12370 Aveyron - 1 021 h.

Le Val Fleuri ≤, ✆ 65 99 95 13, sortie SO par rte de Lacaune et chemin à droite, bord du Rance
1 ha (59 empl.) plat, herbeux, pierreux - -
A proximité : parcours sportif
15 mars-oct. - **R** *conseillée* - *1 ou 2 pers. 58, pers. suppl. 20* *8 (2A) 10 (4A) 12 (6A)*

BÉLUS

13 - 78 ⑦ ⑰

Paris 749 - Bayonne 35 - Dax 20 - Orthez 34 - Peyrehorade 6,5

40300 Landes - 400 h.

L'Escarbillat , ✆ 58 57 69 07, NO : 2,5 km par D 75 et rte à droite, bord d'un ruisseau et d'un étang
5 ha (111 empl.) plat, herbeux (1,5 ha) - - - Location :
avril-oct. - **R** *conseillée* - *19* *7* *32* *15 (6A) 18 (15A)*

BELVEDERE-CAMPOMORO 2A Corse-du-Sud - 90 ⑱ - voir à Corse

BELVÈS

13 - 75 ⑯ G. Périgord Quercy

Paris 550 - Bergerac 51 - Le Bugue 23 - Les Eyzies-de-Tayac 25 - Sarlat-la-Canéda 34 - Villeneuve-sur-Lot 54

24170 Dordogne - 1 553 h.

Les Hauts de Ratebout ≤, ✆ 53 29 02 10, Fax 53 29 08 28, SE : 7 km par D 710 rte de Fumel, D 54 et rte à gauche -
10 ha/6 campables (200 empl.) plat, incliné, terrasses, herbeux - - vélos - Location : villas
mai-18 sept. - **R** *conseillée* - GB - *Tarif 94 :* *33,60 piscine comprise* *4... 18 (6A)*

Le Moulin de la Pique, ✆ 53 29 01 15, Fax 53 28 29 09, SE : 3 km sur D 710 rte de Fumel, bord de la Nauze, d'un étang et d'un bief
12 ha/6 campables (110 empl.) plat, herbeux - - - Location :
mai-20 sept. - **R** *conseillée juil.-août* - GB - *29 piscine comprise* *4... 16,50 (6A)*

Les Nauves , ✆ 53 29 12 64, SO : 4,5 km par D 53, rte de Monpazier et rte de Larzac à gauche
40 ha/5 campables (80 empl.) (juil.-août) peu incliné, herbeux (0,5 ha) - snack - half-court - Location :
mai-sept. - **R** *conseillée 15 juil.-15 août* - *20,80 piscine comprise* *31,5... 13 (6A)*

BELZ

8 - 63 (

Paris 494 - Auray 14 - Lorient 31 - Quiberon 26 - Quimperlé 46

56550 Morbihan - 3 372 h.

St-Cado Camping ≤, ✆ 97 55 33 54, NO : 2 km, à St-Cado, près de la Rivière d'Etel (mer)
2 ha (100 empl.) plat et peu incliné, herbeux (0,5 ha) - -
juin-15 sept. - **R** - *2 pers. 42, pers. suppl. 13* *12 (3A) 15 (6A)*

BÉNIVAY-OLLON 26 Drôme - 81 ③ - rattaché à Buis-les-Baronnies

BÉNODET

3 - 58 ⑮ G. Bretagne

Paris 558 - Concarneau 22 - Fouesnant 8,5 - Pont-l'Abbé 12 - Quimper 16 - Quimperlé 48

29950 Finistère - 2 436 h.
Office de Tourisme, av. Plage
✆ 98 57 00 14, Fax 98 57 23 00

Le Letty « Agréable situation en bordure de plage », ✆ 98 57 04 69, Fax 98 66 22 56
10 ha (511 empl.) plat, herbeux - nurserie - salle de musculation solarium - A proximité :
15 juin-6 sept. - R - *Tarif 94 : 21 11 35 10 à 26 (1 à 10A)*

La Pointe St-Gilles « Entrée fleurie », ✆ 98 57 05 37, près de la mer -
7 ha (486 empl.) plat, herbeux - mini-tennis - A proximité : - Location :
mai-sept. - **Location longue durée** - *Places disponibles pour le passage* - R - *25 piscine comprise 12 42 18 (6 à 10A)*

Port de Plaisance, ✆ 98 57 02 38, Fax 98 57 25 25, sortie N rte de Quimper
3,5 ha (242 empl.) (juil.-août) plat et peu incliné, herbeux - crêperie - - A proximité : - Location :
15 avril-sept. - **R** *conseillée juil.-août* - GB - *24 piscine comprise 52 13 (3A) 15 (6A) 20 (10A)*

La Plage, ✆ 98 57 00 55, Fax 98 57 12 60, r. du Poulquer, à 150 m de la mer - dans locations
5 ha (300 empl.) (saison) plat, peu incliné et en terrasses, herbeux (2 ha) - - Toboggan aquatique - A proximité : - Location :
15 mai-sept. - **R** *conseillée 15 juil.-15 août* - GB - *25 piscine comprise 9 27,50 13 (4A) 15 (6A) 16 (10A)*

Le Poulquer, ✆ 98 57 04 19, r. du Poulquer, à 150 m de la mer
3 ha (250 empl.) plat et peu incliné, herbeux - - - A proximité :
15 mai-sept. - **R** *conseillée* - GB - *Tarif 94 : 23 piscine comprise 9 25 14 (3A) 16 (6A)*

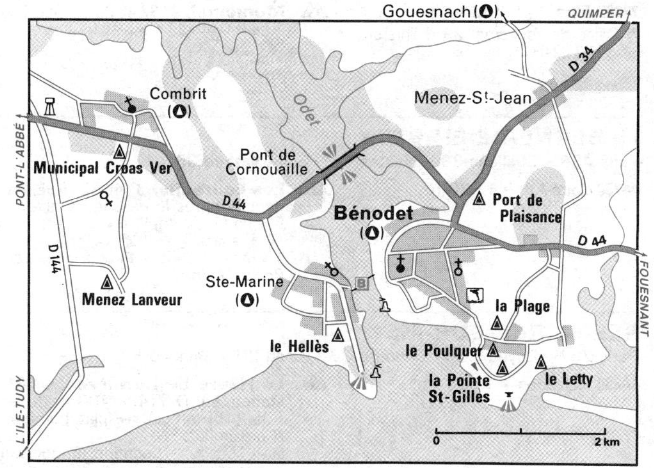

à Gouesnach N : 5 km par D 34 rte de Quimper et rte à gauche (hors schéma) - 1 769 h. - ✉ 29118 Gouesnach :

Pors-Kéraign, ✆ 98 54 61 37, O : 2,5 km, à 250 m de l'Odet
1 ha (75 empl.) peu incliné, herbeux verger - -
juil.-août - **R** - *12,85 6,40 9,30 11,80 (10A)*

à Ste-Marine O : 5 km par le pont de Cornouaille
✉ 29120 Pont-l'Abbé :

Le Hellès, ✆ 98 56 31 46, r. du Petit-Bourg, à 400 m de la plage
3 ha (150 empl.) plat et peu incliné, herbeux -
juin-sept. - **R** - *Tarif 94 : 2 pers. 47,50, pers. suppl. 13 11 (3 à 10A)*

Voir aussi à *Combrit*

BENON

9 - 71 ②

Paris 443 - Fontenay-le-Comte 36 - Niort 38 - La Rochelle 31 - Surgères 16

17170 Char.-Mar. - 426 h.

Municipal du Château « Parc », au bourg
1 ha (70 empl.) plat, herbeux - -
mai-sept. - **R** *conseillée 1er au 15 août* - *13 6 6 12 (5A)*

BÉNOUVILLE
5 - 54 ⑯ G. Normandie Cotentin

Paris 235 - Bayeux 40 - Cabourg 14 - Caen 11 - Deauville 32 - Ouistreham 5

14970 Calvados - 1 258 h.

Les Hautes Coutures, 31 44 73 08, Fax 31 95 30 80, sortie N rte d'Ouistreham, accès direct au canal maritime -
3,3 ha (222 empl.) peu incliné, herbeux -
avril-sept. - **R** *conseillée* - GB - *27 piscine comprise* *29* *17 (2A) 23 (4A) 31 (6A)*

BERCK-SUR-MER
1 - 51 ⑪ G. Flandres Artois Picardie

Paris 212 - Abbeville 43 - Boulogne-sur-Mer 39 - Montreuil 15 - Le Touquet-Paris-Plage 15

62600 P.-de-C. - 14 167 h.
Office de Tourisme, pl. Entonnoir
21 09 50 00, Fax 21 84 78 73

L'Orée du Bois, 21 84 28 51, Fax 21 84 28 56, NE : 2 km, **à Rang-du-Fliers**
18 ha/10 campables (379 empl.) plat, sablonneux, herbeux, étang - - A proximité : - Location :
avril-oct. - Location longue durée - *Places limitées pour le passage* - **R** *conseillée* - GB - *2 pers. 50 ou 60, pers. suppl. 19* *19 (3A) 29 (6A)*

BERGERAC
10 - 75 ⑭ ⑮ G. Périgord Quercy

Paris 544 - Agen 91 - Angoulême 111 - Bordeaux 93 - Pau 216 - Périgueux 47

24100 Dordogne - 26 899 h.
Office de Tourisme, 97 r. Neuve-d'Argenson
53 57 03 11

Municipal la Pelouse, 53 57 06 67, r. J.J.-Rousseau, par rte de Bordeaux et r. Boileau à droite, bord de la Dordogne
1,5 ha (80 empl.) plat et peu incliné, herbeux - -
Permanent - **R** *conseillée été* - *12* *5,50* *4/7,50* *6A : 13,50 (hiver 22)*

BERNAY
5 - 55 ⑲ G. Normandie Vallée de la Seine

Paris 154 - Argentan 69 - Évreux 50 - Le Havre 71 - Louviers 51 - Rouen 57

27300 Eure - 10 582 h.
Office de Tourisme, 29 r. Thiers
32 43 32 08

Municipal, 32 43 30 47, SO : 2 km par N 138 rte d'Alençon et rue à gauche
1 ha (50 empl.) plat, herbeux - - A proximité
15 mai-15 sept. - **R** *conseillée juil.-août* - *Tarif 94 :* *12* *13* *13/21* *15 (10A)*

La BERNERIE-EN-RETZ
9 - 67 ① ②

Paris 435 - Challans 38 - Nantes 46 - Saint-Nazaire 35

44760 Loire-Atl. - 1 828 h.

Les Écureuils, 40 82 76 95, Fax 40 64 79 52, sortie NE rte de Nantes et à gauche après le passage à niveau, av. Gilbert-Burlot - à 350 m de la mer
5,3 ha (275 empl.) plat et peu incliné, herbeux - snack - - Location *(avril-sept.)*
13 mai-17 sept. - **R** *conseillée juil.-août* - *piscine et tennis compris 2 pers. 95* *16 (6A)*

BERNIÈRES-SUR-MER
5 - 54 ⑮ G. Normandie Cotentin

Paris 257 - Bayeux 23 - Cabourg 33 - Caen 20 - Saint-Lô 59

14990 Calvados - 1 563 h.

Le Hâvre de Bernières, 31 96 67 09, Fax 31 97 31 06, à l'ouest de la station, sur D 514, à 400 m de la plage
6 ha (155 empl.) plat, herbeux - -
A proximité :
avril-15 nov. - Location longue durée - *Places disponibles pour le passage* - **R** *conseillée* - *20* *22* *20 (6A) 30 (10A)*

BERNIÈRES-SUR-SEINE
27 Eure - 55 ⑰ - rattaché aux Andelys

BERNY-RIVIÈRE
6 - 56 ③

Paris 103 - Compiègne 24 - Laon 53 - Noyon 27 - Soissons 16

02290 Aisne - 528 h.

La Croix du Vieux Pont, 23 55 50 02, Fax 23 55 05 13, S : 1,5 km sur D 91, à l'entrée de Vic-sur-Aisne, bord de l'Aisne et d'un étang
18 ha (350 empl.) plat et incliné, herbeux - -
Permanent - Location longue durée - *Places limitées pour le passage* - **R** *conseillée 15 juil.-15 août* - *élect. et piscine comprises 1 à 5 pers. 50 à 16...*

BERRIAS ET CASTELJAU
16 - 80 (

Paris 669 - Aubenas 36 - Largentière 26 - Saint-Ambroix 20 - Vallon-Pont-d'Arc 22 - Les Vans 10

07460 Ardèche - 541 h.

Les Cigales, 75 39 30 33, NE : 1 km, à la Rouvière
3 ha (70 empl.) (saison) peu incliné à incliné, pierreux, herbeux - -
avril-sept. - **R** *conseillée juil.-août* - *piscine comprise 2 pers. 50* *10 (5A...*

BERTANGLES

1 - 52 ⑧ G. Flandres Artois Picardie

Paris 144 - Abbeville 42 - Amiens 8,5 - Bapaume 50 - Doullens 24

80260 Somme - 700 h.

Le Château « Verger », 22 93 37 73
0,7 ha (33 empl.) plat, herbeux -
29 avril-10 sept. - **R** *conseillée juil.-août - 14 9 13 11 (3A) 15 (6A)*

BESLÉ

4 - 63 ⑥

Paris 402 - Châteaubriant 41 - Maure-de-Bretagne 25 - Nantes 73 - Redon 20

44 Loire-Atl.
44290 Guémené Penfao

Le Port, 40 87 23 18, sortie N par D 59, rte de Pipriac et à droite après le passage à niveau, bord de la Vilaine
0,5 ha (35 empl.) plat, herbeux, pierreux - - Location :

BESSÈGES

16 - 80 ⑧

Paris 688 - Alès 33 - La Grand-Combe 21 - Les Vans 18 - Villefort 34

30160 Gard - 3 635 h.
Office de Tourisme, 50 r. de la République 66 25 08 60

Les Drouilhèdes, 66 25 04 80 30160 Peyremale, O : 2 km par D 17 rte de Génolhac puis 1 km par D 386 à droite, bord de la Cèze
1,5 ha (90 empl.) plat, pierreux, herbeux - - - Location :
mars-15 oct. - **R** *conseillée - 2 pers. 80 16 (6A)*

BESSENAY

11 - 73 ⑲

Paris 467 - Lyon 31 - Montbrison 49 - Roanne 70 - St Étienne 62

69690 Rhône - 1 611 h.

St-Cry, 74 70 83 20, S : 3,5 km sur N 89 rte de Montbrison, bord de la Brévenne -
3 ha (110 empl.) plat, herbeux - - Discothèque - Garage pour caravanes
mai-sept. - **R** - *10 7 7 12,50 (3A)*

BESSÉ-SUR-BRAYE

5 - 64 ⑤

Paris 191 - La-Ferté-Bernard 42 - Le Mans 55 - Tours 55 - Vendôme 31

72310 Sarthe - 2 815 h.

Municipal « Cadre agréable », 43 35 31 13, sortie vers Savigny-sur-Braye et à droite, bord de la Braye
2 ha (120 empl.) plat, herbeux (1 ha) - -
15 avril-15 sept. - **R** *conseillée - 6,70 piscine comprise 4,60 4,60 6,70 (moins de 5A) 10,30 (plus de 5A)*

BESSINES-SUR-GARTEMPE

10 - 72 ⑧

Paris 363 - Argenton-sur-Creuse 58 - Bellac 33 - Guéret 54 - Limoges 36 - La Souterraine 21

87250 H.-Vienne - 2 988 h.

Municipal de Sagnat « Situation agréable », 55 76 17 69, SO : 1 km par D 27, rte de St-Pardoux et à gauche, bord de l'étang
0, 8 ha (33 empl.) en terrasses, plat, peu incliné, herbeux - - (plage)
15 juin-15 sept. - **R** - *9 5 9 8,50 (7A)*

Le BEUGNON

9 - 67 ⑰

Paris 397 - Bressuire 35 - Champdeniers 14 - Coulonges-sur-l'Autize 16 - Niort 36 - Parthenay 23

79130 Deux-Sèvres - 355 h.

Municipal (aire naturelle), sortie O par D 128, rte de Scillé, au stade
0,4 ha (16 empl.) peu incliné, herbeux -
avril-oct. - **R** *conseillée - 5,70 6,70 8,50*

BEUVRY

2 - 51 ⑭ ⑮

Paris 215 - Arras 37 - Béthune 3 - Lens 15 - Lille 36

62660 P.-de-C. - 8 744 h.

Municipal, 21 65 08 00, au NE du bourg, accès par r. Alfred-Gosselin, près d'un canal
1 ha (80 empl.) plat, herbeux - - A proximité :
avril-oct. - **R** - *12,60 17,30 11,50 à 28,50 (1 à 6A)*

BEYNAC-ET-CAZENAC

13 - 75 ⑰ G. Périgord Quercy

Paris 533 - Bergerac 63 - Brive-la-Gaillade 63 - Fumel 57 - Gourdon 27 - Périgueux 65 - Sarlat-la-Canéda 11

24220 Dordogne - 498 h.
Schéma à La Roque Gageac

Le Capeyrou, 53 29 54 95, S : en face de la station service, bord de la Dordogne
2,5 ha (100 empl.) plat, herbeux - - -
A proximité :
juin-sept. - **R** *conseillée juil.-20 août - 20 piscine comprise 25 12 (3A) 18 (6A)*

BEYNAT

10 - 75 ⑨

Paris 503 - Argentat 50 - Beaulieu-sur-Dordogne 26 - Brive-la-Gaillarde 20 - Tulle 22

19190 Corrèze - 1 068 h.

L'Étang de Miel ⩽ « Situation agréable », ✆ 55 85 50 66, E : 4 km par N 121 rte d'Argentat, bord de l'étang
50 ha/9 campables (180 empl.) vallonné, peu incliné, herbeux - A proximité : - (plage) poneys, vélos - A proximité : ✕ - Location : gîtes
juin-15 sept. - **R** *conseillée juil.-15 août - 18 20 14 (4A)*

LE BEZ

15 - 83 ②

Paris 749 - Albi 60 - Anglès 11,5 - Brassac 4,5 - Castres 22 - Mazamet 27

81260 Tarn - 654 h. alt. 600

Le Plô ⩽, ✆ 63 74 00 82, O : 0,9 km par D 30 rte de Castres et chemin à gauche
2,5 ha (65 empl.) en terrasses, bois, peu accidenté, herbeux -
15 juin-sept. - **R** *conseillée - Tarif 94 : 10 5 10/15 9 (4A)*

BÉZAUDUN-SUR-BÎNE **26** Drôme - 77 ⑬ - rattaché à Bourdeaux

BIACHE-ST-VAAST

2 - 53 ③

Paris 184 - Arras 16 - Bapaume 33 - Douai 13 - Lens 20 - Saint-Quentin 74

62118 P.-de-C. - 3 981 h.

Municipal les Étangs, ✆ 21 50 15 02, SO : 1 km par la r. du 19 Mars-1962, bord de la Scarpe et près d'un étang - Par A 1 : sortie Fresnes-lès-Montauban
1,5 ha (100 empl.) plat, herbeux -
avril-oct. - - *10,50 13,50 19 (16A)*

BIARRITZ

13 - 78 ⑪ ⑱ G. Pyrénées Aquitaine

Paris 779 - Bayonne 7 - Bordeaux 190 - Pau 121 - S.-Sebastiàn 50

64200 Pyr.-Atl. - 28 742 h.
Office de Tourisme, square d'Ixelles ✆ 59 24 20 24, Fax 59 24 14 19

Biarritz-Camping, ✆ 59 23 00 12, Fax 59 43 74 67, 28 rue d'Harcet -
3 ha (267 empl.) plat et incliné, herbeux - ✕ -
28 avril-27 sept. - **R** *indispensable 20 juin-10 sept. - GB - Tarif 94 : piscine comprise 2 pers. 97, pers. suppl. 22 17 (6A)*

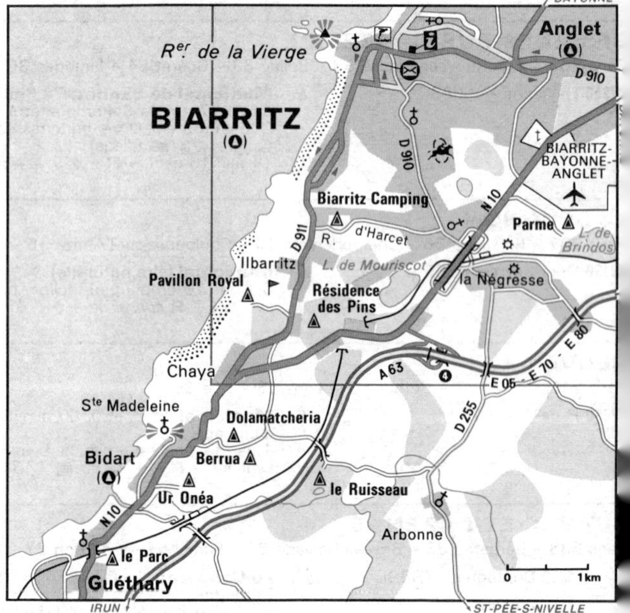

Voir aussi à *Anglet et Bidart*

BIAS

13 - 78 ⑭

Paris 703 - Castets 43 - Mimizan 7 - Morcenx 29 - Parentis-en-Born 31

40170 Landes - 505 h.

Municipal le Tatiou, 58 09 04 76, O : 2 km par rte de Lespecier
10 ha (505 empl.) plat, sablonneux pinède - snack - vélos - A proximité :
Pâques-sept. - **R** *conseillée* - GB - *Tarif 94 : piscine comprise 1 à 5 pers. 55 à 97 16 (2A) 20 (4A) 25 (10A)*

BIDART

13 - 78 ⑪ ⑱ G. Pyrénées Aquitaine

Paris 785 - Bayonne 13 - Biarritz 6,5 - Pau 120 - St-Jean-de-Luz 8,5

64210 Pyr.-Atl. - 4 123 h.
Office de Tourisme, r. de la Plage, 59 54 93 85

Schéma à Biarritz

Le Ruisseau « Agréable cadre boisé près d'un plan d'eau », 59 41 94 50, Fax 59 41 95 73, E : 2 km sur rte d'Arbonne, bord de l'Ouhabia et d'un ruisseau
14 ha/7 campables (440 empl.) plat, incliné et en terrasses, herbeux - cafétéria - salle de musculation Toboggan aquatique, vélos - Location :
20 mai-24 sept. - **R** *conseillée juil.-août - piscine comprise 2 pers. 100, pers. suppl. 25 18 (6A)*

Pavillon Royal, 59 23 00 54, Fax 59 23 44 47, N : 2 km, av. Prince-de-Galles, bord de la plage - (tentes) -
5 ha (303 empl.) plat et en terrasses, sablonneux, herbeux (1,7 ha) - - A proximité : golf (18 trous)
15 mai-25 sept. - **R** *conseillée* - GB - *Tarif 94 : élect. (5A) et piscine comprises 2 à 6 pers. 151 à 239 ou 179 à 267*

Berrua « Entrée fleurie », 59 54 96 66, Fax 59 54 78 30, E : 0,5 km rte d'Arbonne
5 ha (300 empl.) peu incliné et en terrasses, herbeux (1,5 ha) - snack - - Location :
15 avril-1er oct. - **R** *indispensable 10 juil.-20 août* - GB - *piscine comprise 2 pers. 90 ou 100 18 (6A)*

Résidence des Pins « Belle décoration florale », 59 23 00 29, Fax 59 41 24 59, N : 2 km - dans locations
6 ha (370 empl.) en terrasses, herbeux, sablonneux - - - A proximité : - Location :
25 mai-sept. - **R** *conseillée, indispensable 15 juil.-20 août* - GB - *piscine comprise 2 pers. 100, pers. suppl. 22 20 (10A)*

Ur-Onéa, 59 26 53 61, E : 0,3 km, r. de la Chapelle, à 500 m de la plage - dans les locations (juil.-août)
2,5 ha (120 empl.) (juil.-août) en terrasses, peu incliné, herbeux - - - A proximité : poneys - Location :
3 avril-26 sept. - **R** *conseillée juil.-août* - GB - *Tarif 94 : piscine comprise 2 pers. 52 à 76 (65,50 à 89,50 avec élect. 10A), pers. suppl. 13 ou 17*

Le Parc, 59 26 54 71, S : 1,2 km, à 400 m de la plage
2,4 ha (200 empl.) en terrasses, herbeux - - - Location : pavillons
juin-20 sept. - **R** *conseillée juil.-août* - GB - *2 pers. 52, pers. suppl. 13 12 (4A) 17 (6A)*

Dolamatcheria, 59 54 96 74, E : 0,5 km rte d'Arbonne
2,5 ha (150 empl.) peu incliné, herbeux - - -
15 juin-15 sept. - **R** *conseillée - Tarif 94 : 2 pers. 55 11 (3A)*

Benutzen Sie
- zur Wahl der Fahrtroute
- zur Berechnung der Entfernungen
- zur exakten Lokalisierung eines Campingplatzes (mit Hilfe der Angaben im Ortstext)
die für diesen Führer unentbehrlichen MICHELIN-Karten im Maßstab 1 : 200 000.

BILLOM

11 - 73 ⑮ G. Auvergne

Paris 437 - Clermont-Ferrand 26 - Cunlhat 29 - Issoire 32 - Thiers 26

63160 P.-de-D. - 3 968 h.
Office de Tourisme, r. Carnot (juin-15 sept.) 73 68 39 85

Municipal le Colombier, 73 68 91 50, au NE de la localité par rte de Lezoux et rue des Tennis
1 ha (40 empl.) plat et peu incliné, herbeux - - - - A proximité : - Location :
15 mai-15 oct. - **R** *conseillée juil.-août - Tarif 94 : 9,60 4,80 6,90 8,80 (4A) 16,50 (10A)*

BINIC

5 - 59 ③ G. Bretagne

Paris 464 - Guingamp 36 - Lannion 68 - Paimpol 33 - St-Brieuc 13 - St-Quay-Portrieux 7

22520 C.-d'Armor - 2 798 h.
Office de Tourisme, esplanade de la Banche, 96 73 60 12, Fax 96 73 35 23

Kerviarc'h les Palmiers « Plantations décoratives », 96 73 72 59, O : 1,5 km
1,2 ha (70 empl.) en terrasses et peu incliné, herbeux - - - Location :
15 juin-15 sept. - **R** *conseillée - 16 10/16 15 (3A)*

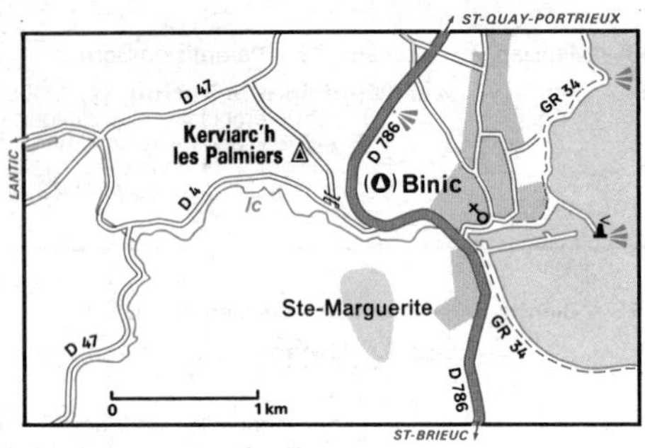

La BIOLLE **73** Savoie – 74 ⑮ – rattaché à Aix-les-Bains

BIOT **06** Alpes-Mar. – 84 ⑨ – rattaché à Antibes

BIRON

14 – 75 ⑯ G. Périgord Quercy

Paris 567 – Beaumont 24 – Bergerac 48 – Fumel 22 – Sarlat-la-Canéda 57 – Villeneuve-sur-Lot 33

24540 Dordogne – 132 h.

Étang du Moulinal « Situation agréable au bord de l'étang », 53 40 84 60, Fax 53 40 81 49, S : 4 km rte de Lacapelle-Biron puis 2 km par rte de Villeréal à droite
10 ha/5 campables (200 empl.) plat, herbeux – half-court – Location : bungalows toilés
avril-16 sept. – **R** *conseillée juil.-août* – GB – *piscine comprise 2 pers. 119, pers. suppl. 33,50 19 (3A) 26 (6A)*

BISCARROSSE

13 – 78 ⑬ G. Pyrénées Aquitaine

Paris 661 – Arcachon 39 – Bayonne 131 – Bordeaux 78 – Dax 92 – Mont-de-Marsan 86

40600 Landes – 9 054 h.
Office de Tourisme, av. de la Plage 58 78 20 96, Fax 58 78 23 65

Mayotte « Cadre agréable », 58 78 00 00, Fax 58 78 83 91, N : 6 km par rte de Sanguinet puis, à Goubern, 2,5 km par rte à gauche, à 150 m de l'étang de Cazaux (accès direct)
12 ha/5 campables (480 empl.) plat, sablonneux, herbeux pinède – discothèque, tir à l'arc – A proximité : – Location : bungalows toilés
10 juin-10 sept. – **R** *indispensable* – GB – *élect. (6 ou 10A) et piscine comprises 4 personnes 150 à 185*

Les Écureuils M « cadre agréable », 58 09 80 00, Fax 58 09 81 21, N : 4,2 km par rte de Sanguinet et rte de Navarrosse à gauche, à 400 m de l'Étang de Cazaux
6 ha (150 empl.) plat, sablonneux, herbeux – vélos – A proximité : snack – Location :
mars-nov. – **R** *conseillée juil.-août* – GB – *30 40 20 (10A)*

Domaine de la Rive, 58 78 12 33, Fax 58 78 12 92, N : 8,3 km par D 652 rte de Sanguinet, puis 2,2 km par rte à gauche, bord de l'étang de Cazaux – dans locations
15 ha (650 empl.) plat, herbeux, sablonneux pinède – snack – – Location : bungalows toilés
avril-oct. – **R** *conseillée* – *piscine comprise 1 ou 2 pers. 115, pers. suppl. 23 20 (6A)*

Bimbo, 58 09 82 33, Fax 58 09 80 14, N : 3,5 km par rte de Sanguinet et rte de Navarrosse à gauche
5 ha (120 empl.) plat, sablonneux pinède – – vélos – A proximité : – Location *(permanent)* :
avril-sept. – **R** *conseillée* – GB – *23 piscine comprise 17 20 22 (4A)*

Navarrosse, 58 09 84 32, Fax 58 09 86 22, N : 4,5 km par rte de Sanguinet et rte à gauche, bord de l'étang de Cazaux et du canal Transaquitain
16 ha/7 campables (500 empl.) plat, sablonneux – – A proximité : – Location :
mai-sept. – **R** *conseillée* – GB

BLAIN

4 – 63 ⑯ G. Bretagne

Paris 395 – Nantes 41 – Nort-sur-Erdre 22 – Nozay 15 – Saint-Nazaire 44

44130 Loire-Atl. – 7 434 h.
Office de Tourisme, pl. Jean-Guihard 40 87 15 11

Municipal le Château, 40 79 11 00, sortie SO par N 171 rte de St-Nazaire, près du château (14e siècle) et à 250 m du canal de Nantes à Brest
1 ha (44 empl.) plat, herbeux – –
mai-sept. – **R** – *6,50 6,50 6,50 6,50 (6A)*

BLAINVILLE-SUR-MER
4 - 54 ⑫ G. Normandie Vallée de la Seine

Paris 347 - Carentan 40 - Coutances 13 - Lessay 19 - Saint-Lô 42

50910 Manche - 1 113 h.

Village de Vacances le Senéquet, ✆ 33 47 23 11, Fax 33 47 09 55, NO : 2 km sur D 651 -
5 ha (100 empl.) plat et peu incliné, herbeux, gravillons - garderie - salle omnisports, salle de spectacles
juil.-2 sept. - **R** *conseillée - Adhésion obligatoire pour séjour supérieur à 1 semaine* - GB - *13,50 piscine comprise* *23/42 avec élect.*

BLAMONT
8 - 62 ⑦

Paris 370 - Baccarat 18 - Lunéville 30 - Nancy 64 - Raon-L'Etape 27 - Sarrebourg 23

54450 M.-et-M. - 1 318 h.

Municipal de la Vezouze, sortie E par D 993 rte de Cirey-sur-Vezouze, au terrain de sports, près de la Vezouze et d'un étang
0,8 ha (66 empl.) - A proximité :
mai-sept. - **R** *juil.-août* - *10* *6/10* *12 (3 à 10A)*

Le BLANC
10 - 68 ⑯ G. Berry Limousin

Paris 330 - Bellac 62 - Châteauroux 61 - Châtellerault 50 - Poitiers 63

36300 Indre - 7 361 h.
Office de Tourisme, Hôtel de Ville
✆ 54 37 05 13

Municipal d'Avant, ✆ 54 37 88 22, E : 2 km sur N 151 rte de Châteauroux, bord de la Creuse
1 ha (100 empl.) (saison) plat, herbeux -
A proximité :

BLANGY-LE-CHÂTEAU
5 - 54 ⑱

Paris 202 - Caen 54 - Deauville 22 - Lisieux 13 - Pont-Audemer 26

14130 Calvados - 618 h.

Le Brévedent ✆ 31 64 72 88, Fax 31 64 33 41, SE : 3 km par D 51, au château, bord d'un étang -
21 ha/3,5 campables (130 empl.) plat et incliné, herbeux verger - - A proximité :
15 mai-15 sept. - **R** *conseillée* - *28 piscine comprise* *40* *18*

Le Domaine du Lac, ✆ 31 64 62 00, Fax 31 64 15 91, sortie NO par D 140 rte du Mesnil-sur-Blangy, bord d'un plan d'eau et du Chaussey
7 ha/3 campables (100 empl.) plat et peu incliné, herbeux - - - A proximité : half-court
avril-oct. - **R** *conseillée* - GB - *20* *5* *25* *15 (5A)*

BLANGY-SUR-BRESLE
1 - 52 ⑥

Paris 148 - Abbeville 28 - Amiens 53 - Dieppe 53 - Neufchâtel-en-Bray 28 - Le Tréport 24

76340 S.-Mar. - 3 447 h.
Office de Tourisme, 1 r. Chekroun
✆ 35 93 52 48

Municipal les Etangs, ✆ 35 94 55 65, à 2,3 km au SE du centre ville, entre deux étangs - accès par rue du Maréchal-Leclerc, près de l'église et rue des Etangs
0,6 ha (59 empl.) plat, herbeux - - A proximité :
15 mars-15 oct. - - *11* *6,60* *8,80* *5,50 (5A) 11 (10A)*

BLAVOZY **43** H.-Loire - 76 ⑦ - rattaché au Puy-en-Velay

BLÉNEAU
6 - 65 ③

Paris 155 - Auxerre 56 - Bonny-sur-Loire 21 - Briare 19 - Clamecy 60 - Gien 29 - Montargis 41

89220 Yonne - 1 585 h.

Municipal la Pépinière « Cadre agréable », sortie N par D 64 rte de Champcevrais
1,3 ha (50 empl.) plat, herbeux - - - A l'entrée :
avril-15 oct. - - *5,90* *8,60* *9,10 (10A)*

BLÉRÉ
5 - 64 ⑯ G. Châteaux de la Loire

Paris 232 - Blois 46 - Château-Renault 32 - Loches 25 - Montrichard 16 - Tours 27

37150 I.-et-L. - 4 388 h.
Office de Tourisme,
r. J.-J.-Rousseau (15 juin-sept.)
✆ 47 57 93 00, Fax Mairie
✆ 47 23 57 73

Municipal la Gatine « Entrée fleurie », ✆ 47 57 92 60, à l'est de la ville, r. du Commandant-Lemaître, près du Cher
4 ha (270 empl.) plat, herbeux - - -
A proximité :
15 avril-15 oct. - - *1 ou 2 pers. 44,30, pers. suppl. 11,60* *16,35 (5A) 22,15 (10A) 32,70 (16A)*

BLOIS P
5 - 64 ⑦ G. Châteaux de la Loire

Paris 182 - Orléans 60 - Le Mans 112 - Tours 65

41000 L.-et-Ch. - 49 318 h.
Office de Tourisme,
3 av. J.-Laigret
✆ 54 74 06 49, Fax 54 56 04 59

Municipal, ✆ 54 74 22 78, SE : 2,7 km à l'intersection de la déviation, de la D 951 et de la D 956, près de la Loire
1,5 ha (80 empl.) plat, herbeux -
mars-nov. - **R** *conseillée*

BLOT-L'ÉGLISE
11 - 73 ③ ④

Paris 378 - Clermont-Ferrand 46 - Manzat 13 - Pontgibaud 39 - Riom 30 - Saint-Gervais-d'Auvergne 16

63440 P.-de-D. - 392 h. alt. 639

Municipal, S : 0,5 km par D 50 rte de Manzat
0,5 ha (50 empl.) plat, herbeux - -
15 juin-15 sept. - *Tarif 94 : 6 4 4 10*

BLYE
12 - 70 ⑭

Paris 428 - Bourg-en-Bresse 80 - Lons-le-Saunier 18 - Orgelet 14 - Saint-Claude 42 - Saint-Laurent-en-Grandvaux 34

39130 Jura - 110 h.

Les Claies, 84 48 30 55, sortie S par D 151 rte de Pont-de-Poitte
1 ha (40 empl.) plat, herbeux -
15 juin-15 sept. - **R** - *11 6 9 10 (3A)*

La BOCCA **06** Alpes-Mar. - 84 ⑨ - rattaché à Cannes

BOIS-DE-CÉNÉ
9 - 67 ②

Paris 431 - Challans 10 - Nantes 49 - Noirmoutier-en-l'Ile 43 - Saint-Nazaire 61

85710 Vendée - 1 232 h.

Le Bois Joli, 51 68 20 05, Fax 51 68 46 40, sortie S par D 58 rte de Challans et D 28 à droite
3 ha (120 empl.) plat, herbeux - -
- Location :
avril-sept. - **R** *conseillée - Tarif 94 : piscine et tennis compris 2 pers. 65, pers. suppl. 18 15 (6A)*

Le BOIS-PLAGE-EN-RÉ **17** Char.-Mar. - 71 ⑫ - voir à Ré (Ile de)

La BOISSIÈRE-DE-MONTAIGU
9 - 67 ④

Paris 382 - Cholet 139 - Nantes 43 - La Roche-sur-Yon 50

85600 Vendée - 1 584 h.

L'Eden, 51 41 62 32, Fax 40 68 98 62, SO : 2,3 km par D 62 rte de Chavagnes-en-Paillers puis à droite
15 ha/8 campables (100 empl.) plat, pierreux, herbeux, prairies, étang et sous-bois - - poneys - Location :
mai-mi-oct. - **R** *conseillée* - GB - *Tarif 94 : élect. (4A), piscine et tennis compris 3 pers. 99, pers. suppl. 24*

BOISSON
16 - 80 ⑧

Paris 685 - Alès 18 - Barjac 15 - La Grand-Combe 29 - Lussan 15 - Saint-Ambroix 11

30 Gard - ✉ 30500 St-Ambroix

Château de Boisson, 66 24 85 61, Fax 66 24 80 14, au bourg -
5 ha (114 empl.) plat, herbeux, pierreux - snack cases réfrigérées - vélos - A proximité : - Location : , appartements
mai-sept. - **R** *conseillée juil.-août - 30 piscine comprise 45 15 (5A)*

BOLLÈNE
16 - 81 ① G. Provence

Paris 639 - Avignon 50 - Montélimar 34 - Nyons 35 - Orange 22 - Pont-Saint-Esprit 10

84500 Vaucluse - 13 907 h.
Office de Tourisme, pl. Reynaud-de-la-Gardette 90 40 51 45

Le Barry « Cadre agréable », 90 30 13 20, Fax 90 40 48 64, N : 4,2 km par D 26, rte de Pierrelatte et rte à droite, par St-Pierre
3 ha (100 empl.) peu incliné et en terrasses, pierreux, herbeux - - discothèque - Location :
Permanent - **R** *conseillée juil.-août* - GB - *25 piscine comprise 31 19 (6A)*

La Simioune « Agréable cadre boisé », 90 30 44 62, NE : 5 km par rte de Lambisque (ancienne rte de Suze-la-Rousse longeant le Lez) et à gauche
1,5 ha (80 empl.) plat et en terrasses, accidenté, sablonneux - - poneys
Permanent - **R** *conseillée été - élect. (6A) et piscine comprises 2 pers. 70, pers. suppl. 20*

Municipal du Lez, 90 30 13 86, accès par pl. du 18-Juin-1940, bord du Lez
1,2 ha (70 empl.) plat et terrasse, pierreux, herbeux -
avril-sept. - **R**

BOLLEZEELE
1 - 53

Paris 277 - Calais 47 - Dunkerque 23 - Lille 66 - Saint-Omer 17

59470 Nord - 1 476 h.

St. Antoine, 28 68 84 18, sortie S par D 246 rte de Volckerinckhove et chemin à gauche
1,2 ha (39 empl.) plat et peu incliné, herbeux - (saison)
Location longue durée - *Places disponibles pour le passage*

BONIFACIO **2A** Corse-du-Sud - 90 ⑨ - voir à Corse

BONLIEU
12 - 70 ⑮ G. Jura

Paris 426 - Champagnole 22 - Lons-le-Saunier 33 - Morez 25 - St-Claude 41

39130 Jura - 206 h. alt. 785

L'Abbaye <, 84 25 57 04, E : 1,5 km par N 78, rte de St-Laurent-en-Grandvaux
3 ha (112 empl.) plat et incliné, herbeux - A proximité :
mai-sept. - **R** *conseillée juin-14 juil., indispensable 15 juil.-15 août - 18 18 12 (5 ou 6A)*

BONLIEU-SUR-ROUBION
16 - 77 ⑫

Paris 606 - Crest 23 - Dieulefit 21 - Grignan 28 - Montélimar 13 - Valence 48

26160 Drôme - 286 h.

Les Chênes, 75 46 71 81, NO : 1,5 km par D 74 et chemin à droite
1,2 ha (33 empl.) plat
juil.-août - **R** *conseillée - 20 piscine comprise 6 8/12 12 (3A) 15 (6A) 20 (10A)*

BONNAL 25 Doubs - 66 ⑥ - rattaché à Rougemont

BONNES
10 - 68 ⑭

Paris 331 - Châtellerault 25 - Chauvigny 6,5 - Poitiers 23 - La Roche-Posay 32 - Saint-Savin 25

86300 Vienne - 1 290 h.

Municipal, 49 56 44 34, au sud du bourg, bord de la Vienne
1,2 ha (65 empl.) plat, herbeux, pierreux - A proximité :
12 mai-sept. - **R** - *12 5 5 10 (10A)*

BONNEVAL
5 - 60 ⑰ G. Châteaux de la Loire

Paris 117 - Ablis 58 - Chartres 30 - Châteaudun 15 - Étampes 86 - Orléans 58

28800 E.-et-L. - 4 420 h.
Office de Tourisme, 2 pl. de l'Eglise 37 47 55 89

Municipal « Cadre boisé », 37 47 54 01, S : 1,5 km par rte de Conie et rte de Vouvray à droite, bord du Loir
2,6 ha (130 empl.) plat et peu incliné, herbeux, gravier, bois attenant - vélos - A proximité : (découverte l'été)
mars-nov. - **R** *conseillée juil.-15 août*

BONNEVILLE
12 - 74 ⑦ G. Alpes du Nord

Paris 558 - Albertville 73 - Annecy 41 - Chamonix-Mont-Blanc 54 - Nantua 86 - Thonon-les-Bains 46

74130 H.-Savoie - 9 998 h.
Office de Tourisme, pl. Hôtel de Ville 50 97 38 37

Municipal du Bois des Tours <, 50 97 04 31, NE : r. des Bairiers
1,3 ha (70 empl.) peu incliné, plat, herbeux -
15 juin-15 sept. - **R** - *Tarif 94 : 10,10 7,10 8,15 11,10 (5A)*

BONNIEUX
16 - 84 ② G. Provence

Paris 722 - Aix-en-Provence 45 - Apt 9,5 - Cavaillon 26 - Salon-de-Provence 49

84480 Vaucluse - 1 422 h.
Syndicat d'Initiative, pl. Carnot 90 75 91 90, Fax 90 75 92 94

Municipal du Vallon <, 90 75 86 14, sortie S par D 3, rte de Ménerbes et chemin à gauche
1,3 ha (80 empl.) plat et en terrasses, pierreux, herbeux, bois attenant (0,7 ha) -
15 mars-15 oct. - **R** - *9,80 5,65 7,70 10,30 (10A)*

BORDEAUX
9 - 71 ⑨ G. Pyrénées Aquitaine

Paris 579 - Lyon 531 - Nantes 324 - Strasbourg 929 - Toulouse 245

33000 Gironde - 210 336 h.
Office de Tourisme, 12 cours 30-Juillet 56 44 28 41, Fax 56 81 89 21, gare St-Jean 56 91 64 70 et à l'aéroport, hall d'arrivée, 56 34 39 39

à Ambarès-et-Lagrave NE : 14 km par D 911 (ex N 10) - 10 195 h.
✉ 33440 Ambarès-et-Lagrave :

Clos Chauvet « Cadre agréable et entrée fleurie », 56 38 81 08, SO : 1 km sur D 911, rte de Bordeaux - Par A 10, sortie 32[1], rte d'Ambarès-Lagrave
0,8 ha (35 empl.) plat, peu incliné, herbeux -
mai-oct. - *Exclusivement pour passage touristique - 18 16 14 (10A)*

BORMES-LES-MIMOSAS
17 - 84 ⑯ G. Côte d'Azur

Paris 879 - Fréjus 58 - Hyères 22 - Le Lavandou 5 - St-Tropez 34 - Ste-Maxime 38 - Toulon 42

83234 Var - 5 083 h.
Office de Tourisme, pl. Gambetta 94 71 15 17, Fax 94 64 79 57 et bd de la Plage la Favière (juin-sept) 94 64 82 57, Fax 94 64 79 61

Manjastre < « Cadre agréable », 94 71 03 28, Fax 94 71 63 62, NO : 5 km, sur N 98, rte de Cogolin - 15 juin-12 sept.
3,5 ha (120 empl.) en terrasses, pierreux -
Permanent - **R** *conseillée été - piscine comprise 3 pers. 110, pers. suppl. 25,80 22 (6A)*

Voir aussi *au Lavandou*

BORT-LES-ORGUES

10 - 76 ② G. Auvergne

Paris 473 - Aurillac 81 - Clermont-Ferrand 81 - Mauriac 29 - Le Mont-Dore 48 - St-Flour 87 - Tulle 79 - Ussel 29

19110 Corrèze - 4 208 h.

Office de Tourisme, pl. Marmontel 55 96 02 49

Les Aubazines « monts du Cantal « Belle situation au bord du lac », 55 96 08 38, N : 2,5 km par D 979 rte d'Ussel et chemin à droite
26 ha/4,5 campables (139 empl.) en terrasses, plat, herbeux, pierreux, sablonneux (1 ha) - A proximité :
10 juin-16 sept. - **R** *conseillée juil.-août - 13 8 9 12 (6A)*

Outre-Val « Belle situation au bord du lac », 55 96 05 82, N : 12 km par D 979 rte d'Ussel et rte à droite - Accès difficile pour caravanes (pente à 17%), véhicule tracteur disponible
3,2 ha (70 empl.) en terrasses, herbeux, sablonneux, pierreux -
Pentecôte-15 oct. - **R** - GB - *Tarif 94 : 11 6 9 12 (3A)*

Le Bois d'Enval « Belle situation dominante « monts du Cantal », 55 96 06 62, N : 11,5 km par D 979 rte d'Ussel et rte à droite - alt. 650
2 ha (33 empl.) incliné, plat, herbeux -
mai-15 oct. - **R** *conseillée juil.-août - 9 5 9 10 (8A)*

Municipal Beausoleil «, 55 96 00 31, SO : 2 km par D 979 et rte de Ribeyrolles
4 ha (200 empl.) plat, peu incliné, herbeux - -
juin-sept. - **R** - *Tarif 94 : 9,20 4,80 4,80 6 (moins de 10A) 14,60 (plus de 10A)*

Municipal le Tourlourou «, SO : 4,5 km par D 979 et rte de Ribeyrolles, près de la Dordogne
1,6 ha (130 empl.) plat, herbeux (1 ha) -
Pâques-sept. - **R** - *Tarif 94 : 6 3,80 2,90*

Les BOSSONS

74 H.-Savoie - 74 ⑧ - rattaché à Chamonix-Mont-Blanc

BOUAFLES

27 Eure - 55 ⑰ - rattaché aux Andelys

BOUBERS-SUR-CANCHE

1 - 51 ⑬

Paris 186 - Abbeville 38 - Amiens 50 - Arras 47 - Saint-Pol-sur-Ternoise 13

62270 P.-de-C. - 604 h.

La Flore, sortie E par D 340 rte de Frévent
1 ha (50 empl.) peu incliné, herbeux - (juin-fin août)
avril-sept. - **R** *conseillée - 3 pers. 40 12 (3A)*

BOUCHEMAINE

4 - 63 ⑳

Paris 302 - Angers 8 - Candé 40 - Chenillé 37 - Le Lion d'Angers 26

49080 M.-et-L. - 5 799 h.

Syndicat d'Initiative - Mairie 41 77 17 19

Municipal le Château « Entrée fleurie », 41 77 11 04, S par D 111, bord de la Maine
1 ha (100 empl.) (juil.-août) plat, herbeux - - A proximité :
mai-15 sept. - **R** - *10,20 10,20 10,20 13,30*

BOUGÉ-CHAMBALUD

12 - 77 ②

Paris 521 - Annonay 29 - Beaurepaire 13 - Grenoble 76 - Romans-sur-Isère 54 - Tournon-sur-Rhône 42

38150 Isère - 814 h.

Le Temps Libre « Entrée fleurie », 74 84 04 09, Fax 74 84 15 71, sortie SE par D 131, rte d'Épinouze puis 0,7 km par rte à droite, bord du Dolon - Par autoroute A7 : sortie Chanas
4 ha (150 empl.) en terrasses, herbeux, pierreux - - Toboggan aquatique - Location *(juin-sept.)* :
Pâques-oct. - Location longue durée - *Places disponibles pour le passage* - **R** *indispensable juil.-août - 30 piscine et tennis compris 35 20 (9A)*

BOULOGNE-SUR-GESSE

14 - 82 ⑮

Paris 755 - Auch 46 - Aurignac 23 - Castelnau-Magnoac 13 - Lannemezan 32 - L'Isle-en-Dodon 21

31350 H.-Gar. - 1 531 h.

Municipal du Lac , 61 88 20 54, SE : 1,3 km par D 633 rte de Montréjeau et rte à gauche, à 300 m du lac
2 ha (165 empl.) plat et peu incliné, herbeux - - A proximité : - Location *(juin-sept.)* : bungalows toilés
Permanent - **R** *conseillée - 10 14 avec élect.*

BOULOGNE-SUR-MER

1 - 51 ① G. Flandres Artois Picardie

Paris 293 - Calais 35 - Montreuil 39 - Saint-Omer 50 - Le-Touquet-Paris-Plage 30

62200 P.-de-C. - 43 678 h.

Office de Tourisme, quai de la Poste 21 31 68 38, Fax 21 33 81 09, annexe Vieille Ville 21 31 57 67

à Isques SE : 4 km par N 1 - 1 171 h. - ✉ 62360 Isques

Les Cytises, 21 31 11 10, au bourg, accès par N 1, au stade
2,5 ha (51 empl.) en terrasse, herbeux - - tir à l'arc - A proximité :
avril-15 oct. - **R** *conseillée juil.-août - 17 tennis compris 17 17 15 (3A) 20 (10A)*

à Wacquinghen NE : 8 km par A 16 – 188 h. – 62250 Marquise

L'Escale, 21 32 00 69, au bourg par l'ancienne N 1 – par A 16 sortie 4
11 ha (198 empl.) plat, peu incliné, herbeux – snack – – Location :
15 mars-15 oct. – – GB – *18* *9* *12/14*

BOULOIRE

5 – 64 ④

Paris 186 – La Chartre-sur-le-Loir 32 – Connerré 12 – Le Mans 30 – Vendôme 48

72440 Sarthe – 1 829 h.

Municipal, 43 35 52 09, sortie E rte de St-Calais
1,3 ha (33 empl.) plat, peu incliné et terrasse, herbeux – –
A proximité :

Le BOULOU

15 – 86 ⑲ G. Pyrénées Roussillon

Paris 885 – Amélie-les-Bains 16 – Argelès-sur-Mer 19 – Barcelona 165 – Céret 9 – Perpignan 21

66160 Pyr.-Or. – 4 436 h. – fév.-nov.
Office de Tourisme, r. des Écoles 68 83 36 32

Le Mas Llinas « Chaîne des Albères « Agréable situation », 68 83 25 46, N : 3 km par N 9 rte de Perpignan et chemin à gauche, devant Intermarché – dans locations
3 ha (100 empl.) en terrasses, gravier – – – Location :
Permanent – **R** *conseillée* – *piscine comprise 1 à 4 pers. 46 à 89* *12 (5A) 17 (10A)*

L'Olivette, 68 83 48 08, S : 2 km par N 9, aux Thermes du Boulou, bord de la Rome
2,7 ha (163 empl.) plat et terrasse, herbeux –
avril-oct. – **R** – *2 pers. 58* *9 (6A) 15 (10A)*

BOURBON-LANCY

11 – 69 ⑯ G. Bourgogne

Paris 311 – Autun 63 – Mâcon 110 – Montceau-les-Mines 53 – Moulins 36 – Nevers 72

71140 S.-et-L. – 6 178 h. – 2 avril-21 oct.
Office de Tourisme, pl. d'Aligre (fermé matin nov.-fév.) 85 89 18 27

Le Plan d'Eau, 85 89 34 27, sortie O par rte de Moulins et chemin à gauche, près du plan d'eau
1,8 ha (64 empl.) peu incliné, herbeux – – –
A proximité : poneys – Location :
juin-oct. – **R** *conseillée* – *11,50* *8* *9* *10*

Saint-Prix, 85 89 14 85, vers sortie SO rte de Digoin, à la piscine, à 200 m d'un plan d'eau
2,5 ha (128 empl.) plat, incliné et en terrasses, herbeux – – – A proximité :
avril-oct. – **R** *conseillée* – *11,50* *8* *9* *10*

BOURBON-L'ARCHAMBAULT

11 – 69 ⑬ G. Auvergne

Paris 290 – Montluçon 48 – Moulins 22 – Nevers 51 – St-Amand-Montrond 55

03160 Allier – 2 630 h. – 15 janv.-14 déc.
Office de Tourisme, 1 pl. des Thermes (saison) 70 67 09 79, Thermes (hors saison) 70 67 07 88

Municipal Parc Jean Bignon, 70 67 08 83, sortie SO par rte de Montluçon et rue à droite
3 ha (157 empl.) plat et peu incliné, herbeux – – – A proximité :
mars-oct. – – *Tarif 94 :* *12,20* *5* *6,80* *11,30 (moins de 5A) 13 (plus de 5A)*

BOURBONNE-LES-BAINS

7 – 62 ⑬ G. Alsace Lorraine

Paris 324 – Chaumont 54 – Dijon 120 – Langres 38 – Neufchâteau 53 – Vesoul 59

52400 H.-Marne – 2 764 h. – mars-nov.
Office de Tourisme, Centre Borvo, pl. des Bains 25 90 01 71, Fax 25 90 14 12

Le Montmorency <, 25 90 08 64, sortie O par rte de Chaumont et rte à droite, à 100 m du stade
1,5 ha (60 empl.) peu incliné, herbeux – – A proximité : – Location :
avril-oct. – **R** – *11,90* *9,75/10,90* *9,75 (6A)*

La BOURBOULE

11 – 73 ⑬ G. Auvergne

Paris 472 – Aubusson 80 – Clermont-Ferrand 48 – Mauriac 70 – Ussel 52

63150 P.-de-D. – 2 113 h. alt. 852 – .
Office de Tourisme, pl. de l'Hôtel-de-Ville 73 65 57 71, Fax 73 65 50 21

Les Clarines <, 73 81 02 30, Fax 73 81 09 34, E : 1,5 km, par av. du Maréchal Leclerc et D 996 rte du Mont-Dore
3 ha (150 empl.) peu incliné et en terrasses, herbeux, gravier (2 ha) – – – A proximité : – Location :
Permanent – **R** *conseillée juil.-août* – GB – *Tarif 94 :* *piscine comprise 2 pers. 65* *11,50 (3A) 22 (6A) 31 (10A)*

Municipal les Vernières <, 73 81 10 20, sortie E par D 130 rte du Mont-Dore, près de la Dordogne
1,5 ha (165 empl.) plat et terrasse, herbeux – – – A proximité :
vacances de printemps-sept. – – *Tarif 94 :* *14,50* *10,50* *12,50 (3A) 24 (6A) 36 (10A)*

à Murat-le-Quaire N : 2,5 km par D 88 – 435 h.
✉ 63150 Murat-le-Quaire :

Municipal les Couderts ≤, ✆ 73 65 54 81, sortie N rte de la Banne d'Ordanche, bord d'un ruisseau – alt. 1 040
1,7 ha (58 empl.) (juil.-août) plat, peu incliné, en terrasses, herbeux – – Location : huttes
Pâques-sept. – **R** *conseillée juil.-août – 12 11 10 (3A) 19 (6A) 28 (10A)*

Le Panoramique ≤, ✆ 73 81 18 79, E : 1,4 km par D 219, rte du Mont-Dore et chemin à gauche – alt. 1 000
3 ha (85 empl.) en terrasses, herbeux –
mai-15 oct. – **R** *conseillée juil.-août – 2 pers. 58 11 (3A) 22 (6A) 35 (10A)*

Municipal du Plan d'Eau ≤, ✆ 73 81 10 05, N : 1 km, sur D 609 rte de la Banne-d'Ordanche, bord d'un ruisseau et près d'un plan d'eau – alt. 1 050
0,8 ha (40 empl.) plat, peu incliné, herbeux – – – A proximité :
juil.-août – **R** *conseillée – 12 11 10 (3A) 19 (6A) 28 (10A)*

BOURCEFRANC-LE-CHAPUS

9 – 71 ⑭ G. Poitou Vendée Charentes

Paris 499 – Le Château-d'Oléron 9 – Marennes 6 – Rochefort 26 – La Rochelle 60

17560 Char.-Mar. – 2 851 h.
Schéma à Oléron

Municipal la Giroflée, ✆ 46 85 06 43, S : 2 km, près de la plage
3,2 ha (100 empl.) (juil.-août) plat, herbeux, sablonneux (2 ha) – – A proximité : crêperie
juin-15 sept. – **R** *conseillée 14 juil.-15 août – 11 9,35 11,05 (3 ou 5A)*

BOURDEAUX

16 – 77 ⑬

Paris 615 – Crest 23 – Montélimar 40 – Nyons 36 – Pont-Saint-Esprit 72 – Valence 52

26460 Drôme – 562 h.

Municipal le Gap des Tortelles ≤, ✆ 75 53 30 45, sortie SE par D 70, rte de Nyons et chemin à droite, bord du Roubion
0,7 ha (44 empl.) plat et terrasse, herbeux, pierreux – – – A proximité :
15 avril-15 oct. – **R** *conseillée juil.-août – 12,70 7,10 7,10 12,15 (3A)*

à Bézaudun-sur-Bîne NE : 4 km par D 538 et D 156 – 47 h.
✉ 26460 Bézaudun-sur-Bîne :

Le Moulin (aire naturelle) ≤ « Cadre agréable », ✆ 75 53 37 21, sortie O rte de Bourdeaux, bord de la Bîne
2,5 ha (25 empl.) plat, peu incliné, herbeux – –
avril-oct. – **R** *conseillée – 12 piscine comprise 8 8 8 (4A)*

au Poët-Célard NO : 4 km par D 328 – 142 h. – ✉ 26460 Bourdeaux :

Le Cousepeau ≤ « Site agréable », ✆ 75 53 30 14, Fax 75 53 37 23, SE : 1,3 km par D 328A – alt. 600
2 ha (50 empl.) en terrasses et peu incliné, herbeux – snack – vélos, tir à l'arc – Location : , bungalows toilés
mai-sept. – **R** *conseillée juil.-août* – GB – *piscine comprise 2 pers. 100*

BOURG

7 – 66 ③

Paris 305 – Auberive 21 – Champlitte 27 – Chaumont 42 – Dijon 59 – Langres 8,5

52200 H.-Marne – 165 h.

La Croix d'Arles, ✆ 25 88 24 02, N : 2,5 km par N 74 rte de Langres, au lieu-dit la Croix d'Arles
4 ha (60 empl.) (saison) plat, peu accidenté, herbeux – snack –
avril-oct. – **R** *conseillée juil.-15 août – 15 piscine comprise 25 12 (10A)*

BOURG-ACHARD

5 – 55 ⑤ G. Normandie Vallée de la Seine

Paris 144 – Bernay 42 – Évreux 62 – Le Havre 61 – Rouen 26

27310 Eure – 2 255 h.

Le Clos Normand, ✆ 32 56 34 84, sortie O rte de Pont-Audemer
1,4 ha (85 empl.) plat et peu incliné, herbeux, bois attenant – –
avril-sept. – **R** *juil.-août – 15 8 15 15 (5A)*

BOURGANEUF

10 – 72 ⑨ G. Berry Limousin

Paris 389 – Aubusson 39 – Guéret 34 – Limoges 47 – Tulle 101 – Uzerche 80

23400 Creuse – 3 385 h.
Office de Tourisme, Tour Lastic
✆ 55 64 12 20

Municipal la Chassagne, N : 1,5 km par D 912, rte de la Souterraine, bord du Taurion
0,7 ha (70 empl.) plat, peu incliné, herbeux –
15 juin-15 sept. – R – *Tarif 94 : 7,30 5,20 5,20 6,30*

BOURG-ARGENTAL

11 - 76 ⑨ G. Vallée du Rhône

Paris 532 - Annonay 16 - Condrieu 33 - Montfaucon-en-Velay 28 - Saint-Etienne 28 - Vienne 44

42220 Loire - 2 877 h.

L'Astrée <, 77 39 72 97, E : 1,7 km par N 82 rte d'Annonay, bord de la Déôme
1 ha (78 empl.) plat et peu incliné, herbeux - vélos - A proximité : toboggan aquatique
Permanent - **R** *conseillée - 16 piscine et tennis compris 10 12/14 10 (2A) 14 (4A) 18 (6A)*

Le BOURG-D'ARUD

12 - 77 ⑥ G. Alpes du Nord

Paris 629 - L'Alpe-d'Huez 23 - Le Bourg-d'Oisans 14 - Les Deux-Alpes 30 - Grenoble 64

38 Isère alt. 950 - 38520 Venosc

Le Champ du Moulin < « Site agréable », 76 80 07 38, Fax 76 80 24 44, sortie O par D 530, bord du Vénéon
1 ha (51 empl.) plat, herbeux, pierreux - snack, pizzeria - Toboggan aquatique, tir à l'arc - A proximité : - Location : , appartements, gîte d'étape
15 juin-15 sept.-15 déc.-15 mai - **R** *conseillée été* - **GB** - *2 pers. 92,50, pers. suppl. 23 12 (3A) 20 (6A) 30 (10A)*

La Cascade <, 76 80 04 77, au SO du bourg, près d'une cascade
0,5 ha (41 empl.) peu incliné, herbeux (0,5 ha) -
15 avril-1er nov. - **R** *conseillée - 12 5 10 10 (10A)*

Le Savet <, 76 80 06 91, au bourg, à 50 m du Vénéon
0,25 ha (15 empl.) plat, herbeux, pierreux - - A proximité : tir à l'arc, vélos
15 mai-1er oct. - **R** - *14 10 30 10 (6A) 14 (8A)*

BOURG-DE-PÉAGE

12 - 77 ②

Paris 561 - Pont-en-Royans 28 - Romans-sur-Isère 2 - Tournon-sur-Rhône 20 - Valence 18

26300 Drôme - 9 248 h.

Office de Tourisme, allée Alpes de Provence 75 72 18 36

à Barbières SE : 15 km par D 149 - 583 h. - 26300 Barbières :

Le Gallo-Romain <, 75 47 44 07, SE : 1,2 km par D 101, rte du Col de Tourniol, bord de la Barberolle -
3 ha (70 empl.) plat et peu incliné, pierrreux, herbeux - vélos - Location : studios
mai-sept. - **R** *conseillée juil.-août - 15 piscine comprise 60 10 (7A)*

BOURG-DES-COMPTES

4 - 63 ⑥

Paris 367 - Châteaubriant 41 - Nozay 44 - Rennes 24 - Vitré 58

35580 I.-et-V. - 1 727 h.

Municipal la Courbe, O : 2 km par rte de Guichen et rte à gauche avant le pont, à 100 m de la Vilaine et d'un étang
1 ha (60 empl.) plat, herbeux -
15 avril-oct. - **R** *été - Tarif 94 : 7,40 4,20 4,20 7,90 (3A)*

Le BOURG-D'HEM

10 - 72 ⑨ G. Berry Limousin

Paris 335 - Aigurande 20 - Le Grand-Bourg 29 - Guéret 19 - La Souterraine 36

23220 Creuse - 278 h.

Municipal < « Site agréable », 55 62 84 36, à 1,7 km à l'ouest du bourg par D 48 rte de Bussière-Dunoise et chemin à droite, bord de la Creuse
0,33 ha (36 empl.) en terrasses, herbeux - - (plage) - A proximité : snack
juin-sept. - **R** *conseillée juil.-août - 10 6 6 7 (4A)*

Le BOURG-D'OISANS

12 - 77 ⑥ G. Alpes du Nord

Paris 619 - Briançon 67 - Gap 99 - Grenoble 49 - St-Jean-de-Maurienne 71 - Vizille 31

38520 Isère - 2 911 h. alt. 719 - Sports d'hiver :

Office de Tourisme, quai Girard 76 80 03 25

A la Rencontre du Soleil < « Entrée fleurie », 76 79 12 22, Fax 76 80 26 37, NE : 1,7 km rte de l'Alpe-d'Huez, bord de la Sarennes
1,6 ha (73 empl.) plat, herbeux - pizzeria -
20 mai-10 sept. - **R** *indispensable 8 juil.-20 août - piscine comprise 2 pers. 110, 3 pers. 126, pers. suppl. 26 16 (2A) 20 (6A) 23 (10A)*

La Cascade <, 76 80 02 42, Fax 76 80 22 63, NE : 1,5 km rte de l'Alpe-d'Huez, près de la Sarennes
2,4 ha (140 empl.) plat, herbeux, pierreux - - - Location :
fermé du 1er oct. au 14 déc. - **R** *conseillée juil.-août - piscine comprise 2 pers. 106, 3 pers. 122 16 (6 à 15A)*

Caravaneige le Vernis, 76 80 02 68, SE : 2,5 km sur N 91 rte de Briançon et près de la Romanche -
1,2 ha (60 empl.) plat, herbeux - -
déc.-1er mai et juin-15 sept. - **R** *hiver - piscine comprise 2 pers. 70, pers. suppl. 15*

Le Colporteur <, 76 79 11 44, Fax 76 79 11 49, au sud du bourg, près de la piscine, bord d'un ruisseau
3,3 ha (140 empl.) plat, herbeux - - A proximité :
juin-sept. - **R** *conseillée juil.-août* - **GB** - *Tarif 94 : 2 pers. 42/60, pers. suppl. 19 15 (5A)*

à la Garde NE : 4 km par N 91 et D 211 à gauche - 52 h.
✉ 38520 la Garde :

Le Préoula ⛺, ☎ 76 80 11 19, au bourg - alt. 970
0,2 ha (12 empl.) plat, herbeux, pierreux - A proximité : 🍷 ✕
25 juin-25 août - **R** - *2 pers. 50, pers. suppl. 15* *12 (2A) 16 (6A)*

à Rochetaillée N : 7 km par N 91 rte de Grenoble et rte d'Allemont à droite
✉ 38520 le Bourg-d'Oisans :

Belledonne ≤, ☎ 76 80 07 18, Fax 76 79 12 95
3,5 ha (150 empl.) plat, herbeux - 🍷 snack - A proximité :
3 juin-3 sept. - **R** *conseillée 10 juil.-15 août - piscine comprise 2 pers. 93, 3 pers. 110, pers. suppl. 23* *13 (3A) 19 (6A)*

BOURG-DUN

1 - 52 ③ ④ G. Normandie Vallée de la Seine

Paris 198 - Dieppe 19 - Fontaine-le-Dun 7 - Rouen 57 - Saint-Valery-en-Caux 15

76740 S.-Mar. - 481 h.

Municipal les Garennes ⛺, ☎ 35 83 10 44, S : 0,8 km par D 101, rte de Luneray, au stade
1,5 ha (70 empl.) plat, peu incliné, herbeux -
avril-sept. - Location longue durée - *Places limitées pour le passage* - **R** *juil.-août* - *10,50* *10* *13,50 (15A) 17,50 (20A)*

BOURG-EN-BRESSE 🅿

12 - 74 ③ G. Bourgogne

Paris 426 - Annecy 108 - Besançon 148 - Chambéry 117 - Dijon 157 - Genève 111 - Lyon 65 - Mâcon 36

01000 Ain - 40 972 h.
Office de Tourisme, 6 av. Alsace-Lorraine ☎ 74 22 49 40, Fax 74 23 06 28 et bd de Brou (saison) ☎ 74 22 27 76

Municipal de Challes « Entrée fleurie », ☎ 74 45 37 21, sortie NE par rte de Lons-le-Saunier, à la piscine
1,3 ha (120 empl.) plat, goudronné, herbeux - - A proximité :
début avril-15 oct. - **R** - *13 piscine comprise* *20/34 avec élect. (6A)*

BOURGES 🅿

10 - 69 ① G. Berry Limousin

Paris 243 - Châteauroux 65 - Dijon 247 - Nevers 69 - Orléans 119 - Tours 153

18000 Cher - 75 609 h.
Office de Tourisme - Accueil de France, 21 r. V.-Hugo ☎ 48 24 75 33, Fax 48 65 11 87

Municipal « Entrée fleurie », ☎ 48 20 16 85, au S de la ville, bd de l'Industrie (périphérique), près de l'Avron
2 ha (117 empl.) plat et peu incliné, herbeux, gravier (1 ha) - - A proximité :
15 mars-15 nov. - **R** - *15 piscine comprise* *16/23* *12 (6A) 24 (10A)*

BOURG-FIDÈLE

2 - 53 ⑱

Paris 242 - Charleville-Mézières 21 - Fumay 21 - Hirson 38 - Rethel 53

08230 Ardennes - 732 h.

La Murée ⛺, ☎ 24 54 24 45, N : 1 km par D 22 rte de Rocroi, bord de deux étangs
0,4 ha (23 empl.) plat, herbeux - 🍷 ✕ -
fermé fév. - **R** *conseillée mai-août* - *18* *9* *30* *20 (10A)*

BOURG-MADAME

15 - 86 ⑯ G. Pyrénées Roussillon

Paris 879 - Andorre-la-Vieille 68 - Ax-les-Thermes 50 - Carcassonne 141 - Foix 93 - Font-Romeu 19 - Perpignan 101

66760 Pyr.-Or. - 1 238 h. alt. 1 130

Mas Piques ≤, ☎ 68 04 62 11, Fax 68 04 68 32, au nord de la ville, rue du Train Jaune, près du Rahur (frontière)
1,5 ha (103 empl.) plat, herbeux - - A proximité : - Location :
Permanent - **R** - *2 pers. 62, pers. suppl. 19* *15 (3A) 20 (6A)*

La Gare, ☎ 68 04 80 95 ✉ 66760 Ur, N : 2,5 km par N 20
1 ha (70 empl.) (mai-sept.) plat, herbeux -
fermé oct. - **R** *conseillée juil.-août* - *16* *15* *12,50 (2A) 14,50 (3A) 16,50 (4A)*

BOURG-ST-ANDEOL

16 - 80 ⑨ ⑩ G. Vallée du Rhône

Paris 632 - Montélimar 25 - Nyons 51 - Pont-Saint-Esprit 15 - Privas 55 - Vallon-Pont-d'Arc 30

07700 Ardèche - 7 795 h.
Office de Tourisme, pl. Champ-de-Mars ☎ 75 54 54 20, Fax 75 54 66 49

Le Lion ⛺ « Cadre agréable », ☎ 75 54 53 20, sortie N par N 86 puis 0,5 km par chemin à droite, près du Rhône (accès direct) - Sur N 86, prendre direction centre ville
5 ha (140 empl.) plat, herbeux - 🍷 snack -
avril-15 sept. - **R** *conseillée 15 juil.-20 août - piscine comprise 2 pers. 80* *15 (6A)*

BOURG-ST-MAURICE

12 - 74 ⑱ G. Alpes du Nord

Paris 635 - Albertville 53 - Aosta 77 - Chambéry 99 - Chamonix-Mont-Blanc 76 - Moûtiers 25 - Val-d'Isère 31

73700 Savoie - 6 056 h. alt. 840 - Sports d'hiver : aux Arcs 1 200/3 226 m 4 75.

Office de Tourisme, pl. de la Gare 79 07 04 92

Le Versoyen <, 79 07 03 45, Fax 79 07 25 41, sortie NE par N 90 rte de Séez puis 0,5 km par rte des Arcs à droite, près d'un torrent
3,5 ha (200 empl.) plat, herbeux, bois attenant - A proximité : parcours sportif
fermé 15 nov.- 14 déc. - **R** *conseillée vacances scolaires* - GB - *21* *19* *22 (4A) 31 (6A) 46 (10A)*

BOURGUEIL

9 - 64 ⑬ G. Châteaux de la Loire

Paris 282 - Angers 65 - Chinon 19 - Saumur 23 - Tours 46

37140 I.-et-L. - 4 001 h.

Municipal Parc Capitaine, 47 97 85 62, S : 1 km par D 749, rte de Chinon, près d'un plan d'eau
2 ha (80 empl.) plat, herbeux - A proximité :
15 mai-25 sept. - **R** *conseillée* - *Tarif 94 : 7,50* *13,50* *10 (10A)*

BOURISP

14 - 85 ⑲

Paris 860 - Arreau 10 - Bagnères-de-Luchon 42 - La Mongie 48 - Lannemezan 37

65170 H.-Pyr. - 103 h. alt. 800

Le Rioumajou <, 62 39 48 32, Fax 62 39 51 64, NO : 1,3 km par D 929 rte d'Arreau et chemin à gauche, bord de la Neste d'Aure - dans locations
5 ha (135 empl.) plat, gravillons, pierreux - Location : , bungalows toilés
Permanent - **R** *conseillée fév., indispensable juil.-août* - *piscine comprise 1 pers. 37,50* *16 (2A) 20 (4A) 27 (6A)*

La Mousquere <, 62 39 44 99, à l'ouest du bourg sur D 116, à 50 m du D 929, près d'un ruisseau
0,8 ha (45 empl.) incliné, pierreux, herbeux - A proximité : - Location :
avril-sept. - **R** *conseillée 10 juil.-20 août* - *15* *17* *12 (3A) 16 (4A) 24 (6A)*

BOUT-DU-LAC

74 H.-Savoie - 74 ⑯ - voir à Annecy (Lac d')

BOUZIGUES

15 - 83 ⑯

Paris 784 - Agde 25 - Béziers 49 - Montpellier 27 - Pézenas 23 - Sète 15

34140 Hérault - 907 h.

Lou Labech <, 67 78 30 38, à 0,7 km à l'est du bourg, chemin du stade, à 100 m du bassin de Thau
0,6 ha (36 empl.) peu incliné, en terrasses, pierreux, herbeux - A proximité :
juin-sept. - **R** *conseillée* - *1 à 6 pers. 92 à 130* *14 (5A)*

BOZEL

12 - 74 ⑱

Paris 622 - Albertville 40 - Chambéry 87 - Moûtiers 13 - Pralognan-la-Vanoise 14

73350 Savoie - 1 690 h. alt. 861 - Sports d'hiver : 900/2 563 m 1

Municipal le Chevelu < « Cadre boisé », 79 22 04 80, E : 1 km par rte de Pralognan-la-Vanoise et à droite, bord du Doron
3 ha (200 empl.) accidenté et en terrasses, pierreux, herbeux - A proximité :

BRAIN-SUR-L'AUTHION

5 - 64 ⑪

Paris 290 - Angers 15 - Baugé 28 - Doué-la-Fontaine 38 - Longué 29 - Saumur 38

49800 M.-et-L. - 2 622 h.

Municipal Caroline, 41 80 42 18, sortie S par D 113 rte de la Bohalle, à 100 m de l'Authion
3,5 ha (125 empl.) plat, herbeux - A proximité :
15 mars-oct. - **R** - *11* *8* *9* *13 (6A)*

BRAIZE

11 - 69 ⑫

Paris 302 - Dun-sur-Auron 29 - Cérilly 17 - Culan 34 - Montluçon 38

03360 Allier - 264 h.

Champ de la Chapelle « Situation agréable en forêt », 70 06 15 45, S : 5,7 km par D 28 rte de Meaulnes et D 978[A] à gauche, rte de Tronçais puis 1 km par chemin empierré, à gauche
5,6 ha (80 empl.) plat et peu incliné, accidenté, herbeux - vélos - A proximité : - Location :
mai-15 sept. - **R** - *1 pers. 43, pers. suppl. 11* *13*

BRANTÔME

10 - 75 ⑤ G. Périgord Quercy

Paris 480 - Angoulême 60 - Limoges 80 - Nontron 24 - Périgueux 27 - Ribérac 37 - Thiviers 27

24310 Dordogne - 2 080 h.

Syndicat d'Initiative, Pavillon Renaissance 53 05 80 52, Fax 53 05 73 19

Municipal, 53 05 75 24, E : 0,8 km par D 78 rte de Thiviers, bord de la Dronne
1,6 ha (106 empl.) plat, herbeux -
mai-sept. - **R** *juil.-août*

BRASSAC

15 - 83 ② G. Gorges du Tarn

Paris 744 - Albi 62 - Anglès 16 - Castres 24 - Lacaune 21 - Vabre 15

81260 Tarn - 1 539 h.

Municipal de la Lande, 63 74 09 11, sortie SO vers Castres et à droite après le pont, près de l'Agout et au bord d'un ruisseau - Pour caravanes, faire demi-tour au rond-point
0,6 ha (50 empl.) plat, herbeux
avril-oct. - **R** *conseillée juil.-août - 7 3 7 9 (5A)*

BRAUCOURT

7 - 61 ⑨

Paris 214 - Bar-sur-Aube 38 - Brienne-le-Château 28 - Châlons-sur-Marne 65 - Joinville 31 - Saint-Dizier 16

52 H.-Marne
52290 Eclaron-Braucourt

Presqu'île de Champaubert « Situation agréable au bord du lac du Der-Chantecoq », 25 04 13 20, NO : 3 km par D 153
3,5 ha (195 empl.) plat et peu incliné, herbeux - A proximité :
avril-15 oct. - **R** *conseillée - 21 15 19 13 (10A)*

BRAY-DUNES

2 - 51 ④ G. Flandres Artois Picardie

Paris 294 - Calais 57 - Dunkerque 13 - Hazebrouck 45 - Lille 75 - Saint-Omer 55 - Veurne 14

59123 Nord - 4 755 h.
Office de Tourisme, pl. J.-Rubben
28 26 64 25, Fax 28 26 64 09

Le Perroquet, 28 58 37 37, Fax 28 58 37 01, NE : 3 km par rte de la Panne, avant la douane française, bord de plage
28 ha (800 empl.) plat et accidenté, dunes - tir à l'arc, arbalette, practice de golf - Location :
avril-1er oct. - **Location longue durée** - *Places disponibles pour le passage -*
R - *28 tennis compris 10 10/14 18 (4A) 22 (10A)*

BRÉCEY

4 - 59 ⑧

Paris 332 - Avranches 18 - Granville 42 - Saint-Hilaire-du-Harcouët 19 - Saint-Lô 49 - Villedieu-les-Poêles 15 - Vire 29

50370 Manche - 2 029 h.

Municipal le Pont Roulland, 33 48 60 60, E : 1,1 km par D 911 rte de Cuves, près d'un plan d'eau
1 ha (50 empl.) plat et peu incliné, herbeux - - A proximité :
juin-sept. - **R** - *Tarif 94 : 14 14 12*

La BRÉE-LES-BAINS

17 Char.-Mar. - 71 ⑬ - voir à Oléron (Ile d')

BREIL-SUR-ROYA

17 - 84 ⑳ G. Côte d'Azur

Paris 898 - Menton 35 - Nice 58 - Tende 20 - Ventimiglia 25

06540 Alpes-Mar. - 2 058 h.

Azur et Merveilles, 93 04 46 66, NE : rte de Tende, bord du Roya
1,5 ha (50 empl.) plat, pierreux, herbeux - -
A l'entrée : - Location :
Permanent - **R** *conseillée juil.-août - 21 8 14/33 12 (5A)*

BREM-SUR-MER

9 - 67 ⑫

Paris 447 - Aizenay 25 - Challans 28 - La Roche-sur-Yon 33 - Les Sables-d'Olonne 15

85470 Vendée - 1 709 h.

Le Chaponnet M, 51 90 55 56, Fax 51 90 91 67, à l'ouest du bourg - dans locations
6 ha (340 empl.) plat, herbeux (2 ha) -
snack - Toboggan aquatique - Location :
mai-17 sept. - **R** *conseillée juil.-août* - GB - *piscine comprise 3 pers. 125, pers. suppl. 20 15 (6A)*

Le Brandais, 51 90 55 87, Fax 51 20 12 74, sortie NO par D 38 et rte à gauche
2 ha (170 empl.) plat et peu incliné, herbeux - (mai-sept.)
- - Location :
avril-oct. - **R** *indispensable 14 juil.-20 août - piscine comprise 2 pers. 71, pers. suppl. 14,50 14 (4A) 16 (6A)*

L'Océan, 51 90 59 16, O : 1 km
2,7 ha (173 empl.) plat, herbeux - snack
-
juin-15 sept. - **R** - *2 pers. 60 12,80 (6A)*

► *Des vacances réussies sont des vacances bien préparées !*

Ce guide est fait pour vous y aider... mais :
– N'attendez pas le dernier moment pour réserver
– Évitez la période critique du 14 juillet au 15 août
Pensez aux ressources de l'arrière-pays, à l'écart des lieux de grande fréquentation.

BRENGUES

15 - 79 ⑨ G. Périgord Quercy

Paris 568 - Cajarc 14 - Cahors 54 - Figeac 21 - Livernon 10,5

46320 Lot - 159 h.

Le Moulin Vieux, 65 40 00 41, Fax 65 40 05 65, N : 1,5 km par D 41, rte de Figeac, bord du Célé
3 ha (81 empl.) plat, herbeux, pierreux (1 ha) - tir à l'arc - A proximité : - Location :
mai-oct. - **R** *conseillée juil.-août* - GB - *22 piscine comprise 24 14 (10A)*

Municipal, 65 40 06 82, sortie S par D 38, rte de Carayac et à droite, avant le pont, bord du Célé
0,5 ha (50 empl.) (saison) plat, herbeux (0,2 ha) -
15 avril-15 oct. - **R** *conseillée juil.-août* - GB - *13 15 7 (2A)*

La BRESSE

8 - 62 ⑰ G. Alsace Lorraine

Paris 452 - Colmar 53 - Épinal 58 - Gérardmer 13 - Remiremont 33 - Thann 38 - Le Thillot 19

88250 Vosges - 5 191 h. alt. 636 - Sports d'hiver : 900/1 350 m 25.
Office de Tourisme, 21 quai Iranées 29 25 41 29, Fax 29 25 64 61

Belle Hutte « Dans un site agréable », 29 25 49 75, Fax 29 25 52 63, NE : 9 km par D 34 rte du col de la Schlucht, bord de la Moselotte - alt. 900
2 ha (100 empl.) en terrasses, pierreux - (bassin) - A proximité :
Permanent - **R** *conseillée hiver* - **R** *été* - GB - *15 (hiver 19) 8,50 (hiver 9) 9/10 (hiver 11) 8 (2A) 18 (5A) 32 (10A)*

S.I. les Écorces, 29 25 63 59, E : 1,7 km par D 34 rte de la Schlucht et chemin à droite, bord de la Moselotte
1,5 ha (100 empl.) plat et incliné, herbeux -
15 déc.-15 oct. - **R** *conseillée hiver* - **R** *été - Tarif 94 : 13,50 (hiver 15,50) 6,70 (hiver 7,20) 7,30/8,80 (hiver 9,30) 18 (10A)*

BREST

3 - 58 ④ G. Bretagne

Paris 596 - Lorient 134 - Quimper 72 - Rennes 244 - Saint-Brieuc 143

29200 Finistère - 147 956 h.
Office de Tourisme, pl. de la Liberté 98 44 24 96, Fax 98 44 53 73

Le Goulet, 98 45 86 84, O : 6 km par D 789 rte du Conquet puis à gauche rte de Ste-Anne-du-Portzic, au lieu-dit Lanhouarnec - dans locations
2 ha (100 empl.) en terrasses, herbeux, gravier - - Location :
Permanent - **R** *conseillée juil.-août - 17 6 20 9 (3A) 13 (6A) 16 (10A)*

BRETENOUX

10 - 75 ⑲ G. Périgord Quercy

Paris 534 - Brive-la-Gaillarde 45 - Cahors 78 - Figeac 48 - Sarlat-la-Canéda 68 - Tulle 52

46130 Lot - 1 211 h.
Office de Tourisme, av. Libération (15 juin-15 sept.) 65 38 59 53

La Bourgnatelle, 65 38 44 07, au bourg, bord de la Cère
2,3 ha (135 empl.) plat, herbeux - - A proximité : - Location :
mai-15 sept. - **R** *conseillée* - GB - *19 19,50 13,50 (5 à 16A)*

BRÉTIGNOLLES-SUR-MER

9 - 67 ⑫

Paris 466 - Challans 29 - La Roche-sur-Yon 35 - Les Sables-d'Olonne 19

85470 Vendée - 2 165 h.
Office de Tourisme, bd du Nord, 51 90 12 78

Les Dunes, 51 90 55 32, Fax 51 90 54 85, S : 2,5 km par D 38 et rte à droite, accès direct à la plage - dans locations
12 ha (760 empl.) plat, sablonneux (3 ha) - crêperie garderie - - A proximité : - Location : , bungalows toilés
avril-oct. - Location longue durée - *Quelques places disponibles pour le passage* - **R** *conseillée juil.-août* - GB - *21 piscine comprise 116 avec élect.*

Les Vagues, 51 90 19 48, au nord du bourg, sur D 38 vers St-Gilles-Croix-de-Vie
4,5 ha (270 empl.) plat, peu incliné, herbeux - - - Location :
avril-oct. - **R** *conseillée* - *piscine comprise 3 pers. 90 15 (5 ou 6A)*

La Motine « Cadre agréable », 51 90 04 42, Fax 51 33 80 52, par av. de la Plage et à droite, r. des Morinières
1,8 ha (89 empl.) peu incliné, herbeux - crêperie - A proximité : - Location :
avril-sept. - **R** *conseillée - Tarif 94 : 15,50 59/78 avec élect.*

Au Bon Accueil, 51 90 15 92, NO : 1,2 km par D 38 rte de St-Gilles-Croix-de-Vie - dans locations
3 ha (120 empl.) plat, herbeux, peu incliné - - - Location :
Pâques-1er oct. - **R** - *piscine comprise 2 pers. 65 14 (6A)*

Le Marina, 51 33 83 17, NO : 1,6 km par D 38, rte de St-Gilles-Croix-de-Vie
2,7 ha (131 empl.) plat, herbeux - - - A proximité : - Location :
Pâques-sept. - **R** *conseillée - Tarif 94 : piscine comprise 2 pers. 65, pers. suppl. 15 14 (6A) 20 (10A)*

L'Eden, 51 90 16 43, Fax 51 33 86 75, av. de la Plage
1,4 ha (90 empl.) plat, herbeux - - A proximité :
Pâques-Toussaint - **R** - *2 pers. 69 13 (5A)*

BRETONCELLES

5 - 60 ⑤ ⑥

Paris 143 - Alençon 69 - Bellème 26 - La Loupe 13 - Mortagne-au-Perche 30

61110 Orne - 1 221 h.

Le Paradis (aire naturelle) ⑤, ≤, ✆ 37 37 25 08, sortie SO par D 38 rte de Rémalard puis 2 km par chemin à gauche
1 ha (25 empl.) plat et peu incliné, herbeux, petit étang
15 avril-15 oct. - **R** *conseillée juil.-août - 10 9 9 13 (2A)*

BREUILLET

9 - 71 ⑮

Paris 505 - Rochefort 36 - La Rochelle 70 - Royan 10 - Saintes 38

17920 Char.-Mar. - 1 863 h.

Transhumance ⑤, ✆ 46 22 72 15, Fax 46 22 66 47, S : 1,5 km par D 140 puis 0,5 km par chemin à gauche - dans locations
10 ha/5 campables (360 empl.) plat, herbeux (1 ha) - vélos - Location *(début avril-fin oct.)* : bungalows toilés
mai-sept. - **R** *conseillée*

BRÈVES

6 - 65 ⑮

Paris 217 - Clamecy 10,5 - Cosne-sur-Loire 61 - Vézelay 17

58530 Nièvre - 286 h.

Municipal les Fontaines ⑤, au sud du bourg, bord de l'Yonne
1,2 ha (66 empl.) plat, herbeux
15 juin-15 sept. - *15,50 4,20 6,30 7,50 (10A)*

BRÉVILLE-SUR-MER **50** Manche - 59 ⑦ - rattaché à Granville

BRIANÇON

12 - 77 ⑱ G. Alpes du Sud

Paris 686 - Digne-les-Bains 147 - Gap 88 - Grenoble 117 - Nice 219 - Torino 108

05100 H.-Alpes - 11 041 h.
alt. 1 321 - Sports d'hiver : 1 200/2 800 m 2 9.
Office de Tourisme, pl. du Temple ✆ 92 21 08 50, Fax 92 20 56 45 au Prorel (en hiver) et Central Parc (en été) ✆ 92 20 07 21

L'Iscle de Prelles ⑤ ≤, ✆ 92 20 28 66 ✉ 05120 St-Martin-de-Queyrières, **à Prelles,** SO : 6,5 km par N 94 rte de Gap et à gauche, bord de la Durance - alt. 1 150 - dans locations
3 ha (100 empl.) plat, pierreux, herbeux, gravillons snack - salle de musculation - A proximité : - Location :
mai-sept. - **R** - *21 piscine comprise 24 15 (4A) 18 (6A) 24 (10A)*

Les Gentianes ≤, ✆ 92 21 21 41 ✉ 05100 Val des Prés, à **la Vachette,** NE : 3,8 km par N 94 rte de Turin et D 994^{9} à gauche, bord de la Clarée - alt. 1 368
1,6 ha (90 empl.) plat, herbeux, pierreux - snack - (bassin) - Location :
Permanent - **R** - *Tarif 94 : 22 23 6A : 17 (hiver 24) 10A : 24 (hiver 30)*

à Chantemerle NO : 6 km par N 91 - alt. 1 350 - ✉ 05330 St-Chaffrey :.
Office de Tourisme ✆ 92 24 71 88

Caravaneige Serre-Chevalier ≤ « Cadre et site agréables », ✆ 92 24 01 14, près de la N 91, bord de la Guisane
3 ha (170 empl.) plat, herbeux, pierreux, étang pizzeria - A proximité : patinoire - Location : studios
18 déc.-20 avril, 15 juin-7 sept. - **R** *hiver* - **GB** - *piscine comprise 3 pers. 122 (hiver 110) 2A : 15 (hiver 16) plus 2A : 20 (hiver 37 à 50)*

BRIENON-SUR-ARMANÇON

6 - 61 ⑮

Paris 164 - Auxerre 30 - Joigny 18 - Sens 43 - Troyes 58

89210 Yonne - 3 088 h.
Syndicat d'Initiative, pl. Emile Blondeau ✆ 86 43 00 07

Municipal les Graviers, ✆ 86 43 00 67, sortie S rte d'Auxerre, au carrefour D 84 et D 80, près de l'Armançon
1 ha (40 empl.) plat, herbeux - A proximité :
mai-sept. - **R** - *9 6 5 12*

BRIGNOGAN-PLAGES

3 - 58 ④ G. Bretagne

Paris 588 - Brest 35 - Carhaix-Plouguer 82 - Landerneau 27 - Morlaix 49 - St-Pol-de-Léon 30

29890 Finistère - 836 h.
Office de Tourisme, r. de l'Église ✆ 98 83 41 08

Les Nymphéas, ✆ 98 83 52 57, sortie S par D 770 rte de Lesneven
1,2 ha (75 empl.) plat, herbeux - Location :
mai-15 sept. - **R** - *12 7 14 9 (3A) 12 (6A)*

BRIOUDE

11 - 76 ⑤ G. Auvergne

Paris 487 - Aurillac 106 - Clermont-Ferrand 73 - Issoire 34 - Le Puy-en-Velay 61 - St-Flour 48

43100 H.-Loire - 7 285 h.
Office de Tourisme, pl. Champanne ✆ 71 74 97 49 et Maison de Mandrin, r. du 4-Septembre ✆ 71 74 94 59, Fax 71 74 97 87

Intercommunal de la Bageasse, ✆ 71 50 07 70, sortie SE par N 102, rte du Puy-en-Velay puis 1,5 km par rue à gauche et avenue de la Bageasse, à droite, près de l'Allier (plan d'eau)
2 ha (85 empl.) plat et en terrasses, herbeux - - A proximité : - Location : huttes
juin-sept. - **R** *juil.-août - 2 pers. 30 11,50 (6A)*

BRISON-ST-INNOCENT **73** Savoie - 74 ⑮ - rattaché à Aix-les-Bains

BRISSAC

15 - 80 ⑯ G. Gorges du Tarn

Paris 713 - Ganges 7 - Montpellier 43 - Saint-Hippolyte-du-Fort 21 - Saint-Martin-de-Londres 18 - Le Vigan 26

34190 Hérault - 365 h.

Le Val d'Hérault ⋟ <, ✆ 67 73 72 29, S : 4 km par D 4 rte de Causse-de-la-Selle, à 250 m de l'Hérault (accès direct)
3,4 ha (135 empl.) ⊶ peu incliné et en terrasses, pierreux - snack - - Location :
15 mars-15 oct. - **R** *conseillée juil.-août* - GB - *2 pers. 65, pers. suppl. 15* *14,50 (5A)*

BRIVES-CHARENSAC **43** H.-Loire - 76 ⑦ - rattaché au Puy-en-Velay

BROMONT-LAMOTHE

11 - 73 ⑬

Paris 436 - Châtelguyon 31 - Clermont-Ferrand 26 - Pontaumur 15 - Rochefort-Montagne 21

63230 P.-de-D. - 779 h. alt. 765

Municipal Préguda, sortie O par D 941 rte de Pontaumur, bord d'un étang
1 ha (50 empl.) plat et peu incliné, herbeux - - A proximité :
mai-sept. - **R** *conseillée juil.-août* - *9* *10* *10 (6A)*

BROONS

4 - 59 ⑮

Paris 406 - Dinan 24 - Josselin 54 - Lamballe 31 - Loudéac 49 - Saint-Brieuc 67

22250 C.-d'Armor - 2 327 h.

Municipal la Planchette, sortie S par D 19 rte de Plumaugat, à la piscine
0,6 ha (34 empl.) plat et peu incliné, herbeux - - -
A proximité :

BROU

5 - 60 ⑯ G. Châteaux de la Loire

Paris 127 - Chartres 38 - Châteaudun 22 - Le Mans 86 - Nogent-le-Rotrou 32

28160 E.-et-L. - 3 803 h.
Office de Tourisme, r. de la Chevalerie (Pâques-oct.)
✆ 37 47 01 12

Parc de Loisirs < « Décoration florale et arbustive », ✆ 37 47 02 17, O : 1,5 km par D 13, rte d'Authon-du-Perche, à la Base de Plein Air
18 ha/4 campables (250 empl.) ⊶ plat, herbeux - - (plage) Toboggan aquatique - A proximité :
16 fév.-14 déc. - **Location longue durée** - *Places limitées pour le passage* - **R** *conseillée* - *Tarif 94 :* *18* *18* *14 (5A) 25 (10A)*

BROUSSES-ET-VILLARET

15 - 83 ⑪

Paris 790 - Carcassonne 19 - Castelnaudary 36 - Foix 89 - Mazamet 27 - Revel 31

11390 Aude - 254 h.

Le Martinet-Rouge ⋟, ✆ 68 26 51 98, S : 0,5 km par D 203 et chemin à droite, à 200 m de la Dure
2 ha (35 empl.) ⊶ plat et peu accidenté, herbeux, pierreux, rochers - - (bassin) - A proximité :
avril-oct. - **R** - *2 pers. 58, pers. suppl. 18* *15 (6A)*

BRUGES

13 - 85 ⑦ G. Pyrénées Aquitaine

Paris 799 - Arudy 16 - Lourdes 27 - Oloron-Sainte-Marie 32 - Pau 31

64 Pyr.-Atl. - 833 h.
✉ 64800 Bruges-Capbis-Mifaget

Landistou ⋟, ✆ 59 71 06 98, sortie SO par D 35, rte de Louvie-Juzon, bord de rivière et d'un petit étang - dans locations
2 ha (25 empl.) ⊶ plat, herbeux - - - Location : gîte d'étape
fermé janv. - **R** *conseillée juil.-août* - *12* *14* *12 (3A) 16 (6A) 24 (10A)*

BRÛLON

5 - 60 ⑫

Paris 234 - Laval 53 - Le Mans 39 - Sablé-sur-Sarthe 16 - Sillé-le-Guillaume 25

72350 Sarthe - 1 296 h.

Brulon le Lac ⋟ < « Agréable situation », ✆ 43 95 68 96, Fax 43 92 60 36, à 1 km au SE du bourg, bord d'un plan d'eau
3 ha (53 empl.) ⊶ plat, herbeux - - - A proximité :
avril-15 oct. - **R** *conseillée 10 juil.-20 août* - GB - *1 ou 2 pers. 30 à 55, pers. suppl. 10 à 17* *8 à 15*

BRUNELLES

5 - 60 ⑮ ⑯

Paris 152 - Brou 30 - Chartres 54 - La Ferté-Bernard 27 - Nogent-le-Rotrou 6

28400 E.-et-L. - 468 h.

Le Bois Jahan ⋟ <, ✆ 37 52 14 73, E : 2,5 km par D 110 et chemin, sur D 351-7
2 ha (40 empl.) ⊶ en terrasses, peu incliné, herbeux, bois attenant (5 ha) - -
mars-23 déc. - **Location longue durée** - *Places limitées pour le passage* - **R** - *15* *12/15* *15 (6A)*

BRUSQUE

15 - 80 ⑭

Paris 715 - Albi 90 - Béziers 76 - Lacaune 33 - Lodève 49 - Rodez 103 - St-Affrique 34

12360 Aveyron - 422 h.

Val le Ceras « Agréable situation », 65 49 50 66, S : 1,5 km par D 92, rte d'Arnac, bord du Dourdou et d'un petit plan d'eau
1 ha (40 empl.) (saison) plat et peu incliné, herbeux, gravier (0,5 ha) - - Au Village Vacances : garderie
juin-15 sept. - **R** *indispensable juil.-août - Adhésion obligatoire pour séjour supérieur à une nuit*

Le BUGUE

13 - 75 ⑯ G. Périgord Quercy

Paris 531 - Bergerac 47 - Brive-la-Gaillarde 73 - Cahors 82 - Périgueux 41 - Sarlat-la-Canéda 31

24260 Dordogne - 2 764 h.

La Linotte , 53 07 17 61, NE : 3,8 km par D 710 puis D 32^E, rte de Rouffignac et chemin à droite
2 ha (80 empl.) plat, herbeux, en terrasses (0,5 ha) -
29 avril-sept. - **R** *conseillée 14 juil.-15 août - 22 piscine comprise 29 12 (6A) 15 (10A)*

BUIS-LES-BARONNIES

16 - 81 ③ G. Alpes du Sud

Paris 692 - Carpentras 40 - Nyons 29 - Orange 49 - Sault 37 - Sisteron 72 - Valence 131

26170 Drôme - 2 030 h.

Les Éphélides , 75 28 10 15, SO : 1,4 km par av. de Rieuchaud, bord de l'Ouvèze
2 ha (70 empl.) plat, herbeux, pierreux - snack - vélos - A proximité : - Location : , bungalows toilés
15 avril-sept. - **R** *juil.-août* - **GB** - *15 piscine comprise 11 22 13 (3A) 15 (6A) 18 (10A)*

Municipal du Jalinier , 75 28 04 96, au NE du bourg vers rte de Séderon, près de la piscine et à 50 m de l'Ouvèze
1,2 ha (55 empl.) plat, herbeux, gravier - - A proximité :
mars-12 nov. - - *11 8 8 18 (20A)*

à Bénivay-Ollon O : 9 km par D 5, D 147 et D 347 - 74 h.
✉ 26170 Benivay-Ollon :

L'Écluse « Verger », 75 28 07 32, S : 1 km sur D 347, bord d'un ruisseau
2 ha (45 empl.) plat, pierreux - - - Location :
vacances de printemps-15 sept. - **R** *conseillée juil.-août - piscine comprise 2 pers. 80, pers. suppl. 20 13 (6A)*

Le BUISSON-CUSSAC

13 - 75 ⑯

Paris 541 - Bergerac 39 - Périgueux 51 - Sarlat-la-Canéda 35 - Villefranche-du-Périgord 35

24 Dordogne - 2 003 h.
✉ 24480 le Buisson-de-Cadouin

Domaine de Fromengal , 53 63 11 55, SO : 7 km par D 29 rte de Lalinde, D 2 rte de Cadouin et à droite
22 ha/3 campables (54 empl.) plat, terrasse, herbeux, bois attenant - - - Location :
mai-sept. - **R** *conseillée juil.-août - 25 piscine comprise 42 13 (5A)*

Du Pont de Vicq, 53 22 01 73, N : 0,8 km par D 51E rte du Bugue, à droite avant le pont de Vicq, bord de la Dordogne
4 ha (130 empl.) (juil.-août) plat, herbeux (1,5 ha) - -
juin-15 oct. - **R** *conseillée - 22 11 15 (6A)*

BUJALEUF

10 - 72 ⑲ G. Berry Limousin

Paris 428 - Bourganeuf 26 - Eymoutiers 13 - Limoges 36 - Saint-Léonard-de-Noblat 15

87460 H.-Vienne - 999 h.
Mairie 55 69 50 04

Municipal du Lac « Belles terrasses dominant le lac », N : 1 km par D 16 et rte à gauche, près du lac
2 ha (110 empl.) en terrasses, herbeux - - A proximité : snack (plage)
15 mai-sept. - **R** - *2 pers 40, pers. suppl. 9 11 (5A)*

BUNUS

13 - 85 ④

Paris 805 - Bayonne 64 - Hasparren 40 - Mauléon-Licharre 20 - Saint-Jean-Pied-de-Port 21 - Saint-Palais 20

64120 Pyr.-Atl. - 151 h.

Inxauseta , 59 37 81 49, au bourg, près de l'église
0,8 ha (40 empl.) peu incliné, en terrasses, herbeux - -
juil.-10 sept. - **R** - *16 16 12 (5A)*

BURNHAUPT-LE-HAUT

8 - 87 ⑲

Paris 463 - Altkirch 15 - Belfort 27 - Mulhouse 18 - Thann 13

68520 H.-Rhin - 1 426 h.

Les Castors , 89 48 78 58, NO : 2,5 km par D 466, rte de Guewenheim, bord de la Doller et d'un étang
2,5 ha (165 empl.) plat, herbeux - -
avril-1er oct. - **R** - **GB** - *15 15 15 (3A) 20 (5A)*

BUSSANG

8 - 66 ⑧ G. Alsace Lorraine

Paris 453 - Belfort 42 - Épinal 59 - Gérardmer 39 - Mulhouse 47 - Thann 26

88540 Vosges - 1 809 h.
Office de Tourisme, r. d'Alsace
29 61 50 37

Domaine de Champé <, 29 61 61 51, au NE de la localité, accès par rte à gauche de l'église, bord de la Moselle et d'un ruisseau
2,5 ha (75 empl.) plat, herbeux -
Permanent - **R** *conseillée juil.-août* - *15 piscine et tennis compris* *15* *13 (5A) 15 (6 ou 10A)*

La BUSSIÈRE

10 - 68 ⑮

Paris 340 - Le Blanc 29 - Châtellerault 39 - Chauvigny 20 - Poitiers 46 - Saint-Savin 12

86310 Vienne - 395 h.

Camp V.V.F., 49 48 03 77, N : 1,8 km par D 11 rte de St-Pierre-de-Maillé, à 300 m de la Gartempe -
1 ha (30 empl.) plat, herbeux - garderie - - A proximité :
juil.-7 sept. - **R** - *Adhésion V.V.F. obligatoire* - *2 pers. 52* *18 (5A)*

BUSSIÈRE-DUNOISE

10 - 72 ⑨

Paris 340 - Aigurande 25 - Le Grand-Bourg 21 - Guéret 19 - La Souterraine 27

23320 Creuse - 1 139 h.

Municipal de la Vergne <, 55 81 68 90, S : 1,5 km par D 47, rte de Guéret et chemin à gauche, près d'un plan d'eau
1 ha (40 empl.) plat, herbeux (0,5 ha) - - A proximité : (plage)
juil.-août - **R** - *7,50* *4,50* *5* *8*

BUSSIÈRE-GALANT

10 - 72 ⑯

Paris 435 - Aixe-sur-Vienne 27 - Châlus 6 - Limoges 38 - Nontron 41 - Saint-Yrieix-la-Perche 21

87230 H.-Vienne

Municipal les Ribières <, 55 78 86 47, SO : 1,7 km par D 20, rte de la Coquille et chemin à droite, au stade
1 ha (25 empl.) en terrasses, herbeux - - (plage) parcours sportif - A proximité :
juil.-août - **R** - *Tarif 94 : élect. comprise 2 pers. 32*

BUZANÇAIS

10 - 68 ⑦

Paris 275 - Le Blanc 45 - Châteauroux 26 - Chatellerault 77 - Tours 92

36500 Indre - 4 749 h.

Municipal la Tête Noire, 54 84 17 27, au NO de la ville par la r. des Ponts, bord de l'Indre
2,5 ha (149 empl.) plat, herbeux - - - A proximité :
15 juin-sept. - **R** *conseillée juil.-août - Tarif 94 : 8,50* *7* *8,50 (6A) 11,50 (10A)*

BUZANCY

7 - 56 ⑨

Paris 224 - Mouzon 26 - Rethel 53 - Sainte-Menehould 53 - Vouziers 22

08240 Ardennes - 446 h.

Municipal la Samaritaine, 24 30 08 88, sortie NO rte de Vouziers puis 1 km par chemin à gauche, à 150 m d'un étang
1,9 ha (100 empl.) (saison) plat, herbeux - - A proximité :

Le CABELLOU **29** Finistère - 58 ⑮ - rattaché à Concarneau

CABOURG

5 - 55 ⑦ G. Normandie Vallée de la Seine

Paris 225 - Caen 22 - Deauville 18 - Lisieux 35 - Pont-l'Évêque 26

14390 Calvados - 3 355 h.
Office de Tourisme, Jardins du Casino 31 91 01 09, Fax 31 24 14 49

Le Vert Pré, 31 24 21 19, SO : 2 km sur D 513 rte de Caen
5,5 ha (240 empl.) plat, herbeux, sablonneux - - - A proximité :
avril-sept. - **Location longue durée** - *Places limitées pour le passage* - **R** *conseillée juil.-août* - *piscine comprise 2 pers. 90 (115 avec élect. 5A), pers. suppl. 22*

CADENET

16 - 84 ⑭ G. Provence

Paris 736 - Aix-en-Provence 28 - Apt 23 - Avignon 58 - Digne-les-Bains 107 - Manosque 54 - Salon-de-Provence 31

84160 Vaucluse - 3 232 h.
Syndicat d'Initiative, pl. du Tambour d'Arcole 90 68 38 21, Fax 90 68 09 49

Val de Durance <, 90 68 37 75, SO : 2,7 km par D 943 rte d'Aix, D 59 à droite et chemin à gauche, bord d'un plan d'eau et à 300 m de la Durance
10 ha/2,4 campables (180 empl.) plat, herbeux, pierreux - - - Location :
avril-15 oct. - **R** *conseillée* - GB - *23* *22/27* *18 (10A)*

CADEUIL

9 - 71 ⑭

Paris 488 - Marennes 18 - Rochefort 24 - La Rochelle 58 - Royan 20 - Saintes 22

17250 Char.-Mar.

Lac Jamica, ✆ 46 22 90 99 ✉ 17250 Ste-Gemme, à l'est du hameau, par D 728 rte de Saintes, bord d'un étang
12 ha/2 campables (100 empl.) plat et peu incliné, herbeux (1 ha) - vélos - A proximité : snack - Location :

La CADIÈRE-D'AZUR

17 - 84 ⑭ G. Côte d'Azur

Paris 817 - Aix-en-Provence 61 - Brignoles 53 - Marseille 44 - Toulon 21

83740 Var - 3 139 h.
Office de Tourisme, rond-point Roger-Salengro (saison)
✆ 94 90 12 56

La Malissonne ≤, ✆ 94 90 10 60, NO : 1,8 km sur D 66, rte de la Ciotat - Accès conseillé par St-Cyr-sur-Mer - Croisement difficile pour caravanes
4,5 ha (200 empl.) en terrasses, peu incliné, pierreux, herbeux pizzeria - half-court - Location :
mars-15 nov. - **Location longue durée** - *Places disponibles pour le passage* - **R** *indispensable* - *piscine comprise 2 pers. 87, pers. suppl. 18* *20 (5 à 10A)*

CADOUIN

13 - 75 ⑯ G. Périgord Quercy

Paris 543 - Bergerac 35 - Le Bugue 16 - Les Eyzies-de-Tayac 27 - Sarlat-la-Canéda 41 - Villeneuve-sur-Lot 57

24 Dordogne
✉ 24480 le Buisson-de-Cadouin

Municipal Panoramique, sortie S par D 2, rte de St-Avit-Rivière
1 ha (33 empl.) en terrasses, herbeux
15 juin-15 sept. - **R** *conseillée*

CAGNES-SUR-MER

17 - 84 ⑨ G. Côte d'Azur

Paris 921 - Antibes 11 - Cannes 21 - Grasse 24 - Nice 13 - Vence 9,5

06800 Alpes-Mar. - 40 902 h.
Office de Tourisme, 6 bd Maréchal-Juin ✆ 93 20 61 64, et annexe du Cros de Cagnes, av. des Oliviers, ✆ 93 07 67 08

La Rivière, ✆ 93 20 62 27, N : 3,5 km par r. J.-Feraud et chemin des Salles, bord de la Cagne
1 ha (90 empl.) plat, herbeux - - Location :
Permanent - **R** *conseillée été* - GB - *Tarif 94 : piscine comprise 2 pers. 65, 3 pers. 84, pers. suppl. 13,50* *11 (2A) 15 (4A) 18 (6A)*

Le Val de Cagnes, ✆ 93 73 36 53, N : 3,8 km par rue J-Féraud et chemin des Salles
1,1 ha (34 empl.) plat, peu incliné, en terrasses, pierreux, herbeux
Permanent - **R** *été* - *Tarif 94 : 2 pers. 64,50/84,50* *8,50 (2A) 10,50 (3A) 16 (6A)*

Léouvé, réservé aux caravanes ≤, ✆ 93 20 53 87, NO : 2,5 km, chemin de Léouvé
0,3 ha (24 empl.) (saison) plat, herbeux - - Location :
avril-sept. - **R** *conseillée juil.-août* - *Tarif 94 : 13 piscine comprise* *11* *35* *11 (7A)*

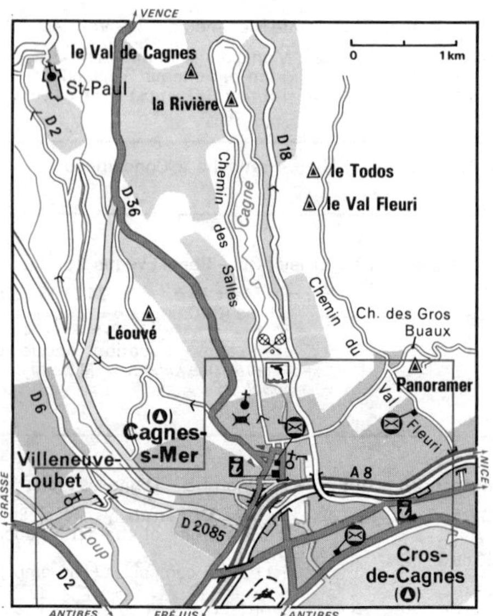

à Cros-de-Cagnes SE : 2 km – ✉ 06800 Cagnes-sur-Mer :.
Syndicat d'Initiative, 20 av. des Oliviers (transfert sur la plage en été) ✆ 93 07 67 08

Panoramer ≤ Baie des Anges, ✆ 93 31 16 15, N : 2,5 km, chemin des Gros Buaux
1,4 ha (96 empl.) en terrasses, pierreux – pizzeria –
avril-sept. – **R** *conseillée – 3 pers. 130 12 (2A) 14 (6A) 17 (10A)*

Le Todos, ✆ 93 31 20 05, N : 3,8 km, chemin du Vallon des Vaux
1,6 ha (68 empl.) (juil.-août) plat et terrasses, herbeux, pierreux – snack – – A proximité :
avril-oct. – **R** *conseillée juil.-août – Tarif 94 : piscine comprise 2 à 4 pers. 59 à 150/71,50 à 175, pers. suppl. 16 13 (3A) 17 (5A)*

Le Val Fleuri, ✆ 93 31 21 74, N : 3,5 km, chemin du Vallon des Vaux
1,5 ha (93 empl.) plat, herbeux, pierreux (0,4 ha) – –
Permanent – **R** *conseillée juil.-août – piscine comprise 2 pers. 85 ou 95, pers. suppl. 18 14 (5A)*

CAHAGNES

4 – 54 ⑭

Paris 278 – Bayeux 26 – Caen 36 – Saint-Lô 28 – Vire 32

14240 Calvados – 934 h.

Municipal de la Vallée de Craham, ✆ 31 77 88 18, E : 2,3 km par D 193, rte de Villers-Bocage et chemin à gauche, à 200 m d'un plan d'eau
1 ha (82 empl.) peu incliné et en terrasses, herbeux – – parcours sportif

CAHORS Ⓟ

14 – 79 ⑧ **G. Périgord Quercy**

Paris 585 – Agen 91 – Albi 111 – Aurillac 133 – Bergerac 105 – Bordeaux 217 – Brive-la-Gaillarde 100 – Castres 136

46000 Lot – 19 735 h.
Office de Tourisme, pl. A.-Briand ✆ 65 35 09 56

Rivière de Cabessut ≤, ✆ 65 30 06 30, au N de la ville, par le pont Cabessut puis à gauche quai Ludo Rolles, bord du Lot
2 ha (102 empl.) plat, herbeux – – vélos
avril-oct. – **R** *conseillée – 12 piscine comprise 50 12 (10A)*

CAHUZAC-SUR-VÈRE

15 – 79 ⑲

Paris 665 – Albi 24 – Bruniquel 29 – Cordes-sur-Ciel 13 – Gaillac 11 – Montauban 59

81140 Tarn – 1 074 h.

Municipal, ✆ 63 33 91 94, sortie NE par D 122, rte de Cordes, près de la Vère
1 ha (46 empl.) (juil.-août) plat et peu incliné, herbeux – – A l'entrée :
15 juin-15 sept. – **R** – *Tarif 94 : 9,50 8,50*

CAJARC

15 – 79 ⑨ **G. Périgord Quercy**

Paris 588 – Cahors 51 – Figeac 24 – Villefranche-de-Rouergue 26

46160 Lot – 1 033 h.

Municipal le Terriol ≤, ✆ 65 40 72 74, sortie SO par D 662, rte de Cahors et à gauche
0,8 ha (45 empl.) plat, herbeux – – A proximité :

CALLAC

8 – 58 ⑦ **G. Bretagne**

Paris 511 – Carhaix-Plouguer 20 – Guingamp 28 – Morlaix 40 – St-Brieuc 62

22 C.-d'Armor – 2 592 h.
✉ 22160 Callac-de-Bretagne

Municipal Verte Vallée, ✆ 96 45 58 50, sortie O par D 28, rte de Morlaix et av. Ernest-Renan à gauche, à 50 m d'un plan d'eau
1 ha (65 empl.) peu incliné, herbeux – –
15 juin-15 sept. – **R** – *Tarif 94 : 10 5 6 9 (8A)*

CALLAS

17 – 84 ⑦ **G. Côte d'Azur**

Paris 876 – Castellane 49 – Draguignan 15 – Toulon 94

83830 Var – 1 276 h.

Les Blimouses, ✆ 94 47 83 41, Fax 94 76 77 76, S : 3 km par D 25 et D 225 rte de Draguignan
3 ha (90 empl.) plat à incliné, en terrasses, pierreux, herbeux – – vélos – Location :
vacances de printemps-11 nov. – **R** *conseillée juil.-août – piscine comprise 2 pers. 62, pers. suppl. 10 12 (5A)*

CALVI **2B** H.-Corse – 90 ⑬ – voir à Corse

CALVIAC

10 - 75 ⑳

Paris 539 - Argentat 30 - Brive-la-Gaillarde 68 - Cahors 98 - Saint-Céré 24 - Sousceyrac 7

46190 Lot - 230 h.

Les 3 Sources, 65 33 03 01, Fax 65 33 06 45, N : 2,3 km par D 25, rte de Lamativie, bord de l'Escaumels
7,5 ha/3,5 campables (150 empl.) peu incliné à incliné, pierreux, herbeux
15 mai-sept. - **R** *indispensable 10 juil.-10 août - 28 piscine comprise 30 14 (5A)*

CAMARET-SUR-MER

3 - 58 ③ G. Bretagne

Paris 622 - Brest 68 - Châteaulin 43 - Crozon 10 - Morlaix 87 - Quimper 62

29570 Finistère - 2 933 h.
Office de Tourisme, quai Kléber 98 27 93 60, Fax 98 27 87 22

Schéma à Crozon

Lambézen ≤ Camaret, mer et côte, 98 27 91 41, Fax 98 27 93 72, NE : 3 km par D 355 et rte à droite, à 400 m de la plage
2,8 ha (118 empl.) plat et peu incliné, herbeux - salle de musculation - Location :
avril-sept. - **R** *conseillée juil.-août* - GB - *24,50 piscine comprise 49,50 16 (5A)*

Plage de Trez Rouz ≤ Anse de Camaret, 98 27 93 96 ✉ 29160 Crozon, NE : 3,5 km par D 355, près de la plage
1 ha (80 empl.) peu incliné, herbeux -
Pâques-sept. - **R** *conseillée juil.-août - 22 8 17 12 (10A)*

CAMBO-LES-BAINS

13 - 85 ③ G. Pyrénées Aquitaine

Paris 792 - Bayonne 20 - Biarritz 23 - Pau 115 - St-Jean-de-Luz 31 - St-Jean-Pied-de-Port 34 - San Sebastiàn 63

64250 Pyr.-Atl. - 4 128 h.
Office de Tourisme, parc Saint-Joseph 59 29 70 25

Bixta-Eder M, 59 29 94 23, Fax 59 29 23 70, SO : 1,3 km par D 918, rte de St-Jean-de-Luz
1 ha (90 empl.) (saison) plat et peu incliné, herbeux - A proximité :
avril-15 oct. - **R** *conseillée saison - 2 pers. 73, pers. suppl. 20*

CAMIERS

1 - 51 ⑪

Paris 228 - Arras 99 - Boulogne-sur-Mer 19 - Calais 55 - Le Touquet 10,5

62176 P.-de-C. - 2 176 h.

C.C.D.F. Les Sables d'Or, 21 84 95 15, S : 0,5 km, sur ancienne rte d'Étaples
10 ha (336 empl.) accidenté, sablonneux - vélos
Permanent - Location longue durée - *Places disponibles pour le passage* - **R** *juil.-août - Adhésion obligatoire - 13 piscine comprise 13 13 10 (3 ou 4A) 12 (5A) 15 (6A)*

CAMORS

3 - 63 ②

Paris 461 - Auray 23 - Lorient 38 - Pontivy 26 - Vannes 31

56330 Morbihan - 2 375 h.

Municipal du Petit Bois, 97 39 18 36, O : 1,1 km par D 189, rte de Lambel-Camors
1 ha (30 empl.) plat et peu incliné, terrasses, herbeux - A proximité :
15 juin-15 sept. - **R** - *10 6 6 10 (6A)*

CAMPAGNE

13 - 75 ⑯ G. Périgord Quercy

Paris 531 - Bergerac 51 - Belvès 18 - Les Eyzies-de-Tayac 7 - Sarlat-la-Canéda 28

24260 Dordogne - 281 h.

Municipal le Val de la Marquise, 53 54 74 10, E : 0,5 km par D 35, rte de St-Cyprien, bord d'un étang
2,6 ha (110 empl.) plat et en terrasses, herbeux -
15 juin-15 sept. - **R** *conseillée - 15 20 10 (8A)*

Le CAMP-DU-CASTELLET

17 - 84 ⑭

Paris 807 - Aubagne 18 - Bandol 17 - La Ciotat 17 - Marseille 36 - Toulon 30

83 Var - ✉ 83330 le Beausset

Les Grands Pins, 94 90 71 44, Fax 94 32 60 11, SE : 0,6 km par D 26, rte du Brulat
4,5 ha (200 empl.) plat, pierreux - (15 fév.-25 déc.) - Location :
Permanent - Location longue durée - *Places disponibles pour le passage* - **R** *conseillée - piscine comprise 2 pers. 54/58 18 (6 ou 10A)*

CAMPSEGRET

10 - 75 ⑮

Paris 528 - Bergerac 12 - Lalinde 25 - Mussidan 23 - Périgueux 35

24140 Dordogne - 403 h.

Le Bourg, 53 24 22 36, sur N 21, bord de la Seyse
1,3 ha (50 empl.) plat, herbeux - - A proximité :
juin-sept. - **R** *conseillée 14 juil.-15 août - 11 5,50 5,50 10 (6A)*

CAMPS-ST MATHURIN-LEOBAZEL

10 - 75 ⑳

Paris 529 - Argentat 20 - Aurillac 45 - Bretenoux 20 - Sousceyrac 25

19430 Corrèze - 293 h.

Municipal la Châtaigneraie ≶, 55 28 53 15, au SO de la commune, à Camps, sur D 13, rte de Bretenoux, bord d'un étang
1 ha (18 empl.) (juil.-août) peu incliné, herbeux - A proximité : - Location : huttes
juin-sept. - **R** *juil.-août - Tarif 94 : 8 11 11*

CANCALE

4 - 59 ⑥ G. Bretagne

Paris 396 - Avranches 60 - Dinan 34 - Fougères 71 - Le Mont-Saint-Michel 47 - St-Malo 14

35260 I.-et-V. - 4 910 h.
Office de Tourisme, r. du Port
99 89 63 72

Notre-Dame du Verger , 99 89 72 84, Fax 99 89 60 11, NO : 3 km, sur D 201, à 500 m de la plage (accès direct par sentier)
2,5 ha (67 empl.) en terrasses et peu incliné, herbeux -
30 mars-sept. - **R** *conseillée juil.-août* - GB - *1 ou 2 pers. 73 16,50 (6A)*

Le Bois Pastel , 99 89 66 10, NO : 1,3 km par D 335, puis 1,1 km par rte à droite après la zone artisanale
2 ha (125 empl.) plat, herbeux -
30 mars-sept. - **R** *conseillée juil.-août - 1 ou 2 pers. 60,50 15 (6A)*

Port-Mer Plage ≶, 99 89 63 17, N : 3,5 km par D 201, rte de la Pointe du Grouin, près de la mer, à 120 m de la plage (accès direct)
2,4 ha (83 empl.) en terrasses et peu incliné, herbeux - - A proximité :
15 avril-23 sept. - **R** *conseillée juil.-août - 2 pers. 60 14 (6A)*

Les Genêts , 99 89 76 17, O : 1,3 km par D 355 puis 0,5 km par rte à droite après la zone artisanale
1,3 ha (85 empl.) plat, herbeux -

CANDÉ-SUR-BEUVRON

5 - 64 ⑰

Paris 198 - Blois 14 - Chaumont-sur-Loire 6,5 - Montrichard 21 - Orléans 76 - Tours 50

41120 L.-et-C. - 1 134 h.

La Grande Tortue , 54 44 15 20, sortie S par rte de Chaumont-sur-Loire et rte de la Pieuse, à 300 m du Beuvron
5 ha (208 empl.) plat et peu incliné, sablonneux, herbeux - snack - (bassin) mini-tennis - Location : , bungalows toilés
15 avril-sept. - **R** *conseillée juil.-août - 2 pers. 78, pers. suppl. 22 15 (6A)*

CANET

15 - 83 ⑤ ⑥

Paris 733 - Béziers 43 - Clermont-l'Hérault 6 - Gignac 9 - Montpellier 38 - Sète 39

34800 Hérault - 1 402 h.

Les Rivières , 67 96 75 53, N : 1,8 km par D 134^{E}, à la Sablière, près de l'Hérault (accès direct)
3 ha (66 empl.) plat, pierreux, herbeux - snack - - Location :
20 juin-5 sept. - **R** *conseillée - Tarif 94 : piscine comprise 2 pers. 64, pers. suppl. 14 14 (5A)*

CANET-DE-SALARS

15 - 80 ③

Paris 661 - Pont-de-Salars 10 - Rodez 33 - Saint-Beauzély 28 - Salles-Curan 8

12290 Aveyron - 440 h. alt. 850

Le Caussanel ≶ « Situation agréable au bord du lac de Pareloup », 65 46 85 19, SE : 2,7 km par D 538 et à droite
3,5 ha (200 empl.) (saison) plat, peu incliné, terrasses, herbeux - -
avril-oct. - **R** *conseillée juil.-août - piscine comprise 3 pers. 103, pers. suppl. 21 18 (1,5 à 6A)*

CANET-PLAGE

15 - 86 ⑳ G. Pyrénées Roussillon

Paris 873 - Argelès-sur-Mer 19 - Le Boulou 31 - Canet-en-Roussillon 3 - Perpignan 12 - St-Laurent-de-la-Salanque 12

66 Pyr.-Or.
66140 Canet-en-Roussillon.
Office de Tourisme, pl. de la Méditerranée 68 73 25 20, Fax 68 73 24 41

Le Brasilia, 68 80 23 82, Fax 68 73 32 97, bord de la Têt et accès direct à la plage
15 ha (826 empl.) plat, sablonneux, herbeux (6 ha) - self - discothèque - A proximité : - Location :
8 avril-5 oct. - **R** *conseillée* - GB - *Tarif 94 : 1 ou 2 pers. 120, 3 pers. 142, 4 pers. 164, pers. suppl. 22 15 (5A)*

Les Peupliers, 68 80 35 87, Fax 68 73 38 75, à 500 m de la mer
4 ha (220 empl.) plat, herbeux - - half-court - A proximité : - Location :
juin-sept. - **R** *conseillée juil.-août* - GB - *Tarif 94 : 22 2 pers. 100, pers. suppl. 22 15 (5A)*

Ma Prairie, ✆ 68 73 26 17, Fax 68 73 28 82, O : 2,5 km, à Canet-Village (hors schéma) - sortir par D 11, rte d'Elne et chemin à droite
4 ha (260 empl.) plat, herbeux (2 ha) - snack - vélos - Location :
mai-sept. - **R** *conseillée 15 juil.-20 août - piscine comprise 2 pers. 116, pers. suppl. 30 18 (3A) 24 (6A)*

Domino, ✆ 68 80 27 25, r. des Palmiers, à 250 m de la plage et du port
0,7 ha (51 empl.) plat, herbeux -
avril-sept. - **R** *conseillée juil.-22 août - 30 50 15 (3A) 17 (6A) 21 (10A)*

Le Bosquet, ✆ 68 80 23 80, Fax 68 80 69 53, bord de la Têt, à 500 m de la mer
1,5 ha (125 empl.) plat, herbeux - - - A proximité :
juin-sept. - **R** *conseillée - 22 29 15 (5A)*

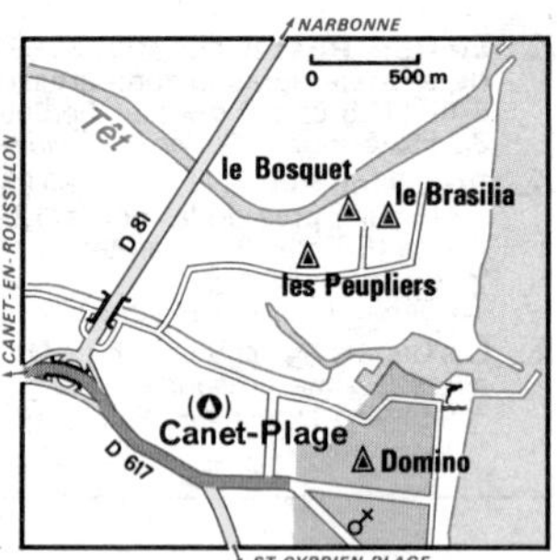

CANILHAC

15 - 80 ④

Paris 603 - La Canourgue 8 - Marvejols 26 - Mende 51 - Saint-Géniez-d'Olt 24 - Sévérac-le-Château 22

48500 Lozère - 68 h.

Municipal la Vallée, ✆ 66 32 91 14, N : 12 km par N 9, rte de Marvejols, D 988 à gauche, rte de St-Geniez-d'Olt et chemin à gauche, bord du Lot
1 ha (50 empl.) (juil.-août) plat, herbeux - -
15 juin-sept. - **R** *conseillée juil.-août - Tarif 94 : 10 10 10 10 (3A) 20 (6A) 30 (10A)*

CANILLO Principauté d'Andorre - 86 ⑭ - voir à Andorre

CANNES

17 - 84 ⑨ G. Côte d'Azur

Paris 903 - Aix-en-Provence 152 - Grenoble 312 - Marseille 159 - Nice 32 - Toulon 121

06400 Alpes-Mar. - 68 676 h.

Office de Tourisme, espl. Prés. G.-Pompidou ✆ 93 39 24 53, Fax 93 99 37 06, à la gare SNCF ✆ 93 79 19 77, Palais des Festivals-La Croisette (saison)

à la Bocca O : 3 km - ✉ 06150 Cannes-la Bocca :

Le Grand Saule, ✆ 93 90 55 10, Fax 93 47 24 55 ✉ 06110 Le Cannet, NO : 2 km, sur D 9 - juil.-août
1 ha (55 empl.) plat, herbeux - snack - - A proximité : - Location : studios
avril-15 oct. - **R** *conseillée juil.-août* - GB - *piscine comprise 2 pers. 87, 3 pers. 124 18 (6A)*

Ranch-Camping ⩽, ✆ 93 46 00 11, Fax 93 46 44 30 ✉ 06110 Le Cannet, NO : 1,5 km par D 9 puis bd de l'Esterel à droite
2 ha (136 empl.) peu incliné, en terrasses, herbeux, pierreux - - (bassin) - Location :
avril-15 oct. - **R** *conseillée* - GB - *2 à 4 pers. 70 à 120, pers. suppl. 35 15 (2 à 5A)*

La CANONICA 2B H.-Corse - 90 ③ - voir à Corse

▶ *Sie suchen in einem bestimmten Gebiet*
- *einen besonders angenehmen Campingplatz (...)*
- *einen das ganze Jahr über geöffneten Platz*
- *einfach einen Platz für einen mehr oder weniger langen Aufenthalt ...*

In diesem Fall ist die nach Departements geordnete Ortstabelle im Kapitel « Erläuterungen » ein praktisches Hilfsmittel.

CAPBRETON

13 - 78 ⑰ G. Pyrénées Aquitaine

Paris 756 - Bayonne 18 - Biarritz 28 - Mont-de-Marsan 85 - Saint-Vincent-de-Tyrosse 11,5 - Soustons 24

40130 Landes - 5 089 h.

Office de Tourisme, av. Georges-Pompidou ✆ 58 72 12 11, Fax 58 41 00 29

La Pointe, ✆ 58 72 14 98, S : 2 km par D 652 rte de Labenne et av. Lartigau à droite, bord du Boudigau
3 ha (228 empl.) (juil.-août) plat, sablonneux, herbeux - A proximité
juin-sept. - R - *3 pers. 97,60, pers. suppl. 22,20 15 (6A)*

Municipal de la Civelle, ✆ 58 72 15 11, sortie S et r. des Biches à droite, à 50 m du Boudigau
6 ha (600 empl.) plat, peu incliné, sablonneux, pierreux, herbeux - A proximité : half-court
juin-sept. - **R** *conseillée* - GB - *Tarif 94 : 17 22 13*

Municipal Bel Air M, ✆ 58 72 12 04, av. du Bourret, près du parc des sports
1,5 ha (100 empl.) plat, sablonneux - A proximité :
Permanent - **R** *conseillée - Tarif 94 : 18 23 13*

CAP-COZ **29** Finistère - 58 ⑮ - rattaché à Fouesnant

CAPDENAC-GARE

15 - 79 ⑩

Paris 579 - Decazeville 20 - Figeac 8,5 - Maurs 23 - Rodez 58

12700 Aveyron - 4 818 h.

Office de Tourisme, bd Paul-Ramadier ✆ 65 64 74 87

Municipal les Rives d'Olt, ✆ 65 80 88 87, sortie O par D 994 rte de Figeac et bd P.-Ramadier à gauche avant le pont, près du Lot, jardin public attenant
0,9 ha (53 empl.) plat, herbeux - vélos - A proximité : parcours sportif - Location : huttes
10 avril-sept. - **R** *conseillée 15 juil.-15 août - Tarif 94 : 10,30 6 6/14 avec élect.*

La Diège, ✆ 65 64 61 25, S : 7,5 km par D 86 rte de Cajarc et D 558 à gauche, bord de la Diège
2,5 ha (50 empl.) plat et terrasse, herbeux - snack - discothèque - Location :
31 mars-oct. - **R** *conseillée 15 juil.-10 août - Tarif 94 : 15 9 17 12 (4A) 18 (10A) 25 (16A)*

▶ *Campeurs...*

N'oubliez pas que le feu est le plus terrible ennemi de la forêt.

Soyez prudents !

ATTENTION AU FEU

CAP FERRET **33** Gironde - 71 ⑳ - voir à Arcachon (Bassin d')

CAPPY

2 - 53 ⑫

Paris 137 - Amiens 40 - Bapaume 27 - Péronne 15 - Roye 33

80340 Somme - 484 h.

Municipal les Charmilles, ✆ 22 76 09 35, O : 1,3 km par D 1, rte de Bray-sur-Somme et chemin à gauche
2 ha (60 empl.) plat, herbeux
15 mars-oct. - **R** - *13 8 8 avec élect. (4A)*

CARAMAN

15 - 82 ⑲

Paris 721 - Lavaur 24 - Puylaurens 27 - Revel 22 - Toulouse 27 - Villefranche-de-Lauragais 17

31460 H.-Gar. - 1 765 h.

Municipal de l'Orme Blanc, ✆ 61 83 25 77, SO : 1,5 km par D 11, rte de Villefranche-de-Lauragais et rte de Baziège, près d'un lac - (tentes)
0,4 ha (30 empl.) plat, peu incliné à incliné, herbeux - parcours sportif - A proximité :
15 juin-15 sept. - **R** - *16 8 10 10 (3A)*

CARANTEC

3 - 58 ⑥ G. Bretagne

Paris 557 - Brest 63 - Lannion 55 - Morlaix 15 - Quimper 91 - Saint-Pol-de-Léon 9,5

29660 Finistère - 2 609 h.

Office de Tourisme, r. Pasteur ✆ 98 67 00 43, Fax 98 67 07 44

Les Mouettes « Cadre agréable », ✆ 98 67 02 46, Fax 98 78 31 46, SO : 1,5 km par rte de St-Pol-de-Léon et rte à droite, à la Grande Grève, près de la mer
7 ha (273 empl.) plat et en terrasses, herbeux, étang - pizzeria - Toboggan aquatique, tir à l'arc - Location :
29 avril-25 sept. - **R** *conseillée* - GB - *27 piscine comprise 75 18 (6A et plus)*

CARCANS

9 - 71 ⑱

Paris 625 - Andernos-les-Bains 41 - Bordeaux 52 - Lesparre-Médoc 29 - Soulac-sur-Mer 55

33121 Gironde - 1 503 h.

- **Le Chêne Vert,** ℘ 56 03 37 12, S : 1 km par D 3 rte de Lacanau
  2 ha (99 empl.) plat, sablonneux, herbeux pinède - Location :
  20 juin-10 sept. - **R** - *14 20 12 (6A)*
- **Les Arbousiers,** ℘ 56 03 35 04, O : 2,3 km par D 207, rte de Carcans-plage et à droite
  2,3 ha (63 empl.) plat, sablonneux, herbeux -
  juin-25 sept. - **R** *conseillée juil.-août - 2 pers. 50, pers. suppl. 10 13 (3A)*
- **Le Cap de Ville,** ℘ 56 03 33 74, O : 2,3 km par D 207 rte de Carcans-Plage
  2 ha (80 empl.) plat, herbeux, sablonneux -
  juin-sept. - **R** *conseillée - 1 à 4 pers. 33 à 74 12 (3 ou 5A)*

à Bombannes O : 12 km par D 207 rte de Carcans-Plage et RF à droite

- **Domaine de Bombannes,** ℘ 56 03 31 01, Fax 56 03 42 46, en 4 camps distincts, bord du lac d'Hourtin-Carcans
  200 ha/30 campables (550 empl.) plat, accidenté, sablonneux pinède -
  snack - tir à l'arc
  Permanent - **R** *conseillée* - GB - *21,50 42/57 avec élect. (10A)*

CARCASSONNE P

15 - 83 ⑪ G. Pyrénées Roussillon

Paris 792 - Albi 105 - Béziers 90 - Narbonne 60 - Perpignan 114 - Toulouse 93

11000 Aude - 43 470 h.

Office de Tourisme et Accueil de France, 15 bd Camille-Pelletan ℘ 68 25 07 04, Fax 68 47 34 96 et Porte Narbonnaise (Pâques-nov.) ℘ 68 25 68 81

- La Cité ℘ 68 25 11 77, Fax 68 47 33 13, sortie E par N 113, rte de Narbonne puis 1,8 km par D 104, rte de Cavérac, près d'un bras de l'Aude
  7 ha (200 empl.) plat, herbeux, verger - -
  mars-8 oct. - **R** - GB
- **La Bastide de Madame** (aire naturelle) ℘ 68 26 80 06 ✉ 11090 Carcassonne, SO : 6 km par D 118 rte de Limoux et chemin à droite après le passage à niveau
  1 ha (25 empl.) plat, en terrasses et peu incliné, herbeux -
  -
  juil.-août - **R** *conseillée 15 juil.-15 août - piscine comprise 2 pers. 55, pers. suppl. 15 15 (20A)*

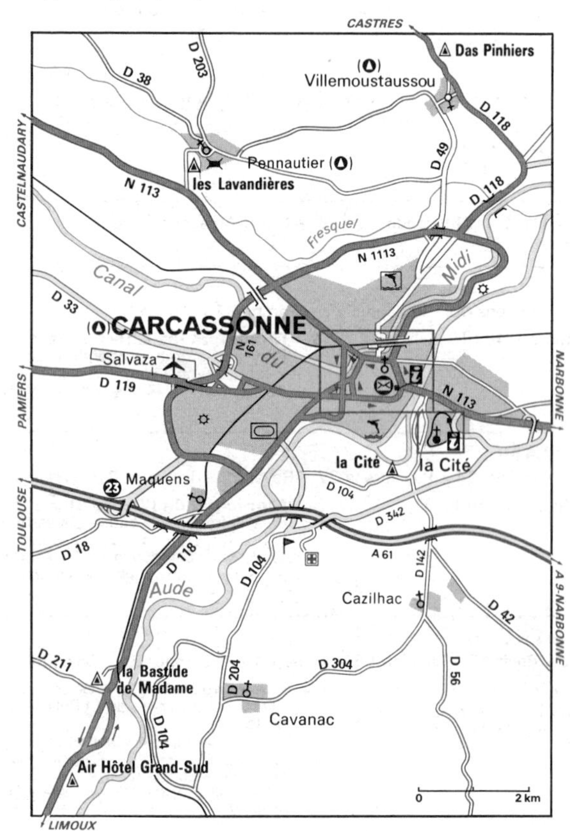

à Pennautier NO : 4 km par D 113, rte de Toulouse et D 203 à droite – 1 936 h. – ✉ 11610 Pennautier

Les Lavandières « Cadre agréable », ✆ 68 25 41 66, au SO du bourg, par D 203, bord du Fresquel – Par A 61 : sortie Carcassonne-Ouest
1 ha (36 empl.) plat, herbeux –
avril-oct. – *Tarif 94 : 18 10 12 17 (10A)*

à Preixan SO : 9 km par D 118, rte de Limoux - Par A 61 sortie Carcassonne ouest – ✉ 11250 Preixan :

Air Hôtel Grand Sud, ✆ 68 26 88 18, Fax 68 26 85 07, NE : 1 km par D 118, rte de Carcassonne, bord d'un plan d'eau
11 ha/5 campables (100 empl.) plat, herbeux (1,5 ha) – – Location : , bungalows toilés
Pâques-Toussaint – **R** *conseillée – Tarif 94 : piscine et tennis compris 1 ou 2 pers. 65 (81 avec élect.), pers. suppl. 21*

à Villemoustaussou N : 5 km par D 118, rte de Mazamet – 2 729 h.
✉ 11600 Villemoustaussou

Das Pinhiers ←, ✆ 68 47 81 90, à 1 km au nord du bourg
2 ha (49 empl.) plat à incliné, en terrasses, sous-bois attenant – – vélos – Location :
15 mars-oct. – **R** *conseillée juil.-août – 18 piscine comprise 18 13 (3A) 17 (6A) 20 (10A)*

CAREIL 44 Loire-Atl. – 63 ⑭ – rattaché à la Baule

CARENTAN

4 – 54 ⑬ G. Normandie Cotentin

Paris 311 – Avranches 85 – Caen 73 – Cherbourg 50 – Coutances 35 – St-Lô 28

50500 Manche – 6 300 h.
Office de Tourisme, bd Verdun
✆ 33 42 74 01

Municipal le Haut Dyck « Plantations décoratives », ✆ 33 42 16 89, au bord du canal, près de la piscine
2,5 ha (104 empl.) plat, herbeux – – –
A proximité :
Permanent – **R** *conseillée*

CARGÈSE 2A Corse-du-Sud – 90 ⑯ – voir à Corse

CARNAC

8 – 63 ⑫ G. Bretagne

Paris 488 – Auray 13 – Lorient 42 – Quiberon 19 – Quimperlé 57 – Vannes 33

56340 Morbihan – 4 243 h.
Office de Tourisme, av. des Druides et pl. de l'Église
✆ 97 52 13 52, Fax 97 52 86 10

La Grande Métairie « Site et cadre agréables », ✆ 97 52 24 01, Fax 97 52 83 58, NE : 2,5 km, bord de l'étang de Kerloquet
11 ha (352 empl.) plat et peu incliné, herbeux, rocheux – – poneys, vélos – Location :
7 avril-15 sept. – **R** *conseillée juil.-août* – GB – *26 piscine comprise 110 15 (6A)*

Moulin de Kermaux , ✆ 97 52 15 90, Fax 97 52 83 85, NE : 2,5 km – dans locations
2,5 ha (120 empl.) plat et peu incliné, herbeux – – – Location :
8 avril-16 sept. – **R** *conseillée juil.-août* – GB – *20 piscine comprise 65 11 (3A) 14 (6A)*

Rosnual « Cadre agréable, belles plantations », ✆ 97 52 14 57, Fax 97 52 86 44, NE : 2,5 km, à l'orée d'un bois –
8,5 ha (160 empl.) plat, herbeux, petit étang – – – Location :
mai-sept. – **R** *conseillée* – GB

Le Moustoir , ✆ 97 52 16 18, Fax 97 52 88 37, NE : 3 km
5 ha (165 empl.) peu incliné, plat, herbeux pinède – – – Location :
avril-15 sept. – **R** *conseillée juil.-août* – GB – *18,50 piscine comprise 43 13 (6 ou 10A)*

Les Bruyères , ✆ 97 52 30 57, N : 3 km
2 ha (105 empl.) plat, herbeux – – – Location :
8 avril-20 oct. – **R** *conseillée 10 juil.-20 août – 15 31 11 (4A)*

L'Étang , ✆ 97 52 14 06, N : 2 km, à Kerlann, à 50 m de l'étang
2,5 ha (165 empl.) plat, herbeux – –
Toboggan aquatique
avril-oct. – **R** – *19,50 piscine comprise 34 11 (6A)*

Kérabus , ✆ 97 52 24 90, NE : 2 km
0,8 ha (70 empl.) plat, herbeux – – – A proximité :
20 mai-15 sept. – **R** *conseillée – 14 17 10,50 (4A) 13,50 (6A)*

Les Ombrages , ✆ 97 52 16 52, N : 2,5 km, à Kerlann
1 ha (80 empl.) plat, herbeux – – A proximité :
juin-sept. – **R** *conseillée – 17 24 11*

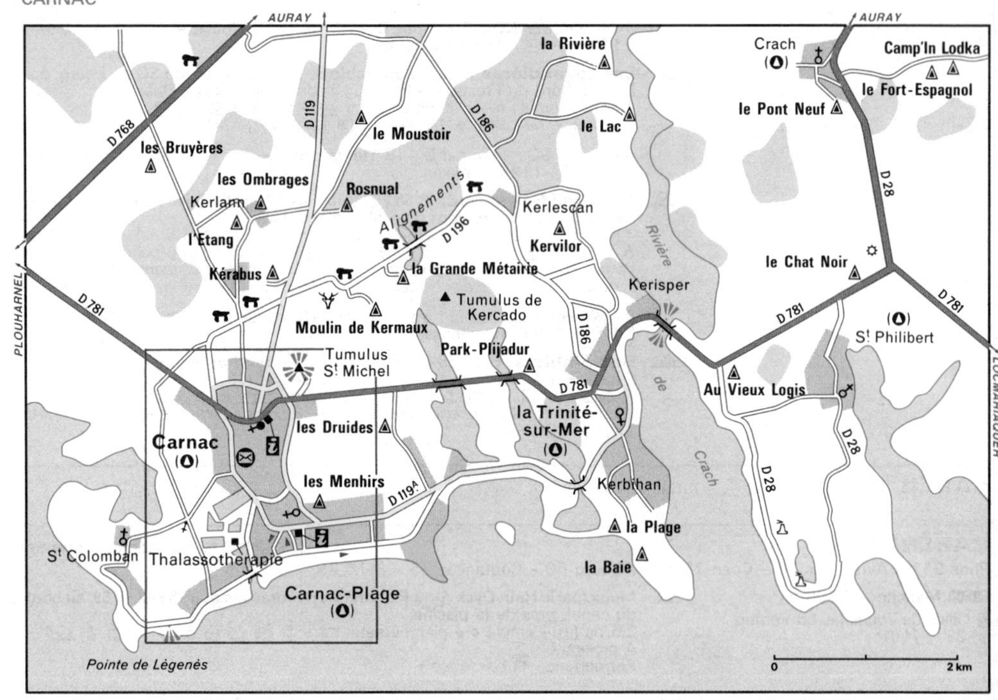

à Carnac-Plage S : 1,5 km :

Les Menhirs, 97 52 94 67, Fax 97 52 25 38, allée St-Michel, à 400 m de la plage
6 ha (360 empl.) plat, herbeux - garderie - salle d'animation Toboggan aquatique vélos - Location :
mai-sept. - **R** *conseillée* - GB - *33 piscine comprise* *148* *19 (6A)*

Les Druides, 97 52 08 18, E : quartier Beaumer, à 500 m de la plage -
juil.-août
1,5 ha (110 empl.) plat, peu incliné, herbeux -
20 mai-8 sept. - **R** - GB - *3 pers. 116, pers. suppl. 20* *15 (3A) 19 (6A)*

Voir aussi à *Crach, St-Philibert, la Trinité-sur-Mer*

CARNON-PLAGE

16 - 83 ⑦ G. Gorges du Tarn

Paris 761 - Aigues-Mortes 18 - Montpellier 14 - Nîmes 54 - Sète 36

34 Hérault - 34280
La Grande-Motte

Intercommunal les Saladelles, 67 68 23 71, par D 59, à 100 m de la plage
7,6 ha (384 empl.) plat, sablonneux -
avril-oct. - **R** *conseillée juil.-août* - *2 pers. 58,50 (75,20 avec élect. 6A), pers. suppl. 17,10*

CAROMB

16 - 81 ⑬

Paris 678 - Avignon 36 - Carpentras 9 - Malaucène 9,5 - Orange 27 - Vaison-la-Romaine 18

84330 Vaucluse - 2 640 h.

Municipal le Bouquier, 90 62 30 13, Fax 90 62 32 56, N : 1,5 km par D 13, rte de Malaucène
0,6 ha (35 empl.) en terrasses, plat, gravier, pierreux -
15 mai-15 sept. - **R** - *13* *10* *9/11* *11 (3A)*

CARQUEIRANNE

17 - 84 ⑮

Paris 852 - Draguignan 79 - Hyères 10 - Toulon 15

83320 Var - 7 118 h.
Office de Tourisme, pl. de la Libération 94 58 60 78
Schéma au Pradet

Le Beau-Vezé « Cadre agréable », 94 57 65 30, NO : 2,5 km par D 559, rte de Toulon puis 1 km par D 76 à droite
7 ha (150 empl.) plat, peu incliné, en terrasses, pierreux pinède - - - Location :
juin-20 sept. - **R** *indispensable - Tarif 94 :* *piscine comprise 2 pers. 115, pers. suppl. 35* *21 (6A)*

CARSAC-AILLAC

13 - 75 ⑰ G. Périgord Quercy

Paris 540 - Brive-la-Gaillarde 55 - Gourdon 19 - Sarlat-la-Canéda 12

24200 Dordogne - 1 219 h.

Schéma à la Roque-Gageac

Le Plein Air des Bories, 53 28 15 67, S : 1,3 km par D 703, rte de Vitrac et chemin à gauche, bord de la Dordogne
2,8 ha (90 empl.) plat, sablonneux, herbeux (1,8 ha) -
juin-15 sept. - **R** *conseillée juil.-août - Tarif 94 : 22 piscine comprise 17 17 15 (6A)*

CARTERET **50** Manche - 54 ① - rattaché à Barneville-Carteret

CASSAGNAS

15 - 80 ⑥

Paris 647 - Barre-des-Cévennes 14 - Florac 18 - La Grand-Combe 39 - Mende 57

48400 Lozère - 116 h. alt. 800

Municipal l'Espace Stevenson ←, O : 2,5 km par N 106, rte de Florac et D 62, rte de Barre-des-Cévennes, à gauche, à 80 m de la Mimente
0,5 ha (25 empl.) plat, herbeux - - A l'entrée : - A proximité :
Pâques-1er oct. - **R** *conseillée - 2 pers. 49, pers. suppl. 17 14 (5A)*

CASSAGNES

14 - 79 ⑦

Paris 581 - Cahors 35 - Cazals 15 - Fumel 18 - Puy-l'Evêque 7 - Villefranche-du-Périgord 14

46700 Lot - 212 h.

Le Carbet, 65 36 61 79, NO : 1,5 km par D 673, rte de Fumel, près du lac
1,5 ha (25 empl.) non clos, peu incliné à incliné, accidenté, pierreux, herbeux - -
avril-sept. - **R** *conseillée - 20 piscine comprise 24 14 (20A)*

CASSANIOUZE

15 - 76 ⑪

Paris 603 - Aurillac 37 - Entraygues-sur-Truyère 31 - Montsalvy 16 - Rodez 55

15340 Cantal - 587 h.

Coursavy ←, SO : 10 km par D 601, rte de Conques et D 141 à gauche, rte d'Entraygues, bord d'un ruisseau
1 ha (39 empl.) plat, terrasse, herbeux - -
15 avril-15 oct. - **R** - *Tarif 94 : 10 15 ou 20/25 12 (5A)*

CASSY **33** Gironde - 71 ⑳ - voir à Arcachon (Bassin d')

CASTELJALOUX

14 - 79 ⑬ G. Pyrénées Aquitaine

Paris 677 - Agen 54 - Langon 54 - Marmande 23 - Mont-de-Marsan 74 - Nérac 30

47700 L.-et-G. - 5 048 h.
Syndicat d'Initiative Maison du Roy 53 93 00 00

Lac de Clarens, 53 93 07 45, SO : 2,5 km par D 933, rte de Mont-de-Marsan, bord du lac
4 ha (240 empl.) (saison) plat et accidenté, herbeux (3 ha) - - (plage) - A proximité : golf, parcours sportif

Municipal de la Piscine, 53 93 54 68, sortie NE par D 933, rte de Marmande, bord d'un ruisseau
1 ha (65 empl.) plat, herbeux - -
25 mars-nov. - **R** *conseillée - 10 9 12,50 (6A)*

CASTELJAU

16 - 80 ⑨

Paris 666 - Aubenas 37 - Largentière 27 - Privas 67 - Saint-Ambroix 30 - Vallon-Pont-d'Arc 33

07 Ardèche
07460 Berrias-et-Casteljau

La Rouveyrolle, 75 39 00 67, Fax 75 39 07 28, à l'est du bourg, à 100 m du Chassezac
3 ha (100 empl.) (juil.-août) plat, herbeux, pierreux - snack - - A proximité : - Location :
mai-sept. - **R** *conseillée juil.-août* - GB - *piscine comprise 2 pers. 110 18 (6A)*

Mazet-Plage ←, 75 39 32 56, SO : 1 km par rte du Bois de Païolive, bord du Chassezac
2 ha (100 empl.) plat, en terrasses, herbeux, pierreux - snack - vélos - Location :
avril-oct. - **R** *conseillée* - GB - *2 pers. 70 15 (6A)*

Les Tournayres, 75 39 36 39, N : 0,5 km rte de Chaulet plage, au lieu-dit les Tournayres, à 300 m du Chassezac
1,3 ha (35 empl.) plat, herbeux - snack - - A proximité : - Location :
avril-sept. - **R** *conseillée - piscine comprise 2 pers. 80*

La Vignasse-Chaulet Plage « Site agréable », ✆ 75 39 30 27, N : 0,6 km, rte de Chaulet-Plage, accès direct au Chassezac
3 ha (104 empl.) en terrasses, pierreux, herbeux – snack – – Location : (gîtes)
début avril-sept. – **R** *conseillée juil.-août* – GB – *Tarif 94 : 2 pers. 50, pers. suppl. 13 9 (2A) 11 (4A) 13 (6A)*

Les Blaches « Site agréable et cadre sauvage », ✆ 75 39 05 26, N : 0,6 km, rte de Chaulet-Plage, accès direct au Chassezac
2 ha (80 empl.) en terrasses, accidenté, rocheux, pierreux, herbeux – – vélos – A proximité : snack – Location :
avril-1er nov. – **R** *conseillée juil.-27 août* – GB – *2 pers. 53, pers. suppl. 14 10 (2A) 12 (4A) 14 (6A)*

CASTELLANE

17 – 81 ⑱ **G. Alpes du Sud**

Paris 802 – Digne-les-Bains 53 – Draguignan 59 – Grasse 63 – Manosque 102

04120 Alpes-de-H.-Pr. – 1 349 h. alt. 724.
Office de Tourisme, r. Nationale ✆ 92 83 61 14

Le Verdon « Cadre et situation agréables », ✆ 92 83 61 29, Fax 92 83 69 37, Domaine de la Salaou, SO : 2 km par D 952, rte de Moustiers-Ste-Marie, bord du Verdon (petits plans d'eau)
14 ha/9 campables (500 empl.) plat, herbeux, pierreux – pizzeria cases réfrigérées – – Location :
15 mai-15 sept. – **R** *indispensable 7 juil.-20 août – Tarif 94 : piscine comprise 3 pers. 120 (135 à 175 avec élect. 2 ou 6A), pers. suppl. 30*

Gorges du Verdon « Site et cadre agréables », ✆ 92 83 63 64, Fax 92 83 74 72, SO : 9,5 km par D 952, rte de Moustiers-Ste-Marie, bord du Verdon – alt. 666
7 ha (195 empl.) plat et peu incliné, accidenté, pierreux, herbeux pinède – snack – – Location : studios
22 avril-25 sept. – **R** *conseillée juil.-août – piscine comprise 3 pers. 94 (114,50 avec élect. 6A), pers. suppl. 20*

Le Clavet ✆ 92 83 68 96, Fax 92 83 75 40, à **La Garde,** SE : 7 km par N 85, rte de Grasse – alt. 1 000 – Accès aux emplacements par pente à 12%
7 ha (195 empl.) en terrasses, peu incliné, pierreux, herbeux, bois attenant – snack – vélos – Location : bungalows toilés
15 avril-sept. – **R** *conseillée – Tarif 94 : piscine comprise 2 pers. 84 17 (10A)*

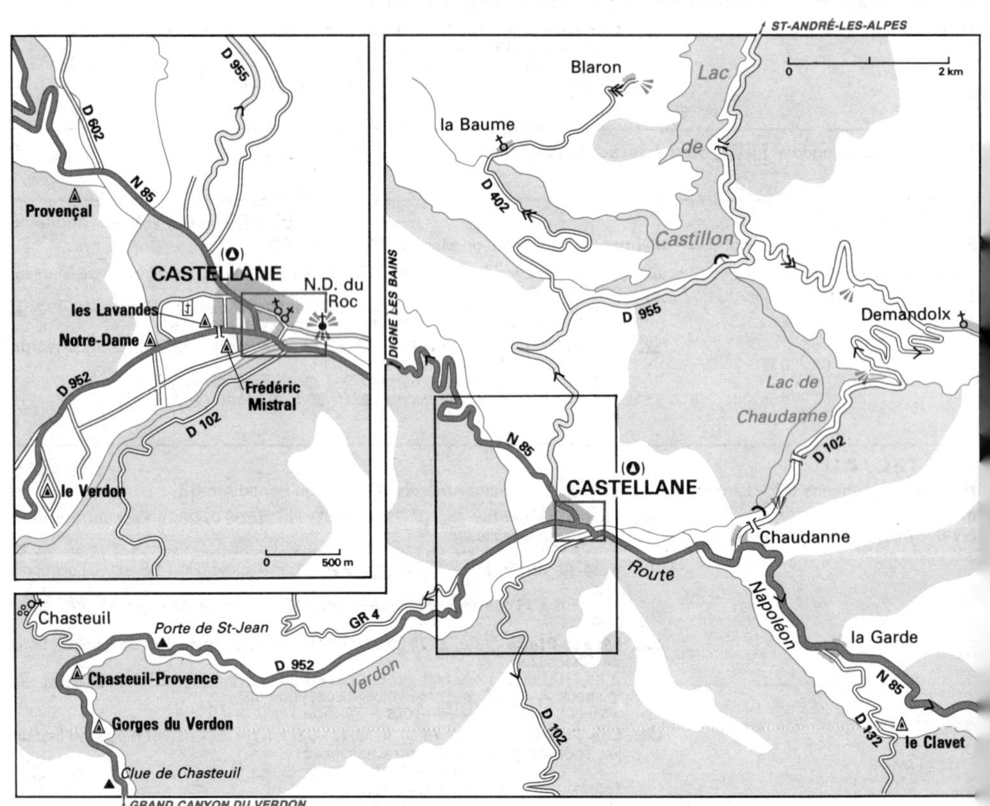

Chasteuil-Provence « Site agréable », 92 83 61 21, Fax 92 83 75 62, SO : 8 km par D 952, rte de Moustiers-Ste-Marie, bord du Verdon – alt. 650
7,5 ha (210 empl.) plat, peu incliné, terrasses, pierreux, herbeux – snack, pizzeria cases réfrigérées –
10 avril-20 sept. – **R** *conseillée juil.-août – piscine comprise 3 pers. 96, pers. suppl. 20 15 (3A) 22 (6A)*

Notre-Dame, 92 83 63 02, SO : 0,5 km par D 952, rte de Moustiers-Ste-Marie, bord d'un ruisseau – dans locations
0,6 ha (40 empl.) plat, herbeux – – – Location :
avril-19 oct. – **R** *juil.-août – Tarif 94 : 3 pers. 71 15 (3A) 19 (6A)*

Provençal, 92 83 65 50, NO : 2 km par N 85, rte de Digne
0,8 ha (45 empl.) plat et peu incliné, herbeux, pierreux –
juin-20 sept. – **R** *conseillée juil.-août – 2 pers. 55 13 (3A) 20 (6A)*

Frédéric Mistral, 92 83 62 27, sortie SO par D 952, rte de Moustiers-Ste-Marie
1 ha (60 empl.) plat, herbeux – – A proximité :
Permanent – **R** *conseillée été – 2 pers. 50, pers. suppl. 18 18 (6A)*

Les Lavandes, 92 83 68 78, SO : 0,3 km par D 952, rte de Moustiers-Ste-Marie
0,6 ha (60 empl.) plat, herbeux – – –
avril-sept. – **R** *conseillée juil.-août – 15 9 15 14 (3A) 16 (6A) 18 (10A)*

CASTELNAU-DE-MONTMIRAL

15 – 79 ⑲

Paris 656 – Albi 32 – Bruniquel 20 – Cordes-sur-Ciel 22 – Gaillac 12 – Montauban 45

81140 Tarn – 910 h.

Le Rieutort « Agréable chênaie », 63 33 16 10, NO : 3,5 km par D 964, rte de Caussade, D 1 et D 87, rte de Penne, à gauche
10 ha/0,5 campable (45 empl.) peu accidenté, plat et peu incliné, en terrasses, herbeux – – – A la Base de Loisirs (800 m) : snack – Location : bungalows toilés
juin-sept. – **R** *conseillée juil.-20 août – piscine comprise 2 pers. 44,50, pers. suppl. 13,50 10 (6A) 15 (10A)*

CASTELNAUD-FAYRAC

13 – 75 ⑰ G. Périgord Quercy

Paris 530 – Le Bugue 26 – Les Eyzies-de-Tayac 25 – Gourdon 24 – Périgueux 67 – Sarlat-la-Canéda 11,5

24 Dordogne – 408 h.
✉ 24250 Domme
Schéma à la Roque-Gageac

Maisonneuve « Ferme fleurie », 53 29 51 29, Fax 53 30 27 06, SE : 1 km par D 57 et chemin à gauche, bord du Céou
3 ha (140 empl.) plat, prairie (1 ha) – –
avril-15 oct. – **R** *conseillée juil.-août – Tarif 94 : 20 piscine comprise 35 12 (3A) 18 (6A)*

CASTELNAU-MONTRATIER

14 – 79 ⑰ ⑱ G. Périgord Quercy

Paris 610 – Cahors 29 – Caussade 23 – Lauzerte 22 – Montauban 36

46170 Lot – 1 820 h.

Municipal des 3 Moulins, sortie NO par D 19, rte de Lauzette
1 ha (50 empl.) en terrasses, herbeux, pierreux (0,5 ha) – – A l'entrée :
juin-sept. – **R** – *10 10 6 (15A)*

CASTÉRA-VERDUZAN

14 – 82 ④

Paris 750 – Agen 62 – Auch 25 – Condom 19

32410 Gers – 794 h. – mai-oct.
Office de Tourisme, av. des Thermes 62 68 10 66 Fax 62 68 14 58

Municipal Plage de Verduzan, 62 68 12 23, Fax 62 68 10 49, au nord du bourg, bord de l'Aulone et d'un plan d'eau
2 ha (100 empl.) plat, herbeux – – tir à l'arc – A proximité : – Location : , bungalows toilés
15 avril-oct. – **R** *conseillée juil.-août* – GB – *élect. comprise 1 à 3 pers. 95, pers. suppl. 16*

CASTILLON LA BATAILLE

9 – 75 ⑬ G. Pyrénées Aquitaine

Paris 550 – Bergerac 45 – Libourne 16 – Montpon-Ménestérol 27 – Sauveterre-de-Guyenne 21

33350 Gironde – 3 020 h.

Municipal la Pelouse, 57 40 04 22, au sud du bourg, bord de la Dordogne
1,5 ha (38 empl.) plat, herbeux – – – Location : gîtes
10 juin-10 sept. – **R** – *11,50 15,50*

CASTILLONNÈS

14 – 79 ⑤ G. Pyrénées Aquitaine

Paris 571 – Agen 64 – Bergerac 26 – Marmande 44 – Périgueux 74

47330 L.-et-G. – 1 424 h.

Municipal la Ferrette, 53 36 94 68, sortie N par N 21, rte de Bergerac
1 ha (32 empl.) plat et peu incliné, herbeux – – A proximité :
juin-sept. – **R** – *11 6/11,50 12 (6A)*

CASTRES

15 - 83 ① G. Gorges du Tarn

Paris 754 - Albi 41 - Béziers 103 - Carcassonne 64 - Toulouse 71

81100 Tarn - 44 812 h.

Office du Tourisme, Théâtre Municipal, pl. République 63 71 56 58, Fax 63 71 59 99 et Gare Routière pl. Soult 63 35 26 26

Parc de Loisirs de Gourjade, 63 59 56 49, NE : 2 km par D 89, rte de Roquecourbe, bord de l'Agout
53 ha/4 campables (91 empl.) plat et terrasse, herbeux (1 ha) - snack - A proximité : golf, practice de golf, tir à l'arc, vélos, patinoire - Location : bungalows toilés
avril-sept. - **R** - *Tarif 94 : 2 pers. 24/32, pers. suppl. 9 12 (6A)*

CAUDAN

8 - 63 ①

Paris 502 - Auray 36 - Lorient 9,5 - Quiberon 52 - Quimperlé 20

56850 Morbihan - 6 674 h.

Municipal de Kergoff, 97 05 73 87, à l'ouest du bourg, près du stade, à 200 m d'un plan d'eau
0,6 ha (55 empl.) plat et peu incliné, herbeux - A proximité :
mai-sept. - - *6,40 tennis compris 3,50 6,40 8,20 (6A)*

CAUNEILLE

13 - 78 ⑦

Paris 756 - Bayonne 37 - Dax 27 - Orthez 24 - Peyrehorade 3,5 - Salies-de-Béarn 20

40300 Landes - 679 h.

Les Sources, 58 73 04 40, sortie N, à 200 m de la N 117
1 ha (50 empl.) en terrasses, plat, herbeux, pierreux (0,5 ha) - (bassin) half-court - Location :
Permanent - **R** *conseillée juil.-août - 15 10/16 12 (10A)*

CAUREL

8 - 58 ⑲

Paris 461 - Carhaix-Plouguer 43 - Guingamp 47 - Loudéac 25 - Pontivy 20 - Saint-Brieuc 48

22530 C.-d'Armor - 384 h.

Nautic International « Situation et cadre agréables », 96 28 57 94, Fax 96 26 02 00, SO : 2 km, au lieu-dit Beau-Rivage, bord du lac de Guerlédan
2,6 ha (80 empl.) plat, en terrasses, herbeux - solarium - A proximité : crêperie
avril-sept. - **R** *conseillée juil.-août* - GB - *Tarif 94 : 22 piscine comprise 10 34 15 (6A)*

CAUSSADE

14 - 79 ⑱ G. Périgord Quercy

Paris 623 - Albi 73 - Cahors 36 - Montauban 25 - Villefranche-de-Rouergue 51

82300 T.-et-G. - 6 009 h.

Office de Tourisme, r. de la République 63 93 10 45

Municipal la Piboulette, 63 93 09 07, NE : 1 km par D 17, rte de Puylaroque et à gauche, au stade, à 200 m d'un étang
1,5 ha (100 empl.) plat, herbeux - - A proximité :
mai-oct. - **R** *conseillée juil.-août - 10,80 7,20 7,20 (3A)*

CAUTERETS

14 - 85 ⑰ G. Pyrénées Aquitaine

Paris 844 - Argelès-Gazost 17 - Lourdes 29 - Pau 72 - Tarbes 49

65110 H.-Pyr. - 1 201 h. alt. 930 - Sports d'hiver : 1 400/2 400 m 2 16.

Office de Tourisme, pl. de l'Hôtel-de-Ville 62 92 50 27, Fax 62 95 59 12

Le Cabaliros, 62 92 55 36, N : 1,6 km par rte de Lourdes et au pont à gauche, bord du Gave de Pau
2 ha (100 empl.) (saison) peu incliné, accidenté, herbeux -
15 mai-15 oct. - **R** *indispensable juil.-août* - GB - *16 13 10 (2A) 12 (3A) 14 (4A)*

Le Péguère, 62 92 52 91, N : 1,5 km par rte de Lourdes, bord du Gave de Pau
3,5 ha (83 empl.) (juil.-août) peu incliné, herbeux (1,5 ha) -
vacances de printemps-sept. - **R** *conseillée juil.-août* - GB - *14,50 12 9 (2 à 4A)*

Les Bergeronnettes, 62 92 50 69, N : 1,3 km par rte de Lourdes et chemin à gauche, à 50 m du Gave -
0,4 ha (50 empl.) plat et peu incliné, herbeux -
15 juin-sept. - - *13 6 6 9,50 (2A) 15 (4A) 20 (6A)*

CAVALAIRE-SUR-MER

17 - 84 ⑰ G. Côte d'Azur

Paris 884 - Draguignan 56 - Fréjus 42 - Le Lavandou 20 - Saint-Tropez 18 - Sainte-Maxime 22 - Toulon 63

83240 Var - 4 188 h.

Office de Tourisme, square de Lattre-de-Tassigny 94 64 08 28, Fax 94 05 49 89

Cros de Mouton « Situation agréable », 94 64 10 87, Fax 94 05 46 38, NO : 1,5 km
4,2 ha (160 empl.) en terrasses, sablonneux, pierreux - - Location :
15 mars-oct. - **R** *conseillée saison* - GB - *27 piscine comprise 30 15 (10A)*

La Baie, 94 64 08 15, Fax 94 64 66 10, sortie SO par rte du Lavandou et à gauche, à 400 m de la plage
5,5 ha (480 empl.) plat, peu incliné et en terrasses, herbeux - - A proximité : - Location :

Bonporteau, 94 64 03 24, SO : 1 km par rte du Lavandou, à 200 m de la plage
3 ha (240 empl.) incliné et en terrasses, vallonné, pierreux – cases réfrigérées – vélos – Location :
20 mars-15 oct. – R – *3 pers. 112*

Roux « Entrée fleurie », 94 64 05 47, Fax 94 05 46 59, NE : 3 km par D 559, rte de Ste-Maxime et à gauche, rte du cimetière
4 ha (245 empl.) (juil.-août) peu incliné, en terrasses, pierreux – snack – vélos – Location : studios, appartements
Pâques-sept. – **R** *conseillée juil.-août* – GB – *23* *26*

La Pinède, 94 64 11 14, sortie SO par rte du Lavandou et rte à droite
2 ha (165 empl.) plat, herbeux –
15 mars-15 oct. – **R** *conseillée 15 juin-20 août* – *2 pers. 95, pers. suppl. 23* *17 (5A)*

CAYEUX-SUR-MER

1 – 52 ⑤ G. Flandres Artois Picardie

Paris 186 – Abbeville 29 – Amiens 74 – Le Crotoy 25 – Dieppe 47

80410 Somme – 2 856 h.

Municipal de Brighton les Pins, réservé aux caravanes, 22 26 71 04, NE : 2 km par D 102 rte littorale, à Brighton, à 500 m de la mer
4 ha (163 empl.) plat, herbeux – –
Location longue durée – *Places disponibles pour le passage*

CAYLUS

14 – 79 ⑲ G. Périgord Quercy

Paris 646 – Albi 61 – Cahors 60 – Montauban 45 – Villefranche-de-Rouergue 30

82160 T.-et-G. – 1 308 h.

Vallée de la Bonnette, 63 65 70 20, sortie SE par D 97, rte de St-Antonin-Noble-Val, bord de la Bonnette
1,5 ha (66 empl.) plat, herbeux – –
2 juil.-10 sept. – **R** *conseillée 15 juil.-15 août – Tarif 94 : 2 pers. 50/55 avec élect. (2 à 6A), pers. suppl. 13*

CAZALS

14 – 79 ⑦ G. Périgord Quercy

Paris 565 – Cahors 31 – Fumel 32 – Gourdon 20 – Villefranche-du-Périgord 12

46250 Lot – 538 h.

Municipal du Plan d'Eau, 65 22 84 45, sortie S par D 673, rte de Fumel, bord d'un plan d'eau
0,7 ha (55 empl.) plat, herbeux – –

CAZAUBON

14 – 79 ⑫

Paris 710 – Aire-sur-l'Adour 34 – Condom 41 – Mont-de-Marsan 40 – Nérac 48

32150 Gers – 1 605 h. –
24 fév.-28 nov. à Barbotan

Municipal du Lac de l'Uby « Situation et cadre agréables », 62 09 53 91, NE : 2,5 km par D 656, rte de Barbotan-les-Thermes et rte à droite, bord du lac
6 ha (308 empl.) plat et peu incliné, gravillons, herbeux – – – A proximité :
15 mars-nov. – **R** *conseillée – Tarif 94 : 16,05 5,15 10,90/14,10 9,75 (5A) 22,70 (10A)*

CAZAUX

13 – 78 ②

Paris 649 – Arcachon 17 – Belin-Béliet 51 – Biscarrosse 139 – Bordeaux 73

33260 Gironde

Municipal du Lac, 56 22 22 33, sortie SO : 1,3 km par rue Edmond-Doré rte du lac, à proximité de l'étang de Cazaux
1,5 ha (84 empl.) plat, herbeux, sablonneux – – A proximité :

CAZÈRES

14 – 82 ⑯ ⑰ G. Pyrénées Roussillon

Paris 751 – Aurignac 20 – Le Fousseret 9 – Montesquieu-Volvestre 18 – Saint-Gaudens 35 – Saint-Girons 37

31220 H.-Gar. – 3 155 h.
Syndicat d'Initiative, 13 r. de la Case 61 90 06 81, Fax 61 90 16 43

Municipal le Plantaurel « Cadre agréable, entrée fleurie », 61 97 03 71, SO : 2,8 km par D 6, D 7 et D 62 rte de Mauran, près de la Garonne
3,5 ha (160 empl.) plat, herbeux – –
Permanent – Location longue durée – *Places disponibles pour le passage* – **R** *conseillée – Tarif 94 : piscine comprise de 1 à 4 pers. 26 à 77 (31 à 91 avec élect. 10A), pers. suppl. 15*

CAZOULÈS

13 – 75 ⑱

Paris 523 – Brive-la-Gaillarde 41 – Gourdon 32 – Sarlat-la-Canéda 24 – Souillac 5

24370 Dordogne – 397 h.

Municipal la Borgne, 53 29 81 64, à 1,5 km au SO du bourg, bord de la Dordogne
5 ha (100 empl.) plat, herbeux – –
15 juin-15 sept. – **R** – *18 piscine comprise 7 13 12 (6 à 16A)*

CEAUX-D'ALLEGRE
11 - 76 ⑥

Paris 530 - Allègre 4,5 - La Chaise-Dieu 20 - Craponne-sur-Arzon 22 - Le Puy-en-Velay 26 - Retournac 35

43270 H.-Loire - 428 h. alt. 905

Municipal, ✆ 71 00 79 66, NE : 1,1 km par D 134, rte de Bellevue-la-Montagne et chemin à gauche, bord de la borne et près d'un petit plan d'eau
0,5 ha (35 empl.) plat, herbeux, pierreux - A proximité :
juil.-août - *Tarif 94 : 10 10/15 10 (5A) 15 (10A)*

CEILLAC
17 - 77 ⑱ ⑲ G. Alpes du Sud

Paris 736 - Briançon 50 - Gap 74 - Guillestre 14

05600 H.-Alpes - 289 h. alt. 1 643 - Sports d'hiver : 1 700/2 495 m 8.
Office de Tourisme, Mairie ✆ 92 45 05 74, Fax 92 45 27 80

Les Mélèzes « Site agréable », ✆ 92 45 21 93, Fax 92 45 01 83, SE : 1,8 km, bord du Mélezet
3 ha (100 empl.) peu incliné, accidenté et terrasses, pierreux, herbeux -
juin-8 sept. - **R** - GB - *24 14 14 12 (2A)*

La CELLE-DUNOISE
10 - 68 ⑱

Paris 332 - Aigurande 17 - Aubusson 67 - Dun-le-Palestel 9,5 - Guéret 27

23800 Creuse - 589 h.

Municipal de la Baignade, à l'est du bourg, par D 48A rte du Bourg d'Hem, près de la Creuse
1,4 ha (30 empl.) plat et en terrasses, herbeux - - A proximité : poneys
avril-oct. - **R** - *12 16 12 (16A)*

CELLES-SUR-BELLE
9 - 72 ② G. Poitou Vendée Charentes

Paris 406 - Couhé 36 - Niort 22 - Saint-Jean-d'Angély 52 - Sauzé-Vaussais 29

79370 Deux-Sèvres - 3 425 h.
Office de Tourisme, aux Halles (15 avril-15 oct.) et Mairie ✆ 49 79 80 17

Municipal la Boissière, sortie S par rte de Melle
1,2 ha (40 empl.) peu incliné, plat, herbeux - - A l'entrée :
Permanent - **R** - *2 pers. 23,10, pers. suppl. 8,60 6A : 8,30 (hors saison estivale 16,40)*

CELLES-SUR-PLAINE
8 - 62 ⑦

Paris 385 - Baccarat 20 - Blâmont 26 - Lunéville 45 - Raon-l'Etape 11

88110 Vosges - 843 h.

Le Lac, ✆ 29 41 19 25, Fax 29 41 18 69, au S du bourg, bord de rivière
3 ha (114 empl.) plat, herbeux, gravillons, pierreux - - - A proximité : parcours de santé
avril-sept. - **R** *conseillée juil.-août* - GB - *20 20 12 (4A) 20 (10A)*

CELLETTES
5 - 64 ⑰

Paris 188 - Blois 8 - Montrichard 30 - Romorantin-Lanthenay 35 - Saint-Aignan 31

41120 Loir-et-Cher - 1 922 h.

Municipal, ✆ 54 70 48 41, sortie E par rte de Contres et D 77 à gauche, bord du Beuvron
1 ha (80 empl.) plat, herbeux - - vélos
15 juin-13 sept. - **R** - *Tarif 94 : 13 9 9 (6A)*

CÉNAC-ET-ST-JULIEN
13 - 75 ⑰ G. Périgord Quercy

Paris 530 - Le Bugue 31 - Gourdon 19 - Sarlat-la-Canéda 12 - Souillac 31

24250 Dordogne - 993 h.
Schéma à la Roque-Gageac

Le Pech de Caumont M « situation agréable », ✆ 53 28 21 63, S : 1,8 km
2,2 ha (100 empl.) en terrasses, peu incliné, herbeux (0,5 ha) - - - Location :
avril-sept. - **R** *conseillée juil.-août* - GB - *piscine comprise 2 pers. 70, pers. suppl. 23 11 (6A)*

CENDRAS **30** Gard - 80 ⑱ - rattaché à Alès

CÉRET
15 - 86 ⑲ G. Pyrénées Roussillon

Paris 892 - Gerona 78 - Perpignan 32 - Port-Vendres 37 - Prades 55

66400 Pyr.-Or. - 7 285 h.
Office de Tourisme, 1 av. G.-Clemenceau ✆ 68 87 00 53

Les Cerisiers massif du Canigou « Agréable verger », ✆ 68 87 00 08, sortie E par D 618, rte de Maureillas-las-Illas puis 0,8 km par chemin à gauche
2 ha (68 empl.) plat, herbeux - -
Permanent - **R** *conseillée* - *11 20,20 7,40 (4A)*

Municipal Bosquet de Nogarède, ✆ 68 87 26 72, E : 0,5 km par D 618, rte de Maureillas-las-Illas, bord d'un ruisseau
3 ha (120 empl.) plat et accidenté, pierreux, herbeux -
avril-oct. - **R** - *10 5 10 10 (6A)*

CERNAY

8 - 66 ⑨ G. Alsace Lorraine

Paris 469 - Altkirch 25 - Belfort 36 - Colmar 35 - Guebwiller 14 - Mulhouse 17 - Thann 7

68700 H.-Rhin - 10 313 h.
Office de Tourisme, 1 r. Latouche
89 75 50 35, Fax 89 75 49 24

Municipal les Acacias, 89 75 56 97, sortie rte de Belfort puis à droite après le pont, r. René-Guibert, bord de la Thur
3,5 ha (140 empl.) plat, herbeux - A proximité : (découverte l'été)
29 avril-23 sept. - **R** *conseillée juil.-août - Tarif 94 : 16 20 20 (5A)*

CEYRAT

11 - 73 ⑭ G. Auvergne

Paris 431 - Clermont-Ferrand 6 - Issoire 33 - Le Mont-Dore 42 - Royat 3,5

63122 P.-de-D. - 5 283 h.
Syndicat d'Initiative, Mairie
73 61 42 55

Le Chanset (Municipal Clermont Ceyrat) « Site agréable », 73 61 30 73, av. J.-B. Marrou - alt. 600
4 ha (232 empl.) (été) plat et incliné, herbeux - snack - - Location :
Permanent - **R** - *12,50 6,80 8,60/28,50 ou 36 avec élect. (10A)*

CEYRESTE

16 - 84 ⑭

Paris 806 - Aubagne 17 - Bandol 18 - La Ciotat 4 - Marseille 33 - Toulon 36

13600 B.-du-R. - 3 004 h.
Syndicat d'Initiative, pl. Gén.-de-Gaulle 42 71 53 17

Ceyreste « Cadre agréable », 42 83 07 68, Fax 42 83 19 92, N : 1 km par av. Eugène-Julien
3 ha (150 empl.) en terrasses, pierreux pinède - - - Location *(permanent)* :
Pâques-oct. - **Location longue durée** - *Places disponibles pour le passage -*
R *conseillée - Tarif 94 : 23 24 11 (2A) 18 (6A)*

CÉZAN

14 - 82 ④

Paris 749 - Auch 27 - Fleurance 17 - Lectoure 21 - Valence-sur-Baïse 15 - Vic-Fézensac 21

32410 Gers - 158 h.

Les Angeles , 62 65 29 80, SE : 3,6 km par D 303, rte de Réjaumont et à droite, rte de Prehac
3 ha (62 empl.) peu incliné, terrasses, herbeux - snack - vélos - Location :
juin-sept. - **R** *conseillée juil.-août - piscine comprise 2 pers. 66 11 (6A)*

CÉZY

6 - 61 ⑭

Paris 144 - Auxerre 32 - Joigny 6 - Montargis 53 - Sens 27

89410 Yonne - 1 085 h.

Municipal, 86 63 17 87, sortie NE, sur D 134, rte de St-Aubin-sur-Yonne après le pont suspendu, près de l'Yonne et à 250 m du canal - Pour caravanes accès conseillé par St-Aubin-sur-Yonne
1 ha (70 empl.) plat, herbeux - - A proximité :
mai-sept. - **R** *15 juil.-15 août - 7 et 6 pour eau chaude 5 5 10 (5A) 15 (10A)*

CHABEUIL

12 - 77 ⑫

Paris 569 - Crest 20 - Die 61 - Romans-sur-Isère 18 - Valence 11

26120 Drôme - 4 790 h.
Office de Tourisme, Porte Monumentale 75 59 28 67 (saison)

Le Grand Lierne « Cadre agréable », 75 59 83 14, Fax 75 59 87 95, NE : 5 km par D 68, rte de Peyrus, D 125 à gauche et D 143 à droite - Par A 7 sortie Valence sud et direction Grenoble -
3,6 ha (134 empl.) plat, pierreux, herbeux - snack cases réfrigérées - Toboggan aquatique mini-tennis, vélos - Location : , bungalows toilés
Pâques-25 sept. - **R** *conseillée* - **GB** - *élect. (4A) et piscine comprises 2 pers. 130*

CHAGNY

11 - 69 ⑨ G. Bourgogne

Paris 329 - Autun 43 - Beaune 16 - Chalon-s-Saône 17 - Mâcon 76 - Montceau 44

71150 S.-et-L. - 5 346 h.
Office de Tourisme, 2 r. des Halles
85 87 25 95

Municipal du Pâquier Fané « Cadre agréable », 85 87 21 42, à l'ouest de la ville, rue Pâquier Fané, bord de la Dheune
1,8 ha (85 empl.) plat, herbeux - - A proximité :
mai-sept. - **R**

CHAILLAC

10 - 68 ⑰

Paris 331 - Argenton-sur-Creuse 29 - Le Blanc 33 - Magnac-Laval 30 - La Trimouille 22

36310 Indre - 1 246 h.

Municipal les Vieux Chênes « Cadre agréable », 54 25 61 39, au SO du bourg, au terrain de sports, bord d'un plan d'eau
2 ha (40 empl.) incliné à peu incliné, herbeux - -
Permanent - **R** *conseillée juil.-août - Tarif 94 : 7 3/10 7 (hiver 15)*

La CHAISE-DIEU

11 - 76 ⑥ G. Auvergne

Paris 510 - Ambert 29 - Brioude 35 - Issoire 57 - Le Puy-en-Velay 41 - St-Étienne 80 - Yssingeaux 55

43160 H.-Loire - 778 h. alt. 1 082.
Office de Tourisme, pl. Mairie ✆ 71 00 01 16

Municipal les Prades, ✆ 71 00 07 88, NE : 2 km par D 906, rte d'Ambert, près du plan d'eau de la Tour (accès direct)
2,5 ha (100 empl.) peu incliné et accidenté, herbeux pinède - A proximité : - Location : huttes
juin-sept. - **R** *conseillée*

CHALLAIN-LA-POTHERIE

4 - 63 ⑲

Paris 322 - Ancenis 35 - Angers 46 - Château-Gontier 42

49440 M.-et-L. - 873 h.

Municipal de l'Argos (aire naturelle) « Agréable situation au bord d'un étang », au NE du bourg par D 73, rte de Loiré
0,8 ha (20 empl.) plat, herbeux -
mai-sept. - **R**

CHALLES-LES-EAUX

12 - 74 ⑮ G. Alpes du Nord

Paris 551 - Albertville 45 - Chambéry 7 - Grenoble 50 - Saint-Jean-de-Maurienne 68

73190 Savoie - 2 801 h. - 5 avril-7 oct.
Office de Tourisme, av. Chambéry ✆ 79 72 86 19

Municipal le Savoy « Belle entrée fleurie », ✆ 79 72 97 31, par r. Denarié, à 100 m de la N 6
2,8 ha (100 empl.) plat, herbeux, gravillons - - A proximité : (plan d'eau)
mai-sept. - **R** *conseillée - Tarif 94 : 17 7 15/16 14 (5A)*

CHALMAZEL

11 - 73 ⑰ G. Vallée du Rhône

Paris 503 - Ambert 38 - Boën 20 - Noirétable 21 - Saint-Etienne 77 - Thiers 45

42920 Loire - 597 h. alt. 867 - Sports d'hiver : 1 130/1 600 m 1 6 .
Syndicat d'Initiative, Mairie ✆ 77 24 80 27

Les Epilobes « Situation agréable », ✆ 77 24 80 03, Fax 77 24 84 75, SO : 3,5 km par D 6, rte du col du Béal puis à gauche 2,5 km par rte de la station - alt. 1 150
1,7 ha (58 empl.) en terrasses, herbeux - - A proximité : vélos
Permanent - **R** - *2 pers. 40, pers. suppl. 7,50 20 (6A) hiver : 30 (10A)*

CHALONNES-SUR-LOIRE

4 - 63 ⑲ ⑳ G. Châteaux de la Loire

Paris 319 - Ancenis 36 - Angers 25 - Châteaubriant 61 - Château-Gontier 62 - Cholet 40

49290 M.-et-L. - 5 354 h.
Syndicat d'Initiative ✆ 41 78 26 21

Municipal le Candais, ✆ 41 78 02 27, E : 1 km par D 751, rte des Ponts-de-Cé, bord de la Loire et près d'un plan d'eau
3 ha (219 empl.) (juil.-août) plat, herbeux - - - A proximité :
mai-sept. - **R** - *6,50 5 5*

CHÂLONS-SUR-MARNE P

7 - 56 ⑰ G. Champagne

Paris 163 - Charleville-Mézières 104 - Dijon 255 - Metz 158 - Nancy 159 - Orléans 284 - Reims 48 - Troyes 83

51000 Marne - 48 423 h.
Office de Tourisme, 3 quai des Arts ✆ 26 65 17 89, Fax 26 21 72 92

Municipal « Entrée fleurie et cadre agréable », ✆ 26 68 38 00, sortie SE par N 44, rte de Vitry-le-François et D 60 rte de Sarry, bord d'un plan d'eau
3,5 ha (96 empl.) (saison) plat, herbeux, gravier (1,5 ha) - - -
Rameaux-oct. - **R** *conseillée juil.-août - 23 14 20 17 (5A)*

CHAMBERET

10 - 72 ⑲

Paris 449 - Guéret 87 - Limoges 57 - Tulle 46 - Ussel 72

19370 Corrèze - 1 376 h.
Syndicat d'Initiative pl. Mairie ✆ 55 98 34 92

Municipal , à 1,5 km au SO du bourg, rte de Meilhards et chemin du stade à droite, près d'un plan d'eau
1 ha (34 empl.) plat, peu incliné, en terrasses, pierreux -
- A proximité :

CHAMBILLY

11 - 73 ⑦

Paris 363 - Chauffailles 30 - Digoin 26 - Dompierre-sur-Besbre 52 - Lapalisse 35 - Roanne 32

71110 S.-et-L. - 516 h.

La Motte aux Merles (aire naturelle) , ✆ 85 25 19 84, SO : 5 km par D 990, rte de Lapalisse et chemin à gauche
1 ha (25 empl.) peu incliné, herbeux -
15 mars-15 oct. - **R** *conseillée juil.-août - 12 12 12 (12A)*

CHAMBON

16 - 80 ⑦

Paris 651 - Alès 31 - Florac 55 - Génolhac 12 - La Grand-Combe 21 - Saint-Ambroix 25

30450 Gard - 196 h.

Aire Naturelle , ✆ 66 61 45 11, E : 3,9 km par D 29, rte de Peyremale et chemin à gauche, au lieu-dit le Chamboredon, bord du Luech - Accès difficile pour caravanes
3 ha (25 empl.) peu incliné et en terrasses, herbeux, pierreux -
-
mai-1er nov. - **R** - *1 pers. 17 10 (16A)*

CHAMBON (Lac)

11 - 73 ⑬ G. Auvergne

Paris 466 - Clermont-Ferrand 37 - Condat 40 - Issoire 31 - Le Mont-Dore 18

63790 P.-de-D. alt. 877 - Sports d'hiver : 1 150/1 760 m 9

La Plage ≤ « Site et cadre agréables au bord du lac », 73 88 60 27
7 ha (372 empl.) plat, incliné et en terrasses, herbeux, pierreux - salle de spectacles et d'animation (plage) - Location *(avril-oct.)* :
mai-sept. - **R** *conseillée juil.-20 août - 2 pers. 74, pers. suppl. 21 15 (6A)*

Le Pré Bas ≤, 73 88 63 04, à Varennes, près du lac (accès direct)
3,8 ha (180 empl.) (été) plat et peu incliné, herbeux (1,5 ha) - - - A proximité : - Location :
mai-20 sept. - **R** - *Tarif 94 : 18 27 15 (4A)*

Municipal les Bombes ≤ vallée de Chaudefour, 73 88 64 03, à l'est de Chambon-sur-Lac vers rte de Murol et à droite, bord de la Couze de Chambon (hors schéma)
2,4 ha (150 empl.) plat, herbeux - - - A l'entrée : - A proximité :
15 juin-15 sept. - - GB - *Tarif 94 : 16 21 13,70 (3A) 25,80 (6A)*

Serrette ≤ lac et montagnes, 73 88 67 67, O : 2,5 km par D 996, rte du Mont-Dore et D 636 (à gauche) rte de Chambon des Neiges (hors schéma) - alt. 1 000
2 ha (75 empl.) en terrasses, incliné, herbeux, pierreux - -
15 juin-15 sept. - **R** *conseillée - 17 21*

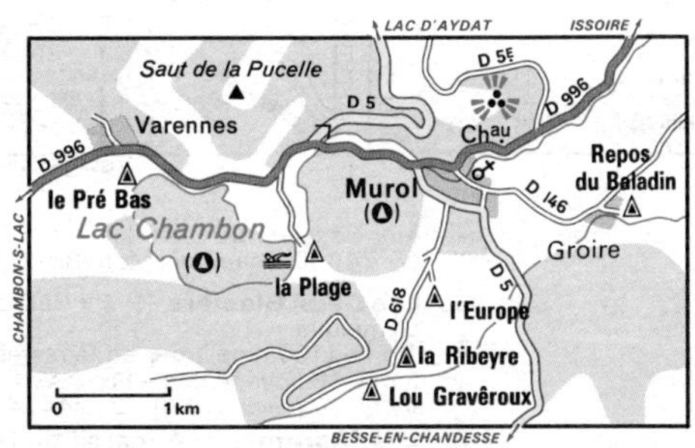

Voir aussi à *Murol*

Le CHAMBON-SUR-LIGNON

11 - 76 ⑧ G. Vallée du Rhône

Paris 577 - Annonay 47 - Lamastre 32 - Le Puy-en-Velay 46 - Privas 83 - Saint-Étienne 59 - Yssingeaux 24

43400 H.-Loire - 2 854 h. alt. 960.
Office de Tourisme, 1 la Place 71 59 71 56, Fax 71 65 88 78

Les Hirondelles ≤ « Cadre agréable », 71 59 73 84, S : 1 km par D 151 et D 7 à gauche, rte de la Suchère - alt. 1 000 - dans locations
1 ha (46 empl.) plat, en terrasses, herbeux - - - Location :
23 juin-3 sept. - **R** *conseillée 14 juil.-15 août - 2 pers. 75, pers. suppl. 20 13 (2A) 16,50 (4A)*

CHAMBON-SUR-VOUEIZE

10 - 73 ② G. Berry Limousin

Paris 353 - Aubusson 39 - Guéret 47 - Marcillat-en-Combraille 20 - Montluçon 25

23170 Creuse - 1 105 h.

Municipal la Pouge, 55 82 13 21, au stade, SE : 0,7 km par D 915, rte d'Evaux-les-Bains, bord de la Tardes
1 ha (50 empl.) plat, herbeux - - - A proximité :
mars-nov. - **R** *conseillée - 4,10 2,25 2,25 6,90 (hors saison 12,50)*

CHAMBORIGAUD

16 - 80 ⑦

Paris 646 - Alès 30 - Florac 50 - Génalhac 7 - La Grand-Combe 20 - Saint-Ambroix 29

30530 Gard - 716 h.

La Châtaigneraie, 66 61 44 29, N : 0,5 km par D 906, rte de Génolhac, bord du Luech
0,7 ha (66 empl.) en terrasses, pierreux, herbeux - - -
3 avril-sept. - **R** *conseillée 10 juil.-15 août - 12 7 11 12 (3A)*

CHAMONIX-MONT-BLANC

12 - 74 ⑧ G. Alpes du Nord

Paris 612 - Albertville 67 - Annecy 94 - Aosta 59 - Genève 83 - Lausanne 107

74400 H.-Savoie - 9 701 h. alt. 1 037 - Sports d'hiver : 1035/3842 m, 12, 33, .
Office de Tourisme, pl. du Triangle de l'Amitié 50 53 00 24, Fax 50 53 58 90

Les Rosières ≤ vallée et massif du Mont-Blanc, 50 53 10 42, Fax 50 53 29 55, NE : 1,2 km par N 506, à 50 m de l'Arve
1,5 ha (138 empl.) plat, herbeux - - vélos - Location :
fermé 15 oct.-15 déc. - **R** *conseillée hiver - juil.-août - 2 pers. 65 (hiver 77), pers. suppl. 22 (hiver 31) 15 (4A) 17 (6A)*

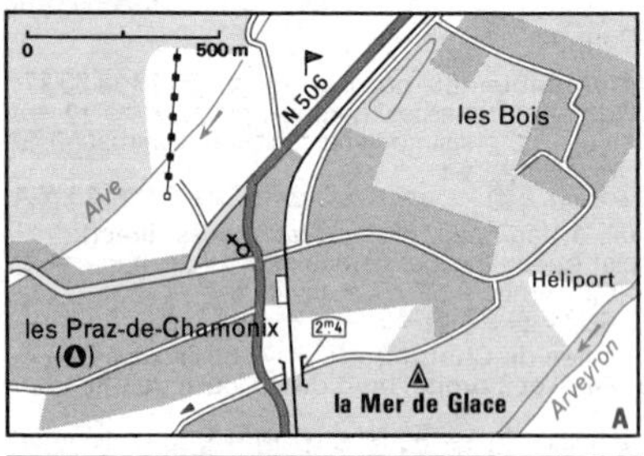

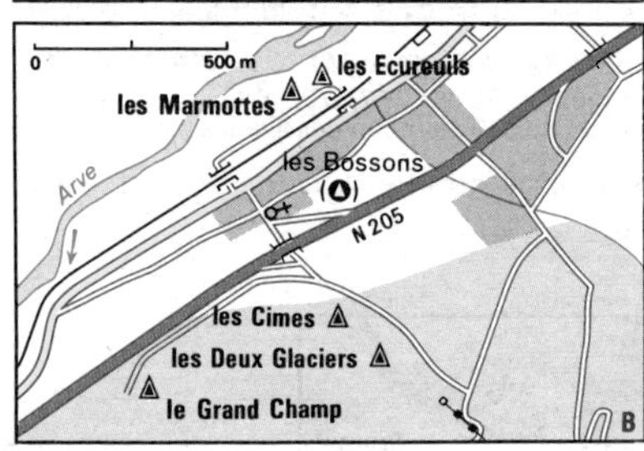

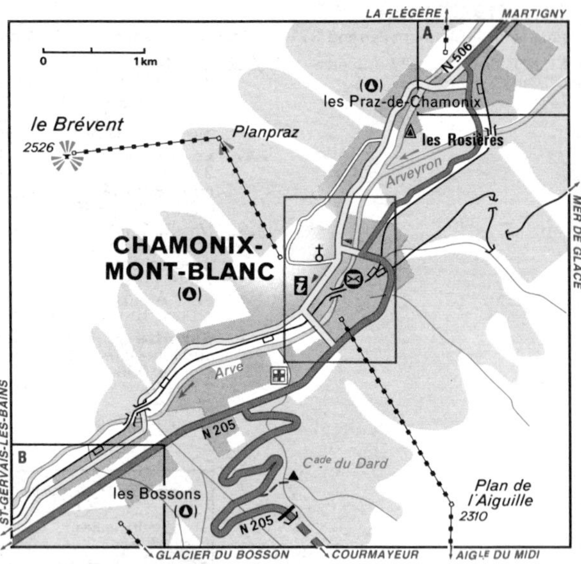

aux Bossons SO : 3,5 km – alt. 1 005
74400 Chamonix-Mont-Blanc :

Les Deux Glaciers « Cadre agréable », 50 53 15 84, rte du tremplin olympique
1,5 ha (100 empl.) en terrasses, herbeux
fermé 16 nov.-14 déc. – R *conseillée hiver* – *été* – *2 pers. 60 (hiver 58), pers. suppl. 20 (hiver 19) 12 (2A) 14 (3A) 17 (4A)*

Les Marmottes massif du Mont-Blanc et glaciers, 50 53 41 06, au bourg, bord de l'Arve
0,8 ha (80 empl.) plat, herbeux, pierreux
15 juin-sept. – R – *Tarif 94 : 2 pers. 55, pers. suppl. 19 11 (3A) 15 (6A)*

Les Ecureuils massif du Mont-Blanc et glaciers, au bourg, bord du torrent et à 100 m de l'Arve
0,6 ha (40 empl.) plat et peu incliné, herbeux
fermé 20 oct.-20 déc. – R – *19 18 15 (6A) - hiver : 2 pers. 70, pers. suppl. 25 – 25 (6A) 35 (10A)*

Les Cimes , 50 53 58 93, rte du tremplin olympique
1 ha (100 empl.) peu incliné, herbeux
juin-sept. – – *21 19 12 (3A)*

Le Grand Champ massif du Mont-Blanc et glacier du Taconnaz, 50 53 04 83, SO : 1,5 km par rte de-Vers-le-Nant, derrière le Novotel, à 100 m d'un torrent – alt. 1 030
1,2 ha (100 empl.) en terrasses, herbeux – A proximité :
15 avril-15 oct. – *19 9 10 11 (3A) 15 (6A)*

aux Praz-de-Chamonix NE : 2,5 km – alt. 1 060
74400 Chamonix-Mont-Blanc :

La Mer de Glace vallée et massif du Mont-Blanc « Dans une clairière », 50 53 08 63, aux Bois, à 80 m de l'Arveyron (accès direct)
2 ha (150 empl.) plat et accidenté, pierreux, herbeux
mai-sept. – – *2 pers. 71, pers. suppl. 24 14 (3A) 18 (6A)*

CHAMOUILLE

6 – 56 ⑤

Paris 136 – Fère-en-Tardenois 42 – Laon 14 – Reims 49 – Soissons 34

02860 Aisne – 147 h.

Le Parc de l'Ailette « Site agréable », 23 24 83 06, SE : 2 km par D 19, à la Base de Plein Air et de Loisirs, à 200 m du plan d'eau (accès direct)
4,5 ha (196 empl.) peu incliné, plat, en terrasses – A proximité : toboggan aquatique (plage)
mi-avril-mi-sept. – R *conseillée* – GB – *17 17 25*

CHAMPAGNEY

8 – 66 ⑦

Paris 412 – Belfort 20 – Giromagny 14 – Lure 16 – Montbéliard 30

70290 H.-Saône – 3 283 h.
Office de Tourisme, Mairie, 84 23 13 98

Base de Plein Air de Champagney, 84 23 11 22, sortie O par D 4, rte de Ronchamp, bord d'un lac et d'une rivière
10 ha (200 empl.) plat, herbeux, pierreux (3,5 ha) – A proximité :
Permanent – R *conseillée juil.-août* – *9,40 4 4 18 (5A)*

CHAMPAGNOLE

12 - 70 ⑤ G. Jura

Paris 424 - Besançon 68 - Dole 60 - Genève 86 - Lons-le-Saunier 34 - Pontarlier 41 - Saint-Claude 51

39300 Jura - 9 250 h.
Office de Tourisme, Annexe Hôtel-de-Ville ✆ 84 52 43 67, Fax 84 52 54 57

Municipal de Boyse, ✆ 84 52 00 32, sortie NO par D 5, rte de Voiteur et à gauche, accès direct à l'Ain
7 ha (240 empl.) (juil.-août) plat, incliné, herbeux - A proximité :
15 juin-15 sept. - **R** *conseillée - 14,50 11,50 11,50 14 (5A)*

CHAMPDOR

12 - 74 ④

Paris 487 - Ambérieu-en-Bugey 38 - Bourg-en-Bresse 59 - Hauteville-Lompnes 7 - Nantua 27

01930 Ain - 459 h. alt. 830

Municipal le Vieux Moulin ≤, ✆ 74 36 01 72, NO : 0,8 km par D 57^{A}, rte de Corcelles, près de deux plans d'eau
1,6 ha (60 empl.) plat, herbeux - A proximité : - Location : gîte d'étape
Permanent - **R** - *13 4 5 4A : 7 (hiver 14) 8A : 15 (hiver 28)*

CHAMPFROMIER

12 - 74 ⑤

Paris 498 - Bellegarde-sur-Valserine 17 - Mijoux 27 - Nantua 25 - Oyonnax 30

01410 Ain - 440 h. alt. 640

Municipal les Georennes ≤, SE : 0,6 km par D 14, rte de Nantua et chemin à gauche
0,67 ha (30 empl.) plat et terrasse, herbeux, pierreux -
15 juin-15 sept. - **R** - GB - *Tarif 94 : 8,70 6,70 8,70 10,30 (16A)*

CHAMPIGNELLES

6 - 65 ③

Paris 151 - Auxerre 45 - Gien 44 - Joigny 38 - Montargis 41

89350 Yonne - 1 086 h.

Le Petit Villars, ✆ 86 45 10 40, SO : 3 km par D 14, rte de Champcevrais et rte à gauche
2 ha (54 empl.) peu incliné, herbeux, étang - - (bassin) vélos - Garage pour caravanes
avril-10 nov. - **R** *conseillée juil.-août - 3 pers. 67 8 (2A) 14 (4A) 20 (6A)*

CHAMPS-SUR-TARENTAINE

11 - 76 ② G. Auvergne

Paris 507 - Aurillac 89 - Clermont-Ferrand 80 - Condat 24 - Mauriac 37 - Ussel 36

15270 Cantal - 1 088 h.

Municipal de la Tarentaine, ✆ 71 78 71 25, SO : 1 km par D 679 et D 22, rte de Bort-les-Orgues et rte de Saignes, bord de la Tarentaine
4 ha (140 empl.) plat, herbeux - - - A proximité :
15 juin-15 sept. - *11 7 8,50 12 (6A)*

CHANAS

12 - 77 ①

Paris 516 - Grenoble 84 - Lyon 56 - Saint-Étienne 73 - Valence 47

38150 Isère - 1 727 h.

Les Guyots, ✆ 74 84 25 36, à l'est du bourg, r. des Guyots, bord d'un ruisseau
1,7 ha (75 empl.) plat, herbeux - -
mars-15 nov. - Location longue durée - *Places limitées pour le passage* - **R** - *16 piscine et tennis compris 15/20 12 (4A) 15 (6A)*

Beauséjour, ✆ 74 84 31 01, au sud du bourg, sur D 519, à 300 m du Dolon
0,9 ha (50 empl.) plat, herbeux, gravier - - - A proximité :
Pâques-sept. - **R** - *Tarif 94 : 14,50 piscine comprise 7,50 9/9,50 14 (5A)*

CHANAZ

12 - 74 ⑮

Paris 524 - Aix-les-Bains 22 - Annecy 43 - Bellegarde-sur-Valserine 43 - Belley 18 - Chambéry 40

73310 Savoie - 416 h.

Municipal des Îles ≤, ✆ 79 54 58 51, O : 1 km par D 921, rte de Culoz et chemin à gauche après le pont, près d'un canal et à 300 m du Rhône (plan d'eau)
1,5 ha (82 empl.) plat, gravier, herbeux - - - A proximité : snack
Location longue durée - *Places limitées pour le passage*

CHANCIA

12 - 70 ⑭

Paris 456 - Bourg-en-Bresse 48 - Lons-le-Saunier 47 - Nantua 28 - Oyonnax 13 - Saint-Claude 29

39 Jura - 87 h. - ✉ 01590 Dortan

Municipal les Cyclamens ≤, ✆ 74 75 82 14, SO : 1,5 km par D 60E et chemin à gauche, au confluent de l'Ain et de la Bienne, près du lac de Coiselet
2 ha (160 empl.) plat, herbeux - - A proximité :
mai-sept. - Location longue durée - *Places disponibles pour le passage* - **R** - *10 8 7 12 (5A)*

Le CHANGE

10 - 75 ⑥

Paris 487 - Brive-la-Gaillarde 62 - Excideuil 27 - Périgueux 16 - Thiviers 35

24640 Dordogne - 516 h.

Auberoche, ✆ 53 06 04 19, N : 1,8 km par D 5, rte de Cubjac, bord de l'Auvézère
3 ha (50 empl.) plat, herbeux - Location : gîtes
15 juin-15 sept. - **R** *conseillée*

CHANTEMERLE **05** H.-Alpes - 77 ⑱ - rattaché à Briançon

La CHAPELLE-AUBAREIL

13 - 75 ⑰

Paris 503 - Brive-la-Gaillarde 46 - Les Eyzies-de-Tayac 20 - Montignac 9 - Sarlat-la-Canéda 16

24290 Dordogne - 330 h.

La Fage, ✆ 53 50 76 50, Fax 53 50 79 19, N : 1,2 km
5 ha (60 empl.) en terrasses, incliné, herbeux - Location :
20 mai-15 sept. - **R** *conseillée juil.-août* - GB - *30 piscine comprise* *41* *15 (6A)*

La CHAPELLE-AUX-FILTZMÉENS

4 - 59 ⑯

Paris 384 - Combourg 5,5 - Dinan 23 - Dol-de-Bretagne 22 - Rennes 38

35190 I.-et-V. - 314 h.

Le Château « Dans les dépendances d'un château du 17e siècle », ✆ 99 45 21 55, Fax 99 45 27 00, SO : 0,8 km par D 13, rte de St-Domineuc et à droite
5 ha (200 empl.) plat, herbeux - discothèque
juin-15 sept. - **R** - *25 piscine comprise* *55* *15 (6A) 18 (10A)*

La CHAPELLE-D'ANGILLON

6 - 65 ⑪ G. Berry Limousin

Paris 194 - Aubigny-sur-Nère 14 - Bourges 34 - Salbris 35 - Sancerre 35 - Vierzon 33

18380 Cher - 687 h.

Municipal des Murailles, SE : 0,8 km par D 12 rte d'Henrichemont et chemin à droite, près d'un plan d'eau
2 ha (35 empl.) plat, herbeux (1 ha) - A proximité :
mai-sept. - - *Tarif 94 : 5,70* *4,40* *5,80* *15*

La CHAPELLE-DEVANT-BRUYÈRES

8 - 62 ⑰

Paris 427 - Epinal 32 - Gérardmer 21 - Rambervillers 26 - Remiremont 31 - Saint-Dié 27

88600 Vosges - 633 h.

Les Pinasses, ✆ 29 58 51 10, Fax 29 58 54 21, NO : 1,2 km sur D 60, rte de Bruyères
3 ha (140 empl.) (juil.-août) plat, herbeux, pierreux (0,5 ha) - (découverte l'été) - Location : studios
avril-15 sept. - **R** *conseillée 10 juil.-15 août* - *23 piscine comprise* *28*

LA CHAPELLE-HERMIER

9 - 67 ⑫

Paris 454 - Aizenay 12 - Challans 30 - La Roche-sur-Yon 25 - Les Sables-d'Olonne 23 - Saint-Gilles-Croix-de-Vie 20

85220 Vendée - 563 h.

Pin Parasol « Lac et forêt », ✆ 51 34 64 72, SO : 3,3 km par D 42, rte de l'Aiguillon-sur-Vie puis 1 km par rte du Lac de Jaunay, près d'un plan d'eau
5 ha (60 empl.) plat, herbeux - vélos
mai-sept. - **R** - *17* *6* *15* *10 (4A) 14 (6A) 16 (10A)*

La CHAPELLE-ST-MESMIN **45** Loiret - 64 ⑨ - rattaché à Orléans

La CHARITE-SUR-LOIRE

11 - 65 ⑬ G. Bourgogne

Paris 214 - Autun 119 - Auxerre 91 - Bourges 52 - Montargis 100 - Nevers 24

58400 Nièvre - 5 686 h.
Office de Tourisme, pl. Sainte-Croix ✆ 86 70 15 06 et à l'Hôtel de Ville (saison) ✆ 86 70 16 12

Municipal la Saulaie, ✆ 86 70 00 83, sortie SO rte de Bourges, dans l'île de la Saulaie, près de la plage
1 ha (100 empl.) plat, herbeux - - A proximité :

CHARLEVILLE-MÉZIÈRES P

2 - 53 ⑱ G. Champagne

Paris 235 - Charleroi 89 - Liège 170 - Luxembourg 128 - Metz 173 - Namur 109 - Nancy 221 - Reims 86

08000 Ardennes - 57 008 h.
Office de Tourisme, 4 pl. Ducale ✆ 24 32 44 80

Municipal du Mont-Olympe, ✆ 24 33 23 60, au nord de la ville, à Montcy-St-Pierre, accès par av. Forest et chemin à gauche après le pont, bord de la Meuse
2 ha (100 empl.) plat, herbeux - - A proximité :
Pâques-15 oct. - *10,30* *5,80* *5,80* *12,50 (10A)*

CHARLIEU

11 - 73 ⑧ G. Vallée du Rhône

Paris 384 - Digoin 46 - Lapalisse 57 - Mâcon 77 - Roanne 20 - Saint-Étienne 102

42190 Loire - 3 727 h.
Office de Tourisme, pl. St-Philibert (fermé janv.) ✆ 77 60 12 42

Municipal, ✆ 77 69 01 70, à l'est de la ville, au stade, bord du Sornin
2,7 ha (100 empl.) plat, herbeux - A proximité :
avril-sept. - **R** - *10,50* *3,80* *6,40* *8,65 (4A) 17,50 (10A)*

CHARLY

6 - 56 ⑭

Paris 83 - Château-Thierry 15 - Coulommiers 33 - La Ferté-sous-Jouarre 16 - Montmirail 29 - Soissons 54

02310 Aisne - 2 475 h.

Municipal des illettes, ✆ 23 82 12 11, au sud du bourg, à 200 m du D 82 (accès conseillé)
2 ha (75 empl.) plat, herbeux - - - A proximité :
avril-sept. - **R** - *Tarif 94 : élect. comprise 1 pers. 40, 2 pers. 60*

CHARMES-SUR-L'HERBASSE

16 - 77 ②

Paris 553 - Annonay 46 - Beaurepaire 26 - Romans-sur-Isère 14 - Tournon-sur-Rhône 20 - Valence 31

26260 Drôme - 631 h.

Municipal les Falquets, ✆ 75 45 75 57, sortie SE, par D 121, rte de Margès, bord de l'Herbasse
1 ha (75 empl.) (saison) plat, herbeux (0,4 ha) - -
mai-sept. - **R** - GB - *12* *9* *9* *10 (5A)*

CHAROLLES

11 - 69 ⑰ G. Bourgogne

Paris 368 - Autun 77 - Chalon-sur-Saône 68 - Mâcon 54 - Moulins 84 - Roanne 60

71120 S.-et-L. - 3 048 h.
Office de Tourisme, Couvent des Clarisses, r. Baudinot ✆ 85 24 05 95

Municipal « Cadre agréable », ✆ 85 24 04 90, sortie NE rte de Mâcon et D 33 rte de Viry à gauche, bord de l'Arconce
0,6 ha (60 empl.) plat, herbeux, gravillons - - - A proximité :
15 mars-15 oct. - **R** *conseillée - Tarif 94 : 10* *7,50* *7,50* *7*

CHARRON

9 - 71 ⑫

Paris 453 - Fontenay-le-Comte 35 - Luçon 24 - La Rochelle 16 - La Roche-sur-Yon 59

17230 Char.-Mar. - 1 512 h.

Municipal les Prés de Charron, ✆ 46 01 53 09, sortie N et à gauche, rue du 19-mars-1962
0,4 ha (20 empl.) plat, herbeux - - - A proximité :
15 juin-15 sept. - **R** *conseillée 14 juil.-15 août - 11,20* *3,50* *5,60/12,30* *7,80 (10A)*

CHARTRE-SUR-LE-LOIR

5 - 64 ④ G. Châteaux de la Loire

Paris 210 - La Flèche 57 - Le Mans 46 - Saint-Calais 30 - Tours 42 - Vendôme 42

72340 Sarthe - 1 669 h.

Municipal le Vieux Moulin, ✆ 43 44 41 18, à l'ouest du bourg, bord du Loir
2,5 ha (140 empl.) (saison) plat, herbeux, - -
mi-avril-oct. - *élect. (5A) et piscine comprises 2 pers. 48*

CHASSAGNES **07** Ardèche - 80 ⑧ - rattaché aux Vans

CHASSENEUIL-DU-POITOU **86** Vienne - 67 ⑳ - rattaché à Poitiers

CHASSENEUIL-SUR-BONNIEURE

10 - 72 ⑭ G. Poitou Vendée Charentes

Paris 436 - Angoulême 33 - Confolens 30 - Limoges 70 - Nontron 48 - Ruffec 35

16260 Charente - 2 791 h.

Municipal les Charmilles, sortie O par D 27 rte de St-Mary et rue des Écoles à droite, bord de la Bonnieure
0,7 ha (50 empl.) plat, herbeux - - A proximité : (découverte l'été)
15 juin-15 sept. - **R** - *7* *5* *9*

CHASTANIER

16 - 76 ⑯

Paris 574 - Langogne 10 - Châteauneuf-de-Randon 17 - Marvejols 75 - Mende 46 - Saugues 42

48300 Lozère - 113 h. alt. 1 055

Pont de Braye, ✆ 66 69 53 04, O : 1 km, carrefour D 988 et D 34, bord du Chapeauroux
1,5 ha (35 empl.) en terrasses, pierreux, herbeux - - - A proximité :
15 mai-15 sept. - **R** - *élect. (3A) comprise 2 pers. 58, pers. suppl. 15* *15 (5A)*

CHÂTEAU-ARNOUX-ST-AUBAN

17 - 81 ⑯ G. Alpes du Sud

Paris 724 - Digne-les-Bains 25 - Forcalquier 30 - Manosque 40 - Sault 70 - Sisteron 14

04160 Alpes-de-H.-Pr. - 5 109 h.
Office de Tourisme, La Ferme de Font-Robert ✆ 92 64 02 64, Fax 92 64 41 81

Les Salettes ≤, ✆ 92 64 02 40, Fax 92 64 25 06, E : 1 km, au lac
4 ha (300 empl.) plat, herbeux - snack - tir à l'arc
Permanent - **R** *conseillée juil.-août* - GB - *20 piscine comprise* *20* *11,90 (4A) 16,60 (6A)*

CHÂTEAU-CHINON

11 - 65 ⑥ G. Bourgogne

Paris 281 - Autun 40 - Avallon 61 - Clamecy 65 - Moulins 88 - Nevers 66 - Saulieu 43

58120 Nièvre - 2 502 h.
Office de Tourisme, 2 pl. St-Christophe ✆ 86 85 06 58

Municipal du Pertuy d'Oiseau ≤, ✆ 86 85 08 17, sortie S par D 27 rte de Luzy et à droite
1,8 ha (100 empl.) peu incliné à incliné, herbeux -

à St-Léger-de-Fougeret SO : 9,5 km par D 27 rte de St-Léger-sous-Beuvray et D 157 à droite - 280 h. - ✉ 58128 St-Léger-de-Fougeret :

L'Etang de Fougeraie ≤, ✆ 86 85 11 85, SE : 2,4 km par D 157 rte d'Onlay, bord d'un étang
0,7 ha (35 empl.) plat et vallonné, herbeux -
mai-1er oct. - **R** *conseillée juil.-août* - *11* *8* *11* *8 (4A)*

Le CHÂTEAU-D'OLÉRON

17 Char.-Mar. - 71 ⑭ - voir à Oléron (Ile d')

CHÂTEAUGIRON

4 - 63 ⑦ G. Bretagne

Paris 337 - Angers 112 - Châteaubriant 42 - Fougères 47 - Nozay 71 - Rennes 18 - Vitré 28

35410 I.-et-V. - 4 166 h.

Municipal les Grands Bosquets, sortie E par D 34 rte d'Ossé, bord d'un plan d'eau
0,6 ha (33 empl.) plat, herbeux -
avril-sept. - **R** - *Tarif 94 :* *7,60* *12,50* *10,20*

CHÂTEAU-GONTIER

4 - 63 ⑩ G. Châteaux de la Loire

Paris 277 - Angers 48 - Châteaubriant 56 - Laval 32 - Le Mans 83 - Rennes 103

53200 Mayenne - 11 085 h.
Office de Tourisme, Péniche l'Elan quai Alsace ✆ 43 70 42 74, Fax 43 07 96 82

Le Parc, ✆ 43 07 35 60, N : 0,8 km par N 162 rte de Laval, près du complexe sportif, bord de la Mayenne
2 ha (55 empl.) plat et peu incliné, herbeux - - A proximité :
mai-24 sept. - **R** - *piscine comprise 1 ou 2 pers. 43, pers. suppl. 18* *11 (8 ou 10A)*

CHÂTEAULIN

3 - 58 ⑮ G. Bretagne

Paris 549 - Brest 47 - Douarnenez 27 - Châteauneuf-du-Faou 23 - Quimper 29

29150 Finistère - 4 965 h.
Office de Tourisme, quai Cosmao ✆ 98 86 02 11

Municipal Rodaven, ✆ 98 86 32 93, au sud de la ville, bord de l'Aulne (rive droite)
2 ha (75 empl.) (juil.-août) plat, herbeux - - A proximité :
juin-20 sept. - **R** - *1 pers. 30, 2 pers. 50, pers. suppl. 10* *10,50 (4 ou 5A)*

CHÂTEAUNEUF-DU-PAPE

16 - 81 ⑫ G. Provence

Paris 669 - Alès 77 - Avignon 18 - Carpentras 23 - Orange 10 - Roquemaure 10

84230 Vaucluse - 2 062 h.

L'Islon St-Luc , ✆ 90 83 76 77, Fax 90 34 86 54, sortie S par D 17 rte de Sorgues puis 1,5 km par rte à droite, à 100 m du Rhône
1 ha (91 empl.) (saison) plat, pierreux, gravier - cases réfrigérées -
avril-sept. - **R** *conseillée* - GB - *20* *15* *15* *12 (2A) 16 (5A)*

CHÂTEAUNEUF-DU-RHÔNE

16 - 81 ① G. Vallée du Rhône

Paris 613 - Aubenas 41 - Grignan 22 - Montélimar 9,5 - Pierrelatte 15 - Valence 55

26780 Drôme - 2 094 h.

Municipal la Graveline ≤, ✆ 75 90 80 96, sortie N par D 73, rte de Montélimar puis chemin à droite
0,6 ha (50 empl.) plat, herbeux - - A proximité :
10 juin-10 sept. - **R** *conseillée* - *8,20* *5,20* *5,20* *8*

CHÂTEAUNEUF-LA-FORÊT

10 - 72 ⑱ ⑲

Paris 428 - Eymoutiers 13 - Limoges 37 - Saint-Léonard-de-Noblat 20 - Treignac 33

87130 H.-Vienne - 1 805 h.

Municipal du Lac, ✆ 55 69 39 29, à l'ouest de la commune, rte du stade, à 100 m d'un plan d'eau
1,5 ha (82 empl.) plat, herbeux - - A proximité : (plage)
juin-15 sept. - **R** *conseillée* - *1 ou 2 pers. 25* *10 (10A)*

CHÂTEAUNEUF-SUR-SARTHE

4 - 64 ①

Paris 276 - Angers 30 - Château-Gontier 24 - La Flèche 32

49330 M.-et-L. - 2 370 h.

Municipal du Port « Décoration arbustive », ✆ 41 69 82 02, sortie SE par D 859 rte de Durtal et chemin à droite après le pont, bord de la Sarthe
1 ha (70 empl.) (juil.-août) plat, herbeux (0,3 ha)
mai-sept. - R - *7,60* *3,40* *3,40* *9,60*

CHÂTEAUPONSAC

10 - 72 ⑦ G. Berry Limousin

Paris 366 - Rellac 21 - Bélâbre 54 - Limoges 47 - Saint-Junien 45

87290 H.-Vienne - 2 409 h.

Municipal la Gartempe, ✆ 55 76 55 33, sortie SO sur D 711 rte de Nantiat, à 200 m de la rivière
0,8 ha (48 empl.) (saison) plat, peu incliné et terrasses, herbeux - snack - - A proximité : vélos, tir à l'arc - Location : gîtes
avril-sept. - **R** *conseillée juil.-août - Tarif 94 : 2 pers. 50, pers. suppl. 15 15 (6A)*

CHÂTEAURENARD

16 - 84 ① G. Provence

Paris 697 - Avignon 10 - Carpentras 29 - Cavaillon 20 - Marseille 91 - Nîmes 43 - Orange 40

13160 B.-du-R. - 11 790 h.
Office de Tourisme, 1 r. R.-Salengro, les Halles ✆ 90 94 23 27, Fax 90 94 14 97

La Roquette, ✆ 90 94 46 81, E : 1,2 km par D 28 rte de Noves et rte à droite, près du complexe sportif - Par A 7 sortie Avignon-Sud
2 ha (80 empl.) plat et terrasse, herbeux - - - A proximité :
15 mars-1er nov. - **R** *juil.-août - Tarif 94 : 14 15 15 (5A)*

CHÂTEAURENARD

6 - 65 ③ G. Bourgogne

Paris 128 - Auxerre 64 - Courtenay 17 - Gien 40 - Joigny 39 - Montargis 17

45220 Loiret - 2 302 h.
Syndicat d'Initiative, Mairie ✆ 38 95 21 84

C.C.D.F. l'Ouanne, ✆ 38 95 38 07, sortie E par D 943, rte de Joigny, bord de l'Ouanne
1 ha (45 empl.) plat, herbeux -
Pâques-sept. - **R** - *Adhésion obligatoire - 9 9 9 10 (3A) 12 (5A)*

CHÂTEAU-RENAULT

5 - 64 ⑤ ⑥ G. Châteaux de la Loire

Paris 215 - Angers 123 - Blois 42 - Loches 57 - Le Mans 86 - Tours 32 - Vendôme 27

37110 I.-et-L. - 5 787 h.
Office de Tourisme, Parc de Vauchevrier ✆ 47 29 54 43

Municipal du Parc de Vauchevrier, ✆ 47 29 54 43, par centre ville, r. Paul-Louis-Courier, bord de la Brenne
3,5 ha (110 empl.) plat, herbeux - -
Pâques-sept. - **R** *conseillée - Tarif 94 : 8,70 8,70 9,25 (6A)*

CHÂTEAUROUX P

10 - 68 ⑧ G. Berry Limousin

Paris 269 - Blois 99 - Bourges 65 - Châtellerault 104 - Guéret 89 - Limoges 128 - Montluçon 99 - Orléans 145

36000 Indre - 50 969 h.
Office de Tourisme, pl. de la Gare ✆ 54 34 10 74, Fax 54 27 57 97

Municipal Belle Isle-Rochat, ✆ 54 34 26 56, N par av. de Paris et rue à gauche, bord de l'Indre et à 100 m d'un plan d'eau
4 ha (300 empl.) plat, herbeux, gravillons - - - - A proximité : vélos

CHÂTEL

12 - 70 ⑱ G. Alpes du Nord

Paris 567 - Annecy 113 - Évian-les-Bains 40 - Morzine 37 - Thonon les-Bains 39

74390 H.-Savoie - 1 255 h.
alt. 1 235 - Sports d'hiver : 1 200/2 200 m 2 48
Office de Tourisme ✆ 50 73 22 44, Fax 50 73 22 87

L'Oustalet « Site agréable », ✆ 50 73 21 97, Fax 50 73 37 46, SO : 2 km par la rte du col de Bassachaux, bord de la Dranse - alt. 1 110
3 ha (100 empl.) peu incliné, herbeux, pierreux, gravillons - - (découverte l'été) - A proximité : practice de golf, tir à l'arc
déc.-avril, 20 juin-5 sept. - **R** *conseillée été, indispensable hiver* - GB - *Tarif 94 : piscine comprise 3 pers. 105 18 (2A) 22 (3A) 30 (6A)*

CHÂTELAILLON-PLAGE

9 - 71 ⑬ G. Poitou Vendée Charentes

Paris 469 - Niort 61 - Rochefort 20 - La Rochelle 15 - Surgères 27

17340 Char.-Mar. - 4 993 h.
Office de Tourisme, av. de Strasbourg ✆ 46 56 26 97

Le Clos des Rivages, ✆ 46 56 26 09, SE : av. des Boucholeurs
3 ha (150 empl.) plat, herbeux, étang - -
15 juin-10 sept. - **R** *conseillée août*

Les Sables, ✆ 46 56 86 37, N : 2 km par D 202, rte de la Rochelle et à droite
0,7 ha (50 empl.) plat, herbeux (0,3 ha) - - - Location :
15 juin-15 sept. - **R** *conseillée - 3 pers. 59 6 (2A) 12 (4A) 18 (6A)*

Le CHÂTELARD

12 - 74 ⑯ G. Alpes du Nord

Paris 566 - Aix-les-Bains 30 - Annecy 30 - Chambéry 34 - Montmélian 35 - Rumilly 32

73630 Savoie - 491 h. alt. 757

Les Cyclamens, ✆ 79 54 80 19, vers sortie NO et chemin à gauche, rte du Champet
0,6 ha (33 empl.) plat, herbeux -
15 mai-20 sept. - **R** *conseillée juil.-août - 17 16 12 (2A) 14 (3A) 17 (4A)*

CHÂTELAUDREN

3 - 58 ⑨

Paris 471 - Guingamp 17 - Lannion 47 - Saint-Brieuc 22 - Saint-Quay-Portrieux 19

22170 C.-d'Armor - 947 h.

Municipal de l'Etang , au bourg, rue de la gare, bord d'un étang
0,6 ha (17 empl.) plat, herbeux -
mai-sept. - - *15 5 15 15 (7 ou 10A)*

CHÂTEL-DE-NEUVRE

11 - 69 ⑭ G. Auvergne

Paris 311 - Montmarault 37 - Moulin 20 - Saint-Pourcain-sur-Sioule 12 - Vichy 40

03500 Allier - 512 h.

Deneuvre, ✆ 70 42 04 51, N : 0,5 km par N 9 puis chemin à droite, bord de l'Allier
1,3 ha (80 empl.) plat, herbeux - snack
avril-sept. - **R** *conseillée juil.-août - 13,50 12,50 10 (3A)*

CHÂTELGUYON

11 - 73 ④ G. Auvergne

Paris 417 - Aubusson 90 - Clermont-Ferrand 20 - Gannat 29 - Vichy 42 - Volvic 9,5

63140 P.-de-D. - 4 743 h. -
19 avril-3 oct.
Office de Tourisme, parc Étienne-Clémentel (fermé nov.)
✆ 73 86 01 17, Fax 73 86 27 03

Clos de Balanède, ✆ 73 86 02 47, sortie SE par D 985, rte de Riom
3 ha (250 empl.) plat et peu incliné, herbeux - half-court - Location : - Garage pour caravanes
15 avril-7 oct. - **R** *conseillée juil.-août* - GB - *20 piscine comprise 7 15 12 (3A) 18 (5A) 25 (10A)*

à St-Hippolyte SO : 1,5 km - ✉ 63140 Châtelguyon :

Municipal de la Croze , ✆ 73 86 08 27, SE : 1 km par D 227, rte de Riom
3,7 ha (150 empl.) plat, peu incliné et en terrasses, herbeux, pierreux -
21 avril-5 oct. - - *10,50 5,90 5,90/9,65 9,20 (4A) 18,50 (6A) 27,60 (10A)*

Voir aussi à *Loubeyrat*

CHÂTELUS-MALVALEIX

10 - 68 ⑲

Paris 334 - Aigurande 26 - Aubusson 46 - Boussac 18 - Guéret 24

23270 Creuse - 558 h.

Municipal la Roussille , à l'ouest du bourg, bord d'un étang
0,5 ha (33 empl.) peu incliné, herbeux - -

CHÂTENOY

6 - 65 ①

Paris 120 - Bellegarde 10,5 - Châteauneuf-sur-Loire 22 - Montargis 32 - Gien 36 - Sully-sur-Loire 19

45260 Loiret - 295 h.

Les Terres Vaines « Cadre boisé », ✆ 38 55 82 71, S : 1,4 km par D 948, rte de Sully-sur-Loire
1,2 ha (38 empl.) plat, herbeux, sablonneux - snack -
15 mars-15 nov. - **R** - *élect. comprise 2 pers. 95, pers. suppl. 20*

CHÂTILLON-COLIGNY

6 - 65 ② G. Bourgogne

Paris 133 - Auxerre 64 - Gien 25 - Joigny 48 - Montargis 22

45230 Loiret - 1 903 h.

Municipal de la Lancière, ✆ 38 92 54 73, au sud du bourg, entre le Loing et le canal de Briare
0,8 ha (55 empl.) (saison) plat, herbeux (0,4 ha) - cases réfrigérées -
avril-oct. - **R** *conseillée juil.-août - 9,50 5 7,50 16 (6A)*

CHÂTILLON-EN-BAZOIS

11 - 69 ⑤ G. Bourgogne

Paris 264 - Château-Chinon 23 - Corbigny 27 - Decize 34 - Nevers 39 - Saint-Honoré-les-Bains 28

58110 Nièvre - 1 161 h.

Municipal, pl. Pierre-Saury, bord de l'Aron et à 300 m du canal du Nivernais
0,8 ha (30 empl.) plat, herbeux - - A proximité :
avril-oct. - - *6,80 3,40 3,40 13,50*

CHÂTILLON-EN-VENDELAIS

4 - 59 ⑱

Paris 310 - Fougères 18 - Rennes 49 - Vitré 14

35210 I.-et-V. - 1 526 h.

Municipal du Lac « Site et cadre agréables », 99 76 06 32, N : 0,5 km par D 108, bord de l'étang de Châtillon
0,6 ha (50 empl.) (juil.-août) peu incliné, herbeux - A proximité :
Pâques-Toussaint - **R** *conseillée - 7,40 3,20 4,20 13,40 (6A)*

CHÂTILLON-SUR-CHALARONNE

12 - 74 ② G. Vallée du Rhône

Paris 417 - Bourg-en-Bresse 24 - Lyon 54 - Mâcon 25 - Meximieux 34 - Villefranche-sur-Saône 27

01400 Ain - 3 786 h.
Office de Tourisme, pl. du Champ-de-Foire 74 55 02 27, Fax 74 55 34 78

Municipal du Vieux Moulin , 74 55 04 79, sortie SE par D 7 rte de Chalamont, bord de la Chalaronne
3 ha (140 empl.) plat, herbeux - A proximité : snack Toboggan aquatique
mai-sept. - **Location longue durée** - *Places disponibles pour le passage -* **R** *conseillée juil.-août*

CHÂTILLON-SUR-INDRE

10 - 68 ⑥ G. Berry Limousin

Paris 257 - Le Blanc 43 - Blois 76 - Châteauroux 49 - Châtellerault 64 - Loches 23 - Tours 68

36700 Indre - 3 262 h.
Office de Tourisme (juin-sept.), pl. du Champ-de-Foire 54 38 74 19 et rte de Tours (oct.-mai) 54 38 81 16

Municipal de la Ménétrie , au nord, en direction de la gare, r. du Moulin la Grange
0,5 ha (45 empl.) plat, herbeux -
15 mai-15 sept. - **R** - *4 4 6*

► *Ce guide n'est pas un répertoire de tous les terrains de camping mais une sélection des meilleurs camps dans chaque catégorie.*

CHÂTILLON-SUR-SEINE

7 - 65 ⑧ G. Bourgogne

Paris 246 - Auxerre 83 - Avallon 72 - Chaumont 58 - Dijon 85 - Langres 72 - Saulieu 80 - Troyes 67

21400 Côte-d'Or - 6 862 h.
Office de Tourisme, pl. Marmont 80 91 13 19

Municipal , 80 91 03 05, esplanade St-Vorles par rte de Langres
0,8 ha (66 empl.) plat, herbeux, goudronné - vélos - A proximité :
avril-15 oct. - **R** *conseillée - 12 7 8 10 (5A) 20 (10A)*

La CHÂTRE

10 - 68 ⑲ G. Berry Limousin

Paris 301 - Bourges 69 - Châteauroux 35 - Guéret 54 - Montluçon 64 - Poitiers 141 - Saint-Amand-Montrond 50

36400 Indre - 4 623 h.
Office de Tourisme, square George-Sand 54 48 22 64, Fax 54 06 09 15

à Montgivray N : 2,5 km - 1 661 h. - ✉ 36400 Montgivray :

Municipal Solange Sand « Cadre agréable », 54 48 37 83, au château Solange-Sand, bord de l'Indre
1 ha (72 empl.) (saison) plat, herbeux, parc attenant -
15 mars-15 nov. - **R** *saison - 9 4,50 7,50 7 (3A) 11 (6A) 20 (10A)*

CHÂTRES-SUR-CHER

6 - 64 ⑲

Paris 220 - Bourges 51 - Romorantin-Lanthenay 21 - Selles-sur-Cher 30 - Vierzon 13

41320 L.-et-Ch. - 1 074 h.

Municipal des Saules, 54 98 04 55, au bourg, près du pont, bord du Cher (plan d'eau)
1 ha (80 empl.) (saison) plat, herbeux, sablonneux - - A proximité :
mai-août - **R** - *6 6 9*

CHAUDES-AIGUES

15 - 76 ⑭ G. Auvergne

Paris 546 - Aurillac 92 - Entraygues-sur-Truyère 61 - Espalion 54 - Saint-Chély-d'Apcher 29 - Saint-Flour 29

15110 Cantal - 1 110 h. alt. 750 - mai-22 oct.
Office de Tourisme, 1 av. Georges-Pompidou 71 23 52 75

Municipal le Couffour , 71 23 57 08, S : 2 km par D 921, rte de Laguiole puis chemin à droite, au stade - alt. 900
2,5 ha (170 empl.) (juil.-août) plat et incliné, herbeux -
mai-23 oct. - **R** - *Tarif 94 : 8 3,50 4,50 12 (3A)*

CHAUFFAILLES

11 - 73 ⑧

Paris 401 - Charolles 32 - Lyon 78 - Mâcon 68 - Roanne 35

71170 S.-et-L. - 4 485 h.
Office de Tourisme, r. Gambetta (15 mai-15 sept.) 85 26 07 06

Municipal les Feuilles, 85 26 48 12, au SO de la ville, par r. du Chatillon, bord du Botoret
1,5 ha (50 empl.) plat et peu incliné, herbeux, gravillons - - A proximité : - Location : huttes
mai-sept. - **R** *conseillée juil.-août - 2 pers. 32,30, pers. suppl. 10*

CHAUFFOUR-SUR-VELL

13 - 75 ⑲

Paris 512 - Beaulieu-sur-Dordogne 21 - Brive-la-Gaillarde 25 - Rocamadour 31 - Souillac 27

19500 Corrèze - 326 h.

Feneyrolles « Cadre boisé », 55 84 09 58, E : 2,2 km par chemin du lieu-dit Feneyrolles
3 ha (90 empl.) (juil.-août) plat, peu incliné, en terrasses, pierreux - vélos - A proximité : - Location :
15 avril-sept. - **R** *conseillée juil.-août* - **GB** - *17 piscine comprise* *17* *10 (6A)*

CHAUMONT-D'ANJOU

5 - 64 ①

Paris 276 - Angers 28 - Baugé 14 - Chateauneuf-sur-Sarthe 23 - La Flèche 34

49140 M.-et-L. - 261 h.

Municipal de Malagué « En forêt, près d'un étang », NO : 1,5 km par rte de Seiches-sur-le-Loir et chemin à droite
1 ha (50 empl.) (juil.-août) plat - - A proximité :
mai-15 sept. - **R** *conseillée juil.-août - Tarif 94 : élect. (15A) comprise 1 pers. 25, 2 pers. 32, pers. suppl. 10*

CHAUMONT-SUR-LOIRE

5 - 64 ⑯ **G. Châteaux de la Loire**

Paris 202 - Amboise 20 - Blois 17 - Contres 22 - Montrichard 18 - Saint-Aignan 32

41150 L.-et-Ch. - 876 h.

La Grosse Grève (Camp du Essi) , 54 20 95 22, à l'est du bourg et rte à gauche avant le pont, bord de la Loire
6 ha (400 empl.) plat, peu incliné, herbeux -
15 mai-sept. - **R** - *Tarif 94 : 12 10 7 (5 ou 7A)*

CHAUNY

6 - 56 ③ ④

Paris 120 - Compiègne 39 - Laon 35 - Noyon 16 - St-Quentin 29 - Soissons 31

02300 Aisne - 12 926 h.
Office de Tourisme, pl. du Marché Couvert 23 52 10 79

Municipal « Décoration florale et arbustive », 23 52 09 96, NO : 1,5 km par rte de Noyon et D 56 à droite, près de la déviation
2,7 ha (35 empl.) plat et peu incliné, gravier, herbeux - -
avril-oct. - - *Tarif 94 : 8,50 5,50 5,50 11,50 (4A) 17,50 (6A) 28 (10A)*

CHAUX-DES-CROTENAY

12 - 70 ⑮ **G. Jura**

Paris 433 - Champagnole 13 - Lons-le-Saunier 46 - Mouthe 23 - Saint-Laurent-en-Grandvaux 12

39150 Jura - 362 h. alt. 750

Municipal , 84 51 50 00, N : 0,7 km, à la piscine
1,2 ha (60 empl.) plat et peu incliné, herbeux - - A proximité :
juil.-août - **R** - *Tarif 94 : 9,80 15,50 10,30*

CHAUZON **07** Ardèche - 80 ⑨ - voir à Ardèche (Gorges de l')

CHAVANNES-SUR-SURAN

12 - 70 ⑬

Paris 447 - Bourg-en-Bresse 21 - Lons-le-Saunier 50 - Mâcon 56 - Nantua 35 - Pont-d'Ain 27

01250 Ain - 419 h.

Municipal , sortie E par D 3 rte d'Arnans, bord du Suran
1 ha (25 empl.) plat, herbeux -
mai-oct. - - *7,20 3,60 5,70*

CHEFFES

5 - 64 ①

Paris 280 - Angers 24 - Château-Gontier 32 - La Flèche 36

49125 M.-et-L. - 857 h.

Municipal de l'Écluse, 41 42 85 52, sortie E par D 74 rte de Tiercé, près de la Sarthe
2 ha (80 empl.) plat, herbeux -
juin-15 sept. - **R** - *5,80 2,90 2,80 8,80 (4A) 14 (6A) 22,50 (10A)*

CHEMILLÉ-SUR-INDROIS

13 - 64 ⑯

Paris 242 - Châtillon-sur-Indre 26 - Loches 14 - Montrichard 25 - Saint-Aignan 22 - Tours 57

37460 I.-et-L. - 207 h.

Municipal du Lac « Agréable situation près d'un plan d'eau », 47 92 77 83, au SO du bourg
0,8 ha (73 empl.) (saison) plat et peu incliné, herbeux - -
A proximité : poneys
Pâques-oct. - **R** *conseillée* - *10 7 10 11 (5 ou 6A)*

CHÊNE-EN-SEMINE

12 - 74 ⑤

Paris 505 - Annecy 32 - Bellegarde-sur-Valserine 11 - Genève 38 - Nantua 34 - Rumilly 29

74270 H.-Savoie - 234 h.

La Croisée « Cadre boisé », 50 77 93 52, au Centre de Loisirs de la Semine, N : 2 km, à l'intersection des N 508 et D 14
2,9 ha (160 empl.) plat, herbeux, pierreux - -

CHÉNÉRAILLES

10 - 73 ① G. Berry Limousin

Paris 375 - Aubusson 19 - La Châtre 62 - Guéret 31 - Montluçon 44

23130 Creuse - 794 h.

Municipal la Forêt ≤ « Cadre boisé au bord d'un étang », ✆ 55 62 38 26, SO : 1,3 km par D 55 rte d'Ahun
0,5 ha (33 empl.) peu incliné, plat, herbeux, pierreux sapinière - A proximité : (plage)
15 juin-15 sept. - **R** *15 juil.-15 août - 8 5 5 10 (16A)*

CHENONCEAUX

5 - 64 ⑯ G. Châteaux de la Loire

Paris 234 - Amboise 11,5 - Château-Renault 34 - Loches 31 - Montrichard 9,5 - Tours 33

37150 I.-et-L. - 313 h.
Office de Tourisme, r. du Château (juin-sept.) ✆ 47 23 94 45

Le Moulin Fort, ✆ 47 23 86 22, Fax 47 23 80 93 ✉ 37150 Francueil, SE : 2 km par D 176 rte de Montrichard, D 80 rte de Francueil à droite et chemin à gauche après le pont, bord du Cher
3 ha (137 empl.) plat, herbeux, sablonneux - snack
mai-15 sept. - **R** *conseillée 15 juil.-20 août - piscine comprise 2 pers. 84 21 (6A)*

CHERBOURG

4 - 54 ② G. Normandie Cotentin

Paris 362 - Brest 396 - Caen 124 - Laval 218 - Le Mans 278 - Rennes 200

50100 Manche - 27 121 h.
Office de Tourisme, 2 quai Alexandre III ✆ 33 93 52 02 et à la Gare Maritime (15 mai-15 sept.) ✆ 33 44 39 92, Fax 33 53 66 97

Le Clos à Froment, ✆ 33 54 25 99 ✉ 50470 la Glacerie, S : 4 km par N 13 rte de Valognes et à La Glacerie, à droite, rte de la Loge
1,7 ha (70 empl.) peu incliné, pierreux - -
Permanent - **R** - *15 18 18 (10A)*

Les Pins, ✆ 33 43 00 78 ✉ 50470 la Glacerie, S : 6,5 km par N 13 et chemin à gauche - dans locations
6 ha (125 empl.) plat, peu incliné, herbeux, pierreux, gravier - - - Location :
Permanent - **Location longue durée** - *Places disponibles pour le passage -* **R** - *16 18 avec élect. (5A)*

CHERRUEIX

4 - 59 ⑦

Paris 379 - Cancale 20 - Dinard 31 - Dol-de-Bretagne 10 - Rennes 63 - Saint-Malo 26

35120 I.-et-V. - 983 h.

L'Aumône, ✆ 99 48 97 28, S : 0,5 km, sur D 797
1,6 ha (70 empl.) (saison) plat, herbeux - - Location : gîte d'étape
Pâques-sept. - **R** - *Tarif 94 : 12,50 5,50 5,50 12 (12A)*

Le CHESNE

7 - 56 ⑨ G. Champagne

Paris 219 - Buzancy 19 - Charleville-Mézières 38 - Rethel 31 - Vouziers 17

08390 Ardennes - 974 h.

Départemental Lac de Bairon ≤ « Situation agréable », ✆ 24 30 11 66, NE : 2 km par D 991 rte de Charleville-Mézières et rte de Sauville, à droite, bord du lac
6,8 ha (200 empl.) plat et en terrasses, herbeux, gravillons (0,5 ha) - - - A proximité :

CHEVANCEAUX

9 - 71 ⑦

Paris 499 - Barbezieux 20 - Blaye 44 - Bordeaux 64 - Libourne 48

17210 Char.-Mar. - 1 008 h.

Municipal Bellevue, au bourg, près de la piscine
0,6 ha (20 empl.) plat, herbeux - -
15 mars-15 nov. - **R** - *8,50 8 8/9 13,50*

CHEVERNY

5 - 64 ⑰ G. Châteaux de la Loire

Paris 194 - Blois 14 - Romorantin-Lanthenay 29 - Saint-Aignan 27 - Tours 77

41700 L.-et-Ch. - 900 h.

Les Saules, ✆ 54 79 90 01, Fax 54 79 28 34, S : 2,5 km par D 102, rte de Contres
6 ha (160 empl.) plat, herbeux (1 ha) - - poneys, vélos
avril-sept. - **R** *conseillée juil.-août* - **GB** - *27 28/38 14 (2A) 20 (5A)*

Le CHEYLARD

11 - 76 ⑲

Paris 598 - Aubenas 50 - Lamastre 21 - Privas 48 - Le Puy-en-Velay 68 - Saint-Agrève 16 - Valence 62

07160 Ardèche - 3 833 h.
Syndicat d'Initiative, Mairie ✆ 75 29 07 10

Municipal la Chèze ≤ le Cheylard et montagnes « Belle situation dominante et cadre agréable », ✆ 75 29 09 53, E : 1,3 km par rte de Privas et à droite, au château
3 ha (100 empl.) plat, incliné et en terrasses -
Pâques-11 nov. - **R** *juil.-août - Tarif 94 : 4 pers. 31/38 avec élect.*

CHINDRIEUX

12 - 74 ⑮

Paris 521 - Aix-les-Bains 15 - Annecy 35 - Bellegarde-sur-Valserine 39 - Bourg-en-Bresse 90 - Chambéry 33

73310 Savoie - 1 059 h.

Les Peupliers Ⓜ <, ✆ 79 54 52 36, S : 1,2 km par D 991 rte d'Aix-les-Bains et chemin à droite, à Chaudieu
1,5 ha (65 empl.) plat, herbeux, gravier -
15 avril-oct. - **R** *conseillée été - 17 21 14 (10A)*

CHINON

9 - 64 ⑬ G. Châteaux de la Loire

Paris 284 - Châtellerault 51 - Poitiers 93 - Saumur 29 - Thouars 44 - Tours 47

37500 I.-et-L. - 8 627 h.
Office de Tourisme, 12 r. Voltaire ✆ 47 93 17 85, Fax 47 93 93 05, et route de Tours (juil.-août)

Municipal de l'Île Auger < ville et château, ✆ 47 93 08 35, quai Danton, bord de la Vienne
3 ha (300 empl.) (saison) plat, herbeux, sablonneux - - A proximité :
avril-oct. - **R**

CHISSEAUX

5 - 64 ⑯

Paris 235 - Amboise 14 - Chenonceaux 2 - Montbazon 33 - Montrichard 7,5 - Tours 35

37150 I.-et-L. - 522 h.

Municipal de l'Écluse, au sud du bourg, près du Cher
1,2 ha (86 empl.) plat, herbeux - -
15 avril-sept. - **R** - *Tarif 94 : 16 16 16*

CHOISY

12 - 74 ⑥

Paris 527 - Annecy 14 - Bellegarde-sur-Valserine 32 - Bonneville 36 - Genève 36

74330 H.-Savoie - 1 068 h. alt. 626

Chez Langin (aire naturelle) < « A l'orée d'un bois », ✆ 50 77 41 65, NE : 1,3 km par D 3, rte d'Allonzier-la-Caille - puis 1,3 km par rte des Mégevands à gauche et chemin - Par autoroute A 41 : sortie Cruseilles et D 3
2 ha (25 empl.) peu incliné, herbeux - - (bassin)
Pâques-Toussaint - **R** *conseillée - 2 pers. 70, pers. suppl. 20 18 (3A)*

CHOLET

9 - 67 ⑤ ⑥ G. Châteaux de la Loire

Paris 350 - Ancenis 47 - Angers 58 - Nantes 58 - Niort 109 - La Roche-sur-Yon 64

49300 M.-et-L. - 55 132 h.
Office de Tourisme, pl. Rougé ✆ 41 62 22 35 et Bureau d'Accueil, rte d'Angers (juil.-août) ✆ 41 58 66 66, Fax 41 62 80 99

S.I. Lac de Ribou « Décoration florale et arbustive », ✆ 41 58 74 74, Fax 41 58 21 22, SE : 5 km par D 20, rte de Maulevrier et D 600 à droite, à 100 m du lac - dans locations (juil.-août)
5 ha (200 empl.) plat et peu incliné, herbeux - - Toboggan aquatique, vélos - A proximité : poneys, practice de golf, tir à l'arc - Location *(permanent)* :
avril-oct. - **R** *conseillée juil.-août* - GB - *Tarif 94 : piscine et tennis compris 1 ou 2 pers. 65, pers. suppl. 13 10A : 16 (hors saison 23)*

CHORANCHE

12 - 77 ③ ④

Paris 603 - La Chapelle-en-Vercors 22 - Grenoble 53 - Romans-sur-Isère 33 - Saint-Marcellin 18 - Villard-de-Lans 19

38680 Isère - 132 h.

Municipal les Millières <, ✆ 76 36 08 96, au SE du bourg, près de la Bourne
0,4 ha (26 empl.) plat et terrasse, herbeux, pierreux -
mars-oct. - **R** *conseillée - 13 4/7,50*

CHORGES

17 - 77 ⑰

Paris 681 - Embrun 22 - Gap 17 - Savines-le-Lac 11

05230 H.-Alpes - 1 561 h. alt. 854 - Sports d'hiver : 1 300/2 000 m

Le Serre du Lac <, ✆ 92 50 67 57, SE : 4,5 km par N 94 rte de Briançon et rte de la baie de St-Michel
3,5 ha (91 empl.) en terrasses, pierreux, herbeux - - - Location :
Permanent - **R** *conseillée juil.-août - 22 piscine comprise 15 15 (15A)*

CHOUVIGNY

11 - 73 ④ G. Auvergne

Paris 371 - Châtelguyon 34 - Gannat 19 - Montmarault 35 - Vichy 38

03450 Allier - 240 h.

Municipal le Bel , SE : 3 km par D 915 rte d'Ébreuil puis 0,6 km par chemin à droite, à Péraclos, bord de la Sioule
1,2 ha (33 empl.) plat et en terrasses, herbeux, pierreux -
Pâques-sept. - **R** *conseillée juil.-août - 2 pers. 34/39, pers. suppl. 8 12*

La CIOTAT

16 - 84 ⑭ G. Provence

Paris 804 - Aix-en-Provence 47 - Brignoles 58 - Marseille 31 - Toulon 39

13600 B.-du-R. - 30 620 h.
Office de Tourisme, bd Anatole-France ✆ 42 08 61 32, Fax 42 08 17 88

St-Jean, ✆ 42 83 13 01, Fax 42 71 46 41, NE : 2 km, av. de St-Jean, vers Toulon, bord de mer
1 ha (90 empl.) plat, pierreux, herbeux - Location : studios
avril-1er oct. - R - GB - *Tarif 94 : 3 pers. 120, pers. suppl. 30 16 (2A) 18 (3A) 25 (6A)*

Le Soleil, ✆ 42 71 55 32, sortie NO par rte de Cassis, à côté d'Intermarché
0,5 ha (33 empl.) plat, herbeux - A proximité : pizzeria - Location :
15 mars-oct. - **R** - *3 pers. 93 13 (2A) 18 (6A) 25 (10A)*

CIVRAY-DE-TOURAINE

5 - 64 ⑯

Paris 232 - Amboise 11 - Chenonceaux 1 - Montbazon 30 - Montrichard 10,5 - Tours 31

37150 I.-et-L. - 1 377 h.

Municipal de l'Isle, S : 0,6 km par D 81 rte de Bléré, bord du Cher
1,2 ha (50 empl.) plat, herbeux (0,6 ha) - A proximité :
10 juin-4 sept. - R - *Tarif 94 : 10 8 10 10 (4A)*

CLAIRVAUX-LES-LACS

12 - 70 ⑭ G. Jura

Paris 431 - Bourg-en-Bresse 83 - Champagnole 34 - Lons-le-Saunier 21 - St-Claude 33 - St-Laurent-en-Grandvaux 24

39130 Jura - 1 361 h.

Municipal En Fayolan ←, ✆ 84 25 83 23, SE : 1,2 km par D 118 rte de Châtel-de-Joux et chemin à droite, bord du lac, pinède attenante
5,5 ha (400 empl.) peu incliné, plat et en terrasses, herbeux, gravillons (1 ha) -
15 mai-sept. - **R** *conseillée 3 juil.-20 août - 3 pers. 88 à 118 18 (6A)*

CLAMECY

6 - 65 ⑮ G. Bourgogne

Paris 203 - Auxerre 44 - Avallon 38 - Bourges 104 - Cosne-sur-Loire 51 - Dijon 143 - Nevers 67

58500 Nièvre - 5 284 h.
Office de Tourisme, r. Grand Marché ✆ 86 27 02 51

S.I. Pont Picot « Situation agréable », ✆ 86 27 05 97, S : bord de l'Yonne et du canal du Nivernais - Accès conseillé pour caravanes par Beaugy
1 ha (90 empl.) (saison) plat, herbeux -
mai-sept. - **R** - *13 9 9 13 (5A)*

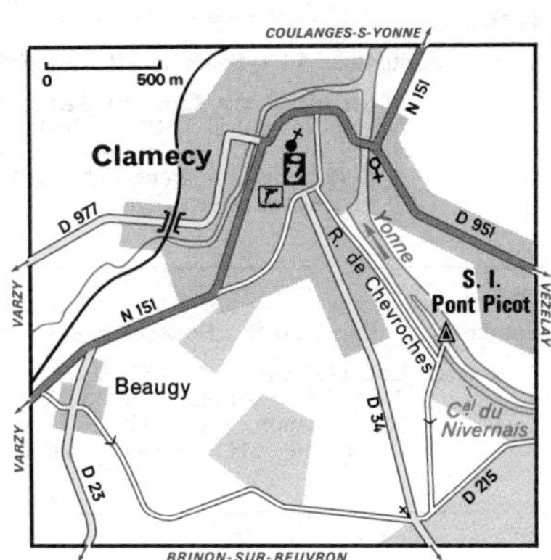

CLAMENSANE

17 - 81 ⑥ G. Alpes du Sud

Paris 721 - Gap 46 - Lacagne-Montéglin 31 - Sisteron 21 - Turriers 17

04250 Alpes de H.-Pr. - 115 h.
alt. 690

Le Clot du Jay ←, ✆ 92 68 32 29, Fax 92 68 38 73, E : 1 km par D 1 rte de Bayons, près du Sasse et d'un plan d'eau
100 ha/4 campables (50 empl.) plat à incliné, herbeux - - Location : , studios
Pâques-sept. - **R** *conseillée juil.-août - 21 piscine comprise 8 22 13 (3A) 18 (6A)*

CLAOUEY **33** Gironde - 71 ⑲ - voir à Arcachon (Bassin d')

► *Si vous recherchez un terrain avec tennis ou piscine, consultez le tableau des localités citées, classées par départements.*

La CLAYETTE

11 - 69 ⑰ ⑱ G. Bourgogne

Paris 387 - Charolles 19 - Lapalisse 62 - Lyon 86 - Mâcon 56 - Roanne 40

71800 S.-et-L. - 2 307 h.

Syndicat d'Initiative, 6 pl. Fossés (mai-15 sept., fermé matin sauf juil.-août) ✆ 85 28 16 35

Municipal les Bruyères « Entrée fleurie », ✆ 85 28 09 15, E : sur D 79 rte de St-Bonnet-de-Joux, à 100 m de l'étang
2,25 ha (150 empl.) plat, peu incliné, herbeux, gravier - - - A proximité : toboggan aquatique

CLÉDEN-CAP-SIZUN

3 - 58 ⑬

Paris 603 - Audierne 10 - Douarnenez 29 - Quimper 46

29113 Finistère - 1 181 h.

La Baie ≤, ✆ 98 70 64 28, O : 2,5 km, à Lescleden
0,4 ha (27 empl.) peu incliné et terrasse, herbeux - (dîner seulement)
Permanent - **R** - *Tarif 94 : 13 6 13 10 (3 à 6A)*

CLÉDER

3 - 58 ⑤

Paris 567 - Brest 47 - Brignogan-Plage 21 - Morlaix 28 - Saint-Pol-de-Léon 9,5

29233 Finistère - 3 801 h.

Office de Tourisme, 2 r. de Plouescat ✆ 98 69 43 01, Fax 98 69 47 99

Camping Village de Roguennic « Au bord d'une belle plage de sable fin », ✆ 98 69 63 88, N : 5 km
8 ha (300 empl.) (saison) plat et accidenté, sablonneux, herbeux, dunes, bois attenant - snack, crêperie - parcours sportif - A proximité : Au Centre de Loisirs : - Location : appartements
15 avril-sept. - **R** *conseillée* - GB - *piscine comprise 1 pers. 39 10 (8A)*

Municipal de Poulennou , ✆ 98 69 48 37, N : 5 km, près de la plage
2,3 ha (80 empl.) plat et vallonné, herbeux, sablonneux - -
15 juin-15 sept. - R

CLÉMENSAT

11 - 73 ⑭

Paris 449 - Clermont-Ferrand 38 - Issoire 14 - Pontgibaud 53 - Rochefort-Montagne 47 - Saint-Nectaire 11,5

63320 P.-de-D. - 69 h.

La Gazelle , ✆ 73 71 17 24, sortie SE rte de St-Floret
0,7 ha (30 empl.) peu incliné, herbeux - -
15 juin-15 sept. - **R** - *12 7 10 10 (3 à 6A)*

CLERMONT-L'HÉRAULT

15 - 83 ⑤ G. Gorges du Tarn

Paris 728 - Béziers 46 - Lodève 25 - Montpellier 41 - Pézenas 22 - Sète 45

34800 Hérault - 6 041 h.

Municipal du Lac du Salagou ≤ « Site agréable », ✆ 67 96 06 18, NO : 5 km par D 156E4, à 300 m du lac
7,5 ha (400 empl.) plat et en terrasses, peu incliné, pierreux, herbeux - cases réfrigérées - - A l'entrée : - A proximité : vélos - Location : gîtes - **R** *conseillée* - GB - *Tarif 94 : 10 44 13 (5A)*

CLONAS-SUR-VARÈZE

12 - 77 ①

Paris 505 - Annonay 30 - Beaurepaire 32 - Condrieu 8 - Roussillon 9,5 - Vienne 16

38550 Isère - 1 056 h.

Les Nations, ✆ 74 84 95 13, E : 2,7 km, sur N 7
1 ha (40 empl.) plat, herbeux - - - A proximité : - Location : (hôtel)
Permanent - **R** - *élect. (5A) comprise 2 pers. 65*

CLOYES-SUR-LE-LOIR

5 - 60 ⑰ G. Châteaux de la Loire

Paris 142 - Blois 54 - Chartres 55 - Châteaudun 12 - Le Mans 92 - Orléans 63

28220 E.-et-L. - 2 593 h.

Parc de Loisirs, ✆ 37 98 50 53, Fax 37 98 33 84, sortie N par N 10 rte de Chartres puis D 23 à gauche, bord du Loir
5 ha (196 empl.) plat, herbeux - - (bassin) Toboggan aquatique, poneys, vélos - A proximité :
16 mars-14 nov. - **Location longue durée** - *Places disponibles pour le passage* - R - GB - *25 35 avec élect. (5A)*

CLUNY

11 - 69 ⑲ G. Bourgogne

Paris 388 - Chalon-sur-Saône 50 - Charolles 41 - Mâcon 26 - Montceau-les-Mines 43 - Roanne 84

71250 S.-et-L. - 4 430 h.

Office de Tourisme, 6 r. Mercière ✆ 85 59 05 34, Fax 85 59 06 95

Municipal St-Vital ≤, ✆ 85 59 08 34, sortie E par D 15, rte d'Azé
3 ha (192 empl.) plat, peu incliné, herbeux - - - A proximité :
mai-sept. - **R** - *Tarif 94 : 13 7,50 7,50 5 par ampère (1 à 6A)*

La CLUSAZ

12 - 74 ⑦ G. Alpes du Nord

Paris 580 - Albertville 40 - Annecy 32 - Bonneville 25 - Chamonix-Mont-Blanc 64 - Megève 29 - Morzine 62

74220 H.-Savoie - 1 845 h. alt. 1 100 - Sports d'hiver : 1 100/2 600 m 5 51.

Office de Tourisme 50 32 65 00, Fax 50 32 65 01

Le Plan du Fernuy, 50 02 44 75, Fax 50 32 67 02, E : 1,5 km par rte des Confins
1 ha (68 empl.) peu incliné, pierreux -
10 juin-4 sept., 20 déc.-1er mai - Location longue durée - *Places disponibles pour le passage* - **R** *conseillée vacances scolaires hiver, 1er-15 août - 2 ou 3 pers. 68 à 79 (hiver 85 à 113) 15 (10A)*

COGNAC

9 - 71 ⑤ G. Poitou Vendée Charentes

Paris 463 - Angoulême 44 - Bordeaux 119 - Libourne 118 - Niort 82 - Poitiers 146 - La Roche-sur-Yon 157

16100 Charente - 19 543 h.

Office de Tourisme, 16 r. du 14-Juillet 45 82 10 71, Fax 45 82 34 47

Municipal, 45 32 13 32, N : 2,3 km par D 24 rte de Boutiers, entre la Charente et le Solençon
2 ha (160 empl.) plat, herbeux (1 ha) - snack - vélos
mai-15 oct. - **R** - *1 pers. 38,50, 2 pers. 66/1 à 4 pers. 49,50 à 99 avec élect., pers. suppl. 16,50*

COGNAC-LA-FORÊT

10 - 72 ⑯

Paris 418 - Bellac 40 - Châlus 26 - Limoges 23 - Rochechouart 16 - Saint-Junien 13

87310 H.-Vienne - 893 h.

Alouettes, 55 03 80 86, SO : 1,7 km par D 10, rte de Rochechouart et rte à gauche, bois attenant - Bureau de documentation touristique
3 ha (100 empl.) plat, herbeux - - A proximité : (plage) - Location :
mars-1er nov. - **R** - *13 7 8 6 (2,5A)*

COGOLIN

17 - 84 ⑰ G. Côte d'Azur

Paris 869 - Fréjus 33 - Hyères 42 - Le Lavandou 31 - Saint-Tropez 9 - Sainte-Maxime 13 - Toulon 62

83310 Var - 7 976 h.

Office de Tourisme, pl. de la République 94 54 63 18, Fax 94 54 10 20

Schéma à Grimaud

L'Argentière, 94 54 57 86, Fax 94 54 06 15, O : 2,5 km par D 48 et chemin de l'Argentière à gauche
8 ha (183 empl.) plat et peu accidenté, en terrasses, sablonneux, herbeux - snack - vélos - Location :
15 avril-sept. - **R** *juil.-août - piscine comprise 2 pers. 85, pers. suppl. 22 14 (3A) 18 (6A) 25 (10A)*

La COLLE-SUR-LOUP

17 - 84 ⑨ G. Côte d'Azur

Paris 924 - Antibes 14 - Cagnes-sur-Mer 5 - Cannes 24 - Grasse 18 - Nice 16 - Vence 7

06480 Alpes-Mar. - 6 025 h.

Syndicat d'Initiative, Mairie 93 32 83 25 (juil.-août) 93 32 98 63

Les Pinèdes, 93 32 98 94, Fax 93 32 50 20, O : 1,5 km par D 6 rte de Grasse, à 50 m du Loup
3,2 ha (120 empl.) en terrasses, pierreux, herbeux - - tir à l'arc - Location :
mars-oct. - **R** *conseillée juil.-août* - GB - *piscine comprise 2 ou 3 pers. 67 à 111/80 à 120 14 (3A) 18 (6A) 21 (10A)*

Le Vallon Rouge, 93 32 86 12, Fax 93 32 80 09, O : 3,5 km par D 6, rte de Grasse, bord du Loup
3 ha (103 empl.) plat, herbeux, pierreux - pizzeria, snack - vélos - Location :
avril-15 oct. - Location longue durée - *Places disponibles pour le passage* - **R** *conseillée juil.-août* - GB - *piscine comprise 2 pers. 40 à 80, 4 pers. 100 à 160 12 (3A) 18 (6A) 20 (10A)*

COLLEVILLE-MONTGOMERY-PLAGE

5 - 54 ⑯ G. Normandie Cotentin

Paris 240 - Bayeux 33 - Caen 13 - Saint-Lô 69

14880 Calvados - 1 926 h.

Les Salines, 31 96 36 85, sur D 514, à 300 m de la plage
6 ha (300 empl.) plat, sablonneux, herbeux - - A proximité :
15 mars-15 nov. - **R** - *18,50 18,50 16 (5A)*

COLLEVILLE-SUR-MER

4 - 54 ⑭

Paris 284 - Bayeux 16 - Caen 45 - Carentan 34 - Saint-Lô 41

14710 Calvados - 146 h.

Le Robinson, 31 22 45 19, NE : 0,8 km par D 514 rte de Port-en-Bessin
1 ha (53 empl.) plat, herbeux -
avril-sept. - **R** - *25 23 12 (6A)*

COLLIAS

16 - 80 ⑲

Paris 699 - Alès 43 - Avignon 33 - Bagnols-sur-Cèze 37 - Nîmes 21 - Pont-du-Gard 8

30210 Gard - 756 h.

Le Barralet, 66 22 84 52, NE : 1 km par D 3 rte d'Uzès et chemin à droite
2 ha (90 empl.) plat et peu incliné, herbeux -
Pâques-sept. - **R** *conseillée juil.-août* - GB - *piscine comprise 2 à 4 pers. 60 à 80 14 (6A)*

COLLINÉE

4 - 58 ⑳

Paris 423 - Lamballe 24 - Loudéac 28 - Saint-Brieuc 34

22330 C.-d'Armor - 894 h.

Municipal, sortie SO par D 792, 14 rue du Baillot
0,3 ha (14 empl.) en terrasses, herbeux
Permanent - R - *Tarif 94 : 9,60 2,70 2,70 11,35*

COLLIOURE

15 - 86 ⑳ G. Pyrénées Roussillon

Paris 891 - Argelès-sur-Mer 6,5 - Céret 33 - Perpignan 27 - Port-Vendres 4 - Prades 69

66190 Pyr.-Or. - 2 726 h.
Office de Tourisme, pl. du 18-Juin
68 82 15 47, Fax 68 82 46 29

Schéma à Argelès

Les Amandiers, 68 81 14 69, NO : 1,5 km rte d'Argelès-sur-Mer et chemin à droite, à 300 m de la mer (accès direct) - Accès par rampe à 12% -
1,7 ha (92 empl.) plat et en terrasses, pierreux
avril-sept. - R - *26 14 20 16 (5A)*

COLMAR

8 - 62 ⑲ G. Alsace Lorraine

Paris 488 - Basel 68 - Freiburg 46 - Nancy 139 - Strasbourg 70

68000 H.-Rhin - 63 498 h.
Office de Tourisme,
4 r. Unterlinden 89 20 68 92,
Fax 89 41 34 13

Intercommunal de l'ill, 89 41 15 94, E : 2 km par N 415, rte de Fribourg, à Horbourg, bord de l'ill
2,2 ha (190 empl.) plat et terrasses, herbeux
snack
fév.-nov. - R - *13,50 15,50 13 (3A) 22 (5A)*

▶ ***Die im MICHELIN-Führer***
*verwendeten Zeichen und Symbole haben - **fett** oder dünn gedruckt, in Rot oder **Schwarz** - jeweils eine andere Bedeutung.*
Lesen Sie daher die Erklärungen aufmerksam durch.

COLY

10 - 75 ⑦

Paris 494 - Brive-la-Gaillarde 34 - Montignac 16 - Sarlat-la-Caneda 25

24120 Dordogne - 193 h.

La Grande Prade, 53 51 66 13, Fax 53 50 83 11, SE : 2 km par D 62, rte de la Cassagne, près d'un plan d'eau
3,5 ha (100 empl.) peu incliné, herbeux, pierreux
- A proximité : - Location :
juin-sept. - R *conseillée* - *18 piscine comprise 24 15 (5A) 18 (10A)*

COMBRIT

3 - 58 ⑮ G. Bretagne

Paris 569 - Audierne 36 - Bénodet 6 - Douarnenez 33 - Quimper 18

29120 Finistère - 2 673 h.

Schéma à Bénodet

Menez Lanveur, 98 56 47 62, S : 2 km par rte d'Ile-Tudy et rte à gauche
1 ha (80 empl.) plat, herbeux - - Location :
Pâques-sept. - R *conseillée - Tarif 94 : 14 7,50 15 12 (2A)*

Municipal Croas Ver, 98 56 38 88, au sud du bourg, près du D 44 et du stade
1,5 ha (80 empl.) plat et terrasse, herbeux

COMIAC

10 - 75 ⑳

Paris 540 - Argentat 31 - Brive-la-Gaillarde 61 - Cahors 93 - Saint-Céré 26 - Sousceyrac 9,5

46190 Lot - 272 h.

Municipal du Lac des Vergnes « Agréable situation au bord d'un lac », O : 1 km sur D 29 rte de Laval-de-Cère
1,8 ha (33 empl.) plat à incliné, en terrasses, herbeux - A proximité :
juil.-août - R - *12 12/15 avec élect.*

COMPREIGNAC

10 - 72 ⑦ G. Berry Limousin

Paris 381 - Bellac 28 - Châteauponsac 21 - Limoges 20 - Saint-Léonard-de-Noblat 44

87140 H.-Vienne - 1 280 h.

Municipal de Montimbert, 55 71 04 49, N : 2,5 km par D 60 rte de St-Pardoux puis rte de St-Symphorien-sur-Couze
0,9 ha (66 empl.) plat et peu incliné, herbeux
juin-15 sept. - R - *Tarif 94 : 9 5 5 15*

COMPS-SUR-ARTUBY

17 - 84 ⑦ G. Alpes du Sud

Paris 825 - Castellane 28 - Digne-les-Bains 81 - Draguignan 31 - Grasse 60 - Manosque 95

83840 Var - 272 h. alt. 898

l'Iscloun (aire naturelle), 94 47 58 59, à **Jabron**, N : 4,5 km par D 955 rte de Castellane, bord d'un ruisseau - alt. 760
0,7 ha (20 empl.) plat, herbeux, pierreux - snack
avril-sept. - R *conseillée juil.-août - 2 pers. 55 8 (4A) 12 (6A) 20 (10A)*

CONCARNEAU

8 - 58 ⑪ ⑮ G. Bretagne

Paris 541 - Brest 93 - Lorient 51 - Quimper 27 - Saint-Brieuc 145 - Vannes 103

29900 Finistère - 18 630 h.
Office de Tourisme, quai d'Aiguillon
98 97 01 44, Fax 48 50 88 81

Les Prés Verts « Décoration florale et arbustive », 98 97 09 74, Fax 98 50 72 34, NO : 3 km par rte du bord de mer et à gauche, à 250 m de la plage (accès direct)
2,5 ha (150 empl.) plat et peu incliné, herbeux -
mai-10 sept. - **R** *conseillée juil.-août - piscine comprise 2 pers. 116, pers. suppl. 35 18 (2A) 20 (3A) 24 (4A)*

Lochrist, 98 97 25 95, N : 3,5 km par D 783 rte de Quimper et chemin à gauche
1,5 ha (100 empl.) plat, herbeux (1 ha) -
Pâques-15 sept. - **R** *conseillée - 12 7 14 14 (10A)*

au Cabellou S : 5 km par rte de Quimperlé et rte à droite
29110 Concarneau :

Kersaux, 98 97 37 41, près de la plage
4 ha (200 empl.) plat et peu incliné, herbeux - - A proximité :
15 juin-15 sept. - **R** - *20 8 12 13 (3A)*

Les CONCHES

85 Vendée - 67 ⑫ - rattaché à Longeville-sur-Mer

CONCORÈS

13 - 75 ⑱

Paris 556 - Cahors 29 - Gourdon 12 - Rocamadour 39 - Labastide-Murat 19

46310 Lot - 287 h.

Moulin des Donnes, 65 31 03 90, O : 0,9 km par D 12 rte de Gourdon et chemin à gauche, bord du Céou
1,5 ha (65 empl.) plat, herbeux - - -
Location :
Pâques-15 oct. - **R** *conseillée juil., indispensable août*

La CONDAMINE-CHÂTELARD

17 - 81 ⑧

Paris 754 - Barcelonnette 14 - Briançon 74 - La Foux-d'Allos 41

04530 Alpes-de-H.-Pr. - 168 h.
alt. 1 280

Le Champ Félèze <, 92 84 32 89, Fax 92 84 30 03, NE : 1 km par D 900 rte de Larche, bord de l'Ubaye (petit plan d'eau)
2 ha (100 empl.) plat, pierreux, herbeux - snack, pizzeria -
- A proximité : - Location : gîte d'étape
Permanent - **R** *conseillée* - GB - *14 9 11*

CONDÉ-SUR-NOIREAU

4 - 55 ⑪ G. Normandie Cotentin

Paris 281 - Argentan 54 - Caen 46 - Falaise 31 - Flers 11,5 - Vire 25

14110 Calvados - 6 309 h.
Office de Tourisme 31 69 27 64
ou à la Mairie 31 69 02 82

Municipal, 31 69 45 24, sortie O, r. de Vire, à la piscine, près d'une rivière et d'un plan d'eau
0,5 ha (33 empl.) plat, herbeux, jardin public attenant - -
A proximité : parcours sportif

CONDÉ-SUR-VESGRE

5 - 60 ⑧

Paris 59 - Dreux 24 - Houdan 8 - Maintenon 22 - Rambouillet 20 - Versailles 41

78113 Yvelines - 828 h.

La Mare aux Biches « Agréable cadre boisé », (1) 34 87 05 42, O : 2,7 km par rte de Boutigny-sur-Opton
3 ha (200 empl.) plat et peu incliné, sablonneux, herbeux -
-
Location longue durée - *Places limitées pour le passage*

CONDETTE

1 - 51 ⑪

Paris 238 - Boulogne-sur-Mer 9 - Calais 45 - Desvres 18 - Montreuil 27 - Le Touquet-Paris-Plage 21

62360 P.-de-C. - 2 392 h.

Caravaning du Château, 21 87 59 59, sortie S, sur D 119
1,2 ha (35 empl.) (juil.-août) plat, herbeux, gravillons -
avril-oct. - **R** *conseillée juil.-août - 2 pers. 80, pers. suppl. 18 16 (6A)*

CONDOM

14 - 79 ⑭ G. Pyrénées Aquitaine

Paris 730 - Agen 39 - Auch 44 - Mont-de-Marsan 81 - Toulouse 123

32100 Gers - 7 717 h.
Office de Tourisme, pl. Bossuet
62 28 00 80, Fax 62 28 00 80

Municipal, 62 28 17 32, Fax 62 28 45 86, sortie S par D 931 rte d'Eauze, près de la Baïse
0,8 ha (75 empl.) plat, herbeux - - vélos - A proximité : tir à l'arc, practice de golf - Location :
Pâques-sept. - **R** - *Tarif 94 : 15 piscine comprise 17/22 15 (5A)*

CONDRIEU

11 - 74 ⑪ G. Vallée du Rhône

Paris 501 - Annonay 35 - Lyon 41 - Rive-de-Gier 21 - Tournon-sur-Rhône 52 - Vienne 11,5

69420 Rhône - 3 093 h.
Syndicat d'Initiative, N 86
74 56 62 83

Belle-Rive « Cadre agréable », 74 59 51 08, sortie N par N 86 rte de Givors puis rte à droite, près du Rhône
5 ha (180 empl.) plat, herbeux, pierreux - A proximité :
avril-sept. - **Location longue durée** - *Places disponibles pour le passage* - **R** *conseillée juil.-août - Tarif 94 : 14 piscine comprise 9 20 12 (3A)*

CONLIE

5 - 60 ⑫

Paris 219 - Alençon 41 - Laval 65 - Le Mans 21 - Sablé-sur-Sarthe 44 - Sillé-le-Guillaume 10,1

72240 Sarthe - 1 642 h.

Municipal La Gironde, 43 20 81 07, au bourg, près d'un étang
0,8 ha (35 empl.) (saison) plat, herbeux - (bassin)
Permanent - **R** *conseillée - 7,50 7,50 6 (3A) 10 (6A)*

CONNERRÉ

5 - 60 ⑭ G. Châteaux de la Loire

Paris 180 - Bonnétable 19 - Bauloire 12 - La Ferté-Bernard 19 - Le Mans 25

72160 Sarthe - 2 545 h.

Municipal la Plage aux Champs, 43 89 13 64, r. de la Gare, sortie N par D 33, bord de l'Huisne et d'un ruisseau
2,5 ha (200 empl.) (saison) plat, herbeux -
avril-sept. - **R** - *Tarif 94 : 8 5/6*

Le CONQUET

3 - 58 ③ G. Bretagne

Paris 620 - Brest 24 - Brignogan-Plage 58 - Saint-Pol-de-Léon 85

29217 Finistère - 2 149 h.
Office de Tourisme, Beauséjour (saison) 98 89 11 31 et Mairie (15 sept.-15 juin) 98 89 00 07

Municipal le Théven, 98 89 06 90, NE : 5 km par rte de la plage des Blancs Sablons, à 400 m de la plage - Chemin et passerelle pour piétons reliant le camp à la ville
12 ha (450 empl.) (saison) plat et peu accidenté, sablonneux, herbeux - - A proximité :
avril-sept. - **R** *conseillée - 13 13 12 (15A)*

Les CONTAMINES-MONTJOIE

12 - 74 ⑧ G. Alpes du Nord

Paris 606 - Annecy 89 - Bonneville 49 - Chamonix-Mont-Blanc 32 - Megève 19 - Saint-Gervais-les-B. 8,5

74170 H.-Savoie - 994 h. alt. 1 164 - Sports d'hiver : 1 164/2 500 m 3 23 .
Office de Tourisme, pl. de la Mairie 50 47 01 58, Fax 50 47 09 54

Municipal le Pontet « Site agréable », 50 47 04 04, S : 2 km par D 902, bord du Bon Nant
2,8 ha (197 empl.) plat, gravillons, herbeux - - - A proximité : tir à l'arc, practice de golf snack - Location : gîte d'étape
déc.-6 mai, juin-sept. - **R** *conseillée, indispensable 14 juil.-15 août* - GB - *3 pers. 88 (hiver 95) 12 (2A)*

CONTREXÉVILLE

7 - 62 ⑭ G. Alsace Lorraine

Paris 347 - Épinal 46 - Langres 67 - Luxeuil 69 - Nancy 85 - Neufchâteau 28

88140 Vosges - 3 945 h. - 5 avril-30 oct.
Office de Tourisme, r. du Shah de Perse 29 08 08 68, Fax 29 08 25 40

Municipal Tir aux Pigeons « A l'orée d'un bois », 29 08 15 06, SO : 1 km par D 13 rte de Suriauville
1,5 ha (80 empl.) plat, herbeux, gravillons - -
avril-20 oct. - **R** - *8 8 - Redevance pour une seule nuit : pers. 15 - empl. 15 10 (6A)*

CORANCY

11 - 65 ⑥ G. Bourgogne

Paris 275 - Château-Chinon 6 - Corbigny 37 - Decize 58 - Nevers 67 - Saint-Honoré-les-Bains 31

58120 Nièvre - 404 h.

Municipal les Soulins, 86 78 01 62, NO : 3,5 km par D 12, D 161 rte de Montigny-en-Morvan et rte à gauche après le pont, à 100 m du lac de Pannecière
1,2 ha (42 empl.) plat et peu incliné, herbeux - -
15 juin-15 sept. - **R** - *15 22 12*

CORBÈS **30** Gard - 80 ⑰ - rattaché à Anduze

▶ *ATTENTION :*
these facilities are not necessarily available throughout the entire period that the camp is open – some are only available in the summer season.

CORCIEUX

8 - 62 ⑰

Paris 434 - Epinal 40 - Gérardmer 15 - Remiremont 42 - Saint-Dié 18

88430 Vosges - 1 718 h.

Domaine des Bans et la Tour « Cadre agréable », 29 51 64 67, Fax 29 51 64 65, en deux camps distincts (Domaine des Bans : 637 empl. et la Tour : 34 empl.), pl. Notre-Dame, bord d'un plan d'eau
15,7 ha (535 empl.) plat, herbeux, pierreux - snack - discothèque - Location *(permanent)* : appartements, villas
mai-sept. (La Tour : permanent) - **R** *conseillée juil.-août* - **GB** - *élect. (6A) et piscine comprises 3 pers. 156, pers. suppl. 28*

La Berquaine, 29 50 64 69, NE : 1,5 km, à Ruxurieux
3 ha (61 empl.) en terrasses, peu incliné, herbeux (0,5 ha) - (bassin)
avril-oct. - **R** *conseillée - 7 6 6 12 (4A)*

CORDELLE

11 - 73 ⑦

Paris 404 - Feurs 35 - Roanne 14 - Saint-Just-en-Chevalet 28 - Tarare 40

42123 Loire - 749 h.

Municipal de Mars gorges de la Loire « Situation dominante », 77 64 94 42, S : 4,5 km par D 56 et chemin à droite
1,2 ha (66 empl.) peu incliné et en terrasses, herbeux -
15 avril-15 oct. - **R** *conseillée juil.-août - 12 piscine comprise 18 13 (6A)*

▶ ***In this Guide,***
*a symbol or a character, printed in red or black, in **bold** or light type, does not have the same meaning.*

Please read the explanatory pages carefully.

CORDES-SUR-CIEL

15 - 79 ⑳ G. Pyrénées Roussillon

Paris 668 - Albi 25 - Montauban 59 - Rodez 82 - Toulouse 80 - Villefranche-de-Rouergue 46

81170 Tarn - 932 h.
Office de Tourisme, Mairie 63 56 00 52 et pl. Bouteillerie (mai-sept.) 63 56 14 11

Moulin de Julien « Décoration originale », 63 56 01 42, SE : 1,5 km par D 922 rte de Gaillac, bord d'un ruisseau
9 ha (112 empl.) plat, incliné et en terrasses, herbeux, étang - Location : - Garage pour caravanes
avril-sept. - **R** *juil. - piscine comprise 2 pers. 70, 3 pers. 90 8 (2A) 14 (5A)*

Camp Redon, 63 56 14 64 81170 Livers-Cazelles, SE : 5 km par D 600 rte d'Albi puis 0,8 km par D 107 rte de Virac à gauche - dans locations
1 ha (30 empl.) plat, peu incliné, herbeux - - Location :
15 mars-15 nov. - **R** *conseillée - Tarif 94 : piscine comprise 2 pers. 50, pers. suppl. 15 10 (6A)*

CORMORANCHE-SUR-SAÔNE

12 - 74 ①

Paris 403 - Bourg-en-Bresse 43 - Châtillon-sur-Chalaronne 21 - Mâcon 7,5 - Villefranche-sur-Saône 32

01290 Ain - 780 h.

Municipal de Pierre Torrion, 85 31 70 23, NO : 1 km, près d'un plan d'eau
4,5 ha (117 empl.) plat, herbeux, sablonneux -
mai-sept. - **R** *conseillée juil.-août - Tarif 94 : 24 28 (36 avec élect. 6A)*

CORNEILLA-DE-CONFLENT

66 Pyr.-Or. - 86 ⑰ - rattaché à Vernet-les-Bains

CORNY-SUR-MOSELLE

8 - 57 ⑬

Paris 319 - Metz 13 - Nancy 41 - Pont-à-Mousson 14 - Verdun 59

57680 Moselle - 1 490 h.

Le Paquis, 87 52 03 59, N : 0,7 km par N 57 rte de Metz, puis 0,5 km par chemin à gauche, près de la Moselle et de plans d'eau
1,7 ha (100 empl.) plat, herbeux - - A proximité :
mai-1er oct. - **R** - *13 9 9 12 (6A)*

CORRÈZE

10 - 75 ⑨ G. Berry Limousin

Paris 487 - Argentat 46 - Brive-la-Gaillarde 45 - Égletons 22 - Tulle 18 - Uzerche 33

19800 Corrèze - 1 145 h.

Muncipal la Chapelle, 55 21 29 30, sortie E par D 143, rte d'Egletons et à droite, rte de Bouysse, bord de la Corrèze
3 ha (65 empl.) plat, peu incliné, herbeux (1 ha) -
15 juin-15 sept.

Relations avec le continent : 50 mn environ par avion, 5 à 10 h par bateau. Par Société Nationale Corse-Méditerranée (S.N.C.M.) - Départ de **Marseille** : 61 bd des Dames (2e) 91 56 62 05 - Départ de **Nice** : (Ferryterranée) quai du Commerce 93 13 66 66 - Départ de **Toulon** : 21 et 49 av. Infanterie de Marine 94 41 25 76

Ajaccio P Corse-du-Sud, pli ⑰ - 58 315 h. - ✉ 20000 Ajaccio.
Office de Tourisme, Hôtel de Ville, av. Serafini 95 21 40 87, Fax 95 21 53 39
Bastia 151 - Bonifacio 137 - Calvi 175 - Corte 81 - L'Ile-Rousse 151

Les Mimosas, 95 20 99 85, Fax 95 10 01 77, sortie NE par D 61 rte d'Alata et à gauche rte des Milelli
2,5 ha (100 empl.) plat et en terrasses - snack - Location :
avril-15 oct. - **R** *conseillée - 28 11 11/23 12 (16A)*

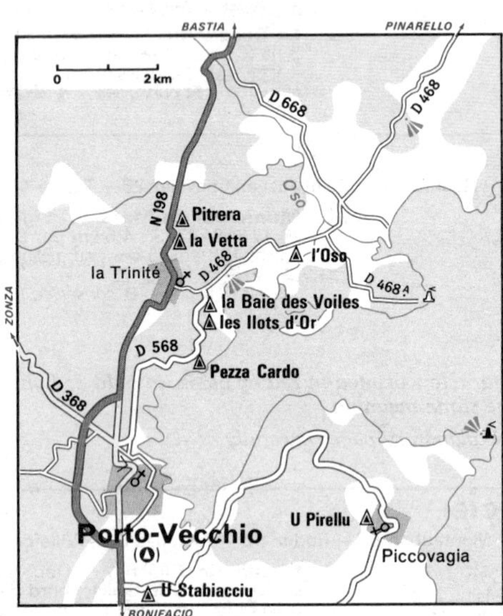

Aléria H.-Corse, pli ⑥ - 2 022 h. - ✉ 20270 Aléria.
Bastia 71 - Corte 50 - Vescovato 52

Marina d'Aléria « Décoration florale », 95 57 01 42, Fax 95 57 04 29, à 3 km à l'est de Cateraggio par N 200, à la plage de Padulone, bord du Tavignano
17 ha/7 campables (200 empl.) plat, sablonneux, herbeux (4 ha) - self, pizzeria - vélos - Location :
Pâques-oct. - **R** *conseillée juil.-août* - GB - *35 12 10/13 18 (9A)*

Algajola H.-Corse, pli ⑬ - 211 h. - ✉ 20220 Algajola.
Ajaccio 160 - Calvi 15 - L'Ile-Rousse 9

A Marina, 95 60 75 41, Fax 95 60 63 88 ✉ 20220 Aregno, E : 0,5 km sur N 197 rte de l'Ile-Rousse, à 200 m de la plage (accès direct)
5,5 ha (187 empl.) plat, sablonneux, herbeux - snack - - Location :
mai-15 oct. - R

Cala di Sole, 95 60 73 98, Fax 95 60 75 10, au sud du bourg, accès sur N 195 rte de l'Ile-Rousse
5 ha (100 empl.) plat, incliné et en terrasses, pierreux, herbeux - - Location : studios
15 mars-oct. - R - *22 4 16/20 15*

Cantarettu-City « Ranch style western », 95 60 70 89, E : 2 km par N197, rte de l'Ile-Rousse et chemin à droite
3,5 ha (150 empl.) plat et peu incliné, sablonneux, herbeux, rochers - snack, pizzeria - - Location :
avril-sept. - **R** *juil., conseillée août* - GB - *22 8 23/24 5 ou 10*

Balanéa (aire naturelle), 95 60 11 77 ✉ 20256 Corbara, E : 1,6 km par N 197 rte de l'Ile-Rousse et chemin à droite
2 ha (25 empl.) (juil.-août) peu incliné, pierreux - - A proximité : - Location :
Pâques-fin sept. - R - *28 12 10/16 14 (10A)*

Bastia P H.-Corse, pli ③ - 37 845 h. - ✉ 20200 Bastia.
Office de Tourisme, pl. Saint-Nicolas 95 31 81 34, Fax 95 32 49 77
Ajaccio 151 - Bonifacio 168 - Calvi 95 - Corte 70 - Porto 134

Le Bois de San Damiano « Situation et cadre agréables », 95 33 68 02, Fax 95 30 84 10 ✉ 20620 Biguglia, SE : 9 km par N 193 et rte du cordon lagunaire à gauche, à 100 m de la plage (accès direct)
12 ha (200 empl.) plat, sablonneux pinède - - - Location :
avril-oct. - GB - *27 10 10/16 18 (10A)*

Belvédère-Campomoro Corse-du-Sud - ⑯⑫⑨ ⑱ - 128 h.
✉ 20110 Belvédère Campomoro.
Ajaccio 87 - Propriano 17 - Sartène 24

La Vallée ≤, ✆ 95 74 21 20, au bourg, à 50 m de la plage -
3,5 ha (200 empl.) en terrasses, peu incliné, herbeux, pierreux (0,5 ha) -
mai-sept. - R - *Tarif 94 : 30 15 15/20*

Peretto-les Roseaux, ✆ 95 74 20 52, au bourg, à 400 m de la plage
1,5 ha (50 empl.) en terrasses et plat, pierreux, herbeux -
A proximité : - Location :
Permanent - R - *20 5 7/10 12 (10A)*

Bonifacio Corse-du-Sud, pli ⑨ - 2 683 h. - ✉ 20169 Bonifacio.
Syndicat d'Initiative, pl. de l'Europe ✆ 95 73 11 88
Ajaccio 137 - Bastia 168 - Corte 147 - Sartène 53

Rondinara ≤ « Belle décoration florale sur un site agréable », ✆ 95 70 43 15, Fax 95 70 56 79, à Suartone, NE : 16 km par N 198 rte de Porto-Vecchio et rte à droite à Suartone, à 400 m de la plage
5 ha (150 empl.) en terrasses et peu incliné, pierreux -
snack, crêperie - - Location :
juin-sept. - R - GB - *Tarif 94 : 28 piscine comprise 13 13/17 17 (6A)*

U Farniente « Agréable domaine », ✆ 95 73 05 47, Fax 95 73 11 42, NE : 5 km par N 198 rte de Bastia, à Pertamina Village
15 ha/3 campables (150 empl.) plat, peu incliné, pierreux -
pizzeria - vélos - Location : studios
avril-15 oct. - R *juil.-août - piscine comprise 2 pers. 120 16 à 20 (3 à 5A)*

Les Iles ≤ la Sardaigne et les îles, ✆ 95 73 11 89, Fax 95 73 18 77, E : 4,5 km rte de Piantarella, vers l'embarcadère de Cavallo
8 ha (100 empl.) (saison) peu incliné, vallonné, pierreux -
snack - half-court - Location :
Pâques-15 oct. - R - *27 ou 40 piscine comprise 12 ou 13 12 ou 13/17 ou 22*

Pian del Fosse ≤, ✆ 95 73 16 34, NE : 3,8 km sur D 58 rte de Santa-Manza - dans locations
5,5 ha (100 empl.) peu incliné et incliné, en terrasses, pierreux, oliveraie (2 ha) - - Location :
Pâques-oct. - R - GB - *33 12 12/18 15 (5A)*

La Trinité ≤, ✆ 95 73 10 91, NO : 4,5 km par N 196 rte de Sartène
4 ha (100 empl.) accidenté, plat et peu incliné, sablonneux, herbeux, rocheux - snack - A proximité : - Location :
15 avril-15 oct. - R - GB - *29 11 11/14 13 (10A)*

Calvi H.-Corse, pli ⑬ - 4 815 h. - ✉ 20260 Calvi.
Office de Tourisme, Port de Plaisance ✆ 95 65 16 67, Fax 95 65 14 09 et O.M.J. (Citadelle) ✆ 95 65 36 74 (avril-oct.)
Ajaccio 175 - Bastia 95 - Corte 93 - L'Ile-Rousse 24 - Porto 75

Bella Vista ≤ « Cadre fleuri », ✆ 95 65 11 76, Fax 95 65 03 03, S : 1,5 km par N 197 et rte de Pietra-Major à droite - P
6 ha/4 campables (146 empl.) plat et peu incliné -
Pâques-15 oct. - R - *35 18/22 25 (15A)*

Dolce Vita, ✆ 95 65 05 99, SE : 4,5 km par N 197 rte de l'Ile-Rousse, à l'embouchure de la Figarella, à 200 m de la mer
6 ha (200 empl.) (saison) plat, herbeux, sablonneux -
snack (dîner seulement) - - Location :
mai-sept. - R - *32 15 15/18 17 (6A) 20 (10A)*

Paduella « Cadre agréable », ✆ 95 65 06 16, SE : 1,8 km par N 197 rte de l'Ile-Rousse, à 400 m de la plage
2,5 ha (130 empl.) plat et en terrasses, sablonneux - snack - A proximité : - Location : bungalows toilés
mai-oct. - R - *26 10 10 12,50 (6A)*

Paradella ≤, ✆ 95 65 00 97, Fax 95 65 11 11 ✉ 20214 Calenzana, SE : 9,5 km par N 197 rte de l'Ile-Rousse et D 81 à droite rte de l'aéroport
5 ha (150 empl.) plat, sablonneux, herbeux - -
- Location *(Pâques-fin oct.)* :
15 juin-sept. - R - *30 piscine comprise 11 13 14 (6A)*

Clos du Mouflon, réservé aux tentes ≤ mer et rochers « Situation agréable », ✆ 95 65 03 53, SO : 15 km par D 81 B rte de Porto, dominant la mer (accès direct) - Accès peu facile (pente à 20%)
2,5 ha (50 empl.) en terrasses, pierreux - snack
15 juin-20 sept. - R - *33 15 18*

à Lumio NE : 10 km par N 197 - 895 h. - ✉ 20260 Lumio :

Le Panoramic ≤ « Belles terrasses ombragées », ✆ 95 60 73 13, NE : 2 km sur D 71, rte de Belgodère
2 ha (80 empl.) en terrasses, pierreux, sablonneux - - -
Location :
juin-15 sept. - R *août - 27 piscine comprise 7 11/27 19*

La Canonica H.-Corse, pli ③ – ✉ 20290 Borgo.
Bastia 21 – Corte 54 – Vescovato 9

A L Esperenza, ✆ 95 36 15 09 ✉ 20290 Lucciana, E : 2,6 km, vers la plage de Pinéto
1 ha (100 empl.) plat, sablonneux, herbeux –
juil.-10 sept. – **R** – *29* *12* *19/23*

Cargèse Corse-du-Sud, pli ⑯ – 915 h. – ✉ 20130 Cargèse.
Syndicat d'Initiative, r. du Dr.-Dragacci ✆ 95 26 41 31
Ajaccio 50 – Calvi 107 – Corte 120 – Piana 20 – Porto 32

Torraccia ≤ vallée, montagne et la côte, ✆ 95 26 42 39, N : 4,5 km par D 81 rte de Porto
3 ha (67 empl.) en terrasses, accidenté, pierreux – – – Location :
15 mai-sept. – **R** – *Tarif 94 :* *30* *12* *12* *13 (6A)*

Corte H.-Corse pli ⑤ – 5 693 h. – ✉ 20250 Corte.
Office de Tourisme, Hall de la Paix, av. du Gén.-de-Gaulle ✆ 95 46 06 72
Ajaccio 81 – Bastia 70 – Bonifacio 147 – Calvi 93 – L'Ile-Rousse 69 – Porto 87 – Sartène 152

Santa-Barbara (aire naturelle) ≤, ✆ 95 46 20 22, Fax 95 61 09 44, SE : 3,5 km par N 200 rte d'Aléria
1 ha (25 empl.) plat, herbeux – –
avril-17 oct. – **R** *conseillée juil.-août* – GB – *29 piscine comprise* *15* *15/24* *24 (20A)*

Évisa Corse-du-Sud, pli ⑮ – 257 h. alt. 830 – ✉ 20126 Évisa.
Ajaccio 70 – Calvi 98 – Corte 64 – Piana 33 – Porto 23

L'Acciola ≤ montagne et golfe de Porto, ✆ 95 26 23 01, E : 2 km par D 84 rte de Calacuccia et D 70 à droite, rte de Vico, à proximité de la forêt d'Aitone – alt. 920
2,5 ha (70 empl.) incliné, en terrasses, pierreux, herbeux –
juin-sept. – **R** – *25* *9,50* *9,50/16,50*

Farinole (Marine de) H.-Corse, plis ②③ – 176 h. – ✉ 20253 Farinole.
Bastia 22 – Rogliano 60 – Saint-Florent 14

A Stella ≤, ✆ 95 37 14 37, sur D 80, bord de mer
3 ha (130 empl.) (saison) plat, peu incliné et en terrasses, pierreux – – – Location :
mai-15 oct. – **R** – *25* *10* *10/20* *18*

Favone Corse-du-Sud, pli ⑦ – ✉ 20144 Ste-Lucie-de-Porto-Vecchio.
Ajaccio 131 – Bastia 113 – Bonifacio 55

Bon'Anno , ✆ 95 73 21 35, à 500 m de la plage
3 ha (150 empl.) plat, peu incliné, pierreux, herbeux – snack – A proximité :
juin-sept. – **R** – *Tarif 94 :* *29* *9* *11/15* *16*

Figareto H.-Corse pli ④ – ✉ 20230 Talasani.
Ajaccio 142 – Aléria 35 – Bastia 35 – Piedicroce 26 – Vescovato 16

Valle Longhe , ✆ 95 36 96 45, sortie N par N 198 rte de Bastia et 0,5 km par chemin à gauche
1,5 ha (50 empl.) en terrasses –
mai-oct. – **R** *conseillée 15 juil.-15 août* – *2 pers. 65* *15 (5 ou 10A)*

Galéria H.-Corse, pli ⑭ – 305 h. – ✉ 20245 Galéria.
Ajaccio 133 – Calvi 33 – Porto 50

Les Deux Torrents ≤, ✆ 95 62 00 67, E : 5 km sur D 81 rte de Calenzana, bord du Fango et du Marsolino
4,5 ha (150 empl.) plat, herbeux – snack – half-court – Location (permanent) :
juin-sept. – **R** – *Tarif 94 :* *25* *12* *12/21* *12 (3A)*

Ghisonaccia H.-Corse, pli ⑥ – 3 270 h. – ✉ 20240 Ghisonaccia.
Syndicat d'Initiative, pl. Mairie, ✆ 95 56 14 56
Ajaccio 103 – Aléria 14 – Ghisoni 27 – Venaco 56

Marina d'Erba Rossa « Bel ensemble résidentiel », ✆ 95 56 25 14, Fax 95 56 27 23, E : 3,5 km par D 144 puis 0,5 km par rte à droite, bord de plage
12 ha/6 campables (160 empl.) plat, herbeux (2 ha) – pizzeria – solarium – A proximité : – Location :
mai-15 oct. – **R** *conseillée* – GB – *26 piscine comprise* *66,50* *15 (5A)*

Arinella-Bianca « Cadre agréable », ✆ 95 56 04 78, Fax 95 56 12 54, E : 3,5 km par D 144 puis 0,7 km par chemin à droite, bord de plage et d'étangs
10 ha (300 empl.) (été) plat, herbeux, sablonneux (7 ha) – self – – A proximité : – Location : , bungalows toilés
Pâques-sept. – **R** *indispensable juil.-août, conseillée juin* – GB – *40* *10* *18* *16 (6A)*

L'Île-Rousse H.-Corse, pli ⑬ – 2 288 h. – ✉ 20220 l'Ile-Rousse.
Office de Tourisme, pl. Paoli ✆ 95 60 04 35, Fax 95 60 24 74
Ajaccio 151 – Bastia 71 – Calvi 24 – Corte 69

Le Bodri <, ✆ 95 60 10 86 ✉ 20256 Corbara, SO : 2,5 km rte de Calvi, à 300 m de la plage
6 ha (333 empl.) plat, peu incliné à incliné, pierreux – snack – Location :
15 juin-15 sept. – R – *24* *11* *20/28* *17*

La Liscia (Golfe de) Corse-du-Sud, pli ⑯ – ✉ 20111 Calcatoggio.
Ajaccio 26 – Calvi 131 – Corte 96 – Vico 24

La Liscia, ✆ 95 52 20 65, Fax 95 52 30 24, sur D 81, à 5 km au NO de Calcatoggio, bord de la Liscia
3 ha (100 empl.) plat et en terrasses – snack –
15 mai-15 oct. – R *15 juil.-15 août* – GB – *27* *10* *11* *14 (10A)*

Lozari H.-Corse, pli ⑬ – ✉ 20226 Belgodère.
Bastia 63 – Belgodère 9 – Calvi 32 – L'Ile-Rousse 8

Le Clos des Chênes <, ✆ 95 60 15 13, Fax 95 60 21 16, S : 1,5 km par N 197 rte de Belgodère
5 ha (235 empl.) plat, peu incliné, pierreux – snack – Toboggan aquatique – A proximité : – Location :
8 avril-29 oct. – R *conseillée* – *32 piscine comprise* *12* *14/18* *18 (4A)*

Le Belgodère <, ✆ 95 60 20 20, Fax 95 60 22 58, NE : 0,6 km par N 1197 rte de St-Florent, à 400 m de la plage
2 ha (150 empl.) plat et peu incliné, pierreux – snack, pizzeria – – Location : bungalows toilés

Moriani-Plage H.-Corse, pli ④ – ✉ 20230 San Nicolao.
Bastia 39 – Corte 69 – Vescovato 20

Merendella, ✆ 95 38 53 47, Fax 95 38 44 01, S : 1,2 km par N 198 rte de Porto-Vecchio, bord de plage –
7 ha (133 empl.) (saison) plat, herbeux, sablonneux – – – Location :
15 mai-15 oct. – R *conseillée saison* – GB – *32* *14* *24/28,50* *15 (2A) 17 (5A)*

Morsiglia H.-Corse, pli ① – 110 h. – ✉ 20238 Morsiglia.
Bastia 43 – Rogliano 14

L'Isulottu < montagne, villages et mer, ✆ 95 35 62 81, Fax 95 35 63 63, NO : 3,2 km par D 35, rte de Centuri-Port, à 500 m de la mer
3 ha (150 empl.) incliné et en terrasses, pierreux – snack
Permanent – R – GB – *25* *10* *15/18* *15*

Olmeto Corse-du-Sud, pli ⑱ – 1 019 h. – ✉ 20113 Olmeto.
Ajaccio 63 – Propriano 8 – Sartène 21

à Olmeto-Plage SO : 3 km par N 196 et 7 km par D 157
✉ 20113 Olmeto :

Village Club du Ras L'Bol, ✆ 95 74 04 25, Fax 95 74 01 30, par D 157, à 50 m de la plage – dans locations
6 ha (200 empl.) plat, peu incliné et en terrasses, herbeux – snack, pizzeria – – A proximité : discothèque – Location :
vacances de printemps-15 oct. – R *conseillée juil.-août* – GB – *29 ou 33* *26 ou 30/32 ou 38* *18 (16A)*

U Libecciu < « Cadre sauvage », ✆ 95 74 01 28, par D 157, à 200 m de la plage (accès direct)
6 ha (200 empl.) plat, en terrasses, vallonné, accidenté, rochers – snack – Location :
avril-oct. – R *conseillée 15 juil.-25 août* – *25* *10* *10/25* *15 (5A)*

Osani Corse-du-Sud, pli ⑮ – 103 h. – ✉ 20147 Osani.
Ajaccio 105 – Calvi 57 – Porto 22

E Gradelle < golfe de Porto et montagne, ✆ 95 27 32 01, SE : 3 km par D 424, à 400 m de la plage –
2,2 ha (90 empl.) incliné, accidenté, en terrasses, pierreux – snack –
juin-sept. – R – *25* *6* *8/22*

Piana Corse-du-Sud, pli ⑮ – 500 h. – ✉ 20115 Piana.
Ajaccio 71 – Calvi 87 – Évisa 33 – Porto 12

Plage d'Arone <, ✆ 95 20 64 54, SO : 11,5 km par D 824, à 500 m de la plage
3,8 ha (125 empl.) plat, sablonneux, pierreux –
juin-sept. – R – GB – *29* *11* *11/17*

Pinarellu Corse-du-Sud, pli ⑧ – ✉ 20144 Ste-Lucie-de-Porto-Vecchio.
Ajaccio 148 – Bonifacio 43 – Porto-Vecchio 16

California, ✆ 95 71 49 24, S : 0,8 km par D 468 et 1,5 km par chemin à gauche, à 50 m de la plage (accès direct)
7 ha/4 campables (100 empl.) peu accidenté et plat, sablonneux, étang – pizzeria –
15 mai-15 oct. – R – *32* *10* *14/26* *15 (4A)*

Le Pinarello, ✆ 95 71 43 98, sortie NO par D 168A
5 ha (83 empl.) plat et peu incliné, herbeux – snack – vélos
15 mai-sept. – **R** *conseillée juil.-août pour emplacements aménagés caravanes – 25 piscine comprise 11 11/18 13 (2A)*

Porticcio Corse-du-Sud, pli ⑰ – ✉ 20166 Porticcio.
Ajaccio 17 – Sartène 68

Benista, ✆ 95 25 19 30, Fax 95 25 93 70, NE : 3 km par D 55 rte d'Ajaccio, à la station Mobil, bord du Prunelli
4,5 ha (250 empl.) (saison) plat, sablonneux, herbeux (3,5 ha) – – vélos, practice de golf – Location :
avril-oct. – **R** *conseillée 10 juil.-25 août – 2 pers. 95, 3 ou 4 pers. 150, pers. suppl. 33 17 (5A)*

Portigliolo Corse-du-Sud, pli ⑱ – ✉ 20110 Propriano.
Ajaccio 78 – Propriano 9 – Sartène 15

Lecci e Murta « Site sauvage », ✆ 95 76 02 67, à 500 m de la plage –
4 ha (150 empl.) en terrasses, plat, pierreux, herbeux – pizzeria – – Location :
avril-15 oct. – R – GB – *34* *13* *13/22* *16 (10A)*

Porto Corse-du-Sud, pli ⑮ – ✉ 20150 Ota.
Office de Tourisme, Golfe de Porto ✆ 95 26 10 55, Fax 95 26 14 25
Ajaccio 83 – Bastia 134 – Calvi 75 – Corte 87 – Évisa 23

Les Oliviers, ✆ 95 26 14 49, Fax 95 26 12 49, par D 81, au pont, bord du Porto – (juil.-août)
2,5 ha (180 empl.) en terrasses – snack – vélos – A proximité : – Location :
28 mars-5 nov. – **R** *conseillée juil.-août* – GB – *34* *14* *14* *14 (12A)*

Funtana al Oro « Cadre sauvage », ✆ 95 26 11 65, Fax 95 26 10 83, SE : 1,4 km par D 84 rte d'Evisa, à 200 m du Porto
2 ha (70 empl.) en terrasses, rochers –
15 avril-sept. – **R** *conseillée saison – 28 10 12 (10A)*

Sole e Vista « Belle situation », ✆ 95 26 15 71, accès principal par parking du super marché Bravo, accès secondaire E : 1 km par D 124 rte d'Ota – (rampe à 18 %) - véhicule tracteur à la disposition des usagers – (juil.-août)
3 ha (150 empl.) en terrasses, rochers – – A proximité :
avril-3 nov. – **R** *conseillée – 30 10 10/14 15 (6A)*

Porto, ✆ 95 26 13 67, Fax 95 26 10 79, sortie O par D 81 rte de Piana
2 ha (60 empl.) en terrasses, herbeux –
15 juin-sept. – **R** – *28* *10* *10/14*

Voir schéma page 194

Porto-Vecchio Corse-du-Sud, pli ⑧ – 9 307 h.
✉ 20137 Porto-Vecchio.
Office de Tourisme, pl. de l'Hôtel-de-Ville ✆ 95 70 09 58, Fax 95 70 03 92
Ajaccio 146 – Bastia 141 – Bonifacio 27 – Corte 120 – Sartène 62

La Vetta « Cadre agréable », ✆ 95 70 09 86, N : 5,5 km
4,8 ha (100 empl.) incliné, en terrasses, pierreux, herbeux, rochers – snack –
juin-sept. – **R** – *32 piscine comprise 10 10 14 (16A)*

U Pirellu « Agréable chênaie », ✆ 95 70 23 44, Fax 95 70 60 22, E : 9 km, **à Piccovagia**
5 ha (150 empl.) (juil.-août) incliné et en terrasses, pierreux – snack – half-court – Location : , appartements
mai-25 oct. – **R** *août – 28 12 12/20 16*

Pezza Cardo, ✆ 95 70 37 51, NE : 6 km, à 150 m de la plage (accès direct)
2,5 ha (165 empl.) plat et peu incliné, terrasses, herbeux, sablonneux, rochers –
juin-sept. – R – *28* *9* *9/12*

Les Ilots d'Or, ✆ 95 70 01 30, NE : 6 km, bord de plage
4 ha (180 empl.) plat et en terrasses, sablonneux, herbeux, rochers – snack – Location :
15 avril-15 oct. – **R** – R *août – 28 9 9/12 13 (6A)*

L'Oso, ✆ 95 71 60 99, NE : 8 km, bord de l'Oso
3,2 ha (90 empl.) plat, herbeux – – – Location :
juin-15 sept. – **R** *juin-juil. et sept. – 28 piscine comprise 8 8/10 12*

La Baie des Voiles, 95 70 01 23, NE : 6 km, bord de la plage
3 ha (150 empl.) plat et en terrasses, sablonneux, herbeux, rochers – snack
15 avril-15 oct. – R – *Tarif 94 : 28 9 9/12 13*

Pitrera « Décoration florale », 95 70 20 10, N : 5,8 km – dans locations
3 ha (125 empl.) en terrasses, pierreux, herbeux – (mai-sept.) grill, cases réfrigérées – half-court – Location :
Permanent – R *conseillée août* – GB – *33 piscine comprise 15 16/19 18 (6A)*

La Monelière , 95 70 20 68, NO : 5,5 km par D 368 rte de Zonza et chemin à droite (hors schéma)
2,8 ha (100 empl.) plat, accidenté, herbeux, rochers –
Permanent – R

Propriano Corse-du-Sud, pli ⑱ – 3 217 h. – 20110 Propriano.

Office de Tourisme, 17 r. du Général-de-Gaulle 95 76 01 49
Ajaccio 70 – Bonifacio 67 – Corte 139 – Sartène 13

Colomba , 95 76 06 42, NE : 2 km par N 196 rte d'Ajaccio et rte à droite – P
3 ha (250 empl.) en terrasses, sablonneux – – vélos – A proximité : – Location :

Ruppione (plage de) Corse-du-Sud, pli ⑰ – 20166 Porticcio.

Ajaccio 26 – Propriano 47 – Sartène 60

Le Sud , 95 25 40 51, Fax 95 25 47 39, sur D 55, à 100 m de la plage
4 ha (200 empl.) en terrasses et accidenté – pizzeria – – Location :
mai-sept. – R – *32 12 12/15 15*

St-Florent H.-Corse, pli ③ – 1 350 h. – 20217 St-Florent.

Office de Tourisme, Centre Administratif 95 37 06 04
Ajaccio 162 – Bastia 23 – Calvi 72 – Corte 80 – L'Ile-Rousse 48

La Pinède , 95 37 07 26, S : 1,8 km par rte de l'Ile-Rousse et chemin à gauche après le pont, bord de l'Aliso
3 ha (80 empl.) (saison) plat, incliné et en terrasses, pierreux, herbeux – pizzeria – – Location :
15 mai-15 sept. – R – GB – *Tarif 94 : 23 piscine comprise 14 13/19 19*

Kalliste, 95 37 03 08, Fax 95 37 19 77, S : 1,2 km par D 81, rte de l'Ile Rousse et chemin à droite après le pont, bord de l'Aliso et à 500 m de la plage (accès direct)
3,5 ha (166 empl.) plat, sablonneux – – – Location : , appartements
avril-oct. – R *conseillée juil.-août* – *26 15 14/20*

Olzo, 95 37 03 34, NE : 2,3 km par D 81 rte de Bastia – juil.-août
2 ha (60 empl.) plat, herbeux – snack, pizzeria
avril-sept. – R – GB

Ste-Lucie-de-Porto-Vecchio Corse-du-Sud, pli ⑧

20144 Ste-Lucie-de-Porto-Vecchio.
Ajaccio 144 – Porto-Vecchio 16

Domaine du Puntonu , 95 71 42 75, SO : 1,2 km par N 198 rte de Porto-Vecchio
20 ha/8 campables (100 empl.) plat, peu incliné, sablonneux, pierreux – – mini-tennis

Santa-Lucia, 95 71 45 28, sortie SO rte de Porto-Vecchio – dans locations
4 ha (160 empl.) plat et peu incliné, sablonneux, pierreux, rochers – – – A proximité : – Location :
mai-15 oct. – R *conseillée* – GB – *32 piscine comprise 12 18 18 (6A)*

Serra-di-Ferro Corse-du-Sud, pli ⑱ – 327 h. – 20140 Serra-di-Ferro.

Ajaccio 44 – Olmeto 17 – Petreto-Bicchisano 24 – Propriano 19 – Sartène 32

U Turracconu , 95 74 00 57, Fax 95 74 06 76, au sud du bourg
1,5 ha (30 empl.) plat, peu incliné et en terrasses, herbeux – snack, pizzeria – – Location : studios
avril-oct. – R *conseillée juil.-août* – GB – *30 piscine comprise 15 15 20 (5A)*

Sotta Corse-du-Sud, pli ⑧ – 762 h. – 20146 Sotta.

Ajaccio 133 – Bonifacio 28 – Porto-Vecchio 10 – Sartène 50

U Moru , 95 71 23 40, SO : 3 km par D 859 rte de Figari
6 ha (120 empl.) peu incliné et plat, herbeux, sablonneux – – – Location :
mars-oct. – R *conseillée août* – GB – *26 8 9/15 15 (6A)*

Tiuccia Corse-du-Sud, pli ⑯ – ✉ 20111 Calcatoggio.
Ajaccio 30 – Cargèse 21 – Vico 21

Les Couchants ≶, ✆ 95 52 26 60 ✉ 20111 Casaglione, N : 4,7 km par D 81 et D 25 à droite, rte de Casaglione
2,5 ha (120 empl.) plat, peu incliné, en terrasses, herbeux – –
mai-nov. – **R** – *23 10 10/15*

U Sommalu ≶, ✆ 95 52 24 21, Fax 95 52 20 85 ✉ 20111 Casaglione, N : 2,7 km par D 81 et D 25 rte de Casaglione
4,5 ha (135 empl.) peu incliné et en terrasses, herbeux – – vélos – Location :
mai-sept. – **R** – *25 16 14/22 16 (10A)*

Vivario H.-Corse pli ⑤ – 493 h. – ✉ 20219 Vivario.
Ajaccio 59 – Aléria 49 – Corte 22 – Bocognano 21

Le Soleil ≶, ✆ 95 47 21 16, S : 6 km par N 193, rte d'Ajaccio, à Tattone, près de la gare – alt. 800
1 ha (25 empl.) en terrasses, peu incliné et plat, herbeux –
mai-oct. – **R** *juil.-août* – *20 10 5/10 8*

CORTE 2B H.-Corse – 90 ⑤ – voir à Corse

COS

14 – 86 ④

Paris 781 – La Bastide-de-Sérou 13 – Foix 3,5 – Pamiers 23 – Saint-Girons 40 – Tarascon-sur-Ariège 19

09000 Ariège – 236 h.

Municipal, SO : 0,7 km sur D 617
0,7 ha (32 empl.) (saison) plat, herbeux, peu incliné, ruisseau – – – A proximité :
Permanent – **R** – *piscine et tennis compris 2 pers. 40, pers. suppl. 8 10 (5A) 15 (10A) 20 (15A)*

La COTINIÈRE 17 Char.-Mar. – 71 ⑬ ⑭ – voir à Oléron (Ile d')

La COUARDE-SUR-MER 17 Char.-Mar. – 71 ⑫ – voir à Ré (Ile de)

COUCHES

11 – 69 ⑧ G. Bourgogne

Paris 315 – Autun 24 – Beaune 32 – Le Creusot 16 – Chalon-sur-Saône 28

71490 S.-et-L. – 1 457 h.

Municipal M, ✆ 85 45 59 49, NO : 1,7 km par D 978 rte d'Autun, près d'un petit plan d'eau
1 ha (20 empl.) en terrasses, herbeux – –
15 juin-15 sept. – **R** – *Tarif 94 : 10 15 10*

COUDEKERQUE

1 – 51 ④

Paris 288 – Calais 47 – Dunkerque 6 – Hazebrouck 39 – Lille 69 – Saint-Omer 36

59380 Nord – 903 h.

le Bois des Forts, réservé aux caravanes, ✆ 28 61 04 41, à 0,7 km au NO de Coudekerque-Village, sur le D 72
3,25 ha (130 empl.) (saison) plat, herbeux – –
Permanent – Location longue durée – *Places disponibles pour le passage* – **R** *conseillée juil.-août* – *10 12 25 10 (5A)*

COUHÉ

9 – 68 ⑬

Paris 371 – Confolens 56 – Montmorillon 61 – Niort 67 – Poitiers 36 – Ruffec 30

86700 Vienne – 1 706 h.

Les Peupliers , ✆ 49 59 21 16, Fax 49 37 92 09, N : 1 km rte de Poitiers, à Valence, bord de la Dive
8 ha/1,5 campable (120 empl.) plat, herbeux, étang – snack –
mai-sept. – **R** *conseillée juil.-août* – *24 piscine comprise 35 14 (5A)*

COULEUVRE

11 – 69 ⑬

Paris 315 – Bourbon-l'Archambault 18 – Cérilly 9 – Cosne-d'Allier 27 – Moulins 43

03320 Allier – 716 h.

La Font St-Julien, ✆ 70 66 13 54, sortie SO par D 3, rte de Cérilly et à droite bord d'un étang
1 ha (50 empl.) peu incliné, herbeux – –
avril-sept. – **R** – *8 4,20 4,20 12,50 (10A)*

COULLONS

6 - 65 ①

Paris 165 - Aubigny-sur-Nère 18 - Gien 14 - Orléans 59 - Sancerre 48 - Sully-sur-Loire 22

45720 Loiret - 2 258 h.

Municipal Plancherotte « Entrée fleurie », 38 29 20 42, O : 1 km par D 51, rte de Cerdon et rte des Brosses à gauche, près d'un plan d'eau
1,85 ha (60 empl.) plat et peu incliné, herbeux - A proximité : piste de bi-cross
26 mars-29 oct. - **R** - *Tarif 94 : 8 7 8 12,50 (16A)*

COULON

9 - 71 ② G. Poitou Vendée Charentes

Paris 416 - Fontenay-le-Comte 26 - Niort 10 - La Rochelle 56 - Saint-Jean-d'Angély 55

79510 Deux-Sèvres - 1 870 h.
Office de Tourisme, pl. de l'Église
49 35 99 29

Municipal la Niquière, 49 35 81 19, sortie N par D 1 rte de Benet
1 ha (40 empl.) plat, herbeux - - Location : gîtes
mai-15 sept. - **R**

COURNON-D'AUVERGNE

11 - 73 ⑭ G. Auvergne

Paris 428 - Clermont-Ferrand 11 - Issoire 33 - Le Mont-Dore 53 - Thiers 40 - Vichy 57

63800 P.-de-D. - 19 156 h.

Municipal, 73 84 81 30, E : 1,5 km par rte de Billom et rte de la plage à gauche, à la Base de Loisirs, bord de l'Allier et d'un plan d'eau
5 ha (200 empl.) plat, herbeux, pierreux, gravier - - A l'entrée : - A proximité : (couverte l'hiver) - Location :
Permanent - **R** - *14 tennis compris 20,35 15,40 (5A) 23 (10A)*

► *Kataloge der* ***MICHELIN****-Veröffentlichungen erhalten Sie beim Buchhändler und direkt von* ***Michelin*** *(Karlsruhe).*

La COURONNE

16 - 84 ⑫

Paris 768 - Istres 24 - Marignane 20 - Marseille 40 - Martigues 9 - Port-de-Bouc 13

13 B.-du-R. - 13500 Martigues

Le Mas, 42 80 70 34, Fax 42 80 72 82, SE : 4 km par D 49 rte de Sausset-les-Pins et à droite, à la plage de Ste-Croix
5 ha (180 empl.) peu incliné, accidenté, pierreux - pizzeria - - Location : , studios
avril-sept. - **R** - GB - *26 piscine comprise 16,50 26 20 (4A) 22 (6A) 25 (10A)*

Municipal l'Arquet , 42 42 81 00, S : 1 km, chemin de la Batterie, à 200 m de la mer
6 ha (401 empl.) peu incliné, accidenté, pierreux - - - Location : bungalows toilés

Le Cap « Cadre agréable », 42 80 73 02, Fax 42 42 80 01, S : 0,8 km par chemin du phare, à 200 m de la plage - dans locations (juil.-août)
2,5 ha (150 empl.) plat et en terrasses, pierreux - - - A proximité : - Location *(juin-sept) :*
Permanent - **R** *indispensable juil.-août* - GB - *24 tennis compris 18 24 20 (5A)*

COURPIÈRE

11 - 73 ⑯ G. Auvergne

Paris 465 - Ambert 40 - Clermont-Ferrand 53 - Issoire 56 - Lezoux 23 - Thiers 17

63120 P.-de-D. - 4 674 h.
Syndicat d'Initiative, pl. Libération
73 51 20 27

Municipal les Taillades, sortie S par D 906, rte d'Ambert, D 7 à gauche, rte d'Aubusson-d'Auvergne et chemin à droite, à la piscine et près d'un ruisseau
0,5 ha (40 empl.) plat, herbeux - - A l'entrée :
15 juin-15 sept. - **R** - *Tarif 94 : 9,50 6 7 16*

COURSEULLES-SUR-MER

5 - 54 ⑮ G. Normandie Cotentin

Paris 256 - Arromanches-les-Bains 13 - Bayeux 21 - Cabourg 33 - Caen 18

14470 Calvados - 3 182 h.
Office de Tourisme, r. Mer
31 37 46 80

Municipal le Champ de Course, 31 37 99 26, N : av. de la Libération, près de la plage
3,5 ha (290 empl.) plat, herbeux - - - A proximité : - Location : bungalows toilés
Pâques-sept. - **R** *indispensable juil.-août* - *16,60 17,80 16,50 (6A) 26 (9A et plus)*

COURTILS

4 - 59 ⑧

Paris 353 - Avranches 12 - Fougères 37 - Pontorson 13 - Saint-Hilaire-du-Harcouët 25 - Saint-Lô 70

50220 Manche - 271 h.

St-Michel, 33 70 96 90, sortie O par D 43, rte du Mont-St-Michel
2,5 ha (100 empl.) plat et peu incliné, herbeux - - - Location :
avril-sept. - **R** *conseillée 15 juil.-15 août* - *16 piscine comprise 16/22 14 (6A)*

COUSSAC-BONNEVAL

10 - 72 ⑰ ⑱ G. Berry Limousin

Paris 439 - Brive-la-Gaillarde 55 - Limoges 45 - Saint-Yrieix 11 - Uzerche 30

87500 H.-Vienne - 1 447 h.

Municipal les Allées, ✆ 55 75 28 72, N : 0,7 km par D 17, rte de la Roche l'Abeille, au stade
1 ha (26 empl.) peu incliné - A proximité :
juin-sept. - **R** *conseillée* - *5,50* *4,50* *4,50* *8*

COUTANCES

4 - 54 ⑫ G. Normandie Cotentin

Paris 334 - Avranches 50 - Cherbourg 75 - Saint-Lô 29 - Vire 56

50200 Manche - 9 715 h.
Office de Tourisme, pl. Georges-Leclerc ✆ 33 45 17 79, Fax 33 47 12 45

Municipal les Vignettes ≤, ✆ 33 45 43 13, O : 1,2 km sur D 44 rte de Coutainville
1,3 ha (82 empl.) (saison) plat et en terrasses, herbeux, gravillons - - A proximité :
Permanent - **R** *conseillée juil.-août - Tarif 94 : 13 piscine comprise 6,50 6,50 9*

COUTURES

5 - 64 ⑪

Paris 303 - Angers 24 - Baugé 35 - Doué-la-Fontaine 25 - Longué 21 - Saumur 28

49320 M.-et-L. - 481 h.

Districal Européen « Cadre agréable », ✆ 41 57 91 63, NE 1,5 km, près du château de Montsabert
5 ha (155 empl.) plat et peu incliné, herbeux, pierreux - snack - swin golf - Location : , bungalows toilés
avril-sept. - **R** *conseillée - piscine et tennis compris 3 pers. 85 10 (5A)*

COUX-ET-BIGAROQUE

13 - 75 ⑯

Paris 540 - Bergerac 44 - Le Bugue 13 - Les Eyzies-de-Tayac 16 - Sarlat-la-Canéda 30 - Villeneuve-sur-Lot 62

24220 Dordogne - 708 h.

La Faval « Décoration florale et arbustive », ✆ 53 31 60 44, E : 1 km, près du carrefour des D 703 et 710, vers Siorac-en-Périgord
2,2 ha (100 empl.) plat, herbeux, gravillons - - - A proximité : - Location :
avril-sept. - **R** *conseillée - 24 piscine comprise 37 15 (3A) 18 (6A)*

Le Clou , ✆ 53 31 63 32, Fax 53 31 69 33, N : 3,5 km par D 703 rte du Bugue
3 ha (100 empl.) peu incliné, herbeux - - vélos - Location :
Pâques-sept. - **R** *conseillée, indispensable 15 juil.-15 août - 26 piscine comprise 31,50 15 (4A)*

COUZE-ET-ST-FRONT

10 - 75 ⑮

Paris 551 - Bergerac 20 - Lalinde 3 - Mussidan 45 - Périgueux 58

24150 Dordogne - 781 h.

Les Maury Bas, ✆ 53 61 18 36, sortie SE par D 660 rte de Beaumont et à droite, près du terrain de sports, bord de la Couze
0,7 ha (30 empl.) plat, herbeux - -
16 juin-sept. - **R** - *13 4 12 7 (3A) 20 (10A)*

COZES

9 - 71 ⑮

Paris 493 - Marennes 40 - Mirambeau 33 - Pons 24 - Royan 17 - Saintes 27

17120 Char.-Mar. - 1 730 h.

Municipal le Sorlut , ✆ 46 90 75 99, au nord de la ville, près de la gare
1,4 ha (120 empl.) plat, herbeux - - A proximité : toboggan aquatique
avril-15 oct. - **R** *conseillée - Tarif 94 : 10 11 12 (5A)*

CRACH

3 - 63 ②

Paris 484 - Auray 6 - Lorient 44 - Quiberon 29 - Vannes 23

56950 Morbihan - 2 762 h.
Schéma à Carnac

Le Fort Espagnol , ✆ 97 55 14 88, Fax 97 30 01 04, E : 0,8 km par rte de la Rivière d'Auray
4,4 ha (190 empl.) peu incliné et plat, herbeux pinède (1,5 ha) - - Toboggan aquatique, vélos - Location
avril-sept. - **R** *conseillée - 22 piscine comprise 40 20 (10A) 15 (6A)*

Camp'In Lodka, ✆ 97 55 03 97, E : 0,9 km par rte de la rivière d'Auray
1,5 ha (25 empl.) peu incliné, herbeux - - (bassin) vélos - Location : - Garage pour caravanes
Permanent - **R** *conseillée - 20 50 10 (9A)*

Le Pont Neuf, ✆ 97 55 14 83, au sud du bourg, 6 r. des Écoles
1 ha (65 empl.) peu incliné, herbeux - -
24 juin-24 sept. - **R** *conseillée 20 juil.-20 août - 20 24 10 (6A)*

CRAYSSAC

14 - 79 ⑦

Paris 575 - Cahors 13 - Fumel 37 - Gourdon 31 - Labastide-Murat 32

46150 Lot - 413 h.

Les Reflets du Quercy « Cadre agréable », 65 30 91 48, Fax 65 30 97 87, NO : 1,8 km par D 23 rte de Catus et rte à gauche
7,5 ha/3 campables (95 empl.) plat, incliné, en terrasses, pierreux, gravier, herbeux - garderie - - Location : bungalows toilés
Pâques-sept. - **R** *conseillée juil.-août* - **GB** - *18 piscine comprise 60/90 avec élect. (3A)*

CRÊCHES-SUR-SAÔNE

11 - 74 ①

Paris 399 - Bourg-en-Bresse 47 - Mâcon 8 - Villefranche-sur-Saône 29

71680 S.-et-L. - 2 531 h.

Municipal Port d'Arciat, 85 37 11 83, E : 1,5 km par D 31, rte de Pont de Veyle, bord de la Saône
5 ha (160 empl.) plat, herbeux -
29 avril-1er oct. - **R** - *13 7 16 16 (6A)*

CREISSAN

15 - 83 ⑭

Paris 790 - Béziers 20 - Murviel-lès-Béziers 19 - Narbonne 25 - Olonzac 29 - Saint-Chinian 11

34370 Hérault - 861 h.

Municipal les Oliviers, au NO du bourg
0,4 ha (20 empl.) plat, herbeux - - Location :
avril-oct. - **R** *conseillée*

CRESPIAN

16 - 80 ⑱

Paris 735 - Alès 31 - Anduze 27 - Nîmes 23 - Quissac 11 - Sommières 11

30260 Gard - 159 h.

Mas de Reilhe, 66 77 82 12, sortie S par N 110, rte de Sommières
2 ha (90 empl.) plat, accidenté et en terrasses, herbeux, pierreux pinède -
juin-7 sept. - **R** *conseillée juil.-août* - *30 piscine comprise 50 20 (6 ou 10A)*

CRESSENSAC

13 - 75 ⑱

Paris 505 - Brive-la-Gaillarde 20 - Cahors 80 - Gourdon 44 - Larche 17 - Sarlat-la-Canéda 46

46600 Lot - 570 h.

Cressensac, 65 37 76 48, Fax 65 37 77 81, NO : 1,3 km par N 20, rte de Brive et chemin à gauche
2,5 ha (33 empl.) peu incliné, pierreux, herbeux, sous-bois (0,8 ha) - snack -
14 avril-15 sept. - **R** - *15 piscine comprise 10 15/20 15*

CREULLY

5 - 54 ⑮ **G. Normandie Cotentin**

Paris 257 - Bayeux 13 - Caen 19 - Deauville 64

14480 Calvados - 1 396 h.

Intercommunal des 3 Rivières , 31 80 12 00, NE : 0,8 km, rte de Tierceville, bord de la Seulles
2 ha (82 empl.) plat et peu incliné, herbeux - -
Pâques-15 oct. - **R** - *Tarif 94 : 11,20 13,30 12 (6A)*

CREYSSE

13 - 75 ⑱ **G. Périgord Quercy**

Paris 522 - Brive-la-Gaillarde 41 - Cahors 67 - Gourdon 35 - Rocamadour 21 - Souillac 16

46600 Lot - 227 h.

Le Port , 65 32 20 40, Fax 65 38 78 21, S : près du château et de la Dordogne (accès direct)
3,5 ha (100 empl.) peu incliné et plat, herbeux (0,8 ha) - -
mai-sept. - **R** - **GB** - *16 piscine comprise 16 11 (5A)*

Le CROISIC

4 - 63 ⑬ ⑭ **G. Bretagne**

Paris 464 - La Baule 13 - Guérande 11,5 - Nantes 86 - Le Pouliguen 9 - Redon 64 - Vannes 77

44490 Loire-Atl. - 4 428 h.
Office de Tourisme, pl. 18-Juin-1940 40 23 00 70, Fax 40 62 96 00

L'Océan , 40 23 07 69, Fax 40 15 70 63, NO : 1,5 km par D 45, rte de la Pointe, à 200 m de l'océan
7,5 ha (400 empl.) plat, herbeux - - salle d'animation Toboggan aquatique - Location :
avril-sept. - **R** - **GB** - *Tarif 94 : piscine comprise 1 à 3 pers. 92,50 ou 114,50, pers. suppl. 22 15 (4A) 22 (6A)*

La Pierre Longue, 40 23 13 44, sortie O vers la Pointe du Croisic par av. Henri-Dunant, à 500 m de la mer
3 ha (130 empl.) plat, herbeux - -
Pâques-20 sept. - **R** - *25 25 16 (3A) 21 (6A)*

La CROIX-AVRANCHIN

4 - 59 ⑧

Paris 352 - Avranches 17 - Fougères 28 - Pontorson 9,5 - Saint-Hilaire-du-Harcouët 25 - Saint-Lô 75

50240 Manche - 448 h.

Municipal le Clos Ruault, N : 0,6 km sur D 40, rte d'Avranches
0,3 ha (25 empl.) plat, herbeux -
mai-15 sept. - **R** - *12* *7*

CROIX-EN-TERNOIS

1 - 51 ⑬

Paris 217 - Arras 40 - Béthune 34 - Hesdin 16 - Saint-Pol-sur-Ternoise 5

62130 P.-de-C. - 218 h.

Le Ternois, 21 03 39 87, au bourg
0,3 ha (19 empl.) plat, herbeux - - A proximité :
avril-oct. - **R** *conseillée août* - *20* *10* *20 (3A)*

La CROIX-VALMER

17 - 84 ⑦ G. Côte d'Azur

Paris 878 - Brignoles 68 - Draguignan 50 - Fréjus 36 - Le Lavandou 26 - Sainte-Maxime 16 - Toulon 69

83420 Var - 2 634 h.
Office de Tourisme, Jardin de la Gare 94 79 66 44

Schéma à Grimaud

Sélection Camping, 94 79 61 97, Fax 94 54 25 14, SO : 2,5 km par D 559, rte de Cavalaire et au rond-point chemin à droite - locations
4 ha (215 empl.) en terrasses, sablonneux, rocheux - snack - - A proximité : - Location : , studios, appartements
15 mars-15 oct. - **R** *conseillée* - GB - *3 pers. 125* *20 (6A) 25 (10A)*

CROS-DE-CAGNES **06** Alpes-Mar. - 84 ⑨ - rattaché à Cagnes-sur-Mer

Le CROTOY

1 - 52 ⑥ G. Flandres Artois Picardie

Paris 191 - Abbeville 22 - Amiens 67 - Berck-sur-Mer 28 - Montreuil 34

80550 Somme - 2 440 h.
Office de Tourisme, r. Carnot 22 27 05 25

Le Ridin, 22 27 03 22, N : 3 km
3 ha (190 empl.) plat, herbeux - - A proximité :
15 mars-15 oct. - Location longue durée - *Places limitées pour le passage* - **R** *conseillée juin-août* - *élect. comprise 2 pers. 55*

Les Aubépines, 22 27 01 34, N : 4 km par rte de St-Quentin-en-Tourmont et chemin à gauche
1,5 ha (150 empl.) plat, sablonneux, herbeux -
avril-1er nov. - Location longue durée - *Places disponibles pour le passage* - **R** *conseillée* - *12* *7* *11* *12 (3A) 16 (5A)*

CROUY-SUR-COSSON

8 - 64 ⑧

Paris 169 - Beaugency 19 - Blois 26 - Chambord 10 - Vendôme 52

41220 L.-et-C. - 471 h.

Municipal le Cosson, sortie S par D 33, rte de Chambourd et rte à gauche, bord de la rivière
1,5 ha (26 empl.) plat, pierreux, herbeux (0,5 ha) - - A proximité :
3 juin-3 sept. - **R** *conseillée juil.-août* - *10* *8* *10*

CROZANT

10 - 68 ⑱ G. Berry Limousin

Paris 334 - Argenton-sur-Creuse 31 - La Châtre 48 - Guéret 39 - Montmorillon 70 - La Souterraine 24

23160 Creuse - 636 h.

Municipal la Fontbonne, sortie S rte de Dun-le-Palestel et à droite, à 300 m de la Sédelle
1 ha (33 empl.) plat et peu incliné, herbeux -
avril-sept. - **R** - *10* *7* *6/7* *10 (6A)*

CROZON

3 - 58 ④ G. Bretagne

Paris 613 - Brest 57 - Châteaulin 33 - Douarnenez 43 - Morlaix 77 - Quimper 52

29160 Finistère - 7 705 h.
Office de Tourisme, bd de la Plage, 98 27 07 92, Fax 98 26 21 63

Les Pieds dans l'Eau , 98 27 62 43, NO : 6 km par rte de Roscanvel et à droite, à St-Fiacre, bord de mer
1,6 ha (90 empl.) peu incliné, herbeux -
15 juin-15 sept. - **R** *conseillée* - *18* *7* *17,50* *12 (3A) 15 (5A) 16 (6A)*

Les Pins « Agréable pinède », 98 27 21 95, SO : 2 km par D 308 rte de la Pointe de Dinan
2,5 ha (120 empl.) plat, peu incliné, herbeux - - half-court
Pâques, Ascension, Pentecôte, 10 juin-15 sept. - **R** *conseillée juil.-août* - *18,50* *8* *18,50* *16,50 (5A)*

Plage de Goulien, 98 27 17 10, O : 5 km par D 308 rte de la Pointe de Dinan et rte à droite, à 200 m de la plage
1,8 ha (90 empl.) plat et incliné, herbeux - - Location :
10 juin-15 sept. - **R** *conseillée juil.-août* - *19,50* *8* *19,50* *16,50 (5A)*

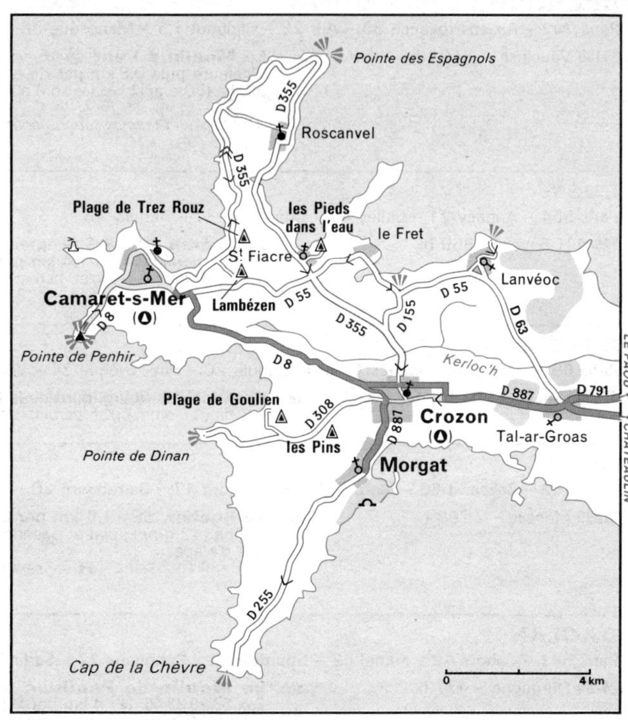

Voir aussi à *Camaret-sur-Mer*

CRUSEILLES

12 - 74 ⑥ G. Alpes du Nord

Paris 539 - Annecy 18 - Bellegarde-sur-Valserine 45 - Bonneville 36 - Genève 25 - Thonon-les-Bains 58

74350 H.-Savoie - 2 716 h.

Parc des Dronières ≤ « Cadre agréable », ✆ 50 44 02 91, Fax 50 44 03 44, NE : 0,7 km par D 15 rte de la Roche-sur-Foron, à 100 m d'un plan d'eau - interdit aux caravanes de plus de 6 m
2,5 ha (100 empl.) en terrasses, peu incliné, herbeux, pierreux - A proximité : parc animalier
15 juin-15 sept. - **R** *conseillée - 18 17 16 (3A)*

CUBLIZE

11 - 73 ⑧ ⑨

Paris 459 - Amplepuis 11 - Chauffailles 29 - Roanne 32 - Villefranche-sur-Saône 41

69550 Rhône - 984 h.

Intercommunal du Lac des Sapins ≤, ✆ 74 89 52 83, S : 0,6 km, bord du Reins et à 300 m du lac
4 ha (152 empl.) plat et en terrasses, pierreux - - A proximité : (plage) toboggan aquatique - Location :
avril-sept. - Location longue durée - *Places disponibles pour le passage* - **R** *indispensable juil.-août - 20 20 12 (10 ou 12A)*

CUCQ

1 - 51 ⑪

Paris 216 - Abbeville 47 - Arras 93 - Berck-sur-Mer 9 - Boulogne-sur-Mer 30 - Hesdin 37

62780 P.-de-C. - 4 299 h.

Municipal de la Mer, ✆ 21 84 60 60, à **Stella-Plage**, O : 3,5 km par bd de France et rte à gauche, au sud de la station, à 120 m de la plage (accès direct)
4 ha (181 empl.) plat, sablonneux, pierreux -
juin-15 sept. - *Tarif 94 : 13,10 13,30 14,10 (5A)*

Municipal, ✆ 21 94 71 04, O : 1 km vers Stella-Plage, 1 014 bd de France
3,8 ha (120 empl.) plat et vallonné, sablonneux -
juin-15 sept. - *Tarif 94 : 8,40 8,40 10,60 (5A)*

▶ *Ne pas confondre :*
... à ... : appréciation MICHELIN
et
★ *... à ...* ★★★★ *: classement officiel*

CUCURON

16 - 84 ③ G. Provence

Paris 742 - Aix-en-Provence 33 - Apt 23 - Cadenet 7,5 - Manosque 36

84160 Vaucluse - 1 624 h.

Le Moulin à Vent ⋖, 90 77 25 77, S : 1,5 km par D 182, rte de Villelaure puis 0,8 km par rte à gauche
2,2 ha (50 empl.) (saison) plat et peu incliné, en terrasses, pierreux, herbeux - A proximité :
avril-sept. - **R** *conseillée juil.-août - 14 7 7 10 (2 ou 3A) 13 (4 ou 5A) 16 (6A)*

CUSY

12 - 74 ⑮ ⑯

Paris 554 - Annecy 21 - Belley 48 - Chambéry 32 - Rumilly 15

74540 H.-Savoie - 969 h.

Le Chéran ⋖ « Site agréable », 50 52 52 06, sortie E par D 911, rte de Lescheraines puis 1,4 km par chemin à gauche, bord de la rivière
1 ha (29 empl.) plat, herbeux -
avril-sept. - **R** *conseillée - 22 6 18*

CUZORN

14 - 79 ⑥

Paris 595 - Agen 60 - Fumel 7 - Monflanquin 20 - Puy-l'Evêque 24 - Villeneuve-sur-Lot 31

47500 L.-et-G. - 901 h.

Municipal, au bourg, bord de la Lemance
0,3 ha (17 empl.) plat, herbeux - -

DABO

8 - 62 ⑧ G. Alsace Lorraine

Paris 453 - Baccarat 63 - Metz 125 - Phalsbourg 17 - Sarrebourg 20

57850 Moselle - 2 789 h.

Le Rocher, SE : 1,5 km par D 45, au carrefour de la route du Rocher
0,5 ha (42 empl.) plat et peu incliné, herbeux - - - Location : gîte d'étape
13 avril-Toussaint - **R** *conseillée - 11 6 6/14 7,50 (6A) 13 (10A)*

DAGLAN

13 - 75 ⑰

Paris 541 - Cahors 49 - Fumel 42 - Gourdon 18 - Périgueux 77 - Sarlat-la-Canéda 22

24250 Dordogne - 477 h.

Le Moulin de Paulhiac « Cadre agréable », 53 28 20 88, Fax 53 29 33 45, N : 4 km par D 5, rte de St-Cybranet, bord du Céou
3 ha (100 empl.) plat, herbeux (1 ha) - -
20 mai-15 sept. - **R** *conseillée juil.-août* - GB - *22 piscine comprise 42 13 (2A) 18 (6A)*

La Peyrugue ⋖, 53 28 40 26, N : 1,5 km par D 57, rte de St-Cybranet, à 150 m du Céou
2,6 ha (50 empl.) (avril-oct.) peu incliné à incliné, herbeux, pierreux - - - Location :
Permanent - **R** *conseillée juil.-août - 25 piscine comprise 20 14 (4A) 18 (6A)*

DAMAZAN

14 - 79 ⑭

Paris 681 - Agen 37 - Aiguillon 7 - Casteljaloux 19 - Marmande 31 - Nérac 22

47160 L.-et-G. - 1 164 h.

Intercommunal le Lac, 53 79 19 84, S : 1 km par D 108, rte de Buzet-sur-Baïse puis chemin à droite, bord du lac
1 ha (66 empl.) plat et peu incliné, herbeux - - A proximité : - Location *(permanent)* :
15 juin-15 sept. - **R** *août - 12 9,50 9,50*

DAMGAN

4 - 63 ⑬

Paris 472 - Muzillac 9,5 - Redon 46 - La Roche-Bernard 24 - Vannes 26

56750 Morbihan - 1 032 h.

à Kervoyal E : 2,5 km - 56750 Damgan :

Municipal Mar-Atlantis, 97 41 02 31, Fax 97 41 05 33, à 450 m de la plage
1,7 ha (100 empl.) plat, herbeux - -
avril-oct. - **R** *conseillée 10 juil.-14 août*

Oasis-Camping, 97 41 10 52, à 100 m de la plage - dans locations
2 ha (150 empl.) plat, herbeux - - Location :
avril-22 oct. - **R** - *1 ou 2 pers. 57, pers. suppl. 13 13 (4A) 15 (6A)*

DAMIATTE

15 - 82 ⑩

Paris 705 - Castres 23 - Graulhet 16 - Lautrec 18 - Lavaur 15 - Puylaurens 10

81220 Tarn - 746 h.

Le Plan d'Eau St-Charles ⋖, 63 70 66 07, Fax 63 70 52 14, sortie rte de Graulhet puis 1,2 km par rte à gauche avant le passage à niveau, bord d'un plan d'eau
7,5 ha/2 campables (67 empl.) plat, pierreux, herbeux - - Toboggan aquatique, vélos - Location : , bungalows toilés
15 avril-15 oct. - **R** *conseillée juil.-août - éléct. (2A) comprise 2 pers. 69 15 (4A)*

DAMPIERRE-SUR-BOUTONNE

9 - 71 ③ G. Poitou Vendée Charentes

Paris 423 - Beauvoir-sur-Niort 19 - Niort 35 - La Rochelle 62 - Ruffec 55 - Saint-Jean-d'Angély 19

17470 Char.-Mar. - 335 h.

Municipal, au bourg, bord de la Boutonne
0,6 ha (15 empl.) plat, herbeux (0,3 ha) -
avril-sept. - **R** - *Tarif 94 : 9,50 4,50 4,50 12 (6A)*

DANGÉ-ST-ROMAIN

10 - 68 ④

Paris 293 - Le Blanc 55 - Châtellerault 15 - Chinon 44 - Loches 42 - Poitiers 48 - Tours 59

86220 Vienne - 3 150 h.
Office de Tourisme, Mairie
49 86 40 01

Municipal, sortie O par D 22, rte de Vellèches, près de la Vienne
0,2 ha (17 empl.) plat et peu incliné, herbeux, pierreux -
Ascension-15 sept. - **R** - *11,50 8,80 11,50 11 (5A)*

DAON

4 - 63 ⑩ G. Châteaux de la Loire

Paris 279 - Angers 43 - Château-Gontier 10 - Châteauneuf-sur-Sarthe 14 - Segré 23

53200 Mayenne - 408 h.

Municipal, 43 06 94 78, sortie O par D 213 rte de la Ricoullière et à droite avant le pont, près de la Mayenne
1,5 ha (110 empl.) (saison) plat, herbeux - - A proximité :

DARBRES

16 - 76 ⑲

Paris 620 - Aubenas 16 - Montélimar 35 - Privas 20 - Villeneuve-de-Berg 14

07170 Ardèche - 213 h.

Les Charmilles « Cadre agréable », 75 94 25 22, S : 2,4 km par D 258, rte de Mirabel - Véhicule tracteur pour placer les caravanes
4 ha (90 empl.) accidenté et en terrasses, herbeux, pierreux -
Pâques-sept. - **R** *conseillée 15 juil.-15 août - piscine comprise 2 pers. 98, pers. suppl. 20 17 (5A)*

Les Lavandes, 75 94 20 65, au bourg
1,5 ha (75 empl.) plat, en terrasses, herbeux, pierreux - snack - - A proximité :
25 mai-sept. - **R** *conseillée 14 juil.-15 août - piscine comprise 2 pers. 90 15 (10A)*

Les Lorraines (aire naturelle) vallée et montagne, 75 94 20 05, S : 1,5 km par D 258, rte de Mirabel puis chemin à gauche
2 ha (25 empl.) en terrasses, herbeux, pierreux - -
juil.-août - *2 pers. 90, pers. suppl. 35*

DAUPHIN

17 - 81 ⑮ G. Alpes du Sud

Paris 756 - Apt 38 - Forcalquier 9,5 - Gréoux-les-Bains 28 - Manosque 15 - Reillanne 14

04300 Alpes-de-H.-Pr. - 684 h.

L'Eau Vive, 92 79 51 91, au NO du bourg, sur D 13, rte de Forcalquier, bord de la Laye
3 ha (120 empl.) plat, pierreux, herbeux (1 ha) - - - Location :
avril-15 sept. - **R** *conseillée juil.-août - piscine comprise 2 pers. 78 14 (3A) 19 (6A)*

DAX

13 - 78 ⑥ ⑦ G. Pyrénées Aquitaine

Paris 734 - Bayonne 51 - Biarritz 57 - Bordeaux 145 - Mont-de-Marsan 51 - Pau 78

40100 Landes - 19 309 h. - Atrium.
Office de Tourisme, pl. Thiers
58 90 20 00, Fax 58 74 85 69

les Pins du Soleil, 58 91 37 91, Fax 58 91 00 24 40990 St-Paul-lès-Dax, NO : 6,4 km par N 124, rte de Bayonne et à gauche par D 459
6 ha (145 empl.) plat, herbeux, sablonneux (1,5 ha) - - - Location :
8 avril-28 oct. - **R** *conseillée juil.-août* - GB - *piscine comprise 2 pers. 78 (114 avec élect. 5A)*

L'Étang d'Ardy, 58 97 57 74 40990 St-Paul-lès-Dax, O : 5,5 km par N 124, rte de Bayonne puis 0,6 km par chemin à droite, bord d'un étang
3 ha (68 empl.) plat, herbeux, sablonneux - - 48 sanitaires individuels (wc) - - Location : - Garage pour caravanes
avril-17 oct. - **R** *conseillée* - GB - *18 26 (37 avec sanitaire individuel) 12 (5A) 17 (10A)*

Christus, 58 91 65 34 40990 St-Paul-lès-Dax, NO : 7,5 km par rte de Bayonne, D 16 à droite et chemin d'Abesse
4 ha (100 empl.) plat, herbeux, sablonneux - - - Location : , studios
début mars-15 nov. - **R** - *14,80 tennis compris 19/22,30 12,40 (5A)*

St-Vincent-de-Paul, 58 89 99 60 40990 St-Paul-lès-Dax, à **St-Vincent-de-Paul**, NE : 6 km, par rte de Mont-de-Marsan, à 200 m de la N 124, r. du stade
1,8 ha (97 empl.) plat et peu incliné, herbeux - - A proximité : - Location :
avril-oct. - **R** *conseillée* - *10 18 10 (3 ou 5A)*

▲ **Le Bascat** ⌂, ✆ 58 56 16 68, O : rue de Jouandin
3,5 ha (130 empl.) ⊶ terrasses, herbeux, gravillons – ...
avril-oct. – **R** *conseillée – Tarif 94 : ✱ 15 ▣ 25/35 ou 40 avec élect. (6A)*

▲ **Le Luy,** ✆ 58 74 35 42 ✉ 40180 Seyresse, **à Seyresse,** S : 2,5 km, bord du Luy
2,3 ha (140 empl.) ⊶ plat, herbeux ♀ – ... – ... – Location : ...
mars-nov. – **R** *conseillée – ✱ 14 ▣ 16 ⚡ 12 (3A) 16 (6A)*

à Rivière-Saas-et-Gourby SO : 9,5 km par N 124, rte de Bayonne, D 113 à gauche et chemin – 809 h. – ✉ 40180 Rivière-Saas-et-Gourby

▲ **Lou Bascou** ⌂, ✆ 58 97 57 29, Fax 58 97 59 52, à l'est du bourg
1 ha (60 empl.) ⊶ plat, herbeux – ... – A proximité : ✗
Permanent – **R** – *Tarif 94 : ✱ 15 ▣ 20 ⚡ 12 (6A) 17 (10A) 20 (12A)*

DEAUVILLE

5 – 54 ⑰ G. Normandie Vallée de la Seine

Paris 207 – Caen 47 – Évreux 94 – Le Havre 42 – Lisieux 30 – Rouen 89

14800 Calvados – 4 261 h.
Office de Tourisme, pl. de la Mairie ✆ 31 88 21 43, Fax 31 88 78 88

à St-Arnoult S : 3 km par D 278 – 766 h. – ✉ 14800 St-Arnoult :

▲▲▲ **La Vallée** « Cadre agréable », ✆ 31 88 58 17, Fax 31 88 11 57, S : 1 km par D 27, rte de Varaville et D 275, rte de Beaumont-en-Auge à gauche, bord d'un ruisseau et près d'un plan d'eau
3 ha (266 empl.) ⊶ plat, herbeux ♀ (2 ha) – ... cafétéria ... – ... – Location : ...
Pâques-oct. – **R** *conseillée juil.-août* – **GB** – *✱ 28,50 piscine comprise ▣ 31 ⚡ 29,70 (5A) 39 (10A)*

à Touques SE : 3 km – 3 700 h. – ✉ 14800 Touques :

▲▲▲ **Les Haras** ≤ « Cadre agréable », ✆ 31 88 44 84, Fax 31 88 97 08, sortie NE par D 62, rte d'Honfleur et à gauche, chemin du calvaire
4 ha (250 empl.) ⊶ plat et peu incliné, herbeux ♀ – ... – ...
Permanent – **R** *conseillée juil.-août* – **GB** – *✱ 28,50 ▣ 29 ⚡ 25 (6A)*

DECAZEVILLE

15 – 80 ① G. Gorges du Tarn

Paris 604 – Aurillac 66 – Figeac 27 – Rodez 37 – Villefranche-de-Rouergue 37

12300 Aveyron – 7 754 h.
Office de Tourisme, square J.-Ségalat ✆ 65 43 18 36, Fax 65 43 19 89

▲▲ Intercommunal Roquelongue ≤, ✆ 65 63 39 67, NO : 4,5 km par D 963, D 21 et D 42, rte de Boisse-Penchot, bord du Lot
3,5 ha (65 empl.) ⊶ plat, pierreux, herbeux ♀ – ... snack (uniquement le soir) – ✗ ...

DENNEVILLE

4 – 54 ⑪

Paris 346 – Barneville-Carteret 13 – Carentan 34 – Saint-Lô 54

50580 Manche – 442 h.

▲▲ L'Espérance ⌂, ✆ 33 07 12 71, O : 3,5 km par D 137, à 500 m de la plage
3 ha (104 empl.) ⊶ plat, herbeux, sablonneux ♀ (1 ha) – ... – ... – A proximité : ✗ – Location : ...
avril-1er nov. – **Location longue durée** – *Places disponibles pour le passage* – **R** *conseillée juil.-août*

DESCARTES

10 – 68 ⑤ G. Poitou Vendée Charentes

Paris 291 – Châteauroux 92 – Châtellerault 25 – Chinon 48 – Loches 31 – Tours 57

37160 I.-et-L. – 4 120 h.
Office de Tourisme, Mairie ✆ 47 59 70 50

▲▲ **Municipal la Grosse Motte** ⌂ « Parc », ✆ 47 59 85 90, sortie S par D 750, rte du Blanc et allée des Sports à droite, bord de la Creuse
1 ha (50 empl.) ⊶ (juil.-août) plat et accidenté, herbeux ♀♀ – ... – A proximité : ✗ ... – Location : gîte d'étape
9 avril-oct. – **R** *conseillée juil.-août – ✱ 9,20 ⛟ 9,20 ▣ 9,20 ⚡ 9,20 (10A)*

Les DEUX-ALPES

12 – 77 ⑥ G. Alpes du Nord

Paris 647 – Le Bourg-d'Oisans 28 – La Grave 27 – Grenoble 77 – Col du Lautaret 38

38860 Isère alt. 1 660 – Sports d'hiver : 1 250/3 600 m ⛷7 ⛷55 ⛷.
Office de Tourisme ✆ 76 79 22 00, Fax 76 79 01 38

▲ **Caravaneige des 2 Alpes** ❄ ≤, ✆ 76 79 20 47, sortie N
0,6 ha (87 empl.) ⊶ plat et peu incliné, herbeux, pierreux – ... – A proximité : ... ✗ – Location : ..., studios
25 oct.-1er mai, 24 juin-2 sept. – **R** *conseillée – ✱ 23 ⛟ 11 ▣ 13/14 ⚡ 16 (2A) 35 (6A) 40 (8 ou 10A)*

DÉVILLE-LES-ROUEN **76** S.-Mar. – 55 ⑥ – rattaché à Rouen

DIE

16 - 77 ⑬ G. Alpes du Sud

Paris 629 - Gap 93 - Grenoble 97 - Montélimar 75 - Nyons 78 - Sisteron 99 - Valence 66

26150 Drôme - 4 230 h.

Office de Tourisme, pl. Saint-Pierre 75 22 03 03

La Pinède « Cadre agréable », 75 22 17 77, Fax 75 22 22 73, O : sortie par D 93, rte de Crest puis 1 km par chemin à gauche, bord de la Drôme - Accès peu facile pour caravanes
8 ha/2,5 campables (110 empl.) plat et en terrasses, pierreux, herbeux - pizzeria -
vacances de printemps-sept. - **R** *conseillée juil.-août - piscine comprise 2 pers. 69, pers. suppl. 22 18 (4A) 29 (10A)*

Le Glandasse, 75 22 02 50, Fax 75 22 04 91, SE : 1 km par D 93, rte de Gap puis chemin à droite, bord de la Drôme
3,5 ha (90 empl.) peu incliné et plat, herbeux, pierreux (1 ha) - snack - vélos - Location :
avril-15 sept. - **R** *conseillée juil.-août - 18 26 14 (3A) 18 (6A) 25 (10A)*

Chamarges, 75 22 14 13, NO : 2 km par D 93, rte de Crest, bord de la Drôme
2,5 ha (100 empl.) (saison) plat, herbeux - - - Location :
Pâques-sept. - **R** *conseillée juil.-août - 16 piscine comprise 9,40 9,40 12 (3A) 16,50 (6A)*

DIENVILLE

7 - 61 ⑱

Paris 216 - Bar-sur-Aube 19 - Bar-sur-Seine 32 - Brienne-le-Château 6 - Troyes 36

10500 Aube - 796 h.

Le Tertre, 25 92 26 50, sortie O par D 11, rte de Radonvilliers, face à la Station Nautique et à la Base de Loisirs
3,5 ha (102 empl.) (saison) plat, herbeux - - A proximité : practice de golf brasserie, crêperie - Location *(permanent)* :
10 mars-15 nov. - **R** *conseillée* - GB - *15 22 10 (4A)*

DIEPPE

1 - 52 ④ G. Normandie Vallée de la Seine

Paris 171 - Abbeville 63 - Beauvais 107 - Caen 171 - Le Havre 106 - Rouen 64

76200 S.-Mar. - 35 894 h.

Office de Tourisme, quai du Carénage 35 84 11 77, Fax 35 06 27 66

La Source « Cadre agréable », 35 84 27 04 76550 Offranville, SO : 3 km par D 925, rte du Havre puis D 153 à gauche, à Petit-Appeville, bord de la Scie
2,5 ha (120 empl.) plat, herbeux - -
15 mars-15 oct. - Location longue durée - *Places disponibles pour le passage* - **R** - *18 6 17/23 13 (3 ou 6A)*

Vitamin', 35 82 11 11, S : 3 km par N 27, rte de Rouen et à droite chemin des Vertus
5,3 ha (64 empl.) plat, herbeux - - - A l'entrée : - A proximité : , squash
Permanent - **R** *conseillée avril-sept. - 17 piscine comprise 22/37 avec élect. (10A)*

DIEULEFIT

16 - 81 ② G. Vallée du Rhône

Paris 628 - Crest 32 - Montélimar 27 - Nyons 30 - Orange 58 - Pont-Saint-Esprit 61 - Valence 61

26220 Drôme - 2 924 h.

Municipal les Grands Prés, 75 46 87 50, sortie O par D 540, rte de Montélimar, près du Jabron - Pour piétons : accès direct au bourg
1,8 ha (110 empl.) plat, herbeux (1 ha) - - - A proximité :
avril-sept. - **R** *conseillée juil.-août - 9 20 10*

DIGNE-LES-BAINS P

17 - 81 ⑰ G. Alpes du Sud

Paris 749 - Aix-en-Provence 106 - Antibes 138 - Avignon 164 - Cannes 132 - Carpentras 139 - Gap 87

04000 Alpes-de-H.-Pr. - 16 087 h. alt. 608 - fév.-déc.

Office de Tourisme et Accueil de France, le Rond-Point 92 31 42 73, Fax 92 32 27 24

Les Eaux Chaudes, 92 32 31 04, SE : 1,5 km par D 20, rte des thermes, bord d'un ruisseau
3,7 ha (163 empl.) plat, herbeux - - - A proximité : parcours sportif, vélos
avril-oct. - **R** *conseillée juil.-août - 2 pers. 70 14 (4A) 18 (6A) 28 (10A)*

DIGOIN

11 - 69 ⑯ G. Bourgogne

Paris 339 - Autun 67 - Charolles 25 - Moulins 59 - Roanne 56 - Vichy 68

71160 S.-et-L. - 10 032 h.

Office de Tourisme, 8 r. Guilleminot 85 53 00 81 et pl. de la Grève (saison) 85 88 56 12

Municipal de la Chevrette, 85 53 11 49, sortie O en direction de Moulins, vers le stade municipal, près de la Loire
1,6 ha (100 empl.) plat et terrasse, herbeux, gravillons - - - A proximité :
mars-oct. - **R** *conseillée juil.-août - 10,50 21 12 ou 17*

DINAN ⟨SP⟩

4 - 59 ⑮ G. Bretagne

Paris 400 - Avranches 69 - Fougères 71 - Rennes 52 - Saint-Brieuc 60 - Saint-Malo 32 - Vannes 116

22100 C.-d'Armor - 11 591 h.

Office de Tourisme, 6 r. de l'Horloge ✆ 96 39 75 40, Fax 96 39 01 64

à St-Samson-sur-Rance N : 4,5 km par D 766 rte de Dinard et D 57 à droite - 1 180 h. - ✉ 22100 St-Samson-sur-Rance :

Municipal Beauséjour ⚲, ✆ 96 39 53 27, E : 3 km, sur D 12
3 ha (120 empl.) ⊶ plat, herbeux - - A proximité :
juin-sept. - **R** - ✝ *12,50* ▣ *15,50* ⚡ *11 (10A)*

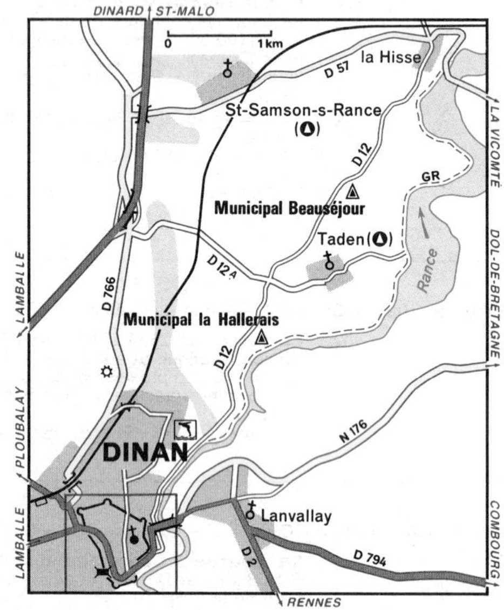

à Taden NE : 3,5 km par rte de Dol-de-Bretagne et D 2 à droite avant le pont - 1 698 h. - ✉ 22100 Taden :

Municipal de la Hallerais ⚲ « Cadre agréable », ✆ 96 39 15 93, au SO du bourg, accès direct à la Rance
5 ha (223 empl.) ⊶ plat, peu incliné et en terrasses, herbeux
15 mars-oct. - **R** *conseillée juil.-août - Tarif 94 :* ▣ *éléct. (6,5A), piscine et tennis compris 1 pers. 70/80, pers. suppl. 20*

DINARD

4 - 59 ⑤ G. Bretagne

Paris 425 - Dinan 22 - Dol-de-Bretagne 27 - Lamballe 46 - Rennes 71 - Saint-Malo 11

35800 I.-et-V. - 9 918 h.

Office de Tourisme, 2 bd Féart ✆ 99 46 94 12, Fax 99 88 21 07

La Ville Mauny ⚲, ✆ 99 46 94 73, Fax 99 88 14 68, SO : 2 km par bd Jules Verger, près d'un étang
4 ha (174 empl.) ⊶ plat, herbeux - - Location :

Le Prieuré, ✆ 99 46 20 04, sortie SE par D 114, av. de la Vicomté, à 200 m de la plage
1,4 ha (100 empl.) ⊶ plat et en terrasses, herbeux - - - Location :

DIOU

10 - 68 ⑨ G. Berry Limousin

Paris 233 - Bourges 32 - Châteauroux 42 - Issoudun 12 - Tours 136 - Vierzon 21

36260 Indre - 212 h.

Municipal des Peupliers ⚲, au SE du bourg par D 2, bord d'un plan d'eau
1 ha (25 empl.) plat, herbeux - - - A proximité :
15 mai-sept.

DISNEYLAND PARIS

77 S.-et-M. - 56 ⑫ - voir à Marne-la-Vallée

DIVES-SUR-MER

5 - 54 ⑰ G. Normandie Vallée de la Seine

Paris 224 - Cabourg 1 - Caen 30 - Deauville 17 - Lisieux 33

14160 Calvados - 5 344 h.

Syndicat d'Initiative, r. du Gén.-de-Gaulle ✆ 31 91 24 66 (15 juin-15 sept.)

Municipal les Tilleuls ⋞ « Entrée fleurie », ✆ 31 91 25 21, sortie E, rte de Lisieux
4 ha (250 empl.) ⊶ vallonné, prairie -
15 avril-15 sept. - **R** *juil.-août* - ✝ *10,50* 🚗 *7,50* ▣ *7,50* ⚡ *10 (4A) 13 (6A) 18 (9A)*

DIVION

1 - 51 ⑭

Paris 216 - Arras 32 - Béthune 12 - Lens 26 - Lillers 14 - Saint-Omer 41

62460 P.-de-C. - 7 642 h.

Caravaning du Parc de la Biette, réservé aux caravanes, 21 62 15 88, au SO du bourg, près d'un étang
1 ha (17 empl.) plat, herbeux - A proximité : (découverte l'été)
Permanent - **R** *conseillée été - Tarif 94 : 8 20 6 (6A) 10 (10A)*

DOL-DE-BRETAGNE

4 - 59 ⑥ G. Bretagne

Paris 375 - Alençon 154 - Dinan 26 - Fougères 51 - Rennes 56 - Saint-Malo 25

35120 I.-et-V. - 4 629 h.
Office de Tourisme, Hôtel de Ville 99 48 15 37

Les Ormes « Beau château du 16e siècle entouré de bois et d'étangs », 99 73 49 59, Fax 99 73 49 55 35120 Epiniac, S : 7,5 km par D 795, rte de Combourg puis chemin à gauche
150 ha/35 campables (480 empl.) plat et peu incliné, herbeux (5 ha) - discothèque golf - Location :
20 mai-10 sept. - **R** *conseillée - 27 piscine comprise 70 13 (4A) 15 (6A)*

Ferme-Camping du Vieux Chêne « Cadre agréable », 99 48 09 55, Fax 99 48 13 37 35120 Baguer-Pican, E : 5 km, sur N 176, rte de Pontorson, à Baguer-Pican, bord d'étangs
4 ha/2 campables (160 empl.) plat, peu incliné, herbeux - snack - poneys - Location : gîtes
15 avril-sept. - **R** *conseillée juil.-août - 28 piscine et tennis compris 46 16 (4 ou 6A)*

Municipal des Tendières, 99 48 14 68, sortie SO, r. de Dinan, bord du Guioult et d'un petit étang
1,7 ha (95 empl.) plat, herbeux (1 ha) -
mai-15 sept. - **R** - *Tarif 94 : 10,90 4,95 4,95/9,80 10,90 (16A)*

DOLE

12 - 70 ③ G. Jura

Paris 369 - Besançon 54 - Chalon-sur-Saône 62 - Dijon 48 - Genève 149 - Lons-le-Saunier 51

39100 Jura - 26 577 h.
Office de Tourisme, 6 pl. Grévy 84 72 11 22 et rte de Paris (saison) 84 72 05 41

Le Pasquier, 84 72 02 61, Fax 84 79 23 44, SE par av. Jean-Jaurès, près du Doubs
2 ha (120 empl.) plat, herbeux - - A proximité :
15 mars-15 oct. - **R** *saison - Tarif 94 : 2 pers. 54 15 (6A) 35 (10A)*

à Nenon NE : 10 km par N 73 et D 76 à droite - 39100 Nenon :

Les Marronniers, 84 70 50 37 39700 Rochefort-sur-Nenon, au NE du bourg
3,8 ha (90 empl.) plat, herbeux - - (bassin) - A proximité : discothèque - Location :
avril-oct. - **R** *conseillée juil.-août - 2 pers. 60/70, pers. suppl. 20 18 (6 à 10A)*

à Parcey S : 8 km par D 405 - 818 h. - 39100 Parcey :

Les Bords de Loue « Situation agréable au bord de la Loue », 84 71 03 82, au SO du bourg
10 ha (200 empl.) plat, herbeux - - vélos - Location :
15 avril-15 sept. - **R** *conseillée - 20 piscine comprise 25 13 (3A) 15 (5A)*

DOLUS-D'OLÉRON 17 Char.-Mar. - 71 ⑭ - voir à Oléron (Ile d')

DOMFRONT

4 - 59 ⑩ G. Normandie Cotentin

Paris 252 - Alençon 61 - Argentan 54 - Avranches 64 - Fougères 56 - Mayenne 36 - Vire 39

61700 Orne - 4 410 h.
Office de Tourisme, r. du Dr-Barrabé 33 38 53 97, Fax 33 37 48 99

Municipal le Champ Passais, 33 37 37 66, au sud de la ville par rue de la gare et gauche, rue du Champ-Passais
1,5 ha (33 empl.) en terrasses, plat, herbeux - - - A proximité :
Rameaux-15 oct. - **R** - *11 12/22 11 (5A)*

DOMPIERRE-LES-ORMES

11 - 69 ⑱

Paris 409 - Chauffailles 33 - Cluny 24 - Mâcon 37 - Montceau-les-Mines 50 - Paray-le-Monial 34

71520 S.-et-L. - 833 h.

Municipal le Village des Meuniers M, 85 50 29 43, sortie NO par D 41, rte de la Clayette et chemin à droite, près du stade
3 ha (97 empl.) en terrasses, plat et peu incliné, herbeux - - Toboggan aquatique - A proximité : - Location *(permanent)* : gîtes
15 mai-1er oct. - **R** *conseillée - 20 piscine comprise 20 10*

DOMPIERRE-SUR-BESBRE

11 - 69 ⑮

Paris 326 - Bourbon-Lancy 17 - Decize 52 - Digoin 26 - Lapalisse 36 - Moulins 33

03290 Allier - 3 807 h.

Municipal « Décoration arbustive », 70 34 55 57, sortie SE par N 79, rte de Digoin, près de la Besbre
1 ha (57 empl.) plat, herbeux - - - A proximité :
mai-sept. - *9,50* *3* *3* *8*

DOMPIERRE-SUR-CHARENTE

9 - 71 ⑤

Paris 484 - Cognac 14 - Pons 19 - Saint-Jean-d'Angély 31 - Saintes 13

17610 Charente - 398 h.

Municipal la Fontaine du Pré St-Jean, au sud du bourg, près de la Charente
1 ha (100 empl.) plat, herbeux - - A proximité :
15 juin-15 sept. - *Tarif 94 : 2 pers. 26, pers. suppl. 8 8 (10A)*

DOMPIERRE-SUR-VEYLE

12 - 74 ③

Paris 437 - Belley 71 - Bourg-en-Bresse 16 - Lyon 58 - Mâcon 52 - Nantua 44 - Villefranche-sur-Saône 44

01240 Ain - 828 h.

Municipal, sortie O par D 17 et à gauche, bord de la Veyle et à 150 m d'un plan d'eau
1,2 ha (50 empl.) plat, herbeux, gravier (0,5 ha) - - A proximité :
avril-25 oct. - Location longue durée - *Places limitées pour le passage* - **R** *conseillée* - *7* *3,50* *6*

▶

Showers, wash basins and laundry with running hot water.
If no symbols are included in the text, the facilities exist but with cold water supplies only.

Le DONJON

11 - 69 ⑯

Paris 341 - Digoin 23 - Dompierre-sur-Besbre 24 - Lapalisse 21 - Moulins 48 - Vichy 47

03130 Allier - 1 258 h.

Municipal, sortie N par D 166, rte de Monétay-sur-Loire
0,5 ha (40 empl.) peu incliné, herbeux - -
juin-15 sept. - *7,20* *3,10* *7,20* *12,80 (10A)*

DONVILLE-LES-BAINS **50** Manche - 59 ⑦ - rattaché à Granville

DONZENAC

10 - 75 ⑧ G. Périgord Quercy

Paris 478 - Brive-la-Gaillarde 9,5 - Limoges 81 - Tulle 29 - Uzerche 25

19270 Corrèze - 2 050 h.

Municipal la Rivière, 55 85 63 95, à 1,6 km au S du bourg par rte de Brive et chemin, bord du Maumont
0,8 ha (77 empl.) plat, herbeux - - - A proximité :
15 juin-15 sept. - **R** - *12* *16* *11 (15A)*

DORDIVES

6 - 61 ⑫

Paris 94 - Fontainebleau 33 - Montargis 19 - Nemours 18 - Orléans 85 - Sens 43

45680 Loiret - 2 388 h.

La Garenne, 38 92 72 11, Sortie N par N 7, rte de Fontainebleau et chemin à droite avant la station BP, près du Betz
7 ha/2 campables (110 empl.) en terrasses, herbeux, gravillons, bois attenant - -
15 fév.-15 déc. - *17* *11* *11* *11 (2A) 22 (5A)*

DORNAS

11 - 76 ⑲

Paris 607 - Aubenas 41 - Le Cheylard 10 - Le Monastier-sur-Gazeille 52 - Privas 46

07160 Ardèche - 269 h. alt. 630

Municipal la Gandole, 75 29 23 45, SO : 0,6 km par rte de Mézilhac, près du Dorne
0,5 ha (11 empl.) peu incliné, herbeux, pierreux - -
15 juin-15 sept. - **R** *conseillée août*

DORNES

11 - 69 ⑭

Paris 279 - Bourbon-l'Archambault 30 - Decize 18 - Dompierre-sur-Besbre 38 - Moulins 18 - Nevers 40

58390 Nièvre - 1 257 h.

Municipal des Baillys, 86 50 64 55, O : 2,3 km par D 13 et D 22, rte de Chantenay puis 0,5 km par chemin à gauche, près d'un étang
0,7 ha (20 empl.) plat, herbeux -
15 juin-15 sept. - **R** *conseillée* - *8,50* *4* *4* *12,50*

DOUARNENEZ

3 - 58 ⑭ G. Bretagne

Paris 580 - Brest 76 - Châteaulin 27 - Lorient 89 - Quimper 23 - Vannes 142

29231 Finistère - 16 457 h.

Office de Tourisme, 2 r. du Docteur-Mével ✆ 98 92 13 35, Fax 98 74 46 09 et port de plaisance à Tréboul (15 juin-15 sept.) ✆ 98 74 22 08

à Tréboul O par bd Jean-Moulin et rue du Commandant-Fernand
✉ 29100 Douarnenez :

Kerleyou, ✆ 98 74 13 03, O : 1 km par r. du Préfet-Collignon
3,5 ha (100 empl.) plat et peu incliné, herbeux (2 ha) - Location :
avril-23 sept. - **R** *conseillée - 2 pers. 52 10 (10A)*

Trézulien, ✆ 98 74 12 30, par r. Frédéric-Le-Guyader
3 ha (200 empl.) en terrasses, peu incliné, herbeux
avril-15 sept. - **R** *conseillée 15 juil.-15 août - 15 7,50 15,50*

à Poullan-sur-Mer O : 7,5 km par D 7 - 1 627 h.
✉ 29100 Poullan-sur-Mer :

Le Pil Koad « Cadre agréable », ✆ 98 74 26 39, Fax 98 74 55 97, à 0,6 km à l'est de la localité de Poullan-sur-Mer
4,2 ha (200 empl.) plat, herbeux (2 ha) - discothèque - Location :
8 avril-sept. - **R** *conseillée juil.-août* - GB - *piscine comprise 2 pers. 125 22 (10A)*

DOUCIER

12 - 70 ⑭ ⑮ G. Jura

Paris 416 - Champagnole 19 - Lons-le-Saunier 25

39130 Jura - 231 h.

Domaine du Chalain « Site et cadre agréables », ✆ 84 24 29 00, Fax 84 24 94 07, NE : 3 km, bord du lac - dans locations
30 ha/18 campables (804 empl.) plat, herbeux, pierreux - Toboggan aquatique, vélos - Location :
mai-22 sept. - **R** *indispensable 10 juil.-16 août* - GB - *3 pers. 100 14 (7A)*

DOUÉ-LA-FONTAINE

9 - 64 ⑪ G. Châteaux de la Loire

Paris 329 - Angers 38 - Châtellerault 85 - Cholet 49 - Saumur 17 - Thouars 30

49700 M.-et-L. - 7 260 h.

Syndicat d'Initiative, pl. Champ-de-Foire ✆ 41 59 20 49

Municipal le Douet, ✆ 41 59 14 47, NO : 1 km par D 761, rte d'Angers, au stade, bord du Doué
2 ha (146 empl.) plat, herbeux (0,8 ha) - A proximité : salle d'animation
avril-sept. - **R** - *Tarif 94 : 9 10 8 (4A) 10 (10A)*

DOUSSARD

74 H.-Savoie - 74 ⑯ - voir à Annecy (Lac d')

DUCEY

4 - 59 ⑧ G. Normandie Cotentin

Paris 306 - Avranches 9,5 - Fougères 37 - Rennes 71 - Saint-Hilaire-du-Harcouët 16 - Saint-Lô 70

50220 Manche - 2 069 h.

Municipal la Sélune, ✆ 33 48 46 49, sortie O par N 176 et D 178, rte de St-Aubin-de-Terregatte à gauche, au stade
0,42 ha (40 empl.) plat, herbeux - A proximité :

DUINGT

74 H.-Savoie - 74 ⑥ - voir à Annecy (Lac d')

DUN-LE-PALESTEL

10 - 68 ⑱

Paris 338 - Aigurande 22 - Argenton-sur-Creuse 39 - La Châtre 48 - Guéret 28 - La Souterraine 19

23800 Creuse - 1 203 h.

Municipal de la Forêt, N : 1,5 km par D 913, rte d'Éguzon et à droite
2 ha (40 empl.) plat, peu incliné, herbeux
15 juin-15 sept. - **R** - *Tarif 94 : 5 et 12 pour eau chaude et élect. 2 2/3*

DURAVEL

14 - 79 ⑦ G. Périgord Quercy

Paris 592 - Cahors 37 - Fumel 11,5 - Monflanquin 30 - Tournon-d'Agenais 21 - Villefranche-du-Périgord 22

46700 Lot - 894 h.

Club de Vacances, ✆ 65 24 65 06, Fax 65 24 64 96, S : 2,3 km par D 58, rte du Port de Vire, bord du Lot
7 ha (280 empl.) plat, herbeux - vélos - Location :

DURFORT

14 - 82 ⑱

Paris 747 - Auterive 22 - Foix 38 - Montesquieu-Volvestre 28 - Pamiers 23 - Saverdun 11

09130 Ariège - 111 h.

Le Bourdieu, ✆ 61 67 30 17, S : 2 km par D 14, rte du Fossat et chemin à gauche, à 300 m du Latou (accès direct)
16 ha/2,5 campables (24 empl.) accidenté et en terrasses, herbeux, pierreux - tir à l'arc - Location :
Permanent - **R** *conseillée juil.-août - 12 piscine comprise 40 12 (4A) 14 (6A)*

DURTAL

5 - 64 ② G. Châteaux de la Loire

Paris 259 - Angers 39 - La Flèche 12 - Laval 66 - Le Mans 60 - Saumur 54

49430 M.-et-L. - 3 195 h.
Syndicat d'Initiative, Mairie
☎ 41 76 30 24, Fax 41 76 06 10

International « Situation et cadre agréables », ☎ 41 76 31 80, sortie NE par rte de la Flèche et à droite, bord du Loir
3,5 ha (125 empl.) plat, herbeux - A proximité : parcours sportif
Pâques-sept. - **R** *conseillée saison* - *élect. comprise (6 ou 10A) 2 pers. 42, pers. suppl. 12*

EAUX-BONNES

13 - 85 ⑯ G. Pyrénées Aquitaine

Paris 816 - Argelès-Gazost 42 - Gabas 16 - Laruns 6 - Nay 40 - Pau 44

64440 Pyr.-Atl. - 536 h. alt. 750 -
Office de Tourisme, Jardin Darralde
☎ 59 05 33 08, et accueil à Gourette,
☎ 59 05 12 17, Fax 59 05 12 56

Iscoo ≤, E : 1,2 km par rte de Gourette et chemin à droite - alt. 800
1 ha (35 empl.) plat, prairie
juin-sept. - *Tarif 94 : 10 7 7 10 (2 à 8A)*

ECLASSAN

11 - 76 ⑩

Paris 537 - Annonay 21 - Beaurepaire 40 - Condrieu 42 - Privas 80 - Tournon-sur-Rhône 23

07370 Ardèche - 633 h.

L'Oasis ≤, ☎ 75 34 56 23, NO : 4,5 km par rte de Fourany et à gauche, près de l'Ay
4,5 ha (30 empl.) en terrasses, pierreux, herbeux pizzeria - vélos, tir à l'arc
avril-15 oct. - **R** *conseillée juil.-août - piscine comprise 2 pers. 70 13 (3A) 17 (6A)*

ÉCOMMOY

5 - 64 ③

Paris 218 - Château-du-Loir 20 - La Flèche 34 - Le Grand-Lucé 19 - Le Mans 21

72220 Sarthe - 4 235 h.
Office de Tourisme, Mairie
☎ 43 42 10 14

Municipal des Vaugeons, ☎ 43 42 14 14, sortie NE rte du stade
1 ha (100 empl.) plat et peu incliné, sablonneux - A proximité :

EGAT

15 - 86 ⑯ G. Pyrénées Roussillon

Paris 879 - Andorra-la-Vella 76 - Ax-les-Thermes 59 - Bourg-Madame 17 - Font-Romeu-Odeillo-Via 3 - Saillagouse 12

66120 Pyr.-Or. - 419 h. alt. 1 700

Las Clotes ≤ Sierra del Cadi et Puigmal, ☎ 68 30 26 90, à 400 m au nord du bourg, bord d'un petit ruisseau
2 ha (80 empl.) (juil.-août) plat et en terrasses, accidenté, pierreux
Permanent - **R** *juil.-août - 2 pers. 54, pers. suppl. 13 21 (6A)*

ÉGUISHEIM

8 - 62 ⑲ G. Alsace Lorraine

Paris 489 - Belfort 65 - Colmar 5,5 - Gérardmer 50 - Guebwiller 21 - Mulhouse 41 - Rouffach 10

68420 H.-Rhin - 1 530 h.

Municipal des Trois Châteaux ≤ « Situation agréable près du vignoble », ☎ 89 23 19 39, sortie O
2 ha (128 empl.) plat et peu incliné, herbeux
Pâques-sept. - *12 10/14 14 (4A) 20 (6A)*

ELLIANT

3 - 58 ⑯

Paris 551 - Carhaix-Plouguer 47 - Concarneau 18 - Quimper 17 - Rosporden 6

29370 Finistère - 2 591 h.

Municipal de Keryannic « Beaux emplacements délimités », ☎ 98 94 19 84, sortie SE rte de Rosporden et à gauche devant le supermarché, rte de Tourch puis à droite
1 ha (40 empl.) plat, herbeux - A proximité :
juil.-août - **R** - *7,70 3,80 14,40 9,20 (10A)*

ELNE

15 - 86 ⑳ G. Pyrénées Roussillon

Paris 877 - Argelès-sur-Mer 7,5 - Céret 27 - Perpignan 13 - Port-Vendres 18 - Prades 55

66200 Pyr.-Or. - 6 262 h.
Office de Tourisme, Mairie
☎ 68 22 05 07

Municipal Al Mouly, ☎ 68 22 08 46, NE : 1,8 km par D 40, rte de St-Cyprien, D 11 rte de Canet à gauche et av. Gustave-Eiffel à droite
3 ha (285 empl.) plat, herbeux, sablonneux
juin-sept. - **R** *conseillée août - Tarif 94 : 18 tennis compris 29 14 (4 à 6A)*

▶ *Si vous recherchez :*
un terrain effectuant la location de caravanes, de mobile homes, de bungalows ou de chalets

Consultez le tableau des localités citées, classées par départements.

EMBRUN

17 - 77 ⑰ ⑱ G. Alpes du Sud

Paris 712 - Barcelonnette 56 - Briançon 50 - Digne-les-Bains 93 - Gap 38 - Guillestre 22 - Sisteron 83

05200 H.-Alpes - 5 793 h. alt. 870.
Office de Tourisme, pl. Général-Dosse ✆ 92 43 01 80, Fax 92 43 54 06

Municipal de la Clapière, ✆ 92 43 01 83, SO : 2,5 km par N 94, rte de Gap et à droite, près d'un plan d'eau
6,5 ha (432 empl.) plat, accidenté et en terrasses, pierreux, herbeux - A proximité : parcours sportif (découverte l'été) Toboggan aquatique, école de voile
15 avril-sept. - R - GB - *Tarif 94 : 2 pers. 65, pers. suppl. 18 12 (5A) 22 (plus de 5A)*

Le Moulin ≤, ✆ 92 43 00 41, SO : 2 km par N 94, rte de Gap et route à gauche après le pont
1 ha (45 empl.) peu incliné, pierreux, herbeux (verger)
8 juin-15 sept. - R - *18 21 10 (3A) 14 (5A)*

La Tour ≤, ✆ 92 43 17 66, SE : 3 km par D 994D et D 340 à droite après le pont, près de la Durance - dans locations
1,5 ha (113 empl.) peu incliné, herbeux verger - Location :
15 juin-3 sept. - R - *2 pers. 51, pers. suppl. 14,50 9 (2A) 12 (3A) 15 (5A)*

à Baratier S : 4 km par N 94 et D 40 - 356 h. - ✉ 05200 Baratier :

Le Verger ≤ « Entrée fleurie et site agréable », ✆ 92 43 15 87, sortie O - Pour caravanes, accès conseillé par le village
3,5 ha (130 empl.) peu incliné, en terrasses, herbeux, pierreux - A proximité : - Location : pavillons
Permanent - R *conseillée - piscine comprise 2 pers. 75, pers. suppl. 25*

Les Grillons ≤ Embrun et montagnes, ✆ 92 43 32 75, N : 1 km par D 40, D 340 et rte à gauche
1,5 ha (95 empl.) peu incliné, herbeux
juin-4 sept. - R *conseillée juil.-15 août - piscine comprise 2 pers. 79 16 (3A) 19 (6A) 26 (10A)*

Les Esparons ≤ « Agréable verger », ✆ 92 43 02 73, sortie N par D 40 et D 340, près d'un torrent
1,5 ha (83 empl.) plat et peu incliné, herbeux
15 juin-août - R - *18 piscine comprise 22 10 (2A) 14 (4A)*

Les Pommiers (aire naturelle) ≤, ✆ 92 43 01 93, NO : 1 km, sur D 40
1 ha (25 empl.) peu incliné, herbeux - A proximité : discothèque
15 juin-août - R *conseillée - 2 pers. 56, pers. suppl. 16 13 (4A)*

ENCAMP

Principauté d'Andorre - 86 ⑭ - voir à Andorre

ENGUIALES

15 - 76 ⑫

Paris 619 - Aurillac 53 - Entraygues-sur-Truyère 11 - Montsalvy 22 - Mur-de-Barrez 37 - Rodez 57

12140 Aveyron - 186 h.

Municipal le Fel ≤ vallée du Lot, ✆ 65 48 61 12, au lieu-dit Le Fel
0,4 ha (23 empl.) non clos, plat, herbeux, pierreux - A proximité :
juin-sept. - R - *Tarif 94 : 2 pers. 37/47, pers. suppl. 11 11 (10A)*

ENTRAUNES

17 - 81 ⑧ G. Alpes du Sud

Paris 779 - Annot 47 - Barcelonnette 43 - Guillaumes 18

06470 Alpes-Mar. - 127 h. alt. 1 260

Municipal le Tellier ≤ « Situation agréable », ✆ 93 05 56 51, au NE du bourg par chemin de Castel, près du Bourdoux
0,4 ha (24 empl.) peu incliné, herbeux, pierreux
mai-oct. - R *août - 12 12/24 12 (3A) 24 (6A)*

ENTRAYGUES-SUR-TRUYÈRE

15 - 76 ⑫ G. Gorges du Tarn

Paris 603 - Aurillac 46 - Figeac 61 - Mende 129 - Rodez 47 - Saint-Flour 86

12140 Aveyron - 1 495 h.
Office de Tourisme, Tour-de-Ville ✆ 65 44 56 10

Le Lauradiol (Municipal de Campouriez) ≤ « Situation agréable », ✆ 65 44 53 95 ✉ 12460 Campouriez, NE : 5 km par D 34, rte de St-Amans-des-Cots, bord de la Selves
1,5 ha (47 empl.) plat, herbeux
20 juin-10 sept. - R

ENTRE-DEUX-GUIERS

12 - 74 ⑮ G. Alpes du Nord

Paris 541 - Les Abrets 23 - Chambéry 23 - Grenoble 37 - Le Pont-de-Beauvoisin 16 - Saint-Laurent-du-Pont 5

38380 Isère - 1 544 h.

L'Arc-en-Ciel ≤ « Décoration florale », ✆ 76 66 06 97, par D 28^B, rte de St-Christophe-sur-Guiers et rue piétonne à gauche, près du vieux pont, bord du Guiers
1 ha (50 empl.) plat, herbeux - A proximité : - Location :
mars-oct. - R *conseillée - 14,40 7,20 12,20 8,80 (2A) 14,40 (4A)*

à Miribel-les-Échelles O : 5 km par D 49 – 1 607 h.
✉ 38380 Miribel-les-Échelles :

Les Bourdons ⋖ « Site agréable », ✆ 76 55 28 53, NO : 1,8 km par D 28, rte du col des Mille Martyrs et chemin à gauche – alt. 640
2 ha (90 empl.) incliné et en terrasses, herbeux – Location :
fermé 2 déc.-janv. – **R** *conseillée juil.-août* – GB – *20,60 piscine comprise 7,30 12,20 10 (3A) 13,80 (6A) 18 (10A)*

ENTREMONT-LE-VIEUX

12 – 74 ⑮

Paris 557 – Aix-les-Bains 38 – Chambéry 20 – Le Pont-de-Beauvoisin 31 – Saint-Laurent-du-Pont 19 – La Tour-du-Pin 50

73670 Savoie – 444 h. alt. 820

L'Ourson ⋖, ✆ 79 65 86 48, sortie O par D 7, rte du Désert d'Entremont, bord du Cozon – alt. 841
1 ha (40 empl.) peu incliné, herbeux, gravillons – – A proximité :

ÉPINAC

11 – 69 ⑧

Paris 304 – Arnay-le-Duc 18 – Autun 19 – Chagny 30 – Beaune 34

71360 S.-et-L. – 2 569 h.

Municipal le Pont Vert « Cadre agréable », ✆ 85 82 00 26, sortie S par D 43 et chemin à droite, bord de la Drée
2,9 ha (71 empl.) (juil.-août) plat, herbeux – snack – – Location : huttes
avril-sept. – **R** *conseillée juil.-août* – GB – *11,50 10 11 15 (6A)*

ÉPINAL P

8 – 62 ⑯ G. Alsace Lorraine

Paris 393 – Belfort 96 – Colmar 93 – Mulhouse 106 – Nancy 71 – Vesoul 89

88000 Vosges – 36 732 h.
Office de Tourisme, 13 r. de la Comédie ✆ 29 82 53 32, Fax 29 35 26 16

Municipal Parc du Château, ✆ 29 34 43 65, E : 2 km par D 11, rte de Gérardmer et chemin du Petit Chaperon Rouge à droite
2 ha (92 empl.) plat et peu incliné, herbeux, goudronné (1 ha) – – A proximité : parc animalier
Permanent – **R** *conseillée juil.-août* – *9,50 4 8/10 15A : 15 (hiver 25)*

à Sanchey O : 8 km par rte de Darney – 668 h. – ✉ 88390 Sanchey :

Lac de Bouzey , ✆ 29 82 49 41, Fax 29 64 28 03, S : par D 41, à 50 m du lac
2 ha (160 empl.) plat, peu incliné et en terrasses, herbeux – – – Location :
Permanent – **R** *conseillée juil.-août* – GB – *piscine comprise 2 pers. 90, pers. suppl. 25 18 (4A) 21 (6A) 24 (8A)*

ERDEVEN

3 – 63 ①

Paris 489 – Auray 18 – Carnac 8,5 – Lorient 33 – Quiberon 21 – Quimperlé 48 – Vannes 37

56410 Morbihan – 2 352 h.

Les Sept Saints, ✆ 97 55 52 65, Fax 97 55 22 67, NO : 2 km par D 781, rte de Plouhinec et rte à gauche
5 ha (200 empl.) plat et peu incliné, herbeux, pinède – – – Location *(avril-sept.)* :
15 mai-15 sept. – **R** *conseillée juil.-août* – GB – *22 piscine comprise 60 18 (6A)*

Les Mégalithes, ✆ 97 55 68 76, S : 1,5 km par D 781, rte de Carnac et rte à droite
4,3 ha (100 empl.) plat, herbeux –
avril-sept. – **R** *conseillée* – *18 10 20 15 (6 ou 10A)*

La Croëz-Villieu, ✆ 97 55 90 43, SO : 1 km par rte de Kerhillio
3 ha (115 empl.) (saison) plat, herbeux – – Location *(Pâques-oct.)* :
mai-20 sept. – **R** *conseillée juil.-août* – *18,50 7,40 7,40/16 14,40 (2A) 16 (9A)*

Idéal Camping, ✆ 97 55 67 66, SO : 2,2 km rte de Kerhillio, à Lisveur
0,5 ha (35 empl.) plat, herbeux – – A proximité : snack – Location *(permanent)* : , appartements
15 juin-15 sept. – **R** – *élect. comprise 3 pers. 89, pers. suppl. 18*

ERNÉE

4 – 59 ⑲ G. Normandie Cotentin

Paris 303 – Domfront 46 – Fougères 20 – Laval 30 – Mayenne 25 – Vitré 29

53500 Mayenne – 6 052 h.
Office de Tourisme, pl. de la Mairie ✆ 43 05 21 10

Municipal, ✆ 43 05 19 90, sortie E, rte de Mayenne et à gauche
2 ha (48 empl.) plat et peu incliné, herbeux – – – A proximité :
15 avril-15 oct. – **R** – *Tarif 94 : 12,50 8,50 8,50 16 (6A)*

ERQUY

4 - 59 ④ G. Bretagne

Paris 455 - Dinan 47 - Dinard 39 - Lamballe 23 - Rennes 103 - Saint-Brieuc 35

22430 C.-d'Armor - 3 568 h.
Office de Tourisme, bd Mer, ☎ 96 72 30 12, Fax 96 72 02 88

Les Pins ☎ 96 72 31 12, Fax 96 28 65 91, N : 1 km - dans locations
8 ha (300 empl.) peu incliné et plat, herbeux (1,5 ha) - - Location :
Pâques-15 sept. - **R** *conseillée - 21 piscine comprise 14,50/32,50 16,50 (6A)*

Le Vieux Moulin « Cadre agréable », ☎ 96 72 34 23, Fax 96 72 36 63, E : 2 km
2,5 ha (170 empl.) plat et peu incliné, herbeux - crêperie - salle de musculation half-court - Location :
avril-25 sept. - **R** *conseillée juil.-15 août - 25 piscine comprise 17 43 18 (3A) 26 (6A) 29 (10A)*

St-Pabu ≤, ☎ 96 72 24 65, Fax 96 72 87 17, SO : 4 km, près de la plage
4,5 ha (350 empl.) plat, peu incliné et en terrasses, herbeux -
avril-10 oct. - **R** *conseillée 10 juil.-20 août - Tarif 94 : 15 30 9 (2A) 14 (6A)*

Bellevue, ☎ 96 72 33 04, SO : 5,5 km - dans locations (juil.-août)
2,2 ha (148 empl.) plat, herbeux - - A proximité : crêperie - Location :
15 avril-sept. - **R** *conseillée juil.-août* - GB - *17 piscine comprise 28 14 (6A) 18 (10A)*

Les Roches ≤, ☎ 96 72 32 90, SO : 3 km
2,2 ha (136 empl.) plat et peu incliné, herbeux -
avril-1er oct. - **R** - *14 9 13 11 (3A) 14 (6A) 18 (10A)*

Les Hautes Grées ≤, ☎ 96 72 34 78, NE : 3,5 km, à 400 m de la plage St-Michel
3 ha (170 empl.) plat et peu incliné, herbeux - - Location :
15 mai-sept. - **R** *conseillée* - GB - *14,50 7,50 13*

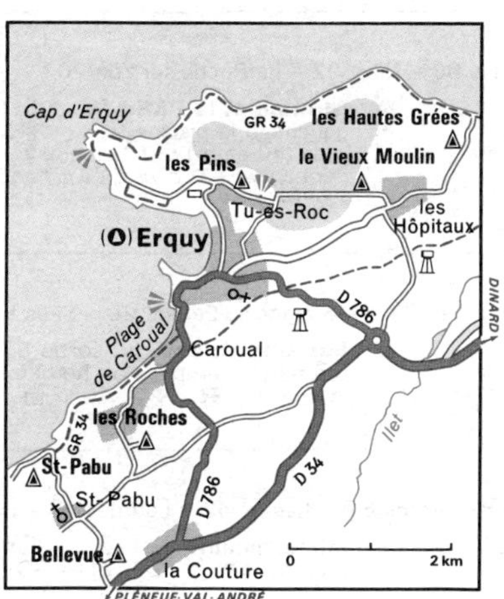

ERR

15 - 86 ⑯

Paris 876 - Andorra-la-Vella 73 - Ax-les-Thermes 56 - Bourg-Madame 9 - Font-Romeu Odeillo-Via 14 - Saillagouse 2

66800 Pyr.-Or. - 398 h. alt. 1 384 - Sports d'hiver : 1 850/2 520 m 9

Las Closas ≤, ☎ 68 04 71 42, Fax 68 04 07 20, par D 33B, à Err-Bas
2 ha (110 empl.) plat et peu incliné, herbeux - - A proximité :
Permanent - **R** *conseillée* - GB - *19,50 20 17 (3A) 26 (6A) 37 (10A)*

Le Puigmal ≤, ☎ 68 04 71 83, par D 33B, à Err-Bas, bord d'un ruisseau
2,4 ha (110 empl.) peu incliné, herbeux - - A proximité :
Permanent - **R** *conseillée août* - GB - *2 pers. 58, pers. suppl. 19 16 (3A) 27 (6A)*

ERVY-LE-CHÂTEL

7 - 61 ⑯ G. Champagne

Paris 178 - Auxerre 49 - Saint-Florentin 18 - Sens 60 - Tonnerre 24 - Troyes 39

10130 Aube - 1 221 h.

Municipal les Mottes M ☎ 25 70 07 96, E : 1,8 km par D 374, rte d'Auxon, D 92 et chemin à droite après le passage à niveau, bord de l'Armance
0,7 ha (53 empl.) plat, herbeux -
15 mai-sept. - **R** - *10 7 8 12*

ESCALLES

1 - 51 ①

Paris 300 - Arras 121 - Boulogne-sur-Mer 28 - Calais 12 - Marquise 15 - Saint-Omer 52

62179 P.-de-C. - 320 h.

Cap Blanc-Nez, 21 85 27 38, au bourg, à 500 m de la plage
1,25 ha (85 empl.) plat et peu incliné, herbeux
- Location :
avril-11 nov. - R - GB - 10,30 12,50 12,50 (3A) 16,50 (4A) 35 (6A)

ESPARRON-DE-VERDON

17 - 81 ⑯ G. Alpes du Sud

Paris 776 - Barjols 32 - Digne-les-Bains 57 - Gréoux-les-Bains 11,5 - Moustiers-Sainte-Marie 31 - Riez 16

04800 Alpes-de-H.-Pr. - 290 h.

Le Soleil « Cadre et situation agréables », 92 77 13 78, sortie S par D 82, rte de Quinson, puis 1 km par rte à droite, bord du lac - (tentes)
2 ha (90 empl.) en terrasses, pierreux, gravillons
Pâques-sept. - R *conseillée juil.-août* - GB - *21* *26/30* *16 (6A)*

La Grangeonne, 92 77 16 87, SE : 1 km par D 82, rte de Quinson et rte à droite
1 ha (50 empl.) plat, peu incliné et en terrasses, pierreux
24 juin-4 sept. - R *conseillée* - *12,50* *15* *11,60 (4A) 17,40 (6A)*

ESPINASSES

17 - 81 ⑦

Paris 697 - Chorges 18 - Gap 26 - Le Lauzet-Ubaye 22 - Savines-le-Lac 29 - Turriers 15

05190 H.-Alpes - 505 h. alt. 675

La Viste lac, montagnes et barrage, 92 54 43 39, Fax 92 54 42 45 ⊠ 05190 Rousset, NE : 5,5 km par D 3, rte de Chorges et D 103 à gauche - alt. 900
4,5 ha/2,5 campables (160 empl.) plat et accidenté, terrasses, herbeux, pierreux, bois attenant - snack -
mai-15 sept. - R - GB - *26* *28*

Les ESSARTS

9 - 67 ⑭ G. Poitou Vendée Charentes

Paris 394 - Cholet 44 - Nantes 60 - Niort 92 - La Roche-sur-Yon 20

85140 Vendée - 3 907 h.

Office de Tourisme, 24 r. du Gén.-de-Gaulle 51 62 85 96

Municipal le Pâtis, 51 62 95 83, O : 0,5 km par rte de Chauché et à gauche, à la piscine
1 ha (50 empl.) plat, herbeux - A proximité :
Permanent - R *conseillée juil.-août* - *9,65* *4* *6,30* *5A : 8,30 (hiver 22,10)*

ESSAY

5 - 60 ③

Paris 177 - Alençon 19 - Argentan 33 - Mortagne-au-Perche 25 - Sées 9

61500 Orne - 516 h.

Les Charmilles, sortie S, sur D 326, rte du Ménil-Broût
0,5 ha (23 empl.) plat, herbeux
avril-sept. - R - *7* *5* *6*

ESTAING

13 - 85 ⑰ G. Pyrénées Aquitaine

Paris 838 - Argelès-Gazost 11 - Arrens 6,5 - Laruns 42 - Lourdes 23 - Pau 66 - Tarbes 43

65400 H.-Pyr. - 86 h. alt. 1 000

Intercommunal le Lac « Dans un site agréable, près d'un lac de montagne », 62 97 24 46, SO : 5,5 km par D 103, bord d'un ruisseau - alt. 1 168
5 ha (67 empl.) peu incliné, accidenté et en terrasses, pierreux, herbeux - A proximité :

Le Vieux Moulin (aire naturelle), 62 97 43 23, sortie S par D 103, rte du lac, bord du Gave et d'un ruisseau
1,8 ha (25 empl.) peu incliné, herbeux - (bassin)
Permanent - R *conseillée juil.-août* - *8,50* *10* *11 (3A) 20 (6A) 30 (10A)*

La Pose (aire naturelle), 62 97 43 10, SO : 2,2 km par D 103, près du Gave de Bun
1 ha (25 empl.) (juil.-août) peu incliné, en terrasses, herbeux
juin-sept. - R *conseillée* - *9* *6* *10 (5A) 14 (10A)*

ESTANG

14 - 82 ②

Paris 713 - Aire-sur-l'Adour 26 - Eauze 16 - Mont-de-Marsan 36 - Nérac 55 - Nogaro 17

32240 Gers - 724 h.

Les Lacs de Courtès, 62 09 61 98, Fax 62 09 63 13, au sud du bourg par D 152, près de l'église et au bord d'un lac
4 ha (114 empl.) plat, peu incliné, en terrasses, herbeux - Location :
Pâques-oct. - R *conseillée juil.-août* - GB - *20* *12* *25* *15 (6A)*

ESTAVAR **66** Pyr.-Or. - 86 ⑯ - rattaché à Saillagouse

ESTIVAREILLES
11 - 76 ⑦

Paris 529 - Ambert 40 - Craponne-sur-Arzon 21 - Montbrison 33 - Saint-Bonnet-le-Château 6 - Saint-Etienne 39

42380 Loire - 558 h. alt. 898

Municipal le Colombier ≤, ✆ 77 50 21 72, à 300 m au nord du bourg - Pour caravanes, détour conseillé par D 44, rte de la Chapelle-en-Lafaye et chemin à droite - Croisement difficile pour véhicules par centre bourg
0,4 ha (30 empl.) peu incliné, herbeux
avril-oct. - Location longue durée - *Places limitées pour le passage* - **R** *conseillée juil.-août - 6,50 4,50 4 8 (3A) 12 (6A)*

ÉTABLES-SUR-MER
8 - 59 ③ G. Bretagne

Paris 468 - Guingamp 43 - Lannion 54 - Saint-Brieuc 19 - Saint-Quay-Portrieux 3

22680 C.-d'Armor - 2 121 h.

L'Abri-Côtier, ✆ 96 70 61 57, Fax 96 70 65 23, N : 1 km par rte de St-Quay-Portrieux et à gauche, rue de la Ville-es-Rouxel
2 ha (140 empl.) plat et peu incliné, herbeux - - Location :
6 mai-20 sept. - **R** *conseillée* - GB - *25 piscine comprise 35 16 (4A) 19 (6A)*

ÉTAMPES
6 - 60 ⑩ G. Ile de France

Paris 50 - Chartres 57 - Évry 35 - Fontainebleau 45 - Melun 45 - Orléans 71 - Versailles 51

91150 Essonne - 21 457 h.
Office de Tourisme, Hôtel Anne-de-Pisseleu ✆ (1) 69 92 69 00, 69 92 69 13

Le Vauvert « Cadre agréable », ✆ (1) 64 94 21 39 ✉ 91150 Ormoy-la-Rivière, S : 2,3 km par D 49 rte de Saclas, bord de la Juine
8 ha (200 empl.) plat, herbeux -
15 janv.-15 déc. - Location longue durée - *Places limitées pour le passage* - **R** - *16 21 12 (6A)*

ÉTRÉHAM
4 - 54 ⑭

Paris 278 - Bayeux 10 - Caen 39 - Carentan 37 - Saint-Lô 40

14400 Calvados - 236 h.

Reine Mathilde « Entrée fleurie », ✆ 31 21 76 55, O : 1 km par D 123 et chemin à droite
3 ha (90 empl.) plat, herbeux - - Location :
avril-sept. - **R** *conseillée - 22 piscine comprise 23 19 (6A)*

ÉTRETAT
5 - 52 ⑪ G. Normandie Vallée de la Seine

Paris 211 - Bolbec 26 - Fécamp 16 - Le Havre 28 - Rouen 88

76790 S.-Mar. - 1 565 h.
Office de Tourisme, pl. M.-Guillard (saison) ✆ 35 27 05 21

Municipal, ✆ 35 27 07 67, r. Guy-de-Maupassant, SE : 1 km par D 39 rte de Criquetot-l'Esneval
1,2 ha (100 empl.) plat, herbeux, pierreux - - A proximité :
20 mars-10 oct. - **R** - *11,50 11,50/12,50*

ÉVAUX-LES-BAINS
10 - 73 ② G. Berry Limousin

Paris 355 - Aubusson 44 - Guéret 52 - Marcillat-en-Combraille 15 - Montluçon 26

23110 Creuse - 1 716 h.

Municipal, ✆ 55 65 55 82, au nord du bourg, derrière le château
1 ha (45 empl.) plat et peu incliné, herbeux - - A proximité : - Location : huttes
avril-oct. - **R** - *7,60 5,10 4,10/6,10*

ÉVISA **2A** Corse-du-Sud - 90 ⑮ - voir à Corse

ÉVRON
5 - 60 ⑪ G. Normandie Cotentin

Paris 256 - Alençon 56 - La Ferté-Bernard 107 - La Flèche 67 - Laval 34 - Le Mans 57 - Mayenne 24

53600 Mayenne - 6 904 h.
Office de Tourisme, pl. Basilique ✆ 43 01 63 75

Municipal du Parc des Loisirs « Décoration arbustive », ✆ 43 01 65 36, sortie O, bd du Maréchal-Juin
3 ha (80 empl.) plat et peu incliné, herbeux (1 ha) - parcours sportif - A proximité : - Location :
Permanent - **R** *conseillée - Tarif 94 : 1 pers. 31,50, pers. suppl. 10,50 8,40 (6A) 15,75 (10A)*

EXCENEVEX
12 - 70 ⑰ G. Alpes du Nord

Paris 568 - Annecy 73 - Bonneville 44 - Douvaine 10 - Genève 31 - Thonon-les-Bains 13

74140 H.-Savoie - 657 h.
Office de Tourisme ✆ 50 72 81 27

Municipal la Pinède « Cadre agréable », ✆ 50 72 85 05, Fax 50 72 93 00, SE : 1 km par D 25, à la plage, bord du lac Léman
10 ha (619 empl.) (juil.-août) plat et accidenté, sablonneux - - A proximité :
mars-oct. - **R** - *12 30 10 (5A) 15 (10A)*

EYMET

11 - 79 ④ G. Périgord Quercy

Paris 566 - Bergerac 25 - Castillonnès 18 - Duras 20 - Marmande 32 - Sainte-Foy-la-Grande 30

24500 Dordogne - 2 769 h.

Municipal « Cadre agréable », 53 23 80 28, r. de la Sole, derrière le château, bord du Dropt
0,4 ha (66 empl.) plat, herbeux, jardin public attenant - A proximité :
mai-sept. - R - *Tarif 94 : 13 10 8 (5A)*

EYMEUX

12 - 77 ③

Paris 572 - Pont-en-Royans 17 - Romans-sur-Isère 13 - Tournon-sur-Rhône 31 - Valence 32

26730 Drôme - 510 h.

Municipal la Source Ombragée, 75 48 91 63, au sud du bourg, près du terrain de sports
2 ha (43 empl.) plat, herbeux, pierreux - -
10 juin-17 sept. - R - *15 15 10 (8A)*

EYMOUTIERS

10 - 72 ⑲ G. Berry Limousin

Paris 419 - Aubusson 55 - Guéret 64 - Limoges 42 - Tulle 71 - Ussel 70

87120 H.-Vienne - 2 441 h.

Municipal, 55 69 13 98, SE : 2 km par D 940, rte de Tulle et chemin à gauche, à St-Pierre
1 ha (33 empl.) plat, incliné à peu incliné, terrasses, herbeux -
juin-sept. - R

Les EYZIES-DE-TAYAC

13 - 75 ⑯ G. Périgord Quercy

Paris 522 - Brive-la-Gaillarde 62 - Fumel 62 - Lalinde 36 - Périgueux 45 - Sarlat-la-Canéda 20

24 Dordogne - 853 h.
24620 les Eyzies-de-Tayac-Sireuil.
Office de Tourisme, pl. de la Mairie (15 mars-oct.) 53 06 97 05

Le Mas, 53 29 68 06, E : 7 km par D 47 rte de Sarlat-la-Canéda puis 2,5 km par rte à gauche
5 ha (130 empl.) plat et peu incliné, en terrasses, herbeux - - - A proximité : - Location :
15 avril-sept. - R *conseillée juil.-août* - GB - *23 piscine comprise 39 16 (6A)*

La Rivière, 53 06 97 14, N : 1,2 km par D 47 rte de Périgueux et à gauche après le pont, accès direct à la Vézère
3 ha (120 empl.) plat, herbeux (2 ha) - - vélos, half-court - A proximité : - Location :
9 avril-sept. - R *indispensable 14 juil.-15 août* - GB - *24 piscine comprise 34*

à Tursac NE : 5,5 km par D 706 - 316 h. - 24620 Tursac :

Le Vézère Périgord « Cadre agréable », 53 06 96 31, NE : 0,8 km par D 706 rte de Montignac et chemin à droite
3,5 ha (103 empl.) peu incliné et en terrasses, herbeux, pierreux - crêperie - piste de bi-cross

Le Pigeonnier, 53 06 96 90, accès par rte face à l'église et chemin à droite
1 ha (25 empl.) peu incliné, herbeux - -
12 juin-24 août - R *conseillée 22 juil.-11 août* - *15 15 12 (3A)*

FALAISE

5 - 55 ⑫ G. Normandie Cotentin

Paris 259 - Argentan 23 - Caen 26 - Flers 38 - Lisieux 45 - Saint-Lô 95

14700 Calvados - 8 119 h.
Office de Tourisme, bd de la Libération 31 90 17 26

Municipal du Château château, 31 90 16 55, à l'ouest de la ville, au val d'Ante
2 ha (66 empl.) plat et peu incliné, herbeux - - - A proximité :
Rameaux-sept. - R

Le FAOUËT

3 - 58 ⑰ G. Bretagne

Paris 516 - Carhaix-Plouguer 33 - Lorient 39 - Pontivy 47 - Quimperlé 21

56320 Morbihan - 2 869 h.

Municipal Beg er Roch « Cadre agréable, entrée fleurie », 97 23 15 11, SE : 2 km par D 769 rte de Lorient, bord de l'Ellé
3 ha (65 empl.) (saison) plat, herbeux - - half-court
mars-15 sept. - R *juil.-août* - *20 12 18 12 (3A) 20 (5A)*

FARAMANS

12 - 77 ③

Paris 523 - Beaurepaire 11 - Bourgoin-Jallieu 32 - Grenoble 56 - Romans-sur-Isère 48 - Vienne 34

38260 Isère - 679 h.

Municipal des Eydoches, 74 54 21 78, sortie E par D 37 rte de la Côte-St-André, près d'une rivière et d'un étang
1 ha (40 empl.) (juil.-août) plat, herbeux - - - A proximité :
avril-oct. - R - *13 20 16 (5 à 15A)*

FARINOLE (Marine de) **2B** H.-Corse - 90 ② ③ - voir à Corse

La FAUTE-SUR-MER

9 - 71 ⑪

Paris 456 - Luçon 20 - Niort 83 - La Rochelle 49 - La Roche-sur-Yon 46 - Les Sables-d'Olonne 47

85460 Vendée - 885 h.

Schéma à la Tranche-sur-Mer

Le Grand R, 51 56 42 87, NO : 2 km rte de la Tranche-sur-Mer
2,5 ha (176 empl.) plat, herbeux (1 ha) - - Location :
avril-sept. - **R** *conseillée saison - Tarif 94 : piscine comprise 2 pers. 70 19 (6A)*

Les Flots Bleus, 51 27 11 11, SE : 1 km par rte de la pointe d'Arçay, à 200 m de la plage - dans locations (juil.-août)
1,5 ha (124 empl.) plat, sablonneux, herbeux - - A proximité : - Location :
14 avril-11 sept. - **R** *conseillée - 3 pers. 93 19 (5A) 26 (10A)*

Le Pavillon Bleu, 51 27 15 01, NO : 2,7 km par rte de la Tranche-sur-Mer et chemin à droite
1,3 ha (85 empl.) plat, sablonneux, herbeux - - (bassin)
juin-15 sept. - **R** - *Tarif 94 : 2 pers. 65, pers. suppl. 19 19 (6A)*

La FAVIÈRE **83** Var - 84 ⑯ - rattaché au Lavandou

FAVONE **2A** Corse-du-Sud - 90 ⑦ - voir à Corse

FAYENCE

17 - 84 ⑦ G. Côte d'Azur

Paris 901 - Castellane 55 - Draguignan 33 - Fréjus 34 - Grasse 26 - Saint-Raphaël 37

83440 Var - 3 502 h.
Office de Tourisme, pl. Léon-Roux 94 76 20 08, Fax 94 76 18 05

Lou Cantaïre, 94 76 23 77, SO : 7 km par D 563 et D 562 rte de Draguignan
3 ha (65 empl.) en terrasses et peu incliné, pierreux, herbeux - snack -

FÉLINES

11 - 77 ①

Paris 523 - Annonay 12 - Beaurepaire 32 - Condrieu 24 - Tournon-sur-Rhône 38 - Vienne 35

07340 Ardèche - 876 h.

Bas-Larin, 75 34 87 93, SE : 2 km, par N 82 rte de Serrières et chemin à droite
1,5 ha (67 empl.) incliné à peu incliné, en terrasses, herbeux - - - Location :
avril-sept. - **R** *juil.-août - piscine comprise 2 pers. 55 11 (4A) 16 (10A)*

FELLERIES

2 - 53 ⑥ G. Flandres Artois Picardie

Paris 213 - Avesnes-sur-Helpe 8 - Charleroi 45 - Lille 108 - Maubeuge 23 - Saint-Quentin 73

59740 Nord - 1 621 h.

Municipal la Boissellerie, 27 59 06 50, au bourg, rue de la Place, dans l'ancienne gare
1 ha (60 empl.) plat, herbeux - -
15 avril-sept. - Location longue durée - *Places limitées pour le passage* - - *Tarif 94 : 9,50 3,70 3,70 10,50 (6A)*

FELLETIN

10 - 73 ① G. Berry limousin

Paris 395 - Aubusson 10 - Auzances 37 - Bourganeuf 44 - La Courtine 29 - Ussel 49

23500 Creuse - 1 985 h.

Municipal des Combes « Lac et forêt », 55 66 16 43, N : 5,2 km par rte d'Aubusson et rte des Combes, à gauche entre le passage à niveau et le cimetière, bord du lac
2 ha (25 empl.) en terrasses, herbeux - -
Permanent - **R** *conseillée 15 juil.-15 août - 13 piscine comprise 7 13*

Le FENOUILLER **85** Vendée - 67 ⑫ - rattaché à St-Gilles-Croix-de-Vie

FERDRUPT

8 - 66 ⑦

Paris 437 - Bussang 16 - Gérardmer 43 - Luce 40 - Luxeuil-les-Bains 32 - Remiremont 17 - Le Thillot 6

88360 Vosges - 859 h.

Les Pommiers (aire naturelle) , 29 25 98 35, sortie vers Remiremont puis S : 1,5 km par chemin à gauche, à Xoarupt, bord d'un ruisseau
1,2 ha (25 empl.) plat, herbeux - -
28 avril-2 sept. - **R** *conseillée juil.-août - 9,50 5,50 5,50 9 (2A) 12,50 (4A)*

LA FÈRE

6 - 56 ④ G. Flandres Artois Picardie

Paris 135 - Compiègne 55 - Laon 24 - Noyon 32 - Saint-Quentin 23 - Soissons 42

02800 Aisne - 2 930 h.

Municipal du Marais, 23 56 82 94, par centre ville vers Tergnier et rue Marie-Curie à droite, au stade, près d'un bras de l'Oise
0,7 ha (26 empl.) plat, herbeux - - A proximité :
avril-sept. - **R** *conseillée - 10,50 8,45 8,45 15,75 (15A)*

FÈRE-EN-TARDENOIS

6 – 56 ⑮

Paris 110 – Château-Thierry 22 – Laon 53 – Reims 48 – Soissons 26

02130 Aisne – 3 168 h.
Office de Tourisme
r. Étienne-Moreau-Nélaton (saison)
✆ 23 82 27 74, Fax 23 82 28 19

Municipal des Bruyères, ✆ 23 82 71 22, sortie N par D 967 rte de Fismes
1,5 ha (72 empl.) peu incliné et plat, herbeux, sablonneux – A proximité :
Permanent – Location longue durée – *Places limitées pour le passage* – R – *6,60 4 4 3A : 5,80 (hiver 14,80) 6A : 9,60 (hiver 25,60)*

La FERRIÈRE-AUX-ÉTANGS

5 – 60 ①

Paris 229 – Alençon 60 – Caen 68 – Laval 80 – Saint-Malo 131

61450 Orne – 1 727 h.

Municipal le Lac « Situation agréable », S par D 21, bord du lac
0,9 ha (33 empl.) plat, herbeux – crêperie, snack –

FERRIÈRES

6 – 61 ⑫ G. Bourgogne

Paris 102 – Auxerre 79 – Fontainebleau 41 – Montargis 13 – Nemours 26 – Orléans 83 – Sens 41

45210 Loiret – 2 896 h.

Municipal du Perray, ✆ 38 96 64 68, r. du Perray, à l'ouest du bourg, entre la Cléry et un ruisseau
1 ha (70 empl.) plat, herbeux – A proximité :
avril-sept. – R *conseillée juil.-août*

FERRIÈRES-ST-MARY

11 – 76 ④

Paris 502 – Allanche 16 – Blesle 24 – Massiac 15 – Murat 19 – Saint-Flour 26

15170 Cantal – 402 h. alt. 663

Municipal les Vigeaires ≤, ✆ 71 20 61 47, SO : 0,5 km par N 122 rte de Murat, bord de l'Alagnon
0,65 ha (65 empl.) plat, herbeux –
15 juin-août – R *conseillée – Tarif 94 : 9 5 6 10 (10A)*

FERRIÈRES-SUR-SICHON

11 – 73 ⑥

Paris 371 – Lapalisse 30 – Roanne 55 – Thiers 34 – Vichy 26

03 Allier – 632 h.
✉ 03250 Le Mayet-de-Montagne

Municipal, à 0,7 km au SE du bourg par D 122, rte de Thiers et chemin à gauche après le petit pont, près du Sichon
0,7 ha (32 empl.) plat, herbeux, pierreux –
juin-15 sept. – R *conseillée – 7,30 2,10 3,15 5,20 (5A) 7,30 (10A)*

LA FERTE-BERNARD

5 – 60 ⑮ G. Châteaux de la Loire

Paris 164 – Brou 45 – Châteauroux 67 – Le Mans 45 – Nogent-le-Rotrou 21 – Saint-Calais 33

72400 Sarthe – 9 355 h.
Office de Tourisme,
15 pl. de la Lice ✆ 43 71 21 21,
Fax 43 93 25 85

Municipal le Valmer, ✆ 43 71 70 03, SO : 1,5 km par N 23, à la Base de Loisirs, bord de l'Huisne
3 ha (90 empl.) plat, herbeux – – tir à l'arc – A proximité : (plage)
8 avril-sept. – R – *Tarif 94 : 2 pers. 48 10 (6A)*

La FERTÉ-GAUCHER

6 – 61 ④

Paris 81 – Coulommiers 18 – Meaux 46 – Melun 65 – Provins 27 – Sézanne 33

77320 S.-et-M. – 3 924 h.
Syndicat d'Initiative ✆ 64 20 25 69

Municipal Joël Teinturier, ✆ (1) 64 20 20 40, sortie E par D 14, bord du Grand Morin
4,5 ha (200 empl.) plat, herbeux – – – A proximité :
Permanent – Location longue durée – *Places limitées pour le passage* – R *conseillée – 12,45 12,45 18 (5A)*

La FERTÉ-MACÉ

5 – 60 ① G. Normandie Cotentin

Paris 227 – Alençon 46 – Argentan 32 – Domfront 22 – Falaise 39 – Flers 25 – Mayenne 41

61600 Orne – 6 913 h.
Office de Tourisme, 13 r. Victoire
✆ 33 37 10 97

Municipal la Saulaie, ✆ 33 37 44 15, sortie N rte de Briouze, près du stade
0,7 ha (33 empl.) plat, herbeux – – A proximité :
15 avril-15 oct. – R – *9 3,30 4,30 10 (6A)*

La FERTÉ-SOUS-JOUARRE

6 – 56 ⑬

Paris 66 – Melun 67 – Reims 84 – Troyes 120

77260 S.-et-M. – 8 236 h.
Office de Tourisme,
26 pl. de l'Hôtel-de-Ville
✆ (1) 60 22 63 43

Les Bondons, réservé aux caravanes, ✆ (1) 60 22 00 98, Fax 60 22 97 01, NE : 2 km par D 402 et D 70 à gauche rte de Saâcy, dans le parc d'un château
30 ha/10 campables (200 empl.) plat et peu incliné, herbeux, étang (5 ha) – – – Location : (hôtel)
Permanent – Location longue durée – *Places limitées pour le passage* – R *conseillée* – GB – *30 50 avec élect. (5A)*

à St-Cyr-sur-Morin SE : 8 km par D 204 rte de Rebais et D 31 à gauche – 1 467 h. – ✉ 77750 St-Cyr-sur-Morin :

Le Choisel « Cadre agréable », ☎ (1) 60 23 84 93, O : 2 km par D 31, à Courcelles-la-Roue
3,5 ha (85 empl.) plat, herbeux – –
3 mars-20 nov. – Location longue durée – *Places limitées pour le passage* – **R** *conseillée* – *23 tennis compris* *30/36 avec élect. (6A)*

FEURS

11 – 73 ⑱ G. Vallée du Rhône

Paris 520 – Lyon 63 – Montbrison 26 – Roanne 38 – Saint-Étienne 39 – Thiers 68 – Vienne 88

42110 Loire – 7 803 h.
Office de Tourisme, 3 r. V.-de Laprade ☎ 77 26 05 27

Municipal du Palais, ☎ 77 26 43 41, sortie N par N 82 rte de Roanne et à droite rte de Civens
9 ha (385 empl.) plat, herbeux, sablonneux (2 ha) – (avril-oct.) – vélos – A proximité :
Permanent – Location longue durée – *Places limitées pour le passage* – **R** *conseillée* – *9* *5,50* *6* *12 (6A) 22 (10A) 30 (16A)*

FIGARETO **2B** H.-Corse – 90 ④ – voir à Corse

FIGEAC

15 – 79 ⑩ G. Périgord Quercy

Paris 576 – Aurillac 65 – Brive-la-Gaillarde 91 – Cahors 68 – Rodez 64 – Villefranche-de-Rouergue 36

46100 Lot – 9 549 h.
Office de Tourisme, pl. Vival ☎ 65 34 06 25

Municipal les Rives du Célé, ☎ 65 34 59 30, Fax 65 34 20 80, à la Base de Loisirs, E : 1,2 km par N 140, rte de Rodez et chemin du Domaine de Surgié, bord du Célé et d'un plan d'eau
14 ha/3 campables (150 empl.) plat et terrasse, herbeux – – tir à l'arc – A proximité : toboggan aquatique – Location :
avril-sept. – **R** *conseillée* – GB – *élect. (10A) et piscine comprises 2 pers. 95, 3 ou 4 pers. 130*

FILLIÈVRES

1 – 51 ⑬

Paris 193 – Arras 53 – Béthune 46 – Hesdin 12 – Saint-Pol-sur-Ternoise 17

62770 P.-de-C. – 536 h.

Les Trois Tilleuls, ☎ 21 47 94 15, au bourg, sur D 340, rte de Frévent
1 ha (61 empl.) plat et peu incliné, herbeux – –
avril-sept. – Location longue durée – *Places disponibles pour le passage* – **R** – *10* *10* *10*

FIQUEFLEUR-EQUAINVILLE

5 – 55 ④

Paris 194 – Caen 67 – Le Havre 25 – Lisieux 37 – Rouen 76

27210 Eure – 496 h.

Domaine Catinière, ☎ 32 57 63 51, 1 km au sud de Fiquefleur par D 22 rte de Beuzeville, bord de la Morelle
1,6 ha (82 empl.) plat, herbeux – snack – (bassin)
avril-oct. – **R** *conseillée juil.-août* – *25* *28* *18 (10A)*

FIRMI

15 – 80 ①

Paris 603 – Conques 16 – Decazeville 6 – Rodez 32 – Villefranche-de-Rouergue 43

12300 Aveyron – 2 728 h.

Municipal de l'Étang, sortie NO, entre le bourg et la N 140, à 80 m d'un étang
0,4 ha (33 empl.) plat, herbeux – – A proximité :
juil.-août – **R** – *1 ou 2 pers. 15,60 pers. suppl. 7,80* *6,50 (3 ou 5A)*

FISMES

6 – 56 ⑤ G. Champagne

Paris 130 – Fère-en-Tardenois 19 – Laon 36 – Reims 28 – Soissons 28

51170 Marne – 5 286 h.
Office de Tourisme, 28 r. René-Letilly ☎ 26 48 81 28

Municipal, ☎ 26 48 10 26, NO par N 31, près du stade
0,5 ha (33 empl.) plat, herbeux, gravillons – – – A proximité :
mai-15 sept. – **R** – *6,50* *6,50* *6,50* *13*

La FLÈCHE

5 – 64 ② G. Châteaux de la Loire

Paris 242 – Angers 52 – Châteaubriant 106 – Laval 69 – Le Mans 43 – Tours 70

72200 Sarthe – 14 953 h.
Office de Tourisme, Salle Coppélie, ☎ 43 48 53 70 et 43 94 02 53

Municipal de la Route d'Or, ☎ 43 94 55 90, sortie S vers rte de Saumur et à droite, allée de la Providence, bord du Loir
4 ha (200 empl.) plat, herbeux – – –
15 fév.-15 nov. – **R** – *Tarif 94 :* *15,10* *4* *4,40/6,50* *6A : 7,10 ou 16,60 (hiver 14,30 ou 33,10)*

FLERS
5 - 60 ① G. Normandie Cotentin

Paris 239 - Alençon 71 - Argentan 43 - Caen 58 - Fougères 77 - Laval 88 - Lisieux 84 - Saint-Lô 64 - Saint-Malo 137

61100 Orne - 17 888 h.
Office de Tourisme, pl. Gén.-de-Gaulle ☎ 33 65 06 75

Municipal la Fouquerie ⋟, ☎ 33 65 35 00, E : 1,7 km par D 924, rte d'Argentan et chemin à gauche
1,5 ha (50 empl.) peu incliné, herbeux
avril-15 oct. - **R** - *11,50* *7,50* *11,50* *7,50 (3A) 12 (6A) 24,50 (10A)*

FLEURIE
11 - 74 ① G. Vallée du Rhône

Paris 413 - Bourg-en-Bresse 43 - Chauffailles 42 - Lyon 59 - Mâcon 21 - Villefranche-sur-Saône 26

69820 Rhône - 1 105 h.

Municipal la Grappe Fleurie ⋟ ≤ « Au coeur du vignoble », ☎ 74 69 80 07, à 0,6 km au sud du bourg par D 119E et à droite
2,5 ha (96 empl.) en terrasses, herbeux
18 mars-23 oct. - **R** *conseillée saison - Tarif 94 : 15,50 tennis compris 16,50/27 avec élect. (10A)*

FLORAC
15 - 80 ⑥ G. Gorges du Tarn

Paris 635 - Alès 68 - Mende 38 - Millau 75 - Rodez 119 - Le Vigan 67

48400 Lozère - 2 065 h.
Office de Tourisme, av. Jean-Monestier (fermé après-midi oct.-mai) ☎ 66 45 01 14

Municipal le Pont du Tarn ≤, ☎ 66 45 18 26, Fax 66 45 26 43, N : 2 km par N 106 rte de Mende et D 998 à droite, accès direct au Tarn
3 ha (170 empl.) plat, terrasse, herbeux, pierreux - A proximité :
avril-oct. - **R** *conseillée - 13 piscine comprise 8 13 12,50 (3 à 6A)*

La FLOTTE
17 Char.-Mar. - 71 ⑫ - voir à Ré (Ile de)

FONTAINE-SIMON
5 - 60 ⑥

Paris 127 - Dreux 40 - Chartres 36 - Evreux 66 - Mortagne-au-Perche 41 - Nogent-le-Rotrou 27

28240 E.-et-L. - 760 h.

Municipal, ☎ 37 81 88 11, N : 1,2 km par rte de Senonches et rte de la Ferrière à gauche, bord de l'Eure et d'un plan d'eau
4 ha (80 empl.) plat, herbeux - A proximité :
14 avril-oct. - **R** - *Tarif 94 : 8 5 8 13 (6A)*

FONTANGES
10 - 76 ② G. Auvergne

Paris 519 - Aurillac 40 - Mauriac 28 - Murat 49 - Salers 6

15140 Cantal - 292 h. alt. 681

Municipal la Pierre Plate, au bourg, bord de rivière
0,4 ha (40 empl.) plat, herbeux - A proximité :

FONTENAY-LE-COMTE
9 - 71 ① G. Poitou Vendée Charentes

Paris 436 - Cholet 75 - La Rochelle 49 - La Roche-sur-Yon 64

85200 Vendée - 14 456 h.
Office de Tourisme, quai Poey-d'Avant ☎ 51 69 44 99, Fax 51 50 00 90 et rte de Niort (16 juin-16 sept.) ☎ 51 53 00 09

Le Pilorge ⋟ « Situation agréable », ☎ 51 69 24 27, Sortie N par D 938ter rte de Bressuire puis 2,2 km par rue à droite et rte d'Orbrie à gauche, bord de la Vendée
0,4 ha (15 empl.) plat, herbeux
15 juin-15 sept. - **R** - *10,80 14,30/24,30 avec élect.*

FONTENOY-LE-CHÂTEAU
8 - 62 ⑮

Paris 370 - Bains-les-Bains 7 - Epinal 34 - Plombières-les-Bains 31 - Vittel 46

88240 Vosges - 729 h.

Le Fontenoy, ☎ 29 36 34 74, S : 2,2 km par D 40 rte de St-Loup-sur-Semouse
1,5 ha (69 empl.) (saison) peu incliné, herbeux - vélos - A proximité :
mai-oct. - **R** *conseillée juil.-août - 14 9 9 11 (4A)*

FONTVIEILLE
16 - 83 ⑩ G. Provence

Paris 722 - Arles 10 - Avignon 30 - Marseille 86 - Saint-Rémy-de-Provence 17 - Salon-de-Provence 36

13990 B.-du-R. - 3 642 h.
Office de Tourisme, ☎ 90 54 67 49, Fax 90 54 69 82

Municipal les Pins ⋟, ☎ 90 54 78 69, E : 1 km par D 17 rte de Maussane-les-Alpilles et rte à droite
3,5 ha (170 empl.) plat et peu incliné, pierreux, herbeux (2,5 ha) - A proximité :
avril-14 oct. - **R** *conseillée juil.-août pour séjour supérieur à 8 nuits - Tarif 94 : 14 25 18 (6A)*

FORCALQUIER
17 - 81 ⑮ G. Alpes du Sud

Paris 752 - Aix-en-Provence 77 - Apt 42 - Digne-les-Bains 48 - Manosque 22 - Sisteron 41

04300 Alpes-de-H.-Pr. - 3 993 h.
Office de Tourisme, pl. Bourguet ☎ 92 75 10 02, Fax 92 75 26 76

St-Promasse, ☎ 92 75 27 94, sortie E sur D 16 rte de Sigonce
2 ha (100 empl.) (saison) plat, peu incliné, pierreux, herbeux - vélos - A proximité :
avril-2 nov. - **R** *conseillée juil.-août - GB - 19 15 12 (4A) 19 (10A)*

FOREST-MONTIERS

1 - 52 ⑥

Paris 187 - Abbeville 18 - Amiens 63 - Berck-Plage 30 - Le Crotoy 12

80120 Somme - 336 h.

La Verte Prairie ⑤, ✆ 22 28 32 89, O : lieu-dit Neuville
3 ha (71 empl.) plat et peu incliné, herbeux - - Location :
avril-oct. - Location longue durée - *Places limitées pour le passage* - **R** *conseillée* - *9* *9* *9,50 (2A) 14 (4A)*

La FORÊT-FOUESNANT

3 - 58 ⑮ G. Bretagne

Paris 546 - Carhaix-Plouguer 62 - Concarneau 10,5 - Pont-l'Abbé 22 - Quimper 18 - Quimperlé 35

29940 Finistère - 2 369 h.
Office de Tourisme, pl. Église (fermé après-midi hors saison) ✆ 98 56 94 09

Manoir de Pen ar Steir ⑤, ✆ 98 56 97 75, Fax 98 51 40 34, sortie NE rte de Quimper et à gauche - dans locations
3 ha (105 empl.) plat et en terrasses, herbeux - - - Location :
Permanent - **R** *conseillée mi-juil.-mi-août - Tarif 94 :* *24* *40* *13 (3A) 17 (6A) 25 (10A)*

Les Falaises <, ✆ 98 56 91 26, SE : 2,5 km, accès direct à la mer
1,5 ha (100 empl.) (juil.-août) peu incliné, en terrasses, herbeux - - Location : bungalows toilés
Pâques-15 sept. - **R** *conseillée* - *16* *6* *24* *12 (6A)*

Kerleven, ✆ 98 56 98 83, Fax 98 56 82 22, SE : 2 km, à 300 m de la plage
3 ha (185 empl.) plat et en terrasses, herbeux - crêperie - half-court
juin-sept. - **R** *conseillée fin juil.-15 août* - *piscine comprise 1 pers. 67* *14 (3A) 18 (5A) 25 (10A)*

Les Saules - Stéréden-Vor, ✆ 98 56 98 57, SE : 2,5 km, à 150 m de la plage de Kerleven
2,5 ha (184 empl.) plat et peu incliné, herbeux - - - Location :
15 mai-20 sept. - **R** *conseillée juil.-août* - - *22 piscine comprise* *8* *25* *15 (6A)*

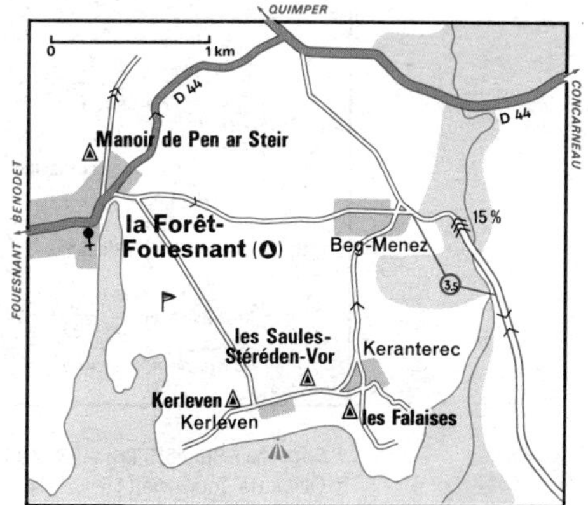

FORT-MAHON-PLAGE

1 - 51 ⑪ G. Flandres Artois Picardie

Paris 206 - Abbeville 36 - Amiens 80 - Berck-sur-Mer 18 - Calais 90 - Étaples 28 - Montreuil 24

80790 Somme - 1 042 h.

Le Royon, ✆ 22 23 40 30, Fax 22 23 65 15, S : 1 km rte de Quend
4 ha (280 empl.) plat, herbeux, sablonneux - -
mars-oct. - Location longue durée - *Places disponibles pour le passage* - **R** *conseillée juil.-août* - *élect (4A) comprise 3 pers. 90*

A la Belle Étoile, ✆ 22 23 45 55, S : 1,2 km rte de Quend
2 ha (85 empl.) plat, herbeux, sablonneux - -
Pâques-15 oct. - **R** *conseillée* - *14,50* *18* *15 (2A) 19 (3A) 23 (4A)*

FOS

14 - 86 ①

Paris 825 - Bagnères-de-Luchon 27 - Lannemezan 48 - Saint-Gaudens 41 - Vielha 28

31440 H.-Gar. - 319 h.

Municipal ⑤ <, au sud du bourg, près de l'église, bord de la Garonne
1 ha (43 empl.) plat, herbeux, gravillons - - A proximité :
Permanent - - *Tarif 94 :* *8* *8* *9 (4A) 20 (6A) 33 (8A)*

FOSSEMAGNE

10 - 75 ⑥

Paris 496 - Brive-la-Gaillarde 48 - Excideuil 30 - Les Eyzies-de-Tayac 28 - Périgueux 25

24210 Dordogne - 535 h.

Municipal le Manoire, 53 04 43 46, au SO du bourg, près d'un plan d'eau
1 ha (35 empl.) plat, herbeux - A proximité :
15 juin-15 sept. - **R** *conseillée* - *13* *12*

FOUESNANT

8 - 58 ⑮ G. Bretagne

Paris 549 - Carhaix-Plouguer 65 - Concarneau 14 - Quimper 15 - Quimperlé 39 - Rosporden 18

29170 Finistère - 6 524 h.
Office de Tourisme, 5 r. Armor
98 56 00 93, Fax 98 56 64 02

L'Atlantique « Entrée fleurie », 98 56 14 44, Fax 98 56 18 67, S : 4,5 km, à 400 m de la plage (accès direct) - juil.-août
5 ha (284 empl.) plat, herbeux - snack - Toboggan aquatique, vélos - Location : bungalows toilés
mai-sept. - **R** *conseillée juil.-août* - GB - *24 piscine comprise* *72* *20 (10A)*

La Grande Allée « Cadre agréable », 98 56 52 95, S : 1,5 km
2 ha (120 empl.) (juil.-août) plat et peu incliné, herbeux - - A proximité :
Pâques-sept. - **R** *conseillée juil.-août* - *13,80* *6,90* *13,80* *10,50 (2A) 14,20 (6A)*

Cleut Rouz, 98 56 53 19, Fax 98 56 65 49, SO : 4,8 km, à 400 m de la plage
2,5 ha (100 empl.) plat, herbeux verger (0,5 ha) - - A proximité : discothèque - Location :
avril-sept. - **R** *conseillée 15 juil.-15 août* - GB - *17,50* *10* *20* *12 (3A) 15 (5A) 18 (6A)*

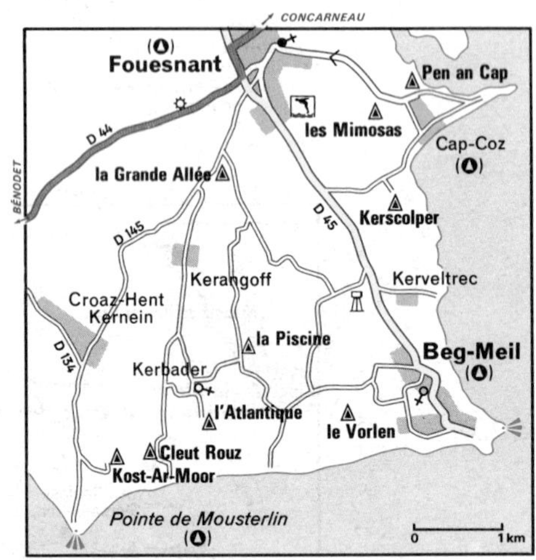

à Beg-Meil SE : 5,5 km - 29170 Fouesnant :.
Office de Tourisme (15 juin-15 sept.) 98 94 97 47

La Piscine, 98 56 56 06, NO : 4 km
2,8 ha (160 empl.) plat, herbeux - - solarium Toboggan aquatique, mini-tennis - Location :
mai-15 sept. - **R** *conseillée juil.-août* - GB - *21,50 piscine comprise* *43* *13 (3A) 16 (6A) 21 (10A)*

Le Vorlen, 98 94 97 36, Fax 98 94 97 23, à 300 m de la plage de Kerambigorn
10 ha (600 empl.) plat, herbeux - - - Location *(Pâques-20 sept.)* :
20 mai-20 sept. - **R** *conseillée juil.-août* - GB - *21 piscine comprise* *48* *12 (3 ou 5A) 18 (10A)*

à Cap-Coz SE : 3 km - 29170 Fouesnant :

Les Mimosas « Entrée fleurie », 98 56 55 81, NO : 1 km
1,2 ha (95 empl.) plat et peu incliné, terrasses, herbeux - -
juin-15 sept. - **R** *conseillée* - *15* *6* *17* *10 (2 à 6A)*

Kerscolper « Entrée fleurie », 98 56 09 48, SO : 1 km, à 500 m de la plage
2 ha (150 empl.) plat et peu incliné, herbeux, verger - - - A proximité :
15 avril-sept. - **R** *conseillée* - *13 piscine comprise* *8* *15* *10 (3A) 14 (6A)*

Pen an Cap, 98 56 09 23, au nord de la station, à 300 m de la mer
1,3 ha (100 empl.) (saison) peu incliné, herbeux, verger -

à la Pointe de Mousterlin SO : 6,5 km – ✉ 29170 Fouesnant :

Kost-Ar-Moor, ✆ 98 56 04 16, Fax 98 56 65 02, à 500 m de la plage
4 ha (360 empl.) plat, herbeux – – Location *(permanent)* : , appartements – Garage pour caravanes
avril-sept. – **R** *conseillée* – GB – *17* *9* *20* *11,50 (5A) 15 (10A)*

FOUGÈRES

4 – 59 ⑱ G. Bretagne

Paris 323 – Avranches 41 – Laval 50 – Le Mans 128 – Rennes 48 – St-Malo 76

35300 I.-et-V. – 22 239 h.
Office de Tourisme, pl. Aristide-Briand ✆ 99 94 12 20, Fax 99 99 42 41 et au Château pl. Pierre-Simon (saison) ✆ 99 99 79 59

Municipal de Paron « Entrée fleurie et cadre agréable », ✆ 99 99 40 81, E : 1,5 km par D 17 rte de la Chapelle-Janson
2 ha (90 empl.) plat et peu incliné, herbeux, gravier – – – A proximité :
mars-nov. – **R** – *Tarif 94 :* *12* *8* *13,50* *15 (5A) 18,50 (10A)*

FOUGÈRES

10 – 68 ⑱

Paris 319 – Aigurande 18 – Argenton-sur-Creuse 25 – Crozant 9 – Guéret 46

36 Indre – ✉ 36190 Orsennes

Municipal de St-Plantaire « Site agréable », ✆ 54 47 20 01, au bord du **lac de Chambon**
3 ha (150 empl.) plat, peu incliné et en terrasses, herbeux, pierreux (0,5 ha) – – A proximité : – Location :
Rameaux-Toussaint – **R** – *2 pers. 30, pers. suppl. 12*

FOURAS

9 – 71 ⑬ G. Poitou Vendée Charentes

Paris 478 – Châtelaillon-Plage 15 – Rochefort 13 – La Rochelle 29

17450 Char.-Mar. – 3 238 h.
Office de Tourisme, Fort Vauban ✆ 46 84 60 69, Fax 46 84 28 04

Le Cadoret, ✆ 46 84 02 84, côte nord, bord de l'Anse de Fouras
7 ha (450 empl.) plat, sablonneux, herbeux – – – A proximité : – Location : , bungalows toilés
Permanent – **R** *conseillée juil.-août* – GB – *piscine comprise 2 pers. 112* *18 (6A)*

FRAYSSINET

13 – 79 ⑧

Paris 549 – Cahors 30 – Cazals 27 – Fumel 62 – Puy-l'Evêque 45 – Villefranche-du-Périgord 39

46310 Lot – 251 h.

Plage du Relais, ✆ 65 31 00 16, Fax 65 31 09 60, à Pont-de-Rhodes, N : 1 km sur N 20, bord du Céou
2 ha (60 empl.) plat, herbeux – – – A proximité : – Location *(mai-sept.)* : (hôtel)
15 juin-5 sept. – **R** *conseillée* – GB – *18 piscine et tennis compris* *18* *11 (3 à 6A)*

FREISSINIÈRES

17 – 77 ⑱ G. Alpes du Sud

Paris 709 – Briançon 26 – Gap 74 – Embrun 34 – Mont-Dauphin 17 – Savines-le-Lac 45

05310 H.-Alpes – 167 h.

Municipal des Allouviers ≤, ✆ 92 20 93 24, SE : 2,5 km par D 238, bord de la Biaisse
3,2 ha (180 empl.) plat, pierreux, herbeux – snack –
mai-15 sept. – **R** *conseillée* – *13 tennis compris* *8* *10* *13 (5A)*

FRÉJUS

17 – 84 ⑧ G. Côte d'Azur

Paris 872 – Brignoles 63 – Cannes 41 – Draguignan 28 – Hyères 90

83618 Var – 41 486 h.
Office de Tourisme, ✆ 94 17 19 19, Fax 94 51 00 26

La Baume « Bel ensemble avec piscines, palmiers et plantations », ✆ 94 40 87 87, Fax 94 40 73 50, N : 4,5 km par D 4, rte de Bagnols-en-Forêt
23 ha/13 campables (514 empl.) plat et peu incliné, herbeux, pierreux – snack, pizzeria – discothèque Toboggan aquatique, théâtre de plein air – Location : bastidons (studios)
avril-sept. – **R** *indispensable juil.-août, conseillée mai, juin et sept.* – GB – *élect., piscine et tennis compris 198*

Les Pins Parasols, ✆ 94 40 88 43, Fax 94 40 81 99, N : 4 km par D 4, rte de Bagnols-en-Forêt
4,5 ha (189 empl.) plat et terrasses, herbeux, pierreux (2 ha) – - 48 empl. avec sanitaires individuels (wc) snack – Toboggan aquatique, half-court
avril-sept. – **R** *conseillée juil.-août – Tarif 94 :* *élect. et piscine comprises 2 pers. 112 (148 avec sanitaires individuels), pers. suppl. 30*

Le Dattier « Entrée fleurie », ✆ 94 40 88 93, Fax 94 40 89 01, N : 2,3 km par D 4, rte de Bagnols-en-Forêt
3,5 ha (181 empl.) en terrasses, plat, herbeux (3 ha) – – – A proximité : vélos
Pâques-sept. – **R** *conseillée – Tarif 94 :* *2 pers. 115 (157 avec élect.), pers. suppl. 27*

Fréjus, ℘ 94 40 88 03, Fax 94 40 87 83, N : 4 km par D 4, rte de Bagnols-en-Forêt – dans locations
4 ha (200 empl.) plat et vallonné, herbeux, pierreux – – cases réfrigérées Toboggan aquatique – Location :
fermé 23 déc.- 1er janv. – **R** *conseillée juil.-août* – **GB** – *piscine comprise 2 pers. 89,50, pers. suppl. 26 24 (5A))*

Malbousquet, ℘ 94 40 87 30, N : 4,3 km par D 4, rte de Bagnols-en-Forêt et chemin à gauche devant la mosquée
3 ha (75 empl.) plat, peu incliné, vallonné, terrasses, gravier, herbeux – – – Location : , studios
avril-sept. – **R** *conseillée juil.-août* – *23 piscine comprise 29 20 (6A)*

Le Pont d'Argens, ℘ 94 51 14 97, Fax 94 51 29 44, S : 3 km par N 98, rte de Ste-Maxime, bord de l'Argens
7 ha (500 empl.) plat, herbeux – – vélos – A proximité : Parc d'Attractions
avril-20 oct. – **R** *conseillée* – **GB** – *1 ou 2 pers. 125 17 (6A)*

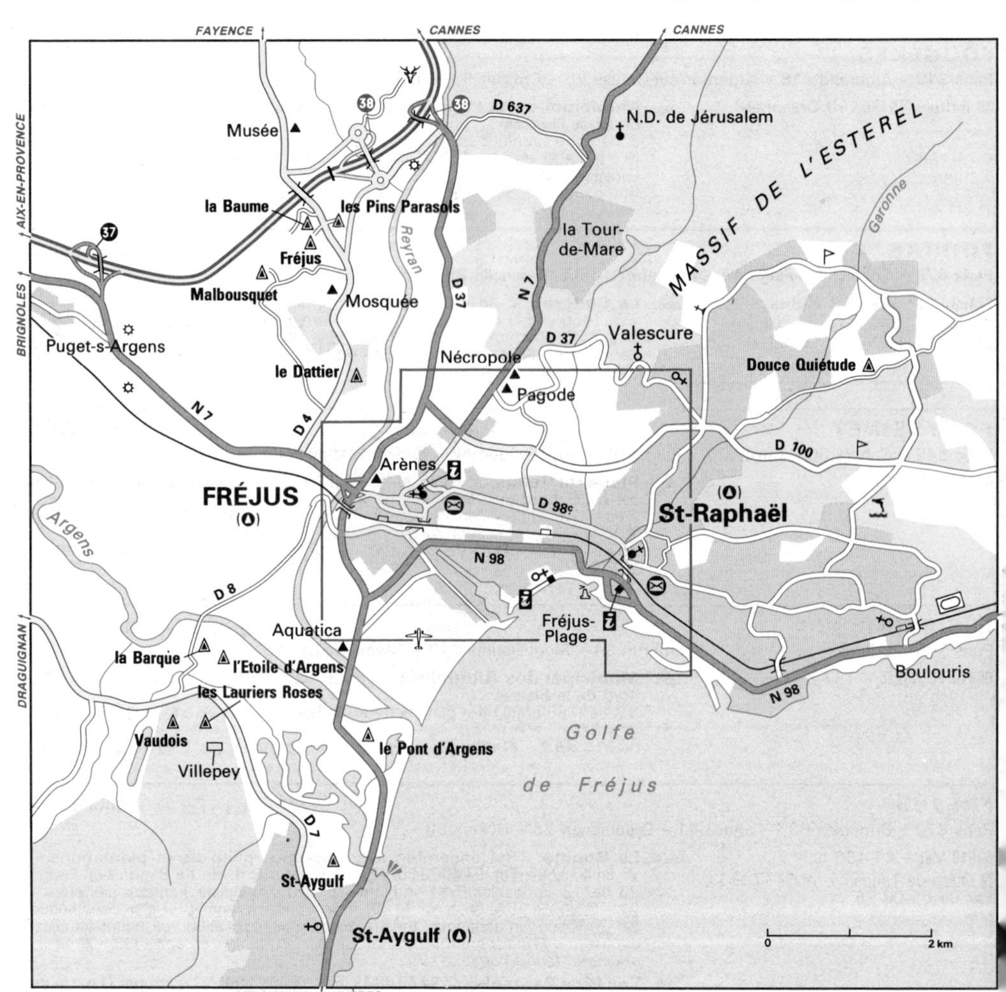

Voir aussi *à St-Aygulf et St-Raphaël*

FRÉLAND

8 – 62 ⑱

Paris 472 – Colmar 19 – Gérardmer 46 – Saint-Dié 41 – Sainte-Marie-aux-Mines 21 – Sélestat 32

68240 H.-Rhin – 1 134 h.

Municipal les Verts Bois ℘ 89 47 57 25, sortie NO par rte d'Aubure et à gauche r. de la Fonderie, bord d'un ruisseau
0,6 ha (33 empl.) (saison) en terrasses, herbeux – –
15 avril-oct. – **R** *conseillée juil.-15 août* – *14 7 12 11*

Le FRENEY-D'OISANS

12 - 77 ⑥

Paris 630 - Bourg-d'Oisans 11,5 - La Grave 17 - Grenoble 61

38142 Isère - 177 h. alt. 900

Le Traversant ≤, 76 80 18 84, S : 0,5 km par N 91 rte de Briançon
1 ha (67 empl.) en terrasses, plat, gravillons - -
vacances scolaires d'hiver, 15 juin -15 sept. - **R** - *2 pers. 55, pers. suppl. 15 15 (6A)*

FRESNAY-SUR-SARTHE

5 - 60 ⑬ G. Normandie Cotentin

Paris 234 - Alençon 20 - Laval 72 - Mamers 31 - Le Mans 37 - Mayenne 53

72130 Sarthe - 2 452 h.

Office de Toursime, pl. de Bassum (juin-sept.) 43 97 23 75

Municipal Sans Souci ≤, 43 97 32 87, O : 1 km par D 310 rte de Sillé-le-Guillaume, bord de la Sarthe
2 ha (115 empl.) plat, en terrasses, herbeux - - - A proximité :
avril-sept. - **R** - *8,80 5,70 7 11,50 (5A)*

FRESSE-SUR-MOSELLE

88 Vosges - 66 ⑧ - rattaché au Thillot

FRÉTEVAL

5 - 64 ⑦ G. Châteaux de la Loire

Paris 156 - Beaugency 38 - Blois 38 - Cloyes-sur-le-Loir 15 - Vendôme 18

41160 L.-et-C. - 848 h.

La Maladrerie, 54 82 62 75, au NO du bourg par rte du Plessis et chemin à gauche après le passage à niveau, bord d'un étang
1 ha (50 empl.) plat, pierreux, herbeux - - - Location :
avril-sept. - **R** *conseillée - 12,50 15 10 (4A)*

FRÉVENT

1 - 51 ⑬ G. Flandres Artois Picardie

Paris 182 - Abbeville 42 - Amiens 47 - Arras 38 - Saint-Pol-sur-Ternoise 12

62270 P.-de-C. - 4 121 h.

Syndicat d'Initiative, 12 r. Wilson 21 47 18 55, Fax 21 41 99 96

Municipal les Longuigneules , 21 03 78 79, sortie SE par D 339 vers Arras, bord d'un petit cours d'eau
5,5 ha (110 empl.) plat, herbeux - - - A proximité :
avril-oct. - Location longue durée - *Places disponibles pour le passage -* **R** *conseillée - 14,50 piscine et tennis compris 11,50 13,50 (3A) 20 (5A)*

FRIAUCOURT

1 - 52 ⑤

Paris 171 - Abbeville 29 - Amiens 70 - Le Crotoy 30 - Dieppe 36

80940 Somme - 708 h.

Municipal Au Chant des Oiseaux , 22 26 49 54, sortie NE par D 63 rte de Bourseville et rue à droite
1,4 ha (100 empl.) plat, herbeux - - half-court - Location :
avril-15 oct. - **R** *conseillée - 7,60 4,85 5,30/6,10 7 (2A) 12,15 (6A)*

FRONCLES-BUXIÈRES

7 - 61 ⑳

Paris 284 - Bar-sur-Aube 40 - Chaumont 24 - Joinville 21 - Rimaucourt 21

52320 H.-Marne - 2 026 h.

Municipal les Deux Ponts , sortie N par D 253 rte de Doulaincourt, bord de la Marne et près du canal de la Marne à la Saône
0,3 ha (23 empl.) plat, herbeux - - A proximité :
15 mars-15 oct. - **R** - *Tarif 94 : 5,25 8,20 10,20 (6A)*

FRONTIGNAN

16 - 83 ⑯ ⑰ G. Gorges du Tarn

Paris 783 - Lodève 65 - Montpellier 22 - Sète 7,5

34110 Hérault - 16 245 h.

Office de Tourisme, rond-point de l'Esplanade 67 48 33 94, Fax 67 43 26 34

à Frontignan-Plage S : 1 km - 34110 Frontignan :

Les Tamaris, 67 43 44 77, Fax 67 51 20 29, NE par D 60, bord de plage
4,5 ha (263 empl.) plat, herbeux, pierreux - cases réfrigérées - salle de musculation - Location :
24 mai-16 sept. - **R** *conseillée* - GB - *élect. (6A) et piscine comprises 2 pers. 98 à 165, pers. suppl. 21 à 30*

Le Soleil - Camp nº 2, 67 43 02 02, NE par D 60 et chemin à droite, à 100 m de la plage (accès direct)
1,5 ha (100 empl.) plat, sablonneux, herbeux - - - A proximité : - Location :
mai-sept. - **R** *conseillée - elect. et piscine comprises 2 pers. 125*

Riqu'et Zette, 67 48 24 30, sur D 129, à 200 m de la plage et près d'un étang
1 ha (55 empl.) plat, sablonneux, herbeux - - A proximité : - Location :
début avril-début oct. - **R** *conseillée juil.-août* - - *1 à 3 pers. 65 15 (5 ou 6A)*

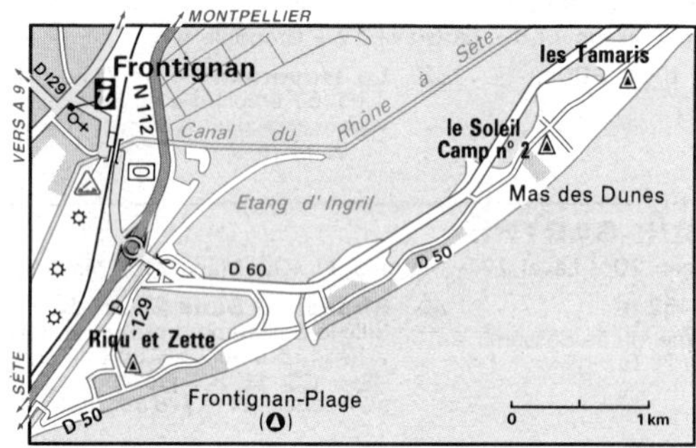

FUILLA

15 - 86 ⑰

Paris 917 - Font-Romeu-Odeillo-Via 42 - Perpignan 54 - Prades 9,5 - Vernet-les-Bains 7,5

66820 Pyr.-Or. - 297 h.

Le Rotja ≤, ✆ 68 05 26 01, au bourg
1,2 ha (50 empl.) plat, herbeux, pierreux, verger - A proximité : snack - Location :
juin-sept. - **R** *conseillée juil.* - *13* *13* *11 (4A)*

Les FUMADES

16 - 80 ⑧

Paris 697 - Alès 10,5 - Barjare 23 - La Grand-Combe 23 - Saint-Ambroix 13

30 Gard - ✉ 30500 St-Ambroix

Domaine des Fumades, ✆ 66 24 80 78, Fax 66 24 82 42, accès par D 241, à proximité de l'Établissement Thermal, bord de l'Alauzène
15 ha/6 campables (160 empl.) plat et peu incliné, herbeux, pierreux - half-court - A proximité : - Location :
13 mai-17 sept. - **R** *indispensable juil.-août* - *26 piscine comprise* *63* *11 (2A) 19 (4A)*

FUMEL

14 - 79 ⑥ G. Pyrénées Aquitaine

Paris 601 - Agen 57 - Bergerac 69 - Cahors 48 - Montauban 76 - Villeneuve-sur-Lot 28

47500 L.-et-G. - 5 882 h.
Syndicat d'Initiative, pl. G.-Escande
✆ 53 71 13 70, Fax 53 71 40 91

Condat, ✆ 53 71 11 99, E : 2 km par D 911 rte de Cahors puis, à la sortie de Condat, 1,2 km par rte à droite, bord du Lot
2,3 ha (80 empl.) (saison) plat, herbeux, goudronné (0,5 ha) -
avril-sept. (hiver : se renseigner) - **R** *conseillée juil.-août* - *15* *24* *8 (10A)*

GABARRET

14 - 79 ⑬

Paris 718 - Agen 66 - Auch 76 - Bordeaux 138 - Mont-de-Marsan 47 - Pau 94

40310 Landes - 1 335 h.

Parc Municipal Touristique la Chêneraie, ✆ 58 44 92 62, sortie E par D 35 rte de Castelnau-d'Auzan et chemin à droite
0,7 ha (36 empl.) (saison) peu incliné, herbeux - A proximité : - Location :
mars-oct. - **R** *conseillée* - *10,80 piscine comprise* *5,30/9,40* *9,30 (10A)*

GACÉ

5 - 60 ④

Paris 164 - L'Aigle 27 - Alençon 47 - Argentan 28 - Bernay 41

61230 Orne - 2 247 h.

Municipal le Pressoir, à l'est du bourg par N 138
0,8 ha (22 empl.) peu incliné à incliné, herbeux -
juin-10 sept. - *8* *7* *8,90*

La GACILLY

4 - 63 ⑤

Paris 404 - Châteaubriant 66 - Dinan 89 - Ploërmel 30 - Redon 14 - Rennes 62 - Vannes 53

56200 Morbihan - 2 268 h.

Municipal, ✆ 99 08 15 28, SE : 0,5 km par D 777 rte de Sixt-sur-Aff, bord de l'Aff
1,5 ha (90 empl.) (saison) plat, herbeux -

GAILLAC

15 - 82 ⑨ ⑩ G. Pyrénées Roussillon

Paris 670 - Albi 22 - Cahors 82 - Castres 47 - Montauban 50 - Toulouse 57

81600 Tarn - 10 378 h.
Office de Tourisme, pl. de la Libération
✆ 63 57 14 65

Municipal le Lido « Près d'un parc », ✆ 63 57 18 30, sortie SE par D 964 rte de Graulhet et r. St-Roch à droite, bord du Tarn
1 ha (33 empl.) plat, herbeux - A proximité :
juin-sept. - **R** *conseillée* - *Tarif 94 :* *10* *18* *10*

GALÉRIA 2B H.-Corse – 90 ⑭ – voir à Corse

GALLARGUES-LE-MONTUEUX

16 – 83 ⑧

Paris 732 – Aigues-Mortes 20 – Montpellier 34 – Nîmes 26 – Sommières 10,5

30660 Gard – 1 988 h.

Les Amandiers, 66 35 28 02, sortie SO, rte de Lunel et rue du stade, à droite – dans locations
3 ha (150 empl.) plat, pierreux, herbeux – – – A proximité : tir à l'arc – Location :
12 mai-3 sept. – **R** *conseillée juil.-août* – GB – *piscine comprise 2 pers. 65, pers. suppl. 20* *15 (4A) 23 (6A)*

GANGES

15 – 80 ⑯ G. Gorges du Tarn

Paris 707 – Lodève 50 – Montpellier 45 – Le Vigan 19

34190 Hérault – 3 343 h.

Le Tivoli, 67 73 97 28 34190 Laroque, SE : 1 km par D 986 rte de Montpellier, accès direct à l'Hérault
1,2 ha (68 empl.) plat, herbeux – – A proximité :
juin-août – **R** *conseillée* – *15* *1* *12/16* *10 (3A)*

GAP P

17 – 77 ⑯ G. Alpes du Sud

Paris 674 – Avignon 170 – Grenoble 104 – Sisteron 49 – Valence 160

05000 H.-Alpes – 33 444 h.
alt. 733.
Office de Tourisme, 12 r. Faure-du-Serre 92 51 57 03, Fax 92 53 63 29

Alpes-Dauphiné ≤, 92 51 29 95, Fax 92 53 58 42, N : 3 km sur N 85 rte de Grenoble – alt. 850
5 ha (180 empl.) incliné, en terrasses, herbeux – pizzeria – – Location :
Permanent – **R** *juil.-août* – GB – *26 piscine comprise* *30* *15 (3A) 24 (6A) 35 (10A)*

Napoléon ≤ Gap et montagnes, 92 52 12 41, N : 3,5 km sur N 85 rte de Grenoble – alt. 920
4 ha (50 empl.) incliné, terrasses, herbeux (2 ha) –
Permanent – **R** *conseillée juil.-août* – *13* *13* *15 (2A) 20 (6A) 25 (10A)*

à la Rochette NE : 9 km par N 94 rte d'Embrun, D 314 et D 14 – 3 970 h.
05000 la Rochette :

Le Chapeau de Napoléon ≤, 92 51 28 80 – alt. 1 130
1 ha (33 empl.) incliné, herbeux – snack – – Location :

La GARDE 38 Isère – 77 ⑥ – rattaché au Bourg-d'Oisans

La GARDE-FREINET

17 – 84 ⑰ G. Côte d'Azur

Paris 856 – Brignoles 46 – Fréjus 42 – Hyères 54 – Toulon 74 – Saint-Tropez 20 – Sainte-Maxime 22

83680 Var – 1 465 h.

Municipal St-Eloi, 94 43 62 40, sortie S par D 558, rte de Grimaud – P (tentes)
1,5 ha (100 empl.) plat et en terrasses, herbeux, pierreux – – A proximité :
15 juin-15 sept. – **R** – *Tarif 94 :* *14,50 piscine comprise* *14,50/16,50*

GARIN 31 H.-Gar. – 85 ⑳ – rattaché à Bagnères-de-Luchon

La GARONNE 83 Var – 84 ⑮ – rattaché au Pradet

GASTES

13 – 78 ⑬ ⑭

Paris 665 – Arcachon 48 – Biscarrosse 17 – Mimizan 18 – Pacentis-en-Born 7,8

40160 Landes – 368 h.

La Réserve, 58 09 75 96, Fax 58 09 76 13, SO : 3 km par D 652 rte de Mimizan et chemin à droite, à 100 m de l'étang (accès direct)
27 ha (830 empl.) plat, herbeux, sablonneux – cafétéria – vélos, practice de golf, tir à l'arc – Location :
15 mai-16 sept. – **R** *conseillée juil.-août – Tarif 94 :* *piscine comprise 2 pers. 127, pers. suppl. 26* *19 (6A)*

GATTEVILLE-LE-PHARE

4 – 54 ③ G. Normandie Cotentin

Paris 360 – Caen 121 – Carentan 51 – Cherbourg 28 – Saint-Lô 78 – Valognes 28

50760 Manche – 556 h.

La Ferme du Bord de Mer, 33 54 01 77, S : 1 km par D 116 rte de Barfleur, près de la mer
2 ha (50 empl.) peu incliné, herbeux – – vélos – Location :

GAVARNIE

14 - 85 ⑱ G. Pyrénées Aquitaine

Paris 873 - Lourdes 50 - Luz-St-Sauveur 20 - Pau 93 - Tarbes 70

65120 H.-Pyr. - 177 h. alt. 1 357 - Sports d'hiver : 1350/2400 m, 12.
Office de Tourisme, pl. de la Bérangère (juil.-sept., 15 déc.-avril) 62 92 49 10, Fax 62 92 46 12

Le Pain de Sucre ≤, 62 92 47 55, N : 3 km par D 921 rte de Luz-St-Sauveur, bord du Gave de Gavarnie - alt. 1 273
1,5 ha (50 empl.) (juil.-août) plat, herbeux -
juil.-sept. - R - *Tarif 94 : 13 10 10 (2A) 27 (6A)*

Le GÂVRE

4 - 63 ⑯ G. Bretagne

Paris 400 - Châteaubriant 39 - Nantes 49 - Redon 36 - Saint-Nazaire 49

44130 Loire-Atl. - 995 h.

Municipal de la Forêt, sortie S rte de Blain et à droite, bord d'un plan d'eau
2,5 ha (150 empl.) plat, herbeux, forêt attenante - -
A proximité :
Pâques-oct. - R

GÈDRE

14 - 85 ⑱ G. Pyrénées Aquitaine

Paris 856 - Lourdes 43 - Luz-Saint-Sauveur 12 - Pau 86 - Tarbes 63

65120 H.-Pyr. - 317 h. alt. 1 011

Le Mouscat , 62 92 47 53, N : 0,7 km par D 921 rte Luz-St-Sauveur et à gauche, bord du Gave de Gavarnie
1 ha (50 empl.) plat, herbeux - - A proximité : toboggan aquatique
juil.-août - R - *13 14 12 (2A)*

Le Soumaoute ≤ montagnes, 62 92 48 70, près de l'église
0,3 ha (22 empl.) plat et en terrasses, herbeux - - - A proximité : toboggan aquatique - Location : gîte d'étape, appartements
vacances scolaires d'hiver, juil.-15 sept. - R - *10 12 10 (2A)*

Le Relais d'Espagne ≤, 62 92 47 70, N : 2,8 km par D 921 rte de Luz-St-Sauveur, à la station service, bord du Gave de Gavarnie
2 ha (34 empl.) plat, pierreux, herbeux - snack - Location :
mai-sept. - R - *Tarif 94 : 10 12 11 (2A)*

GEMAINGOUTTE

8 - 62 ⑱

Paris 405 - Colmar 45 - Ribeauvillé 30 - Saint-Dié 12 - Sainte-Marie-aux-Mines 12 - Sélestat 38

88520 Vosges - 123 h.

Municipal le Violu, sortie O par N 59 rte de St-Dié, bord d'un ruisseau
1 ha (48 empl.) plat, herbeux -
avril-oct. - R - *Tarif 94 : 10 8 9 10 (5A)*

GÉMENOS

16 - 84 ⑭ G. Provence

Paris 792 - Aix-en-Provence 36 - Brignoles 47 - Marseille 25 - Toulon 50

13420 B.-du-R. - 5 025 h.
Office de Tourisme, Cours Pasteur 42 32 18 44

Le Clos ≤, 42 32 18 24, sortie S rte de Toulon
1,7 ha (53 empl.) plat, herbeux - cases réfrigérées - - A proximité :
avril-sept. - R *conseillée juil.-août - 2 pers. 69, 3 pers. 96, 4 pers. 120 14 (4A)*

GÉMOZAC

9 - 71 ⑤

Paris 494 - Cognac 35 - Jonzac 25 - Royan 30 - Saintes 21

17260 Char.-Mar. - 2 333 h.

Municipal, 46 94 50 16, sortie O rte de Royan, près de la piscine
1 ha (40 empl.) plat, herbeux - - A proximité :
24 juin-3 sept. - R - *1 pers. 20, 2 ou 3 pers. 31, 4 ou 5 pers. 46*

GENÊTS

4 - 59 ⑦ G. Normandie Cotentin

Paris 349 - Avranches 10 - Granville 23 - Le Mont-Saint-Michel 32 - Saint-Lô 66 - Villedieu-les-Poêles 30

50530 Manche - 481 h.

Les Coques d'Or ≤, 33 70 82 57, Fax 33 70 86 83, NO : 0,7 km par D 35E1 rte du Bec d'Andaine
4,7 ha (225 empl.) plat, herbeux - - - Location :
avril-sept. - R *conseillée saison - 22 piscine comprise 11,50 11,50*

GENILLÉ

10 - 64 ⑯ G. Châteaux de la Loire

Paris 240 - Amboise 32 - Blois 56 - Loches 10,5 - Montrichard 21 - Tours 51

37460 I.-et-L. - 1 428 h.

Municipal, au sud du bourg par D 764 rte de Loches, au terrain de sports
0,5 ha (18 empl.) plat, herbeux - - A proximité :
15 juin-15 sept. - R - *11 14 12 (10A)*

GENNES

5 - 64 ⑫

Paris 301 - Angers 32 - Bressuire 64 - Cholet 61 - La Flèche 47 - Saumur 16

49350 M.-et-L. - 1 867 h.

Districal du Bord de l'Eau, ✆ 41 38 04 67, sortie N, près du pont, bord de la Loire
2,5 ha (170 empl.) plat, herbeux, sablonneux - A proximité :
Pâques-15 oct. - **R** - *Tarif 94 : 10 10 9 (5A)*

GÉNOLHAC

16 - 80 ⑦ G. Gorges du Tarn

Paris 643 - Alès 36 - Florac 50 - La Grand-Combe 27 - Nîmes 83 - Villefort 16

30450 Gard - 827 h.
Office de Tourisme, Maison de Pays ✆ 66 61 18 32

Les Esparnettes ≤, S : 4,5 km par D 906, rte de Chamborigaud puis 0,4 km par D 278 à droite, à Pont-de-Rastel, bord du Luech
1,5 ha (63 empl.) (saison) plat, herbeux - A proximité :
avril-sept. - **R** *conseillée juil.-août - 12 7 12 12 (6A)*

GENOUILLÉ

9 - 71 ③

Paris 454 - Rochefort 19 - La Rochelle 38 - Saint-Jean-d'Angély 25 - Surgères 13 - Tonnay-Boutonne 8,5

17430 Char.-Mar. - 533 h.

Municipal l'Étang des Rosées, ✆ 46 27 70 01, S : 1 km, à 50 m de l'étang
1 ha (33 empl.) peu incliné et plat, herbeux - - A proximité :

GÉRARDMER

8 - 62 ⑰ G. Alsace Lorraine

Paris 438 - Belfort 77 - Colmar 51 - Épinal 43 - Saint-Dié 27 - Thann 48

88400 Vosges - 8 951 h. alt. 665 - Sports d'hiver : 750/1 150 m 20.
Office de Tourisme, pl. des Déportés ✆ 29 63 08 74, Fax 29 63 08 25

Les Granges-Bas, ✆ 29 63 12 03, O : 4 km par D 417 puis, à Costet-Beillard, 1 km par chemin à gauche (hors schéma)
2 ha (100 empl.) plat et peu incliné, prairie -
juin-15 sept. - **R** - *Tarif 94 : 8 4 5,50 8 (2A) 15 (5A)*

Les Sapins, ✆ 29 63 15 01, Fax 29 60 03 30, SO : 1,5 km, à 200 m du lac
1,3 ha (70 empl.) plat, herbeux - - A proximité :
10 avril-sept. - **R** - *2 pers. 61,90, pers. suppl. 17,50 14,50 (4A) 28 (6A)*

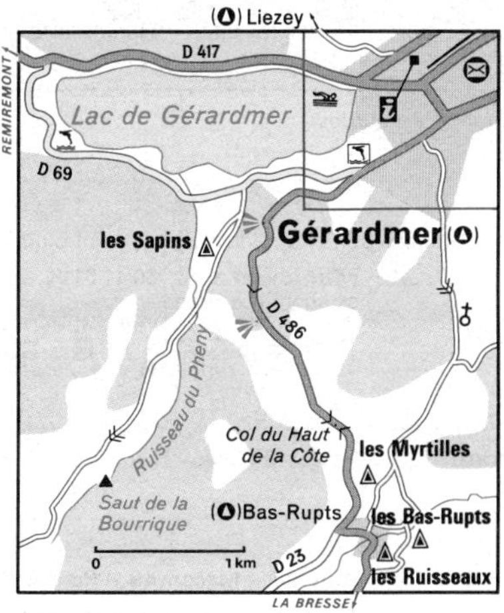

Bas-Rupts S : 4 km par D 486 rte du Thillot - alt. 800
✉ 88400 Gérardmer :

Les Ruisseaux ≤, ✆ 29 63 13 06 - alt. 760
1,5 ha (70 empl.) vallonné, herbeux -
Pâques-fin sept. - **R** - *9 4,50 4,50 12 (4A)*

Les Bas-Rupts ≤, ✆ 29 63 37 15, au bord d'un petit torrent - alt. 750
1,5 ha (50 empl.) plat, peu incliné, herbeux (0,5 ha) -
15 juin-15 sept. - **R** - *9 4,50 4,50 10 (3 ou 4A)*

Les Myrtilles ≤, ✆ 29 63 21 38
2 ha (65 empl.) plat et peu incliné, prairie -
15 juin-août - **R** - *10 5 5*

à Liézey NO : 9,5 km par D 417 et D 50 à droite - 298 h. alt. 750
✉ 88400 Liézey :

La Forêt ≤, ✆ 29 60 07 20, au bourg (hors schéma) -
0,7 ha (35 empl.) incliné, herbeux -
Pâques-mi oct. - **R** *conseillée juil.-août - 12 8 9/11*

GÉRAUDOT

7 - 61 ⑰ G. Champagne

Paris 205 - Bar-sur-Aube 36 - Bar-sur-Seine 27 - Brienne-le-Château 23 - Troyes 21

10220 Aube - 274 h.

L'Épine aux Moines, 25 41 24 36, SE : 1,3 km par D 43, à 200 m du lac de la Forêt d'Orient
2,8 ha (186 empl.) plat et peu incliné, herbeux - A proximité :
15 mars-15 oct. - **R** *conseillée* - *13* *29* *12 (4A) 18 (6A) 25 (10A)*

GERSTHEIM

8 - 62 ⑩ G. Alsace Lorraine

Paris 518 - Marckolsheim 30 - Obernai 22 - Sélestat 27 - Strasbourg 29

67150 B.-Rhin - 2 808 h.

Municipal Au Clair Ruisseau, 88 98 30 04, sortie NE vers le Rhin et chemin à gauche, bord d'un étang et d'un cours d'eau
3 ha (66 empl.) (saison) plat, herbeux (0,8 ha) - -
avril-sept. - **R** - *Tarif 94 :* *12* *14* *15 (6A)*

GESTÉ

9 - 67 ⑤

Paris 356 - Ancenis 26 - Beaugreau 11 - Cholet 24 - Nantes 39

49600 M.-et-L. - 2 447 h.

La Théviniére « Agréable cadre boisé près d'un étang », 41 56 69 46, SE : 2,9 km par D 67 rte de St-Germain-sur-Moine et chemin à gauche, à la Base de Loisirs
22 ha/1 campable (25 empl.) plat, herbeux, pierreux - - vélos
15 juin-15 sept. - **R** - *11,50* *22* *12,50 (10A)*

Les GETS

12 - 74 ⑧ G. Alpes du Nord

Paris 585 - Annecy 72 - Bonneville 31 - Chamonix-Mont-Blanc 62 - Cluses 22 - Genève 55 - Morzine 6

74260 H.-Savoie - 1 287 h.
alt. 1 170 - Sports d'hiver :
1 172/1 850 m 5 51.
Office de Tourisme 50 79 75 55,
Fax 50 79 76 90

La Grange au Frêne massif du Mt-Blanc « Belle situation dominante », 50 75 80 60, sortie SO par D 902 rte de Taninges puis 2,3 km par rte des Platons à droite - alt. 1 315
0,3 ha (19 empl.) non clos, en terrasses, peu incliné, herbeux - -
15 juin-15 sept. - **R** *conseillée* - *3 pers. 80* *10 (2A) 20 (4A)*

GEU **65** H.-Pyr. - 85 ⑱ - rattaché à Lourdes

GEX

12 - 70 ⑮ ⑯ G. Jura

Paris 495 - Genève 16 - Lons-le-Saunier 96 - Pontarlier 110 - Saint-Claude 44

01170 Ain - 6 615 h. alt. 628.
Office de Tourisme, square Jean-Clerc 50 41 53 85,
Fax 50 41 81 00

Municipal, 50 41 61 46, E : 1 km par D 984^{c} rte de Divonne-les-Bains et chemin à droite
3,3 ha (149 empl.) plat et peu incliné, herbeux, gravillons, goudronné - - A proximité :
12 juin-17 sept. - **R** - *15* *11* *11/14* *12 (16A)*

GHISONACCIA **2B** H.-corse - 90 ⑥ - voir à Corse

GIBLES

11 - 69 ⑱

Paris 381 - Charlieu 28 - Charolles 16 - Cluny 36 - Mâcon 49 - Paray-le-Monial 29

71800 S.-et-L. - 604 h.

Château de Montrouant « Parc au bord d'un étang », 85 84 51 13, Fax 85 84 52 80, NE : 1,6 km rte de Charolles et chemin
1 ha/1 campable (40 empl.) peu incliné, plat, gravillons - - poneys, half-court
20 juin-août - **R** *conseillée 8 juil.-20 août* - GB - *22 piscine comprise* *20* *20* *19 (6A)*

GIEN

6 - 65 ② G. Châteaux de la Loire

Paris 153 - Auxerre 85 - Bourges 78 - Cosne-sur-Loire 41 - Orléans 68 - Vierzon 74

45500 Loiret - 16 477 h.
Office de Tourisme, Centre Anne-de-Beaujeu 38 67 25 28,
Fax 38 38 23 16

Les Bois du Bardelet M « Cadre agréable », 38 67 47 39, Fax 38 38 27 16, SO : 5 km par D 940 rte de Bourges et 2 km par rte à gauche - Pour les usagers venant de Gien, accès conseillé par D 53 rte de Poilly-lez-Gien et 1ère à droite - dans locations
12 ha/6 campables (260 empl.) plat, herbeux, étang - pizzeria, snack - toboggan aquatique poneys, tir à l'arc, vélos - Location : bungalows toilés
mai-sept. - **Location longue durée** - *Places disponibles pour le passage* - **R** *conseillée* - GB - *piscine comprise 2 pers. 100* *22 (15A)*

GIENS

17 - 84 ⑯ G. Côte d'Azur

Paris 863 - Carqueiranne 11 - Draguignan 88 - Hyères 11 - Toulon 26

83 Var - ✉ 83400 Hyères

Schéma à Hyères

La Bergerie, ✆ 94 58 91 75, Fax 94 58 14 28, NE : 1,5 km sur D 97, à 200 m de la plage (accès direct)
0,8 ha (60 empl.) plat, herbeux - snack - A proximité : - Location :
fermé 11 janv.-28 fév. - R - *2 pers. 90 22 (3A) 30 (6A) 40 (10A)*

GIGEAN

15 - 83 ⑯

Paris 778 - Agde 31 - Gignac 32 - Frontignan 10,5 - Pézenas 30

34770 Hérault - 2 529 h.

Municipal, ✆ 67 78 82 48, vers sortie SO et 0,5 km par chemin du stade à droite, bord de la N 113
1 ha (63 empl.) plat, pierreux - - A proximité :
15 juin-15 sept. - **R** *conseillée* - *2 pers. 38,50 13,50 (10A)*

GIGNAC

15 - 83 ⑥ G. Gorges du Tarn

Paris 738 - Béziers 49 - Clermont-l'Hérault 11,5 - Lodève 30 - Montpellier 29 - Sète 45

34150 Hérault - 3 652 h.
Office de Tourisme, pl. Gén.-Claparède ✆ 67 57 58 83, Fax 67 57 67 95

Municipal la Meuse, ✆ 67 57 92 97, NE : 1,2 km par D 32, rte d'Aniane puis chemin à gauche, à 200 m de l'Hérault et d'une Base Nautique
3,4 ha (61 empl.) plat, herbeux - - parcours sportif - A proximité : tir à l'arc
juin-sept. - **R** *conseillée 15 juil.-15 août - 10 tennis compris 45 12 (6A)*

Moulin de Siau, ✆ 67 57 51 08 ✉ 34150 Aniane, NE : 2,2 km par D 32 rte d'Aniane puis chemin à gauche, bord d'un ruisseau et à 200 m de l'Hérault (accès direct)
2,5 ha (115 empl.) plat, pierreux, herbeux - - A proximité :
15 juin-15 sept. - **R** *juil.-août - 2 pers. 54 13 (5A)*

GIGNY-SUR-SAÔNE

12 - 70 ⑫

Paris 355 - Chalon-sur-Saône 26 - Le Creusot 50 - Louhans 29 - Mâcon 47 - Tournus 14

71240 S.-et-L. - 401 h.

Château de l'Épervière « Parc boisé au bord d'un étang », ✆ 85 44 83 23, Fax 85 44 74 20, S : 1 km, à l'Épervière
7 ha (100 empl.) plat, herbeux - -
12 avril-sept. - **R** *indispensable 10 juil.-20 août - 21 piscine comprise 30 15 (4A)*

GILETTE

17 - 84 ⑱ ⑲ G. Côte d'Azur

Paris 876 - Antibes 43 - Nice 35 - St-Martin-Vésubie 44

06830 Alpes-Mar. - 1 024 h.

Moulin Noï « Site et cadre agréables », ✆ 93 08 92 40, Fax 93 08 44 77, sur D 2209, à 1,8 km au SO de Pont Charles-Albert (N 202), bord de l'Estéron
4 ha (125 empl.) plat, pierreux (1 ha) - - - Location :
avril-sept. - **R** *conseillée juil.-août* - GB - *piscine comprise 2 pers. 94, 3 pers. 117 15 (3A) 17,50 (4A) 21,50 (6A)*

GIRAC

10 - 75 ⑲

Paris 529 - Beaulieu-sur-Dordogne 11,5 - Brive-la-Gaillarde 44 - Gramat 28 - Saint-Céré 11,5 - Souillac 39

46130 Lot - 329 h.

Les Chalets sur Dordogne, ✆ 65 10 93 33, Fax 65 10 93 34, NO : 1,7 km par D 703, rte de Vayrac puis chemin à gauche, bord de la Dordogne
2 ha (36 empl.) (saison) plat, herbeux, sablonneux (0,3 ha) - grill - vélos - A proximité : - **R** *conseillée* - GB - *Tarif 94 : 22 27 16 (6 à 10A)*

GLÈRE

8 - 66 ⑱

Paris 472 - Besançon 100 - La Chaux-de-Fonds 48 - Montbéliard 48 - Porrentruy 19 - Saint-Hippolyte 19

25190 Doubs - 187 h.

Municipal, ✆ 81 93 97 28, E : 1,5 km par ancienne rte de Brémoncourt (rive droite du Doubs)
3 ha (79 empl.) plat, peu incliné et en terrasses, gravillons - - - Location : huttes
mars-oct. - Location longue durée - *Places limitées pour le passage* - R - *7 piscine comprise 6 6 10 (6A) 12 (10A)*

GOLINHAC

15 - 80 ② G. Gorges du Tarn

Paris 621 - Conques 28 - Entraygues-sur-Truyère 10,5 - Espalion 26 - Rodez 37

12140 Aveyron - 458 h. alt. 648

Municipal Bellevue, ✆ 65 44 50 73, au SO du bourg
1 ha (42 empl.) incliné, en terrasses, plat, herbeux - - - Location : gîte d'étape
juil.-15 sept. - **R** - *12,50 4,30 4,30 5,30*

GONNEVILLE-EN-AUGE 14 Calvados – 54 ⑯ – rattaché à Merville-Franceville-Plage

GOUAUX
14 – 85 ⑲

Paris 855 – Arreau 5,5 – Bagnères-de-Bigorre 43 – Bagnères-de-Luchon 38 – Lannemezan 32 – Tarbes 64

65440 H.-Pyr. – 62 h. alt. 925

Le Ruisseau, 62 39 95 49, au bourg, sur D 25
2 ha (100 empl.) (saison) peu incliné, en terrasses, herbeux
Permanent – **R** – *12,50* *13* *19 (4A) 33 (10A)*

GOUDARGUES
16 – 80 ⑨ G. Provence

Paris 664 – Alès 48 – Bagnols-sur-Cèze 15 – Barjac 19 – Lussan 78 – Pont-Saint-Esprit 24

30630 Gard – 788 h.

La Grenouille, 66 82 21 36, au bourg, près de la Cèze (accès direct) et bord d'un ruisseau
0,8 ha (50 empl.) (juil.-août) plat, herbeux – – A proximité :
avril-1er oct. – **R** *conseillée* – *piscine comprise 2 pers. 70, pers. suppl. 15* *15 (4A)*

St-Michelet, 66 82 24 99, Fax 66 82 34 43, NO : 1 km par D 371, rte de Frigoulet, bord de la Cèze
4 ha (160 empl.) plat et peu incliné, terrasse, herbeux (1 ha) – –
avril-sept. – **R** – GB – *2 pers. 55, pers. suppl. 12* *10 (3A) 15 (6A)*

Le Mas de Rome, 66 82 25 24, S : 0,5 km par D 23, rte d'Uzès puis 1,5 km par chemin à gauche, bord de la Cèze – Pour caravanes, accès difficile à certains emplacements, tracteur disponible
7 ha (80 empl.) plat et accidenté, en terrasses, pierreux, herbeux (3,5 ha) – –
20 mai-20 sept. – **R** *conseillée juil.-août* – *2 pers. 64* *14 (3A)*

GOUESNACH 29 Finistère – 58 ⑮ – rattaché à Bénodet

GOUJOUNAC
14 – 79 ⑦ G. Périgord Quercy

Paris 576 – Cahors 27 – Fumel 24 – Gourdon 31 – Villeneuve-sur-Lot 51

46250 Lot – 174 h.

Municipal la Pinède, sortie O du bourg par D 660, rte de Villefranche-du-Périgord
0,5 ha (16 empl.) en terrasses, plat, herbeux –
30 juin-août – **R** – *Tarif 94 :* *18 piscine et tennis compris* *20* *10*

GOURDON
13 – 75 ⑱ G. Périgord Quercy

Paris 549 – Bergerac 90 – Brive-la-Gaillarde 64 – Cahors 44 – Figeac 64 – Périgueux 92 – Sarlat-la-Canéda 26

46300 Lot – 4 851 h.
Office de Tourisme, r. du Majou
65 41 06 40, Fax 65 41 44 74

Municipal Écoute s'il Pleut, 65 41 06 19, NO : 1,6 km par D 704 rte de Sarlat-la-Canéda et chemin à gauche, près d'un plan d'eau
5 ha (150 empl.) peu incliné, en terrasses, pierreux (3 ha) – – A proximité : – Location : , gîtes, bungalows toilés
juin-sept. – **R** – *17 à 20 piscine et tennis compris* *19 à 22* *12,50 à 14 (6A)*

Le Paradis (aire naturelle), 65 41 09 73, SO : 1,6 km par rte de Fumel et chemin à gauche par le parking d'Intermarché
1 ha (24 empl.) plat, peu incliné, herbeux – – – A proximité : – Location *(permanent) :*
Pâques-Toussaint – **R** *conseillée 14 juil.-août* – *piscine comprise 1 pers. 22* *8 (4A)*

GOURETTE
13 – 85 ⑰ G. Pyrénées Aquitaine

Paris 825 – Argelès-Gazost 34 – Eaux-Bonnes 8 – Laruns 14 – Lourdes 46 – Pau 51

64 Pyr.-Atl. alt. 1 400 – Sports d'hiver : 1 400/2 400 m 2 21
64440 Eaux-Bonnes.
Office de Tourisme, pl. Sarrière
59 05 12 17, Fax 59 05 12 56

Le Ley, 59 05 11 47, O : 2 km rte d'Eaux-Bonnes, bord du Valentin – alt. 1 175
1,5 ha (50 empl.) plat, en terrasses, goudronné –
juil.-7 sept., 15 déc.-20 avril – **R** *conseillée hiver – Tarif 94 :* *2 à 5 pers. 45 à 95, pers. suppl. 20* *18 à 43 (2 à 16A)*

GOUVILLE-SUR-MER
4 – 54 ⑫

Paris 347 – Barneville-Carteret 42 – Carentan 37 – Coutances 12 – Saint-Lô 42

50560 Manche – 1 324 h.

Belle Etoile, 33 47 86 87, Fax 33 46 14 26, O : 3 km par D 268 et rte du bord de mer, près de la plage
2,3 ha (168 empl.) plat et accidenté, sablonneux, herbeux – – – Location :
Location longue durée – *Places disponibles pour le passage*

Municipal le Sénéquet, 33 47 84 37, O : 3 km par D 268 et rte du bord de mer, près de la plage
3 ha (200 empl.) (juil.-août) plat et accidenté, sablonneux, herbeux – –
avril-1er nov. – **R** *conseillée juil.-août* – *13,50* *15,50* *11 (6A)*

GRAMAT

13 - 75 ⑲ G. Périgord Quercy

Paris 541 - Brive-la-Gaillarde 56 - Cahors 53 - Figeac 35 - Gourdon 36 - Saint-Céré 21

46500 Lot - 3 526 h.

Office de Tourisme, pl. de la République (Pentecôte-sept.) ✆ 65 38 73 60

Municipal les Ségalières, ✆ 65 38 76 92, sortie SO par D 677 rte de Cahors et à gauche, 2 km par D 14 rte de Reilhac
7 ha (100 empl.) peu incliné, pierreux, herbeux (4 ha) - A proximité : parc animalier - Location :

Le GRAND-BORNAND

12 - 74 ⑦ G. Alpes du Nord

Paris 578 - Albertville 46 - Annecy 32 - Bonneville 23 - Chamonix-Mont-Blanc 78 - Megève 35

74450 H.-Savoie - 1 925 h. alt. 950 - Sports d'hiver : 1 000/2 100 m 2 38

Office de Tourisme, pl. de l'Église ✆ 50 02 20 33, Fax 50 02 31 01, et annexe au Chinaillon (saison) ✆ 50 27 05 20

L'Escale ✆ 50 02 20 69, Fax 50 02 36 04, près de l'église, bord du Borne
2 ha (111 empl.) plat, accidenté et terrasse, herbeux, pierreux - A proximité : tir à l'arc, parcours sportif - Location : studios et appartements
déc.-avril et juin-sept. - **R** - *1 ou 2 pers. 63, 3 pers. 69, pers. suppl. 17 16 à 35 (2 à 10A)*

Le Clos du Pin chaîne des Aravis, ✆ 50 02 27 61, E : 1,3 km par rte du Bouchet, bord du Borne - alt. 1 015
1,3 ha (61 empl.) peu incliné, herbeux -
déc.-10 mai, 15 juin-20 sept. - **R** *conseillée 20 juil.-20 août*

GRANDCAMP-MAISY

4 - 54 ③ G. Normandie Cotentin

Paris 298 - Caen 60 - Cherbourg 71 - Saint-Lô 40

14450 Calvados - 1 881 h.

Joncal, ✆ 31 22 61 44, au port, par le quai ouest, bord de mer
4 ha (300 empl.) plat, terrasse, herbeux, sablonneux -
Pâques-sept. - **R** - *16 16 11 (3A) 16 (5A) 21 (6A)*

La GRANDE-MOTTE

16 - 83 ⑧ G. Gorges du Tarn

Paris 753 - Aigues-Mortes 10 - Lunel 17 - Montpellier 23 - Nîmes 45 - Palavas-les-Flots 13 - Sète 44

34280 Hérault - 5 016 h.

Office de Tourisme, pl. de la Mairie ✆ 67 29 03 37, Fax 67 29 03 45

Le Garden, ✆ 67 56 50 09, Fax 67 56 25 69, sortie O par D 59, à 300 m de la plage
3,5 ha (237 empl.) (juil.-août) plat, sablonneux, herbeux - A proximité : et poneys
mars-oct. - **R** - GB - *Tarif 94 : piscine comprise 1 à 3 pers. 124 (159 avec élect. 6A), 4 pers. 149 (188 avec élect. 6A), pers. suppl. 21 ou 24*

Lous Pibols, ✆ 67 56 50 08, Fax 67 56 94 58, sortie O par D 59, à 400 m de la plage
3 ha (237 empl.) plat, sablonneux - A proximité : et poneys - Location :
avril-sept. - **R** - *Tarif 94 : élect. et piscine comprises 3 pers. 160, pers. suppl. 26*

Lou Gardian, ✆ 67 56 14 14, Fax 67 56 78 30, sortie O par D 59
2,6 ha (160 empl.) plat, sablonneux, herbeux - vélos - A proximité : et poneys
8 avril-8 oct. - **R** *conseillée* - GB - *1 à 3 pers. 125 (150 avec élect.), pers. suppl. 28 (32 avec élect.)*

Intercommunal les Cigales, ✆ 67 56 50 85, sortie O par D 59
2,5 ha (180 empl.) plat, sablonneux - A proximité : et poneys
8 avril-oct. - **R** *indispensable* - GB - *Tarif 94 : 2 pers. 64,10 (78,90 ou 80,50 avec élect.), pers. suppl. 20*

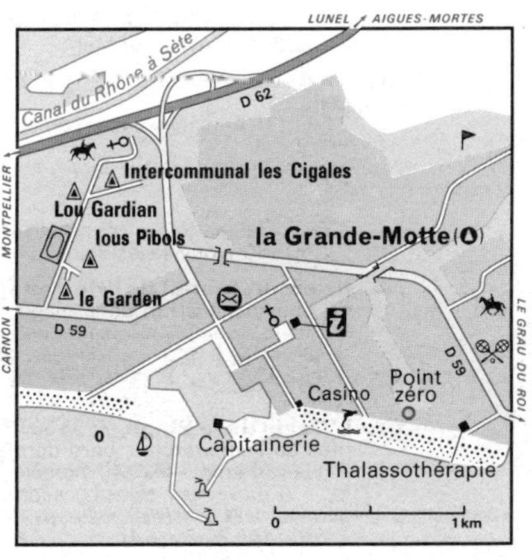

GRAND-FORT-PHILIPPE

1 - 51 ③

Paris 289 - Calais 24 - Cassel 39 - Dunkerque 25 - Saint-Omer 38

59153 Nord - 6 477 h.
Office de Tourisme à Gravelines, 11 r. de la République
28 65 21 28, Fax 28 65 58 19

Municipal de la Plage, 28 65 31 95, au NO de la localité, rue du Maréchal Foch
1,5 ha (84 empl.) plat, herbeux -
avril-oct. - **R** - *Tarif 94 : 21 8,50 16 15 (10A)*

GRAND'LANDES

9 - 67 ⑬

Paris 434 - Aizenay 11 - Challans 20 - Nantes 52 - La Roche-sur-Yon 28 - Saint-Gilles-Croix-de-Vie 30

85670 Vendée - 407 h.

Municipal les Blés d'Or, au bourg, par D 94
1 ha (40 empl.) plat, peu incliné, herbeux - - A proximité :
Permanent - **R** *conseillée juil.-août - 12 5 7 10 (5A)*

GRANDRIEU

15 - 76 ⑯

Paris 558 - Langogne 27 - Châteauneuf-de-Randon 19 - Marvejols 53 - Mende 48 - Saugues 26

48600 Lozère - 844 h. alt. 1 162

Municipal <, 66 46 31 39, au sud du bourg, accès par rue devant la poste, à 100 m du Grandrieu et d'un plan d'eau
1 ha (33 empl.) plat et en terrasses, incliné, pierreux, herbeux - - A proximité :
juin-sept. - **R** - *10 5 10 10 (4A)*

Le Vieux Moulin <, 66 46 40 37, NE : 5 km par D 5, rte de Laval-Atger puis chemin à droite, bord de rivière - alt. 1 000
1 ha (50 empl.) plat et peu incliné, herbeux -
15 avril-oct. - **R** *juil.-20 août - 1 ou 2 pers. 42, pers. suppl. 12 8 (2A) 12 (4A) 14 (6A)*

Le GRAND-VILLAGE-PLAGE

17 Char.-Mar. - 71 ⑬ ⑭ - voir à Oléron (Ile d')

GRANGES-SUR-VOLOGNE

8 - 62 ⑰ G. Alsace Lorraine

Paris 429 - Bruyères 9,5 - Epinal 34 - Gérardmer 13 - Remiremont 31 - Saint-Dié 28

88640 Vosges - 2 485 h.

Gina-Park , 29 51 41 95, sortie SO rte de Gérardmer puis 1,5 km par D 31 rte du Tholy à droite et chemin, bord d'un étang
4 ha (60 empl.) plat, peu incliné, herbeux - - - Location :
Permanent - **R** - *13 piscine comprise 16 15 (6A) 26 (10A)*

Les Peupliers <, 29 57 51 04, par centre bourg vers Gérardmer et chemin à droite après le pont, bord de la Vologne et d'un ruisseau
2 ha (32 empl.) (saison) plat, herbeux, pierreux, forêt attenante - - - A proximité :
mai-15 oct. - **R** *conseillée juil.-août - Tarif 94 : 10 15 15 (6A)*

GRANVILLE

4 - 59 ⑦ G. Normandie Cotentin

Paris 346 - Avranches 25 - Caen 105 - Cherbourg 104 - Coutances 28 - Saint-Lô 53 - Saint-Malo 89 - Vire 55

50400 Manche - 12 413 h.
Office de Tourisme, cours Jonville
33 50 02 67, Fax 33 50 00 18

La Vague, 33 50 29 97, SE : 2,5 km par D 911, rte de St-Pair et D 572 à gauche, quartier St-Nicolas, à 150 m de la plage
2 ha (150 empl.) plat, herbeux, sablonneux - -
mai-sept.

à Bréville-sur-Mer NE : 4,5 km par rte de Coutances - 530 h.
50290 Bréville-sur-Mer :

La Route Blanche, 33 50 23 31, NO : 1 km par rte de la plage, près du golf
2,5 ha (184 empl.) plat, herbeux, sablonneux - - A proximité :
mai-sept. - **R** - GB - *Tarif 94 : 10,50 4,70 10,40 (21 avec élect. 5A)*

à Donville-les-Bains NE : 3 km rte de Coutances - 3 199 h.
50350 Donville-les-Bains :

Intercommunal de l'Hermitage, 33 50 09 01, N : 1 km par r. du Champ de Courses, à 50 m de la plage
5,5 ha (350 empl.) plat et peu incliné, herbeux, sablonneux - - - A l'entrée : - A proximité :
8 avril-1er nov. - **R** *conseillée - 15,80 18,50/31,45 9,90 (3A) 13,15 (6A)*

L'Oasis de la Plage, 33 50 52 01, N : 1, 5 km par r. du Champ de Courses, près de l'hippodrome, bord de plage
2 ha (130 empl.) plat, herbeux, sablonneux - - - A proximité : - Location :
avril-oct. - **R** *conseillée juil.-août* - GB - *2 pers. 86, pers. suppl. 28 11 (2A) 14,60 (4A) 20,20 (6A)*

au SE : 7 km par D 973 rte d'Avranches – ✉ 50380 St-Pair-sur-Mer :

Lez-Eaux « Parc agréable », ✆ 33 51 66 09, Fax 33 51 92 02
9 ha/4 campables (182 empl.) plat et peu incliné, herbeux – Toboggan aquatique – Location :
avril-15 sept. – **R** *conseillée juil.-août* – GB – *piscine comprise 2 pers. 105, pers. suppl. 32 22 (5A) 31 (10A)*

GRASSE

17 – 84 ⑧ G. Côte d'Azur

Paris 909 – Cannes 16 – Digne-les-Bains 116 – Draguignan 55 – Nice 35

06130 Alpes-Mar. – 41 388 h.
Office de Tourisme, 22 cours H.-Cresp ✆ 93 36 66 66, Fax 93 36 86 36

Municipal, ✆ 93 36 28 69, par centre ville NE : 1 km vers rte de Nice (PL) et D 111 à gauche rte de Digne devant le garage Citroën – (tentes)
0,6 ha (28 empl.) plat et en terrasses, gravier, herbeux –
fév.-1er déc. – **R** *conseillée mai-15 oct. – 22 16 16 16 (6A) 22 (10A)*

Le GRAU-DU-ROI

16 – 83 ⑧ G. Provence

Paris 756 – Aigues-Mortes 6 – Arles 53 – Lunel 22 – Montpellier 29 – Nîmes 43 – Sète 50

30240 Gard – 5 253 h.
Office de Tourisme, bd Front-de-Mer ✆ 66 51 67 70, Fax 66 51 06 80

à Port-Camargue S : 3,5 km – ✉ 30240 le Grau-du-Roi :
Office de Tourisme, Carrefour 2000 (Pâques-sept.) ✆ 66 51 71 68

Élysée Résidence, ✆ 66 53 54 00, Fax 66 51 85 12, rte de l'Espiguette, bord d'un plan d'eau
30 ha/16 campables (1560 empl.) plat, sablonneux – cases réfrigérées – salle de musculation salle de sports théâtre de plein air, vélos, tir à l'arc - A l'entrée : – A proximité : – Location :
avril-1er oct. – **R** *conseillée 1er-15 août* – GB – *élect. (10A), piscine et tennis compris 1 à 3 pers. 134 ou 220*

L'Eden, ✆ 66 51 49 81, Fax 66 53 13 20, rte de l'Espiguette, près du rond-point de Port-Camargue
5,25 ha (405 empl.) plat, sablonneux, herbeux – salle de musculation solarium avec toboggan aquatique, half-court, tir à l'arc – A proximité : – Location :
8 avril-5 oct. – **R** *conseillée juil.-août* – GB – *élect. (6A) et piscine comprises 3 pers. 169 ou 178*

Les Jardins de Tivoli, ✆ 66 51 82 96, Fax 66 51 09 81, rte de l'Espiguette
7 ha (400 empl.) plat, sablonneux – Sanitaires individuels (lavabo et évier eau froide, wc) snack – - A l'entrée : – A proximité : – Location :
avril-sept. – **Location longue durée** – *Places disponibles pour le passage* – **R** *conseillée* – *élect. (10A) et piscine comprises 5 pers. 270*

L'Abri de Camargue, ✆ 66 51 54 83, Fax 66 51 76 42, rte de l'Espiguette
4 ha (300 empl.) plat, sablonneux, herbeux – vélos – A proximité : – Location :
avril-oct. – **R** *conseillée juil.-août* – GB – *Tarif 94 : élect. (5A) et piscine comprises 1 ou 2 pers. 135 à 206, 3 à 5 pers. 155 à 225, pers. suppl. 30 ou 50*

La Marine, ✆ 66 53 36 90, Fax 66 51 50 45, rte de l'Espiguette – dans locations
4,2 ha (287 empl.) plat, sablonneux, herbeux – cases réfrigérées – – A proximité : – Location :
avril-15 oct. – **R** *conseillée 3 juil.-20 août* – *élect. et piscine comprises 4 pers. 193*

Le Salonique, ✆ 66 53 11 63, Fax 66 53 20 26, rte de l'Espiguette – dans locations
3,5 ha (180 empl.) plat, sablonneux, herbeux – snack – – A proximité : – Location :
29 avril-24 sept. – **R** *conseillée 2 juil.-3 sept.* – GB – *piscine comprise 2 pers. 54 à 112 (74 à 133 avec élect. 6A)*

Les Mouettes, ✆ 66 51 44 00, NE rte du Grau-du-Roi, près du rond-point de Port-Camargue
1,2 ha (82 empl.) plat, sablonneux, herbeux – – A proximité :
avril-sept. – **R** *conseillée* – *élect. (3A) comprise 3 pers. 103*

Bon Séjour, ✆ 66 51 47 11, rte de l'Espiguette, bord d'un plan d'eau
4 ha (385 empl.) plat, sablonneux, herbeux – – A l'entrée : – A proximité :
avril-sept. – **R** *conseillée saison – 3 pers. 89 17 (10A)*

Le Soleil, ✆ 66 51 50 07, rte de l'Espiguette, bord d'un plan d'eau –
3 ha (230 empl.) plat, sablonneux, herbeux – – A proximité : – Location :
avril-sept. – **Location longue durée** – *Places disponibles pour le passage* – **R** *conseillée juil.-août – 15 5 13 13 (6A)*

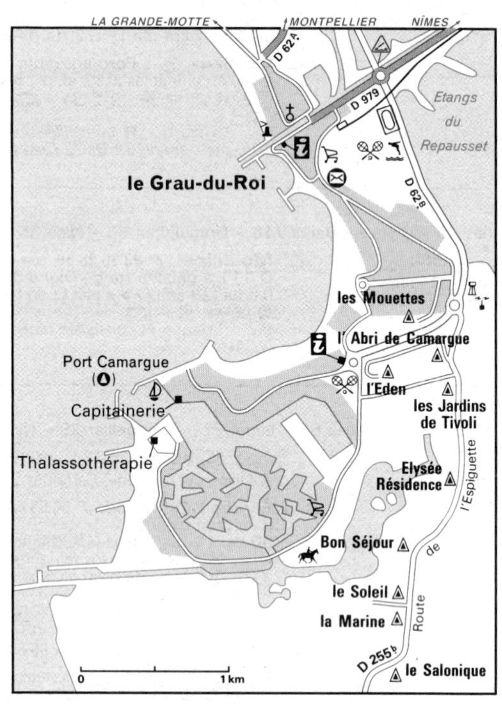

La GRAVE

12 - 77 ⑦ G. Alpes du Nord

Paris 647 - Briançon 39 - Gap 127 - Grenoble 78 - Col du Lautaret 11 - St-Jean-de-Maurienne 66

05320 H.-Alpes - 455 h. alt. 1 526 - Sports d'hiver : 1 400/3 550 m 2 6.

Office de Tourisme 76 79 90 05, Fax 76 79 91 65

Le Gravelotte <, 76 79 93 14, Fax 76 79 95 62, O : 1,2 km par N 91 rte de Grenoble et à gauche, bord de la Romanche
1,7 ha (70 empl.) (juil.-août) plat, herbeux -
15 juin-15 sept. - **R** - *2 pers. 51, pers. suppl. 15,50 11 (2A)*

GRAVIÈRES **07** Ardèche - 80 ⑧ - rattaché aux Vans

GRAYAN-ET-L'HÔPITAL

9 - 71 ⑯

Paris 521 - Bordeaux 91 - Lesparre-Médoc 23 - Soulac-sur-Mer 10,5

33590 Gironde - 617 h.

Municipal du Gurp , 56 09 44 53, O : 5 km, à 300 m de la plage
24 ha/10 campables (1000 empl.) plat, légèrement accidenté, dunes pinède - - A proximité : poneys
juin-10 sept. - - GB

Les Franquettes , 56 09 43 61, au bourg, près de l'église
3 ha (130 empl.) (juil.-août) plat, herbeux - -
Permanent - **R** *conseillée*

GRÉOUX-LES-BAINS

17 - 81 ⑮ G. Alpes du Sud

Paris 769 - Aix-en-Provence 52 - Brignoles 58 - Digne-les-Bains 66 - Manosque 13 - Salernes 52

04800 Alpes-de-H.-Pr. - 1 718 h. - 17 fév.-19 déc.

Office de Tourisme, av. des Marronniers 92 78 01 08, Fax 92 74 24 82

La Pinède <, 92 78 05 47, S : 1,5 km par D 8, rte de St-Pierre, à 200 m du Verdon
3 ha (110 empl.) peu incliné et en terrasses, pierreux, gravillons - - - Location :
avril-oct. - - *15 piscine comprise 19 9 (3A) 14 (6A) 18 (10A)*

Regain <, 92 78 09 23, SE : 2 km par D 8, rte de St-Pierre, bord du Verdon
3 ha (83 empl.) non clos, plat et terrasses, pierreux, sablonneux -
avril-oct. - **R** *conseillée* - *15 20 10 (3A) 13 (6A) 15 (9A)*

▶ *Consultez le tableau des localités citées, classées par départements, avec indication éventuelle des caractéristiques particulières des terrains sélectionnés.*

GRESSE-EN-VERCORS

12 - 77 ⑭ G. Alpes du Nord

Paris 616 - Clelles 20 - Grenoble 47 - Monestier-de-Clermont 13 - Vizille 43

38650 Isère - 265 h. alt. 1 250 - Sports d'hiver : 1 250/2 341 m 16.

Office de Tourisme, 76 34 33 40, Fax 76 34 31 26

Les 4 Saisons massif du Vercors « Belle situation panoramique », 76 34 30 27, SO : 1,3 km, au lieu-dit la Ville
2,2 ha (100 empl.) en terrasses, plat, pierreux, gravillons, herbeux - parcours sportif, vélos - A proximité : tir à l'arc discothèque
26 déc.-8 mai, 25 mai-10 sept. - **R** *conseillée juil.-août* - *piscine comprise 2 pers. 62 14 (2A) 16 (3A) 20 (6A)*

GREZ-NEUVILLE

4 - 63 ⑳ G. Châteaux de la Loire

Paris 294 - Angers 22 - Candé 30 - Château-Gontier 28 - La Flèche 50

49220 M.-et-L. - 1 040 h.

Municipal, 41 95 61 19, parc de la mairie, bord de la Mayenne
1,5 ha (70 empl.) (juil.-août) plat, peu incliné, herbeux -
avril-oct. - R - *7,10* *4* *4,30* *9,30*

GRIMAUD

17 - 84 ⑰ G. Côte d'Azur

Paris 867 - Brignoles 57 - Fréjus 31 - Le Lavandou 32 - Saint-Tropez 9 - Sainte-Maxime 11,5 - Toulon 64

83360 Var - 3 322 h.

Office de Tourisme, bd des Aliziers 94 43 26 98, Fax 94 43 32 40 et annexe St-Pons-les-Mures (Pâques-sept.) 94 56 28 87

à Port Grimaud E : 6 km par D 14 - ✉ 83310 Cogolin :

Les Mûres, 94 56 16 97, Fax 94 56 37 91, de part et d'autre de la N 98, bord de plage
7,5 ha (674 empl.) plat, accidenté et en terrasses, pierreux, sablonneux - self - A proximité : - Location :
avril-sept. - R - *2 pers. 96, pers. suppl. 23* *20 (3A) 25 (6A)*

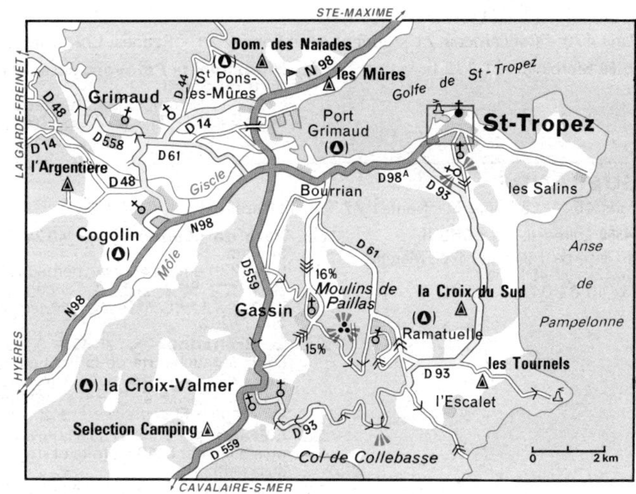

à St-Pons-les-Mûres E . 5,5 km par D 14 - ✉ 83310 Cogolin :

Domaine des Naïades « Terrasse fleurie au bord d'une belle piscine », 94 56 30 08, Fax 94 56 35 41, au domaine de la Bagarède
12,5 ha (406 empl.) en terrasses, pierreux, sablonneux - discothèque Toboggan aquatique - Location :
avril-sept. - **R** *conseillée, indispensable juil.-août - Tarif 94 : piscine comprise 4 pers. 162, pers. suppl. 30 12 (3A) 18 (6A) 24 (10A)*

Voir aussi à *Cogolin, Ramatuelle, La Croix Valmer*

GROLÉJAC

13 - 75 ⑰

Paris 544 - Gourdon 13 - Périgueux 78 - Sarlat-la-Canéda 12

24250 Dordogne - 545 h.

Schéma à la Roque-Gageac

Les Granges , 53 28 11 15, Fax 53 28 57 13, au bourg
5 ha (160 empl.) plat, incliné et en terrasses, herbeux - - A proximité : - Location : huttes
mai-25 sept. - **R** *conseillée juil.-août* - *piscine comprise 4 pers. 156 16 (6A)*

GROSBREUIL

9 - 67 ⑬

Paris 436 - Aizenay 26 - Challans 50 - La Roche-sur-Yon 22 - Les Sables-d'Olonne 14 - Talmont-Saint-Hilaire 9

85440 Vendée - 1 091 h.

La Vertonne, ✆ 51 22 65 74, E : 1,3 km par D 36, rte de Nieul-le-Dolent et D 45 à droite
1,1 ha (84 empl.) plat, herbeux
15 avril-sept. - **R** *conseillée juil.-août - piscine comprise 2 pers. 56, pers. suppl. 15 12 (4 ou 6A)*

Le GROS-THEIL

5 - 55 ⑳

Paris 139 - Bernay 29 - Elbeuf 16 - Évreux 34 - Pont-Audemer 31

27370 Eure - 925 h.

Salverte « Agréable cadre boisé », ✆ 32 35 51 34, SO : 3 km par D 26, rte de Brionne et chemin à gauche
17 ha/10 campables (300 empl.) plat, herbeux - (mai-sept.) - Location : - Garage pour caravanes
Permanent - Location longue durée - *Places disponibles pour le passage -* **R** *conseillée -* GB *- Tarif 94 : 24 piscine et tennis compris 10 10 avec élect. (2A) 15 (4A) 20 (6A)*

GUÉMENÉ-PENFAO

4 - 63 ⑯

Paris 404 - Bain-de-Bretagne 29 - Châteaubriant 38 - Nantes 60 - Redon 20 - Saint-Nazaire 57

44290 Loire-Atl. - 4 464 h.

Intercommunal de l'Hermitage, ✆ 40 79 23 48, E : 1,2 km par rte de Châteaubriant et chemin à droite
2,5 ha (120 empl.) plat, peu incliné, herbeux - - A proximité :
avril-oct. - **R** *conseillée juil.-août -* GB *- 2 pers. 38, pers. suppl. 12 12 (6A)*

GUÉMENÉ-SUR-SCORFF

3 - 59 ⑪

Paris 479 - Concarneau 71 - Lorient 44 - Pontivy 21 - Rennes 127 - St-Brieuc 72 - Vannes 66

56160 Morbihan - 1 332 h.

Municipal le Palévart, sortie O par D 131, rte de St-Caradec-Trégomel, bord du Scorff
0,23 ha (19 empl.) plat, herbeux - (juil.-août)
juin-15 sept. - **R** - *7 4,80 4,80*

GUÉRANDE

4 - 63 ⑭ G. Bretagne

Paris 454 - La Baule 7 - Nantes 77 - Saint-Nazaire 19 - Vannes 65

44350 Loire-Atl. - 11 665 h.
Office de Tourisme, 1 pl. Marché-aux-Bois ✆ 40 24 96 71, Fax 40 62 04 24

Parc de Léveno , ✆ 40 24 79 30, Fax 40 62 01 23, E : 3 km par rte de Sandun
5 ha (230 empl.) plat, herbeux - - Toboggan aquatique vélos - Location :
29 avril-24 sept. - **R** *conseillée juil.-août -* GB *- 22 piscine comprise 61/87 5 (10A)*

Le Bréhadour , ✆ 40 24 93 12, NE : 2 km par D 51, rte de St-Lyphard, D99^{E} à gauche, rte de la Roche-Bernard et rte à droite
5 ha (290 empl.) plat et vallonné, herbeux, bois attenant - - A proximité : - Location :
avril-sept. - **R** *conseillée - 23 piscine comprise 23/29 18 (10A)*

L'Étang , ✆ 40 61 93 51, Fax 40 61 96 21, NE : 5 km par rte de St-Lyphard puis 3 km par D 48 à droite et rte à gauche, près de l'étang - dans locations (juil.-août)
1 ha (80 empl.) plat, herbeux (0,5 ha) - - - Location :
juin-15 sept. - **R** *conseillée 14 juil.-20 août - 20 piscine comprise 9,70 21 15,50 (4A) 18,50 (10A)*

La GUERCHE-SUR-L'AUBOIS

11 - 69 ③

Paris 243 - Bourges 46 - La Charité-sur-Loire 31 - Nevers 21 - Sancoins 15

18150 Cher - 3 219 h.
Office de Tourisme 1 pl. Auguste-Fournier ✆ 48 74 25 60

Municipal le Robinson « Situation agréable », ✆ 48 74 18 86, SE : 1,4 km par D 200, rte d'Apremont puis à droite, 0,6 km par D 218 et chemin à gauche, près d'un plan d'eau
1,5 ha (33 empl.) plat et peu incliné, herbeux - - - A proximité : vélos - Location *(permanent)* :
avril-15 oct. - **R** *juil.-août - 9,75 9,50 9,75 15 (16A)*

GUÉRET Ⓟ

10 - 72 ⑨ G. Berry Limousin

Paris 355 - Bourges 123 - Châteauroux 89 - Châtellerault 151 - Clermont-Ferrand 132 - Limoges 89 - Montluçon 65

23000 Creuse - 14 706 h.
Office de Tourisme, 1 av. Ch.-de-Gaulle ✆ 55 52 14 29

Municipal du Plan d'Eau de Courtille , ✆ 55 81 92 24, SO : 2,5 km par D 914, rte de Benevent et chemin à gauche, près d'un plan d'eau
2,4 ha (70 empl.) incliné à peu incliné, plat, herbeux - - A proximité : (plage)

Le GUERNO
4 - 63 ⑭ G. Bretagne

Paris 442 - Muzillac 8,5 - Redon 29 - La Roche-Bernard 16 - Sarzeau 34 - Vannes 33

56190 Morbihan - 580 h.

Municipal de Borg-Néhué, NO : 0,5 km par rte de Noyal-Muzillac
1,4 ha (50 empl.) plat, herbeux
Pâques-Toussaint - **R** - *Tarif 94 : 10,30 4,25 4,25 7,30 (10A)*

GUEUGNON
11 - 69 ⑰

Paris 342 - Autun 51 - Bourbon-Lancy 26 - Digoin 16 - Mâcon 89 - Montceau-les-Mines 27 - Moulins 62

71130 S.-et-L. - 9 697 h.

Municipal de Chazey, 85 85 23 11, S : 4 km par D 994, rte de Digoin et chemin à droite, près d'un petit canal et d'un plan d'eau
1 ha (19 empl.) plat, herbeux - A proximité :
juin-sept. - **R** - *10 5 20 10 (4A) 20 (10A)*

GUEURES
1 - 52 ⑭

Paris 192 - Dieppe 17 - Fontaine-le-Dun 10 - Rouen 56 - Saint-Valery-en-Caux 24

76730 S.-Mar. - 462 h.

La Vallée, 35 83 08 94, NO : 0,7 km par D 152 rte d'Ouville-la-Rivière, près d'un étang et à 100 m de la Saâne
1 ha (50 empl.) plat, herbeux, sablonneux - (saison)
15 avril-15 oct. - **R** - *13 7 15/20 10 (4A)*

GUEWENHEIM
8 - 66 ⑨

Paris 439 - Altkirch 21 - Belfort 24 - Mulhouse 20 - Thann 8

68116 H.-Rhin - 1 140 h.

La Doller, 89 82 56 90, Fax 89 82 82 31, N : 1 km par D 34 rte de Thann et chemin à droite, bord de la Doller
0,8 ha (40 empl.) plat, herbeux - A proximité : half-court
avril-oct. - **R** - *Adhésion FFCC obligatoire - 18 piscine comprise 16 16 (4A)*

GUIDEL
3 - 58 ⑫

Paris 503 - Concarneau 41 - Lorient 13 - Moëlan-sur-Mer 13 - Quimperlé 11,5 - Vannes 65

56520 Morbihan - 8 241 h.

Kergal, 97 05 98 18, SO : 3 km par D 306 rte de Guidel-Plages et chemin à gauche
5 ha/3 campables (132 empl.) (saison) plat, herbeux - Location :
avril-sept. - **R** *conseillée 15 juil.-15 août - 18 25 12 (10A)*

GUIGNICOURT
7 - 56 ⑥

Paris 165 - Laon 39 - Reims 31 - Rethel 37 - Soissons 54

02190 Aisne - 2 008 h.

Municipal, 23 79 74 58, sortie SE par D 925, bord de l'Aisne
1,5 ha (100 empl.) plat, herbeux
avril-sept. - Location longue durée - *Places limitées pour le passage* - **R** - *8,20 8 2,80 par ampère*

GUILLESTRE
17 - 77 ⑱ G. Alpes du Sud

Paris 722 - Barcelonnette 52 - Briançon 36 - Digne-les-Bains 119 - Gap 60

05600 H.-Alpes - 2 000 h.
alt. 1 000.

Office de Tourisme, pl. Salva
92 45 04 37, Fax 95 45 19 09

Le Villard <, 92 45 06 54, O : 2 km par D 902A, rte de Gap, bord du Chagne
3,2 ha (100 empl.) plat et peu incliné, herbeux, pierreux - half-court - Location : , gîtes
Permanent - **R** *conseillée 15 juin-août - piscine comprise 2 pers. 105 (hiver 80), pers. suppl. 26 (hiver 17) 9 (2A) 14 (6A) 18 (10A)*

St-James-les-Pins < « Agréable pinède », 92 45 08 24, O : 1,5 km par rte de Risoul et rte à droite, bord du Chagne
2,5 ha (117 empl.) plat et peu incliné, pierreux, herbeux pinède - vélos - A proximité : - Location :
Permanent - **R** *conseillée juil.-15 août - 2 pers. 72 9 (3A) 14 (5A)*

La Ribière <, 92 45 25 54, au sud du bourg par D 86, rte de Risoul et chemin à gauche, bord de la Chagne
3 ha (50 empl.) peu incliné, plat, terrasses, herbeux, pierreux - Location :
juil.-3 sept. - **R** *conseillée - 13,50 7,50 8,50/9,50 9 (3A)*

à Mont-Dauphin-Gare NO : 5 km sur N 94 - 73 h. alt. 900
05600 Guillestre :

Le Lac (Municipal d'Eygliers) < montagnes et Mont-Dauphin, 92 45 14 18, Fax 92 45 40 71, O : 1,5 km, au lieu-dit les Iscles, par rte de Réotier et chemin à droite, bord du lac et de la Durance
15 ha (165 empl.) plat, herbeux, pierreux - snack - - A proximité :
15 juin-15 sept. - **R** - GB - *16 16 14 (5A)*

GUILVINEC

8 - 58 ⑭ G. Bretagne

Paris 580 - Douarnenez 39 - Pont-l'Abbé 11,5 - Quimper 30

29730 Finistère - 3 365 h.
Office de Tourisme, 28 r. de la Marine ✆ 98 58 29 29

Grand Camping de la Plage, ✆ 98 58 61 90, Fax 98 58 89 06, O : 2 km, rte de la Corniche vers Penmarch, accès direct à la plage
7 ha (410 empl.) plat, herbeux, sablonneux - vélos - Location : bungalows toilés
15 avril-sept. - **R** *conseillée 15 juil.-15 août* - GB - *26 piscine comprise 65 10 (2A) 16 (5A) 20 (10A)*

GUIMAËC

8 - 58 ⑥

Paris 540 - Brest 72 - Lannion 28 - Morlaix 16

29270 Finistère - 880 h.

Municipal de Pont-Pren, ✆ 98 78 80 77, NO : 0,5 km par rte de St-Jean-du-Doigt, au stade
1,4 ha (50 empl.) plat, herbeux -
15 juin-15 sept. - *7,40 4,60 4,60*

GUÎNES

1 - 51 ② G. Flandres Artois Picardie

Paris 282 - Arras 104 - Boulogne-sur-Mer 28 - Calais 10 - Saint-Omer 33

62340 P.-de-C. - 5 105 h.

La Bien-Assise « Cadre agréable », ✆ 21 35 20 77, Fax 21 36 79 20, sortie SO par D 231 rte de Marquise
20 ha/12 campables (140 empl.) plat, herbeux, petit étang (0,4 ha) - snack - Location : (hôtel) - Garage pour caravanes
25 avril-25 sept. - **R** *conseillée août* - GB - *20 piscine comprise 45 15 (6 ou 10A)*

GUISE

2 - 53 ⑮ G. Flandres Artois Picardie

Paris 174 - Avesnes-sur-Helpe 40 - Cambrai 49 - Hirson 38 - Laon 38 - Saint-Quentin 27

02120 Aisne - 5 976 h.
Office de Tourisme ✆ 23 60 45 71

La Vallée de l'Oise, ✆ 23 61 14 86, par sortie SE rte de Vervins et rue à gauche, bord de l'Oise
3,8 ha (100 empl.) plat, herbeux - Salle d'animation - A proximité :
2 avril-29 oct. - **R** - *10,70 5,40 6,20 12,25 (2,5A) 18,50 (6A)*

GUJAN-MESTRAS **33** Gironde - 78 ② - voir à Arcachon (Bassin d')

GURMENÇON

13 - 85 ⑥

Paris 820 - Accous 23 - Aramits 19 - Arudy 23 - Oloron-Sainte-Marie 5 - Pau 39

64400 Pyr.-Atl. - 763 h.

Le Relais, ✆ 59 39 09 50, Fax 59 39 02 33, au SE du bourg
0,5 ha (29 empl.) en terrasses, plat, herbeux - A proximité : - Location :
Permanent - GB - *10 10 25 15 (6A)*

HABAS

13 - 78 ⑦

Paris 752 - Bayonne 50 - Dax 21 - Orthez 18 - Salies-de-Béarn 15

40290 Landes - 1 310 h.

Les Tilleuls (aire naturelle), ✆ 58 98 04 21, N : 1 km par D 3
0,5 ha (12 empl.) peu incliné, herbeux - Location :
Pâques-Toussaint - **R** *conseillée saison* - *1 pers. 18 9*

HAGETMAU

13 - 78 ⑦ G. Pyrénées Aquitaine

Paris 738 - Aire-sur-l'Adour 33 - Dax 48 - Mont-de-Marsan 28 - Orthez 25 - Pau 56 - Tartas 29

40700 Landes - 4 449 h.
Office de Tourisme, pl. de la République (fermé matin hors saison) ✆ 58 79 38 26

Municipal de la Cité Verte « Cadre agréable », ✆ 58 05 77 50, au sud de la ville par av. du Dr-Edouard-Castera, près des arènes et de la piscine, bord d'une rivière -
0,4 ha (24 empl.) plat, herbeux - Sanitaires individuels : (évier) wc, - A proximité : parcours sportif, golf, snack, self
juin-sept. - **R** *conseillée 15 juil.-20 août - Tarif 94 : élect. (16A) comprise 70 sans limitation du nombre de pers.*

HAGUENAU

8 - 57 ⑲ G. Alsace Lorraine

Paris 479 - Baden-Baden 43 - Épinal 147 - Karlsruhe 64 - Lunéville 116 - Nancy 135 - St-Dié 119 - Sarreguemines 77

67500 B.-Rhin - 27 675 h.
Syndicat d'Initiative, pl. Gare ✆ 88 93 70 00 et Musée Alsacien ✆ 88 73 30 41, Fax 88 93 69 89

Municipal les Pins, SO : 2 km par N 63 rte de Strasbourg et à droite
1 ha (70 empl.) plat et peu incliné, herbeux - A proximité :
mai-sept. - **R** *conseillée saison* - *10 15 12 (6A)*

HANVEC

8 - 58 ⑤

Paris 586 - Brest 31 - Carhaix-Plouguer 57 - Châteaulin 22 - Landernau 24 - Morlaix 46 - Quimper 47

29224 Finistère - 1 474 h.

Municipal de Kerliver, 98 20 03 14, O : 4 km par D 47 et rte d'Hôpital-Camfrout à gauche
1,25 ha (75 empl.) peu incliné, herbeux, verger et sous-bois (0,5 ha)
15 juin-15 sept. - **R** *conseillée juil.-août - 13 4 2,20/4 6,50 (10A)*

HASPARREN

13 - 85 ③ G. Pyrénées Aquitaine

Paris 792 - Bayonne 22 - Biarritz 36 - Cambo-les-Bains 10 - Pau 105 - Peyrehorade 37 - Saint-Jean-Pied-de-Port 33

64240 Pyr.-Atl. - 5 399 h.
Office de Tourisme, pl. St-Jean
59 29 62 02

Chapital, 59 29 62 94, Fax 59 29 69 71, O : 0,5 km par D 22 rte de Cambo-les-Bains
2,5 ha (140 empl.) (juil.-août) plat, en terrasse, herbeux - A proximité : - Location *(permanent)* :
Pâques-oct. - **R** *indispensable juil.-août - 3 pers. 67, pers. suppl. 15 15 (6A)*

HAUTECOURT-ROMANÈCHE

12 - 74 ③

Paris 445 - Bourg-en-Bresse 19 - Nantua 23 - Oyonnax 32 - Pont-d'Ain 18

01250 Ain - 588 h.

Municipal de Chambod, 74 37 25 41, SE : 4,5 km par D 59 rte de Poncin puis rte à gauche, à 200 m de l'Ain
4 ha (110 empl.) (saison) plat, herbeux - A proximité : parcours sportif
15 avril-15 oct. - **R** - *13 18 8 (5A)*

HAUTEFORT

10 - 75 ⑦ G. Périgord Quercy

Paris 467 - Brive-la-Gaillarde 46 - Juillac 28 - Périgueux 43 - Sarlat-la-Canéda 52

24390 Dordogne - 1 048 h.

Le Moulin des Loisirs, 53 50 46 55 ✉ 24390 Nailhac, SO : 2 km par D 72 et D 71 puis chemin à droite, à 100 m de l'étang du Coucou
4 ha (50 empl.) plat, incliné, en terrasses, herbeux, bois attenant - poneys, vélos - Location :
Pâques-sept. - **R** *conseillée juil.-août* - GB - *piscine comprise 2 pers. 65 18 (6A)*

HAUTERIVES

12 - 77 ② G. Vallée du Rhône

Paris 532 - Grenoble 72 - Lyon 72 - Valence 49 - Vienne 41

26390 Drôme - 1 202 h.

Municipal du Château, 75 68 80 19, sortie S rte de Romans, accès direct à la Galure
2,5 ha (140 empl.) plat, herbeux (0,5 ha) - snack - A proximité :
avril-15 oct. - Location longue durée - *Places limitées pour le passage* - **R** *conseillée juil.-août - 10,50 6,50 10 9,50 (6A)*

Le HAVRE

5 - 52 ⑪ G. Normandie Vallée de la Seine

Paris 204 - Amiens 178 - Caen 87 - Lille 294 - Nantes 378 - Rouen 86

76600 S.-Mar. - 195 854 h.
Office de Tourisme, Forum de l'Hôtel-de-Ville 35 21 22 88,
Fax 35 42 38 39

Municipal de la Forêt de Montgeon, 35 46 52 39 ✉ 76620 Le Havre, N par D 32 rte de Montvilliers et rte à gauche, dans la forêt de Montgeon
3,8 ha (222 empl.) plat, herbeux, sablonneux
vacances de printemps-sept. - **R** *pour plus d'une nuit - Tarif 94 : 2 pers. 71, pers. suppl. 18 12 (5A) 24 (10A)*

HÈCHES

14 - 85 ⑲

Paris 836 - Arreau 14 - Bagnères-de-Bigorre 35 - Bagnères-de-Luchon 47 - Lannemezan 13 - Tarbes 45

65250 H.-Pyr. - 553 h.

La Bourie, 62 98 73 10, S : 2,5 km par D 929, rte d'Arreau et à gauche à Rebouc, bord de la Neste - alt. 640
2 ha 100 empl. plat, peu incliné, terrasse, herbeux
Permanent - **R** *conseillée juil.-août - 13 5 13 10 à 35 (2 à 10A)*

HEIMSBRUNN

8 - 66 ⑨

Paris 464 - Altkirch 13 - Basel 50 - Belfort 33 - Mulhouse 9,5 - Thann 16

68990 H.-Rhin - 1 098 h.

Parc la Chaumière, 89 81 93 43, sortie S par D 19, rte d'Altkirch
1 ha (65 empl.) plat, herbeux, gravillons
Permanent - **R** *conseillée été et hiver - 14 20 9 (2 ou 10A)-hiver : 35 (10A)*

HELETTE

13 - 85 ③ G. Pyrénées Aquitaine

Paris 798 - Bayonne 38 - Cambo-les-Bains 18 - Hasparren 13 - Saint-Jean-Pied-de-Port 21 - Saint-Palais 22

64640 Pyr.-Atl. - 588 h.

Ospitalia (aire naturelle) montagne, 59 37 64 88, SE : 3 km par D 245, rte d'Amendarits et chemin à droite
1 ha (25 empl.) peu incliné à incliné, herbeux
juil.-août - **R** - *2 à 5 pers. 46 à 70 10 (15A)*

HENDAYE

13 - 85 ① G. Pyrénées Aquitaine

Paris 806 - Biarritz 29 - Pau 141 - Saint-Jean-de-Luz 13 - San Sebastiàn 23

64700 Pyr.-Atl. - 11 578 h.

Office de Tourisme, 12 r. des Aubépines ✆ 59 20 00 34, Fax 59 20 79 17

à Hendaye-Plage N : 1 km - ✉ 64700 Hendaye :

Ametza, ✆ 59 20 07 05, E : 1 km, rue de l'Empereur
4,5 ha (320 empl.) plat, peu incliné, herbeux - A proximité : - Location :
15 mai-sept. - **R** *conseillée* - GB - *piscine comprise 2 pers. 96* *16 (6A)*

La Corniche, ✆ 59 20 06 87 ✉ 64122 Urrugne, NE : 3 km (hors schéma)
5 ha (280 empl.) en terrasses, plat et peu incliné, herbeux, bois attenant - snack -
15 juin-15 sept. - **R** *conseillée* - GB - *2 pers. 80, pers. suppl. 20* *16 (6A)*

Alturan, ✆ 59 20 04 55, rue de la Côte, à 100 m de la plage
4 ha (305 empl.) en terrasses, herbeux - snack -
juin-sept. - **R** - *Tarif 94 : 20,80 8,50 24 16,50 (6A) 20 (10A)*

Les Acacias, ✆ 59 20 78 76, E : 1,8 km rte de la Glacière - dans locations
5 ha (270 empl.) peu incliné, herbeux - Toboggan aquatique - Location : , bungalows toilés
Pâques-fin sept. - **R** *conseillée juil.-août - Tarif 94 : 2 pers. 74, pers. suppl. 19,50 17 (5A)*

Sérès, ✆ 59 20 05 43, E : 1,5 km, à 350 m de la plage
2,5 ha (180 empl.) peu incliné, herbeux -
15 juin-10 sept. - **R** *conseillée* - GB - *2 pers. 88* *16 (6A)*

Eskualduna, ✆ 59 20 04 64, E : 2 km - dans locations
10 ha (285 empl.) plat, incliné et en terrasses, herbeux (3 ha) - - A proximité : discothèque - Location :
15 juin-sept. - **R** *conseillée 10 juil.-16 août* - GB - *23 15 26,50 18 (3 à 10A)*

Orio, ✆ 59 20 30 30 ✉ 64122 Urrugne, SE : 3 km
2,5 ha (133 empl.) en terrasses et peu incliné, herbeux -
juil.-août - **R** - *17 6 16 13 (6 à 16A)*

Le Moulin, ✆ 59 20 76 35, E : 2 km rte de la Glacière, bord d'un ruisseau
1,5 ha (100 empl.) (juil.-août) plat, en terrasses, herbeux -
mai-sept. - **R** - *2 pers. 65* *15 (5A)*

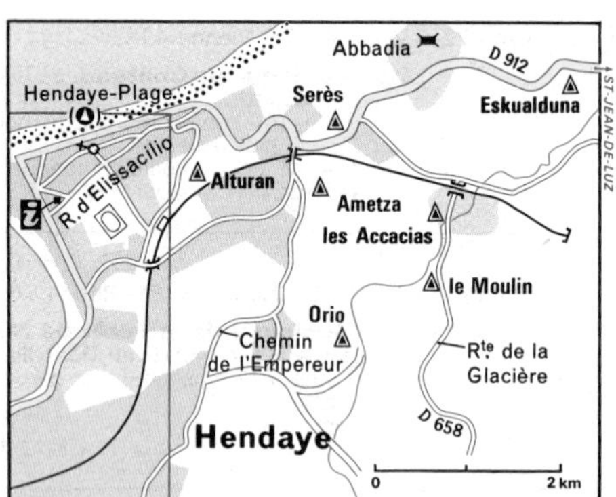

HENRICHEMONT

6 - 65 ⑪ G. Berry Limousin

Paris 205 - Aubigny-sur-Nère 25 - Bourges 29 - Gien 55 - Salbris 42 - Sancerre 27

18250 Cher - 1 845 h.

Municipal du Petit Bois, ✆ 48 26 94 71, SE : 1,5 km par D 12 rte des Aix-d'Angillon, près d'un étang
1,6 ha (38 empl.) peu incliné, herbeux (0,6 ha) - - A proximité :
mai-oct. - **R** - *1 pers. 23, pers. suppl. 13* *6,20 par ampère (jusqu'à 10A)*

HENVIC

3 - 58 ⑥

Paris 548 - Brest 63 - Morlaix 10,5 - Saint-Pol-de-Léon 9,5

29231 Finistère - 1 265 h.

Municipal de Kérilis, ✆ 98 62 82 10, sortie N rte de Carantec, au stade
1 ha (50 empl.) plat, herbeux - - A proximité :
juil.-août - **R** - *8 6 13/15 8*

▶ *De categorie (1 tot 5 tenten, in* **zwart** *of rood) die wij aan de geselekteerde terreinen in deze gids toekennen, is onze eigen indeling.*

Niet te verwarren met de door officiële instanties gebruikte classificatie (1 tot 4 sterren).

HÉRIC

4 - 63 ⑯ ⑰

Paris 385 - Nantes 28 - Nort-sur-Erdre 12 - Nozay 18 - Saint-Nazaire 49

44810 Loire-Atl. - 3 378 h.

La Pindière, 40 57 65 41, O : 1,3 km par D 16 rte de Bouvron et à gauche
1,5 ha (56 empl.) plat, herbeux -
A proximité : (centre équestre) - Location :
Permanent - **R** - *14* *5* *15* *10 (4A) 14 (6A) 21 (10A)*

HERMANVILLE-SUR-MER

5 - 54 ⑯

Paris 241 - Bayeux 31 - Caen 13 - Saint-Lô 67

14880 Calvados - 2 113 h.

Les Vattaux, 31 97 09 62, E : 1 km, Bd de la 3ème D.I.B. prolongée
6 ha (280 empl.) plat, herbeux - - - Location :

HERMÉ

6 - 61 ④

Paris 98 - Melun 56 - Montereau-Fault-Yonne 32 - Nogent-sur-Seine 13 - Provins 10

77114 S.-et-M. - 450 h.

Les Prés de la Fontaine « Situation agréable au bord des étangs »,
(1) 64 01 86 08, Fax 64 01 89 10, SO : 5 km par rte de Noyen-sur-Seine et D 49 à droite
65 ha/17 campables (350 empl.) plat, herbeux -
- (plan d'eau)
Permanent - Location longue durée - *Places limitées pour le passage* - **R** -
22 *12* *22* *12 (2A) 22 (4A) 32 (6A)*

HERPELMONT

8 - 62 ⑰

Paris 421 - Epinal 27 - Gérardmer 20 - Remiremont 26 - Saint-Dié 31

88600 Vosges - 263 h.

Domaine des Messires « Situation et cadre agréables au bord d'un lac », 29 58 56 29, à 1,5 km au nord du bourg
11 ha/2 campables (100 empl.) plat, pierreux, herbeux -
mai-sept. - **R** *conseillée* - *élect. (6A) comprise 3 pers. 156, pers. suppl. 28*

HIRSON

2 - 53 ⑯ G. Flandres Artois Picardie

Paris 193 - Avesnes-sur-Helpe 31 - Chimay 25 - Laon 55 - Saint-Quentin 65

02500 Aisne - 10 173 h.
Office de Tourisme, 1 bis r. de Guise 23 58 03 91

La Cascade de Blangy « Site agréable », 23 58 18 97, N : 1,8 km par N 43 rte de la Capelle puis 1,5 km par D 963 et chemin à droite, près de l'Oise et d'un plan d'eau
1,5 ha (76 empl.) plat et peu incliné, herbeux - -
(bassin) vélos - Location :
15 avril-17 sept. - **R** *conseillée juil.-août* - *7,65* *5,10* *5,75* *12,50 (6A) 15 (10A)*

Le HOHWALD

8 - 62 ⑨ G. Alsace Lorraine

Paris 423 - Lunéville 85 - Molsheim 30 - Saint-Dié 47 - Sélestat 25 - Strasbourg 47

67140 B.-Rhin - 360 h. - Sports d'hiver : 600/1 100 m 3 .
Office de Tourisme 88 08 33 92

Municipal « Site boisé », 88 08 30 90, sortie O par D 425 rte de Villé - alt. 615
2 ha (100 empl.) accidenté, en terrasses, herbeux -
- - A proximité : parcours sportif
Permanent - Location longue durée - *Places disponibles pour le passage* -
R *conseillée été* - *Tarif 94 :* *13* *7,20* *8,40* *4,80 (1A) 11,70 (3A) 25,60 (7,5A)*

HONDSCHOOTE

1 - 51 ④ G. Flandres Artois Picardie

Paris 280 - Calais 59 - Dunkerque 19 - Hazebrouck 31 - Lepel 29 - Saint Omer 43

59122 Nord - 3 654 h.
Office de Tourisme, Hôtel de Ville, pl. du Gén.-de-Gaulle 28 68 31 55

Le Préjoly, 28 62 50 71, O par D 947 rte de Bray-Dunes, près du canal
2,5 ha (120 empl.) plat, herbeux - -
avril-15 oct. - Location longue durée - *Places limitées pour le passage* -
R *conseillée* - *14 et 5 pour eau chaude* *14* *14* *14 (5A)*

HONFLEUR

5 - 54 ⑧ G. Normandie Vallée de la Seine

Paris 192 - Caen 62 - Le Havre 25 - Lisieux 33 - Rouen 81

14600 Calvados - 8 272 h.
Office de Tourisme, pl. A.-Boudin 31 89 23 30, Fax 31 89 18 76

La Briquerie, 31 89 28 32, Fax 31 89 08 52, SO : 3,5 km par rte de Pont-l'Évêque et D 62 à droite, à **Equemauville**
8 ha (342 empl.) plat, herbeux -
- - A proximité :
avril-sept. - Location longue durée - *Places disponibles pour le passage* -
R *conseillée juil.-août* - *25 piscine comprise* *24/30* *19 (3A) 22 (5A) 24 (6A)*

HON-HERGIES **59** Nord - 53 ⑤ - rattaché à Bavay

Les HÔPITAUX-NEUFS

12 - 70 ⑥ ⑦ G. Jura

Paris 455 - Besançon 77 - Champagnole 44 - Morez 50 - Mouthe 17 - Pontarlier 18

25370 Doubs - 369 h. alt. 990 - Sports d'hiver : relié à Métabief - 880/1460 m 30.

Office de Tourisme, Métabief pl. Mairie 81 49 13 81

Municipal le Miroir, 81 49 10 64, sortie O rte de Métabief, au pied des pistes
1,5 ha (70 empl.) plat, goudronné, herbeux -
juin-10 sept., 15 oct.-avril - **R** *conseillée* - *3 pers. 50 (hiver 44) 6 (3A) 10,50 (6A)*

HOSSEGOR

13 - 78 ⑰ G. Pyrénées Aquitaine

Paris 759 - Bayonne 21 - Biarritz 31 - Bordeaux 170 - Dax 33 - Mont-de-Marsan 88

40150 Landes

Office de Tourisme, pl. Pasteur 58 43 72 35, Fax 58 41 70 15

Municipal la Forêt, 58 43 75 92, E : 1 km, av. de Bordeaux
1,6 ha (72 empl.) plat et terrasse, sablonneux, herbeux pinède - - A proximité :
avril-sept. - **R** - *15,75 5,70 15,75 avec éléct. (5A)*

Les HOUCHES

12 - 74 ⑧ G. Alpes du Nord

Paris 605 - Annecy 87 - Bonneville 47 - Chamonix-Mont-Blanc 10 - Megève 28

74310 H.-Savoie - 1 947 h. alt. 1 008 - Sports d'hiver : 1 000/1 960 m 2 17.

Office de Tourisme, pl. de l'Église 50 55 50 62, Fax 50 55 53 16

Le Petit Pont Brévent et massif du Mont-Blanc, 50 54 41 30, E : 2 km (accès par N 205)
1,75 ha (99 empl.) en terrasses, herbeux (0,7 ha) - -
15 juin-15 sept. - - *Tarif 94 : 17 18 10 (3A) 15,50 (10A)*

HOULGATE

5 - 54 ⑰ G. Normandie Vallée de la Seine

Paris 218 - Caen 33 - Deauville 14 - Lisieux 32 - Pont-l'Évêque 24

14510 Calvados - 1 654 h.

Office de Tourisme, bd des Belges 31 24 34 79, Fax 31 24 42 27 et r. d'Axbridge (saison) 31 24 62 31

La Vallée, 31 24 40 69, Fax 31 28 08 29, S : 1 km par D 24^{A} rte de Lisieux et D 24 à droite, 88 r. de la Vallée - dans locations
11 ha (270 empl.) peu incliné, herbeux - - vélos - Location :
avril-sept. - **R** *conseillée juil.-août* - **GB** - *28 piscine comprise 40 15 (2A) 18 (4A) 25 (6A)*

Les Falaises « Situation dominante », 31 24 81 09, Fax 31 28 04 11, NE : 3 km par D 163 rte de la Corniche - accès piétons à la plage par sentier escarpé et escalier abrupt
10 ha (360 empl.) plat, incliné et en terrasses, prairies, verger - - - Location : - Garage pour caravanes

L'HOUMEAU 17 Char.-Mar. - 71 ⑫ - rattaché à la Rochelle

HOURTIN

9 - 71 ⑰ G. Pyrénées Aquitaine

Paris 557 - Andernos-les-Bains 53 - Bordeaux 62 - Lesparre-Médoc 17 - Pauillac 26

33990 Gironde - 2 072 h.

Office de Tourisme, r. des Ecoles 56 09 19 00

La Mariflaude, 56 09 11 97, Fax 56 09 24 01, E : 1,2 km par D 4 rte de Pauillac
6,2 ha (264 empl.) plat, herbeux, sablonneux pinède (2 ha) - - vélos, tir à l'arc - Location :
mai-20 sept. - **R** *conseillée* - *20 piscine comprise 55 20 (4A) 25 (10A)*

La Rotonde, 56 09 10 60, O : 1,5 km par av. du lac et chemin à gauche, à 500 m du lac (accès direct)
10 ha (300 empl.) plat, herbeux, sablonneux (pinède) - - - A proximité : (centre équestre) - Location :
avril-sept. - **R** *conseillée - Tarif 94 : piscine comprise 1 à 4 pers. 35 à 84, pers. suppl. 15 17 (4A)*

Les Ourmes, 56 09 12 76, Fax 56 09 23 90, O : 1,5 km par av. du Lac
6 ha (270 empl.) plat, herbeux, sablonneux - - - A proximité : (centre équestre)
avril-sept. - **R** *conseillée juil.-août* - *piscine comprise 2 pers. 85, pers. suppl. 15 18 (6A)*

Le Littoral, 56 09 13 73, Fax 56 09 15 13, S : 1,2 km, rte de Carcans
2,6 ha (150 empl.) plat, herbeux, sablonneux - snack cases réfrigérées - - Location :
avril-oct. - **R** *conseillée* - *élect. (5A) et piscine comprises 3 pers. 100*

L'Orée du Bois, 56 09 15 88, S : 1,3 km, rte de Carcans
2 ha (100 empl.) plat, sablonneux - snack - vélos - Location :
juin-15 sept. - **R** *conseillée* - *piscine comprise 2 pers. 60, 3 pers. 70, 4 pers. 85, pers. suppl. 15 15 (3 ou 4A)*

Les Écureuils, 56 09 10 47, Fax 56 09 15 28, N : 4 km par D 101, rte de Vendays-Montalivet
3 ha (150 empl.) plat, herbeux, sablonneux pinède - - - Location :
Pâques-Toussaint - **R** *conseillée juil.-août* - *2 pers. 53, pers. suppl. 8 14 (2 à 10A)*

HOURTIN-PLAGE

9 - 71 ⑰

Paris 554 - Andernos-les-Bains 65 - Bordeaux 75 - Lesparre-Médoc 28 - Soulac-sur-Mer 44

33990 Gironde

La Côte d'Argent, ✆ 56 09 10 25, Fax 56 09 24 96, à 500 m de la plage - dans locations
20 ha (750 empl.) plat, accidenté et en terrasses, sablonneux pinède - - vélos - Location :
*15 mai-15 sept. - **R** conseillée juil.-août - GB - Tarif 94 : 21 ou 24 40 ou 44/50 ou 55 21 (10A)*

HUANNE-MONTMARTIN

8 - 66 ⑯

Paris 403 - Baume-les-Dames 16 - Besançon 37 - Montbéliard 55 - Vesoul 34

25680 Doubs - 70 h.

Le Bois de Reveuge « Agréable cadre boisé », ✆ 81 84 38 60, Fax 81 84 44 04, N : 1,1 km par D 113, rte de Rougemont, bord d'étangs
20 ha/5 campables (200 empl.) en terrasses, gravier, herbeux, bois attenant (2 ha) - snack - vélos, tir à l'arc
mai-sept. - **R** *conseillée juil.-août - élect. (6A) et piscine comprises 2 pers. 140*

▶ *Die Klassifizierung (1 bis 5 Zelte,* **schwarz** *oder rot), mit der wir die Campingplätze auszeichnen, ist eine Michelin-eigene Klassifizierung.*

Sie darf nicht mit der staatlich–offiziellen Klassifizierung (1 bis 4 Sterne) verwechselt werden.

HUELGOAT

3 - 58 ⑥ **G. Bretagne**

Paris 521 - Brest 73 - Carhaix-Plouguer 17 - Châteaulin 36 - Landerneau 45 - Morlaix 29 - Quimper 56

29690 Finistère - 1 742 h.

Office de Tourisme, pl. de la Mairie (saison) ✆ 98 99 72 32

La Rivière d'Argent, ✆ 98 99 72 50, E : 3 km par rte de Poullaouen, bord de rivière
1,3 ha (84 empl.) plat, herbeux -
mai-15 sept. - **R** *conseillée 14 juil.-15 août - 14 piscine comprise 18 13 (5 ou 6A)*

Municipal du Lac, ✆ 98 99 78 80, O : 0,8 km par rte de Brest, bord d'une rivière et d'un étang
1,1 ha (85 empl.) plat, herbeux - - - A proximité :
15 juin-15 sept. - **R** - *14 16 13 (7A)*

La HUME **33** Gironde - 78 ② - voir à Arcachon (Bassin d') - Gujan-Mestras

HYÈRES

17 - 84 ⑮ ⑯ **G. Côte d'Azur**

Paris 857 - Aix-en-Provence 100 - Cannes 121 - Draguignan 79 - Toulon 20

83400 Var - 48 043 h.

Office de Tourisme, Rotonde Jean-Salusse, av. Belgique ✆ 94 65 18 55 et Chalet, rte de Toulon (15 juin-15 sept.) ✆ 94 65 33 40, Fax 94 35 85 05

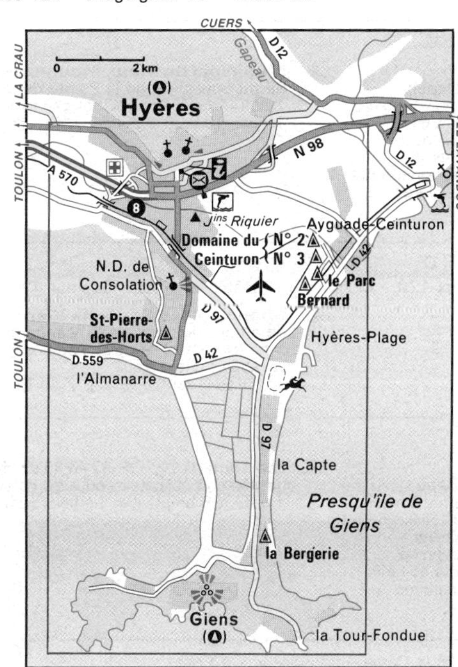

St-Pierre-des-Horts, ✆ 94 57 65 31, à l'Almanarre, S : 5 km
1,6 ha (140 empl.) plat, herbeux - snack, pizzeria - - Location : studios
Permanent - **R** *conseillée juil.-août - 2 pers. 63, 3 pers. 75 9 (2A) 16 (6A)*

Domaine du Ceinturon-Camp nº 3, ✆ 94 66 32 65, Fax 94 66 48 43, à Ayguade-Ceinturon, SE : 5 km, à 100 m de la mer - dans locations
2,5 ha (220 empl.) plat, herbeux - - A proximité : - Location :
fin mars-sept. - *2 pers. 74,50, 3 pers. 105, pers. suppl. 23 11,50 (2A) 17 (6A) 21,50 (10A)*

Domaine du Ceinturon-Camp nº 2, ✆ 94 66 39 66, à Ayguade-Ceinturon, SE : 5 km, à 400 m de la mer
4,5 ha (345 empl.) plat, herbeux - - vélos
juin-août - *2 pers. 64,50, 3 pers. 93,20, pers. suppl. 20,40 13,50 (3A) 17,40 (6A)*

Bernard, ✆ 94 66 30 54, Fax 94 66 48 30, à Ayguade-Ceinturon, SE : 5 km, à 100 m de la mer
1,4 ha (100 empl.) plat, herbeux -
Pâques-sept. - *Tarif 94 : 17,50 16,50/18,50 13,50 (3A) 17,50 (5A)*

Le Parc, ✆ 94 66 31 77, à Ayguade-Ceinturon, SE : 5 km, à 150 m de la mer
2,8 ha (199 empl.) plat, herbeux, sablonneux -
juil.-août - *2 pers. 59,50, pers. suppl. 19 13,50 (3A) 17 (6A) 21,50 (10A)*

Le Poney, ✆ 94 38 46 65, O : 2,5 km à partir de la gare par D 276, rte de la Moutonne (hors schéma)
1 ha (20 empl.) plat et peu incliné, herbeux - -
Permanent - **Location longue durée** - *Places disponibles pour le passage* - **R** *conseillée juil., indispensable août - 15,50 17 15 (3A)*

Voir aussi à *Giens*

IBARRON

64 Pyr.-Atl. - 78 ⑫ ⑱ - rattaché à St-Pée-sur-Nivelle

IHOLDY

13 - 85 ③ G. Pyrénées Aquitaine

Paris 803 - Bayonne 43 - Cambo-les-Bains 27 - Hasparren 18 - Saint-Jean-Pied-de-Port 20 - Saint-Palais 18

64640 Pyr-Atl. - 527 h.

Municipal, à l'est du bourg par D 8 et chemin à droite, bord d'un plan d'eau
1,5 ha (50 empl.) plat et peu incliné, herbeux - -
juil.-août - *8 10/12 10*

ÎLE

voir au nom propre de l'île

ÎLE-AUX-MOINES

8 - 63 ⑫ G. Bretagne

56780 Morbihan - 617 h.
Transports maritimes. Depuis **Port-Blanc.** Traversée 5 mn - Renseignements et tarifs : IZENAH S.A.R.L. ✆ 97 26 31 45. Depuis **Vannes :** Service saisonnier - Traversée 30 mn - Renseignements et tarifs, Navix Bretagne-Gare maritime ✆ 97 46 60 00

Municipal du Vieux Moulin, réservé aux tentes , ✆ 97 26 30 68, sortie SE du bourg, rte de la Pointe de Brouel
1 ha (44 empl.) plat et peu incliné, herbeux - - A proximité :
15 juin-15 sept. - **R** *conseillée - 1 pers. 23,50, 2 ou 3 pers. 45, pers. suppl. 12,50*

L'ÎLE-BOUCHARD

10 - 68 ④ G. Châteaux de la Loire

Paris 284 - Châteauroux 120 - Chinon 16 - Châtellerault 49 - Saumur 42 - Tours 51

37220 I.-et-L. - 1 800 h.

Municipal les Bords de Vienne, ✆ 47 95 23 59, près du quartier St-Gilles, en amont du pont sur la Vienne, près de la rivière
1 ha (90 empl.) plat, herbeux - - - A proximité : - Location : gîte d'étape
15 juin-15 sept. - *7,95 10,55 8,45 (3A) 10,55 (6A)*

ÎLE-D'ARZ

8 - 63 ⑬ G. Bretagne

56840 Morbihan - 256 h.
Transports maritimes. Depuis **Conleau.** Traversée 15 mn - Renseignements et tarifs ✆ 97 66 92 06 ou ✆ 97 66 94 98. Depuis **Vannes,** Service saisonnier - Traversée 30 mn - Renseignements et tarifs : Navix Bretagne, Gare maritime ✆ 97 46 60 00 (Vannes)

Les Tamaris , ✆ 97 44 33 97, N : 1,3 km - à 0,7 km du débarcadère (réservation obligatoire pour les caravanes)
1,5 ha (58 empl.) plat, herbeux -

L'ÎLE-ROUSSE

2B H.-Corse - 90 ⑬ - voir à Corse

ILLIERS-COMBRAY
5 - 60 ⑰ G. Châteaux de la Loire

Paris 114 - Chartres 25 - Châteaudun 29 - Le Mans 94 - Nogent-le-Rotrou 35

28120 E.-et-L. - 3 329 h.
Syndicat d'Initiative, 5 r. Henri-Germond ✆ 37 24 21 79

Municipal de Montjouvin, ✆ 37 24 03 04, SO : 1,8 km par D 921, rte de Brou, bord de la Thironne
2,5 ha (73 empl.) plat et peu incliné, herbeux, sous-bois (1 ha) - vélos - A proximité : - Location : gîte d'étape
avril-oct. - **R** *conseillée - 11 piscine comprise 15 14 (10A)*

INCHEVILLE
1 - 52 ⑤

Paris 162 - Abbeville 30 - Amiens 64 - Blangy-sur-Bresle 15 - Le Crotoy 36 - Le Tréport 11

76117 S.-Mar. - 1 484 h.

Municipal, ✆ 35 50 30 17, sortie NE rte de Beauchamps et r. Mozart à droite, près d'un étang
2 ha (190 empl.) plat, herbeux -
avril-sept. - Location longue durée - *Places disponibles pour le passage* - **R** - *10 9 9 14 (6A) 16 (10A)*

INGRANDES
10 - 68 ④

Paris 300 - Châtellerault 6,5 - Descartes 18 - Poitiers 40 - Richelieu 28 - La Roche-Posay 27

86220 Vienne - 1 765 h.

Le Petit Trianon « Cadre agréable autour d'un petit château », ✆ 49 02 61 47, Fax 49 02 68 81, à St-Ustre, NE : 3 km
4 ha (95 empl.) plat et peu incliné, herbeux -
15 mai-sept. - **R** *conseillée 8 juil.-20 août - 34 piscine comprise 20 20 21 (6A)*

ISIGNY-SUR-MER
4 - 54 ⑬ G. Normandie Cotentin

Paris 300 - Bayeux 32 - Caen 62 - Carentan 11 - Cherbourg 61 - Saint-Lô 29

14230 Calvados - 3 018 h.
Office de Tourisme, 1 r. V.-Hugo ✆ 31 21 46 00, Fax 31 22 90 81

Municipal le Fanal, ✆ 31 21 33 20, O : accès par le centre ville, près du terrain de sports, bord d'un plan d'eau
1 ha (80 empl.) plat, herbeux - (bassin) - Location : bungalows toilés
avril-15 oct. - **R** - *Tarif 94 : 22 30 15 (16A)*

ISLE-ET-BARDAIS
11 - 69 ⑫

Paris 310 - Bourges 58 - Cérilly 8,5 - Montluçon 48 - Saint-Amand-Montrond 25 - Sancoins 22

03360 Allier - 355 h.

Les Écossais « Site agréable », ✆ 70 66 62 57, Fax 70 66 63 99, S : 1 km par rte des Chamignoux, bord de l'étang de Pirot
2 ha (70 empl.) plat, peu incliné, accidenté, herbeux (1 ha) - vélos - Location : gîtes, huttes
avril-sept. - **R** *conseillée juil.-août* - GB - *13 6,50 6,50 15 (10A)*

L'ISLE-SUR-LA-SORGUE
16 - 81 ⑫ ⑬ G. Provence

Paris 698 - Apt 32 - Avignon 26 - Carpentras 17 - Cavaillon 9,5 - Orange 41

84800 Vaucluse - 15 564 h.
Office de Tourisme, pl. de l'Église ✆ 90 38 04 78

La Sorguette, ✆ 90 38 05 71, Fax 90 20 84 61, SE : 1,5 km par N 100, rte d'Apt, près de la Sorgue
2,5 ha (164 empl.) plat, herbeux, pierreux - cases réfrigérées - vélos, half-court - Location :
15 mars-23 oct. - **R** *conseillée juil.-août* - GB - *23 23 16 (4A)*

L'ISLE-SUR-LE-DOUBS
8 - 66 ⑰ G. Jura

Paris 415 - Baume-les-Dames 27 - Besançon 61 - Montbéliard 23 - Porrentruy 48 - Saint-Hyppolyte 34

25250 Doubs - 3 203 h.

Municipal les Lumes, ✆ 81 92 73 05, accès près du pont, bord du Doubs
1,2 ha (80 empl.) (juil.-août) plat, herbeux, pierreux - - A l'entrée :
15 mai-15 sept. - **R** - *Tarif 94 : 16 22 13 (6A)*

L'ISLE-SUR-SEREIN
7 - 65 ⑥

Paris 212 - Auxerre 49 - Avallon 15 - Montbard 30 - Tonnerre 38

89440 Yonne - 533 h.

Municipal le Parc du Château, S : 0,8 km par D 86, rte d'Avallon, au stade, à 150 m du Serein (accès direct)
1 ha (40 empl.) plat, herbeux - - parcours sportif - A proximité :
15 juin-15 sept. - **R** - *Tarif 94 : 5 5 5 10*

ISOLA
17 - 81 ⑩ G. Alpes du Sud

Paris 816 - Barcelonnette 74 - Nice 75 - Saint-Martin-Vésubie 42

06420 Alpes-Mar. - 576 h. alt. 873.
Office de Tourisme ✆ 93 23 15 15, Fax 93 23 14 25

Le Lac des Neiges , ✆ 93 02 18 16, Fax 93 02 19 33, en deux parties distinctes, à 0,5 km à l'ouest du bourg, sur D 2205, rte d'Auron, près de la Tinée et d'un petit lac
3 ha (98 empl.) plat, gravier - - piste de bi-cross, vélos - Location : , gîte d'étape

ISPAGNAC

15 - 80 ⑥ G. Gorges du Tarn

Paris 618 - Florac 9,5 - Mende 27 - Meyrueis 44 - Sainte-Enimie 17

48320 Lozère - 630 h.

Municipal du Pré Morjal ←, ✆ 66 44 23 77, sortie O par D 907bis, rte de Millau et chemin à gauche, près du Tarn
2 ha (98 empl.) plat, herbeux - A proximité :
avril-oct. - **R** *conseillée juil.-août - Tarif 94 : piscine comprise 1 pers. 48, 2 pers. 68, pers. suppl. 22 15 (10 ou 15A)*

ISQUES 62 P.-de-C. - 51 ① - rattaché à Boulogne-sur-Mer

ISSARLÈS (Lac d')

16 - 76 ⑰ G. Vallée du Rhône

Paris 579 - Coucouron 15 - Langogne 35 - Le Monastier-sur-Gazeille 17 - Montpezat-sous-Bezon 35 - Privas 71

07 Ardèche - 217 h. alt. 1 003
✉ 07470 Coucouron

La Plaine de la Loire ←, ✆ 66 46 25 77, O : 3,5 km par D 16, rte de Coucouron et chemin à gauche avant le pont, bord de la Loire - alt. 900
1 ha (55 empl.) plat, herbeux -
15 juin-15 sept. - **R** *conseillée - 2 pers. 49 16 (6 ou 8A)*

ISSENDOLUS

14 - 75 ⑲

Paris 544 - Cahors 60 - Figeac 27 - Labastide-Murat 28 - Rocamadour 17

46500 Lot - 365 h.

Le Teulières « Belle entrée », ✆ 65 40 86 71, Fax 65 33 40 89, NE : 1,5 km, sur N 140, rte de Figeac, au lieu-dit l'Hôpital
2 ha (33 empl.) incliné, plat, herbeux - snack - - Location :
Permanent - **R** *conseillée - 12 piscine comprise 12 10*

ISSOIRE

11 - 73 ⑭ ⑮ G. Auvergne

Paris 456 - Aurillac 122 - Clermont-Ferrand 38 - Lyon 201 - Millau 201 - Le Puy-en-Velay 95 - Rodez 180 - St-Étienne 176

63500 P.-de-D. - 13 559 h.
Office de Tourisme,
pl. Gén.-de-Gaulle ✆ 73 89 15 90,
et Maison des Parcs d'Auvergne
✆ 73 55 11 63

La Grange Fort ← « Autour d'un château dominant l'Allier », ✆ 73 71 05 93, Fax 73 71 07 69 ✉ 63500 Les Pradeaux, SE : 4 km par D 996, rte de la Chaise-Dieu puis à droite, 3 km par D 34, rte d'Auzat-sur-Allier -
23 ha/4 campables (40 empl.) plat, peu incliné, herbeux - - Location *(permanent)* :
mars-oct. - **R** *conseillée juil.-15 août - 18 piscine comprise 33 13,50 (4A) 16 (6A)*

Municipal du Mas ←, ✆ 73 89 03 59, E : 2,5 km par D 9, rte d'Orbeil et à droite, à 50 m d'un plan d'eau et à 300 m de l'Allier
3 ha (140 empl.) plat, herbeux - - A proximité :
avril-oct. - - *10,60 5,30 5,30/7,00*

ISSOUDUN

10 - 68 ⑨ G. Berry Limousin

Paris 245 - Bourges 35 - Châteauroux 29 - Tours 127 - Vierzon 33

36100 Indre - 13 859 h.
Office de Tourisme, pl. Saint-Cyr
✆ 54 21 74 57

Municipal les Taupeaux, ✆ 54 03 13 46, sortie N par D 918, rte de Reuilly, à 150 m d'une rivière
0,6 ha (50 empl.) plat, herbeux - - A proximité : (1,3 km) parc de loisirs et de sports
saison - **R** - *12 12 12 (5A)*

ISSY-L'EVÊQUE

11 - 69 ⑯

Paris 336 - Bourbon-Lancy 25 - Gueugnon 16 - Luzy 11,5 - Montceau-les-Mines 37 - Paray-le-Monial 40

71760 S.-et-L. - 1 012 h.

Municipal de l'Étang Neuf ←, ✆ 85 24 96 05, O : 1,1 km par D 42, rte de Grury et chemin à droite, bord d'un étang
0,4 ha (71 empl.) peu incliné, herbeux, gravier, bois attenant - - - A proximité :
mai-15 sept. - **R** - *Tarif 94 : 12 piscine comprise 6 12 13 (3A)*

ISTRES

16 - 84 ① G. Provence

Paris 746 - Arles 40 - Marseille 53 - Martigues 15 - St-Rémy-de-Provence 38 - Salon-de-Provence 23

13800 B.-du-R. - 35 163 h.
Office de Tourisme,
30 allées Jean Jaurès ✆ 42 55 51 15,
Fax 42 56 59 50

Vitou , ✆ 42 56 51 57, NE : 2,5 km par D 16, rte de St-Chamas
3 ha (90 empl.) plat, pierreux, herbeux - -
Permanent - **Location longue durée** - *Places disponibles pour le passage* - -
4 pers. 96/115 avec élect. (10A)

ITXASSOU

13 - 85 ③ G. Pyrénées Aquitaine

Paris 795 - Bayonne 23 - Biarritz 26 - Cambo-les-Bains 6,5 - Pau 121 - St-Jean-de-Luz 33 - St-Jean-Pied-de-Port 32

64250 Pyr.-Atl. - 1 563 h.

Hiriberria ≤, ✆ 59 29 98 09, NO : 1,1 km par D 918, rte de Cambo-les-Bains et chemin à droite
2 ha (155 empl.) plat, peu incliné, en terrasses, herbeux (0,8 ha) - Location : gîtes
fermé 16 déc.-janv. - **R** *conseillée - 17 piscine comprise 26 10 (5A)*

IZESTE

13 - 85 ⑯

Paris 799 - Arudy 3 - Laruns 12 - Nay 24 - Oloron-Sainte-Marie 21 - Pau 27

64260 Pyr.-Atl. - 498 h.

Municipal de la Vallée d'Ossau, ✆ 59 05 68 67, sortie S rte de Laruns, bord du Gave d'Ossau
1 ha (50 empl.) plat, herbeux, pierreux
15 juin-15 sept. - **R** *conseillée - 6,50 4,20 5,90 15 (5A)*

▶ *Donnez-nous votre avis sur les terrains que nous recommandons.*
Faites-nous connaître vos observations et vos découvertes.

JABLINES

6 - 56 ⑫ G. Ile de France

Paris 44 - Meaux 15 - Melun 56

77450 S.-et-M. - 333 h.

Base de Loisirs de Jablines-Annet « Situation agréable dans une boucle de la Marne », ✆ (1) 60 26 04 31, Fax (1) 60 26 52 43, SO : 2 km par D 45, rte d'Annet-sur-Marne, à 300 m d'un plan d'eau
140 ha/2,5 campables (95 empl.) plat, herbeux - A proximité : practice de golf, tir à l'arc, vélos, poneys,
14 avril-déc. - **R** *conseillée 5 juil.-août - Conditions d'admission : se renseigner - 16 12 27/40 avec élect. (6A)*

La JAILLE-YVON

4 - 63 ⑩ G. Châteaux de la Loire

Paris 286 - Angers 38 - Château-Gontier 16 - Châteauneuf-sur-Sarthe 20 - Segré 18

49220 M.-et-L. - 239 h.

Municipal le Port Ribouet, S : 2 km par D 187 et rte à gauche, bord de la Mayenne
0,7 ha (70 empl.) plat, herbeux
15 mai-sept. - **R** *conseillée - 2 pers. 26 10 (5A)*

JARD-SUR-MER

9 - 67 ⑪

Paris 448 - Challans 67 - Luçon 34 - La Roche-sur-Yon 34 - Les Sables-d'Olonne 20

85520 Vendée - 1 817 h.

Les Écureuils, ✆ 51 33 42 74, Fax 51 33 91 14, rte des Goffineaux, à 300 m de l'océan -
4 ha (231 empl.) plat, sablonneux - A proximité : - Location :
20 mai-10 sept. - **R** *indispensable juil.-août - 23 piscine comprise 63 14 (5A)*

L'Océano d'Or, ✆ 51 33 65 08, au NE de la station, sur D 21
5 ha (280 empl.) plat, herbeux - salle d'animation Toboggan aquatique - Location : , bungalows toilés
avril-sept. - **R** *conseillée juil.-25 août* - GB - *piscine comprise 2 pers. 112 18 (6A)*

Le Curtys, ✆ 51 33 63 42, Fax 51 33 91 31, au nord de la station
4,4 ha (239 empl.) plat, herbeux - Toboggan aquatique - A proximité : - Location : , bungalows toilés
15 mai-15 sept. - Location longue durée - *Places disponibles pour le passage* - **R** *conseillée - piscine comprise 2 pers. 110 (125 avec élect. 6A), pers. suppl. 25*

La Pomme de Pin, ✆ 51 33 43 85, SE : r. Vincent-Auriol, à 150 m de la plage de Boisvinet
2 ha (170 empl.) plat, sablonneux pinède - Toboggan aquatique - Location :
10 avril-20 sept. - **R** *conseillée - piscine comprise 2 pers. 115 20 (6A)*

La Mouette Cendrée, ✆ 51 33 59 04, sortie NE par D 19, rte de St-Hilaire-la-Forêt
1,2 ha (72 empl.) plat, herbeux - Location *(avril-sept.)* :
mai-sept. - **R** *conseillée juil.-août - piscine comprise 2 pers. 73 15 (6A)*

Municipal Bosquet de la Maison Forestière, ✆ 51 33 56 57, au SO de la station, à 150 m de la plage
1 ha (106 empl.) accidenté, herbeux, sablonneux - A proximité : vélos

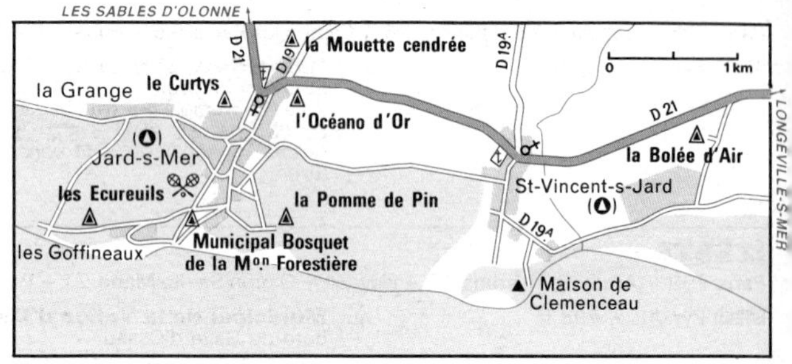

Voir aussi à *St-Vincent-sur-Jard*

JARJAYES

17 - 81 ⑥

Paris 680 - Gap 9 - Charges 21 - Tallard 11 - Veynes 34

05130 H.-Alpes - 312 h. alt. 960

La Pirogue (aire naturelle) ⋞, ☏ 92 54 39 22, sortie NO par rte du col de la Sentinelle
2 ha (25 empl.) peu incliné, herbeux
5 juin-15 sept. - **R** - *1 ou 2 pers. 40* *10*

JARS

6 - 65 ⑫ G. Berry Limousin

Paris 184 - Aubigny-sur-Nère 24 - Bourges 47 - Cosne-sur-Loire 20 - Gien 43 - Sancerre 16

18260 Cher - 522 h.

S.I. le Noyer ⋞ « Situation agréable », ☏ 48 58 74 50, SO : 0,8 km par D 74 et chemin à droite, près d'un plan d'eau
0,9 ha (25 empl.) peu incliné, plat, herbeux - A l'entrée : - A proximité : - Location : gîte d'étape
mai-sept. - **R** *conseillée juil.-août* - *5,50* *3,10* *4/4,50* *9*

JAULNY

7 - 57 ⑬ G. Alsace Lorraine

Paris 312 - Commercy 38 - Metz 31 - Nancy 49 - Toul 41

54470 M.-et-M. - 169 h.

La Pelouse « Cadre boisé », ☏ 83 81 91 67, à 0,5 km au sud du bourg, accès près du pont sur le Rupt de Mad
2,9 ha (100 empl.) plat et incliné, herbeux (2 ha) - snack - - A proximité :
avril-sept. - **Location longue durée** - *Places disponibles pour le passage* - **R** *juil.-août* - GB - *10* *8,50* *8,50* *12 (4A) 16 (6A)*

La JAVIE

17 - 81 ⑦

Paris 759 - Digne-les-Bains 14 - Seyne 27 - Le Vernet 16

04390 Alpes-de-H.-Pr. - 297 h. alt. 700

Municipal ⋞, sortie SE par D107 rte de Prads, près de la Bléone
0,3 ha (25 empl.) plat, herbeux, pierreux -
juin-sept. - *15* *5* *10* *10*

JENZAT

11 - 73 ④ G. Auvergne

Paris 377 - Aigueperse 16 - Montmarault 33 - Saint-Éloy-les-Mines 37 - Saint-Pourçain-sur-Sioule 23 - Vichy 26

03800 Allier - 439 h.

Municipal Champ de Sioule, ☏ 70 56 86 35, sortie NO par D 42, rte de Chantelle, près de la Sioule
1 ha (52 empl.) plat, herbeux
mai-sept. - **R** - *Tarif 94 :* *9,50* *3,50* *3,50* *8 (6A)*

JOANNAS

16 - 80 ⑧

Paris 653 - Aubenas 23 - Largentière 6,5 - Privas 53 - Valgorge 16 - Vallon-Pont-d'Arc 29

07110 Ardèche - 224 h.

Le Roubreau ⋞, ☏ 75 88 32 07, Fax 75 88 31 44, O : 1,4 km par D 24, rte de Valgorge et chemin à gauche, bord du Roubreau
3 ha (100 empl.) plat et incliné, herbeux, pierreux - snack - - Location :
Pâques-15 sept. - **R** *conseillée* - *piscine comprise 2 pers. 85* *20 (4 ou 6A)*

La Marette ⋞, ☏ 75 88 38 88, O : 2,4 km par D 24, rte de Valgorge
4 ha (55 empl.) en terrasses et accidenté, pierreux, bois - -
mai-15 sept. - **R** *conseillée juil.-août* - *piscine comprise 2 pers. 80* *20 (6A)*

JONQUIÈRES

16 - 81 ⑫

Paris 670 - Avignon 27 - Carpentras 15 - Orange 7,5 - Vaison-la-Romaine 23

84150 Vaucluse - 3 780 h.

Municipal les Peupliers, ✆ 90 70 67 09, sortie E rte de Carpentras, derrière la piscine
1 ha (80 empl.) plat, herbeux - cases réfrigérées - A proximité :
15 mai-sept. - **R** *conseillée juil.-20 août - Tarif 94 : 2 pers. 47/49 avec élect.*

JONZAC

9 - 71 ⑥ G. Poitou Vendée Charentes

Paris 513 - Angoulême 55 - Bordeaux 84 - Cognac 35 - Libourne 83 - Royan 59 - Saintes 40

17500 Char.-Mar. - 3 998 h. - 24 fév.-28 nov.
Office de Tourisme, pl. Château ✆ 46 48 49 29

Les Castors, ✆ 46 48 25 65, SO : 1,5 km par D 19, rte de Montendre et chemin à droite
1 ha (45 empl.) peu incliné, herbeux, gravier -
avril-1er nov. - **R** *conseillée - 20,30 19,95 16,30 (4A) 20,95 (6A) 25,75 (10A)*

Des Megisseries, ✆ 46 48 51 20, près du lycée Jean-Hyppolite, bord de la Seugne
0,6 ha (28 empl.) plat, herbeux - A proximité :
avril-oct. - **R** *indispensable - 11,50 7,50 8,60 13 (16A)*

JOSSELIN

4 - 63 ④ G. Bretagne

Paris 422 - Dinan 81 - Lorient 76 - Rennes 78 - Saint-Brieuc 77 - Vannes 43

56120 Morbihan - 2 338 h.
Office de Tourisme, pl. de la Congrégation (juin-sept., fermé matin sauf juil.-août) ✆ 97 22 36 43

Le Bas de la Lande (Intercommunal de Guégon-Josselin) ≤, ✆ 97 22 22 20, O : 2,5 km par N 24 rocade Josselin rte de Lorient et rte à droite après le pont, à 50 m de l'Oust
2 ha (60 empl.) plat, peu incliné et en terrasses, herbeux -
Permanent - **R** - *11 8 8 13 (5A) 16 (10A)*

JOYEUSE

16 - 80 ⑧ G. Vallée du Rhône

Paris 653 - Alès 52 - Mende 96 - Privas 52

07260 Ardèche - 1 411 h.
Office de Tourisme, D 104 ✆ 75 39 56 76

La Nouzarède, ✆ 75 39 92 01, Fax 75 39 43 27, vers sortie E rte d'Aubenas et rte du stade à gauche
2 ha (60 empl.) plat, herbeux, pierreux - - A proximité :
avril-sept. - **R** *conseillée juil.-août - piscine comprise 2 pers. 85*

V.T.F la Croix de Vinchannes, ✆ 75 39 50 50, Fax 75 39 95 75, N : 2,7 km par D 203, rte de Ribes et rte de Vinchannes à gauche
8 ha (145 empl.) en terrasses et peu incliné, pierreux, herbeux - garderie - tir à l'arc - Location : , bungalows toilés

Le Bois Simonet, ✆ 75 39 58 60, N : 3,8 km par D 203, rte de Valgorge - dans locations (juil.-août)
2,5 ha (70 empl.) vallonné et en terrasses, pierreux, sablonneux pinède - - vélos
28 avril-10 sept. - **R** *conseillée juil.-août* - GB - *piscine comprise 2 pers. 75 15 (3A)*

Le Sous-Perret ≤, ✆ 75 39 50 54, sortie E, rte d'Aubenas puis 1,4 km par rte à droite, près de la Beaume
2 ha (75 empl.) plat, herbeux - (sauf saison) - vélos - A proximité :

JUGON-LES-LACS

4 - 59 ⑭ ⑮ G. Bretagne

Paris 419 - Lamballe 19 - Plancoët 16 - Saint-Brieuc 55 - Saint-Méen-le-Grand 35

22270 C.-d'Armor - 1 283 h.

Municipal le Bocage, ✆ 96 31 60 16, SE : 1 km par D 52 rte de Mégrit, bord du Grand Étang de Jugon
4 ha (180 empl.) (juil.-août) plat et peu incliné, herbeux - - Location : , bungalows toilés
mai-sept. - **R** - GB - *13 piscine comprise 16 13 (5A)*

JULLOUVILLE

4 - 59 ⑦ G. Normandie Cotentin

Paris 351 - Avranches 22 - Granville 8,5 - Saint-Lô 59 - Saint-Malo 86

50610 Manche - 2 046 h.
Office de Tourisme, av. du Mar.-Leclerc (15 juin-15 sept.) ✆ 33 61 82 48

La Chaussée, ✆ 33 61 80 18, Fax 33 61 45 26, sortie N rte de Granville, à 100 m de la plage
4,7 ha (250 empl.) plat, sablonneux, herbeux -
avril-10 sept. - **R** *conseillée juil.-août - Tarif 94 : 2 pers. 75, pers. suppl. 20 14 (2A) 17 (6A) 20 (10A)*

Le Hamel, ✆ 33 61 84 48, E : 2 km, à la sortie de Bouillon par rte de Groussey
1,5 ha (75 empl.) plat, herbeux -
juin-1er sept. - **R** *conseillée - 14 12 13 (4A)*

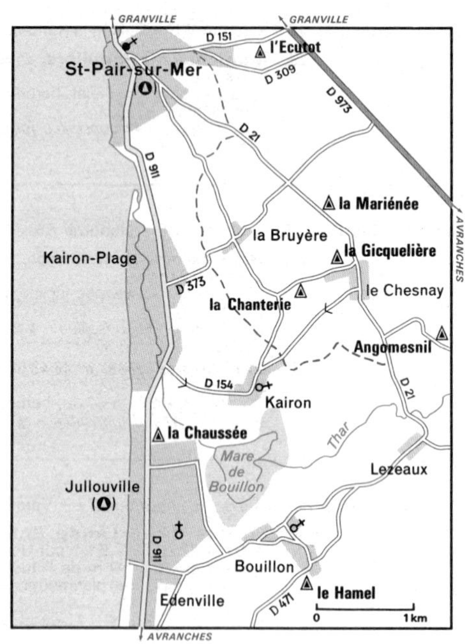

Voir aussi à *St-Pair-sur-Mer*

JUNAS

16 - 80 ⑱

Paris 734 - Aigues-Mortes 29 - Aimargues 14 - Montpellier 37 - Nîmes 24 - Sommières 5

30250 Gard - 648 h.

L'Olivier 🌳, ✆ 66 80 39 52, sortie E par D 140 et chemin à droite
1 ha (47 empl.) ⊶ (saison) plat et peu incliné, herbeux, pierreux ♀ - half-court
vacances de printemps, juin-15 sept. - **R** *indispensable 10 juil.-15 août - piscine comprise 2 pers. 55 12,50 (6A)*

Les Chênes 🌳, ✆ 66 80 99 07, S : 1,3 km par D 140, rte de Sommières et chemin à gauche, au lieu-dit les Tuileries Basses
1,7 ha (92 empl.) ⊶ (juil.-août) plat et peu incliné, pierreux, herbeux ♀ -
Pâques-15 oct. - **R** *conseillée juil.-août* - GB - *Tarif 94 : piscine comprise 1 à 4 pers. 31 à 62, pers. suppl. 11 9,50 (3A) 12 (6A) 14,50 (10A)*

JUNIVILLE

7 - 56 ⑦

Paris 186 - Reims 36 - Rethel 15 - Vouziers 24

08310 Ardennes - 829 h.

Le Moulin de la Chut 🌳, ✆ 24 72 72 22, E : 1,8 km par D 925 rte de Bignicourt et chemin à droite, près d'étangs et à 80 m de la Retourne
1 ha (50 empl.) ⊶ plat et peu incliné, herbeux, pierreux ♀♀ (0,3 ha) -
15 avril-1er oct. - **R** - *12 5 8 8 (4A) 12 (6A) 20 (10A)*

JUSSAC

10 - 76 ⑫

Paris 578 - Aurillac 10,5 - Laroquebrou 27 - Mauriac 41 - Vic-sur-Cère 29

15250 Cantal - 1 865 h. alt. 632

Municipal du Moulin, ✆ 71 46 69 85, à l'ouest du bourg par D 922 vers Mauriac et chemin près du pont, bord de l'Authre
1 ha (53 empl.) ⊶ plat, herbeux - A proximité :
15 juin-sept. - **R** - *Tarif 94 : 8,50 4,50 5/8 10 (5A) 17 (10A)*

KAYSERSBERG

8 - 62 ⑱ G. Alsace Lorraine

Paris 476 - Colmar 12 - Gérardmer 50 - Guebwiller 34 - Munster 22 - Saint-Dié 45 - Sélestat 25

68240 H.-Rhin - 2 755 h.
Office de Tourisme, Mairie ✆ 89 78 22 78

Municipal ≤, ✆ 89 47 14 47, sortie NO par N 415 rte de St-Dié et r. des Acacias, bord de la Weiss
1,6 ha (135 empl.) ⊶ (saison) plat, herbeux ♀ -
avril-sept. - **R** - *Tarif 94 : 17 tennis compris 8,50 11,50 15 (3A) 30 (6A)*

KERVEL 29 Finistère - 58 ⑭ - rattaché à Plonévez-Porzay

KERVOYAL 56 Morbihan - 63 ⑬ - rattaché à Damgan

KESKASTEL

8 - 87 ⑬

Paris 405 - Lunéville 79 - Metz 77 - Nancy 89 - Saint-Avold 34 - Sarreguemines 18 - Strasbourg 87

67260 B.-Rhin - 1 362 h.

Municipal les Sapins, 88 00 19 25, au NE de la commune, bord d'un plan d'eau
2 ha (90 empl.) plat, herbeux (0,5 ha) - (plage) - A proximité :
Permanent - Location longue durée - *Places disponibles pour le passage* - **R** *conseillée juil.-août - 18 4 16 16 (10A)*

KRUTH

8 - 62 ⑰ ⑱ G. Alsace Lorraine

Paris 461 - Colmar 59 - Épinal 66 - Gérardmer 30 - Mulhouse 38 - Thann 18 - Le Thillot 25

68820 H.-Rhin - 976 h.

Le Schlossberg <, 89 82 26 76, NO : 2,3 km par D 13B, rte de La Bresse et rte à gauche
5,2 ha (200 empl.) peu incliné, terrasse, herbeux (1 ha) -
Pâques-sept. - **R** *conseillée juil.-août* - GB - *17 14 12 (2A) 20 (6A)*

LABAROCHE

8 - 62 ⑱

Paris 480 - Colmar 19 - Gérardmer 49 - Munster 23 - Saint-Dié 49

68910 H.-Rhin - 1 676 h. alt. 750

Municipal des 2 Hohnack « Cadre agréable », 89 49 83 72, S : 4,5 km par D 11[1] et D 11, rte des Trois-Epis puis rte du Linge à droite
1,3 ha (66 empl.) plat et en terrasses, herbeux, forêt attenante -
15 mai-10 sept. - **R** - *Tarif 94 : 13 6 11 11 (4A)*

LABASTIDE-ROUAIROUX

15 - 83 ⑫

Paris 766 - Anglès 20 - Castres 42 - Mazamet 26 - Peyriac-Minervois 34 - Saint-Pons-de-Thomières 11,5

81270 Tarn - 2 027 h.

S.I. Cabanès <, sortie E par N 112, rte de St-Pons et chemin à gauche
0,3 ha (20 empl.) en terrasses, herbeux - - Location : gîte d'étape
15 juin-15 sept. - **R** *conseillée juil.-août - 10 2 7/10 10 (15A)*

LABEAUME 07 Ardèche - 80 ⑧ - voir à Ardèche (Gorges de l') - Ruoms

LABENNE

13 - 78 ⑰

Paris 753 - Bayonne 12 - Capbreton 5,5 - Dax 34 - Hasparren 35 - Peyrehorade 36

40530 Landes - 2 884 h.

Sylvamar M, 59 45 75 16, par D 126, rte de la Plage, près du Boudigau - dans locations
15 ha/8 campables (325 empl.) plat, sablonneux, herbeux - snack - toboggans aquatiques - A proximité : - Location :
20 mai-20 sept. - **R** *conseillée* - *piscine comprise 2 pers. 105, pers. suppl. 23 25 (6A)*

Côte d'Argent, 59 45 42 02, Fax 59 45 73 31, par D 126 rte de la plage
4 ha (215 empl.) plat, herbeux, sablonneux - (juin-sept.) - tir à l'arc - Location : , studios
Permanent - **R** *conseillée* - GB - *piscine comprise 2 pers. 94, pers. suppl. 25 20 (6A)*

Le Boudigau, 59 45 42 07, Fax 59 45 77 76, par D 126 rte de la plage, à proximité d'une rivière
5 ha (320 empl.) plat, herbeux, sablonneux - - discothèque vélos - A proximité : - Location :
20 mai-17 sept. - **R** *conseillée juil.-août* - GB - *piscine comprise 2 pers. 80 ou 100 16 (3A)*

La Mer, 59 45 42 09, Fax 59 45 43 07, par D 126, rte de la plage, bord du Boudigau
6 ha (300 empl.) plat, herbeux, sablonneux - - - A proximité : - Location :
15 mai-sept. - **R** *conseillée juil.-août - 15,50 piscine comprise 35 ou 45*

LABERGEMENT-STE-MARIE

12 - 70 ⑥

Paris 446 - Champagnole 37 - Pontarlier 19 - St-Laurent-en-Grandvaux 39 - Salins-les-Bains 47 - Yverdon-les-Bains 38

25160 Doubs - 864 h. alt. 880

Le Lac <, 81 69 31 24, r. du Lac, à 300 m du lac de Remoray
1,3 ha (70 empl.) plat, peu incliné et en terrasses, herbeux - - - A proximité :
mi-mai-mi-sept. - **R** *conseillée - 2 pers. 58 14,50 (3A)*

LABESSETTE

10 - 73 ⑫

Paris 490 - Bort-les-Orgues 14 - La Bourboule 29 - Bourg-Lastic 31 - Clermont-Ferrand 70

63690 P.-de-D. - 104 h. alt. 780

Municipal la Chomette, sortie S par D 72
1,2 ha (50 empl.) plat et peu incliné, herbeux, pierreux
juin-sept. - **R** *juil.-août - 10 10 10 6 (2A) 8 (3A) 12 (5A)*

LABLACHÈRE

16 - 80 ⑧

Paris 654 - Aubenas 25 - Largentière 15 - Privas 55 - Saint-Ambroix 30 - Vallon-Pont-d'Arc 21

07230 Ardèche - 1 562 h.

Le Franoi, 75 36 64 09, NO : 4,3 km par D 4 rte de Planzolles
2,8 ha (40 empl.) plat et peu incliné, pierreux - Location :

LABRIT

13 - 78 ⑤

Paris 673 - Mont-de-Marsan 27 - Roquefort 19 - Sabres 16 - Tartas 50

40420 Landes - 666 h.

L'Estrigon (aire naturelle), au bourg, bord d'un ruisseau
1 ha (19 empl.) plat, sablonneux, herbeux

LAC voir au nom propre du lac

▶ *Benutzen Sie immer die neuesten Ausgaben der* ***MICHELIN-Straßenkarten*** *und* ***-Reiseführer.***

LACANAU (Étang de)

9 - 71 ⑱ G. Pyrénées Aquitaine

Paris 622 - Andernos-les-Bains 29 - Bordeaux 48 - Lesparre-Médoc 41 - Soulac-sur-Mer 67

33 Gironde - 2 405 h.

au Moutchic 5,5 km à l'est de Lacanau-Océan - ✉ 33680 Lacanau :

Talaris « Cadre agréable », 56 03 04 15, Fax 56 26 21 56, E : 2 km sur rte de Lacanau
6,3 ha (199 empl.) plat, herbeux, petit étang
juin-sept. - **R** *indispensable 1er-25 août, conseillée juin-juil. - piscine comprise 1 ou 2 pers. 114, pers. suppl. 25 25 (6A)*

Tedey « Situation agréable », 56 03 00 15, Fax 56 03 01 90, S : 3 km par rte de Longarisse et chemin à gauche, bord de l'étang
10 ha (650 empl.) plat et accidenté, sablonneux pinède
29 avril-24 sept. - **R** *conseillée juil.-20 août - Mineurs non accompagnés non admis* - GB - *3 pers. 107 (126 avec élect.)*

LACANAU-OCÉAN

9 - 71 ⑱ G. Pyrénées Aquitaine

Paris 636 - Andernos-les-Bains 42 - Arcachon 86 - Bordeaux 60 - Lesparre-Médoc 51

33 Gironde - ✉ 33680 Lacanau

Les Grands Pins, 56 03 20 77, Fax 57 70 03 89, N : 1 km, à 500 m de la plage - (saison)
11 ha (560 empl.) accidenté, incliné, en terrasses, sablonneux
mai-sept. - **R** *conseillée* - GB - *piscine comprise 1 ou 2 pers. 122/147 avec élect.*

L'Océan, 56 03 24 45, Fax 57 70 01 87, r. du Repos
9 ha (550 empl.) plat, incliné et accidenté, sablonneux pinède - Location : bungalows toilés
mai-sept. - **R** *conseillée* - GB - *piscine comprise 3 pers. 130/140 20 (15A)*

LACANAU-DE-MIOS

13 - 71 ⑳

Paris 615 - Arcachon 32 - Belin-Béliet 25 - Bordeaux 38

33380 Gironde

Samba, 56 23 18 81, SO : 0,8 km par D 216, rte de Mios
1,5 ha (50 empl.) plat, sablonneux, herbeux - A proximité :
Permanent - **R** *conseillée - Tarif 94 : 13 10,50/11 11 (6A) 20 (10A)*

LACAPELLE-MARIVAL

15 - 75 ⑲ ⑳ G. Périgord Quercy

Paris 561 - Aurillac 66 - Cahors 64 - Figeac 21 - Gramat 20 - Rocamadour 30 - Tulle 82

46120 Lot - 1 201 h.
Syndicat d'Initiative, pl. de la Halle (15 juin-15 sept.) 65 40 81 11

Municipal Bois de Sophie « Cadre agréable », 65 40 82 59, NO : 1 km par D 940, rte de St-Céré
1 ha (80 empl.) plat et peu incliné, herbeux - A proximité : - Location : bungalows toilés

LACAPELLE-VIESCAMP

10 - 76 ⑪

Paris 554 - Aurillac 18 - Figeac 58 - Laroquebrou 11,5 - Saint-Céré 51

15150 Cantal - 438 h.

Municipal le Puech des Ouilhes « Dans un site agréable », 71 46 42 38, SO : 3 km par D 18, rte d'Aurillac et rte à droite, à 150 m du lac de St-Étienne-Cantalès (accès direct à une plage) - juil.-20 août
1,2 ha (90 empl.) (juil.-août) peu incliné à incliné, pierreux, herbeux - - A proximité : snack - Location : huttes
15 juin-14 sept. - **R** *conseillée juil.-août* - **GB** - *2 pers. 58, pers. suppl. 16* *10 (10A)*

LAC-DES-ROUGES-TRUITES

12 - 70 ⑮

Paris 446 - Champagnole 26 - Clairvaux-les-Lacs 35 - Lons-le-Saunier 56 - Mouthe 26

39150 Jura - 294 h. alt. 930

Les Rouges Truites, 84 60 18 98, Fax 84 60 88 64, SE : 0,7 km
0,7 ha (40 empl.) peu incliné et en terrasses, herbeux, pierreux - - vélos, poneys - A proximité : - Location : gîte d'étape
17 juin-10 sept. - **R** - *12* *12* *10 (3A)*

LACHAU

16 - 81 ⑤

Paris 716 - Laragne-Montéglin 26 - Sault 35 - Séderon 9 - Sisteron 36

26560 Drôme - 190 h. alt. 700

La Dondelle (aire naturelle), sortie E sur D 201, rte d'Eourres
1 ha (25 empl.) plat, herbeux -
mai-sept. - **R** *juil.-août* - *1 pers. 20* *15 (6A)*

LAFRANÇAISE

14 - 79 ⑰ **G. Pyrénées Roussillon**

Paris 636 - Castelsarrasin 18 - Caussade 30 - Lauzerte 22 - Montauban 18

82130 T.-et-G. - 2 651 h.

Municipal de la Vallée des Loisirs, 63 65 89 69, sortie SE par D 40, rte de Montastruc et à gauche, à 250 m d'un plan d'eau (accès direct)
0,9 ha (56 empl.) peu incliné, pierreux, herbeux, bois attenant - - A proximité : toboggan aquatique, snack (bassin)

LAGNY

7 - 56 ② ③

Paris 109 - Amiens 59 - Compiègne 29 - Montdidier 31 - Noyon 9 - Péronne 42

60310 Oise - 478 h.

Le Ponchet, 44 93 01 11, sortie SO par D 39, à Sceaucourt, 9 r. du Ponchet
1,2 ha (31 empl.) incliné, herbeux - - A proximité :
Pâques-oct. - Location longue durée - *Places limitées pour le passage* - **R** *conseillée* - *9* *5* *8/9* *9,80 (2A) 15 (3A)*

LAGORCE **07** Ardèche - 80 ⑨ - voir à Ardèche (Gorges de l')

LAGORD **17** Char.-Mar. - 71 ⑫ - rattaché à la Rochelle

LAGUENNE **19** Corrèze - 75 ⑨ - rattaché à Tulle

LAGUÉPIE

14 - 79 ⑳

Paris 640 - Albi 37 - Carmaux 25 - Cordes-sur-Ciel 13 - Saint-Antonin-Noble-Val 24

82250 T.-et-G. - 787 h.

Municipal les Tilleuls « Agréable situation au bord du Viaur », 63 30 22 32, E : 1 km par D 922 rte de Villefranche-de-Rouergue et chemin à droite - Croisement difficile pour caravanes
0,6 ha (54 empl.) plat et terrasses, herbeux, pierreux - - - Location :
mars-oct. - **R** *conseillée juil.-août* - *10,70* *5*

LAGUIOLE

15 - 76 ⑬ **G. Gorges du Tarn**

Paris 578 - Aurillac 76 - Espalion 23 - Mende 84 - Rodez 55 - Saint-Flour 60

12210 Aveyron - 1 264 h. alt. 1 004 - Sports d'hiver : 1 100/1 400 m 11.

Office de Tourisme, pl. du Foirail, 65 44 35 94

Municipal les Monts d'Aubrac, 65 44 39 72, sortie S par D 921, rte de Rodez puis 0,6 km par rte à gauche, au stade
2 ha (57 empl.) plat et peu incliné, herbeux - - A proximité :
15 juin-15 sept. - **R** *conseillée juil.-août - Tarif 94 : 9,40* *5,10* *6,75* *6,75 (5 à 10A)*

LAIROUX

9 - 71 ⑪

Paris 437 - Fontenay-le-Comte 41 - Luçon 8,5 - La Rochelle 46 - Les Sables-d'Olonne 45

85400 Vendée - 514 h.

Municipal les Pacaudières, sortie NE par D 60 rte de Mareuil-sur-Lay, au stade
0,15 ha (15 empl.) plat, herbeux -
avril-oct. - **R** - *8,75* *3,20* *7* *9,30 (6A)*

LALBENQUE

14 - 79 ⑱

Paris 603 - Cahors 21 - Caussade 23 - Castelnau-Montratier 21 - Caylus 26

46230 Lot - 878 h.

Municipal, au SO du bourg
0,4 ha (20 empl.) peu incliné et plat, pierreux, herbeux - A proximité :
mai-oct. - - *8,20* *9,20*

LALINDE

10 - 75 ⑮

Paris 548 - Bergerac 22 - Brive-la-Gaillarde 98 - Cahors 88 - Périgueux 52 - Villeneuve-sur-Lot 58

24150 Dordogne - 3 029 h.
Syndicat d'Initiative, Jardin Public
53 61 08 55

Municipal du Moulin de la Guillou, 53 61 02 91, E : 2 km par D 703 rte du Bugue, bord de la Dordogne et à 100 m du canal
1,7 ha (100 empl.) plat, herbeux - - vélos
mai-15 oct. - **R** *conseillée - Tarif 94 : 12 4 12 7 (6A)*

LALOUVESC

11 - 76 ⑨ G. Vallée du Rhône

Paris 559 - Annonay 24 - Lamastre 27 - Privas 83 - St-Agrève 31 - Tournon-sur-Rhône 40 - Valence 56 - Yssingeaux 42

07520 Ardèche - 514 h. alt. 1 050

Municipal le Pré du Moulin, 75 67 84 86, au N de la localité
2,5 ha (70 empl.) en terrasses, peu incliné, herbeux - - - Location : huttes
27 mai-1er oct. - **R** *conseillée juil.-août - Tarif 94 : 10 8 9/10 15 (6A)*

LAMAGDELAINE

14 - 79 ⑧

Paris 579 - Agen 97 - Brive-la-Gaillarde 98 - Figeac 62 - Montauban 66

46090 Lot - 731 h.

Municipal, au bourg, sur D 653, bord du Lot
0,6 ha (29 empl.) plat, herbeux - -
15 juin-15 sept. - **R** *conseillée juil.-août - Tarif 94 : 11 15 10 (10A)*

LAMALOU-LES-BAINS

15 - 83 ④ G. Gorges du Tarn

Paris 752 - Béziers 40 - Lacaune 53 - Lodève 39 - Montpellier 81 - Saint-Affrique 78 - Saint-Pons-de-Thomières 35

34240 Hérault - 2 194 h. - .
Office de Tourisme, av. du Docteur-Ménard
67 95 70 91, Fax 67 95 87 70

Municipal Verdale , 67 95 86 89, au NE de la localité, près du stade, bord d'un ruisseau
1 ha (75 empl.) plat, gravier, herbeux - - A proximité :
mars-oct. - **R** *conseillée - 11,30 5,50 7,50 11,50 (5A)*

LAMPAUL-PLOUDALMEZEAU

3 - 58 ③

Paris 614 - Brest 29 - Brignogan-Plages 37 - Ploudalmézeau 3

29830 Finistère - 595 h.

Municipal des Dunes, 98 48 14 29, à 0,7 km au nord du bourg, à côté du terrain de sports et à 100 m de la plage (accès direct)
1,5 ha (76 empl.) non clos, accidenté et plat, sablonneux, herbeux -
15 juin-15 sept. - - *Tarif 94 : 10,50 4,20 5,25 9*

LANAS

16 - 80 ⑨

Paris 641 - Aubenas 11,5 - Largentière 15 - Privas 41 - Vallon-Pont-d'Arc 21 - Viviers 36

07200 Ardèche - 273 h.

L'Arche, 75 37 79 15, N : 0,8 km, bord de l'Ardèche
1,4 ha (35 empl.) en terrasses, herbeux - - (bassin) - Location :
avril-15 sept. - **R** *conseillée - 2 pers. 56 11 (4A)*

LANCHÈRES

1 - 52 ⑥

Paris 178 - Abbeville 25 - Amiens 70 - Le Crotoy 21 - Le Tréport 16

80230 Somme - 826 h.

Municipal les Prairies de Lanchères, 22 60 71 87, au bourg
2,1 ha (154 empl.) plat, herbeux - -
Permanent - Location longue durée - *Places disponibles pour le passage* - **R** - *10 5,30 10 3,80 (1A)*

LANCIEUX

4 - 59 ⑤ G. Bretagne

Paris 425 - Dinan 21 - Dol-de-Bretagne 35 - Lamballe 39 - Saint-Brieuc 60 - Saint-Malo 17

22770 C.-d'Armor - 1 245 h.

Municipal des Mielles, 96 86 22 98, au SO du bourg, rue Jules-Jeunet, à 300 m de la plage
2,5 ha (195 empl.) (saison) plat à peu incliné, herbeux - - A proximité :
avril-sept. - - *13 6,50 12 15 (6A)*

LANDÉDA

3 - 58 ④

Paris 607 - Brest 26 - Brignogan-Plages 27 - Ploudalmézeau 16

29870 Finistère - 2 666 h.

Les Abers « Entrée fleurie, site agréable », 98 04 93 35, NO : 2,5 km, aux dunes de Ste-Marguerite, bord de plage
4,5 ha (180 empl.) plat, en terrasses, sablonneux, herbeux - - - A proximité :
mai-sept. - **R** *conseillée 10 juil.-15 août - 16 6 23 11 (5A)*

Municipal de Pen Enez, 98 04 99 82, NO : 3,5 km, au nord de la Presqu'île de Ste Marguerite, à 200 m de la mer
2,6 ha (100 empl.) (juil.-août) plat et vallonné, sablonneux, herbeux - -
15 juin-sept. - **R** - *7,20 5 7,90 11 (20A)*

Fort Cezon, 98 04 93 46, NO : 3 km, à 300 m de la plage (accès direct)
0,6 ha (36 empl.) plat, herbeux - -
début juil.-15 sept. - **R** *conseillée - 8,70 10 10,70 (6A)*

LANDERNEAU

3 - 58 ⑤ G. Bretagne

Paris 577 - Brest 22 - Carhaix-Plouguer 59 - Morlaix 38 - Quimper 64

29800 Finistère - 14 269 h.
Office de Tourisme, Pont de Rohan 98 85 13 09

Municipal, 98 21 66 59, au SO de la ville, rte de Quimper près du stade et de la piscine, bord de l'Elorn (rive gauche)
0,35 ha (32 empl.) plat, herbeux, gravillons - - - A proximité :
15 mai-15 oct. - **R** *15 juin-15 août - Tarif 94 : tennis compris 2 pers. 40, pers. suppl. 7 15 (10A)*

LANDEVIEILLE

9 - 67 ⑫

Paris 463 - Challans 24 - Nantes 81 - La Roche-sur-Yon 32 - Les Sables-d'Olonne 18 - Saint-Gilles-Croix-de-Vie 15

85220 Vendée - 646 h.

Le Lac, 51 22 91 61, Fax 51 22 90 41, NE : 2 km par D 12, rte de la Mothe-Achard puis 2 km par rte à gauche, bord du lac du Jaunay - dans locations
4,7 ha (128 empl.) plat et peu incliné, en terrasses, herbeux (2 ha) - crêperie - - Location : , bungalows toilés
mai-sept. - **R** *conseillée - Tarif 94 : piscine comprise 3 pers. 122 16 (6A)*

Pong, 51 22 92 63, sortie NE, chemin du stade
3 ha (162 empl.) plat et peu incliné, herbeux, terrasses, petit étang (2 ha) - - Toboggan aquatique - A proximité : - Location :
Pâques-25 sept. - **R** *conseillée - piscine comprise 2 pers. 74, 3 pers. 80 14,50 (4A) 19 (6A)*

Municipal, 51 22 96 36, sortie O rte de Brétignolles-sur-Mer, à proximité d'un étang
2,8 ha (140 empl.) plat et peu incliné, herbeux - - - A proximité : vélos,
juin-sept. - **R** *conseillée 14 juil.-15 août - 2 pers. 42 12,50*

LANDRETHUN-LES-ARDRES

1 - 51 ②

Paris 277 - Arras 99 - Boulogne-sur-Mer 34 - Calais 20 - Dunkerque 45 - Saint-Omer 29

62610 P.-de-C. - 568 h.

L'Orée du Bois, 21 82 67 15, SE : 2,3 km, au lieu-dit Le Val
2,2 ha (88 empl.) (juil.-août) peu incliné, herbeux - -
avril-sept. - **Location longue durée** - *Places limitées pour le passage -* **R** *conseillée juil.-août - 13 15 10 (5A)*

LANDUDEC

3 - 58 ⑭

Paris 583 - Audierne 17 - Douarnenez 11 - Pont-l'Abbé 22 - Quimper 19

29143 Finistère - 1 183 h.

Bel-Air « Décoration florale », 98 91 50 27, Fax 98 91 55 82, O : 1,3 km rte de Plozévet puis 1 km par rte à gauche
5 ha (140 empl.) plat, en terrasses, prairies, étang - crêperie - Toboggan aquatique - Location : , bungalows toilés
15 juin-15 sept. - **R** *conseillée juil.-août -* GB - *20 piscine comprise 10 28 12 (6A) 18 (10A)*

LANGEAC

11 - 76 ⑤ G. Auvergne

Paris 516 - Brioude 29 - Mende 99 - Le Puy-en-Velay 45 - Saint-Chély-d'Apcher 58 - Saint-Flour 49

43300 H.-Loire - 4 195 h.
Office de Tourisme, pl. Aristide-Briand 71 77 05 41, Fax 71 77 19 93

Municipal le Prado, 71 77 05 01, r. de Lille, au N par D 585 rte de Brioude, bord de l'Allier
10 ha (300 empl.) plat, herbeux, pierreux, sablonneux (5 ha) - - vélos - Location : , gîte d'étape, bungalows toilés
10 avril-3 nov. - **R** *conseillée juil.-août - 2 pers. 50, pers. suppl. 20 11 (3A) 13 (6A) 15 (10A)*

LANGEAIS

5 - 64 ⑭ G. Châteaux de la Loire

Paris 261 - Angers 86 - Château-la-Vallière 30 - Chinon 27 - Saumur 42 - Tours 24

37130 I.-et-L. - 3 960 h.
Office de Tourisme, pl. P. de Brosse ✆ 47 96 58 22, Fax 47 96 83 41

Municipal, ✆ 47 96 85 80, sortie NE par N 152 rte de Tours, à 50 m d'un plan d'eau
2 ha (90 empl.) plat, herbeux - - A proximité :
juin-15 sept. - *11* *10* *11 (6A)*

LANILDUT

3 - 58 ③

Paris 617 - Brest 25 - Brignogan-Plages 45 - Ploudalmézeau 10,5

29840 Finistère - 733 h.

Municipal du Tromeur, ✆ 98 04 31 13, sortie O par D 27 puis 1,5 km par rte à droite - Chemin piéton direct reliant le camp au bourg
2,7 ha (90 empl.) plat, peu incliné, herbeux, bois attenant - - - A proximité :
15 juin-15 sept. - **R** - *12,50* *5* *7* *11*

LANLOUP

3 - 59 ② G. Bretagne

Paris 485 - Guingamp 29 - Lannion 41 - Saint-Brieuc 36 - Saint-Quay-Portrieux 14

22580 C.-d'Armor - 195 h.

Le Neptune, ✆ 96 22 33 35, sortie O du bourg
2 ha (84 empl.) plat, peu incliné, herbeux - - A proximité : - Location :
15 mai-15 sept. - **R** *juil.-août* - *18 piscine et tennis compris* *28* *18 (6A)*

LANNION

3 - 59 ① G. Bretagne

Paris 516 - Brest 95 - Morlaix 37 - Saint-Brieuc 68

22300 C.-d'Armor - 16 958 h.
Office de Tourisme, quai d'Aiguillon ✆ 96 46 41 00, Fax 96 37 19 64

Bel Air (aire naturelle), ✆ 96 37 66 43, SO : 3 km par D 786, rte de Morlaix et à droite rte de Kernégues
1 ha (25 empl.) plat, herbeux - - A proximité :
15 juin-15 sept. - **R** *conseillée 15 juil.-15 août* - *11* *7,50* *9,50/10* *10 (4A)*

LANOBRE

11 - 76 ② G. Auvergne

Paris 494 - Bort-les-Orgues 7,5 - La Bourboule 33 - Condat 30 - Mauriac 36 - Ussel 33

15270 Cantal - 1 473 h.

Municipal de la Siauve ≤, ✆ 71 40 31 85, SO : 3 km par D 922, rte de Bort-les-Orgues et rte à droite, à 200 m du lac (accès direct) - alt. 660
8 ha (220 empl.) (juil.-août) en terrasses, herbeux - - - A proximité : (plage) - Location : , huttes
juin-15 sept. - - *Tarif 94 :* *13* *8* *10* *12,50 (6A)*

LANS-EN-VERCORS

12 - 77 ④

Paris 587 - Grenoble 27 - Villard-de-Lans 9 - Voiron 42

38250 Isère - 1 451 h. alt. 1 020 - Sports d'hiver : 1400/1880 m, 16, .
Office de Tourisme, pl. de l'Église ✆ 76 95 42 62, Fax 76 95 49 70

Le Bois Sigu ≤, ✆ 76 95 47 02, S : 2,8 km par D 106, D 531, rte de Villard-de-Lans et rte à gauche, au hameau de Peuil
0,6 ha (35 empl.) peu incliné, herbeux, pierreux - -

LANSLEBOURG-MONT-CENIS

12 - 77 ⑨ G. Alpes du Nord

Paris 670 - Albertville 116 - Briançon 88 - Chambéry 126 - St-Jean-de-Maurienne 54 - Torino 89 - Val-d'Isère 49

73480 Savoie - 647 h. alt. 1 400

Les Balmasses ≤, ✆ 79 05 82 83, sortie O par N 6, rte de Modane et chemin à gauche, bord de l'Arc
1,2 ha (63 emp.) plat, terrasse, herbeux -
10 juin-sept. - **R** *conseillée 15 juil.-15 août* - *11* *12* *12 (5A) 16 (10A)*

LANSLEVILLARD

12 - 77 ⑨ G. Alpes du Nord

Paris 673 - Albertville 119 - Briançon 87 - Chambéry 129 - Val-d'Isère 46

73480 Savoie - 392 h. alt. 1 479 - Sports d'hiver : (Val-Cenis)-1400/2800 m, 1, 22, .
Office de Tourisme ✆ 79 05 92 43

Caravaneige Municipal ≤, ✆ 79 05 90 52, sortie SO rte de Lanslebourg, bord d'un torrent
3 ha (133 empl.) (saison) plat, herbeux, pierreux - - - A proximité :
16 déc.-8 mai, 15 juin-15 sept. - **R** *hiver* - *été* - *12,20* *16* *30 (6A), 42 (10A)*

LANTON 33 Gironde - 71 ⑳ - voir à Arcachon (Bassin d')

LANTOSQUE

17 - 84 ⑲ G. Côte d'Azur

Paris 884 - L'Escarène 27 - Nice 49 - Sospel 36 - Saint-Martin-Vésubie 15

06450 Alpes-Mar. - 972 h.

Camping des Merveilles ≤, ✆ 93 03 15 73, **au Suquet**, SO : 5 km, carrefour D 2565 et D 373, à 200 m de la Vésubie
0,6 ha (44 empl.) plat, peu incliné, pierreux, herbeux - A proximité :
juil.-sept. - **R** *conseillée juil.-août - 1 à 4 pers. 29 à 72, 2 à 4 pers. 42 à 80, pers. suppl. 14 15 (3A) 18 (6A) 20 (10A)*

► *Deze gids is geen overzicht van alle kampeerterreinen maar een selektie van de beste terreinen in iedere categorie.*

LAON P

6 - 56 ⑤ G. Flandres Artois Picardie

Paris 138 - Amiens 120 - Charleroi 121 - Charleville-Mézières 103 - Compiègne 75 - Mons 107 - Reims 58

02000 Aisne - 26 490 h.
Office de Tourisme, pl. du Parvis de la Cathédrale ✆ 23 20 28 62, Fax 23 20 68 11

Municipal la Chênaie, ✆ 23 20 25 56, de la gare SO : 4 km, accès par chemin près de la Caserne Foch, à l'entrée du faubourg Semilly, à 100 m d'un étang
1 ha (35 empl.) plat, herbeux, chênaie -
avril-oct. - **R** - *Tarif 94 : 13 7,70 7,70 15,50 (10A)*

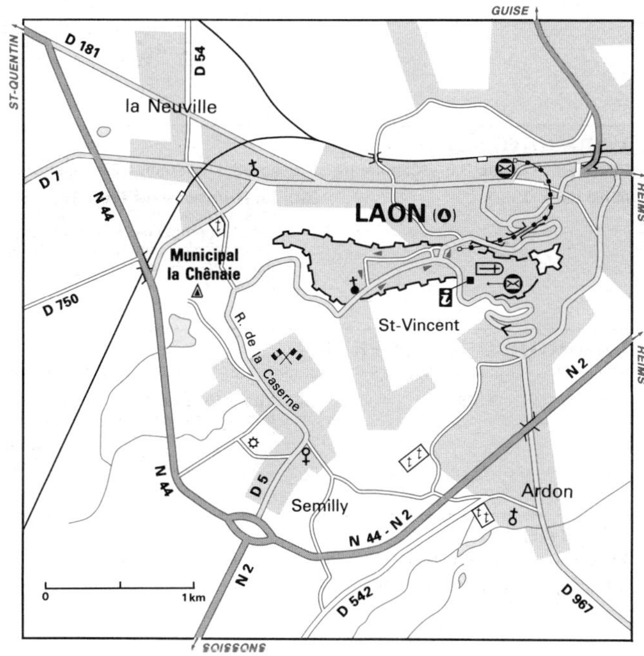

LAPALISSE

11 - 73 ⑥ G. Auvergne

Paris 342 - Digoin 44 - Mâcon 123 - Moulins 48 - Roanne 49 - Saint-Pourçain-sur-Sioule 30

03120 Allier - 3 603 h.
Office de Tourisme, pl. Ch.-Bécaud (15 juin-15 sept.) ✆ 70 99 08 39

Municipal, ✆ 70 99 26 31, sortie SE par N 7, rte de Roanne, bord de la Besbre
0,8 ha (66 empl.) plat, herbeux - parcours sportif
avril-sept. - **R** - *10 7 7 10*

LAPEYROUSE

11 - 73 ③

Paris 350 - Clermont-Ferrand 74 - Commentry 14 - Montmarault 14 - Saint-Eloy-les-Mines 13 - Vichy 54

63700 P.-de-D. - 575 h.

Municipal les Marins, ✆ 73 52 02 73, E : 2 km par D 998, rte d'Echassières et D 100 à droite, rte de Durmignat, près d'un plan d'eau
2 ha (73 empl.) plat, herbeux - - (plage) vélos - A proximité :
15 juin-10 sept. - **R** - *élect. comprise 1 à 3 pers. 60, pers. suppl. 10*

LARCHE

17 - 81 ⑨ G. Alpes du Sud

Paris 767 - Barcelonnette 26 - Briançon 82 - Cuneo 69

04530 Alpes-de-H.-Pr. - 71 h. alt. 1 698

Domaine des Marmottes « Situation agréable », 92 84 33 64, SE : 0,8 km par rte à droite après la douane française, bord de l'Ubayette et d'un étang
2 ha (50 empl.) plat, herbeux, pierreux - crêperie - Location :
15 juin-15 sept. - **R** *conseillée 11 juil.-août - 1 ou 2 pers. 50, pers. suppl. 22 10 (3A) 18 (6A)*

Le LARDIN-ST-LAZARE

10 - 75 ⑦

Paris 490 - Brive-la-Gaillarde 27 - Lanouaille 38 - Périgueux 47 - Sarlat-la-Canéda 32

24570 Dordogne - 2 047 h.

La Nuelle, 53 51 24 00, NO : 3 km par N 89, rte de Périgueux et chemin à droite
1 ha (50 empl.) plat, herbeux, petit étang - - vélos - Location *(mai-sept.)* :
juin-sept. - **R** *conseillée juil.-août - 19 piscine comprise 24 14 (5A)*

LARMOR-PLAGE

3 - 63 ① G. Bretagne

Paris 502 - Lorient 6 - Quimper 73 - Vannes 64

56260 Morbihan - 8 078 h.

La Fontaine M, 97 33 71 28, Fax 97 33 70 32, à l'ouest de la station, à 300 m du D 152 (accès conseillé) et à 1,2 km de la Base de Loisirs
1 ha (123 empl.) plat, peu incliné, herbeux - - A proximité :
mai-15 sept. - **R** *conseillée 8 juil.-21 août - élect. (10A) comprise 2 pers. 62/80, pers. suppl. 20*

LARNAGOL

15 - 79 ⑨

Paris 585 - Cajarc 8,5 - Cahors 40 - Figeac 33 - Livernon 27 - Villefranche-de-Rouergue 30

46160 Lot - 159 h.

Le Ruisseau de Treil, 65 31 23 39, E : 0,6 km par D 662, rte de Cajarc et à gauche - 15 juil.-15 août
4 ha (55 empl.) plat, herbeux - - stand de tir (air comprimé), tir à l'arc, vélos - Location :
juin-sept. - **R** *conseillée 15 juil.-15 août - 29 piscine comprise 5 39 19 (5A)*

LAROQUE-DES-ALBÈRES

15 - 86 ⑲

Paris 889 - Argelès-sur-Mer 8,5 - Le Boulou 13 - Collioure 15 - La Jonquera 26 - Perpignan 25

66740 Pyr.-Or. - 1 508 h.

Les Albères, 68 89 23 64, sortie NE par D 2, rte d'Argelès-sur-Mer puis 0,4 km par chemin à droite
5 ha (200 empl.) peu incliné et en terrasses, pierreux, herbeux - - - Location :
avril-sept. - **R** *indispensable - Tarif 94 : 18 6 20 12 (6A)*

LARRAU

13 - 85 ⑭

Paris 838 - Oloron-Ste-Marie 42 - Pau 77 - Saint-Jean-Pied-de-Port 46 - Sauveterre-de-Béarn 56

64560 Pyr.-Atl. - 241 h. alt. 636

Ixtila, 59 28 63 09, sortie E par D 26, rte de Tardets-Sorholus
1 ha (17 empl.) incliné, herbeux - - Location :
15 mai-15 nov. - **R** *conseillée juil.-15 sept. - 8 5 6 8 (4A)*

LARUNS

13 - 85 ⑯

Paris 811 - Argelès-Gazost 48 - Lourdes 52 - Oloron-Sainte-Marie 32 - Pau 37

64440 Pyr.-Atl. - 1 466 h.

Les Gaves « Belle entrée », 59 05 32 37, SE : 1,5 km par rte du col d'Aubisque et chemin à gauche, bord du Gave d'Ossau
2,4 ha (101 empl.) plat, herbeux, gravier - - - Location : , appartements
Permanent - Location longue durée - *Places disponibles pour le passage -* **R** *sauf vacances scolaires - Tarif 94 : 18 38 (hiver 58) 11 (3A) 6A : 18 (hiver 30) 10A : 28 (hiver 42)*

Pont Lauguère, 59 05 35 99, S : 1 km par rte du col d'Aubisque, à 100 m du Gave d'Ossau
1 ha (50 empl.) (avril-oct.) plat, herbeux -
Permanent - **R** - *12 25 (hiver 28) 11 (2A) 20 (6A)*

Geteu, 59 05 37 15 ✉ 64440 Louvie-Soubiron, N : 1,8 km par rte de Pau à 100 m du Gave d'Ossau
1 ha (50 empl.) (saison) plat, herbeux -
Permanent - **R** - *12 17 10 (2A)*

LARUSCADE

9 - 71 ⑧

Paris 524 - Blaye 27 - Bordeaux 43 - Guîtres 16 - Libourne 28 - Montendre 25

33620 Gironde - 1 679 h.

Relais du Chavan, ✆ 57 68 63 05, N : 7 km sur N 10 - Par A 10 sens N-S : sortie 28 Reignac - sens S-N : sortie 30[b] St-André-de-Cubzac
3,6 ha (80 empl.) plat, herbeux, sablonneux (1 ha) - - Location :
mai-sept. - **R** *conseillée* - GB - *16 piscine comprise* *18*

LASALLE

16 - 80 ⑰

Paris 693 - Alès 29 - Florac 58 - Montpellier 65 - Nîmes 61 - Saint-Jean-du-Gard 17 - Le Vigan 36

30460 Gard - 1 007 h.

La Pommeraie, ✆ 66 85 20 52 ✉ 30140 Thoiras, E : 3 km par D 39 et D 57, rte d'Anduze, bord de la Salindrenque
7,3 ha (200 empl.) plat, herbeux peupleraie - - vélos - Location :
avril-sept. - **R** *conseillée juil.-août* - *piscine comprise 2 pers. 88 (103 ou 108 avec élect. 3A ou 6A)*

LASSEUBE

13 - 85 ⑥

Paris 793 - Arudy 17 - Lacq 29 - Oloron-Sainte-Marie 14 - Pau 19

64290 Pyr.-Atl. - 1 503 h.

Municipal, ✆ 59 04 22 55, sortie S du bourg par D 34, rte de Belair
1 ha (50 empl.) plat, herbeux -
juin-15 oct. - - *Tarif 94 : 1 à 5 pers. 20 à 60/27 à 64 avec élect.*

LATHUILE **74** H.-Savoie - 74 ⑯ - voir à Annecy (Lac d')

LATTES **34** Hérault - 83 ⑦ - rattaché à Montpellier

LAU-BALAGNAS **65** H.-Pyr. - 85 ⑰ - rattaché à Argelès-Gazost

LAUBERT

15 - 80 ⑥

Paris 588 - Langogne 27 - Marvejols 48 - Mende 19

48170 Lozère - 128 h. alt. 1 200 - Sports d'hiver : 1 200/1 264 m 1

Municipal, ✆ 66 47 72 09, SO : 0,5 km par N 88 et D 6, rte de Rieutort-de-Randon à droite
2 ha (33 empl.) peu incliné et accidenté, pierreux, rochers, herbeux - snack - vélos, tir à l'arc - Location : gîte d'étape
Permanent - **R** *conseillée juil.-août* - *élect. (10A) comprise 1 pers. 30, 2 pers. 50, pers. suppl. 5*

LAURIÈRE

10 - 72 ⑧

Paris 373 - Bellac 42 - Bourganeuf 38 - Guéret 39 - Limoges 42 - La Souterraine 22

87370 H.-Vienne - 601 h.

Intercommunal du Lac , ✆ 55 71 42 62, N : 2,4 km par D 63 rte de Folles et rte à droite, bord du lac (plage)
3,6 ha (166 empl.) (saison) incliné et en terrasses, herbeux - - - A proximité : - Location : huttes
Pâques-15 oct. - - *12,50* *5* *7* *12 (10A)*

LAUTENBACH-ZELL

8 - 62 ⑱

Paris 490 - Belfort 58 - Guebwiller 7 - Colmar 33 - Mulhouse 28 - Thann 27

68610 H.-Rhin - 912 h.

Municipal Vert Vallon , ✆ 89 74 01 80, au bourg, près de l'église
0,5 ha (36 empl.) peu incliné à incliné, herbeux - - - A proximité : - Location :
Permanent - **R** *conseillée juin-août - Tarif 94 : 10 5 10 2A : 5 (hiver 10) 5A : 10 (hiver 25) 10A : 20 (hiver 50)*

LAUTERBOURG

8 - 87 ②

Paris 520 - Haguenau 41 - Karlsruhe 23 - Strasbourg 62 - Wissembourg 19

67630 B.-Rhin - 2 372 h.

Municipal des Mouettes M « Entrée fleurie », ✆ 88 54 68 60, SO : 1,5 km par D 3 et chemin, à 100 m d'un plan d'eau, accès direct
2,7 ha (135 empl.) plat, herbeux - - - A proximité :
3 mars-10 déc. - **R** *conseillée saison* - *17* *10* *16/19* *15 (6A)*

LAVAL Ⓟ

4 - 63 ⑩ G. Normandie Cotentin

Paris 278 - Angers 78 - Caen 146 - Le Havre 219 - Le Mans 83 - Nantes 134 - Poitiers 214 - Rennes 74

53000 Mayenne - 50 473 h.
Office de Tourisme, pl. du 11-Novembre ✆ 43 49 46 46, Fax 43 49 46 21

S.I. le Potier ← « Beaux emplacements, décoration florale et arbustive », ✆ 43 53 68 86, S : 4,5 km par rte d'Angers et à droite après Thévalles, accès direct à la Mayenne
1 ha (42 empl.) plat et en terrasses, herbeux, verger ombragé attenant
avril-sept. - **R**

Le LAVANDOU

17 - 84 ⑯ G. Côte d'Azur

Paris 880 - Cannes 103 - Draguignan 76 - Fréjus 62 - Sainte-Maxime 42 - Toulon 43

83980 Var - 5 212 h.
Office de Tourisme, quai Gabriel-Péri ✆ 94 71 00 61, Fax 94 64 73 79

Clau Mar Jo, ✆ 94 71 53 39 ✉ 83234 Bormes-les-Mimosas Cedex, SO : 2 km
1 ha (50 empl.) plat, herbeux - Location :
avril-sept. - **R** *conseillée juil.-août - Tarif 94 : 2 pers. 94 avec élect.*

Beau Séjour, ✆ 94 71 25 30, SO : 1,5 km
1,5 ha (135 empl.) plat, pierreux, herbeux snack
Pâques-sept. - **R** - *19 16,50/20 14 (3A) 18 (6A)*

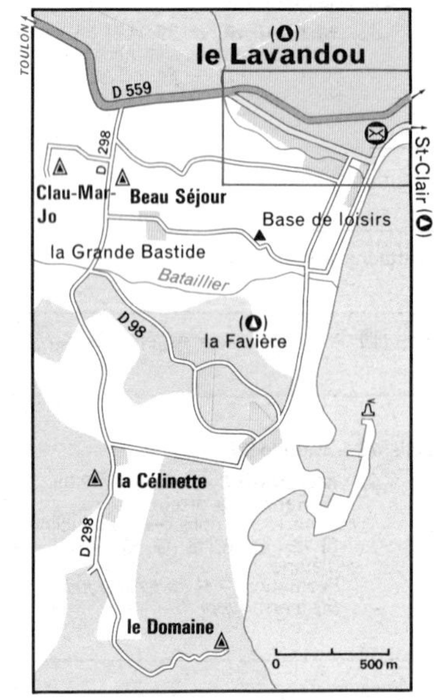

à la Favière S : 2,5 km - ✉ 83230 Bormes-les-Mimosas :

Le Domaine ← « Site agréable », ✆ 94 71 03 12, S : 2 km, bord de plage
38 ha (1 200 empl.) plat, accidenté et en terrasses, pierreux, rocheux pinède - pizzeria, snack cases réfrigérées -
18 mars-oct. - **R** *conseillée saison* - GB - *Tarif 94 : 24 31/70 avec élect*

La Célinette, ✆ 94 71 07 98
1,3 ha (105 empl.) (saison) peu incliné, pierreux - A proximité snack - Location :
fin mars-24 oct. - **R** *conseillée juil.-août - 17,50 17,50 12,50 (2A) 15,50 (4A) 18,20 (6A)*

à St-Clair NE : 2 km par D 559, rte de Cavalière (hors schéma)
✉ 83980 le Lavandou :

St-Clair, réservé aux caravanes, ✆ 94 71 03 38, sortie E, à 150 m de la plage
1,2 ha (54 empl.) plat - A proximité - Location : studios
avril-15 oct. - **R** *indispensable - 2 pers. 90, pers. suppl. 20 15,50 (3A) 18,50 (6A) 20,50 (10A)*

▶ *Om een reisroute uit te stippelen en te volgen,*
om het aantal kilometers te berekenen,
om precies de ligging van een terrein te bepalen (aan de hand van de inlichtingen in de tekst),
gebruikt u de ***Michelinkaarten*** *schaal 1 : 200 000 ; een onmisbare aanvulling op deze gids.*

LAVARÉ

5 - 60 ⑮

Paris 173 - Bonnétable 27 - Bouloire 14 - La Ferté-Bernard 19 - Le Mans 38

72390 Sarthe - 712 h.

Municipal du Lac, sortie E par D 302, rte de Vibraye, près d'un plan d'eau
0,3 ha (20 empl.) plat, herbeux - A proximité : piste de bi-cross
15 juin-15 sept. - *8,50 5 4/5 12 (5A)*

LAVELANET

15 - 86 ⑤

Paris 801 - Carcassonne 71 - Castelnaudary 52 - Foix 26 - Limoux 46 - Pamiers 41

09300 Ariège - 7 740 h.
Office de Tourisme, Maison de Lavelanet 61 01 22 20, Fax 61 03 06 39

Municipal, 61 01 55 54, au SO de la ville par rte de Foix et r. des Pyrénées à gauche, près de la piscine
2 ha (100 empl.) (juil.août) plat, herbeux - tir à l'arc - Location : bungalows toilés
avril-sept. - **R** *conseillée - Tarif 94 : 16 piscine comprise 16 12 (15A)*

LAVILLATTE

16 - 76 ⑰

Paris 578 - Coucouron 10 - Langogne 14 - Mende 61 - Thueyts 31 - Privas 78

07660 Ardèche - 98 h. alt. 1 165

Le Moulin du Rayol, 66 69 47 56, SE : 2 km, carrefour D 300 et D 108, rte de Langogne, bord de l'Espezonnette - alt. 1 050
1,4 ha (50 empl.) plat, peu incliné et en terrasses, herbeux -
juin-sept. - **R** - *Tarif 94 : 12 6 7 11 (2A) 15 (4A) 19 (6A)*

LAVIT-DE-LOMAGNE

14 - 79 ⑯

Paris 668 - Agen 47 - Beaumont-de-Lomagne 11,5 - Castelsarrasin 21 - Lectoure 35 - Montauban 40

82120 T.-et-G. - 1 612 h.

Municipal de Bertranon, 63 94 04 70, au NE du bourg par D 15, près du stade
0,5 ha (25 empl.) plat, herbeux -
juin-sept. - **R** - *Tarif 94 : 13 5/9 9 (6A)*

LECTOURE

14 - 82 ⑤ G. Pyrénées Aquitaine

Paris 749 - Agen 36 - Auch 35 - Condom 24 - Montauban 72 - Toulouse 94

32700 Gers - 4 034 h.
Office de Tourisme, cours de l'Hôtel-de-Ville 62 68 76 98, Fax 62 68 79 30

Lac des 3 Vallées « Cadre agréable », 62 68 82 33, Fax 62 68 88 82, SE : 2,4 km par N 21, rte d'Auch, puis 2,3 km par rte à gauche, au Parc de Loisirs, bord du lac
8,5 ha (450 empl.) plat et incliné, herbeux - avec toboggans aquatiques, tir à l'arc - Location : bungalows toilés
16 avril-10 sept. - **R** *conseillée - 1 à 3 pers. 133, pers. suppl. 37 21 (10A)*

LÈGE-CAP-FERRET 33 Gironde - 71 ⑲ - voir à Arcachon (Bassin d')

LEIGNECQ

11 - 76 ⑦

Paris 554 - Ambert 46 - Craponne-sur-Arzon 24 - Montbrison 40 - Saint-Bonnet-le-Château 8 - Saint-Étienne 35

42 Loire-alt. 930
42380 St-Bonnet-le-Château

Municipal « Site agréable », S : 1 km, bord d'un plan d'eau
2 ha (100 empl.) en terrasses, peu incliné, herbeux -
avril-sept. - Location longue durée - *Places limitées pour le passage -* **R** *conseillée - 8 8 7 (3A) 18 (6A)*

LEMPDES

11 - 76 ⑤

Paris 469 - Brassac-les-Mines 6 - Brioude 15 - Clermont-Ferrand 59 - Issoire 22 - Massiac 18

43410 H.-Loire - 1 403 h.

Municipal, 71 76 53 69, N : 0,8 km par D 909, rte de St-Germain-Lembron et à gauche, D 654 rte de Chambezon, jardin public attenant - passerelle reliant le terrain au bourg
2 ha (80 empl.) (saison) plat, herbeux - A proximité :
mai-15 sept. - **R** *conseillée 14 juil.-15 août - Tarif 94 : élect. (10A) comprise 2 pers. 48, pers. suppl. 9*

LENS-LESTANG

12 - 77 ②

Paris 528 - Annonay 36 - Beaurepaire 6,5 - Grenoble 66 - Romans-sur-Isère 30 - Valence 53

26210 Drôme - 629 h.

Municipal le Regrimet, 75 31 82 97, sortie N par D 538, rte de Beaurepaire et à gauche, près de la rivière
2,5 ha (48 empl.) plat et peu incliné, herbeux - A proximité :
mai-sept. - **R** - *13 8 14 12 (6A)*

LÉON

13 - 78 ⑯ G. Pyrénées Aquitaine

Paris 728 - Castets 14 - Dax 29 - Mimizan 41 - Mont-de-Marsan 78 - Saint-Vincent-de-Tyrosse 32

40550 Landes - 1 330 h.
Office de Tourisme, Grand Rue
58 48 74 40

Lou Puntaou « Cadre agréable », 58 48 74 30, Fax 58 48 70 42, NO : 1,5 km sur D 142, à 100 m de l'étang de Léon
14 ha (720 empl.) plat, herbeux, sablonneux (plates-formes) - A proximité : - Location :
15 avril-sept. - **R** *conseillée* - GB - *Tarif 94 : piscine comprise 2 à 5 pers. 85 à 125 15*

Petit Jean (aire naturelle), 58 48 73 80, S : 3,3 km par D 142, rte de Castets puis à droite (caserne de pompiers) rte de Laguens et chemin à gauche
1,6 ha (25 empl.) plat, herbeux, sablonneux
mai-sept. - **R** - *1 ou 2 pers. 48, pers. suppl. 20 15 (6A)*

LÉPIN-LE-LAC **73** Savoie - 75 ⑮ - voir à Aiguebelette (Lac d')

LÉRAN

14 - 86 ⑥

Paris 793 - Foix 37 - Lavelanet 10 - Mirepoix 14 - Pamiers 36 - Quillan 36

09600 Ariège - 595 h.

La Régate, 61 01 92 69, E : 2,4 km par D 28, à la Base Nautique et de Loisirs, près du lac de Montbel
3,5 ha (60 empl.) avril-août plat, peu incliné, en terrasses, herbeux, pierreux - A proximité : - Location : bungalows toilés - **R** *conseillée* - GB - *18 piscine comprise 18 18 (5A)*

LESCHERAINES

12 - 74 ⑯

Paris 561 - Aix-les-Bains 26 - Annecy 26 - Chambéry 27 - Montmélian 39 - Rumilly 28

73340 Savoie - 495 h. alt. 650

Municipal l'Île, 79 63 80 00, SE : 2,5 km par D 912, rte d'Annecy et rte à droite, bord d'un plan d'eau et à 200 m du Chéran
7,5 ha (310 empl.) (saison) plat, herbeux - A proximité : toboggan aquatique
15 avril-sept. - **R** *conseillée* - *1 à 3 pers. 51 (62 avec élect.)*

LESCONIL

8 - 58 ⑭ G. Bretagne

Paris 576 - Douarnenez 43 - Guilvinec 6 - Loctudy 8 - Pont-l'Abbé 8,5 - Quimper 27

29740 Finistère

Les Dunes « Entrée fleurie », 98 87 81 78, Fax 98 82 27 05, O : 1 km par rte de Guilvinec, à 150 m de la plage (accès direct)
2,8 ha (120 empl.) plat, herbeux -
15 mai-sept. - **R** *conseillée* - *23,20 8,80 32,20 16,50 (6A)*

La Grande Plage, 98 87 88 27, O : 1 km par rte de Guilvinec, à 400 m de la plage
1,5 ha (80 empl.) plat et peu incliné, herbeux -
Pâques-sept. - **R** *conseillée juil.-août* - *19 9,50 28 16 (4 à 10A)*

Keralouet, 98 82 23 05, E : 1 km sur rte de Loctudy
0,5 ha (45 empl.) (juil.-août) plat, herbeux -
juin-15 sept. - **R** *conseillée* - *12,30 6,90 14,50 11,50 (4A) 14 (6A)*

Les Sables Blancs, 98 87 84 79, E : 1,5 km par rte de Loctudy et rte à gauche
2 ha (60 empl.) plat, herbeux -
15 juin-3 sept. - **R** *conseillée* - *2 pers. 47, pers. suppl. 12 10,50 (2A) 12,50 (4A) 14,50 (6A)*

LESCUN

13 - 85 ⑮ G. Pyrénées Aquitaine

Paris 860 - Lourdes 89 - Oloron-Ste-Marie 36 - Pau 72

64490 Pyr-Atl. - 198 h. alt. 900

Municipal le Lauzart, 59 34 51 77, SO : 1,5 km par D 340
1 ha (50 empl.) (juil.-août) plat et peu incliné, en terrasses, pierreux, herbeux - - vélos - Location : gîte
15 avril-sept. - **R** *conseillée juil.-août* - *9 4,50 20,50 11 (6A)*

LESPERON

13 - 78 ⑤

Paris 698 - Castets 11,5 - Mimizan 33 - Mont-de-Marsan 57 - Sabres 42 - Tartas 30

40260 Landes - 996 h.

Parc de Couchoy, 58 89 60 15, O : 3 km sur rte de Linxe
1,3 ha (65 empl.) plat, herbeux, sablonneux - - Location :
avril-sept. - **R** - GB - *18 piscine comprise 32 13 (6A)*

LESPINASSIÈRE

15 - 83 ⑫ G. Gorges du Tarn

Paris 818 - Anglès 43 - Castres 55 - Mazamet 36 - Peyriac-Minervois 16 - Saint-Pons-de-Thomières 34

11160 Aude - 105 h.

Camping Vert du Clocher « Site agréable », 68 78 03 72, sortie S par D 620, rte de Caunes-Minervois et à gauche, rte de Linas, bord de l'Argent-Double
1,3 ha (33 empl.) plat, herbeux -
Pâques-sept. - **R** - *19 19 12 (3A)*

LEUBRINGHEN

1 - 51 ①

Paris 302 - Arras 123 - Boulogne-sur-Mer 21 - Calais 15 - Saint-Omer 54

62250 P.-de-C. - 207 h.

Les Primevères, 21 87 13 33, au nord du bourg
1 ha (63 empl.) peu incliné, herbeux
avril-oct. - *Tarif 94 : 11,50 13,50 13,50 (3A) 19,50 (5A)*

LEVIER

12 - 70 ⑥

Paris 431 - Besançon 46 - Champagnole 34 - Pontarlier 21 - Salins-les-Bains 23

25270 Doubs - 1 785 h. alt. 717

La Forêt, 81 89 53 46, NE : 1 km par D 41, rte de Septfontaines et chemin
1,5 ha (40 empl.) plat et terrasse, herbeux (0,7 ha) - A proximité : parcours sportif
juin-sept. - **R** *conseillée juil.-août* - GB - *Tarif 94 : 2 pers. 50/53 12 (6A)*

LEYME

15 - 75 ⑲ ⑳

Paris 549 - Cahors 73 - Figeac 29 - Gramat 18 - Saint-Céré 11,5 - Sousceyrac 26

46120 Lot - 1 489 h.

Municipal, 65 38 98 73, à l'ouest du bourg, accès par rte à droite de l'église, au Village de Vacances
2 ha (33 empl.) plat, gravillons, herbeux - vélos - A proximité : - Location *(permanent)* : gîtes
15 juin-15 sept. - **R** - *15 piscine comprise 10 5*

LÉZIGNAN-CORBIÈRES

15 - 83 ⑬

Paris 823 - Carcassonne 39 - Narbonne 20 - Perpignan 85 - Prades 129

11200 Aude - 7 881 h.
Office de Tourisme, pl. de la République 68 27 05 42

Municipal la Pinède « Décoration arbustive », 68 27 05 08, NO par N 113, rte de Carcassonne
2,5 ha (94 empl.) plat, peu incliné et en terrasses, gravillons - A l'entrée : - A proximité : discothèque, squash
avril-15 oct. - **R** *conseillée juil.-août - 17 17 15 (6A)*

LIANCOURT

6 - 56 ①

Paris 69 - Beauvais 36 - Chantilly 18 - Compiègne 33 - Creil 10 - Senlis 20

60140 Oise - 6 178 h.

La Faloise, 44 73 10 99, SE : 2,5 km par D 29, rte de Pont-Ste-Maxence et rte à droite
2 ha (82 empl.) plat, herbeux
Permanent - Location longue durée - *Places limitées pour le passage* -

LICQUES

1 - 51 ② G. Flandres Artois Picardie

Paris 271 - Arras 93 - Boulogne-sur-Mer 27 - Calais 21 - Dunkerque 50 - Saint-Omer 27

62850 P.-de-Calais - 1 351 h.

Le Canchy, 21 82 63 41, O : 2,3 km par D 191, rte de St-Omer et rue de Canchy à gauche
1 ha (72 empl.) plat, herbeux
15 mars-oct. - - *15 15 8,50 (2,5A)*

LIÉZEY

88 Vosges - 62 ⑰ - rattaché à Gérardmer

LIGNY-LE-CHÂTEL

7 - 65 ⑤ G. Bourgogne

Paris 183 - Auxerre 23 - Sens 57 - Tonnerre 24 - Troyes 64

89144 Yonne - 1 122 h.

Municipal la Noue Marou, sortie SO par D 8, rte d'Auxerre et chemin à gauche, bord du Serein
2 ha (40 empl.) plat, herbeux

LIMERAY

5 - 64 ⑯

Paris 217 - Amboise 9 - Blois 29 - Château-Renault 18 - Montrichard 24 - Tours 33

37530 I.-et-L. - 972 h.

Launay, 47 30 13 50, à 1,6 km au SE du bourg, r. de la Rivière, à 50 m de la N 152
1,5 ha (69 empl.) plat, herbeux - (bassin) half-court - A proximité :

LIMOGES P

10 - 72 ⑰ G. Berry Limousin

Paris 399 - Angoulême 103 - Brive-la-Gaillarde 91 - Châteauroux 128 - Clermont-Ferrand 175 - Montluçon 153 - Périgueux 94 - Poitiers 120

87000 H.-Vienne - 133 464 h.
Office de Tourisme et Accueil de France, bd Fleurus 55 34 46 87, Fax 55 34 19 12

Municipal la Vallée de l'Aurence « Décoration florale », 55 38 49 43, N : 4,5 km par N 20, rte de Paris, quartier Uzurat, bord d'un plan d'eau et près de l'Aurence - par voie express sens S-N : sortie Poitiers
1,5 ha (186 empl.) plat, gravier, herbeux - - A proximité :
Permanent - **R**

LIMOGNE-EN-QUERCY

15 - 79 ⑨

Paris 599 - Cajarc 14 - Cahors 38 - Figeac 39 - Villefranche-de-Rouergue 24

46260 Lot - 618 h.

Bel-Air, 65 24 32 75, O : 0,5 km par D 911, rte de Cahors et chemin à droite
1,5 ha (50 empl.) plat, incliné, pierreux, herbeux - A proximité :
avril-1er oct. - **R** *conseillée juil.-août - 16 16 12 (6A)*

LE LINDOIS

10 - 72 ⑮

Paris 455 - Angoulême 41 - Confolens 37 - Rochechouart 25 - Montbron 12

16310 Charente - 311 h.

L'Étang, 45 63 02 67, SO : 0,8 km par D 112, rte de Rouzède et chemin à gauche, bord d'un étang et bois attenant
30 ha/1,5 campable (25 empl.) plat, herbeux - pizzeria - poneys
mai-1er oct. - **R** - *50 (sans limitation du nombre de pers.) 10 (6A)*

LINXE

13 - 78 ⑮

Paris 718 - Castets 10 - Dax 30 - Mimizan 38 - Soustons 27

40260 Landes - 980 h.

Municipal le Grandjean M, 58 42 90 00, NO : 1,5 km par D 42, rte de St-Girons et D 397, rte de Mixe à droite
2 ha (100 empl.) plat, sablonneux, gravillons pinède -
25 juin-5 sept. - **R** *conseillée 14 juil.-15 août - Tarif 94 : 14 17,50/29,50 avec élect.*

Le LION-D'ANGERS

4 - 63 ⑳ G. Châteaux de la Loire

Paris 293 - Angers 25 - Candé 26 - Château-Gontier 23 - La Flèche 49

49220 M.-et-L. - 3 095 h.
Office de Tourisme 41 95 83 19, Fax (Mairie) 41 95 34 87

Municipal les Frênes « Entrée fleurie », 41 95 31 56, sortie NE par N 162, rte de Château-Gontier, bord de l'Oudon
2 ha (100 empl.) plat, herbeux - - A proximité :
mi-mai-sept. - *Tarif 94 : 9 5 5 12 (10A)*

La LISCIA (Golfe de) 2A Corse-du-Sud - 90 ⑯ - voir à Corse

LISLE

10 - 75 ⑤

Paris 499 - Brantôme 17 - Mussidan 43 - Périgueux 23 - Ribérac 20

24350 Dordogne - 946 h.

Municipal du Pont, 53 04 65 80, NO : 0,6 km par D 1, rte de Verteillac, bord de la Dronne
0,6 ha (45 empl.) plat, herbeux -

LISSAC-SUR-COUZE

10 - 75 ⑧ G. Périgord Quercy

Paris 492 - Brive-la-Gaillarde 11 - Périgueux 67 - Sarlat-la-Canéda 43 - Souillac 30

19600 Corrèze - 475 h.

Intercommunal la Prairie « Belle situation dominante », 55 85 37 97, SO : 1,4 km par D 59 et chemin à gauche, près de la Couze (plan d'eau)
5 ha (133 empl.) en terrasses, herbeux, gravier - - A proximité : parc aquatique - Location : huttes
3 juin-23 sept. - **R** *conseillée juil.-août - élect. (6A) comprise 2 pers. 60*

Rotassac « Belle situation dominante sur le lac », 55 85 33 34, SO : 2,5 km par D 59, à 300 m de la Couze (plan d'eau)
2 ha (33 empl.) accidenté et en terrasses, pierreux -
juin-sept. - **R** *conseillée - 15 5 7*

LIT-ET-MIXE

13 - 78 ⑮

Paris 707 - Castets 26 - Dax 46 - Mimizan 22 - Tartas 46

40170 Landes - 1 408 h.

Les Vignes « Cadre boisé », 58 42 85 60, Fax 58 42 74 36, S : 3 km par D 652 et D 88, rte du Cap de l'Homy, bord d'un ruisseau - dans locations
20 ha (420 empl.) plat, herbeux - vélos - Location : bungalows toilés
avril-oct. - **R** *conseillée* - GB - *élect. (10A) et piscine comprises 2 pers. 85/115*

Municipal du Cap de l'Homy, 58 42 83 47, O : 8 km par D 652 et D 88 à droite, à Cap-de-l'Homy, à 300 m de la plage
10 ha (440 empl.) accidenté, sablonneux pinède - - A proximité :
mai-sept. - GB - *Tarif 94 : 16 19,90/39,55 avec élect.*

LOCHES

10 - 68 ⑥ G. Châteaux de la Loire

Paris 257 - Blois 68 - Châteauroux 72 - Châtellerault 55 - Tours 43

37600 I.-et-L. - 6 544 h.

Office de Tourisme, pl. Wermelskirchen 47 59 07 98, Fax 47 91 61 50

Municipal, 47 59 05 91, sortie S par rue Quintefol (N 143), rte de Châtillon-sur-Indre, au stade Général-Leclerc, bord de l'Indre
2,5 ha (126 empl.) plat, herbeux - A proximité :
fin mars-mi-nov. - **R** - *Tarif 94 : tennis compris 2 pers. 52,50, pers. suppl. 11,30 15 (6A)*

LOCMARIA **56** Morbihan - 63 ⑫ - voir à Belle-Ile-en-Mer

LOCMARIA-PLOUZANÉ

8 - 58 ③

Paris 611 - Brest 13 - Brignogan-Plages 49 - Ploudalmézeau 21

29263 Finistère - 3 589 h.

Municipal de Portez ←, 98 48 49 85, SO : 3,5 km par D 789 et rte à gauche, à 200 m de la plage
1 ha (100 empl.) (juil.-août) en terrasses, herbeux -
15 mai-15 sept. - **R** *conseillée juil.-août - 12 17 10,80 (6A)*

LOCMARIAQUER

8 - 63 ⑫ G. Bretagne

Paris 486 - Auray 13 - Quiberon 32 - La Trinité-sur-Mer 8,5 - Vannes 31

56740 Morbihan - 1 309 h.

Lann-Brick, 97 57 32 79, NO : 2,5 km par rte de Kérinis, à 200 m de la mer
1,2 ha (86 empl.) plat, herbeux - vélos - Location :
juin-15 sept. - **R** *conseillée - 13 10 11 13*

La Ferme Fleurie « Décoration florale », 97 57 34 06, NO : 1 km par rte de Kérinis
0,5 ha (30 empl.) plat, herbeux - A proximité :
fermé janv. - **R** *conseillée - 12 17 12 (6A)*

LOCMIQUÉLIC

8 - 63 ①

Paris 500 - Auray 35 - Lorient 20 - Quiberon 39 - Quimperlé 36

56570 Morbihan - 4 094 h.

Municipal du Blavet, 97 33 91 73, N : sur D 111, rte du port de Pen-Mané, près d'un plan d'eau et à 250 m du Blavet (mer)
1 ha (50 empl.) plat, herbeux -
juil.-15 sept. - **R** - *Tarif 94 : 8,80 2,90 2,90 8,10 (10 ou 15A)*

LOCQUIREC

8 - 58 ⑦ G. Bretagne

Paris 536 - Brest 79 - Guingamp 52 - Lannion 22 - Morlaix 21

29241 Finistère - 1 226 h.

Office de Tourisme, pl. Port 98 67 40 83

Bellevue ←, 98 78 80 80, O : 4,5 km par D 64, rte de Morlaix et à droite, rte en corniche, surplombant la mer et à 100 m de la plage
0,6 ha (38 empl.) en terrasses, herbeux - snack -
15 avril-15 sept. - **R** *conseillée juil.-août - 15 8 16 11 (4A) 13 (6A)*

LOCRONAN

8 - 58 ⑮ G. Bretagne

Paris 563 - Brest 65 - Briec 19 - Châteaulin 16 - Crozon 34 - Douarnenez 10 - Quimper 17

29136 Finistère - 796 h.

Municipal ← Baie de Douarnenez et Monts d'Arrée, 98 91 87 76, E : 0,7 km par D 7, rte de Châteaulin et rte à droite
2,5 ha (155 empl.) en terrasses, herbeux -
juin-sept. - **R** - *10 6 8 10 (3A) 15 (6A)*

LOCTUDY

8 - 58 ⑮ G. Bretagne

Paris 580 - Bénodet 17 - Concarneau 37 - Pont-l'Abbé 5 - Quimper 23

29750 Finistère - 3 622 h.

Office de Tourisme, pl. des Anciens Combattants, 98 87 53 78

Kergall, 98 87 45 93, à 1 km au sud de la localité, près de la plage de Langoz
1,5 ha (99 empl.) (saison) plat, sablonneux, herbeux - -
A proximité :
8 avril-sept. - *2 pers. 53, pers. suppl. 14 12 (4A) 14 (6A) 18 (10A)*

Les Hortensias, 98 87 46 64, SO : 3 km par rte de Larvor
1,5 ha (100 empl.) plat, herbeux - - A proximité :
juil.-15 sept. - **R** - *13 7,50 15,50 11 (3A) 16 (6A) 20 (10A)*

Le Cosquer , 98 87 52 92, SO : 5 km par rte de Larvor, à la Palud du Cosquer, à 400 m de la mer
0,37 ha (30 empl.) plat, herbeux -
15 juin-15 sept. - **R** - *13,50 8,50 15,50 12 (3A)*

LODÈVE

15 - 83 ⑤ G. Gorges du Tarn

Paris 713 - Alès 99 - Béziers 63 - Millau 59 - Montpellier 59 - Pézenas 46

34700 Hérault - 7 602 h.

Office de Tourisme, 7 pl. République ✆ 67 88 86 44

Les Vals ≤, ✆ 67 44 36 57, S : 3 km par D 148, rte du Puech, près de la Lergue
2,8 ha (54 empl.) en terrasses et peu incliné à incliné, herbeux, pierreux - crêperie - vélos - Location :
fermé févr. - **R** *conseillée juil.-août* - GB - *2 pers. 60 (75 avec élect.)*

Les Rials ≤ « Cadre agréable », ✆ 67 44 15 53 ✉ 34700 Soubès, N : 3 km par N 9, rte de Millau puis D 25 à droite et 2 km à gauche par rte de Poujols
4,5 ha (100 empl.) plat et en terrasses, herbeux - (bassin) - A proximité : - Location :
juin-1er sept. - **R** *conseillée* - *20,50* *26* *17,50 (4A)*

Municipal les Vailhès ≤ « Belle situation au bord du lac du Salagou », ✆ 67 44 25 98, S : 7 km par N 9, rte de Montpellier puis 2 km par D 148, rte d'Octon et chemin à gauche
2 ha (200 empl.) en terrasses, herbeux -
avril-sept. - **R** - *13,50* *14,60/18,50* *10 (10A)*

Les Peupliers, ✆ 67 44 38 08, SE : 6,5 km par N 9, rte de Montpellier puis à droite en direction de Le Bosc
1,5 ha (54 empl.) plat, peu incliné, herbeux, pierreux -
Permanent - **R** *conseillée juil.-août* - *11 piscine comprise* *40* *12 (5A)*

LODS

12 - 70 ⑥ G. Jura

Paris 439 - Baume-les-Dames 51 - Besançon 36 - Levier 22 - Pontarlier 23 - Vuillafans 4,5

25930 Doubs - 284 h.

Municipal Champaloux ≤, rive gauche de la Loue, près de l'ancienne gare
0,8 ha (83 empl.) plat, pierreux, herbeux - - A proximité :
juin-15 sept. - **R**

Les LOGES

5 - 52 ⑪ ⑫

Paris 209 - Bolbec 22 - Étretat 5,5 - Fécamp 10,5 - Le Havre 31 - Rouen 80

76790 S.-Mar. - 1 015 h.

L'Aiguille Creuse, ✆ 35 29 52 10, sortie O par D 940, rte d'Étretat
3,8 ha (55 empl.) peu incliné et plat, herbeux - - vélos - A proximité :
avril-15 oct. - **R** *conseillée juil.-août* - *10* *15* *15 (10A)*

LOGONNA-DAOULAS

3 - 58 ④ G. Bretagne

Paris 601 - Brest 27 - Camaret-sur-Mer 51 - Le Faou 14 - Landerneau 20

29460 Finistère - 1 429 h.

Municipal du Roz , ✆ 98 20 67 86, O : 2 km par rte de la Pointe du Bindy, à 50 m de la plage
1,3 ha (80 empl.) (juil.-août) plat, peu incliné, herbeux -
15 juin-15 sept. - **R** *conseillée* - *12,50* *6,50* *13,50 avec élect. (15A)*

LOIX-EN-RÉ

17 Char.-Mar. - 71 ⑫ - voir à Ré (Ile de)

La LONDE-LES-MAURES

17 - 84 ⑯

Paris 865 - Bormes-les-Mimosas 12 - Cuers 26 - Hyères 10 - Le Lavandou 12 - Toulon 28

83250 Var - 7 151 h.

Office de Tourisme, av. Albert-Roux ✆ 94 66 88 22, Fax 94 35 04 44

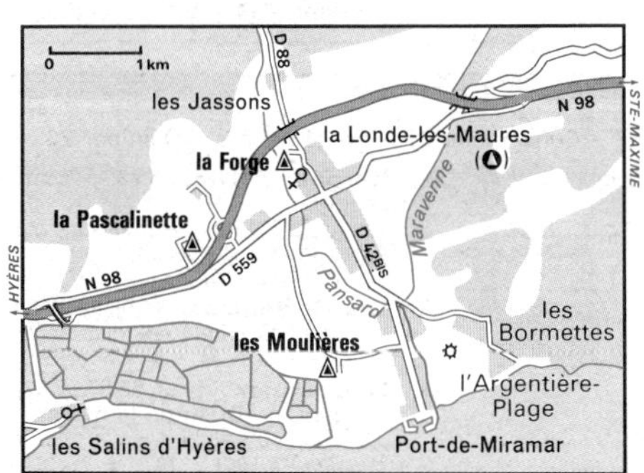

Les Moulières, ✆ 94 66 82 38, Fax 94 05 22 01, S : 2,5 km par rte de Port-de-Miramar et rte à droite
3 ha (250 empl.) plat, herbeux - snack -
juin-15 sept.

La Pascalinette, ✆ 94 66 82 72, O : 1,5 km par N 98, rte d'Hyères
4 ha (250 empl.) plat, herbeux, pierreux - snack - - Location :
juin-sept. - **R** *conseillée - 2 pers. 71, 3 pers. 81, pers. suppl. 18 17 (6A)*

La Forge, ✆ 94 66 82 65, sortie N par D 88, rte des Jassons, bord du Pansard
1 ha (30 empl.) plat, herbeux, pierreux - - Location :
juin-sept. - **R** *conseillée - 2 pers. 68, pers. suppl. 17,35*

LONGCHAUMOIS

12 - 70 ⑮

Paris 465 - Lons-le-Saunier 69 - Morez 13 - Les Rousses 21 - Saint-Claude 14

39400 Jura - 945 h. alt. 900

Baptaillard ≤, ✆ 84 60 62 34, NE : 3 km par D 69, rte de Morez puis chemin à gauche
4 ha (130 empl.) vallonné, herbeux -
Permanent - **R** - *14 15 - hiver : 2 pers. 59, pers. suppl. 12 12 (3 à 15A) hiver : 29 (6A) 48 (10A)*

LONGEVILLES-MONT-D'OR

12 - 70 ⑥

Paris 453 - Champagnole 44 - Pontarlier 21 - St-Laurent-en-Grandvaux 39 - Salins-les-Bains 54 - Yverdon-les-Bains 36

25370 Doubs - 323 h. alt. 930

Le Mont d'Or ≤, ✆ 81 49 95 04, à l'ouest du bourg, près du Doubs
1,1 ha (70 empl.) (vacances scolaires) plat, goudronné, gravier -
Permanent - **R** - *2 pers. 45 (hiver 60), pers. suppl. 10 6 (3A) hiver : 12 (6A)*

LONGEVILLE-SUR-MER

9 - 67 ⑫

Paris 444 - Challans 67 - Luçon 27 - La Roche-sur-Yon 30 - Les Sables-d'Olonne 27

85560 Vendée - 1 979 h.

Jarny Océan, ✆ 51 33 42 21, Fax 51 33 95 37, SO : 1,5 km par rte de la Tranche-sur-Mer puis 2 km par rte à droite
7,5 ha (307 empl.) plat et peu incliné, herbeux (3 ha) - snack - half-court, vélos - A proximité : - Location : , gîtes
mai-15 oct. - **R** *conseillée juil.-août* - GB - *piscine comprise 3 pers. 120 18 (2 à 5A)*

Les Brunelles, ✆ 51 33 50 75, Fax 51 33 98 21, SO : 1,5 km par rte de la Tranche-sur-Mer puis 2,2 km par rte à droite
3 ha (210 empl.) plat, peu incliné, pierreux - - A proximité : - Location :
Pâques-sept. - **R** *conseillée* - GB - *piscine comprise 2 pers. 95 (105 avec élect. 4A)*

La Michenotière, ✆ 51 33 38 85, SE : 1,5 km par D 70, rte d'Angles et chemin à droite
3,5 ha (120 empl.) plat, herbeux - - Location :
avril-15 oct. - **R** *conseillée août - 2 pers. 48, pers. suppl. 10 12 (10A)*

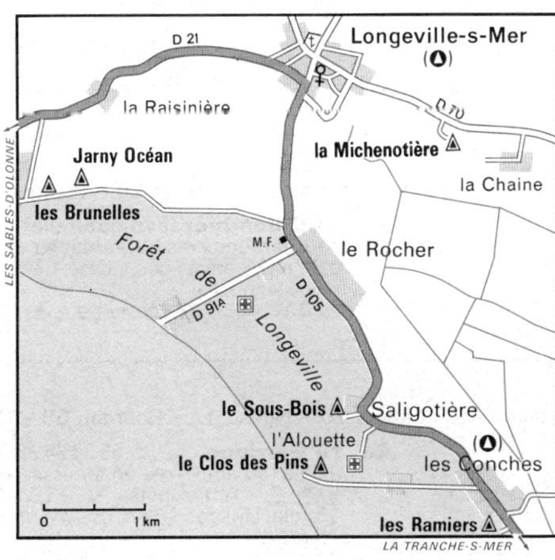

aux Conches S : 5 km par D 105 – ✉ 85560 Longeville-sur-Mer :

Le Sous-bois, ✆ 51 33 36 90, au lieu-dit la Saligotière
1,7 ha (120 empl.) plat et en terrasse, sablonneux (0,8 ha) – – Location :
juin-15 sept. – **R** *conseillée* – *2 pers. 70*

Le Clos des Pins, ✆ 51 90 31 69, r. du Dr-Joussemet, à 500 m de la plage
1,6 ha (100 empl.) plat et peu accidenté, sablonneux – – Location : bungalows toilés
15 juin-15 sept. – **R** *conseillée* – *piscine comprise 2 pers. 110 (125 avec élect.), pers. suppl. 25*

Les Ramiers, ✆ 51 33 32 21
1,4 ha (80 empl.) plat et peu accidenté, en terrasses, sablonneux – – – Location :
Pâques-sept. – **R** *conseillée* – *3 pers. 65 16 (5A)*

LONS-LE-SAUNIER P

12 – 70 ④ ⑭ G. Jura

Paris 393 – Besançon 86 – Bourg-en-Bresse 62 – Chalon-sur-Saône 65 – Dijon 96 – Dole 51 – Genève 108 – Lyon 139

39000 Jura – 19 144 h. –
6 avril-oct.
Office de Tourisme, 1 r. Pasteur
✆ 84 24 65 01

La Marjorie, ✆ 84 24 26 94, sortie NE en direction de Besançon par bd de Ceinture
2,2 ha (158 empl.) plat, herbeux, goudronné – – vélos – A proximité :
avril-15 oct. – **R** *conseillée – Tarif 94 : piscine comprise 2 pers. 50/69 avec éléct., pers. suppl. 14,50*

LORRIS

6 – 65 ① G. Châteaux de la Loire

Paris 124 – Gien 26 – Montargis 22 – Orléans 53 – Pithiviers 41 – Sully-sur-Loire 19

45260 Loiret – 2 620 h.
Office de Tourisme, près des Halles
✆ 38 94 81 42 et r. Gambetta
✆ 38 92 42 76

Etang des Bois « Cadre boisé », ✆ 38 92 32 00, O : 6 km par D 88, rte de Châteauneuf-sur-Loire, près de l'étang des Bois
3 ha (150 empl.) plat, gravillons – – – A proximité :
avril-1er nov. – Location longue durée – *Places disponibles pour le passage* – **R** – *Tarif 94 : 10 8,50 12 10 (5A)*

LOUAN

6 – 61 ④

Paris 99 – La Ferté-Gaucher 28 – Nogent-sur-Seine 19 – Provins 17 – Sézanne 30

77560 S.-et-M. – 427 h.

La Cerclière « Agréable cadre boisé », ✆ (1) 64 00 80 14, Fax 64 00 81 56, NE : 1 km sur D 131
9 ha (250 empl.) accidenté, en terrasses, gravier – – – A proximité : Parc animalier et de Loisirs (120 ha) avec parcours sportif
Location longue durée – *Places disponibles pour le passage*

LOUANNEC 22 C.-d'Armor – 59 ① – rattaché à Perros-Guirec

LOUARGAT

3 – 59 ①

Paris 500 – Guingamp 15 – Lannion 26 – Morlaix 38 – Rostrenen 43

22540 C.-d'Armor – 2 128 h.

Manoir du Cleuziou « Manoir des 15e et 17e siècles », ✆ 96 43 14 90, Fax 96 43 52 59, NO : 2 km par D 33A, rte de Trégrom puis 2,8 km par rte à droite
7 ha (160 empl.) plat et peu incliné, herbeux – – –
15 mars-nov. – **R** – GB – *piscine comprise 2 pers. 90*

LOUBEYRAT

11 – 73 ④

Paris 417 – Châtelguyon 5,5 – Clermont-Ferrand 25 – Gannat 29 – Pontaumur 36 – Saint-Gervais-d'Auvergne 27

63410 P.-de-D. – 777 h.

Le Colombier (aire naturelle), ✆ 73 86 66 94, S : 1,5 km par D 16, rte de Charbonnières-les-Varennes et chemin à gauche
0,8 ha (25 empl.) peu incliné, herbeux – – – A proximité : – Location :
avril-15 oct. – **R** *conseillée – 12 piscine comprise 7 7 8 (3A)*

LOUBRESSAC

10 – 75 ⑲ G. Périgord Quercy

Paris 538 – Brive-la-Gaillarde 49 – Cahors 70 – Figeac 42 – Gourdon 53 – Gramat 17 – Saint-Céré 8,5

46130 Lot – 449 h.

La Garrigue, ✆ 65 38 34 88, à 200 m au sud du bourg
0,6 ha (38 empl.) en terrasses, plat, herbeux – – – A proximité : – Location :
15 juin-15 sept. – **R** *conseillée août – 20 piscine comprise 20 14 (4A) 16 (10A)*

LOUDENVIELLE

14 - 85 ⑲

Paris 864 - Arreau 14 - Bagnères-de-Luchon 25 - La Mongie 52 - Taches 73

65510 H.-Pyr. - 219 h. alt. 960

Pène Blanche <, 62 99 68 85, sortie NO par D 25, rte de Génos, près de la Neste de Louron et à proximité d'un plan d'eau
4 ha (92 empl.) (juil.-août) en terrasses, peu incliné, herbeux - A proximité : poneys, toboggan aquatique
Permanent - **R** *conseillée juil.-août - Tarif 94 : 15 13 14,50 (3A) 32,50 (6A) 42,50 (10A)*

LOUER

13 - 78 ⑥

Paris 728 - Dax 19 - Hagetmau 31 - Mont-de-Marsan 41 - Saint-Sever 30 - Tartas 17

40380 Landes - 160 h.

Municipal de Laubanere, 58 57 25 53, NO : 0,9 km par D 107, bord d'un petit étang
1 ha (30 empl.) plat et peu incliné, herbeux, sablonneux pinède -
avril-15 nov. - **R** *conseillée saison - Tarif 94 : 6,70 4 6,70 9*

LOUGRATTE

14 - 79 ⑤

Paris 576 - Agen 55 - Castillonnès 8,5 - Marmande 42 - Monflanquin 18 - Villeneuve-sur-Lot 24

47290 L.-et-G. - 404 h.

Municipal St-Chavit <, SE : 1 km, bord d'un plan d'eau
3 ha (70 empl.) plat à peu incliné, herbeux - (Plage) - A proximité :
15 juin-15 sept. - **R** - *9,20 9,70 7,60*

LOUPIAC

13 - 75 ⑱

Paris 529 - Brive-la-Gaillarde 48 - Cahors 51 - Gourdon 16 - Rocamadour 26 - Sarlat-la-Canéda 29

46350 Lot - 210 h.

Les Hirondelles, 65 37 66 25, N : 3 km sur N 20, rte de Souillac
2,5 ha (70 empl.) plat, peu incliné, herbeux, pierreux - - - A proximité : snack - Location :
avril-1er nov. - **R** *conseillée juil.-août - 20 piscine comprise 38 avec élect. (6A)*

LOUPIAN

15 - 83 ⑯ G. Gorges du Tarn

Paris 787 - Agde 20 - Balaruc-les-Bains 9,5 - Mèze 4,5 - Pézenas 19 - Sète 18

34140 Hérault - 1 289 h.

Municipal , 67 43 57 67, sortie S rte de Mèze
1,7 ha (115 empl.) plat, herbeux - - A proximité :
15 mai-15 sept. - **R** *conseillée juil.-août - élect. comprise 2 pers. 68, pers. suppl. 18*

LOURDES

14 - 85 ⑱ G. Pyrénées Aquitaine

Paris 807 - Bayonne 148 - Pau 43 - Saint-Gaudens 83 - Tarbes 19

65100 H.-Pyr. - 16 300 h.
Office de Tourisme, pl. Peyramale
62 42 77 40, Fax 62 94 60 95

Sarsan <, 62 94 43 09, E : 1,5 km par déviation et av. Jean-Moulin
1,5 ha (66 empl.) plat et peu incliné, herbeux - -
15 juin-20 sept. - **R** *conseillée 10 juil.-15 août - 15 piscine comprise 15 10 (2A) 15 (3A) 25 (6A)*

Le Moulin du Monge, 62 94 28 15, N : 1,3 km
1 ha (67 empl.) plat et peu incliné, en terrasses, herbeux (0,5 ha) - - - Location :
Permanent - **R** - *20,50 piscine comprise 20,50 11 (2A) 16 (4A)*

Plein Soleil <, 62 94 40 93, N : 1 km
0,5 ha (40 empl.) en terrasses, pierreux, gravillons - -
Pâques-15 oct. - **R** *conseillée* - GB - *élect. (10A) et piscine comprises 2 pers. 93, pers. suppl. 16*

Arrouach <, 62 94 25 75, NO : quartier de Biscaye
13 ha/2 campables (66 empl.) plat, peu incliné et en terrasses, herbeux - - - Location :
Permanent - **R** *conseillée juil.-août - Tarif 94 : 15 18 13,50 (3A)*

Le Ruisseau Blanc < « Cadre agréable », 62 42 94 83, E : 1,5 km, à Anclades par D 97, rte de Jarret - Pour caravanes, accès conseillé par la D 937 en direction de Bagnères-de-Bigorre
1,8 ha (110 empl.) plat, herbeux - (15 mars-15 nov.)
Permanent - **R** *conseillée juil.-août - 8,50 9 10 (2A) 15 (3A) 20 (4A)*

Domec <, 62 94 08 79, NE rte de Julos
2 ha (100 empl.) plat, incliné et terrasse, herbeux -
Pâques-oct. - **R** *conseillée - Tarif 94 : 10 11*

Camping du Loup <, 62 94 23 60, O : 1,5 km par rte de la forêt de Lourdes, près du sanctuaire
1,5 ha (100 empl.) (saison) plat, herbeux - -
avril-oct. - **R** - *12 15 15 (6A)*

Le Vieux Berger <, 62 94 60 57, NE : 2 rte de Julos
1,5 ha (60 empl.) peu incliné à incliné, plat, herbeux -
20 juin-20 oct. - **R** - *10 11 11 (2A)*

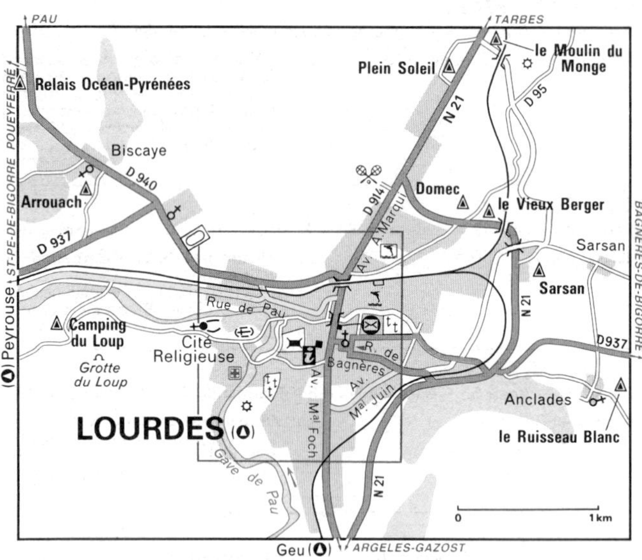

à Geu S : 8 km par N 21, D 13 à gauche et D 813 - 116 h.
✉ 65100 Geu :

Et-Bayet (aire naturelle) ≤, ☎ 62 94 02 80, à 0,6 km à l'ouest du bourg, sur D 13, à 350 m du Gave de Pau (hors schéma) - dans locations
1,4 ha (25 empl.) plat, terrasse, herbeux - Location *(permanent)* : , gîtes
avril-sept. - **R** - *12 6 9 11,50 (2A) 17 (3A) 27,50 (6A)*

à Peyrouse O : 6,5 km par D 937, rte de Lestelle-Bétharram - 245 h.
✉ 65270 Peyrouse :

Arc-en-Ciel ≤, ☎ 62 41 81 54, O : 5,5 km par D 937, rte de Pau par Lestelle-Bétharram (hors schéma)
3,5 ha (166 empl.) (juil.-août) plat, herbeux (1,5 ha) - - Location :
mai-sept. - **R** *conseillée août - 15 piscine comprise 15 12 (6A)*

à Poueyferré NO : 4,5 km par D 174 rte de Pau à gauche - 675 h.
✉ 65100 Poueyferré :

Relais Océan-Pyrénées ≤, ☎ 62 94 57 22, S : 0,8 km, à l'intersection des D 940 et D 174
1 ha (90 empl.) en terrasses, peu incliné, plat, herbeux - -
avril-oct. - **R** *conseillée juil.-15 août - 18 piscine comprise 9 9 13 (4A) 19 (6A) 27 (10A)*

LOUROUX-DE-BOUBLE

11 - 73 ④

Paris 362 - Clermont-Ferrand 70 - Commentry 25 - Montmarault 15 - Saint-Éloy-les-Mines 20 - Vichy 50

03330 Allier - 268 h.

Municipal, à 2 km au NE du bourg, sur D 129, rte de Target, à l'orée de la forêt de Boismal
0,5 ha (33 empl.) plat, herbeux -
avril-oct. - **R** *juil.-août - 4,50 3 2,50 7*

LOUVIE-JUZON

13 - 85 ⑯ **G. Pyrénées Aquitaine**

Paris 800 - Laruns 11 - Lourdes 41 - Oloron-Ste-Marie 21 - Pau 26

64260 Pyr.-Atl. - 1 014 h.

Le Rey ≤, ☎ 59 05 78 52, E : 1 km par D 35, rte de Lourdes
3 ha (40 empl.) plat et incliné, herbeux -
15 déc.-mars, juin-sept. - **R** - *14 14 10 (2A) 12 (8A) 16 (10A)*

LOUVIERS

5 - 55 ⑯ ⑰ **G. Normandie Vallée de la Seine**

Paris 108 - Les Andelys 22 - Bernay 51 - Lisieux 74 - Mantes 51 - Rouen 31

27400 Eure - 18 658 h.
Office de Tourisme, 10 r. Maréchal-Foch ☎ 32 40 04 41

Le Bel Air, ☎ 32 40 10 77, O : 3 km par D 81, rte de la Haye-Malherbe
2,5 ha (110 empl.) plat, herbeux - -
15 mars-15 oct. - Location longue durée - *Places limitées pour le passage -* **R** *conseillée juil.-août - 21 piscine comprise 26 15 (4A)*

LOYAT

4 - 63 ④ G. Morbihan

Paris 424 - Josselin 19 - Redon 52 - La Trinité-Porhoët 19 - Vannes 55

56800 Morbihan - 1 465 h.

La Vallée de l'Yvel, ✆ 97 93 05 52, au sud du bourg, bord de l'Yvel
3 ha (80 empl.) (juil.-août) plat, herbeux - A proximité :
juil.-août - **R** *conseillée juil.-août - 2 pers. 40, pers. suppl. 10 6 à 15 (2 à 6A)*

LOZARI 2B H.-Corse - 90 ⑬ - voir à Corse

LUCHÉ-PRINGÉ

5 - 64 ③ G. Châteaux de la Loire

Paris 237 - Château-du-Loir 31 - Écommoy 24 - La Flèche 13 - Le Lude 10 - Le Mans 37

72800 Sarthe - 1 486 h.

Municipal la Chabottière, ✆ 43 45 10 00, à l'ouest du bourg, à la Base de Loisirs, bord du Loir
3 ha (75 empl.) en terrasses, herbeux - vélos - A l'entrée : - Location : bungalows toilés
avril-15 oct. - **R** *conseillée juil.-août - Tarif 94 : 14 6,50 6,50 9,50 (10A)*

LUCHON 31 H.-Gar. - 85 ⑳ - Voir Bagnères-de-Luchon

LUÇON

9 - 71 ⑪ G. Poitou Vendée Charentes

Paris 433 - Cholet 86 - Fontenay-le-Comte 32 - La Rochelle 40 - La Roche-sur-Yon 32

85400 Vendée - 9 099 h.
Office de Tourisme, square E.-Herriot ✆ 51 56 36 52

Base de Loisirs les Guifettes, ✆ 51 27 90 55, Fax 51 56 93 81, S : 2 km par rte de l'Aiguillon-sur-Mer et rte à droite, à 150 m d'un plan d'eau (plage)
0,9 ha (90 empl.) plat, herbeux, pierreux - A proximité : half-court, vélos, poneys, tir à l'arc salle d'animation - Location : (gîtes)
avril-oct. - **R** *conseillée août* - GB - *17 27/32 12 (6A)*

Les LUCS-SUR-BOULOGNE

9 - 67 ⑬

Paris 425 - Aizenay 17 - Les Essarts 23 - Nantes 43 - La Roche-sur-Yon 23

85170 Vendée - 2 629 h.

Val de Boulogne, ✆ 51 46 59 00, NE : 0,5 km par rte de St-Sulpice, bord du lac de la Boulogne
0,3 ha (19 empl.) plat et incliné, herbeux - A proximité :
15 juin-15 sept. - **R** - *9 5 6 11 (3A)*

LUC-SUR-MER

5 - 54 ⑯ G. Normandie Cotentin

Paris 253 - Arromanches-les-Bains 21 - Bayeux 29 - Cabourg 29 - Caen 15

14530 Calvados - 2 902 h.

Municipal la Capricieuse, ✆ 31 97 34 43, à l'ouest de la localité, allée Brummel, à 200 m de la plage
4,6 ha (232 empl.) plat, peu incliné, herbeux - - A proximité : - Location *(mars-déc.)*
avril-sept. - **R** *conseillée juil.-août - 19 tennis compris 22 15,50 (6A) 23 (10A)*

Le LUDE

5 - 64 ③ G. Châteaux de la Loire

Paris 244 - Angers 74 - Chinon 63 - La Flèche 20 - Le Mans 44 - Saumur 50 - Tours 50

72800 Sarthe - 4 424 h.
Office de Tourisme, pl. F.-de-Nicolay ✆ 43 94 62 20, Fax 43 94 48 46

Municipal, ✆ 43 94 67 70, NE : 0,8 km par D 307, rte du Mans, bord du Loir
4,5 ha (200 empl.) plat, herbeux - vélos - A proximité : toboggan aquatique
15 avril-sept. - **R** *conseillée juil.-août* - GB - *élect. (5A) et piscine comprises 2 pers. 54, pers. suppl. 15*

LUGRIN

12 - 70 ⑱ G. Alpes du Nord

Paris 584 - Annecy 89 - Évian-les-Bains 6 - Saint-Gingolph 11 - Thonon-les-Bains 15

74500 H.-Savoie - 2 025 h.

Vieille Église ≤, ✆ 50 76 01 95, O : 2 km
1,2 ha (100 empl.) plat et incliné, herbeux (0,5 ha) - - Location :
avril-fin oct. - **R** *conseillée - Piscine comprise 2 pers. 70, pers. suppl. 20 11 (2A) 13 (4A) 15 (6A)*

Les Myosotis ≤, ✆ 50 76 07 59, S : 0,6 km
1 ha (58 empl.) (juil.-août) incliné et en terrasses, herbeux -
20 avril-sept. - **R** *conseillée juil.-août - 2 pers. 51 10 (2A) 14 (4A) 18 (6A)*

LUMIO 2B H.-Corse - 90 ⑬ - voir à Corse - Calvi

LUNAY

5 - 64 ⑥ G. Châteaux de la Loire

Paris 180 - La Ferté-Bernard 54 - Le Grand-Lucé 89 - Montoire-sur-le-Loir 8,5 - Vendôme 14

41360 L.-et-Ch. - 1 213 h.

Municipal la Montellière, 54 72 04 54 sortie N par D 53, rte de Savigny-sur-Braye, près du château et d'un plan d'eau
1 ha (50 empl.) plat, herbeux - - A proximité :
15 juin-sept. - **R** *conseillée juil.-août - Tarif 94 : 9 6 10 (6A)*

LUNEL

16 - 83 ⑧

Paris 739 - Aigues-Mortes 16 - Alès 55 - Arles 57 - Montpellier 23 - Nîmes 31

34400 Hérault - 18 404 h.
Office de Tourisme, pl. des Martyrs-de-la-Résistance 67 71 01 37

Mas de l'Isle, 67 83 26 52, Fax 67 71 40 13, SE : 1,5 km par D 34, rte de Marsillargues, au carrefour avec D 61
3 ha (180 empl.) plat, pierreux, herbeux -
20 mai-10 sept. - **R** - *Tarif 94 : 15 28 13 (3A)*

LUXEUIL-LES-BAINS

8 - 66 ⑥ G. Alsace Lorraine

Paris 386 - Belfort 51 - Épinal 56 - Saint-Dié 87 - Vesoul 32 - Vittel 71

70300 H.-Saône - 8 790 h. -
Office de Tourisme, 1 av. des Thermes 84 40 54 41, Fax 84 93 74 47

Municipal Stade Maroselli, 84 40 02 39, par D 6, rte de Combeaufontaine
2 ha (100 empl.) plat, herbeux - -
avril-15 oct. - **R** - *10 8 8 8 (10A)*

LUYNES

5 - 64 ⑭ G. Châteaux de la Loire

Paris 249 - Angers 99 - Château-La-Vallière 28 - Chinon 41 - Langeais 14 - Saumur 56 - Tours 11,5

37230 I.-et-L. - 4 128 h.
Office de Tourisme, Mairie 47 55 50 31

Municipal les Granges, 47 55 60 85, sortie S par D 49
0,8 ha (63 empl.) plat, herbeux - - -
A proximité : parcours sportif
6 mai-17 sept. - **R** *conseillée 13 juil.-15 août - Tarif 94 : 2 pers. 28,60, pers. suppl. 9,50 14,50 (10A)*

LUZ-ST-SAUVEUR

14 - 85 ⑱ G. Pyrénées Aquitaine

Paris 846 - Argelès-Gazost 19 - Cauterets 23 - Lourdes 31 - Pau 74 - Tarbes 51

65120 H.-Pyr. - 1 173 h. alt. 711 - mai-oct. - Sports d'hiver : 1680/2450 m, 19.
Office de Tourisme, pl. du 8-Mai 62 92 81 60, Fax 62 92 87 19

Airotel Pyrénées M , 62 92 89 18, NO : 1 km par D 921, rte de Lourdes
2,5 ha (165 empl.) peu incliné et incliné, plat et en terrasses, herbeux - - half-court - Location :
Permanent - **R** *conseillée* - GB - *piscine comprise 2 pers. 85, pers. suppl. 20 12 (3A) 20 (5A) 29 (6A)*

International , 62 92 82 02, Fax 62 92 96 87, NO : 1,3 km par D 921, rte de Lourdes
3 ha (133 empl.) plat, peu incliné, terrasses, herbeux - - half-court
10 déc.-20 avril, juin-sept. - **R** *conseillée* - GB - *Tarif 94 : piscine comprise 3 pers. 82, pers. suppl. 18 11 (2A) 16 (3A) 30 (6A)*

Pyrénévasion M vallées de Barèges et de Gavarnie, 62 92 91 54, Fax 62 92 98 34, à **Sazos**, NO : 3 km par D 921, rte de Gavarnie, puis D 12 rte de Luz-Ardiden - alt. 834
2,8 ha (60 empl.) en terrasses, peu incliné, herbeux, gravier - -
Permanent - **R** *juin-sept.* - *Tarif 94 : 2 pers. 55, pers. suppl. 17 15 (3A) 30 (6A) 45 (10A)*

Le Bastan , 62 92 82 56, à **Esterre**, E : 0,8 km par D 918, rte de Barèges, bord du Bastan
1,2 ha (35 empl.) (saison) peu incliné et plat, herbeux, pierreux - -
15 déc.-fin avril, 15 juin-15 sept. - **R** - *14,50 (hiver 15) 10/15 (hiver 15,50) 15 (3A) 30 (6A)*

So de Prous , 62 92 82 41, NO : 3 km par D 921, rte de Lourdes, à 80 m du Gave de Gavarnie
2 ha (66 empl.) plat, peu incliné, en terrasses, herbeux - - (bassin) - Location :
fermé nov. - **R** *juil.-août* - *13,25 (hiver 17) 14 (hiver 17 10 (2A) 20 (4A) 30 (6A)*

Les Cascades , 62 92 85 85, Fax 62 92 96 95, au sud de la localité, rue Ste-Barbe, bord des torrents
2 ha (100 empl.) peu incliné et en terrasses, herbeux, pierreux - - - A proximité :
15 déc. sept. - **R** *hiver* - GB - *2 pers. 55, pers. suppl. 18 11 (2A) 15 (3A) 30 (6A)*

Le Bergons , 62 92 90 77, à **Esterre**, E : 0,5 km par D 918, rte de Barèges
1 ha (78 empl.) plat, peu incliné et terrasses, herbeux -
fermé nov. au 14 déc. - **R** - *15 (hiver 16) 15 10 (2A) 30 (6A)*

▲ **Toy** ≤, ✆ 62 92 86 85, centre bourg, pl. du 8-Mai, bord du Bastan
1,2 ha (100 empl.) ⊶ peu incliné et en terrasses, herbeux, pierreux - A proximité :
20 déc.-23 avril, 10 juin-22 sept. - **R** *conseillée hiver* - *été* - *15 (hiver 17) 15 (hiver 17) 12 (2A) 18 (3A) 35 (6A)*

▲ **Saint-Bazerque** ≤, ✆ 62 92 49 93, S : 6 km par D 921, rte de Gavarnie (hors schéma) - alt. 900
1,5 ha (65 empl.) ⊶ plat et peu incliné, terrasse, herbeux -
juin-sept. - - *13 12 11 (2A)*

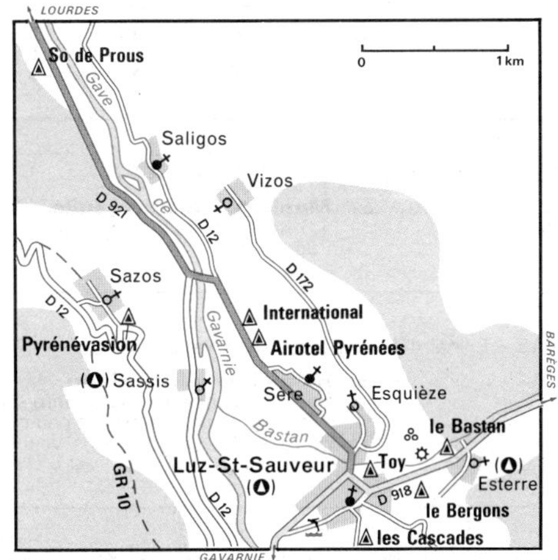

LUZY

11 - 69 ⑥ G. Bourgogne

Paris 324 - Autun 34 - Château-Chinon 39 - Moulins 65 - Nevers 79

58170 Nièvre - 2 422 h.

▲▲▲ Château de Chigy ≤ « Agréable domaine : prairies, bois, étangs », ✆ 86 30 10 80, Fax 86 30 09 22 ✉ 58170 Tazilly, SO : 4 km par D 973, rte de Bourbon-Lancy puis chemin à gauche
70 ha/4,8 campables (136 empl.) ⊶ plat, peu incliné et en terrasses, herbeux - - Location : , appartements

LYON Ⓟ

11 - 74 ⑪ ⑫ G. Vallée du Rhône

Paris 462 - Genève 151 - Grenoble 105 - Marseille 313 - Saint-Étienne 60 - Torino 300

69000 Rhône - 415 487 h.
Office de Tourisme, pl. Bellecour ✆ 78 42 25 75, Fax 78 42 04 32 et Centre d'Échange de Perrache ✆ 78 42 22 07

▲▲▲ **Municipal Porte de Lyon,** ✆ 78 35 64 55, Fax 72 17 04 26 ✉ 69570 Dardilly, à **Dardilly**, NO : 10 km par N 6, rte de Mâcon - Par A 6 : sortie Limonest
6 ha (150 empl.) ⊶ plat, herbeux, gravillons - - Location :
Permanent - **R** - GB - *16 piscine comprise 32/42 10A : 13 (hiver 22)*

LYONS-LA-FORÊT

5 - 55 ⑧ G. Normandie Vallée de la Seine

Paris 106 - Les Andelys 21 - Forges-les-Eaux 30 - Gisors 30 - Gournay-en-Bray 25 - Rouen 33

27480 Eure - 701 h.

▲ **Municipal St-Paul,** ✆ 32 49 42 02, au NE du bourg, par D 321, au stade, bord de la Lieure
3 ha (103 empl.) ⊶ plat, herbeux - -
A proximité :
avril-15 oct. - *20 10 15/20 10 (10A)*

MACHECOUL

9 - 67 ② G. Poitou Vendée Charentes

Paris 422 - Beauvoir-sur-Mer 22 - Nantes 40 - La Roche-sur-Yon 55 - Saint-Nazaire 54

44270 Loire-Atl. - 5 072 h.
Office de Tourisme, 14 pl. des Halles ✆ 40 31 42 87

▲ **La Rabine,** ✆ 40 02 30 48, sortie S par D 95 rte de Challans, bord de rivière
2,8 ha (66 empl.) ⊶ plat, herbeux (1 ha) - -
A proximité : (découverte l'été)
mai-sept. - **R** *conseillée 15 juil.-15 août - Tarif 94 : 6 4 5 9 (15A)*

▶ *LET OP :*
deze gegevens gelden in het algemeen alleen in het seizoen, wat de openingstijden van het terrein ook zijn.

MÂCON 🅿

12 - 69 ⑲ G. Bourgogne

Paris 393 - Bourg-en-Bresse 36 - Chalon-sur-Saône 58 - Lyon 69 - Roanne 95

71000 S.-et-L. - 37 275 h.
Office de Tourisme, 187 r. Carnot ✆ 85 39 71 37, Fax 85 39 71 29

Municipal « Entrée fleurie », ✆ 85 38 16 22, N : 3 km sur N 6
4 ha (280 empl.) plat, herbeux
15 mars-oct. - *Tarif 94 : 2 pers. 49/57 (61 à 75 avec élect. 5A), pers. suppl. 15,10*

MADIC

10 - 76 ②

Paris 477 - Aurillac 81 - Bort-les-Orgues 4 - Condat 36 - Mauriac 29 - Neuvic 29

15210 Cantal - 239 h.

Municipal du Bourg ≤, à l'ouest du bourg, au stade
1 ha (33 empl.) plat, peu incliné, herbeux
15 mai-15 sept. - *Tarif 94 : 6,30 2,10 3,15 8,40 (5A)*

MAGNAC-BOURG

13 - 72 ⑱

Paris 426 - Limoges 29 - Saint-Yrieix-la-Perche 27 - Uzerche 27

87 H.-Vienne - 857 h.
87380 St-Germain-les-Belles

Municipal des Écureuils, ✆ 55 00 80 28, sortie N rte de Limoges
1,3 ha (30 empl.) plat, peu incliné, herbeux
Pâques-sept. - **R** - *9,50 9,50 13 (10A)*

MAGNIÈRES

8 - 62 ⑥

Paris 358 - Baccarat 15 - Épinal 40 - Lunéville 23 - Nancy 52

54129 M.-et-M. - 333 h.

Municipal le Pré Fleuri, ✆ 83 72 34 73, O : 0,5 km par D 22 rte de Bayon, à l'ancienne gare, bord d'un étang et à 200 m de la Mortagne
1 ha (34 empl.) plat et peu incliné, gravillons, herbeux, pierreux - vélos, voiturettes sur rail
15 mai-sept. - **R** - *9 6/15 12 (6 à 12A)*

MAICHE

12 - 66 ⑱ G. Jura

Paris 482 - Baume-les-Dames 55 - Besançon 74 - Montbéliard 41 - Morteau 28 - Pontarlier 60

25120 Doubs - 4 168 h. alt. 775.
Office de Tourisme, pl. de la Mairie ✆ 81 64 11 88

Municipal St-Michel Ⓜ, ✆ 81 64 12 56, S : 1 km sur D 422 reliant D 464 à D 437, à l'orée d'un bois
2 ha (70 empl.) peu incliné, en terrasses, herbeux - Location : gîte d'étape
Permanent - **R** - *Tarif 94 : 11 (hiver 17) 15,70 8 (2 à 5A) 15,70 (plus de 5A)*

MAILLÉ

9 - 71 ①

Paris 433 - Fontenay-le-Comte 16 - Niort 30 - La Rochelle 41 - Surgères 36

85420 Vendée - 734 h.

Municipal « Agréable situation », à l'ouest du bourg, bord de la Sèvre Niortaise et près d'un canal
0,6 ha (44 empl.) plat, herbeux
15 avril-sept. - **R** - *10 4/6,50 11*

MAILLEZAIS

9 - 71 ① G. Poitou Vendée Charentes

Paris 434 - Fontenay-le-Comte 12 - Niort 29 - La Rochelle 44 - La Roche-sur-Yon 77

85420 Vendée - 930 h.

Municipal de l'Autize, ✆ 51 00 70 79, sortie S, rte de Courçon
1 ha (38 empl.) plat, herbeux - A proximité :
avril-sept. - **R** *conseillée - 9 5,50 4/6 11,50 (10A)*

MAINTENON

5 - 60 ⑧ G. Ile de France

Paris 73 - Chartres 18 - Dreux 26 - Houdan 26 - Rambouillet 22 - Versailles 54

28130 E.-et-L. - 4 161 h.

Les Ilots de St-Val ≤, ✆ 37 82 71 30, NO : 4,5 km par D 983, rte de Nogent-le-roi puis 1 km par D 101³, rte de Neron à gauche
3 ha (100 empl.) plat et incliné, herbeux, pierreux
fermé 16 déc.-15 janv. - Location longue durée - *Places disponibles pour le passage* - **R** *conseillée juil.-août - 20 20 6 (2A) 12 (4A) 18 (6A)*

MAISNIL-LÈS-RUITZ

1 - 51 ⑭

Paris 210 - Arras 29 - Béthune 13 - Bruay-la-Buissière 7 - Lens 20 - Saint-Pol-sur-Ternoise 25

62620 P.-de-C. - 1 235 h.

Parc d'Olhain ≤ « Agréable cadre boisé », ✆ 21 27 94 80, Fax 21 64 17 95 62150 Houdain, S : 1,5 km, à la Base de Plein Air et de Loisirs
102 ha/2,1 campables (68 empl.) (juil.-août) plat, accidenté et en terrasses, herbeux, gravier - golf, practice de golf - A proximité : salle de sports
15 avril-15 sept. - **R** - *élect. (5A) comprise jusqu'à 6 pers. 72*

MAISON-JEANNETTE

10 - 75 ⑤ ⑮

Paris 521 - Bergerac 23 - Périgueux 24 - Vergt 11

24 Dordogne - ✉ 24140 Villamblard

Orphéo-Négro « Agréable situation au bord d'un étang », 53 82 96 58, Fax 53 80 45 50, NE : sur N 21, près de l'hôtel Tropicana
7 ha/2 campables (100 empl.) plat, peu incliné, herbeux - toboggans aquatiques - A proximité :
26 juin-août - **R** - *21 piscine comprise 23 13 (6A)*

MAISON-NEUVE

16 - 80 ⑧

Paris 661 - Aubenas 32 - Largentière 22 - Privas 62 - Saint-Ambroix 22 - Vallon-Pont-d'Arc 20

07 Ardèche - ✉ 07230 Lablachère

Pont de Maisonneuve, 75 39 03 51 ✉ 07460 Beaulieu, sortie S par D 104 rte d'Alès, après le pont, bord du Chassezac
1,5 ha (65 empl.) plat, herbeux - - - Location :
avril-sept. - **R** *conseillée juil.-août* - *piscine comprise 2 pers. 57 12*

MALARCE-SUR-LA-THINES

16 - 80 ⑧

Paris 633 - Aubenas 47 - Largentière 37 - Privas 77 - Vallon-Pont-d'Arc 43 - Villefort 21

07140 Ardèche - 244 h.

Les Gorges du Chassezac 75 39 45 12, SE : 4 km par D 113 rte des Vans, lieu-dit Champs d'Eynès, accès direct au Chassezac
2,5 ha (100 empl.) peu incliné et en terrasses, pierreux, herbeux - - - Location :
Pâques-15 sept. - **R** *conseillée* - *2 pers. 50 10 (6A)*

MALBOSC

16 - 80 ⑧

Paris 650 - Alès 46 - La Grand-Combe 34 - Les Vans 18 - Villefort 27

07140 Ardèche - 146 h.

Municipal du Moulin de Gournier 75 37 35 50, NE : 7 km par D 216 rte des Vans, bord de la Ganière
1 ha (29 empl.) en terrasses, pierreux, herbeux - -
15 juin-août - **R** - *3 pers. 65, pers. suppl. 15 15*

MALBUISSON

12 - 70 ⑥ G. Jura

Paris 452 - Besançon 75 - Champagnole 38 - Pontarlier 16 - Saint-Claude 72 - Salins-les-Bains 46

25160 Doubs - 366 h. alt. 900.
Office de Tourisme, Lac Saint-Point (fermé après-midi hors saison) 81 69 31 21

Les Fuvettes 81 69 31 50, Fax 81 69 70 46, SO : 1 km, bord du lac de St-Point
5 ha (300 empl.) (juil.-août) plat et peu incliné, herbeux, pierreux - snack - - Location :
vacances scolaires hiver, avril-1er nov. - **R** *conseillée hiver et juil.-août* - GB - *2 pers. 76 (hiver 70) 17 (4A) 20 (10A)*

MALEMORT-DU-COMTAT

16 - 81 ⑬

Paris 692 - Avignon 34 - Carpentras 11,5 - Malaucène 23 - Orange 34 - Sault 35

84570 Vaucluse - 985 h.

Font Neuve 90 69 90 00, SE : 1,6 km par D 5, rte de Méthanis et chemin à gauche
1,5 ha (54 empl.) plat et peu incliné, terrasses, herbeux, pierreux (0,5 ha) - - - Location :
mai-sept. - **R** *conseillée juil.-août* - *16 piscine comprise 10 20 13 (8 à 10A)*

MALESHERBES

6 - 61 ⑪ G. Ile de France

Paris 82 - Étampes 26 - Fontainebleau 27 - Montargis 63 - Orléans 62 - Pithiviers 18

45330 Loiret - 5 778 h.
Office de Tourisme, 2 r. Pilonne 38 34 81 94

Municipal la Vallée Doudemont « Cadre agréable », 38 34 85 63, NO : 1,5 km - accès conseillé par le centre ville et D 132, rte de Boigneville
2 ha (90 empl.) plat et peu incliné, gravier - -
Permanent - Location longue durée - *Places limitées pour le passage* - **R** *conseillée été* - *10 10 9 (5A) hiver : 18 ou 31 (5 ou 10A)*

MALLEMORT

16 - 84 ② G. Provence

Paris 718 - Aix-en-Provence 33 - Apt 37 - Cavaillon 20 - Eyguières 15 - Salon-de-Provence 15

13370 B.-du-R. - 4 366 h.
Syndicat d'Initiative, Mairie 90 59 11 05

Durance et Lubéron 90 59 13 36, SE : 2,5 km par D 23[c], à 200 m du canal
2 ha (119 empl.) plat, herbeux - - -
mai-15 oct. - **R** *conseillée* - GB - *23 piscine comprise 23/27 18 (10A)*

MAMERS

5 - 60 ⑭ G. Normandie Vallée de la Seine

Paris 183 - Alençon 26 - Le Mans 43 - Mortagne-au-Perche 24 - Nogent-le-Rotrou 38

72600 Sarthe - 6 071 h.
Office de Tourisme, pl. de la République 43 97 60 63

Municipal la Grille, 43 97 68 30, N : 1 km par rte de Mortagne-au-Perche et D 113 à gauche rte de Contilly, près de deux plans d'eau
1,5 ha (50 empl.) peu incliné et en terrasses, herbeux - A proximité : parcours de santé,
mars-sept. - **R** - *Tarif 94 : 9,50 6,50 7*

MAMETZ

1 - 51 ⑬

Paris 238 - Aire-sur-la-Lys 5 - Arras 59 - Béthune 28 - Boulogne-sur-Mer 59 - Montreuil 50 - Saint-Omer 17

62120 P.-de-C. - 1 567 h.

Le Moulin, 21 39 78 75, au N du bourg, par D 197, rte de Roquetoire, bord de la Lys
2,4 ha (74 empl.) plat, herbeux - crêperie
avril-oct. - Location longue durée - *Places limitées pour le passage* - **R** - *15 25 10 (5A)*

MANDELIEU-LA-NAPOULE

17 - 84 ⑧ G. Côte d'Azur

Paris 896 - Brignoles 86 - Cannes 7 - Draguignan 53 - Fréjus 29 - Nice 37 - Saint-Raphaël 32

06 Alpes-Mar. - 16 493 h.
06210 Mandelieu.
Office de Tourisme, av. de Cannes, 93 49 14 39 et bd H.-Clews, 93 49 95 31

à Mandelieu :

Les Pruniers, 93 49 99 23, Fax 93 49 37 45, par av. de la Mer, bord de la Siagne
0,8 ha (28 empl.) plat, herbeux, gravier - A proximité : golf - Location :
15 mars-15 oct. - **R** *conseillée juil.-août - 2 pers. 120/140, pers. suppl. 20 20 (2 à 10A)*

MANDEURE

8 - 66 ⑱ G. Jura

Paris 434 - Baume-les-Dames 51 - Montbéliard 11 - Porrentruy 29 - Saint-Hippolyte 21

25350 Doubs - 5 402 h.

Municipal, 81 35 23 79, NO : sortie vers Pont-de-Roide et rue à droite, près du Doubs
1,7 ha (85 empl.) plat, herbeux -
avril-oct. - **R** *conseillée juil.-août* - GB - *13 11/13 12 (4A) 25 (10A)*

MANDRES-AUX-QUATRE-TOURS

7 - 57 ⑫

Paris 313 - Commercy 21 - Metz 53 - Nancy 41 - Toul 23

54470 M.-et-M. - 162 h.

Municipal « Agréable cadre boisé », 83 23 17 31, S : 1,5 km rte de la forêt et du Parc Régional
0,7 ha (33 empl.) plat, herbeux -
avril-oct. - **R** - *7 1 2/7 7,50 (10A)*

MANE

14 - 86 ②

Paris 771 - Aspet 18 - Saint-Gaudens 21 - Saint-Girons 21 - Sainte-Croix-Volvestre 24 - Toulouse 78

31260 H.-Gar. - 1 054 h.

Municipal de la Justale , 61 90 68 18, à 0,5 km au SO du bourg par rue près de la mairie, bord de l'Arbas et d'un ruisseau
3 ha (25 empl.) plat, herbeux, pierreux - - A proximité : - Location *(permanent)* : gîtes
mai-sept. - **R** *conseillée - Tarif 94 : 10 9 11 9 (5A)*

MANOSQUE

16 - 81 ⑮ G. Alpes du Sud

Paris 761 - Aix-en-Provence 53 - Avignon 91 - Digne-les-Bains 58 - Grenoble 191 - Marseille 85

04100 Alpes-de-H.-P. - 19 107 h.
Office de Tourisme, pl. Dr P.-Joubert 92 72 16 00, Fax 92 72 58 98

Les Ubacs , 92 72 28 08, O : 1,5 km par D 907 rte d'Apt et à gauche av. de la Repasse
4 ha (110 empl.) plat et peu incliné, en terrasses, herbeux, gravier - (bassin)
avril-14 oct. - **R** *conseillée - 16 16 12 (3A) 17 (6A)*

MANSIGNÉ

5 - 64 ③

Paris 229 - Château-du-Loir 27 - La Flèche 20 - Le Lude 14 - Le Mans 30

72510 Sarthe - 1 255 h.

Municipal de la Plage, 43 46 14 17, Fax 43 46 16 65, sortie N par D 31 rte de la Suze-sur-Sarthe, à 100 m d'un plan d'eau (plage)
3 ha (175 empl.) (saison) plat, herbeux - vélos - A proximité : - Location : bungalows toilés
Pâques-oct. - **R** *conseillée juil.-août - 17 piscine comprise 7 7 10*

MANTENAY-MONTLIN

12 - 70 ⑫

Paris 385 - Bourg-en-Bresse 28 - Louhans 27 - Mâcon 31 - Pont-de-Vaux 15 - Saint-Amour 24

01560 Ain - 256 h.

Municipal , 74 52 66 91, à 0,5 km à l'ouest du bourg, bord de la Reyssouze
1,3 ha (30 empl.) plat, herbeux -
15 juin-15 sept. - **R** - *10 tennis compris 10 10 (10A)*

MARANS

9 - 71 ⑫ G. Poitou Vendée Charentes

Paris 460 - Fontenay-le-Comte 26 - Niort 48 - La Rochelle 23 - La Roche-sur-Yon 60

17230 Char.-Mar. - 4 170 h.

Office de Tourisme, 62 r. d'Aligre
46 01 12 87

Municipal du Bois Dinot « Parc attenant », 46 01 10 51, N : 0,5 km par N 137, rte de Nantes, à 80 m du canal
7 ha/3 campables (170 empl.) plat, herbeux - vélodrome - A proximité :
avril-1er nov. - **R** - *Tarif 94 : 14 8 10 8*

MARCENAY

7 - 65 ⑧

Paris 233 - Auxerre 70 - Chaumont 72 - Dijon 89 - Montbard 35 - Troyes 67

21330 Côte-d'Or - 130 h.

Les Grèbes, 80 81 61 72, Fax 80 81 61 99, N : 0,8 km, près du lac (accès direct)
2,4 ha (90 empl.) plat, herbeux - - - A proximité : (plage)
avril-sept. - **R** *conseillée juil.-août - 10 8 10 10 (5A)*

Les MARCHES

12 - 74 ⑮ ⑯

Paris 575 - Albertville 42 - Chambéry 12 - Grenoble 46 - Montmélian 6

73800 Savoie - 1 416 h.

La Ferme du Lac, 79 28 13 48, SO : 1 km par N 90, rte de Pontcharra et D 12 à droite
1,6 ha (90 empl.) plat, herbeux - - - Location :
15 avril-sept. - **R** *conseillée juil.-août - 12 16 12 (6A) 18 (10A)*

MARCILHAC-SUR-CÉLÉ

14 - 79 ⑨ G. Périgord Quercy

Paris 572 - Cajarc 13 - Cahors 44 - Figeac 31 - Livernon 14

46160 Lot - 196 h.

Municipal, 65 40 71 07, sortie N par D 17 rte de Figeac, bord du Célé
1 ha (53 empl.) plat, herbeux - - vélos
15 juin-15 sept. - **R** *conseillée - 15 15 18*

MARCILLAC-LA-CROISILLE

10 - 75 ⑩ G. Berry Limousin

Paris 486 - Argentat 25 - Égletons 17 - Mauriac 38 - Tulle 27

19320 Corrèze - 787 h.

Municipal du Lac, 55 27 81 38, O : 1,7 km par rte de St-Pardoux, près d'un lac
3,5 ha (250 empl.) (juil.-août) plat, peu incliné à incliné, en terrasses, herbeux - - - A proximité : - Location : huttes
juin-1er oct. - **R** *conseillée*

MARCILLAC-ST-QUENTIN

13 - 75 ⑰

Paris 509 - Brive-la-Gaillarde 49 - Les Eyzies-de-Tayac 17 - Montignac 15 - Périgueux 62 - Sarlat-la-Canéda 10

24200 Dordogne - 598 h.

Les Tailladis, 53 59 10 95, N : 2 km, à proximité de la D 48, bord de la Beune et d'un plan d'eau
25 ha/8 campables (83 empl.) plat, incliné et en terrasses, herbeux, pierreux - -
15 mars-oct. - **R** *conseillée, indispensable 14 juil.-15 août - 24,50 piscine comprise 33 19,50 (6A)*

La Veyssière « Cadre boisé », 53 59 10 84, à 0,7 km au N de St-Quentin, rte de Marcillac, en deux parcelles
1 ha (35 empl.) peu incliné à incliné, plat, herbeux -
juin-sept. - **R** *juil.-août - 9,50 5 5 8 (16A)*

MARCILLAC-VALLON

15 - 80 ②

Paris 633 - Conques 19 - Decazeville 23 - Rodez 18 - Villecomtal 18

12330 Aveyron - 1 485 h.

Municipal le Cambou, 65 71 74 96, NO : 0,7 km par rte de Bramarigues et chemin à gauche du cimetière, au confluent du Créneau et de l'Ady
1,5 ha (50 empl.) plat et peu incliné, herbeux - -
15 juin-15 sept. - **R** - *Tarif 94 : 9,50 5 5 ou 9 8 (plus de 5A)*

MARCILLÉ-ROBERT

4 - 63 ⑧

Paris 334 - Bain-de-Bretagne 31 - Châteaubriant 29 - La Guerche-de-Bretagne 10 - Rennes 38 - Vitré 31

35240 I.-et-V. - 837 h.

Municipal de l'Etang, sortie S par D 32 rte d'Arbrissel, bord de rivière et d'un étang
0,5 ha (22 empl.) plat, peu incliné, en terrasses, herbeux -
15 avril-oct. - **R** - *13 9 9,50 (5A)*

MARCILLY-SUR-VIENNE

10 - 68 ④

Paris 279 - Azay-le-Rideau 30 - Chinon 30 - Châtellerault 29 - Descartes 17 - Richelieu 21 - Tours 46

37800 I.-et-L. - 526 h.

Intercommunal la Croix de la Motte, 47 65 20 38, N : 0,7 km par D 18 rte de l'Ile-Bouchard, bord de la Vienne
1 ha (61 empl.) (saison) plat, herbeux - - -
15 juin-14 sept. - **R** *conseillée - Tarif 94 : 10 14 13 (6A)*

MARCOLS-LES-EAUX

11 - 76 ⑲

Paris 623 - Aubenas 37 - Le Cheylard 25 - Le Monastier-sur-Gazeille 48 - Privas 35

07190 Ardèche - 300 h. alt. 730

Municipal de Gourjatoux ≤, à 0,5 km au sud du bourg, près de la Glueyre - Accès difficile pour véhicules venant de Mézilhac
0,7 ha (35 empl.) en terrasses, herbeux -
juil.-août - **R** - *7* *4* *4/5* *8*

MARÇON

5 - 64 ④

Paris 215 - Château-du-Loir 9,5 - Le Grand-Lucé 50 - Le Mans 50 - Tours 44

72340 Sarthe - 912 h.

Lac de Varennes, 43 44 13 72, O : 1 km par D 61 rte du Port Gautier, près de l'espace de loisirs, bord du Loir et du lac de Varennes
4 ha (250 empl.) plat, herbeux (1 ha) -
(plage) vélos - A proximité : - Location *(avril-4 nov.)* : bungalows toilés
15 mars-11 nov. - **R** *conseillée juil.-août* - GB - *19* *16* *10,50 (6A)*

MAREUIL

10 - 72 ⑭ G. Périgord Quercy

Paris 484 - Angoulême 38 - Nontron 23 - Périgueux 48 - Ribérac 27

24340 Dordogne - 1 194 h.

Les Graulges , 53 60 74 73, N : 5,5 km par D 99, rte de Charras et chemin à droite, bord d'un étang et d'un ruisseau
7 ha/2 campables (50 empl.) peu incliné, pierreux, herbeux -
snack -
mars-oct. - **R** *conseillée juil.-août* - *14 piscine comprise* *25* *11 (15A)*

Municipal du Vieux Moulin « Entrée fleurie », 53 60 99 80, sortie S par D 708 et D 99, rte de la Tour-Blanche
0,6 ha (20 empl.) plat, herbeux - - - A proximité :

MAREUIL-SUR-CHER

5 - 64 ⑰

Paris 224 - Blois 43 - Châtillon-sur-Indre 40 - Montrichard 15 - Saint-Aignan 4,5

41110 L.-et-Ch. - 977 h.

Municipal le Port , 54 32 79 51, au bourg, près de l'église, bord du Cher
1 ha (50 empl.) plat, herbeux - -
mai-sept. - **R** - *10* *7* *7* *11 (3A) 14 (5A)*

MARIGNY

12 - 70 ④ ⑤

Paris 425 - Arbois 31 - Champagnole 15 - Doucier 4 - Lons-le-Saunier 27 - Poligny 28

39130 Jura - 153 h.

La Pergola ≤ « Site agréable », 84 25 70 03, Fax 84 25 75 96, S : 0,8 km, bord du **lac de Chalain**
6 ha (350 empl.) en terrasses, herbeux, pierreux -
brasserie - vélos - Location :

MARIOL

11 - 73 ⑤

Paris 417 - Le Mayet-de-Montagne 23 - Riom 38 - Thiers 22 - Vichy 14

03270 Allier - 714 h.

Les Marants, 70 59 44 70, NO : 1,3 km sur D 260, à 300 m du D 906 et à 120 m d'un étang (accès direct)
1,5 ha (45 empl.) plat, herbeux - -
- Location :
mai-sept. - **R** *conseillée juil.-août* - *élect. (6A), piscine et tennis compris 2 pers. 55, 3 à 6 pers. 65*

MARNE-LA-VALLÉE

6 - 56 ⑫ G. Ile de France

Paris 28 - Meaux 28 - Melun 40

77206 S.-et-M.

à Disneyland Paris : 38 km à l'Est de Paris par A4
77777 B.P. 100 Marne-la-Vallée Cedex 4

Davy Crockett Ranch « Agréable cadre boisé », (1) 60 45 69 00, Fax (1) 60 45 69 33, par A4 sortie Disneyland Paris - animaux interdits (chenil à disposition)
57 ha (595 empl.) plat, sablonneux et plates-formes aménagées pour caravanes - snack - théâtre de plein air Toboggan aquatique, poneys, vélos, voiturettes électriques - Location : (4 à 6 pers. par nuitée 440 à 770 - hiver se renseigner)
Permanent - **R** *indispensable* - GB - *élect. et piscine comprises 1 à 6 pers. 300*

MARSAC-SUR-DON

4 - 63 ⑯

Paris 404 - Bain-de-Bretagne 30 - Nantes 52 - Nort-sur-Erdre 23 - Saint-Nazaire 60

44170 Loire-Atl. - 1 192 h.

Municipal de la Roche ≤ « Situation agréable au bord d'un étang », O : 3 km par D 125 rte de Guénouvry et rte à gauche
1 ha (33 empl.) vallonné, herbeux - - Location : gîte d'étape
avril-1er nov. - **R** - *2 pers. 18* *6,50*

MARSEILLAN

15 - 83 ⑯ G. Gorges du Tarn

Paris 802 - Agde 7 - Béziers 30 - Montpellier 46 - Pézenas 15 - Sète 22

34340 Hérault - 4 950 h.

à Marseillan-Plage S : 6 km par D 51ᴱ - ✉ 34340 Marseillan :

Charlemagne, ✆ 67 21 92 49, Fax 67 21 86 11, à 250 m de la plage
6,7 ha (480 empl.) plat, sablonneux, herbeux - A l'entrée : discothèque - Location :
avril-1er oct. - **R** *conseillée saison - élect. (6A) et piscine comprises 1 à 3 pers. 170, pers. suppl. 30*

Le Galet, ✆ 67 21 95 61, Fax 67 21 87 23, à 250 m de la plage
3 ha (275 empl.) plat, sablonneux, herbeux - A l'entrée :
avril-sept. - **R** *conseillée juil.-août - Tarif 94 : 1 ou 2 pers. 90, pers. suppl. 16 15 (5A)*

Europ 2000, ✆ 67 21 92 85, à 100 m de la plage
2 ha (176 empl.) plat, sablonneux, herbeux - Location :
avril-sept. - **R** *conseillée 25 juin-25 août* - GB - *2 pers. 95 16 (3 ou 5A)*

Municipal le Gourg de Maffre, ✆ 67 21 90 52, près du carrefour avec la N 112, à 500 m de la plage
3,3 ha (198 empl.) plat, sablonneux, gravillons -
juil.-août - **R** - *2 pers. 82 15 (10A)*

La Créole, ✆ 67 21 92 69, bord de plage
1,5 ha (110 empl.) plat, sablonneux, herbeux
mai-sept. - **R** *indispensable juil.-août - 1 ou 2 pers. 106, pers. suppl. 16 14 (3 ou 4A)*

MARTEL

13 - 75 ⑱ G. Périgord Quercy

Paris 518 - Brive-la-Gaillarde 33 - Cahors 79 - Figeac 58 - Gourdon 43 - Saint-Céré 32 - Sarlat-la-Canéda 45

46600 Lot - 1 462 h.

Office de Tourisme, Palais de la Raymondie ✆ 65 37 30 03

Les Falaises ←, ✆ 65 37 33 59, SE : 5 km par N 140, rte de Figeac, à Gluges, près de la Dordogne
0,8 ha (45 empl.) plat, herbeux - A proximité :
mai-sept. - **R** *conseillée juil.-août - 17 16 10 (5A)*

MARTIGNÉ-FERCHAUD

4 - 63 ⑧

Paris 340 - Bain-de-Bretagne 30 - Châteaubriant 14 - La Guerche-de-Bretagne 15 - Rennes 47

35640 I.-et-V. - 2 920 h.

Municipal du Bois Feuillet, ✆ 99 47 84 38, NE du bourg, accès direct à l'étang de la Forge
1,7 ha (50 empl.) (juil.-août) en terrasses, herbeux - - A proximité :
juin-sept. - **R** - *12 8,50 9 (16A)*

MARTIGNY

1 - 52 ④

Paris 164 - Dieppe 9,5 - Fontaine-le-Dun 28 - Rouen 59 - Saint-Valery-en-Caux 39

76880 S.-Mar. - 512 h.

Municipal, ✆ 35 85 60 82, NO : 0,7 km rte de Dieppe, bord de la Varenne et de plans d'eau
3 ha (110 empl.) plat, herbeux - - A proximité :
avril-15 oct. - Location longue durée - *Places disponibles pour le passage -* **R** *conseillée - Tarif 94 : 11,20 5,80 9,55/20,50 avec élect. (6A)*

MARTRAGNY

4 - 54 ⑮

Paris 261 - Bayeux 10 - Caen 22 - Saint-Lô 44

14740 Calvados - 310 h.

Château de Martragny ←, ✆ 31 80 21 40, Fax 31 08 14 91, sur l'ancienne N 13, par le centre bourg
8 ha/4 campables (140 empl.) plat, herbeux verger - -
mai-15 sept. - **R** *conseillée juil.-août* - GB - *25 piscine comprise 50/55 18 (6 à 12A)*

Les MARTRES-DE-VEYRE

11 - 73 ⑭

Paris 429 - Billom 18 - Clermont-Ferrand 19 - Issoire 23 - Rochefort-Montagne 44 - Saint-Nectaire 27

63740 P.-de-D. - 3 151 h.

Municipal la Font de Bleix ←, ✆ 73 39 26 49, sortie SE par D 225, rte de Vic-le-Comte puis 0,9 km par chemin à gauche, près de l'Allier (accès direct)
0,5 ha (39 empl.) plat et peu incliné, herbeux - - A proximité :
juil.-1er sept. - **R** - *Tarif 94 : 3 pers. 35*

MARTRES-TOLOSANE

14 - 82 ⑯ G. Pyrénées Roussillon

Paris 756 - Auch 79 - Auterive 45 - Bagnères-de-Luchon 76 - Pamiers 69 - Saint-Gaudens 29 - Saint-Girons 40

31220 H.-Gar. - 1 929 h.

Le Moulin « Agréable domaine rural, ancien moulin », 61 98 86 40, Fax 61 98 66 90, SE : 1,5 km par rte du stade, av. de St-Vidian et chemin à gauche après le pont, bord d'un ruisseau et d'un canal, près de la Garonne (accès direct)
6 ha/1 campable (57 empl.) plat, herbeux (0,5 ha) -
15 mars-15 oct. - **R** - *piscine comprise 2 pers. 66, pers. suppl. 15 15 (6A) 25 (10A) 40 (16A)*

MARVEJOLS

15 - 80 ⑤ G. Gorges du Tarn

Paris 77 - Espalion 64 - Florac 53 - Mende 29 - Saint-Chély-d'Apcher 33

48100 Lozère - 5 476 h.

Municipal l'Europe, 66 32 03 69, Fax 66 32 43 56, E : 1,3 km par D 999, D 2 rte de Montrodat et chemin à droite, bord du Colagnet -
0,9 ha (57 empl.) plat, herbeux - - A proximité :
juin-sept. - **R** *conseillée juil.-août - 2 pers. 55, pers. suppl. 20 15 (5A)*

MAS-CABARDÈS

15 - 83 ⑪ G. Gorges du Tarn

Paris 792 - Carcassonne 23 - Castelnaudary 52 - Foix 112 - Lézignan-Corbières 51 - Mazamet 24

11380 Aude - 235 h.

Les Eaux Vives, 68 26 31 05, E : 1 km par D 101 et rte de Roquefère à gauche, bord d'un ruisseau
0,6 ha (30 empl.) plat, herbeux verger - - A proximité :
avril-1er oct. - **R** *conseillée juil.-août - Tarif 94 : 15 12 13 (6A)*

MASEVAUX

8 - 66 ⑧ G. Alsace Lorraine

Paris 433 - Altkirch 30 - Belfort 24 - Colmar 56 - Mulhouse 29 - Thann 15 - Le Thillot 36

68290 H.-Rhin - 3 267 h.
Office de Tourisme, Fossé Flagellants 89 82 41 99

Municipal « Cadre agréable », 89 82 42 29, rue du stade, bord de la Doller
3,5 ha (150 empl.) plat, herbeux - - - A proximité :
Pâques-sept. - **R** - *Tarif 94 : 14 14 14 (3A) 26,60 (6A)*

La MASSANA Principauté d'Andorre - 86 ⑭ - voir à Andorre

MASSAT

14 - 86 ③ G. Pyrénées Aquitaine

Paris 820 - Aulus-les-Bains 26 - Foix 36 - Oust 19 - Saint-Girons 27 - Tarascon-sur-Ariège 30

09320 Ariège - 624 h. alt. 650

Municipal le Pouech, sortie par rte de St-Girons et à gauche après la gendarmerie
0,3 ha (30 empl.) en terrasses, herbeux, pierreux - - A l'entrée :
15 juin-sept. - **R** *juil.-août - Tarif 94 : 8 9,50 10*

MASSERET

10 - 72 ⑱ G. Berry Limousin

Paris 438 - Limoges 44 - Guéret 129 - Tulle 46 - Ussel 97

19510 Corrèze - 669 h.

Intercommunal « Agréable situation au bord d'un plan d'eau et près d'un bois », 55 73 44 57, E : 3 km par D 20 rte des Meilhards, à la sortie de Masseret-Gare
100 ha/2 campables (100 empl.) plat et incliné, herbeux, gravillons - - (plage) - A proximité : - Location : huttes
avril-sept. - **R** *conseillée - 14 5 12/15 10 (12A)*

MASSEUBE

14 - 82 ⑮

Paris 808 - Auch 25 - Castelnau-Magnoac 17 - L'Isle-en-Dodon 23 - Miélan 25 - Mirande 21

32140 Gers - 1 453 h.

Municipal Julie Moignard, 62 66 01 75, sortie E par D 27 rte de Meilhan, bord du Gers
4 ha (133 empl.) plat, herbeux (2 ha) - - - A proximité :

MASSIAC

11 - 76 ④ G. Auvergne

Paris 491 - Aurillac 84 - Brioude 22 - Issoire 38 - Murat 35 - Saint-Flour 26

15500 Cantal - 1 881 h.
Office de Tourisme, r. Paix 71 23 07 76 et av. Gén.-de-Gaulle 71 23 11 86

Municipal de l'Alagnon, 71 23 03 93, O : 0,8 km par N 122, rte de Murat, bord de la rivière
2,5 ha (90 empl.) (juil.-août) plat, terrasse, herbeux - - - A proximité :
mai-sept. - **R** *conseillée juil.-août - Tarif 94 : 9 7 9 10 (6A)*

MASSIGNIEU-DE-RIVES

12 - 74 ⑮

Paris 516 - Aix-les-Bains 27 - Belley 9 - Morestel 37 - Ruffieux 16 - La Tour-du-Pin 41

01300 Ain - 412 h.

Municipal le Lit au Roi ≤ lac et collines « Site agréable », ✆ 79 42 11 75, N : 2,5 km par rte de Belley et chemin à droite, bord du Rhône (plan d'eau)
2 ha (120 empl.) en terrasses, herbeux (1 ha) - A proximité :
mai-sept. - **R** *conseillée juil.-août - 15,20 5,15 12 11,50 (4A) 19,25 (10A)*

MASSILLARGUES-ATTUECH **30** Gard - 80 ⑰ - rattaché à Anduze

MATHA

9 - 72 ② G. Poitou Vendée Charentes

Paris 441 - Angoulême 47 - Beauvoir-sur-Niort 43 - Cognac 22 - Saint-Jean-d'Angély 18 - Saintes 33

17160 Char.-Mar. - 2 183 h.

Municipal, bd Bossais, dans le parc du château
0,4 ha (13 empl.) plat, herbeux - A proximité :
15 juin-15 sept. - **R** - *7,90 2,80 3,60 5,50 (15A)*

Les MATHES

9 - 71 ⑭ ⑮

Paris 514 - Marennes 17 - Rochefort 37 - La Rochelle 71 - Royan 21 - Saintes 48

17570 Char.-Mar. - 1 205 h.

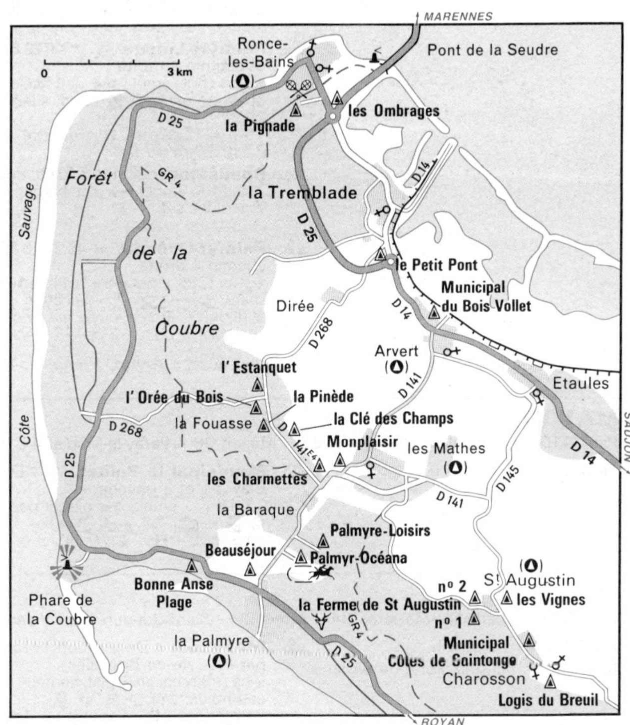

Les Charmettes « Entrée fleurie », ✆ 46 22 50 96, Fax 46 23 69 70, SO : 1 km - dans locations
23 ha (650 empl.) plat, herbeux, sablonneux - pizzeria, crêperie - salle d'animation Toboggan aquatique vélos - Location :
Pâques-début oct. - **Location longue durée** - *Places limitées pour le passage* - **R** *conseillée* - **GB** - *Tarif 94 : piscine et tennis compris 6 pers. 155 (175 ou 185 avec élect.)*

L'Estanquet « Entrée fleurie », ✆ 46 22 47 32, Fax 46 22 51 46, NO : 3,5 km, à la Fouasse
5 ha (320 empl.) plat, sablonneux - self - Toboggan aquatique, vélos - Location :
15 mai-15 sept. - **R** *conseillée - piscine comprise 2 pers. 120 22 (6A)*

L'Orée du Bois, 46 22 42 43, Fax 46 22 54 76, NO : 3,5 km, à la Fouasse
6 ha (400 empl.) (saison) plat, sablonneux - 40 empl. avec sanitaires individuels (wc) snack - vélos - Location :
10 mai-17 sept. - **R** *conseillée, indispensable juil.-août - élect. (6A) et piscine comprises 2 pers. 150, pers. suppl. 22*

La Pinède, 46 22 45 13, Fax 46 22 50 21, NO : 3 km, à la Fouasse
4 ha (200 empl.) plat, sablonneux pizzeria Toboggan aquatique, tir à l'arc - A proximité : - Location *(15 juin-15 sept.)* :
avril-sept. - **R** *conseillée* - GB - *Tarif 94 : piscine comprise 3 pers. 155 22 (3 à 6A)*

Monplaisir, 46 22 50 31, sortie SO
2 ha (114 empl.) plat, sablonneux, herbeux - A proximité : - Location : appartements
avril-1er oct. - **R** - *1 à 6 pers. 74 à 141, pers. suppl. 19 16 (4 à 6A)*

La Clé des Champs, 46 22 40 53, O : 2,5 km rte de la Fouasse - dans locations
4 ha (300 empl.) plat, sablonneux, herbeux - A proximité : - Location :
juin-15 sept. - **R** *conseillée - piscine comprise 3 pers. 75,50 16 (6A)*

à la Palmyre SO : 4 km par D 141E1 - 17570 les Mathes :

Bonne Anse Plage « Cadre et situation agréables », 46 22 40 90, Fax 46 22 42 30, O : 2 km, à 400 m de la plage -
17 ha (850 empl.) plat et accidenté, sablonneux, herbeux Toboggan aquatique, vélos
24 mai-10 sept. - **R** - GB - *Tarif 94 : piscine comprise 1 ou 2 pers. 115, 3 pers. 137, pers. suppl. 32 21 (6A)*

Palmyre Loisirs, 46 23 67 66, Fax 46 22 48 81, NE : 3,2 km par D 141E1 et chemin à droite
16 ha (600 empl.) peu accidenté, herbeux, sablonneux (3 ha) pinède - snack - Toboggan aquatique, vélos - Location :
15 mai-15 sept. - **R** *conseillée - piscine comprise 3 pers. 145, pers. suppl. 27 22 (6 ou 8A)*

Beauséjour, 46 22 40 05, sortie NO, à 500 m de la plage
7 ha (400 empl.) plat, herbeux, sablonneux
7 avril-24 sept. - **R** - *1 à 3 pers. 90, pers. suppl. 20 16 (2 ou 3A) 19 (5 ou 6A) 25 (10A)*

Palmyr-Océana, 46 22 40 35, Fax 46 23 64 76, NE : 3 km par D 141E1 et chemin à droite
17 ha (280 empl.) plat, herbeux, sablonneux snack - - Location :
avril-oct. - **R** *conseillée juil., indispensable août* - GB - *Tarif 94 : piscine comprise 2 pers. 82 ou 93, pers. suppl. 19 20 (6A)*

Voir aussi à ***Arvert, Ronce-les-Bains, St-Augustin***

MATOUR

11 - 69 ⑱ G. Bourgogne

Paris 410 - Chauffailles 22 - Cluny 25 - Mâcon 38 - Paray-le-Monial 41

71520 S.-et-L. - 1 003 h.

Municipal le Paluet « Entrée fleurie », 85 59 70 58, O : rte de la Clayette et à gauche
1,5 ha (71 empl.) plat et peu incliné, herbeux, gravillons - vélos
avril-sept. - **R** - *10 18 14 (4A)*

MAUBEUGE

2 - 53 ⑥ G. Flandres Artois Picardie

Paris 243 - Charleville-Mézières 94 - Mons 20 - Saint-Quentin 77 - Valenciennes 36

59600 Nord - 34 989 h.
Office de Tourisme, Porte de Bavay 27 62 11 93

Municipal « Décoration florale et arbustive », 27 62 25 48, N : 1,5 km par N 2, rte de Bruxelles
2 ha (92 empl.) plat, herbeux - 8 sanitaires individuels (lavabo eau froide, wc)
Permanent - **R** - *Tarif 94 : 13 (17 avec sanitaire individuel) 13 12 (3A) 17 (6A) 22 (10A)*

MAULÉON-LICHARRE

13 - 85 ⑤ G. Pyrénées Aquitaine

Paris 808 - Oloron-Ste-Marie 29 - Orthez 39 - Pau 58 - Saint-Jean-Pied-de-port 40 - Sauveterre-de-Béarn 26

64 Pyr.-Atl. - 3 533 h.
64130 Mauléon-Soule.
Office de Tourisme, pl. des Allées 59 28 02 37

Le Saison, 59 28 18 79, S : 1,5 km par D 918 rte de Tardets-Sorholus, bord du Saison
0,6 ha (33 empl.) plat, herbeux -
Pâques-sept. - **R** *conseillée - 16,50 6,50 18 13 (4A)*

Landran (aire naturelle), 59 28 19 55, Fax 59 28 23 20, à **Ordiarp**, SO : 6 km par D 918 rte de St-Jean-Pied-de-Port et chemin à droite
1 ha (25 empl.) incliné et en terrasses, herbeux - Location : gîte d'étape
Pâques-fin sept. - **R** *conseillée - 2 pers. 38, 3 pers. 46, 4 pers. 54 10 (3A) 13 (6A)*

MAUPERTUS-SUR-MER

4 - 54 ②

Paris 362 - Barfleur 20 - Cherbourg 10,5 - Saint-Lô 80 - Valognes 21

50840 Manche - 242 h.

L'Anse du Brick « Cadre sauvage », 33 54 33 57, Fax 33 54 49 66, NO : sur D 116, à 200 m de la plage, accès direct par passerelle
17 ha/7 campables (180 empl.) accidenté et en terrasses, pierreux, herbeux, bois attenant - Toboggan aquatique, vélos - A proximité : - Location *(permanent)* :
avril-sept. - **R** *conseillée juil.-août* - **GB** - *18,50* *22/24,50* *18 (6A)*

MAUREILLAS-LAS-ILLAS

15 - 86 ⑲

Paris 889 - Gerona 70 - Perpignan 26 - Port-Vendres 31 - Prades 56

66400 Pyr.-Or. - 2 037 h.

Les Bruyères, 68 83 26 64, O : 1,2 km par D 618 rte de Céret
4 ha (100 empl.) en terrasses, pierreux - - Location :
avril-15 oct. - **R** *conseillée juil.-août* - *30 piscine comprise* *39* *21 (4A) 24 (6A) 29 (10A)*

MAURIAC

10 - 76 ① G. Auvergne

Paris 491 - Aurillac 52 - Le Mont-Dore 77 - Riom-ès-Montagnes 36 - Salers 20 - Tulle 65

15200 Cantal - 4 224 h. alt. 720

Val St-Jean, 71 67 31 13, O : 2,2 km par D 681, rte de Pleaux et D 682 à droite, accès direct à un plan d'eau
3,5 ha (100 empl.) en terrasses, peu incliné, herbeux - - - A proximité : tir à l'arc, golf, snack - Location : , huttes
13 mai-16 sept. - **R** *conseillée juil.-août* - *14* *9* *10* *14 (10A)*

MAURS

15 - 76 ⑪ G. Auvergne

Paris 574 - Aurillac 43 - Entraygues-sur-Truyère 47 - Figeac 22 - Rodez 60 - Tulle 98

15600 Cantal - 2 350 h.
Office de Tourisme, pl. Champ-de-Foire (vacances scolaires matin seul., 15 juin-15 sept.)
71 46 73 72

Municipal le Vert, 71 49 04 15, SE : 0,8 km par D 663, rte de Décazeville, bord de la Rance
1,2 ha (66 empl.) plat, herbeux - -
avril-sept. - **R** - *Tarif 94 :* *1 ou 2 pers. 26, pers. suppl. 13* *15 (4 ou 5A)*

MAUSSANE-LES-ALPILLES

16 - 83 ⑩

Paris 714 - Arles 18 - Avignon 29 - Marseille 78 - Martigues 44 - Saint-Rémy-de-Provence 9,5 - Salon-de-Provence 28

13520 B.-du-R. - 1 886 h.

Municipal les Romarins, 90 54 33 60, sortie N par D 5, rte de St-Rémy-de-Provence
3 ha (150 empl.) plat, herbeux, pierreux - - - A proximité :
15 mars-15 oct. - **R** *conseillée* - *tennis compris 2 pers. 65, pers. suppl. 15* *13 ou 15 (10A)*

MAUVEZIN

14 - 85 ⑨ ⑲ G. Pyrénées Aquitaine

Paris 827 - Arreau 32 - Bagnères-de-Bigorre 16 - Capvern-les-Bains 4,5 - Lannemezan 49 - Tarbes 35

65130 H.-Pyr. - 209 h.

Belle Vue, 62 39 12 32, sortie SE sur D 938
0,7 ha (25 empl.) plat, incliné, en terrasses, herbeux -
mai-22 oct. - **R** - *10,20* *9* *8,30 (2A) 12,50 (4A) 18 (6A)*

MAUVEZIN-DE-PRAT

14 - 86 ②

Paris 779 - Aspet 19 - Foix 58 - Saint-Gaudens 29 - Saint-Girons 15 - Sainte-Croix-Volvestre 27

09160 Ariège - 52 h.

L'Estelas, 61 96 65 80, à l'est du bourg par D 133
0,6 ha (20 empl.) plat, peu incliné, en terrasses, herbeux - -
15 mars-15 oct. - **R** *juil.-août* - *Tarif 94 :* *15* *15* *10 (16A)*

MAUZÉ-SUR-LE-MIGNON

9 - 71 ②

Paris 429 - Niort 22 - Rochefort 38 - La Rochelle 40

79210 Deux-Sèvres - 2 378 h.

Municipal le Gué de la Rivière, NO : 1 km par D 101 rte de St-Hilaire-la-Palud et à gauche, entre le Mignon et le canal
1,5 ha (75 empl.) plat, herbeux (0,5 ha) - -
juin-15 sept. - **R** *14 juil.-15 août* - *6,60* *3,30* *4,25* *8,25 (2A) 16,50 (10A)*

MAXILLY-SUR-LÉMAN

12 - 70 ⑰ ⑱

Paris 580 - Abondance 28 - Annecy 84 - Evian-les-Bains 3,5 - Montreux 34 - Thonon-les-Bains 12

74500 H.-Savoie - 945 h.

Le Clos Savoyard, 50 75 25 84, S : 1,2 km
2 ha (100 empl.) (juil.-août) incliné et en terrasses, herbeux - - - Location : , studios
avril-sept. - **R** *conseillée juil.-août* - *2 pers. 50, pers. suppl. 18* *9 (2A) 12 (3A) 21 (6A)*

MAYENNE

4 - 59 ⑳ G. Normandie Cotentin

Paris 282 - Alençon 61 - Flers 57 - Fougères 45 - Laval 31 - Le Mans 88

53100 Mayenne - 13 549 h.

Office de Tourisme, quai de Waiblingen (fermé après-midi hors saison) 43 04 19 37

Municipal Raymond Fauque, 43 04 57 14, au N de la ville, par av. de Loré et rue à droite, bord de la Mayenne
1,8 ha (100 empl.) plat, herbeux - -
15 mars-sept. - **R** *juil.-août* - *piscine comprise 3 pers. 40, pers. suppl. 8,80 8,80 (10A)*

MAYET

5 - 64 ③

Paris 225 - Château-la-Vallière 27 - La Flèche 31 - Le Mans 29 - Tours 57 - Vendôme 75

72360 Sarthe - 2 877 h.

Municipal du Fort des Salles, 43 46 68 72, sortie E par D 13, rte de St-Calais et r. du Petit-Moulin à droite, bord d'un plan d'eau
1,8 ha (64 empl.) plat, herbeux - - vélos
29 avril-21 oct. - **R** - *2 pers. 29 10*

Le MAYET-DE-MONTAGNE

11 - 73 ⑥ G. Auvergne

Paris 365 - Clermont-Ferrand 73 - Lapalisse 23 - Moulins 71 - Roanne 47 - Thiers 41 - Vichy 25

03250 Allier - 1 609 h.

Municipal du Lac, S : 1,2 km par D 7 rte de Laprugne et chemin de Fumouse, près du lac des Moines
1 ha (50 empl.) peu incliné, plat, herbeux - - - Location : huttes
juin-sept. - **R** *conseillée - 10 2 3/4 10 (4A)*

MAZAMET

15 - 83 ⑪ ⑫ G. Gorges du Tarn

Paris 772 - Albi 60 - Béziers 87 - Carcassonne 45 - Castres 18 - Toulouse 82

81200 Tarn - 11 481 h.

Office de Tourisme, r. des Casernes 63 61 27 07 et D 118, le Plô de la Bise (juil.-août) 63 61 25 54

Municipal de la Lauze, 63 61 24 69 81209 Mazamet Cedex, sortie E par N 112, rte de Béziers et à droite
1,7 ha (60 empl.) peu incliné et plat, herbeux - - - A proximité :
2 mai-oct. - **R** *conseillée - Tarif 94 : piscine comprise 1 pers. 40, 2 pers. 50, 3 ou 4 pers. 65, pers. suppl. 17 12 (6A) 15 (10A)*

MAZAN

16 - 81 ⑬ G. Provence

Paris 688 - Avignon 33 - Carpentras 7 - Cavaillon 32 - Sault 34

84380 Vaucluse - 4 459 h.

Office de Tourisme, pl. du-8-Mai 90 69 74 27

Le Ventoux « Cadre agréable », 90 69 70 94, N : 3 km par D 70, rte de Caromb puis chemin à gauche - De Carpentras, itinéraire conseillé par D 974, rte de Bédoin
0,7 ha (49 empl.) plat, pierreux, herbeux - (mars-nov.) -
Permanent - **R** *conseillée - 18 10 10 13 (3A) 15 (6A)*

Le MAZEAU

9 - 71 ① ②

Paris 423 - Fontenay-le-Comte 22 - Niort 20 - La Rochelle 48 - Surgères 34

85420 Vendée - 463 h.

Municipal le Relais du Pêcheur, 51 52 93 23, à 0,5 km au sud du bourg, près de canaux
1 ha (52 empl.) (juil.-août) plat, herbeux - -
avril-oct. - **R** *conseillée 14 juil.-15 août - 10 10 6 (10A)*

MAZÈRES

14 - 82 ⑲ G. Pyrénées Aquitaine

Paris 750 - Auterive 26 - Castelnaudary 32 - Foix 38 - Pamiers 18 - Saverdun 9,5

09270 Ariège - 2 519 h.

Municipal la Plage, 61 69 38 82, au SE du bourg par D 11 rte de Belpech puis chemin à gauche, près de l'Hers
5 ha (60 empl.) (juil.-août) plat, herbeux - garderie - parcours sportif - Location : bungalows toilés
juin-sept. - **R** *conseillée juil.-août - piscine et tennis compris 50 ou 60 (sans limitation du nombre de personnes)*

Les MAZES

07 Ardèche - 80 ⑨ - voir à Ardèche (Gorges de l') - Vallon-Pont-d'Arc

MAZET-ST-VOY

11 - 76 ⑧

Paris 580 - Lamastre 36 - Le Puy-en-Velay 39 - Saint-Étienne 62 - Yssingeaux 17

43520 H.-Loire - 1 077 h. alt. 1 043

Municipal de Surnette, 71 65 05 69, sortie E vers le Chambon-sur-Lignon puis 1 km par rte à gauche
1 ha (50 empl.) (juil.-août) plat et peu incliné, herbeux - -
Pâques-Toussaint - **R** *conseillée juil.-août - 6,90 3,45 3,45 8 (3A) 10,50 (4A) 15,70 (6A)*

Les MAZURES

2 - 53 ⑱

Paris 245 - Charleville-Mézières 17 - Fumay 16 - Hirson 44 - Rethel 61

08500 Ardennes - 738 h.

Départemental Lac des Vieilles Forges « Cadre boisé », ✆ 24 40 17 31, S : 2 km par D 40, rte de Renwez puis 2 km par rte à droite, à 100 m du lac
12 ha/3 campables (300 empl.) en terrasses, gravillons - vélos - A proximité :
Permanent - **R** *conseillée juil.-août - 16 8 8,90 10,80 (3A) 13,90 (5A)*

MÉAUDRE

12 - 77 ④ G. Alpes du Nord

Paris 595 - Grenoble 38 - Pont-en-Royans 26 - Tullins 40 - Villard-de-Lans 10

38112 Isère - 840 h. alt. 1 012 - Sports d'hiver : 1 000/1 600 m 8.

Office de Tourisme, ✆ 76 95 20 68, Fax 76 95 25 93

Caravaneige les Buissonnets ✆ 76 95 21 04, Fax 76 95 26 14, NE : 0,5 km par D 106 et rte à droite, à 200 m du Méaudret
2 ha (80 empl.) peu incliné, herbeux - - A proximité :
Permanent - **R** *conseillée - 2 pers. 51,50, pers. suppl. 14,40 11 (2A) 24 (6A) 36,50 (10A)*

Eymes ✆ 76 95 24 85, N : 3,8 km par D 106^{C}, rte d'Autrans et chemin à gauche -
1,3 ha (40 empl.) plat, peu incliné, en terrasses, herbeux, bois attenant - snack -
Permanent - **R** *conseillée juil.-août - piscine comprise 2 pers. 55, pers suppl. 15 14*

La Perrinière ✆ 76 95 36 98, NE : 4 km par D 106
0,3 ha (20 empl.) plat, en terrasses, pierreux, herbeux -
Permanent - - *1 ou 2 pers. 33,50 (44,50 avec élect.), pers. suppl. 11*

MÉDIS

9 - 71 ⑮

Paris 497 - Marennes 29 - Mirambeau 47 - Pons 37 - Royan 6,5 - Saintes 31

17600 Char.-Mar. - 1 965 h.

Schéma à Royan

Le Clos Fleuri « Entrée fleurie », ✆ 46 05 62 17, SE : 2 km sur D 117^{E3}
3 ha (140 empl.) plat et peu incliné, herbeux - snack - tir à l'arc - Location :
juin-14 sept. - **R** *conseillée - piscine comprise 2 pers. 98, 3 pers. 115, pers. suppl. 26 20 (5A) 24 (10A)*

Les Chênes, ✆ 46 06 72 46, Fax 46 06 74 32, NE : 1 km rte de Saujon
6 ha (300 empl.) plat, herbeux (3 ha) - pizzeria - vélos - Location :
Pâques-1er nov. - **R** *conseillée juin et sept., indispensable juil.-août - piscine comprise 3 pers. 69 17 (4A)*

Le Bois Roland, ✆ 46 05 47 58, NE : 0,6 km rte de Saujon
2,35 ha (141 empl.) plat, herbeux (1 ha) - - Location :
mai-sept. - **R** *juil. - Tarif 94 : élect. (5A) et piscine comprises 2 pers. 68, pers. suppl. 18*

Les MÉES

17 - 81 ⑯ G. Alpes du Sud

Paris 727 - Digne-les-Bains 24 - Forcalquier 24 - Gréoux-les-Bains 41 - Mézel 26 - Sisteron 21

04190 Alpes-de-H.-Pr. - 2 601 h.

Municipal de la Pinède ✆ 92 34 33 89, au bourg -
1 ha (50 empl.) en terrasses, pierreux, herbeux - -
25 juin-10 sept. - - *15 15 13 (10A)*

MEGÈVE

12 - 74 ⑧ G. Alpes du Nord

Paris 596 - Albertville 31 - Annecy 61 - Chamonix-Mont-Blanc 35 - Genève 69

74120 H.-Savoie - 4 750 h. alt. 1 113 - Sports d'hiver : 1 113/2 350 m 7 34.

Office de Tourisme, r. de la Poste ✆ 50 21 27 28, télex 385532, Fax 50 93 03 09, et réservations hôtels ✆ 50 21 29 52

La Ripaille ✆ 50 21 47 24, Fax 50 21 02 47, NE : 1 km par N 212 rte de St Gervais, puis à Demi-Quartier, 0,8 km par chemin à gauche - pour certains emplacements d'accès peu facile, véhicule tracteur disponible
1 ha (64 empl.) en terrasses, herbeux, pierreux - -
Permanent - **R** - GB - *34 piscine comprise 47 21 (2A) 30 (4A) 40 (6A)*

Bornand ✆ 50 93 00 86, NE : 3 km par N 212 rte de Sallanches et rte du télécabine à droite - alt. 1 060
1 ha (70 empl.) incliné et en terrasses, herbeux - -
20 juin-10 sept. - - *17 18 14 (2 ou 3A)*

Gai-Séjour ✆ 50 21 22 58, SO : 3,5 km par N 212, rte d'Albertville, à Cassioz, bord d'un ruisseau - alt. 1 040
1,2 ha (60 empl.) plat, peu incliné, herbeux, pierreux -
10 juin-10 sept., nov.-10 avril - **R** *été, indispensable hiver* - GB - *2 pers. 51 (hiver 67 avec élect. 4A), pers. suppl. 13 (hiver 17) 11 (4A)*

Le MEIX-ST-EPOING

6 - 61 ⑤

Paris 110 - La Ferté-Gaucher 29 - Nogent-sur-Seine 36 - Romilly-sur-Seine 25 - Troyes 63

51120 Marne - 217 h.

Aire de Loisirs de la Traconne, 26 80 70 76, N : 0,6 km par D 239E rte de Launat et chemin à droite, près d'un étang et à 100 m du Grand Morin
3 ha (60 empl.) plat, herbeux - vélos - Location : gîte d'étape
Permanent - *2 pers. 40, pers. suppl. 10 10 (3A) 15 (5A)*

MELLE

9 - 72 ② G. Poitou Vendée Charentes

Paris 394 - Couhé 29 - Niort 29 - Saint-Jean-d'Angély 45 - Sauzé-Vaussais 22

79500 Deux-Sèvres - 4 003 h.
Office de Tourisme, pl. Poste (juin-oct.) 49 29 15 10 et Mairie (hors saison) 49 27 00 23

Municipal la Fontaine de Villiers M, 49 29 18 04, au N du bourg, près de la Béronne - accès conseillé par r. du Tapis Vert et à gauche, r. de la Béronne
0,3 ha (25 empl.) plat et terrasse, peu incliné, herbeux - - A proximité : parcours botanique
mars-oct. - **R** - *Tarif 94 : 12 5 9 10*

MELRAND

3 - 63 ②

Paris 482 - Lorient 42 - Pontivy 18 - Quimperlé 37 - Vannes 50

56310 Morbihan - 1 584 h.

Municipal, SO : 0,7 km par D 2 rte de Bubry, bord d'un étang et d'un ruisseau
0,2 ha (12 empl.) plat, herbeux - -
15 mai-sept. - **R** *conseillée - 5,15 5,15 5,15 9,80 (6A)*

MELUN P

6 - 61 ② G. Ile de France

Paris 58 - Châlons-sur-Marne 144 - Chartres 102 - Fontainebleau 16 - Meaux 54 - Orléans 103 - Reims 144

77000 S.-et-M. - 35 319 h.
Office de Tourisme, 2 av. Gallieni (1) 64 37 11 31

La Belle Étoile, (1) 64 39 48 12, Fax 64 37 25 55, SE par N 6, rte de Fontainebleau, av. de la Seine et quai Joffre (rive gauche), près du fleuve
3,5 ha (190 empl.) plat, herbeux - - - A proximité :
avril-15 déc. - **R** *conseillée juil.-août - 20 20 14 (4A)*

La MEMBROLLE-SUR-CHOISILLE

37 I.-et-L. - 64 ⑮ - rattaché à Tours

MÉNESPLET

9 - 75 ③

Paris 534 - Bergerac 43 - Bordeaux 65 - Libourne 34 - Montpon-Ménestérol 4,5 - Périgueux 59

24700 Dordogne - 1 328 h.

Camp'Gîte, 53 81 84 39, SO : 4 km par N 89 vers rte de Libourne et à gauche, rte des Loges
1 ha (20 empl.) plat, herbeux - - Location *(permanent)* :
mai-oct. - **R** - GB - *Tarif 94 : 20 15 15 (16A)*

MÉNÉTRÉOL-SUR-SAULDRE

6 - 64 ⑳

Paris 202 - Aubigny-sur-Nère 10,5 - Bourges 46 - Lamotte-Beuvron 32 - Salbris 21 - Vierzon 35

18700 Cher - 229 h.

Municipal le Bout du Pont, sortie SO par D 924 rte de Salbris, bord de la Petite Sauldre
2 ha (33 empl.) plat, herbeux -
16 avril-sept. - - *4,70 3,10 3,60 12,50 (10 ou 16A)*

MENGLON

16 - 77 ⑭

Paris 644 - Aspres-sur-Buëch 48 - Châtillon-en-Diois 5 - Die 13 - Rémuzat 46 - Valence 82

26410 Drôme - 332 h.

L'Hirondelle de St-Ferreol, 75 21 82 08, NO : 2,8 km par D 214 et D 140, rte de Die, près du D 539 (accès conseillé), bord du Bez
7,5 ha/4 campables (102 empl.) plat et peu accidenté, herbeux (sous bois) - -
mai-début sept. - **R** *conseillée juil.-août - Tarif 94 : 16 25 15 (3A) 20 (6A) 30 (10A)*

MÉNIL

4 - 63 ⑩

Paris 284 - Angers 42 - Château-Gontier 7,5 - Châteauneuf-sur-Sarthe 21 - Laval 38 - Segré 21

53200 Mayenne - 747 h.

Municipal « Cadre et situation agréables », 43 70 24 54, à l'Est du bourg, bord de la Mayenne
0,5 ha (37 empl.) plat, herbeux verger - -
mai-15 sept. - **R** - *2 pers. 26, pers. suppl. 13 8*

MENNETOU-SUR-CHER
13 - 64 ⑲ G. Berry Limousin

Paris 209 - Bourges 55 - Romorantin-Lanthenay 18 - Selles-sur-Cher 26 - Vierzon 17

41320 L.-et-Ch. - 827 h.

Municipal Val Rose, ✆ 54 98 11 02, au sud du bourg, à droite après le pont sur le canal, à 100 m du Cher
0,8 ha (50 empl.) plat, herbeux - A proximité :
10 mai-10 sept. - *Tarif 94 : 7 8,50 8,70*

MENTHON-ST-BERNARD
74 H.-Savoie - 74 ⑥ - voir à Annecy (Lac d')

MERDRIGNAC
4 - 59 ⑭

Paris 410 - Dinan 45 - Josselin 33 - Lamballe 39 - Loudéac 28 - Saint-Brieuc 67

22230 C.-d'Armor - 2 791 h.

Le Val de Landrouet M, ✆ 96 28 47 98, Fax 96 26 55 44, N : 0,8 km, près de la piscine et de deux plans d'eau
1,5 ha (58 empl.) plat et peu incliné, herbeux - - A proximité : swin golf, parcours sportif, vélos, tir à l'arc - Location *(10 janv.-15 déc.)* : gîtes
juin-15 sept. - **R** *conseillée juil.-20 août - 15 17 12 (5A)*

MÉRENS-LES-VALS
15 - 86 ⑮ G. Pyrénées Roussillon

Paris 833 - Ax-les-Thermes 9 - Axat 61 - Belcaire 34 - Foix 52 - Font-Romeu-Odeillo-Via 48

09580 Ariège - 149 h. alt. 1 100

Municipal ≤, ✆ 61 02 85 40, S : 1,5 km par N 20, rte d'Andorre et chemin à droite, bord de l'Ariège
1 ha (40 empl.) (juin-oct.) plat, herbeux - -
Permanent - **R** *conseillée - 10 12 10A : 16 (hors saison estivale 25)*

MERLIMONT
1 - 51 ⑪

Paris 216 - Abbeville 47 - Arras 94 - Berck-sur-Mer 6 - Boulogne-sur-Mer 33 - Hesdin 37

62155 P.-de-C. - 2 212 h.

Parc Résidentiel du Château St-Hubert, ✆ 21 89 10 10, Fax 21 89 10 12, S : 3 km, sur D 940
8 ha (500 empl.) plat, herbeux, sablonneux - - discothèque poneys - A proximité : parc d'attractions et zoo
avril-1er nov. - **Location longue durée** - *Places limitées pour le passage* - - GB - *piscine et tennis compris 5 pers. 160 avec élect. (10A)*

MERVANS
11 - 70 ②

Paris 350 - Chalon-sur-Saône 33 - Lons-le-Saunier 38 - Louhans 22 - Poligny 45 - Tournus 45

71310 S.-et-L. - 1 231 h.

Municipal, sortie NE par D 313, rte de Pierre-de-Bresse, près d'un plan d'eau
0,8 ha (46 empl.) plat, herbeux - - A proximité :
15 mai-15 sept. - **R** - *6 3 5*

MERVENT
9 - 67 ⑯ G. Poitou Vendée Charentes

Paris 419 - Bressuire 46 - Fontenay-le-Comte 11 - Parthenay 50 - La Roche-sur-Yon 62

85200 Vendée - 1 023 h.

La Joletière, ✆ 51 00 26 87, Fax 51 00 27 55, O : 0,7 km par D 99
1,3 ha (69 empl.) peu incliné, herbeux - snack - vélos - A proximité : - Location *(permanent)* :
Pâques-Toussaint - **R** *conseillée juil.-août* - GB

Le Chêne Tord « Agréable sous-bois », ✆ 51 00 20 63, O : 0,8 km par D 99 et à droite au calvaire, à 200 m d'un plan d'eau
4 ha (80 empl.) plat, gravillons - -
Permanent - **R** *été - Tarif 94 : 10,80 14,30/24,30 avec élect.*

MERVILLE-FRANCEVILLE-PLAGE
5 - 54 ⑯ G. Normandie Vallée de la Seine

Paris 229 - Arromanches-les-Bains 41 - Cabourg 6 - Caen 19

14810 Calvados - 1 317 h.

Municipal le Point du Jour, ✆ 31 24 23 34, sortie E par D 514 rte de Cabourg, bord de plage -
2,7 ha (145 empl.) plat, sablonneux, herbeux - -
15 fév.-15 déc. - **R** *conseillée juil.-août - 22 22 20 (10A)*

à Gonneville-en-Auge S : 3 km - 310 h.
✉ 14810 Gonneville-en-Auge :

Le Clos Tranquille « Verger », ✆ 31 24 21 36, S : 0,8 km par D 95A
1,3 ha (78 empl.) plat, herbeux - - - Location : , appartements - Garage pour caravanes
15 avril-23 sept. - **R** - *17,50 20 12 (4A) 18 (6A) 27 (10A)*

MESCHERS-SUR-GIRONDE

9 - 71 ⑮ G. Poitou Vendée Charentes

Paris 506 - Blaye 75 - Jonzac 53 - Pons 36 - La Rochelle 84 - Royan 10,5 - Saintes 43

17132 Char.-Mar. - 1 862 h.

Office de Tourisme, pl. Verdun (juil.-août) 46 02 70 39

L'Escale, 46 02 71 53, Fax 46 02 58 30, NE : 0,5 km par D 117 rte de Semussac
4,3 ha (300 empl.) plat, herbeux (3 ha) - Location :
Rameaux-oct. - **R** *conseillée juil.-août* - GB - *piscine comprise 3 pers. 70, pers. suppl. 20* *20 (6A)*

Les Chênes Verts, 46 02 58 00, N : par D 25, 15 bd du Marais
1,5 ha (105 empl.) plat, peu incliné, sablonneux - (bassin)
juil.-1er sept. - **R** *conseillée* - *3 pers. 65, pers. suppl. 19* *21 (6A)*

MESLAND

5 - 64 ⑯

Paris 204 - Amboise 18 - Blois 20 - Château-Renault 21 - Montrichard 25 - Tours 43

41150 L.-et-Ch. - 483 h.

Parc du Val de Loire « Cadre boisé », 54 70 27 18, Fax 54 70 21 71, O : 1,5 km rte de Fleuray
12 ha (250 empl.) plat et peu incliné, herbeux (8 ha) - snack, crêperie, pizzeria - toboggan aquatique, poneys, vélos - Location :
mai-15 sept. - **R** *conseillée 20 juin-août* - GB - *piscine comprise 2 pers. 130 ou 150, pers. suppl. 30* *20 (6A) 30 (10A)*

MESLAY-DU-MAINE

4 - 63 ⑩

Paris 266 - Angers 64 - Château-Gontier 19 - Châteauneuf-sur-Sarthe 33 - Laval 21 - Segré 47

53170 Mayenne - 2 418 h.

Districal de la Chesnaie « Bord d'un beau plan d'eau », 43 98 48 08, NE : 2,5 km par D 152, rte de St-Denis-du-Maine
7 ha/0,8 campable (70 empl.) plat, herbeux - - A l'entrée : - Location :
Pâques-sept. - **R** - *2 pers. 29* *11 (10A)*

MESNOIS **39** Jura - 70 ⑭ - rattaché à Pont-de-Poitte

MESQUER

4 - 63 ⑭

Paris 465 - La Baule 16 - Muzillac 32 - Pontchâteau 34 - Saint-Nazaire 27

44420 Loire-Atl. - 1 372 h.

Le Welcome, 40 42 50 85, NO : 1,8 km par D 352, rte de Kercabellec et rte à gauche
1,6 ha (110 empl.) peu incliné, plat, herbeux - - vélos - Location :
avril-1er nov. - **R** *conseillée juil.-août* - *Tarif 94 :* *2 pers. 65* *13 (3A) 19 (6A)*

Soir d'Été, 40 42 57 26, NO : 2 km par D 352 et rte à gauche
1,5 ha (85 empl.) plat et peu incliné, herbeux, sablonneux - snack - - Location :
juin-3 sept. - **R** *conseillée* - *piscine comprise 2 pers. 75* *16 (4A)*

Le Praderoi, 40 42 66 72, NO : 2,5 km, à Quimiac, à 100 m de la plage
0,4 ha (30 empl.) peu vallonné, sablonneux, herbeux pinède -
20 mai-sept. - **R** *juil.-20 août* - *1 ou 2 pers. 74, pers. suppl. 15* *15 (3A) 17 (5A)*

MESSANGES

13 - 78 ⑯

Paris 731 - Bayonne 41 - Castets 23 - Dax 31 - Soustons 14

40660 Landes - 521 h.

Le Vieux Port M, 58 48 22 00, Fax 58 48 01 69, SO : 2,5 km par D 652 rte de Vieux-Boucau-les-Bains puis 0,8 km par chemin à droite, à 500 m de la plage (accès direct) - dans locations
35 ha/30 campables (1135 empl.) plat, sablonneux, herbeux pinède - et cafétéria - Toboggan aquatique poneys, vélos, tir à l'arc, practice de golf - A proximité : - Location :
avril-sept. - **R** *conseillée* - GB - *piscine comprise 3 pers. 136 (176 avec élect.)*

Lou Pignada M, 58 48 03 76, Fax 58 48 26 53, S : 2 km par D 652 puis 0,5 km par rte à gauche - dans locations
6 ha (356 empl.) plat, sablonneux, herbeux pinède - pizzeria - salle de musculation Toboggan aquatique - Location :
mai-sept. - **R** *conseillée* - GB - *piscine comprise 3 pers. 120 (163 avec élect.)*

La Côte (aire naturelle), 58 48 94 94, S : 2,3 km par D 652 rte du Vieux-Boucau et chemin à droite
1,8 ha (25 empl.) plat, herbeux, sablonneux - -
avril-oct. - **R** *conseillée juil.-août* - *2 pers. 48, pers. suppl. 15* *13 (6A) 18 (10A)*

Les Acacias (aire naturelle) ⑤, ☎ 58 48 01 78, S : 2 km par D 652 puis 1 km par rte à gauche
1,3 ha (25 empl.) plat, herbeux, sablonneux –
avril-oct. – **R** *conseillée – 2 pers. 50 15 (6A)*

Le Moussaillon, ☎ 58 48 92 89, Sortie S sur D 652
2 ha (65 empl.) plat, herbeux, sablonneux –
Permanent – **R** *conseillée 14 juil.-15 août – Tarif 94 : 2 pers. 54, pers. suppl. 16 11 (3A) 16 (6A) 25 (10A)*

MESSIMY-SUR-SAÔNE

11 – 74 ①

Paris 424 – Beaujeu 23 – Belleville 8,5 – Bourg-en-Bresse 41 – Lyon 41 – Villefranche-sur-Saône 10

01480 Ain – 827 h.

Le Gîte Vert ⑤ « Cadre agréable », ☎ 74 67 81 24, S : 1,5 km par D 933 rte de Trévoux puis 0,8 km par chemin à droite, à 150 m de la Saône
2 ha (100 empl.) plat, herbeux –
avril-oct. – **Location longue durée** – *Places limitées pour le passage* – **R** – *élect. (6A) comprise 2 pers. 49,50*

MEURSAULT

11 – 70 ① G. Bourgogne

Paris 322 – Beaune 9 – Chagny 11 – Chalon-sur-Saône 29 – Le Creusot 40

21190 Côte-d'Or – 1 538 h.

La Grappe d'Or ≤, ☎ 80 21 22 48, Fax 85 87 06 14, sortie N par D 111B rte de Beaune
4,5 ha (135 empl.) (mai-sept.) plat et peu incliné, terrasses, herbeux, pierreux – – vélos
avril-1er nov. – **R** *conseillée* – GB – *17,50 piscine comprise 10,50 19,50 19 (15A)*

MEUZAC

10 – 72 ⑱

Paris 438 – Eymoutiers 42 – Limoges 42 – Lubersac 15 – Saint-Léonard-de-Noblat 41 – Saint-Yrieix-la-Perche 25

87380 H.-Vienne – 753 h.

Municipal du Lac ⑤, au bourg
1 ha (40 empl.) plat, herbeux – –
juin-sept. – **R** *conseillée 14 juil.-15 août – 8 6 6 11 (16A)*

MEYMAC

10 – 73 ⑪ G. Berry Limousin

Paris 449 – Aubusson 57 – Limoges 95 – Neuvic 29 – Tulle 49 – Ussel 17

19250 Corrèze – 2 796 h. alt. 702.
Office de Tourisme, pl. Hôtel-de-Ville ☎ 55 95 18 43

La Garenne ⑤ ≤, ☎ 55 95 22 80, sortie NE par D 30 rte de Sornac, près d'un plan d'eau
4,5 ha (130 empl.) incliné et en terrasses, herbeux – – A proximité : – Location : huttes
13 mai-16 sept. – **R** *conseillée juil.-août – 10,50 7,50 8,50 12 (6A)*

MEYRAS

16 – 76 ⑱

Paris 614 – Aubenas 17 – Le Cheylard 54 – Langogne 48 – Privas 45

07380 Ardèche – 729 h.

Le Ventadour ≤, ☎ 75 94 18 15, SE : 3,5 km, sur N 102 rte d'Aubenas, bord de l'Ardèche
3 ha (150 empl.) plat et peu incliné, herbeux – snack – – Location :
avril-sept. – **R** *conseillée juil.-20 août*

La Plage, ☎ 75 36 40 59, à **Neyrac-les-Bains**, SO : 3 km sur N 102 rte du Puy-en-Velay, bord de l'Ardèche
0,8 ha (33 empl.) en terrasses et plat, herbeux – – – Location :
avril-oct. – **R** *conseillée – 2 pers. 55 12 (4 à 6A) 15 (10A)*

MEYRIEU-LES-ÉTANGS

12 – 74 ⑬

Paris 517 – Beaurepaire 33 – Bourgoin-Jallieu 11,5 – Grenoble 75 – Lyon 53 – Vienne 29

38440 Isère – 551 h.

Base de Loisirs du Moulin ⑤ ≤, ☎ 74 58 30 05, S : 0,9 km par D 522, rte de Bourgoin-Jallieu et D 56B à droite rte de Chatonnay, à la Base de Loisirs, près d'un plan d'eau
1 ha (35 empl.) plat, peu incliné, en terrasses, herbeux – – – A proximité : snack
15 avril-15 sept. – **R** *conseillée juil.-août – 18 25 ou 30 selon emplacement 14 (4A)*

► *Ne pas confondre :*
... à ... : appréciation MICHELIN
et
★ ... à ... ★★★★ : classement officiel

MEYRUEIS

15 - 80 ⑤ ⑮ G. Gorges du Tarn

Paris 650 - Florac 35 - Mende 56 - Millau 41 - Rodez 96 - Sévérac-le-Château 50 - Le Vigan 53

48150 Lozère - 907 h. alt. 706.

Office de Tourisme, Tour de l'Horloge (fermé après-midi hors saison) ☎ 66 45 60 33

Capelan « Site agréable », ☎ 66 45 60 50, NO : 1 km sur D 996 rte du Rozier, bord de la Jonte - dans locations
1,8 ha (80 empl.) plat, peu incliné, herbeux - Location :
29 avril-22 sept. - **R** *conseillée* - *piscine comprise 2 pers. 72, pers. suppl. 18* *14 (4A) 17 (6A)*

Le Champ d'Ayres ☎ 66 45 60 51, E : 0,5 km par D 57 rte de Campis, près de la Brèze
1,5 ha (84 empl.) incliné, herbeux - - A proximité : - Location :
avril-sept. - **R** *conseillée* - *piscine comprise 2 pers. 72, pers. suppl. 18* *12 (3A) 15 (6A)*

Le Pré de Charlet ☎ 66 45 63 65, NE : 1 km par D 996 rte de Florac, bord de la Jonte
2 ha (90 empl.) plat, peu incliné et en terrasses, herbeux - -
fin avril-1er oct. - **R** *conseillée juil.-août* - *2 pers. 53* *12*

La Cascade (aire naturelle) ☎ 66 45 61 36, NE : 3,8 km par D 996, rte de Florac et chemin à droite, au lieu-dit Salvensac, près de la Jonte et d'une cascade
1 ha (25 empl.) (juil.-août) plat, peu incliné, en terrasses, herbeux - - - A proximité :
17 avril-sept. - **R** - *2 pers. 55, pers. suppl. 15* *13 (10A)*

Le Pré des Amarines (aire naturelle) ☎ 66 45 61 65, NE : 5,7 km par D 996, rte de Florac et chemin à droite, au mas Prades, près du lieu-dit Gatuzières, bord de la Jonte - alt. 750
2 ha (25 empl.) plat et peu vallonné, incliné, herbeux -
24 mai-10 sept. - **R** - *2 pers. 53, pers. suppl. 14* *15 (3A)*

MEYSSAC

10 - 75 ⑨ G. Périgord Quercy

Paris 510 - Argentat 72 - Beaulieu-sur-Dordogne 21 - Brive-la-Gaillarde 21 - Tulle 37

19500 Corrèze - 1 124 h.

Intercommunal Moulin de Valane, ☎ 55 25 41 59, NO : 1 km rte de Collonges-la-Rouge, bord d'un ruisseau
3 ha (140 empl.) plat et incliné, herbeux - - Toboggan aquatique
Pâques - 1er nov. - **R** *conseillée 15 juil.-20 août* - *piscine et tennis compris 2 pers. 55, pers. suppl. 15* *12 (6A)*

MÉZEL

17 - 81 ⑰

Paris 747 - Barrême 20 - Castellane 43 - Digne-les-Bains 14 - Forcalquier 50 - Sisteron 41

04270 Alpes-de-H.-Pr. - 423 h.

La Célestine, ☎ 92 35 52 54 ✉ 04270 Beynes, S : 3 km par D 907, rte de Manosque, bord de l'Asse
2,4 ha (100 empl.) plat, herbeux - - (bassin 1 000 m²)
15 avril-15 sept. - **R** *conseillée* - *Tarif 94 : 15* *17* *14 (4A)*

MÉZIERES-EN-BRENNE

10 - 68 ⑥ G. Berry Limousin

Paris 277 - Le Blanc 26 - Châteauroux 44 - Châtellerault 58 - Poitiers 89 - Tours 89

36290 Indre - 1 194 h.

Municipal la Caillauderie, ☎ 54 38 09 23, E : 0,8 km par D 925 rte de Châteauroux et chemin du stade à droite, bord de la Claise
0,35 ha (16 empl.) plat, pierreux, herbeux - - - A proximité :
Pâques-Toussaint - **R** - *2 pers. 31, pers. suppl. 8* *15*

MÉZOS

13 - 78 ⑮

Paris 703 - Bordeaux 120 - Castets 24 - Mimizan 16 - Mont-de-Marsan 63 - Tartas 51

40170 Landes - 851 h.

Sen Yan M « Bel ensemble avec piscines, palmiers et plantations », ☎ 58 42 60 05, Fax 58 42 64 56, E : 1 km par rte du Cout
8 ha (245 empl.) plat, sablonneux pinède - - vélos, tir à l'arc - Location *(Pâques, juin-sept.)* :
15 juin-15 sept. - **R** *conseillée* - GB - *piscine comprise 2 pers. 125* *20 (3A) 28 (6A)*

MIÉLAN

14 - 82 ⑭

Paris 783 - Auch 38 - Marciac 19 - Mirande 14 - Tarbes 36 - Masseube 25

32170 Gers - 1 290 h.

Le Lac, ☎ 62 67 51 76, NE : 2,6 km par N 21 et rte à droite, bord du lac
3 ha (109 empl.) plat, peu incliné, herbeux - - - A proximité : - Location : bungalows toilés, gîtes
avril-15 oct. - **R** *conseillée juil.-août* - *piscine comprise 3 pers. 96* *18 (10A)*

MIERS
13 - 75 ⑲

Paris 529 - Brive-la-Gaillarde 48 - Cahors 65 - Rocamadour 13 - Saint-Céré 20 - Souillac 25

46500 Lot - 347 h.

Le Pigeonnier ≤, ✆ 65 33 71 95, E : 0,8 km par D 91 rte de Padirac
0,7 ha (45 empl.) plat, peu incliné, herbeux -
Pâques-sept. - **R** *conseillée juil.-août - 16 piscine comprise 17 11 (5A)*

MIGNÉ
10 - 68 ⑰

Paris 314 - Argenton-sur-Creuse 23 - Le Blanc 23 - Buzançais 23 - Châteauroux 37

36800 Indre - 321 h.

Municipal, sortie O par D 27 rte de Rosnay
0,4 ha (23 empl.) plat, herbeux -
avril-sept. - **R** - *6,50 6,50 6,50 16 (6A)*

MILLAU
15 - 80 ⑭ G. Gorges du Tarn

Paris 654 - Albi 109 - Alès 138 - Béziers 123 - Mende 96 - Montpellier 113 - Rodez 66

12100 Aveyron - 21 788 h.
Office de Tourisme, av. Alfred-Merle ✆ 65 60 02 42, Fax 65 61 36 08

Les Rivages ≤, ✆ 65 61 01 07, Fax 65 60 91 40, E : 1,7 km par D 991 rte de Nant, bord de la Dourbie
7 ha (314 empl.) plat, herbeux, pierreux (1 ha) - snack bureau de documentation touristique - squash
mai-sept. - **R** *conseillée juil.-août* - **GB** - *2 pers. 100 (115 avec élect.), pers. suppl. 20*

Cureplat, ✆ 65 60 15 75, Fax 65 61 36 51, NE : 0,8 km par D 991 rte de Nant et D 187 à gauche rte de Paulhe, bord du Tarn
5 ha (235 empl.) plat, herbeux - snack - - A proximité : practice de golf - Location :
avril-sept. - **R** *conseillée juil.-15 août* - **GB** - *piscine comprise 2 pers. 95, pers. suppl. 20 17 (6A)*

Municipal Millau-Plage, ✆ 65 60 10 97, sortie E par rte de Nant puis 1,2 km par D 187 à gauche, bord du Tarn
4 ha (250 empl.) plat, herbeux - - - A proximité :
avril-sept. - **R** *conseillée juil.-août - Tarif 94 : 1 pers. 52, 2 pers. 70, pers. suppl. 18 12*

Les Deux Rivières ≤, ✆ 65 60 00 27, sortie E par D 991 rte de Nant, bord du Tarn
1 ha (60 empl.) plat, herbeux, pierreux - - A proximité :
avril-15 oct. - **R** *conseillée juil.-août - 2 pers. 70, pers. suppl. 15 15 (8 ou 10A)*

MILLY-LA-FORÊT
6 - 61 ⑪ G. Ile de France

Paris 61 - Étampes 25 - Évry 33 - Fontainebleau 18 - Melun 23 - Nemours 27

91490 Essonne - 4 307 h.
Office de Tourisme, 60, r. Jean-Cocteau, ✆ 64 98 83 17, Fax 64 98 94 80

La Musardière « Cadre agréable », ✆ (1) 64 98 91 91, SE : 4 km par D 141^{E}, D 16 et rte de la Croix-St-Jérôme à gauche
8 ha (200 empl.) plat et accidenté, sablonneux, rochers - (saison) - A proximité :
15 fév.-15 déc. - **Location longue durée** - *Places disponibles pour le passage* - **R** *conseillée mai - 24 12 12/24 avec élect. (3A) 15 (6A)*

MIMIZAN
13 - 78 ⑭ G. Pyrénées Aquitaine

Paris 687 - Arcachon 65 - Bayonne 108 - Bordeaux 116 - Dax 70 - Langon 107 - Mont-de-Marsan 76

40200 Landes - 6 710 h.

Municipal du Lac M, ✆ 58 09 01 21, N : 2 km par D 87, rte de Gastes, bord de l'étang
8 ha (480 empl.) plat et légèrement accidenté, sablonneux pinède - - A proximité : - Location : bungalows toilés
avril-15 oct. - **R** - *Tarif 94 : 14,10 14 10,50 (6A)*

à Mimizan-Plage O : 6 km - 40200 Mimizan :.
Office de Tourisme, 38 av. Maurice Martin ✆ 58 09 11 20, Fax 58 09 40 31

Marina, ✆ 58 09 12 66, Fax 58 09 16 40, à 400 m de la plage sud
9 ha (630 empl.) plat, sablonneux pinède - - salle d'animation vélos - A proximité : - Location : , studios, bungalows toilés
mai-sept. - **R** *indispensable juil.-août* - **GB** - *Tarif 94 : piscine comprise 3 pers. 130 ou 145, pers. suppl. 25 21 (6A) 28 (10A)*

MIRABEL-ET-BLACONS
16 - 77 ⑫

Paris 596 - Crest 6 - Die 32 - Dieulefit 37 - Grignan 54 - Valence 34

26400 Drôme - 728 h.

Gervanne, ✆ 75 40 00 20, à Blacons, au confluent de la Drôme et de la Gervanne
2,5 ha (145 empl.) plat et peu incliné, herbeux - - (plan d'eau)
15 mars-15 nov. - **R** - *Tarif 94 : 17,50 9 11 16 (4A)*

MIRAMONT-DE-GUYENNE

14 - 75 ⑭

Paris 576 - Agen 60 - Bergerac 35 - Duras 18 - Marmande 22 - Sainte-Foy-la-Grande 30

47800 L.-et-G. - 3 450 h.
Syndicat d'Initiative, 1 r. Pasteur
53 93 38 94

Intercommunal le Saut du Loup « Site agréable », 53 93 22 35, Fax 53 93 55 33, E : 2 km par D 227 rte de Cancon et chemin à droite, bord du lac
40 ha/5 campables (150 empl.) plat et peu incliné, herbeux (3 ha) - tir à l'arc - Location :
*15 mars-14 nov. - **R** conseillée juil.-août - 21 21 15 (6A) 20 (10A)*

MIRANDE

14 - 82 ⑭ G. Pyrénées Aquitaine

Paris 784 - Auch 25 - Mont-de-Marsan 98 - Tarbes 50 - Toulouse 104

32300 Gers - 3 565 h.
Office de Tourisme, r. de l'Évêché
62 66 68 10

Municipal l'Ile du Pont, 62 66 64 11, à l'est de la ville, dans une île de la Grande Baïse
4,5 ha (150 empl.) plat, herbeux - -
A proximité :
*juin-12 sept. - **R** conseillée - Tarif 94 : 11,70 4,65 6,45/11,80 avec élect. (6A)*

MIRANDOL-BOURGNOUNAC

15 - 80 ⑪

Paris 646 - Albi 29 - Carmaux 13 - Cordes-su-Ciel 22 - Rodez 53

81190 Tarn - 1 110 h.

Les Clots, 63 76 92 78, N : 5,5 km par D 905 rte de Rieupeyroux et chemin sur la gauche, à 500 m du Viaur (accès direct)
7,5 ha/2 campables (59 empl.) en terrasses, pierreux, herbeux - - - Location :
*Pâques-15 oct. - **R** conseillée juil.-août - 22 piscine comprise 8 16 15 (6A)*

MIREMONT

11 - 73 ③ G. Auvergne

Paris 391 - Clermont-Ferrand 46 - Pontaumur 7,2 - Pontgibaud 24 - Riom 42 - Saint-Gervais-d'Auvergne 24

63380 P.-de-D. - 370 h.

Intercommunal Plage de Confolant « Dans un site agréable », 73 79 92 76, NE : 7 km par D 19 et D 19^E à droite, près du lac (accès direct)
2,8 ha (90 empl.) en terrasses et incliné, herbeux, pierreux - - - A proximité : (plage)
*mai-15 sept. - **R** conseillée juil.-août - Tarif 94 : 14,50 20 14 (5A)*

Municipal la Rivière, au bourg, bord de la Chancelade
0,4 ha (40 empl.) (juil.-août) plat, herbeux, pierreux -
*mai-sept. - **R** - 7,80 10*

MIREPEISSET

15 - 83 ⑬

Paris 805 - Béziers 30 - Carcassonne 49 - Narbonne 17 - Saint-Chinian 26

11120 Aude - 410 h.

Val de Cesse, 68 46 14 94, à 1 km à l'ouest du bourg, bord de la Cesse
2 ha (121 empl.) plat, herbeux - - - A proximité : - Location :
*avril-sept. - **R** conseillée juil.-août - piscine comprise 1 ou 2 pers. 63 15 (6A)*

MIREPOIX

14 - 82 ⑤

Paris 774 - Auch 17 - Fleurance 16 - Gimont 25 - Mauvezin 18 - Vic-Fézensac 32

32390 Gers - 162 h.

Les Mousquetaires (aire naturelle), 62 64 33 66, Fax 62 64 32 63, SE : 2 km
1 ha (25 empl.) non clos, peu incliné, herbeux - - vélos
*juin-sept. - **R** conseillée août - élect. (3A) et piscine comprises 2 pers. 65, pers. suppl. 15*

MIRIBEL-LES-ÉCHELLES

38 Isère - 74 ⑭ ⑮ - rattaché à Entre-Deux-Guiers

MIRMANDE

16 - 77 ⑫ G. Vallée du Rhône

Paris 593 - Crest 20 - Montélimar 21 - Privas 28 - Valence 35

26270 Drôme - 497 h.

La Poche, 75 63 02 88, SE : 3 km par D 204 et D 57, rte de Marsanne, bord d'un ruisseau
2 ha (100 empl.) plat, peu incliné, terrasse, pierreux, herbeux (1 ha) - snack - - Location :
*avril-oct. - **R** conseillée juil.-août - 15 piscine comprise 10 14 13 (6A)*

MISCON

16 - 77 ⑭

Paris 659 - Aspres-sur-Buëch 44 - Châtillon-en-Diois 21 - Die 28 - Rémuzat 48 - Valence 97

26310 Drôme - 38 h.

Municipal les Thibauds, 75 21 36 31, au bourg
0,4 ha (25 empl.) plat et terrasses, pierreux -
*15 juin-15 sept. - **R** - 7,50 4 4 10 (10A)*

MISSILLAC

4 - 63 ⑮ G. Bretagne

Paris 438 - Nantes 61 - Redon 22 - Saint-Nazaire 36 - Vannes 53

44780 Loire-Atl. - 3 915 h.

Municipal les Platanes, ✆ 40 88 38 88, O : 1 km par D 2, à 50 m d'un étang
1,5 ha (60 empl.) peu incliné, herbeux - A proximité : golf,
juil.-août - **R** - *2 pers. 37, pers. suppl. 12* *14 (3A)*

MITTLACH

8 - 62 ⑱

Paris 479 - Colmar 29 - Gérardmer 41 - Guebwiller 33 - Thann 46

68380 H.-Rhin - 291 h.

Municipal Langenwasen « Site agréable », ✆ 89 77 63 77, SO : 3 km, bord d'un ruisseau - alt. 620
3 ha (150 empl.) (saison) peu incliné, plat et terrasses, herbeux, gravier
mai-sept. - **R** *conseillée juil.-août* - *11* *5* *7/9* *7,20 (2A) 14,40 (4A)*

MODANE

12 - 77 ⑧ G. Alpes du Nord

Paris 647 - Albertville 93 - Chambéry 103 - Lanslebourg-Mont-Cenis 23 - Col du Lautaret 59 - St-Jean-de-Maurienne 31

73500 Savoie - 4 250 h. alt. 1 057 - Sports d'hiver : (La Norma) 1 350/2 750 m 1 16.
Office de Tourisme, pl. Replaton ✆ 79 05 22 35

Les Combes ✆ 79 05 00 23, sur bretelle d'accès au tunnel routier du Fréjus, à 0,8 km au SO de Modane-Ville
4 ha (75 empl.) incliné, pierreux, herbeux - A proximité :
avril-oct. - **R** *conseillée* - *12* *12* *15 (4A)*

MOËLAN-SUR-MER

3 - 58 ⑪ ⑫ G. Bretagne

Paris 516 - Carhaix-Plouguer 65 - Concarneau 26 - Lorient 26 - Quimper 47 - Quimperlé 10

29350 Finistère - 6 596 h.
Office de Tourisme, r. des Moulins ✆ 98 39 67 28, Fax 98 96 50 11

La Grande Lande ✆ 98 71 00 39, O : 5 km par D 116 rte de Kerfany-les-Pins, à Kergroës
3 ha (100 empl.) plat et peu incliné, herbeux, bois attenant - - Location :
Pâques-sept. - **R** *conseillée juil.-août* - *18,50 piscine comprise* *7,50* *20* *12 (3A) 15 (5A) 20 (10A)*

MOLIÈRES

13 - 75 ⑯ G. Périgord Quercy

Paris 548 - Bergerac 30 - Le Bugue 21 - Les Eyzies-de-Tayac 32 - Sarlat-la-Canéda 46 - Villeneuve-sur-Lot 54

24480 Dordogne - 315 h.

La Grande Veyière ✆ 53 63 25 84, SE : 2,4 km par rte de Cadouin et chemin
4 ha (64 empl.) peu incliné, en terrasses, herbeux - - Location :
avril-15 nov. - **R** *conseillée juil.-août* - GB - *20 piscine comprise* *28*

MOLIETS-ET-MAA

13 - 78 ⑯

Paris 727 - Bayonne 45 - Castets 19 - Dax 34 - Soustons 18

40660 Landes - 420 h.

à Moliets-Plage O : 3 km par D 117 - ✉ 40660 Moliets-et-Maa :

Airotel Saint-Martin ✆ 58 48 52 30, Fax 58 48 50 73, O : 3,2 km par D 117, à 300 m de la plage
18,5 ha (660 empl.) (juil.-août) vallonné, peu incliné, plat, en terrasses, sablonneux pinède - snack cases réfrigérées - solarium - Location : bungalows toilés
Pâques-12 oct. - **R** *conseillée juil.-août* - GB - *élect. et piscine comprises 1 à 3 pers. 90 à 150*

Les Cigales ✆ 58 48 51 18, Fax 58 48 53 27, sur D 117, à 500 m de la plage
15 ha (630 empl.) plat et accidenté, sablonneux pinède - - - Location :
Pâques-sept. - **R** *conseillée* - GB - *1 ou 2 pers. 55, pers. suppl. 17* *13 (5A)*

MOLITG-LES-BAINS

15 - 86 ⑰ G. Pyrénées Roussillon

Paris 912 - Perpignan 47 - Prades 7 - Quillan 54

66500 Pyr.-Or. - 185 h. - avril-2 nov.
Syndicat d'Initiative, Mairie ✆ 68 05 03 28

Municipal Guy Malé ✆ 68 05 04 71, N : 1,3 km, au SE du village de Molitg - alt. 607
0,3 ha (19 empl.) peu incliné, herbeux - - A proximité : parcours sportif
avril-oct. - **R** *indispensable*

MOLOMPIZE

11 - 76 ④

Paris 492 - Allanche 19 - Blesle 15 - Massiac 6,5 - Murat 28 - Saint-Flour 33

15500 Cantal - 341 h.

Municipal ✆ 71 73 62 90, NE : 0,5 km par N 122 rte de Massiac, au terrain de sports, bord de l'Alagnon
1,9 ha (60 empl.) plat, herbeux - -
15 juin-15 sept. - **R** - *Tarif 94 :* *8* *5* *8*

Le MONASTIER-SUR-GAZEILLE
11 - 76 ⑰ G. Vallée du Rhône

Paris 561 - Coucouron 27 - Langogne 43 - Le Puy-en-Velay 8 - Salignac-sur-Loire 14

43150 H.-Loire - 1 828 h. alt. 935

Municipal le Moulin de Savin, 71 03 82 24, à 1 km au SO du bourg, bord de la Gazeille - alt. 820
1,2 ha (55 empl.) plat, peu incliné, herbeux - A proximité :
juin-sept. - **R** *conseillée 14 juil.-15 août*

MONDRAGON
16 - 81 ①

Paris 645 - Avignon 44 - Montélimar 40 - Nyons 41 - Orange 16

84430 Vaucluse - 3 118 h.

Municipal la Pinède, 90 40 82 98, NE : 1,5 km par D 26, rte de Bollène et deux fois à droite
3 ha (134 empl.) plat et peu incliné, en terrasses, herbeux, pierreux, sablonneux -
Permanent - **R** - *12 3,70 3,40/4,20 12(5A)30,40(10A)41,70(15A)*

MONESTIER-DE-CLERMONT
12 - 77 ⑭ G. Alpes du Nord

Paris 603 - Grenoble 33 - La Mure 30 - Serres 74 - Sisteron 108

38650 Isère - 905 h. alt. 832.
Syndicat d'Initiative, Parc Municipal (20 juin-10 sept. matin seul.) 76 34 15 99

Municipal les Portes du Trièves, 76 34 01 24, O : 0,7 km par chemin des Chambons
1 ha (50 empl.) peu incliné, en terrasses, gravier, herbeux - - A proximité :
mai-sept. - **R** *15 juil.-15 août - 19 19 14 (6A)*

MONFAUCON
9 - 75 ⑭

Paris 552 - Bergerac 25 - Libourne 48 - Montpon-Ménestérol 18 - Sainte-Foy-la-Grande 11

24130 Dordogne - 233 h.

Étang de Bazange, 53 24 64 79, NE : 1 km, bord de l'étang
10 ha/2,5 campables (50 empl.) incliné et en terrasses, herbeux pinède - snack - - Location :
juin-sept. - **R** *conseillée - 15 piscine comprise 18 10 (10A)*

MONFORT
14 - 82 ⑥ G. Pyrénées Aquitaine

Paris 773 - Auch 39 - Fleurance 15 - Gimont 22 - L'Isle-Jourdain 32

32120 Gers - 416 h.

Municipal, 62 06 78 51, au bourg
0,2 ha (13 empl.) plat, herbeux, pierreux -
mai-oct. - **R** - *Tarif 94 : 12 5 avec élect.*

MONISTROL-SUR-LOIRE
11 - 76 ⑧ G. Vallée du Rhône

Paris 546 - Annonay 68 - Craponne-sur-Arzon 40 - Le Puy-en-Velay 50 - Saint-Étienne 30

43120 H.-Loire - 6 180 h. alt. 602.
Office de Tourisme, 16 pl. de la Victoire 71 66 03 14

Municipal Beau Séjour, 71 66 53 90, O : 1 km par D 12 rte de Bas-en-Basset et à droite
1,5 ha (91 empl.) plat et incliné, herbeux - - - A proximité :
avril-oct. - **Location longue durée** - *Places disponibles pour le passage* - **R** *indispensable - Tarif 94 : 2 pers. 63,30, pers. suppl. 10,55 15,85*

MONLÉON-MAGNOAC
14 - 85 ⑩ G. Pyrénées Aquitaine

Paris 829 - Castelnau-Magnoac 6 - Lannemezan 22 - Saint-Gaudens 32 - Tarbes 57 - Trie-sur-Baïse 21

65670 H.-Pyr. - 385 h.

Municipal, 62 99 45 45, sortie E par D 33 rte de Bazordan et chemin à gauche
0,5 ha (11 empl.) plat, herbeux - -
juin-sept. - **R** - *10 10/12 12 (10A)*

MONNERVILLE
6 - 60 ⑲

Paris 64 - Ablis 28 - Chartres 47 - Étampes 14 - Évry 49

91930 Essonne - 375 h.

Le Bois de la Justice, (1) 64 95 05 34, Fax 64 95 17 31, à 1,8 km au sud du bourg
5 ha (150 empl.) plat et peu incliné - -
mars-nov. - **Location longue durée** - *Places limitées pour le passage* - **R** *conseillée mai-15 sept. - 30 piscine comprise 15 15 ou 30/30 15 (6A)*

MONNET-LA-VILLE
12 - 70 ⑤

Paris 420 - Arbois 26 - Champagnole 10 - Doucier 9 - Lons-le-Saunier 25 - Poligny 24

39300 Jura - 305 h.

Le Git, 84 51 21 17 39300 Montigny-sur-l'Ain, à **Monnet-le-Bourg**, SE : 1 km par D 40 rte de Mont-sur-Monnet et chemin à droite
4,5 ha (100 empl.) plat, peu incliné, herbeux -
15 mai-15 sept. - **R** *conseillée 14 juil.-15 août - 15 10 10 15 (5A)*

Sous Doriat, 84 51 21 43, sortie N sur D 27E rte de Champagnole
2 ha (90 empl.) (juil.-août) plat, herbeux -
mai-sept. - **R** *conseillée juil.-août - 13,50 7,20 10 13,80 (10A)*

MONPAZIER

13 - 75 ⑯ G. Périgord Quercy

Paris 563 - Bergerac 45 - Fumel 29 - Périgueux 73 - Sarlat-la-Canéda 49 - Villeneuve-sur-Lot 39

24540 Dordogne - 531 h.

Moulin de David, ✆ 53 22 65 25 ✉ 24540 Gaugeac, SO : 3 km par D 2 rte de Villeréal et chemin à gauche, bord d'un ruisseau
2 ha (100 empl.) plat, terrasse, herbeux - half-court, vélos - Location :
27 mai-16 sept. - **R** *conseillée 10 juil.-15 août - 31 piscine comprise 43 18 (3A) 22 (5A)*

MONPLAISANT

13 - 75 ⑯

Paris 554 - Belvès 3 - Bergerac 50 - Le Bugue 22 - Les-Eyzies-de-Tayac 24 - Sarlat-la-Canéda 33

24170 Dordogne - 216 h.

La Lénotte, ✆ 53 30 25 80, NE : 2,3 km par D 710, rte de Soriac-en-Périgord, bord de la Nauze
3,2 ha (69 empl.) plat, herbeux -
juin-sept. - **R** *conseillée - 1 pers. 40, pers. suppl. 15 15 (4A)*

MONS

15 - 83 ④

Paris 757 - Bédarieux 21 - Béziers 44 - Lamalou-les-Bains 11 - Olargues 5 - Saint-Pons-de-Thomières 24

34390 Hérault - 519 h.

Municipal de Tarassac « Cadre sauvage », ✆ 67 97 72 64, SE : 2 km par D 908, D 14 rte de Béziers et chemin à droite, bord de l'Orb
3,5 ha (170 empl.) plat et accidenté, pierreux, rocheux - (avril-oct.) -
Permanent - **R** *conseillée été - 17 11 13 18 (6A) 20 (10A)*

MONTAGNAC

15 - 83 ⑮ ⑯

Paris 749 - Agde 24 - Béziers 30 - Clermont-l'Hérault 22 - Roujan 16 - Sète 31

34530 Hérault - 2 953 h.

V.V.F. les Vignes, ✆ 67 24 07 29, Fax 67 24 05 92, E : 6 km par rte de Villeveyrac et à droite rte du Parc de Loisirs de Bessille -
1 ha (54 empl.) plat et peu incliné, pierreux, gravier - - Au Parc de Loisirs : tir à l'arc - Location : - *(V.V.F. 22 r. du Gd-St-Jean 34000 Montpellier ✆* 67 92 45 94) - Adhésion V.V.F. obligatoire

MONTAIGU

9 - 67 ④

Paris 387 - Cholet 36 - Fontenay-le-Comte 86 - Nantes 33 - Noirmoutier 91 - La Roche-sur-Yon 39

85600 Vendée - 4 323 h.
Office de Tourisme, pl. de l'Hôtel de Ville ✆ 51 06 39 17

Lac de la Chausselière, ✆ 51 41 50 32, SE : 6 km par D 23 rte des Herbiers, bord du lac
1 ha (50 empl.) plat, herbeux - - - A proximité :
avril-oct. - **R** *juil.-août - Tarif 94 : 12,50 6 11 5,50 (10A)*

MONTAIGUT-LE-BLANC

11 - 73 ⑭ G. Auvergne

Paris 446 - Clermont-Ferrand 35 - Issoire 15 - Pontgibaud 50 - Rochefort-Montagne 44 - Saint-Nectaire 8,5

63320 P.-de-D. - 568 h.

Municipal, ✆ 73 96 75 07, au bourg, près de la poste, bord de la Couze de Chambon
3 ha (100 empl.) plat, herbeux - - - A proximité :
juin-15 sept. - **R** *conseillée juil.-août - 17 20 16 (6A)*

MONTALIEU-VERCIEU

12 74 ⑬

Paris 479 - Belley 41 - Bourg-en-Bresse 51 - Crémieu 21 - Nantua 61 - La Tour-du-Pin 33

38390 Isère - 2 076 h.

Vallée Bleue, ✆ 74 88 63 67, Fax 74 88 62 11, sortie N par N 75 rte de Bourg-en-Bresse puis 1 km par D 52^{F} à droite, à la Base de Plein Air et de Loisirs, bord du Rhône (plan d'eau)
120 ha/1,8 campable (119 empl.) plat, gravillons, herbeux (0,5 ha) - - Toboggan aquatique - A proximité : vélos snack
15 avril-15 oct. - **R** *conseillée juil.-août -* GB - *26 piscine et tennis compris 20/30 avec élect. (6A)*

MONTALIVET-LES-BAINS

9 - 71 ⑯

Paris 531 - Bordeaux 89 - Lesparre-Médoc 21 - Soulac-sur-Mer 18

33 Gironde
✉ 33930 Vendays-Montalivet

Municipal, ✆ 56 09 33 45, S : 0,8 km
26 ha (830 empl.) plat, sablonneux pinède - -
juin-sept. - **R** *indispensable pour emplacements aménagés caravanes -* GB

MONTAPAS

11 - 69 ⑤

Paris 259 - Château-Chinon 33 - Corbigny 27 - Decize 34 - Nevers 39 - Saint-Honoré-les-Bains 37

58110 Nièvre - 305 h.

Municipal la Chênaie, par D 259, à 500 m du centre bourg, bord d'un étang
1 ha (33 empl.) non clos, plat, herbeux
avril-oct. - **R** *conseillée - 8 8 8 8*

MONTBARD

7 - 65 ⑦ G. Bourgogne

Paris 235 - Autun 89 - Auxerre 72 - Dijon 82 - Troyes 100

21500 Côte-d'Or - 7 108 h.
Office de Tourisme, r. Carnot
80 92 03 75

Municipal « Cadre agréable », 80 92 21 60, par D 980 déviation NO de la ville, près de la piscine
2,5 ha (80 empl.) plat, herbeux, gravillons - vélos - A proximité : - Location *(Pâques-fin oct.)* :
fév.-oct. - **R** *juil.-août - 9,60 6,20 5,60/9,60 16 (10A)*

MONTBAZON

10 - 64 ⑮ G. Châteaux de la Loire

Paris 248 - Châtellerault 59 - Chinon 41 - Loches 32 - Montrichard 40 - Saumur 68 - Tours 15

37250 I.-et-L. - 3 354 h.
Office de Tourisme, "La Grange Rouge" N10 47 26 97 87, Fax 47 34 01 78

La Grange Rouge, 47 26 06 43, rte de Tours, après le pont sur l'Indre, bord de la rivière - interdit aux caravanes de plus de 6 m
2 ha (108 empl.) plat, herbeux - snack - A proximité : parcours sportif - Location :
mai-15 sept. - **R** *conseillée 14 juil.-15 août - Tarif 94 : 15 14 15 (3A) 18 (6A)*

MONTBRISON

11 - 73 ⑰ G. Vallée du Rhône

Paris 511 - Lyon 93 - Le Puy-en-Velay 102 - Roanne 65 - Saint-Étienne 32 - Thiers 69

42600 Loire - 14 064 h.
Office de Tourisme, Cloître des Cordeliers 77 96 08 69, Fax 77 58 00 16

Le Bigi « Décoration arbustive », 77 58 79 57 42600 Bard, SO : 2 km par D 113 rte de Lérigneux
1,5 ha (46 empl.) en terrasses et peu incliné, herbeux, gravillons
15 avril-15 oct. - **Location longue durée** - *Places disponibles pour le passage* - **R** - *12 piscine et tennis compris 8 10 10 (3A) 13 (5A)*

Municipal le Surizet « Cadre agréable », 77 58 08 30, à Moingt, S : 3 km par D 8 rte de St-Étienne et rte à droite, bord du Moingt
2,5 ha (96 empl.) plat, herbeux - A proximité :
avril-oct. - **Location longue durée** - *Places limitées pour le passage* - **R** *conseillée saison - 8,50 4,20 4,20 18 (5A) 31 (10A)*

MONTBRON

10 - 72 ⑮ G. Poitou Vendée Charentes

Paris 459 - Angoulême 29 - Nontron 23 - Rochechouart 36 - La Rochefoucauld 14

16220 Charente - 2 422 h.

Les Gorges du Chambon , 45 70 71 70, Fax 45 70 80 02 16220 Eymouthiers, E : 4,4 km par D 6, rte de Piégut-Pluviers, puis 3,2 km par D 163, rte d'Ecuras chemin à droite, à 80 m de la Tardoire (accès direct) - juil.-août
7 ha (120 empl.) peu incliné, herbeux - vélos - A proximité :
15 mai-sept. - **R** *conseillée 10 juil.-20 août -* GB - *28 piscine comprise 12 38 18 (6A)*

MONTBRUN

15 - 79 ⑨ G. Périgord Quercy

Paris 582 - Cajarc 7 - Cahors 59 - Figeac 22 - Livernon 24 - Villefranche-de-Rouergue 33

46160 Lot - 95 h.

Municipal, sortie O par D 662 rte de Cajarc et chemin près du passage à niveau, bord du Lot
1 ha (40 empl.) plat, herbeux
15 juin-15 sept. - **R** *1er au 25 août - 11 13 13 (2A)*

MONTCABRIER

14 - 79 ⑦ G. Périgord Quercy

Paris 588 - Cahors 41 - Fumel 11 - Tournon-d'Agenais 23

46700 Lot - 403 h.

Moulin de Laborde, 65 24 62 06, NE : 2 km sur D 673, rte de Gourdon, bord d'un ruisseau
4 ha (60 empl.) plat, herbeux - vélos
15 mai-14 sept. - **R** *conseillée - 26 piscine comprise 34 14 (4A)*

MONTCHAVIN

12 - 74 ⑱

Paris 637 - Albertville 55 - Bourg-Saint-Maurice 12 - Moûtiers 28

73 Savoie alt. 1 175 - 73210 Aime

Caravaneige Municipal vallée de l'Isère, Mont Blanc et Bellecôte « Site agréable », 79 07 83 23
1 ha (90 empl.) en terrasses, pierreux, herbeux - A proximité :

MONTCLAR

16 - 83 ⑪

Paris 786 - Carcassonne 20 - Castelnaudary 38 - Limoux 15 - Saint-Hilaire 8,5

11250 Aude - 159 h.

Au Pin d'Arnauteille « Cadre sauvage », ✆ 68 26 84 53, Fax 68 26 91 10, SE : 2,2 km par D 43
115 ha/4 campables (120 empl.) peu incliné, accidenté et terrasses (1 ha) - Location : bungalows toilés - Garage pour caravanes
avril-sept. - **R** - GB - *20 piscine comprise 12 25 15 (3A) 20 (6A) 25 (10A)*

MONT-DAUPHIN-GARE

05 H.-Alpes - 77 ⑱ - rattaché à Guillestre

MONTDIDIER

1 - 56 ① G. Flandres Artois Picardie

Paris 107 - Amiens 36 - Beauvais 49 - Compiègne 33 - Péronne 47 - Saint-Quentin 62

80500 Somme - 6 262 h.

Office de Tourisme, 4, r. Jean Dupuy ✆ 22 78 92 00

Le Pré Fleuri, ✆ 22 78 93 22, sortie O par D 930 rte de Breteuil et à droite, 0,8 km par D 26 rte d'Ailly-sur-Noye
0,8 ha (24 empl.) (saison) en terrasses, plat et peu incliné, herbeux, pierreux (0,3 ha) - Location :
Pâques-Toussaint - **R** *conseillée juil.-août - 15 15 15 (3A) 18 (6A) 22 (10A)*

Le MONT-DORE

11 - 73 ⑬ G. Auvergne

Paris 473 - Aubusson 84 - Clermont-Ferrand 44 - Issoire 49 - Mauriac 77 - Ussel 56

63240 P.-de-D. - 1 975 h. alt. 1 050 - Sports d'hiver : 1 070m/1 840m, 2, 17,

Office de Tourisme, av. de la Libération ✆ 73 65 20 21, Fax 73 65 05 71

Municipal l'Esquiladou, ✆ 73 65 23 74, à Queureuilh, par D 996, rte de Murat-le-Quaire et rte des cascades à droite - alt. 1 010
1,8 ha (100 empl.) en terrasses, gravillons -
15 mai-15 oct. - *14 13 10 (3A) 16 (6A) 30 (10A)*

MONTEMBOEUF

10 - 72 ⑮

Paris 449 - Angoulême 40 - Confolens 31 - Rochechouart 28 - La Roche-Foucault 18

16310 Charente - 708 h.

Municipal des Châtaigniers, sortie SE par D 16 rte de la Belle Étoile, près de la piscine
1 ha (34 empl.) plat, herbeux - A proximité :
juin-sept. - *Tarif 94 : 7 7 10*

MONTESQUIOU

14 - 82 ④

Paris 776 - Auch 31 - Miélan 18 - Mirande 12 - Plaisance 26 - Vic-Fézensac 23

32320 Gers - 579 h.

Château le Haget, ✆ 62 70 95 80, Fax 62 70 94 83, O : 0,6 km par D 943 rte de Marciac puis à gauche 1,5 km par D 34 rte de Miélan
11 ha/8 campables (75 empl.) plat, herbeux - (dîner seulement) - vélos - Location : huttes
15 mai-15 sept. - **R** *conseillée juil.-15 août* - GB - *25 piscine comprise 10 35 12,50 (6A)*

MONTEUX

16 - 81 ⑫

Paris 681 - Avignon 21 - Carpentras 5 - Cavaillon 24 - Orange 22

84170 Vaucluse - 8 157 h.

Syndicat d'Initiative, 22 bd Commandant Dampeine ✆ 90 66 33 96

Municipal Bellerive, ✆ 90 66 81 88, au nord du bourg par rte de Loriol-du-Comtat et à droite après le pont, bord de l'Auzon
1 ha (50 empl.) plat, herbeux, jardin public attenant -
avril-oct. - **R** - *13 13 10 (6A)*

MONTFARVILLE

4 - 54 ③

Paris 356 - Barfleur 3,5 - Cherbourg 31 - Saint-Lô 74 - Valognes 24

50760 Manche - 866 h.

La Haye, ✆ 33 54 30 31, à 1,5 km au SE du bourg
2 ha (40 empl.) (saison) peu incliné, herbeux -
mai-sept. - **R** *conseillée - 11 13*

MONTFORT-EN-CHALOSSE

13 - 78 ⑦ G. Pyrénées Aquitaine

Paris 742 - Aire-sur-l'Adour 56 - Dax 18 - Hagetmau 27 - Mont-de-Marsan 35 - Orthez 28 - Tartas 15

40380 Landes - 1 116 h.

La Partence (aire naturelle), ✆ 58 98 52 50, N : 2 km par D 7 rte de Tartas
2 ha (25 empl.) plat et peu incliné, en terrasses, herbeux (1,5 ha) - -
mai-oct. - **R** *conseillée - 6 5 6 12*

MONTGIVRAY

36 Indre - 68 ⑲ - rattaché à la Châtre

MONTHERMÉ

2 - 53 ⑱ G. Champagne

Paris 252 - Charleville-Mézières 18 - Fumay 28

08800 Ardennes - 2 866 h.

Office de Tourisme, r. E.-Dolet (juil.-15 sept.) 24 53 07 46 et (hors saison) 24 53 06 50

Municipal des Rapides de Phade « Situation agréable au bord de la Semoy », 24 53 06 73, E : 2,5 km par D 31, rte des Hautes-Rivières
2 ha (100 empl.) (juil.-août) plat et peu incliné, herbeux -
15 avril-17 sept. - R - *11,50* *11,50* *11,50 (3A)*

Port Diseur, 24 53 01 21, sortie S par D 1, rte de Bogny-sur-Meuse, au confluent de la Meuse et de la Semoy
1 ha (70 empl.) plat et peu incliné, herbeux - - A proximité :
avril-sept. - R - *8,50* *4,50* *5,30* *8,30 (4A)*

MONTIGNAC

10 - 75 ⑦ G. Périgord Quercy

Paris 497 - Bergerac 88 - Brive-la-Gaillarde 37 - Limoges 100 - Périgueux 48 - Sarlat-la-Canéda 25

24290 Dordogne - 2 938 h.

Syndicat d'Initiative, pl. Léo-Magne 53 51 82 60

Municipal le Bleufond, 53 51 83 95, S : 0,5 km par D 65 rte de Sergeac, près de la Vézère
1,2 ha (90 empl.) plat, herbeux - - - A proximité :
avril-15 oct. - **R** - *Tarif 94 :* *11,80* *6,20* *9,80/15,90* *12,30*

MONTIGNY-EN-MORVAN

11 - 65 ⑯

Paris 270 - Château-Chinon 12 - Corbigny 26 - Nevers 61 - Prémery 52 - Saint-Saulge 35

58120 Nièvre - 339 h.

Village Européen, 86 84 79 00, Fax 86 84 79 02, NE : 2,9 km, sur D 303 rte d'Ouroux-en- Morvan, près du barrage du lac de Pannecière
7 ha/3 campables (120 empl.) en terrasses, plat, peu incliné, herbeux, pierreux, bois attenant - - vélos - Location : studios, appartements
avril-sept. - **R** *conseillée* - GB - *élect. (5A) et piscine comprises 3 pers. 120*

Municipal le Plat « Site agréable », 86 84 71 77, NE : 2,3 km accès par D 944, D 303 rte du barrage de Pannecière-Chaumard et chemin à droite, au NE du lieu-dit Bonin, près du lac (accès direct)
0,8 ha (59 empl.) plat et peu accidenté, pierreux, herbeux - - A proximité : (plage)
15 mai-sept. - R - *15* *8* *11* *10*

MONTIGNY-LE-ROI

7 - 62 ⑬

Paris 307 - Bourbonne-les-Bains 21 - Chaumont 34 - Langres 23 - Neufchâteau 57 - Vittel 49

52140 H.-Marne - 2 167 h.

Municipal le Château « Dans un parc boisé dominant la vallée de la Meuse », 25 87 38 93 52140 Val de Meuse, au bourg
6 ha/2 campables (55 empl.) plat, en terrasses, herbeux - -
mai-sept. - **R** - *20* *18/22* *12 (5A)*

Les MONTILS

5 - 64 ⑰

Paris 196 - Amboise 29 - Blois 13 - Montrichard 20 - Saint-Aignan 32

41120 L.-et-C. - 1 196 h.

Municipal de l'Hermitage, 55 44 07 29, SE : 0,5 km par D 77, rte de Seur, près du Beuvron
1 ha (30 empl.) plat, herbeux - - - A proximité :
juin-15 sept. - **R** - *Tarif 94 :* *9* *6* *8* *10*

MONTLOUIS-SUR-LOIRE

5 - 64 ⑮ G. Châteaux de la Loire

Paris 235 - Amboise 13 - Blois 47 - Château-Renault 31 - Loches 38 - Montrichard 31 - Tours 12

37270 I.-et-L. - 8 309 h.

Office de Tourisme, pl. de la Mairie (Pâques-1er oct.) 47 45 00 16

Municipal les Peupliers, 47 50 81 90, O : 1,5 km par D 751, rte de Tours, à 100 m de la Loire
6 ha (252 empl.) plat, herbeux - - - A proximité :
15 mars-15 oct. - **R** - *Tarif 94 :* *9,50* *9,50* *9,50* *6A : 11,20 (du 15/3 au 30/4 23,60) 16A : 22,40 (du 1/9 au 15/10 47,20)*

MONTMARTIN-SUR-MER

4 - 54 ⑫

Paris 347 - Coutances 12 - Granville 21 - Lessay 29 - Saint-Lô 41

50590 Manche - 880 h.

Municipal les Gravelets, 33 47 70 20, sortie NO par D 249, rte de Grimouville
1 ha (100 empl.) (saison) plat et en terrasses, herbeux - - - A proximité : - Location :
mars-15 nov. - **R** *juil.-août* - *12* *15* *11*

MONTMÉDY

7 - 57 ① G. Alsace Lorraine

Paris 260 - Charleville-Mézières 66 - Longwy 40 - Metz 103 - Verdun 47 - Vouziers 60

55600 Meuse - 1 943 h.

Office de Tourisme, Ville Haute (15 fév.-15 nov.) 29 80 15 90

Municipal la Citadelle, dans la ville haute, près de la citadelle
0,5 ha (30 empl.) plat, peu incliné, herbeux -
15 mai-sept. - **R** - *6,80* *4,90* *6* *13*

MONTMÉLIAN

12 - 74 ⑯ G. Alpes du Nord

Paris 557 - Albertville 40 - Allevard 25 - Chambéry 13 - Grenoble 50 - Saint-Jean-de-Maurienne 57

73800 Savoie - 3 930 h.
Office de Tourisme - Mairie
79 84 07 31

Municipal le Manoir « Entrée fleurie », 79 65 22 38, sortie NE par N 6, rte d'Albertville et à gauche, D 201E rte d'Arbin, devant Intermarché, près de l'Isère
2,8 ha (90 empl.) plat, herbeux, gravillons - A proximité :
fermé 25 oct.-fin nov. - **R** *conseillée - 15 5 20 12 (5A) 25 (10A)*

MONTMERLE-SUR-SAÔNE

11 - 74 ①

Paris 422 - Bourg-en-Bresse 42 - Chauffailles 48 - Lyon 45 - Mâcon 29 - Villefranche-sur-Saône 12

01090 Ain - 2 596 h.

Municipal Sud, 74 69 34 40, sortie SE, rte de Trévoux, près de la Saône
10 ha (440 empl.) plat, herbeux - (bassin) tir à l'arc - A proximité :
avril-oct. - Location longue durée - *Places limitées pour le passage* - **R** *conseillée juil.-août - Tarif 94 : 13 24 12 (5A)*

MONTMORILLON

10 - 68 ⑮ G. Poitou Vendée Charentes

Paris 359 - Bellac 42 - Le Blanc 32 - Chauvigny 26 - Poitiers 50 - La Trimouille 15

86500 Vienne - 6 667 h.
Office de Tourisme, 21 av. Fernand-Tribot 49 91 11 96

Municipal, 49 91 02 33, sortie SE par D 54, rte du Dorat, à 50 m de la Gartempe et bord d'un ruisseau
0,9 ha (80 empl.) plat et en terrasses, herbeux - - A proximité :
Permanent - **R** - *Tarif 94 : 6 3,50 3,50 3,60 (3A)*

MONTOIRE-SUR-LE-LOIR

5 - 64 ⑤ G. Châteaux de la Loire

Paris 189 - Blois 43 - Château-Renault 21 - La Flèche 80 - Le Mans 68 - Saint-Calais 23 - Vendôme 18

41800 L.-et-Ch. - 4 065 h.
Syndicat d'Initiative, Mairie
54 85 00 29

Municipal les Reclusages, 54 85 02 53, sortie SO, rte de Tours et rte à gauche après le pont, bord du Loir
2 ha (140 empl.) (saison) plat, herbeux - - A proximité :
début mai-15 sept. - **R** - *Tarif 94 : 12 piscine comprise 7,50 12 (6A)*

MONTPELLIER

16 - 83 ⑦ G. Gorges du Tarn

Paris 759 - Marseille 164 - Nice 325 - Nîmes 51 - Toulouse 241

34000 Hérault - 207 996 h.
Office de Tourisme, 78 av. Pirée 67 22 06 16, Fax 67 22 38 10 et au Triangle Comédie, allée du Tourisme 67 58 67 58, Fax 67 58 67 59

à Lattes SE : 5 km par D 986 et D 132 à gauche - 10 203 h.
34970 Lattes :

Eden Camping, 67 68 29 68 (prévu 67 15 11 05), Fax 67 68 56 12 (prévu 67 15 11 31), SO : 2,7 km par D 986, rte de Palavas-les-Flots
6 ha (300 empl.) plat, herbeux - cases réfrigérées - - Location :
juin-sept. - **R** - GB - *Tarif 94 : élect. et piscine comprises 2 pers. 120, 3 pers. 150, 4 pers. 180, pers. suppl. 20*

L'Oasis Palavasienne, 67 68 95 10, Fax 67 50 90 50, SO : 2,5 km par D 986, rte de Palavas-les-Flots
3 ha (160 empl.) plat, herbeux - cases réfrigérées - - Location :
avril-15 sept. - **R** *conseillée* - GB - *Tarif 94 : élect. et piscine comprises 1 ou 2 pers. 96, pers. suppl. 18,50*

Le Parc, 67 65 85 67, Fax 67 20 20 58, NE : 2 km par D 172
1,6 ha (100 empl.) plat, herbeux, pierreux - - A proximité :
vacances de printemps, juin-sept. - **R** *conseillée 10 juil.-25 août - Tarif 94 : piscine comprise 2 pers. 87,60, 4 pers. 122 16 (4A)*

MONTPEZAT

17 - 81 ⑯

Paris 788 - Digne-les-Bains 54 - Gréoux-les-Bains 23 - Manosque 36 - Montmeyan 19 - Moustiers-Sainte-Marie 23

04 Alpes-de-H.-Pr.
04730 Montagnac-Montpezat

Coteau de la Marine « Agréable situation », 92 77 53 33, SE : 2 km par rte de Baudinard, bord du Verdon - dans locations
10 ha (200 empl.) plat et accidenté, en terrasses, pierreux, gravier - - - Location :
avril-sept. - **R** *conseillée juil.-août* - GB - *piscine comprise 3 pers. 115 15 (6A)*

MONTPEZAT-DE-QUERCY

14 - 79 ⑱ G. Périgord Quercy

Paris 610 - Cahors 28 - Caussade 11,5 - Castelnau-Montratier 12 - Caylus 33 - Montauban 33

82270 T.-et-G. - 1 411 h.

Municipal du Faillal , 63 02 07 08, sortie N par D 20, rte de Cahors et à gauche
0,9 ha (50 empl.) en terrasses, herbeux, pierreux - - - A proximité : - Location : gîtes
Pâques-Toussaint - **R** - *tennis compris 1 ou 2 pers. 45, 3 pers. 55, 4 pers. 60, pers. suppl. 6 12*

MONTPEZAT-SOUS-BAUZON
16 - 76 ⑱ G. Vallée du Rhône

Paris 608 - Aubenas 24 - Le Cheylard 64 - Langogne 47 - Privas 52

07560 Ardèche - 698 h.

Municipal Pré Bonnefoy <, ✆ 75 94 42 55, SE : 0,5 km par centre bourg, bord d'un ruisseau
1,5 ha (101 empl.) plat et peu incliné, herbeux, pierreux - (plan d'eau aménagé) vélos - A proximité : - Location :
15 juin-15 sept. - **R** - *11,50* *9* *9* *10,50 (5A)*

MONTRÉAL
16 - 80 ⑧ G. Vallée du Rhône

Paris 649 - Aubenas 19 - Largentière 3,5 - Privas 49 - Valgorge 26 - Vallon-Pont-d'Arc 22

07110 Ardèche - 381 h.

Le Moulinage <, ✆ 75 36 86 20, Fax 75 36 98 46, SE : 5,5 km par D 5, D 104 et D 4 rte de Ruoms, bord de la Ligne
4 ha (80 empl.) peu incliné, terrasse, herbeux, pierreux (0,8 ha) - pizzeria - vélos - Location : bungalows toilés
avril-sept. - **R** *conseillée* - GB - *piscine comprise 2 pers. 93, pers. suppl. 21* *18 (4A)*

MONTREUIL
1 - 51 ⑫ G. Flandres Artois Picardie

Paris 211 - Abbeville 42 - Arras 83 - Boulogne-sur-Mer 37 - Calais 70 - Lille 116 - Saint-Omer 56

62170 P.-de-C. - 2 450 h.
Office de Tourisme, pl. Poissonnerie (15 avril-15 sept.) ✆ 21 06 04 27 et Mairie (hors saison) ✆ 21 06 01 33

Municipal la Fontaine des Clercs « Site agréable », ✆ 21 06 07 28, sortie N et rte d'accès près du passage à niveau, bord de la Canche
2 ha (76 empl.) plat et en terrasses, herbeux, pierreux -
Permanent - **R** *conseillée juil.-août* - *1 pers. 26/2 pers. 34* *12 (2A) 17 (4A)*

MONTREUIL-BELLAY
9 - 67 ⑧ G. Châteaux de la Loire

Paris 312 - Angers 50 - Châtellerault 69 - Chinon 39 - Cholet 59 - Poitiers 82 - Saumur 15

49260 M.-et-L. - 4 041 h.
Office de Tourisme, pl. de la Concorde (avril-sept.) ✆ 41 52 32 39

Les Nobis < « Situation agréable au pied des remparts du château », ✆ 41 52 33 66, sortie NO, rte d'Angers et chemin à gauche avant le pont, bord du Thouet
4 ha (170 empl.) plat et terrasse, herbeux - grill - - A proximité : - Location :
avril-sept. - **R** *juil.-août* - GB - *Tarif 94 :* *12,50* *21,50* *12,50*

MONTREVEL-EN-BRESSE
12 - 70 ⑫

Paris 397 - Bourg-en-Bresse 17 - Mâcon 24 - Pont-de-Vaux 22 - Saint-Amour 24 - Tournus 34

01340 Ain - 1 973 h.

Base de Plein Air et de Loisirs, ✆ 74 30 80 52, Fax 74 30 80 77, E : 0,5 km par D 28, à la plage, bord d'un lac
27 ha/15 campables (580 empl.) plat, herbeux, pierreux - - (plage)
mai-sept. - **R** *conseillée juil.-août* - GB - *Tarif 94 :* *19,80* *52,80 avec élect.*

MONTS
10 - 64 ⑭ ⑮

Paris 252 - Azay-le-Rideau 12 - Chinon 34 - Montbazon 7,5 - Tours 19

37260 I.-et-L. - 6 221 h.

Municipal du Val de l'Indre, E : 0,5 km par rte de Montbazon
0,7 ha (30 empl.) incliné et en terrasses, herbeux pinède -
Pâques-sept. - **R** - *Tarif 94 :* *6,60* *6,60* *7,60*

MONTSALVY
15 - 76 ⑫ G. Auvergne

Paris 604 - Aurillac 32 - Entraygues-sur-Truyère 14 - Figeac 55 - Rodez 61

15120 Cantal - 970 h. alt. 800.
Office de Tourisme, r. du Tour de Ville ✆ 71 49 21 43

Municipal la Grangeotte <, SE : 1 km par D 920, rte d'Entraygues-sur-Truyère et à droite
1 ha (50 empl.) plat, peu incliné et accidenté, herbeux, pierreux - -

MONTSOREAU
9 - 64 ⑬ G. Châteaux de la Loire

Paris 294 - Angers 60 - Châtellerault 66 - Chinon 18 - Poitiers 80 - Saumur 11 - Tours 56

49730 M.-et-L. - 561 h.

Municipal Isle Verte, ✆ 41 51 76 60, sortie NO par D 947, rte de Saumur, bord de la Loire
2,5 ha (150 empl.) plat, herbeux - -
mai-sept. - **R** *14 juil.-15 août* - *Tarif 94 :* *10* *6* *5* *10 (16A)*

MONTSURS
4 - 60 ⑪

Paris 262 - Laval 20 - Le Mans 68 - Mayenne 19 - Sablé-sur-Sarthe 38

53150 Mayenne - 2 073 h.

Municipal de la Jouanne, au bourg, par D 32, rte d'Evron, bord de rivière
1,2 ha (30 empl.) plat, herbeux - (saison) -

MOOSCH

8 - 66 ⑧ ⑨ G. Alsace Lorraine

Paris 473 - Colmar 48 - Gérardmer 41 - Mulhouse 27 - Thann 7 - Le Thillot 30

68690 H.-Rhin - 1 906 h.

La Mine d'Argent ⑤ <, ✆ 89 82 30 66, SO : 1,5 km par r. de la Mairie et r. de la Mine-d'Argent, bord d'un ruisseau
2 ha (75 empl.) peu incliné, plat, en terrasses, herbeux (0,5 ha) -
mai-sept. - Location longue durée - *Places disponibles pour le passage* - **R** *conseillée juil.-août - 12 13 15 (4A) 20 (6A)*

MORANNES

5 - 64 ①

Paris 262 - Angers 38 - Châteauneuf-sur-Sarthe 12 - La Flèche 29 - Sablé-sur-Sarthe 16

49640 M.-et-L. - 1 534 h.

Municipal ⑤, ✆ 41 42 20 32, sortie O par D 26, rte de Chemiré et à droite avant le pont, bord de la Sarthe
2,5 ha (100 empl.) plat, herbeux -
15 avril-sept. - **R** - *8 4 4 10*

MORHANGE

8 - 57 ⑮

Paris 378 - Lunéville 52 - Metz 46 - Saint-Avold 29 - Sarreguemines 44

57340 Moselle - 4 460 h.
Office de Tourisme, Mairie, pl. Bérot ✆ 87 86 22 11

Centre de Loisirs ⑤, ✆ 87 86 21 58, N : 2,5 km par rte de Sarreguemines puis 3,5 km par D 78, rte d'Arprich à gauche et chemin du site touristique, bord de l'étang de la Mutche -
5,5 ha (77 empl.) plat et peu incliné, gravillons, herbeux - - vélos - A proximité : poneys - Location *(permanent)* : huttes
avril-oct. - **R** *juil.-août - piscine comprise 2 pers. 50, pers. suppl. 15 15 (20A)*

MORIANI-PLAGE **2B** H.-Corse - 90 ④ - voir à Corse

MORIEZ

17 - 81 ⑱

Paris 776 - Castellane 23 - Digne-les-Bains 39 - Moustiers-Sainte-Marie 63 - Saint-André-les-Alpes 3,5

04170 Alpes-de-H.-Pr. - 160 h. alt. 913

Municipal, ✆ 92 89 04 77, SO : 0,5 km par N 202, rte de Barrême, accès près du viaduc
1 ha (60 empl.) plat, herbeux, pierreux -

MORNANT

11 - 74 ⑪ G. Vallée du Rhône

Paris 481 - Givors 10 - Lyon 27 - Rive-de-Gier 13 - Saint-Étienne 36 - Vienne 22

69440 Rhône - 3 900 h.
Syndicat d'Initiative, Mairie ✆ 78 44 00 46

Municipal de la Trillonière, ✆ 78 44 16 47, sortie S, carrefour D 30 et D 34, près d'un ruisseau -
1,5 ha (60 empl.) peu incliné et plat, herbeux - - A proximité :
mai-sept. - **R** *conseillée - Tarif 94 : 12,60 14,70 14 (5A)*

MORNAS

16 - 81 ①

Paris 649 - Avignon 40 - Bollène 10 - Montélimar 44 - Nyons 45 - Orange 12 - Pont-Saint-Esprit 13

84550 Vaucluse - 2 087 h.

Beauregard ⑤ « Cadre agréable dans une belle pinède », ✆ 90 37 02 08, Fax 90 37 07 23, sortie N par N 7, rte de Montélimar puis 1,6 km par D 74 à droite
8 ha (100 empl.) plat et accidenté, sablonneux - pizzeria - - Location *(31 mars-oct.)* :
Permanent - Location longue durée - *Places disponibles pour le passage* - **R** *conseillée juil.-août* - GB - *piscine et tennis compris 2 pers. 67 13 (2A) 17 (3A) 22 (6A)*

MORNAY-SUR-ALLIER

11 - 69 ③

Paris 256 - Bourges 61 - La Charité-sur-Loire 44 - Nevers 30 - Sancoins 9

18600 Cher - 407 h.

Le Rivage, ✆ 48 74 55 02, E : 1 km par N 76, rte de St-Pierre-le-Moûtier et chemin à droite, lieu-dit le Rivage, près de l'Allier
2,5 ha (20 empl.) plat, herbeux - - Location :
juil.- sept. - **R** - *Tarif 94 : 12 8 10 15 (6A)*

MORSIGLIA **2B** H.-Corse - 90 ① - voir à Corse

MORTEAU

12 - 70 ⑦ G. Jura

Paris 472 - Basel 128 - Belfort 87 - Besançon 63 - Montbéliard 70 - Neuchâtel 44 - Pontarlier 31

25500 Doubs - 6 458 h. alt. 772.
Office de Tourisme, pl. Gare ✆ 81 67 18 53

Le Cul de la Lune <, ✆ 81 67 17 52, sortie S par D 48, rte de Neuchâtel, bord du Doubs
2 ha (55 empl.) plat, herbeux - - - A proximité :
15 avril-1er oct. - **R** - *14 16 10 (6A)*

MORTEROLLES-SUR-SEMME

10 - 72 ⑧

Paris 355 - Bellac 31 - Bourganeuf 50 - Guéret 49 - Limoges 40 - La Souterraine 16

87 H.-Vienne
✉ 87250 Bessines-sur-Gartempe

Municipal, ✆ 55 76 60 18, au bourg
0,8 ha (33 empl.) plat, herbeux

MOSNAC

9 - 72 ⑪

Paris 502 - Cognac 34 - Gémozac 20 - Jonzac 10 - Saintes 32

17240 Char.-Mar. - 431 h.

Municipal les Bords de la Seugne, ✆ 46 70 48 45, au bourg, bord de la rivière
0,9 ha (33 empl.) plat, herbeux
mars-nov. - **R** *juil.-août - 10 11 11*

MOSTUÉJOULS

15 - 80 ④ G. Gorges du Tarn

Paris 644 - Meyrueis 25 - Millau 20 - Rodez 76 - Le Rozier 3 - Sévérac-le-Château 27

12 Aveyron - 249 h.
✉ 12720 Peyreleau

L'Aubigue ✆ 65 62 63 67, SE : 1,3 km, sur 907, rte de Peyreleau, bord du Tarn
2 ha (50 empl.) (juil.-août) plat, herbeux, pierreux
avril-sept. - **R** *14 juil.-15 août - 2 pers. 50 10 (6A)*

La MOTHE-ACHARD

9 - 67 ⑬

Paris 432 - Aizenay 15 - Challans 40 - La Roche-sur-Yon 18 - Les Sables-d'Olonne 17 - Saint-Gilles-Croix-de-Vie 27

85150 Vendée - 1 918 h.

Le Pavillon, ✆ 51 05 63 46, SO : 1,5 km, rte des Sables-d'Olonne, bord d'un étang
4,6 ha (90 empl.) plat, herbeux, étang (bassin) - Location :
mai-sept. - **R** *conseillée - 15 5 17 14 (4A)*

La MOTTE-CHALANCON

16 - 81 ④

Paris 648 - Aspres-sur-Buech 48 - Die 48 - Nyons 36 - Rémuzat 9 - Serres 37

26470 Drôme - 382 h.

Le Moulin, ✆ 75 27 24 06, sortie S par D 61, rte de Rémuzat et à droite après le pont, bord de l'Ayguebelle
0,7 ha (36 empl.) plat, herbeux
juin-sept. - **R** *conseillée juil.-août - 14 8 14 8 (2A) 12 (5A) 20 (10A)*

La MOTTE-FEUILLY

10 - 68 ⑲ G. Berry Limousin

Paris 310 - Aigurande 27 - Boussac 31 - Châteaumeillant 8,5 - La Châtre 12 - Guéret 54

36160 Indre - 44 h.

Aire Naturelle Municipale « Dans le parc du château », à l'ouest du bourg
0,4 ha (23 empl.) plat et peu incliné, herbeux - A proximité : (centre équestre)
mai-15 oct. - *7,50 7,50 7,50 12,50*

La MOTTE-TERNANT

7 - 65 ⑰

Paris 254 - Autun 51 - Dijon 69 - Précy-sous-Thil 9,5 - Saulieu 10

21210 Côte-d'Or - 185 h.

Municipal, au sud du bourg, près de la mairie
0,7 ha (30 empl.) peu incliné, herbeux
avril-sept. - *7 5 6*

MOUCHAMPS

9 - 67 ⑮ G. Poitou Vendée Charentes

Paris 386 - Cholet 36 - Fontenay-le-Comte 52 - Nantes 68 - La Roche-sur-Yon 35

85640 Vendée - 2 398 h.

Municipal, ✆ 51 66 25 72, S : 0,6 km par D 113, rte de St-Prouant, bord d'un ruisseau
0,4 ha (25 empl.) plat, herbeux
juin-15 sept. - **R** - *10,60 3 5,30 7,60*

MOULEYDIER

10 - 75 ⑮

Paris 541 - Bergerac 10 - Castillonnès 27 - Lalinde 12 - Périgueux 48

24520 Dordogne - 1 049 h.

Municipal la Gravière, ✆ 53 23 22 38, E : 1,5 km par D 660, rte de Lalinde et à droite, au stade, près de la Dordogne
1,5 ha (71 empl.) peu incliné, herbeux (0,5 ha)
26 juin-3 sept. - **R** *juil.-août - 1 à 7 pers. 20 à 55 (31 à 71 avec élect.)*

MOULINS-ENGILBERT

11 - 69 ⑥ G. Bourgogne

Paris 295 - Autun 56 - Château-Chinon 16 - Corbigny 38 - Moulins 72 - Nevers 58

58290 Nièvre - 1 711 h.

Municipal de l'Escame, ✆ 86 84 26 12, N : 1,5 km par D 37, rte de Château-Chinon, près d'un ruisseau et d'un plan d'eau
1 ha (20 empl.) peu incliné et en terrasses, gravier, herbeux - A proximité :
Pentecôte, 25 juin-10 sept. - **R** - *Tarif 94 : 5,50 5,50 7,10 (5A)*

MOURIÈS

16 - 84 ①

Paris 715 - Arles 26 - Les Baux-de-Provence 11 - Cavaillon 25 - Istres 23 - Salon-de-Provence 22

13890 B.-du-R. - 2 505 h.

Le Devenson ≤, ✆ 90 47 52 01, NO : 2 km par D 17 et D 5 à droite - Possibilité d'accès aux emplacements par véhicule tracteur
12 ha/3,5 campables (60 empl.) en terrasses, pierreux, rocheux pinède - cases réfrigérées -
vacances de printemps-15 sept. - **R** *conseillée - Séjour minimum 1 semaine - 23 piscine comprise 29*

MOUSTERLIN (Pointe de) **29** Finistère - 58 ⑮ - rattaché à Fouesnant

MOUSTIERS-STE-MARIE

17 - 81 ⑰ G. Alpes du Sud

Paris 775 - Aix-en-Provence 87 - Castellane 45 - Digne-les-Bains 47 - Draguignan 61 - Manosque 48

04360 Alpes-de-H.-Pr. - 580 h. alt. 631.
Office de Tourisme, Mairie ✆ 92 74 67 84

St-Clair ≤, ✆ 92 74 67 15, S : 2,5 km, carrefour des D 952 et D 957, bord de la Maïre et de l'Anguire
3 ha (215 empl.) peu incliné, en terrasses, pierreux, herbeux - pizzeria -
avril-25 sept. - - *17 18 16 (6A)*

St-Jean ≤, ✆ 92 74 66 85, SO : 1 km par D 952, rte de Riez, bord de la Maïre
1,6 ha (110 empl.) plat, peu incliné, herbeux -
8 avril-sept. - **R** *conseillée juil.-août - 18 20 13 (3A) 18 (6A)*

Le Vieux Colombier ≤, ✆ 92 74 61 89, S : 0,8 km
2,6 ha (70 empl.) (juil.-août) en terrasses, peu incliné, pierreux, herbeux - snack - - A proximité :
Pâques-sept. - **R** *conseillée juil.-août* - GB - *17 19 13 (3A) 17 (6A)*

Manaysse ≤, ✆ 92 74 66 71, SO : 0,9 km par D 952, rte de Riez
1,6 ha (60 empl.) incliné, terrasses, herbeux -
avril-oct. - **R** *conseillée - 15 15 14 (5A)*

Le MOUTCHIC **33** Gironde - 71 ⑱ - rattaché à Lacanau (Étang de)

MOUTHE

12 - 70 ⑥ G. Jura

Paris 443 - Champagnole 36 - Pontarlier 30 - Saint-Laurent-en-Grandvaux 28 - Salins-les-Bains 44

25240 Doubs - 898 h. alt. 935 - Sports d'hiver : 950/1 200 m 5 .
Office de Tourisme, r. de la Varée ✆ 81 69 22 78

Municipal la Source du Doubs ≤, ✆ 81 69 27 61, E : 1,5 km, à 150 m de la source
1 ha (50 empl.) plat, gravier - snack - Location : gîte d'étape
fermé oct.-14 déc. - **R** - *14 7 11/13 11 (3A) 20 (6A) 28 (10A)*

Les MOUTIERS-EN-RETZ

9 - 67 ② G. Poitou Vendée Charentes

Paris 434 - Challans 35 - Nantes 46 - Saint-Nazaire 39

44580 Loire-Atl. - 739 h.

Domaine du Collet , ✆ 40 21 40 92, Fax 40 21 45 12, SE : 3 km, à 150 m de la mer, bord d'un étang
15 ha (300 empl.) plat, sablonneux, herbeux (2 ha) - - poneys - Location : , appartements
juin-sept. - **R** *conseillée - piscine comprise 2 pers. 85, 3 pers. 100, pers. suppl. 25 15 (6A)*

La Mer - Le Marqueval, ✆ 40 64 65 90, au bourg
5 ha (160 empl.) plat, herbeux - - half-court, vélos - Location : , bungalows toilés

La Plage, ✆ 40 82 71 43, Fax 40 82 72 46, NO : 0,8 km par D 97, rte de la Bernerie-en-Retz, bord de la plage
2,5 ha (70 empl.) peu incliné et accidenté, herbeux, sablonneux - - vélos - Location : , gîtes
Permanent - **R** - GB - *piscine comprise 2 pers. 86 17*

Les Brillas , ✆ 40 82 79 78, NO : 1 km
0,8 ha (96 empl.) peu incliné, herbeux - -
juin-15 sept. - **R** *conseillée 14 juil.-15 août - 1 à 3 pers. 59 15 (6A) 23 (10A)*

MOUZON

7 - 56 ⑩ G. Champagne

Paris 259 - Carignan 7 - Charleville-Mézières 40 - Longwy 71 - Sedan 17 - Verdun 62

08210 Ardennes - 2 637 h.

Municipal la Tour St-Jérôme, ✆ 24 26 28 02, sortie SE par r. Porte de Bourgogne et chemin à droite après le pont, près du stade
0,5 ha (32 empl.) (saison) plat, herbeux - - A proximité : toboggan aquatique
15 mai-15 sept. - **R** *saison - Tarif 94 : 12 4 9 9 (16A)*

MOYAUX

5 - 55 ⑭

Paris 176 - Caen 63 - Deauville 30 - Lisieux 12 - Pont-Audemer 23

14590 Calvados - 1 185 h.

Le Colombier, 31 63 63 08, Fax 31 63 15 97, NE : 3 km par D 143, rte de Lieurey
15 ha/6 campables (170 empl.) plat, herbeux - crêperie -
mai-15 sept. - **R** *conseillée 20 juin-20 août* - GB - *30 piscine comprise 60 15 (12A)*

MUGRON

13 - 78 ⑥ G. Pyrénées Aquitaine

Paris 733 - Dax 30 - Hagetmau 18 - Mont-de-Marsan 26 - Saint-Sever 17 - Tartas 11,5

40250 Landes - 1 327 h.

Municipal la Saucille, 58 97 98 50, N : 1,5 km par D 3 et chemin à gauche, bord de l'Adour et à 100 m d'un plan d'eau
1,5 ha (75 empl.) plat, herbeux -
juil.-août - **R** - *Tarif 94 : 2 pers. 39, pers. suppl. 14*

▶ *Ihre Meinung über die von uns empfohlenen Campingplätze interessiert uns. Teilen Sie uns Ihre Erfahrungen mit und schreiben Sie uns auch, wenn Sie eine gute Entdeckung gemacht haben.*

MUIDES-SUR-LOIRE

5 - 64 ⑧

Paris 167 - Beaugency 16 - Blois 21 - Chambord 7 - Vendôme 44

41500 L.-et-Ch. - 1 115 h.

Château des Marais, 54 87 05 42, Fax 54 87 05 43, sortie SE par D 112, rte de Chambord puis 1,2 km par rte à droite
8 ha (200 empl.) plat, herbeux - pizzeria - vélos - Location *(permanent)* :
15 mai-15 sept. - **R** *conseillée juil.-août* - GB - *piscine comprise 2 pers. 110 20 (6A)*

Municipal Bellevue, 54 87 01 56, sortie NO rte de Mer, à gauche avant le pont, bord de la Loire
2,5 ha (100 empl.) (juil.-août) plat, herbeux, sablonneux - - A proximité :
7 avril-20 sept. - **R** - *11,40 6,20 6,70 ou 8,70 (5A)*

MULHOUSE

8 - 66 ⑨ ⑩ G. Alsace Lorraine

Paris 472 - Basel 39 - Belfort 40 - Besançon 134 - Colmar 43 - Dijon 223 - Freiburg 58 - Nancy 175 - Reims 371

68100 H.-Rhin - 108 357 h.
Office de Tourisme, 9 av. du Maréchal-Foch 89 45 68 31, Fax 89 45 66 16

F.F.C.C. L'ill « Décoration arbustive et florale », 89 06 20 66, r. Pierre-de-Coubertin, bord de l'ill - Par autoroute A 36, sortie Dornach
5 ha (200 empl.) plat, herbeux - - A proximité : patinoire, piste de bi-cross
avril-sept. - **R** *conseillée été - Tarif 94 : 16 16 16 (5A)*

MUNSTER

8 - 62 ⑱ G. Alsace Lorraine

Paris 470 - Colmar 19 - Gérardmer 32 - Guebwiller 28 - Mulhouse 59 - St-Dié 54 - Strasbourg 88

68140 H.-Rhin - 4 657 h.
Office de Tourisme, pl. du Marché 89 77 31 80, Fax 89 77 07 17

Municipal du Parc de la Fecht, 89 77 31 08, E : 1 km par D 10, rte de Turckheim, bord de la Fecht
4 ha (280 empl.) (juil.-août) plat, herbeux - - A proximité :
Pâques-sept. - **R** - *Tarif 94 : 11,60 6,40 6,40 15 (6A)*

MURAT-LE-QUAIRE

63 P.-de-D. - 73 ⑬ - rattaché à la Bourboule

MUR-DE-BRETAGNE

3 - 58 ⑲ G. Bretagne

Paris 459 - Carhaix-Plouguer 49 - Guingamp 47 - Loudéac 21 - Pontivy 16 - Quimper 97 - Saint-Brieuc 45

22530 C.- d'Armor - 2 049 h.

Municipal du Rond Point du Lac, 96 26 01 90, O : 2,4 km par D 18, près de la Base de Loisirs du Lac de Guerlédan
1,7 ha (133 empl.) (juil.-août) en terrasses, peu incliné, herbeux - - A proximité : parcours sportif, vélos
15 juin-15 sept. - **R** - *10,50 3,50 3,60 9,50 (6A)*

MUR-DE-SOLOGNE

5 - 64 ⑱

Paris 208 - Blois 28 - Contres 15 - Romorantin-Lanthenay 12 - Saint-Aignan 30 - Selles-sur-Cher 19

41230 L.-et-Ch. - 1 054 h.

Municipal, 54 83 92 76, sortie SE vers Romorantin-Lanthenay et r. de l'Ancien-Lavoir à droite, bord d'un étang
0,5 ha (40 empl.) plat, herbeux -
15 mai-15 sept. - **R** - *6 6 10 (10A)*

MUROL

11 - 73 ⑬ G. Auvergne

Paris 465 - Besse-en-Chandesse 11,5 - Clermont-Ferrand 37 - Condat 39 - Issoire 30 - Le Mont-Dore 19

63790 P.-de-D. - 606 h. alt. 833.
Office de Tourisme, r. de Jassaguet ✆ 73 88 62 62
Schéma à Chambon (Lac)

L'Europe ⩽, ✆ 73 88 60 46, Fax 73 88 69 57, S : 0,4 km, rte de Jassat
4,9 ha (219 empl.) plat et peu incliné, herbeux - snack - - Location :
15 mai-15 sept. - **R** *conseillée juil.-août - piscine comprise 2 pers. 99, pers. suppl. 21 16 (3 à 6A)*

La Ribeyre ⩽, ✆ 73 88 64 29, S : 1,2 km rte de Jassat, bord d'un ruisseau
8 ha (300 empl.) plat, herbeux - - - Location : , huttes
mai-15 sept. - - *Tarif 94 : 20 piscine comprise 26 15 (3A) 22 (6A) 25 (10A)*

Repos du Baladin, ✆ 73 88 61 93, Fax 73 88 66 41, E : 1,5 km par D 146, rte de St-Diéry, **à Groire**
1,6 ha (62 empl.) plat et peu incliné, terrasses, herbeux - - - Location :
mai-15 sept. - **R** - *2 pers. 65 15 (5A) 25 (15A)*

Lou Gravêroux ⩽, ✆ 73 88 63 95, S : 1,4 km rte de Jassat, bord d'un ruisseau
2,5 ha (90 empl.) plat, herbeux verger - -
15 juin-15 sept. - **R** *conseillée 10 juil.-20 août - 2 pers. 53, pers. suppl. 16 10 (3A) 15 (5A) 18 (6A)*

MURS

16 - 81 ⑬ G. Provence

Paris 706 - Apt 17 - Avignon 44 - Carpentras 25 - Cavaillon 25 - Sault 32

84220 Vaucluse - 391 h.

Municipal des Chalottes ⩽, ✆ 90 72 60 84, S : 2,2 km par rte d'Apt, rte à droite et chemin à droite après le V.V.F.
2 ha (40 empl.) peu incliné à incliné et accidenté, pierreux - - - A proximité :
vacances de printemps, 15 juin-15 sept. - **R** *conseillée - Tarif 94 : 11 17 10 (2A)*

MÛRS-ERIGNÉ

4 - 63 ⑳

Paris 303 - Angers 10 - Candé 52 - Chemillé 30 - Le Lion-d'Angers 39

49610 M.-et-L. - 4 224 h.

Les Varennes ✆ 41 57 82 15, N : 1 km par D 751, bord du Louet
2,4 ha (120 empl.) plat, herbeux - - - Location :
avril-oct. - **R**

MURS-ET-GELIGNIEUX

12 - 74 ⑭

Paris 511 - Aix-les-Bains 37 - Belley 16 - Chambéry 41 - Crémieu 40 - La Tour-du-Pin 23

01300 Ain - 188 h.

Île de la Comtesse ⩽, ✆ 79 87 23 33, SO : 1 km sur D 992, rte des Abrets, près du Rhône (plan d'eau)
3 ha (100 empl.) plat, pierreux, herbeux - - - A l'entrée :
avril-sept. - **R** *conseillée - 20 piscine comprise 16 16 12 (4A) 18 (6A)*

Le MUY

17 - 84 ⑦

Paris 856 - Les Arcs 8,5 - Draguignan 13 - Fréjus 15 - Le Luc 26 - Sainte-Maxime 24

83490 Var - 7 248 h.
Office de Tourisme, rte de la Bourgade (fermé après-midi) ✆ 94 45 12 79

Les Cigales « Cadre agréable », ✆ 94 45 12 08, Fax 94 45 92 80, SO : 3 km, accès par l'échangeur de l'autoroute A 8 et chemin à droite avant le péage
10 ha/3,8 campables (180 empl.) en terrasses, accidenté, pierreux, herbeux pinède - - - Location :
avril-15 sept. - **R** *conseillée juil.-août* - GB - *piscine comprise 2 pers. 85, pers. suppl. 24 20 (6A) 28 (10A)*

MUZILLAC

4 - 63 ⑭

Paris 447 - Nantes 85 - Redon 37 - La Roche-Bernard 15 - Vannes 25

56190 Morbihan - 3 471 h.
Office de Tourisme, pl. de l'Hôtel de Ville ✆ 97 41 53 04

Le Relais de l'Océan « Entrée fleurie », ✆ 97 41 66 48, O : 3 km par D 20, rte d'Ambon et rte de Damgan à gauche
1,7 ha (90 empl.) plat, herbeux - - - A proximité :
avril-sept. - **R** *conseillée juil.-août* - GB - *17 30 12 (6A)*

Municipal, ✆ 97 41 67 01, E : par rte de Péaule et chemin, près du stade
1 ha (100 empl.) plat, herbeux - -
Pâques-sept. - **R** - *13,50 14 13 (10A)*

à Noyal-Muzillac NE : 5 km par D 5 - 1 864 h.
✉ 56190 Noyal-Muzillac :

Moulin de Cadillac ✆ 97 67 03 47, NO : 4,5 km par rte de Berric, bord du Kervily
1,2 ha (75 empl.) plat, herbeux, petit étang - - -
15 mai-15 sept. - **R** *conseillée 15 juil.-15 août - 15 piscine comprise 20 10 (2A) 11 (4A) 12 (6A et plus)*

NABIRAT
13 - 75 ⑰

Paris 553 - Cahors 41 - Fumel 50 - Gourdon 8,5 - Périgueux 84 - Sarlat-la-Canéda 19

24250 Dordogne - 275 h.

Schéma à la Roque-Gageac

L'Étang, 53 28 52 28, N : 4 km par rte de Groléjac et chemin à gauche
2 ha (75 empl.) peu incliné et en terrasses - Location : gîtes
mai-oct. - **R** *conseillée juil.-août - 22 piscine comprise 35 10 (6A)*

NAGES
15 - 83 ③

Paris 733 - Brassac 34 - Lacaune 13 - Lamalou-les-Bains 50 - Olargues 34 - Saint-Pons-de-Thomières 35

81320 Tarn - 321 h. alt. 800

Rieu-Montagné lac et montagnes boisées, 63 37 40 52, S : 4,5 km par D 62 et rte à gauche, à 50 m du lac de Laouzas
8,5 ha (160 empl.) en terrasses, herbeux, pierreux - tir à l'arc, vélos - A proximité : - Location :
Permanent - **R** *conseillée - élect. (10A) comprise 3 pers. 115/130, pers. suppl. 15*

NAJAC
15 - 79 ⑳ G. Gorges du Tarn

Paris 631 - Albi 50 - Cahors 83 - Gaillac 49 - Montauban 68 - Rodez 71 - Villefranche-de-Rouergue 19

12270 Aveyron - 766 h.

Office de Tourisme, pl. du Faubourg 65 29 72 05

Municipal le Païsserou, 65 29 73 96, NO : 1,5 km par D 39, rte de Parisot, bord de l'Aveyron
4 ha (100 empl.) plat, herbeux - snack - - A proximité : - Location : , gîte d'étape
saison - **R** *conseillée - élect. comprise 2 pers. 62*

Camp V.V.F. « Vieux hameau restauré dans un très beau site », 65 29 73 97, S : 7,5 km par D 594, rte de Laguépie et D 564 à gauche, à Mergieux - Pour caravanes : accès conseillé par Najac (pont étroit - 2,20m - sur D 594) -
0,65 ha (30 empl.) incliné et en terrasses, herbeux - - - A proximité : *- Adhésion V.V.F. obligatoire*

NALLIERS
9 - 71 ⑪

Paris 432 - Fontenay-le-Comte 20 - Luçon 12 - Niort 50 - La Rochelle 38 - La Roche-sur-Yon 43

85370 Vendée - 1 763 h.

Municipal « Entrée fleurie », 51 30 90 71, au sud du bourg
1 ha (25 empl.) plat, herbeux - - A proximité :
15 mai-15 sept. - **R** *conseillée - 8 5 5 10 (6A)*

NANÇAY
6 - 64 ⑳ G. Berry Limousin

Paris 202 - Aubigny-sur-Nère 26 - Bourges 35 - La Chapelle-d'Angillon 20 - Salbris 14 - Vierzon 21

18330 Cher - 784 h.

Municipal les Pins « Entrée fleurie et agréable pinède », 48 51 81 80, NO : 0,6 km par D 944 rte de Salbris
4 ha (100 empl.) plat, sablonneux, sous-bois - (mars-nov.) - vélos - A proximité :
Permanent - **R** - *Tarif 94 : 6 7/10 11 (5A) 22 (12A)*

NANS-LES-PINS
17 - 84 ⑭

Paris 800 - Aix-en-Provence 43 - Brignoles 25 - Marseille 42 - Rians 35 - Toulon 69

83860 Var - 2 485 h.

International de la Ste-Baume, 94 78 92 68, Fax 94 78 67 37, N : 0,9 km par D 80 et à droite - Par A 8 : sortie St-Maximin-la-Ste-Baume
5 ha (250 empl.) plat, peu accidenté, pierreux, gravier - snack - - Location :
avril-2 oct. - **R** *conseillée juil.-août - piscine et tennis compris 2 pers. 130 23 (6A)*

Municipal la Petite Colle « Cadre sauvage », 94 78 65 98, S : 1,5 km par D 80, rte de la Ste-Baume puis à gauche
1,1 ha (45 empl.) plat et peu accidenté, pierreux, rochers -

NANT
15 - 80 ⑮ G. Gorges du Tarn

Paris 682 - Le Caylar 21 - Millau 34 - Montpellier 93 - Saint-Affrique 41 - Le Vigan 42

12230 Aveyron - 773 h.

Val de Cantobre « Vieille ferme caussenarde du XVe siècle », 65 62 25 48, Fax 65 62 10 36, Domaine de Vellas, N : 4,5 km par D 991, rte de Millau et chemin à droite, bord de la Dourbie
6 ha (210 empl.) en terrasses, rocailleux, herbeux - pizzeria cases réfrigérées - vélos - Location :
15 mai-15 sept. - **R** *conseillée* - GB - *élect. (4A) et piscine comprises 2 pers. 131, pers. suppl. 27*

Le Roc qui parle « Site agréable », 65 62 22 05, NO : 2,4 km par D 991, rte de Millau, au lieu-dit les Cuns, bord de la Dourbie
4,5 ha (80 empl.) plat, en terrasses et incliné, herbeux, pierreux - - vélos
avril-sept. - **R** *conseillée 15 juil.-20 août - 2 pers. 55, pers. suppl. 18 15 (10A)*

Vialaret, 65 62 13 66, sortie NO par D 991, rte de Millau et chemin à droite, bord de la Dourbie
2 ha (50 empl.) plat, herbeux -
mai-20 sept. - **R** *conseillée juil.-août - 15 10 10 10*

NANTES 🅿

9 - 67 ③ G. Bretagne

Paris 384 - Angers 89 - Bordeaux 324 - Lyon 611 - Quimper 230 - Rennes 108

44000 Loire-Atl. - 244 995 h.

Office de Tourisme et Accueil de France, pl. du Commerce ☎ 40 47 04 51, Fax 40 89 11 99 et pl. Marc Elder (saison)

Le Val du Cens « Cadre agréable, décoration florale et arbustive », ☎ 40 74 47 94 ✉ 44300 Nantes, bd du Petit-Port, bord du Cens
8 ha (200 empl.) (juil.-août) plat, peu incliné, herbeux, gravillons - A proximité : patinoire, bowling ✕ crêperie
Permanent - **R** - GB - *17* *33/42* *6A : 12 (hiver 17) 10A : 17 (hiver 24) 12A : 22 (hiver 34)*

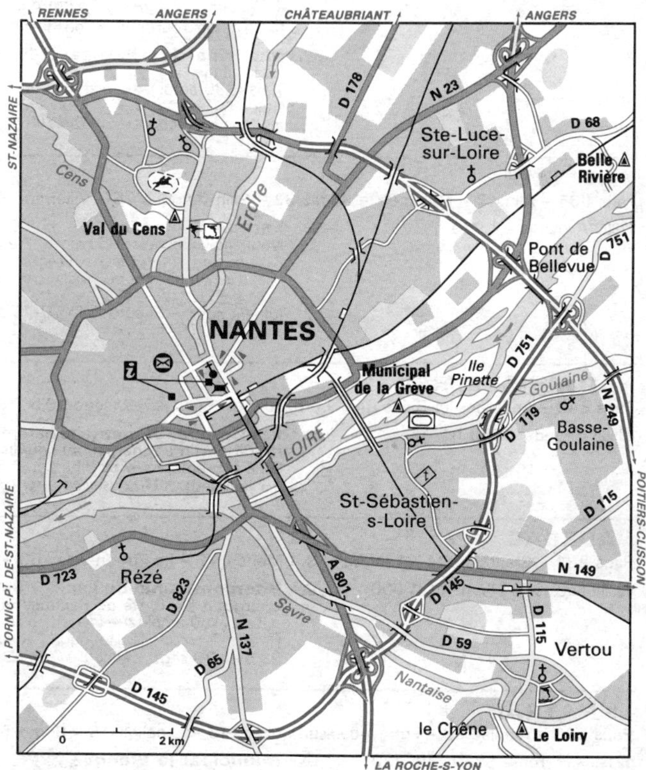

à St-Sébastien-sur-Loire E : 6,5 km par D 119, rive gauche du fleuve (hors schéma) - 22 202 h. - ✉ 44230 St-Sébastien-sur-Loire :

Municipal de la Grève, ☎ 40 80 59 38, au N de la commune, près du stade et des îles de la Loire
1,5 ha (100 empl.) plat, herbeux - A proximité :
juin-sept. - **R** - *9* *5,60* *9 (21,50 avec élect. 6A)*

à Ste-Luce-sur-Loire NE : 6 km par D 68 (hors schéma) - 9 648 h.
✉ 44080 Ste-Luce-sur-Loire :

Belle Rivière « Entrée fleurie », ☎ 40 25 85 81, NE : 2 km par D 68, rte de Thouaré puis, au lieu-dit la Gicquelière, 1 km par rte à droite, accès direct à un bras de la Loire
3 ha (100 empl.) plat, herbeux -
Permanent - **R** *conseillée, indispensable hiver* - *15* *7* *15* *14 (3A) 18 (5A) 26 (10A)*

à Vertou SE : 10 km par D 59 (hors schéma) - 18 235 h.
✉ 44120 Vertou :

Le Loiry, ☎ 40 80 07 10, au sud du bourg, sur D 115, rte de Rezé, près de la Sèvre Nantaise et d'un plan d'eau
2 ha (73 empl.) plat, herbeux - vélos - Au Parc de Loisirs attenant : brasserie parcours sportif - A proximité :

► *We recommend that you consult the up to date price list posted at the entrance of the site.*
Inquire about possible restrictions.
The information in this Guide may have been modified since going to press.

NARBONNE

15 - 83 ⑭ G. Pyrénées Roussillon

Paris 803 - Béziers 27 - Carcassonne 60 - Montpellier 94 - Perpignan 64

11100 Aude - 45 849 h.
Office de Tourisme, pl. Roger-Salengro ✆ 68 65 15 60, Fax 68 65 59 12

Les Mimosas « Cadre agréable et fleuri », ✆ 68 49 03 72, Fax 68 49 39 45, SE : 6 km, à Mandirac - Par A 9 : sortie Narbonne-sud
9 ha (250 empl.) plat, pierreux, herbeux - salle de musculation - A proximité : - Location :
avril-oct. - **R** *conseillée juil.-août* - GB - *piscine et tennis compris 2 pers. 78, pers. suppl. 21 14 (6A)*

à Narbonne-Plage E : 15 km par D 168 - ✉ 11100 Narbonne.
Office de Tourisme, bd des Fleurs (15 juin-sept.) ✆ 68 49 84 86

Municipal de la Falaise, ✆ 68 49 80 77, sortie O, rte de Narbonne, à 500 m de la plage
7 ha (380 empl.) plat, pierreux snack - - A proximité :
avril-sept. - **R** *conseillée - Tarif 94 : 2 pers. 73 (96 avec élect. 5A), pers. suppl. 26*

NAUCELLE

15 - 80 ①

Paris 665 - Albi 47 - Millau 87 - Rodez 32 - Saint-Affrique 75 - Villefranche-de-Rouergue 49

12800 Aveyron - 1 929 h.

Lac de Bonnefon, ✆ 65 47 00 67, sortie SE par D 997, rte de Naucelle-Gare puis 1,5 km par rte de Crespin et rte de St-Just à gauche, à 100 m de l'étang (accès direct)
3 ha (90 empl.) peu incliné, en terrasses, herbeux - (bassin)
juin-fin sept. - **R** *conseillée juil.-15 août - Tarif 94 : 2 pers. 53, pers. suppl. 15 20 (10A)*

NAUJAC-SUR-MER

9 - 71 ⑰

Paris 548 - Andernos-les-Bains 64 - Bordeaux 71 - Lesparre-Médoc 10,5 - Soulac-sur-Mer 38

33990 Gironde - 650 h.

Les Grands Chênes (aire naturelle), ✆ 56 73 00 05, O : 5 km sur D 101, rte d'Hourtin et chemin, au lieu-dit Lizan
3 ha (25 empl.) plat, herbeux, sablonneux -
15 juin-sept. - **R** *conseillée - 10 6 6*

NAUSSAC

16 - 76 ⑰

Paris 581 - Grandrieu 24 - Langogne 3 - Mende 47 - Le Puy-en-Velay 53 - Thueyts 45

48300 Lozère - 117 h. alt. 1 000

Intercommunal du Lac « Belle situation », ✆ 66 69 23 15, au nord du bourg par D 26, rte de Saugues et à gauche, à 200 m du lac (accès direct)
4,8 ha (150 empl.) (saison) incliné, en terrasses, herbeux, pierreux - - A proximité : toboggan aquatique
29 avril-20 sept. - **R** *conseillée* - GB - *Tarif 94 : 16 9,50 9,50 15*

Le NAYRAC

15 - 76 ⑫ ⑬

Paris 599 - Aurillac 62 - Entraygues-sur-Truyère 16 - Espalion 18 - Rodez 50

12190 Aveyron - 581 h. alt. 730

Municipal la Planque, ✆ 65 44 44 50, S : 1,4 km par D 97, rte d'Estaing puis chemin à gauche, bord d'un étang
3 ha (45 empl.) en terrasses, plat, herbeux - - vélos
juil.-août - **R** *conseillée - 13 12 9 (3A) 13 (6A)*

NAZELLES-NÉGRON

5 - 64 ⑯

Paris 221 - Amboise 3 - Château-Renault 22 - Chenonceaux 14 - Tours 25

37530 I.-et-L. - 3 547 h.

Municipal des Patis « Cadre agréable », ✆ 47 57 71 07, sortie S par D 5, rte d'Amboise, bord de la Cisse
1,3 ha (65 empl.) (saison) plat, herbeux - -
avril-sept. - **R** *conseillée juil.-août - 8,60 5,40 7,50 8,60 (3A) 12,90 (5A)*

NÉBIAS

15 - 86 ⑥

Paris 811 - Belcaire 26 - Carcassonne 61 - Lavelanet 26 - Quillan 9

11500 Aude - 247 h. alt. 600

Le Fontaulié-Sud, ✆ 68 20 17 62, sortie NO par D 117 puis 0,6 km par chemin à gauche
3,5 ha (80 empl.) plat et incliné, herbeux, pinède - - - Location :
15 avril-oct. - **R** *conseillée juil.-août - 16 piscine comprise 14 13 (4A)*

NÉBOUZAT

11 - 73 ⑬

Paris 438 - La Bourboule 33 - Clermont-Ferrand 20 - Pontgibaud 21 - Saint-Nectaire 26

63210 P.-de-D. - 658 h. alt. 880

Les Dômes « Entrée fleurie », ✆ 73 87 14 06, Fax 73 87 18 81, aux 4 Routes, sur D 216, rte de Rochefort-Montagne - alt. 815
1 ha (70 empl.) plat, herbeux - - (découverte l'été) - Location :
15 mai-15 sept. - **R** *conseillée - Tarif 94 : piscine comprise 1 pers. 39,50, pers. suppl. 26,50 16,50 (10A)*

NÉFIACH
15 - 86 ⑱

Paris 885 - Millas 3 - Perpignan 20 - Prades 24 - Tautavel 25 - Thuir 12

66170 Pyr.-Or. - 835 h.

La Garenne, 68 57 15 76, O : 0,7 km par N 116, rte d'Ille-sur-Têt
1,5 ha (58 empl.) plat, herbeux, pierreux
Permanent - **R** *conseillée juil.-août - 16 piscine comprise 20 15 (10A)*

NÈGREPELISSE
14 - 79 ⑱

Paris 630 - Bruniquel 12 - Caussade 11,5 - Gaillac 41 - Montauban 16

82800 T.-et-G. - 3 326 h.
Office de Tourisme (saison)
63 64 20 34

S.I. le Colombier, 63 64 20 34, au SO de la ville, près du CD 115, r. du Colombier
1 ha (50 empl.) plat et peu incliné, en terrasses, pierreux, herbeux - A proximité :
juin-15 sept. - **R** *conseillée juil.-août - 9 piscine comprise 17,50 9 (10A)*

NENON **39** Jura - 70 ③ - rattaché à Dole

NÉRIS-LES-BAINS
11 - 73 ② ③ **G. Auvergne**

Paris 343 - Clermont-Ferrand 80 - Montluçon 8 - Moulins 74 - Saint-Pourçain-sur-Sioule 54

03310 Allier - 2 831 h.
Office de Tourisme, carrefour des Arènes 70 03 11 03,
Fax 70 03 25 89

Municipal du Lac, 70 03 24 70, au SO de la ville, par av. Marx-Dormoy (D155), à l'ancienne gare, bord du Cournauron et accès direct à un lac
4 ha (135 empl.) plat et peu incliné, terrasse, herbeux, gravillons - - A proximité : - Location : studios, huttes

NEUF-BRISACH
8 - 62 ⑲ **G. Alsace Lorraine**

Paris 510 - Basel 61 - Belfort 77 - Colmar 16 - Freiburg 32 - Mulhouse 39 - Sélestat 30 - Thann 48

68600 H.-Rhin - 2 092 h.

Intercommunal l'Ile du Rhin « Situation et cadre agréables », 89 72 57 95, E : 5 km par N 415, rte de Fribourg puis, à la douane, 1 km vers l'extrémité nord de l'île, entre le Rhin et le Grand Canal d'Alsace
3 ha (263 empl.) plat, herbeux - - A proximité :
Permanent - Location longue durée - *Places limitées pour le passage -* **R** *conseillée juil.-août - Tarif 94 : 12,70 7,40/7,40 ou 13,10 15,35 (4A) 21,35 (6A) 29,60 (10A)*

NEUNG-SUR-BEUVRON
6 - 64 ⑱ ⑲

Paris 183 - Beaugency 32 - Blois 39 - Lamotte-Beuvron 20 - Romorantin-Lanthenay 22 - Salbris 25

41210 L.-et-Ch. - 1 152 h.

Municipal de la Varenne « Cadre agréable », 54 83 68 52, NE : 1 km, accès par rue à gauche de l'église, bord du Beuvron
4 ha (40 empl.) plat, herbeux -
Pâques-1er oct. - **R** - *9,50 9/14 10*

NEUVÉGLISE
11 - 76 ⑭ **G. Auvergne**

Paris 537 - Aurillac 78 - Entraygues-sur-Truyère 70 - Espalion 67 - Saint-Chély-d'Apcher 41 - Saint-Flour 19

15260 Cantal - 1 078 h. alt. 938.
Office de Tourisme, le Bourg
71 23 81 68

Le Belvédère du Pont de Lanau gorges de la Truyère « Dans un site agréable », 71 23 50 50, Fax 71 23 58 93, S : 6,5 km par D 48, D 921, rte de Chaudes-Aigues et chemin de Gros à droite - alt. 670
3,5 ha (120 empl.) en terrasses, herbeux, pierreux - - Location : appartements
25 mai-10 sept. - **R** - GB - *Tarif 94 : piscine comprise 2 pers. 100 (116 à 145 avec élect.), pers. suppl. 25*

Municipal Fontbielle , 71 23 84 08, à 500 m au sud du bourg
1 ha (40 empl.) en terrasses, herbeux, pierreux (0,4 ha) - - - A proximité : - Location : huttes
juil.-août - **R** *conseillée 14 juil.-15 août - Tarif 94 : 1 ou 2 pers. 27, pers. suppl. 12 10 (6 ou 10A)*

NEUVIC
10 - 76 ① **G. Berry Limousin**

Paris 473 - Aurillac 78 - Mauriac 26 - Tulle 55 - Ussel 21

19160 Corrèze - 1 829 h. alt. 610.
Office de Tourisme, r. de la Tour-Cinq-Pierres 55 95 88 78

Municipal de la Plage « Site agréable », 55 95 85 48, E : 2,3 km par D 20, rte de Bort-les-Orgues et rte de la plage à gauche, bord du lac de Triouzoune
5 ha (120 empl.) (juil.-août) en terrasses et accidenté, herbeux, gravillons (1 ha) - - - A proximité : - Location : gîtes
15 juin-15 sept. - **R** *conseillée juil.-août - 14 7 9*

NEUVIC

10 - 75 ④

Paris 520 - Bergerac 38 - Mussidan 13 - Périgueux 26 - Ribérac 22

24190 Dordogne - 2 737 h.

Plein Air Neuvicois, 53 81 50 77, N : 0,7 km par D 3, rte de St-Astier, sus les deux rives de l'Isle
2,5 ha (113 empl.) plat, herbeux - A proximité :
15 juin-15 sept. - **R** *conseillée - 17 17*

NEUVILLE SUR SARTHE

5 - 60 ⑬

Paris 207 - Beaumont-sur-Sarthe 19 - Conlie 20 - Le Mans 8 - Mamers 39

72190 Sarthe - 2 121 h.

Le Vieux Moulin, 43 25 31 82, vers sortie sud puis rue du Vieux Moulin à droite et chemin à gauche, près de la Sarthe
4,8 ha (100 empl.) plat, herbeux - A proximité :
avril-oct. - **R** - GB - *2 pers. 60 10 (3A) 17 (10A)*

NÉVACHE

12 - 77 ⑧ G. Alpes du Sud

Paris 704 - Bardonecchia 62 - Briançon 20

05100 H.-Alpes - 245 h. alt. 1 600 - Sports d'hiver : 1 600/1 800 m 2

Municipal « Site agréable et fleuri », NO : 7 km par D 994^{C} et D 301^{T}, aux Chalets de Fontcouverte, bord d'un torrent - alt. 1 850
2 ha (80 empl.) plat, peu incliné, terrasses, pierreux, herbeux - A proximité :
15 juin-20 sept. - *7,50 5,50 10,50/11,50*

NÉVEZ

3 - 58 ⑪ G. Bretagne

Paris 543 - Concarneau 13 - Pont-Aven 7,5 - Quimper 39 - Quimperlé 26

29920 Finistère - 2 574 h.

Les Chaumières, 98 06 73 06, Fax 98 06 78 34, S : 3 km par D 77 et rte à droite, à Kérascoët
1 ha (49 empl.) (juil.-août) plat, herbeux verger (0,3 ha) - A proximité : crêperie
juin-15 sept. - **R** *conseillée 15 juil.-20 août - 14 6,20 12,60 14,20 (4A)*

NEXON

10 - 72 ⑰ G. Berry Limousin

Paris 416 - Châlus 19 - Limoges 25 - Nontron 53 - Rochechouart 38 - Saint-Yrieix-la-Perche 20

87800 H.-Vienne - 2 297 h.

Municipal de l'Étang de la Lande, 55 58 35 44, S : 1,1 km par rte de St-Hilaire, accès pl. de l'Hôtel-de-Ville, près d'un plan d'eau
0,6 ha (53 empl.) peu incliné, terrasse, herbeux - vélos - Location *(permanent)* : huttes
15 juin-15 sept. - **R** *conseillée - Tarif 94 : 2 pers. 35 (45 avec élect.), pers. suppl. 13*

NEYDENS

12 - 74 ⑥

Paris 530 - Annecy 30 - Bellegarde-sur-Valserine 37 - Bonneville 34 - Genève 13 - Saint-Julien-en-Genevois 7

74160 H.-Savoie - 957 h.

La Colombière, 50 35 13 14, Fax 50 35 13 40, au bourg
2,2 ha (100 empl.) plat, herbeux -
avril-oct. - **R** *conseillée* - GB - *piscine comprise 2 pers. 80, pers. suppl. 20 18 (3A)*

NIBELLE

6 - 60 ⑳

Paris 101 - Chartres 87 - Châteauneuf-sur-Loire 23 - Neuville-aux-Bois 24 - Pithiviers 19

45340 Loiret - 697 h.

Nibelle, 38 32 23 55, Fax 38 32 23 15, E : 2 km par D 230, rte de Boiscommun puis D 9 à droite
6 ha (100 empl.) plat, pierreux - vélos - A proximité : - Location :
mars-nov. - **Location longue durée** - *Places disponibles pour le passage* - **R** *conseillée saison - élect. (2A) et piscine comprises 3 pers. 150*

NIEDERBRONN-LES-BAINS

8 - 57 ⑱ ⑲ G. Alsace Lorraine

Paris 460 - Haguenau 21 - Sarreguemines 56 - Saverne 44 - Strasbourg 50 - Wissembourg 33

67110 B.-Rhin - 4 372 h. -
Office de Tourisme, pl. de l'Hôtel-de-Ville 88 80 89 70

Heidenkopf « A l'orée de la forêt », 88 09 08 46, N : 3,5 km par rte de Bitche et RF à droite
1,5 ha (82 empl.) en terrasses et peu incliné, herbeux (1 ha) - - A proximité : snack, crêperie (découverte l'été)
Permanent - **Location longue durée** - *Places disponibles pour le passage* - **R** *conseillée - 13 11 7,80 (3A) 25 (6A) 50 (10A)*

NIEUL-LE-DOLENT

9 - 67 ⑬

Paris 427 - Aizenay 23 - Challans 48 - La Mothe-Achard 15 - La Roche-sur-Yon 13 - Les Sables-d'Olonne 23

85430 Vendée - 1 714 h.

Municipal les Garnes, au NE du bourg, près du D 12
0,8 ha (43 empl.) peu incliné, herbeux [symbols]
15 juin-15 sept. - **R** - *9,50* *4,50* *8* *7,50 (5A)*

NIEUL-SUR-L'AUTISE

9 - 71 ① G. Poitou Vendée Charentes

Paris 425 - Coulonges-sur-l'Autize 12 - Fontenay-le-Comte 36 - Niort 22 - La Rochelle 60 - Surgères 49

85240 Vendée - 943 h.

Municipal le Vignaud [symbols], 51 52 43 38, au bourg, dans le parc du château, bord de l'Autise
2 ha (36 empl.) plat, herbeux [symbols] vélos
15 juin-15 sept. - **R** - *10,20* *9,60* *9,50 (6A)*

NIEUL-SUR-MER **17** Char.-Mar. - 71 ⑫ - rattaché à la Rochelle

NIÉVROZ

12 - 74 ⑫

Paris 475 - Heyrieux 27 - Lyon 27 - Montluel 6 - Pont-de-Chéruy 17 - Saint-Priest 28

01120 Ain - 1 061 h.

Le Rhône (ex. Muncipal de Niévroz), 72 25 04 99, SE : 1,2 km sur D 61, rte du pont de Jons, à 300 m du Rhône
3 ha (144 empl.) [symbols] plat, pierreux, herbeux (1 ha) [symbols]
avril-sept. - **Location longue durée** - *Places disponibles pour le passage* - **R** - *14* *7* *7/12* *14 (6A) 20 (10A)*

NIORT

9 - 71 ② G. Poitou Vendée Charentes

Paris 406 - Angoulême 106 - Bordeaux 182 - Limoges 160 - Nantes 145 - Poitiers 74 - Rochefort 60 - La Rochelle 63

79000 Deux-Sèvres - 57 012 h.
Office de Tourisme, pl. Poste
49 24 18 79, Fax 49 24 98 90

Municipal de Noron « Décoration arbustive », 49 79 05 06, O par bd de l'Atlantique, derrière le Parc des Expositions et des Loisirs, bord de la Sèvre Niortaise
1,9 ha (150 empl.) [symbols] (saison) plat, herbeux, gravillons [symbols] vélos - A proximité : [symbols]
15 avril-15 oct. - **R** *conseillée saison - Tarif 94 : 1 ou 2 pers. 47 (60 avec élect. 5A)*

NIOZELLES

17 - 81 ⑮

Paris 746 - Digne-les-Bains 46 - Forcalquier 6,5 - Gréoux-les-Bains 29 - Manosque 20 - Les Mées 22

04300 Alpes-de-H.-Pr. - 170 h.

Lac du Moulin de Ventre [symbols] « Cadre agréable », 92 78 63 31, Fax 92 79 86 92, E : 2,5 km par N 100, rte de la Brillanne, bord du Lauzon et près d'un plan d'eau - [symbols] dans locations
28 ha/3 campables (100 empl.) [symbols] plat, en terrasses, peu incliné, herbeux, pierreux [symbols] - Location : [symbols], appartements
avril-25 sept. - **R** *conseillée - élect. (6A) et piscine comprises 2 pers. 102, pers. suppl. 28*

LA NOCLE-MAULAIX

11 - 69 ⑥

Paris 303 - Bourbon-Lancy 19 - Decize 31 - Gueugnon 36 - Luzy 18 - Nevers 64

58250 Nièvre - 376 h.

Municipal de l'Etang Marnant, Sortie O, par D 30, bord de l'étang
1 ha (15 empl.) peu incliné, herbeux [symbols] - A proximité : [symbols]
mai-sept - **R** *conseillée juil.-août - 7* *4,50* *4,50/5* *12 (20A)*

NOGENT-LE-ROTROU

5 - 60 ⑮ G. Normandie Vallée de la Seine

Paris 153 - Alençon 65 - Chartres 54 - Châteaudun 53 - Le Mans 65 - Mortagne-au-Perche 36

28400 E.-et-L. - 11 591 h.
Office de Tourisme, 44 r. Villette-Gaté 37 52 22 16, Fax 37 52 39 45

Municipal des Viennes, 37 52 80 51, au N de la ville par av. des Prés (D 103) et rue des Viennes, bord de l'Huisne
0,3 ha (30 empl.) [symbols] plat, herbeux [symbols] - A proximité : [symbols]
mai-sept. - **R** - *Tarif 94 : 5,10* *5,10* *5,10/7,20* *9,20 (6A)*

NOIRÉTABLE

11 - 73 ⑯ G. Auvergne

Paris 485 - Ambert 49 - Lyon 112 - Montbrison 45 - Roanne 45 - Saint-Étienne 88 - Thiers 24

42440 Loire - 1 719 h. alt. 722.
Syndicat d'Initiative, Mairie
77 24 70 12

Municipal de la Roche [symbols], 77 24 72 68, S : 1 km par N 89 et D 110 à droite, bord d'un plan d'eau
0,6 ha (52 empl.) peu incliné et en terrasses, herbeux [symbols]
avril-oct. - **R** *conseillée - Tarif 94 : 6* *3* *3* *9*

NOIRMOUTIER (Île de)

9 – 67 ① G. Poitou Vendée Charentes

85 Vendée
Accès : - **par le pont routier au départ de Fromentine** : gratuit - **par le passage du Gois à basse mer** (4,5 km) - se renseigner à la subdivision de l'Équipement
✆ 51 68 70 07 (Beauvoir-sur-Mer)

Barbâtre – 1 269 h. – ✉ 85630 Barbâtre.
Office de Tourisme ✆ 51 39 80 71, Fax 51 39 53 16
Paris 462 – Challans 33 – Nantes 80 – Noirmoutier-en-l'Ile 10 – Saint-Nazaire 78

Municipal du Midi, ✆ 51 39 63 74, NO : 1 km par D 948 et chemin à gauche, **bord de la plage (accès direct)**
13 ha (740 empl.) accidenté, sablonneux, herbeux (5 ha) – A l'entrée : self – A proximité : parcours sportif – Location :

Noirmoutier-en-l'Île – 4 846 h. – ✉ 85330 Noirmoutier-en-l'Ile.
Office de Tourisme annexe, quai Jean Bart (Pâques-sept.- vacances scolaires) ✆ 51 39 12 42
Paris 471 – Cholet 127 – Nantes 88 – La Roche-sur-Yon 85

C.C.D.F. La Vendette ≤, ✆ 51 39 06 24, E : 2,7 km, bord de la plage des Sableaux
12 ha (600 empl.) plat et peu accidenté, sablonneux, herbeux pinède – A proximité : snack
Pâques-sept. – **R** *conseillée juil.-août – Adhésion obligatoire – 13 10,50 13 8 (2A) 10 (3A)*

NONETTE 63 P.-de-D. – 73 ⑮ – rattaché à St-Germain-Lembron

NONTRON

10 – 72 ⑮ G. Berry Limousin

Paris 465 – Angoulême 45 – Libourne 135 – Limoges 66 – Périgueux 51 – Rochechouart 42

24300 Dordogne – 3 558 h.
Syndicat d'Initiative, r. Verdun
✆ 53 56 25 50

Municipal Masviconteaux, ✆ 53 56 02 04, sortie SO par D 675, au stade, bord du Bandiat
1,8 ha (70 empl.) plat, herbeux – – A proximité :
juin-15 sept. – **R** – *9 10 8,30 7*

NORT-SUR-ERDRE

4 – 63 ⑰

Paris 374 – Ancenis 27 – Châteaubriant 35 – Nantes 32 – Rennes 82 – St-Nazaire 61

44390 Loire-Atl. – 5 362 h.

Municipal du Port-Mulon « Situation et cadre agréables », ✆ 40 72 23 57, S : 1,5 km par rte de l'hippodrome et à gauche, à 100 m de l'Erdre et d'un plan d'eau
1,8 ha (70 empl.) plat, herbeux – – A proximité : poneys
mars-oct. – **R** – *1 à 3 pers. 38 7,50*

NOTRE-DAME-DE-MONTS

9 – 67 ⑪

Paris 458 – Challans 21 – Nantes 72 – Noirmoutier-en-l'Ile 25 – Pornic 45 – La Roche-sur-Yon 62

85690 Vendée – 1 333 h.

Le Bois Soret « Cadre agréable », ✆ 51 58 84 01, N : 2 km
2,5 ha (176 empl.) plat, herbeux, sablonneux – –
vacances de printemps-15 sept. – **R** *conseillée – Tarif 94 : piscine comprise 3 pers. 88,50 (99,90 avec élect.), pers. suppl. 20*

Le Grand Jardin, ✆ 51 58 87 76, N : 0,6 km
1,3 ha (90 empl.) (juil.-août) plat, herbeux, sablonneux – – Location : , studios
mai-sept. – **R** *conseillée – Tarif 94 : 3 pers. 72 10 (4A)*

Le Pont d'Yeu, ✆ 51 58 83 76, S : 1 km
1,3 ha (100 empl.) plat, sablonneux – – vélos – Location :
mai-20 sept. – **R** *conseillée juil.-août – Tarif 94 : 2 pers. 63 11 (3A) 16 (6A)*

La Davière, ✆ 51 58 85 96, N : 2,2 km
1,3 ha (105 empl.) plat, sablonneux, herbeux – –
15 juin-15 sept. – **R** *conseillée août – Tarif 94 : 3 pers. 46, pers. suppl. 8,50 8 (4A)*

Le Fief Haut, ✆ 51 58 85 29, N : 2,2 km (hors schéma)
1 ha (85 empl.) plat, herbeux, sablonneux – –
saison – **R**

Les Tranches, ✆ 51 58 85 37, N : 1,5 km
0,8 ha (70 empl.) plat, herbeux, sablonneux – – Location :
mai-sept. – **R** *conseillée – 2 pers. 49 11 (4A)*

La Ménardière, ✆ 51 58 86 92 ✉ 85160 St-Jean-de-Monts, S : 1 km
0,8 ha (70 empl.) plat, sablonneux, herbeux – –
juin-sept. – **R** *conseillée – 2 pers. 48, pers. suppl. 16 12 (5A)*

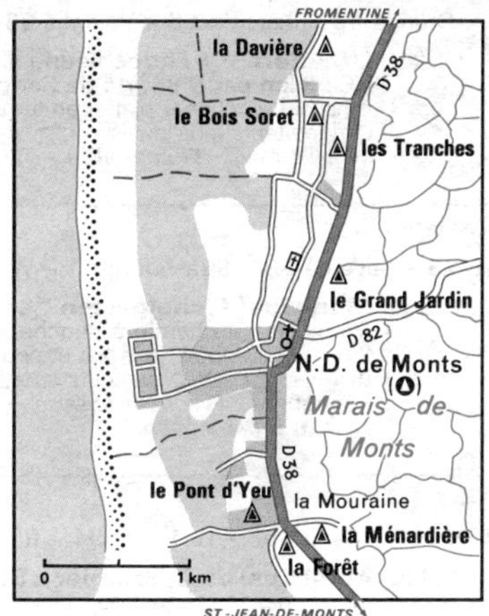

Voir aussi *St-Jean-de-Monts*

NOUAN-LE-FUZELIER

6 - 64 ⑲

Paris 177 - Blois 58 - Cosne-sur-Loire 71 - Gien 55 - Lamotte-Beuvron 8 - Orléans 53 - Salbris 12

41600 L.-et-Ch. - 2 274 h.

Office de Tourisme, pl. de la Mairie ✆ 54 88 76 75

La Grande Sologne, ✆ 54 88 70 22, sortie S par N 20 puis chemin à gauche en face de la gare, bord d'un étang
12 ha/5 campables (180 empl.) plat, herbeux - vélos
- A proximité :
avril-22 oct. - **R** *conseillée juil.-août* - *piscine comprise 2 pers. 38, pers. suppl. 13* *12 (3A) 17 (6A)*

Le NOUVION-EN-THIÉRACHE

2 - 53 ⑮

Paris 194 - Avesnes-sur-Helpe 21 - Le Cateau-Cambrésis 19 - Guise 21 - Hirson 26 - Laon 62 - Saint-Quentin 48

02170 Aisne - 2 905 h.

L'Astrée, ✆ 23 98 98 58, S : 1,5 km par D 26 rte de Guise et chemin à gauche, bord d'un plan d'eau
1,3 ha (56 empl.) plat et peu incliné, herbeux -
A proximité : au Parc de Loisirs : pizzeria swin golf, bowling, vélos
15 avril-15 oct. - **R** - GB - *2 pers. 50, pers. suppl. 18* *10 (2A) 13 (3A) 15 (4A)*

NOVALAISE

73 Savoie - 74 ⑮ - voir à Aiguebelette (Lac d')

NOYAL-MUZILLAC

56 Morbihan - 63 ⑭ - rattaché à Muzillac

NOYANT-LA-GRAVOYÈRE

4 - 63 ⑨

Paris 315 - Châteaubriant 33 - Château-Gontier 28 - Laval 59 - Segré 7,5

49520 M.-et-L. - 1 813 h.

Parc de St-Blaise < site de la Mine Bleue, ✆ 41 61 75 39, Fax 41 61 53 25, à 0,7 km au nord de la commune, à 200 m d'un étang (accès direct) et à proximité du site de la Mine Bleue (navettes)
1,2 ha (47 empl.) peu incliné à incliné, en terrasses, herbeux, pierreux -
crêperie - (plage) poneys
15 avril-1er oct. - **R** *conseillée août* - GB - *2 pers. 35, pers. suppl. 9* *11 (3A) 14 (5A)*

NOZAY

4 - 63 ⑰

Paris 383 - Bain-de-Bretagne 32 - Nantes 46 - Pontchâteau 42

44170 Loire-Atl. - 3 050 h.

Office de Tourisme, 21 r. Alexis Letourneau ✆ 40 79 31 64

Camp du S.I. « Entrée fleurie », ✆ 40 87 94 33, au N du bourg, par D 121
0,3 ha (20 empl.) plat, herbeux - - A proximité :
15 mai-15 sept. - **R** *conseillée - Tarif 94 :* *8* *6* *10* *10 (10A)*

NUEIL-SUR-LAYON

9 - 64 ⑪

Paris 334 - Angers 46 - Argenton-Château 19 - Doué-la-Fontaine 13 - Saumur 32 - Thouars 24

49560 M.-et-L. - 1 431 h.

Municipal le Moulin d'Eau (aire naturelle) , au sud du bourg, allée du stade, à 70 m du Layon
0,2 ha (12 empl.) peu incliné, herbeux - - A proximité :
15 avril-sept. - **R** - *6* *4,50* *5*

NYONS

16 - 81 ③ G. Provence

Paris 656 - Alès 106 - Gap 105 - Orange 42 - Sisteron 98 - Valence 96

26110 Drôme - 6 353 h.

Office de Tourisme, pl. de la Libération 75 26 10 35, Fax 75 26 07 57

L'Or Vert « Entrée fleurie », 75 26 24 85 26110 Aubres, **à Aubres,** NE : 3 km par D 94, rte de Serres, bord de l'Eygues - juil.-août
1 ha (80 empl.) plat et en terrasses, pierreux et petit verger - réfrigérateurs individuels -
avril-15 nov. - **R** *conseillée - Tarif 94 : 14 14 10 (3A) 16 (6A)*

OBERBRONN

8 - 57 ⑱ G. Alsace Lorraine

Paris 455 - Bitche 25 - Haguenau 23 - Saverne 38 - Strasbourg 51 - Wissembourg 36

67110 B.-Rhin - 2 075 h.

Municipal Eichelgarten , 88 09 71 96, S : 1,5 km par D 28, rte d'Ingwiller et chemin à gauche, à l'orée d'un bois
2,5 ha (120 empl.) plat et peu incliné, herbeux, pierreux - - parcours sportif - A proximité : - Location : gîte d'étape
Permanent - **R** *conseillée saison - Tarif 94 : 13,60 piscine comprise 6,60 9 5 par ampère*

OFFRANVILLE

1 - 52 ④ G. Normandie Vallée de la Seine

Paris 173 - Abbeville 73 - Beauvais 106 - Caen 158 - Le Havre 94 - Rouen 57

76550 S.-Mar. - 3 059 h.

Municipal du Colombier « Beau parc floral attenant », 35 85 21 14, au bourg, par la r. Loucheur
1,2 ha (98 empl.) plat, herbeux - - A l'entrée : et poneys - A proximité : - Location :
avril-15 oct. - **Location longue durée** - *Places disponibles pour le passage* - **R** *conseillée juil.-août - 15,20 9,20 17,50 10,50 (6A) 14 (10A)*

OIZON

6 - 65 ⑪

Paris 179 - Aubigny-sur-Nère 6,5 - Bourges 50 - Salbris 38 - Sancerre 34 - Sully-sur-Loire 41

18700 Cher - 776 h.

Municipal de Nohant , 48 58 06 20, E : 0,9 km par D 923, D 213, rte de Concressault et chemin à gauche, bord d'un étang et de l'Oizenotte
1 ha (75 empl.) plat, herbeux - -
Pâques-oct. - **R** *conseillée - élect. comprise 1 pers. 26, pers. suppl. 10*

OLÉRON (Île d')

9 - 71 ⑬ ⑭ G. Poitou Vendée Charentes

17 Char.-Mar.
Pont-viaduc : Passage gratuit

La Brée-les-Bains - 644 h. - 17840 la Brée-les-Bains :.

Paris 526 - Marennes 33 - Rochefort 53 - La Rochelle 87 - Saintes 71

Pertuis d'Antioche, 46 47 92 00, Fax 46 47 82 22, NO : 1 km par D 273 et à droite, chemin des Proirres, à 150 m de la plage
2 ha (130 empl.) plat, herbeux - - - A proximité : - Location :
avril-sept. - **R** *conseillée* - GB - *3 pers. 93 19 (5A) 22 (10A)*

Le Château-d'Oléron - 3 544 h. - 17480 le Château-d'Oléron.

Office du Tourisme, pl. de la République 46 47 60 51

Paris 504 - Marennes 14 - Rochefort 34 - La Rochelle 68 - Royan 41 - Saintes 54

La Brande, 46 47 62 37, Fax 46 47 71 70, NO : 2,5 km, à 250 m de la mer - dans locations
4 ha (200 empl.) plat, herbeux, sablonneux - - Toboggan aquatique - A proximité : - Location :
15 mars-15 nov. - **R** *conseillée juil.-août* - GB - *piscine comprise 1 ou 2 pers. 110, pers. suppl. 30 20 (6A) 25 (10A)*

Fief-Melin , 46 47 60 85, O : 1,7 km par rte de St-Pierre-d'Oléron puis 0,6 km par r. des Alizés à droite
2,2 ha (115 empl.) plat, herbeux - garderie - - Location *(permanent)* :
Pâques-Toussaint - **R** *conseillée juil., indispensable août* - *piscine comprise 3 pers. 87 19 (5A) 25 (10A)*

La Cotinière - 17310 St-Pierre-d'Oléron :.

Paris 520 - Marennes 25 - Rochefort 45 - La Rochelle 78 - Royan 51 - Saintes 65

Les Tamaris « Cadre agréable », 46 47 10 51, Fax 46 47 27 96, à 150 m de la plage
5 ha (324 empl.) plat, sablonneux, herbeux - snack - - Location :
15 mars-15 oct. - **R** *conseillée 14 juil.-15 août* - *piscine comprise 3 pers. 101 18 (4A) 25 (6A)*

Le Sous Bois, 46 47 22 46, NO : 0,5 km, à 150 m de la plage
2 ha (169 empl.) plat, sablonneux - - A proximité :
Pâques-sept. - **R** *indispensable mi-juil.-août - Tarif 94 : 1 à 3 pers. 64 14,50 (3A) 18,50 (6A)*

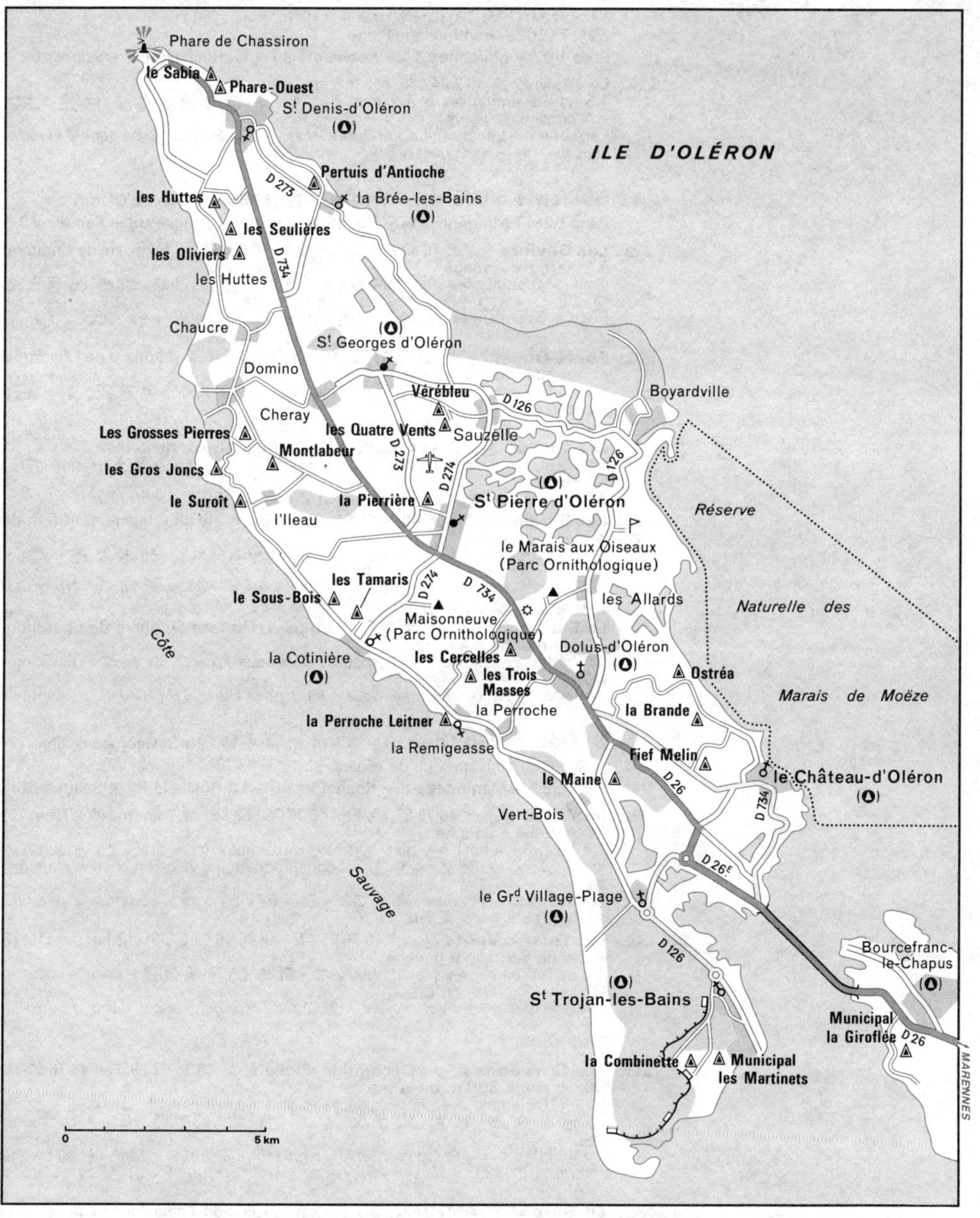

Dolus-d'Oléron – 2 440 h. – ✉ 17550 Dolus-d'Oléron.

Syndicat d'Initiative, pl. Hôtel de Ville (fermé après-midi 15 sept.-avril) ☎ 46 75 32 84

Paris 511 – Marennes 18 – Rochefort 38 – La Rochelle 72 – Saintes 56

▲ **Ostréa**, ☎ 46 47 62 36, Fax 46 75 20 01, E : 3,5 km, près de la mer – dans locations
3,5 ha (180 empl.) plat, sablonneux, herbeux – – – Location :
avril-sept. – **R** *conseillée juil.-août* – *2 pers. 68* *16,50 (3A) 20,50 (6A)*

▲ **La Perroche Leitner**, ☎ 46 75 37 33, SO : 4 km à la Perroche, bord de mer
1,5 ha (100 empl.) plat, sablonneux – – –
A proximité :
juin-15 sept. – **R** *conseillée* – *1 ou 2 pers. 85, pers. suppl. 23* *20 (5A)*

Le Grand-Village-Plage - 718 h.

17370 le-Grand-Village-Plage :.

Paris 507 - Marennes 14 - Rochefort 34 - La Rochelle 68 - Saintes 52

Le Maine, 46 75 42 76, N : 2,5 km
1,5 ha (95 empl.) plat, herbeux - - A proximité :
Permanent - **Location longue durée** - *Places limitées pour le passage* - **R** *indispensable été* - *2 pers. 76*

St-Denis-d'Oléron - 1 107 h. - 17650 St-Denis-d'Oléron :.

Paris 528 - Marennes 35 - Rochefort 55 - La Rochelle 89 - Saintes 73

Les Oliviers, 46 47 93 42, Fax 46 75 90 66, SO : 3,5 km, rte de Chaucre, à 300 m de la plage
4 ha (150 empl.) plat, sablonneux, herbeux (0,6 ha) - - - Location :
Pâques-fin sept. - **R** *conseillée* - *2 pers. 90, 3 pers. 98, pers. suppl. 25 23 (6A)*

Phare-Ouest, 46 47 90 00, NO : 1 km par rte du phare de Chassiron et à droite, près de la mer
4 ha (298 empl.) plat, herbeux, sablonneux - - - Location :
avril-sept. - **R** *conseillée* - *15 58 17 (6 ou 10A)*

Les Huttes, 46 47 86 93, SO : 2 km, à 400 m de la mer
4 ha (292 empl.) plat, herbeux, sablonneux - - A proximité :
15 mars-oct. - **R** *conseillée* - *1 à 2 pers. 73,50 19,50 (10A)*

Les Seulières, 46 47 90 51, SO : 3,5 km, rte de Chaucre, à 400 m de la plage
1,6 ha (100 empl.) plat, herbeux, sablonneux - - - A proximité : - Location :
10 juin-15 sept. - **R** *conseillée* - *3 pers. 68, pers. suppl. 18 16 (5A)*

Le Sabia, 46 47 97 84, NO : 1 km par D 734 rte du phare de Chassiron, à 100 m de la mer
0,5 ha (40 empl.) plat, herbeux, sablonneux - - Location :
avril-sept. - **R** *conseillée juil.-août* - *3 pers. 62 19 (10A)*

St-Georges-d'Oléron - 3 144 h. - 17190 St-Georges-d'Oléron.

Syndicat d'Initiative, pl. de l'Eglise 46 76 63 75

Paris 521 - Marennes 28 - Rochefort 48 - La Rochelle 82 - Saintes 66

Verébleu, 46 76 57 70, Fax 46 76 70 56, SE : 1,7 km par D 273 et rte de Sauzelle à gauche
7,5 ha (333 empl.) plat, herbeux, sablonneux - - - Toboggan aquatique, vélos - Location :
Pâques-sept. - **R** *conseillée* - GB - *Tarif 94 : piscine comprise 2 pers. 88 ou 105, pers. suppl. 23 19 (6A)*

Les Quatre Vents, 46 76 65 47, Fax 46 76 62 57, SE : 2 km par D 273 et rte de Sauzelle à gauche
1,2 ha (66 empl.) plat, herbeux - - vélos - Location *(Pâques-15 oct.)* :
Pâques-15 sept. - **R** *conseillée* - *2 pers. 75, pers. suppl. 19 18 (6A)*

Côte Ouest :

Les Gros Joncs « Décoration florale », 46 76 52 29, Fax 46 76 67 74, SO : 5 km, à 300 m de la mer
3 ha (187 empl.) plat, accidenté et en terrasses, sablonneux - - - vélos - Location :
26 mars-15 oct. - **R** *indispensable 15 juil.-15 août* - GB - *Tarif 94 : piscine comprise 3 pers. 140 ou 152, pers. suppl. 35 ou 38 12 à 22 (3 à 16A)*

Le Suroît, 46 47 07 25, SO : 5 km, au lieu-dit l'ileau, accès direct à la plage
5 ha (247 empl.) plat et accidenté, sablonneux (3 ha) - - - A proximité :
avril-sept. - **R** *conseillée juil.-août* - GB - *2 pers. 90, pers. suppl. 25*

Montlabeur, 46 76 52 22, Fax 46 76 79 69, SO : 4,3 km
7 ha (368 empl.) plat, herbeux - - - Toboggan aquatique - A proximité : - Location : , bungalows toilés
15 mai-sept. - **R** *conseillée juil.-août* - *Tarif 94 : piscine comprise 2 pers. 90, pers. suppl. 27 19 (5A)*

Les Grosses Pierres, 46 76 52 19, Fax 46 76 54 85, SO : 4 km
5 ha (265 empl.) plat, herbeux - cases réfrigérées - - A proximité : piste de bi-cross - Location :
avril-sept. - **R** *conseillée* - GB - *piscine comprise 2 pers. 80*

St-Pierre-d'Oléron - 5 365 h. - 17310 St-Pierre-d'Oléron.
Office de Tourisme, pl. Gambetta 46 47 11 39
Paris 518 - Marennes 23 - Rochefort 44 - La Rochelle 78 - Royan 51 - Saintes 64

La Pierrière « Cadre agréable », 46 47 08 29, sortie NO par rte de St-Georges-d'Oléron
2,5 ha (140 empl.) plat, herbeux - A proximité : half-court
avril-sept. - **R** *conseillée juil., indispensable août - piscine comprise 3 pers. 110, pers. suppl. 27 20 (4A)*

Les Cercelles, 46 47 19 24, Fax 46 75 04 96, SE : 4 km, au lieu-dit le Marais Doux
1,2 ha (87 empl.) plat, herbeux - (bassin) - Location :
Permanent - **R** *conseillée juil.-août - 3 pers. 90, pers. suppl. 23 19 (15A)*

Les Trois Masses, 46 47 23 96, SE : 4,3 km, au lieu-dit le Marais-Doux
3 ha (130 empl.) plat, herbeux, sablonneux - Location :
Pâques-sept. - **R** *conseillée - piscine comprise 3 pers. 82 18 (10A)*

St-Trojan-les-Bains - 1 490 h. - 17370 St-Trojan-les-Bains.
Office de Tourisme, carrefour du Port 46 76 00 86
Paris 513 - Marennes 18 - Rochefort 38 - La Rochelle 72 - Royan 45 - Saintes 58

La Combinette, 46 76 00 47, SO : 1,5 km
4 ha (250 empl.) plat et accidenté, sablonneux, herbeux pinède - A proximité : - Location : studios
avril-1er nov. - **R** *indispensable juil.-août - Tarif 94 : 2 pers. 44, 3 pers. 57, pers. suppl. 16 13,20 (5A) 16 (10A)*

Municipal les Martinets, 46 76 02 39, SO : 1,3 km
5 ha (300 empl.) accidenté, sablonneux pinède - - A proximité : parcours sportif
avril-sept. - **R** - *Tarif 94 : 2 pers. 40 14 (6A)*

Voir aussi à *Bourcefranc-le-Chapus*

OLIVET **45** Loiret - 64 ⑨ - rattaché à Orléans

Les OLLIÈRES-SUR-EYRIEUX 16 - 76 ⑲
Paris 595 - Le Cheylard 29 - Lamastre 34 - Montélimar 52 - Privas 19 - Valence 34

07360 Ardèche - 769 h.

Le Mas de Champel, 75 66 23 23, Fax 75 66 23 16, au nord du bourg par D 120, rte de la Voulte-sur-Rhône et chemin à gauche, près de l'Eyrieux
2,3 ha (60 empl.) en terrasses, pierreux, herbeux - snack - (plage aménagée) - Location : bungalows toilés
29 avril-sept. - **R** *conseillée 8 juil.-20 août - GB - piscine comprise 3 pers. 99 25 (4A) 30 (6A) 40 (10A)*

Domaine des Plantas, 75 66 21 53, Fax 75 66 23 65, à 2,5 km à l'est du bourg par rte étroite, accès près du pont, bord de l'Eyrieux
27 ha/7 campables (125 empl.) en terrasses, pierreux, herbeux - discothèque vélos
15 avril-sept. - **R** *conseillée - 2 pers. 98 18 (6A)*

Eyrieux-Camping, 75 66 30 08, sortie E par D 120, rte de la Voulte-sur-Rhône et chemin à droite, à 100 m de l'Eyrieux (accès direct)
1,5 ha (58 empl.) (saison) plat et en terrasses, gravier, herbeux - snack - vélos - Location :
15 avril-sept. - **R** *indispensable juil.-août - piscine comprise 2 pers. 69, pers. suppl. 18 16 (6A)*

OLMETO **2A** Corse-du-Sud - 90 ⑱ - voir à Corse

OLONNE-SUR-MER **85** Vendée - 67 ⑫ - rattaché aux Sables-d'Olonne

---

OLORON-STE-MARIE 13 - 85 ⑥ G. Pyrénées Aquitaine
Paris 823 - Bayonne 93 - Dax 79 - Lourdes 60 - Mont-de-Marsan 96 - Pau 35

64400 Pyr.-Atl. - 11 067 h.
Office de Tourisme, pl. de la Résistance 59 39 98 00

Municipal du Stade, 59 39 11 26, SO : 2 km par rte de Tardets-Sorholus, bord de la Mielle - dans locations
3 ha (180 empl.) plat, herbeux - - A proximité : - Location : gîtes
Permanent - **R** *juil.-août - 2 pers. 46/51 15 (6A) 34 (10A)*

OMONVILLE

1 - 52 ⑭

Paris 183 - Dieppe 17 - Doudeville 24 - Neufchâtel-en-Bray 34 - Rouen 47 - Yvetot 37

76730 S.-Mar. - 263 h.

Omonvillage, 35 83 70 75, au NE du bourg par D 308, près du Château
1 ha (50 empl.) plat, herbeux - Garage pour caravanes
avril-15 oct. - **R** *conseillée juil.-août - 16 16 14 (6A)*

ONDRES

13 - 78 ⑰

Paris 757 - Bayonne 8 - Capbreton 10 - Dax 39 - Hasparren 30 - Peyrehorade 31

40440 Landes - 3 100 h.
Office de Tourisme, Mairie
59 45 35 80

Lou Pignada « Entrée fleurie, cadre agréable », 59 45 30 65, Fax 59 45 25 79, NO : 1,5 km par D 26, rte de la plage - dans locations
2 ha (135 empl.) plat, herbeux - vélos - A proximité : - Location :
avril-sept. - **R** *conseillée, indispensable 10 juil.-20 août* - GB - *2 pers. 80 (110 avec élect.), pers. suppl. 17,50*

ONESSE-ET-LAHARIE

13 - 78 ⑤

Paris 687 - Castets 27 - Mimizan 22 - Mont-de-Marsan 52 - Morcenx 13 - Sabres 31

40110 Landes - 981 h.

Municipal Bienvenue, 58 07 30 49, à Onesse, sortie NO rte de Mimizan
1,2 ha (100 empl.) plat, herbeux, sablonneux -
15 juin-15 sept. - **R** - *Tarif 94 : 11,10 7,40 11,10 4,20*

ONZAIN

5 - 64 ⑯ G. Châteaux de la Loire

Paris 198 - Amboise 20 - Blois 16 - Château-Renault 23 - Montrichard 21 - Tours 47

41150 L.-et-Ch. - 3 080 h.
Syndicat d'Initiative
54 78 23 21 (juil.-août) et Mairie
54 20 72 59

Le Dugny, 54 20 70 66, Fax 54 33 71 69, NE : 1,5 km par rte de Chouzy-sur-Cisse puis 2,7 km par D 45 rte de Chambon-sur-Cisse et chemin à gauche, bord d'un étang
7 ha (50 empl.) (saison) peu incliné, herbeux, pierreux - snack - vélos - Location : , gîtes
Permanent - **R** *conseillée - piscine comprise 1 pers. 30 10 (10A)*

Municipal, 54 20 85 15, SE : 1,5 km par D 1, rte de Chaumont-sur-Loire, à 300 m de la Loire
1,4 ha (66 empl.) plat, herbeux - - A proximité :
24 mai-9 sept. - **R** - *Tarif 94 : 9 7 9 (10A)*

OPIO

17 - 84 ⑧ ⑨

Paris 915 - Cannes 17 - Digne-les-Bains 124 - Draguignan 73 - Nice 28

06650 Alpes-Mar. - 1 792 h.

Caravan-Inn, réservé aux caravanes « Cadre agréable », 93 77 32 00, Fax 93 77 71 89, S : 1,5 km sur D 3 - Par A 8 : sortie Cannes-Grasse puis rte de Valbonne - Accès aux emplacements par véhicule tracteur
5 ha (120 empl.) en terrasses, pierreux, herbeux - snack - - A proximité : golf - Location :
Pâques-sept. - **Location longue durée** - *Places disponibles pour le passage* - **R** *conseillée, indispensable juil.-août - Tarif 94 : élect. (2A) et piscine comprises jusqu'à 4 pers. 150,70 à 188,15 selon emplacement, pers. suppl. 16,55 12 (4A) 15 (10A)*

ORAISON

17 - 81 ⑯

Paris 744 - Digne-les-Bains 39 - Forcalquier 14 - Gréoux-les-Bains 23 - Manosque 18 - Sisteron 38

04700 Alpes-de-H.-Pr. - 3 509 h.
Office de Tourisme, allée Arthur-Gouin (juin-15 sept.)
92 78 60 80

Municipal les Oliviers, 92 78 76 52, N : 0,8 km par av. Francis-Richard, à 150 m du canal d'Oraison
2 ha (66 empl.) peu incliné, herbeux - (bassin) - A proximité :
juin-sept. - **R** - *16,20 20 14,35 (12A)*

ORANGE

16 - 81 ⑪ ⑫ G. Provence

Paris 659 - Alès 83 - Avignon 31 - Carpentras 23 - Montélimar 54 - Nîmes 54

84100 Vaucluse - 26 964 h.
Office de Tourisme, cours Aristide-Briand 90 34 70 88,
Fax 90 34 99 62 et pl. Frères-Mounet (avril-sept.)

Le Jonquier, 90 34 19 83, Fax 90 34 86 54, NO : par N 7 rte de Montélimar et rue à gauche passant devant la piscine, quartier du Jonquier, rue Alexis Carrel
2,5 ha (124 empl.) plat, herbeux - snack cases réfrigérées - (bassin) poneys, vélos, tir à l'arc - Location : , studios
avril-oct. - **R** *conseillée juil.-août* - GB - *28 30 17 (3A) 20 (6A)*

ORBEY

8 - 62 ⑱ G. Alsace Lorraine

Paris 471 - Colmar 22 - Gérardmer 40 - Munster 20 - Ribeauvillé 22 - Saint-Dié 40 - Sélestat 35

68370 H.-Rhin - 3 282 h.
Office de Tourisme, Mairie
89 71 30 11 et à Hachimette (mi juin-mi sept.) 89 47 53 11

Les Moraines, 89 71 25 19, SO : 3,5 km rte des lacs, à Pairis, bord d'un ruisseau - alt. 700
1 ha (54 empl.) plat et peu incliné, herbeux, gravier - - A proximité :
Permanent - **R** *indispensable juil.-août - 18 5,50 9,50 12 (3A) 24 (6A)*

ORCIÈRES

17 - 77 ⑰ G. Alpes du Nord

Paris 686 - Briançon 110 - Gap 33 - Grenoble 116 - La Mure 77 - Saint-Bonnet-en-Champsaur 27

05170 H.-Alpes - 841 h. alt. 1 439 - Sports d'hiver : 1 850/2 650 m 2 26.

Office de Tourisme, Maison du Tourisme 92 55 70 39, Fax 92 55 62 47

Base de Loisirs < Parc National des Écrins « Site agréable », 92 55 76 67, à 3,4 km au SO d'Orcières, à la Base de Loisirs, près du Drac Noir et d'un petit plan d'eau - alt. 1 280
0,6 ha (40 empl.) plat, pierreux, gravillons - snack - parcours sportif - A proximité : - Location : gîte d'étape
17 déc.-1er mai, 25 juin-3 sept. - **R** *14 juil.-15 août* - GB - *17* *17* *15 (2A) 35 (6A)*

ORCIVAL

11 - 73 ⑬ G. Auvergne

Paris 451 - Aubusson 85 - Clermont-Ferrand 26 - Le Mont-Dore 17 - Rochefort-Montagne 5 - Ussel 56

63210 P.-de-D. - 283 h. alt. 890

L'Étang de Fléchat < « Cadre et situation agréables », 73 65 82 96, S : 1,5 km par D 27, rte du Mont-Dore puis 2,5 km par D 74, rte de Rochefort-Montagne et chemin à droite, bord d'un étang - alt. 920
3 ha (83 empl.) plat et en terrasses, herbeux - snack - - Location :
juin-15 sept. - **R** *conseillée - Tarif 94 :* *20* *30* *15 (3A) 20 (6A) 25 (10A)*

ORELLE

12 - 77 ⑦ ⑧

Paris 655 - Aiguebelle 53 - Chambéry 92 - Modane 12 - Valloire 23

73140 Savoie - 324 h. alt. 900

Municipal Cime de Caron <, au SE du bourg
0,4 ha (33 empl.) en terrasses, herbeux, pierreux - -
A l'entrée :
mai-sept. - **R** *juil.-août* - *11* *16*

ORGNAC-L'AVEN **07** Ardèche - 80 ⑨ - voir à Ardèche (Gorges de l')

ORINCLES

14 - 85 ⑧

Paris 815 - Bagnères-de-Bigorre 15 - Lourdes 10 - Pau 47 - Tarbes 14

65380 H.-Pyr. - 236 h.

Le Cerf Volant (aire naturelle) <, 62 42 99 32, SE : 2,2 km par D 407, à 300 m du D 937
1 ha (23 empl.) plat, terrasse, herbeux - -
15 avril-15 oct. - **R** *conseillée - Tarif 94 :* *12* *5* *5/8* *12 (15A)*

ORLÉANS P

6 - 64 ⑨ G. Châteaux de la Loire

Paris 130 - Caen 260 - Clermont-Ferrand 301 - Dijon 300 - Limoges 274 - Le Mans 141 - Reims 267 - Rouen 219

45000 Loiret - 105 111 h.

Office de Tourisme et Accueil de France, pl. Albert-Ier 38 53 05 95, Fax 38 54 49 84

à la Chapelle-St-Mesmin O : 5 km par N 152 - 8 207 h.
45380 la Chapelle-St-Mesmin :

Municipal du Château < « Cadre agréable », 38 43 60 46, rte de Blois puis à gauche par allée des Tilleuls et rue du Château, près de la Loire
2 ha (90 empl.) plat, herbeux, jardin public attenant - - - A proximité : piste de bi-cross, parcours sportif - Location : gîte d'étape
avril-sept. - **R** *conseillée juil.-août* - *12* *10* *14 (6A)*

à Olivet S : 4 km par rte de Vierzon - 17 572 h. - 45160 Olivet.
Office de Tourisme, 226 r. Paul-Génain 38 63 49 68

Municipal, 38 63 53 94, SE : 2 km par D 14, rte de St-Cyr-en-Val, bord du Loiret
1 ha (82 empl.) plat, herbeux -
avril-15 oct. - **R** - *Tarif 94 :* *12,70* *7,40* *8,45 (19 avec élect.)*

ORLÉAT

11 - 73 ⑮

Paris 433 - Billom 19 - Clermont-Ferrand 33 - Puy-Guillaume 19 - Riom 31 - Thiers 14

63190 P.-de-D. - 1 569 h.

Camping de Pont-Astier <, 73 53 64 40, E : 5 km par D 85 puis D 224 et chemin à gauche, à Pont-Astier, près de la Dore - dans locations
1,2 ha (98 empl.) plat, herbeux - cases réfrigérées - - A l'entrée : - Location :
15 avril-15 oct. - **R** *juil.-août* - GB - *20 piscine et tennis compris* *5* *10* *15 (10A)*

Les ORMES

10 - 68 ④ G. Poitou Vendée Charentes

Paris 287 - Azay-le-Rideau 43 - Châtellerault 18 - Descartes 8,5 - Poitiers 52 - Richelieu 25 - La Roche-Posay 33

86220 Vienne - 1 386 h.

Municipal, rue de Buxière, bord de la Vienne
1 ha (100 empl.) peu incliné, herbeux -
avril-sept. - **R** - *9* *5* *6*

ORNANS

12 - 66 (16) G. Jura

Paris 428 - Baume-les-Dames 42 - Besançon 25 - Morteau 53 - Pontarlier 34 - Salins-les-Bains 37

25290 Doubs - 4 016 h.
Office de Tourisme, r. P.-Vernier (avril-sept.) 81 62 21 50

Le Chanet , 81 62 23 44, SO : 1,5 km par D 241, rte de Chassagne-St-Denis et chemin à droite, à 100 m de la Loue
1,4 ha (70 empl.) incliné et peu incliné, herbeux (0,5 ha) - - - A proximité : - Location : , gîte d'étape
mars-15 nov. - **R** *conseillée 14 juil.-15 août - 17 3 11 ou 14/18 10 (2 ou 3A) 15 (5 ou 6A) 20 (9 ou 10A)*

ORNOLAC-USSAT-LES-BAINS

14 - 86 (5) G. Pyrénées Roussillon

Paris 799 - Ax-les-Thermes 24 - Foix 22 - Lavelanet 35 - Vicdessos 18

09400 Ariège - 215 h.

Ariège Evasion , 61 05 11 11, sud du bourg, 1,2 km, bord de l'Ariège
1 ha (60 empl.) (saison) plat, pierreux, herbeux - -
Permanent - **R** *conseillée juil.-août - 17 16 12 (3A) 18 (6A) 24 (10A)*

ORPIERRE

16 - 81 (5) G. Alpes du Sud

Paris 696 - Château-Arnoux 45 - Digne-les-Bains 70 - Gap 55 - Serres 19 - Sisteron 31

05700 H.-Alpes - 335 h. alt. 683

Les Princes d'Orange Orpierre et montagnes « Site agréable », 92 66 22 53, à 300 m au sud du bourg, à 150 m du Céans - Accès aux emplacements par pente à 12 %
20 ha/4 campables (120 empl.) plat et peu incliné, en terrasses, pierreux, herbeux - - toboggan aquatique - A proximité : - Location :
juin-sept. - **R** *conseillée juil.-août - piscine comprise 3 pers. 102, pers. suppl. 22 14 (4A)*

ORTHEZ

13 - 78 (8) G. Pyrénées Aquitaine

Paris 775 - Bayonne 66 - Dax 37 - Mont-de-Marsan 53 - Pau 41

64300 Pyr.-Atl. - 10 159 h.
Office de Tourisme, Maison Jeanne-d'Albret 59 69 02 75, Fax 59 69 12 00

La Source, 59 67 04 81, à l'est de la ville, sur la route reliant N 117 et D 933, bord d'un ruisseau
2 ha (66 empl.) plat et peu incliné, herbeux - - A proximité :
juin-sept. - **R** - *15 4 6/9 8 (10A)*

ORVILLERS-SOREL

7 - 56 (2)

Paris 94 - Amiens 50 - Compiègne 21 - Montdidier 14

60490 Oise - 320 h.

Sorel , 44 85 02 74, S : 1 km par N 17 et rte à gauche, au château
3,8 ha (100 empl.) plat, herbeux - -
fermé 16 déc.-janv. - **Location longue durée** - *Places disponibles pour le passage* - **R** *conseillée juil.-août - 2 pers. 59 20 (6A)*

OSANI **2A** Corse-du-Sud - 90 (15) - voir à Corse

OSSÈS

13 - 85 (3)

Paris 813 - Biarritz 44 - Cambo-les-Bains 24 - Pau 104 - Saint-Étienne-de-Baïgorry 10,5 - Saint-Jean-Pied-de-Port 14

64780 Pyr.-Atl. - 692 h.

Mendikoa (aire naturelle) , 59 37 70 29, à 2,3 km par D 918, rte de St-Jean-Pied-de-Port et chemin à gauche à la sortie du bourg - Croisement difficile pour caravanes
1 ha (25 empl.) plat, incliné, herbeux - -
juil.-15 sept. - **R** *conseillée - 1 à 5 pers. 20 à 58 10 (3A)*

OUISTREHAM

5 - 54 (16) G. Normandie Cotentin

Paris 239 - Arromanches-les-Bains 31 - Bayeux 43 - Cabourg 19 - Caen 14

14150 Calvados - 6 709 h.
Office de Tourisme, Jardins du Casino 31 97 18 63, Fax 31 96 87 33

Parc Municipal des Pommiers, 31 97 12 66, S : 0,6 km par D 514, rte de Caen, accès direct au canal
4,5 ha (433 empl.) plat, herbeux, sablonneux (2 ha) - -
Location longue durée - *Places disponibles pour le passage*

Municipal les Prairies de la Mer, 31 96 26 84, sortie NO par av. Général-Leclerc (D 514), rte de Courseulles-sur-Mer et à gauche, bord d'un étang
5 ha (150 empl.) plat, sablonneux, herbeux - - A proximité :

OUNANS

12 - 70 (4)

Paris 383 - Arbois 16 - Arc-et-Senans 12 - Dole 23 - Poligny 24 - Salins-les-Bains 20

39380 Jura - 323 h.

La Plage Blanche , 84 37 69 63, S : 1,5 km par D 71, rte de Montbarey et chemin à gauche, bord de la Loue
4 ha (184 empl.) plat, herbeux - - - A proximité :
avril-oct. - **R** *conseillée* - GB - *élect. (6A) comprise 2 pers. 79, pers. suppl. 20*

OUST

14 - 86 ③

Paris 809 - Aulus-les-Bains 15 - Castillon-en-Couserans 30 - Foix 59 - Saint-Girons 16 - Tarascon-sur-Ariège 49

09140 Ariège - 449 h.

Municipal la Côte ≤, ✆ 61 96 50 53, sortie S, rte de Seix, bord du Salat
1 ha (64 empl.) plat, herbeux
15 juin-sept. - **R** - *12* *10* *5/7* *15 (5A) 30 (10A) 40 (15A)*

OUZOUS **65** H.Pyr. - 85 ⑰ - rattaché à Argelès-Gazost

OYE-PLAGE

1 - 51 ②

Paris 287 - Calais 17 - Cassel 42 - Dunkerque 29 - Saint-Omer 34

62215 P.-de-C. - 5 678 h.

Les Oyats, ✆ 21 85 15 40, NO : 4,5 km, 272 Digue Verte, à 100 m de la plage (accès direct)
3 ha (120 empl.) plat, sablonneux, herbeux
mai-sept. - Location longue durée - *Places disponibles pour le passage* - **R** *15 juil.-15 août* - *25* *25* *15 (4A)*

La PACAUDIÈRE

11 - 73 ⑦

Paris 366 - Lapalisse 25 - Marcigny 21 - Roanne 24 - Thiers 72 - Vichy 51

42310 Loire - 1 182 h.

Municipal Beausoleil, ✆ 77 64 11 50, E : 0,5 km par D 35 rte de Vivans et à droite, près du terrain de sports et du collège
1 ha (35 empl.) peu incliné, herbeux
15 mai-sept. - **R** - *10,80* *6* *7,20* *11*

PADIRAC

13 - 75 ⑲

Paris 538 - Brive-la-Gaillarde 53 - Cahors 63 - Figeac 39 - Gourdon 47 - Gramat 10,5 - Saint-Céré 15

46500 Lot - 160 h.

Les Chênes, ✆ 65 33 65 54, Fax 65 33 71 55, NE : 1,5 km par D 90, rte du Gouffre
4 ha (120 empl.) peu incliné et incliné, en terrasses, pierreux, herbeux - snack - - Location :
15 avril-15 sept. - **R** *conseillée juil.-août* - *piscine comprise 2 pers 75, pers. suppl. 25* *15 (4A)*

PAIMPOL

3 - 59 ② G. Bretagne

Paris 495 - Guingamp 31 - Lannion 33 - Saint-Brieuc 43

22500 C.-d'Armor - 7 856 h.
Syndicat d'Initiative, r. Pierre-Feutren ✆ 96 20 83 16

Municipal de Cruckin-Kérity, ✆ 96 20 78 47, à Kérity, SE : 2 km par D 786 rte de St-Quay-Portrieux, attenant au stade, à 100 m de la plage de Cruckin
2 ha (200 empl.) plat, herbeux
15 avril-sept. - **R** - *7,50* *5* *6,50* *11 (6A) 14 (6 à 12A)*

Le PALAIS **56** Morbihan - 63 ⑪ - voir à Belle-Ile-en-Mer

PALAU-DEL-VIDRE

15 - 86 ⑲

Paris 882 - Argelès-sur-Mer 7 - Le Boulou 16 - Collioure 13 - La Jonquera 28 - Perpignan 18

66690 Pyr.-Or. - 2 004 h.

Le Haras « Cadre agréable », ✆ 68 22 14 50, sortie NE par D 11
2,3 ha (75 empl.) plat, herbeux snack - - Location :
Permanent - **R** *conseillée juil.-août* - GB - *piscine comprise 2 pers. 90* *19 (2 ou 3A) 24 (6 ou 10A)*

PALAVAS-LES-FLOTS

16 - 83 ⑦ G. Gorges du Tarn

Paris 766 - Aigues-Mortes 23 - Montpellier 12 - Nîmes 58 - Sète 31

34250 Hérault - 4 748 h.
Office de Tourisme, bd Joffre ✆ 67 07 73 34, Fax 67 07 73 01

Les Roquilles, ✆ 67 68 03 47, Fax 67 68 54 98, 267 bis av. St-Maurice, rte de Carnon-Plage, à 100 m de la plage -
15 ha (792 empl.) plat, sablonneux, herbeux (7 ha) - - Location :
22 avril-16 sept. - **R** *conseillée* - *16,20 piscine et tennis compris* *7,90* *51,10* *16,25 (6A)*

PALISSE

10 - 76 ①

Paris 461 - Egletons 21 - Mauriac 34 - Meymac 19 - Neuvic 8,5 - Ussel 22

19160 Corrèze - 256 h. alt. 600

Intercommunal de Palisse ≤ « Ensemble agréable », ✆ 55 95 87 22, N : 1 km par D 47 puis à droite
1 ha (53 empl.) plat, peu incliné, herbeux, gravillons, étang - - vélos

La PALMYRE **17** Char.-Mar. - 71 ⑮ - rattaché aux Mathes

PAMIERS

14 - 86 ⑤ G. Pyrénées Roussillon

Paris 759 - Auch 134 - Carcassonne 76 - Castres 96 - Foix 19 - Toulouse 63

09100 Ariège - 12 961 h.
Office de Tourisme, bd Delcassé
61 67 20 30, Fax 61 67 22 40

Les Ombrages, 61 67 12 24, sortie NO par D 119, rte de St-Girons, bord de l'Ariège
2 ha (100 empl.) plat, herbeux - vélos, tir à l'arc - Location :
Permanent - **R** *conseillée juil.-août - 10 5 8,50 14 (6A) 23 (10A)*

PAMPELONNE

15 - 80 ⑪

Paris 675 - Albi 30 - Baraqueville 30 - Cordes-sur-Ciel 29 - Rieupeyroux 34

81190 Tarn - 715 h.

Municipal de Thuriès « Site agréable », NE : 2 km par D 78, bord du Viaur
1 ha (35 empl.) plat, herbeux - -
15 juin-15 sept. - **R** - *14,50 8,40 9,45*

PAMPROUX

9 - 68 ⑫

Paris 376 - Lezay 20 - Lusignan 17 - Niort 39 - Saint-Maixent-l'École 15

79800 Deux-Sèvres - 1 728 h.

Municipal, au bourg, près de la piscine
0,7 ha (30 empl.) peu incliné, herbeux - - A proximité :
juin-sept. - **R** - *6,50 9 avec élect*

PARAMÉ **35** I.-et-V. - 59 ⑥ - voir à St-Malo

PARAY-LE-MONIAL

11 - 69 ⑰ G. Bourgogne

Paris 368 - Autun 77 - Mâcon 66 - Montceau-les-Mines 35 - Moulins 71 - Roanne 55

71600 S.-et-L. - 9 859 h.
Office de Tourisme, av. Jean-Paul-II
85 81 10 92, F x 85 88 35 61

Mambré, 85 88 89 20, Fax 85 88 87 81, sortie NO vers Digoin et rte du Gué-Léger, près de la Bourbince
3,8 ha (198 empl.) plat, herbeux - - vélos - Location :
avril-1er nov. - **R** *conseillée - 18 piscine comprise 36 15 (10A)*

PARAY-SOUS-BRIAILLES

11 - 73 ⑤

Paris 326 - Gannat 26 - Lapalisse 27 - Saint-Pourçain-sur-Sioule 9,5 - Varennes-sur-Allier 9 - Vichy 23

03500 Allier - 495 h.

Municipal le Moulin du Pré, sortie N par D 142 vers Pont-de-Chazeuil et à gauche, bord d'une rivière
1,5 ha (20 empl.) plat, herbeux - -
Pâques-sept. - **R** *indispensable - 6,10 4,75 4,75 8,90 (16A)*

PARCEY **39** Jura - 70 ③ - rattaché à Dole

PARCOUL

9 - 75 ③ G. Périgord Quercy

Paris 504 - Bergerac 68 - Blaye 69 - Bordeaux 74 - Périgueux 66

24410 Dordogne - 363 h.

Le Paradou M <, 53 91 42 78, SO : 2 km par D 674 rte de La Roche-Chalais
20 ha/2 campables (100 empl.) plat, pierreux, herbeux, étangs, bois - cafétéria - (étang) Toboggan aquatique, parc de loisirs - A proximité : discothèque - Location :
15 mai-15 sept. - **R** *conseillée 14 juil.-15 août - Tarif 94 : élect. (10A) et piscine comprises 2 pers. 65, pers. suppl. 16*

PARENTIS-EN-BORN

13 - 78 ③ G. Pyrénées Aquitaine

Paris 663 - Arcachon 41 - Bordeaux 80 - Mimizan 24 - Mont-de-Marsan 77

40160 Landes - 4 056 h.
Office de Tourisme, pl. Gén.-de-Gaulle 58 78 43 60

L'Arbre d'Or, 58 78 41 56, Fax 58 78 49 62, O : 1,5 km par D 43 rte de l'étang
4 ha (200 empl.) (juil.-août) plat, sablonneux, herbeux pinède - - - Location :
15 avril-sept. - **R** *conseillée - Tarif 94 : 14,40 21,20 (25,90 avec élect. 3 ou 4A)*

Municipal Pipiou, 58 78 57 25, O : 2,5 km par D 43 et rte à droite, à 100 m du lac
2,5 ha (127 empl.) plat, sablonneux - snack - - A proximité :
avril-15 nov. - **R** *conseillée* - GB

PARRANQUET

14 - 79 ⑥

Paris 569 - Agen 68 - Bergerac 42 - Le Bugue 42 - Fumel 30 - Villeneuve-sur-Lot 36

47210 L.-et-G. - 127 h.

Moulin de Mandassagne, ✆ 53 36 04 02, SO : 0,7 km, bord d'un ruisseau
4 ha/0,8 campable (35 empl.) plat, herbeux - -
avril-1er oct. - **R** *conseillée - 15 piscine comprise 20 10*

PARTHENAY

9 - 67 ⑲ G. Poitou Vendée Charentes

Paris 372 - Bressuire 31 - Châtellerault 77 - Fontenay-le-Comte 51 - Niort 42 - Poitiers 51 - Thouars 40

79200 Deux-Sèvres - 10 809 h.
Office de Tourisme, Palais des Congrès, square Robert-Bigot
✆ 49 64 24 24

Base de Loisirs, ✆ 49 94 39 52, sortie SO rte de la Roche-sur-Yon et à droite après le pont sur le Thouet, près d'un plan d'eau
2 ha (86 empl.) plat, herbeux - snack - - A proximité : parcours sportif
Permanent - **R** *conseillée* - GB - *12 11 10 3A : 10 (hiver 13) 6A : 13 (hiver 19) 12A : 20 (hiver 30)*

PAU

13 - 85 ⑥ ⑦ G. Pyrénées Aquitaine

Paris 774 - Bayonne 107 - Bordeaux 194 - Toulouse 192 - Zaragoza 241

64000 Pyr.-Atl. - 82 157 h.
Office de Tourisme, pl. Royale
✆ 59 27 27 08, Fax 59 27 03 21 et pl. Monnaie ✆ 59 27 41 24

Le Terrier « Entrée fleurie », ✆ 59 81 01 82 ✉ 64230 Lescar, NO : 6,5 km par N 117 puis D 501 à gauche, bord du Gave - Par A 64 sens O. E. : sortie Artix
2 ha (110 empl.) plat, gravier, herbeux, pierreux - - - A proximité : golf
Permanent - **R** *conseillée juil.-août* - GB - *19 piscine comprise 30 16 (3A) 20 (6A)*

PAUILLAC

9 - 71 ⑦ G. Pyrénées Aquitaine

Paris 558 - Arcachon 112 - Blaye 16 - Bordeaux 50 - Lesparre-Médoc 20

33250 Gironde - 5 670 h.

Municipal les Gabarreys, ✆ 56 59 10 03, Fax 56 59 23 38, sortie S, accès direct à l'estuaire de la Gironde
1,6 ha (50 empl.) plat, gravillons - - -
3 avril-11 sept. - **R** - *2 pers. 50/65 avec élect.*

PAYRAC

13 - 75 ⑱

Paris 536 - Bergerac 103 - Brive-la-Gaillarde 51 - Cahors 48 - Figeac 62 - Périgueux 101 - Sarlat-la-Canéda 31

46350 Lot - 492 h.

Les Pins « Beau parc », ✆ 65 37 96 32, Fax 65 37 91 08, sortie S par N 20 rte de Cahors
4 ha (108 empl.) plat, peu incliné, en terrasses, herbeux pinède - snack - - A proximité : , parc de loisirs avec toboggan aquatique - Location :
avril-sept. - **R** *conseillée* - GB - *Tarif 94 : 30 piscine comprise 45 16 (6A)*

PAYZAC

16 - 80 ⑧ G. Gorges du Tarn

Paris 661 - Aubenas 31 - Largentière 21 - Privas 61 - Vallon-Pont-d'Arc 28 - Villefort 32

07230 Ardèche - 436 h.

Lou Cigalou « Cadre agréable », ✆ 75 39 48 68, E : 1 km par rte de Lablachère et chemin à droite
1,2 ha (25 empl.) plat et en terrasses, herbeux - - vélos - Location :
15 juin-7 sept. - **R** *conseillée* - *2 pers. 43 11 (3A)*

PÉGOMAS

17 - 84 ⑧

Paris 902 - Cannes 10 - Draguignan 59 - Grasse 9,5 - Nice 39 - Saint-Raphaël 38

06580 Alpes-Mar. - 4 618 h.

Le Cabrol, ✆ 93 42 21 56, SO : 0,8 km par rte de Mandelieu et à droite après le pont, près de la Siagne
2 ha (104 empl.) plat, herbeux (1,5 ha) - - -
15 avril-15 sept. - **R** *conseillée* - *piscine comprise 3 pers. 100/110 17 (5A)*

Le Pré de Fanton, ✆ 93 42 29 41, NO : 1,3 km sur D 9 rte de Grasse
1,2 ha (67 empl.) plat et peu incliné, terrasses, herbeux - -
15 mai-15 sept. - **R** *conseillée juil.-août* - *2 pers. 59, pers. suppl. 18 13 (4A) 17 (6A)*

à St-Jean SE : 2 km par D 9 rte de Cannes
✉ 06550 la Roquette-sur-Siagne :

Saint-Louis « Cadre agréable », ✆ 93 42 26 67, Fax 93 42 24 44, NO : 1 km sur D 9
5 ha (170 empl.) en terrasses et peu incliné, herbeux - - half-court - A proximité : - Location :
avril-1er oct. - **R** *conseillée* - *piscine comprise 1 ou 2 pers. 114/2 ou 3 pers. 175 avec élect. (6A), pers. suppl. 33*

PEILLON

17 - 84 ⑩ G. Côte d'Azur

Paris 953 – Contes 12 – L'Escarène 13 – Menton 36 – Monaco 27 – Nice 19 – Sospel 35

06440 Alpes-Mar. – 1 139 h.

La Laune ≤, ✆ 93 79 91 61, à 3 km au SO du bourg, carrefour de la D 21, au lieu-dit Le Moulin
0,3 ha (33 empl.) plat, pierreux, herbeux

PEISEY-NANCROIX

12 - 74 ⑱ G. Alpes du Nord

Paris 637 – Albertville 55 – Bourg-St-Maurice 15

73210 Savoie – 521 h. alt. 1 300 – Sports d'hiver : 1 350/2 350 m 3 58.
Office de Tourisme, pl. de Roscanvel ✆ 79 07 94 28, Fax 79 07 95 34

Les Lanchettes ≤, ✆ 79 07 93 07, SE : 3 km par rte des Lanches, bord du Ponturin et près du Parc National de la Vanoise
2 ha (88 empl.) incliné, en terrasses, plat et herbeux – vélos – A proximité : tir à l'arc – Location :
Permanent – **R** *conseillée vacances scolaires* – GB – *23* *22* *15 (2A) 31 (5A) 46 (10A)*

Municipal les Glières ≤, ✆ 79 07 92 65, SE : 4 km par rte des Lanches, bord du Ponturin et près du Parc National de la Vanoise – alt. 1 470
2 ha (135 empl.) non clos, plat et accidenté, herbeux – – A proximité : tir à l'arc – Location : gîte d'étape
15 juin-15 sept. – **R** – *17* *20/30*

PÉLUSSIN

11 - 77 ① G. Vallée du Rhône

Paris 513 – Annonay 30 – Saint-Étienne 39 – Tournon-sur-Rhône 56 – Vienne 23

42410 Loire – 3 132 h.
Syndicat d'Initiative ✆ 74 87 79 47

Bel'Époque du Pilat ≤, ✆ 74 87 66 60, Fax 74 87 73 81, sortie vers Chavanay puis 1,5 km par D 79 rte de Malleval
1,5 ha (50 empl.) incliné et en terrasses, herbeux –
avril-oct. – **Location longue durée** – *Places disponibles pour le passage* – **R** *conseillée juil.-août* – GB – *18 piscine comprise* *20* *16 (6A)*

PENDÉ

1 - 52 ⑥

Paris 178 – Abbeville 23 – Amiens 68 – Blangy-sur-Bresle 33 – Le Tréport 21

80230 Somme – 1 055 h.

La Baie , ✆ 22 60 72 72, N : 2 km, à Routhiauville, r. de la Baie
1,2 ha (50 empl.) plat, herbeux, sablonneux –
Pâques-15 oct. – *12* *15* *9 (3A) 18 (6A)*

PÉNESTIN

4 - 63 ⑭

Paris 457 – La Baule 32 – Nantes 85 – La Roche-Bernard 18 – Saint-Nazaire 40 – Vannes 46

56760 Morbihan – 1 394 h.

Inly ≤, ✆ 99 90 35 09, Fax 99 90 40 93, SE : 2 km par D 201 et rte à gauche, bord d'un étang
30 ha/12 campables (500 empl.) plat, herbeux, pierreux – crêperie – vélos – Location :
15 mai-15 sept. – **R** *conseillée* – GB – *Tarif 94 :* *25 piscine comprise* *11* *65* *18 (10A)*

Les Îles, ✆ 99 90 30 24, Fax 99 90 44 55, S : 4,5 km par D 201 et rte à droite, à la Pointe du Bile, bord de mer
2,5 ha (124 empl.) plat, herbeux – snack – vélos - A proximité : et poneys
8 avril-sept. – **R** *conseillée 10 juil.-20 août* – GB – *24 piscine comprise* *68* *15 (6A)*

Le Parc des Îles, ✆ 99 90 30 24, Fax 99 90 44 55, S : 4,5 km par D 201 et rte à droite, à la Pointe du Bile, à 200 m de la mer
1 ha (60 empl.) plat, herbeux, étang – et poneys - A proximité : snack vélos – Location
8 avril-9 oct. – **R** *conseillée* – GB – *24 piscine comprise* *68* *15 (6A)*

Le Cénic , ✆ 99 90 45 65, Fax 99 90 45 05, E : 1,5 km par D 34 rte de la Roche-Bernard, bord d'un étang
4 ha (180 empl.) plat, peu incliné, herbeux – - A proximité : et poneys, practice de golf – Garage pour caravanes
Pâques-sept. – **R** *conseillée* – *17 piscine comprise* *29,50* *13,50 (4A)*

Les Parcs, ✆ 99 90 30 59, E : 0,5 km par D 34 rte de la Roche-Bernard
2,5 ha (75 empl.) plat et peu incliné, herbeux – – Location :
mai-sept. – **R** *conseillée juil.-août* – GB – *18 piscine comprise* *6,50* *22* *13 (5A)*

Kerfalher , ✆ 99 90 33 45, S : 2,6 km par D 201 et rte à droite, à 500 m de la mer
2 ha (95 empl.) plat, herbeux – – A proximité :
avril-sept. – **R** *conseillée* – *2 pers. 57, 3 pers. 71* *14 (5A)*

► *LESEN SIE DIE ERLÄUTERUNGEN aufmerksam durch, damit Sie diesen Camping-Führer mit der Vielfalt der gegebenen Auskünfte wirklich ausnutzen können.*

PENMARCH

3 - 58 ⑭ G. Bretagne

Paris 586 - Audierne 38 - Douarnenez 39 - Pont-l'Abbé 11 - Quimper 30

29760 Finistère - 6 272 h.
Office de Tourisme, pl. Jules-Ferry
98 58 81 44, Fax 98 58 86 62

Les Genêts, 98 58 66 93, E : 2,3 km par D 785 et D 53 rte de Loctudy
3 ha (100 empl.) plat, herbeux
juin-sept. - **R** *conseillée juil.-août - Tarif 94 : 12,60 6,50 13,60 13 (10A)*

Municipal, 98 58 86 88, SE : 1,4 km par rte de Guilvinec par la côte et rte à droite, à 100 m de la plage
3 ha (202 empl.) plat, herbeux, sablonneux - A proximité :
juil.-août - **R** - *13 7,80 12 11 (16A)*

PENNAUTIER

11 Aude - 83 ⑪ - rattaché à Carcassonne

PENNE-D'AGENAIS

14 - 79 ⑥ G. Pyrénées Aquitaine

Paris 620 - Agen 33 - Bergerac 71 - Bordeaux 155 - Cahors 60

47140 L.-et-G. - 2 394 h.

Municipal du Lac de Ferrié, 53 41 30 97, SO : 1,4 km sur D 159, à 250 m du D 661, bord du lac
1,6 ha (64 empl.) plat et peu incliné, herbeux - A proximité : - Location *(permanent)* :
15 juin-15 sept. - **R** *conseillée - 18 18 15 (moins de 10A) 20 (plus de 10A)*

PENTREZ-PLAGE

3 - 58 ⑭

Paris 597 - Brest 58 - Châteaulin 18 - Crozon 20 - Douarnenez 26 - Quimper 35

29550 Finistère

Schéma à Plomodiern

Ménez-Bichen, 98 26 50 82, près de la plage
3 ha (280 empl.) (juil.-août) plat et peu incliné, herbeux - A proximité :
Pâques, juin-sept. - **R** - GB - *15,50 7 16 10 (2A) 11,50 (4A) 13 (6A)*

Ker-Ys, 98 26 53 95, près de la plage
1,8 ha (125 empl.) (saison) plat et peu incliné, herbeux - - A proximité :
15 mai-15 sept. - **R** *conseillée juil.-août - 17 8 18 12 (5A)*

Les Tamaris, 98 26 53 75, près de la plage
0,8 ha (70 empl.) plat et peu incliné, herbeux - A proximité :
mai-15 sept. - **R** *conseillée* - GB - *15 7 14,50 11 (2A) 14 (6A)*

PÉRIGUEUX P

10 - 75 ⑤ G. Périgord Quercy

Paris 494 - Agen 139 - Albi 231 - Angoulême 87 - Bordeaux 128 - Brive-la-Gaillarde 74 - Limoges 94 - Pau 264

24000 Dordogne - 30 280 h.
Office de Tourisme, 26 pl. Francheville 53 53 10 63, Fax 53 09 02 50

Barnabé-Plage « Situation agréable », 53 53 41 45, E : 2 km, rte de Brive-la-Gaillarde - En deux parties sur chaque rive de l'Isle ; bac pour piétons et cycles
1 ha (80 empl.) plat, herbeux - A proximité : poneys
Permanent - **R** - GB - *14,50 9 14 13 (3A) 16 (6A) 21 (10A)*

à Antonne-et-Trigonant NE : 10 km par N 21, rte de Limoges - 1 050 h. ⊠ 24420 Antonne-et-Trigonant

Au Fil de l'Eau, 53 06 17 88, sortie NE et rte d'Escoire à droite, bord de l'Isle
1,5 ha (50 empl.) plat, herbeux - Location :
15 juin-15 sept. - **R** *conseillée juil.-août - 15 10 13 10 (5A)*

à Atur S : 6 km par D 2 - 1 248 h. - ⊠ 24750 Atur :

Le Grand Dague, 53 04 21 01, Fax 53 04 22 01, SE : 3 km par rte de St-Laurent-sur-Manoire et chemin - Par déviation S, venant de Brive ou Limoges, prendre direction Bergerac et chemin à droite
22 ha/7 campables (93 empl.) incliné, herbeux (dîner seulement) - Location :

à Razac-sur-l'Isle O : 6 km par N 89 rte de Bordeaux - 2 212 h. ⊠ 24430 Razac-sur-l'Isle :

Municipal les Cuves, SO : 2,2 km par D 3E6, rte de Gravelle et chemin à gauche après le passage à niveau
1 ha (30 empl.) (saison) plat, herbeux
juin-sept. - **R** *conseillée - 13 16 15 (6A)*

à Trélissac E : 5 km - 6 660 h. - ⊠ 24750 Trélissac :

Municipal les Garennes, 53 54 45 88, au bourg
0,5 ha (35 empl.) plat, herbeux
15 mai-sept. - **R** *conseillée août - 9,50 5,80 8 11 (16A)*

PÉRONNE

2 - 53 ⑬ G. Flandres Artois Picardie

Paris 140 - Amiens 51 - Arras 47 - Doullens 55 - Saint-Quentin 30

80200 Somme - 8 497 h.

Office de Tourisme, pl. Château
22 84 42 38

Port de Plaisance, 22 84 19 31, Fax 22 83 14 58, sortie S rte de Paris, près du canal du Nord, entre le port de plaisance et le port de commerce
2 ha (90 empl.) plat, herbeux -
10 janv.-20 déc. - **R** *juil.-août - 12,60 5 11,50 11,30 (5A) 22,60 (10A)*

Le PERRIER

9 - 67 ⑫

Paris 446 - Challans 9 - Noirmoutier-en-l'Ile 36 - La Roche-sur-Yon 51 - Les Sables-d'Olonne 45 - St-Jean-de-Monts 6

85300 Vendée - 1 532 h.

Municipal de la Maison Blanche, 51 49 39 23, près de l'église
3,2 ha (240 empl.) plat, herbeux - vélos
- Location :
15 juin-15 sept. - **R** *conseillée août - 2 pers. 38, pers. suppl. 12 12 (5A)*

Le Grand Moulin (aire naturelle), 51 68 09 17, S : 2 km par D 59, rte de St-Hilaire-de-Riez
1 ha (25 empl.) plat, herbeux, pierreux, petit étang - (salle d'animation) - Location :
avril-sept. - **R** *conseillée - Tarif 94 : 24 piscine comprise 18 16 (6 à 10A)*

PERROS-GUIREC

3 - 59 ① G. Bretagne

Paris 520 - Lannion 11 - Saint-Brieuc 70 - Tréguier 20

22700 C.-d'Armor - 7 497 h.

Office de Tourisme et Accueil de France, 21 pl. de l'Hôtel-de-Ville
96 23 21 15, Fax 96 23 04 72

Claire Fontaine, 96 23 03 55, SO : 2,6 km, par rue des Frères Mantrier, rte de Pleumeur-Bodou et rte à droite
3 ha (180 empl.) plat, peu incliné, herbeux - -
A proximité :
fin avril-fin sept. - **R** *conseillée juil.-août - Tarif 94 : 20 30 14 (4A)*

Trestraou-Camping, 96 23 08 11, 89 av. du Casino, à 100 m de la plage
3,8 ha (180 empl.) plat et peu incliné, herbeux - - A proximité :
juin-10 sept. - **R** *conseillée juil.-août - 1 pers. 50/2 pers. 120 ou 130 avec élect.*

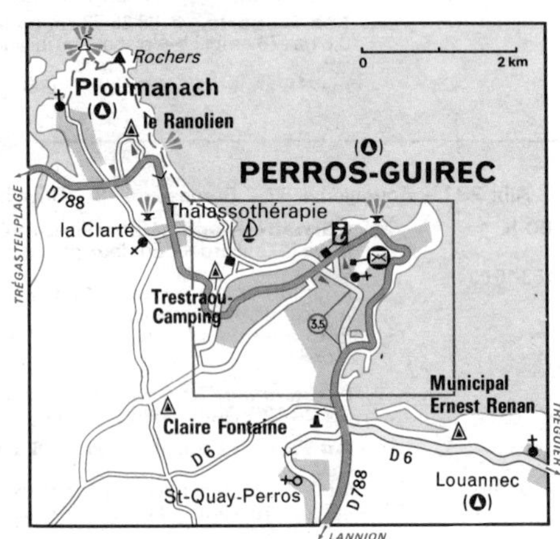

à Ploumanach par D 788, rte de Trégastel-Plage
22700 Perros-Guirec :

Le Ranolien « Ancienne ferme restaurée dans un cadre sauvage », 96 91 43 58, Fax 96 91 41 90, SE : 1 km, à 200 m de la mer
16 ha (540 empl.) plat, peu incliné et accidenté, herbeux (3 ha) - crêperie - discothèque
- Location :
Permanent - **R** *conseillée juil.-août* - GB - *piscine comprise 2 pers. 105, pers. suppl. 35 18 (4 à 6A)*

à Louannec par D 6, rte de Tréguier - 2 195 h.
22700 Perros-Guirec :

Municipal Ernest Renan ≤, 96 23 11 78, O : 1 km, bord de mer
4 ha (265 empl.) plat, herbeux - -
juin-sept. - **R** *conseillée*

PERS

10 - 76 ⑪

Paris 553 - Argentat 44 - Aurillac 23 - Maurs 25 - Sousceyrac 25

15290 Cantal - 209 h.

Le Viaduc ≤, ✆ 71 64 70 08, NE : 5 km par D 32, D 61 et chemin du Ribeyres à gauche, bord du lac de St-Etienne-Cantalès
1 ha (65 empl.) (juil.-août) en terrasses, herbeux, gravillons -
*mai-sept. - **R** conseillée 14 juil.-14 août - Tarif 94 : 1 pers. 42, pers. suppl. 15 12 (5A)*

PETICHET

12 - 77 ⑤

Paris 594 - Le Bourg-d'Oisans 40 - Grenoble 28 - La Mure 11 - Vizille 10,7

38 Isère alt. 908
✉ 38119 Pierre-Châtel

Ser-Sirant ≤, ✆ 76 83 91 97, sortie E et chemin à gauche, bord du lac de Laffrey
2 ha (100 empl.) plat, terrasse, herbeux, pierreux - - A proximité :
*2 juil.-19 août - **R** conseillée - 1 pers. 45, pers. suppl. 23 14 (3A) 23 (6A) 30 (10A)*

Le PETIT-BORNAND-LES-GLIÈRES

12 - 74 ⑦ G. Alpes du Nord

Paris 565 - Annecy 40 - Bonneville 11 - La Clusaz 14 - Cluses 26 - Genève 36

74130 H.-Savoie - 743 h. alt. 717 -
Sports d'hiver : 730/1 100 m
1

Municipal les Marronniers ≤ « Situation agréable », ✆ 50 03 54 74, N : 1,6 km par D 12 et rte à gauche, bord d'un torrent et à 100 m du Borne
1,8 ha (60 empl.) en terrasses, herbeux, pierreux, gravillons - - A proximité :
*juin-sept. - **R** conseillée juil.-août - 11,30 4,10 9,30 9 (2A)*

PETIT-PALAIS-ET-CORNEMPS

9 - 75 ⑫ ⑬ G. Pyrénées Aquitaine

Paris 533 - Bergerac 49 - Castillon-la-Bataille 16 - Libourne 19 - Montpon-Ménestérol 21 - La Roche-Chalais 22

33570 Gironde - 565 h.

Le Pressoir , ✆ 57 69 73 25, Fax 57 69 77 36, NO : 1,7 km par D 21, rte de St-Médard-de-Guizières et chemin de Queyray à gauche
2 ha (100 empl.) peu incliné et plat, herbeux - - - Location : bungalows toilés
*mai-sept. - **R** conseillée juil.-août - **GB** - 24 piscine comprise 26 16 (6A)*

PEYNIER

16 - 84 ④ ⑭

Paris 776 - Aix-en-Provence 22 - Aubagne 22 - Marseille 38 - Saint-Maximin-la-Sainte-Baume 20 - Trets 4

13790 B.-du-R. - 2 475 h.

Municipal de la Garenne « En forêt », ✆ 42 53 05 21, O : 1,5 km par D 56[B] et D 57[A] rte de Fuveau puis chemin à gauche
1,5 ha (81 empl.) peu incliné, en terrasses, pierreux pinède - - - A proximité :

PEYRAT-LE-CHÂTEAU

10 - 72 ⑲ G. Berry Limousin

Paris 409 - Aubusson 45 - Guéret 54 - Limoges 52 - Tulle 81 - Ussel 77 - Uzerche 60

87470 H.-Vienne - 1 194 h.

Municipal les Peyrades d'Auphelle ≤ « Site agréable », ✆ 55 69 41 32, E : 7 km par D 13 et D 222 à droite, près du **lac de Vassivière** - alt. 650
3 ha (134 empl.) peu incliné, herbeux - - (plage) - A proximité :
2 mai-sept. - - Tarif 94 : 14 14 10 (6 ou 16A)

PEYRIGNAC

10 - 75 ⑦

Paris 484 - Brive-la-Gaillarde 33 - Juillac 31 - Périgueux 44 - Sarlat-la-Canéda 39

24210 Dordogne - 372 h.

La Garenne , ✆ 53 50 57 73, au nord du bourg, près du stade
1,5 ha (40 empl.) plat, herbeux, peu incliné - - (bassin) - A proximité :
*15 avril-15 oct. - **R** conseillée - 17 23 12 (10A)*

PEYRILLAC-ET-MILLAC

13 - 75 ⑱

Paris 525 - Brive-la-Gaillarde 43 - Gourdon 23 - Sarlat-la-Canéda 22 - Souillac 7

24370 Dordogne - 214 h.

Millac ≤, ✆ 53 29 77 93, N : 2,3 km par rte du Bouscandier
2,8 ha (60 empl.) incliné, en terrasses, pierreux, herbeux - - - - Location :
*avril-sept. - **R** conseillée 15 juil.-15 août - piscine comprise 2 pers. 55 14 (10A)*

PEYROUSE **65** H.Pyr. - 82 ⑫ - rattaché à Lourdes

PEYSSIES

14 - 82 ⑰

Paris 736 - Carbonne 3,5 - Le Fousseret 12 - Montesquieu-Volvestre 15 - Saint-Gaudens 50 - Toulouse 43

31390 H.-Gar. - 333 h.

Municipal, 61 87 91 54, NO : 1 km par D 73 rte de Labastide-Clermont, bord de la Louge et près de deux lacs
2 ha (110 empl.) plat, herbeux, gravillons - (bassin) - A l'entrée :
Permanent - Location longue durée - *Places disponibles pour le passsage* - **R** *conseillée - Tarif 94 : 18 17 15 (6A) 18 (10A)*

PÉZENAS

15 - 83 ⑮ G. Gorges du Tarn

Paris 754 - Agde 22 - Béziers 23 - Lodève 46 - Montpellier 51 - Sète 37

34120 Hérault - 7 613 h.
Syndicat d'Initiative, 6 r. Four-de-Ville 67 98 36 40, Fax 67 98 35 40

Municipal le Castelsec ≤, 67 98 04 02, sortie SO, rte de Béziers et rue à droite après le centre commercial Champion
0,8 ha (36 empl.) plat et en terrasses, herbeux, pinède attenante - - A proximité : - Location : , gîtes
avril-oct. - **R** *conseillée juil.-août - 13 25,50/29,50 10 (10A)*

St-Christol, 67 98 09 00, NE : 0,6 km par D 30[E], rte de Nizas et chemin à droite
1,5 ha (93 empl.) plat, gravier -
juin-sept. - **R** *conseillée août - 14 piscine comprise 35 avec élect.*

PEZOU

6 - 64 ⑥

Paris 158 - Beaugency 45 - Cloyes-sur-le-Loir 16 - La Ferté-Bernard 57 - Vendôme 11

41100 L.-et-Ch. - 861 h.

Municipal, sortie SE par D 12, rte de Lignières, à 50 m du Loir
1 ha (33 empl.) plat, herbeux - - A proximité :
13 mai-10 sept. - - *8 8 10*

PIANA **2A** Corse-du-Sud - 90 ⑮ - voir à Corse

PICHERANDE

11 - 73 ⑬

Paris 486 - Clermont-Ferrand 64 - Issoire 47 - Le Mont-Dore 29

63113 P.-de-D. - 491 h. alt. 1 125

Municipal la Blatte ≤ Monts du Cantal, NE : 0,6 km par chemin face à l'église et à droite, à 200 m d'un petit lac
0,7 ha (66 empl.) non clos, plat, peu incliné, herbeux, pierreux - -
15 juin-15 sept. - **R** - *6,60 5,70 5,70 10 (6A)*

PIÉGUT-PLUVIERS

10 - 72 ⑮

Paris 454 - Angoulême 48 - Châlus 28 - Nontron 13 - Rochechouart 30 - La Roche-Foucault 32

24360 Dordogne - 1 471 h.

Municipal des Garennes, NO par D 91 vers Montbron et rte du stade à gauche
1 ha (25 empl.) peu incliné, plat, herbeux - - A proximité :
juil.-15 sept. - - *Tarif 94 : 9 7 7*

PIERREFITTE-SUR-SAULDRE

6 - 64 ⑳

Paris 185 - Aubigny-sur-Nère 22 - Blois 67 - Bourges 56 - Orléans 60 - Salbris 13

41300 L.-et-Ch. - 835 h.

Sologne Parc des Alicourts « Site et cadre agréables en Sologne », 54 88 63 34, Fax 54 88 58 40, NE : 6 km par D 126 et D 126[B], au Domaine des Alicourts, bord d'un étang - dans locations
25 ha/8 campables (200 empl.) plat, herbeux, sablonneux - - (plage) Toboggan aquatique vélos, golf, piste de bi-cross - Location :
mai-15 sept. - **R** *conseillée juil.-août - piscine comprise 2 pers. 108*

PIERREFONDS

6 - 56 ③ G. Flandres Artois Picardie

Paris 89 - Beauvais 74 - Compiègne 14 - Crépy-en-Valois 18 - Soissons 32 - Villers-Cotterêts 18

60350 Oise - 1 548 h.

Municipal de Batigny, 44 42 80 83, sortie NO par D 973, rte de Compiègne
0,6 ha (60 empl.) plat, terrasse, herbeux -
avril-1er nov. - **R** *conseillée - 12,70 2,80 3 9,70 (6 à 10A)*

PIERRELONGUE

16 - 81 ③ G. Alpes du Sud

Paris 682 - Buis-les-Baronnies 7 - Carpentras 32 - Nyons 22 - Vaison-la-Romaine 14 - Sault 38

26170 Drôme - 104 h.

Les Castors ≤, 75 28 74 67, SO : 0,6 km par D 5, rte de Mollans, bord de l'Ouvèze
1,3 ha (50 empl.) (saison) plat et terrasses, pierreux, herbeux - - - Location :
mai-sept. - **R** *conseillée - piscine comprise 2 pers. 54,50 14*

Les PIEUX

4 - 54 ①

Paris 369 - Barneville-Carteret 18 - Cherbourg 21 - Saint-Lô 47 - Valognes 28

50340 Manche - 3 203 h.
Syndicat d'Initiative, 6 r. Centrale, 33 52 81 60

Le Grand Large, 33 52 40 75, Fax 33 52 58 20, SO : 3 km par D 117 et D 517 à droite puis 1 km par chemin à gauche, bord de la plage de Sciotot
3,7 ha (200 empl.) plat, sablonneux, herbeux - snack - - Location :
8 avril-10 sept. - **R** *conseillée* - *piscine comprise 2 pers. 85, pers. suppl. 22* *20 (6A)*

La Forgette, 33 52 51 95, Fax 33 52 40 49, au sud du bourg, rue de la Forgette
4 ha (150 empl.) (juil.-août) incliné, herbeux (1 ha) - - - A proximité : - Location :
avril-sept. - **R** *conseillée juil., indispensable août* - *25* *25* *15 (16A)*

PINARELLU **2A** Corse-du-Sud - 90 ⑧ - voir à Corse

PINOLS

11 - 76 ⑤

Paris 527 - Brioude 44 - Langeac 15 - Le Puy-en-Velay 79 - Saint-Flour 36

43300 H.-Loire - 321 h. alt. 1 020

Municipal, sortie E par D 590 rte de Langeac
0,2 ha (16 empl.) plat et terrasse, herbeux - -
juil.-août - - *Tarif 94 :* *10* *5* *5* *10*

PIRIAC-SUR-MER

4 - 63 ⑬ G. Bretagne

Paris 467 - La Baule 19 - Nantes 90 - La Roche-Bernard 32 - Saint-Nazaire 32

44420 Loire-Atl. - 1 442 h.

Parc du Guibel « Cadre agréable », 40 23 52 67, Fax 40 15 50 24, E : 3,5 km par D 52 rte de Mesquer et rte de Kerdrien à gauche
10 ha (404 empl.) plat, peu incliné, herbeux (6 ha) - snack - vélos - A proximité : - Location :
Pâques-sept. - **R** *conseillée juil.-août* - GB - *22 piscine comprise* *14* *21*

Pouldroit, 40 23 50 91, Fax 40 23 69 12, E : 1 km sur D 52 rte de Mesquer, à 300 m de l'océan
12 ha (258 empl.) plat, herbeux - snack - tir à l'arc - Location : , bungalows toilés
avril-sept. - **R** - *24 piscine comprise* *19* *21* *20 (4A) 32 (10A)*

Armor Héol, 40 23 57 80, Fax 40 23 59 42, SE : 1 km sur D 333 rte de Guérande
4,5 ha (200 empl.) plat, herbeux, étang - - Toboggan aquatique vélos, half-court - Location :
mai-15 sept. - **R** *conseillée juil.-août* - *piscine et tennis compris 2 pers. 81, pers. suppl. 22* *17 (5A)*

Mon Calme, 40 23 60 77, S : 1 km par rte de la Turballe et à gauche, à 450 m de l'océan - accès piétons au village par chemin
1 ha (100 empl.) plat, herbeux - pizzeria - vélos - A proximité :
15 juin-15 sept. - **R** - *18* *21* *13 (6A) 15 (10A)*

La PLAINE-SUR-MER

9 - 67 ①

Paris 446 - Nantes 57 - Pornic 9 - Saint-Michel-Chef-Chef 6,5 - Saint-Nazaire 26

44770 Loire-Atl. - 2 104 h.

La Tabardière et les Courtyls, 40 21 52 18, Fax 40 21 02 68, E : 3,5 km par D 13 rte de Pornic et rte à gauche - dans locations
4 ha (220 empl.) en terrasses, herbeux (0,5 ha) - - half-court - Location :
avril-15 oct. - **R** *conseillée juil.-août* - *piscine comprise 2 pers. 63,50, pers. suppl. 20,50* *13 (3A) 15 (4A) 18 (5A)*

Le Ranch, 40 21 52 62, NE : 3 km par D 96 rte de St-Michel Chef-Chef
2,3 ha (115 empl.) plat, herbeux - - half-court - Location : - Garage pour caravanes
20 mars-20 oct. - **R** *conseillée juil.-août* - GB - *piscine comprise 2 pers. 79,50, pers. suppl. 19* *17 (5A)*

La Renaudière, 40 21 50 03, NO : 1km par D 13 rte de la Prée -
1,8 ha (82 empl.) plat, herbeux - snack - - Location : , studios
Permanent - **R** *conseillée 1er au 15 août* - GB - *Tarif 94 :* *27 piscine comprise* *7* *18,80* *15,30 (3 ou 6A)*

La Guichardière, 40 21 55 09, Fax 51 74 80 36, N : 4 km par rte de Port-Giraud et à gauche rte de Port-de-la-Gravette, à 500 m de l'océan
2,7 ha (75 empl.) plat, herbeux - snack - - Location :
Permanent - **R** *conseillée, indispensable août* - GB - *piscine comprise 2 pers. 82,60* *11 (4A) et 2 par ampère supplémentaire*

Bernier, 40 21 04 31, N : 1,8 km par rte de Port-Giraud
0,8 ha (60 empl.) plat, herbeux -
avril-sept. - **R** *conseillée juil.-août* - *Tarif 94 :* *19 ou 22* *7 ou 8* *24,50 ou 28* *13 (4A) 15 (5A) 22 (10A)*

PLANCOËT

4 - 59 ⑤

Paris 418 - Dinan 17 - Dinard 21 - Saint-Brieuc 47 - Saint-Malo 28

22130 C.-d'Armor - 2 507 h.

Municipal du Verger, 96 84 03 42, vers sortie SE rte de Dinan, derrière la caserne des sapeurs-pompiers, bord de l'Arguenon et d'un petit plan d'eau
1,2 ha (100 empl.) plat, herbeux
15 juin-15 sept. - **R** - *8,95* *3,50* *6,90* *7,50 (5A)*

PLANGUENOUAL

4 - 59 ④

Paris 444 - Guingamp 54 - Lannion 83 - Saint-Brieuc 19 - Saint-Quay-Portrieux 37

22400 C.-d'Armor - 1 518 h.

Municipal <, 96 32 71 93, NO : 2,5 km par D 59
1,5 ha (64 empl.) (juil.-août) plat et en terrasses, herbeux
15 juin-15 sept. - **R** - *Tarif 94 :* *8,50* *4* *6,50* *7,50 ou 9,50*

Le PLANTAY

12 - 74 ②

Paris 433 - Bourg-en-Bresse 24 - Ambérieu-en-Bugey 25 - Châtillon-sur-Chalaronne 16 - Pérouges 21 - Villars-les-Dombes 5

01330 Ain - 344 h.

Les Jonquilles (aire naturelle), 74 98 16 57, sortie S par D 61 rte de Versailleux et 3,5 km par chemin à droite
1 ha (25 empl.) plat, herbeux
avril-oct. - **R** - *13* *5* *5* *12 (8A)*

PLAZAC

13 - 75 ⑥ G. Périgord Quercy

Paris 508 - Bergerac 64 - Brive-la-Gaillarde 52 - Périgueux 38 - Sarlat-la-Canéda 31

24580 Dordogne - 543 h.

Le Lac, 53 50 75 86, SE : 0,8 km par D 45, rte de Thonac, près d'un lac
2,5 ha (100 empl.) (juil.-août) peu incliné, herbeux (1,5 ha) - snack - - Location :
Pâques-sept. - **R** *conseillée*

PLEAUX

10 - 76 ①

Paris 509 - Argentat 30 - Aurillac 47 - Égletons 46

15700 Cantal - 2 146 h. alt. 642

Municipal d'Entassit « Entrée fleurie », 71 40 40 05, au nord du bourg par D 6, rte de Rilhac-Xaintrie et chemin à droite
1,2 ha (109 empl.) (juil.-août) plat, herbeux - A proximité : - Location : huttes
mai-oct. - **R** - *Tarif 94 :* *10* *5,50* *5,50* *10 (10A)*

Municipal de Longayroux < « Dans un site agréable », 71 40 40 30, S : 15 km par D 6, rte de St-Christophe-les-Gorges et rte de Longayroux à droite, bord du lac d'Enchanet
0,6 ha (48 empl.) (juil.-août) peu incliné, herbeux - A proximité : - Location : huttes
mai-oct. - **R** *conseillée* - *Tarif 94 :* *9* *5,50* *5,50* *10 (6A)*

PLÉHÉDEL

3 - 59 ②

Paris 485 - Guingamp 27 - Lannion 38 - Saint-Brieuc 36 - Saint-Quay-Portrieux 17

22290 C.-d'Armor - 1 085 h.

Municipal, 96 22 31 31, S : 0,5 km par D 21 rte de Plouha et à droite, bord d'un étang
2 ha (73 empl.) peu incliné, herbeux
juil.-août - **R** - *Tarif 94 :* *16,10* *4,20* *4,20* *9,65*

PLÉLO

3 - 58 ⑨

Paris 470 - Guingamp 20 - Lannion 50 - Saint-Brieuc 21 - Saint-Quay-Portrieux 16

22170 C.-d'Armor - 2 359 h.

Le Minihy « Décoration arbustive », 96 74 12 92, Fax 96 74 17 07, N : 3 km par D 79 rte de Lanvollon et D 84 à droite rte de Tréguidel, à l'orée d'une forêt
2 ha (80 empl.) plat, herbeux - - Location :
avril-oct. - **R** *conseillée août* - **GB** - *20 piscine et tennis compris* *28* *12 (3A) 20 (10A)*

PLÉNEUF-VAL-ANDRÉ

4 - 59 ④ G. Bretagne

Paris 449 - Dinan 47 - Erquy 9 - Lamballe 17 - Saint-Brieuc 29 - Saint-Cast-le-Guildo 29 - Saint-Malo 53

22370 C.-d'Armor - 3 600 h.

Office de Tourisme, au Val-André 1 r. W.-Churchill 96 72 20 55, Fax 96 63 00 34

Municipal les Monts Colleux <, 96 72 95 10, Fax 96 63 10 49, r. Jean-Le-Brun
4 ha (200 empl.) plat, incliné et en terrasses, herbeux - - A proximité : - Location : bungalows toilés
avril-sept. - **R** *conseillée juil.-août* - *1 pers. 44, pers. suppl. 16,50* *14 (3 ou 5A)*

Plage de la Ville Berneuf <, 96 72 28 20, NE : 4 km, à 100 m de la plage
1,2 ha (57 empl.) (saison) en terrasses, herbeux - A proximité : - Location *(mars-fin oct.)* :
Pâques-sept. - **R** *conseillée juil.-août* - **GB** - *15* *11,50* *15* *15 (5A)*

Le Minihy, 96 72 22 95, Fax 96 63 05 38, SO : rte du port de Dahouët, r. du Minihy
1 ha (65 empl.) plat et peu incliné, herbeux - - Location *(Pâques-Toussaint)* :
15 juin-15 sept. - **R** - **GB** - *2 pers. 58* *16 (3A)*

PLÉRIN 22 C.-d'Armor – 59 ③ – rattaché à St-Brieuc

PLESTIN-LES-GRÈVES

3 – 58 ⑦ G. Bretagne

Paris 530 – Brest 77 – Guingamp 46 – Lannion 18 – Morlaix 19 – Saint-Brieuc 81

22310 C.-d'Armor – 3 237 h.
Office de Tourisme, Mairie
96 35 61 93

Municipal St-Efflam, 96 35 62 15, Fax 96 35 09 75, NE : 3,5 km à St-Efflam par N 786 rte de St-Michel-en-Grève, à 200 m de la mer
4 ha (190 empl.) (saison) plat, peu incliné, terrasses, herbeux – – A proximité :
avril-sept. – **R** – GB – *Tarif 94 : 14 7 20 12 (10A)*

Kerdréhoret « Belle décoration florale », 96 35 61 58, NE : 3,5 km par D 786 rte de St-Efflam et D 42 à gauche, à 300 m de la mer
0,6 ha (40 empl.) peu incliné, herbeux – –
juin-15 sept. – **R** *conseillée juil.-août – 14 8 15 12 (3A)*

PLEUBIAN

3 – 59 ② G. Bretagne

Paris 511 – Lannion 32 – Paimpol 17 – Saint-Brieuc 62 – Tréguier 14

22610 C.-d'Armor – 2 963 h.

Port la Chaîne « Cadre agréable », 96 22 92 38, Fax 96 22 87 92, N : 2 km par D 20 rte de Larmor-Pleubian et rte à gauche, bord de mer
4,9 ha (200 empl.) en terrasses et peu incliné, herbeux – –
juin-10 sept. – **R** *conseillée juil.-août – 20 35 15 (6A)*

PLEUMEUR-BODOU

3 – 59 ① G. Bretagne

Paris 524 – Lannion 7 – Perros-Guirec 9 – Saint-Brieuc 75 – Trébeurden 3,5 – Tréguier 26

22560 C.-d'Armor – 3 677 h.
Office de Tourisme 96 23 91 47, Fax 96 23 91 48

Schéma à Trébeurden

Le Port « Situation agréable », 96 23 87 79, Fax 96 47 30 40, à **Landrellec,** N : 6 km, bord de mer
2 ha (80 empl.) plat et accidenté, herbeux – –
Pâques-sept. – **R** *conseillée* – GB – *24 13 25 20 (6A)*

PLÉVEN

4 – 59 ⑤

Paris 431 – Dinan 25 – Dinard 31 – Saint-Brieuc 39 – Saint-Malo 38

22130 C.-d'Armor – 578 h.

Municipal « Dans le parc de la mairie », 96 84 46 71, au bourg
1 ha (60 empl.) plat et peu incliné, herbeux – – – A proximité :
avril-15 nov. – **R** *conseillée 15 juil.-15 août – 9 5 5 7 (20A)*

PLOBANNALEC

3 – 58 ⑭

Paris 580 – Audierne 39 – Douarnenez 39 – Pont-l'Abbé 5,5 – Quimper 24

29138 Finistère – 3 022 h.

Manoir de Kerlut, 98 82 23 89, Fax 98 82 26 49, S : 1,6 km par D 102, rte de Lesconil et chemin à gauche
14 ha (200 empl.) plat, herbeux – – salle de musculation solarium vélos – Location : , bungalows toilés
15 mai-15 sept. – **R** *conseillée 1er au 15 août* – GB – *26 piscine comprise 65 10 (2A) 16 (6A) 20 (10A)*

PLOEMEL

3 – 63 ②

Paris 487 – Auray 7,5 – Lorient 43 – Quiberon 23 – Vannes 26

56400 Morbihan – 1 892 h.

Kergo « Cadre agréable », 97 56 80 66, SE : 2 km par D 186 rte de la Trinité-sur-Mer et à gauche
2 ha (135 empl.) peu incliné et plat, herbeux – –
15 juin-15 sept. – **R** – *18 9 21 11 (3 à 6A)*

St-Laurent, 97 56 85 90, NO : 2,5 km rte de Belz, à proximité du carrefour D 22 et D 186
3 ha (90 empl.) plat, peu incliné, herbeux pinède – –
Permanent – **R** *conseillée août* – GB – *20 piscine comprise 29 11,50 (5A)*

PLOÉVEN

3 – 58 ⑭ ⑮

Paris 586 – Brest 61 – Châteaulin 14 – Crozon 27 – Douarnenez 15 – Quimper 25

29127 Finistère – 450 h.

Schéma à Plomodiern

La Mer, 98 81 52 94, SO : 3 km, à 300 m de la plage de Ty-an-Quer
1 ha (60 empl.) plat, herbeux –
15 juin-15 sept. – **R** *conseillée – Tarif 94 : 11 6 12 11 (6A)*

Ty-Anquer-Plage « Situation agréable », 98 81 52 96, SO : 3 km, à 100 m de la plage
1,6 ha (60 empl.) en terrasses, herbeux – –
15 juin-15 sept. – **R** – *12 7 14 12 (2 ou 3A)*

PLOMBIÈRES-LES-BAINS

8 - 62 ⑯ G. Alsace Lorraine

Paris 391 - Belfort 74 - Épinal 35 - Gérardmer 41 - Vesoul 55 - Vittel 60

88370 Vosges - 2 084 h. -
27 avril-3 oct.
Office de Tourisme, r. Stanislas
29 66 01 30, Fax 29 66 01 94

Municipal le Fraiteux, 29 66 00 71, **à Ruaux**, O : 4 km par D 20 et D 20E
0,8 ha (50 empl.) (saison) plat et peu incliné, herbeux, gravier

PLOMEUR

8 - 58 ⑭ G. Bretagne

Paris 574 - Douarnenez 34 - Pont-l'Abbé 6 - Quimper 25

29120 Finistère - 3 272 h.
Office de Tourisme, 98 82 09 05

La Pointe de la Torche, 98 58 62 82, O : 3,5 km par rte de Penmarch puis rte de la Pointe de la Torche et chemin à gauche
2,6 ha (155 empl.) plat, sablonneux, herbeux
snack - A proximité : - Location :
Pâques-oct. - **R** *indispensable juil.-août* - GB - *piscine comprise 2 pers. 90* *15 (5A)*

La Crêpe, 98 82 00 75, NO : 3,5 km par D 57 rte de Plonéour-Lanvern puis à gauche rte de la chapelle Beuzec et chemin à droite
2,2 ha (120 empl.) (saison) plat, herbeux - crêperie -
15 avril-sept. - **R** *conseillée juil.-15 août* - *15* *8,50* *18* *13 (6A)*

Kéraluic (aire naturelle), 98 82 10 22, NE : 4,3 km par D 57, rte de Plonéour-Lanvern et à St-Jean-Trolimon à droite, rte de Pont-l'Abbé
1 ha (25 empl.) plat, peu incliné, herbeux - - Location :
Pâques-sept. - **R** - *18* *10* *20* *14 (6A)*

▶ *La catégorie (1 à 5 tentes,* **noires** *ou rouges) que nous attribuons aux terrains sélectionnés dans ce guide est une appréciation qui nous est propre.*

Elle ne doit pas être confondue avec le classement (1 à 4 étoiles) établi par les services officiels.

PLOMODIERN

8 - 58 ⑭ ⑮ G. Bretagne

Paris 587 - Brest 61 - Châteaulin 12 - Crozon 23 - Douarnenez 19 - Quimper 28

29550 Finistère - 1 912 h.

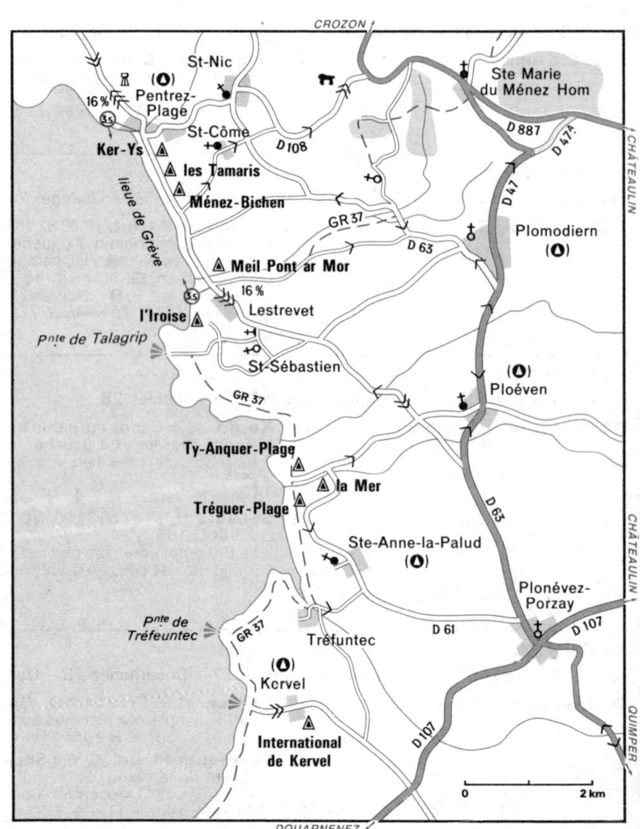

L'Iroise ⋚ Lieue de Grève, ✆ 98 81 52 72, Fax 98 81 26 10, SO : 5 km, à 150 m de la plage de Pors-ar-Vag
2,2 ha (132 empl.) peu incliné, en terrasses, herbeux - half-court - A proximité : - Location : - Garage pour caravanes
avril-10 oct. - **R** *conseillée juil.-août* - **GB** - *piscine comprise 2 pers. 87* *14 (6A)*

Meil Pont ar Mor, ✆ 98 81 58 83, O : 4,5 km, à 150 m de la plage de Lestrevet
1,5 ha (50 empl.) plat et peu incliné, herbeux - A proximité :
juil.-15 sept. - **R** *15 juil.-15 août* - *15,50* *4,80* *8* *8,20 (2A) 9 (4A)*

Voir aussi à ***Pentrez-Plage, Ploéven*** et ***Plonévez-Porzay***

PLONÉOUR-LANVERN

3 - 58 ⑭

Paris 574 - Douarnenez 26 - Guilvinec 13 - Plouhinec 20 - Pont-l'Abbé 7 - Quimper 18

29720 Finistère - 4 619 h.

Municipal de Mariano « Beaux emplacements », ✆ 98 87 74 80, N : impasse du Plateau
0,5 ha (45 empl.) plat, herbeux -
15 juin-15 sept. - **R** - *Tarif 94 :* *13* *8* *14* *13 (4A)*

PLONÉVEZ-PORZAY

3 - 58 ⑮

Paris 583 - Châteaulin 15 - Douarnenez 12 - Quimper 21

29550 Finistère - 1 663 h.

Schéma à Plomodiern

*à **Kervel*** SO : 5 km par rte de Douarnenez et rte à droite
✉ 29550 Plonévez-Porzay :

International de Kervel « Décoration arbustive », ✆ 98 92 51 54, Fax 98 92 54 96
7 ha (250 empl.) plat, herbeux - Toboggan aquatique, vélos - Location : , bungalows toilés
29 avril-16 sept. - **R** *conseillée juil.-août* - **GB** - *25 piscine et tennis compris* *70* *13 (3A) 16 (6A) 20 (10A)*

*à **Ste-Anne-la-Palud*** O : 3 km par D 61 - ✉ 29550 Plonévez-Porzay :

Tréguer-Plage, ✆ 98 92 53 52, N : 1,3 km, bord de plage
5,8 ha (272 empl.) plat, sablonneux, herbeux - - Location :
avril-sept. - **R** *conseillée juil.-août* - **GB** - *12* *8* *12* *10 (2A) 14 (6A) 24 (10A)*

PLOUARZEL

3 - 58 ③

Paris 613 - Brest 22 - Brignogan-Plages 51 - Ploudalmézeau 15

29810 Finistère - 2 042 h.

Municipal de Portsévigné ⋚, ✆ 98 89 69 16, O : 5,2 km par rte de Trezien et rte à droite (île Segal), à 100 m de la mer (plage)
2,2 ha (100 empl.) peu incliné, herbeux -
15 mai-15 sept. - **R** *conseillée* - *1 à 5 pers. 42/49, pers. suppl. 6*

Municipal de Ruscumunoc ⋚, ✆ 98 89 63 49, SO : 4 km par rte de Trezien, à 100 m de la mer
0,6 ha (50 empl.) vallonné, herbeux -
15 mai-15 sept. - **R** - *1 à 5 pers. 42/49, pers. suppl. 6*

Municipal de Porscuidic, ✆ 98 84 08 52, O : 4,2 km par rte de Trezien et rte à droite, (île Ségal), à 100 m de la mer (plage)
1 ha (50 empl.) vallonné, herbeux -
15 mai-15 sept. - **R** - *1 à 5 pers. 42/49, pers. suppl. 0*

PLOUBAZLANEC

3 - 59 ②

Paris 498 - Guingamp 33 - Lannion 36 - Saint-Brieuc 49

22620 C.-d'Armor - 3 725 h.
Syndicat d'Initiative, Mairie
✆ 96 55 80 36, Fax 96 55 72 35

Rohou ⋚ archipel bréatin, ✆ 96 55 87 22, à la pointe de l'Arcouest, NE : 3 km par D 789, à 500 m de la mer
1 ha (60 empl.) plat, peu incliné, herbeux - - A proximité :
Permanent - **R** - *16* *12* *15*

PLOUDALMÉZEAU

3 - 58 ③

Paris 613 - Brest 27 - Landerneau 38 - Morlaix 74 - Quimper 95

29262 Finistère - 4 874 h.
Office de Tourisme, pl. de l'Eglise
✆ 98 48 11 88

Municipal Tréompan, ✆ 98 48 09 85, N : 3,5 km par D 26, rte de Portsall, à 200 m de la plage de Tréompan (accès direct)
2 ha (134 empl.) plat, herbeux, sablonneux -
15 juin-15 sept. - **R** *conseillée* - *11,20* *4,50* *5,60 avec élect.*

PLOUESCAT

8 - 58 ⑤ G. Bretagne

Paris 572 - Brest 42 - Brignogan-Plages 15 - Morlaix 34 - Quimper 90 - Saint-Pol-de-Léon 15

29430 Finistère - 3 689 h.
Office de Tourisme, r. Saint-Julien (juin-août) ✆ 98 69 62 18, Fax 98 61 91 74 et Mairie ✆ 98 69 60 13

Municipal de la Baie de Kernic, ✆ 98 69 86 60, O : 3 km, à 200 m de la plage
4 ha (243 empl.) plat, herbeux - A proximité :
juin-15 sept. - **R** - *11* *5* *5,50* *10 (10A)*

PLOUÉZEC

8 - 59 ②

Paris 490 - Guingamp 34 - Lannion 40 - Paimpol 6,5 - Saint-Brieuc 41

22470 C.-d'Armor - 3 089 h.
Syndicat d'Initiative, Mairie ✆ 96 20 64 90

Le Cap Horn Anse de Paimpol et île de Bréhat « Situation et cadre agréables », ✆ 96 20 64 28, Fax 96 20 63 88, à Port-Lazo, NE : 2,3 km par D 77, accès direct à la mer
4 ha (140 empl.) en terrasses et peu incliné, herbeux, pierreux - half-court - Location :
avril-15 oct. - **R** *conseillée juil.-août* - *20 piscine comprise* *35* *15 (5A)*

PLOUÉZOCH

8 - 58 ⑥

Paris 544 - Brest 67 - Morlaix 9 - Saint-Pol-de-Léon 28

29252 Finistère - 1 625 h.

Baie de Térénez, ✆ 98 67 26 80, NO : 3,5 km par D 76, rte de Térénez, près de la baie
2,3 ha (150 empl.) plat et peu incliné, herbeux - tir à l'arc
Pâques-sept. - **R** *conseillée juil.-août* - GB - *21 piscine comprise* *33* *14 (4A)*

PLOUGASNOU

8 - 58 ⑥ G. Bretagne

Paris 546 - Brest 76 - Guingamp 61 - Lannion 34 - Morlaix 17 - Quimper 95

29630 Finistère - 3 530 h.
Office de Tourisme, r. des Martyrs (fermé après-midi hors saison) ✆ 98 67 31 88

Municipal Mélin-ar-Mesquéau « Plantations décoratives », ✆ 98 67 37 45, S : 3,5 km par D 46, rte de Morlaix puis 0,8 km par rte à gauche, à 100 m d'un plan d'eau (accès direct)
17 ha/6 campables (100 empl.) (saison) plat, herbeux - -
avril-fin sept. - **R** - *8,85* *3,50* *3,60* *8,55 (6 à 10A)*

Trégor , ✆ 98 67 37 64, S : 1,5 km par D 46 rte de Morlaix et à droite
1 ha (60 empl.) plat, herbeux - - - Location :
juil.-sept. - **R** *conseillée août - Tarif 94 :* *8* *5* *8* *13 (6A)*

PLOUGOULM

8 - 58 ⑤

Paris 563 - Brest 57 - Brignogan-Plage 26 - Morlaix 25 - Roscoff 9

29250 Finistère - 1 693 h.

Municipal du Bois de la Palud , ✆ 98 29 81 82, à 0,9 km à l'ouest du carrefour D 10-D 69 (croissant de Plougoulm), par rte de Plouescat et chemin à droite
0,7 ha (34 empl.) en terrasses et peu incliné, herbeux - -
A l'entrée :
15 juin-15 sept. - **R** - *16* *20* *15 (6A)*

PLOUGOUMELEN

8 - 63 ②

Paris 474 - Auray 10 - Lorient 48 - Quiberon 38 - Vannes 13

56400 Morbihan - 1 544 h.

Municipal Kergouguec, ✆ 97 57 88 74, à 0,5 km au sud du bourg, par rte de Baden, au stade
1,5 ha (78 empl.) plat à peu incliné, herbeux - -
15 juin-15 sept. - **R** *conseillée 15 juil.-15 août*

PLOUGRESCANT

8 - 59 ②

Paris 513 - Lannion 25 - Perros-Guirec 22 - Saint-Brieuc 64 - Tréguier 7

22820 C.-d'Armor - 1 471 h.

Le Varlen , ✆ 96 92 52 15, Fax 96 92 50 34, NE : 2 km rte de Porz-Hir, à 200 m de la mer
1 ha (60 empl.) plat, herbeux - - - Location :
Pâques-oct. - **R** *conseillée* - GB - *16* *10* *18* *14 (3 à 6A)*

Municipal Beg-ar-Vilin « Situation agréable », ✆ 96 92 56 15, NE : 2 km, bord de mer
3 ha (100 empl.) plat, sablonneux, herbeux - - Location *(avril-sept.)* : bungalows toilés
15 juin-15 sept. - **R** - *10* *5* *6/10* *12 (10A)*

PLOUGUERNÉVEL

8 - 58 ⑱

Paris 479 - Carhaix-Plouguer 26 - Guingamp 44 - Loudéac 41 - Pontivy 32 - Saint-Brieuc 67

22110 C.-d'Armor - 3 255 h.

Municipal Kermarc'h , ✆ 96 29 10 95, SO : 3,8 km, au Village de Vacances
3,5 ha/0,5 campable (29 empl.) peu incliné et en terrasses, herbeux - - Location : gîte d'étape

PLOUHA

3 - 59 ③ G. Bretagne

Paris 480 - Guingamp 24 - Lannion 47 - Saint-Brieuc 31 - Saint-Quay-Portrieux 9,5

22580 C.-d'Armor - 4 197 h.

Syndicat d'Initiative ✆ 96 20 24 73 ou Mairie ✆ 96 20 21 26

Domaine de Kéravel M « Parc autour d'un manoir », ✆ 96 22 49 13, Fax 96 20 37 54, NE : 2 km rte de la Trinité, près de la chapelle
5 ha/2 campables (116 empl.) en terrasses et peu incliné, herbeux -
15 mai-sept. - **R** *conseillée juil.-août* - GB - *27 piscine comprise 48 16 (16A)*

PLOUHARNEL

3 - 63 ⑪ ⑫

Paris 493 - Auray 13 - Lorient 39 - Quiberon 16 - Quimperlé 55 - Vannes 32

56340 Morbihan - 1 653 h.

Kersily, ✆ 97 52 39 65, Fax 97 52 44 76, NO : 2,5 km par D 781 rte de Lorient et rte de Ste-Barbe, à gauche
2,5 ha (120 empl.) plat et peu incliné, herbeux - - - Location :
Pâques-oct. - **R** *conseillée - 20 piscine comprise 10 28 12 (6 ou 10A)*

L'Étang de Loperhet, ✆ 97 52 34 68, NO : 4 km par D 781, rte de Lorient et rte à gauche, près de l'étang
2,5 ha (165 empl.) plat et peu incliné, sablonneux, herbeux - - - A proximité : crêperie
avril-oct. - **R** *conseillée - 19 29 12 (3 à 10A)*

La Lande, ✆ 97 52 31 48, O : 0,5 km, sortie vers Quiberon et rte à droite
1 ha (90 empl.) plat et peu incliné, herbeux - - Location :
15 juin-10 sept. - **R** *conseillée - 15 6 15 9 (4A)*

Les Goélands, ✆ 97 52 31 92, E : 1,5 km par D 781 rte de Carnac puis 0,5 km par rte à gauche
1,6 ha (80 empl.) plat, herbeux -
juin-15 sept. - **R** *conseillée juil.-août - Tarif 94 : 10 7 7 9 (3A)*

PLOUHINEC

3 - 58 ⑭

Paris 589 - Audierne 4,5 - Douarnenez 18 - Pont-l'Abbé 27 - Quimper 31

29780 Finistère - 4 524 h.

Office de Tourisme, r. du Gén.-Leclerc ✆ 98 70 74 55 (été) ou Mairie ✆ 98 70 87 33

Municipal de Kersiny « Agréable situation », ✆ 98 70 82 44, sortie O par D 784 rte d'Audierne puis sud, à 1 km par rte de Kersiny, à 100 m de la plage
1,5 ha (100 empl.) en terrasses, peu incliné, herbeux - - A proximité :
avril-oct. - **R** *conseillée - 2 pers. 50, pers. suppl. 16 14 (16A)*

PLOUHINEC

3 - 63 ①

Paris 505 - Auray 21 - Lorient 26 - Quiberon 31 - Quimperlé 41

56680 Morbihan - 4 026 h.

Moténo, ✆ 97 36 76 63, Fax 97 85 81 84, SE : 4,5 km par D 781 et à droite, rte du Magouër
4 ha (230 empl.) plat, herbeux - snack - - Location :
avril-sept. - **R** *conseillée - 20 piscine comprise 47 13 (4A) 15 (6A)*

PLOUMANACH

22 C.-d'Armor - 59 ① - rattaché à Perros-Guirec

PLOUNÉVEZ-LOCHRIST

3 - 58 ⑤

Paris 578 - Brest 37 - Landerneau 22 - Landivisiau 20 - Saint-Pol-de-Léon 21

29430 Finistère - 2 356 h.

Municipal Odé-Vras, ✆ 98 61 65 17, à 4,5 km au nord du bourg, sur D 10, à 300 m de la Baie de Kernic (accès direct)
3 ha (135 empl.) plat, sablonneux, herbeux - - -
15 juin-15 sept. - **R** - *9,50 3,70 4,70 et 6,40 pour eau chaude 9,20*

PLOZÉVET

3 - 58 ⑭ G. Bretagne

Paris 590 - Audierne 10 - Douarnenez 18 - Pont-l'Abbé 22 - Quimper 26

29710 Finistère - 2 838 h.

La Corniche, ✆ 98 91 33 94, Fax 98 91 41 53, sortie S par rte de la mer
1,5 ha (80 empl.) (saison) plat, herbeux - - - Location :
mai-20 sept. - **R** *conseillée juil.-août - 21 piscine comprise 9 30 16 (6A)*

Cornouaille, ✆ 98 91 30 81, SE : 2 km par rte de Pont-l'Abbé puis chemin à droite
1,5 ha (80 empl.) plat et peu incliné, herbeux - -
15 juin-15 sept. - **R** - *12 7 12 12*

Pors Poulhan mer et côte rocheuse, ✆ 98 91 35 31, O : 3 km, bord de mer
0,7 ha (45 empl.) en terrasses, peu incliné, herbeux - - A proximité :
juin-sept. - **R** *conseillée - 14 10 14 15 (6A)*

PLUFUR
3 - 58 ⑦

Paris 521 - Carhaix-Plouguer 46 - Guingamp 36 - Lannion 23 - Morlaix 24

22310 C.-d'Armor - 520 h.

Le Rugadello, ✆ 96 35 16 76, au bourg, sortie S par D 56 (rte face à l'église)
0,4 ha (28 empl.) non clos, plat, herbeux - A proximité :
15 juin-15 sept. - **R** - *8,20* *5,50* *5,50* *8,30*

PLURIEN
4 - 59 ④

Paris 448 - Dinard 35 - Lamballe 25 - Plancoët 23 - Saint-Brieuc 38 - Saint-Cast-le-Guildo 17

22240 C.-d'Armor - 1 289 h.

Municipal la Saline, ✆ 96 72 17 40, NO : 1,2 km par D 34, rte de Sables-d'Or-les-Pins, à 500 m de la mer
3 ha (150 empl.) plat, peu incliné et en terrasses, herbeux -

Le POËT-CÉLARD **26** Drôme - 77 ⑫ ⑬ - rattaché à Bourdeaux

Le POËT-LAVAL
16 - 81 ② G. Vallée du Rhône

Paris 622 - Crest 36 - Montélimar 24 - Nyons 35 - Orange 77 - Pont-Saint-Esprit 59 - Valence 64

26160 Drôme - 652 h.

Municipal Lorette ≤, E : 1 km sur D 540, rte de Dieulefit, bord du Jabron
2 ha (60 empl.) peu incliné, herbeux - A proximité :
15 juin-15 sept. - **R** - *6,70* *4* *4* *10 (6A)*

POITIERS P
10 - 67 ⑳ G. Poitou Vendée Charentes

Paris 336 - Angers 132 - Limoges 120 - Nantes 180 - Niort 74 - Tours 102

86000 Vienne - 78 894 h.
Office de Tourisme,
8 r. des Grandes-Écoles
✆ 49 41 21 24,
Fax 49 88 65 84

à Avanton N : 10 km par N 147 et D 757 - 1 164 h.
✉ 86170 Avanton

Futur, ✆ 49 52 92 20, Fax 49 52 60 00, S : 1,5 km par D 757, rte de Poitiers et rte à droite après le passage à niveau
4 ha/1,5 campable (68 empl.) plat, herbeux - grill -
juin-sept. - **R** *indispensable juil.-août* - GB - *Tarif 94 : 20 piscine comprise* *35*

à Chasseneuil-du-Poitou N : 7 km par N 10 - 3 020 h.
✉ 86360 Chasseneuil-du-Poitou :

Parc des Ecluzelles, ✆ 49 62 58 85, au nord du bourg, rue du stade
0,3 ha (23 empl.) plat, herbeux - A proximité :
avril-sept. - **R** - *Tarif 94 : 2 pers. 33 ou 46 (60 avec élect.), pers. suppl. 13*

POIX-DE-PICARDIE
1 - 52 ⑰ G. Flandres Artois Picardie

Paris 122 - Abbeville 43 - Amiens 27 - Beauvais 46 - Dieppe 84 - Forges-les-Eaux 43

80290 Somme - 2 191 h.

Municipal le Bois des Pêcheurs, ✆ 22 90 11 71, sortie O par D 919, rte de Forges-les-Eaux
2,35 ha (135 empl.) plat, herbeux -
avril-sept. - **R** - *2 pers. 55* *20 (15A)*

POLIGNY
17 - 77 ⑯

Paris 658 - Corps 27 - Gap 17 - Orcières 29 - Serres 58

05500 H.-Alpes - 237 h. alt. 1 050

Les Écrins ≤ montagnes du Champsaur, ✆ 92 50 50 94, sortie E et à droite
2 ha (35 empl.) en terrasses, herbeux, gravier, pinède - (bassin)
15 juin-15 sept. - **R** *conseillée* - *14* *5* *30* *10 (10A)*

La POMMERAIE-SUR-SÈVRE
9 - 67 ⑯ G. Poitou Vendée Charentes

Paris 374 - Bressuire 23 - Cholet 31 - Fontenay-le-Comte 48 - La Roche-sur-Yon 61

85700 Vendée - 964 h.

Municipal, sortie NE, sur D 43 rte de Mauléon, à 150 m de la Sèvre Nantaise
0,6 ha (33 empl.) plat, herbeux -
15 mars-15 nov. - **R** - *Tarif 94 : 2 pers. 31/37, pers. suppl. 10,50*

POMMIER-DE-BEAUREPAIRE
12 - 77 ②

Paris 520 - Beaurepaire 11 - Bourgoin-Jallieu 33 - Grenoble 60 - Romans-sur-Isère 48 - Vienne 31

38260 Isère - 571 h.

La Bissera ≤, ✆ 74 54 22 54, O : 3,6 km par D 51, rte de Sonnay et chemin à droite
2,2 ha (60 empl.) peu incliné, terrasses, herbeux, pierreux - - Location :
Permanent - Location longue durée - *Places limitées pour le passage* - **R** *conseillée* - *16 piscine comprise* *8* *15* *16 (4A)*

PONCIN

12 - 74 ③

Paris 458 - Bourg-en-Bresse 28 - Ambérieu-en-Bugey 18 - Nantua 29 - Oyonnax 38 - Pont-d'Ain 8,5

01450 Ain - 1 229 h.

Municipal, ✆ 74 37 20 78, NO : 0,5 km par D 91 et D 81 rte de Meyriat, près de l'Ain
1,5 ha (100 empl.) plat et terrasse, herbeux - A proximité :
avril-15 oct. - **Location longue durée** - *Places disponibles pour le passage* - **R** *conseillée 15 juil.-15 août - 11 5,50 5,50 10 (5A)*

PONS

9 - 71 ⑤ G. Poitou Vendée Charentes

Paris 491 - Blaye 59 - Bordeaux 95 - Cognac 23 - La Rochelle 92 - Royan 42 - Saintes 21

17800 Char.-Mar. - 4 412 h.
Syndicat d'Initiative, Donjon de Pons (15 juin-15 sept.) ✆ 46 96 13 31

Municipal « Cadre agréable », ✆ 46 91 36 72, à l'ouest de la ville
1 ha (60 empl.) plat, herbeux - - A proximité :
mai-5 sept. - **R** *juil.-août - 9,50 25 avec élect.*

PONS

15 - 76 ⑫

Paris 590 - Aurillac 38 - Entraygues-sur-Truyère 11,5 - Montsalvy 13 - Mur-de-Barrez 22 - Rodez 58

12 Aveyron
12140 Entraygues-sur-Truyère

Municipal de la Rivière ✆ 65 66 18 16, à 1 km au SE du bourg, sur D 526 rte d'Entraygues-sur-Truyère, bord du Goul
0,9 ha (36 empl.) plat, herbeux - - (bassin) - Location *(permanent) :*
15 juin-15 sept. - **R** - *Tarif 94 : 2 pers. 47, pers. suppl. 14 15 (5 à 10A)*

PONTAUMUR

11 - 73 ⑫ ⑬

Paris 399 - Aubusson 46 - Clermont-Ferrand 42 - Le Mont-Dore 58 - Montluçon 66 - Ussel 56

63380 P.-de-D. - 859 h.

Municipal le Grand Pré, sortie S par D 941 rte de Clermont-Ferrand et à droite, bord du Sioulet
1,3 ha (79 empl.) plat, herbeux - -
avril-oct. - **R** - *9 9 14 (6A)*

PONT-AUTHOU

5 - 55 ⑮

Paris 155 - Bernay 22 - Elbeuf 26 - Évreux 44 - Pont-Audemer 20

27290 Eure - 613 h.

Municipal les Marronniers, ✆ 32 42 75 06, au sud du bourg, sur D 130 rte de Brionne, bord d'un ruisseau
2,5 ha (64 empl.) plat, herbeux -
Permanent - **R** *conseillée été - 12 7 7/12 17 (10A)*

PONT-AVEN

3 - 58 ⑪ ⑯ G. Bretagne

Paris 529 - Carhaix-Plouguer 61 - Concarneau 15 - Quimper 34 - Quimperlé 17 - Rosporden 14

29930 Finistère - 3 031 h.
Office de Tourisme, pl. Hôtel de Ville ✆ 98 06 04 70, Fax 98 06 17 25

Le Spinnaker « Agréable cadre boisé », ✆ 98 06 01 77, Fax 98 06 18 50, O : 4 km par D 783 rte de Concarneau et D 77 à gauche, rte de Névez
15 ha (320 empl.) plat et accidenté, herbeux - garderie, nurserie - - Location :
avril-nov. - **R** *conseillée* - GB - *25 piscine et tennis compris 12 28 12 (5A)*

PONTCHÂTEAU

4 - 63 ⑮ G. Bretagne

Paris 428 - La Baule 37 - Nantes 52 - Redon 28 - La Roche-Bernard 20 - Saint-Nazaire 24

44160 Loire-Atl. - 7 549 h.
Office de Tourisme, 1 pl. du Marché ✆ 40 88 00 87

Le Bois de Beaumard (aire naturelle) « Cadre agréable », ✆ 40 88 03 36, sortie NO par D 33 rte d'Herbignac puis, à droite, 2 km par D 126 rte de Sévérac et rte de Beaumard à gauche
1 ha (25 empl.) plat, herbeux, bois attenant (0,3 ha) - -
mai-15 sept. - **R** *conseillée août - 10 5 20 20 (10A)*

Le PONT-CHRÉTIEN-CHABENET

10 - 68 ⑰

Paris 303 - Argenton-sur-Creuse 6,5 - Le Blanc 33 - Châteauroux 33 - La Châtre 43

36800 Indre - 879 h.

Municipal les Rives, sortie vers St-Gaultier, à gauche après le pont, bord de la Bouzanne
0,7 ha (50 empl.) plat, herbeux -
15 juin-10 sept. - **R** *15 juil.-15 août - Tarif 94 : 1 ou 2 pers. 38, 3 ou 4 pers. 50, 5 ou 6 pers. 60, pers. suppl. 5 8*

PONT-CROIX

3 - 58 ⑭ G. Bretagne

Paris 598 - Audierne 5,5 - Douarnenez 15 - Pont-l'Abbé 30 - Quimper 33

29790 Finistère - 1 762 h.

Municipal de Langroas, sortie NE, au stade
2 ha (100 empl.) plat, herbeux -
15 juin-15 sept. - **R** - *14 7 8 9 (6A)*

PONT DE MENAT

11 - 73 ③ G. Auvergne

Paris 373 - Aubusson 82 - Clermont-Ferrand 49 - Gannat 29 - Montluçon 39 - Riom 34 - St-Pourçain-sur-Sioule 48

63 P.-de-D. - ✉ 63560 Menat

Municipal les Tarteaux « Site agréable », ✆ 73 85 52 47, SO : 0,8 km, rive gauche de la Sioule
1,7 ha (100 empl.) (juil.-août) plat et peu incliné, herbeux - (saison) - A proximité : - Location *(permanent)* :
avril-sept. - R - *13,50 7,90 7,90 13,50 (5A)*

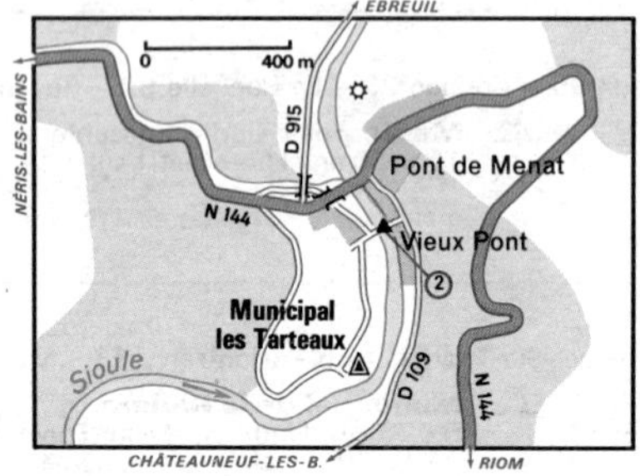

LE PONT-DE-MONTVERT

16 - 80 ⑥ G. Gorges du Tarn

Paris 635 - Le Bleymard 22 - Florac 20 - Génolhac 28 - Mende 45 - Villefort 44

48220 Lozère - 281 h. alt. 875

La Barette (aire naturelle) Mont-Lozère « Site agréable », ✆ 66 45 82 16, N : 6 km par D 20, rte de Bleymard, à Finiels - alt. 1 200
1 ha (20 empl.) en terrasses, herbeux, pierreux, rochers -
15 juin-15 sept. - **R** - *2 pers. 50 11 (16A)*

PONT-DE-POITTE

12 - 70 ⑭ G. Jura

Paris 410 - Champagnole 34 - Genève 91 - Lons-le-Saunier 17

39130 Jura - 638 h.

à Mesnois NO : 1,7 km par rte de Lons-le-Saunier et D 151 à droite - 171 h. ✉ 39130 Clairvaux-les-Lacs :

Beauregard , ✆ 84 48 32 51, sortie S
3 ha (120 empl.) peu incliné et en terrasses, herbeux - - half-court
15 avril-sept. - **R** *conseillée* - *piscine comprise 2 pers. 60 12 (5A)*

PONT-DE-SALARS

15 - 80 ③

Paris 642 - Albi 87 - Millau 46 - Rodez 23 - Saint-Affrique 56 - Villefranche-de-Rouergue 69

12290 Aveyron - 1 422 h. alt. 690

Les Terrasses du Lac « Situation agréable », ✆ 65 46 88 18, Fax 65 46 85 38, N : 4 km par D 523 rte du Vibal, près du lac (accès direct)
6 ha (180 empl.) en terrasses, herbeux - snack - - A proximité : - Location : , bungalows toilés
15 juin-15 sept. - **R** *conseillée juil.-août* - GB - *Tarif 94 : piscine comprise 2 pers. 92, pers. suppl. 20 17,50 (6A)*

PONT DU FOSSÉ **05** H.-Alpes - 77 ⑯ ⑰ - rattaché à St-Jean-St-Nicolas

PONT DU GARD

16 - 80 ⑲ G. Provence

Paris 693 - Alès 48 - Arles 39 - Avignon 26 - Nîmes 23 - Orange 37 - Pont-Saint-Esprit 42 - Uzès 14

30 Gard - ✉ 30210 Remoulins.
Maison du Tourisme (saison) ✆ 66 37 00 02

International Gorges du Gardon, ✆ 66 22 81 81, Fax 66 22 90 12, NO : 3,5 km par D 981, rte d'Uzès et rte à gauche, bord du Gardon
3 ha (180 empl.) plat et peu incliné, pierreux, herbeux - - vélos - Location :
15 mars-15 oct. - **R** *conseillée* - *piscine comprise 2 pers. 59 11 (2A)*

PONT-EN-ROYANS

12 - 77 ③ G. Alpes du Nord

Paris 598 - La Chapelle-en-Vercors 18 - Grenoble 63 - Romans-sur-Isère 29 - Saint-Marcellin 14

38680 Isère - 879 h.

Municipal les Seraines , ✆ 76 36 06 30, en deux parties distinctes, accès par D 531 rte de Valence, bord de la Bourne
2 ha (113 empl.) (saison) plat ou en terrasses, herbeux, pierreux (0,5 ha) - -
15 avril-sept. - R - *12 4 12 13*

PONTENX-LES-FORGES

13 - 78 ④

Paris 682 - Biscarrosse 87 - Labouheyre 17 - Mimizan 11 - Mont-de-Marsan 71 - Pissos 113

40200 Landes - 1 138 h.

Municipal le Guilleman ⛰, ✆ 58 07 40 48, sortie SE rte de Labouheyre puis rte de Ménéou et à droite
3 ha (100 empl.) plat, herbeux, sablonneux pinède
juin-sept. - **R** *conseillée 14 juil.-20 août - 12 8 10 12 (6A)*

Le PONTET **84** Vaucluse - 81 ⑫ - rattaché à Avignon

PONT-ET-MASSÈNE **21** Côte-d'Or - 65 ⑰ ⑱ - rattaché à Semur-en-Auxois

PONTGIBAUD

11 - 73 ⑬ G. Auvergne

Paris 437 - Aubusson 65 - Clermont-Ferrand 24 - Le Mont-Dore 40 - Riom 24 - Ussel 69

63230 P.-de-D. - 801 h. alt. 672

Municipal, ✆ 73 88 96 99, SO : 0,5 km par D 986 rte de Rochefort-Montagne, bord de la Sioule
4,5 ha (100 empl.) (saison) plat, herbeux - A proximité :
15 avril-15 oct. - **R** *conseillée juil.-août - 9,30 14 12,30 (6A) 18,30 (10A)*

▶ ***Dans ce guide***
un même symbole, un même mot,
*imprimés en **noir** ou en rouge, en maigre ou en **gras**,*
n'ont pas tout à fait la même signification.
Lisez attentivement les pages explicatives.

PONT-L'ABBÉ-D'ARNOULT

9 - 71 ⑭ G. Poitou Vendée Charentes

Paris 487 - Marennes 21 - Rochefort 18 - La Rochelle 52 - Royan 28 - Saintes 21

17250 Char.-Mar. - 1 385 h.

Municipal la Garenne ⛰ « Cadre agréable », ✆ 46 97 01 46, sortie SE par D 125 rte de Saintes
2,7 ha (100 empl.) plat, herbeux - - A proximité :
15 juin-15 sept. - **R** *conseillée 14 juil.-15 août - Tarif 94 : tennis compris 2 pers. 48, pers. suppl. 16*

PONT-L'ÉVÊQUE

5 - 54 ⑰ ⑱ G. Normandie Vallée de la Seine

Paris 195 - Caen 47 - Le Havre 40 - Rouen 77 - Trouville-sur-Mer 11

14130 Calvados - 3 843 h.
Office de Tourisme ✆ 31 64 12 77, Fax 31 64 76 96

La Cour de France ←, ✆ 31 64 17 38, Fax 31 64 32 09, SE : 2 km par D 48 rte de Coquainvilliers, au Centre de Loisirs, entre la Touques et un plan d'eau
6 ha (288 empl.) plat, herbeux - - A proximité : grill

PONTRIEUX

8 - 59 ②

Paris 492 - Guingamp 19 - Lannion 26 - Morlaix 63 - Saint-Brieuc 43

22260 C.-d'Armor - 1 050 h.

Traou-Mélédern (aire naturelle), ✆ 96 95 68 72, à 400 m au sud du bourg, bord du Trieux
1 ha (25 empl.) (juil.-août) plat, herbeux -
Permanent - **R** - *11 5 5*

PONT-ST-MAMET

10 - 75 ⑮

Paris 522 - Bergerac 19 - Lalinde 31 - Mussidan 20 - Périgueux 28

24 Dordogne - ✉ 24140 Villamblard

Lestaubière ⛰ ←, ✆ 53 82 98 15, N : 0,5 km par N 21 rte de Périgueux
5 ha (66 empl.) plat et incliné, herbeux - (étang)
15 mai-7 sept. - **R** *conseillée - 24 piscine comprise 26,50 15 (3A)*

PONT-SCORFF

3 - 63 ① G. Bretagne

Paris 508 - Auray 43 - Lorient 13 - Quiberon 60 - Quimperlé 13

56620 Morbihan - 2 312 h.

Aire Naturelle, ✆ 97 32 63 49, Fax 97 32 51 16, SO : 1,8 km par D 6 rte de Lorient
1,5 ha (25 empl.) plat, peu incliné, herbeux -
Permanent - **R** *conseillée juil.-août - 10,50 4,30 11,50 12,50 (6A)*

Les PONTS-DE-CÉ **49** M.-et-L. - 63 ⑳ - rattaché à Angers

PORDIC

3 - 59 ③

Paris 459 – Guingamp 35 – Lannion 64 – Saint-Brieuc 10,5 – Saint-Quay-Portrieux 12

22590 C.-d'Armor – 4 635 h.

Office de Tourisme, Pl. Gén.-de-Gaulle, 96 79 00 35

Les Madières « Cadre agréable et fleuri », 96 79 02 48, NE : 2 km par rte de Binic et à droite, rte de Vau Madec
1,6 ha (83 empl.) plat et peu incliné, herbeux –
juin-15 sept. – **R** *conseillée 14 juil.-15 août – 16 12 12 16 (10A)*

Le Roc de l'Hervieu, 96 79 30 12, NE : 3 km par rte de la Pointe de Pordic et chemin à droite
1,9 ha (100 empl.) plat, herbeux – – – Location :
mai-sept. – **R** *conseillée juil.-août – Tarif 94 : 11 7 11 10 (3A) 15 (10A)*

Le PORGE

9 - 78 ①

Paris 623 – Andernos-les-Bains 18 – Bordeaux 47 – Lacanau-Océan 24 – Lesparre-Médoc 52

33680 Gironde – 1 230 h.

Municipal la Grigne « Cadre agréable », 56 26 54 88, O : 9,5 km par D 107, à 1 km du Porge-Océan
46 ha (700 empl.) vallonné et accidenté, sablonneux pinède – – – Location :

Les Lucioles (aire naturelle), 56 26 59 22, S : 1,8 km par D 3, rte de Lège-Cap-Ferret
2 ha (25 empl.) plat, herbeux, sablonneux Pinède – – A proximité : snack
mai-sept. – **R** – *16 18/22 12 (16A)*

PORNIC

9 - 67 ① G. Poitou Vendée Charentes

Paris 438 – Nantes 49 – La Roche-sur-Yon 83 – Les Sables-d'Olonne 94 – Saint-Nazaire 29

44210 Loire-Atl. – 9 815 h.

Office de Tourisme, quai du Cdt-L'Herminier 40 82 04 40, Fax 40 82 90 12

La Boutinardière, 40 82 05 68, Fax 40 82 49 01, SE : 5 km par D 13 et rte à droite, à 200 m de la plage
5 ha (352 empl.) (saison) peu incliné, herbeux – – half-court, toboggans aquatiques – Location :
avril-sept. – **R** *conseillée juil.-août* – GB – *piscine comprise 3 pers. 140 14 (3A)*

Le Patisseau « Cadre agréable », 40 82 10 39, Fax 40 82 22 81, E : 3 km par D 751, rte de Nantes et rte à gauche
4 ha (236 empl.) plat et peu incliné, terrasses, herbeux (1 ha) – pizzeria, crêperie – vélos
13 mai-16 sept. – **R** *conseillée juil.-20 août – piscine comprise 2 pers. 96 16 (4A) 20 (6A) 30 (10A)*

Le Port Chéri, 40 82 34 57, Fax 40 82 96 77, E : 3 km par D 751, rte de Nantes et rte à gauche
1,9 ha (104 empl.) peu incliné, terrasses, herbeux – snack – – Location :
Permanent – **R** *conseillée juil.-août* – GB – *piscine comprise 2 pers. 80 15 (4A) 22,50 (6A)*

PORNICHET

4 - 63 ⑭ G. Bretagne

Paris 447 – La Baule 6 – Nantes 71 – Saint-Nazaire 11

44380 Loire-Atl. – 8 133 h.

Office de Tourisme, 3 bd de la République, 40 61 33 33, Fax 40 11 60 88 et pl. A.-Briand (juin-sept.) 40 61 08 92

Le Repos des Forges, 40 61 18 84, Fax 40 60 11 84, NE : 4,3 km par D 92, rte de St-Nazaire et rte de Villés-Blais, à gauche
2 ha (150 empl.) (juil.-août) plat, herbeux – –
Permanent – **R** *conseillée – 19 piscine comprise 7 28 15 (3A) 20 (6A)*

PORT-CAMARGUE **30** Gard – 83 ⑧ ⑱ – rattaché au Grau-du-Roi

Les PORTES-EN-RÉ **17** Char.-Mar. – 71 ⑫ – voir à Ré (Ile de)

PORT-GRIMAUD **83** Var – 84 ⑰ – rattaché à Grimaud

PORTICCIO **2A** Corse-du-Sud – 90 ⑰ – voir à Corse

PORTIGLIOLO **2A** Corse-du-Sud – 90 ⑱ – voir à Corse

PORTIRAGNES

15 - 83 ⑮

Paris 778 - Agde 12 - Béziers 12 - Narbonne 38 - Valras-Plage 10,5

34420 Hérault - 1 770 h.

à Portiragnes-Plage S : 4 km par D 37 - ✉ 34420 Portiragnes :

Les Sablons, ✆ 67 90 90 55, Fax 67 90 82 91, sortie N rte de Portiragnes, près de la plage et d'un étang (accès direct)
12 ha (800 empl.) plat, sablonneux, herbeux (5 ha) - snack cases réfrigérées - discothèque vélos, tir à l'arc - A proximité : - Location :

Les Mimosas, ✆ 67 90 92 92, Fax 67 90 85 39, NE : 2,5 km par rte de Portiragnes et à droite, puis rte du port à gauche, près du canal du Midi
7 ha (400 empl.) plat, herbeux (1 ha) - snack cases réfrigérées - vélos - Location :
mai-sept. - **R** *conseillée* - GB - *piscine comprise 2 pers. 120 15 (6A)*

L'Émeraude, ✆ 67 90 93 76, N : 1 km par rte de Portiragnes
4,2 ha (280 empl.) plat, herbeux - snack cases réfrigérées - - A proximité : - Location :
mai-15 sept. - **R** *conseillée juin-juil., indispensable août* - GB - *élect. (5A) et piscine comprises 2 pers. 110, pers. suppl. 15*

PORT-LE-GRAND

1 - 52 ⑥

Paris 177 - Abbeville 8 - Amiens 53 - Montreuil 37 - Le Tréport 33

80132 Somme - 332 h.

Château des Tilleuls, ✆ 22 24 07 75, Fax 22 24 23 80, SE : 1,5 km rte d'Abbeville
20 ha/3 campables (120 empl.) incliné, herbeux - - Garage pour caravanes
mars-oct. - **R** - GB - *19 10 30 15 (16A)*

PORT-MANECH

3 - 58 ⑪ G. Bretagne

Paris 541 - Carhaix-Plouguer 70 - Concarneau 18 - Pont-Aven 12 - Quimper 43 - Quimperlé 29

29 Finistère - ✉ 29139 Névez

St-Nicolas, ✆ 98 06 89 75, au N du bourg, à 200 m de la plage
3 ha (180 empl.) plat, incliné et en terrasses, herbeux - - - A proximité :
mai-15 sept. - **R** *conseillée juil.-août - Tarif 94 : 19 9 21 12 (2A) 17 (5A) 20 (10A)*

PORTO **2A** Corse-du-Sud - 90 ⑮ - voir à Corse

PORTO-VECCHIO **2A** Corse-du-Sud - 90 ⑧ - voir à Corse

PORT-SUR-SAÔNE

8 - 66 ⑤

Paris 355 - Besançon 62 - Bourbonne-les-Bains 46 - Épinal 76 - Gray 53 - Jussey 24 - Langres 62 - Vesoul 13

70170 H.-Saône - 2 521 h.

Municipal la Maladière « Parc boisé », ✆ 84 91 51 32, au S par D 6, à la baignade, entre la Saône et le canal
3 ha (100 empl.) plat, herbeux - - - A proximité :
15 mai-15 sept. - **R** *conseillée - Tarif 94 : 8,50 5,50 8,50 13 (6A)*

POSES

5 - 55 ⑦

Paris 118 - Les Andelys 26 - Évreux 37 - Louviers 16 - Pont-de-l'Arche 8 - Rouen 26

27740 Eure - 1 024 h.

Les Étangs des 2 Amants, ✆ 32 59 11 86, SE : 1,5 km par rte de St-Pierre-du-Vauvray, à la Base de Plein Air et de Loisirs, près de la Seine et à 250 m d'un plan d'eau
4 ha (170 empl.) plat, herbeux - - - A proximité :
avril-1er nov. - **R**

La POSSONNIÈRE

4 - 63 ⑳ G. Châteaux de la Loire

Paris 310 - Angers 17 - Candé 40 - Chenillé 26

49170 M.-et-L. - 1 962 h.

Municipal du Port, ✆ 41 72 22 08, sortie S, entre le bourg et la Loire, à 50 m du fleuve
1 ha (35 empl.) plat, herbeux - -
juin-15 sept. - **R** - *Tarif 94 : 2 pers. 32 (38 avec élect.), pers. suppl. 16*

POUANCÉ

4 - 63 ⑧ G. Châteaux de la Loire

Paris 325 - Châteaubriant 16 - La Guerche-de-Bretagne 24 - Laval 50 - Segré 24 - Vitré 46

49420 M.-et-L. - 3 279 h.
Syndicat d'Initiative, r. de la Porte-Angevine (saison) ✆ 41 92 45 86

Municipal la Roche Martin « Cadre agréable », ✆ 41 92 43 97, N : 1 km par D 6 et D 72 à gauche rte de la Guerche-de-Bretagne, près d'un étang
1 ha (50 empl.) en terrasses et peu incliné, herbeux - - A proximité :
mai-sept. - **R** - *10,40 3,30 3,30 7,10 (moins de 7A) 13,40 (plus de 7A)*

POUEYFERRÉ **65** H.-Pyr. - 85 ⑦ - rattaché à Lourdes

Le POUGET

15 - 83 ⑥

Paris 736 - Béziers 44 - Clermont-l'Hérault 9 - Gignac 8,5 - Montpellier 34 - Sète 37

34230 Hérault - 1 103 h.

Municipal, 67 96 76 14, O : 0,8 km par D 139
0,8 ha (47 empl.) plat, herbeux - A proximité : - Location : gîtes
15 juin-15 sept. - R - *7,30* *19* *12*

POUGUES-LES-EAUX

11 - 69 ③ G. Bourgogne

Paris 226 - La Charité-sur-Loire 13 - Cosne-sur-Loire 41 - Nevers 12 - Prémery 24

58320 Nièvre - 2 358 h.

Syndicat d'Initiative, av. Paris (juin-sept.) 86 58 71 15 et Mairie (hors saison) 86 68 85 79

Municipal les Chanternes, 86 68 86 18, sortie NO par N 7 rte de la Charité-sur-Loire
1,4 ha (45 empl.) plat, herbeux - - - A proximité :
avril-oct. - **R** - *7* *8,50* *8,50*

POUILLY-EN-AUXOIS

7 - 65 ⑱ G. Bourgogne

Paris 273 - Avallon 66 - Beaune 46 - Dijon 43 - Montbard 58

21320 Côte-d'Or - 1 372 h.

Municipal le Vert Auxois, 80 90 71 89, sortie NO et rue du 8-Mai à gauche après l'église
1 ha (70 empl.) plat, herbeux -
mai-sept. - **R** - *10,50* *3,70* *3,95* *8,40*

POUILLY-SOUS-CHARLIEU

11 - 73 ⑦ ⑧

Paris 379 - Charlieu 5,5 - Digoin 41 - Roanne 14 - Vichy 75

42720 Loire - 2 834 h.

Municipal les Ilots, 77 60 80 67, sortie N par D 482 rte de Digoin et à droite, au stade, bord du Sornin
1,5 ha (30 empl.) plat, herbeux - - A proximité :
mai-sept. - **R** - *Tarif 94 :* *9* *5* *6* *10 (6A) 30 (10A) 42 (15A)*

POULAINES

10 - 64 ⑱

Paris 250 - Romorantin-Lanthenay 26 - Selles-sur-Cher 17 - Valençay 8,3

36210 Indre - 911 h.

Municipal de l'Étang du Plessis, 54 40 95 14, O : 2,5 km par D 960 rte de Valençay et chemin à gauche
0,6 ha (23 empl.) plat et peu incliné, herbeux - -
Pâques-Toussaint - **R** *juil.-août* - *8* *5/8* *10 (16A)*

Le POULDU

3 - 58 ⑫ G. Bretagne

Paris 515 - Concarneau 37 - Lorient 24 - Moëlan-sur-Mer 10,5 - Quimper 57 - Quimperlé 16

29 Finistère - ✉ 29121 Clohars-Carnoët.

Office de Tourisme, r. Ch.-Filiger (fermé oct.) 98 39 93 42

Les Embruns, 98 39 91 07, Fax 98 39 97 87, au bourg, r. du Philosophe-Alain, à 350 m de la plage
3 ha (180 empl.) (juil.-août) plat et peu incliné, herbeux, sablonneux - - - Location :
8 avril-22 sept. - **R** *conseillée* - *piscine comprise 2 pers. 71, pers. suppl. 20* *14,50 (3A) 17 (5A)*

Le Quinquis « Cadre agréable », 98 39 92 40, Fax 98 39 96 56, N : 2,5 km par D 49 rte de Quimperlé et chemin à gauche
5 ha (130 empl.) plat, peu incliné et incliné, herbeux - - - A proximité : - Location :
15 avril-sept. - **R** *conseillée juil.-août* - *18 piscine comprise* *6* *32* *12 (3A) 16 (5A)*

Keranquernat « Entrée fleurie », 98 39 92 32, sortie NE
1 ha (100 empl.) plat et peu incliné, herbeux - -
Pâques-15 sept. - **R** *conseillée juil.-août* - *piscine comprise 2 pers. 57, pers. suppl. 18,50* *14,50 (3A) 17,50 (5A)*

Locouarn, 98 39 91 79, N : 2 km par D 49 rte de Quimperlé
1,5 ha (100 empl.) (juil.-août) plat et peu incliné, herbeux - - - A proximité : - Location :
15 juin-15 sept. - **R** *conseillée juil.-août* - *10* *7* *13* *13 (5A)*

POULE-LES-ECHARMEAUX

11 - 73 ⑨

Paris 443 - La Clayette 24 - Chauffailles 16 - Roanne 49 - Tarare 45 - Villefranche-sur-Saône 42

69870 Rhône - 838 h.

Municipal les Echarmeaux, à l'ouest du bourg, près d'un étang
0,5 ha (24 empl.) en terrasses, gravillons - - -
avril-15 oct. - **R** - *élect. comprise 2 pers. 55*

POULLAN-SUR-MER **29** Finistère - 58 ⑭ - rattaché à Douarnenez

POUYLEBON

14 - 82 ④

Paris 777 - Auch 34 - Miélan 16 - Mirande 10,5 - Plaisance 28 - Vic-Fézensac 29

32320 Gers - 178 h.

▲ **Pouylebon**, ✆ 62 66 72 10, NE : 1 km par D 216 rte de Montesquiou puis 1 km par chemin à droite, près d'un lac
1 ha (13 empl.) incliné, herbeux - (bassin) - Location :
15 avril-15 oct. - **R** *conseillée juil.-août - Tarif 94 : 18 23 10 (6A)*

POUZAC **65** H.-Pyr. - 85 ⑱ - rattaché à Bagnères-de-Bigorre

POUZAUGES

9 - 67 ⑯ **G. Poitou Vendée Charentes**

Paris 386 - Bressuire 28 - Chantonnay 21 - Cholet 36 - Nantes 86 - La Roche-sur-Yon 55

85700 Vendée - 5 473 h.

Office de Tourisme, cour de la Poste ✆ 51 91 82 46 ou Mairie ✆ 51 57 01 37

▲ Municipal le Lac, ✆ 51 91 37 55, O : 1,5 km par D 960 bis, rte de Chantonnay et chemin à droite, à 50 m du lac
0,37 ha (40 empl.) plat et terrasse, herbeux - A proximité :
avril-oct. - **R** *conseillée*

Le PRADET

17 - 84 ⑮

Paris 847 - Draguignan 78 - Hyères 10,5 - Toulon 10

83220 Var - 9 704 h.

Office de Tourisme, pl. du Général-de-Gaulle ✆ 94 21 71 69

▲ **Lou Pantaï**, ✆ 94 75 10 77, E : 2 km par rte de Carqueiranne et chemin à droite
1 ha (95 empl.) plat et peu incliné, pierreux, herbeux - Location :
mars-oct. - **R** *conseillée juil.-août - élect. (3A) comprise 3 pers. 85,50, pers. suppl. 18 18 (6A) 22,50 (10A)*

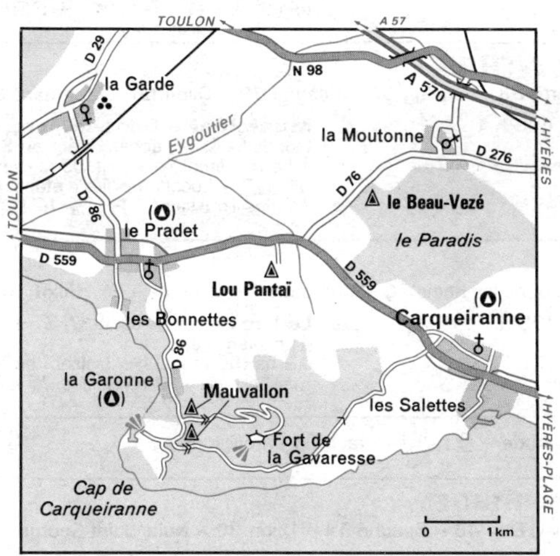

à la Garonne S : 2,5 km par D 86 - ✉ 83220 le Pradet :

▲ **Mauvallon**, ✆ 94 21 31 73, en deux camps distincts (Mauvallon I et Mauvallon II), chemin de la Gavaresse, à 500 m de la mer
1 ha (100 empl.) plat, peu incliné, pierreux, herbeux -
avril-sept. - **R** *conseillée juil.-août - 17 23 14 (6A)*

Voir aussi à ***Carqueiranne***

PRADONS **07** Ardèche - 80 ⑨ - voir à Ardèche (Gorges de l')

PRAILLES

9 - 68 ⑪

Paris 394 - Melle 15 - Niort 21 - Saint-Maixent-l'École 13

79370 Deux-Sèvres - 584 h.

▲ **Base Districale de Loisirs du Lambon**, ✆ 49 32 85 11, SE : 2,5 km, à 200 m d'un plan d'eau
1 ha (60 empl.) (juil.-août) en terrasses, herbeux - A proximité : - Location : pavillons
juin-sept. - **R** *conseillée juil.-août - Tarif 94 : tennis compris 2 pers. 33,20, pers. suppl. 13,50 8,80 (4A)*

PRALOGNAN-LA-VANOISE

12 - 74 ⑱ G. Alpes du Nord

Paris 636 - Albertville 53 - Chambéry 100 - Moûtiers 26

73710 Savoie - 667 h. alt. 1 404 - Sports d'hiver : 1 410/2 360 m 1 13.

Office de Tourisme 79 08 71 68, Fax 79 08 76 74

Municipal le Chamois « Site agréable », 79 08 71 54, au sud du bourg, bord d'un torrent
4 ha (220 empl.) plat, peu incliné à incliné, pierreux, herbeux - A proximité : patinoire
déc.-mai, juin-sept. - **R** *indispensable hiver (79 08 70 77) - été - Tarif 94 : 15 (hiver 22) 15 (hiver 21) 10 à 23 (2 à 10A)*

Les PRAZ-DE-CHAMONIX **74** H.-Savoie - 74 ⑧ ⑨ - rattaché à Chamonix-Mont-Blanc

PRAZ-SUR-ARLY

12 - 74 ⑦

Paris 601 - Albertville 27 - Chambéry 77 - Chamonix-Mont-Blanc 40 - Megève 4,5

74120 H.-Savoie - 922 h. alt. 1 036 - Sports d'hiver : 1 036/2 000 m 14.

Office de Tourisme, pl. de la Mairie 50 21 90 57

Les Prés de l'Arly, 50 21 93 24, à 0,5 km au SE du bourg, à 100 m de l'Arly
1,4 ha (81 empl.) plat et terrasse, gravier, herbeux - Location : appartements
Permanent - **Location longue durée** - *Places limitées pour le passage - 14 (hiver 16) 7 (hiver 8) 7 (hiver 8) 12 (3A) hiver : 16 (3A) 30 (10A)*

PRÉCHAC **65** H.-Pyr. - 85 ⑰ - rattaché à Argelès-Gazost

PRÉCIGNÉ

5 - 64 ①

Paris 254 - Angers 51 - Château-Gontier 31 - La Flèche 21 - Sablé-sur-Sarthe 10

72410 Sarthe - 2 299 h.

Municipal des Lices « Entrée fleurie », 43 95 46 13, sortie N rte de Sablé-sur-Sarthe et r. de la Piscine à gauche
0,8 ha (50 empl.) plat et peu incliné, herbeux - A proximité :
juin-sept. - **R** - *Tarif 94 : 6,90 2,80 2,80 9,50*

PRÉCY-SOUS-THIL

7 - 65 ⑰ G. Bourgogne

Paris 246 - Auxerre 83 - Avallon 39 - Beaune 79 - Dijon 66 - Montbard 31 - Saulieu 16

21390 Côte-d'Or - 603 h.

Municipal « Dans le parc de l'hôtel de ville », 80 64 57 18, Fax 80 64 43 37, accès direct au Serein
1 ha (50 empl.) plat, peu incliné, herbeux - - Location : gîte d'étape, huttes
Pâques-Toussaint - **R** - *10 12/18 12*

PREIGNEY

8 - 66 ④

Paris 333 - Bourbonne-les-Bains 28 - Combeau-Fontaine 14 - Fayl-Billot 15 - Vesoul 39

70120 H.-Saône - 103 h.

Le Lac, 84 68 55 37, S : 1,5 km par D 286, rte de Malvillers, à 150 m d'un plan d'eau
0,9 ha (50 empl.) (saison) en terrasses, herbeux -
mai-15 sept. - **R** *conseillée 15 juil.-15 août - 12 13 13 (3A)*

PREIXAN **11** Aude - 86 ⑦ - rattaché à Carcassonne

PREMEAUX-PRISSEY

12 - 69 ⑨ ⑩

Paris 323 - Arnay-le-Duc 46 - Beaune 14 - Dijon 30 - Nuits-Saint-Georges 3,5

21700 Côte-d'Or - 332 h.

Intercommunal Saule Guillaume, 80 62 30 78, E : 1,5 km par D 109G, rte de Quincey, près d'un étang
2 ha (83 empl.) plat, herbeux, pierreux - A proximité :
15 juin-2 sept. - **R**

PRÉMERY

11 - 65 ⑭ G. Bourgogne

Paris 234 - La Charité-sur-Loire 27 - Château-Chinon 56 - Clamecy 40 - Cosne-sur-Loire 47 - Nevers 27

58700 Nièvre - 2 377 h.

Municipal, 86 37 99 42, sortie NE par D 977 rte de Clamecy et chemin à droite, près de la Nièvre et d'un plan d'eau
1,6 ha (38 empl.) plat et peu incliné, herbeux, gravillons - A proximité :
juin-15 sept. - **R** *juil.-août - Tarif 94 : élect. comprise 1 ou 2 pers. 42, pers. suppl. 16*

PRÉSILLY

12 - 74 ⑥

Paris 531 - Annecy 30 - Bellegarde-sur-Valserine 28 - Bonneville 40 - Genève 20

74160 H.-Savoie - 562 h. alt. 683

Le Terroir (aire naturelle), 50 04 42 07, NE : 2,3 km par D 218 et D 18 à gauche, rte de Viry
1 ha (25 empl.) plat, herbeux, bois attenant -
saison - **R** *conseillée juil.-août - 11 5 12 11 (3A) 14 (5A) 21 (10A)*

PRESLE 73 Savoie – 74 ⑯ – rattaché à La Rochette

PRESLES-ET-BOVES

6 – 56 ⑤

Paris 121 – Fère-en-Tardenois 28 – Laon 29 – Reims 47 – Soissons 20

02370 Aisne – 347 h.

Le Domaine de la Nature, ✆ 23 54 74 55, O : 4 km par D 144, à Pont de Vailly, sur D 14, près du canal de l'Aisne et d'un étang
3 ha (90 empl.) plat, herbeux – half-court
Permanent – **Location longue durée** – *Places limitées pour le passage* – **R** *conseillée* – *2 pers. 65 (80 avec élect. 10A)*

PREUILLY-SUR-CLAISE

10 – 68 ⑤ ⑥ G. Poitou Vendée Charentes

Paris 293 – Le Blanc 31 – Châteauroux 68 – Châtellerault 35 – Loches 36 – Tours 69

37290 I.-et-L. – 1 427 h.

Municipal, au SO du bourg, près de la piscine, de la Claise et d'un petit plan d'eau
0,7 ha (66 empl.) plat, herbeux – A proximité : parcours sportif
mai-15 sept. – **R** – *6,20* *8,75* *8,75 (6A)*

PRIMELIN

3 – 58 ⑬

Paris 609 – Audierne 5,7 – Douarnenez 26 – Quimper 41

29113 Finistère – 931 h.

Municipal de Kermalero, ✆ 98 74 84 75, sortie O vers le port
1 ha (90 empl.) (juil.-août) plat et peu incliné, herbeux – – A proximité : half-court
avril-oct. – **R** *conseillée* – *1 pers. 30, 2 pers. 50* *10 (6A)*

PRISCHES

2 – 53 ⑮

Paris 218 – Avesnes-sur-Helpe 14 – Le Cateau-Cambrésis 16 – Guise 24 – Hirson 34 – Lille 92 – Saint-Quentin 48

59550 Nord – 956 h.

Municipal, par centre bourg, chemin du Friset, au stade
0,4 ha (23 empl.) plat, herbeux –
Permanent – **Location longue durée** – *Places limitées pour le passage* – **R** – *6,90 et 2,40 pour eau chaude* *3,60* *3,60* *6,60 (10A)*

PRIVAS P

16 – 76 ⑲ G. Vallée du Rhône

Paris 601 – Alès 104 – Mende 135 – Montélimar 33 – Le Puy-en-Velay 91 – Valence 41

07000 Ardèche – 10 080 h.
Office de Tourisme, 3 r. Elie-Reynier ✆ 75 64 33 35

Municipal d'Ouvèze, ✆ 75 64 05 80, S : 1,5 km par D 2 rte de Montélimar et bd de Paste à droite, bord de l'Ouvèze
5 ha (166 empl.) plat à incliné, herbeux – – A proximité :
Pâques-fin oct. – **R** *conseillée* – *Tarif 94 :* *2 pers. 47, pers. suppl. 13* *13 (3A) 18 (5A)*

PROPRIANO 2A Corse-du-Sud – 90 ⑱ – voir à Corse

PROYART

2 – 53 ⑫

Paris 139 – Amiens 30 – Arras 62 – Roye 23 – Saint-Quentin 44

80340 Somme – 514 h.

Municipal la Violette, ✆ 22 85 81 36, N : 3 km par D 329, rte de Bray-sur-Somme et D 71 à gauche
1,5 ha (83 empl.) plat, herbeux –
mars-1er nov. – **R** – *9* *5* *6* *9 (4A) 15 (10A)*

PRUILLÉ

4 – 63 ⑳

Paris 308 – Angers 20 – Candé 33 – Château-Gontier 32 – La Flèche 66

49220 M.-et-L. – 422 h.

Municipal le Port, au nord du bourg, bord de la Mayenne
1,2 ha (100 empl.) plat, herbeux –
mai-15 oct. – **R** – *Tarif 94 :* *7* *3,50* *3,50* *7*

PRUNIERS-EN-SOLOGNE

6 – 64 ⑱

Paris 212 – Blois 42 – Montrichard 44 – Romorantin-Lanthenay 9 – Valençay 22 – Vierzon 36

41200 L.-et-Ch. – 1 992 h.

Municipal du Chêne, O : 1,2 km par rte de Billy et chemin à droite, près d'un étang
1 ha (28 empl.) plat, herbeux – –
15 juin-15 sept. – **R** – *Tarif 94 :* *7,70* *7,60* *9,30 (6A)*

PUGET-SUR-ARGENS

17 - 84 ⑦ ⑧

Paris 866 - Les Arcs 20 - Cannes 41 - Draguignan 25 - Fréjus 4 - Sainte-Maxime 24

83480 Var - 5 865 h.
Syndicat d'Initiative, 100 r. de la Libération, ☎ 94 33 51 62

La Bastiane, ☎ 94 45 51 31, Fax 94 81 50 55, N : 2,5 km
3 ha (184 empl.) plat et accidenté, terrasses, pierreux, herbeux - Location :
15 fév.-15 nov. - **R** *conseillée juil.-août - piscine comprise 2 ou 3 pers. 130, 4 pers. 170 19 (3A) 23 (6A)*

Les Aubrèdes, ☎ 94 45 51 46, Fax 94 45 28 92, N : 1 km
3,8 ha (200 empl.) plat, peu incliné, herbeux pinède - snack - Location :
avril-sept. - **R** *conseillée juil.-août - piscine comprise 2 pers. 100, pers. suppl. 22 20 (10A)*

PUGET-THÉNIERS

17 - 81 ⑲ G. Alpes du Sud

Paris 838 - Barcelonnette 96 - Cannes 82 - Digne-les-Bains 88 - Draguignan 95 - Manosque 145 - Nice 63

06260 Alpes-Mar. - 1 703 h.

Lou Gourdan ☎ 93 05 10 53, sortie SE par D 2211ª, rte de Roquesteron et chemin à gauche, près du Var
0,9 ha (55 empl.) plat et peu incliné, herbeux, pierreux - A proximité : toboggan aquatique half-court
avril-oct. - **R** *conseillée juil.-août - élect. (5A) comprise 1 pers. 42/46,80, 2 pers. 62,60/70, pers. suppl. 17*

PUIMICHEL

17 - 81 ⑯

Paris 737 - Digne-les-Bains 29 - Forcalquier 27 - Gréoux-les-Bains 36 - Manosque 31 - Sisteron 31

04700 Alpes-de-H.-Pr. - 203 h.
alt. 735

Les Matherons « Situation agréable », ☎ 92 79 60 10, S : 3 km par D 12 rte d'Oraison et chemin à droite - alt. 560 - croisement difficile sur chemin empierré
72 ha/3 campables (25 empl.) plat et peu incliné à incliné, pierreux, herbeux, bois attenant -
Pâques-sept. - **R** *conseillée saison - 10 35 12 (3A)*

▶ *The classification (1 to 5 tents,* **black** *or red) that we award to selected sites in this Guide is a system that is our own.*

It should not be confused with the classification (1 to 4 stars) of official organisations.

PUIMOISSON

17 - 81 ⑯ G. Alpes du Sud

Paris 759 - Brignoles 72 - Castellane 57 - Digne-les-Bains 35 - Manosque 40 - Salernes 54

04410 Alpes-de-H.-Pr. - 511 h.
alt. 690

Municipal les Lavandes ☎ 92 74 71 49, NE : 1 km par D 953, rte de Digne et chemin à droite
0,5 ha (55 empl.) plat, pierreux, herbeux -
juil.-août - **R** - *Tarif 94 : 11 7 10 10 (3A) 15 (5A)*

PUIVERT

15 - 86 ⑥ G. Pyrénées Roussillon

Paris 804 - Belcaire 20 - Carcassonne 58 - Lavelanet 19 - Quillan 16

11230 Aude - 467 h.

Municipal de Font Claire ☎ 68 20 00 58, S : 0,5 km par D 16, rte de Lescale, bord d'un plan d'eau
1 ha (60 empl.) (juil.-août) plat, terrasse, herbeux, pierreux - - vélos - A proximité :
15 juin-20 sept. - **R** *conseillée juil.-août - Tarif 94 : 10 30 10 (6A)*

PUYBRUN

10 - 75 ⑲

Paris 526 - Beaulieu-sur-Dordogne 10 - Brive-la-Gaillarde 41 - Cahors 82 - Saint-Céré 13 - Souillac 35

46130 Lot - 672 h.

La Sole ☎ 65 38 52 37, Fax 65 10 91 09, sortie E, rte de Bretenoux et chemin à droite après la station-service
2,8 ha (72 empl.) plat, herbeux - snack - - Location : bungalows toilés
avril-sept. - **R** *conseillée juil.-août - 20 piscine comprise 22 14 (6 à 10A)*

Le PUY-EN-VELAY Ⓟ

11 - 76 ⑦ G. Auvergne

Paris 548 - Alès 139 - Aurillac 167 - Avignon 203 - Clermont-Ferrand 130 - Grenoble 184 - Lyon 134 - Mende 89

43000 H.-Loire - 21 743 h. alt. 630.
Office de Tourisme, pl. du Breuil ☎ 71 09 38 41, Fax 71 05 22 62 et r. des Tables (juil.-août) ☎ 71 05 99 22

à Blavozy E : 9 km par N 88 rte de St-Étienne - 1 163 h.
✉ 43700 Blavozy :

Le Moulin de Barette ☎ 71 03 00 88, Fax 71 03 00 51, O : 2,8 km par rte du Puy-en-Velay et, après le pont sur la N 88, D 156 rte de Chaspinhac, bord de la Sumène
1,3 ha (100 empl.) peu incliné, herbeux - self - tir à l'arc - Location : (hôtel et motel)
mai-15 nov. - **R** *conseillée juil.-août - GB - 20 piscine comprise 15 18 (12A)*

à Brives-Charensac E : 4,5 km par rte de St-Julien-Chapteuil – 4 399 h.
✉ 43700 Brives-Charensac :

Municipal Audinet ←, ✆ 71 09 10 18, S : 0,5 km par D 535 et chemin à droite, bord de la Loire
3 ha (133 empl.) plat, herbeux (2 ha) – A proximité :
15 avril-15 oct. – **R** – *15,60* *6,60* *9* *13 (10A)*

PUY-HARDY

9 – 67 ⑰

Paris 404 – Bressuire 41 – Champdeniers 17 – Coulonges-sur-l'Autize 7 – Niort 30 – Parthenay 29

79160 Deux-Sèvres – 44 h.

Municipal, à 0,6 km au sud du bourg, près du Saumort – Accès et croisement difficiles pour caravanes (pente à 15 %)
0,6 ha (20 empl.) incliné et en terrasses, herbeux, pierreux
juil.-sept. – **R** – *Tarif 94 : 10* *10* *9 (16A)*

PUY-L'ÉVÊQUE

14 – 79 ⑦ G. Périgord Quercy

Paris 589 – Cahors 31 – Gourdon 39 – Sarlat-la-Canéda 53 – Villeneuve-sur-Lot 43

46700 Lot – 2 209 h.

L'Évasion, ✆ 65 30 80 09, Fax 65 30 81 12, N : 3 km par D 28 rte de Villefranche-du-Périgord et chemin à droite
4 ha/1 campable (40 empl.) en terrasses, incliné, pierreux, herbeux (1 ha) – – Location :
13 mai-15 oct. – **R** *conseillée juil.-août* – GB – *séjour minimum d'une semaine : piscine et tennis compris 1 pers. 250* *10*

PUYLOUBIER

16 – 84 ④

Paris 778 – Aix-en-Provence 24 – Rians 21 – Saint-Maximin-la-Sainte-Baume 21 – Trets 8

13114 B.-du-R. – 1 317 h.

Municipal Cézanne ←, ✆ 42 66 36 33, sortie E par D 57, au stade
0,7 ha (33 empl.) plat, accidenté, en terrasses, pierreux –
Pâques-11 nov. – **R** – *10* *10* *10* *7,50*

PUYMIROL

14 – 79 ⑮ G. Pyrénées Aquitaine

Paris 636 – Agen 17 – Moissac 32 – Villeneuve-sur-Lot 31

47270 L.-et-G. – 777 h.

Municipal de Laman, SO : 1,4 km par D 248, D 16 rte d'Agen et chemin à gauche, près d'un étang
0,3 ha (25 empl.) plat et terrasse, herbeux – – A proximité :
mai-oct. – R

PUY-ST-VINCENT

12 – 77 ⑰ G. Alpes du Sud

Paris 706 – L'Argentière-la-Bessée 9,5 – Briançon 20 – Gap 82 – Guillestre 29 – Pelvoux 7,5

05290 H.-Alpes – 235 h. alt. 1 390

Municipal Croque Loisirs ← « Site et cadre agréables », ✆ 92 23 44 22, S : 1,8 km par rte de Puy-St-Vincent 1600 et chemin à gauche – alt. 1 400
2 ha (60 empl.) plat et terrasses, herbeux, pierreux, bois attenant – – parcours sportif
10 juin-10 sept. – **R** *conseillée 15 juil.-20 août* – GB – *2 pers. 48* *10 (5A) 14 (10A)*

PYLA-SUR-MER

33 Gironde – 71 ⑳ – voir à Arcachon (Bassin d')

Les QUATRE-ROUTES

13 – 75 ⑲

Paris 509 – Beaulieu-sur-Dordogne 19 – Brive-la-Gaillarde 24 – Cahors 87 – Rocamadour 29 – Souillac 25

46110 Lot – 588 h.

Municipal le Vignon, ✆ 65 32 16 43, SE : 0,6 km par D 32 rte de St-Denis-lès-Martel, bord d'un étang et d'un ruisseau
1 ha (27 empl.) plat, herbeux – –
juil.-août – **R** *conseillée* – *15* *15* *12 (6A)*

QUEIGE

12 – 74 ⑰

Paris 590 – Albertville 9 – Annecy 53 – Beaufort 11,5 – Bourg-Saint-Maurice 63 – Megève 33

73720 Savoie – 716 h.

Municipal des Glières ←, ✆ 79 38 02 97, à 1 km au SO du bourg par D 925, rte d'Albertville, bord du Doron de Beaufort
0,5 ha (33 empl.) (14 juil.-15 août) plat, herbeux, pierreux – –
15 juin-15 sept. – R – *12* *6,30* *7,30*

QUEMPER-GUÉZENNEC

Paris 491 – Guingamp 20 – Lannion 31 – Paimpol 12 – Saint-Brieuc 42

22260 C.-d'Armor – 1 029 h.

Municipal du Bois d'Amour, 96 95 13 40, à 2,8 km au NO du bourg, au site de Goas-Vilinic, près du Trieux
0,4 ha (14 empl.) plat et peu incliné, herbeux – A proximité :
15 juin-15 sept. – **R** – *11,50* *21,50* *15,50 (16A)*

QUEND

Paris 199 – Abbeville 30 – Amiens 75 – Berck-sur-Mer 15 – Hesdin 34 – Montreuil 21

80120 Somme – 1 209 h.

Les Deux Plages, 22 23 48 96, NO : 1,3 km par rte de Quend-Plage-les-Pins et rte à droite
1,8 ha (100 empl.) plat, herbeux –
mars-nov. – **Location longue durée** – *Places disponibles pour le passage* – **R** *conseillée juil.-août – Tarif 94 : 3 pers. 57, pers. suppl. 17 13 (2A) 20 (4A) 31 (6A)*

Les Genêts « Cadre agréable », 22 27 48 40, **à Routhiauville** : NO : 4 km par D 32, rte de Fort-Mahon-Plage
2 ha (128 empl.) plat, herbeux – – Location :
avril-1er nov. – **R** *conseillée juil.-août – 12,50 8 10 12 (3A)*

QUESTEMBERT

G. Bretagne

Paris 433 – Ploërmel 35 – Redon 33 – Rennes 94 – La Roche-Bernard 24 – Vannes 27

56230 Morbihan – 5 076 h.
Syndicat d'Initiative, Hôtel Belmont, r. des Halles 97 26 56 00, Fax 97 26 55 23

Municipal de Célac, 97 26 11 24, O : 1,2 km par D 1, rte d'Elven, bord d'un étang
2 ha (85 empl.) plat, peu incliné, herbeux –
15 juin-15 sept. – **R** – *7,50 6 5,40 12 (12A)*

QUIBERON (Presqu'île de)

G. Bretagne

56 Morbihan

Quiberon – 4 623 h. – 56170 Quiberon.

Office de Tourisme et Accueil de France, 7 r. de Verdun 97 50 07 84, Fax 97 30 58 22

Paris 504 – Auray 29 – Concarneau 100 – Lorient 55 – Vannes 49

Le Conguel, 97 50 19 11, Fax 97 52 25 38, SE : 2,8 km, près de la mer
5 ha (250 empl.) plat, herbeux (1 ha) – garderie – salle de musculation Toboggan aquatique, vélos – Location :

Le Bois d'Amour, 97 50 13 52, Fax 97 50 42 56, SE : 1,5 km, à 300 m de la mer et du Centre de Thalassothérapie
4,6 ha (290 empl.) plat, sablonneux, herbeux – – A proximité : – Location :
avril-sept. – **R** *conseillée saison – GB – 28 piscine comprise 32/55 18 (10A)*

Les Joncs du Roch, 97 50 24 37, SE : 2 km, r. de l'aérodrome, à 500 m de la mer
2,3 ha (148 empl.) (saison) plat, herbeux –
Pâques-sept. – **R** *conseillée juil.-août – GB – Tarif 94 : 2 pers. 83, pers. suppl. 21 13 (4A) 20 (10A)*

St-Julien – 56170 Quiberon.

Paris 508 – Auray 28 – Lorient 54 – Quiberon 2 – Vannes 47

Do.Mi.Si.La.Mi., 97 50 22 52, N : 0,6 km, à 50 m de la mer – juil.-août
2,2 ha (170 empl.) plat et peu incliné, herbeux – – A proximité : snack – Location :
avril-oct. – – *18 55 14 (3A) 20 (10A)*

La Plage, 97 30 46 23, Fax 97 50 40 98, N : 0,5 km, à 150 m de la mer
2,5 ha (160 empl.) (juil.-août) plat et peu incliné, herbeux – – A proximité : snack – Location :
Pâques-25 sept. – **R** *conseillée juil.-août – 17 55 15 (3A) 21 (10A)*

Beauséjour, 97 30 44 93, Fax 97 30 52 51, N : 0,8 km, à 50 m de la mer
2,4 ha (150 empl.) plat et peu incliné, herbeux, sablonneux – – A proximité : snack
avril-sept. – **R** *conseillée juil.-20 août – 16 60 14 (3A) 18 (6A) 22 (10A)*

St-Pierre-Quiberon – 2 184 h. – 56510 St-Pierre-Quiberon.

Paris 504 – Auray 24 – Lorient 50 – Quiberon 6 – Vannes 43

Park er Lann, 97 50 24 93, S : 1,5 km par D 768, à 400 m de la mer
2,6 ha (135 empl.) plat, herbeux – – Location :
Ascension-15 sept. – **R** *conseillée juil.-août*

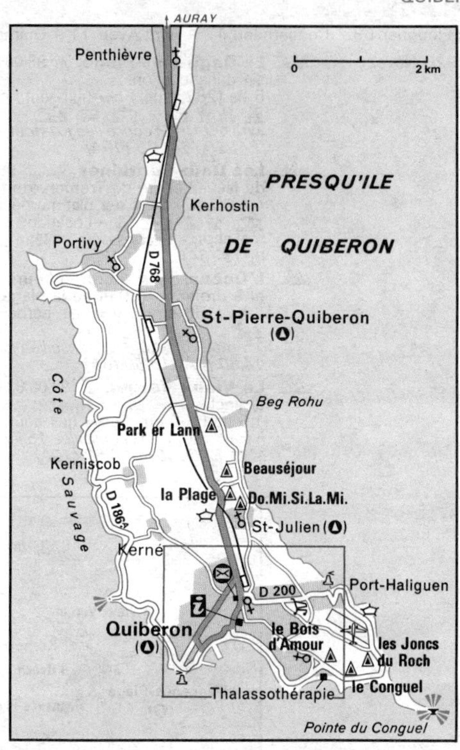

QUIMPER

8 - 58 ⑮ G. Bretagne

Paris 557 - Brest 72 - Lorient 66 - Rennes 208 - Saint-Brieuc 141 - Vannes 119

29000 Finistère - 59 437 h.
Office de Tourisme, pl. Résistance
98 53 04 05, Fax 98 53 31 33

L'Orangerie de Lanniron « Prairie fleurie près du château », 98 90 62 02, Fax 98 52 15 56, S : 3 km par bd périphérique puis sortie vers Bénodet et rte à droite, près de la zone de Loisirs de Creac'h Gwen, bord de l'Odet
17 ha/4 campables (199 empl.) plat, herbeux (2 ha) - snack - tir à l'arc, vélos, practice de golf
mai-15 sept. - **R** *conseillée juil.-août - 25 piscine comprise 15 45 20 (10A)*

QUIMPERLÉ

8 - 58 ⑰ G. Bretagne

Paris 511 - Carhaix-Plouguer 55 - Concarneau 31 - Pontivy 54 - Quimper 48 - Rennes 169 - Saint-Brieuc 111 - Vannes 73

29300 Finistère - 10 748 h.
Office de Tourisme, Pont Bourgneuf 98 96 04 32

Municipal de Kerbertrand, 98 39 31 30, O : 1,5 km par D 783, rte de Concarneau et chemin à droite, au stade
1 ha (40 empl.) plat, herbeux - - - A proximité :
juin-15 sept. - **R** - *12,90 5,50 10 8,30*

RABASTENS

15 - 82 ⑨ G. Pyrénées Roussillon

Paris 673 - Albi 38 - Graulhet 27 - Lavaur 18 - Toulouse 37 - Villemur-sur-Tarn 25

81800 Tarn - 3 825 h.
Office de Tourisme, 2 r. Amédée-Clausade (saison)
63 40 65 65

Municipal des Auzerals « Cadre et situation agréables », 63 33 70 36, sortie vers Toulouse puis 2,5 km par D 12 rte de Grazac à droite, près d'un plan d'eau
0,5 ha (44 empl.) plat, peu incliné et en terrasses, herbeux - - A proximité :
avril-sept. - **R** *conseillée juil.-août - Tarif 94 : 9,50 4,50 7 6 (10 ou 15A)*

RADONVILLIERS

7 - 61 ⑱

Paris 214 - Bar-sur-Aube 21 - Bar-sur-Seine 34 - Brienne-le-Château 5 - Troyes 34

10500 Aube - 370 h.

Municipal le Garillon, 25 92 21 46, sortie SO par D 11 rte de Piney et à droite, bord d'un ruisseau et à 250 m du lac - (haut de la digue par escalier)
1 ha (55 empl.) plat, herbeux - - A proximité :
15 juin-15 sept. - **R** *conseillée 14 juil.-15 août - 9,50 12,50 5 (3A) 12 (6A)*

RAGUENÈS-PLAGE

8 - 58 ⑪ G. Bretagne

Paris 540 - Carhaix-Plouguer 69 - Concarneau 17 - Pont-Aven 11 - Quimper 42 - Quimperlé 29

29 Finistère - ✉ 29920 Névez

Le Raguenès-Plage, ✆ 98 06 80 69, Fax 98 06 89 05, à 500 m de la mer - dans locations
5 ha (287 empl.) (juil.-sept.) plat, herbeux - - Location :
avril-sept. - **R** *conseillée juil.-août - Tarif 94 : 2 pers. 98, pers. suppl. 24 15 (2A) 20 (6A) 25 (10A)*

Les Deux Fontaines , ✆ 98 06 81 91, Fax 98 06 71 80, N : 1,3 km par rte de Névez et rte de Trémorvezen
4 ha (240 empl.) plat, herbeux - - - Location :
mai-sept. - **R** *conseillée* - GB - *piscine comprise 2 pers. 89, pers. suppl. 22 15 (6A)*

L'Océan « Entrée fleurie », ✆ 98 06 87 13, sortie N par rte de Névez et à droite, à 350 m de la plage (accès direct)
2 ha (150 empl.) plat, herbeux, sablonneux - -
15 mai-15 sept. - **R** *conseillée juil.-août - 20 7,50 20 12,50 (3A) 14,50 (4A) 16,50 (6A)*

Le Vieux Verger, ✆ 98 06 83 17, sortie N rte de Névez - En deux parties distinctes
1,5 ha (100 empl.) (juil.-août) plat, herbeux - -
15 avril-sept. - **R** *conseillée 15 juil.-15 août - Tarif 94 : 11 6 11 8,60 (4A) 12,60 (6A) 14,60 (10A)*

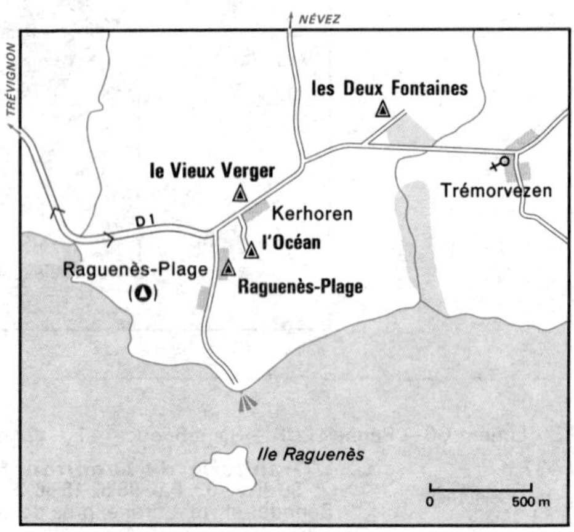

RAMATUELLE

17 - 84 ⑰ G. Côte d'Azur

Paris 878 - Fréjus 36 - Hyères 53 - Le Lavandou 36 - Saint-Tropez 9,5 - Sainte-Maxime 16 - Toulon 73

83350 Var - 1 945 h.

Schéma à Grimaud

Les Tournels « Belle entrée fleurie et cadre agréable », ✆ 94 79 80 54, Fax 94 79 86 19, E : 3,5 km, rte du Cap Camarat
20 ha (975 empl.) accidenté, en terrasses, herbeux, pierreux pinède - cases réfrigérées - - A proximité : - Location :
fermé 11 janv.-9 fév. - **R** *conseillée juil.-août* - GB - *30 piscine comprise 41/51 ou 77 avec élect.*

La Croix du Sud , ✆ 94 79 80 84, Fax 94 79 89 21, E : 3 km par D 93, rte de St-Tropez
2 ha (120 empl.) en terrasses, pierreux - - - Location :
avril-1er oct. - **R** *conseillée juil.-25 août - 29 42 18 (3A) 28 (6A)*

RAMBOUILLET

6 - 60 ⑨ G. Ile de France

Paris 51 - Chartres 41 - Étampes 39 - Mantes-la-Jolie 48 - Orléans 89 - Versailles 31

78120 Yvelines - 24 343 h.
Office de Tourisme, Hôtel-de-Ville
✆ (1) 34 83 21 21

L'Étang d'Or « Situation agréable, entrée fleurie », ✆ (1) 30 41 07 34, S : 3 km, près d'un étang
3,7 ha (220 empl.) plat, gravier, herbeux -
Permanent - Location longue durée - *Places disponibles pour le passage* - **R** *conseillée juil.-août - Tarif 94 : 18 21 13 (hors saison estivale 17)*

▶ *ATTENTION...*
ces éléments ne fonctionnent généralement qu'en saison, quelles que soient les dates d'ouverture du terrain.

RANSPACH

8 - 87 ⑱ G. Alsace Lorraine

Paris 468 - Belfort 43 - Bussang 15 - Gérardmer 36 - Thann 11,5

68470 H.-Rhin - 907 h.

Les Bouleaux <, 89 82 64 70, S : par N 66
1,75 ha (80 empl.) plat, herbeux - Location *(juin-août)*
avril-sept. - **R** *conseillée juil.-août - 18 piscine comprise 22 16 (2A) 20 (4A) 27 (6A)*

RAVENOVILLE

4 - 54 ③

Paris 330 - Barfleur 27 - Carentan 21 - Cherbourg 38 - Saint-Lô 48 - Valognes 17

50480 Manche - 251 h.

Le Cormoran, 33 41 33 94, Fax 33 95 16 08, NE : 3,5 km sur D 421, rte d'Utah Beach, près de la plage
3 ha (230 empl.) plat, herbeux, sablonneux - vélos - Location
avril-sept. - Location longue durée - *Places disponibles pour le passage* - **R** *conseillée 14 juil.-20 août* - GB - *21 piscine comprise 26 16 (3A) 21 (6A)*

RAZAC SUR L'ISLE **24** Dordogne - 75 ⑤ - rattaché à Périgueux

RAZÈS

10 - 72 ⑦ ⑧ G. Pyrénées Roussillon

Paris 374 - Argenton-sur-Creuse 69 - Bellac 33 - Guéret 65 - Limoges 27

87640 H.-Vienne - 919 h.

Santrop < « Situation agréable », 55 71 08 08, O : 4 km par D 44, bord du lac de St-Pardoux
4 ha (152 empl.) peu incliné à incliné, herbeux, gravier (2 ha) - A proximité : (plage) toboggan aquatique - Location : huttes
juin-16 sept. - **R** *conseillée juil.-août* - *2 pers. 74 12 (16A)*

▶ ***In deze gids***
heeft een zelfde letter of teken, **zwart** *of* **rood,** *dun of* **dik** *gedrukt niet helemaal dezelfde betekenis.*
Lees aandachtig de bladzijden met verklarende tekst.

RÉ (Île de)

9 - 71 ⑫ G. Poitou Vendée Charentes

17 Char.-Mar.
Accès : par le pont routier (voir à La Rochelle)

Ars-en-Ré - 1 165 h. - ✉ 17590 Ars-en-Ré.

Office de Tourisme, pl. Carnot (saison) 46 29 46 09

Paris 503 - Fontenay-le-Comte 81 - Luçon 69 - La Rochelle 34

Le Cormoran, 46 29 46 04, Fax 46 29 29 36, O : 1 km
3 ha (145 empl.) plat, herbeux, sablonneux - vélos - Location
avril-sept. - **R** *conseillée* - GB - *piscine comprise 3 pers. 180 21 (5A) 27 (10A)*

Le Soleil, 46 29 40 62, Fax 46 29 41 74, SO : 0,5 km, à 300 m de l'océan
2 ha (140 empl.) plat, sablonneux, herbeux - A proximité :
Permanent - **R** *conseillée* - *3 pers. 114 18,70 (4A) 26,40 (10A)*

Les Dunes, 46 29 41 41, NO : 1,5 km
2 ha (138 empl.) (avril-oct.) plat, herbeux, sablonneux - Location :
Permanent - **R** *conseillée juil.-août - Tarif 94 : 3 pers. 77 14 (2A) 20 (4A) 25 (6A)*

Camp du S.I., 46 29 44 73, SO : 1 km, accès direct à l'océan
1,8 ha (140 empl.) plat, sablonneux, herbeux (1,2 ha) -
avril-sept. - **R** *conseillée* - GB - *Tarif 94 : 3 pers. 97, pers. suppl. 29,50 16 (6A) 23 (10A)*

Municipal la Combe à l'Eau, 46 29 46 42, O : 1,5 km, accès direct à l'océan
5 ha (400 empl.) plat et peu accidenté, sablonneux, herbeux - A proximité :
avril-sept. - **R** - *1 ou 2 pers. 47,20, pers. suppl. 16,80*

Le Bois-Plage-en-Ré - 2 014 h. - ✉ 17580 Le Bois-Plage-en-Ré.

Syndicat d'Initiative, r. de l'Église (fermé après-midi hors saison) 46 09 23 26

Paris 492 - Fontenay-le-Comte 71 - Luçon 60 - La Rochelle 24

Interlude-Gros Jonc « Entrée fleurie », 46 09 18 22, Fax 46 09 23 38, SE : 2,3 km, à 150 m de la plage
6 ha (310 empl.) peu accidenté et plat, sablonneux, herbeux (3 ha) - crêperie - vélos - A proximité : - Location :
Permanent - **R** *conseillée* - GB - *Tarif 94 : 40 ou 46 piscine comprise 72 ou 80 24 (6A)*

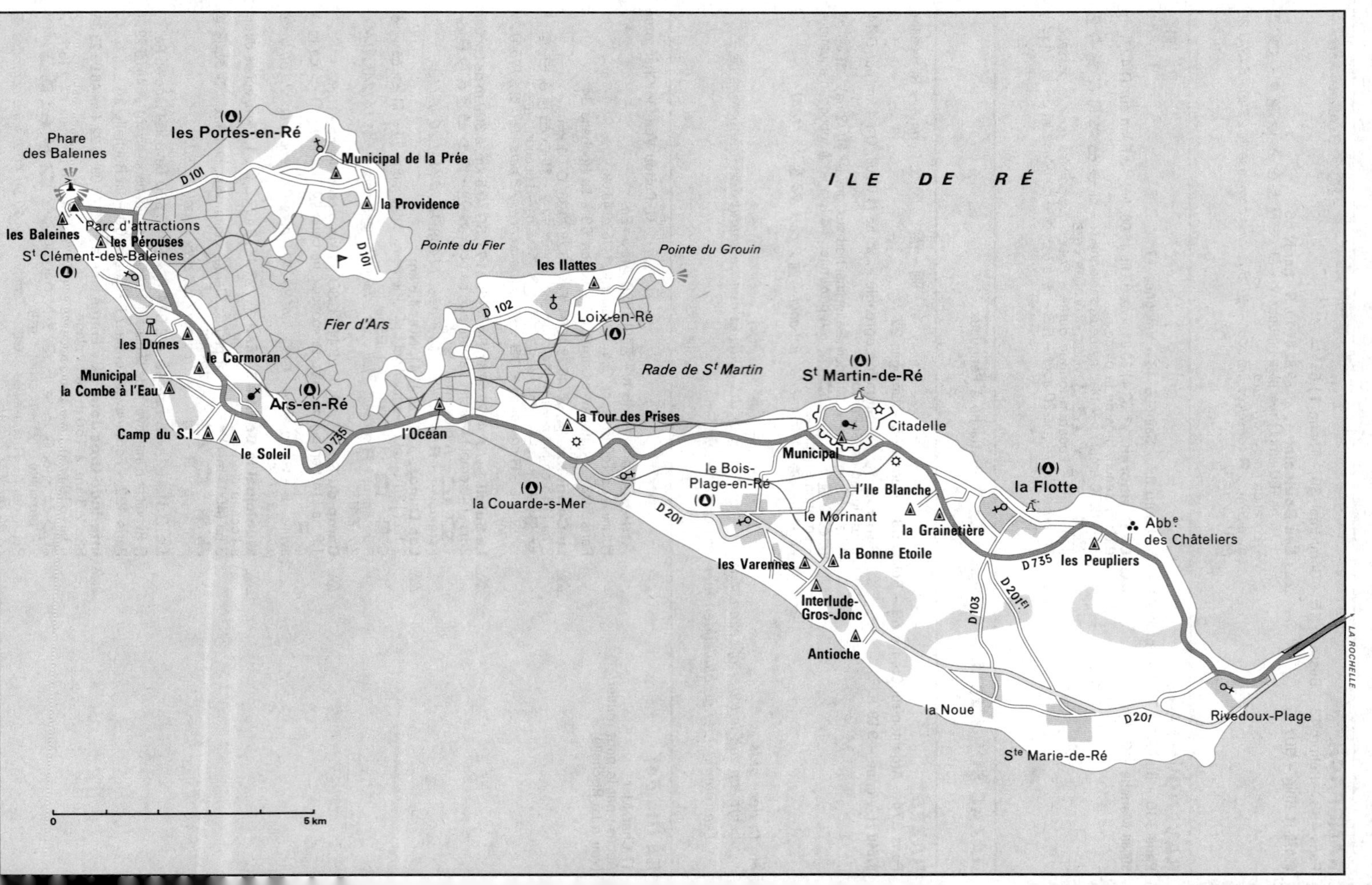

ILE DE RÉ
LA ROCHELLE
Rivedoux-Plage
Abbᵉ des Châteliers
les Peupliers
la Flotte
D735
D201
D201E1
D103
Ste Marie-de-Ré
la Noue
Citadelle
St Martin-de-Ré
l'Ile Blanche
la Grainetière
la Bonne Etoile
le Morinant
Municipal
Interlude-Gros-Jonc
Antioche
les Varennes
le Bois-Plage-en-Ré
Rade de St Martin
Pointe du Grouin
Loix-en-Ré
les Ilattes
la Tour des Prises
la Couarde-s-Mer
D 102
Pointe du Fier
Fier d'Ars
l'Océan
Ars-en-Ré
le Soleil
le Cormoran
Municipal la Combe à l'Eau
Camp du S.I.
les Dunes
les Portes-en-Ré
Municipal de la Prée
la Providence
D 101
Parc d'attractions
les Pérouses
St Clément-des-Baleines
Phare des Baleines
les Baleines
0
5 km

La Bonne Etoile, 46 09 10 16, Fax 46 09 43 13, SE : 2,2 km
3,2 ha (200 empl.) plat, sablonneux, herbeux - - vélos - Location :
Permanent - **R** *conseillée, indispensable juil.-août* - GB - *piscine comprise 3 pers. 150 30 (10A)*

Antioche, 46 09 23 86, SE : 3 km, à 500 m de la plage (accès direct)
3 ha (120 empl.) plat et peu incliné, herbeux, sablonneux (1,5 ha) - - vélos
7 avril-sept. - **R** *conseillée juil.-août* - *1 à 3 pers. 128/150 avec élect. (6A)*

Les Varennes, 46 09 15 43, SE : 1,7 km
2 ha (151 empl.) plat, sablonneux, herbeux - - vélos - Location :
avril-sept. - **R** *conseillée juil.-août* - GB - *Tarif 94 : 1 à 3 pers. 109, pers. suppl. 26 22 (6A)*

La Couarde-sur-Mer - 1 029 h. - 17670 La Couarde-sur-Mer.

Office de Tourisme, r. Pasteur 46 29 82 93

Paris 495 - Fontenay-le-Comte 74 - Luçon 63 - La Rochelle 24

L'Océan, 46 29 87 70, Fax 46 29 92 13, NO : 3,5 km, à 200 m de la plage
6 ha (330 empl.) plat, sablonneux, herbeux - - salle d'animation vélos - Location : , bungalows toilés
avril-sept. - **R** *conseillée saison* - GB - *Tarif 94 : piscine comprise 3 pers. 145 ou 160 18,50 (3A) 22,50 (5A) 26,50 (7A)*

La Tour des Prises, 46 29 84 82, NO : 3 km par D 735, rte d'Ars-en-Ré et chemin à droite
2,2 ha (140 empl.) plat, herbeux - - - Location :
Pâques-sept. - **R** *conseillée - Tarif 94 : piscine comprise 3 pers. 110, pers. suppl. 30 18 (12A)*

La Flotte - 2 452 h. - 17630 La Flotte.

Office de Tourisme, quai Sénac (fermé matin sauf juin-sept.) 46 09 60 38, Fax 46 09 64 88

Paris 486 - Fontenay-le-Comte 65 - Luçon 53 - La Rochelle 18

L'Île Blanche, 46 09 52 43, Fax 46 09 36 94, O : 2,5 km - Accès conseillé par la déviation
4 ha (176 empl.) plat, sablonneux, pierreux (1,5 ha) - snack - (découverte l'été), vélos - Location :
avril-15 nov. - **R** *indispensable juil.-août* - GB - *Tarif 94 : piscine comprise 2 pers. 98 ou 124, pers. suppl. 27 ou 34 19 ou 23*

Les Peupliers, 46 09 62 35, Fax 46 09 59 76, SE : 1,3 km
3 ha (200 empl.) (saison) plat, herbeux, sablonneux - - vélos - Location :
22 avril-17 sept. - **R** *conseillée juil.-24 août* - GB - *piscine comprise 1 à 3 pers. 130 ou 160 20 (5A)*

La Grainetière, 46 09 68 86, à l'ouest du bourg, près de la déviation - Accès conseillé par la déviation
2,3 ha (150 empl.) plat, sablonneux, herbeux - - vélos - Location :
mars-oct. - **R** *conseillée* - *piscine comprise 3 pers. 80 21 (3A) 23,50 (5A)*

Loix-en-Ré - 561 h. - 17110 Loix-en-Ré.

Paris 501 - Fontenay-le-Comte 80 - Luçon 69 - La Rochelle 30

Les ilattes, 46 29 05 43, Fax 46 29 06 79, sortie E, rte de la pointe du Grouin, à 500 m de l'océan
4,5 ha (241 empl.) plat, herbeux - snack - - Location :
Permanent - **R** *conseillée été* - *élect. (10A) et piscine comprises 1 pers. 125/140*

Les Portes-en-Ré - 660 h. - 17880 Les Portes-en-Ré.

Office de Tourisme, r. de Trousse-Chemise 46 29 52 71

Paris 510 - Fontenay-le-Comte 89 - Luçon 77 - La Rochelle 42

La Providence, 46 29 56 82, Fax 46 29 61 80, E : rte de Trousse-Chemise, à 500 m de l'océan
6 ha (300 empl.) plat, herbeux, sablonneux, terrasses - - vélos - A proximité : - Location :
avril-sept. - **R** *conseillée* - *3 pers. 78 17 (3A) 18 (4A) 22 (6A)*

Municipal de la Prée, 46 29 51 04, à l'est du bourg, à 300 m de la plage
2 ha (133 empl.) plat, sablonneux, herbeux - cases réfrigérées - A proximité :
vacances de printemps-sept. - **R** *conseillée juil.-août*

St-Clément-des-Baleines – 607 h.
✉ 17590 St-Clément-des-Baleines.
Office de Tourisme, r. Mairie ✆ 46 29 24 19
Paris 506 – Fontenay-le-Comte 84 – Luçon 72 – La Rochelle 37

Les Baleines, ✆ 46 29 40 76, Fax 49 09 15 77, NO : 2 km par D 735 puis chemin à gauche avant le phare, accès direct à l'océan
4,5 ha (250 empl.) plat, sablonneux, herbeux – Location :
avril-sept. – **R** *conseillée – Tarif 94 : 2 pers. 85, pers. suppl. 20 17 (3A) 20 (6A) 25 (10A)*

Les Pérouses, ✆ 46 29 25 18, NO : 1,5 km par D 735 et rte à gauche, à l'Arche de Noé, à 500 m de l'océan
1 ha (40 empl.) plat, herbeux, sablonneux – – – Location :
avril-sept. – **R** *conseillée juil.-août – élect. (12A) comprise 3 pers. 140 ou 190*

St-Martin-de-Ré – 2 512 h. – ✉ 17410 St-Martin-de-Ré.
Paris 490 – Fontenay-le-Comte 69 – Luçon 58 – La Rochelle 19

Municipal, ✆ 46 09 21 96, au village, près des remparts
3 ha (200 empl.) plat, terrasses, herbeux – snack –
mars-15 oct. – **R** *conseillée – Tarif 94 : 3 pers. 60, pers. suppl. 15 15 (10A)*

RÉALLON

17 – 77 ⑰

Paris 697 – Embrun 17 – Gap 33 – Mont-Dauphin 36 – Savines-le-Lac 13

05160 H.-Alpes – 185 h. alt. 1 400

Municipal ≤ montagnes « Site agréable », ✆ 92 44 27 08, NO : 1,5 km par D 241 – alt. 1 434
0,8 ha (50 empl.) peu incliné, pierreux, herbeux – – (bassin)
10 juin-16 sept. – **R** *conseillée – 2 pers. 40 15*

RECOUBEAU-JANSAC

16 – 77 ⑭

Paris 644 – La Chapelle-en-Vercors 53 – Crest 51 – Die 13 – Rémuzat 43 – Valence 82

26310 Drôme – 197 h. alt. 500

Le Couriou ≤, ✆ 75 21 33 23, NO : 0,7 km par D 93, rte de Die
4,5 ha (112 empl.) non clos, en terrasses, herbeux, pierreux, gravier, bois attenant – snack –
juin-10 sept. – **R** *conseillée juil.-août – 17 piscine comprise 27 13 (10A)*

RÉGUINY

3 – 63 ③

Paris 444 – Josselin 17 – Locminé 18 – Pontivy 20 – Rohan 10,5 – Vannes 39

56500 Morbihan – 1 490 h.

Municipal de l'Étang, ✆ 97 38 61 43, SE : 1,5 km par D 11, près d'un plan d'eau
2 ha (65 empl.) plat, herbeux – – – A proximité : parcours sportif
juin-sept. – **R** – *10 5 5 10 (6A)*

RÉGUSSE

17 – 84 ⑤

Paris 812 – Aups 8,5 – Draguignan 38 – Gréoux-les-Bains 35 – Riez 34 – Saint-Maximin-la-Sainte-Baume 42

83630 Var – 820 h.

Les Lacs du Verdon « Cadre agréable », ✆ 94 70 17 95, Fax 94 70 51 79, NE : 2,8 km par rte de St-Jean
14 ha/8 campables (300 empl.) plat, pierreux – – snack, pizzeria – tir à l'arc – Location :

REIMS

7 – 56 ⑥ ⑯ G. Champagne

Paris 144 – Bruxelles 225 – Châlons-sur-Marne 48 – Lille 203 – Luxembourg 215

51100 Marne – 180 620 h.
Office de Tourisme, 2 r. G.-de Machault ✆ 26 47 25 69, Télex 840890, Fax 26 47 23 63

Airotel le Champagne, ✆ 26 85 41 22, Fax 26 82 07 33, SE : 3 km par rte de Châlons-sur-Marne. – Par A 4 : sortie conseillée St-Rémi, puis direction Châlons-sur-Marne
5 ha (115 empl.) plat, herbeux –
avril-sept. – **R** *conseillée – 3 pers. 81/97 avec élect. (4A)*

► *If in a given area you are looking for*
a pleasant camping site (...),
one that is open all year (Permanent)
or simply a place to stay or break your journey,
consult the table of localities in the explanatory chapter.

REMOULINS

16 - 80 ⑲ G. Provence

Paris 690 - Alès 50 - Arles 36 - Avignon 23 - Nîmes 20 - Orange 34 - Pont-Saint-Esprit 39

30210 Gard - 1 771 h.

La Soubeyranne, 66 37 03 21, Fax 66 37 14 65, S : 1,8 km par N 86 et D 986L, rte de Beaucaire
5 ha (200 empl.) plat, herbeux (3,5 ha) - cases réfrigérées -
mai-18 sept. - **R** *conseillée* - *piscine comprise 2 pers. 97 (113 ou 134 avec élect. 6A), pers. suppl. 16*

La Sousta « Agréable cadre boisé », 66 37 12 80, Fax 66 37 23 69, NO : 2 km rte du Pont du Gard, bord du Gardon
12 ha (530 empl.) plat et accidenté, herbeux, sablonneux - snack - practice de golf - Location : bungalows toilés
Permanent - **R** *conseillée juil.-août* - GB - *élect. (6A) et piscine comprises 2 pers. 78*

RÉMUZAT

16 - 81 ③

Paris 653 - Buis-les-Baronnies 38 - La Motte-Chalancon 9 - Nyons 27 - Rosans 14 - Vaison-la-Romaine 43

26510 Drôme - 364 h. alt. 447

Municipal les Aires, 75 27 81 43, sortie S par D 61 et chemin à gauche, à 200 m de l'Oule
0,8 ha (39 empl.) plat et peu incliné, terrasse, pierreux, herbeux -
juin-sept. - **R** *conseillée* - *10 7 8 10 (4A)*

RENAGE

12 - 77 ④

Paris 545 - Les Abrets 28 - Grenoble 31 - Saint-Etienne-de-Saint-Géoirs 14 - La Tour-du-Pin 42 - Voiron 11

38140 Isère - 3 318 h.

Le Verdon, 76 91 48 02, sortie vers Rives, près de la piscine
1 ha (70 empl.) plat, herbeux - - - A proximité :
avril-15 oct. - Location longue durée - *Places disponibles pour le passage* - **R** *conseillée 14 juil.-20 août - 15 16 16 (5A)*

RENESCURE

1 - 51 ④

Paris 248 - Aire-sur-la-Lys 14 - Boulogne-sur-Mer 58 - Hesdin 52 - Saint-Omer 8,5

59173 Nord - 2 221 h.

Le Bloemstraete « Entrée fleurie », 28 49 85 65, sortie N par D 406
1 ha (30 empl.) plat, herbeux - - - Location :
avril-oct. - Location longue durée - *Places limitées pour le passage* - **R** - *élect. (3A) comprise 1 pers. 30*

RENNES Ⓟ

4 - 59 ⑯ ⑰ G. Bretagne

Paris 347 - Angers 127 - Brest 245 - Caen 174 - Le Mans 152 - Nantes 108

35000 I.-et-V. - 197 536 h.
Office de Tourisme et Accueil de France, Pont de Nemours
99 79 01 98, Fax 99 79 31 38 et accueil gare 99 53 23 23, Fax 99 53 82 22

Municipal des Gayeulles « Belle décoration arbustive », 99 36 91 22, sortie NE vers N 12 rte de Fougères puis av. des Gayeulles et r. Maurice-Audin, près d'un étang
2 ha (100 empl.) plat, herbeux - - A proximité : parc animalier
avril-sept. - **R** - *12,50 5 11/14,50 12 à 16 (4 à 10A)*

RENNES-LES-BAINS

15 - 86 ⑦

Paris 815 - Axat 32 - Carcassonne 49 - Mouthoumet 26 - Perpignan 71

11190 Aude - 221 h. - .
Syndicat d'Initiative, Hôtel de Ville, 68 69 87 95

Municipal la Bernède, 68 69 86 49, sortie S par D 14 rte de Bugarach et chemin à gauche, près de la Sals
0,6 ha (50 empl.) plat et peu incliné, herbeux - - A proximité : tir à l'arc, vélos
fév.-nov. - **R** - *15 tennis compris 18 10 (5A)*

La RÉOLE

14 - 79 ⑬ G. Pyrénées Aquitaine

Paris 626 - Bordeaux 73 - Casteljaloux 41 - Duras 24 - Libourne 45 - Marmande 29

33190 Gironde - 4 273 h.
Office de Tourisme, pl. de la Libération 56 61 13 55

Municipal du Rouergue, sortie S par D 9, rte de Bazas, bord de la Garonne (rive gauche)
0,3 ha (60 empl.) plat, herbeux -
15 mai-15 oct. - **R** - *10 6 7,30/9,50 9,60 (5 à 10A)*

RÉOTIER

17 - 77 ⑱ G. Alpes du Sud

Paris 717 - L'Argentière-la-Bessée 19 - Embrun 16 - Gap 56 - Mont-Dauphin 6,5 - Savines-le-Lac 27

05600 H.-Alpes - 136 h. alt. 900

Municipal la Fontaine « montagne et vallée », 92 45 16 84, NE : 2,5 km sur D 38 rte de St-Crépin, à 150 m de la Durance
1 ha (80 empl.) (saison) en terrasses, pierreux -
15 mai-sept. - **R** *conseillée* - *14 14*

Le REPOSOIR

12 - 74 ⑦ G. Alpes du Nord

Paris 575 - Annecy 50 - Bonneville 18 - Cluses 13 - Genève 46 - Megève 41

74300 H.-Savoie - 289 h. alt. 1 000

Le Reposoir « Site agréable », 50 98 01 71, E : 0,4 km par rte de Nancy-sur-Cluses, à 250 m du Foron
0,7 ha (44 empl.) peu incliné, plat, herbeux
juil.-août - **R** *conseillée - 2 pers. 50 15 (4A) 18 (12A)*

RESSONS-LE-LONG

6 - 56 ③

Paris 96 - Compiègne 27 - Laon 50 - Noyon 32 - Soissons 13

02290 Aisne - 711 h.

La Halte de Mainville, 23 74 26 69, sortie NE du bourg, rue du Routy
1 ha (48 empl.) plat, herbeux, petit étang - mini-tennis - Location :
Permanent - **R** *conseillée juil.-août - piscine comprise 2 pers. 62/78 10 (4A) 15 (6A)*

REVEL

15 - 82 ⑳ G. Gorges du Tarn

Paris 747 - Carcassonne 44 - Castelnaudary 20 - Castres 27 - Gaillac 60 - Toulouse 50

31250 H.-Gar. - 7 520 h.
Syndicat d'Initiative, pl. Philippe-VI-de-Valois
61 83 50 06, Fax 62 18 06 21

Municipal du Moulin du Roy, 61 83 32 47, sortie E par D 1 rte de Dourgne et à droite
1,2 ha (60 empl.) plat, herbeux - A proximité :
12 juin-3 sept. - **R** *conseillée juil.-août - 8,40 3,20 5,80 9,40*

RÉVILLE **50** Manche - 54 ③ - rattaché à St-Vaast-la-Hougue

RHINAU

8 - 62 ⑩ G. Alsace Lorraine

Paris 516 - Marckolsheim 25 - Molsheim 36 - Obernai 26 - Sélestat 25 - Strasbourg 39

67860 B.-Rhin - 2 286 h.

Ferme des Tuileries, 88 74 60 45, sortie NO rte de Benfeld -
4 ha (150 empl.) plat, herbeux -
avril-sept. - - *14 piscine comprise 14 9 (2A) 16 (4A) 21 (6A)*

RIA-SIRACH

15 - 86 ⑰

Paris 910 - Font-Romeu-Odeillo-Via 43 - Perpignan 47 - Prades 2 - Vernet-les-Bains 10

66500 Pyr.-Or. - 1 017 h.

Bellevue, 68 96 48 96, à Sirach, SE : 1,5 km par D 26A
2,2 ha (94 empl.) en terrasses, pierreux, herbeux -
avril-sept. - **R** *conseillée - 15 17 12 (3A) 16 (6A)*

RIBEAUVILLÉ

8 - 62 ⑲ G. Alsace Lorraine

Paris 433 - Colmar 15 - Gérardmer 61 - Mulhouse 57 - Saint-Dié 42 - Sélestat 12

68150 H.-Rhin - 4 774 h.
Office de Tourisme, 1 Grand'Rue
89 73 62 22, Fax 89 73 36 61

Municipal Pierre-de-Coubertin, 89 73 66 71, sortie E par D 106 puis rue de Landau à gauche
3,5 ha (280 empl.) plat, herbeux - - A proximité :
fermé 2 fév.-14 mars - - GB - *17 19,50 12 (2A) 23 (4A) 30 (6A)*

RIBÉRAC

9 - 75 ④ G. Périgord Quercy

Paris 507 - Angoulème 59 - Barbezieux 58 - Bergerac 51 - Libourne 68 - Nontron 51 - Périgueux 38

24600 Dordogne - 4 118 h.
Office de Tourisme, pl. du Général-de-Gaulle
53 90 03 10

Municipal de la Dronne, 53 90 50 08, sortie N par D 708 rte d'Angoulême, après le pont, bord de la Dronne
2 ha (100 empl.) plat, herbeux - vélos - A proximité :
juin-15 sept. - **R** *conseillée - 9,50 9,50 7 (4 ou 16A)*

RIBES

16 - 80 ⑧

Paris 657 - Aubenas 28 - Largentière 18 - Privas 58 - Saint-Ambroix 39 - Vallon-Pont-d'Arc 30

07260 Ardèche - 309 h.

Les Cruses « Agréable sous-bois », 75 39 54 69, à 1 km au SE du bourg, sur D 450
0,7 ha (45 empl.) en terrasses - - vélos - A proximité :
avril-sept. - **R** *conseillée juil.-août - piscine comprise 2 pers. 77 15 (5A)*

Les Châtaigniers « Belle situation dominante sur la vallée », 75 39 54 98, au NE du bourg
0,3 ha (23 empl.) en terrasses, pierreux, herbeux -
juin-sept. - **R** *conseillée - 2 pers. 40, pers. suppl. 10 14*

RIBIERS

17 - 81 ⑤

Paris 702 – Gap 47 – Laragne-Montéglin 11,5 – Serres 28 – Sisteron 9

05300 H.-Alpes – 637 h.

La Fontaine ≤, ✆ 92 62 20 09, SE : 1,3 km par D 948 rte de Sisteron, près d'un plan d'eau
0,8 ha (45 empl.) plat, pierreux, herbeux – A proximité : toboggan aquatique
15 mars-15 oct. – **R** *conseillée – piscine comprise 2 pers. 59 14 (6A)*

RICHELIEU

10 - 68 ③ G. Poitou Vendée Charentes

Paris 296 – Châtellerault 30 – Chinon 21 – Loudun 19 – Tours 62

37120 I.-et-L. – 2 223 h.
Office de Tourisme, Grande-Rue (Pâques-sept.) ✆ 47 58 13 62, Fax 47 58 16 42

Municipal, ✆ 47 58 15 02, sortie S par D 749 rte de Châtellerault, à 100 m d'un plan d'eau
1 ha (34 empl.) plat, herbeux – – A proximité :
15 juin-15 sept. – **R**

RIEL-LES-EAUX

7 - 61 ⑲

Paris 240 – Bar-sur-Aube 41 – Bar-sur-Seine 33 – Châtillon-sur-Seine 17 – Chaumont 51 – Dijon 103

21570 Côte-d'Or – 94 h.

Le Plan d'Eau de Riel, ✆ 80 93 72 76, O : 2,2 km, sur D 13 rte d'Autricourt, près du plan d'eau
7 ha/0,2 campable (18 empl.) plat, herbeux, pierreux – – A proximité :
avril-oct. – **R** *conseillée juil.-août – 7,20 4,60 8*

RIGNAC

15 - 80 ①

Paris 609 – Aurillac 88 – Figeac 39 – Rodez 27 – Villefranche-de-Rouergue 28

12390 Aveyron – 1 668 h.

Municipal la Peyrade Ⓜ, ✆ 65 64 44 64, au sud du bourg, pl. du Foirail, près d'un petit plan d'eau
0,7 ha (33 empl.) en terrasses, peu incliné, herbeux – – A proximité : tir à l'arc
15 juin-15 sept. – **R** *conseillée – Tarif 94 : élect., piscine et tennis compris 3 pers. 98, pers. suppl. 20*

RIOM-ÈS-MONTAGNES

11 - 76 ② ③ G. Auvergne

Paris 510 – Aurillac 81 – Bort-les-Orgues 24 – Condat 17 – Mauriac 36 – Salers 43

15400 Cantal – 3 225 h. alt. 842.
Office de Tourisme, pl. du Général-de-Gaulle ✆ 71 78 07 37, Fax 71 78 16 87

Municipal le Sédour « Cadre agréable », ✆ 71 78 05 71, sortie E par D 678 rte de Condat, bord de la Véronne
2 ha (180 empl.) plat, incliné et en terrasses, herbeux – –
mai-sept. – **R** – *Tarif 94 : 9 5,50 6,50 13,50*

RIOZ

8 - 66 ⑮

Paris 393 – Belfort 76 – Besançon 23 – Gray 46 – Vesoul 23 – Villersexel 37

70190 H.-Saône – 883 h.

Municipal, ✆ 84 91 91 59, sortie E par D 15 rte de Montbozon, à 150 m d'un plan d'eau
1,6 ha (57 empl.) plat, peu incliné, herbeux, gravier – – A proximité : vélos (bassin)
avril-sept. – **R** *juil.-août – 10 15 12*

RIQUEWIHR

8 - 62 ⑲ G. Alsace Lorraine

Paris 437 – Colmar 12 – Gérardmer 59 – Ribeauvillé 4 – Saint-Dié 46 – Sélestat 16

68340 H.-Rhin – 1 075 h.
Office de Tourisme, r. de la 1ère-Armée (vacances scolaires, mars-nov.) ✆ 89 47 80 80

Intercommunal ≤, ✆ 89 47 90 08, E : 2 km, par D 1B
4 ha (150 empl.) plat et peu incliné, herbeux – – – A proximité :
Pâques-fin oct. – **R** – **GB** – *Tarif 94 : 20 25 20*

RISCLE

14 - 82 ②

Paris 738 – Aire-sur-l'Adour 17 – Maubourguet 26 – Nogaro 14 – Plaisance 15

32400 Gers – 1 778 h.

Municipal du Pont de l'Adour , ✆ 62 69 72 45, sortie N rte de Nogaro et chemin à droite avant le pont, bord de l'Adour
2,5 ha (60 empl.) plat, herbeux – – – A proximité :
15 juin-15 sept. – **R** *conseillée 14 juil.-15 août – 8 16 8*

RIVARENNES

5 - 64 ⑭

Paris 269 – Azay-le-Rideau 10 – Bourgueil 23 – Château la-Vallière 42 – Chinon 17 – Tours 33

37190 I.-et-L. – 712 h.

Municipal (aire naturelle), à l'ouest du village, au stade
1 ha (10 empl.) plat, herbeux –
15 juin-sept. – **R** – *Tarif 94 : 8 8/9 10*

RIVIÈRES
15 - 82 ⑩

Paris 673 - Albi 17 - Gaillac 7 - Graulhet 25 - Saint-Antonin-Noble-Val 41

81600 Tarn - 616 h.

Les Pommiers d'Aiguelèze, ℘ 63 41 51 31 ✉ 81600 Gaillac, à **Aiguelèze, SE : 2,3 km, à 200 m du Tarn (port de plaisance et plan d'eau)**
2,7 ha (50 empl.) (saison) plat, herbeux (verger) - A proximité : (à la Base de Loisirs) : tir à l'arc, vélos, golf (practice et compact) - Location : bungalows toilés
Pâques-Toussaint - **R** *conseillée été* - GB - *élect. et piscine comprises 2 pers. 60 à 95, pers. suppl. 15 à 25*

RIVIÈRE-SAAS-ET-GOURBY **40180** Landes - 78 ⑰ - rattaché à Dax

RIVIÈRE-SUR-TARN
15 - 80 ④

Paris 652 - Mende 71 - Millau 12 - Rodez 65 - Sévérac-le-Château 28

12640 Aveyron - 757 h.

Peyrelade « Entrée fleurie », ℘ 65 62 62 54, Fax 65 61 33 59, E : 2 km par D 907 rte de Florac, bord du Tarn - dans locations
4 ha (190 empl.) plat et en terrasses, herbeux, pierreux - snack - A proximité : - Location : bungalows toilés
juin-15 sept. - **R** *conseillée* - *piscine comprise 2 pers. 102, pers. suppl. 19* *18 (5A)*

Les Peupliers, ℘ 65 59 85 17, sortie SO rte de Millau et chemin à gauche, bord du Tarn
1,5 ha (112 empl.) plat, herbeux - vélos
mai-sept. - **R** *conseillée juil.-août* - *30 piscine comprise* *25* *16 (6A)*

ROCAMADOUR
13 - 75 ⑱ ⑲ G. Périgord Quercy

Paris 539 - Brive-la-Gaillarde 54 - Cahors 56 - Figeac 45 - Gourdon 35 - Saint-Céré 29 - Sarlat-la-Canéda 51

46500 Lot - 627 h.
Office de Tourisme, Mairie (mars-nov.) ℘ 65 33 62 59

Les Tilleuls, ℘ 65 33 64 66, NE : 5 km par D 673, sur N 140 rte de Gramat
0,9 ha (32 empl.) peu incliné, herbeux, pierreux - (bassin) - Location :
juin-15 sept. - **R** *conseillée août* - *15* *15* *9 (10A)*

à L'Hospitalet NE : 1 km

Les Cigales M, ℘ 65 33 64 44, sortie E par D 36 rte de Rignac
3 ha (100 empl.) plat et peu incliné, pierreux, herbeux - snack - Location *(mai-15 sept.)* :
25 juin-4 sept. - **R** *conseillée juil.-août* - GB - *Tarif 94 : 23 piscine comprise* *25* *13 (6A)*

Le Roc, ℘ 65 33 68 50, NE : 3 km sur D 673 rte d'Alvignac, à la gare
0,5 ha (34 empl.) peu incliné, pierreux, herbeux - snack - Location *(permanent)* :
avril-oct. - **R** *conseillée* - GB - *18 piscine comprise* *18/19* *13 (5A)*

Le Relais du Campeur, ℘ 65 33 63 28, Fax 65 33 69 60, au bourg
1,5 ha (100 empl.) plat, pierreux, herbeux - snack - - Location :
Pâques-sept. - **R** *conseillée juil.-août* - GB - *Tarif 94 : 17 piscine comprise* *19* *12 (6A)*

La ROCHE-CHALAIS
9 - 75 ③

Paris 511 - Bergerac 61 - Blaye 63 - Bordeaux 67 - Périgueux 68

24490 Dordogne - 2 860 h.

Municipal de Gerbes, ℘ 53 91 40 65, à 0,8 km, à l'ouest de la localité, par la rue de la Dronne, bord de la rivière
3 ha (100 empl.) plat et en terrasses, herbeux -
avril-oct. - **R** *conseillée juil.-août* - *12* *13* *11 (5A) 20 (10A)*

ROCHECHOUART
10 - 72 ⑯ G. Berry Limousin

Paris 434 - Bellac 45 - Confolens 28 - Limoges 39 - Nontron 41 - La Roche-Foucault 40

87600 H.-Vienne - 3 985 h.
Office de Tourisme, r. Victor-Hugo ℘ 55 03 72 73

Municipal du Lac de Boischenu « Cadre boisé près d'un plan d'eau », ℘ 55 03 65 96, S : 1,5 km par D 675, rte de St-Mathieu et D 10 à droite, rte de la Rochefoucauld
1,5 ha (80 empl.) en terrasses, herbeux - - A proximité : snack (plage) - Location : huttes
juin-15 sept. - **R** - *Tarif 94 : 11* *6* *6* *10 (5A) 20 (10A)*

La ROCHE-DE-RAME
17 - 77 ⑱

Paris 704 - Briançon 21 - Gap 67 - Embrun 27 - Mont-Dauphin 10 - Savines-le-Lac 38

05310 H.-Alpes - 702 h. alt. 947

Le Verger, ℘ 92 20 92 23, NO : 1,2 km par N 94, rte de Briançon et chemin des Gillis à droite
1,6 ha (50 empl.) peu incliné, en terrasses, herbeux -
Permanent - **R** *conseillée* - *2 pers. 47*

La ROCHE DES ARNAUDS

17 - 77 ⑯

Paris 674 - Corps 55 - Gap 15 - Saint-Étienne-en-Dévoluy 31 - Serres 26

05400 H.-Alpes - 845 h. alt. 940

Au Blanc Manteau ❄ ⛰ ≤, ✆ 92 57 82 56 ✉ 05400 Manteyer, SO : 1,3 km par D 18 rte de Ceüze, bord d'un torrent - alt. 900
4 ha (40 empl.) ⊶ plat, herbeux, pierreux ♀ - snack -
Permanent - **R** *indispensable été et hiver - ▤ été : piscine comprise 2 pers. 75 - hiver : se renseigner ⚡ 15 (2A) 23 (6A) 35 (10A)*

ROCHEFORT

9 - 71 ⑬ G. Poitou Vendée Charentes

Paris 467 - Limoges 192 - Niort 60 - La Rochelle 34 - Royan 40 - Saintes 40

17300 Char.-Mar. - 25 561 h. -
7 fév.-17 déc.
Pont de Martrou. Péage : auto 30 F (AR 45 F), voiture et caravane 45 F. Renseignements : Régie d'Exploitation des Ponts
✆ 46 83 01 01, Fax 46 83 05 54

Office de Tourisme, av. Sadi-Carnot ✆ 46 99 08 60, Fax 49 99 52 64

Le Bateau ⛰, ✆ 46 99 41 00, Fax 46 99 91 65, par rocade ouest (Boulevard Bignon) et rte du Port Neuf, près du centre nautique
1 ha (85 empl.) ⊶ plat, pierreux, herbeux - (bassin) vélos - A proximité : (centre nautique) toboggans aquatiques - Location *(mars-oct.)* :
Permanent - **R** *conseillée juil.-août -* GB *- Tarif 94 : ▤ tennis compris 1 à 3 pers. 59 (79 avec élect. 6A), pers. suppl. 18,50 ⚡ 19,50 (10A)*

ROCHEFORT-MONTAGNE

11 - 73 ⑬

Paris 455 - Aubusson 82 - Clermont-Ferrand 31 - Mauriac 79 - Le Mont-Dore 22 - Ussel 51

63210 P.-de-D. - 948 h. alt. 850

Municipal la Bughe ≤, ✆ 73 65 84 98, sortie SO par N 89 et rte à gauche, près de la gendarmerie
1,9 ha (90 empl.) ⊶ plat et peu incliné, herbeux -
20 mai-15 sept. - **R** - *▤ 3 pers. 51,50, pers. suppl. 14,50 ⚡ 14,50*

La ROCHELLE P

9 - 71 ⑫ G. Poitou Vendée Charentes

Paris 470 - Angoulême 130 - Bordeaux 182 - Nantes 133 - Niort 63

17000 Char.-Mar. - 71 094 h.
Pont de l'île de Ré par N 237. Péage en 1994 (AR) : auto et caravane 110 F (saison) 60 F (hors saison), moto 30 F. Gratuit pour vélos et piétons. Renseignements par Régie d'Exploitation des Ponts
✆ 46 42 61 48

Office de Tourisme et Accueil de France, quartier du Gabut, pl. de la Petite Sirène ✆ 46 41 14 68, Telex 791661, Fax 46 41 99 85

Municipal du Soleil, ✆ 46 44 42 53, au SO de la ville, r. des Minimes, près du port de plaisance
2,6 ha (166 empl.) ⊶ (juil.-août) plat, gravier, herbeux - A proximité :
mi-mai-mi-sept. - **R** *conseillée - Tarif 94 : ▤ 1 pers. 27,40, pers. suppl. 12,60 ⚡ 13,10 (6A)*

Municipal du Port Neuf, ✆ 46 43 81 20, à l'ouest de la ville, par av. Jean Guiton, bd Aristide-Rondeau
2,5 ha (167 empl.) ⊶ plat, herbeux, gravier (tentes) ♀ - - A proximité :
Permanent - **R** *conseillée - Tarif 94 : ▤ 1 pers. 27,40, pers. suppl. 12,60 ⚡ 13,10 (6A)*

à Angoulins SE : 6 km par N 137 - 2 908 h. - ✉ 17690 Angoulins

Les Chirats, ✆ 46 56 94 16, O : 1,7 km par rue des Salines et rte de la douane, à 100 m de la plage
2,5 ha (160 empl.) ⊶ (juil.-août) plat et peu incliné, herbeux, pierreux - snack - - Location :
Pâques-sept. - **R** - GB - *🚶 21 piscine comprise 🚗 10 ▤ 25 ⚡ 17 (6A)*

à Aytré SE : 3 km par N 137 - 7 786 h. - ✉ 17440 Aytré

Les Sables, ✆ 46 45 40 30, S : 4 km par bd de la Mer et rte de la Plage, près de la voie ferrée, à 200 m de la plage
5,5 ha (274 empl.) ⊶ plat, herbeux - pizzeria - - Location *(avril-oct.)* :
15 juin-15 sept. - **R** *conseillée - Tarif 94 : ▤ piscine et tennis compris 3 pers. 92 ⚡ 12 (4A) 15 (6A)*

à l'Houmeau NO : 3 km par D 104^{E2} - 2 486 h. - ✉ 17137 l'Houmeau

Le Trépied du Plomb, ✆ 46 50 90 82, sortie NE par D 106, rte de Nieul-sur-Mer - Par le périphérique, direction Ile de Ré et sortie Lagord-l'Houmeau
2 ha (132 empl.) ⊶ peu incliné, plat, herbeux - - A proximité :
20 mai-25 sept. - **R** *conseillée juil.-août - Tarif 94 : ▤ 2 pers. 54 ⚡ 13 (5A) 18 (10A)*

à Lagord N : 2 km par D 104 - 5 287 h. - ✉ 17140 Lagord

Municipal le Parc ⛰, ✆ 46 67 61 54, sortie O, r. du Parc - Par le périphérique, direction Ile de Ré et sortie Lagord
2 ha (130 empl.) ⊶ plat, herbeux (0,5 ha) -
15 mai-sept. - **R** *conseillée - Tarif 94 : ▤ 2 pers. 40, pers. suppl. 15 ⚡ 10,50 (3A) 13,50 (6A) 22 (10A)*

à Nieul-sur-Mer N : 4 km par D 104 et D 106^{E} - 4 957 h.
✉ 17137 Nieul-sur-Mer

Municipal, ✆ 46 37 82 84, E : 0,8 km par D 107, rte de St-Xandre
1 ha (90 empl.) ⊶ plat, herbeux ♀ - vélos
15 juin-15 sept. - **R** - *Tarif 94 : 🚶 11,50 🚗 4,50 ▤ 7,50 ⚡ 9,50 (4A)*

La ROCHE-POSAY

10 - 68 ⑤ G. Poitou Vendée Charentes

Paris 316 - Le Blanc 29 - Châteauroux 81 - Châtellerault 23 - Loches 48 - Poitiers 60 - Tours 82

86270 Vienne - 1 444 h. - ♣.
Office de Tourisme, 14 bd Victor Hugo ✆ 49 86 20 37, Fax 49 86 27 94

Municipal le Riveau ⛺, ✆ 49 86 21 23, N : 1,5 km par D 5, rte de Lésigny, bord de la Creuse
4,5 ha (200 empl.) plat et peu incliné, herbeux (1 ha) - A proximité :
mars-oct. - R - *Tarif 94 : 1 pers. 24, pers. suppl. 16 17 (16A)*

ROCHETAILLÉE 38 Isère - 77 ⑥ - rattaché au Bourg-d'Oisans

La ROCHETTE 05 H.-Alpes - 77 ⑯ - rattaché à Gap

La ROCHETTE

12 - 74 ⑯ G. Alpes du Nord

Paris 573 - Albertville 41 - Allevard 9 - Chambéry 29 - Grenoble 47

73110 Savoie - 3 124 h.
Office de Tourisme ✆ 79 25 53 12

Le Lac St-Clair ≤, ✆ 79 25 73 55, SO : 1,4 km par D 202 et rte de Détrier à gauche, près du lac
1,8 ha (65 empl.) plat et incliné, herbeux - A proximité :
juin-15 sept. - R *conseillée juil.-août - 13,50 6,50 10,50 10 à 13 (2 à 5A)*

à Presle SE : 3,5 km par D 207 - 296 h. - ✉ 73110 Presle :

Combe Léat ≤ « Cadre agréable », ✆ 79 25 54 02, NE : 1,5 km, sur D 207
1 ha (50 empl.) en terrasses et incliné, herbeux, étang - - Location :
15 juin-août - R - *15 10 15 10 (3A) 14 (6A)*

ROCLES

16 - 76 ⑯

Paris 587 - Grandrieu 21 - Langogne 8 - Mende 45 - Le-Puy-en-Velay 59 - Thueyts 50

48300 Lozère - 192 h. alt. 1 125

Rondin des Bois ≤ « Dans un site sauvage », ✆ 66 69 50 46, Fax 66 69 53 83, N : 3 km par rte de Bessettes et chemin de Vaysset, à droite - alt. 1 000 - dans locations
2 ha (70 empl.) en terrasses, plat et peu incliné, pierreux, rochers (tentes) - vélos, tir à l'arc - Location *(permanent)* : , gîtes
mai-sept. - R *conseillée - 20 8 12 15 (6A)*

RODEZ P

15 - 80 ② G. Gorges du Tarn

Paris 633 - Albi 78 - Alès 187 - Aurillac 93 - Brive-la-Gaillarde 156 - Clermont-Ferrand 215 - Montauban 132

12000 Aveyron - 24 701 h. alt. 632.
Office de Tourisme, pl. Foch ✆ 65 68 02 27, Fax 65 68 78 15

Municipal de Layoule « Cadre agréable », ✆ 65 67 09 52, au NE de la ville, près de l'Aveyron
2 ha (79 empl.) plat et en terrasses, herbeux, gravier -
juin-sept. - R *conseillée juil.-août - Tarif 94 : élect. (6A) comprise 1 à 3 pers. 74*

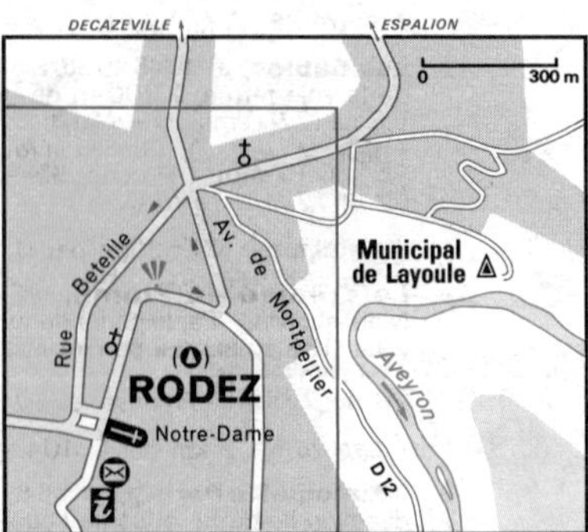

ROMAGNE-SOUS-MONTFAUCON

7 - 56 ⑩ G. Alsace Lorraine

Paris 237 - Bar-le-Duc 77 - Dun-sur-Meuse 10 - Sainte-Menehould 40 - Verdun 38 - Vouziers 35

55110 Meuse - 193 h.

Le Nantrisé « Cadre agréable », ✆ 29 85 12 63, sortie S sur D 998
0,4 ha (26 empl.) plat, herbeux -
Pâques-sept. - R - *Tarif 94 : 8 8 12 (6A)*

ROMANS-SUR-ISÈRE
12 - 77 ② G. Vallée du Rhône

Paris 561 - Die 79 - Grenoble 79 - Saint-Étienne 119 - Valence 18 - Vienne 71

26100 Drôme - 32 734 h.
Office de Tourisme, Le Neuilly, pl. J.-Jaurès ☏ 75 02 28 72, Fax 75 05 91 62

Municipal les Chasses, ☏ 75 72 35 27, NE : 3,5 km par N 92 rte de St-Marcellin puis 0,9 km par rte à gauche, près de l'aérodrome
1 ha (40 empl.) plat, herbeux - A proximité :
mai-sept. - **R** *juil.-août - 10 6,20 12,50 10,30 (2,5A) 12,80 (6A) 20 (10A)*

ROMBACH-LE-FRANC
8 - 62 ⑱

Paris 425 - Colmar 37 - Ribeauvillé 27 - Saint-Dié 32 - Sélestat 16

68660 H.-Rhin - 764 h.

Municipal les Bouleaux, ☏ 89 58 93 99, NO : 1,5 km par rte de la Hingrie, bord d'un ruisseau
1,3 ha (50 empl.) plat et peu incliné, herbeux, gravillons (0,5 ha) -

ROMORANTIN-LANTHENAY
6 - 64 ⑱ G. Châteaux de la Loire

Paris 203 - Blois 40 - Bourges 71 - Châteauroux 74 - Orléans 79 - Tours 91 - Vierzon 34

41200 L.-et-Ch. - 17 865 h.
Office de Tourisme, pl. de la Paix ☏ 54 76 43 89, Fax 54 76 96 24

Municipal de Tournefeuille, ☏ 54 76 16 60, sortie E rte de Salbris, r. de Long-Eaton, bord de la Sauldre
1,5 ha (103 empl.) plat, herbeux - - A proximité :
Rameaux-fin sept. - **R** *conseillée juil.-août - 1 ou 2 pers. 38, pers. suppl. 14 10,30 (10A)*

RONCE-LES-BAINS
9 - 71 ⑭ G. Poitou Vendée Charentes

Paris 500 - Marennes 10 - Rochefort 30 - La Rochelle 64 - Royan 26

17 Char.-Mar. - ✉ 17390 la Tremblade

Schéma aux Mathes

La Pignade, ☏ 46 36 25 25, Fax 46 36 34 14, S : 1,5 km par av. du Monard
15 ha (448 empl.) plat et vallonné, sablonneux pinède - pizzeria - Toboggan aquatique, vélos, tir à l'arc - A proximité : - Location :
15 mai-16 sept. - **R** *conseillée juil.-août - Tarif 94 : piscine comprise 1 ou 2 pers. 107, pers. suppl. 26 19*

Les Ombrages, ☏ 46 36 08 41, S : 1,2 km
4 ha (200 empl.) plat et peu accidenté, sablonneux pinède - - - A proximité :
juin-15 sept. - **R** *conseillée juil.* - **R** *août - 3 pers. 58 15 (6A)*

LA RONDE
9 - 71 ②

Paris 438 - Fontenay-le-Comte 23 - Marans 18 - Niort 36 - Luçon 44 - La Rochelle 34

17170 Char.-Mar. - 703 h.

Le Port, ☏ 46 27 87 92, au nord du bourg par D 116 rte de Maillezais et chemin à droite
0,8 ha (25 empl.) (juil.-août) plat, herbeux - -
avril-sept. - **R** *conseillée août - 10 14/15 10 (5A) 20 (10A)*

ROQUEBILLIÈRE
17 - 84 ⑲ G. Côte d'Azur

Paris 890 - Lantosque 6 - L'Escarène 33 - Nice 55 - Saint-Martin-Vésubie 10

06450 Alpes-Mar. - 1 539 h. alt. 612

Les Templiers « Site agréable », ☏ 93 03 40 28, à 0,5 km au sud du vieux village par D 69 et chemin à gauche (forte pente), bord de la Vésubie
1,5 ha (120 empl.) plat et terrasses, herbeux, pierreux (0,7 ha) - - - A proximité : - Location :
Permanent - Location longue durée - *Places disponibles pour le passage* - **R** *conseillée juil.-août - 17,50 19,50 15,50 (3A) 26 (5A) 31 (6A)*

ROQUEBRUNE-SUR-ARGENS
17 - 84 ⑦ G. Côte d'Azur

Paris 865 - Les Arcs 17 - Cannes 48 - Draguignan 21 - Fréjus 11,5 - Sainte-Maxime 21

83520 Var - 10 389 h.
Office de Tourisme, r. Jean-Alcard ☏ 94 45 72 70

Lei Suves « Entrée fleurie », ☏ 94 45 43 95, Fax 94 81 63 13, N : 4 km par D 7 et passage sous l'autoroute A 8
7 ha (195 empl.) plat et vallonné, en terrasses, pierreux, herbeux - - -
15 mars-oct. - **R** *conseillée juil.-août - Tarif 94 : piscine comprise 2 pers. 139,50, 3 pers. 152,50, pers. suppl. 33 16 (4A)*

Moulin des Iscles, ☏ 94 45 70 74, E : 1,8 km par D 7, rte de St-Aygulf et chemin à gauche, bord de l'Argens
1,5 ha (90 empl.) plat, herbeux - - - Location : , studios
avril-15 oct. - **R** *conseillée juil.-août - Tarif 94 : 3 pers. 95, pers. suppl. 17*

ROQUECOURBE

15 - 83 ①

Paris 745 - Albi 39 - Brassac 23 - Castres 9 - Graulhet 34 - Montredon-Labessonnié 12

81210 Tarn - 2 266 h.

Municipal de Siloé, sortie E par D 30 puis 0,5 km par chemin à droite après le pont, bord de l'Agout
0,7 ha (39 empl.) plat, herbeux - A proximité :
15 mai-15 sept. - **R** - *9* *13* *10 (15A)*

La ROQUE-D'ANTHÉRON

16 - 84 ② G. Provence

Paris 730 - Aix-en-Provence 28 - Cavaillon 31 - Manosque 57 - Marseille 58 - Salon-de-Provence 27

13640 B.-du-R. - 3 923 h.
Office de Tourisme
42 50 58 63 (juil.-août)
Fax 42 50 53 19

Domaine des Iscles ≤, 42 50 44 25, Fax 42 50 56 29, N : 1,8 km par D 67^{C} et chemin à droite après le tunnel sous le canal, près d'un plan d'eau et à 200 m de la Durance
10 ha/4 campables (270 empl.) plat, herbeux, pierreux - garderie - practice de golf, tir à l'arc - A proximité : - Location : bungalows toilés
mars-15 nov. - **R** *conseillée juil.-août* - GB - *24 piscine comprise* *56 avec élect.*

Silvacane en Provence ≤ « Cadre agréable », 42 50 40 54, sortie O par D 561, rte de Charleval, près du canal
3 ha (140 empl.) plat, peu incliné, en terrasses, pierreux, herbeux pinède - -
mars-oct. - **R** *conseillée juil.-20 août* - GB - *20 piscine comprise* *10,50* *21* *15 (7A)*

► *Si vous recherchez :*
un terrain agréable ou très tranquille
un terrain ouvert toute l'année
un terrain effectuant la location de caravanes, de mobile-homes, de bungalows ou de chalets
un terrain avec tennis ou piscine
un terrain possédant une aire de services pour camping-cars

Consultez le tableau des localités citées, classées par départements.

La ROQUE-ESCLAPON

17 - 84 ⑦

Paris 823 - Castellane 25 - Comps-sur-Artuby 13 - Draguignan 42 - Grasse 50

83840 Var - 150 h. alt. 1 000

Municipal Notre-Dame ≤, au SO du bourg par rte de Draguignan et chemin à droite
4 ha (230 empl.) en terrasses, peu incliné, herbeux, pierreux - - A proximité :
Permanent - **R** *conseillée juil.-août* - *13* *16* *13 (6A)*

ROQUEFORT

13 - 79 ⑪ G. Pyrénées Aquitaine

Paris 683 - Barbotan-les-Thermes 28 - Captieux 29 - Labrit 19 - Mont-de-Marsan 21

40120 Landes - 1 821 h.

Municipal de Nauton, 58 45 59 99, N : 1,7 km par D 932, rte de Bordeaux et rte à gauche après le passage à niveau
1,5 ha (36 empl.) plat, herbeux, sablonneux - -
avril-oct. - **R** - *9* *12/14 avec élect.*

La ROQUE-GAGEAC

13 - 75 ⑰ G. Périgord Quercy

Paris 535 - Brive-la-Gaillarde 70 - Cahors 54 - Fumel 58 - Lalinde 45 - Périgueux 69 - Sarlat-la-Canéda 12

24250 Dordogne - 447 h.

Beau Rivage, 53 28 32 05, Fax 53 29 63 56, E : 4 km, bord de la Dordogne
6,4 ha (199 empl.) plat et en terrasses, herbeux, sablonneux - - tir à l'arc

La Butte ≤, 53 28 30 28, E : 4,7 km, bord de la Dordogne
4 ha (130 empl.) plat, peu incliné, en terrasses, herbeux - snack - - Location :

La Plage ≤, 53 29 50 83 24220 St-Cyprien, O : 1 km, bord de la Dordogne
2 ha (83 empl.) plat, herbeux - -
avril-sept. - **R** *conseillée juil.-août* - *17* *8,50* *8,50* *12 (3A) 14 (4A) 16 (5A)*

Le Lauzier ≤ « Cadre agréable », 53 29 54 59, SE : 1,5 km
2 ha (66 empl.) (juil.-août) en terrasses, pierreux, herbeux - -
avril-15 oct. - **R** *conseillée juil.-août* - *20 piscine comprise* *22* *18 (6A)*

Verte Rive, 53 28 30 04, SE : 2,5 km, bord de la Dordogne
1,5 ha (60 empl.) plat et peu incliné, herbeux - -
25 juin-20 sept. - **R** - *17* *17* *14 (3A)*

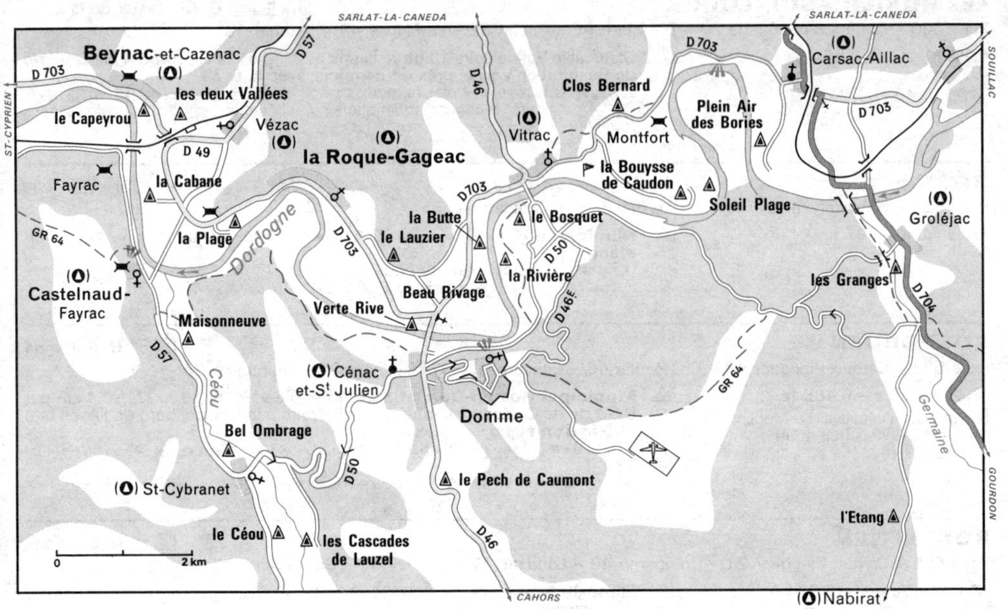

Voir aussi à *Beynac-et-Cazenac, Carsac-Aillac, Castelnaud-Fayrac, Cénac-et-St-Julien, Groléjac, Nabirat, St-Cybranet, Vézac, Vitrac*

ROQUESTERON

17 - 81 ⑳ G. Alpes du Sud

Paris 857 - Annot 47 - Coursegoules 31 - Grasse 77 - Nice 56 - Puget-Théniers 25

06910 Alpes-Mar. - 509 h.

Les Fines Roches ≤, ✆ 93 05 91 85, SE : 3 km par D 17, rte de Pierre feu puis à droite, bord de l'Esteron - Accès aux emplacements par pente à 12 %
3 ha (30 empl.) plat, pierreux - -
Permanent - **R** *juil.-août - 2 pers. 40/50, pers. suppl. 15*

La ROSIÈRE DE MONTVALEZAN

12 - 74 ⑱ G. Alpes du Nord

Paris 663 - Albertville 71 - Bourg-Saint-Maurice 18 - Chambéry 117 - Chamonix-Mont-Blanc 58 - Val-d'Isère 32

73700 Savoie alt. 1 820 - Sports d'hiver : 1 100/2 600 m 18.
Office de Tourisme, La Rosière-Montvalezan ✆ 79 06 80 51, Fax 79 06 83 20

La Forêt ≤, ✆ 79 06 86 21, S : 2 km par N 90, rte de Bourg-St-Maurice - accès aux emplacements par véhicule tracteur - croisement difficile pour caravanes
1,5 ha (55 empl.) en terrasses, accidenté, pierreux - crêperie - A proximité : tir à l'arc
15 déc.-1er mai, 15 juin-15 sept. - **R** *conseillée - 18,50 15/18,50 18 (4A) 26 (6A)*

ROSIÈRES

16 - 80 ⑧

Paris 650 - Aubenas 20 - Largentière 10,5 - Privas 50 - Saint-Ambroix 34 - Vallon-Pont-d'Arc 23

07260 Ardèche - 911 h.

Arleblanc « Situation agréable au bord de la Beaume », ✆ 75 39 53 11, Fax 75 39 93 98, sortie NE rte d'Aubenas et 2,8 km par chemin à droite - Croisement difficile pour caravanes
7 ha (167 empl.) plat, herbeux - pizzeria - vélos - A proximité : - Location : , studios
avril-oct. - **R** *conseillée - piscine comprise 2 pers. 90 16 (6A)*

La Plaine « Entrée fleurie », ✆ 75 39 51 35, Fax 75 39 96 46, NE : 0,7 km par D 104 rte d'Aubenas
1,2 ha (60 empl.) plat, peu incliné, herbeux - -
avril-sept. - **R** *conseillée juil.-août - piscine comprise 2 pers. 80 16 (6A) 18 (10A)*

Les Platanes ≤, ✆ 75 39 52 31, Fax 75 39 90 86, sortie NE rte d'Aubenas et 3,7 km par chemin à droite, bord de la Beaume - Croisement difficile pour caravanes
2 ha (90 empl.) (juil.-août) plat, herbeux - - - A proximité :
Pâques-sept. - **R** *conseillée juil.-août - piscine comprise 2 pers. 65 15 (10A)*

Les ROSIERS-SUR-LOIRE

5 - 64 ⑫ **G. Châteaux de la Loire**

Paris 300 - Angers 31 - Baugé 27 - Bressuire 65 - Cholet 62 - La Flèche 46 - Saumur 18

49350 M.-et-L. - 2 204 h.

District le Val de Loire « Entrée fleurie », ✆ 41 51 94 33, sortie N par D 59 rte de Beaufort-en-Vallée, près du carrefour avec la D 79
2,2 ha (100 empl.) plat, herbeux - A proximité : toboggan aquatique - Location : bungalows toilés
mai-sept. - **R**

ROSNAY

10 - 68 ⑯ ⑰

Paris 324 - Argenton-sur-Creuse 33 - Le Blanc 15 - Châteauroux 55

36300 Indre - 537 h.

Municipal, N : 0,5 km par D 44 rte de St-Michel-en-Brenne, bord d'un étang
0,7 ha (18 empl.) plat, herbeux -
Permanent - **R** - *7* *6* *7* *3A : 10 6A : 17 (hiver 30)*

ROSPORDEN

3 - 58 ⑯ **G. Bretagne**

Paris 538 - Carhaix-Plouguer 47 - Châteaulin 46 - Concarneau 14 - Quimper 24 - Quimperlé 26

29140 Finistère - 6 485 h.
Syndicat d'Initiative, Le Moulin, r. Hippolyte-le-Bas (juil.-août), ✆ 98 59 27 26

Municipal Roz-an-Duc « Cadre agréable », ✆ 98 59 90 27, N : 1 km par D 36 rte de Châteauneuf-du-Faou et à droite à la piscine, bord de l'Aven et à 100 m d'un étang
1 ha (50 empl.) plat et en terrasses, herbeux - A proximité :
19 juin-3 sept. - **R** - *12,50* *5,50* *11,50*

ROSTRENEN

3 - 59 ⑪ **G. Bretagne**

Paris 485 - Carhaix-Plouguer 21 - Guingamp 46 - Loudéac 47 - Pontivy 36 - Saint-Brieuc 73

22110 C.-d'Armor - 3 664 h.
Syndicat d'Initiative, 4 pl. du Centre ✆ 96 29 02 72

Fleur de Bretagne <, ✆ 96 29 16 45, SE : 2 km par D 764 rte de Pontivy et à gauche -
6 ha (100 empl.) en terrasses, plat, peu incliné, herbeux -
avril-oct. - **R** *conseillée juil.-août* - *16 piscine comprise* *7* *27* *15 (2A)*

ROTHAU

8 - 62 ⑧

Paris 412 - Barr 32 - Saint-Dié 91 - Saverne 48 - Sélestat 41 - Strasbourg 53

67570 B.-Rhin - 1 583 h.

Municipal, ✆ 88 97 07 50, sortie SO par N 420 rte de St-Dié et chemin à droite, bord de la Bruche
1 ha (60 empl.) plat et terrasse, herbeux, gravillons -
avril-sept. - **R** *conseillée* - *15* *5,50* *5,50* *9 (2A) 16,50 (6A)*

ROUEN P

5 - 55 ⑥ **G. Normandie Vallée de la Seine**

Paris 137 - Amiens 114 - Caen 122 - Calais 209 - Le Havre 86 - Lille 230 - Le Mans 194 - Rennes 297 - Tours 273

76000 S.-Mar. - 102 723 h.
Office de Tourisme et Accueil de France, 25 pl. de la Cathédrale ✆ 35 71 41 77, Fax 35 98 55 50

à Déville-lès-Rouen NO : par N 15 rte de Dieppe - 10 521 h.
✉ 76250 Déville-lès-Rouen :

Municipal, ✆ 35 74 07 59, rue Jules-Ferry
1,5 ha (66 empl.) plat, gravillons, herbeux -
Permanent - **R** *conseillée juil.-août* - *22* *7* *7/14* *9 (15A)*

ROUFFACH

8 - 62 ⑲ **G. Alsace et Lorraine**

Paris 487 - Basel 60 - Belfort 55 - Colmar 15 - Guebwiller 10,5 - Mulhouse 27 - Thann 26

68250 H.-Rhin - 4 303 h.
Office de Tourisme, pl. de la République ✆ 89 78 53 15, Fax 89 49 75 30

Municipal, ✆ 89 49 78 13, au sud du bourg, près du stade
0,4 ha (30 empl.) plat, herbeux, pierreux - - A proximité :
22 mai-sept. - **R** *conseillée* - *10* *10* *12 (4A)*

ROUFFIGNAC

13 - 75 ⑥ **G. Périgord Quercy**

Paris 504 - Bergerac 57 - Brive-la-Gaillarde 56 - Périgueux 31 - Sarlat-la-Canéda 36

24 Dordogne - 1 465 h.
✉ 24580 Rouffignac-St-Cernin

Cantegrel < « Cadre agréable », ✆ 53 05 48 30, Fax 53 05 40 67, N : 1,5 km par D 31 rte de Thenon et rte à droite
43 ha/7 campables (110 empl.) peu incliné et incliné, herbeux - cases réfrigérées - vélos - Location :
Pâques-15 oct. - **R** *conseillée saison* - GB - *piscine comprise 3 pers. 105* *12 (6A)*

La Nouvelle Croze M, ✆ 53 05 38 90, SE : 2,5 km par D 31, rte de Fleurac
1,3 ha (40 empl.) plat, herbeux - - Location :
Pâques-Toussaint - **R** *conseillée* - GB - *23 piscine comprise* *30* *14 (5A)*

ROUFFILLAC

13 - 75 ⑰ ⑱

Paris 534 - Brive-la-Gaillarde 49 - Gourdon 18 - Sarlat-la-Canéda 16

24 Dordogne - ✉ 24370 Carlux

Les Ombrages de la Dordogne, ✆ 53 29 70 24, près du D 703, bord de la Dordogne
1,3 ha (80 empl.) plat, herbeux (0,5 ha) - - A proximité :
15 juin-15 sept. - **R** *conseillée* - GB - *14* *15 à 18*

ROUGEMONT

8 - 66 ⑯

Paris 394 - Baume-les-Dames 20 - Besançon 41 - Montbéliard 43 - Vesoul 27

25680 Doubs - 1 200 h.

à Bonnal N : 3,5 km par D 18 - 25 h. - ✉ 25680 Bonnal :

Le Val de Bonnal, ✆ 81 86 90 87, Fax 81 86 01 06, bord de l'Ognon et près d'un plan d'eau
120 ha/15 campables (280 empl.) plat, herbeux (2 ha) - snack -
15 mai-15 sept. - **R** *conseillée juil.-août* - *élect. (5A) comprise 3 pers. 156*

ROUQUIÉ

15 - 83 ②

Paris 742 - Anglès 10 - Brassac 16 - Lacaune 19 - Saint-Pons-de-Thomières 30 - La Salvetat-sur-Agout 9

81 Tarn alt. 700 - ✉ 81260 Brassac

Rouquié ✆ 63 70 98 06, bord du lac de la Raviège
1,5 ha (66 empl.) très incliné, en terrasses, herbeux
mars-oct. - **R** *conseillée juil.-août - Tarif 94 :* *1 ou 2 pers. 55, pers. suppl. 16* *12 (3A) 15 (6A)*

ROUSSILLON

16 - 81 ⑬ G. Provence

Paris 725 - Apt 11,5 - Avignon 45 - Bonnieux 10,5 - Carpentras 43 - Cavaillon 26 - Sault 32

84220 Vaucluse - 1 165 h.
Office de Tourisme, pl. Poste (avril-oct.) ✆ 90 05 60 25

Arc-en-Ciel « Cadre et site agréables », ✆ 90 05 73 96, SO : 2,5 km par D 105 et D 104 rte de Goult
2 ha (34 empl.) accidenté et en terrasses - (bassins) - A proximité : - Location :
30 mars-oct. - **R** *conseillée juil.-août* - *13* *9* *9* *15 (4A) 17 (6A)*

ROYAN

9 - 71 ⑮ G. Poitou Vendée Charentes

Paris 506 - Bordeaux 120 - Périgueux 172 - Rochefort 40 - Saintes 40

17200 Char.-Mar. - 16 837 h.
Office de Tourisme, Palais des Congrès ✆ 46 38 65 11 et pl. de la Poste ✆ 46 05 04 71, Fax 46 38 52 01

Clairefontaine « Cadre agréable », ✆ 46 39 08 11, Fax 46 38 13 79, à **Pontaillac,** allée des Peupliers, à 400 m de la plage
3 ha (300 empl.) plat, herbeux - - (bassin d'enfants)
20 mai-10 sept. - **R** - GB - *Tarif 94 :* *3 pers. 137, pers. suppl. 40* *20 (6A)*

Le Royan, ✆ 46 39 09 06, Fax 46 38 12 05, NO : 2,5 km
2,5 ha (180 empl.) plat, herbeux - - - Location :
avril-sept. - **R** *conseillée - Tarif 94 :* *piscine comprise 3 pers. 62* *13 (3A) 16 (6A)*

Le Chant des Oiseaux, ✆ 46 39 47 47, NO : 2,3 km
2 ha (150 empl.) plat, herbeux (0,5 ha) - -
15 juin-sept. - **R** *conseillée* - *3 pers. 73* *19,50 (5A)*

Les Coquelicots, ✆ 46 38 23 21, N : 2 km
3 ha (210 empl.) plat, herbeux (0,6 ha) - - - Location :
avril-sept. - **R** *conseillée juil.-août* - GB - *1 pers. 57, 2 pers. 60, 3 pers. 63, pers. suppl. 18* *15 (5A)*

Walmone, ✆ 46 39 15 81, N : 4 km -
1,5 ha (100 empl.) plat, herbeux - - salle de musculation (bassin) - Location :
15 juin-10 sept. - **R** *conseillée 15 juil.-15 août* - *3 pers. 65, pers. suppl. 16* *16 (3A)*

L'Orée des Bois, ✆ 46 39 07 92, N : 2,5 km
1,5 ha (150 empl.) (saison) plat, herbeux - -

à Vaux-sur-Mer NO : 4,5 km - 3 054 h. - ✉ 17640 Vaux-sur-Mer :

Municipal de Nauzan-Plage, ✆ 46 38 29 13, av. de Nauzan, à 500 m de la plage
3,9 ha (220 empl.) plat, herbeux - snack - (bassin) - A l'entrée : - A proximité :
avril-sept. - **R** *conseillée juil.-août - Tarif 94 :* *3 pers. 110, pers. suppl. 25* *5 (6A)*

A la Source, ✆ 46 39 10 51, E : 0,7 km, 58 r. de Royan -
2,5 ha (167 empl.) plat, herbeux - - - Location *(juin-sept.)* :
Pâques-Toussaint - **R** *indispensable juil.-août* - *piscine comprise 3 pers. 77, pers. suppl. 15* *12 (3A) 18 (6A)*

Val-Vert, ✆ 46 38 25 51, au SO du bourg, 106 av. F.-Garnier, bord d'un ruisseau – dans locations
3 ha (100 empl.) plat et terrasse, herbeux, pierreux – A proximité : – Location :
25 mai-25 sept. – **R** *conseillée – Tarif 94 : 3 pers. 72,50, pers. suppl. 18,20 15,20 (3A) 18,50 (6A) 20 (10A)*

Chantaco, ✆ 46 39 12 08, Fax 46 39 46 21, sortie NO rte de Courlay-sur-Mer
2 ha (100 empl.) plat et peu incliné, herbeux – – Location :
avril-sept. – **R** *conseillée juil., indispensable août* – GB – *piscine comprise 3 pers. 80 18 (6A)*

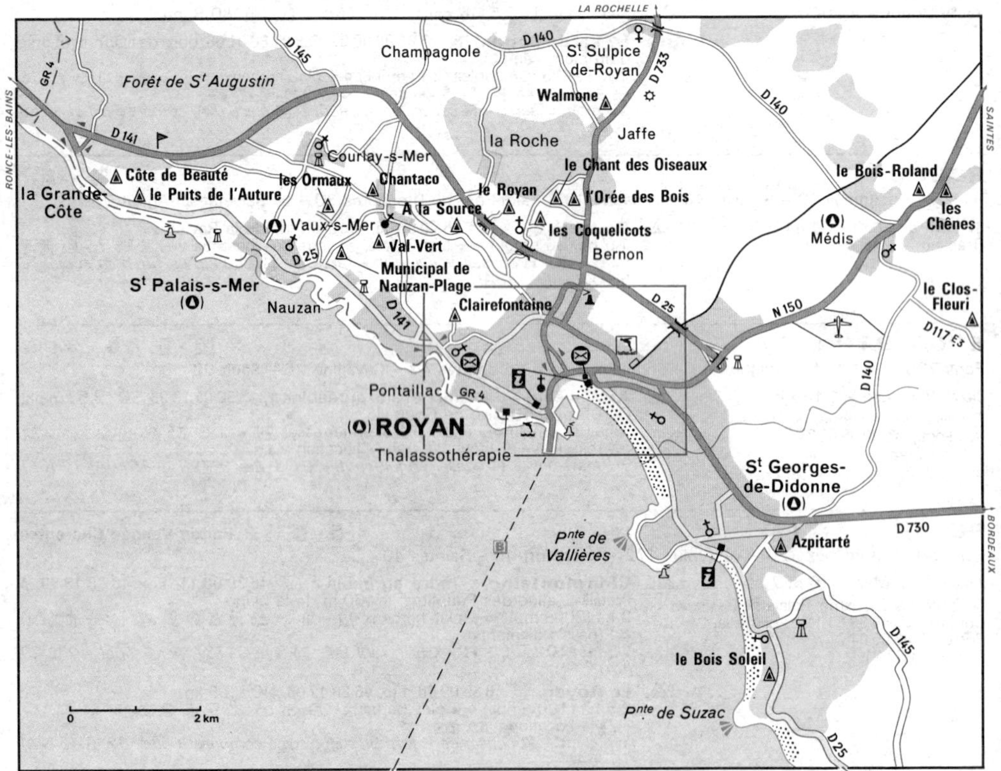

Voir aussi à *Médis, St-Georges-de-Didonne, St-Palais-sur-Mer*

ROYAT

11 – 73 ⑭ G. Auvergne

Paris 429 – Aubusson 87 – La Bourboule 45 – Clermont-Ferrand 3,5 – Le Mont-Dore 41

63130 P.-de-D. – 3 950 h. –
avril-oct.
Office de Tourisme, pl. Allard ✆ 73 35 81 87, Fax 73 35 81 07

Municipal de l'Oclède « Cadre agréable », ✆ 73 35 97 05, Fax 73 35 67 69, SE : 2 km par D 941^{C}, rte du Mont-Dore et à droite D 5, rte de Charade
7 ha (200 empl.) en terrasses, peu incliné, gravier, herbeux – – Location : huttes
avril-oct. – **R** *conseillée – Tarif 94 : 11,10 6,70 7,80 13,20 (4A) 19,50 (6A)*

ROYBON

12 – 77 ③

Paris 547 – Beaurepaire 25 – Grenoble 58 – Romans-sur-Isère 35 – Saint-Marcellin 16 – Voiron 38

38940 Isère – 1 269 h.

Municipal Aigue-Noire, ✆ 76 36 23 67, S : 1,5 km par D 20, rte de St-Antoine, bord d'un plan d'eau et d'un ruisseau
1,2 ha (110 empl.) plat et peu incliné, terrasses, gravier, herbeux (0,6 ha) – – Toboggan aquatique
avril-sept. – **R** *conseillée juil.-août – 15 7 12 14 (5A)*

▶ *L'accès à un terrain est généralement indiqué par rapport au centre de la localité au nom de laquelle nous le citons.*

ROYÈRE-DE-VASSIVIÈRE

10 - 72 ⑳

Paris 398 - Bourganeuf 21 - Eymoutiers 25 - Felletin 30 - Gentioux 13 - Limoges 69

23460 Creuse - 670 h. alt. 739

Masgrangeas ⚲ <, ℘ 55 64 71 65, Fax 55 64 75 09, SO : 3,5 km par D 3 et D 34 puis 1,5 km par D 35 à droite, rte de Masgrangeas, bord du lac
2 ha (110 empl.) plat, peu incliné, herbeux snack – (plage) – Location : gîtes
mi-mai-sept. - **R** *indispensable juil.-août - Tarif 94 : piscine comprise 1 à 5 pers. 90 15 (6A)*

Le ROZIER

15 - 80 ④ G. Gorges du Tarn

Paris 640 - Florac 57 - Mende 62 - Millau 21 - Sévérac-le-Château 28 - Le Vigan 72

48150 Lozère - 157 h.
Office de Tourisme, ℘ 65 62 60 89

Les Prades <, ℘ 65 62 62 09 ✉ 12720 Peyreleau, O : 4 km par Peyreleau et D 187 à droite, rte de la Cresse, bord du Tarn
2 ha (110 empl.) plat, herbeux, sablonneux – vélos - Location :
juin-sept. - **R** *conseillée juil.-août - piscine et tennis compris 2 pers. 75, pers. suppl. 15 15 (6A)*

Municipal <, ℘ 65 62 63 98, Fax 65 62 60 83, au bourg, accès face à l'église, bord de la Jonte
3,5 ha (165 empl.) plat et peu incliné, herbeux, pierreux –
Rameaux-29 sept. - **R** *conseillée juil.-août* - GB - *22 piscine comprise 8,50 11,50 12 (3A) 15 (6A)*

Le Randonneur <, ℘ 65 62 60 62 ✉ 12720 Peyreleau, NO : 1,2 km sur D 907 rte de Millau, bord du Tarn
0,5 ha (25 empl.) plat, terrasse, pierreux, herbeux – – A proximité :
mai-sept. - **R** *14 juil.-15 août - 1 pers. 27, 2 pers. 38 8 (5A)*

RUE

1 - 52 ⑥ G. Flandres Artois Picardie

Paris 192 - Abbeville 24 - Amiens 68 - Berck-Plage 22 - Le Crotoy 8,5

80120 Somme - 2 942 h.

Les Oiseaux , ℘ 22 25 71 82, S : 3,2 km par D 940, rte du Crotoy et chemin à gauche, au lieu-dit Becquerel, bord d'un ruisseau
0,8 ha (40 empl.) plat, herbeux –
avril-oct. - Location longue durée - *Places limitées pour le passage* - **R** - *15 15 10 (5A)*

RUFFEC

9 - 72 ④ G. Poitou Vendée Charentes

Paris 403 - Angoulême 42 - Confolens 42 - Couhé 31 - Saint-Jean-d'Angély 62

16700 Charente - 3 893 h.
Office de Tourisme, pl. d'Armes ℘ 45 31 05 42

Le Rejallant , ℘ 45 31 29 06, sortie S par D 911 puis 1,4 km par rte à gauche, à 250 m de la Charente - Croisement difficile pour caravanes
1 ha (60 empl.) plat et terrasses, herbeux, pierreux – – A proximité :
mai-oct. - **R** - *11 10 10*

RUFFEC

10 - 68 ⑯

Paris 322 - Argenton-sur-Creuse 31 - Bélâbre 9 - Le Blanc 8,5 - Châteauroux 52

36300 Indre - 594 h.

Municipal, sortie S par D 15, rte de Belâbre, bord de la Creuse
0,7 ha (23 empl.) plat, herbeux – – A proximité :
13 mai-10 sept. - **R** - *Tarif 94 : 8 8 8 10*

RUFFIEUX

12 - 74 ⑤

Paris 520 - Aix-les-Bains 19 - Ambérieu-en-Bugey 59 - Annecy 40 - Bellegarde-sur-Valserine 36

73310 Savoie - 540 h.

Saumont, ℘ 79 54 26 26, O : 1,2 km par D 991, rte d'Aix-les-Bains et chemin, bord d'un ruisseau
1 ha (66 empl.) (saison) plat, herbeux – – vélos
avril-15 oct. - **R** *conseillée juil.-août - 16 22 14 (4A) 20 (10A)*

RUILLÉ-SUR-LOIR

5 - 64 ④

Paris 204 - La Chartre-sur-le-Loir 4,5 - Le Grand-Lucé 61 - Le Mans 49 - Tours 45

72340 Sarthe - 1 287 h.

Municipal les Chaintres « Cadre agréable », au sud du bourg, rue de l'Industrie, bord du Loir
0,4 ha (30 empl.) plat, herbeux –
mai-sept. - **R** - *8 4 4 10*

RUMILLY

12 - 74 ⑤ G. Alpes du Nord

Paris 533 - Aix-les-Bains 20 - Annecy 16 - Bellegarde-sur-Valserine 37 - Belley 45 - Genève 64

74150 H.-Savoie - 9 991 h.
Office de Tourisme, ℘ 50 64 58 32, Fax 50 01 41 65

Le Madrid, ℘ 50 01 12 57, Fax 50 01 29 49, SE : 3 km par D 910 rte d'Aix-les-Bains puis D 3 à gauche et D 53 à droite rte de St-Félix
3,2 ha (101 empl.) plat, herbeux, pierreux – cases réfrigérées – vélos - Location *(permanent)* : , studios
avril-oct. - **R** *conseillée, indispensable juil.-août* - GB - *Tarif 94 : 18 piscine comprise 6 20/25 15 (5A) 25 (10A)*

RUOMS 07 Ardèche – 80 ⑨ – voir à Ardèche (Gorges de l')

RUPPIONE (PLAGE DE) 2A Corse-du-Sud – 90 ⑰ – voir à Corse

Le RUSSEY

12 – 66 ⑱

Paris 474 – Belfort 70 – Besançon 66 – Montbéliard 53 – Morteau 17 – Pontarlier 48

25210 Doubs – 1 824 h. alt. 870

Municipal les Sorbiers, ✆ 81 43 75 86, au bourg, r. Foch
1 ha (60 empl.) plat, gravier – – A proximité :
Permanent – **R** – *6,70* *3,60* *3,60* *10,50 (10A)*

RUSTREL

16 – 81 ⑭

Paris 740 – Apt 10 – Carpentras 59 – Forcalquier 47 – Sault 29

84400 Vaucluse – 636 h.

Le Colorado , ✆ 90 04 90 37, SO : 2 km par D 22 rte d'Apt et chemin à gauche
4 ha (70 empl.) plat, accidenté et terrasses, pierreux, herbeux, sablonneux – – – Location :
15 mars-oct. – **R** *conseillée juil.-août* – *20 piscine comprise* *12/16* *14 (6A)*

► *Ce guide n'est pas un répertoire de tous les terrains de camping mais une sélection des meilleurs camps dans chaque catégorie.*

RUYNES-EN-MARGERIDE

11 – 76 ⑭ ⑮ G. Auvergne

Paris 528 – Aurillac 86 – Langeac 44 – Le Puy-en-Velay 87 – Saint-Chély-d'Apcher 31 – Saint-Flour 13

15320 Cantal – 605 h. alt. 914

Municipal le Petit Bois < monts du Cantal et montagne de la Margeride « Site agréable », ✆ 71 23 42 26, SO : 0,5 km par D 13, rte de Garabit
10 ha (240 empl.) plat, incliné et accidenté, herbeux, pierreux pinède (3 ha) – – vélos – A proximité : – Location : huttes
avril-oct. – **R** – *Tarif 94 :* *10* *10* *10* *15*

Les SABLES-D'OLONNE

9 – 67 ⑫ G. Poitou Vendée Charentes

Paris 449 – Cholet 101 – Nantes 93 – Niort 110 – La Rochelle 89 – La Roche-sur-Yon 37

85100 Vendée – 15 830 h.

Office de Tourisme, r. Mar.-Leclerc
✆ 51 32 03 28, Fax 51 32 84 49

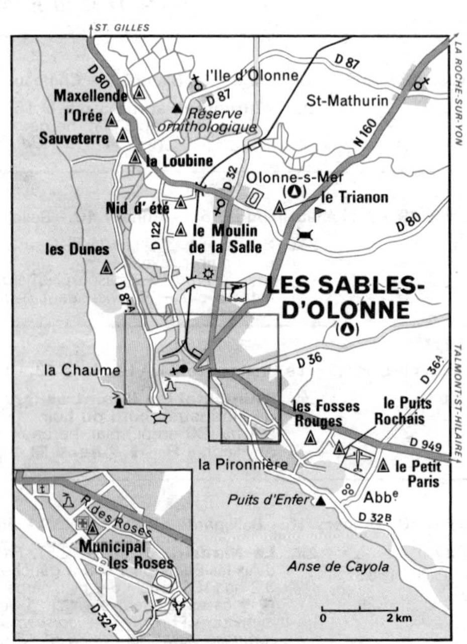

Le Puits Rochais, 51 21 09 69 85100 le Château-d'Olonne, SE : 3,5 km
4,2 ha (220 empl.) plat, herbeux - Toboggan aquatique - Location :
avril-sept. - **R** *conseillée* - GB - *piscine comprise 2 pers. 112 18 (6A)*

Les Dunes <, 51 32 31 21, NO : 4,5 km, près de la plage
7,4 ha (300 empl.) accidenté, sablonneux, herbeux, gravier - Toboggan aquatique
avril-sept. - **R** *conseillée* - GB - *piscine comprise 2 pers. 112 18 (6A)*

Municipal les Roses, 51 95 10 42, r. des Roses, à 400 m de la plage - dans locations
3,9 ha (220 empl.) plat et peu incliné, herbeux - A proximité : - Location :
8 avril-15 oct. - **R** *indispensable juil.-août* - *élect. (10A) et piscine comprises 2 pers. 105*

Les Fosses Rouges, 51 95 17 95, SE : 3 km, à la Pironnière
3,5 ha (300 empl.) plat, herbeux -
avril-sept. - **R** *conseillée juil.-août* - GB - *piscine comprise 2 pers. 72, pers. suppl. 15 16 (10A)*

Le Petit Paris, 51 22 04 44 85180 le Château d'Olonne, SE : 5,5 km
1,3 ha (81 empl.) plat, herbeux - - Location :
mai-20 sept. - **R** *conseillée août - Tarif 94 : 3 pers. 74 (87 à 103,50 avec élect. 6 à 12A), pers. suppl. 15*

à Olonne-sur-Mer N : 5 km par D 32 - 8 546 h.
85340 Olonne-sur-Mer :

La Loubine « Cadre agréable », 51 33 12 92, Fax 51 33 12 71, O : 3 km -
5 ha (259 empl.) plat, herbeux - self, crêperie - Toboggan aquatique, vélos - A proximité : poneys - Location :
Pâques-sept. - **R** *conseillée juil.-août* - GB - *piscine comprise 2 pers. 112 (127 ou 137 avec élect. 4 ou 6A), pers. suppl. 22*

Le Trianon « Cadre agréable », 51 95 30 50, Fax 51 90 77 70, E : 1 km
10 ha (515 empl.) (saison) plat, herbeux (5 ha) - crêperie - discothèque Toboggan aquatique - Location :

Le Moulin de la Salle, 51 95 99 10, Fax 51 96 96 13, O : 2,7 km
2,7 ha (129 empl.) plat, herbeux - pizzeria - half-court, vélos - Location *(avril-1er nov.)* : (gîtes)
juin-sept. - **Location longue durée** - *Places disponibles pour le passage* - **R** *conseillée juil.-août* - *élect. (8A) et piscine comprises 2 pers. 95*

L'Orée, 51 33 10 59, Fax 51 33 15 16, O : 3 km
5 ha (296 empl.) plat, herbeux (3,5 ha) - snack - Toboggan aquatique half-court - A proximité : poneys - Location : gîtes, bungalows toilés
avril-sept. - **R** *conseillée* - GB - *Tarif 94 : piscine comprise 2 pers. 110, pers. suppl. 20 20 (5A)*

Nid d'Été, 51 95 34 38, O : 2,5 km
2 ha (125 empl.) plat, herbeux, petit étang - - Location : - Garage pour caravanes et bateaux
15 avril-sept. - **R** *conseillée* - GB - *2 pers. 55 13,50 (6A)*

Sauveterre, 51 33 10 58, O : 3 km
3 ha (170 empl.) plat, herbeux - - A proximité : poneys
mai-15 sept. - **R** *conseillée* - *2 pers. 53 13 (6A)*

Maxellende, 51 33 11 97, NO : 4,1 km par D 80, D 87 rte de l'Ile d'Olonne, près de la réserve ornithologique
2 ha (90 empl.) plat, peu incliné, herbeux - snack - vélos - Location :
Pâques-15 sept. - **R** *conseillée juil.-août* - GB - *2 pers. 55, pers. suppl. 12 15 (6A)*

SABLÉ-SUR-SARTHE

5 - 64 ① G. Châteaux de la Loire

Paris 257 - Angers 64 - La Flèche 26 - Laval 43 - Le Mans 58 - Mayenne 60

72300 Sarthe - 12 178 h.
Office de Tourisme, pl. Raphaël-Elizé 43 95 00 60, Fax 43 92 04 44

Municipal de l'Hippodrome, 43 95 42 61, S : sortie vers Angers et à gauche, attenant à l'hippodrome, bord de la Sarthe
2 ha (133 empl.) plat, herbeux - - A proximité :
avril-sept. - **R** *conseillée - Tarif 94 : 11,80 22,40 11,80*

SABLIÈRES

16 - 80 ⑧

Paris 631 - Aubenas 46 - Langogne 54 - Largentière 36 - Les Vans 24

07260 Ardèche - 149 h.

La Drobie <, 75 36 95 22, O : 3 km par D 220 et rte à droite, bord de rivière - Pour caravanes : itinéraire conseillé depuis Lablachère par D 4
1,5 ha (80 empl.) incliné, en terrasses, herbeux, pierreux - - vélos - Location :

SAHUNE

16 - 81 ③

Paris 648 - Buis-les-Baronnies 26 - La Motte-Chalancon 21 - Nyons 15 - Rosans 24 - Vaison-la-Romaine 31

26510 Drôme - 290 h.

Vallée Bleue ≤, ✆ 75 27 44 42, SO : 0,5 km par D 94, rte de Nyons, bord de l'Eygues
1 ha (45 empl.) plat, peu incliné, pierreux, herbeux (verger) - pizzeria, crêperie -
juin-1er oct. - **R** *conseillée 14 juil.-15 août - piscine comprise 1 pers. 30 15 (4A)*

SAIGNES

10 - 76 ② G. Auvergne

Paris 481 - Aurillac 79 - Clermont-Ferrand 89 - Mauriac 27 - Le Mont-Dore 56 - Ussel 37

15240 Cantal - 1 009 h.

Municipal Bellevue ≤, ✆ 71 40 68 40, sortie NO du bourg, au stade
1 ha (42 empl.) plat, herbeux - vélos
juil.-août - **R** *conseillée 15 juil.-15 août - Tarif 94 : 9,10 4,50 5,50 9,50*

SAILLAGOUSE

15 - 86 ⑯ G. Pyrénées Roussillon

Paris 886 - Bourg-Madame 9 - Font-Romeu-Odeillo-Via 12 - Mont-Louis 12 - Perpignan 92

66800 Pyr.-Or. - 825 h. alt. 1 305

Le Cerdan ≤ « Cadre agréable », ✆ 68 04 70 46, à l'ouest du bourg par petite rte d'Estavar derrière l'église
0,8 ha (50 empl.) plat, herbeux -
fermé oct. - **R** *indispensable hiver - 2 pers. 61 15 (3A) 20 (6A)*

à Estavar O : 4 km par D 33 - 358 h. alt. 1 200 - ✉ 66800 Estavar :

L'Enclave , ✆ 68 04 72 27, Fax 68 04 07 15, sortie E près du D 33, bord de l'Angoust
3,5 ha (199 empl.) plat et peu incliné, en terrasses, pierreux, herbeux (2 ha) - - - A proximité : - Location : , appartements
fermé oct. - **R** *conseillée juil.-août* - GB - *piscine comprise 2 pers. 85, pers. suppl. 27 20 (3A) 30 (6A) 45 (10A)*

ST-AGNAN-EN-VERCORS

12 - 77 ⑭

Paris 620 - La Chapelle-en-Vercors 4 - Die 36 - Valence 65 - Villard-de-Lans 32

26420 Drôme - 363 h. alt. 804

Municipal ≤, N : 1 km par D 518 rte de la Chapelle-en-Vercors
0,3 ha (30 empl.) plat, herbeux -
15 juin-15 sept. - **R** - *Tarif 94 : 13 6 7 11*

ST-AIGNAN

13 - 64 ⑰ G. Châteaux de la Loire

Paris 220 - Blois 39 - Châteauroux 65 - Romorantin-Lanthenay 32 - Tours 60 - Vierzon 57

41110 L.-et-Ch. - 3 672 h.
Office de Tourisme (juil.-août) ✆ 54 75 22 85

Municipal les Cochards, ✆ 54 75 15 59, SE : 1 km par D 17, rte de Couffi, bord du Cher
4 ha (227 empl.) plat, herbeux - -
15 mars-15 oct. - **R** *conseillée saison* - GB - *12,60 12,60 15 (5A)*

ST-ALBAN

4 - 59 ④

Paris 446 - Dinan 44 - Lamballe 11 - Plancoët 29 - Saint-Brieuc 24 - Saint-Cast-le-Guildo 27

22400 C.-d'Armor - 1 662 h.

Municipal les Jonquilles ≤, ✆ 96 32 96 05, sortie N par D 58 rte de Pléneuf
1 ha (98 empl.) en terrasses, plat et peu incliné, herbeux - - A proximité :
15 juin-15 sept. - **R**

ST-ALBAN-AURIOLLES

16 - 80 ⑧

Paris 658 - Aubenas 27 - Largentière 17 - Privas 57 - Vallon-Pont-d'Arc 14 - Les Vans 21

07120 Ardèche - 584 h.

Le Ranc Davaine, ✆ 75 39 60 55, Fax 75 39 38 50, SO : 2,3 km par D 208 rte de Chandolas, près du Chassezac - dans locations
10 ha (356 empl.) plat et peu incliné, rocailleux, herbeux - pizzeria - vélos - Location : , bungalows toilés
avril-20 sept. - **R** *indispensable juil.-août* - GB - *piscine comprise 129, pers. suppl. 29 20 (6 ou 10A)*

ST-ALBAN-LES-EAUX

11 - 73 ⑦

Paris 387 - Lapalisse 45 - Montbrison 65 - Roanne 12 - Saint-Étienne 85 - Thiers 49 - Vichy 63

42370 Loire - 843 h.

La Belle Étoile ≤, ✆ 77 65 84 07, NE : 1,5 km par D 8 et chemin à droite
0,3 ha (30 empl.) plat et peu incliné, herbeux - - (bassin)
avril-oct. - **R** *juil.-août - 1 pers. 26 12 (4A) 24 (8A)*

ST-ALBAN-SUR-LIMAGNOLE

15 - 76 ⑮

Paris 549 - Espalion 74 - Mende 41 - Le Puy-en-Velay 75 - Saint-Chély-d'Apcher 13 - Sévérac-le-Château 79

48120 Lozère - 1 928 h. alt. 950

Le Galier, 66 31 58 80, O : 1,5 km par D 987 rte d'Aumont-Aubrac, bord de la Limagnole
4 ha (70 empl.) plat et accidenté, herbeux - A proximité :
mars-15 nov. - **R** *conseillée juil.-août - piscine comprise 1 pers. 41, pers. suppl. 14 15 (5A)*

ST-AMANDIN

11 - 76 ③

Paris 499 - Besse-en-Chandesse 34 - Bort-les-Orgues 25 - Condat 6,5 - Mauriac 47 - Murat 40

15190 Cantal - 284 h. alt. 820

Municipal 71 78 18 28, sortie NE sur D 678, rte de Condat
1 ha (40 empl.) plat, peu incliné, herbeux, pierreux - (découverte l'été) - Location *(permanent)* :
15 juin-15 sept. - **R** *conseillée 14 juil.-août - piscine comprise 2 pers. 30, pers. suppl. 7 12 (15A)*

ST-AMAND-LES-EAUX

2 - 51 ⑰ G. Flandres Artois Picardie

Paris 216 - Denain 15 - Douai 32 - Lille 41 - Tournai 20 - Valenciennes 14

59230 Nord - 16 776 h. -
avril-oct.
Office de Tourisme, 91 Grand'Place 27 27 85 00

Mont des Bruyères 27 48 56 87, SE : 3,5 km, en forêt de St-Amand - accès conseillé par D 169 (déviation)
3,5 ha (94 empl.) plat et en terrasses, sablonneux, herbeux -
mars-nov. - Location longue durée - *Places disponibles pour le passage* - **R** - *Tarif 94 : 2 pers. 47, pers. suppl. 18 20 (4A) 30 (7,5A)*

ST-AMAND-MONTROND

10 - 69 ① ⑪ G. Berry Limousin

Paris 288 - Bourges 44 - Châteauroux 66 - Montluçon 54 - Moulins 86 - Nevers 70

18200 Cher - 11 937 h.
Office de Tourisme, pl. République (fermé dim.) 48 96 16 86, Fax 98 96 46 64

Municipal de la Roche « Cadre agréable », 48 96 09 36, sortie SE par N 144, rte de Montluçon et chemin de la Roche à droite avant le canal, près du Cher
4 ha (120 empl.) plat, peu incliné, herbeux -
avril-sept. - *Tarif 94 : 12,50 17,80 11,50 (5A)*

ST-AMANS-DES-COTS

15 - 76 ⑫

Paris 587 - Aurillac 58 - Entraygues-sur-Truyère 16 - Espalion 31 - Chaudes-Aigues 46

12460 Aveyron - 859 h. alt. 730

Les Tours 65 44 88 10, Fax 65 44 83 07, SE : 6 km par D 97 et D 599 à gauche, bord du lac de la Selves - alt. 600
30 ha (250 empl.) en terrasses, incliné, herbeux, pierreux (3,5 ha) - Location : bungalows toilés
21 mai-15 sept. - **R** *conseillée 25 juin-28 août* - GB - *piscine comprise 2 pers. 118, pers. suppl. 24 15 (6A)*

La Romiguière « Site agréable », 65 44 44 64 12460 Montpeyroux, SE : 8,5 km par D 97 et D 599 à gauche, bord du lac de la Selves - alt. 600
1 ha (40 empl.) en terrasses, pierreux, herbeux - Location :
avril-oct. - **R** *conseillée juil.-août - 2 pers. 75, pers. suppl. 22 15 (10A)*

ST-AMANT-ROCHE-SAVINE

11 - 73 ⑯

Paris 474 - Ambert 12 - La Chaise-Dieu 39 - Clermont-Ferrand 63 - Issoire 44 - Thiers 50

63890 P.-de-D. - 500 h. alt. 900

Municipal Saviloisirs, 73 95 73 60, à l'est du bourg
0,6 ha (15 empl.) plat et en terrasses, herbeux - A proximité : - Location *(permanent)* :
mai-sept. - *10 3/5 avec élect.*

ST-AMBROIX

16 - 80 ⑧

Paris 690 - Alès 18 - Aubenas 56 - Mende 107

30500 Gard - 3 517 h.
Office de Tourisme, pl. de l'Ancien Temple (fermé après-midi hors saison) 66 24 33 36, Fax 66 24 30 00

Le Clos 66 24 10 08, accès par centre ville en direction d'Aubenas puis rue à gauche par place de l'église, bord de la Cèze
1,5 ha (50 empl.) plat, herbeux - A proximité : - Location :
avril-oct. - **R** *conseillée - Tarif 94 : piscine comprise 2 pers. 58, pers. suppl. 18 12 (3A) 14 (6A) 16 (10A)*

Beau-Rivage 66 24 10 17, SE : 3,5 km par D 37, rte de Lussan, bord de la Cèze
3,5 ha (132 empl.) en terrasses, herbeux, pierreux - salle de musculation vélos
avril-sept. - **R** *conseillée juil.-août - 17 20 11 (2A) 13 (4A) 15 (6A)*

La Tour « Site et cadre agréables », 66 24 17 89, sortie SO par D 904, rte d'Alès
1 ha (35 empl.) en terrasses, herbeux, pierreux - (bassin) - A proximité :
Pâques-15 oct. - **R** *conseillée juil.-août - piscine comprise 2 pers. 40 10 (10A)*

ST-ANDRÉ-DE-ROQUEPERTUIS

16 - 80 ⑨

Paris 665 - Alès 41 - Bagnols-sur-Cèze 16 - Barjac 15 - Lussan 79 - Pont-Saint-Esprit 25

30630 Gard - 361 h.

Municipal la Plage, ✆ 66 82 26 11, NO : 1 km par D 980, rte de Barjac, bord de la Cèze
1,8 ha (80 empl.) plat, herbeux - snack -
15 juin-août - **R** *conseillée - 2 pers. 50, pers. suppl. 11 12*

Le Martel, ✆ 66 82 25 44, NO : 2 km sur D 980 rte de Barjac, bord de la Cèze
1,4 ha (73 empl.) plat, herbeux - snack - vélos
mai-sept. - **R** *conseillée saison - 2 pers. 55, pers. suppl. 15 12 (3A) 16 (6A)*

ST-ANDRÉ-DE-SANGONIS

15 - 83 ⑥

Paris 728 - Béziers 51 - Clermont-l'Hérault 6,5 - Gignac 5 - Montpellier 34 - Sète 49

34150 Hérault - 3 472 h.

Le Septimanien, ✆ 67 57 84 23, SO : 1 km par D 4, rte de Brignac, bord d'un ruisseau
2,3 ha (60 empl.) plat et en terrasses, pierreux - - - Location :
avril-oct. - **R** *conseillée juil.-août - piscine comprise 2 pers. 60 16 (5A)*

ST-ANDRÉ-DES-EAUX

4 - 63 ⑭

Paris 447 - La Baule 8 - Guérande 10 - Pontchâteau 33 - Redon 50 - Saint-Nazaire 9,5

44117 Loire-Atl. - 2 919 h.

Municipal des Chalands Fleuris M, ✆ 40 01 20 40, à 1 km au NE du bourg, près du complexe sportif
2,5 ha (130 empl.) plat, herbeux - - -
A proximité : (découverte l'été)
mai-sept. - **R** *conseillée 1er au 15 août - 18 piscine comprise 10 10/15 10 (5A)*

ST-ANDRÉ-DE-SEIGNANX

13 - 78 ⑰

Paris 754 - Bayonne 13 - Capbreton 18 - Dax 38 - Hasparren 34 - Peyrehorade 24

40390 Landes - 1 271 h.

Le Ruisseau, ✆ 59 56 71 92, O : 1 km par D 54 rte de St-Martin-de-Seignanx
1 ha (60 empl.) peu incliné, en terrasses, herbeux - - (bassin)
Permanent - **R** *conseillée juil.-août - Tarif 94 : 17 23 10 (2A) 15 (4A) 20 (6A)*

ST-ANDRÉ-LES-ALPES

17 - 81 ⑱ G. Alpes du Sud

Paris 792 - Castellane 21 - Colmars 28 - Digne-les-Bains 43 - Manosque 93 - Puget-Théniers 45

04170 Alpes de H.-Pr. - 794 h.
Office de Tourisme, pl. M.-Pastorelli (15 juin-15 sept.) ✆ 92 89 02 39

Municipal les Iscles, ✆ 92 89 02 29, S : 1 km par N 202 rte d'Annot et à gauche, à 300 m du Verdon - alt. 894
2,5 ha (200 empl.) plat, pierreux, herbeux pinède - - - A proximité : parcours sportif, vélos

ST-ANTHEME

11 - 73 ⑰ G. Vallée du Rhône

Paris 509 - Ambert 22 - Feurs 50 - Montbrison 24 - Saint-Bonnet-le-Château 24 - Saint-Étienne 50

63660 P.-de-D. - 880 h. alt. 940

Municipal de Rambaud, ✆ 73 95 48 79, S : 0,6 km entre D 996 et D 261, près d'un plan d'eau et à 100 m de l'Ance
0,5 ha (30 empl.) (été) plat, herbeux - - -
A proximité :
Permanent - **R** *conseillée - 11 5 4/6 5 ou 10*

ST-ANTOINE-DE-BREUILH

9 - 75 ⑬

Paris 560 - Bergerac 29 - Duras 28 - Libourne 32 - Montpon-Ménestérol 25

24230 Dordogne - 1 756 h.

Municipal St-Aulaye, ✆ 53 24 82 80, SO : 3 km, à St-Aulaye, à 100 m de la Dordogne
2,5 ha/1,5 campable (60 empl.) plat, herbeux - - - Location : studios
15 juin-15 sept. - **R** - *9,50 9,50 (19 avec élect. 4A)*

ST-ANTONIN-NOBLE-VAL

14 - 79 ⑲ G. Périgord Quercy

Paris 638 - Cahors 57 - Caussade 19 - Caylus 12 - Cordes-sur-Ciel 30 - Montauban 41

82140 T.-et-G. - 1 867 h.
Office de Tourisme, Mairie ✆ 63 30 63 47

Les Trois Cantons, ✆ 63 31 98 57, NO : 8,5 km, près du D 926 (rte Caussade-Villefranche-de-R.) - Entre Septfonds (6 km) et Caylus (9 km)
20 ha/4 campables (80 empl.) plat, peu incliné, pierreux, herbeux - - (découverte l'été) vélos - Location :
15 avril-sept. - **R** *conseillée juil.-août* - GB - *26 piscine comprise 32 10 (2A) 20 (5A)*

ST-APOLLINAIRE

17 - 77 ⑰

Paris 689 - Embrun 18 - Gap 25 - Mont-Dauphin 37 - Savines-le-Lac 7

05160 H.-Alpes - 99 h. alt. 1 200

Municipal le Clos du Lac ≤ lac de Serre-Ponçon et montagnes « Belle situation dominante », 92 44 27 43, NO : 2,3 km par D 509, à 50 m du lac de St-Apollinaire - alt. 1 450
2 ha (73 empl.) en terrasses et peu incliné, herbeux - A proximité : snack

ST-ARNOULT

14 Calvados - 54 ⑰ - rattaché à Deauville

ST-ASTIER

10 - 75 ⑤ G. Périgord Quercy

Paris 505 - Brantôme 36 - Mussidan 20 - Périgueux 20 - Ribérac 24

24110 Dordogne - 4 780 h.
Syndicat d'Initiative, pl. de la République, 53 54 13 85

Municipal du Pontet « Situation agréable », 53 54 14 22, sortie E par D 41, rte de Montanceix, bord de l'Isle
3,5 ha (100 empl.) plat, herbeux - - Location : bungalows toilés
mai-sept. - **R** *conseillée juil.-août - 14 ou 17 19 ou 25 15 ou 17 (3A)*

ST-AUBIN-DE-NABIRAT

13 - 75 ⑰

Paris 555 - Cahors 38 - Fumel 46 - Gourdon 10 - Périgueux 86 - Sarlat-la-Canéda 23

24250 Dordogne - 124 h.

Municipal la Vieille Église, à 1,5 km au NO de la commune, au lieu-dit St-Aubin, près des ruines de l'église
2 ha (33 empl.) en terrasses et peu incliné, pierreux, herbeux -
15 juin-15 sept. - **R** - *16 18 12 (6 ou 10A)*

ST-AUBIN-DU-CORMIER

4 - 59 ⑱ G. Bretagne

Paris 333 - Combourg 34 - Fougères 21 - Rennes 29 - Vitré 23

35140 I.-et-V. - 2 040 h.

Municipal, au SE du bourg, rue du Four Banal, près d'un étang
0,4 ha (40 empl.) peu incliné, herbeux -
15 avril-28 oct. - **R** - *9,30 7,50 9,30 (6A) 13,20 (10A)*

ST-AUBIN-SUR-MER

1 - 52 ③ G. Normandie Cotentin

Paris 195 - Dieppe 22 - Fécamp 45 - Rouen 59 - Yvetot 39

76740 S.-Mar. - 281 h.

Municipal le Mesnil, 35 83 02 83, O : 2 km par D 68 rte de Veules-les-Roses
2,2 ha (114 empl.) plat et en terrasses, herbeux - -
avril-oct. - **R** *conseillée juil.-août - Tarif 94 : 20,20 10,10 14 18 (10A)*

ST-AUBIN-SUR-MER

5 - 55 ① G. Normandie Cotentin

Paris 256 - Arromanches-les-Bains 18 - Bayeux 27 - Cabourg 31 - Caen 18

14750 Calvados - 1 526 h.
Office de Tourisme, Digue Favereau (vacances scolaires, juin-sept.) 31 97 30 41

La Côte de Nacre, 31 97 14 45, Fax 31 97 22 11, au sud du bourg par D 7b
5,6 ha (250 empl.) plat, herbeux - snack - - A proximité :
avril-oct. - **R** *conseillée* - **GB** - *25 piscine comprise 35 18 (4A) 25 (6A) 32 (10A)*

ST-AUGUSTIN-SUR-MER

9 - 71 ⑮

Paris 510 - Marennes 22 - Rochefort 42 - La Rochelle 76 - Royan 11 - Saintes 44

17570 Char.-Mar. - 742 h.
Schéma aux Mathes

Le Logis du Breuil « A l'orée de la forêt de St-Augustin, agréable sous-bois », 46 23 23 45, Fax 46 23 43 33, SE : par D 145 rte de Royan
8,5 ha (300 empl.) plat, terrasse, sablonneux, herbeux, (4 ha) - - vélos - A proximité : pizzeria - Location : gîtes
mai-sept. - **R** *conseillée* - **GB** - *18,50 piscine comprise 7 25 15 (3A) 17 (6A)*

La Ferme de St-Augustin N° 1 et N° 2, 46 39 14 46, Fax 46 23 43 59, au bourg - (en deux parties distinctes)
5,3 ha (320 empl.) (juil.-août) plat et peu incliné, herbeux, sablonneux - - Toboggan aquatique vélos - A proximité : - Location :
mai-oct. - **R** *indispensable* - **GB** - *Tarif 94 : 3 pers. 78, pers. suppl. 18 18 (10A)*

Côtes de Saintonge, 46 23 23 48, SE : par D 145 rte de Royan
2 ha (83 empl.) accidenté, sablonneux, herbeux - - (bassin) vélos - A proximité : - Location :
Pâques-sept. - **R** *conseillée juil.-août* - **GB** - *2 pers. 56 15 (6A)*

Les Vignes, 46 23 23 51, à l'est du bourg
1,3 ha (96 empl.) peu incliné, herbeux, pierreux - - A proximité :
juin-sept. - **R** *conseillée août - 3 pers. 50, pers. suppl. 14 12 (5A) 16 (10A)*

ST-AULAYE

9 - 75 ③ G. Périgord Quercy

Paris 505 - Bergerac 55 - Blaye 74 - Bordeaux 79 - Périgueux 56

24410 Dordogne - 1 531 h.

Municipal de la Plage, ✆ 53 90 62 20, sortie NO par D 38, rte de Chalais, bord de la Dronne
1 ha (65 empl.) plat, herbeux - Location *(juin-sept.)*
juil.-2 sept. - **R** - *2 pers. 45* *10 (6A)*

ST-AVIT-DE-VIALARD

13 - 75 ⑯

Paris 524 - Bergerac 37 - Le Bugue 6,5 - Les Eyzies-de-Tayac 17 - Périgueux 38

24260 Dordogne - 113 h.

St-Avit Loisirs ✆ 53 02 64 00, Fax 53 02 64 39, NO : 1,8 km par C 201, rte de St-Alvère
40 ha/6 campables (150 empl.) plat, peu incliné, herbeux Toboggan aquatique, vélos, parcours de santé - Location : appartements
avril-sept. - **R** *conseillée juil.-août* - GB - *30,50 piscine comprise* *47,30* *17 (6A)*

ST-AVOLD

8 - 57 ⑮ G. Alsace Lorraine

Paris 371 - Haguenau 106 - Lunéville 74 - Metz 42 - Nancy 71 - Saarbrücken 33 - Sarreguemines 28

57500 Moselle - 16 533 h.
Office de Tourisme, Mairie
✆ 87 91 30 19

Le Felsberg « Cadre agréable », ✆ 87 92 75 05, Fax 87 92 20 69, au nord du centre ville, près N 3, accès par rue en Verrerie, face à la station service Record - Par A 4 : sortie St-Avold Carling
1,2 ha (33 empl.) plat et peu incliné, terrasses, herbeux, pierreux - Location : (aub. jeunesse)
Permanent - **R** *sauf pour séjours supérieurs à 8 jours* - *15* *20/25* *15 (4A) 25 (6A) 35 (10A)*

ST-AVRE

12 - 77 ⑦

Paris 626 - Aiguebelle 24 - Chambéry 63 - Saint-Jean-de-Maurienne 13

73130 Savoie - 627 h.

Le Bois Joli « Cadre boisé », ✆ 79 56 21 28, N : 1 km, rte de St-Martin-sur-la-Chambre, bord d'un ruisseau - dans locations
3 ha (70 empl.) (saison) plat et accidenté, herbeux, rocheux - Location :
Pâques-15 sept. - **R** *conseillée - Tarif 94 :* *piscine comprise 2 pers. 60, pers. suppl. 20* *15 (2A) 18 (plus de 2A)*

ST-AYGULF

17 - 84 ⑱ G. Côte d'Azur

Paris 878 - Brignoles 68 - Draguignan 33 - Fréjus 6 - Saint-Raphaël 8 - Sainte-Maxime 14

83370 Var
Office de Tourisme, pl. Poste
✆ 94 81 22 09

Schéma à Fréjus

L'Étoile d'Argens ✆ 94 81 01 41, Fax 94 81 21 45, NO : 5 km par D 7, rte de Roquebrune-sur-Argens et D 8 à droite, bord de l'Argens, port privé, navette pour les plages
10 ha (420 empl.) plat, herbeux pizzeria - A proximité : golf
avril-sept. - **R** *indispensable juil.-août, conseillée juin et sept. - Tarif 94 :* *piscine et tennis compris 3 pers. 174 ou 193 avec élect. (10A), 4 pers. 245 ou 262 avec élect. (20A), pers. suppl. 35*

Les Lauriers Roses ✆ 94 81 24 46, Fax 94 81 79 63, NO : 3 km par D 7, rte de Roquebrune-sur-Argens
2 ha (95 empl.) plat, peu incliné, accidenté, en terrasses, pierreux - A proximité : - Location :
avril-sept. - **R** *indispensable juil.-août, conseillée juin et sept.* - *piscine comprise 2 pers. 100/112* *15 (5A)*

St-Aygulf, ✆ 94 17 62 49, Fax 94 81 03 16, sortie N rte de St-Raphaël, accès direct à la plage - dans locations
22 ha (1 600 empl.) plat, herbeux pizzeria - solarium - Location :
30 mars-oct. - **R** *conseillée* - GB - *élect. (5 à 16A) comprise 2 pers. 80 à 130*

La Barque, ✆ 94 81 31 86, NO : 5,2 km par D 7, rte de Roquebrune-sur-Argens et D 8 à droite, bord de l'Argens
1,5 ha (100 empl.) plat, herbeux
juin-sept. - **R** *conseillée - Tarif 94 :* *2 pers. 85, 3 pers. 105, pers. suppl. 21* *16 (6A)*

Au Paradis des Campeurs, ✆ 94 96 93 55, S : 2,5 km par N 98, rte de Ste-Maxime, à la Gaillarde, accès direct à la plage
1,5 ha (125 empl.) plat, herbeux pizzeria - A proximité : discothèque
25 mars-sept. - **R** - *Tarif 94 :* *3 pers. 112* *15 (3A) 21 (6A)*

Vaudois, ✆ 94 81 37 70 ✉ 83520 Roquebrune-sur-Argens, NO : 4,5 km par D 7, rte de Roquebrune-sur-Argens, à 300 m d'un plan d'eau
3 ha (50 empl.) plat, herbeux
juin-sept. - **R** *conseillée* - *élect. (3A) comprise 2 pers. 85, pers. suppl. 17*

ST-BAUZILE

15 - 80 ⑥

Paris 603 - Chanac 20 - Florac 27 - Marvejols 31 - Mende 13 - Sainte-Enimie 25

48000 Lozère - 472 h. alt. 750

Municipal les Berges de Bramont ≤, ✆ 66 47 05 97, SO : 1,5 km par D 41, N 106 rte de mende et à Rouffiac chemin à gauche, près du Bramont et du complexe sportif
1,5 ha (50 empl.) (saison) plat, terrasse, herbeux - A proximité :
15 juin-15 sept. - **R** *conseillée juil.-août - Tarif 94 : 1 pers. 38, pers. suppl. 10 8 (3A)*

ST-BERTRAND-DE-COMMINGES

14 - 86 ① G. Pyrénées Aquitaine

Paris 811 - Bagnères-de-Luchon 33 - Lannemezan 25 - Saint-Gaudens 17 - Tarbes 57 - Toulouse 107

31510 H.-Gar. - 217 h.

Es Pibous ≤ cathédrale, ✆ 61 88 31 42, SE : 0,8 km par D 26 A, rte de St-Béat et chemin à gauche
2 ha (82 empl.) (juil.-août) plat, herbeux - - Location : huttes
15 mai-sept. - **R** *conseillée juil.-août - 11 15 13 (10A)*

ST-BLIMONT

1 - 52 ⑥

Paris 174 - Abbeville 23 - Amiens 66 - Blangy-sur-Bresle 26 - Le Tréport 18

80960 Somme - 1 046 h.

Municipal les Aillots, ✆ 22 30 62 55, au bourg, r. des Écoles
1,5 ha (71 empl.) (saison) plat, herbeux - - A proximité :

ST-BONNET-DE-JOUX

11 - 69 ⑱

Paris 389 - Chalon-sur-Saône 61 - Charlieu 54 - Charolles 14 - Cluny 22 - Paray-le-Monial 26

71220 S.-et-L. - 845 h.

Municipal, sortie E par D 7, rte de Salloray-sur-Guye et chemin à gauche, bord d'un étang
0,5 ha (21 empl.) plat et peu incliné, herbeux, gravillons - -
juin-oct. - - *6 5 10/20*

ST-BONNET-EN-CHAMPSAUR

17 - 77 ⑯ G. Alpes du Nord

Paris 652 - Gap 15 - Grenoble 90 - La Mure 52

05500 H.-Alpes - 1 371 h. alt. 1 025.
Office de Tourisme, r. des Maréchaux ✆ 92 50 02 57

Camp V.V.F. ≤, ✆ 92 50 01 86, Fax 92 50 11 85, SE : 0,8 km par D 43, rte de St-Michel-de-Chaillol et à droite
0,6 ha (28 empl.) en terrasses, peu incliné, herbeux, pierreux - garderie - - A proximité :
mai-10 sept. - **R** *conseillée vacances scolaires - Adhésion V.V.F. obligatoire - 2 pers. 60, pers. suppl. 20*

ST-BONNET-TRONÇAIS

11 - 69 ⑫ G. Auvergne

Paris 305 - Bourges 57 - Cérilly 13 - Montluçon 43 - Saint-Amand-Montrond 20 - Sancoins 31

03360 Allier - 913 h.

Champ Fossé ≤ « Belle situation au bord de l'étang de St-Bonnet », ✆ 70 06 11 30, Fax 70 06 15 01, SO : 0,7 km
3 ha (110 empl.) peu incliné, herbeux - - - Location *(permanent)* : gîtes
avril-sept. - **R** *conseillée juil.-août* - GB - *13 6,50 6,50 15 (10A)*

ST-BRÉVIN-LES-PINS

4 - 67 ①

Paris 443 - Challans 63 - Nantes 58 - Noirmoutier-en-l'Ile 77 - Pornic 18 - Saint-Nazaire 13

44250 Loire-Atl. - 8 688 h.
Pont de St-Nazaire N : 3 km - voir à St-Nazaire
Office de Tourisme, 10 r. de l'Église (saison) ✆ 40 27 24 32 et pl. d'Ouessant (saison) ✆ 40 27 24 33

Les Pierres Couchées « Agréable cadre boisé », ✆ 40 27 85 64, Fax 40 64 97 03, S : 5 km par D 213, au lieu-dit l'Ermitage, à 450 m de la plage
14 ha/9 campables (350 empl.) (juil.-août) plat et accidenté, sablonneux, herbeux - - - A proximité : - Location :
Permanent - **R** *conseillée - Adhésion obligatoire pour les non-mutualistes* - GB - *piscine comprise 3 pers. 108 22 (5 ou 6A)*

Le Fief, ✆ 40 27 23 86, Fax 40 64 46 19, S : 2,4 km par rte de Saint-Brévin-l'Océan et à gauche, chemin du Fief
7 ha (425 empl.) plat, herbeux - - salle d'animation - Location : , bungalows toilés
Permanent - **R** *conseillée juil.-août* - GB - *piscine comprise 2 pers. 95, pers. suppl. 25 20 (5A)*

Municipal de la Courance, ✆ 40 27 22 91, sortie S, 100-110 av. du Maréchal-Foch, bord de l'océan
4,6 ha (250 empl.) accidenté, sablonneux - - - A proximité : - Location :
Permanent - **R** *conseillée été - élect. (5A) comprise 2 pers. 72,50*

ST-BRIAC-SUR-MER

4 - 59 ⑤ G. Bretagne

Paris 429 - Dinan 23 - Dol-de-Bretagne 32 - Lamballe 42 - Saint-Brieuc 63 - Saint-Cast-le-Guildo 21 - Saint-Malo 16

35800 I.-et-V. - 1 825 h.

Office de Tourisme, 49 Grande-Rue (vacances de printemps, 15 juin-15 sept.) 99 88 32 47

Émeraude « Entrée fleurie », 99 88 34 55, chemin de la Souris
2,5 ha (200 empl.) plat et peu incliné, herbeux
avril-sept. - **R** - GB - *20* *25* *12 (3A) 20 (5A)*

Municipal, 99 88 34 64, SE : 0,5 km par D 3, rte de Pleurtuit
3 ha (200 empl.) plat, peu incliné, herbeux - A proximité :
juil.-15 sept. - **R** - *Tarif 94 : 9 16 16 (6A)*

ST-BRIEUC P

4 - 59 ③ G. Bretagne

Paris 453 - Brest 143 - Caen 226 - Cherbourg 259 - Dinan 59 - Lorient 114 - Morlaix 87 - Quimper 140

22000 C.-d'Armor - 44 752 h.

Office de Tourisme, 7 r. Saint-Gouéno 96 33 32 50, Fax 96 61 42 16

Des Vallées, 96 94 05 05, boulevard Paul-Doumer, à proximité du Parc de Brézillet
4,8 ha (108 empl.) plat, herbeux - - A proximité : tir à l'arc - Location :
Pâques-15 oct. - **R** *conseillée* - GB - *Tarif 94 : piscine comprise 1 pers. 40, pers. suppl. 15 15 (5A) 25 (15A)*

à Plérin N : 3 km - 12 108 h. - ✉ 22190 Plérin :

Municipal le Surcouf, 96 73 06 22, **à St-Laurent-de-la-Mer,** E : 4 km, r. Surcouf
2,8 ha (138 empl.) plat et peu incliné, herbeux -
Pâques-oct. - **R** *conseillée* - *12 9,50 16,50 11,50 (3A)*

Les Mouettes, 96 74 51 48, N : 2,5 km par D 1b rte des Rosaires et à droite
0,7 ha (43 empl.) plat, herbeux -
mai-oct. - **R** *conseillée* - GB - *13,50 6 8 13 (15A)*

ST-CALAIS

5 - 64 ⑤ G. Châteaux de la Loire

Paris 187 - Blois 66 - Chartres 100 - Châteaudun 57 - Le Mans 46 - Orléans 96

72120 Sarthe - 4 063 h.

Office de Tourisme, pl. de l'Hôtel-de-Ville 43 35 82 95

Municipal du Lac, 43 35 04 81, sortie N par D 249, rte de Montaillé, près d'un plan d'eau
2 ha (85 empl.) plat, herbeux - - - A proximité :
avril-15 oct. - **R** *conseillée* - *11 9 7,50 (3A) 12,50 (6A)*

ST-CAST-LE-GUILDO

4 - 59 ⑤ G. Bretagne

Paris 441 - Avranches 88 - Dinan 34 - Saint-Brieuc 51 - Saint-Malo 34

22380 C.-d'Armor - 3 093 h.

Office de Tourisme, pl. du Général-de-Gaulle 96 41 81 52, Fax 96 41 76 19

Le Châtelet ←, 96 41 96 33, Fax 96 41 97 99, O : 1 km, r. des Nouettes, à 250 m de la mer et de la plage (accès direct)
7,6 ha/3,9 campables (180 empl.) en terrasses, plat et peu incliné, herbeux, petit étang - snack - - Location :
15 avril-24 sept. - **R** *conseillée juil.-août* - *26 piscine comprise 80 17 (6A) 19 (10A)*

Château de Galinée, 96 41 10 56, Fax 96 41 03 72, S : 7 km, accès sur D 786, près du carrefour avec la rte de St-Cast-le-Guildo
11 ha (272 empl.) (saison) plat, herbeux - - - Location :
Pâques-sept. - **R** *conseillée juil.-août* - GB - *24 piscine comprise 55 15 (6A)*

Municipal des Mielles, 96 41 87 60, Sortie S par D 19, rte de St-Malo, bd de la Vieuxville, attenant au stade et à 200 m de la plage
3 ha (180 empl.) plat, herbeux - - A proximité :
15 mai-20 sept. - **R** *conseillée juil.-août* - *Tarif 94 : 15,50 8,40 31,50 10,80 (5A)*

Municipal de la Mare ← Fort la Latte et mer, 96 41 89 19, à l'Isle, au NO de St-Cast-le-Guildo, près de la plage de la Mare et face au V.V.F.
1,5 ha (160 empl.) (saison) en terrasses et peu incliné, herbeux -

Municipal les Quatre Vaulx, SE : 10 km par D 19 rte de Notre-Dame-de-Guildo et à gauche, bord de la plage des Quatre Vaulx
2 ha (60 empl.) plat, herbeux -
15 mai-20 sept. - **R** *conseillée juil.-août* - - *Tarif 94 : 15,50 8,40 31,50 10,80 (5A)*

ST-CÉRÉ

10 - 75 ⑲ G. Périgord Quercy

Paris 543 - Aurillac 65 - Brive-la-Gaillarde 54 - Cahors 74 - Figeac 42 - Tulle 61

46400 Lot - 3 760 h.

Office de Tourisme, pl. de la République 65 38 11 85, Fax 65 38 38 71

Le Soulhol « Cadre agréable », 65 38 12 37, sortie SE par D 48, quai Auguste-Salesses, bord de la Bave
2,5 ha (150 empl.) plat, herbeux (1,5 ha) - - vélos - A proximité : - Location *(permanent)* :
avril-sept. - **R** - GB - *Tarif 94 : 15 15 12 (6A)*

ST-CHÉRON

6 - 60 ⑩

Paris 43 - Chartres 52 - Dourdan 9 - Étampes 17 - Fontainebleau 61 - Orléans 87 - Rambouillet 28 - Versailles 36

91530 Essonne - 4 082 h.
Syndicat d'Initiative 64 56 38 69

Le Parc des Roches « Cadre agréable en sous-bois », (1) 64 56 65 50, **à la Petite Beauce**, SE : 3,4 km par D 132, rte d'Étrechy et chemin à gauche
23 ha/12 campables (300 empl.) plat et accidenté - snack - salle d'animation
mars-14 déc. - **Location longue durée** - *Places limitées pour le passage* - **R** *conseillée saison - 28 piscine comprise 11 23 13 (4A)*

ST-CHRISTOLY-DE-BLAYE

9 - 71 ⑧

Paris 543 - Blaye 13 - Bordeaux 43 - Libourne 38 - Montendre 22

33920 Gironde - 1 765 h.

Le Maine Blanc, 57 42 52 81, NE : 2,5 km par D 22, rte de St-Savin et chemin à gauche
2 ha (50 empl.) plat, herbeux, sablonneux - - (bassin) - Location :
Permanent - **Location longue durée** - *Places limitées pour le passage* - **R** *conseillée juil.-août* - **GB** - *20 20/25 10 (3A) 16 (6A) 20 (10A)*

ST-CHRISTOPHE-DE-DOUBLE

9 - 75 ③

Paris 521 - Bergerac 56 - Blaye 65 - Bordeaux 64 - Libourne 33 - Périgueux 73

33230 Gironde - 564 h.

Municipal du Centre Nautique et de Loisirs <, 57 49 50 02, E : 0,8 km par D 123 et à droite, près d'un lac
0,7 ha (50 empl.) peu incliné, sablonneux, pierreux pinède - snack - A proximité :
juin-sept. - **R** - *9 16 12 (16A)*

ST-CHRISTOPHE-EN-OISANS

12 - 77 ⑯ G. Alpes du Nord

Paris 636 - L'Alpe-d'Huez 30 - La Bérarde 11 - Le Bourg-d'Oisans 21 - Grenoble 71

38520 Isère - 103 h. alt. 1 468

Municipal la Bérarde < Parc National des Écrins, 76 79 20 45, SE : 10,5 km par rte de la Bérarde, bord du Vénéon - D 530 avec fortes pentes, difficile aux caravanes - **alt. 1 738** - Croisement parfois impossible à certains passages
2 ha (165 empl.) peu incliné et plat, en terrasses, pierreux, herbeux - -
juin-sept. - *1 pers. 35, 2 pers. 60, 3 pers. 75 15 (10A)*

ST-CHRISTOPHE-SUR-ROC

9 - 68 ⑪

Paris 396 - Fontenay-le-Comte 40 - Niort 20 - Parthenay 27 - Saint-Maixent-l'École 13

79220 Deux Sèvres - 472 h.

Intercommunal du Plan d'Eau, 49 05 21 38, SO : 1,5 km par D 122, rte de Cherveux, bord d'un plan d'eau
1,5 ha (35 empl.) (saison) plat, peu incliné, herbeux - - A proximité : (plage)
avril-oct. - **R** *juil.-août - Tarif 94 : 9 5 5 11 (6A)*

ST-CIRGUES-EN-MONTAGNE

16 - 76 ⑱ G. Vallée du Rhône

Paris 595 - Aubenas 38 - Privas 66 - Langogne 32 - Le Puy-en-Velay 53

07510 Ardèche - 361 h. alt. 1 044

Les Airelles <, 75 38 92 49, sortie N rte du Lac-d'Issarlès, rive droite du Vernason
0,7 ha (50 empl.) (saison) en terrasses et peu incliné, pierreux, herbeux - - - A proximité : - Location :
mai-oct. - **R** - *2 pers. 55, pers. suppl. 15 14 (3A)*

ST-CIRQ

13 - 75 ⑯

Paris 523 - Bergerac 54 - Le Bugue 7,5 - Les Eyzies-de-Tayac 5 - Périgueux 48

24260 Dordogne - 104 h.

Brin d'Amour <, 53 54 18 06, N : 3,5 km par D 31, rte de Manaurie et chemin à droite - dans locations
4 ha (60 empl.) plat, peu incliné, en terrasses, herbeux, pierreux (0,5 ha) - snack - - Location *(permanent)* :
avril-oct. - **R** *conseillée juil.-20 août - 18 piscine comprise 4 18/20 12 (6A)*

ST-CIRQ-LAPOPIE

14 - 79 ⑨ G. Périgord Quercy

Paris 592 - Cahors 25 - Figeac 43 - Villefranche-de-Rouergue 37

46330 Lot - 187 h.

La Plage < village « Situation agréable », 65 30 29 51, Fax 65 30 26 48, NE : 1,4 km par D 8, rte de Tour-de-Faure, à gauche avant le pont, bord du Lot
2,5 ha (100 empl.) plat, herbeux, pierreux - snack - - A proximité :
Permanent - **R** *conseillée juil.-août* - **GB** - *1 pers. 32 15 (6A) 20 (10A)*

La Truffière < « Agréable chênaie », 65 30 20 22, S : 3 km sur D 42, rte de Concots
4 ha (50 empl.) accidenté, en terrasses et incliné, herbeux, pierreux - -
juin-sept. - **R** *conseillée juil.-août* - *piscine comprise 1 pers. 30 15 (5A)*

ST-CLAIR 83 Var - 84 ⑯ - rattaché au Lavandou

ST-CLAIR-DU-RHÔNE

12 - 74 ⑪ G. Vallée du Rhône

Paris 502 - Annonay 34 - Givors 24 - Le Péage-de-Roussillon 9,5 - Rive-de-Gier 24 - Vienne 14

38370 Isère - 3 360 h.

Daxia, 74 56 39 20, S : 3 km par D 4 rte de Péage-du-Roussillon et chemin à gauche, bord de la Varèze - accès conseillé par N 7 et D 37
7,5 ha (80 empl.) plat, herbeux - pizzeria -
avril-sept. - **R** *conseillée juil.-août* - **GB** - *15 piscine comprise* *8* *20* *12 (2A) 16 (5A) 17 (6A)*

ST-CLAUDE

12 - 70 ⑮ G. Jura

Paris 472 - Annecy 86 - Bourg-en-Bresse 72 - Genève 60 - Lons-le-Saunier 60

39200 Jura - 12 704 h.
Office de Tourisme, 6, r. du Marché 84 45 34 24, Fax 84 41 02 72

Municipal du Martinet « Site agréable », 84 45 00 40, SE : 2 km par rte de Genève et D 290 à droite, au confluent du Flumen et du Tacon
2,9 ha (150 empl.) plat et incliné, herbeux - snack - - A l'entrée :

ST-CLÉMENT-DES-BALEINES 17 Char.-Mar. - 71 ⑫ - voir à Ré (Ile de)

ST-CLÉMENT-DE-VALORGUE

11 - 73 ⑰

Paris 512 - Ambert 25 - Clermont-Ferrand 101 - Montbrison 27 - Saint-Anthème 3,5 - Usson-en-Forez 15

63660 P.-de-D. - 237 h. alt. 919

Les Narcisses, 73 95 45 76, NO : 1,2 km par rte de Mascortel
1,4 ha (50 empl.) plat et terrasse, herbeux - -
- Location :
juin-sept. - **R** - *12* *6* *6/10* *8 (5A)*

ST-CLÉMENT-SUR-DURANCE

17 - 77 ⑱

Paris 719 - L'Argentière-la-Bessée 20 - Embrun 13 - Gap 52 - Mont-Dauphin 6,5 - Savines-le-Lac 24

05600 H.-Alpes - 191 h. alt. 875

Les Mille Vents, 92 45 10 90, E : 1 km par N 94, rte de Briançon et D 994^D à droite après le pont, bord de la rivière
3,5 ha/1,6 campable (100 empl.) plat et terrasse, pierreux, herbeux - -
juin-15 sept. - *Tarif 94 : piscine comprise 2 pers. 50, pers. suppl. 15* *13 (5A)*

ST-CONGARD

4 - 63 ④

Paris 422 - Josselin 34 - Ploërmel 24 - Redon 26 - Vannes 45

56140 Morbihan - 664 h.

Municipal du Halage, au bourg, près de l'église et de l'Oust
0,8 ha (60 empl.) plat à peu incliné, herbeux - -
15 juin-15 sept. - **R** - *5,60 et 7,20 pour eau chaude* *2,90* *2,90*

ST-CONSTANT

15 - 76 ⑪

Paris 578 - Aurillac 47 - Decazeville 16 - Figeac 26 - Maurs 4,5

15600 Cantal - 659 h.

Moulin de Chaules « Cadre et situation agréables », 71 49 11 02, E : 3 km par D 28, rte de Calvinet, bord de la Ressègue et d'un ruisseau - Certains emplacements difficiles d'accès. Tracteur disponible
2,7 ha (56 empl.) plat et en terrasses, pierreux, herbeux - - (bassin) - Location :
30 mars-oct. - **R** *conseillée juil.-20 août* - *2 pers. 72,50, pers. suppl. 14* *12,50 (4A)*

ST-COULOMB

4 - 59 ⑥

Paris 415 - Cancale 4,5 - Dinard 18 - Dol-de-Bretagne 21 - Rennes 69 - Saint-Malo 7

35350 I.-et-V. - 1 938 h.

Du Guesclin, 99 89 03 24, NE : 2,5 km par D 355, rte de Cancale et rte à gauche
0,45 ha (30 empl.) (juil.-août) peu incliné, herbeux -
Pâques-sept. - **R** *conseillée* - *14,20* *16,60*

▶ *Si vous recherchez, dans une région déterminée :*
- *un terrain agréable (...)*
- *un terrain ouvert toute l'année (Permanent)*
- *ou simplement un camp d'étape ou de séjour*

Consultez le tableau des localités dans le chapitre explicatif.

ST-CRÉPIN-ET-CARLUCET

13 - 75 ⑰ G. Périgord Quercy

Paris 520 - Brive-la-Gaillarde 39 - Les Eyzies-de-Tayac 31 - Montignac 20 - Périgueux 67 - Sarlat-la-Canéda 13

24590 Dordogne - 372 h.

Les Peneyrals M, 53 28 85 71, Fax 53 28 80 99, à St-Crépin, sur D 56, rte de Proissans
8 ha/3,5 campables (160 empl.) en terrasses, herbeux, pierreux, étang - piste de bi-cross, vélos - Location :
13 mai-16 sept. - **R** *conseillée août* - GB - *30,50 piscine comprise* *43,50* *13 (5A) 16 (10A)*

Le Pigeonnier - Club 24, 53 28 92 62, NO : 1,3 km sur D 60 rte de Sarlat-la-Canéda
1,7 ha (85 empl.) peu incliné, herbeux - snack - discothèque - Location :
15 mai-15 sept. - **R** *conseillée août* - *20 piscine comprise* *10* *15* *12 (6A) 16 (10A)*

ST-CYBRANET

13 - 75 ⑰

Paris 534 - Les Eyzies-de-Tayac 29 - Cahors 51 - Gourdon 20 - Sarlat-la-Canéda 15

24250 Dordogne - 310 h.

Schéma à la Roque-Gageac

Bel Ombrage, 53 28 34 14, NO : 0,8 km, bord du Céou
5 ha (180 empl.) plat, herbeux -
juin-5 sept. - **R** *conseillée 15 juil.-10 août - Tarif 94 : 24 piscine comprise* *37*

Le Céou <, 53 28 32 12, S : 1 km, à proximité du Céou
2 ha (66 empl.) plat et en terrasses, herbeux, pierreux - - A proximité : - Location :
mai-sept. - **R** *conseillée - 27 piscine comprise* *36* *18 (6A)*

Les Cascades de Lauzel, 53 28 32 26, SE : 1,5 km, bord du Céou
2 ha (100 empl.) plat, herbeux -
15 mai-sept. - **R** *conseillée juil.-août - Tarif 94 : 20 piscine comprise* *22* *12 (4A) 15 (6A)*

ST-CYPRIEN

13 - 75 ⑯ G. Périgord Quercy

Paris 534 - Bergerac 54 - Cahors 68 - Fumel 51 - Gourdon 37 - Périgueux 55 - Sarlat-la-Canéda 20

24220 Dordogne - 1 593 h.
Syndicat d'Initiative, r. Gambetta 53 30 36 09

Municipal le Garrit, 53 29 20 56, Fax 53 29 98 89, S : 1,5 km par D 48 rte de Berbiguières, près de la Dordogne
1,2 ha (90 empl.) plat, herbeux - vélos - A proximité :

ST-CYPRIEN

15 - 86 ⑳ G. Pyrénées Roussillon

Paris 876 - Céret 30 - Perpignan 16 - Port-Vendres 21

66750 Pyr.-Or. - 6 892 h.
Office de Tourisme, parking Nord du Port 68 21 01 33, Fax 68 21 98 33

Municipal Bosc d'en Roug, 68 21 07 95, sortie N vers Perpignan et à droite
12 ha (655 empl.) plat, herbeux - snack cases réfrigérées -
15 juin-sept. - **R** *conseillée*

à St-Cyprien-Plage NE : 3 km - 66750 St-Cyprien :

Cala Gogo, 68 21 07 12, Fax 68 21 02 19, S : 4 km, aux Capellans, bord de plage
11 ha (694 empl.) plat, sablonneux, herbeux, pierreux - -
juin-sept. - **R** *conseillée juil.-août* - GB - *36 piscine comprise* *51* *15 (10A)*

ST-CYR

10 - 68 ④

Paris 316 - Châtellerault 15 - Chauvigny 28 - Poitiers 19 - La Roche-Posay 42

86 Vienne - 710 h.
86130 Jaunay-Clan

Parc de Loisirs de St-Cyr <, 49 62 57 22, Fax 49 60 28 58, NE : 1,5 km par D 4, D 82 rte de Bonneuil Matours et chemin, près d'un plan d'eau - Sur N 10, accès depuis la Tricherie
5,4 ha (198 empl.) plat, herbeux, gravillons - snack - poneys, half-court, tir à l'arc - A proximité : golf (plage) - Location :
avril-sept. - **R** *conseillée juil.-août* - GB - *25 tennis compris* *60 avec élect. (10A)*

ST-CYR-SUR-MER

17 - 84 ⑭

Paris 813 - Bandol 8 - Brignoles 70 - La Ciotat 9 - Marseille 40 - Toulon 24

83270 Var - 7 033 h.
Office de Tourisme, pl. Appel-du-18-Juin, aux Lecques 94 26 13 46, Fax 94 26 15 44

Le Clos Ste-Thérèse <, 94 32 12 21, SE : 3,5 km sur D 559 rte de Bandol - Accès possible aux emplacements avec véhicule tracteur
1,9 ha (90 empl.) accidenté et en terrasses, pierreux - - A proximité : golf poneys - Location :
avril-sept. - **R** *conseillée juil.-août* - *piscine comprise 2 pers. 84, pers. suppl. 20* *14 (2A) 17 (4A) 21 (6A)*

ST-CYR-SUR-MORIN

77 S.-et-M. - 56 ⑬ - rattaché à la Ferté-sous-Jouarre

ST-DENIS-D'OLÉRON 17 Char.-Mar. – 71 ⑬ – voir à Oléron (Ile d')

ST-DENIS-DU-PAYRÉ

9 – 71 ⑪

Paris 442 – Fontenay-le-Comte 45 – Luçon 12 – La Rochelle 41 – Les Sables-d'Olonne 47

85580 Vendée – 387 h.

Municipal la Fraignaye, 51 27 21 36, N : 0,6 km par rte de Chasnais et r. du Beau Laurier à gauche
0,3 ha (32 empl.) plat, herbeux –
15 juin-15 sept. – **R** *conseillée 14 juil.-15 août – 9,20 3 6,35 7,50*

ST-DIDIER-EN-VELAY

11 – 76 ⑧

Paris 539 – Annonay 49 – Monistrol-sur-Loire 9,5 – Le Puy-en-Velay 59 – Saint-Étienne 23

43140 H.-Loire – 2 723 h. alt. 835

La Fressange, 71 66 25 28, S : 0,8 km par D 45 rte de St-Romain-Lachalm et à gauche, près d'un ruisseau
1,5 ha (104 empl.) peu incliné, en terrasses, herbeux – – A proximité :
29 avril-1er oct. – **R** *conseillée juil.-août – 10,50 6,50 8,50 12 (6A)*

ST-DIÉ

8 – 62 ⑰ G. Alsace Lorraine

Paris 389 – Belfort 123 – Colmar 57 – Épinal 50 – Mulhouse 99 – Strasbourg 89

88100 Vosges – 22 635 h.
Office de Tourisme, 31 r. Thiers 29 56 17 62, Fax 29 56 72 30

S.I. la Vanne de Pierre, 29 56 23 56, à l'est de la ville par le quai du Stade, près de la Meurthe
3,5 ha (118 empl.) plat, herbeux – – (bassin)
Permanent – **R** *vacances scolaires – 1 à 6 pers. 37 à 115 13 (3A) 19 (6A) 22 (10A)*

ST-DISDIER

17 – 77 ⑮ G. Alpes du Nord

Paris 642 – Gap 44 – Grenoble 73 – La Mure 34

05250 H.-Alpes – 157 h. alt. 1 020

La Combe de l'Eau (aire naturelle) , 92 58 87 25, S : 2,3 km par D 937 rte de Veynes, bord de la Ribière – alt. 1 090
5 ha (25 empl.) plat et peu incliné, herbeux, petit étang – – – Location :
avril-1er nov. – **R** – *8 5 9/10 8 (5A)*

ST-DONAT

11 – 73 ⑬

Paris 487 – Besse-en-Chandesse 22 – Bort-les-Orgues 28 – La Bourboule 24 – Clermont-Ferrand 68 – Le Mont-Dore 28

63680 P.-de-D. – 334 h. alt. 1 050

Municipal , au bourg, près de l'église
0,8 ha (50 empl.) plat à peu incliné, herbeux, pierreux –
15 juin-15 sept. – **R** *conseillée août – 6,80 4,80 4,80 8,50 (10A)*

ST-DONAT-SUR-L'HERBASSE

12 – 77 ② G. Vallée du Rhône

Paris 550 – Grenoble 92 – Hauterives 19 – Romans-sur-Isère 13 – Tournon-sur-Rhône 16 – Valence 27

26260 Drôme – 2 658 h.

Les Ulèzes, 75 45 10 91, sortie SE par D 53, rte de Romans et chemin à droite, bord de l'Herbasse
2,5 ha/0,7 campable (40 empl.) plat, herbeux, petit étang – –
avril-sept. – **R** *juil.-août – Tarif 94 : piscine comprise 2 pers. 70 15 (6A) 20 (10A)*

SAINTE voir après la nomenclature des Saints

ST-ÉLOY-LES-MINES

11 – 73 ③

Paris 363 – Clermont-Ferrand 59 – Guéret 84 – Montluçon 29 – Moulins 70 – Vichy 57

63700 P.-de-D. – 4 721 h.
Syndicat d'Initiative, Mairie 73 85 08 24, Fax 73 85 07 75

Municipal la Poule d'Eau , 73 85 45 47, sortie S par N 144 rte de Clermont puis à droite, 1,3 km par D 110, bord de deux plans d'eau
1,8 ha (50 empl.) (juil.-août) peu incliné, herbeux – – A proximité : snack
juin-sept. – **R** *juil.-août – 2 pers. 29,50 (41 avec élect. 6A), pers. suppl. 9*

ST-ÉMILION

9 – 75 ⑫ G. Pyrénées Aquitaine

Paris 546 – Bergerac 57 – Bordeaux 41 – Langon 48 – Libourne 8 – Marmande 60

33330 Gironde – 2 799 h.
Office de Tourisme, pl. des Créneaux 57 24 72 03, Fax 57 74 47 15

La Barbanne , 57 24 75 80, N : 3 km par D 122 rte de Lussac et rte à droite, bord d'un plan d'eau
4,5 ha (160 empl.) plat, herbeux, gravier (2 ha) – snack – vélos
avril-sept. – **R** *conseillée juil.-août – 21 piscine comprise 25 15 (6A)*

ST-ÉTIENNE-DE-CROSSEY

12 - 77 ④

Paris 554 - Les Abrets 24 - Grenoble 30 - Saint-Laurent-du-Pont 9,5 - Voiron 5,5

38960 Isère - 2 081 h.

Municipal de la Grande Forêt ≤, ✆ 76 06 05 67, sortie NO par D 49 rte de Chirens, au stade
2 ha (50 empl.) plat, herbeux -
juin-sept. - R - *Tarif 94 : élect. et tennis compris 3 pers. 34/ 46 ou 56, pers. suppl. 12*

ST-ÉTIENNE-DE-LUGDARÈS

16 - 76 ⑰

Paris 599 - Aubenas 57 - Langogne 20 - Largentière 53 - Mende 67

07590 Ardèche - 436 h.

Municipal Aygues Douces ✆ 66 46 65 65, SE : 2,8 km par D 19, rte d'Aubenas, puis 300 m à droite sur D 301, rte de la Borne, bord du Masméjean
0,6 ha (25 empl.) plat, herbeux, pierreux -
juin-15 sept. - **R** - *3 pers. 45, pers. suppl. 12* *10*

ST-ÉTIENNE-DE-MONTLUC

4 - 63 ⑯

Paris 399 - Nantes 22 - Nozay 41 - Pontchâteau 33 - Saint-Nazaire 40

44360 Loire-Atl. - 5 759 h.
Syndicat d'Initiative, pl. de la Mairie, ✆ 40 85 95 13

Municipal la Colleterie « Entrée fleurie », ✆ 40 86 97 44, en ville, sortie vers Sautron
0,75 ha (53 empl.) plat et peu incliné, herbeux (camping), gravillons (caravaning) -
Permanent - Location longue durée - *Places limitées pour le passage* - **R** - *9* *9,80* *16,90 (15A)*

ST-ÉTIENNE-DE-VILLERÉAL 47 L.-et-G. - 79 ⑤ - rattaché à Villeréal

ST-ÉTIENNE-DU-BOIS

9 - 67 ⑬

Paris 430 - Aizenay 12 - Challans 25 - Nantes 48 - La Roche-sur-Yon 26 - Saint-Gilles-Croix-de-Vie 40

85670 Vendée - 1 416 h.

La Petite Boulogne ✆ 51 34 54 51, Fax 51 34 54 87, au sud du bourg - Pour piétons : accès direct au village
1,5 ha (35 empl.) plat, peu incliné, herbeux, terrasse - - vélos - A proximité : - Location :
fermé janv. - **R** - GB - *Tarif 94 : 2 pers. 70, pers. suppl. 10* *10 (6 ou 10A)*

ST-ÉTIENNE-DU-GRÈS

16 - 83 ⑩

Paris 713 - Arles 15 - Avignon 24 - Les Baux-de-Provence 11,5 - Nîmes 33 - Saint-Rémy-de-Provence 8,5

13150 B.-du-R. - 1 863 h.

Municipal, ✆ 90 49 00 03, sortie NO par D 99, rte de Tarascon, au stade, à 50 m de la Vigueira
0,6 ha (50 empl.) plat, herbeux, pierreux (0,3 ha) -
avril-15 oct. - **R** - *elect. (5A) comprise 2 pers. 50, pers. suppl. 12*

ST-ÉTIENNE-EN-DÉVOLUY

17 - 77 ⑮ ⑯ **G. Alpes du Nord**

Paris 647 - Corps 24 - Gap 34 - Serres 56

05250 H.-Alpes - 538 h. alt. 1 280

Municipal les Auches ≤, ✆ 92 58 84 71, SE : 1,3 km sur D 17 rte du col du Noyer, bord de la Souloise
1,2 ha (69 empl.) plat, pierreux, gravier, herbeux - - Location : gîte d'étape
fermé du 1er au 15 juin et du 15 au 30 nov. - **R** *conseillée*

ST-EVROULT-NOTRE-DAME-DU-BOIS

5 - 60 ④ **G. Normandie Vallée de la Seine**

Paris 151 - L'Aigle 14 - Alençon 60 - Argentan 41 - Bernay 42

61550 Orne - 383 h.

Municipal de Saints-Pères « Agréable situation », au SE du bourg, bord d'un plan d'eau
0,6 ha (27 empl.) (saison) plat et terrasse, herbeux, gravillons, bois attenant - - - A proximité :
avril-oct. - R - *10* *5* *6* *8 (4A) 15 (10A)*

ST-FARGEAU

6 - 65 ③ **G. Bourgogne**

Paris 173 - Auxerre 44 - Cosne-sur-Loire 32 - Gien 41 - Montargis 53

89170 Yonne - 1 884 h.

Municipal la Calanque « Cadre et site agréables », ✆ 86 74 04 55, SE : 6 km par D 85, D 185 à droite et rte à gauche, près du Réservoir de Bourdon
6 ha (270 empl.) plat et accidenté, sablonneux, herbeux - - A proximité :
avril-oct. - **R** *conseillée juil.-août - Tarif 94 : 10,20* *5,10* *5,10* *3,10 (4A) 5,10 (6A) 10,10 (10A)*

ST-FERRÉOL

12 - 74 ⑯ ⑰

Paris 564 - Albertville 18 - Annecy 27 - La Clusaz 29 - Megève 33

74210 H.-Savoie - 758 h.

Municipal ≤, ✆ 50 32 47 71, à l'est du bourg, près du stade, bord d'un ruisseau
1 ha (83 empl.) plat, herbeux (0,4 ha) -
15 juin-15 sept. - **R** - *2 pers. 35, pers. suppl. 8* *7,50 (10A)*

ST-FERRÉOL

15 - 82 ⑳ G. Gorges du Tarn

Paris 750 - Carcassonne 43 - Castelnaudary 21 - Castres 31 - Gaillac 64 - Toulouse 56

31350 H.-Gar. - 63 h.

En Salvan, ✆ 61 83 55 95, SO : 1 km sur D 79D rte de Vaudreuille, près d'une cascade et à 500 m du lac (haut de la digue)
2 ha (150 empl.) plat et accidenté, herbeux - garderie - - A proximité : poneys - Location :
avril-oct. - **R** *conseillée juil.-août - Adhésion F.F.C.C. obligatoire - 13,20 5,80 13,20 9 (3A) 13,50 (6A) 21 (10A)*

ST-FERRÉOL-TRENTE-PAS

16 - 81 ③

Paris 639 - Buis-les-Baronnies 28 - La Motte-Chalancon 30 - Nyons 12 - Rémuzat 21 - Vaison-la-Romaine 28

26110 Drôme - 191 h.

Le Pilat ≤, ✆ 75 27 72 09, N : 1 km par D 70, rte de Bourdeaux, bord d'un ruisseau
1 ha (70 empl.) (saison) plat, pierreux, herbeux - - - Location :
mai-oct. - **R** *conseillée - 16 piscine comprise 4 16 12 (3A) 14 (6A)*

Trente Pas, ✆ 75 27 70 69, sortie S sur D 70, rte de Condorcet, bord du Bentrix
1,5 ha (95 empl.) plat, peu incliné, herbeux, pierreux (1ha) - - (bassin)
15 mai-sept. - **R** *conseillée juil.-août - 16,50 5 16,50 14 (6A)*

ST-FIRMIN

17 - 77 ⑯ G. Alpes du Nord

Paris 645 - Corps 11 - Gap 31 - Grenoble 75 - La Mure 36 - Saint-Bonnet-en-Champsaur 18

05800 H.-Alpes - 408 h. alt. 900

La Pra ≤, ✆ 92 55 26 72, 0,8 km au NE du bourg - Pour caravanes accès conseillé par D 985^A rte de St-Maurice en V. et D 58 à gauche
0,5 ha (32 empl.) en terrasses, pierreux, herbeux -
juin-15 sept. - **R** - *12 13 10*

La Villette ≤, ✆ 92 55 23 55, NO : 0,5 km par D 58 rte des Reculas
0,5 ha (33 empl.) en terrasses, peu incliné, herbeux, pierreux - - A proximité :
15 juin-15 sept. - **R** - *12,50 13 11 (3A) 17 (5A)*

ST-FLORENT **2B** H.-Corse - 90 ③ - voir à Corse

ST-FLOUR

11 - 76 ④ ⑭ G. Auvergne

Paris 517 - Aurillac 73 - Issoire 64 - Millau 138 - Le Puy-en-Velay 109 - Rodez 115

15100 Cantal - 7 417 h. alt. 881.
Office de Tourisme, 2 pl. d'Armes ✆ 71 60 22 50, Fax 71 60 05 14

Municipal de Roche-Murat (International RN 9) ≤, ✆ 71 60 43 63, NE : 4,7 km par D 921, N 9, rte de Clermont-Ferrand et avant l'échangeur de l'autoroute A 75, chemin à gauche, au rond- point - Par A 75 sortie 28
3 ha (130 empl.) en terrasses, herbeux, pinède attenante - -
Pâques-Toussaint - - *Tarif 94 : 11,10 5,30 13,20 12,60*

Municipal les Orgues ≤, ✆ 71 60 44 01, 19 av. Dr.-Mallet (Ville-haute)
1 ha (100 empl.) peu incliné, herbeux - -
15 mai-15 sept. - - *Tarif 94 : 11,10 5,30 13,20 12,60*

ST-FORT-SUR-GIRONDE

9 - 71 ⑥

Paris 506 - Bordeaux 86 - Jonzac 24 - Mirambeau 16 - Royan 36 - Saintes 42

17240 Char.-Mar. - 1 012 h.

Le Port Maubert, ✆ 46 49 91 45, SO : 4 km par D 2 rte de Port-Maubert et D 247 à gauche
1,5 ha (50 empl.) plat, herbeux - -
mai-sept. - **R** - *Tarif 94 : 9,30 et 4,50 pour eau chaude 8,60 10,40 (6A)*

ST-FORTUNAT-SUR-EYRIEUX

16 - 76 ⑳

Paris 592 - Aubenas 51 - Le Cheylard 35 - Crest 43 - Lamastre 31 - Privas 21 - Valence 28

07360 Ardèche - 531 h.

Municipal ≤, ✆ 75 65 22 80, sortie S par D 265 rte de St-Vincent-de-Durfort, à gauche après le pont, à proximité de l'Eyrieux
0,7 ha (40 empl.) plat, herbeux - - - A proximité :
avril-nov. - - *9 5,50 5,50 8 (5A)*

ST-GALMIER

11 - 73 ⑱ G. Vallée du Rhône

Paris 501 - Lyon 59 - Montbrison 23 - Montrond-les-Bains 10,5 - Roanne 60 - Saint-Etienne 23

42330 Loire - 4 272 h.

Office de Tourisme, bd du Sud
77 54 06 08, Fax 77 54 06 07

Val de Coise, 77 54 14 82, Fax 77 54 02 45, E : 2 km par D 6 rte de Chevrières et chemin à gauche, bord de la Coise
1 ha (100 empl.) plat, en terrasses, herbeux - vélos
avril-sept. - Location longue durée - *Places limitées pour le passage* - **R** *conseillée juil.-août* - *piscine comprise 2 pers. 61, pers. suppl. 22* *16 (6A)*

ST-GAL-SUR-SIOULE

11 - 73 ④

Paris 392 - Clermont-Ferrand 57 - Gannat 18 - Montmarault 37 - Saint-Éloy-les-Mines 21 - Saint-Pourçain-sur-Sioule 42

63440 P.-de-D. - 131 h.

Le Pont-St-Gal, 73 97 44 71, sortie E par D 16 rte d'Ebreuil, près de la Sioule
0,75 ha (36 empl.) (juil.-août) en terrasses et plat, herbeux - - Location :
mars-oct. - **R** *conseillée juil.-août* - *13* *12* *12* *12 (5A) 21 (10A)*

ST-GAULTIER

10 - 68 ⑰ G. Berry Limousin

Paris 302 - Argenton-sur-Creuse 10,5 - Le Blanc 29 - Châteauroux 32 - La Trimouille 41

36800 Indre - 1 995 h.

Matronnerie, 54 47 17 04, O : 1 km par D 134, rte de Ruffec, et chemin à gauche, à 300 m de la Creuse - accès conseillé par N 151, à la sortie ouest prendre à gauche - dans locations
2,5 ha (53 empl.) plat, peu incliné, herbeux - snack - tir à l'arc et à la carabine - Location :
Permanent - **R** *conseillée juil.-août* - *élect. (2A) et piscine comprises 2 pers. 68, pers. suppl. 25*

ST-GENIÈS

13 - 75 ⑰ G. Périgord Quercy

Paris 506 - Brive-la-Gaillarde 42 - Les Eyzies-de-Tayac 23 - Montignac 13 - Périgueux 60 - Sarlat-la-Canéda 14

24590 Dordogne - 735 h.

La Bouquerie, 53 28 98 22, Fax 53 29 19 75, NO : 1,5 km par D 704 rte de Montignac et chemin à droite
7 ha/4 campables (180 empl.) plat, peu incliné et en terrasses, herbeux, pierreux, étang - (dîner seulement) snack - (bassin de natation) tir à l'arc - Location :
15 mai-15 sept. - **R** *conseillée juil.-20 août* - GB - *31,50 piscine comprise* *44,50* *18 (4A)*

ST-GENIEZ-D'OLT

15 - 80 ④ G. Gorges du Tarn

Paris 627 - Espalion 26 - Florac 80 - Mende 69 - Rodez 47 - Sévérac-le-Château 24

12130 Aveyron - 1 988 h.

Club Marmotel « Cadre agréable », 65 70 46 51, Fax 65 47 41 38, O : 1,8 km par D 19 rte de Prades-d'Aubrac et chemin à gauche, à l'extrémité du village artisanal, bord du Lot
3 ha (100 empl.) plat, herbeux - grill (dîner) - salle d'animation tir à l'arc et à la carabine à air comprimé
juin-10 sept. - **R** *conseillée* - GB - *élect. et piscine comprises 2 pers. 100, 3 pers. 130, 4 pers. 145*

ST-GEORGES-DE-DIDONNE

9 - 71 ⑮ G. Poitou Vendée Charentes

Paris 505 - Blaye 78 - Bordeaux 117 - Jonzac 58 - La Rochelle 75 - Royan 3

17110 Char.-Mar. - 4 705 h.

Office de Tourisme, bd Michelet
46 05 09 73

Schéma à Royan

Bois-Soleil, 46 05 05 94, Fax 46 06 27 43, S par D 25, rte de Meschers-sur-Gironde, bord de plage, en deux parties distinctes de part et d'autre du D 25 -
8 ha (344 empl.) plat, accidenté et en terrasses, sablonneux - snack - vélos - A proximité : poneys - Location : , studios
avril-sept. - **R** *conseillée* - GB - *3 pers. 103/125 avec élect. (2A), pers. suppl. 25* *5 par ampère supplémentaire*

Azpitarté, 46 05 26 24, en ville, 35 r. Jean Moulin
1 ha (61 empl.) plat et peu incliné, herbeux, pierreux - - Location :
Permanent - **R** *conseillée juil.-août* - *1 à 3 pers. 82,20, pers. suppl. 22* *24*

ST-GEORGES-DE-LA-RIVIÈRE

4 - 54 ①

Paris 353 - Barneville-Carteret 4 - Cherbourg 43 - Saint-Lô 61 - Valognes 31

50270 Manche - 183 h.

Schéma à Barneville-Carteret

Les Dunes de St-Georges, 33 52 03 84, SO : 2 km par D 132, à 200 m de la plage
1 ha (80 empl.) plat, sablonneux, herbeux -
avril-oct. - **R** *conseillée juil.-août* - *17* *23* *17 (5A)*

ST-GEORGES-DE-MONS

11 - 73 ③

Paris 398 - Clermont-Ferrand 35 - Pontaumur 18 - Pontgibaud 20 - Riom 28 - Saint-Gervais-d'Auvergne 25

63780 P.-de-D. - 2 451 h. alt. 730

Municipal, au NE du bourg
1 ha (40 empl.) plat, herbeux - Location : huttes
juin-sept. - **R** *conseillée - Tarif 94 : 10,20 3 3,40 4,50 (6A)*

ST-GEORGES-D'OLÉRON

17 Char.-Mar. - 71 ⑬ - voir à Oléron (Ile d')

ST-GERMAIN-DU-BEL-AIR

14 - 79 ⑧

Paris 552 - Cahors 31 - Cazals 21 - Fumel 54 - Labastide-Murat 15 - Puy-l'Evêque 37

46310 Lot - 422 h.

Municipal le Moulin Vieux « Belle restauration extérieure d'un moulin », 65 31 00 71, au NO du bourg, bord du Céou
2 ha (90 empl.) plat, herbeux - (plan d'eau) - A l'entrée : - A proximité :
juin-15 sept. - **R** *conseillée 15 juil.-15 août - Tarif 94 : 12 16 10 (6 ou 10A)*

ST-GERMAIN-DU-BOIS

11 - 70 ③

Paris 368 - Chalon-sur-Saône 31 - Dole 55 - Lons-le-Saunier 31 - Mâcon 73 - Tournus 44

71330 S.-et-L. - 1 856 h.

Municipal de l'Étang Titard, 85 72 06 15, sortie S par D 13 rte de Louhans, bord de l'étang
1 ha (40 empl.) plat, terrasse, herbeux - A proximité :
juin-15 sept. - **R** *conseillée juil.-août - 7 7 6 12*

ST-GERMAIN-DU-TEIL

15 - 80 ④

Paris 599 - La Canourgue 9 - Mende 47 - Nasbinals 29 - Saint-Geniez-d'Olt 31 - Sévérac-le-Château 27

48340 Lozère - 804 h. alt. 800

Le Levant , 66 32 63 80, au sud du bourg par rte de Montagudet et r. Peyre-de-Roses à gauche
2 ha/0,4 campable (40 empl.) en terrasses et peu incliné, herbeux, pierreux - snack - vélos - Location : gîte d'étape
vacances de printemps-10 oct. - **R** *conseillée - piscine comprise 2 pers. 55, pers. suppl. 20 18 (2A) 20 (5A)*

ST-GERMAIN-LEMBRON

11 - 73 ⑮ G. Auvergne

Paris 460 - Brioude 25 - Clermont-Ferrand 50 - Issoire 12 - Massiac 28

63340 P.-de-D. - 1 671 h.

*à **Nonette*** NE : 6,5 km par D 214 et D 123 - 275 h.
63340 Nonette :

Les Loges « Cadre boisé », 73 71 65 82, Fax 73 71 67 23, S : 2 km par D 722 rte du Breuil-s-Couze puis 1 km par chemin près du pont, bord de l'Allier
3 ha (126 empl.) plat, herbeux - - Location :
15 avril-sept. - **R** *conseillée juil.-août - Tarif 94 : 16 piscine comprise 22 12 (6 à 10A)*

ST-GERMAIN-LES-BELLES

10 - 72 ⑱ G. Berry Limousin

Paris 428 - Eymoutiers 32 - Limoges 37 - Saint-Léonard-de-Noblat 31 - Treignac 35

87380 H.-Vienne - 1 079 h.

Municipal de Montréal , 55 71 86 20, sortie SE, rte de la Porcherie, bord d'un plan d'eau
0,6 ha (70 empl.) plat et terrasse, herbeux - - A l'entrée : (plage)
avril-sept. - **R** *conseillée - 11 5 5 12 (10A)*

ST-GERMAIN-L'HERM

11 - 73 ⑯ G. Auvergne

Paris 484 - Ambert 28 - Brioude 32 - Clermont-Ferrand 66 - Le Puy-en-Velay 67 - St-Étienne 103

63630 P.-de-D. - 533 h. alt. 1 000

Municipal St-Éloy , sortie SE sur D 999 rte de la Chaise-Dieu
0,8 ha (50 empl.) plat et peu incliné, herbeux - - - Location : huttes
juin-15 sept. - **R** - *6,70 3,90 4,10 6,70 (2A) 13,40 (4A) 24,20 (7 ou 8A)*

ST-GERMAIN-SUR-AY

4 - 54 ⑫

Paris 347 - Barneville-Carteret 24 - Carentan 35 - Coutances 29 - Saint-Lô 43

50430 Manche - 638 h.

Aux Grands Espaces , 33 07 10 14, Fax 33 07 22 59, O : 4 km par D 306, à St-Germain-Plage
11 ha (580 empl.) plat et accidenté, sablonneux, herbeux - - - Location :
mai-15 sept. - **R** *conseillée juil.-août - 19 piscine comprise 26 18 (4A)*

ST-GÉRONS

10 - 76 ⑪

Paris 543 - Argentat 34 - Aurillac 24 - Maurs 32 - Sousceyrac 26

15150 Cantal - 179 h.

La Presqu'île d'Espinet « Dans un site agréable », 71 62 28 90, SE : 8,5 km par rte d'Espinet, à 300 m du lac de St-Etienne-Cantalès (accès direct à une plage)
2 ha (100 empl.) peu incliné, herbeux, bois - A proximité : snack
15 mai-sept. - **R** *conseillée juil.-août* - *1 pers. 41, pers. suppl. 12* *12 (10A)*

ST-GERVAIS-D'AUVERGNE

11 - 73 ③ G. Auvergne

Paris 379 - Aubusson 73 - Clermont-Ferrand 53 - Gannat 42 - Montluçon 46 - Riom 38 - Ussel 83

63390 P.-de-D. - 1 419 h. alt. 725.
Syndicat d'Initiative, Mairie
73 85 71 53

Municipal de l'Étang Philippe, 73 85 74 84, sortie N par D 987 rte de St-Pourçain-sur-Sioule, bord d'un plan d'eau
3 ha (130 empl.) plat et peu incliné, herbeux -
Pâques-sept. - **R** *conseillée juil.-août* - *élect. comprise 3 pers. 50, pers. suppl. 7*

ST-GERVAIS-LES-BAINS

12 - 74 ⑧ G. Alpes du Nord

Paris 598 - Annecy 80 - Bonneville 40 - Chamonix-Mont-Blanc 23 - Megève 11 - Morzine 56

74170 H.-Savoie - 5 124 h. alt. 807 - - Sports d'hiver : 850/2 400 m 2 36 .
Office de Tourisme, av. Mont-Paccard 50 47 76 08, Fax 50 47 75 69

Les Dômes de Miage , 50 93 45 96, S : 2 km par D 902, rte des Contamines-Montjoie, au lieu-dit les Bernards - alt. 890
3 ha (150 empl.) plat, herbeux, pierreux - vélos - A proximité : practice de golf - Location : (hôtel)
juin-20 sept. - **R** *conseillée juil.-août - Tarif 94 : 2 pers. 72, 3 pers. 79, pers. suppl. 19* *14 (3A) 19 (6A) 21 (10A)*

▶ *Avant de vous installer, consultez les tarifs en cours, affichés obligatoirement à l'entrée du terrain, et renseignez-vous sur les conditions particulières de séjour.*

Les indications portées dans le guide ont pu être modifiées depuis la mise à jour.

ST-GILDAS-DE-RHUYS

3 - 63 ⑫ ⑬ G. Bretagne

Paris 486 - Arzon 8 - Auray 47 - Sarzeau 6 - Vannes 27

56730 Morbihan - 1 141 h.

Schéma à Sarzeau

Le Menhir, 97 45 22 88, Fax 97 41 32 12, N : 3,5 km - Accès conseillé par D 780 rte de Port-Navalo
3 ha (180 empl.) plat et peu incliné, herbeux (2 ha) - Toboggan aquatique, half-court, vélos
mai-20 sept. - **R** *conseillée juil.-août* - *25 piscine comprise* *70*

Les Govelins « Entrée fleurie », 97 45 21 67, N : 1,5 km, à 300 m de la plage
1 ha (87 empl.) plat et peu incliné, herbeux - A proximité :
Pâques-20 sept. - **R** *conseillée* - GB - *19* *21* *12*

ST-GILLES-CROIX-DE-VIE

9 - 67 ⑫ G. Poitou Vendée Charentes

Paris 457 - Challans 20 - Cholet 100 - Nantes 78 - La Roche-sur-Yon 43 - Les Sables-d'Olonne 30

85800 Vendée - 6 296 h.
Office de Tourisme, forum du Port de Plaisance, bd de l'Égalité
51 55 03 66, Fax 51 55 69 60

Schéma à St-Hilaire-de-Riez

Dauphins Bleus, 51 55 59 34, Fax 51 54 31 21 85800 Givrand, SE : 4,5 km
5 ha (251 empl.) plat, herbeux - salle de musculation garderie vélos - Location :
avril-oct. - **R** *conseillée* - GB - *Tarif 94 : piscine comprise 2 pers. 89 ou 105 (avec élect. (5A) 104,60 ou 118, avec élect. (10A) 111,30 ou 127), pers. suppl. 18 ou 22*

Domaine de Beaulieu, 51 55 59 46, SE : 4 km
8 ha (310 empl.) plat, herbeux - crêperie - salle d'animation Toboggan aquatique, vélos - Location : , bungalows toilés
avril-sept. - **R** *conseillée* - GB - *piscine comprise 2 pers. 112* *18 (6A)*

Europa « Belle délimitation des emplacements et entrée fleurie », 51 55 32 68 85800 Givrand, E : 4 km
6 ha (255 empl.) plat, herbeux, petit étang - - Location :
15 mai-15 sept. - **R** *conseillée* - *24 piscine comprise* *55/72 avec élect. (3 à 10A)*

Les Cyprès , 51 55 38 98, SE : 2,4 km par D 38 puis 0,8 km par chemin à droite, accès direct à la mer
3,6 ha (280 empl.) plat et peu accidenté, sablonneux - - Location :
Pâques-sept. - **R** *conseillée* - GB - *Tarif 94 : piscine comprise 2 pers. 81,90 (104,90 avec élect. 10A), pers. suppl. 21,70*

au Fenouiller NE : 4 km par D 754 – 2 902 h.
– ✉ 85800 le Fenouiller :

Domaine le Pas Opton, ✆ 51 55 11 98, Fax 51 55 44 94, NE : 2 km, bord de la Vie – 20 juil.-20 août
4,5 ha (200 empl.) plat, herbeux – self –
20 mai-10 sept. – **R** *conseillée 15 juil.-28 août – Tarif 94 : piscine comprise 3 pers. 109 (130 ou 145 avec élect. 6A), pers. suppl. 22*

Le Petit Beauregard (aire naturelle), ✆ 51 55 07 98, S : 1 km par D 754, rte de St-Gilles-Croix-de-Vie et chemin à gauche
2 ha (50 empl.) plat, herbeux –
mai-sept. – **R** *conseillée juil.-août – 2 pers. 50 12 (6A)*

ST-GIRONS

14 – 86 ③

Paris 795 – Auch 112 – Foix 44 – Saint-Gaudens 43 – Toulouse 99

09200 Ariège – 6 596 h.
Office de Tourisme, pl. Alphonse-Sentein ✆ 61 66 14 11, Fax 61 66 25 59

Audinac, ✆ 61 66 44 50, Fax 61 66 53 28 ✉ 09200 Montjoie-en-Couserans, à **Audinac-les-Bains**, NE : 4,5 km par D 117, rte de Foix et D 627, rte de Ste-Croix-Volvestre
15 ha/1,5 campable (100 empl.) peu incliné, en terrasses, herbeux (0,5 ha) – – vélos – Location : bungalows toilés
vacances de printemps-sept. – **R** *conseillée juil.-août* – GB – *piscine comprise 2 pers. 64, pers. suppl. 20 18 (10A)*

Pont du Nert, ✆ 61 66 58 48 ✉ 09200 Encourtiech, SE : 3,6 km par D 3, carrefour avec D 33, près du Salat
1 ha (40 empl.) plat à incliné, herbeux –
10 juin-15 sept. – *Tarif 94 : 12 10 10 (12A)*

ST-GUINOUX

4 – 59 ⑥

Paris 406 – Cancale 15 – Dinard 18 – Dol-de-Bretagne 12 – Rennes 60 – Saint-Malo 20

35430 I.-et-V. – 736 h.

Municipal le Bûlot, ✆ 99 58 88 56, sortie E par D 7 rte de la Fresnais
0,4 ha (48 empl.) plat, herbeux –
juil.-août – **R** – *Tarif 94 : 16,50 5,60*

ST-HILAIRE-DE-RIEZ

9 – 67 ⑫ **G. Poitou Vendée Charentes**

Paris 453 – Challans 15 – Noirmoutier-en-l'Ile 46 – La Roche-sur-Yon 48 – Les Sables-d'Olonne 34

85270 Vendée – 7 416 h.
Office de Tourisme, 21 pl. Gaston-Pateau ✆ 51 54 31 97, Fax 51 55 27 13

La Puerta del Sol « Cadre agréable », ✆ 51 49 10 10, Fax 51 49 84 84, N : 4,5 km
4 ha (216 empl.) plat, herbeux – garderie – salle d'animation vélos – Location : bungalows toilés
vacances de printemps-23 sept. – **R** *conseillée* – GB – *élect. (6A) et piscine comprises 3 pers. 170*

Sol à Gogo, ✆ 51 54 29 00, Fax 51 54 88 74, NO : 4,8 km, accès direct à la plage
3,6 ha (196 empl.) (juil.-août) plat, sablonneux – – Toboggan aquatique, half-court – A proximité : vélos
15 mai-20 sept. – **R** *indispensable juil.-15 août – Tarif 94 : élect. (5A) et piscine comprises 3 pers. 158, pers. suppl. 23*

Les Biches « Agréable cadre boisé », ✆ 51 54 38 82, Fax 51 54 30 74, N : 2 km
13 ha/9 campables (380 empl.) plat, herbeux, sablonneux pinède – – Toboggan aquatique vélos – Location : (studios)
13 mai-16 sept. – **R** *indispensable 10 juil.-21 août – piscine comprise 3 pers. 150 25 (10A)*

Château-Vieux, ✆ 51 54 35 88, Fax 51 55 33 97, N : 1 km
6 ha (330 empl.) plat, sablonneux, herbeux (0,8 ha) – – salle d'animation Toboggan aquatique – Location :
15 mai-15 sept. – **R** *conseillée* – GB – *élect. (10A) et piscine comprises 3 pers. 152*

Les Écureuils, ✆ 51 54 33 71, Fax 51 55 69 08, NO : 5,5 km, à 200 m de la plage
4 ha (230 empl.) plat, herbeux, sablonneux – crêperie – Toboggan aquatique – A proximité :
15 mai-15 sept. – **R** *conseillée juil.-août – Tarif 94 : piscine comprise 3 pers. 133 (139 ou 145 avec élect. 2 ou 6A), pers. suppl. 20*

La Plage, ✆ 51 54 33 93, Fax 51 55 97 02, NO : 5,7 km, à 200 m de la plage
5 ha (347 empl.) plat, herbeux, sablonneux – snack – Toboggan aquatique – A proximité : – Location :
avril-sept. – **R** *conseillée sauf 1er au 15 août* – GB – *Tarif 94 : piscine comprise 2 pers. 96 (113 avec élect. 10A), pers. suppl. 21,60*

La Prairie, 51 54 08 56, Fax 51 55 97 02, NO : 5,5 km, à 500 m de la plage
4 ha (250 empl.) plat, herbeux, petit étang – snack – Toboggan aquatique – A proximité : – Location :
15 mai-15 sept. – **R** *conseillée – Tarif 94 : piscine comprise 2 ou 3 pers. 95 (110 avec élect. 10A), pers. suppl. 18*

Les Chouans, 51 54 34 90, Fax 51 54 05 92, NO : 2,5 km
3,7 ha (202 empl.) (juil.-août) plat, sablonneux, herbeux – – salle d'animation – A proximité : – Location :
Pâques-sept. – **R** *conseillée juil.-août – Tarif 94 : piscine comprise 3 pers. 89, pers. suppl. 16 15 (6A)*

Le Bois Tordu « Entrée fleurie et cadre agréable », 51 54 33 78, NO : 5,3 km, à 200 m de la plage
1,2 ha (86 empl.) (juil.-août) plat, sablonneux, herbeux – – Toboggan aquatique – A proximité : half-court – Location :
15 mai-20 sept. – **R** *conseillée juil.-15 août – Tarif 94 : élect. (5A) et piscine comprises 3 pers. 158, pers. suppl. 23*

La Ningle, 51 54 07 11, NO : 5,7 km – dans locations
2,8 ha (134 empl.) (juil.-août) plat, herbeux, petit étang – – – A proximité : – Location :
juin-15 sept. – **R** *conseillée juil.-août – Tarif 94 : piscine comprise 3 pers. 88 (97,50 ou 103,50 avec élect. 3 ou 6A), pers. suppl. 16,50*

La Sapinière, 51 54 45 74, Fax 51 54 01 92, NE : 2 km
3,6 ha (190 empl.) plat, sablonneux, herbeux – – vélos – Location :
15 mai-15 sept. – **R** *conseillée juil.-août – GB – Tarif 94 : piscine comprise 3 pers. 97, pers. suppl. 19 12 (6A) 15 (10A)*

Riez à la Vie, 51 54 30 49, Fax 51 55 86 58, NO : 3 km
3 ha (248 empl.) plat, sablonneux, herbeux – – Toboggan aquatique – Location :
Pâques-15 sept. – **R** *conseillée juil.-août – GB – Tarif 94 : piscine comprise 3 pers. 87 (99 ou 109 avec élect. 3A), pers. suppl. 17 16 (6A) 18 (10A)*

Municipal de la Plage de Riez, 51 54 36 59, O : 3 km, accès direct à la plage
9 ha (590 empl.) plat et accidenté, sablonneux pinède – – - A l'entrée :
Pâques-sept. – R – *Tarif 94 : 3 pers. 72,45 15,10*

Le Bosquet, 51 54 34 61, NO : 5 km, à 250 m de la plage
2 ha (115 empl.) plat, herbeux, sablonneux – snack, pizzeria – vélos – A proximité :
juin-15 sept. – R – *Tarif 94 : piscine comprise 3 pers. 93 (103 avec élect.), pers. suppl. 16,50*

Le Romarin, 51 54 43 82, NO : 3,8 km
4 ha/1,5 campable (90 empl.) plat, vallonné, sablonneux, herbeux – – – Location :
15 juin-10 sept. – **R** *conseillée juil.-août – piscine comprise 3 pers. 85, pers. suppl. 17*

La Pège, 51 54 34 52, NO : 5 km, à 150 m de la plage
1 ha (100 empl.) plat, sablonneux, herbeux – – – A proximité : vélos
15 juin-10 sept. – R – *Tarif 94 : piscine comprise 3 pers. 92,50 11 (6A)*

La Parée Préneau, 51 54 33 84, NO : 3,5 km
1,5 ha (100 empl.) (juil.-août) plat, herbeux, sablonneux – – – Location :
Pâques-10 sept. – **R** – *Tarif 94 : piscine comprise 3 pers. 86 11 (6A)*

La Parée du Both, 51 54 78 27, NO : 3,8 km
1,4 ha (96 empl.) plat, sablonneux – – – Location :
15 juin-15 sept. – **R** *conseillée – Tarif 94 : piscine comprise 2 pers. 72, pers. suppl. 19 14 (6A)*

Le Marais Braud, 51 68 33 71, N : 6 km par D 38 et D 59, rte de Perrier
3 ha (105 empl.) plat, sablonneux, herbeux, étang – snack – Toboggan aquatique – Location :
juin-15 sept. – **R** *conseillée – GB – Tarif 94 : piscine comprise 2 pers. 65, pers. suppl. 18,50 13,50 (6A)*

Le Clos des Pins, 51 54 32 62, NO : 6,2 km
4 ha (232 empl.) plat, peu incliné, herbeux, sablonneux, terrasses pinède – – – Toboggan aquatique
15 juin-15 sept. – **R** – *Tarif 94 : piscine comprise 2 ou 3 pers. 100 (115 avec élect.), pers. suppl. 18*

La Conge, 51 54 32 47, NO : 4 km
2 ha (150 empl.) plat et accidenté, sablonneux – –

Les Mouettes, 51 54 33 68, NO : 6 km, à 300 m de la plage
2,3 ha (209 empl.) plat, sablonneux, herbeux – – – A proximité :
Pâques-sept. – **R** *conseillée – Tarif 94 : 2 ou 3 pers. 73 (86 avec élect.), pers. suppl. 15*

Les Peupliers, 51 54 30 68, NO : 5,8 km, à 300 m de la plage
4 ha/2 campables (217 empl.) plat, herbeux - A proximité :
juin-15 sept. - **R** *conseillée juil.-août* - *2 pers. 64 (77 avec élect. 6A), pers. suppl. 17*

Buette, 51 54 32 42, N : 2,5 km
3,5 ha (100 empl.) plat, herbeux, sablonneux (1,5 ha) - -
Location :
Permanent - **R** *conseillée juil.-août* - *2 pers. 60, pers. suppl. 15* *13 (10A)*

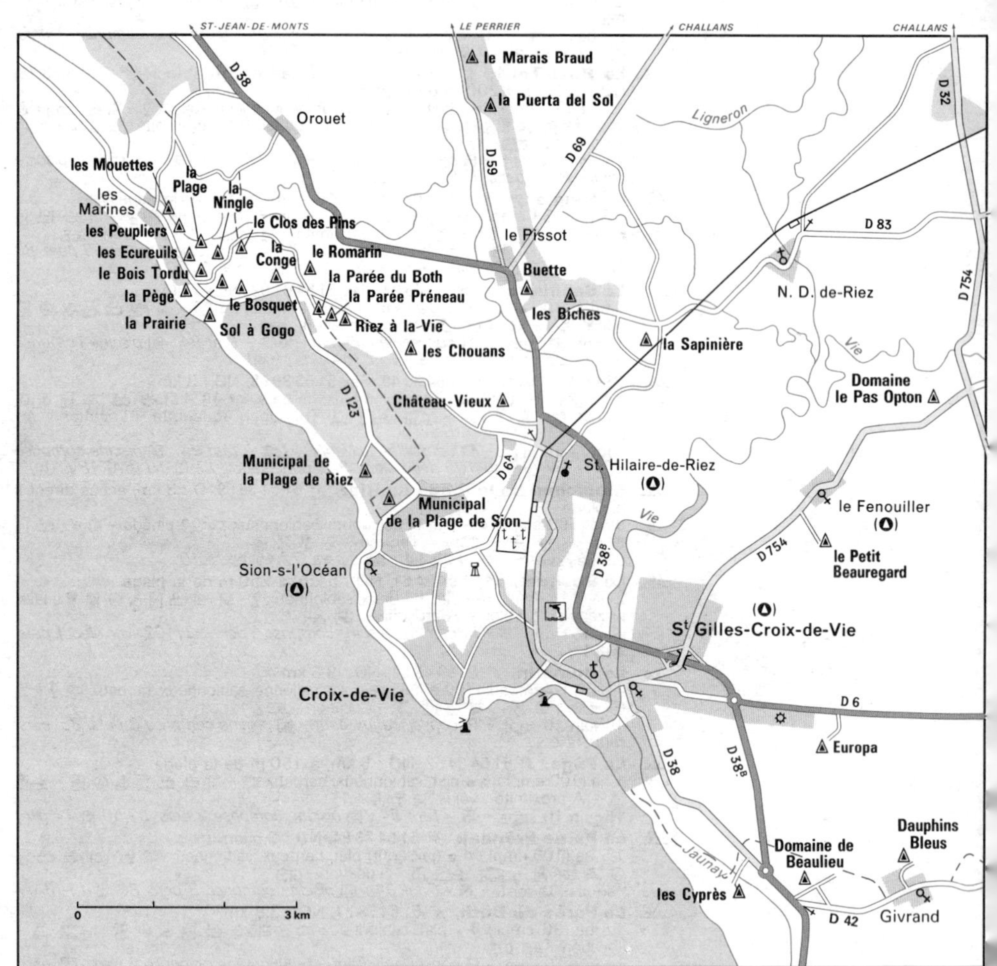

à Sion-sur-l'Océan SO : 3 km par D 6A - 85270 St-Hilaire-de-Riez :

Municipal de la Plage de Sion, 51 54 34 23, sortie N, à 350 m de la plage (accès direct)
3 ha (173 empl.) plat, sablonneux, gravillons (0,7 ha) - -
mai-sept. - - - *Tarif 94 :* *3 pers. 87* *14,85*

Voir aussi à *St-Gilles-Croix-de-Vie*

ST-HILAIRE-DU-HARCOUËT

4 - 59 ⑨ G. Normandie Cotentin

Paris 290 - Alençon 99 - Avranches 27 - Caen 98 - Fougères 28 - Laval 66 - Saint-Lô 69

50600 Manche - 4 489 h.

Office de Tourisme, pl. de l'Église (saison) 33 49 15 27 et Mairie (hors saison) 33 49 10 06

Municipal de la Sélune, 33 49 43 74, NO : 0,7 km par N 176 rte d'Avranches et à droite, près de la rivière
1,2 ha (100 empl.) plat, herbeux - -
Pâques-15 sept. - **R** *juil.-août* - *10* *5* *10* *10 (16A)*

ST-HILAIRE-LA-FORÊT

9 - 67 ⑪

Paris 443 - Challans 64 - Luçon 29 - La Roche-sur-Yon 29 - Les Sables-d'Olonne 23

85440 Vendée - 363 h.

La Grand' Métairie, 51 33 32 38, Fax 51 33 25 69, au nord du bourg par D 70
3 ha (172 empl.) plat, herbeux - pizzeria - - Location :
Pâques-fin sept. - **R** *conseillée* - GB - *élect. et piscine comprises 2 pers. 95*

Les Batardières, 51 33 33 85, à l'ouest du bourg par D 70 et à gauche, rte du Poteau
1,6 ha (75 empl.) plat, herbeux -
27 juin-5 sept. - **R** *conseillée* - *élect. et tennis compris 2 pers. 98, pers. suppl. 17*

ST-HILAIRE-LES-PLACES

10 - 72 ⑰

Paris 420 - Châlus 19 - Limoges 29 - Nontron 54 - Rochechouart 43 - Saint-Yrieix-la-Perche 20

87800 H.-Vienne - 785 h.

Municipal du Lac « Village fleuri », 55 58 12 14, à 1,2 km au sud du bourg par D 15A, à 100 m du lac Plaisance
2,5 ha (85 empl.) en terrasses, herbeux - - A proximité : toboggan aquatique - Location *(permanent)* : gîtes
15 juin-15 sept. - **R** *conseillée juil.-août* - *2 pers. 55, pers. suppl. 20* *15*

ST-HILAIRE-ST-FLORENT 49 M.-et-L. - 64 ⑫ - rattaché à Saumur

ST-HILAIRE-SOUS-ROMILLY

6 - 61 ⑤

Paris 120 - Nogent-sur-Seine 12 - Romilly-sur-Seine 6 - Sézanne 32 - Troyes 45

10100 Aube - 347 h.

La Noue des Rois, 25 24 41 60, Fax 25 24 34 18, NE : 2 km, bord d'un étang et d'une rivière
30 ha/5 campables (140 empl.) plat, herbeux, étangs - crêperie - half-court, piste de bi-cross
Location longue durée - *Places limitées pour le passage*

ST-HIPPOLYTE 63 P.-de-D. - 73 ④ - rattaché à Châtelguyon

ST-HIPPOLYTE

8 - 66 ⑱ G. Jura

Paris 488 - Basel 85 - Belfort 47 - Besançon 89 - Montbéliard 29 - Pontarlier 72

25190 Doubs - 1 128 h.

Les Grands Champs <, 81 96 54 53, sortie E par D 121 rte de Montécheroux et chemin à droite, à 100 m du Doubs (accès direct)
2,2 ha (80 empl.) (juil.-août) en terrasses et peu incliné, herbeux, pierreux -
mai-15 sept. - **R** *conseillée juil.-août* - *10* *13/14* *10 (10A)*

ST-HIPPOLYTE-DU-FORT

16 - 80 ⑰

Paris 699 - Alès 34 - Anduze 21 - Nîmes 46 - Quissac 14 - Le Vigan 31

30170 Gard - 3 515 h.
Office de Tourisme, Les Casernes, 66 77 91 65

Graniers, 66 85 21 44 30170 Monoblet, NE : 4 km par rte d'Uzès puis D 13, rte de Monoblet et chemin à droite, bord d'un ruisseau
2 ha (50 empl.) peu incliné, terrasses, herbeux, bois attenant - -
15 juin-5 sept. - **R** *conseillée 15 juil.-15 août* - *piscine comprise 2 pers. 70, pers. suppl. 15* *14 (4A)*

ST-HONORÉ-LES-BAINS

11 - 69 ⑥ G. Bourgogne

Paris 306 - Château-Chinon 27 - Luzy 22 - Moulins 68 - Nevers 69 - Saint-Pierre-le-Moutier 66

58360 Nièvre - 754 h. - 30 mars-sept.
Office de Tourisme, pl. du Marché 86 30 71 70

Les Bains, 86 30 73 44, Fax 86 30 61 88, 15 av. Jean-Mermoz, sortie O rte de Vandenesse
3 ha (130 empl.) plat, herbeux, gravier - - Toboggan aquatique, poneys - A proximité : - Location : gîtes
mai-sept. - **R** *indispensable juil.-août* - GB - *piscine comprise 2 pers. 90, pers. suppl. 20* *16 (6A)*

ST-ILLIERS-LA-VILLE

5 - 55 ⑱

Paris 73 - Anet 17 - Dreux 33 - Évreux 34 - Mantes-la-Jolie 14 - Pacy-sur-Eure 14

78980 Yvelines - 228 h.

Domaine d'Inchelin, (1) 34 76 10 11, à 0,8 km au sud du bourg par rte de Bréval et chemin à gauche
8 ha/4 campables (130 empl.) plat, herbeux - -
avril-oct. - Location longue durée - *Places disponibles pour le passage* - **R** *conseillée* - *Tarif 94 :* *piscine comprise 1 pers. 65* *25 (4A) 40 (6A)*

ST-JACQUES-DES BLATS

11 - 76 ③

Paris 543 - Aurillac 32 - Brioude 73 - Issoire 90 - Saint-Flour 41

15580 Cantal - 352 h. alt. 991

▲ **Municipal** ≶, ☎ 71 47 06 00, à l'est du bourg par rte de Nierevèze, bord de la Cère
0,6 ha (50 empl.) plat, herbeux - A l'entrée :
juin-sept. - R - *11* *6* *6* *12*

ST-JACUT-DE-LA-MER

4 - 59 ⑤ G. Bretagne

Paris 431 - Dinan 25 - Dinard 18 - Lamballe 38 - Saint-Brieuc 59 - Saint-Cast-le-Guildo 18

22750 C.-d'Armor - 797 h.
Syndicat d'Initiative, r. du Châtelet (15 juin-15 sept.) ☎ 96 27 71 91

▲▲ **Municipal la Manchette** ≶, ☎ 96 27 70 33, au parc des Sports, près de la plage
3,5 ha (374 empl.) plat, herbeux, sablonneux - A proximité :
Rameaux-sept. - R - *15* *5* *10* *9 (4A) 18 (8A)*

ST-JACUT-LES-PINS

4 - 63 ⑤

Paris 424 - Ploërmel 37 - Redon 12 - La Roche-Bernard 27 - Vannes 46

56220 Morbihan - 1 570 h.

▲ **Municipal les Étangs de Bodéan** ≶, SO : 2,5 km par D 137 rte de St-Gorgon, bord d'un étang
1 ha (50 empl.) plat et peu incliné, herbeux -
15 juin-août - R - *6,50* *6* *6*

ST-JANS-CAPPEL

2 - 51 ⑤

Paris 250 - Armentières 15 - Béthune 33 - Cassel 23 - Dunkerque 46 - Ieper 21 - Saint-Omer 38

59270 Nord - 1 351 h.

▲▲ **Domaine de la Sablière,** ☎ 28 49 46 34, NE : 3,5 km par D 10 rte de Poperinge et D 318 à droite, rte de Mont-Noir
3,6 ha (100 empl.) en terrasses, pierreux, herbeux - - A proximité :
avril-oct. - Location longue durée - *Places limitées pour le passage* - R - GB - *14* *11* *13* *10 (6A)*

ST-JEAN **06** Alpes-Mar. - 84 ⑧ - rattaché à Pégomas

ST-JEAN (Col)

17 - 81 ⑦ G. Alpes du Sud

Paris 718 - Barcelonnette 33 - Savines-le-Lac 33 - Seyne 9

04 Alpes-de-H.-Pr. alt. 1 333 - Sports d'hiver : 1 300/2 400 m 15 - ✉ 04140 Seyne-les-Alpes

▲▲ **L'Étoile des Neiges** ≶ ≤, ☎ 92 35 07 08, Fax 92 35 12 55, S : 0,8 km par D 207 et chemin à droite
1 ha (80 empl.) incliné, en terrasses, pierreux, herbeux - snack - - A proximité : - Location :
Permanent - R *conseillée* - *piscine comprise 2 pers. 62/74 ou 88 avec élect., pers. suppl. 21*

ST-JEAN-D'ANGÉLY

9 - 71 ③ ④ G. Poitou Vendée Charentes

Paris 444 - Angoulême 64 - Cognac 35 - Niort 47 - La Rochelle 63 - Royan 70 - Saintes 34

17400 Char.-Mar. - 8 060 h.
Office de Tourisme, square de la Libération ☎ 46 32 04 72

▲ **Municipal du Val de Boutonne** ≶, ☎ 46 32 26 16, sortie NO rte de la Rochelle, puis à gauche av. du Port et à droite avant le pont, quai de Bernouet, près de la Boutonne (plan d'eau)
1,8 ha (100 empl.) plat, herbeux - - A proximité :
15 mai-sept. - R *conseillée juil.-août* - *Tarif 94 :* *14* *8* *10* *9*

ST-JEAN-D'AULPS

12 - 70 ⑱

Paris 596 - Abondance 18 - Annecy 83 - Évian-les-Bains 34 - Morzine 7,5 - Thonon-les-Bains 25

74430 H.-Savoie - 914 h. alt. 820

▲▲ Le Solerey ❄ ≤, ☎ 50 79 64 69, sortie SE par D 902 rte de Morzine, bord de la Dranse
0,6 ha (35 empl.) (été et hiver) peu incliné et en terrasses, gravillons, herbeux - - - A proximité :

ST-JEAN-DE-COUZ

12 - 74 ⑮

Paris 549 - Aix-les-Bains 29 - Chambéry 15 - Le Pont-de-Beauvoisin 23 - Saint-Laurent-du-Pont 13 - La Tour-du-Pin 42

73160 Savoie - 180 h. alt. 626

▲ **La Bruyère** ≶ ≤ « Site agréable », ☎ 79 65 70 14, S : 2 km par N 6 et rte de Côte Barrier
1 ha (65 empl.) (juil.-août) plat, herbeux - snack -
15 avril-15 oct. - R *conseillée 1er-15 août* - *13* *11* *11 (4 ou 6A)*

ST-JEAN-DE-LA-RIVIÈRE **50** Manche - 54 ① - rattaché à Barneville-Carteret

ST-JEAN-DE-LUZ

13 – 85 ② G. Pyrénées Aquitaine

Paris 793 – Bayonne 21 – Biarritz 16 – Pau 128 – San-Sebastiàn 33

64500 Pyr.-Atl. – 13 031 h.

Office de Tourisme, pl. du Maréchal-Foch ✆ 59 26 03 16, Fax 29 26 21 47

Itsas-Mendi, ✆ 59 26 56 50, Fax 59 54 88 40, NE : 5 km, à 500 m de la plage
6 ha (366 empl.) incliné et en terrasses, herbeux – cases réfrigérées – solarium – vélos, half-court – Location :
avril-sept. – **R** *conseillée juil.-août –* GB *– Tarif 94 : piscine et tennis compris 2 pers. 100, pers. suppl. 23* *15 (6A)*

Airotel International Erromardie « Entrée fleurie », ✆ 59 26 07 74, Fax 59 23 44 47, NE : 2 km, près de la plage – dans locations
4 ha (165 empl.) plat, herbeux – snack – Location :
15 mai-sept. – **R** *conseillée –* GB *– élect. (5A) et piscine comprises 2 pers. 134, pers. suppl. 25*

Iratzia, ✆ 59 26 14 89, NE : 1,5 km, à 300 m de la plage
4,2 ha (300 empl.) plat, peu incliné et en terrasses, herbeux –
15 mars-sept. – **R** *conseillée juil.-août –* GB *– 23 12 26 10 (3A) 18 (6A)*

Les Tamaris-Plage M, ✆ 59 26 55 90, Fax 59 47 70 15, NE : 5 km, à 80 m de la plage
1,5 ha (52 empl.) (juil.-août) plat, peu incliné et en terrasses, herbeux – – A proximité : snack – Location :
avril-sept. – **R** *conseillée juil.-août –* GB *– Tarif 94 : 2 pers. 110/140 avec élect., pers. suppl. 25*

Inter-Plages « Cadre agréable », ✆ 59 26 56 94, NE : 5 km – Sur une falaise, à 150 m de la plage (accès direct)
2,5 ha (100 empl.) plat, herbeux – – mini-tennis – A proximité : – Location :
avril-sept. – **R** *– Tarif 94 : 2 pers. 105 ou 120, pers. suppl. 26 ou 28 21 (4A) 26 (6A) 35 (10A)*

Municipal Chibaou-Berria, ✆ 59 26 11 94, NE : 3 km – Sur une falaise, accès direct à la plage
4 ha (290 empl.) peu incliné et en terrasses, herbeux – snack –
juin-15 sept. – **R** *conseillée – Tarif 94 : 20 23 11,50 (5A) 23 (10A)*

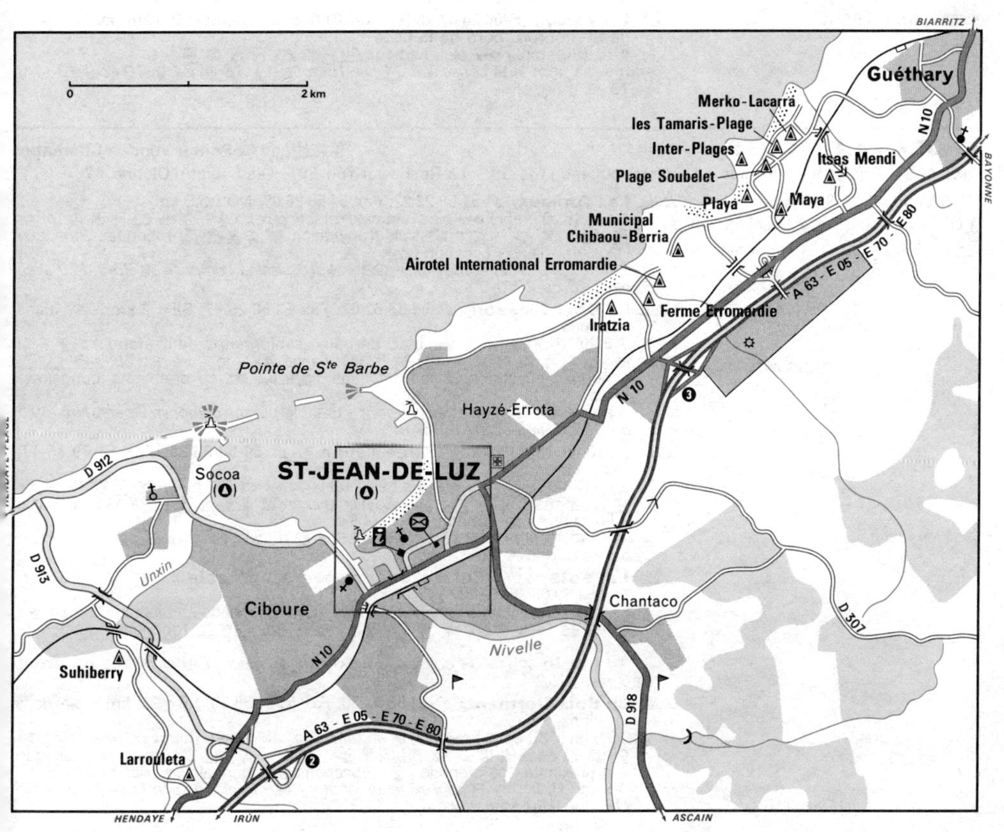

La Ferme Erromardie, 59 26 34 26, NE : 1,8 km, près de la plage
2 ha (177 empl.) plat, herbeux (0,5 ha)
15 mars-14 oct. - **R** *conseillée juil.-août* - **GB** - *Tarif 94 : 2 pers. 79, pers. suppl. 21 14 (4A) 20 (6A)*

Maya, 59 26 54 91, NE : 4,5 km, à 300 m de la plage
1 ha (115 empl.) en terrasses, peu incliné, herbeux - A proximité : snack - Location : studios
15 juin-15 sept. - *20 10 17,50 19 (4A)*

Playa <, 59 26 55 85, NE : 5 km, bord de plage - dans locations
2,5 ha (125 empl.) plat et en terrasses, herbeux - A proximité : - Location :
avril-15 nov. - *Tarif 94 : 2 pers. 110, pers. suppl. 25 20 (4A)*

Plage Soubelet, 59 26 51 60, NE : 5 km, à 80 m de la plage
1,5 ha (120 empl.) incliné, en terrasses, herbeux - A proximité :
avril-oct. - **R** *conseillée - Tarif 94 : 18 8 15 15,50 (10A)*

Merko-Lacarra <, 59 26 56 76, NE : 5 km, à 150 m de la plage
2 ha (150 empl.) peu incliné à incliné, herbeux - A proximité :
avril-oct. - **R** *conseillée juil.-août* - **GB** - *Tarif 94 : 18 24 16 (16A)*

à Socoa 2 km par ④ - ✉ 64122 Urrugne :

Larrouleta « Cadre agréable », 59 47 37 84, Fax 59 47 42 54, S : 3 km, bord d'un plan d'eau et à 150 m d'une rivière
5 ha (263 empl.) plat et peu incliné, herbeux -
Permanent - **R** *conseillée juil.-août - Tarif 94 : 18 24 10 (5A)*

Suhiberry <, 59 47 06 23, S : 2 km, à 50 m d'une rivière
3 ha (170 empl.) en terrasses, herbeux - - Location :
mai-20 sept. - **R** *conseillée 15 juil.-18 août - 17 24 11 (4A) 14 (6A) 16 (10A)*

ST-JEAN-DE-MARUÉJOLS

16 - 80 ⑧

Paris 678 - Alès 25 - Barjac 8,5 - Bagnols-sur-Cèze 40 - Vallon-Pont-d'Arc 21 - Les Vans 31

30430 Gard - 766 h.

Universal, 66 24 41 26 ✉ 30430 Rochegude, SO : 2,5 km par D 51, rte de St-Ambroix, bord de la Cèze
4 ha (90 empl.) plat, herbeux -
mai-15 sept. - **R** *conseillée 14 juil.-15 août - 18 24 10 (2A) 13 (4A) 16 (6A)*

ST-JEAN-DE-MONTS

9 - 67 ⑪ G. Poitou Vendée Charentes

Paris 453 - Cholet 99 - Nantes 72 - Noirmoutier-en-l'Ile 33 - La Roche-sur-Yon 56 - Les Sables-d'Olonne 47

85160 Vendée - 5 959 h.

Office de Tourisme, 27 espl. de la Mer 51 58 10 00, Fax 51 58 10 20

Les Amiaux, 51 58 22 22, Fax 51 58 26 09, NO : 3,5 km
12 ha (500 empl.) plat, herbeux, sablonneux - salle d'animation Toboggan aquatique vélos, tir à l'arc - Location :
Pâques-sept. - **R** *conseillée* - **GB** - *16 piscine comprise 75 à 120 avec élect. (6 ou 10A)*

Le Bois Masson, 51 58 62 62, Fax 51 58 29 97, SE : 2 km - dans locations
7,5 ha (500 empl.) plat, herbeux, sablonneux, petit étang - crêperie - Toboggan aquatique vélos - Location : appartements, bungalows toilés
8 avril-sept. - **R** *conseillée juil.-août* - **GB** - *piscine comprise 3 pers. 155 (175 ou 180 avec élect. 4 ou 6A)*

L'Abri des Pins « Entrée fleurie », 51 58 83 86, Fax 51 59 30 47, NO : 4 km
3 ha (210 empl.) plat, herbeux, sablonneux - snack - salle d'animation Toboggan aquatique - Location : bungalows toilés
15 mai-15 sept. - **R** *conseillée* - **GB** - *piscine comprise 3 pers. 129 (136 ou 144,50 avec élect. 4A)*

La Yole « Entrée fleurie, cadre agréable », 51 58 67 17, Fax 51 59 05 35, SE : 7 km -
5 ha (278 empl.) plat, sablonneux, herbeux, pinède attenante (2 ha) - - Toboggan aquatique - Location :
13 mai-16 sept. - **R** *conseillée juil.-août - élect. (6A) et piscine comprises 3 pers. 150*

Le Bois Dormant, 51 58 01 30, Fax 51 59 35 30, SE : 2,2 km - dans locations
10,5 ha (430 empl.) plat et en terrasses, sablonneux, herbeux, petit étang - - Toboggan aquatique - A proximité : crêperie - Location : bungalows toilés
15 mai-15 sept. - **R** *conseillée juil.-août* - **GB** - *piscine comprise 3 pers. 155 (175 ou 180 avec élect. 4 ou 6A)*

Le Bois Joly, ✆ 51 59 11 63, Fax 51 59 11 06, NO : 1 km – dans locations
5 ha (267 empl.) (saison) plat, herbeux, sablonneux – snack – – A proximité : – Location :
15 avril-2 oct. – **R** *conseillée juil.-août* – GB – *piscine comprise 3 pers. 105* *20 (4A) 24 (6A)*

Aux Coeurs Vendéens, ✆ 51 58 84 91, Fax 51 68 56 61, NO : 4 km
2 ha (117 empl.) (juil.-août) plat, herbeux, sablonneux – crêperie – – A proximité : – Location :
mai-15 sept. – **R** *conseillée juil.-août – Tarif 94 : piscine comprise 3 pers. 120 ou 125 (128 ou 132 avec élect. 4A)*

Le Vieux Ranch, ✆ 51 58 86 58, Fax 51 59 12 20 ✉ 85169 St-Jean-de-Monts Cedex, NO : 4,3 km, à 200 m de la plage (accès direct) – dans locations
5 ha (266 empl.) (juil.-août) plat, herbeux, sablonneux – – salle d'animation, solarium – Location :
avril-sept. – **R** *conseillée* – GB – *Tarif 94 : piscine comprise 2 pers. 63 (78 ou 94,50 avec élect. 4 à 10A), pers. suppl. 17 ou 18,50*

La Forêt « Belle décoration arbustive », ✆ 51 58 84 63, NO : 5,5 km (voir schéma de Notre-Dame-de-Monts)
0,93 ha (63 empl.) plat, herbeux, sablonneux – –
juin-15 sept. – **R** *conseillée – Tarif 94 : 22 piscine comprise 75 10 (6A)*

Le Logis, ✆ 51 58 60 67, SE : 4,3 km – dans locations
0,8 ha (40 empl.) plat et en terrasses, sablonneux, herbeux – – vélos – A proximité : – Location :
28 avril-10 sept. – **R** *conseillée – Tarif 94 : 2 pers. 60 9 (2A) 15 (6A) 20 (10A)*

C.C.D.F. les Sirènes, ✆ 51 58 01 31, SE : av. des Demoiselles, à 500 m de la plage
15 ha/5 campables (500 empl.) plat et accidenté, dunes pinède – – A l'entrée : snack
Pâques-15 sept. – **R** *conseillée juil.-août – Adhésion obligatoire – 13,50 10,50 13,50 8 (2A) 10 (3 ou 4A) 12 (5A)*

Les Places Dorées, ✆ 51 59 02 93, Fax 51 59 30 47, NO : 4 km
3 ha (130 empl.) plat, sablonneux, herbeux – – – A proximité : snack
15 juin-4 sept. – **R** *conseillée* – GB – *Tarif 94 : piscine comprise 3 pers. 95 (108 ou 122 avec élect. 4A), pers. suppl. 18*

La Davière-Plage, ✆ 51 58 27 99, NO : 3 km
3 ha (162 empl.) juil.-août plat, sablonneux, herbeux – snack – – A proximité : – Location : bungalows toilés
15 juin-15 sept. – **R** *conseillée* – GB – *piscine comprise 2 pers. 78 14 (4A) 17 (6A) 20 (10A)*

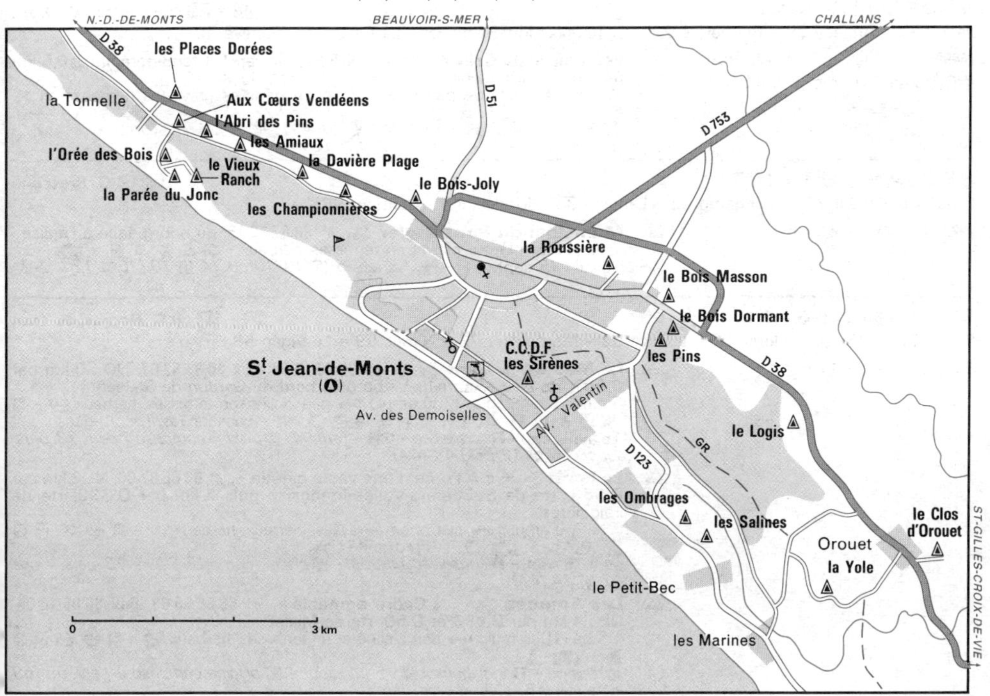

Les Pins, 51 58 17 42, SE : 2,5 km
1,2 ha (129 empl.) plat et en terrasses, sablonneux - A proximité :
juin-15 sept. - **R** *conseillée - Tarif 94 : piscine comprise 3 pers. 100 15 (6A)*

Le Clos d'Orouet, 51 59 51 01, SE : 8,5 km par D 38 et chemin du Champ de Bataille
1,3 ha (75 empl.) plat, herbeux, sablonneux (0,7 ha) - - Location :
15 juin-15 sept. - **R** *conseillée juil.-août - piscine comprise 2 pers. 60 15 (6A)*

Les Salines, 51 58 11 95 85270 St-Hilaire-de-Riez, SE : 5 km, sur D 123
3 ha (140 empl.) plat et vallonné, herbeux, sablonneux -

La Roussière, 51 58 65 73, SE : 1,5 km
1 ha (77 empl.) plat, herbeux, sablonneux - -
Pâques-sept. - **R** - *Tarif 94 : 2 pers. 58 15 (6A)*

Les Ombrages, 51 58 91 14 85270 St-Hilaire-de-Riez, SE : 5 km sur D 123
3 ha (140 empl.) plat et vallonné, herbeux, sablonneux -
Pâques-sept. - **R** - *3 pers. 61, pers. suppl. 19 12 (5A)*

L'Orée des Bois, 51 58 45 82, NO : 4,2 km, à 500 m de la plage
0,7 ha (40 empl.) plat et peu incliné, sablonneux, pinède attenante - - A proximité : crêperie
15 juin-15 sept. - **R** *conseillée - 3 pers. 60 12,50 (4A) 13,50 (6A)*

La Parée du Jonc, 51 58 81 19, NO : 4,5 km, à 250 m de la plage
2,9 ha (200 empl.) (juil.-août) plat et vallonné, sablonneux - - A proximité : crêperie
juin-15 sept. - **R** *conseillée - 2 pers. 57, pers. suppl. 13 15 (4A) 17 (6A)*

Les Championnières, 51 58 61 54, NO : 2,5 km
1,2 ha (102 empl.) plat, herbeux, sablonneux -
mai-sept.

ST-JEAN-DE-MUZOLS

12 - **76** ⑩

Paris 542 - Annonay 32 - Beaurepaire 45 - Privas 62 - Romans-sur-Isère 22 - Tournon-sur-Rhône 4

07300 Ardèche - 2 315 h.

Castelet, 75 08 09 48, SO : 3,2 km par N 86 et D 238 rte de Lamastre, bord du Doux
3 ha (66 empl.) en terrasses, herbeux, pierreux - - (plage aménagée)
avril-20 sept. - **R** *conseillée juil.-août - 2 pers. 47, pers. suppl. 13 12 (5A)*

ST-JEAN-DE-SIXT

12 - **74** ⑦ G. Alpes du Nord

Paris 577 - Annecy 29 - Bonneville 22 - Chamonix-Mont-Blanc 78 - La Clusaz 3 - Genève 48

74450 H.-Savoie - 852 h. alt. 956.
Office de Tourisme 50 02 70 14

Municipal du Crêt ←, 50 02 38 89, sortie vers le Grand-Bornand et 0,5 km par chemin à gauche
1,5 ha (54 empl.) peu incliné, plat et en terrasses, gravillons, herbeux -
15 juin-15 oct. - **R** - *Tarif 94 : 14 17 9 (2A) 12 (5A)*

ST-JEAN-DU-DOIGT

8 - **58** ⑥ G. Bretagne

Paris 546 - Brest 77 - Guingamp 62 - Lannion 34 - Morlaix 17 - Quimper 96

29228 Finistère - 661 h.

Municipal du Pont Argler, 98 67 32 15, au bourg, face à l'église
1 ha (34 empl.) plat et en terrasses, herbeux - -
15 juin-15 sept. - **R** - *12 5 10/10 ou 14 10 (10A) 12 (12A)*

ST-JEAN-DU-GARD

16 - **80** ⑰ G. Gorges du Tarn

Paris 688 - Alès 27 - Florac 53 - Lodève 92 - Montpellier 73 - Nîmes 59 - Le Vigan 58

30270 Gard - 2 441 h.

Le Mas de la Cam ←, 66 85 12 02, Fax 66 85 32 07, NO : 3 km par D 907, rte de St-André-de-Valborgne, bord du Gardon de St-Jean
6 ha/2,8 campables (200 empl.) peu incliné, en terrasses, herbeux - - - Location *(avril-oct.)* : gîtes
15 avril-sept. - **R** *conseillée - GB - Tarif 94 : piscine comprise 2 pers. 73, pers. suppl. 15 12 (3A) 14 (6A)*

La Forêt ← **« A l'orée d'une vaste pinède »**, 66 85 37 00, N : 2 km par D 983, rte de St-Étienne-Vallée-Française puis 2 km par D 333, rte de Falguières
3 ha (60 empl.) plat et en terrasses, pierreux, herbeux - - - A proximité :
avril-15 sept. - **R** *conseillée juil.-août - piscine comprise 2 pers. 73, pers. suppl. 17 14 (4A)*

Les Sources ← **« Cadre agréable »**, 66 85 38 03, Fax 66 85 16 09, NE : 1 km par D 983 et D 50, rte de Mialet
1,5 ha (100 empl.) peu incliné et en terrasses, herbeux - -
avril-sept. - **R** *indispensable 15 juin-août - piscine comprise 2 pers. 55 (69 avec élect. 6A), pers. suppl. 15*

ST-JEAN-EN-ROYANS

12 - 77 ③ G. Alpes du Nord

Paris 589 - Die 63 - Romans-sur-Isère 27 - Grenoble 68 - Saint-Marcellin 20 - Valence 43 - Villard-de-Lans 33

26190 Drôme - 2 895 h.

Municipal, 75 47 74 60, sortie SO par D 70, rte d'Oriol-en-Royans, bord de la Lyonne
4 ha (140 empl.) plat, herbeux (2 ha) - A proximité :
15 avril-sept. - R - *14,50* *10* *11 (10A)*

ST-JEAN-LA-BUSSIÈRE

11 - 73 ⑧

Paris 466 - Amplepuis 4 - Chauffailles 32 - Roanne 25 - Villefranche-sur-Saône 52

69550 Rhône - 847 h.

Municipal, sortie S rte de Tarare et chemin à droite, au terrain de sports
0,7 ha (20 empl.) peu incliné, herbeux - - A proximité :
avril-oct. - **R** - *9* *5* *6* *7 (3A) 8 (6A)*

ST-JEAN-LE-CENTENIER

16 - 76 ⑲

Paris 625 - Aubenas 19 - Montélimar 23 - Privas 27 - Villeneuve-de-Berg 5

07580 Ardèche - 508 h.

Les Arches, 75 36 75 19, SO : 0,5 km par D 458, bord de la Gladuègne
1,8 ha (47 empl.) (juil.-août) peu incliné, terrasses, herbeux -
juin-sept. - **R** *conseillée* - *2 pers. 44* *13*

ST-JEAN-LE-THOMAS

4 - 59 ⑦ G. Normandie Cotentin

Paris 348 - Avranches 16 - Granville 16 - Saint-Lô 61 - Saint-Malo 82 - Villedieu-les-Poëles 30

50530 Manche - 398 h.

Municipal Pignochet, 33 48 84 02, SO : 1 km par D 483, près de la plage
3 ha (130 empl.) plat, sablonneux, herbeux -

ST-JEAN-PIED-DE-PORT

13 - 85 ③ G. Pyrénées Aquitaine

Paris 825 - Bayonne 53 - Biarritz 57 - Dax 86 - Oloron-Ste-Marie 69 - Pau 98 - San Sebastiàn 97

64220 Pyr.-Atl. - 1 432 h.
Office de Tourisme, pl. Charles-de-Gaulle 59 37 03 57, Fax 59 37 34 91

Europ'Camping M, 59 37 12 78, Fax 59 37 29 82, NO : 2 km par D 918 rte de Bayonne et chemin à gauche, à Ascarat
1,8 ha (94 empl.) peu incliné, herbeux - snack -
15 avril-oct. - **R** *conseillée juil.-août* - *30 piscine comprise* *43* *21 (6A)*

Narbaïtz, 59 37 10 13, NO : 2,5 km par D 918 rte de Bayonne et D 303 à gauche, à 50 m de la Nive et bord d'un ruisseau
1,8 ha (133 empl.) (juil.-août) plat et peu incliné, herbeux (1 ha) - -
avril-sept. - **R** *juil.* - *Tarif 94 :* *14,50 piscine comprise* *8* *12* *12,50 (5A)*

ST-JEAN-PLA-DE-CORTS

15 - 86 ⑲

Paris 888 - Amélie-les-Bains-Palalda 13 - Argelès-sur-Mer 23 - Le Boulou 5 - La Jonquera 20 - Perpignan 28

66400 Pyr.-Or. - 1 456 h.

Les Casteillets Chaîne des Albères, 68 83 26 83, sortie vers Amélie-les-Bains par D 115 et chemin à gauche, bord du Tech
5 ha (120 empl.) plat, pierreux, herbeux - -

Les Deux Rivières, 68 83 23 20, SE : 0,5 km par D 13, rte de Maureil-las-las-Illas, au confluent du Tech et du Sabaro
8,5 ha (100 empl.) plat, pierreux, herbeux - - -
mai-sept. - **R** *conseillée* - GB - *Tarif 94 :* *30 piscine comprise* *28* *18 (5A) 25 (10A)*

ST-JEAN-ST-NICOLAS

17 - 77 ⑯

Paris 671 - Corps 40 - Gap 24 - Orcières 11 - Savines-le-Lac 41 - Serres 65

05260 H.-Alpes - 865 h. alt. 1 125

à Pont du Fossé sur D 944 - 05260 St-Jean-St-Nicolas :

Le Diamant « Cadre agréable », 92 55 91 25, SO : 0,8 km sur D 944 rte de Gap, bord du Drac
4 ha (80 empl.) plat, herbeux, peu pierreux pinède - - - A proximité : - Location :
juin-sept. - **R** *conseillée* - *2 à 5 pers. 76 à 133, pers. suppl. 24* *10 (1A) 12 (2A) 15 (3A) et 2 par ampère supplémentaire*

Municipal le Châtelard, 92 55 94 31, E : 1,1 km par D 944 et chemin à droite, bord du Drac - chemin pour piétons reliant le camp au village
2 ha (60 empl.) plat, herbeux, pierreux - - -
15 juin-15 sept. - **R** *conseillée* - *Tarif 94 :* *18* *17/22* *11*

ST-JODARD

11 - 73 ⑧

Paris 414 - Boën 25 - Feurs 20 - Roanne 24 - Saint-Just-en-Chevalet 35 - Tarare 33

42590 Loire - 421 h.

Municipal, au bourg, rte de Neulise
0,8 ha (30 empl.) plat, herbeux - A proximité :
avril-oct. - **R** - *7,25 et 4,30 pour eau chaude 3,65 3,65 12,60 (3A) 17,30 (5A)*

ST-JORIOZ **74** H.-Savoie - 74 ⑥ - voir à Annecy (Lac d')

ST-JORY-DE-CHALAIS

10 - 72 ⑯

Paris 447 - Brantôme 31 - Châlus 21 - Saint-Yrieix-la-Perche 28 - Thiviers 11

24800 Dordogne - 600 h.

Maison Neuve, 53 55 10 63, sortie NE par D 98, rte de Chaleix et chemin à droite
4 ha (40 empl.) plat et peu incliné, herbeux -
7 avril-29 oct. - **R** - *Tarif 94 : 20 piscine comprise 25 10 (10A)*

ST-JOUAN-DES-GUÉRETS **35** I.-et-V. - 59 ⑥ - rattaché à St-Malo

ST-JULIEN **56** Morbihan - 63 ⑪ ⑫ - voir à Quiberon (Presqu'île de)

ST-JULIEN-CHAPTEUIL

11 - 76 ⑦ G. Vallée du Rhône

Paris 568 - Lamastre 53 - Privas 87 - Le Puy-en-Velay 20 - Saint-Agrève 32 - Yssingeaux 16

43260 H.-Loire - 1 664 h. alt. 821

Municipal de la Croix-Blanche, 71 08 70 01, sortie N par D 28, rte du Pertuis, à 50 m de la Sumène
0,6 ha (29 empl.) plat, terrasse, herbeux -
Permanent - **R** - *Tarif 94 : 10 16 12*

ST-JULIEN-DE-CONCELLES

9 - 63 ⑰

Paris 371 - Ancenis 25 - Clisson 26 - Nantes 15

44450 Loire-Atl. - 5 418 h.

Le Chêne, 40 54 12 00, Fax 40 36 54 79, E : 1,5 km par D 37 (déviation), près du plan d'eau
2 ha (100 empl.) plat, herbeux - - A l'entrée :
avril-oct. - **R** *conseillée* - *13 6,50 12/13 12,50 (10A)*

ST-JULIEN-DE-LAMPON

13 - 75 ⑱

Paris 531 - Brive-la-Gaillarde 50 - Gourdon 17 - Sarlat-la-Canéda 17 - Souillac 13

24 Dordogne - 586 h.
✉ 24370 Carlux

Le Mondou, 53 29 70 37, E : 0,8 km par D 50 rte de Mareuil et chemin à droite
1,2 ha (60 empl.) peu incliné, pierreux, herbeux - - A proximité :
15 juin-sept. - **R** *conseillée - Tarif 94 : 22,50 piscine comprise 23,50 18 (6A)*

ST-JULIEN-DE-PEYROLAS

16 - 80 ⑨

Paris 648 - Bagnols-sur-Cèze 19 - Barjac 26 - Bourg-Saint-Andéol 18 - Pont-Saint-Esprit 9 - Vallon-Pont-d'Arc 39

30760 Gard - 1 088 h.

Le Peyrolais, 66 82 14 94, Fax 66 82 12 63, E : 3 km par D 141, D 901 rte de Pont-St-Esprit et chemin à gauche avant le pont, bord de l'Ardèche
5 ha (100 empl.) plat, herbeux -

ST-JULIEN-DES-LANDES

9 - 67 ⑫ ⑬

Paris 437 - Aizenay 16 - Challans 31 - La Roche-sur-Yon 23 - Les Sables-d'Olonne 18 - Saint-Gilles-Croix-de-Vie 22

85150 Vendée - 1 075 h.

La Garangeoire « Agréable domaine : prairies, étangs et bois », 51 46 65 39, Fax 51 46 60 82, N : 2,8 km par D 21
200 ha/5,5 campables (300 empl.) plat et vallonné, herbeux (1 ha) - crêperie cases réfrigérées - vélos
15 mai-15 sept. - **R** *conseillée* - *élect. (6A) et piscine comprises 3 pers. 128/146, pers. suppl. 29*

La Forêt « Dans les dépendances d'un château », 51 46 62 11, Fax 51 46 60 87, sortie NE par D 55, rte de Martinet
50 ha/5 campables (148 empl.) plat, herbeux, étangs et bois - crêperie - discothèque
15 mai-15 sept. - **R** *conseillée 15 juil.-15 août - piscine comprise 3 pers. 110 16 (4A)*

ST-JULIEN-DU-VERDON

17 - 81 ⑱ G. Alpes du Sud

Paris 796 - Castellane 12 - Digne-les-Bains 51 - Puget-Théniers 37

04170 Alpes-de-H.-Pr. - 94 h. alt. 914

Le Lac ←, ✆ 92 89 07 93, sortie N sur N 202 rte de St-André-les-Alpes
1 ha (70 empl.) plat, peu incliné, herbeux, pierreux
15 juin-15 sept. - GB - *Tarif 94 : 2 pers. 50, pers. suppl. 15 10*

ST-JULIEN-EN-BORN

13 - 78 ⑮

Paris 704 - Castets 22 - Dax 48 - Mimizan 17 - Morcenx 28

40170 Landes - 1 285 h.

Municipal la Lette Fleurie, ✆ 58 42 74 09, NO : 4 km par rte de Mimizan et rte de Contis-Plage
8,5 ha (345 empl.) accidenté, sablonneux pinède
avril-sept. - **R** - *14,90 piscine comprise 6,10 18,40 15 (6A)*

Le Grand Pont, ✆ 58 42 80 18, sortie N par D 652, rte de Mimizan, près d'un ruisseau
2 ha (75 empl.) plat, herbeux, sablonneux pinède
juin-sept. - **R** *conseillée août* - GB - *Tarif 94 : 10,50 4 9 12 (6A)*

Le Très (aire naturelle), ✆ 58 42 80 24, Fax 58 42 40 09, NO : 3,3 km rte de Mimizan puis à gauche rte de Contis-Plage
1,5 ha (25 empl.) plat, herbeux, sablonneux pinède
juin-sept. - **R** *conseillée* - *10,80 4,30 5,60/8,60 9,90 (8A)*

ST-JULIEN-EN-ST-ALBAN

16 - 76 ⑳

Paris 590 - Aubenas 39 - Crest 28 - Montélimar 30 - Privas 9,5 - Valence 32

07000 Ardèche - 924 h.

Le Pampelonne ←, ✆ 75 66 00 97, sortie E par N 104 rte de Pouzin et à droite, près de l'Ouvèze
1,5 ha (30 empl.) plat, herbeux
Pâques-oct. - **R** *conseillée juil.-août*

ST-JUST

11 - 76 ⑭

Paris 536 - Chaudes-Aigues 29 - Ruynes-en-Margeride 22 - Saint-Chély-d'Apcher 15 - Saint-Flour 27

15390 Cantal - 248 h. alt. 885

Municipal, ✆ 71 73 72 57, au SE du bourg, bord d'un ruisseau
2 ha (60 empl.) plat et peu incliné, terrasse, herbeux - vélos - A proximité : - Location : gîtes
avril-sept. - **R** *conseillée* - *10,90 6,80 9,70 9,80 (10A)*

ST-JUSTIN

14 - 79 ⑫

Paris 694 - Barbotan-les-Thermes 17 - Captieux 40 - Labrit 30 - Mont-de-Marsan 24 - Villeneuve-de-Marsan 15

40240 Landes - 917 h.

Le Pin, ✆ 58 44 88 91, N : 2,3 km sur D 626 rte de Roquefort, bord d'un étang
3 ha (50 empl.) plat, herbeux
vélos - Location :
avril-nov. - **R** *conseillée juil.-août* - *21 piscine comprise 33*

ST-LAGER-BRESSAC

16 - 76 ⑳

Paris 594 - Aubenas 43 - Montélimar 22 - Pont-Saint-Esprit 56 - Privas 12 - Valence 36

07210 Ardèche - 569 h.

Municipal les Civelles d'Ozon, ✆ 75 65 01 86, sortie E sur D 322, rte de Baix, bord d'un ruisseau
1,3 ha (40 empl.) (juil.-août) plat, pierreux, herbeux
mai-sept. - **R** *conseillée 14 juil.-15 août* - *2 pers. 30/43,50, pers. suppl. 14 8 (6A)*

ST-LAMBERT-DU-LATTAY

5 - 67 ⑥ G. Châteaux de la Loire

Paris 313 - Angers 21 - Ancenis 51 - Cholet 35 - Doué-la-Fontaine 33

49750 M.-et-L. - 1 352 h.

S.I. la Coudraye, au sud du bourg, près d'un étang
0,5 ha (20 empl.) peu incliné, herbeux
15 avril-oct. - **R** - *10,50 10,50 10A : 11,50 (avril et oct. 23)*

ST-LARY-SOULAN

14 - 85 ⑲ G. Pyrénées Aquitaine

Paris 863 - Arreau 12 - Auch 103 - Bagnères-de-Luchon 44 - Saint-Gaudens 64 - Tarbes 69

65170 H.-Pyr. - 1 108 h. alt. 830 - Sports d'hiver : 1 680/2 450 m 2 29.
Office de Tourisme, r. Principale ✆ 62 39 50 81, Fax 62 39 50 06

Municipal ←, ✆ 62 39 41 58, au bourg, à l'est du D 929
1,4 ha (76 empl.) plat et peu incliné, herbeux, pierreux - A proximité : - Location :
fermé du 21 oct. au 4 déc. - **R** *conseillée* - *24 24 15 (2A) 20 (4A) 33 (10A)*

ST-LAURENT-D'AIGOUZE

16 - 83 ⑧

Paris 740 - Aigues-Mortes 8 - La Grande-Motte 85 - Montpellier 37 - Nîmes 31 - Sommières 21

30220 Gard - 2 323 h.

Port Viel, 66 88 15 42, S : 2,8 km par D 46
4 ha (160 empl.) plat, pierreux, herbeux -
avril-oct. - **R** *conseillée juil.-août - piscine comprise 1 ou 2 pers. 94, pers. suppl. 27 18 (6A) 21 (10A)*

ST-LAURENT-DE-CERDANS

15 - 86 ⑱ G. Pyrénées Roussillon

Paris 919 - Amélie-les-Bains-Palalda 20 - Perpignan 59 - Prats-de-Mollo-la-Preste 20

66260 Pyr.-Or. - 1 489 h. alt. 675

Municipal Verte Rive <, 68 39 54 64, sortie NO par D 3 rte d'Arles-sur-Tech, bord de la Quéra
1,4 ha (74 empl.) (juil.-août) peu incliné, herbeux - - A proximité :
juin-sept. - **R** - *11 4,20 11*

ST-LAURENT-DU-PAPE

11 - 76 ⑳ G. Vallée du Rhône

Paris 583 - Aubenas 54 - Le Cheylard 44 - Crest 34 - Privas 24 - Valence 19

07800 Ardèche - 1 206 h.

La Garenne, 75 62 24 62, au nord du bourg, accès près de la poste
3,5 ha (120 empl.) plat, en terrasses, pierreux, herbeux - snack, cases réfrigérées -
mars-oct. - **R** *conseillée juil.-août - Tarif 94 : piscine comprise 2 pers. 94, pers. suppl. 23 14 (4 ou 6A)*

ST-LAURENT-DU-PONT

12 - 77 ⑤ G. Alpes du Nord

Paris 546 - Chambéry 29 - Grenoble 32 - La Tour-du-Pin 40 - Voiron 15

38380 Isère - 4 061 h.
Office de Tourisme - Mairie
76 55 20 37, Fax 76 55 12 30

Municipal les Berges du Guiers <, 76 55 20 63, à la sortie N du village par D 520 rte de Chambéry, bord du Guiers Mort - chemin et passerelle pour piétons reliant le camp au village
1 ha (37 empl.) plat, herbeux - - A proximité :
15 juin-15 sept. - **R** - *1 pers. 35, 2 pers. 45, pers. suppl. 15 15 (5A)*

ST-LAURENT-DU-VERDON

17 - 81 ⑯

Paris 791 - Digne-les-Bains 62 - Gréoux-les-Bains 27 - Manosque 39 - Montmeyan 12 - Moustiers-Sainte-Marie 31

04480 Alpes-de-H.-Pr. - 71 h.

La Farigoulette « Site agréable », 92 74 41 62, Fax 92 74 00 97, NE : 1,5 km par rte de Montpezat, près du Verdon (plan d'eau)
11 ha (280 empl.) peu incliné, pierreux - - vélos - Location : studios
15 mai-15 sept. - - *piscine comprise 2 pers. 72 17 (5A)*

ST-LAURENT-EN-BEAUMONT

12 - 77 ⑮

Paris 616 - Le Bourg-d'Oisans 43 - Corps 17 - Grenoble 50 - Mens 25 - La Mure 10,7

38350 Isère - 282 h. alt. 850

Belvédère de l'Obiou <, 76 30 40 80, SO : 1,3 km sur N 85, au lieu-dit les Egats
1 ha (35 empl.) plat, peu incliné, terrasses, herbeux - - - A proximité : snack
mai-sept. - **R** *conseillée juil.-août*

ST-LAURENT-EN-GRANDVAUX

12 - 70 ⑮ G. Jura

Paris 446 - Champagnole 22 - Lons-le-Saunier 46 - Morez 12 - Pontarlier 60 - Saint-Claude 30

39150 Jura - 1 781 h. alt. 908

Municipal Champ de Mars <, 84 60 19 30, sortie E par N 5
3 ha (130 empl.) plat et peu incliné, herbeux - -
fermé oct. - **R** *indispensable hiver - été - 9,50 (hiver 16,50) 11 (hiver 11,30) été : 9 (6A) hiver : 19 (6A) 27,80 (10A)*

ST-LAURENT-LES-ÉGLISES

10 - 72 ⑧

Paris 389 - Bellac 49 - Bourganeuf 31 - Guéret 51 - Limoges 28 - La Souterraine 39

87340 H.-Vienne - 636 h.

Municipal Pont du Dognon < « Site agréable », 55 56 57 25, SE : 1,8 km par D 5 rte de St-Léonard-de-Noblat, bord du Taurion (plan d'eau)
3 ha (90 empl.) (juil.-août) en terrasses, pierreux, herbeux - - - A proximité : - Location *(avril-nov.)* : huttes
15 juin-15 sept. - **R** *conseillée - piscine comprise 2 pers. 53 14*

ST-LÉGER-DE-FOUGERET **58** Nièvre - 69 ⑥ - rattaché à Château-Chinon

ST-LÉONARD-DE-NOBLAT

10 - 72 ⑱ G. Berry Limousin

Paris 402 - Aubusson 67 - Brive-la-Gaillarde 92 - Guéret 62 - Limoges 19

87400 H.-Vienne - 5 024 h.
Office de Tourisme, r. Roger-Salengro 55 56 25 06

Municipal de Beaufort, 55 56 02 79, S : 3 km, bord de la Vienne
2 ha (98 empl.) plat et peu incliné, herbeux
15 juin-15 sept. - R - *2 pers. 40,80 ou 48, pers. suppl. 12* *10,80 (5A) 21,60 (18A)*

ST-LÉON-SUR-VÉZÈRE

13 - 75 ⑰ G. Périgord Quercy

Paris 504 - Brive-la-Gaillarde 46 - Les Eyzies-de-Tayac 15 - Montignac 9 - Périgueux 56 - Sarlat-la-Canéda 34

24290 Dordogne - 427 h.

Le Paradis, 53 50 72 64, Fax 53 50 75 90, SO : 4 km sur D 706 rte des Eyzies-de-Tayac, bord de la Vézère
4,4 ha (200 empl.) plat, herbeux vélos, piste de bi-cross - Location :
avril-21 oct. - R *conseillée juil.-août* - GB - *31 piscine comprise* *49,50* *16 (6A)*

ST-LEU-D'ESSERENT

6 - 56 ⑪

Paris 56 - Beauvais 37 - Chantilly 5,5 - Creil 8 - Pontoise 40

60340 Oise - 4 288 h.
Office de Tourisme, r. de l'Eglise 44 56 38 10

Campix, 44 56 08 48, Fax 44 56 28 75, sortie N par D 12 rte de Cramoisy puis 1,5 km par rue à droite et chemin, dans une ancienne carrière
6 ha (160 empl.) plat, en terrasses, accidenté, herbeux, pierreux - Location : bungalows toilés
7 mars-1er déc. - R - *25* *25 ou 30/30* *15 (6A)*

ST-LORMEL

4 - 59 ⑤

Paris 418 - Dinan 19 - Dinard 21 - Lamballe 28 - Saint-Brieuc 49 - Saint-Cast-le-Guildo 13

22130 C.-d'Armor - 787 h.

Municipal, au bourg, près de l'église
1 ha (50 empl.) plat, herbeux

ST-LUNAIRE

4 - 59 ⑤ G. Bretagne

Paris 422 - Dinan 24 - Dinard 4,5 - Plancoët 20 - Rennes 76 - Saint-Brieuc 66

35800 I.-et-V. - 2 163 h.

La Touesse, 99 46 61 13, Fax 99 16 02 58, E : 2 km par D 786 rte de Dinard, à 400 m de la plage
1,8 ha (135 empl.) plat, herbeux - A proximité : crêperie - Location : , studios
avril-sept. - R *conseillée* - *21* *14* *27* *14 (5A) 16 (10A)*

ST-LYPHARD

4 - 63 ⑭ G. Bretagne

Paris 449 - La Baule 16 - Nantes 71 - Redon 38 - Saint-Nazaire 21

44410 Loire-Atl. - 2 889 h.

Les Brières du Bourg, 40 91 43 13, SE : 0,3 km par D 47, près d'un plan d'eau
2 ha (110 empl.) plat et peu incliné, herbeux vélos - A proximité :
Permanent - R *conseillée juil.-août* - GB - *Tarif 94 :* *2 pers. 60, pers. suppl. 16,50* *15 (5A)*

ST-MALO

4 - 59 ⑥ G. Bretagne

Paris 423 - Alençon 177 - Avranches 64 - Dinan 32 - Rennes 69 - Saint-Brieuc 76

35400 I.-et-V. - 48 057 h.
Office de Tourisme, esplanade Saint-Vincent 99 56 64 48, Fax 99 40 93 13

La Ville Huchet, 99 81 11 83, S : 5 km par N 137 et rte de la Passagère
6 ha (150 empl.) plat, herbeux
Pâques-fin sept. - R *conseillée* - *14* *8* *14* *14 (6A) 16 (10A)*

à Paramé NE : 5 km - 35400 St-Malo :

Municipal Le Nicet, 99 40 26 32, à Rotheneuf, av. de la Varde, à 100 m de la plage, accès direct par escalier
2,5 ha (250 empl.) (saison) plat et peu incliné, en terrasses, herbeux

à St-Jouan-des-Guérets SE : 5 km par N 137, rte de Rennes - 2 221 h.
35430 St-Jouan-des-Guérets :

Le P'tit Bois « Entrée fleurie », 99 81 48 36, Fax 99 81 74 14, accès par N 137
3 ha (160 empl.) plat, herbeux (1 ha) Toboggan aquatique, vélos - Location :
mai-15 sept. - R *conseillée* - GB - *26 piscine comprise* *70* *18 (6A)*

ST-MALÔ-DU-BOIS

9 - 67 ⑤

Paris 365 - Bressuire 36 - Cholet 17 - Nantes 73 - La Roche-sur-Yon 55 - Thouars 59

85490 Vendée - 1 085 h.

Base de Plein Air de Poupet, 51 92 31 45, SE : 3 km par D 72 et rte à gauche, bord de la Sèvre Nantaise
2,7 ha (115 empl.) (juil.-août) plat, prairie (0,5 ha) - bureau de documentation touristique - - A proximité : poneys
15 avril-oct. - R - *10,50* *9* *10*

ST-MAMET-LA-SALVETAT

10 - 76 ⑪

Paris 585 - Argentat 53 - Aurillac 18 - Maurs 26 - Sousceyrac 28

15220 Cantal - 1 327 h. alt. 720

Municipal, 71 64 75 21, à l'est du bourg, accès par D 20, rte de Montsalvy et chemin du stade, à droite
0,8 ha (41 empl.) incliné à peu incliné, herbeux - - - A proximité : - Location *(permanent) :*
avril-oct. - **R** *conseillée* - *8* *25 (35 avec élect. 16A)*

ST-MANDRIER-SUR-MER

17 - 84 ⑮ G. Côte d'Azur

Paris 841 - Bandol 21 - Le Beausset 24 - Hyères 35 - Toulon 15

83430 Var - 5 175 h.
Office de Tourisme, pl. des Résistants 94 63 61 69

La Presqu'île « Entrée fleurie », 94 94 23 22, O : 2,5 km, carrefour D 18 et rte de la Pointe de Marégau, près du port de plaisance
1,8 ha (150 empl.) plat et en terrasses, pierreux - snack - A proximité :
15 avril-28 sept. - R

ST-MARC **44** Loire-Atl. - 63 ⑭ - rattaché à St-Nazaire

ST-MARCAN

4 - 59 ⑦

Paris 375 - Dinan 41 - Dol-de-Bretagne 12 - Le Mont-Saint-Michel 21 - Rennes 66 - Saint-Malo 33

35120 I.-et-V. - 401 h.

Le Balcon de la Baie, 99 80 22 95, SE : 0,5 km par D 89 rte de Pleine-Fougères et à gauche
2,8 ha (50 empl.) peu incliné, plat, herbeux (1,5 ha) - -
15 juin-15 sept. - **R** *conseillée* - *14* *6,50* *7,50* *12 (5A)*

ST-MARTIAL-DE-NABIRAT

13 - 75 ⑰

Paris 555 - Cahors 41 - Fumel 50 - Gourdon 10,5 - Périgueux 81 - Sarlat-la-Canéda 21

24250 Dordogne - 512 h.

Le Carbonnier, 53 28 42 53, sortie E par D 46, rte de Cahors, bord d'un petit étang
6 ha (150 empl.) peu incliné et en terrasses, pierreux, herbeux - - - tir à l'arc - Location :
Pâques-sept. - **R** *conseillée juil.-août* - GB - *Tarif 94 :* *27 piscine et tennis compris* *37* *14,50 (6A)*

Calmesympa, 53 28 43 15, Fax 53 30 23 65, NO : 2,1 km par D 46, rte de Domme et chemin à gauche
3 ha (25 empl.) en terrasses, peu incliné, herbeux - -
15 avril-15 oct. - **R** *indispensable* - *18 piscine comprise* *22* *14 (6A)*

ST-MARTIN-CANTALÈS

10 - 76 ① G. Auvergne

Paris 515 - Argentat 45 - Aurillac 37 - Mauriac 24

15140 Cantal - 207 h. alt. 633

Municipal Pont du Rouffet « Site agréable », 71 69 42 76, SO : 6,5 km par D 6 et D 42 à droite, au pont du Rouffet, bord du lac d'Enchanet - Croisement peu facile pour caravanes
0,7 ha (45 empl.) plat et en terrasses, incliné, herbeux -
juil.-sept. - R - *8* *5* *6* *6*

ST-MARTIN-D'ARDÈCHE **07** Ardèche - 80 ⑨ - Voir à Ardèche (Gorges de l')

ST-MARTIN-D'AUBIGNY

4 - 54 ⑫

Paris 322 - Carentan 23 - Coutances 17 - Lessay 15 - Saint-Lô 22

50190 Manche - 427 h.

Municipal (aire naturelle), au bourg, derrière l'église
0,4 ha (15 empl.) plat, herbeux - -
juin-août - **R** - *7* *5* *5*

ST-MARTIN-DE-CLELLES

12 - 77 ⑭

Paris 610 - Clelles 4,5 - Grenoble 45 - Mens 17 - Monestier-de-Clermont 11,5 - La Mure 30

38930 Isère - 122 h. alt. 700

Municipal la Chabannerie « Belle situation panoramique », 76 34 00 38, au nord du bourg, à proximité de la N 75
2,5 ha (39 empl.) non clos, accidenté et en terrasses, pierreux, herbeux - - (bassin)

ST-MARTIN-DE-LA-PLACE
5 - 64 ⑫

Paris 289 - Angers 38 - Baugé 28 - La Flèche 46 - Les Rosiers 7,5 - Saumur 7,5

49160 M.-et-L. - 1 129 h.

Districal de la Croix Rouge, sortie SE rte de Saumur, bord de la Loire
2,8 ha (150 empl.) plat, herbeux
juin-sept. - **R** - *10* *10* *9 (5A)*

ST-MARTIN-DE-LONDRES
15 - 83 ⑥ G. Gorges du Tarn

Paris 784 - Montpellier 25 - Le Vigan 37

34380 Hérault - 1 623 h.

Pic St-Loup , 67 55 00 53, Fax 67 55 00 04, sortie E par D 122 rte de Mas-de-Londres et chemin à gauche
2 ha (80 empl.) plat, pierreux, herbeux - - Location :
avril-sept. - **R** - *piscine comprise 2 pers. 55* *13 (6A)*

ST-MARTIN-DE-RÉ
17 Char.-Mar. - 71 ⑫ - voir à Ré (Ile de)

ST-MARTIN-DE-SEIGNANX
13 - 78 ⑰

Paris 756 - Bayonne 9 - Capbreton 15 - Dax 40 - Hasparren 30 - Peyrehorade 26

40390 Landes - 3 047 h.

Lou P'tit Poun, 59 56 55 79, SO : 4,7 km par N 117 rte de Bayonne et chemin à gauche
3 ha (80 empl.) plat et peu incliné, en terrasses, herbeux - - half-court - Location :
15 juin-1er sept. - **R** - *20 piscine comprise* *43* *20 (4A) 24 (6A) 28 (10A)*

ST-MARTIN-DE-VALAMAS
11 - 76 ⑲ G. Vallée du Rhône

Paris 595 - Aubenas 59 - Le Cheylard 9,5 - Lamastre 30 - Privas 58 - Le Puy-en-Velay 57 - Saint-Agrève 14

07310 Ardèche - 1 386 h.

Municipal la Teyre , 75 30 47 16, N : 0,9 km par D 120 rte de St-Agrève et au pont à droite, près de l'Eyrieux
0,5 ha (40 empl.) (saison) plat et peu incliné, herbeux, pierreux - - A proximité :

ST-MARTIN-D'URIAGE
12 - 77 ⑤ G. Alpes du Nord

Paris 588 - Le Bourg-d'Oisans 45 - Chamrousse 16 - Grenoble 14 - Vizille 13

38410 Isère - 3 678 h. alt. 680

Le Luiset , 76 89 77 98, derrière l'église
0,8 ha (60 empl.) en terrasses, herbeux - - A proximité :
mai-sept. - **R** *conseillée juil.-août* - *2 pers. 40, pers. suppl. 10* *11 (2A) 13 (4A) 15 (6A)*

ST-MARTIN-EN-CAMPAGNE
1 - 52 ⑤

Paris 172 - Dieppe 11,5 - Rouen 75 - Le Tréport 16

76370 S.-Mar. - 1 104 h.

Les Goélands , 35 83 82 90, NO : 2 km, à St-Martin-Plage
3 ha (154 empl.) en terrasses, peu incliné, herbeux - -
Permanent - Location longue durée - *Places disponibles pour le passage* - **R** - *Tarif 94 :* *71/97 sans limitation du nombre de personnes*

ST-MARTIN-EN-VERCORS
12 - 77 ④ G. Alpes du Nord

Paris 609 - La Chapelle-en-Vercors 9 - Grenoble 52 - Romans-sur-Isère 46 - Saint-Marcellin 31 - Villard-de-Lans 19

26420 Drôme - 275 h. alt. 840

Municipal , 75 45 51 10, sortie N par D 103
1,5 ha (66 empl.) plat, incliné et en terrasses, herbeux -
mai-oct. - **R** - *Tarif 94 :* *12* *6* *7* *10 (3A)*

ST-MARTIN-LE-BEAU
5 - 64 ⑮ G. Châteaux de la Loire

Paris 231 - Amboise 9 - Château-Renault 32 - Chenonceaux 12 - Tours 20

37270 I.-et-L. - 2 427 h.

Municipal la Grappe d'Or , 47 50 69 65, S : 1,5 km par D 83, rte de Athée-sur-Cher et chemin à droite avant le pont, près du Cher - accès conseillé par la D 140
2 ha (50 empl.) plat, herbeux - -
12 juin-12 sept. - **R** - *1 ou 2 pers. 27, pers. suppl. 7* *8 (5A) 12 (8A)*

ST-MARTIN-TERRESSUS
10 - 72 ⑧ G. Berry Limousin

Paris 387 - Ambazac 6 - Bourganeuf 33 - Limoges 20 - Saint-Léonard-de-Noblat 11,5 - La Souterraine 48

87400 H.-Vienne - 456 h.

Soleil Levant , 55 39 74 12, au bourg, bord d'un plan d'eau
0,5 ha (36 empl.) en terrasses, herbeux - crêperie - (plage)
15 juin-15 sept. - **R** - *10* *5* *8/10* *12 (10A)*

ST-MARTIN-VALMEROUX

10 - 76 ② G. Auvergne

Paris 511 - Aurillac 32 - Mauriac 20 - Murat 55 - Salers 12

15140 Cantal - 1 012 h. alt. 630

Municipal Le Moulin du Teinturier, à l'ouest du bourg, sur D 37, rte de Ste-Eulalie-Nozières, bord de la Maronne
2 ha (45 empl.) plat et peu incliné, herbeux - A proximité :
15 juin-15 sept. - **R** - *Tarif 94 : 8,50 4 4,50 11*

ST-MARTIN-VÉSUBIE

17 - 84 ⑲ G. Côte d'Azur

Paris 858 - Antibes 73 - Barcelonnette 116 - Cannes 83 - Menton 62 - Nice 65

06450 Alpes-Mar. - 1 041 h. alt. 960.

Office de Tourisme, pl. Félix-Faure (saison) 93 03 21 28

St-Joseph ≤, 93 03 20 14, S : 1 km par D 2565 rte de Nice, à 200 m de la Vésubie
1 ha (50 empl.) incliné, herbeux verger - (mai-oct.) - A proximité :
Permanent - - *2 pers. 57, pers. suppl. 13 14 (3A)*

ST-MARTORY

14 - 82 ⑯ G. Pyrénées Aquitaine

Paris 764 - Aurignac 12 - Bagnères-de-Luchon 65 - Cazères 16 - Saint-Gaudens 19 - Toulouse 71

31360 H.-Gar. - 940 h.

Municipal ≤, 61 90 44 93, S : 0,8 km par D 117 et chemin à droite
1,3 ha (50 empl.) plat, herbeux - - A proximité :

ST-MAURICE-D'ARDÈCHE **07** Ardèche - 80 ⑨ - voir à Ardèche (Gorges de l')

ST-MAURICE-D'IBIE

16 - 80 ⑨ G. Vallée du Rhône

Paris 638 - Aubenas 22 - Bourg-Saint-Andéol 47 - Privas 52 - Vallon-Pont-d'Arc 16 - Viviers 33

07170 Ardèche - 163 h.

Le Sous-Bois , 75 94 86 95, S : 2 km par D 558 rte de Vallon-Pont-d'Arc, bord de l'Ibie
2 ha (50 empl.) plat, herbeux, pierreux - pizzeria - vélos - Location :
15 juin-15 sept. - **R** *conseillée 15 juil.-15 août - Tarif 94 : piscine comprise 2 pers. 65, pers. suppl. 12 12 (3A) 18 (10A)*

ST-MAURICE-EN-VALGODEMARD

17 - 77 ⑯ G. Alpes du Nord

Paris 649 - La Chapelle-en-Valgaudémar 10 - Corps 18 - Gap 38 - La Mure 43

05800 H.-Alpes - 143 h. alt. 990

Le Bocage ≤ « Cadre agréable », 92 55 31 11, NE : 1,5 km, au Roux, bord de la Séveraisse
0,6 ha (50 empl.) plat, pierreux, herbeux - -
juil.-août - **R** - *8 10 9,50 (2A) 10,50 (3A) 12,50 (4A)*

ST-MAURICE-SUR-MOSELLE

8 - 66 ⑧ G. Alsace Lorraine

Paris 450 - Belfort 39 - Bussang 3,5 - Épinal 57 - Mulhouse 51 - Thann 31 - Le Thillot 7

88560 Vosges - 1 615 h. - Sports d'hiver : au Ballon d'Alsace et à la Tête du Rouge Gazon.

Syndicat d'Initiative, au Chalet (juil.-août) 29 25 12 34 et Mairie 29 25 11 21

Les Deux Ballons ≤, 29 25 17 14, sortie SO par N 66 rte du Thillot, bord d'un ruisseau
3 ha (180 empl.) plat et en terrasses, herbeux - (juil.-août) - vélos - A proximité : - Location *(permanent)* :
vacances de Noël, 11 fév.-1er nov. - **R** *conseillée fév., été - 19 piscine comprise 22 20 (4A) 25 (15A)*

ST-MAXIMIN-LA-STE-BAUME

17 - 84 ④ ⑤ G. Provence

Paris 792 - Aix-en-Provence 43 - Brignoles 20 - Draguignan 75 - Marseille 50 - Rians 23 - Toulon 55

83470 Var - 9 594 h.

Office de Tourisme, Hôtel-de-Ville 94 59 84 59, Fax 94 78 09 40

Provençal « Cadre agréable », 94 78 16 97, S : 2,5 km par D 64 rte de Mazaugues
5 ha (100 empl.) en terrasses et accidenté, pierreux - - - Location :
avril-sept. - **R** *conseillée juil.-août - 21 piscine comprise 25 14 (6A) 21 (10A)*

ST-MICHEL-CHEF-CHEF

9 - 67 ①

Paris 442 - Nantes 53 - Pornic 10,1 - Saint-Nazaire 19

44730 Loire-Atl. - 2 663 h.

Thar-Cor « Entrée fleurie », 40 27 82 81, Fax 40 27 81 51, **à Tharon-Plage,** 43 av. du Cormier, à 300 m de la plage
3 ha (202 empl.) plat et peu incliné, herbeux - - Location *(15 mars-15 oct.)* :
Permanent - **R** *conseillée juil.-août - 2 pers. 80 ou 88 18 (4A) 22 (6A) 30 (10A)*

La Poplinière, 40 27 85 71, SO : 1,2 km, rte de Tharon-Plage, à 400 m de la plage
4 ha (200 empl.) plat et peu incliné à incliné, herbeux (0,7 ha) - - - A proximité :
mai-10 sept. - **R** *conseillée juil., indispensable août - 2 pers. 60 12 (2A) 22 (6A)*

ST-MICHEL-DE-CHAILLOL
17 - 77 ⑯

Paris 667 - Corps 36 - Gap 24 - Orcières 21 - Savines-le-Lac 41 - Serres 65

05260 H.-Alpes - 336 h. alt. 1 470

Lou Seignour ❄ ≶ ≤, ✆ 92 50 48 11, NO par rte de Chaillol, à la Villette - alt. 1 371
0,6 ha (50 empl.) peu incliné, herbeux

ST-MICHEL-EN-GRÈVE
3 - 58 ⑦ G. Bretagne

Paris 528 - Guingamp 42 - Lannion 11 - Morlaix 27 - Saint-Brieuc 79

22300 C.-d'Armor - 376 h.

Les Capucines « Cadre agréable », ✆ 96 35 72 28, N : 1,5 km par rte de Lannion et chemin à gauche
4 ha (100 empl.) peu incliné, herbeux (1,5 ha) - vélos
3 juin-3 sept. - **R** *conseillée juil.-août* - GB - *25 piscine comprise* *40/55* *8 (2A) 12 (4A) 16 (6A)*

La Pinède, ✆ 96 35 44 56, NE : 2 km par rte de Lannion
1,8 ha (85 empl.) peu incliné et en terrasses, herbeux pinède - half-court
15 juin-15 sept. - **R** *conseillée 15 juil.-août* - *14,50 piscine comprise* *8* *16* *11 (5A) 16 (10A)*

ST-MICHEL-EN-L'HERM
9 - 71 ⑪ G. Poitou Vendée Charentes

Paris 448 - Luçon 15 - La Rochelle 44 - La Roche-sur-Yon 47 - Les Sables-d'Olonne 53

85580 Vendée - 1 999 h.
Office de Tourisme, pl. de l'Abbaye ✆ 51 30 21 89

Les Mizottes, ✆ 51 30 23 63, SO : 0,8 km par D 746 rte de l'Aiguillon-sur-Mer
2 ha (43 empl.) plat, herbeux
juin-sept. - **R** *conseillée août* - *élect. (5A) comprise 3 pers. 60*

ST-MICHEL-ESCALUS
13 - 78 ⑯

Paris 717 - Bayonne 62 - Castets 9 - Dax 29 - Mimizan 43 - Soustons 22

40550 Landes - 161 h.

Fontaine St-Antoine « Cadre sauvage », ✆ 58 48 78 50, sur D 142, sortie O de St-Michel, à 200 m d'un ruisseau - dans locations
11 ha/3 campables (233 empl.) vallonné, accidenté, sablonneux, herbeux pinède - Location :
mars-sept. - **R** *conseillée 15 juil.-20 août* - *14* *11* *16,50* *11,50 (5A) 12,50 (10A) 16,50 (15A)*

ST-NAZAIRE
4 - 63 ⑮ G. Bretagne

Paris 439 - La Baule 12 - Nantes 61 - Vannes 75

44600 Loire-Atl. - 64 812 h.
Pont de St-Nazaire : Gratuit
Office de Tourisme, pl. François-Blancho ✆ 40 22 40 65, Fax 40 22 19 80

à St-Marc SO : 8 km par D 92 et D 292 - ✉ 44600 Saint-Nazaire :

L'Ève, ✆ 40 91 90 65, Fax 40 91 76 59, E : 1 km par D 292, rte de St-Nazaire - Passage souterrain donnant accès à la plage
8 ha (402 empl.) plat et peu incliné, herbeux crêperie - vélos
Permanent - **R** *conseillée* - GB - *Tarif 94 :* *21* *40* *16 (5A)*

Voir aussi à Pornichet

ST-NAZAIRE-EN-ROYANS
12 - 77 ③ G. Alpes du Nord

Paris 580 - Grenoble 63 - Pont-en-Royans 9 - Romans-sur-Isère 18 - Saint-Marcellin 14 - Valence 34

26190 Drôme - 531 h.

Municipal « Entrée fleurie », ✆ 75 48 41 18, SE : 0,7 km rte de St-Jean-en-Royans, bord de la Bourne (plan d'eau)
0,75 ha (75 empl.) plat et peu incliné, herbeux - A proximité :
mai-sept. - **R** - *2 pers. 40, pers. suppl. 15* *15 (3A) 20 (6A)*

ST-NAZAIRE-LE-DÉSERT
16 - 77 ⑬

Paris 631 - Die 38 - Nyons 39 - Valence 68

26340 Drôme - 168 h.

Municipal ≤, ✆ 75 27 50 03, SE : 1 km par D 135 rte de Volvent et à gauche
0,85 ha (43 empl.) en terrasses et peu incliné, pierreux, herbeux snack

ST-NAZAIRE-SUR-CHARENTE
9 - 71 ⑬

Paris 489 - Fouras 28 - Rochefort 15 - La Rochelle 49 - Saintes 41

17780 Char.-Mar. - 834 h.

L'Abri-Cotier ✆ 46 84 81 65, SO : 1,1 km par D125^E, rte de St-Froult et à droite
1,8 ha (100 empl.) plat, peu incliné, herbeux (1,2 ha) - Location :
30 avril-1er oct. - **R** *conseillée juil.-août* - GB - *piscine comprise 3 pers. 68* *16 (6A)*

ST-NECTAIRE

11 - 73 ⑭ G. Auvergne

Paris 459 - Clermont-Ferrand 44 - Issoire 24 - Le Mont-Dore 25

63710 P.-de-D. - 664 h. alt. 760 - 3 avril-15 oct.

Office de Tourisme, Anciens Thermes (mai-sept.) 73 88 50 86, Fax 73 88 54 42

Municipal le Viginet ≤, 73 88 53 80, sortie SE par D 996 puis 0,6 km par chemin à gauche (face au garage Ford)
2 ha (90 empl.) plat, peu incliné et incliné, herbeux, pierreux - - Location : huttes
juin-sept. - **R** *juil.-août - Tarif 94 : 16 8,50 16 17 (6A)*

La Clé des Champs, 73 88 52 33, sortie SE par D 996 et D 146E rte des Granges, bord d'un ruisseau et à 200 m de la Couze de Chambon
1 ha (50 empl.) plat, peu incliné et en terrasses, herbeux -
avril-sept. - **R** *conseillée sauf août - Tarif 94 : 13,50 7 12,50*

ST-NICOLAS-DE-LA-GRAVE

14 - 79 ⑯

Paris 651 - Agen 37 - Castelsarrasin 11 - Lavit-de-Lamagne 16 - Moissac 8,5 - Montauban 32

82210 T.-et-G. - 2 024 h.

Intercommunal du Plan d'Eau, 63 95 50 02, N : 2,5 km par D 15 rte de Moissac, à 100 m du plan d'eau du Tarn et de la Garonne
1,6 ha (42 empl.) plat, herbeux - - A proximité :
15 juin-15 sept. - **R** *conseillée 7 juil.-25 août - Tarif 94 : piscine comprise 1 ou 2 pers. 49,50, 3 pers. 68, 4 pers. 86,50 11,50 (3 à 5A)*

ST-NICOLAS-DU-PÉLEM

3 - 59 ⑫ G. Bretagne

Paris 480 - Carhaix-Plouguer 36 - Guingamp 36 - Loudéac 42 - Saint-Brieuc 51

22480 C.-d'Armor - 1 922 h.

Municipal, à 1 km à l'ouest du centre ville sur rte de Rostrenen, bord d'un ruisseau
1,5 ha (60 empl.) plat à peu incliné, herbeux - - A proximité : snack
15 juin-15 sept. - **R** - *7,60 2,70 4 7,30*

ST-OMER

1 - 51 ③ G. Flandres Artois Picardie

Paris 256 - Abbeville 87 - Amiens 111 - Arras 73 - Béthune 43 - Boulogne-sur-Mer 49 - Calais 41 - Dunkerque 40

62500 P.-de-C. - 14 434 h.

Office de Tourisme, bd Pierre-Guillain 21 98 08 51, Fax 21 98 22 82

Château du Ganspette « Parc boisé », 21 93 43 93, Fax 21 95 74 98 62910 Moulle, à **Eperlecques-Ganspette,** NO : 11,5 km par N 43 et D 207 rte de Watten
8 ha/2 campables (126 empl.) peu incliné, herbeux - grill -
avril-sept. - Location longue durée - *Places disponibles pour le passage -* **R** *conseillée juil.-août - GB - Tarif 94 : piscine comprise 2 pers. 90 20 (6A)*

ST-PAIR-SUR-MER

4 - 59 ⑦ G. Normandie Cotentin

Paris 347 - Avranches 23 - Granville 4 - Villedieu-les-Poêles 27

50380 Manche - 3 114 h.

Syndicat d'Initiative, r. Charles-Mathurin, 33 50 52 77

Schéma à Jullouville

La Chanterie , 33 90 79 62, SE : 3,5 km par D 21 et rte à droite
2,5 ha (168 empl.) plat, herbeux - - Location :
juil.-sept. - **R** - *Tarif 94 : piscine comprise 2 pers. 60, pers. suppl. 18 11 (3A) 17 (6A)*

L'Ecutot, 33 50 26 29, Fax 33 50 64 94, E : 1,3 km par D 309 et D 151, rte de St-Planchers
3 ha (174 empl.) plat et peu incliné, herbeux - - Location : , studios et appartements
avril-sept. - **R** - *24 piscine comprise 20 9 (2A) 13 (4A) 25 (10A)*

Angomesnil , 33 51 64 33, SE : 4,9 km par D 21 rte de St-Michel-des-Loups et D 154 à gauche, rte de St-Aubin-des-Préaux
1,2 ha (45 empl.) plat, herbeux - -
20 juin-10 sept. - *Tarif 94 : 13,40 7,20 9,25 9,60 (2A)*

La Mariénée , 33 50 05 71, SE : 2,5 km, sur D 21
1,2 ha (70 empl.) peu incliné, herbeux, sablonneux - -
avril-sept. - **R** *conseillée juil.-août - Mineurs non accompagnés non admis - Tarif 94 : 12 9 9 (2A) 12 (3A) et 3 par ampère supplémentaire (4 à 6A)*

La Gicquelière , 33 50 62 27, SE : 3 km par D 21 et rte à droite
1,5 ha (50 empl.) peu incliné et plat, herbeux -
15 juin-15 sept. - **R** *août - 12 6 6 9,50 (3A)*

Voir aussi à ***Granville***

ST-PALAIS

9 - 71 ⑦

Paris 523 - Bordeaux 67 - Jonzac 23 - Mirambeau 8 - Montendre 20 - Royan 59

33820 Gironde - 409 h.

Chez Gendron ≤, 57 32 96 47, O : 1,5 km par rte de St-Ciers-sur-Gironde et rte à droite
1,5 ha (50 empl.) en terrasses, incliné, herbeux - snack - - Location :
Permanent - **R** *conseillée - 14 piscine comprise 9 23 11 (5 ou 6A)*

ST-PALAIS-SUR-MER

9 - 71 ⑮ G. Poitou Vendée Charentes

Paris 514 - La Rochelle 78 - Royan 5,5

17420 Char.-Mar. - 2 736 h.
Office de Tourisme, 1 av. de la République ✆ 46 23 22 58, Fax 46 23 36 73

Schéma à Royan

Le Puits de l'Auture « Cadre agréable », ✆ 46 23 20 31, Fax 46 23 26 38, NO : 2,5 km, à 50 m de la mer -
7 ha (450 empl.) plat, herbeux - Location :
mai-sept. - **R** *conseillée* - GB - *Tarif 94 : piscine comprise 1 à 3 pers. 135 (155 ou 180 avec élect. 5A), pers. suppl. 30 30 (10A)*

Côte de Beauté « Entrée fleurie », ✆ 46 23 20 59, NO : 2,5 km, à 50 m de la mer
1 ha (100 empl.) plat, herbeux - A proximité :
juin-10 sept. - **R** *conseillée*

Les Ormeaux, ✆ 46 39 02 07, Fax 46 38 56 66, NE : avenue de Bernezac
3 ha (189 empl.) plat, herbeux, terrasses - A proximité : - Location *(avril-1er nov.)* :
mai-sept. - **R** *conseillée* - GB - *3 pers. 98, pers. suppl. 24,50 18,90 (3A) 22,50 (6A) 32 (10A)*

ST-PAL-DE-CHALENCON

11 - 76 ⑦ G. Vallée du Rhône

Paris 526 - Ambert 39 - Craponne-sur-Arzon 12 - Montbrison 43 - Saint-Bonnet-le-Château 14 - Saint-Etienne 47

43500 H.-Loire - 1 029 h. alt. 870

Municipal Sainte-Reine ✆ 71 61 33 87, sortie E par D 12 rte de Bas-en-Basset et à droite, à la piscine
0,45 ha (26 empl.) (juil.-août) plat, herbeux -
avril-oct. - **R** *conseillée juil.-août - Tarif 94 : 8 10 11 (2 ou 4A) 15 (6A)*

ST-PANTALÉON

14 - 79 ⑰

Paris 602 - Cahors 20 - Castelnau-Montratier 16 - Montcuq 6 - Montaigu-de-Quercy 30 - Tournon-d'Agenais 26

46800 Lot - 160 h.

Moulin de Saint-Martial « Belle restauration d'un moulin », ✆ 65 22 92 27, E : 5,3 km sur D 653 rte de Cahors, au lieu-dit St-Martial, bord de la Barguelonnette
12 ha/2,6 campables (33 empl.) plat, herbeux, pierreux, petit étang - vélos, tir à l'arc - Location :
15 mai-15 nov. - **R** *indispensable 20 juil.-20 août* - GB - *20 25 16 (6A)*

ST-PANTALÉON-DE-LAPLEAU

10 - 76 ①

Paris 476 - Égletons 24 - Mauriac 24 - Meymac 41 - Neuvic 11,5 - Ussel 32

19160 Corrèze - 65 h. alt. 612

Municipal les Combes, ✆ 55 27 56 90, sortie N par D 55, rte de Lamazière-Basse
0,7 ha (30 empl.) peu incliné, herbeux - - - A proximité :
Permanent - **R** *conseillée juil.-août* - GB - *11 10 10 (16A)*

ST-PARDOUX

10 - 72 ⑦

Paris 371 - Bellac 26 - Limoges 34 - Saint-Junien 39 - La Souterraine 32

87250 H.-Vienne - 482 h.

Le Friaudour « Situation agréable », ✆ 55 76 57 22, S : 1,2 km, bord du lac de St-Pardoux, à la Base de Loisirs
5 ha/3,5 campables (300 empl.) peu incliné, herbeux (0,3 ha) - - - A proximité : (plage) - Location : gîtes
juin-16 sept. - **R** *conseillée juil.-août* - *piscine comprise 2 pers. 80 ou 100*

ST-PARDOUX-CORBIER

10 - 75 ⑧

Paris 451 - Arnac-Pompadour 7,5 - Brive-la-Gaillarde 39 - Saint-Yrieix-la-Perche 27 - Tulle 41 - Uzerche 11,5

19210 Corrèze - 374 h.

Municipal du Plan d'Eau, ✆ 55 73 69 49, Sortie E par D 50, rte de Vigeois et chemin à droite, près d'un plan d'eau
1 ha (40 empl.) plat, herbeux, en terrasses - -
juin-sept. - **R** - *Tarif 94 : 8 9/13 8*

ST-PATERNE-RACAN

5 - 64 ④ G. Châteaux de la Loire

Paris 252 - Angers 91 - Blois 79 - Le Mans 56 - Tours 30

37370 I.-et-L. - 1 449 h.

Intercommunal de l'Escotais, sortie NO par D 6 rte de St-Christophe-sur-le-Nais, bord de la rivière
1 ha (33 empl.) plat, herbeux - - - A proximité :
avril-oct. - - *7 8 8 20*

ST-PAUL

17 - 81 ⑧ G. Alpes du Sud

Paris 747 - Barcelonnette 22 - Briançon 64 - Guillestre 29

04530 Alpes-de-H.-Pr. - 198 h. alt. 1 470

Bel Iscle « Situation agréable », ✆ 92 84 32 05, Fax 92 84 37 14, au NE du bourg, par D 25 et chemin à droite, bord de l'Ubaye (petit plan d'eau)
1 ha (50 empl.) plat, peu incliné, accidenté, pierreux, rocheux, herbeux (0,8 ha) - - - A proximité : snack

ST-PAUL-DE-VARAX

12 - 74 ② G. Vallée du Rhône

Paris 439 - Bourg-en-Bresse 14 - Châtillon-sur-Chalaronne 16 - Pont-d'Ain 25 - Villars-les-Dombes 14

01240 Ain - 1 081 h.

Municipal Étang du Moulin « Dans un site agréable », ✆ 74 42 53 30, à la Base de Plein Air, SE : 2 km par D 70B rte de St-Nizier-le-Désert puis 1,5 km par rte à gauche, près d'un étang
34 ha/4 campables (200 empl.) plat, herbeux, bois attenant - (beau plan d'eau avec toboggan aquatique), tir à l'arc
mai-15 sept. - **R** *conseillée - 22 49 avec élect.*

ST-PAUL-DE-VÉZELIN

11 - 73 ⑦

Paris 411 - Boën 19 - Feurs 28 - Roanne 30 - Saint-Just-en-Chevalet 29 - Tarare 39

42590 Loire - 308 h.

Arpheuilles « Belle situation dans les gorges de la Loire », ✆ 77 63 43 43, N : 4 km, à Port Piset, près du fleuve (plan d'eau) - Croisement peu facile pour caravanes
1,5 ha (68 empl.) peu incliné, en terrasses, herbeux -
avril-oct. - **R** *conseillée juil.-août - 2 pers. 65, pers. suppl. 17 15 (5 ou 6A)*

ST-PAUL-EN-BORN

13 - 78 ④ ⑭

Paris 686 - Castets 55 - Mimizan 7 - Mont-de-Marsan 75 - Parentis-en-Born 17

40200 Landes - 597 h.

Lou Talucat , ✆ 58 07 44 16, sortie E rte de Pontenx-les-Forges et 1 km par chemin à gauche, bord d'un ruisseau
3,3 ha (166 empl.) plat, herbeux, sablonneux (1,5 ha) - - - Location :
15 avril-sept. - **R** *conseillée juil.-août - Tarif 94 : 2 pers. 60, pers. suppl. 14 14 (5A)*

ST-PAUL-EN-FORÊT

17 - 84 ⑦ ⑧

Paris 889 - Cannes 46 - Draguignan 29 - Fayence 9,5 - Fréjus 23 - Grasse 31

83440 Var - 812 h.

Le Parc « Cadre agréable », ✆ 94 76 15 35, Fax 94 84 71 84, N : 3 km par D 4 rte de Fayence puis chemin à droite
3 ha (100 empl.) accidenté et en terrasses, pierreux, herbeux - - - Location :
Permanent - **R** *conseillée juil.-août - 25 piscine comprise 30 14 (10A)*

ST-PAUL-TROIS-CHÂTEAUX

16 - 81 ① G. Vallée du Rhône

Paris 632 - Montélimar 28 - Nyons 38 - Orange 33 - Vaison-la-Romaine 34 - Valence 71

26130 Drôme - 6 789 h.
Office de Tourisme, r. de la République ✆ 75 96 61 29, Fax 75 96 74 61

Municipal de Bellevue, ✆ 75 04 90 13, O : 1,2 km par D 59, rte de Pierrelatte et à gauche
1 ha (88 empl.) plat, herbeux - - - A proximité :
15 mai-sept. - **R** - *8 6 6 10 (5A) 15 (10A) 20 (15A)*

ST-PÉE-SUR-NIVELLE

13 - 78 ⑫ ⑱ G. Pyrénées Aquitaine

Paris 791 - Bayonne 19 - Biarritz 17 - Cambo-les-Bains 18 - Pau 126 - Saint-Jean-de-Luz 13

64310 Pyr.-Atl. - 3 463 h.
Office de Tourisme ✆ 59 54 11 69

à Ibarron O : 2 km par D 918 rte de St-Jean-de-Luz - ✉ 64310 Ascain :

Goyetchea « Cadre agréable », ✆ 59 54 19 59, N : 0,8 km rte d'Ahetze et à droite
1,7 ha (130 empl.) plat et peu incliné, herbeux - -
juin-25 sept. - **R** *conseillée juil.-août - piscine comprise 2 pers. 72 15 (6A)*

Ibarron, ✆ 59 54 10 43, sortie O rte de St-Jean-de-Luz, près de la Nivelle
2,8 ha (194 empl.) plat, herbeux - -
15 mai-20 sept. - **R** - *2 pers. 56,50, pers. suppl. 15,30 15,10 (6A)*

ST-PÈRE

89 Yonne - 65 ⑮ ⑯ - rattaché à Vézelay

ST-PÈRE

4 - 59 ⑥

Paris 406 - Cancale 14 - Dinard 15 - Dol-de-Bretagne 17 - Rennes 60 - Saint-Malo 17

35430 I.-et-V. - 1 516 h.

Bel Évent, ✆ 99 58 83 79, SE : 1,5 km par D 74 rte de Châteauneuf et chemin à droite - dans locations
2,5 ha (96 empl.) plat, herbeux - - vélos - Location :
mars-nov. - **R** *conseillée - 14 piscine comprise 30 14 (10A)*

ST-PÈRE-EN-RETZ

9 - 67 ① ②

Paris 433 - Challans 52 - Nantes 44 - Pornic 12 - Saint-Nazaire 22

44320 Loire-Atl. - 3 260 h.

Le Grand Fay, ✆ 40 21 77 57, sortie E par D 78 rte de Frossay puis 0,5 km par rue à droite, près de la salle des sports
1,2 ha (100 empl.) plat et peu incliné, herbeux - - - A proximité :
15 avril-15 sept. - **R** *conseillée juil.-août - 2 pers. 45, pers. suppl. 12 12*

ST-PÈRE-SUR-LOIRE
6 - 65 ①

Paris 137 - Aubigny-sur-Nère 36 - Châteauneuf-sur-Loire 39 - Gien 23 - Montargis 39 - Orléans 48 - Sully-sur-Loire 2

45600 Loiret - 1 043 h.

Caravaning St-Père, 38 36 35 94, à l'ouest du bourg, sur D 60 rte de Châteauneuf-sur-Loire, près du fleuve
2,7 ha (80 empl.) plat, herbeux, pierreux, gravier -
avril-oct. - **R** *conseillée juil.-août - 12,20 5,70 11,90 9 (3A) 16,90 (6A) 21,30 (10A)*

ST-PÉREUSE
11 - 69 ⑥

Paris 273 - Autun 53 - Château-Chinon 14 - Clamecy 56 - Nevers 56

58110 Nièvre - 260 h.

Manoir de Bezolle « Parc », 86 84 42 55, Fax 86 84 43 77, SE : sur D 11, à 300 m de la D 978 rte de Château-Chinon
8 ha/5 campables (100 empl.) en terrasses, plat, peu incliné, herbeux (2 ha) -
15 mars-15 oct. - **R** *indispensable juil.-août* - GB - *Tarif 94 : piscine comprise 2 pers. 100, pers. suppl. 24 20 (4A) 26 (6A) 38 (10A)*

ST-PHILIBERT
3 - 63 ⑫

Paris 489 - Auray 10,5 - Locmariaquer 7,5 - Quiberon 28 - La Trinité-sur-Mer 4,5

56470 Morbihan - 1 187 h.
Schéma à Carnac

Le Chat Noir « Entrée fleurie », 97 55 04 90, N : 1 km
1,5 ha (100 empl.) plat et peu incliné, herbeux - - - A proximité : - Location :
15 mai-sept. - **R** *conseillée 20 juil.-15 août* - GB - *19 piscine comprise 30 12 (6A)*

Au Vieux Logis « Ancienne ferme fleurie », 97 55 01 17, O : 2 km, à 500 m de la Rivière de Crach (mer)
1,5 ha (90 empl.) plat et peu incliné, herbeux - - - A proximité : - Location :
8 avril-17 sept. - **R** *conseillée - 19 8 23 12 (3A) 15 (6A)*

ST-PIERRE
8 - 62 ⑨

Paris 497 - Barr 3 - Erstein 18 - Obernai 10,3 - Sélestat 14 - Strasbourg 37

67140 B.-Rhin - 460 h.

Municipal Beau Séjour, 88 08 52 24, au bourg, derrière l'église, bord du Muttlbach
0,6 ha (47 empl.) plat, herbeux - -
15 mai-1er oct. - **R** - *12 8 12 10 (3A) 20 (6A)*

ST-PIERRE-D'ALBIGNY
12 - 74 ⑯

Paris 592 - Aix-les-Bains 45 - Albertville 27 - Annecy 52 - Chambéry 29 - Montmélian 13

73250 Savoie - 3 151 h.
Office de Tourisme, Mairie 79 28 50 23

C.C.D.F. Le Carouge, 79 28 58 16, S : 2,8 km par D 911 et chemin à gauche, à 300 m de la N 6, bord d'un plan d'eau
1,6 ha (100 empl.) plat, herbeux, pierreux - - A proximité :
15 juin-15 sept. - **R** *juil.-août - Adhésion obligatoire - 13,50 7 13,50 8 (2A) 10 (3 ou 4A) 12 (5A)*

ST-PIERRE-DE-BOEUF
11 - 77 ①

Paris 512 - Annonay 24 - Lyon 52 - Saint-Étienne 51 - Tournon-sur-Rhône 40 - Vienne 22

42410 Loire - 1 174 h.

La Lône, 74 87 14 24, à la Base Nautique, E : sortie vers Chavanay et av. du Rhône à droite, bord d'un canal -
1,5 ha (100 empl.) plat, herbeux, pierreux - - - A proximité :
avril-sept. - Location longue durée - *Places disponibles pour le passage* - **R** *conseillée 15 juin-20 août - Tarif 94 : piscine comprise 2 pers. 67 10 (3A) 18 (6A)*

ST-PIERRE-DE-CHARTREUSE
12 - 77 ⑤ G. Alpes du Nord

Paris 555 - Belley 66 - Chambéry 40 - Grenoble 29 - La Tour-du-Pin 51 - Voiron 26

38380 Isère - 650 h. alt. 888 - Sports d'hiver : 900/1800 m 1 12
Office de Tourisme 76 88 62 08, Fax 76 88 64 65

Martinière « Site agréable », 76 88 60 36, SO : 2,5 km par rte de Grenoble
1,5 ha (100 empl.) non clos, plat et peu incliné, herbeux - - - A proximité : (centre équestre)
24 mai-24 sept., 28 oct.-avril - **R** *conseillée juil.-août - 2 pers. 55 12,50 (2A) 16,50 (3A) 25 (6A)*

ST-PIERRE-DE-MAILLÉ
10 - 68 ⑮

Paris 334 - Le Blanc 21 - Châtellerault 31 - Chauvigny 21 - Poitiers 47 - Saint-Savin 16

86260 Vienne - 959 h.

Municipal, 49 48 64 11, sortie NO par D 11 rte de Vicq, bord de la Gartempe
1 ha (93 empl.) (saison) plat et peu incliné, herbeux - -
15 avril-15 oct. - **R** - *Tarif 94 : 7,80 4,15 4,15/6,70 7,80 (16A)*

ST-PIERRE-DE-TRIVISY
15 - 83 ②

Paris 746 - Albi 37 - Castres 37 - Montredon-Labessonnié 16 - Saint-Sernin-sur-Rance 35 - Vabre 13

81330 Tarn - 668 h.

Municipal la Forêt, 63 50 48 69, au bourg
1 ha (48 empl.) peu incliné, en terrasses, herbeux - A proximité : - Location : bungalows toilés
15 juin-15 sept. - **R** *conseillée - Tarif 94 : 10 10 10*

ST-PIERRE-D'OLÉRON 17 Char.-Mar. - 71 ⑬ - voir à Oléron (Ile d')

ST-PIERRE-DU-VAUVRAY
5 - 55 ⑰ G. Normandie Vallée de la Seine

Paris 109 - Les Andelys 17 - Bernay 58 - Lisieux 81 - Mantes-la-Jolie 51 - Rouen 32

27430 Eure - 1 113 h.

Le Saint-Pierre, 32 61 01 55, au SE de la localité par rue du château
3 ha (42 empl.) plat, herbeux -
Permanent - **R** *conseillée - 16 10 20 10 (5A)*

ST-PIERRE-EN-PORT
1 - 52 ⑫

Paris 206 - Bolbec 28 - Fécamp 12 - Rouen 71 - Saint-Valery-en-Caux 25 - Yvetot 35

76540 S.-Mar. - 832 h.

Municipal les Falaises, 35 29 51 58, à l'ouest du bourg
1 ha (70 empl.) plat, herbeux - -
avril-sept. - - *12 4 4 10 (6A) 13 (10A)*

ST-PIERRE-LAFEUILLE
14 - 79 ⑧

Paris 570 - Cahors 10 - Catus 13 - Labastide-Murat 21 - Saint-Cirq-Lapopie 34

46090 Lot - 217 h.

Quercy-Vacances, 65 36 87 15, NE : 1,5 km par N 20, rte de Brive et chemin à gauche
3 ha (80 empl.) peu incliné, herbeux - (dîner seulement) -
15 mai-15 sept. - - *25 piscine comprise 25 10 (2A) 15 (5A)*

Les Graves, 65 36 83 12, NE : 0,4 km par N 20, rte de Brive
1 ha (20 empl.) peu incliné à incliné, herbeux - -
avril-sept. - **R** - *18 20 9 (3A) 12 (5A)*

ST-PIERRE-QUIBERON 56 Morbihan - 63 ⑪ ⑫ - voir à Quiberon (Presqu'île de)

ST-POINT-LAC
12 - 70 ⑥ G. Jura

Paris 446 - Champagnole 37 - Pontarlier 13 - Saint-Laurent-en-Grandvaux 44 - Salins-les-Bains 47 - Yverdon-les-Bains 41

25160 Doubs - 134 h. alt. 900

Municipal, 81 69 61 64, au bourg, bord du lac
1 ha (84 empl.) (juil.-août) plat, herbeux - - vélos - A proximité :
mai-sept. - **R** *conseillée juil.-20 août - 2 pers. 52 (76 avec élect.), pers. suppl. 15*

ST-POL-DE-LÉON
3 - 58 ⑥ G. Bretagne

Paris 558 - Brest 61 - Brignogan-Plages 31 - Morlaix 20 - Roscoff 5

29250 Finistère - 7 261 h.
Office de Tourisme, pl. de l'Évêché
98 69 05 69, Fax 98 69 01 20

Ar Kleguer « Situation agréable », 98 69 18 81, à l'est de la ville, rte de Ste-Anne, près de la plage
2,5 ha (110 empl.) (saison) plat, peu incliné, accidenté, herbeux, rochers - - - Location :
avril-sept. - **R** *conseillée juil.-août - 21,50 piscine comprise 9,50 32 16 (5A)*

ST-POMPON
13 - 75 ⑰

Paris 545 - Cahors 45 - Fumel 37 - Gourdon 22 - Périgueux 75 - Sarlat-la-Canéda 27

24170 Dordogne - 452 h.

Le Trel, 53 28 43 78, E : 1,3 km par D 60 et chemin à droite, bord d'un ruisseau
3 ha (100 empl.) plat, peu incliné, herbeux - -
15 juin-15 sept. - **R** *juil.-août - 19 piscine comprise 16 15 (6A)*

ST-PONS-DE-THOMIÈRES
15 - 83 ⑬ G. Gorges du Tarn

Paris 765 - Béziers 53 - Carcassonne 62 - Castres 54 - Lodève 73 - Narbonne 53

34220 Hérault - 2 566 h.

La Borio de Roque (aire naturelle) « Dans un site agréable », 67 97 10 97, NO : 3,9 km par D 907, rte de la Salvetat-sur-Agout, puis à droite, 1,2 km par chemin empierré, bord d'un ruisseau
1,5 ha (25 empl.) en terrasses, herbeux - - - Location *(mai-déc.)* : gîtes
juin-sept. - **R** *indispensable juil.-15 août - 15 piscine comprise 8 30 12 (10A)*

ST-PONS-LES-MÛRES 83 Var - 84 ⑰ - rattaché à Grimaud

ST-POURÇAIN-SUR-SIOULE

11 - 69 ⑭ G. Auvergne

Paris 378 - Montluçon 63 - Moulins 31 - Riom 50 - Roanne 79 - Vichy 30

03500 Allier - 5 159 h.

Office de Tourisme, 35 bd Ledru-Rollin ✆ 70 45 32 73, Fax 70 45 60 27

Municipal de l'Ile de la Ronde « Cadre agréable », ✆ 70 45 45 43, quai de la Ronde, bord de la Sioule
1,5 ha (50 empl.) plat, herbeux - juin-15 sept. - **R** *conseillée juil.-août - Tarif 94 : 10 5 8 10*

ST-PRIEST-DES-CHAMPS

11 - 73 ③

Paris 376 - Clermont-Ferrand 47 - Pionsat 19 - Pontgibaud 36 - Riom 44 - Saint-Gervais-d'Auvergne 10

63640 P.-de-D. - 662 h. alt. 680

Municipal, au bourg, face à la mairie
0,2 ha (12 empl.) plat, peu incliné, herbeux
15 juin-15 sept. - **R** - *5,70 6,80 7,60 (5A)*

ST-PRIVAT **07** Ardèche - 76 ⑲ - rattaché à Aubenas

ST-PRIVAT-D'ALLIER

11 - 76 ⑯

Paris 541 - Brioude 54 - Cayres 21 - Langogne 52 - Le Puy-en-Velay 23 - Saint-Chély-d'Apcher 62

43460 H.-Loire - 430 h. alt. 800

Municipal ≤, au nord du bourg
0,5 ha (19 empl.) peu incliné et en terrasses, herbeux, pierreux - A proximité :
mai-oct. - **R** - *15 2,50 5 7 (10A)*

ST-QUENTIN

2 - 53 ⑭ G. Flandres Artois Picardie

Paris 142 - Amiens 74 - Charleroi 155 - Lille 109 - Reims 95 - Valenciennes 79

02100 Aisne - 60 644 h.

Office de Tourisme, espace Saint-Jacques, 14 r. de la Sellerie ✆ 23 67 05 00, Fax 23 67 78 71

Municipal, ✆ 23 62 68 66, NE : bd J.-Bouin, à 50 m du canal
1,3 ha (66 empl.) plat et terrasse, herbeux, gravillons - A proximité : (découverte l'été)
mars-nov. -

ST-QUENTIN-EN-TOURMONT

1 - 51 ⑪

Paris 198 - Abbeville 29 - Amiens 74 - Berck-sur-Mer 23 - Le Crotoy 8,6 - Hesdin 41

80120 Somme - 309 h.

Le Bout des Crocs, ✆ 22 25 73 33, S : 1 km par D 204, rte de Rue et à droite
1,4 ha (100 empl.) plat, herbeux -
avril-1er nov. - Location longue durée - *Places limitées pour le passage* - **R** *conseillée juil.-août - 11 5 11 10 (3A) 12 (5A) 13 (6A)*

ST-RAPHAËL

17 - 84 ⑧ G. Côte d'Azur

Paris 875 - Aix-en-Provence 119 - Cannes 44 - Fréjus 3 - Toulon 93

83700 Var - 26 616 h.

Office de Tourisme, r. Waldeck-Rousseau ✆ 94 19 52 52, Fax 94 83 85 40

Schéma à Fréjus

Douce Quiétude ≤ « Cadre agréable », ✆ 94 44 30 00, Fax 94 44 30 30, sortie NE vers Valescure puis 3 km par bd Jacques-Baudino
10 ha (452 empl.) plat, peu incliné, en terrasses, herbeux, pierreux - salle de musculation, discothèque - Location :
avril-sept. - **R** *conseillée* - GB - *élect. (6A) et piscine comprises 3 pers. 190*

ST-REMÈZE **07** Ardèche - 80 ⑨ - voir à Ardèche (Gorges de l')

ST-RÉMY

9 - 75 ⑬

Paris 543 - Bergerac 31 - Libourne 48 - Montpon-Ménestérol 9 - Sainte-Foy-la-Grande 16

24700 Dordogne - 358 h.

La Tuilière, ✆ 53 82 47 29, O : 2,8 km par D 708 rte de Montpon et chemin à gauche, bord d'un plan d'eau
8 ha (66 empl.) plat et peu incliné, herbeux (2 ha) - crêperie - vélos - Location :
15 avril-15 sept. - **R** *conseillée* - GB - *18 piscine et tennis compris 24 12 (3A)*

ST-RÉMY-DE-MAURIENNE

12 - 74 ⑯

Paris 622 - Aix-les-Bains 75 - Albertville 48 - Chambéry 58 - Saint-Jean-de-Maurienne 17

73660 Savoie - 962 h.

Le Lac Bleu ≤, ✆ 79 83 16 59, au NE du bourg, à 300 m de la N 6, bord d'un ruisseau et près d'un plan d'eau
2 ha (70 empl.) plat, herbeux - - A proximité :
avril-sept. - **R** *conseillée* - *14 8 8 14 (6A)*

ST-RÉMY-DE-PROVENCE

16 - 81 ⑫ G. Provence

Paris 705 - Arles 24 - Avignon 19 - Marseille 86 - Nîmes 41 - Salon-de-Provence 37

13210 B.-du-R. - 9 340 h.
Office de Tourisme, pl. Jean-Jaurès
90 92 05 22, Fax 90 92 98 52

Municipal Mas de Nicolas « Cadre agréable », 90 92 27 05, sortie N rte d'Avignon puis 1 km par rte de Mollégès et r. Théodore-Aubanel
4 ha (138 empl.) plat, peu incliné, herbeux - - - A proximité : salle de musculation
15 mars-oct. - **R** *conseillée* - GB - *Tarif 94 : piscine comprise 2 pers. 72, pers. suppl. 21 16 (6A)*

Pégomas, 90 92 01 21, Fax 90 92 56 17, sortie E rte de Cavaillon et D 30 rte de Noves à gauche - dans locations
2 ha (100 empl.) plat, herbeux - cases réfrigérées - - A proximité : - Location :
mars-oct. - **R**

Monplaisir , 90 92 22 70, NO : 0,8 km par D 5 rte de Maillane et rte à gauche
1,3 ha (90 empl.) plat, herbeux - -
mars-15 nov. - **R** - *Tarif 94 : 16,50 16 12 (5A)*

ST-RÉMY-SUR-AVRE

5 - 60 ⑦

Paris 90 - Dreux 10,5 - Evreux 33 - Verneuil-sur-Avre 24

28380 E.-et-L. - 3 568 h.

Municipal du Pré de l'Église, 37 48 93 87, au bourg, bord de l'Avre
0,7 ha (50 empl.) plat, herbeux - - - A proximité :
26 mars-sept. - **R** - *Tarif 94 : 12,35 17 12,35 (6A)*

ST-RÉMY-SUR-DUROLLE

11 - 73 ⑥ G. Auvergne

Paris 446 - Chabreloche 12 - Clermont-Ferrand 51 - Thiers 7

63550 P.-de-D. - 2 033 h. alt. 650

Municipal les Chanterelles « Situation agréable », 73 94 31 71, NE : 3 km par D 201 et chemin à droite, à proximité d'un plan d'eau
5 ha (150 empl.) incliné et en terrasses, herbeux - - - A proximité : au plan d'eau : squash
mai-sept. - **R** *conseillée août* - *Tarif 94 : 12,40 6,20 6,20/7,70 14,50 (5A)*

ST-RENAN

3 - 58 ③

Paris 605 - Brest 13 - Brignogan-Plages 42 - Ploudalmézeau 13

29290 Finistère - 6 576 h.
Office de Tourisme, Les Halles, r. Saint-Yves (saison) 98 84 23 78

Municipal de Lokournan , 98 84 37 67, sortie NO par D 27 et chemin à droite, près du stade et d'un petit lac
0,8 ha (30 empl.) plat, sablonneux, herbeux - - - A proximité :
juin-15 sept. - **R** *juil.-août* - *13 11 13,50 (6A)*

ST-RÉVÉREND

9 - 67 ⑫

Paris 461 - Aizenay 20 - Challans 19 - La Roche-sur-Yon 37 - Les Sables-d'Olonne 28 - Saint-Gilles-Croix-de-Vie 10

85220 Vendée - 812 h.

Municipal , 51 54 68 50, sortie S par D 94, bord d'un ruisseau
2,2 ha (25 empl.) plat et peu incliné, herbeux - - -
juil.-août - **R** - *Tarif 94 : élect. (10A) et piscine comprises 3 pers. 75, pers. suppl. 15*

ST-ROME-DE-TARN

15 - 80 ⑬

Paris 668 - Millau 20 - Pont-de-Salars 41 - Rodez 64 - Saint-Affrique 15 - Saint-Beauzély 19

12490 Aveyron - 676 h.

La Cascade , 65 62 56 59, Fax 65 62 58 62, N : 0,3 km par D 993, rte de Rodez, bord du Tarn
3 ha (59 empl.) en terrasses, peu incliné, herbeux (1 ha) - - - Location :
avril-sept. - **R** *conseillée juil.-août*

ST-SALVADOUR

10 - 75 ⑨

Paris 471 - Aubusson 92 - Brive-la-Gaillarde 38 - Limoges 80 - Tulle 20 - Uzerche 22

19700 Corrèze - 292 h.

Municipal , S : 0,7 km par D 173E, rte de Vimbelle et chemin à droite, bord d'un plan d'eau
0,6 ha (25 empl.) plat et terrasse, herbeux - - -
juin-sept. - **R** - *6 5/6,50 9*

ST-SAMSON-SUR-RANCE 22 C.-d'Armor - 59 ⑤ ⑥ - rattaché à Dinan

ST-SARDOS

14 - 82 ⑦

Paris 670 - Beaumont-de-Lomagne 15 - Castelsarrasin 19 - Grisolles 20 - Montauban 25 - Verdun-sur-Garonne 11,5

82600 T.-et-G. - 563 h.

La Tonere, 63 02 63 78, au N du bourg, près des lacs et de la Base de Loisirs, accès direct
2 ha (65 empl.) plat, en terrasses, herbeux -
A proximité : toboggan aquatique, snack

ST-SAUD-LACOUSSIÈRE

10 - 72 ⑯

Paris 453 - Brive-la-Gaillarde 96 - Châlus 22 - Limoges 54 - Nontron 16 - Périgueux 57

24470 Dordogne - 951 h.

Château Le Verdoyer « Site agréable », 53 56 94 66, Fax 53 56 38 70 24470 Champs-Romain, NO : 2,5 km par D 79, rte de Nontron et D 96, rte d'Abjat-sur-Bandiat, près d'étangs - dans locations
9 ha/3 campables (150 empl.) peu incliné à incliné, en terrasses, pierreux, herbeux - (dîner seulement) cases réfrigérées - vélos - A proximité : - Location :
mai-sept. - **R** *conseillée juil.-août* - GB - *31 piscine comprise 46 15 (5A)*

ST-SAUVEUR-D'AUNIS

9 - 71 ⑫

Paris 448 - Aigrefeuille-d'Aunis 13 - Fontenay-le-Comte 33 - Luçon 45 - La Rochelle 24

17540 Char.-Mar. - 899 h.

Municipal, au bourg, derrière la mairie
0,3 ha (20 empl.) plat, herbeux - - A proximité : poneys (centre équestre)
juil.-sept. - **R** - *8 12*

ST-SAUVEUR-DE-CRUZIÈRES

16 - 80 ⑧

Paris 677 - Alès 27 - Barjac 7,5 - Privas 77 - Saint-Ambroix 7,5 - Vallon-Pont-d'Arc 20

07460 Ardèche - 441 h.

La Claysse, 75 39 30 61, au NO du bourg, bord de rivière
5 ha/1 campable (60 empl.) (juil.-août) plat, terrasses, herbeux - - Location :
Pâques-fin sept. - **R** *indispensable juil.-août - piscine comprise 2 pers. 62 13 (6A)*

ST-SAUVEUR-DE-MONTAGUT

16 - 76 ⑲

Paris 599 - Le Cheylard 24 - Lamastre 32 - Privas 24 - Valence 39

07190 Ardèche - 1 396 h.

L'Ardéchois « Dans un site agréable », 75 66 61 87, Fax 75 66 63 67, O : 8,5 km sur D102, rte d'Albon, bord de la Glueyre
37 ha/3,5 campables (98 empl.) en terrasses, herbeux - - vélos - Location :
8 avril-sept. - **R** *conseillée saison - piscine comprise 2 pers. 95, pers. suppl. 20 18 (5A)*

ST-SAUVEUR-EN-RUE

11 - 76 ⑨

Paris 544 - Annonay 22 - Condrieu 39 - Montfaucon-en-Velay 22 - Saint-Étienne 28 - Vienne 51

42220 Loire - 1 053 h. alt. 790

Municipal des Régnières, 77 39 24 71, SO : 0,8 km par D 503 rte de Monfaucon, près de la Deôme
1 ha (40 empl.) (saison) en terrasses, plat, herbeux, pierreux - - (bassin) - A proximité :
avril-oct. - Location longue durée - *Places disponibles pour le passage* - **R** - *12,50 12/14,50 9,50*

ST-SAUVEUR-SUR-TINÉE

17 - 81 ⑩ ⑳ G. Alpes du Sud

Paris 826 - Auron 30 - Guillaumes 44 - Isola 2000 31 - Puget-Théniers 52 - Saint-Étienne-de-Tinée 29

06420 Alpes-Mar. - 337 h.

Municipal, 93 02 03 20, N : 0,8 km sur D 30 rte de Roubion, avant le pont, bord de la Tinée - Chemin piétons direct pour rejoindre le village - P (tentes)
0,37 ha (20 empl.) plat et terrasses, pierreux, gravillons - -
15 juin-15 sept. - **R**

ST-SAVIN

10 - 68 ⑮ G. Poitou Vendée Charentes

Paris 349 - Le Blanc 19 - Poitiers 44

86310 Vienne - 1 089 h.

Municipal du Moulin de la Gassotte, 49 48 18 02, vers sortie N par D 11, rte de St-Pierre-de-Maillé, bord de la Gartempe
1,5 ha (45 empl.) plat, herbeux - - - A proximité : - Location : (gîte d'étape)
24 mai-15 sept. - **R** - *8 5,50 4,85/6,85 11*

ST-SAVINIEN

9 - 71 ④ G. Poitou Vendée Charentes

Paris 458 - Rochefort 28 - La Rochelle 59 - Saint-Jean-d'Angély 15 - Saintes 15 - Surgères 30

17350 Char.-Mar. - 2 340 h.

La Grenouillette, ✆ 46 90 35 11, O : 0,5 km par D 18 rte de Pont-l'Abbé-d'Arnoult, entre la Charente et le canal, à 200 m d'un plan d'eau
1,8 ha (67 empl.) plat, herbeux - Toboggan aquatique parcours sportif - A proximité :
juin-25 sept. - **R** *conseillée juil.-août - Tarif 94 : 2 pers. 43, pers. suppl. 13*

ST-SÉBASTIEN-SUR-LOIRE

44 Loire-Atl. - 67 ③ - rattaché à Nantes

ST-SERNIN

14 - 75 ⑬ ⑭

Paris 574 - Agen 96 - Bergerac 32 - Duras 7,5 - Marmande 31 - Sainte-Foy-la-Grande 17

47120 L.-et-G. - 340 h.

Lac de Castelgaillard « Site agréable », ✆ 53 94 78 74, Fax 53 94 77 63, S : 2,5 km par D 311 et rte à gauche, bord du lac
2 ha (83 empl.) peu incliné, herbeux (1 ha) - snack - vélos, toboggans aquatiques - Location :

Le Moulin de la Borie Neuve (aire naturelle), ✆ 53 94 76 57, à 2,5 km au N du bourg, accès conseillé par D 708, rte de Ste-Foy-la-Grande et D 244 à droite, bord d'un ruisseau
1 ha (25 empl.) plat, herbeux -
15 avril-15 oct. - **R** - *12 14 11 (8A)*

▶ *Pour une meilleure utilisation de cet ouvrage,*
LISEZ ATTENTIVEMENT LE CHAPITRE EXPLICATIF.

ST-SEURIN-DE-PRATS

9 - 75 ⑬

Paris 551 - Bergerac 36 - Duras 22 - Libourne 28 - Montpon-Ménestérol 26

24230 Dordogne - 491 h.

La Plage , ✆ 53 58 61 07, Fax 53 58 62 67, S : 0,7 km par D 11, bord de la Dordogne (rive droite)
5 ha (70 empl.) plat et peu incliné, herbeux - snack - - Location : (hôtel), studios
avril-oct. - **R** *conseillée juil.-août - 20 piscine comprise 15 30 17,50 (8A)*

ST-SEURIN D'UZET

9 - 71 ⑯

Paris 505 - Blaye 60 - La Rochelle 93 - Royan 23 - Saintes 37

17 Char.-Mar. - ✉ 17120 Cozes

Municipal , ✆ 46 90 67 23, au bourg, près de l'église, bord d'un chenal
1 ha (55 empl.) (juil.-août) plat, herbeux -
juin-sept. - **R** *conseillée août - Tarif 94 : 2 pers. 28, pers. suppl. 9 11,30*

ST-SEVER

13 - 78 ⑥ G. Pyrénées Aquitaine

Paris 726 - Aire-sur-l'Adour 31 - Dax 47 - Mont-de-Marsan 16 - Orthez 37 - Pau 67 - Tartas 23

40500 Landes - 4 536 h.
Office de Tourisme, pl. Tour-du-Sol
✆ 58 76 34 64

Municipal les Rives de l'Adour , ✆ 58 76 04 60, N : 1,5 km, au stade municipal Louis-Lafaurie, accès direct à l'Adour
2 ha (100 empl.) plat, herbeux - -
Permanent - **R** - *Tarif 94 : 9,30 4,20 4,40 6A : 9,50 (hiver 18)*

ST-SORNIN

9 - 71 ⑭ G. Poitou Vendée Charentes

Paris 493 - Marennes 12 - Rochefort 25 - La Rochelle 59 - Royan 19 - Saintes 27

17680 Char.-Mar. - 322 h.

Le Valerick , ✆ 46 85 15 95, NE : 1,3 km par D 118, rte de Pont-l'Abbé
1,5 ha (50 empl.) plat, incliné, herbeux - -
avril-sept. - **R** *conseillée août - 3 pers. 44 12 (4A) 15 (6A)*

ST-SULPICE

15 - 79 ⑨ G. Périgord Quercy

Paris 570 - Cajarc 14 - Cahors 49 - Figeac 29 - Livernon 12

46160 Lot - 126 h.

Municipal , au sud du bourg, bord du Célé
1 ha (80 empl.) plat, herbeux - -
15 mars-15 oct. - **R** - *Tarif 94 : 10 10 10*

ST-SULPICE-LES-FEUILLES

10 - 68 ⑰

Paris 338 - Argenton-sur-Creuse 36 - Magnac-Laval 22 - Limoges 60 - Montmorillon 43

87160 H.-Vienne - 1 422 h.

Municipal du Mondelet , ✆ 55 76 77 45, sortie S sur D 84, rte d'Arnac-la-Poste
0,6 ha (30 empl.) plat, peu incliné, herbeux - -
avril-oct. - **R** - *9 tennis compris 11*

ST-SYLVESTRE-SUR-LOT

14 - 79 ⑤ ⑥

Paris 617 - Agen 37 - Bergerac 69 - Bordeaux 152 - Cahors 66

47140 L.-et-G. - 2 040 h.

Le Sablon (aire naturelle), ✆ 53 41 37 74, sortie O par D 911, rte de Villeneuve-sur-Lot et 0,8 km par chemin à gauche, bord d'un étang
1,5 ha (25 empl.) plat, herbeux - Toboggan aquatique
Permanent - **R** *conseillée - 8 8 8 (6A) 12 (10A)*

Municipal, dans le bourg, derrière la mairie, près du Lot
0,4 ha (30 empl.) plat, herbeux - A proximité :
juin-sept. - **R** - *11 15 10 (16A)*

ST-SYMPHORIEN-DE-THÉNIÈRES

15 - 76 ⑬

Paris 582 - Chaudes-Aigues 41 - Entraygues-sur-Truyère 27 - Espalion 33 - Laguiole 15 - Rodez 64

12460 Aveyron - 251 h. alt. 750

Municipal St-Gervais <, ✆ 65 44 82 43, **à St-Gervais,** O : 5 km par D 504, près d'un plan d'eau et à proximité d'un lac
1 ha (41 empl.) peu incliné et en terrasses, plat, herbeux - A proximité : snack
avril-1er nov. - **R** *conseillée été - Tarif 94 : élect. comprise 1 ou 2 pers. 60, pers. suppl. 20*

ST-SYMPHORIEN-SUR-COISE

11 - 73 ⑲ G. Vallée du Rhône

Paris 494 - L'Arbresle 33 - Feurs 30 - Andrézieux-Bouthéon 26 - Lyon 44 - Saint-Étienne 38

69590 Rhône - 3 211 h.

Intercommunal Centre de Loisirs de Hurongues, ✆ 78 48 44 29, O : 3,5 km par D 2 rte de Chazelles-sur-Lyon, à 400 m d'un plan d'eau
3,6 ha (118 empl.) peu incliné et en terrasses, pierreux - A proximité : tir à l'arc, parcours sportif (découverte l'été)
avril-1er oct. - **R** *conseillée - Tarif 94 : 11,70 13,50 7,50 (3A) 12,50 (5A)*

ST-THURIAL

4 - 63 ⑥

Paris 373 - Ploërmel 49 - Redon 59 - Rennes 23

35310 I.-et-V. - 1 273 h.

Ker-Landes, ✆ 99 85 39 95, sortie O par D 36, près d'un étang
2 ha (50 empl.) peu incliné et en terrasses, herbeux, pierreux -
Permanent - **R** - *2 pers. 46 (58 avec élect. 6A), pers. suppl. 14*

ST-TROJAN-LES-BAINS

17 Char.-Mar. - 71 ⑭ - voir à Oléron (Ile d')

ST-VAAST-LA-HOUGUE

4 - 54 ③ G. Normandie Cotentin

Paris 351 - Carentan 39 - Cherbourg 29 - Saint-Lô 67 - Valognes 17

50550 Manche - 2 134 h.

Syndicat d'Initiative, quai Vauban (avril-sept.) ✆ 33 54 41 37

à Réville N : 3 km - 1 205 h. - ✉ 50760 Réville :

Jonville, ✆ 33 54 48 41, Fax 33 54 12 44, SE : 2 km sur D 328, à la Pointe de Saire, accès direct à la plage
1,8 ha (140 empl.) plat, herbeux, sablonneux -
2 avril-24 sept. - **R** *conseillée juil.-août* - GB - *16 23 15 (5A) 21 (10A)*

ST-VALERY-EN-CAUX

1 - 52 ③ G. Normandie Vallée de la Seine

Paris 196 - Bolbec 42 - Dieppe 34 - Fécamp 32 - Rouen 59 - Yvetot 30

76460 S.-Mar. - 4 595 h.

Office de Tourisme, Maison Henri IV ✆ 35 97 00 63

Municipal Etennemare, ✆ 35 97 15 79, au SO de la ville, vers le hameau du bois d'Entennemare
4 ha (116 empl.) plat, herbeux - - A proximité : parcours sportif - Location :
Permanent - Location longue durée - *Places disponibles pour le passage* - - *élect. comprise (6 ou 10A) 2 pers. 73 ou 81*

ST-VALERY-SUR-SOMME

1 - 52 ⑥ G. Flandres Artois Picardie

Paris 181 - Abbeville 18 - Amiens 64 - Blangy-sur-Bresle 36 - Le Tréport 23

80230 Somme - 2 769 h.

Domaine du Château de Drancourt , ✆ 22 26 93 45, Fax 22 26 85 87, S : 3,5 km par D 48 et rte à gauche après avoir traversé le CD 940
5 ha (150 empl.) plat et peu incliné, herbeux - practice de golf, vélos, poneys
avril-sept. - **R** *conseillée juil.-août - Tarif 94 : 26 12 42 14 (6A)*

Le Picardy « Cadre agréable », ✆ 22 60 85 59, SE : 2,5 km par D 3, à Pinchefalise
2 ha (90 empl.) plat et peu incliné, herbeux - - vélos
15 mars-oct. - Location longue durée - *Places limitées pour le passage* - **R** *conseillée juil.-août - 19 21 10 (3A) 20 (6A)*

ST-VALLIER

12 - 77 ① G. Vallée du Rhône

Paris 530 - Annonay 20 - St-Étienne 61 - Tournon-sur-Rhône 16 - Valence 31 - Vienne 39

26240 Drôme - 4 115 h.
Office de Tourisme, Pays Valloire Galaure ✆ 75 31 27 27

Municipal ≤, ✆ 75 23 22 17, N par av. de Québec (N7) et chemin à gauche, près du Rhône
1,35 ha (94 empl.) plat, herbeux - A proximité :

ST-VARENT

9 - 67 ⑱

Paris 335 - Bressuire 23 - Châtellerault 68 - Parthenay 30 - Thouars 11,5

79330 Deux-Sèvres - 2 557 h.

Municipal, NO : 1 km par D 28, près de la piscine
0,5 ha (25 empl.) plat, herbeux - - A proximité :
15 mars-sept. - **R** - *8* *4* *6* *10*

ST-VAURY

10 - 72 ⑨ G. Berry Limousin

Paris 363 - Aigurande 37 - Le Grand-Bourg 14 - Guéret 11 - La Souterraine 24

23320 Creuse - 2 059 h.

Municipal la Valette, N : 2 km par D 22, rte de Bussière-Dunoise, bord de l'étang
1,6 ha (45 empl.) non clos, plat et terrasses, herbeux -
début juin-15 sept. - - *6* *3* *3* *6 (6A)*

ST-VICTOR-DE-MALCAP

16 - 80 ⑧

Paris 684 - Alès 24 - Barjac 14 - La Grand-Combe 28 - Lussan 20 - Saint-Ambroix 4,5

30500 Gard - 506 h.

Domaine de l'Abeiller, ✆ 66 24 15 27, SE : 1 km, accès par D 51, rte de St-Jean-de-Maruéjols et chemin à gauche
3 ha (62 empl.) en terrasses, plat, pierreux, herbeux chênaie - - Toboggan aquatique - A proximité :
mai-sept. - **R** *conseillée juil.-août - Tarif 94 : piscine comprise 2 pers. 69, pers. suppl. 16* *18 (6A)*

ST-VINCENT-DE-BARRÈS

16 - 76 ⑳ G. Vallée du Rhône

Paris 597 - Aubenas 46 - Montélimar 19 - Pont-Saint-Esprit 53 - Privas 15 - Valence 39

07210 Ardèche - 524 h.

Municipal le Rieutord, ✆ 75 65 07 73, O : 2 km par D 322 et chemin à gauche
1,4 ha (67 empl.) plat et incliné, herbeux, pierreux - snack - Toboggan aquatique
juin-15 sept. - **R** *conseillée* - *piscine et tennis compris 2 pers. 50/60* *16 (6A)*

ST-VINCENT-LES-FORTS

17 - 81 ⑦

Paris 716 - Barcelonnette 32 - Gap 45 - Le Lauzet-Ubaye 11 - Savines-le-Lac 32 - Seyne 13

04340 Alpes-de-H.-Pr. - 168 h.
alt. 800

Lou Pibou, ✆ 92 85 51 58, NO : 7 km par D 900[B], rte de Sisteron puis 2,7 km par D 7 à droite, à 500 m du lac
2 ha (60 empl.) plat, peu incliné, incliné, herbeux - - - A proximité :
juil.-août - **R**

ST-VINCENT-SUR-JARD

9 - 67 ⑪ G. Poitou Vendée Charentes

Paris 449 - Challans 68 - Luçon 32 - La Rochelle 67 - La Roche-sur-Yon 34 - Les Sables-d'Olonne 22

85520 Vendée - 658 h.

Schéma à Jard-sur-Mer

La Bolée d'Air, ✆ 51 90 36 05, Fax 51 90 31 03, E : 2 km par D 21 et à droite
5,7 ha (280 empl.) plat, herbeux - - Toboggan aquatique - Location : , bungalows toilés
avril-sept. - **R** *conseillée 10 juil.-21 août* - GB - *piscine comprise 2 pers. 112* *18 (6A)*

ST-VINCENT-SUR-OUST

4 - 63 ⑤

Paris 419 - Ploërmel 39 - Redon 8 - La Roche-Bernard 35 - Vannes 50

56350 Morbihan - 1 112 h.

Municipal de Painfaut-Île-aux-Pies, NE : 2,2 km par rte de l'Ile-aux-Pies et chemin à gauche, à 250 m de l'Oust (canal)
1,5 ha (30 empl.) (juil.-août) peu incliné, herbeux, bois attenant -
avril-oct. - **R** - *6,50* *4,50* *4* *12*

ST-YORRE

11 - 73 ⑤ G. Auvergne

Paris 412 - Clermont-Ferrand 53 - Montluçon 102 - Moulins 64 - Roanne 70

03270 Allier - 3 003 h.

Municipal la Gravière, ✆ 70 59 21 00, sortie SO par D 55[E] rte de Randan, près de l'Allier avec accès direct (rive gauche)
1,5 ha (82 empl.) plat, herbeux - - A proximité :
avril-fin sept. - **R** *conseillée juil.-août - Tarif 94 :* *11,60* *14,10* *10,40 (5A)*

ST-YRIEIX-LA-PERCHE

10 - 72 ⑰ G. Berry Limousin

Paris 436 - Brive-la-Gaillarde 60 - Limoges 42 - Périgueux 62 - Rochechouart 52 - Tulle 70

87500 H.-Vienne - 7 558 h.
Office de Tourisme, 6 r. Plaisances
55 75 94 60, Fax 55 75 08 97

Municipal d'Arfeuille « Cadre et situation agréables », 55 75 08 75, N : 2,5 km par rte de Limoges et chemin à gauche, bord d'un étang
2 ha (100 empl.) (juil.-août) en terrasses, pierreux, herbeux (0,8 ha) - (plage) - A proximité : tir à l'arc
juin-15 sept. - **R** *conseillée juil.-15 août - Tarif 94 : 16 26 avec élect. (10A)*

ST-YVI

3 - 58 ⑮ G. Bretagne

Paris 554 - Carhaix-Plouguer 55 - Concarneau 11,5 - Quimper 15 - Rosporden 9

29140 Finistère - 2 386 h.

Municipal du Bois de Pleuven « Cadre agréable en forêt », 98 94 70 47, SO : 4 km
12 ha (320 empl.) plat, herbeux, gravier - (2 avril-15 sept.) - - Location : bungalows toilés
Permanent - **R** *conseillée - Tarif 94 : 11 6 19,50*

STE-ANASTASIE-SUR-ISSOLE

17 - 84 ⑮

Paris 825 - Brignoles 14 - Le Cannet-des-Maures 22 - Cuers 14 - Hyères 39 - Toulon 39

83136 Var - 1 205 h.

La Vidaresse, 94 72 21 75, S : sur D 15
1,8 ha (130 empl.) plat et terrasses, pierreux - pizzeria - - Location :

STE-ANNE-D'AURAY

3 - 63 ② G. Bretagne

Paris 477 - Auray 6,5 - Hennebont 30 - Locminé 27 - Lorient 40 - Quimperlé 55 - Vannes 15

56400 Morbihan - 1 630 h.

Municipal du Motten, 97 57 60 27, SO : 1 km par D 17 rte d'Auray et r. du Parc à droite
1 ha (100 empl.) plat, herbeux - -
juin-sept. - **R** *juil.-août - 8,60 4,40 6,30 10,50 (6A)*

STE-ANNE-LA-PALUD **29** Finistère - 58 ⑭ - rattaché à Plonévez-Porzay

STE-CATHERINE

11 - 73 ⑲

Paris 490 - L'Arbresle 41 - Feurs 43 - Andrézieux-Bouthéon 39 - Lyon 36 - Saint-Étienne 39

69440 Rhône - 770 h. alt. 691

Municipal du Châtelard Mont Pilat, 78 81 80 60, S : 2 km - alt. 800
4 ha (61 empl.) en terrasses, gravier -
mars-nov. - **R** *conseillée - 10 12 11 ou 14*

STE-CATHERINE-DE-FIERBOIS

10 - 64 ⑮ G. Châteaux de la Loire

Paris 263 - Azay-le-Rideau 25 - Chinon 37 - Ligueil 21 - Tours 30

37800 I.-et-L. - 539 h.

Parc de Fierbois « Cadre agréable, bois, lac », 47 65 43 35, Fax 47 65 53 75, S : 1,2 km
100 ha/19 campables (320 empl.) plat et terrasses, prairie (3 ha) - (dîner seulement) pizzeria cases réfrigérées - (plage) vélos, poneys - Location : , gîtes
20 mai-15 sept. - **R** *conseillée juil.-août - Tarif 94 : piscine comprise 2 pers. 128, 3 pers. 138, pers. suppl. 18 16*

STE-ÉNIMIE

15 - 80 ⑤ G. Gorges du Tarn

Paris 624 - Florac 27 - Mende 27 - Meyrueis 29 - Millau 56 - Sévérac-le-Château 46 - Le Vigan 82

48210 Lozère - 473 h.
Office de Tourisme, Mairie
66 48 50 09

Couderc, 66 48 50 53, Fax 66 48 58 59, SO : 2 km par D 907 bis, rte de Millau, bord du Tarn
1,5 ha (80 empl.) en terrasses, pierreux, herbeux - -
avril-mi oct. - **R** *conseillée juil.-août - Tarif 94 : 17 piscine comprise 15 15 12*

Les Fayards, 66 48 57 36, SO : 3 km par D 907 bis, rte de Millau, bord du Tarn
2 ha (90 empl.) plat, herbeux, pierreux - -
juin-25 sept. - **R** *conseillée 8 juil.-25 août - 18 15 18 12 (5A)*

Le Site de Castelbouc « Site agréable », 66 48 58 08, SE : 7 km par D 907[B], rte d'Ispagnac puis 0,5 km par rte de Castelbouc à droite, bord du Tarn
0,7 ha (45 empl.) (juil.-août) non clos, plat, peu incliné, herbeux - -
pâques-15 sept. - **R** *conseillée juil.-août - 2 pers. 52, pers. suppl. 15 12 (5A)*

STE-EULALIE-EN-BORN

13 - 78 ⑭

Paris 671 - Arcachon 55 - Biscarrosse 94 - Mimizan 11,5 - Parentis-en-Born 14

40200 Landes - 773 h.

Les Bruyères, ✆ 58 09 73 36, Fax 58 09 75 58, N : 2,5 km par D 652 et rte de Lafont
2,8 ha (145 empl.) plat, sablonneux, herbeux - vélos - Location
*Pâques-sept. - **R** conseillée - GB - élect. (6A) et piscine comprises 2 pers. 80, pers. suppl. 18*

Domaine de Labadan, ✆ 58 09 71 98, Fax 58 09 77 34, S : 2,7 km par D 652 rte de St-Paul-en-Born et rte à droite
3 ha (180 empl.) plat, herbeux, sablonneux (1,5 ha) - - Location : bungalows toilés
*15 juin-15 sept. - **R** conseillée - Tarif 94 : piscine comprise 2 pers. 40 à 70 (70 à 110 avec élect.), pers. suppl. 11 à 18*

STE-LUCE-SUR-LOIRE

44 Loire-Atl. - 67 ③ - rattaché à Nantes

STE-LUCIE-DE-PORTO-VECCHIO

2A Corse-du-Sud - 90 ⑧ - voir à Corse

STE-MARIE

15 - 86 ⑳

Paris 866 - Argelès-sur-Mer 25 - Le Boulou 33 - Perpignan 12 - Rivesaltes 16 - Saint-Laurent-de-la-Salanque 6

66470 Pyr.-Or. - 2 171 h.

Le Lamparo, ✆ 68 73 83 87, sortie E vers Ste-Marie-Plage et à droite
2,5 ha (171 empl.) plat, sablonneux, herbeux - snack - half-court - Location : bungalows toilés
*avril-sept. - **R** conseillée - GB - Tarif 94 : 21 piscine comprise 40 18 (10A)*

***à Ste-Marie-Plage** E : 2 km - ✉ 66470 Ste-Marie :*

Municipal de la Plage, ✆ 68 80 68 59, à 600 m au nord de la station, à 150 m de la plage, (accès direct)
7 ha (378 empl.) plat, sablonneux - snack - tir à l'arc - Location *(mai-sept.)* :
*mars-oct. - **R** conseillée juil.-août - GB - piscine comprise 2 pers. 90, pers. suppl. 27 14 (6A)*

Le Palais de la Mer, ✆ 68 73 07 94, Fax 68 73 57 83, à 600 m au nord de la station, à 150 m de la plage (accès direct) - dans locations
2,6 ha (181 empl.) plat, sablonneux, herbeux - snack - salle de musculation half-court - Location : bungalows toilés
*juin-23 sept. - **R** conseillée juil.-août - 2 pers. 107, pers. suppl. 28 18 (6A)*

La Pergola, ✆ 68 73 03 07, Fax 68 73 04 67, av. Frédéric-Mistral, à 500 m de la plage
3 ha (173 empl.) plat, herbeux - snack - - A proximité : - Location *(mai-oct.)* :
*15 mai-15 sept. - **R** conseillée juil.-août - **R** juin et sept. - GB - Tarif 94 : 2 pers. 88 (105 avec élect.), pers. suppl. 25*

STE-MARIE-AUX-MINES

8 - 87 ⑯ **G. Alsace Lorraine**

Paris 414 - Colmar 34 - Saint-Dié 23 - Sélestat 22

68160 H.-Rhin - 5 767 h.
Office de Tourisme ✆ 89 58 80 50

Les Reflets du Val d'Argent ←, ✆ 89 58 64 83, SO : 0,8 km par D 48, rte du Col du Bonhomme et chemin à gauche, bord de la Liepvrette
3 ha (120 empl.) (saison) plat et peu incliné, herbeux -
*Permanent - **R** conseillée juil.-août - 20 20 15 (5A) 30 (10A) 45 (15A)*

STE-MARIE-DE-CAMPAN

14 - 85 ⑲

Paris 826 - Arreau 25 - Bagnères-de-Bigorre 13 - Luz-Saint-Sauveur 35 - Pau 73 - Tarbes 34

65 H.-Pyr. - alt. 857 - ✉ 65710 Campan

L'Orée des Monts ←, ✆ 62 91 83 98, SE : 3 km par D 918, rte du col d'Aspin, bord de l'Adour de Payolle - alt. 950
1,8 ha (88 empl.) plat et peu incliné, herbeux - - Location :
*Permanent - **R** conseillée - Tarif 94 : 21 piscine comprise (hiver 17) 21 (hiver 18) 5,70 par ampère*

Les Rives de l'Adour ←, ✆ 62 91 83 08, S : 1 km par D 918, rte de la Mongie, accès direct à la rivière - alt. 898
1 ha (50 empl.) incliné, en terrasses, plat, herbeux - -
*15 juin-15 sept., 15 déc.-1er mai - **R** conseillée - 2 pers. 35 12 (2A) 24 (4A) 36 (6A)*

► *Consultez le tableau des localités citées, classées par départements, avec indication éventuelle des caractéristiques particulières des terrains sélectionnés.*

STE-MARIE-DU-MONT

4 - 54 ③ G. Normandie Cotentin

Paris 319 - Barfleur 37 - Carentan 10,5 - Cherbourg 48 - Saint-Lô 37 - Valognes 27

50480 Manche - 779 h.

Utah-Beach, ✆ 33 71 53 69, Fax 33 71 07 11, NE : 6 km par D 913 et D 421, à 150 m de la plage
3,2 ha (123 empl.) plat et peu incliné, herbeux - A proximité : - Location :
avril-sept. - **R** *juil.-15 août* - GB - *18* *27* *16 (3A) 21 (6A)*

La Baie des Veys, ✆ 33 71 56 90, SE : 5 km par D 913 et D 115 à droite, au Grand Vey, près de la mer
0,5 ha (50 empl.) plat, herbeux - - A proximité :
mai-15 sept. - **R** *conseillée août - Tarif 94 : 11 4,50 7,70 11 (4A) 15 (6A)*

STE-MARINE **29** Finistère - 58 ⑮ - rattaché à Bénodet

STE-MAURE-DE-TOURAINE

10 - 68 ④ G. Châteaux de la Loire

Paris 271 - Le Blanc 69 - Châtellerault 35 - Chinon 33 - Loches 31 - Thouars 71 - Tours 37

37800 I.-et-L. - 3 983 h.
Office de Tourisme, r. du Château ✆ 47 65 66 20

Municipal de Marans, ✆ 47 65 44 93, SE : 1,5 km par D 760, rte de Loches, et à gauche, r. de Toizelet, à 150 m d'un plan d'eau
1 ha (66 empl.) plat et peu incliné, herbeux, pierreux -
15 avril-15 sept. - **R** - *12* *10*

STE-MENEHOULD

7 - 56 ⑲ G. Champagne

Paris 220 - Bar-le-Duc 50 - Châlons-sur-Marne 45 - Reims 78 - Verdun 46 - Vitry-le-François 52

51800 Marne - 5 177 h.
Office de Tourisme, 15 pl. du Général-Leclerc ✆ 26 60 85 83, Fax 26 60 27 22

Municipal de la Grelette, sortie E rte de Metz et 1er pont à droite après la gare, bord de l'Aisne
0,5 ha (50 empl.) plat, herbeux - - A proximité :
mai-sept. - **R** - *Tarif 94 : 2 pers. 24, pers. suppl. 9,50 8,50 (4A)*

STE-MÈRE-ÉGLISE

4 - 54 ③ G. Normandie Cotentin

Paris 324 - Bayeux 56 - Cherbourg 37 - Saint-Lô 41

50480 Manche - 1 556 h.

Municipal, ✆ 33 41 35 22, sortie E par D 17 et à droite, près du terrain de sports
1,3 ha (78 empl.) plat, herbeux, verger -
Permanent - **R** - *Tarif 94 : 10 15 12*

STE-MONTAINE

6 - 64 ⑳

Paris 198 - Bourges 51 - Cosne-sur-Loire 50 - Gien 34 - Orléans 62 - Salbris 26 - Vierzon 41

18700 Cher - 206 h.

Municipal, au bourg, par D 79, rte de Ménétréol-sur-Sauldre
0,6 ha (33 empl.) plat, herbeux -
15 avril-15 oct. - R - *Tarif 94 : 6,90 3,70 5A : 12,20 (hiver 24,40)*

STE-REINE-DE-BRETAGNE

4 - 63 ⑮

Paris 435 - La Baule 29 - Pontchâteau 7,5 - La Roche-Bernard 13 - Redon 35 - Saint-Nazaire 24

44160 Loire-Atl. - 1 779 h.

Château du Deffay « Parc boisé près d'un étang », ✆ 40 88 00 57, Fax 40 01 66 55, E : 3 km par D 33 rte de Pontchâteau et à gauche
60 ha/2 campables (100 empl.) plat, peu incliné, en terrasses, herbeux (1 ha) - poneys - Location *(Pâques-Toussaint)* : , appartements
6 mai-4 sept. - **R** *conseillée saison - 21 piscine et tennis compris 52 20 (4A)*

SAINTES

9 - 71 ④ G. Poitou Vendée Charentes

Paris 470 - Bordeaux 115 - Niort 73 - Poitiers 138 - Rochefort 40 - Royan 40

17100 Char.-Mar. - 25 874 h.
Office de Tourisme, Villa Musso, 62 cours National ✆ 46 74 23 82, Fax 46 92 17 01

Au Fil de l'Eau, ✆ 46 93 08 00, N : 1 km par D 128, rte de Courbiac, bord de la Charente
3 ha (214 empl.) plat, herbeux (2 ha) - snack - - A l'entrée :
12 mai-15 sept. - **R** *conseillée 14 juil.-15 août* - GB - *18 20 13 (3A) 15 (5A)*

STE-SÉVÈRE-SUR-INDRE

10 - 68 ⑲ G. Berry Limousin

Paris 313 - Aigurande 24 - Boussac 22 - Châteaumeillant 14 - La Châtre 15 - Guéret 46

36160 Indre - 939 h.

Municipal, au bourg, par rte de la Châtre
0,5 ha (20 empl.) plat et terrasse, herbeux -
Pâques-15 oct. - **R** - *8 8 8 8,50 (6A)*

STE-SIGOLÈNE

11 - 76 ⑧

Paris 549 - Annonay 53 - Monistrol-sur-Loire 7,5 - Montfaucon-en-Velay 14 - Le Puy-en-Velay 55 - Saint-Étienne 33

43600 H.-Loire - 5 236 h. alt. 810

Camping de Vaubarlet ≤ « Site agréable », ✆ 71 66 64 95, SO : 6 km par D 43, rte de Grazac, bord de la Dunière - alt. 600
15 ha/3 campables (131 empl.) plat, herbeux - vélos - Location : bungalows toilés
mai-sept. - **R** *conseillée juil.-août - 16 8 22 avec élect. (10A)*

STES-MARIES-DE-LA-MER

16 - 83 ⑲ G. Provence

Paris 764 - Aigues-Mortes 32 - Arles 38 - Marseille 129 - Montpellier 65 - Nîmes 53 - Saint-Gilles 34

13460 B.-du-R. - 2 232 h.
Office de Tourisme, av. Van-Gogh ✆ 90 47 82 55, Fax 90 97 71 15

Municipal le Clos du Rhône, ✆ 90 97 85 99 BP 74 13460 Stes-Maries-de-la-M, O : 2 km par D 38 et à gauche, près du Petit Rhône et de la plage
7 ha (450 empl.) plat, sablonneux - cases réfrigérées - - A proximité : - Location :
mi mai-mi sept. - **R** *conseillée juil.-août* - GB

Municipal la Brise, ✆ 90 97 84 67, Fax 90 97 72 01 BP 74 13460 Stes-Maries-de-la-M, sortie NE par D 85A et à droite, près de la plage est
27 ha (1 910 empl.) plat, sablonneux - cases réfrigérées - salle d'animation - A proximité :
Permanent - **R** - GB

STE-TULLE

17 - 84 ④

Paris 762 - Aix-en-Provence 46 - Forcalquier 28 - Gréoux-les-Bains 92 - Manosque 5 - Reillanne 22

04220 Alpes-de-H.-Pr. - 2 855 h.

Municipal le Chaffère « Cadre agréable », ✆ 92 78 22 75, sortie O, bord du Chaffère - P
0,8 ha (54 empl.) plat et peu incliné, terrasses, herbeux - - A proximité :
juin-sept. - **R** - *10,40 14,30 9,20 (3A) 18,20 (16A)*

SAISIES (Col des)

12 - 74 ⑰ G. Alpes du Nord

Paris 622 - Albertville 31 - Annecy 66 - Beaufort 18 - Bourg-Saint-Maurice 59 - Megève 23

73 Savoie - alt. 1 633 - Sports d'hiver : 1 600/1 950 m 14

Caravaneige Intercommunal du Grand Tétras ≤, ✆ 79 38 95 17 73270 Villard-sur-Doron, sortie S par D 218 rte d'Auteluce et 1,8 km par D 123 rte de Bisanne, à droite
0,8 ha (50 empl.) plat et peu incliné, gravillons - - A proximité :
déc.-avril, 15 juin-15 sept. - **R** - *interdit aux tentes hors saison estivale - 2 pers. 49 (hiver 77) 28 (5A) 42 (10A)*

SAISSAC

15 - 83 ⑪ G. Gorges du Tarn

Paris 772 - Carcassonne 25 - Castelnaudary 22 - Foix 83 - Mazamet 35 - Revel 21

11310 Aude - 867 h.

Val ≤, ✆ 68 24 44 89, sortie NO par D 629, rte de Revel et à gauche
1,9 ha (92 empl.) plat et peu incliné, herbeux - - A proximité :
juil.-2 sept. - **R** - *Adhésion association V.A.L obligatoire pour séjour supérieur à une nuit - piscine comprise 4 pers. 114, pers. suppl. 17 14 (6A)*

SALAVAS **07** Ardèche - 80 ⑨ - voir à Ardèche (Gorges de l') - Vallon-Pont-d'Arc

SALBRIS

6 - 64 ⑲ G. Châteaux de la Loire

Paris 188 - Aubigny-sur-Nère 31 - Blois 64 - Lamotte-Beuvron 20 - Romorantin-Lanthenay 26 - Vierzon 22

41300 L.-et-Ch. - 6 083 h.
Office de Tourisme ✆ 54 96 15 52

Le Sologne, ✆ 54 97 06 38, N : par N 20 et rte de Pierrefitte-sur-Sauldre, à droite après le pont, bord d'un plan d'eau et près de la Sauldre - accès au centre ville par chemin piétons
2 ha (81 empl.) plat, herbeux - - - A proximité : - Location :
avril-oct. - **R** *conseillée juil.-15 août - 2 pers. 43 17 (10A)*

SALERNES

17 - 84 ⑥ G. Côte d'Azur

Paris 836 - Aix-en-Provence 86 - Brignoles 32 - Draguignan 23 - Manosque 66

83690 Var - 3 012 h.
Office de Tourisme, r. Victor-Hugo ✆ 94 70 69 02

Municipal des Arnauds, ✆ 94 67 51 95, Fax 94 70 75 57, sortie NO par D 560 rte de Sillans-la-Cascade et chemin à gauche, près de la Bresque
0,8 ha 52 empl. plat, pierreux - cases réfrigérées - vélos - A proximité : (plan d'eau aménagé) - Location *(sauf du 2 nov. au 14 déc.)* : studios, gîtes
mai-sept. - **R** *juil.-août - 24 28/44 avec élect.*

SALERS

10 - 76 ② G. Auvergne

Paris 519 - Aurillac 42 - Brive-la-Gaillarde 109 - Mauriac 20 - Murat 43

15140 Cantal - 439 h. alt. 951

Municipal le Mouriol, 71 40 73 09, NE : 1 km par D 680 rte du Puy Mary
1 ha (90 empl.) (juil.-août) plat, peu incliné, herbeux
15 mai-15 oct. - R - *10,30* *3,80* *3,80* *11,50*

SALIES-DE-BÉARN

13 - 78 ⑧ G. Pyrénées Aquitaine

Paris 770 - Bayonne 57 - Dax 36 - Orthez 15 - Pau 62 - Peyrehorade 19

64270 Pyr.-Atl. - 4 974 h. -
Office de Tourisme, 1 bd Saint-Guily 59 38 00 33, Fax 59 38 02 95

Municipal de Mosqueros, 59 38 12 94, sortie O rte de Bayonne, à la Base de Plein Air
0,7 ha (55 empl.) en terrasses, plat, herbeux - A proximité :
avril-oct. - **R** *conseillée juil.-août* - *13* *28 avec élect.*

SALIGNAC-EYVIGUES

13 - 75 ⑰ G. Périgord Quercy

Paris 520 - Brive-la-Gaillarde 35 - Cahors 81 - Périgueux 68 - Sarlat-la-Canéda 17

24590 Dordogne - 964 h.

Le Temps de Vivre, 53 28 93 21, S : 1,5 km par D 61, rte de Carlux et chemin à droite
1 ha (50 empl.) en terrasses et peu incliné, pierreux, herbeux, bois attenant - Location :
juin-15 sept. - **R** *conseillée juil.-août* - *16,50 piscine comprise* *15* *13 (3A)*

SALINS-LES-BAINS

12 - 70 ⑤ G. Jura

Paris 408 - Besançon 42 - Dole 44 - Lons-le-Saunier 52 - Poligny 24 - Pontarlier 44

39110 Jura - 3 629 h. -
Office de Tourisme, pl. des Salines 84 73 01 34, Fax 84 37 92 85

Municipal, 84 37 92 70, sortie N rte de Besançon, près de l'ancienne gare
1 ha (40 empl.) plat, herbeux, gravillons

SALLANCHES

12 - 74 ⑧ G. Alpes du Nord

Paris 586 - Annecy 69 - Bonneville 29 - Chamonix-Mont-Blanc 26 - Megève 10 - Morzine 43

74700 H.-Savoie - 12 767 h.
Office de Tourisme, 31 quai Hôtel-de-Ville 50 58 04 25, Fax 50 58 38 47

Mont-Blanc-Village « Cadre agréable », 50 58 43 67 74703 Sallanches Cedex, SE : 2 km
6,5 ha (130 empl.) plat, herbeux, pierreux, plan d'eau - Location :
20 mars-15 sept. - **R** *juil.-15 août* - *22* *19* *19* *14 (7A)*

Les Îles (Municipal de Passy) « Cadre agréable », 50 58 45 36 74190 Passy, SE : 2 km, bord d'un ruisseau et à 250 m d'un plan d'eau
4,6 ha (260 empl.) plat, herbeux, pierreux (1,5 ha) - A proximité :
juin-mi sept. - **R** *conseillée* - GB - *Tarif 94 :* *20* *7* *17* *12 (8A)*

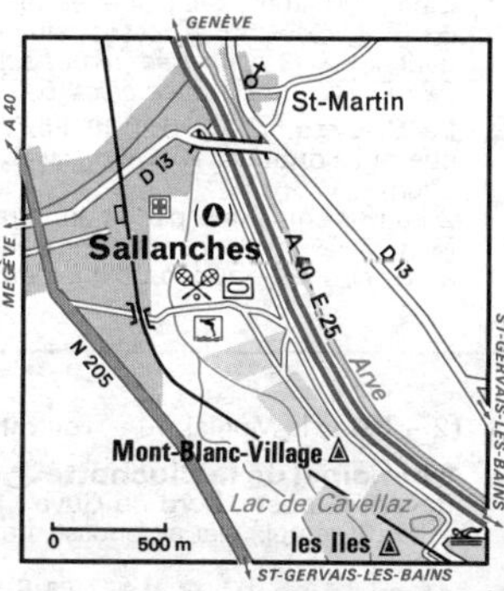

SALLERTAINE

9 - 67 ⑫

Paris 443 - Challans 7,5 - Beauvoir-sur-Mer 11 - Noirmoutier-en-l'Ile 36 - La Roche-sur-Yon 51

85300 Vendée - 2 245 h.

Municipal de Bel Air, 51 35 30 00, à 0,5 km à l'est du bourg
0,7 ha (69 empl.) plat, herbeux
15 juin-15 sept. - **R** - *9,60* *7,60* *9,60 (5A)*

SALLES

13 - 78 ②

Paris 631 - Arcachon 33 - Belin-Béliet 11 - Biscarrosse 120 - Bordeaux 54

33770 Gironde - 3 957 h.

Le Val de l'Eyre ⑤, ✆ 56 88 47 03, sortie SO par D 108ES, rte de Lugos, bord de l'Eyre et d'un étang - par A 63 : sortie 21
13 ha/4 campables (100 empl.) plat, vallonné, sablonneux, herbeux (6 ha) - … - …
avril-oct. - **R** *conseillée - 20 7 20 12 (6A)*

Le Bilos ⑤, ✆ 56 88 40 27, SO : 4 km par D 108, rte de Lugos et rte à droite
1,5 ha (85 empl.) plat, herbeux, sablonneux - …
Permanent - **R** *conseillée juil.-août - 12,50 11 8,50 (3A) 15 (5A) 16,50 (6A)*

SALLES

14 - 79 ⑥

Paris 579 - Agen 58 - Fumel 12 - Monflanquin 10 - Villeneuve-sur-Lot 26 - Villeréal 23

47150 L.-et-G. - 289 h.

Des Bastides ≤, ✆ 53 40 83 09, NE : 1 km par D 150, rte de Lacapelle-Biron, au carrefour avec D 152
6 ha (80 empl.) plat, peu incliné, en terrasses, herbeux, sablonneux - … - … - Location :
15 mai-15 sept. - **R** *conseillée 15 juil.-15 août - 26 piscine comprise 9 28*

SALLES-CURAN

15 - 80 ⑬

Paris 653 - Albi 77 - Millau 37 - Rodez 38 - Saint-Affrique 41

12410 Aveyron - 1 277 h. alt. 833

Beau Rivage ≤ « Situation agréable au bord du lac de Pareloup », ✆ 65 46 33 32, Fax 65 46 01 64, N : 3,5 km par D 993, rte de Pont-de-Salars et D 243 à gauche, rte des Vernhes
2 ha (81 empl.) en terrasses, herbeux - … - … - A proximité :
juin-sept. - **R** *conseillée - Tarif 94 : piscine comprise 3 pers. 120, pers. suppl. 32 20 (6 ou 10A)*

Les Genêts ⑤ ≤, ✆ 65 46 35 34, Fax 65 78 00 72, O : 5 km par D 993 et D 577, rte d'Arvieu, à gauche puis 2 km par chemin à droite, bord du lac de Pareloup
3,5 ha (160 empl.) peu incliné, en terrasses, herbeux (1,5 ha) - … snack - discothèque … vélos, tir à l'arc - Location : …, bungalows toilés
juin-sept. - **R** *conseillée juil.-août* - GB - *élect. et piscine comprises 2 ou 3 pers. 140*

SALLES-ET-PRATVIEL **31** H.-Gar. - 85 ⑳ - rattaché à Bagnères-de-Luchon

Les SALLES-SUR-VERDON

17 - 81 ⑰ G. Alpes du Sud

Paris 786 - Brignoles 54 - Draguignan 48 - Digne-les-Bains 58 - Manosque 59 - Moustiers-Sainte-Marie 13

83630 Var - 154 h.

Les Pins, ✆ 94 70 20 80, Fax 94 84 23 27, sortie S par D 71 puis 1,2 km par chemin à droite, à 100 m du **lac de Ste-Croix** - Accès direct pour piétons du centre bourg
2 ha (100 empl.) plat et en terrasses, gravier, pierreux, herbeux - … cases réfrigérées - … - A proximité :
avril-oct. - **R** *conseillée juin et sept., indispensable juil.-août* - GB - *25 22/43 (48 ou 52 avec élect. 6A)*

La Source, ✆ 94 70 20 40, Fax 94 70 20 74, sortie S par D 71 puis 1 km par chemin à droite, à 100 m du **lac de Ste-Croix** - Accès direct pour piétons du centre bourg
2 ha (89 empl.) plat et en terrasses, gravier, pierreux, herbeux - … cases réfrigérées - … - A proximité :
avril-oct. - **R** *indispensable juil.-août - 23 23 16 (6A)*

SALORNAY-SUR-GUYE

11 - 69 ⑱

Paris 380 - Chalon-sur-Saône 52 - Cluny 12 - Paray-le-Monial 43 - Tournus 28

71250 S.-et-L. - 663 h.

Municipal de la Clochette ⑤, ✆ 85 59 90 11, au bourg, accès par chemin devant la poste, bord du Guye
2 ha (60 empl.) plat et terrasse, herbeux (0,3 ha) - … - A proximité :
15 avril-15 oct. - **R** - *7 8 8 (4A) 10 (plus de 4A)*

La SALVETAT-SUR-AGOUT

15 - 83 ③ G. Gorges du Tarn

Paris 743 - Anglès 16 - Brassac 25 - Lacaune 19 - Olargues 26 - Saint-Pons-de-Thomières 21

34330 Hérault - 1 153 h. alt. 663

La Blaquière, ✆ 67 97 61 29, sortie N rte de Lacaune, bord de l'Agout
0,8 ha (60 empl.) plat, herbeux - … - A proximité :
15 juin-15 sept. - **R** - *2 pers. 42 13 (10A)*

SAMOËNS

12 - 74 ⑧ G. Alpes du Nord

Paris 584 - Annecy 71 - Bonneville 30 - Chamonix-Mont-Blanc 61 - Cluses 21 - Genève 55 - Megève 49 - Morzine 29

74340 H.-Savoie - 2 148 h. alt. 714 - Sports d'hiver : 800/2 280 m 2 13.

Office de Tourisme, gare routière 50 34 40 28, Fax 50 34 95 82

Municipal le Giffre « Site agréable », 50 34 41 92, SO : 1 km sur D 4 rte de Morillon, bord du Giffre et près d'un lac
6 ha (275 empl.) plat, herbeux, pierreux - A proximité : crêperie, parcours sportif, tir à l'arc, toboggan aquatique - Location : studios
Permanent - **R** *conseillée vacances scolaires - Tarif 94 : 2 pers. 43, pers. suppl. 12,50 9,50 (5A) 19,50 (10A) - hiver 13,60 (2A) 22,70 (5A) 52,30 (10A)*

Le Chanosset (aire naturelle) « Agréable situation dominante », 50 34 43 54, SO : 2,5 km, à Vercland - alt. 820
1 ha (25 empl.) non clos, plat et incliné, herbeux, verger - A proximité :
juil.-août - **R** - *1 pers. 15/16*

SAMPZON 07 Ardèche - 80 ⑧ ⑨ - voir à Ardèche (Gorges de l') - Ruoms

SANARY-SUR-MER

17 - 84 ⑭ G. Côte d'Azur

Paris 827 - Aix-en-Provence 70 - La Ciotat 29 - Marseille 54 - Toulon 12

83110 Var - 14 730 h.

Office de Tourisme, Jardins de la Ville 94 74 01 04, Fax 94 74 58 04

Le Mas de Pierredon, 94 74 25 02, Fax 94 74 03 65, N : 3 km par rte d'Ollioules et à gauche après le pont de l'autoroute (quartier Pierredon)
3,8 ha (180 empl.) plat et en terrasses, pierreux, herbeux -18 sanitaires individuels (wc) - - Location : , bungalows toilés
15 avril-sept. - **R** - GB - *25 piscine comprise 48 19 (6A) 24 (10A)*

SANCHEY 88 Vosges - 62 ⑮ - rattaché à Épinal

SANGUINET

13 - 78 ③ G. Pyrénées Aquitaine

Paris 642 - Arcachon 26 - Belin-Béliet 25 - Biscarrosse 113 - Bordeaux 65

40460 Landes - 1 695 h.

Municipal Lou Broustaricq « Cadre agréable », 58 78 62 62, Fax 58 82 10 74, NO : 2,8 km par rte de Bordeaux et chemin de Langeot, à 300 m de l'étang de Cazaux
16 ha (555 empl.) plat, sablonneux, gravillons - - A proximité : - Location :
Permanent - **R** *conseillée* - GB - *Tarif 94 : élect. et piscine comprises 1 ou 2 pers. 100/130, 3 ou 4 pers. 130 à 162, pers. suppl. 18*

Les Grands Pins, 58 78 61 74, Fax 58 78 69 15, O : 1,4 km rte du lac, près de l'étang de Cazaux
5,7 ha (190 empl.) plat, sablonneux, herbeux pinède - snack - vélos - A proximité : - Location :
Permanent - **R** *conseillée - Tarif 94 : 1 à 4 pers. 86 à 139, pers. suppl. 12 16 (3A) 19 (6A)*

SANXAY

9 - 68 ⑫ G. Poitou Vendée Charentes

Paris 367 - Lezay 32 - Lusignan 13 - Niort 47 - Poitiers 33 - Saint-Maixent-l'Ecole 23

86600 Vienne - 630 h.

Municipal, sortie O par D 3, rte de Ménigoute, près de la Vonne
0,6 ha (30 empl.) plat, herbeux - - A proximité :
15 mai-15 oct. - **R** - *9 6 6 10*

SAOU

16 - 77 ⑫ G. Vallée du Rhône

Paris 605 - Crest 14 - Die 48 - Dieulefit 20 - Grignan 40 - Valence 43

26400 Drôme - 378 h.

Municipal la Graville « Site pittoresque », NE : 1,5 km par D 136 et chemin à droite, bord de la Vèbre
1 ha (40 empl.) plat et peu incliné, herbeux, pierreux -
15 avril-15 oct. - **R** *juil.-août*

SARBAZAN

13 - 79 ⑪

Paris 685 - Barbotan-les-Thermes 30 - Captieux 31 - Labrit 21 - Mont-de-Marsan 23

40120 Landes - 940 h.

Municipal, à l'est du bourg, près d'un plan d'eau
1 ha (50 empl.) non clos, plat, herbeux, sablonneux pinède - - A proximité :
avril-oct. - **R** - *9 4 12 10 (5A) 20 (10A)*

SARE

13 - 85 ② G. Pyrénées Aquitaine

Paris 799 - Biarritz 25 - Cambo-les-Bains 19 - Pau 134 - Saint-Jean-de-Luz 13 - Saint-Pée-sur-Nivelle 8

64310 Pyr.-Atl. - 2 054 h.

La Petite Rhune ≤, ✆ 59 54 23 97, Fax 59 54 23 42, S : 2 km sur rte reliant D 406 et D 306
1,5 ha (52 empl.) peu incliné, herbeux - A proximité : - Location *(permanent)* : gîte d'étape
avril-sept. - *2 pers. 49, pers. suppl. 14* *12 (3A) 15 (6A)*

Goyenetche ≤, ✆ 59 54 21 71, S : 3,5 km par D 306 rte des grottes, bord d'un ruisseau
1 ha (70 empl.) plat, prairie -
juil.-15 sept. - **R** *conseillée juil., indispensable août* - *11* *6* *11* *11*

▶ *Ce signe distingue certains terrains*
Ⓜ *d'équipement récent dont la conception générale,*
le style et les installations présentent un caractère rationnel et moderne.

SARLAT-LA-CANÉDA

13 - 75 ⑰ G. Périgord Quercy

Paris 522 - Bergerac 74 - Brive-la-Gaillarde 52 - Cahors 62 - Périgueux 66

24200 Dordogne - 9 909 h.

Office de Tourisme, pl. de la Liberté ✆ 53 59 27 67 et av. du Gén.-de-Gaulle (juil-août) ✆ 53 59 19 44, Fax 53 59 18 87

La Palombière Ⓜ, ✆ 53 59 42 34, Fax 53 28 45 40 ✉ 24200 Ste-Nathalène, NE : 9 km
7 ha (167 empl.) peu incliné et en terrasses, pierreux, herbeux - - vélos
mai-17 sept. - **R** *conseillée juil.-août* - GB - *31 piscine comprise* *45* *15,50 (6A)*

Les Grottes de Roffy ≤ « Cadre agréable », ✆ 53 59 15 61, Fax 53 59 19 27 ✉ 24200 Ste-Nathalène, E : 8 km
5 ha (125 empl.) en terrasses, herbeux - -
15 avril-25 sept. - **R** *conseillée juil.-août* - GB - *Tarif 94 : 32 piscine comprise* *42,50* *14,50 (6A)*

Le Moulin du Roch « Cadre agréable », ✆ 53 59 20 27, Fax 53 29 44 65 ✉ 24200 St-André-d'Allas, NO : 10 km, bord d'un ruisseau (hors schéma) -
7 ha/5 campables (195 empl.) plat, peu incliné et en terrasses, herbeux - - vélos - Location : , bungalows toilés
9 avril-24 sept. - **R** *conseillée juil.-août* - *35 piscine comprise* *49* *17 (6A)*

Aqua Viva , ✆ 53 59 21 09, Fax 53 29 36 37 ✉ 24200 Carsac-Aillac, SE : 7 km, bord de l'Enéa et d'un petit étang
10 ha (166 empl.) plat, accidenté et en terrasses, herbeux - snack - vélos, mini-tennis - Location :
Pâques-sept. - **R** *conseillée juil.-août* - GB - *29 piscine comprise* *41* *11 (3A) 16 (6A) 21 (10A)*

La Châtaigneraie « Cadre agréable », ✆ 53 59 03 61, Fax 53 29 86 16 ✉ 24370 Prats-de-Carlux, E : 10 km
3 ha (70 empl.) en terrasses, plat, herbeux, sablonneux (0,5 ha) - - - A proximité : piste de bi-cross
juin-15 sept. - **R** *conseillée juil.-25 août* - *22 piscine comprise* *30* *16 (6A)*

Les Périères ≤ « Cadre agréable, belle entrée fleurie », ✆ 53 59 05 84, Fax 53 28 57 51 ✉ 24203 Sarlat-la-Canéda Cedex, NE : 1 km
11 ha/4 campables (100 empl.) en terrasses, herbeux - snack - parcours sportif - Location : villas
avril-sept. - **R** *conseillée, indispensable juil.-10 août* - *élect.(6A) et piscine comprises 3 pers. 160, pers. suppl. 30*

Maillac , ✆ 53 59 22 12, Fax 53 29 60 17 ✉ 24200 Ste-Nathalène, NE : 7 km
4 ha (160 empl.) plat, peu incliné, herbeux - snack - - Location : studios
15 mai-sept. - **R** *conseillée* - *22 piscine comprise* *28* *16 (6A) 20 (10A)*

Le Montant ≤, ✆ 53 59 18 50, Fax 53 59 37 73, SE : 2 km par D 57, rte de Bergerac puis 2,3 km par chemin à droite
3 ha (70 empl.) en terrasses, herbeux - - - Location *(permanent)* :
juin-sept. - **R** *conseillée juil.-août* - *23 piscine comprise* *25* *12 (3A) 17 (5A) 22 (10A)*

Les Chênes Verts « Cadre agréable », ✆ 53 59 21 07 ✉ 24370 Calviac-en-Périgord, SE : 8,5 km
8 ha (123 empl.) plat, peu incliné, en terrasses, herbeux - - vélos
mai-sept. - **R** *conseillée juil.-août* - *Tarif 94 : 22 piscine comprise* *38* *16 (6A)*

Les Charmes , ✆ 53 31 02 89 ✉ 24200 St-André d'Allas, O : 12 km par D 47, rte des Eyzies-de-Tayac et rte à gauche (hors schéma)
1,8 ha (85 empl.) plat et peu incliné, en terrasses, herbeux (1 ha) - snack - - Location :
Pâques-15 oct. - **R** *conseillée 30 juil.-18 août* - *18 piscine comprise* *18/20,50* *13 (4A)*

Rivaux <, ✆ 53 59 04 41, NO : 3,5 km
4 ha (100 empl.) plat, peu incliné et accidenté, herbeux pinède (1 ha) - - avril-1er oct. - **R** - *15* *20* *9 (2A) 14 (6A)*

Villeneuve <, ✆ 53 30 30 90 ✉ 24200 St-André-d'Allas, NO : 8 km par D 47 et rte à gauche
2,5 ha (60 empl.) incliné, terrasses, herbeux (0,5 ha) - - - Location :
15 avril-oct. - **R** *conseillée, indispensable août* - *17 piscine comprise* *16* *12 (6A)*

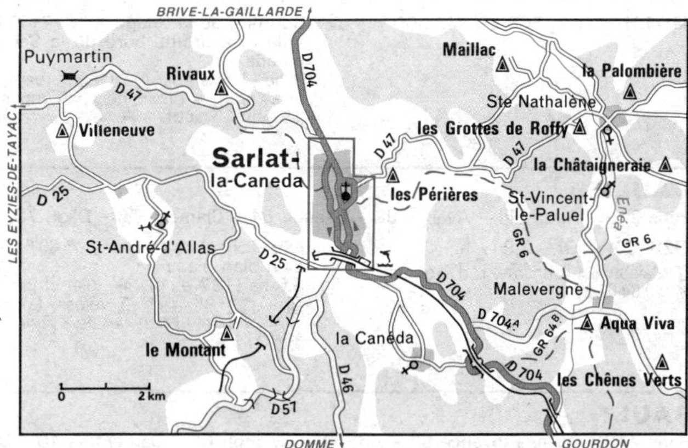

SARZEAU

3 - 63 ⑬ G. Bretagne

Paris 475 - Nantes 110 - Redon 62 - Vannes 22

56370 Morbihan - 4 972 h.

Office de Tourisme, Centre Bourg, Bâtiment des Trinitaires, ✆ 97 41 82 37, Fax 97 41 74 95

Le Bohat , ✆ 97 41 78 68, O : 2,8 km
4 ha (225 empl.) plat, herbeux verger (2 ha) - crêperie - vélos
15 mai-15 sept. - **R** *conseillée 8 juil.-20 août - Tarif 94 :* *19 piscine comprise* *42* *12 (10A)*

Le Treste « Entrée fleurie », ✆ 97 41 79 60, Fax 97 41 36 21, S : 2,5 km, rte du Roaliguen
2,5 ha (190 empl.) (juil.-août) plat, herbeux - - - Location :
29 avril-17 sept. - **R** *conseillée 15 juil.-15 août* - *19* *39* *13 (4A) 16 (6A) 19 (8A)*

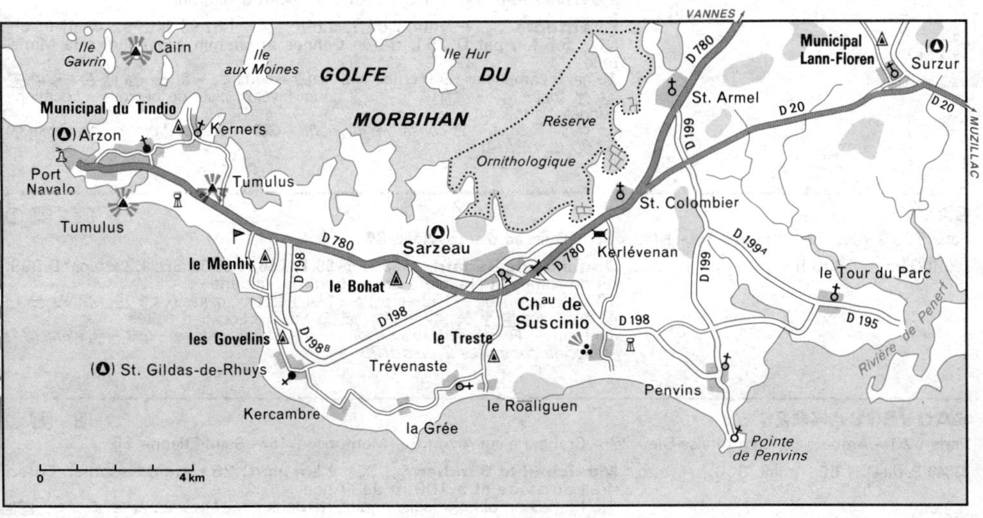

Voir aussi à *Arzon, St-Gildas-de-Rhuys, Surzur*

SATILLIEU

11 - 76 ⑨

Paris 548 - Annonay 13 - Lamastre 37 - Privas 87 - Saint-Vallier 20 - Tournon-sur-Rhône 30 - Valence 47 - Yssingeaux 53

07290 Ardèche - 1 818 h.

Le Grangeon <, ✆ 75 34 96 41, Fax 75 34 96 06, SO : 1,1 km par D 578^A, rte de Lalouvesc et à gauche, bord de l'Ay
1 ha (70 empl.) en terrasses, herbeux - snack - - A proximité : (plan d'eau aménagé) - Location :
2 juil.-15 sept. - **R** *conseillée juil.-août - 2 pers. 53/59 16 (5A)*

SAUGUES

11 - 76 ⑯ G. Auvergne

Paris 537 - Brioude 50 - Mende 72 - Le Puy-en-Velay 44 - Saint-Chély-d'Apcher 42 - Saint-Flour 54

43170 H.-Loire - 2 089 h. alt. 960

Sporting de la Seuge <, ✆ 71 77 80 62, sortie O par D 589, rte du Malzieu-Ville et à droite, bord de la Seuge et près de deux plans d'eau et d'une pinède
3 ha (100 empl.) plat, herbeux, pierreux - - tir à l'arc - A proximité : parcours sportif
15 juin-15 sept. - **R**

SAULIEU

7 - 65 ⑰ G. Bourgogne

Paris 249 - Autun 41 - Avallon 38 - Beaune 64 - Clamecy 76 - Dijon 73

21210 Côte-d'Or - 2 917 h.
Maison du Tourisme, r. d'Argentine ✆ 80 64 00 21

Municipal le Perron, ✆ 80 64 16 19, NO : 1 km par N 6, rte de Paris, près d'un plan d'eau
3,5 ha (137 empl.) plat et peu incliné, herbeux - - vélos - Location : huttes
avril-20 oct. - **R** *conseillée - Tarif 94 : 12 piscine et tennis compris 20/25 10 (10A)*

SAULT

16 - 81 ⑭ G. Alpes du Sud

Paris 718 - Aix-en-Provence 82 - Apt 31 - Avignon 65 - Carpentras 40 - Digne-les-Bains 90 - Gap 102

84390 Vaucluse - 1 206 h. alt. 765.
Office de Tourisme, av. Promenade ✆ 90 64 01 21

Municipal du Deffends, ✆ 90 64 07 18, NE : 1,7 km par D 950, rte de St-Trinit, au stade
9 ha (175 empl.) plat et peu incliné, pierreux, sous-bois - - - A proximité :
mai-sept. - - *13 10 10 (6A)*

SAUMUR

5 - 64 ⑫ G. Châteaux de la Loire

Paris 297 - Angers 49 - Châtellerault 77 - Cholet 67 - Le Mans 97 - Poitiers 91 - Tours 66

49400 M.-et-L. - 30 131 h.
Office de Tourisme et Accueil de France, pl. Bilange ✆ 41 51 03 06, Fax 41 67 89 51

L'Ile d'Offard < château, ✆ 41 67 45 00, Fax 41 67 37 81, accès par centre ville, dans une île de la Loire
4,5 ha (258 empl.) plat, herbeux - brasserie - vélos - A proximité : - Location :
fermé 16 déc.-14 janv. - **R** *conseillée 14 juil.-15 août* - GB - *24,50 piscine comprise 43,50 17 (6A)*

à St-Hilaire-St-Florent NO : 2 km - ✉ 49400 Saumur :

Chantepie < vallée de la Loire, ✆ 41 67 95 34, Fax 41 67 95 85, NO : 5,5 km par D 751, rte de Gennes et chemin à gauche, à la Mimerolle
10 ha/5 campables (200 empl.) plat, herbeux - snack - poneys, vélos, piste de bi-cross - Location : bungalows toilés
15 mai-15 sept. - **R** *conseillée juil.-août* - GB - *22,50 piscine comprise 57,50 16 (6A)*

SAUVE

16 - 80 ⑦

Paris 729 - Alès 28 - Anduze 16 - Nîmes 38 - Quissac 6 - Le Vigan 37

30610 Gard - 1 606 h.

Domaine de Bagard, ✆ 66 77 55 99, Fax 66 77 00 88, SE : 1,2 km par D 999, rte de Nîmes et chemin à droite, bord du Vidourle
12 ha/6 campables (153 empl.) plat, herbeux, pierreux - - vélos - Location : gîtes
avril-sept. - **R** *indispensable saison - Adhésion obligatoire* - GB - *élect. (3A) et piscine comprises 2 pers. 125*

SAUVESSANGES

11 - 76 ⑦

Paris 520 - Ambert 33 - La Chaise-Dieu 27 - Craponne-sur-Arzon 8 - Montbrison 45 - Saint-Etienne 55

63840 P.-de-D. - 601 h. alt. 900

Municipal le Bandier, SE : 2 km par D 251, rte d'Usson-en Forez, près du stade et à 100 m de l'Ance
1,5 ha (23 empl.) (saison) plat, herbeux - -
avril-oct. - **R** - *Tarif 94 : 7,50 3 8 6,50 (10A)*

SAUVETERRE-DE-BÉARN

13 - 85 ④ G. Pyrénées Aquitaine

Paris 779 - Bayonne 58 - Mauléon-Licharre 25 - Oloron-Sainte-Marie 40 - Orthez 20 - Peyrehorade 26

64390 Pyr.-Atl. - 1 366 h.
Office de Tourisme, Mairie
59 38 50 17

Municipal le Gave, 59 38 53 30, sortie S par D 933, rte de St-Palais puis chemin à gauche avant le pont, bord du Gave d'Oloron
1,3 ha (100 empl.) plat, herbeux
Permanent - R *conseillée juil.-août - 9,20 13 6,50/9,80 9,20 (3A) 14,90 (6A) et 1,90 par ampère supplémentaire*

SAUVETERRE DE GUYENNE

14 - 75 ⑫

Paris 609 - Bergerac 59 - Langon 22 - Libourne 31 - La Réole 20

33540 Gironde - 1 715 h.

Municipal, 56 71 56 95, sortie S par le sens giratoire
0,5 ha (30 empl.) non clos, plat, herbeux, sablonneux, gravillons - A proximité :
Permanent - R - *9 6/13 12 (3A) 18 (6A)*

SAUVETERRE-LA-LÉMANCE

14 - 79 ⑥

Paris 586 - Agen 69 - Fumel 13 - Monflanquin 29 - Puy-l'Evêque 16 - Villefranche-du-Périgord 9

47500 L.-et-G. - 685 h.

Moulin du Périé, 53 40 67 26, Fax 53 40 62 46, E : 3 km par rte de Loubejac, bord d'un ruisseau - dans locations
3,5 ha (125 empl.) plat, herbeux peupleraie - (petit étang) - Location :
Pâques-sept. - R *conseillée saison* - GB - *31 piscine comprise 7,50 36 16 (6A)*

SAUVIAN

15 - 83 ⑮

Paris 782 - Agde 21 - Béziers 8,5 - Narbonne 30 - Valras-Plage 6,5

34410 Hérault - 3 178 h.

La Gabinelle, 67 39 50 87, au SE du bourg, rte de Sérignan
3 ha (193 empl.) plat, herbeux, pierreux (1 ha) - - A proximité :
15 juin-15 sept. - R *conseillée - Tarif 94 : piscine comprise 1 à 3 pers. 82, pers. suppl. 14,20 12,80 (5A)*

Municipal, 67 32 33 16, sortie O, av. du Stade
1 ha (70 empl.) plat, herbeux
avril-sept. - R *conseillée juil.-août - 2 pers. 50 12 (6A)*

SAUXILLANGES

11 - 73 ⑮ G. Auvergne

Paris 460 - Ambert 45 - Clermont-Ferrand 50 - Issoire 12 - Thiers 47 - Vic-le-Comte 19

63490 P.-de-D. - 1 109 h.

Municipal les Prairies, 73 96 86 26, sortie O rte d'Issoire et à gauche, bord de l'Eau Mère et à 100 m d'un étang
1,5 ha (72 empl.) plat, herbeux - A proximité : poneys
juin-sept. - R *conseillée 10 juil.-25 août - 12 14 11 (4 ou 6A)*

SAUZÉ-VAUSSAIS

9 - 72 ③

Paris 393 - Couhé 23 - Niort 52 - Ruffec 18 - Saint-Jean-d'Angély 66

79190 Deux-Sèvres - 1 755 h.

Municipal, 49 07 61 33, SO : 1 km par D 1, rte de Chef-Boutonne
1 ha (40 empl.) incliné à peu incliné, plat, herbeux, bois attenant - piste de bi-cross - A proximité : - Location : gîtes
17 juin-10 sept. - R - *7 4,30 6 7,50*

SAVENAY

4 - 63 ⑮

Paris 415 - La Baule 37 - Nantes 39 - Redon 44 - Saint-Nazaire 25

44260 Loire-Atl. - 5 314 h.

Municipal du Lac « Site agréable », 40 58 31 76, E : 1,8 km par rte de Malville, au lac
1 ha (97 empl.) en terrasses, herbeux - A l'entrée - A proximité : golf crêperie

SAVERNE

8 - 57 ⑱ G. Alsace Lorraine

Paris 447 - Lunéville 82 - Saint-Avold 83 - Sarreguemines 66 - Strasbourg 39

67700 B.-Rhin - 10 278 h.
Office de Tourisme, Château des Rohan 88 91 80 47,
Fax 88 71 02 90

Municipal « Entrée fleurie », 88 91 35 65, SO : 1,3 km par D 171, rte du Haut-Barr et r. Knoepffler à gauche
2,1 ha (145 empl.) peu incliné, plat, herbeux - - A proximité :
avril-sept. - R *conseillée 10 juil.-20 août - 12 6 6/12 10 (2A) 27 (6A)*

SAVIGNY-LÈS-BEAUNE **21** Côte-d'Or - 69 ⑨ - rattaché à Beaune

SAVINES-LE-LAC

17 - 77 ⑰ G. Alpes du Sud

Paris 695 - Barcelonnette 45 - Briançon 60 - Digne-les-Bains 83 - Gap 28 - Guillestre 32 - Sisteron 73

05160 H.-Alpes - 759 h. alt. 810.
Office de Tourisme ✆ 92 44 20 44

Le Nautic ≤ lac et montagnes, ✆ 92 50 62 49, Fax 92 54 30 67 ✉ 05230 Prunières, O : 4,5 km par N 94, rte de Gap, bord du lac de Serre-Ponçon
2,6 ha (100 empl.) en terrasses, pierreux, gravillons (1 ha) -
juin-19 sept. - **R** - *Tarif 94 : piscine comprise 3 pers. 120 19 (5A)*

SCIEZ

12 - 70 ⑰

Paris 563 - Abondance 37 - Annecy 67 - Annemasse 24 - Genève 25 - Thonon-les-Bains 9,5

74140 H.-Savoie - 3 371 h.
Office de Tourisme, Capitainerie Port de Sciez (saison) ✆ 50 72 64 57, (hors saison) ✆ 50 72 74 97

Le Grand Foc « Cadre agréable », ✆ 50 72 62 70, NE : 3 km par N 5, rte de Thonon-les-Bains et rte du port de Sciez-Plage à gauche, à 300 m de la plage
1,3 ha (65 empl.) peu incliné, plat, herbeux, pierreux - A proximité : - Location :
25 mars-1er oct. - **R** *conseillée juil.-25 août* - GB - *14 6 12 11 (2A) 13 (3A) 17 (5A)*

Le Chatelet, ✆ 50 72 52 60, NE : 3 km par N 5, rte de Thonon-les-Bains et rte du port de Sciez-Plage à gauche, à 300 m de la plage
1,6 ha (34 empl.) plat, herbeux, pierreux - - A proximité :
15 avril-sept. - **Location longue durée** - *Places limitées pour le passage* - **R** *conseillée saison* - *2 pers. 52, pers. suppl. 18 12 (4A) 16 (6A)*

Brise du Léman, NE : 2 km par N 5, rte de Thonon-les-Bains et rte du port de Sciez-Plage à gauche, à 100 m de la plage
1,8 ha (100 empl.) plat et peu incliné, herbeux - - A proximité :
avril-sept. - **R** - *18 9,50 11,50 12 (3A) 18 (6A)*

SECONDIGNY

9 - 67 ⑰

Paris 389 - Bressuire 26 - Champdeniers 14 - Coulonges-sur-l'Autize 21 - Niort 36 - Parthenay 14

79130 Deux-Sèvres - 1 907 h.

Municipal du Moulin des Effres, sortie S par D 748, rte de Niort et chemin à gauche, près d'un plan d'eau
2 ha (60 empl.) peu incliné et plat, herbeux - - A proximité :
avril-15 oct. - **R** - *Tarif 94 : 11 7 7 14*

SEDAN

2 - 53 ⑲ G. Champagne

Paris 244 - Châlons-sur-Marne 118 - Charleville-Mézières 24 - Liège 166 - Luxembourg 101 - Metz 150 - Namur 112

08200 Ardennes - 21 667 h.
Office de Tourisme, parking du Château ✆ 24 27 73 73, Fax 24 29 03 28

Municipal, ✆ 24 27 13 05, à la prairie de Torcy, bd Fabert, bord de la Meuse
1,5 ha (130 empl.) plat, herbeux (0,5 ha) - -
Pâques-15 oct. - **R** - *Tarif 94 : 11 12 4 (5A) 10 (10A)*

SÉDERON

16 - 81 ④ G. Alpes du Sud

Paris 706 - Buis-les-Baronnies 32 - Laragne-Montéglin 35 - Sault 26 - Sisteron 40

26560 Drôme - 245 h. alt. 809

Municipal les Biaux, à l'est du bourg, bord de la Méouge
1 ha (26 empl.) plat, herbeux -
juin-août - **R** - *Tarif 94 : 12 5 8 14*

SÉEZ

12 - 74 ⑱

Paris 638 - Albertville 57 - Bourg-Saint-Maurice 3 - Moûtiers 29

73700 Savoie - 1 662 h. alt. 904

Le Reclus ≤, ✆ 79 41 01 05, sortie NO par N 90, rte de Bourg-St-Maurice, bord du Reclus
1,5 ha (108 empl.) peu incliné et en terrasses, herbeux, pierreux -
Permanent - **R** *conseillée été et hiver - Tarif 94 : 17 6 10 13 (4A) 20 (6A) 34 (10A) - hiver : 2 pers. 56*

SEICHES-SUR-LE-LOIR

5 - 64 ①

Paris 273 - Angers 21 - Château-Gontier 41 - Château-la-Vallière 52 - La Flèche 27 - Saumur 48

49140 M.-et-L. - 2 248 h.

Municipal de la Vallée du Loir, ✆ 41 76 63 44, NO : par D 79, rte de Tiercé puis à droite, rte de l'église, bord de la rivière
1 ha (84 empl.) (juil.-août) plat, terrasse, herbeux (0,5 ha) -
mai-sept. - **R** - *2 pers. 26, pers. suppl. 5 9 (6A)*

SEIGNOSSE

13 - 78 ⑰

Paris 751 - Biarritz 37 - Dax 29 - Mont-de-Marsan 80 - Soustons 12

40510 Landes - 1 630 h.

Office de Tourisme, av. des Lacs
58 43 32 15

La Pomme de Pin, 58 77 00 71 40230 Saubion, SE : 2 km par D 652 et D 337, rte de Saubion
2,8 ha (150 empl.) plat, sablonneux - -
fermé déc. - **R** *conseillée - 2 pers. 56 13 (5A)*

à Seignosse-le-Penon O : 5 km - 40510 Seignosse :

Les Chevreuils, 58 43 32 80, N : 3,5 km, sur D 79, rte de Vieux-Boucau-les-Bains
8 ha (240 empl.) plat, sablonneux pinède - - - Location :
juin-15 sept. - **R** *conseillée 14 juil.-20 août - Tarif 94 : piscine et tennis compris 1 à 6 pers. 79 à 136 (99 à 156 avec élect. 3A), pers. suppl. 20*

V.V.F. Les Estagnots, 58 43 30 20, sortie S, à 300 m de la plage -
6 ha (240 empl.) accidenté, sablonneux (caravanes) - crêperie, pizzeria garderie - - A proximité :
- Adhésion V.V.F. obligatoire t° 56 34 57 57 - mineurs non accompagnés non admis

Municipal le Penon, 58 43 30 30, sur D 79E
16 ha (350 empl.) plat, accidenté, sablonneux pinède - - - A proximité :
25 mai-sept. - **R** *conseillée - 18,30 8 17 13 (10A)*

SEILHAC

10 - 75 ⑨

Paris 468 - Aubusson 101 - Brive-la-Gaillarde 32 - Limoges 71 - Tulle 15 - Uzerche 15

19700 Corrèze - 1 540 h.

Municipal lac de Bournazel <, 55 27 05 65, NO : 1,5 km par N 120, rte d'Uzerche puis 1 km à droite, à 100 m du lac
4 ha (155 empl.) en terrasses, pierreux, herbeux - - - A proximité : snack - Location :
Pâques-15 oct. - **R** *conseillée - Tarif 94 : 16 15/20 13 (6 à 10A)*

SEIX

14 - 86 ③ G. Pyrénées Aquitaine

Paris 813 - Ax-les-Thermes 75 - Foix 61 - Saint-Girons 18

09140 Ariège - 806 h.

Le Haut Salat < « Cadre et site agréables », 61 66 81 78, NE : 0,8 km par D 3, rte de St-Girons, bord du Salat
1,5 ha (127 empl.) plat, herbeux - - - Location :
3 janv.-14 sept. et 15 oct.-21 déc. - **R** *conseillée 15 juil.-15 août* - GB - *17 17 13,50 (6A) 35 (10A)*

SÉLESTAT

8 - 62 ⑲ G. Alsace Lorraine

Paris 434 - Colmar 22 - Gérardmer 65 - Saint-Dié 43 - Strasbourg 47

67600 B.-Rhin - 15 538 h.

Office de Tourisme, La Commanderie, bd du Général-Leclerc
88 92 02 66

Municipal les Cigognes, 88 92 03 98, rue de la 1ère D.F.L.
0,7 ha (47 empl.) plat, herbeux (0,3 ha) - - A proximité :
mai-15 oct. - **R** - *12,30 5,60 5,60/10,20 8,60 (10A)*

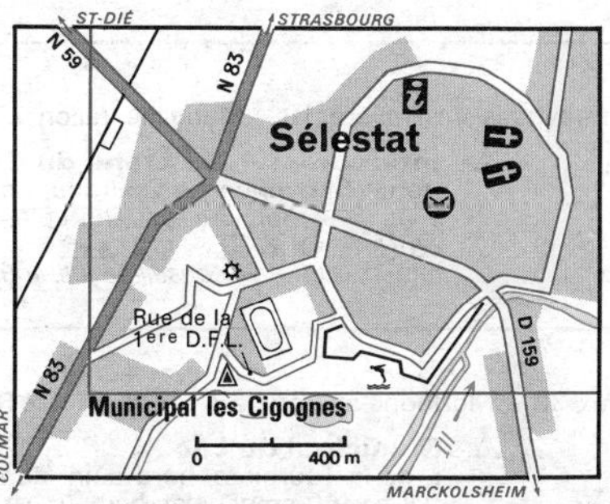

La SELLE-GUERCHAISE

4 - 63 ⑧

Paris 326 - Châteaubriant 35 - Craon 23 - La Guerche-de-Bretagne 6 - Laval 35 - Rennes 55

35130 I.-et-V. - 121 h.

Municipal, au bourg, derrière la mairie, près d'un petit étang
0,4 ha (17 empl.) plat, herbeux - - - A proximité :
Permanent - **R** - *10 12 5 (6A)*

SELONGEY

7 - 66 ②

Paris 331 - Châtillon-sur-Seine 71 - Dijon 35 - Langres 37 - Gray 40

21260 Côte-d'Or - 2 386 h.

Municipal les Courvelles, 80 75 52 38, au S du bourg par rte de l'Is-sur-Tille, près du stade, rue Henri-Gevain
0,6 ha (22 empl.) peu incliné, herbeux - A proximité :
mai-sept. - *7* *6* *6/7* *7*

SEMBADEL-GARE

11 - 76 ⑥

Paris 509 - Ambert 34 - Brioude 40 - La Chaise-Dieu 5 - Craponne-sur-Arzon 14 - Le Puy-en-Velay 55

43160 H.-Loire alt. 1 091

Municipal les Casses, O : 1 km par D 22, rte de Paulhaguet
1 ha (24 empl.) plat et peu incliné, pierreux, herbeux -
15 juin-sept. - *Tarif 94 : 11 11 10*

SEMUR-EN-AUXOIS

7 - 65 ⑰ ⑱ G. Bourgogne

Paris 247 - Auxerre 84 - Avallon 40 - Beaune 81 - Dijon 79 - Montbard 18

21140 Côte-d'Or - 4 545 h.
Office de Tourisme, 2 pl. Gaveau 80 97 05 96, Fax 80 97 08 85

à Allerey S : 8 km par D 103B et D 103F - 198 h. - 21230 Allerey :

Camp V.V.F , 80 97 12 99, Fax 80 97 23 97, à 0,6 km à l'est du hameau, à 250 m du lac de Pont (accès direct) -
1 ha (20 empl.) peu incliné et incliné, gravier, herbeux - Sanitaires individuels : wc, garderie - vélos - *Adhésion V.V.F obligatoire*

à Pont-et-Massène SE : 3,5 km par D 103B - 137 h.
21140 Pont-et-Massène :

Municipal du Lac de Pont , 80 97 01 26, par D 103F, à 50 m du lac
2 ha (120 empl.) plat, peu incliné, herbeux - vélos - A proximité :
mai-20 sept. - *12 et 3,50 pour eau chaude 6 8,50 11 (6A)*

SEMUSSAC

9 - 71 ⑮

Paris 502 - Marennes 34 - Mirambeau 39 - Pons 30 - Royan 11,5 - Saintes 35

17120 Char.-Mar. - 1 208 h.

Le Bois de la Chasse « Agréable sous-bois », 46 05 18 01, Fax 46 06 92 06, SE : 0,8 km par rte de Bardécille et rte de Fontenille à gauche
2,5 ha (150 empl.) plat, herbeux chênaie -
juin-15 sept. - **R** *conseillée - Tarif 94 : 14,90 12,90 14,90 (3A)*

SÉNAILLAC-LATRONQUIÈRE

10 - 75 ⑳

Paris 567 - Aurillac 49 - Cahors 89 - Figeac 32 - Lacapelle-Marival 25 - Saint-Céré 25 - Sousceyrac 8

46210 Lot - 169 h.

Tolerme , 65 40 21 23, SO : 1 km par D 653, rte de Latronquière et rte à droite, à 200 m du lac de Tolerme
0,8 ha (37 empl.) (juil.-août) plat et peu incliné, herbeux - - A proximité :
15 mai-sept. - *18 20 10 (8A)*

SÉNÉ

56 Morbihan - 63 ③ - rattaché à Vannes

SÉNERGUES

15 - 80 ②

Paris 629 - Conques 10,5 - Entraygues-sur-Truyère 16 - Marcillac-Vallon 27 - Rodez 39

12320 Aveyron - 608 h.

Intercommunal l'Étang du Camp, 65 79 62 25, SO : 6 km par D 242, rte de St-Cyprien-sur-Dourdou, bord d'un étang
3 ha (60 empl.) (juil.-août) plat, peu incliné, herbeux (0,4 ha) -
juin-15 oct. - **R** *conseillée juil.-août - 3 pers. 60, pers. suppl. 12 10 (6A)*

SENONCHES

5 - 60 ⑥

Paris 116 - Chartres 37 - Dreux 38 - Mortagne-au-Perche 41 - Nogent-le-Rotrou 33

28250 E.-et-L. - 3 171 h.
Syndicat d'Initiative, pl. de l'Hôtel-de-Ville 37 37 80 11 ou Mairie 37 37 76 76

Municipal du Lac , 37 37 94 63, sortie S vers Belhomert-Guéhouville, r. de la Tourbière, bord d'un étang
0,8 ha (50 empl.) plat, herbeux - - A proximité :
mai-sept. - **R** - *6,40 7,50 7,50 11,30 (4A)*

SENONES

8 - 62 ⑦ G. Alsace Lorraine

Paris 386 - Épinal 56 - Lunéville 48 - Saint-Dié 20 - Strasbourg 76

88210 Vosges - 3 157 h.
Office de Tourisme, 6 pl. Clemenceau 29 57 91 03

Municipal Jean-Jaurès « Cadre intime et agréable », 29 57 94 47, E : 1 km par D 49B, rte de Vieux-Moulin et chemin du Plateau St-Maurice à droite
0,5 ha (30 empl.) plat et peu incliné, herbeux -

SENS-DE-BRETAGNE

4 - 59 ⑰

Paris 348 - Combourg 19 - Dinan 43 - Dol-de-Bretagne 36 - Rennes 31

35490 I.-et-V. - 1 393 h.

Municipal, sortie E par D 794 et à droite avant le carrefour de la N 175, près d'un étang
0,8 ha (20 empl.) peu incliné, herbeux - A proximité :
Pâques-sept. - *10* *7* *8* *10 (4A)*

SEPPOIS-LE-BAS

8 - 66 ⑨

Paris 459 - Altkirch 12 - Basel 41 - Belfort 34 - Montbéliard 35

68580 H.-Rhin - 836 h.

Municipal les Lupins, 89 25 65 37, sortie NE par D 17[II] rte d'Altkirch et r. de la gare à droite
3,5 ha (158 empl.) plat, herbeux - A proximité :
avril-oct. - **Location longue durée** - *Places disponibles pour le passage* - **R** *conseillée juil.-août* - *19 piscine comprise* *19* *17 (6A)*

SÉRANON

17 - 81 ⑱ **G. Alpes du Sud**

Paris 821 - Annot 54 - Castellane 24 - Comps-sur-Artuby 21 - Grasse 39 - Nice 66

06750 Alpes-Mar. - 280 h.
alt. 1 080

Séranon, 93 60 30 49, sur N 85
1,4 ha (90 empl.) peu incliné, herbeux pinède - A proximité : - Location :
Permanent - **R** *conseillée juil.-août* - *piscine comprise 2 pers. 47* *13 (2 ou 3A) 16 (4A) 25,20 (6 ou 10A)*

SERAUCOURT-LE-GRAND

2 - 53 ⑭

Paris 133 - Chauny 23 - Ham 15 - Péronne 28 - Saint-Quentin 9,5 - Soissons 55

02790 Aisne - 738 h.

Le Vivier aux Carpes, 23 60 50 10, Fax 23 60 51 69, au nord du bourg, sur D 321, près de la poste, bord de deux étangs et à 200 m de la Somme
2 ha (60 empl.) plat, herbeux - - A proximité :
Permanent - **R** *conseillée juil.-août* - *élect. comprise 2 pers. 75*

SÉRENT

4 - 63 ④

Paris 431 - Josselin 16 - Locminé 29 - Ploërmel 16 - Redon 44 - Vannes 31

56460 Morbihan - 2 686 h.

Municipal du Pont Salmon, 97 75 91 98, au bourg, vers rte de Ploërmel, au stade
1 ha (65 empl.) plat, herbeux - A proximité :
Permanent - **R** - *6,50* *5* *5* *10,50 (hiver 44)*

SÉRIGNAN

15 - 83 ⑮ **G. Gorges du Tarn**

Paris 780 - Agde 19 - Béziers 10,5 - Narbonne 32 - Valras-Plage 4,5

34410 Hérault - 5 173 h.
Office de Tourisme, pl. de la Libération 67 32 42 21, Fax 67 32 37 97

Le Paradis, 67 32 24 03, S : 1,5 km par rte de Valras-Plage - dans locations
1,5 ha (125 empl.) plat, herbeux - A proximité : - Location :
avril-sept. - **R** *conseillée juil.-août* - *piscine comprise 3 pers. 84, pers. suppl. 18* *12 (4A)*

à Sérignan-Plage SE : 5 km par D 37[E] - 34410 Sérignan :

Le Clos Virgile, 67 32 20 64, Fax 67 32 05 42, à 500 m de la plage
5 ha (300 empl.) plat, sablonneux, herbeux - Toboggan aquatique - A proximité : - Location *(Pâques-sept.)* :
mai-sept. - **R** *conseillée juil.-août* - GB - *piscine comprise 2 pers. 110 (125 avec élect.), pers. suppl. 23*

La Camargue, 67 32 19 64, Fax 67 39 78 20, bord de la Grande Maïre et près de la plage
2,6 ha (162 empl.) plat, sablonneux, gravillons - self - - A proximité : poneys
avril-15 oct. - **R** *conseillée* - *élect. et piscine comprises 2 pers. 120, pers. suppl. 20*

SERQUES

1 - 51 ③

Paris 262 - Calais 35 - Cassel 29 - Dunkerque 34 - Lille 72 - Saint-Omer 8

62910 P.-de-C. - 893 h.

Le Frémont, 21 93 01 15, SO : 1,5 km, sur N 43, rte de Calais
1,5 ha (50 empl.) peu incliné, herbeux -
avril-1er oct. - **Location longue durée** - *Places limitées pour le passage* - *9,50* *8,50* *8,50* *12 (4A)*

SERRA-DI-FERRO **2A** Corse-du-Sud - 90 ⑬ - voir à Corse

SERRES
16 - 81 ⑤ G. Alpes du Sud

Paris 677 - Die 65 - Gap 41 - La Mure 80 - Manosque 84 - Nyons 64

05700 H.-Alpes - 1 106 h. alt. 663.
Syndicat d'Initiative, pl. Lac
✆ 92 67 00 67

Domaine des Deux Soleils « Belle situation ≤ montagnes et vallée du Buëch, site agréable », ✆ 92 67 01 33, Fax 92 67 08 02, SE : 0,8 km par N 75, rte de Sisteron puis 1 km par rte à gauche, à Super-Serres - alt. 800
26 ha/12 campables (72 empl.) en terrasses, pierreux, herbeux - snack - Toboggan aquatique, vélos, tir à l'arc - Location :
mai-sept. - **R** *conseillée juil.-août - piscine comprise 2 pers. 98 à 115 19,90 (5 ou 6A)*

SERRIÈRES-DE-BRIORD
12 - 74 ⑬

Paris 480 - Belley 36 - Bourg-en-Bresse 52 - Crémieu 29 - Nantua 63 - La Tour-du-Pin 33

01470 Ain - 834 h.

Municipal du Point Vert ≤ « Cadre agréable », ✆ 74 36 13 45, O : 2,6 km, à la Base de Loisirs, bord d'un plan d'eau
1,9 ha (137 empl.) plat, herbeux - vélos - A proximité : (plage)
15 avril-sept. - **Location longue durée** - *Places disponibles pour le passage* - **R** *conseillée - 19 6 12 12 (6A)*

SERVERETTE
15 - 76 ⑮

Paris 560 - Aumont-Aubrac 12 - Marvejols 27 - Mende 30 - Saint-Chély-d'Apcher 16 - Saint-Flour 51

48700 Lozère - 324 h. alt. 976

Municipal, S : 0,4 km par rte d'Aumont-Aubrac, bord de la Truyère
0,9 ha (33 empl.) plat et en terrasses, pierreux, herbeux, gravillons -
15 juin-15 sept. - **R** - *10,50 10,50*

► *Demandez à votre libraire le catalogue des* **publications MICHELIN.**

SERVIÈRES-LE-CHÂTEAU
10 - 75 ⑩ G. Berry Limousin

Paris 522 - Argentat 53 - Egletons 38 - Mauriac 38 - Tulle 42

19220 Corrèze - 772 h.

Municipal du Lac de Feyt ≤ « Site et cadre agréables », ✆ 55 28 25 42, NE : 4 km par D 75 et rte à droite après le barrage, bord du lac
2,8 ha (84 empl.) non clos, peu incliné, herbeux - - A proximité : - Location :
Permanent - **R** - *14 9 10 (5A)*

SERVOZ
12 - 74 ⑧ G. Alpes du Nord

Paris 600 - Annecy 82 - Bonneville 42 - Chamonix-Mont-Blanc 14 - Megève 23 - Saint-Gervais-les-Bains 12

74310 H.-Savoie - 619 h. alt. 815.
Office de Tourisme, Le Bouchet, pl. de l'Église (saison) ✆ 50 47 21 68

La Plaine St-Jean ≤, ✆ 50 47 21 87, sortie E par D 13, rte de Chamonix-Mont-Blanc, au confluent de l'Arve et de la Diosaz
5,5 ha (250 empl.) plat, herbeux, étang - vélos - Location :
15 mai-15 sept. - **R** *conseillée* - GB - *24 24 15 (2A) 18 (4A) 24 (6A)*

SÈTE
15 - 83 ⑯ G. Gorges du Tarn

Paris 791 - Béziers 48 - Lodève 68 - Montpellier 30

34200 Hérault - 41 510 h.
Office de Tourisme, 60 Grand'Rue Mario-Roustan (fermé dim. hors saison) ✆ 67 74 71 71, Fax 67 46 17 54

Le Castellas, ✆ 67 53 26 24, Fax 67 53 42 58, SO : 11 km par N 112, rte d'Agde, près de la plage
23 ha (856 empl.) plat, sablonneux, gravillons - cases réfrigérées - - Location :
20 mai-23 sept. - **R** *conseillée* - GB - *piscine comprise 2 pers. 114 22,50 (6A)*

Les SETTONS
11 - 65 ⑯ ⑰ G. Bourgogne

Paris 260 - Autun 40 - Avallon 43 - Château-Chinon 24 - Clamecy 60 - Nevers 85 - Saulieu 27

58 Nièvre
✉ 58230 Montsauche-les-Settons

Plage du Midi ≤ « Cadre agréable », ✆ 86 84 51 97, Fax 86 84 57 31, SE : 2,5 km par D 193 et rte à droite, bord du lac
4 ha (160 empl.) peu incliné, herbeux (0,5 ha) - vélos - A proximité :
Pâques-sept. - **R** *indispensable juil.-août* - GB - *Tarif 94 : 22 12 13 18 (4A)*

Les Mésanges , ✆ 86 84 55 77, S : 4 km par D 193, D 520, rte de Planchez et rte de Chevigny à gauche, à 200 m du lac
3,5 ha (76 empl.) en terrasses, herbeux, étang - - A proximité :
mai-15 sept. - **R** - *19 11 13 15 (4A)*

La Plage des Settons <, 86 84 51 99, à 300 m au S du barrage, bord du lac
2,6 ha (68 empl.) en terrasses - A proximité :
mai-sept. - **R** *conseillée - 19 10 13 13 (3A) 17 (5A) 25 (10A)*

La Cabane Verte, 86 84 52 33 58230 Moux-en-Morvan, S : 8 km par D 193, D 520, rte de Planchez puis à gauche, par Chevigny, rte de Gien-sur-Cure et D 501 à gauche, près du lac
2 ha (107 empl.) en terrasses, peu incliné, herbeux - - A proximité :
15 mai-15 sept. - **R** *conseillée juil.-août - 19 12 15 15 (10A)*

SÉVRIER 74 H.-Savoie - 74 ⑥ - voir à Annecy (Lac d')

SEYNE

17 - 81 ⑦ G. Alpes du Sud

Paris 719 - Barcelonnette 41 - Digne-les-Bains 41 - Gap 45 - Guillestre 74

04 Alpes-de-H.-Pr. - 1 222 h.
alt. 1 200 - 04140
Seyne-les-Alpes.
Office de Tourisme, pl. d'Armes (vacances scolaires) 92 35 11 00

Les Prairies <, 92 35 10 21, Fax 92 35 26 96, S : 1 km par D 7, rte d'Auzet et chemin à gauche, bord de la Blanche
3,6 ha (100 empl.) plat, pierreux, herbeux - - A proximité : - Location :
Permanent - **R** *conseillée juil.-août - piscine comprise 2 pers. 61 ou 70, pers. suppl. 20 13 (2A)*

LA SEYNE-SUR-MER

17 - 84 ⑮ G. Côte d'Azur

Paris 833 - Aix-en-Provence 76 - La Ciotat 35 - Marseille 60 - Toulon 7

83500 Var - 59 968 h.
Office de Tourisme, pl. L.-Rollin 94 94 73 09, Fax 94 30 84 62 et esplanade des Sablettes (saison)

Schéma à Six-Fours-les-Plages

International des Fontanettes, 94 94 75 07, Fax 94 30 62 11, sortie O : 2 km par D 63, rte de Six-Fours-les-Plages - (tentes)
1,1 ha (66 empl.) plat et en terrasses, gravier, herbeux - pizzeria - - A proximité : - Location :
fermé fév. et oct. - **R** *conseillée été* - GB - *piscine comprise 3 pers. 85 15 (3A) 18 (6A) 20 (10A)*

SEYSSEL

12 - 74 ⑤ G. Jura

Paris 519 - Aix-les-Bains 31 - Annecy 38

74910 H.-Savoie - 1 630 h.

Le Nant-Matraz <, 50 59 03 68, sortie N par D 992, près du Rhône (accès direct)
1 ha (80 empl.) plat et peu incliné, herbeux - - - A proximité :
Pâques-sept. - **R** - *2 pers. 45, pers. suppl. 16 10 (3A) 15 (6A)*

SÉZANNE

7 - 61 ⑤ G. Champagne

Paris 113 - Châlons-sur-Marne 57 - Meaux 78 - Melun 87 - Sens 78 - Troyes 60

51120 Marne - 5 829 h.
Office de Tourisme, pl. de la République 26 80 51 43, Fax 26 80 54 13

Municipal, 26 80 57 00, O : 1,5 km par D 239, rte de Launat
1 ha (79 empl.) incliné, herbeux - - - A proximité :
Pâques-7 oct. - **R** - *8 6 6 12 (10A)*

SIGEAN

15 - 86 ⑩ G. Pyrénées Roussillon

Paris 821 - Carcassonne 71 - Narbonne 21 - Perpignan 47

11130 Aude - 3 373 h.
Office de Tourisme, pl. de la Libération 68 48 14 81

La Grange Neuve, 68 48 58 70, NO : 6,5 km par N 9, rte de Narbonne, à 800 m de la "Réserve Africaine"
2,45 ha (78 empl.) accidenté, en terrasses, plat, pierreux, gravier - snack - (bassin), tir à l'arc - A proximité : - Location : , huttes
Permanent - **R** *conseillée juil.-août* - GB - *2 pers. 75 16 (4A) 24 (6A)*

SIGNES

17 - 84 ⑭ ⑮

Paris 817 - Aubagne 28 - Brignoles 32 - La Ciotat 27 - Toulon 34

83870 Var - 1 340 h.

Les Promenades, 94 90 88 12, sortie E par D 2, rte de Méounes-lès-Montrieux, à la station Avia
2 ha (91 empl.) plat et peu incliné, pierreux - - - A proximité :
Permanent - **Location longue durée** - *Places disponibles pour le passage* - **R** *conseillée juil.-août - 18,50 piscine comprise 21 16 (4A) 18 (6A) 26 (10A)*

SIGNY-L'ABBAYE

2 - 53 ⑰ G. Champagne

Paris 213 - Charleville-Mézières 29 - Hirson 38 - Laon 71 - Rethel 23 - Rocroi 30 - Sedan 50

08460 Ardennes - 1 422 h.

Municipal l'Abbaye, ✆ 24 52 87 73, au nord du bourg, près du stade, bord de la Vaux
1,2 ha (60 empl.) (mai-oct.) plat, herbeux - A proximité :
Permanent - R - *6* *3,30* *4,60* *11,20 (16A)*

SIGNY-LE-PETIT

2 - 53 ⑰

Paris 206 - Charleville-Mézières 37 - Chimay 23 - Hirson 14 - Rethel 52

08380 Ardennes - 1 280 h.

Municipal du Pré Hugon, ✆ 24 53 54 73, NE : 1 km, rte de la Base de Loisirs
0,6 ha (50 empl.) (saison) plat, herbeux -
mai-15 oct. - **R** - *8,25* *5,50* *6* *11 (6A)*

SIGOULÈS

14 - 75 ⑭

Paris 557 - Agen 82 - Bergerac 16 - Castillonnès 21 - Duras 25 - Sainte-Foy-la-Grande 21

24240 Dordogne - 603 h.

Intercommunal, ✆ 53 58 81 94, N : 1,4 km par D 17, rte de Pomport, bord de la Gardonnette et d'un lac
14 ha/ 3 campables (97 empl.) plat, peu incliné, herbeux - snack - Toboggan aquatique - Location : gîtes
Permanent - **R** *conseillée été - Tarif 94 :* *13* *15* *7 (10A)*

SIGOYER

17 - 81 ⑥ G. Alpes du Sud

Paris 690 - Gap 16 - Laragne-Montéglin 37 - Sisteron 46 - Turriers 37

05130 H.-Alpes - 418 h. alt. 1 013

Guérins (aire naturelle) Vallée de la Durance et montagnes, ✆ 92 57 83 91, O : 3,1 km par D 19, rte de Lardier et D 219 à droite, rte du col des Guérins - alt. 1 250
1 ha (25 empl.) plat, peu incliné, en terrasses, herbeux -
15 avril-15 oct. - **R** *juil.-août* - *1 pers. 19* *10 (5A)*

SILLANS-LA-CASCADE

17 - 84 ⑥ G. Côte d'Azur

Paris 834 - Aups 9 - Barjols 16 - Draguignan 29 - Saint-Maximin-la-Sainte-Baume 37

83690 Var - 438 h.

Le Relais de la Bresque, ✆ 94 04 64 89, N : 2 km par D 560 et D 22, rte d'Aups et r. de la Piscine à droite
1,3 ha (66 empl.) plat et peu accidenté, pierreux - snack - A proximité : (découverte l'été) - Location : , gîte d'étape
mars-déc. - **R** *indispensable juil.-août* - *30* *15* *12 (5A) 20 (10A)*

SILLÉ-LE-GUILLAUME

5 - 60 ⑫ G. Normandie Cotentin

Paris 229 - Alençon 38 - Laval 55 - Le Mans 31 - Sablé-sur-Sarthe 41

72140 Sarthe - 2 583 h.

Le Landereau « Décoration arbustive », ✆ 43 20 12 69, NO : 2 km par D 304, rte de Mayenne
2 ha (75 empl.) plat, peu incliné et en terrasses, herbeux - - Location :
avril-nov. - **R** - *12* *5* *3,60/5* *8,50 (3A) 11 (4 ou 5A) 16 (6A)*

SINGLES

10 - 73 ⑫

Paris 445 - Bort-les-Orgues 28 - La Bourboule 23 - Bourg-Lastic 20 - Clermont-Ferrand 64

63690 P.-de-D. - 214 h. alt. 730

Le Moulin de Serre , ✆ 73 21 16 06, à 1,7 km au sud de la Guinguette, sur D 73, rte de Bort-les-Orgues, bord de la Burande
2 ha (90 empl.) plat, herbeux - snack -
fermé 3 nov.-14 déc. - **R** *conseillée - Tarif 94 :* *1 pers. 26, 2 pers. 44* *11 (5A)*

SION-SUR-L'OCÉAN **85** Vendée - 67 ⑫ - rattaché à St-Hilaire-de-Riez

SIORAC-EN-PÉRIGORD

13 - 75 ⑯ G. Périgord Quercy

Paris 547 - Bergerac 46 - Cahors 67 - Périgueux 57 - Sarlat-la-Canéda 28

24170 Dordogne - 904 h.
Syndicat d'Initiative, Mairie, pl. de Siorac ✆ 53 31 63 67

Municipal le Port, ✆ 53 31 63 81, au bourg par D 703, rte du Bugue et à gauche avant le pont, bord de la Dordogne
1,5 ha (60 empl.) plat, herbeux - - A proximité :
juin-sept. - **R** - *18* *16*

SIREUIL
9 - 72 ⑬

Paris 459 - Angoulême 16 - Barbezieux 24 - Cognac 34 - Jarnac 22 - Rouillac 22

16440 Charente - 1 121 h.

Nizour « Entrée fleurie », ✆ 45 90 56 27, Fax 45 90 92 67, au sud du bourg par D 7, rte de Blanzac et à gauche avant le pont, près de la Charente (embarquadère pour départ croisières)
1,6 ha (50 empl.) plat, herbeux - A proximité : - Location :
15 avril-sept. - **R** - *Tarif 94 : 16,35 piscine comprise 13,70 16,90 16 (6A)*

SISTERON
17 - 81 ⑥ G. Alpes du Sud

Paris 711 - Barcelonnette 97 - Digne-les-Bains 39 - Gap 49

04200 Alpes-de-H.-P. - 6 594 h.
Office de Tourisme, Hôtel-de-Ville
✆ 92 61 12 03, Fax 92 61 19 57

Municipal des Prés-Hauts ✆ 92 61 19 69, N : 3 km par rte de Gap et D 951 à droite, rte de la Motte-du-Caire, près de la Durance
4 ha (120 empl.) plat et peu incliné, herbeux -
mars-oct. - **R** *conseillée - Tarif 94 : piscine comprise 2 pers. 60 20 (6A)*

SIX-FOURS-LES-PLAGES
17 - 84 ⑭ G. Côte d'Azur

Paris 833 - Aix-en-Provence 77 - La Ciotat 35 - Marseille 60 - Toulon 11,5

83140 Var - 28 957 h.
Office de Tourisme, plage de Bonnegrâce ✆ 94 07 02 21, Fax 94 25 13 36 et au Brusc, Quai Saint-Pierre (juil.-août)
✆ 94 34 17 50

Héliosports, ✆ 94 25 62 76, Fax 94 25 82 93, O : 1 km
0,5 ha (40 empl.) plat, herbeux, gravier - cases réfrigérées - A proximité :
25 mars-15 oct. - **R** - *3 pers. 72, pers. suppl. 14 14 (3A) 17 (5A)*

Les Playes ✆ 94 25 57 57, NO : 3 km
1,5 ha (100 empl.) en terrasses, pierreux -
Permanent - **R** - *2 pers. 60, pers. suppl. 12 18 (5A)*

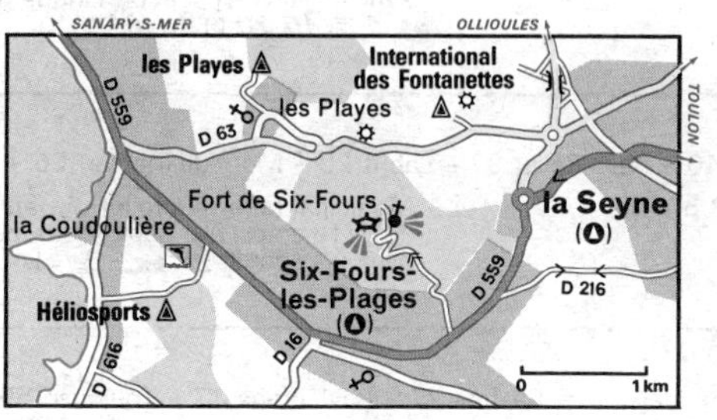

Voir aussi à *la Seyne-sur-Mer*

SIXT-FER-À-CHEVAL
12 - 74 ⑧ G. Alpes du Nord

Paris 590 - Annecy 77 - Cluses 27 - Genève 61 - Morzine 82 - Samoëns 6,5

74740 H.-Savoie - 715 h. alt. 760

Municipal du Fer à Cheval Cirque du Fer à Cheval « Site agréable », ✆ 50 34 12 17, NE : 5,5 km par D 907, à 300 m du Giffre - alt. 915
2,7 ha (100 empl.) peu incliné, herbeux, pierreux -

SIZUN
5 - 58 ⑤ G. Bretagne

Paris 574 - Brest 42 - Carhaix-Plouguer 44 - Châteaulin 33 - Landerneau 15 - Morlaix 33 - Quimper 57

29450 Finistère - 1 728 h.

Municipal du Gollen, S : 1 km par D 30, rte de St-Cadou et à gauche, bord de l'Elorn - Passerelle piétons pour rejoindre le centre du bourg
0,6 ha (29 empl.) plat, herbeux - (15 mai-sept.) - A proximité :
15 avril-sept. - **R** *juil.-août - Tarif 94 : 12 5 5/8 12 (5A)*

SOCOA **64** Pyr.-Atl. - 85 ② - rattaché à St-Jean-de-Luz

SOINGS-EN-SOLOGNE
5 - 64 ⑱

Paris 206 - Blois 26 - Contres 8,5 - Romorantin-Lanthenay 19 - Saint-Aignan 22 - Selles-sur-Cher 17

41230 L.-et-C. - 1 289 h.

Municipal le Petit Mont-en-Jonc, sortie S par D 119 puis 0,5 km par rte à gauche et chemin
0,35 ha (22 empl.) plat, herbeux - - A proximité :
juin-15 sept. - **R** - *Tarif 94 : 5,50 5,50 10*

SOISSONS

6 - 56 ④ G. Flandres Artois Picardie

Paris 101 - Compiègne 38 - Laon 35 - Meaux 68 - Reims 56 - Saint-Quentin 59 - Senlis 59

02200 Aisne - 29 829 h.
Office de Tourisme, 1 av. Gén.-Leclerc 23 53 08 27

Municipal, 23 74 52 69, N : av. du Mail, près de l'Aisne et de la piscine
1,7 ha (117 empl.) plat, herbeux - - A proximité :
Permanent - **R** - *11* *6* *6* *5A : 16 (hiver 22)*

SOLESMES

2 - 53 ④

Paris 197 - Avesnes-sur-Helpe 36 - Cambrai 19 - Le Cateau-Cambrésis 10,3 - Lille 72 - Valenciennes 23

59730 Nord - 4 892 h.

L'Étang des Peupliers, 27 37 32 08, S : 0,8 km par D 109 rte de Briastre, près de la Selle
0,57 ha (37 empl.) plat, herbeux, étangs - brasserie -
avril-oct. - **Location longue durée** - *Places disponibles pour le passage* - **R** *conseillée juil.-août* - *10* *5* *12* *12 (3A) 15 (6A)*

SOLLIÉRES-SARDIÈRES

12 - 77 ⑧

Paris 682 - Bessans 19 - Chambéry 118 - Lanslebourg-Mont-Cenis 8 - Modane 15 - Susa 43

73500 Savoie - 171 h. alt. 1 298

Municipal le Chenantier, 79 20 52 34, à l'entrée de Sollières-Envers, à 50 m de l'Arc et de la N 6
1,5 ha (50 empl.) en terrasses, accidenté, herbeux, pierreux -

SONGEONS

6 - 52 ⑰

Paris 103 - Aumale 28 - Beauvais 23 - Forges-les-Eaux 28 - Gournay-en-Bray 13

60380 Oise - 883 h.

Aire Naturelle, 44 82 31 32, NE : 2,9 km, à Séronville
0,7 ha (18 empl.) plat, herbeux -
avril- 1er nov. - **Location longue durée** - *Places limitées pour le passage* - **R** - *5* *15/20* *10 (6A)*

SORE

13 - 78 ④

Paris 645 - Bazas 40 - Belin-Béliet 37 - Labrit 28 - Mont-de-Marsan 55 - Pissos 97

40430 Landes - 883 h.

Municipal (aire naturelle), au sud du bourg, 1,2 km par D 651
1 ha (16 empl.) plat, sablonneux, herbeux - - A proximité : parcours sportif - Location : gîtes

SORÈZE

15 - 82 ⑳ G. Gorges du Tarn

Paris 749 - Castelnaudary 27 - Castres 27 - Puylaurens 17 - Toulouse 55

81540 Tarn - 1 954 h.

Municipal les Vigariès, 63 74 18 06, au nord du bourg, accès par r. de la Mairie, au stade
1 ha (47 empl.) plat, herbeux - -
juil.-août - **R** - *Tarif 94 :* *7* *3* *7* *8*

SORGEAT

15 - 86 ⑮

Paris 824 - Ax-les-Thermes 4,5 - Axat 50 - Belcaire 21 - Foix 47 - Font-Romeu-Odeillo-Via 61

09110 Ariège - 81 h. alt. 1 050

Municipal « Situation agréable », 61 64 36 34, N : 0,8 km
2 ha (40 empl.) (saison) en terrasses, plat, herbeux - - Location : gîtes
Permanent - **R** *conseillée juil.-août* - *14* *15* *9 (5A) 20 (plus de 5A)*

SOSPEL

17 - 84 ⑲ ⑳ G. Côte d'Azur

Paris 969 - Breil-sur-Roya 20 - L'Escarène 22 - Lantosque 36 - Menton 15 - Nice 38

06380 Alpes-Mar. - 2 592 h.

Domaine Ste-Madeleine, 93 04 10 48, NO : 4,5 km par D 2566, rte du col de Turini
3 ha (90 empl.) en terrasses, herbeux, pierreux - - - Location *(mars-10 nov.)* :
Permanent - **R** *conseillée juil.-août* - *piscine comprise 2 pers. 75* *12 (16A)*

► *Des vacances réussies sont des vacances bien préparées !*

Ce guide est fait pour vous y aider... mais :
– N'attendez pas le dernier moment pour réserver
– Évitez la période critique du 14 juillet au 15 août
Pensez aux ressources de l'arrière-pays, à l'écart des lieux de grande fréquentation.

SOTTA 2A Corse-du-Sud - 90 ⑧ - voir à Corse

SOUILLAC

13 - 75 ⑱ G. Périgord Quercy

Paris 522 - Brive-la-Gaillarde 37 - Cahors 63 - Figeac 67 - Gourdon 27 - Sarlat-la-Canéda 29

46200 Lot - 3 459 h.

Office de Tourisme, bd Louis-Jean-Malvy ✆ 65 37 81 56, Fax 65 27 11 45

Domaine de la Paille Basse « Vaste domaine accidenté autour d'un vieux hameau restauré », ✆ 65 37 85 48, Fax 65 37 09 58, NO : 6,5 km par D 15, rte de Salignac-Eyvignes puis 2 km par chemin à droite
80 ha/12 campables (254 empl.) plat, accidenté et en terrasses, pierreux, herbeux - (dîner) crêperie - discothèque tir à l'arc
13 mai-15 sept. - **R** *conseillée juil.-20 août* - **GB** - *31 piscine comprise 50 ou 62 18 (3A) 31 (6A)*

La Draille , ✆ 53 28 90 31, Fax 65 37 06 20, NO : 6 km par D 15, à Bourzoles, bord de la Borrèze - dans locations
26 ha/6 campables (150 empl.) plat, incliné et en terrasses, herbeux (3 ha) - - discothèque vélos - Location :
Pâques-sept. - **R** *conseillée juil.-août* - **GB** - *piscine comprise 2 pers. 92, pers. suppl. 25 15 (6A) 30 (10A)*

Verte Rive « Cadre boisé », ✆ 65 37 85 96, sortie S par N 20 vers Cahors puis 2,5 km par D 43 rte de Pinsac et à droite, bord de la Dordogne
1,4 ha (65 empl.) plat, herbeux - -
vacances de printemps-sept. - **R** *conseillée juil.-août* - *24 23*

Le Pit « Site et cadre agréables », ✆ 65 32 25 04 46200 Mayrac, E : 9 km par D 703, rte de Martel puis 3 km par D 33, rte de St-Sozy
5 ha (50 empl.) en terrasses, herbeux, bois attenant - - vélos - Location :
15 mai-sept. - **R** *conseillée juil.-août* - **GB** - *25 piscine comprise 8 30 10 (3A)*

Municipal les Ondines, ✆ 65 37 86 44, O : par D 703 rte de Sarlat, près de la Dordogne
3 ha (242 empl.) plat, herbeux - - - A proximité : toboggan aquatique
mai-sept. - **R** *conseillée juil.-août* - *13 11 8,50 (3 à 5A)*

SOULAC-SUR-MER

9 - 71 ⑮ ⑯ G. Pyrénées Aquitaine

Paris 516 - Bordeaux 95 - Lesparre-Médoc 29 - Royan 10

33780 Gironde - 2 790 h.

Office de Tourisme, r. de la Plage ✆ 56 09 86 61, Fax 56 73 63 76

Palace « Cadre agréable », ✆ 56 09 80 22, Fax 56 09 84 23, SO : 1 km, rte de l'Amélie-sur-Mer, à 500 m de la plage
7 ha (530 empl.) plat et accidenté, sablonneux - garderie - - A proximité : - Location :
avril-sept. - **R** *conseillée* - **GB** - *24 piscine comprise 44/66 ou 68 avec élect. (5A)*

Les Sables d'Argent , ✆ 56 09 82 87, Fax 56 09 94 82, SO : 1,5 km par rte de l'Amélie-sur-Mer, accès direct à la plage
2,6 ha (150 empl.) accidenté et plat, sablonneux, dunes - - - A proximité : parcours sportif - Location :
Pâques-sept. - **R** *conseillée* - **GB** - *Tarif 94 : 2 pers. 73, pers. suppl. 14 18 (4A) 20 (6A) 23 (10A)*

Cordouan, ✆ 56 09 71 42 33123 Le Verdon-sur-Mer, sortie NE sur D 1, rte du Verdon-sur-Mer
4 ha (250 empl.) plat, herbeux - - -
Permanent - **R** *conseillée* - *Tarif 94 : 2 pers. 51 (61 avec élect. 2A), pers. suppl. 15 4,50 (4A) 9 (6A)*

à l'Amélie-sur-Mer SO : 4,5 km - 33780 Soulac-sur-Mer :

L'Océan , ✆ 56 09 76 10, sortie E par D 101E2 et D 101, à 300 m de la plage
6 ha (300 empl.) plat, sablonneux, herbeux pinède - - -
juin-15 sept. - **R** *conseillée juil.-15 août* - *1 pers. 59, pers. suppl. 14 16,50 (3A) 18 (6A) 19,50 (10A)*

Le Lilhan , ✆ 56 09 77 63, E : 2,8 km par D 101E2 et D 101
4 ha (120 empl.) plat, sablonneux - snack - - Location :
juin-15 sept. - **R** *conseillée juil.-20 août* - *Tarif 94 : 13 piscine comprise 6 39 14 (2A) 16 (4A) 18 (10A)*

Les Genêts, ✆ 56 09 85 79, NE : 2 km sur D 101E2
4 ha (300 empl.) plat, sablonneux, herbeux - snack - - Location : , bungalows toilés
Pâques-sept. - **R** *conseillée* - *Tarif 94 : piscine comprise 2 pers. 72 17 (4A) 20 (6A) 25 (10A)*

Les Pins , ✆ 56 09 82 52, Fax 56 73 65 58, E : 1,5 km par D 101E2
3,2 ha (160 empl.) plat, vallonné, sablonneux - - - Location :
juin-sept. - **R** *conseillée août* - *2 pers. 60, pers. suppl. 13 15 (4 ou 6A)*

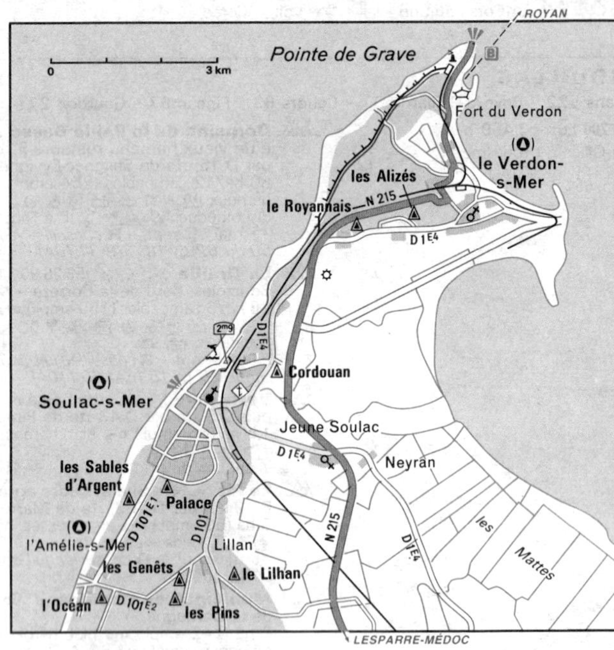

Voir aussi *au Verdon-sur-Mer*

SOULAINES-DHUYS

7 - 61 ⑲

Paris 233 - Bar-sur-Aube 18 - Brienne-le-Château 16 - Chaumont 48 - Troyes 54

10200 Aube - 254 h.

Municipal de la Croix Badeau, au NE du bourg, près de l'église
1 ha (39 empl.) peu incliné, herbeux, gravillons - A proximité :
mai-sept. - **R** - *8* *20* *8*

SOULLANS

9 - 67 ⑫

Paris 443 - Challans 6 - Noirmoutier-en-l'Ile 45 - La Roche-sur-Yon 48 - Les Sables-d'Olonne 39 - St-Gilles-Croix-de-Vie 14

85300 Vendée - 3 045 h.
Office de Tourisme, Mairie
51 68 00 24

Municipal le Moulin Neuf, sortie N par rte de Challans et chemin à droite
1,2 ha (89 empl.) plat, herbeux - A proximité :
15 juin-15 sept. - **R** *conseillée* - *2 pers. 29, pers. suppl. 8* *7 (4A)*

SOURAÏDE

13 - 85 ②

Paris 784 - Ainhoa 5,5 - Ascain 16 - Bayonne 20 - Cambo-les-Bains 8 - Saint-Jean-de-Luz 21

64250 Pyr.-Atl. - 937 h.

Alegera « Cadre agréable », 59 93 91 80, sortie E par D 918, rte de Cambo-les-Bains, bord d'un ruisseau
3 ha (222 empl.) plat et peu incliné, herbeux, gravillons - - A proximité : - Location :
Permanent - **R** - *15 piscine comprise* *22* *14,50 (4A) 20 (10A)*

Epherra (aire naturelle), N : 2,1 km par rte à droite après l'église
1 ha (25 empl.) en terrasses, herbeux - - A proximité : practice de golf, golf
juil.-5 sept. - *2 pers. 38* *10*

SOURNIA

15 - 86 ⑱

Paris 911 - Perpignan 46 - Prades 23 - Saint-Paul-de-Fenouillet 23 - Vernet-les-Bains 35

66730 Pyr.-Or. - 376 h.

La Source « Agréable sapinière », au bourg - Accès par rue étroite
0,8 ha (48 empl.) peu incliné, herbeux, pierreux - - A proximité :
avril-1er nov. - **R** - *6,10* *3,30* *6,10* *7 (16A)*

SOURSAC

10 - 76 ①

Paris 480 - Égletons 28 - Mauriac 19 - Neuvic 15 - Tulle 50 - Ussel 36

19550 Corrèze - 569 h.

Municipal de la Plage « Site et cadre agréables », 55 27 55 43, NE : 1 km par D 16, rte de Mauriac et à gauche, bord d'un plan d'eau
2,5 ha (90 empl.) (juil.-août) peu incliné, en terrasses, herbeux - garderie - tir à l'arc - A proximité : (bassin) - Location :
15 juin-15 sept. - R - *Tarif 94 : 10,55 7,40 9,90*

SOUSTONS

13 - 78 ⑯ G. Pyrénées Aquitaine

Paris 738 - Biarritz 47 - Castets 22 - Dax 26 - Mont-de-Marsan 77 - Saint-Vincent-de-Tyrosse 13

40140 Landes - 5 283 h.

Maison du Tourisme, "La Grange de Labouyrie" 58 41 52 62, Fax 58 41 30 63

Municipal l'Airial « Belle entrée et cadre agréable », 58 41 12 48, O : 2 km par D 652 rte de Vieux-Boucau-les-Bains, à 200 m de l'étang de Soustons
12 ha (400 empl.) plat, vallonné, sablonneux pinède -
Pâques-15 oct. - **R** *conseillée juil.-août - Tarif 94 : 17,70 piscine comprise 21 12,60 (5A) 14,70 (8A)*

La SOUTERRAINE

10 - 72 ⑧ G. Berry Limousin

Paris 345 - Bellac 40 - Châteauroux 74 - Guéret 34 - Limoges 57

23300 Creuse - 5 459 h.

Office de Tourisme, pl. de la Gare 53 63 10 06, Fax 55 63 37 49 (Mairie)

Suisse Océan « Situation agréable », 55 63 33 32, E : 1,8 km par D 912 rte de Guéret et chemin à gauche, près de l'étang de Cheix
2 ha (60 empl.) en terrasses, herbeux - A proximité : (plage)

SUÈVRES

5 - 64 ⑦ G. Châteaux de la Loire

Paris 168 - Beaugency 18 - Blois 13 - Chambord 16 - Vendôme 39

41500 L.-et-Ch. - 1 360 h.

Château de la Grenouillère « Parc boisé et verger agréable », 54 87 80 37, Fax 54 87 84 21, NE : 3 km sur rte d'Orléans
11 ha (250 empl.) plat, herbeux (6 ha) - snack, pizzeria, crêperie - vélos, squash, tir à l'arc
15 mai-15 sept. - **R** *conseillée juil.-15 août* - GB - *piscine comprise 2 pers. 110, pers. suppl. 35 20 (5A)*

SURRAIN

4 - 54 ⑭

Paris 281 - Bayeux 13 - Caen 42 - Carentan 31 - Saint-Lô 38

14710 Calvados - 123 h.

La Roseraie, 31 21 17 71, au sud du bourg
1 ha (40 empl.) plat, herbeux -
3 juin-3 sept. - **R** *conseillée - piscine comprise 2 pers. 90/96, pers. suppl. 27 16 (4A) 24 (6A)*

SURTAINVILLE

4 - 54 ①

Paris 366 - Barneville-Carteret 11,5 - Cherbourg 29 - Saint-Lô 40 - Valognes 26

50270 Manche - 977 h.

Municipal les Mielles, 33 04 31 04, O : 1,5 km par D 66 et rte de la mer, à 80 m de la plage, accès direct
1,6 ha (130 empl.) plat, herbeux, sablonneux, gravillons - A proximité : - Location : gîtes
Permanent - **R** *été - 13,40 13,40 13,80 (4A) et 3,50 par ampère supplémentaire*

SURZUR

4 - 63 ⑬

Paris 467 - Muzillac 13 - Redon 49 - La Roche-Bernard 28 - Sarzeau 12 - Vannes 16

56450 Morbihan - 2 081 h.

Schéma à Sarzeau

Municipal Lann-Floren, 97 42 10 74, au N du bourg, au stade
2,5 ha (85 empl.) plat, herbeux (0,5 ha) - A proximité :
15 juin-15 sept. - **R** *conseillée - Tarif 94 : 8,70 8,70 8,20 (5A)*

SUZE-LA-ROUSSE

16 - 81 ② G. Provence

Paris 646 - Avignon 60 - Bollène 7,5 - Nyons 28 - Orange 20 - Valence 85

26790 Drôme - 1 422 h.

Le Lez, 75 98 82 83, au nord du bourg, près du Lez
1 ha (35 empl.) (saison) plat, herbeux (juil.-sept.) - (bassin)
Pâques-sept. - **R** *conseillée 10 juil.-15 août - 15 8,50 8,50 11 (3A) 14 (6A)*

TADEN

22 C.-d'Armor - 59 ⑯ - rattaché à Dinan

TAIN-L'HERMITAGE

12 - 77 ②

Paris 549 - Grenoble 98 - Le Puy-en-Velay 107 - Saint-Étienne 77 - Valence 16 - Vienne 59

26600 Drôme - 5 003 h.
Office de Tourisme, 70 av. J.-Jaurès ✆ 75 08 06 81

Municipal les Lucs, ✆ 75 08 32 82, sortie SE par N 7, rte de Valence, près du Rhône
2 ha (100 empl.) plat, herbeux, pierreux (1 ha) - A l'entrée : snack - A proximité :
15 mars-oct. - *Tarif 94 : 13 14 14 (5A)*

TALLOIRES

74 H.-Savoie - 74 ⑥ - voir à Annecy (Lac d')

TALMONT-ST-HILAIRE

11 - 67 ⑪ G. Poitou Vendée Charentes

Paris 442 - Challans 59 - Luçon 36 - La Roche-sur-Yon 28 - Les Sables-d'Olonne 13

85440 Vendée - 4 409 h.
Office de Tourisme, pl. du Château ✆ 51 90 65 10

Le Littoral, ✆ 51 22 04 64, Fax 51 22 05 37, SO : 9,5 km par D 949, D 4^{A} et après Querry-Pigeon, à droite par D 129, rte côtière des Sables-d'Olonne, à 200 m de l'océan
8 ha (452 empl.) plat, herbeux (4 ha) - crêperie, pizzeria - vélos - Location :
avril-sept. - **R** *indispensable juil.-août* - *Tarif 94 : 20 piscine comprise 101 avec élect. (10A)*

Le Bois Robert, ✆ 51 90 61 24, O : 1,3 km sur D 949, rte des Sables-d'Olonne
2,2 ha (138 empl.) plat et peu incliné, herbeux (0,8 ha) - - A proximité : self
25 juin-5 sept. - **R** *conseillée août* - *piscine comprise 2 pers. 69 12 (2A) 15 (4A) 18 (6A)*

Le Bouc Etou, ✆ 51 22 20 38, SO : 7 km par D 949, D 4^{A} et à gauche après Querry-Pigeon
1 ha (90 empl.) plat, herbeux - - mini tennis - Location :
avril-15 sept. - **R** *conseillée juil.-août* - *2 pers. 40 10 (2A)*

TAMNIÈS

13 - 75 ⑰

Paris 513 - Brive-la-Gaillarde 54 - Les Eyzies-de-Tayac 12 - Périgueux 57 - Sarlat-la-Canéda 14

24620 Dordogne - 313 h.

Le Pont de Mazerat, ✆ 53 29 14 95, SE : 2 km, bord de la D 48
1,8 ha (73 empl.) plat et en terrasses, herbeux - - A proximité : - Location :
juin-sept. - **R** *conseillée* - *19 piscine comprise 20 12 (3A) 15 (6A)*

TANINGES

12 - 74 ⑦ G. Alpes du Nord

Paris 573 - Annecy 60 - Bonneville 19 - Chamonix-Mont-Blanc 50 - Cluses 10 - Genève 44 - Megève 38

74440 H.-Savoie - 2 791 h. alt. 640

Municipal des Thézières ✆ 50 34 25 59, sortie S rte de Cluses, bord du Foron et à 150 m du Giffre
2 ha (113 empl.) plat, herbeux - -

TARASCON

16 - 81 ⑪ G. Provence

Paris 708 - Arles 17 - Avignon 22 - Marseille 96 - Nîmes 25

13150 B.-du-R. - 10 826 h.
Office de Tourisme, 59 r. des Halles ✆ 90 91 03 52, Fax 90 91 22 96

St-Gabriel, ✆ 90 91 19 83, SE : 5 km par N 970, rte d'Arles et D 32 à gauche, rte de St-Rémy-de-Provence, près d'un canal
1 ha (44 empl.) plat, herbeux - -
avril-1er oct. - **R** *juil.-15 août* - *Tarif 94 : 15 16 12 (6A)*

Tartarin, ✆ 90 91 01 46, sortie NO par D 81A, rte de Vallabrègues, au pied du château, bord du Rhône
0,8 ha (80 empl.) (saison) plat, herbeux -
15 mars-sept. - **R** *saison* - *22 22*

TARASCON-SUR-ARIÈGE

14 - 86 ④ ⑤ G. Pyrénées Roussillon

Paris 796 - Ax-les-Thermes 26 - Foix 16 - Lavelanet 28

09400 Ariège - 3 533 h.
Office de Tourisme, pl. 19-Mars-1962 ✆ 61 05 81 30, Fax 61 05 57 79

Le Pré Lombard ≤, ✆ 61 05 61 94, Fax 61 05 78 93, SE : 1,5 km par D 23, rte d'Ussat, bord de l'Ariège
4 ha (180 empl.) plat, herbeux - (juil.-août) snack - - Location :
15 fév.-15 nov. - **R** *conseillée juin et sept., indispensable juil.-août* - - *piscine comprise 2 pers. 63 12 (4A) 18 (6A) 25 (10A)*

Le Sédour ≤, ✆ 61 05 87 28 ✉ 09400 Surba, NO : 1,8 km par D 618, rte de St-Girons et chemin de Florac à droite
1,5 ha (100 empl.) (juil.-août) peu incliné et plat, herbeux, pierreux verger - -
mars-1er nov. - **R** *conseillée* - *14 14 10A : 14 (mars 21)*

Les Grottes ⛰ <, ✆ 61 05 88 21 ✉ 09400 Niaux, sortie S par N 20, rte d'Ax-les-Thermes puis 3,5 km par D 8 à droite, rte de Vicdessos, à **Niaux**, près d'un torrent
4 ha (180 empl.) plat, herbeux, étang - A proximité
juin-15 sept. - **R** *15 juil.-15 août - Tarif 94 : piscine comprise 2 pers. 50, pers. suppl. 15 12 (3A) 18 (6A) 25 (10A)*

La Prairie <, ✆ 61 05 81 81 ✉ 09400 Capoulet-et-Junac, sortie S par N 20, rte d'Ax-les-Thermes puis 4 km par D 8 à droite rte de Vicdessos, bord d'un torrent
1 ha (80 empl.) plat, herbeux
6 juin-20 sept. - **R** *conseillée juil.-août - piscine comprise 2 pers. 60 12 (2,5A) 15 (5A) 25 (10A)*

TARDETS-SORHOLUS

13 - 85 ⑤

Paris 821 - Mauléon-Licharre 13 - Oloron-Ste-Marie 27 - Pau 62 - Saint-Jean-Pied-de-Port 52

64470 Pyr.-Atl. - 704 h.

Pont d'Abense <, ✆ 59 28 58 76, O : 0,5 km par D 57, rte d'Etchebar, à droite après le pont, bord du Saison
1,5 ha (50 empl.) (saison) plat, herbeux - A proximité :
Pâques-oct. - **R** - *16,50 7,50 17 14 (10A)*

TARNAC

10 - 72 ⑳ G. Berry Limousin

Paris 441 - Aubusson 48 - Bourganeuf 43 - Eymoutiers 24 - Limoges 66 - Tulle 62 - Ussel 46

19170 Corrèze - 403 h. alt. 700

Municipal de l'Enclose, sortie SO par D 160, rte de Toy-Viam et chemin à droite, près d'un plan d'eau (accès direct)
1,5 ha (46 empl.) (juil.-août) en terrasses, peu incliné, herbeux, pierreux - A proximité :
15 mai-15 oct. - **R** *conseillée juil.-août - 1 pers. 11*

TAUPONT

4 - 63 ④

Paris 422 - Josselin 12 - Ploërmel 4,5 - Rohan 31 - Vannes 52

56800 Morbihan - 1 853 h.

La Vallée du Ninian, ✆ 97 93 53 01, sortie N par D 8, rte de la Trinité-Porhoët, puis 2,5 km par rte à gauche
2,4 ha (50 empl.) plat, herbeux - Location :
Pâques-sept. - **R** *conseillée juil.-août - piscine comprise 2 pers. 58, pers. suppl. 12 6 à 15 (2 à 6A)*

TAUTAVEL

15 - 86 ⑨

Paris 875 - Millas 23 - Perpignan 27 - Port-Barcarès 36 - Saint-Paul-de-Fenouillet 23 - Tuchan 14

66720 Pyr.-Or. - 738 h.

Le Priourat <, ✆ 68 29 41 45, sortie O, rte d'Estagel, à 250 m du Verdouble
0,5 ha (21 empl.) plat, peu incliné, herbeux
avril-sept. - **R** *conseillée - piscine comprise 2 pers. 70, pers. suppl. 29 23 (16A)*

TAUVES

11 - 73 ⑫ G. Auvergne

Paris 473 - Bort-les-Orgues 28 - La Bourboule 13 - Bourg-Lastic 29 - Clermont-Ferrand 54

63690 P.-de-D. - 940 h. alt. 840

Municipal les Aurandeix, ✆ 73 21 14 06, à l'est du bourg, au stade
2 ha (90 empl.) plat, en terrasses, incliné, herbeux - A l'entrée : - Location *(fév., Pâques, juin-15 sept)* : huttes
juin-15 sept. - **R** *conseillée 15 juil.-15 août - Tarif 94 : piscine comprise 2 pers. 46, pers. suppl. 13 10 (4A)*

Le TEICH **33** Gironde - 71 - voir à Arcachon (Bassin d')

TELGRUC-SUR-MER

3 - 58 ⑭

Paris 602 - Châteaulin 22 - Douarnenez 32 - Quimper 41

29560 Finistère - 1 811 h.

Le Panoramic < « Situation et cadre agréables », ✆ 98 27 78 41, Fax 98 27 36 10, SO : 1,5 km par rte de Trez-Bellec Plage
4 ha (173 empl.) en terrasses, herbeux - A proximité : - Location *(mai-15 oct.)* :
15 mai-20 sept. - **R** *conseillée - 23 piscine comprise 10 45 20 (6A) 28 (10A)*

Armorique, ✆ 98 27 77 33, Fax 98 27 33 93, SO : 1,2 km par rte de Trez-Bellec-Plage
2,5 ha (100 empl.) en terrasses, plat à peu incliné, herbeux
15 avril-16 sept. - **R** *conseillée juil.-août* - GB - *21 9 17*

Les Mimosas <, ✆ 98 27 76 06, SO : 1 km rte de Trez-Bellec Plage
1 ha (90 empl.) (saison) en terrasses, herbeux - Location :
15 mars-15 oct. - **R** *conseillée - 16 5 12 10 (10A)*

TENCE

11 - 76 ⑧ G. Vallée du Rhône

Paris 569 - Lamastre 38 - Le Puy-en-Velay 45 - Saint-Étienne 51 - Yssingeaux 19

43190 H.-Loire - 2 788 h. alt. 840.
Office de Tourisme, pl. Chatiague ✆ 71 59 81 99

Municipal la Levée des Frères « Situation agréable au bord du Lignon », ✆ 71 59 83 10, SO : 1,5 km par rte d'Yssingeaux et rte de Mazelgirard à gauche
3 ha (120 empl.) plat, peu incliné et terrasses, herbeux
avril-1er oct. - Location longue durée - *Places disponibles pour le passage* - **R**

TENNIE

5 - 60 ⑫

Paris 224 - Alençon 46 - Laval 62 - Le Mans 24 - Sablé-sur-Sarthe 40 - Sillé-le-Guillaume 9,6

72480 Sarthe - 850 h.

Municipal de la Vègre, ✆ 43 20 59 44, sortie O par D 38, rte de Ste-Suzanne, bord de rivière
1 ha (50 empl.) (juil.-août) plat, herbeux (bassin) - A l'entrée :
15 mai-15 oct. - **R** *juil.-août* - *6,60* *4* *4* *5,60 (2A) 11 (6A)*

TERMIGNON

12 - 77 ⑧ G. Alpes du Nord

Paris 684 - Bessans 17 - Chambéry 120 - Lanslebourg-Mont-Cenis 6 - Modane 17 - Susa 41

73500 Savoie - 367 h. alt. 1 300

La Fennaz ✆ 79 20 52 46, à 0,8 km au nord de la commune
1 ha (83 empl.) incliné et plat, en terrasses, herbeux, pierreux - A l'entrée :
28 juin-août - *14* *11*

TERRASSON-LA-VILLEDIEU

10 - 75 ⑦ G. Périgord Quercy

Paris 502 - Brive-la-Gaillarde 21 - Juillac 28 - Périgueux 52 - Sarlat-la-Canéda 38

24120 Dordogne - 6 004 h.
Office de Tourisme, Porte du Périgord ✆ 53 50 37 56

La Salvinie, ✆ 53 50 06 11, O : 3,7 km, par chemin de Condat-sur-Vézère
2,5 ha (70 empl.) plat, herbeux
juil.-août - **R** - *18* *18* *12 (5A) 14 (8A)*

La TESSOUALLE

9 - 67 ⑥

Paris 355 - Ancenis 57 - Angers 63 - Nantes 66 - Niort 94 - La Roche-sur-Yon 63

49280 M.-et-L. - 2 781 h.

Municipal du Verdon ✆ 41 56 37 86, NE : 2,3 km par rte du barrage du Verdon, à 75 m du lac (accès direct)
1 ha (28 empl.) incliné à peu incliné, herbeux - A proximité :
15 juin-15 sept. -

La TESTE 33 Gironde - 71 ⑳ - rattaché à Arcachon (Bassin d')

TÉTEGHEM

1 - 51 ④

Paris 290 - Amiens 148 - Calais 50 - Leper 43 - Lille 72 - Oostende 52

59229 Nord - 5 839 h.

Le Pont à Cochons, ✆ 28 26 03 04, sortie S par D 4, rte de West-Cappel, bord du canal
1 ha (77 empl.) plat, herbeux snack
Location longue durée - *Places limitées pour le passage*

THÉGRA

13 - 75 ⑲

Paris 539 - Brive-la-Gaillarde 57 - Cahors 60 - Rocamadour 15 - Saint-Céré 16 - Souillac 33

46500 Lot - 432 h.

Le Ventoulou ✆ 65 33 67 01, Fax 65 33 73 20, NE : 2,9 km par D 14, rte de Loubressac, D 60, rte de Mayrinhac-Lentour et chemin à gauche, à Ventoulou
2 ha (66 empl.) peu incliné à incliné, herbeux - Location :
mai-15 sept. - **R** *conseillée* - GB - *21 piscine comprise* *21* *13 (10A)*

THEIX

4 - 63 ③

Paris 461 - Ploërmel 46 - Redon 50 - La Roche-Bernard 32 - Vannes 10

56450 Morbihan - 4 435 h.

Rhuys, ✆ 97 54 14 77, à 3,5 km au NO du bourg - Par N 165, venant de Vannes : sortie Sarzeau
2 ha (50 empl.) peu incliné, herbeux - A proximité : - Location :
15 avril-sept. - **R** *14 juil.-15 août* - *18 piscine comprise* *38* *12,50 (6A) 15 (10A)*

La Peupleraie « Agréable cadre boisé », ✆ 97 43 09 46, N : 1,5 km par D 116, rte de Treffléan puis 1,2 km par chemin à gauche
3 ha (100 empl.) plat, herbeux
15 avril-15 oct. - **R** *conseillée juil.-août* - *15* *3,50* *10* *10 (3A) 12 (5A)*

THENON

10 - 75 ⑦

Paris 488 - Brive-la-Gaillarde 40 - Excideuil 27 - Les Eyzies-de-Tayac 32 - Périgueux 33

24210 Dordogne - 1 339 h.

Jarry Carrey ≤, ✆ 53 05 20 78, SE : 3,4 km par D 67, rte de Montignac, bord de plans d'eau
9 ha/3 campables (63 empl.) peu incliné, terrasses, herbeux - Location :
15 avril-20 sept. - **R** *juil.-août - piscine comprise 2 pers. 50 12 (5A)*

THÉRONDELS

11 - 76 ⑬

Paris 568 - Aurillac 47 - Chaudes-Aigues 47 - Espalion 67 - Murat 45 - Rodez 87 - Saint-Flour 51

12600 Aveyron - 505 h. alt. 960

La Source ≤ lac et collines boisées « Belle situation au bord du lac de Sarrans », ✆ 65 66 05 62, Fax 65 66 21 00, S : 8 km par D 139, D 98 et D 537, rte de la presqu'île de Laussac - alt. 647 - Accès à certains emplacements par rampe à 12%
4,5 ha (108 empl.) en terrasses, peu incliné, herbeux, pierreux - snack - Toboggan aquatique - Location : , studios, bungalows toilés
juil.-août - **R** *conseillée* - GB - *élect. (6 à 10A) et piscine comprises 2 pers. 120*

THEYS

12 - 77 ⑤ ⑥ G. Alpes du Nord

Paris 601 - Allevard 17 - Le Bourg-d'Oisans 74 - Chambéry 37 - Grenoble 29

38570 Isère - 1 321 h. alt. 620

Les Sept Laux ≤, ✆ 76 71 02 69, S : 3,8 km, à 400 m du col des Ayes - alt. 920
1 ha (55 empl.) plat, peu incliné, en terrasses, herbeux, pierreux, bois attenant
vacances scolaires d'hiver, mai-sept. - *Tarif 94 : 1 à 6 pers. 57 à 133, pers. suppl. 19 12,50 (2A) 20 (4A) 37 (6A)*

THEY-SOUS-MONTFORT **88** Vosges - 62 ⑭ - rattaché à Vittel

THIERS

11 - 73 ⑯ G. Auvergne

Paris 439 - Clermont-Ferrand 44 - Roanne 60 - Saint-Étienne 108 - Vichy 36

63300 P.-de-D. - 14 832 h.

Base de Loisirs Iloa, ✆ 73 80 14 90, O : 6,5 km par rte de Vichy, D 94 à gauche et D 44, rte de Dorat, à 350 m d'un plan d'eau (accès direct) - Par A 72 : sortie Thiers-ouest
1 ha (50 empl.) plat, herbeux - - A la Base de Loisirs : toboggan aquatique
15 juin-15 oct. - **R** - *piscine comprise 2 pers. 50/60 10 (3A) 15 (6A)*

THIÉZAC

11 - 76 ⑫ ⑬ G. Auvergne

Paris 549 - Aurillac 26 - Murat 23 - Vic-sur-Cère 6

15450 Cantal - 693 h. alt. 805.
Syndicat d'Initiative, Mairie ✆ 71 47 01 21

Municipal de la Bédisse ≤, ✆ 71 47 00 41, sortie SE par D 59, rte de Raulhac et à gauche, sur les deux rives de la Cère
1,5 ha (150 empl.) plat, herbeux - - A proximité :
juin-15 sept. - **R** - *10 5,50 5,50 11 (6A)*

Le THILLOT

8 - 66 ⑦ ⑧ G. Alsace Lorraine

Paris 443 - Belfort 44 - Colmar 73 - Épinal 48 - Mulhouse 57 - Saint-Dié 63 - Vesoul 64

88160 Vosges - 4 246 h.
Office de Tourisme, 11 av. de Verdun ✆ 29 25 28 61

Municipal l'Étang de Chaume, ✆ 29 25 10 30, NO : 1,3 km par N 66, rte de Remiremont et chemin à droite, bord d'un étang
1 ha (67 empl.) peu incliné et en terrasses, herbeux, pierreux - A proximité :
Permanent - **R** *conseillée - 5,50 15/21 6A : 8 (hiver 20)*

à Fresse-sur-Moselle E : 2 km par N 66 rte de Bussang - 2 242 h.
✉ 88160 Fresse-sur-Moselle :

Municipal Bon Accueil, ✆ 29 25 08 98, sortie NO par N 66, rte du Thillot, à 80 m de la Moselle
0,6 ha (50 empl.) plat, herbeux - - A proximité :
avril-11 nov. - **R** - *11,80 6,50 5,80 à 15,30 (1 à 5A)*

Le THOLY

8 - 62 ⑰ G. Alsace-Lorraine

Paris 428 - Bruyères 21 - Épinal 33 - Gérardmer 10 - Remiremont 17 - Saint-Amé 11 - Saint-Dié 37

88530 Vosges - 1 541 h.
Syndicat d'Initiative, Mairie ✆ 29 61 81 18

Noirrupt ≤, ✆ 29 61 81 27, NO : 1,3 km par D 11, rte d'Epinal et chemin à gauche
2,9 ha (70 empl.) plat, en terrasses, herbeux, pierreux (0,5 ha) - - Location :
15 mai-15 oct. - **R** - *piscine et tennis compris 2 pers. 96,50, pers. suppl. 24 16 (2A) 30 (6A)*

THONAC

13 - 75 ⑦

Paris 500 - Brive-la-Gaillarde 44 - Les Eyzies-de-Tayac 18 - Montignac 6,5 - Périgueux 53

24290 Dordogne - 257 h.

La Castillanderie ⛺, ✆ 53 50 76 79, NE : 2,5 km par rte de Fanlac puis chemin à droite, bord d'un plan d'eau
15 ha/2 campables (65 empl.) plat et terrasse, peu incliné, herbeux - snack - - Location :
avril-oct. - **R** - *25 piscine comprise* *25* *12 (2A) 15 (4A)*

THÔNES

12 - 74 ⑦ G. Alpes du Nord

Paris 556 - Albertville 36 - Annecy 20 - Bonneville 31 - Faverges 20 - Megève 40

74230 H.-Savoie - 4 619 h. alt. 626.
Office de Tourisme, pl. Avet ✆ 50 02 00 26, Fax 50 02 11 87

Le Tréjeux ⛺ ≤, ✆ 50 02 06 90, O : 1,5 km rte de Bellossier, bord du Malnant
1,5 ha (98 empl.) plat, pierreux, gravillons - - - Location :
30 juin-sept. - **R** - *Tarif 94 : 11,50* *20* *10 (2A) 13 (4A) 15 (6A)*

Les Grillons ≤, ✆ 50 02 06 63, NO : 1 km rte d'Annecy et chemin à gauche
0,7 ha (50 empl.) plat, pierreux, bois attenant - - - A proximité :
27 juin-août - **R** - *11,70* *4,40* *12* *12,80 (2A) 13,80 (3A) 14,80 (4A)*

Le Lachat ≤, ✆ 50 02 96 65, NE : 1,5 km par D 909, rte de la Clusaz, bord du Nom
1,3 ha (70 empl.) (juil.-août) plat, herbeux, pierreux -
avril-15 oct. - **R** *juil.-août* - *14* *18* *10 (3A) 12 (4A) 17 (6A)*

THONON-LES-BAINS

12 - 70 ⑰ G. Alpes du Nord

Paris 569 - Annecy 74 - Chamonix-Mont-Blanc 99 - Genève 37

74200 H.-Savoie - 29 677 h. - .
Office de Tourisme, pl. du Marché ✆ 50 71 55 55, Fax 50 26 68 33

Morcy, ✆ 50 70 44 87, SO : 2,5 km par N 5 et chemin à gauche
1 ha (60 empl.) plat et peu incliné, herbeux -
Pâques-15 sept. - **Location longue durée** - *Places disponibles pour le passage* - **R** - *22* *22*

Le THOR

16 - 81 ⑫ G. Provence

Paris 691 - Avignon 19 - Carpentras 15 - Cavaillon 13 - L'Isle-sur-la-Sorgue 5 - Orange 36

84250 Vaucluse - 5 941 h.
Syndicat d'Initiative, pl. du 11-Novembre ✆ 90 33 92 31

Le Jantou ⛺, ✆ 90 33 90 07, Fax 90 33 79 84, O : 1,2 km par sortie N vers Bédarrides et rte à gauche par la déviation D 1, rte de Velleron, accès direct à la Sorgue
6 ha/4 campables (125 empl.) plat, herbeux - - (bassin) - A proximité : - Location :
avril-oct. - **R** *conseillée juil.-août* - GB - *22,50* *27* *14 (3A) 24 (6A)*

THOUARCÉ

5 - 67 ⑦

Paris 318 - Angers 28 - Cholet 43 - Saumur 37

49380 M.-et-L. - 1 546 h.

Municipal de l'Écluse, au SO du bourg par av. des Trois-Ponts, bord du Layon
0,5 ha (35 empl.) plat, herbeux - - A proximité :
mai-oct. - **R** *conseillée* - *Tarif 94 : 7* *3* *3* *8,80*

THOUX

14 - 82 ⑥

Paris 699 - Auch 38 - Cadours 13 - Gimont 14 - L'Isle-Jourdain 11 - Mauvezin 14

32430 Gers - 136 h.

Le Lac ≤ « Cadre agréable », ✆ 62 65 71 29, NE sur D 654, bord du lac
1,5 ha (70 empl.) plat, peu incliné, herbeux - - - A proximité :

THURY-HARCOURT

5 - 55 ⑪ G. Normandie Cotentin

Paris 261 - Caen 27 - Condé-sur-Noireau 19 - Falaise 27 - Flers 31 - Saint-Lô 54 - Vire 45

14220 Calvados - 1 803 h.

Vallée du Traspy ⛺ « Entrée fleurie », ✆ 31 79 61 80, à l'est du bourg par bd du 30-Juin-1944 et chemin à gauche, bord du Traspy et près d'un plan d'eau
1,3 ha (92 empl.) plat et terrasse, herbeux - - - A proximité : toboggan aquatique

TIERCÉ

5 - 64 ①

Paris 276 - Angers 21 - Château-Gontier 33 - La Flèche 32

49125 M.-et-L. - 3 047 h.
Syndicat d'Initiative ✆ 41 42 62 18

Municipal, ✆ 41 42 62 17, sortie E rte de Seiches-sur-le-Loir
2 ha (70 empl.) plat, herbeux - - - A proximité :
15 juin-août - **R** - *Tarif 94 :* *1 ou 2 pers. 30, pers. suppl. 10* *12 (6 ou 10A)*

TINTÉNIAC

4 - 59 ⑯ G. Bretagne

Paris 373 - Avranches 62 - Dinan 26 - Dol-de-Bretagne 29 - Fougères 53 - Rennes 28 - Saint-Malo 42

35190 I.-et-V. - 2 163 h.

Les Peupliers « Agréable sapinière », 99 45 49 75, SE : 2 km par N 137, rte de Rennes, à la Besnelais, bord d'étangs
4 ha (100 empl.) plat, herbeux - - A proximité : - Location :
mars-oct. - Location longue durée - *Places disponibles pour le passage* - **R** *conseillée juil.-août - 17 piscine comprise 19 12 (3A) 16 (5A)*

TIUCCIA 2A Corse-du-Sud - 90 ⑯ - voir à Corse

TOCANE-ST-APRE

10 - 75 ④ ⑤

Paris 521 - Brantôme 23 - Mussidan 35 - Périgueux 24 - Ribérac 13

24350 Dordogne - 1 377 h.

Municipal le Pré Sec, 53 90 40 60, au nord du bourg, bd Charles-Roby, bord de la Dronne
1,8 ha (80 empl.) (juil.-août) plat, herbeux (0,5 ha) -
mai-sept. - **R** *conseillée - 6,90 23,20 8,20 (5A)*

TONNEINS

14 - 79 ④

Paris 604 - Agen 41 - Nérac 39 - Villeneuve-sur-Lot 34

47400 L.-et-G. - 9 334 h.
Syndicat d'Initiative, 3 bd Charles-de-Gaulle 53 79 22 79

Municipal Robinson « Décoration florale et arbustive », 53 79 02 28, sortie S par N 113, rte d'Agen, à 100 m de la Garonne
0,6 ha (36 empl.) plat, herbeux -
juin-sept. - **R** - *2 pers. 30, pers. suppl. 10 10,50*

TONNOY

8 - 62 ⑤

Paris 327 - Charmes 25 - Lunéville 23 - Nancy 21

54210 M.-et-M. - 607 h.

Municipal le Grand Vanné, 83 26 62 36, O : par D 74, à 0,5 km de la N 57, bord de la Moselle
7 ha (324 empl.) plat, herbeux, sablonneux - - A proximité :
2 juin-4 sept., week-ends du 14/4 au 29/5 et du 8/9 au 9/10 - Location longue durée - *Places disponibles pour le passage* - **R** *conseillée - 2 pers. 35 ou 40, pers. suppl. 9,60 11,80 (3A)*

TORIGNI-SUR-VIRE

4 - 54 ⑭ G. Normandie Cotentin

Paris 296 - Caen 55 - Saint-Lô 14 - Villedieu-les-Poêles 33 - Vire 25

50160 Manche - 2 659 h.

Municipal du Lac, 33 56 91 74, SE : 0,8 km par N 174, rte de Vire, à proximité d'un étang et d'un parc boisé
0,5 ha (40 empl.) plat, herbeux - - - A proximité :
15 juin-15 sept. - **R** - *9 6 6 8*

TORREILLES

15 - 86 ⑳

Paris 862 - Argelès-sur-Mer 29 - Le Boulou 43 - Perpignan 12 - Port-Barcarès 10,5 - Rivesaltes 12

66440 Pyr.-Or. - 1 775 h.

à Torreilles-Plage NE : 3 km par D 11^{E} - ✉ 66440 Torreilles :

Les Dunes de Torreilles-Plage, 68 28 30 32, Fax 68 28 32 57, à 150 m de la plage
16 ha/8 campables (615 empl.) plat, sablonneux - Sanitaires individuels (wc), pizzeria - - A l'entrée : - Location :
15 mars-15 oct. - **R** *conseillée juil.-août* - GB - *élect. et piscine comprises jusqu'à 6 pers. 189*

Mar I Sol, 68 28 04 07, Fax 68 28 18 23, à 350 m de la plage
7 ha (370 empl.) plat, sablonneux - - - Location : , bungalows toilés
15 mai-sept. - **R** *conseillée août* - GB - *Tarif 94 : 29 piscine comprise 39 20 (3A) 25 (6A)*

Le Calypso, 68 28 09 47, Fax 68 28 24 76
5 ha (230 empl.) plat, sablonneux, herbeux - - 9 sanitaires individuels (wc) - discothèque - A proximité : - Location :
mai-sept. - **R** *conseillée* - GB - *27 37 15 (3A) 20 (6A) 25 (10A)*

La Palmeraie « Décoration originale », 68 28 20 64, Fax 68 59 67 41
3,2 ha (170 empl.) plat, sablonneux, herbeux - cases réfrigérées - - A proximité : - Location :
juin-sept. - **R** *conseillée juil.-août* - GB - *piscine comprise 2 pers. 100 (120 avec élect.), pers. suppl. 28*

Le Trivoly « Entrée fleurie », 68 28 20 28, Fax 68 28 16 48
8 ha/3 campables (150 empl.) plat, sablonneux, herbeux (1 ha) - snack - tir à l'arc - Location :
avril-sept. - **R** *conseillée juil.-août - 28 piscine comprise 35 20 (6A)*

TORTEQUESNE

2 - 53 ③

Paris 180 - Arras 23 - Bapaume 26 - Douai 10,5 - Lens 33 - Saint-Quentin 62

62490 P.-de-C. - 719 h.

Municipal de la Sablière, 21 24 14 94, sortie NE par D 956, rte de Férin et 0,5 km par chemin à droite, près de deux étangs
1,5 ha (81 empl.) plat, herbeux, pierreux - - - A l'entrée : -
A proximité :
avril-nov. - **R** - *8* *5* *15* *8 (2A) 13 (5A)*

TOUËT-SUR-VAR

17 - 81 ⑳ G. Alpes du Sud

Paris 848 - Nice 53 - Puget-Théniers 10 - Saint-Étienne-de-Tinée 71 - Saint-Martin-Vésubie 60

06710 Alpes-Mar. - 342 h.

Camping de l'Amitié, 93 05 74 32, **accès conseillé par centre ville, SE : 1 km par av. Jian-Glauffret et chemin à gauche, près du Var** - croisement difficile pour caravanes
0,7 ha (30 empl.) plat, herbeux, sablonneux, gravier - cafétéria - poneys - A proximité : - Location :
Permanent - **R** *conseillée* - *1 à 5 pers. 33,50 à 77/34,50 à 96,50, pers. suppl. 18,50* *16,50 (3A) 23,50 (16A)*

TOUFFAILLES

14 - 79 ⑯

Paris 630 - Agen 52 - Cahors 48 - Moissac 23 - Montaigu-de-Quercy 10 - Valence 27

82190 T.-et-G. - 359 h.

Municipal, sur D 41, face à la mairie
0,3 ha (11 empl.) plat, herbeux - - A proximité :
juin-sept. - *5* *6*

TOUFFREVILLE-SUR-EU

1 - 52 ⑤

Paris 174 - Abbeville 44 - Amiens 85 - Blangy-sur-Nesle 34 - Le Tréport 9,5

76910 S.-Mar. - 175 h.

Municipal les Acacias, 35 50 87 46, SE : 1 km par D 226 et D 454, rte de Guilmecourt
1 ha (50 empl.) plat, herbeux -
Pâques-fin sept. - **R** *conseillée* - *9* *6* *6* *11*

TOULON-SUR-ARROUX

11 - 69 ⑰

Paris 329 - Autun 39 - Bourbon-Lancy 38 - Gueugnon 12 - Montceau-les-Mines 21 - Paray-le-Monial 36

71320 S.-et-L. - 1 867 h.

Municipal du Val d'Arroux, 85 79 51 22, à l'ouest de la commune, rte d'Uxeau, bord de l'Arroux
1 ha (68 empl.) (saison) plat, herbeux - -
16 avril-oct. - **Location longue durée** - *Places disponibles pour le passage* - **R** *juil.-août - Tarif 94 : 6,50* *5* *5* *13 (6A)*

TOUQUES 14 Calvados - 54 ⑰ - rattaché à Deauville

La TOUR-D'AIGUES

16 - 84 ③ G. Provence

Paris 752 - Aix-en-Provence 28 - Apt 34 - Avignon 76 - Digne-les-Bains 90

84240 Vaucluse - 3 328 h.

Municipal, sortie NE par D 956, rte de Forcalquier et chemin à droite, bord de l'Eze
1 ha (100 empl.) plat, herbeux - - A proximité :

La TOUR-D'AUVERGNE

11 - 73 ⑬ G. Auvergne

Paris 476 - Besse-en-Chandesse 29 - Bort-les-Orgues 28 - La Bourboule 13 - Clermont-Ferrand 57 - Le Mont-Dore 16

63680 P.-de-D. - 778 h. alt. 990 - Sports d'hiver : 1 220/1 373 m 3 .
Office de Tourisme 73 21 54 80

Municipal la Chauderie, 73 21 55 01, SE : 1,3 km par D 203, rte de Besse-en-Chandesse, bord de la Burande
1,5 ha (92 empl.) plat et en terrasses, peu incliné, herbeux, pierreux - -

La TOUR-DU-MEIX

12 - 70 ⑭

Paris 433 - Bourg-en-Bresse 70 - Champagnole 42 - Lons-le-Saunier 24 - Saint-Claude 35

39270 Jura - 167 h.

Surchauffant, 84 25 41 08, au Pont de la Pyle, SE : 1 km par D 470 et chemin à gauche, à 150 m du lac de Vouglans (accès direct)
2,5 ha (180 empl.) plat, herbeux, pierreux - - - A proximité :
mai-sept. - **R** *indispensable juil.-août* - GB - *élect. comprise 2 pers. 80,50*

TOURLAVILLE

4 - 54 ②

Paris 361 - Carentan 52 - Carteret 42 - Cherbourg 5 - Valognes 20

50110 Manche - 17 516 h.

Le Collignon, 33 20 16 88, N : 2 km par D 116, rte de Bretteville, près de la plage
10 ha/2 campables (82 empl.) plat, herbeux, sablonneux - - - A proximité : vélos, centre nautique
mai-sept. - **R** - *16* *28* *18 (10A)*

TOURNEHEM-SUR-LA-HEM

1 - 51 ② ③

Paris 268 - Calais 25 - Cassel 40 - Dunkerque 40 - Lille 82 - Saint-Omer 18

62890 P.-de-C. - 1 069 h.

Bal Caravaning ≤, ✆ 21 35 65 90, Fax 21 35 18 57, sortie E par D 218
2,5 ha (63 empl.) peu incliné, herbeux - A proximité : (parc d'attractions) - Location : (hôtel)
Permanent - **R** *conseillée* - GB - *Tarif 94 : 18 tennis compris 32 16 (6A) 25 (10A)*

TOURNON-D'AGENAIS

14 - 79 ⑥ G. Pyrénées Aquitaine

Paris 613 - Agen 42 - Cahors 45 - Castelsarrasin 50 - Montauban 63 - Villeneuve-sur-Lot 25

47370 L.-et-G. - 839 h.

Camp Beau ≤, ✆ 53 40 78 88, N : 1 km par D 102, rte de Fumel, près de la Base de Loisirs et d'un plan d'eau
2 ha (25 empl.) plat, peu incliné, herbeux - - A proximité : - Location : gîtes
avril-oct. - **R** *conseillée juil.-août* - GB - *19 21 11 (8A)*

TOURNON-SUR-RHÔNE

11 - 76 ⑩ G. Vallée du Rhône

Paris 550 - Grenoble 99 - Le Puy-en-Velay 107 - Saint-Étienne 76 - Valence 17 - Vienne 59

07300 Ardèche - 9 546 h.
Office de Tourisme, Hôtel Tourette
✆ 75 08 10 23

Les Acacias, ✆ 75 08 83 90, O : 2,6 km par D 532, rte de Lamastre, accès direct au Doux
2,7 ha (80 empl.) plat, herbeux - - half-court - A proximité : - Location :
avril-sept. - **R** *conseillée 15 juil.-20 août - piscine comprise 2 pers. 73 14 (4A)*

Municipal ≤ « Entrée fleurie », ✆ 75 08 05 28, sortie NO, près de la N 86, digue du Doux, bord du Rhône
1 ha (80 empl.) plat, herbeux - -
15 mars-oct. - **R** - *2 pers. 59, pers. suppl. 18 13 (6A)*

▶ *Dieser Führer stellt kein vollständiges Verzeichnis aller Campingplätze dar, sondern nur eine Auswahl der besten Plätze jeder Kategorie.*

TOURS P

5 - 64 ⑮ G. Châteaux de la Loire

Paris 237 - Angers 109 - Bordeaux 346 - Chartres 140 - Clermont-Ferrand 335 - Limoges 218 - Le Mans 80

37000 I.-et-L. - 129 509 h.
Office de Tourisme et Accueil de France, 78, r. B.-Palissy
✆ 47 70 37 37, Fax 47 61 14 22

à la Membrolle-sur-Choisille NO : 7 km, rte du Mans - 2 644 h.
✉ 37390 la Membrolle-sur-Choisille :

Municipal, ✆ 47 41 20 40, rte de Fondettes, au stade, bord de la Choisille
1,2 ha (88 empl.) plat, herbeux - -

TOURTOIRAC

10 - 75 ⑦ G. Périgord Quercy

Paris 471 - Brive-la-Gaillarde 56 - Lanouaille 19 - Limoges 74 - Périgueux 33 - Uzerche 56

24390 Dordogne - 654 h.

Les Tourterelles « Cadre boisé », ✆ 53 51 11 17, Fax 53 50 53 44, NO : 1,5 km par D 73, rte de Coulaures
12 ha/ 3,5 campables (93 empl.) plat et peu incliné, en terrasses, herbeux - - half-court, vélos - Location :
Pâques-15 oct. - **R** *conseillée juil.-août* - GB - *21 piscine comprise 54*

TOUSSAINT

5 - 52 ⑫

Paris 201 - Bolbec 23 - Fécamp 4 - Rouen 66 - Saint-Valery-en-Caux 32 - Yvetot 30

76400 S.-Mar. - 741 h.

Municipal du Canada, ✆ 35 29 78 34, NO : 0,5 km par D 26, rte de Fécamp et chemin à gauche
2,5 ha (100 empl.) plat et peu incliné, herbeux - - A proximité :
15 mars-15 oct. - Location longue durée - *Places limitées pour le passage* - **R** *conseillée juil.-août - 9,50 4 4 8 (4A) 12 (10A) 16 (16A)*

La TOUSSUIRE

12 - 77 ⑥ ⑦ G. Alpes du Nord

Paris 634 - Albertville 80 - Chambéry 90 - Saint-Jean-de-Maurienne 16

73 Savoie alt. 1 690 - Sports d'hiver : 1 400/2 400 m
19
✉ 73300 Fontcouverte-la-Toussuire.
Office de Tourisme ✆ 79 56 70 15, Fax 79 83 02 99

Caravaneige du Col ≤ Aiguilles d'Arves, ✆ 79 83 00 80, à 1 km à l'est de la station, sur rte de St-Jean-de-Maurienne - alt. 1 560
1 ha (62 empl.) plat, peu incliné, pierreux, herbeux - -
15 juin-15 sept., 15 déc.-10 mai - **R** *conseillée vacances scolaires - 19,50 (hiver 20) 10,50 (hiver 11) 18 (2A) 25 (6A) 33 (10A)*

TOUTAINVILLE

5 - 55 ④

Paris 173 - Caen 69 - Évreux 70 - Le Havre 40 - Lisieux 40 - Rouen 55

27500 Eure - 960 h.

Risle-Seine <, 32 42 46 65, SE : 2,5 km, près de la Base Nautique
2 ha (61 empl.) plat, herbeux - A proximité :
avril-nov. - R - 15 15 15/20 5A : 5 10A : 20 (hors saison estivale 25)

TOUZAC

14 - 79 ⑥

Paris 594 - Cahors 39 - Gourdon 49 - Sarlat-la-Canéda 63 - Villeneuve-sur-Lot 34

46700 Lot - 412 h.

Le Clos Bouyssac <, 65 36 52 21, Fax 65 24 68 51, S : 2 km par D 65, bord du Lot
1,5 ha (85 empl.) plat et en terrasses, herbeux, pierreux - - - Location :
mai-sept. - R conseillée juil.-août - GB - 22 piscine comprise 25 15 (6 à 10A)

Le Ch'Timi, 65 36 52 36, E : 0,8 km par D 8
2 ha (80 empl.) plat et peu incliné, herbeux - - - Location :
15 mai-sept. - R indispensable 10 juil.-15 août - 22 piscine comprise 30 15 (5A)

La TRANCHE-SUR-MER

9 - 71 ⑪ G. Poitou Vendée Charentes

Paris 455 - Luçon 29 - Niort 90 - La Rochelle 58 - La Roche-sur-Yon 39 - Les Sables-d'Olonne 38

85360 Vendée - 2 065 h.

Office de Tourisme, pl. de la Liberté 51 30 33 96

Le Jard, 51 27 43 79, Fax 51 27 42 92, **à la Grière,** E : 3,8 km, rte de l'Aiguillon - juil.-25 août
6 ha (350 empl.) plat, herbeux - - vélos - A proximité :
25 mai-15 sept. - R conseillée - Tarif 94 : piscine comprise 2 pers. 105 (120 avec élect. 6A)

La Savinière , 51 27 42 70, NO : 1,5 km par D 105 rte des Sables-d'Olonne
2 ha (106 empl.) plat, peu accidenté, sablonneux pinède - self-service, crêperie - half-court - Location :
8 avril-1er oct. - R indispensable 10 juil.-20 août - piscine comprise 3 pers. 92/104 ou 116 avec élect. (10A), pers. suppl. 19

Les Préveils, 51 30 30 52, Fax 51 27 70 04, **à la Grière,** E : 3,5 km rte de l'Aiguillon et à droite, à 300 m de la plage (accès direct)
4 ha (180 empl.) vallonné, sablonneux pinède - snack - - A proximité : - Location : appartements, bungalows toilés
15 mai-15 sept. - R conseillée juil.-août - Adhésion familiale obligatoire - GB - élect. (10A) et piscine comprises 1 à 3 pers. 135, pers. suppl. 30

La Baie d'Aunis M, 51 27 47 36, Fax 51 27 44 54, sortie E rte de l'Aiguillon, à 50 m de la plage - sauf avril-juin et sept. sur le camping
2,5 ha (155 empl.) plat, sablonneux - - - A proximité : - Location :
avril-sept. - R conseillée - GB - piscine comprise 3 pers. 118 ou 121 17,50 (10A)

Le Cottage Fleuri , 51 30 34 57, Fax 51 27 74 77, **à la Grière,** E : 2,5 km rte de l'Aiguillon, à 500 m de la plage
5 ha (280 empl.) plat, sablonneux, herbeux, étang (1 ha) - snack - - A proximité : - Location :
avril-sept. - R conseillée juil.-août - GB - Tarif 94 : piscine comprise 2 pers. 98 20 (3A) 25 (6A) 33 (10A)

Le Sable d'Or, 51 27 46 74, NO : 2,5 km par D105, rte des Sables-d'Olonne et à droite, près du D 105 bis
4 ha (198 empl.) plat, sablonneux, herbeux - pizzeria - Toboggan aquatique - Location :
mai-15 sept. - R conseillée juil.-août - GB - piscine comprise 2 ou 3 pers. 109 6 (4A) 9 (6A) 12 (10A)

Les Jonquilles, 51 30 47 37, **à la Grière,** E : 3 km rte de l'Aiguillon
3,5 ha (170 empl.) plat, herbeux - -
mai-15 sept. - élect. (6A) et piscine comprises 3 pers. 121

L'Escale du Pertuis, 51 30 38 96, E : 4 km rte de l'Aiguillon, bord de l'océan
6 ha (500 empl.) plat, sablonneux, herbeux - - Toboggan aquatique - A proximité : discothèque
avril-sept. - **Location longue durée** - *Places disponibles pour le passage - R - 17 piscine comprise 12 22 13 (2A) 24 (10A)*

Les Blancs Chênes, 51 30 41 70, Fax 51 28 84 09, N : 2,8 km par D 747, rte d'Angles
5,5 ha (280 empl.) plat, herbeux - self - mini-tennis - Location : , bungalows toilés
avril-sept. - R conseillée juil.-août - GB - piscine comprise 2 pers. 92, pers. suppl. 22 17 (5A)

Voir aussi à *l'Aiguillon-sur-Mer, la Faute-sur-Mer*

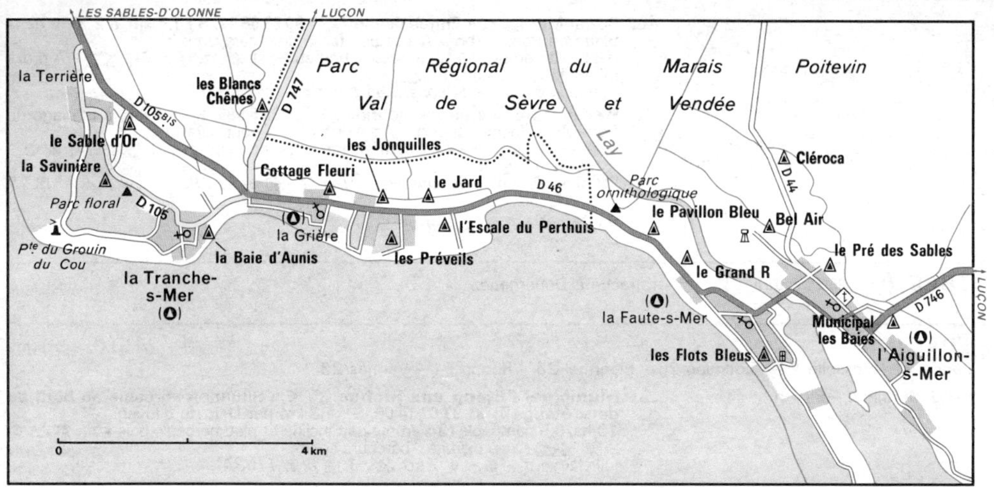

TRÈBES

15 - 83 ⑫

Paris 796 - Carcassonne 7 - Conques-sur-Orbiel 8 - Lézignan-Corbières 35 - Olonzac 28 - Lagrasse 30

11800 Aude - 5 575 h.

Syndicat d'Initiative, av. Pierre Loti
68 78 89 50 (Pâques-oct.)

Municipal, 68 78 61 75, chemin de la Lande, bord de l'Aude
1,5 ha (85 empl.) plat, herbeux - A proximité :
juin-10 oct. - **R** *conseillée juil.-août* - *12* *16/22* *16 (6A)*

► *Sie suchen in einem bestimmten Gebiet*
- *einen besonders angenehmen Campingplatz (...)*
- *einen das ganze Jahr über geöffneten Platz*
- *einfach einen Platz für einen mehr oder weniger langen Aufenthalt ...*

In diesem Fall ist die nach Departements geordnete Ortstabelle im Kapitel « Erläuterungen » ein praktisches Hilfsmittel.

TRÉBEURDEN

8 - 59 ① G. Bretagne

Paris 525 - Lannion 9 - Perros-Guirec 12 - Saint-Brieuc 77

22560 C.-d'Armor - 3 094 h.

Office de Tourisme, pl. Crech'Héry
96 23 51 64, Fax 96 47 44 87

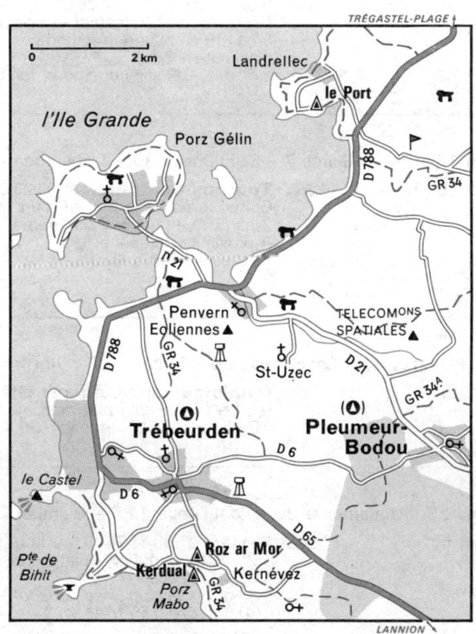

Roz ar Mor ≤ « Entrée fleurie », 96 23 58 12, S : 1,5 km, à 200 m de la plage de Porz Mabo - Accès peu facile pour caravanes
0,8 ha (27 empl.) en terrasses, herbeux - A proximité : - Location :
Pâques-20 sept. - R *conseillée*

Kerdual ≤ « Entrée fleurie », 96 23 54 86, S : 1,5 km, à la plage de Porz Mabo (accès direct) - Accès peu facile pour caravanes
0,4 ha (26 empl.) (saison) en terrasses, herbeux - A proximité :
28 avril-17 sept. - R *conseillée juil.-août - 3 pers. 98, pers. suppl. 21 15 (3A) 20 (5A)*

Voir aussi à *Pleumeur-Bodou*

TRÉBOUL 29 Finistère - 58 ⑭ - rattaché à Douarnenez

TRÉDION
4 - 63 ③ G. Bretagne

Paris 441 - Josselin 23 - Locminé 25 - Ploërmel 26 - Redon 51 - Vannes 23

56250 Morbihan - 875 h.

Municipal l'Étang aux Biches ≤ « Situation agréable au bord de deux étangs », 97 67 14 06, S : 1,3 km par D 1, rte d'Elven
10 ha/0,5 campable (34 empl.) peu incliné et plat, herbeux, bois - - A proximité : parcours sportif
juil.-15 sept. - R - *7,50 6 6 11 (3A)*

TREFFIAGAT
3 - 58 ⑭

Paris 586 - Audierne 38 - Douarnenez 39 - Pont-l'Abbé 9 - Quimper 30

29115 Finistère - 2 333 h.

Les Ormes , 98 58 21 27, S : 2 km, à Kerlay, à 500 m de la plage (accès direct)
1 ha (75 empl.) plat, herbeux - (juil.-sept) - - A proximité :
mai-sept. - R *juil.-août - Tarif 94 : 11,50 7 12 10 (3A) 15 (6A)*

Municipal le Merlot, 98 58 03 09, à 1 km au SE du bourg, au stade
3,5 ha (125 empl.) plat, herbeux - -
15 juin-15 sept. - R - *10 6 12 10 (4A)*

Karreg Skividen , 98 58 22 78, SE : 1,8 km par rte de Lesconil et à droite, à 400 m de la plage (accès direct) - en deux parties distinctes
1 ha (75 empl.) plat, herbeux - - A proximité : -
Location : - Garage pour caravanes
15 juin-15 sept. - R *conseillée - 13 7 12 12 (2 à 6A)*

TRÉGARVAN
3 - 58 ⑮ G. Bretagne

Paris 564 - Brest 56 - Châteaulin 15 - Crozon 23 - Douarnenez 32 - Quimper 42

29146 Finistère - 164 h.

Ker Beuz , 98 26 02 76, Fax 98 26 01 20, S : 2 km à Kerbeuz, accès par D 60, rte de Châteaulin et chemin à droite
5 ha (35 empl.) plat, herbeux - - salle d'animation
avril-oct. - R - *piscine et tennis compris 2 pers. 62 (74 avec élect.)*

TRÉGASTEL
3 - 59 ① G. Bretagne

Paris 529 - Lannion 13 - Perros-Guirec 7 - Saint-Brieuc 80 - Trébeurden 11 - Tréguier 27

22730 C.-d'Armor - 2 201 h.
Office de Tourisme, pl. Ste-Anne
96 23 88 67

Tourony-Camping, 96 23 86 61, E : 1,8 km par D 788, rte de Perros-Guirec, près de la mer et d'un étang, à 500 m de la plage
2 ha (100 empl.) plat, herbeux - - -
A proximité : crêperie
Pâques-fin sept. - R *conseillée 14 juil.-15 août* - GB - *19 10 23 16 (6A)*

TRÉGOUREZ
3 - 58 ⑯

Paris 563 - Carhaix-Plouguer 31 - Concarneau 30 - Quimper 25 - Rosporden 17

29970 Finistère - 939 h.

Municipal, au bourg, par chemin à gauche de la mairie, au stade
0,6 ha (32 empl.) plat, herbeux - - -
15 juin-15 sept. - R - *5,50 3 10 6*

TRÉGUENNEC
3 - 58 ⑭

Paris 585 - Audierne 29 - Douarnenez 30 - Pont-l'Abbé 11,5 - Quimper 23

29720 Finistère - 303 h.

Kerlaz, 98 87 76 79, au bourg, sur D 156
1,25 ha (66 empl.) plat, herbeux - - vélos - A proximité : crêperie - Location :
avril-oct. - R *conseillée juil.-août - 19 piscine comprise 10 20 11 (3A) 13 (6A) 15 (10A)*

TRÉGUNC

8 - 58 ⑪ ⑯

Paris 537 - Concarneau 6,5 - Pont-Aven 8,5 - Quimper 31 - Quimperlé 26

29910 Finistère - 6 130 h.

Office de Tourisme, 16 r. de Pont-Aven ✆ 98 50 22 05, Fax 98 97 77 60

La Pommeraie, ✆ 98 50 02 73, Fax 98 50 07 91, S : 6 km par D 1, rte de la Pointe de Trévignon et à gauche rte de St-Philibert
5 ha (150 empl.) plat, herbeux, verger - crêperie - - Location :
avril-sept. - **R** *conseillée* - GB - *22 piscine comprise 36 12 (3A) 19 (6A) 25 (10A)*

Le Pendruc, ✆ 98 97 66 28, Fax 98 97 65 11, SO : 2,8 km rte de Pendruc et à gauche
3,6 ha (160 empl.) (saison) plat, herbeux - - - Location :
avril-sept. - **R** *conseillée juil.-août* - GB - *19,50 piscine comprise 8 23,50 14 (6A)*

Les Étangs <, ✆ 98 50 00 41, sortie SO par rte de Pendruc puis à gauche 5 km par rte de Trevignon, à Kerviniec
3 ha (172 empl.) plat, herbeux - - Toboggan aquatique
juin-15 sept. - **R** *conseillée 14 juil.-15 août* - GB - *23 piscine comprise 8 28 15 (6A)*

Loc'h-Ven « Cadre agréable », ✆ 98 50 26 20, SO : 4 km, à Pendruc-Plage, à 100 m de la mer
2,8 ha (199 empl.) (juil.-août) plat et peu incliné, herbeux - -
juin-fin sept. - **R** - *11 6 12 10 (4A)*

TREIGNAC

10 - 72 ⑲ G. Berry Limousin

Paris 458 - Égletons 34 - Eymoutiers 32 - Limoges 67 - Tulle 41 - Uzerche 29

19260 Corrèze - 1 520 h.

La Plage <, ✆ 55 98 08 54, N : 4,5 km par rte d'Eymoutiers, à 50 m du lac des Barriousses
3,5 ha (138 empl.) en terrasses et peu incliné, pierreux, herbeux - - vélos - A proximité : - Location :
avril-oct. - **R** *conseillée juil.-août* - *2 pers. 39 13 (8A)*

TREIGNAT

10 - 69 ⑪

Paris 342 - Boussac 10,5 - Culan 26 - Gouzon 24 - Montluçon 25

03380 Allier - 531 h.

Municipal de l'Etang d'Herculat, ✆ 70 07 03 89, NE : 2,3 km, accès par chemin à gauche, après l'église, bord de l'étang
1,6 ha (40 empl.) incliné à peu incliné, plat, herbeux - -
avril-sept. - **R** *conseillée juil.-août* - *1 pers. 33, pers. suppl. 10 9 (8A) 12 (10A)*

TRÉLÉVERN

8 - 59 ①

Paris 515 - Lannion 12 - Perros-Guirec 10,5 - Saint-Brieuc 66 - Trébeurden 19 - Tréguier 16

22660 C.-d'Armor - 1 254 h.

Port-l'Épine <, ✆ 96 23 71 94, NO : 1,5 km puis chemin à gauche à Port-l'Épine, bord de mer
2,5 ha (160 empl.) plat, peu incliné, herbeux - crêperie -
avril-15 oct. - **R** *conseillée juil.-août* - GB - *piscine comprise 2 pers. 90, pers. suppl. 30 18 (4 à 6A)*

TRÉLISSAC 24 Dordogne - 75 ⑤ ⑥ - rattaché à Périgueux

TRÉMOLAT

13 - 75 ⑯ G. Périgord Quercy

Paris 544 - Bergerac 33 - Brive-la-Gaillarde 86 - Périgueux 50 - Sarlat-la-Canéda 44

24510 Dordogne - 625 h.

Bassin Nautique « Site et cadre agréables », ✆ 53 22 81 18, Fax 53 09 51 41, NO : 0,7 km par D 30e, rte de Mauzac et chemin de la Base Nautique, bord de la Dordogne (plan d'eau)
2 ha (100 empl.) plat, herbeux - - - A proximité : toboggans aquatiques, parcours sportif snack - Location : studios
mai-sept. - **R** *conseillée juil.-août - (Office Départemental Touristique 16 r. Wilson 24000 Périgueux ✆ 53 53 44 35) - Tarif 94 : 29 42 21*

TRENTELS

14 - 79 ⑥

Paris 610 - Agen 43 - Fumel 12 - Monflanquin 18 - Penne-d'Agenais 9 - Tournon-d'Agenais 18

47140 L.-et-G. - 836 h.

Municipal de Lustrac, E : 1,7 km par rte de Lustrac, bord du Lot -
0,7 ha (30 empl.) plat, herbeux - - A proximité :
juil.-1er sept. - **R** *conseillée* - *10 6 10 15 (6A)*

Le TRÉPORT

1 - 52 ⑤ G. Normandie Vallée de la Seine

Paris 169 - Abbeville 35 - Amiens 76 - Blangy-sur-Bresle 24 - Dieppe 29 - Rouen 99

76470 S.-Mar. - 6 227 h.

Office de Tourisme, esplanade de la Plage Louis-Aragon 35 86 05 69

Municipal les Boucaniers, 35 86 35 47, av. des Canadiens, près du stade
5,5 ha (400 empl.) plat, herbeux
A proximité : - Location :
Pâques-sept. - R

Parc International du Golf « Parc agréable », 35 86 33 80, Fax 35 50 33 54, sortie SO sur D 940, rte de Dieppe
5 ha/3 campables (200 empl.) plat, herbeux
avril-15 sept. - **R** *juil.-août - Tarif 94 : 2 pers. 67 ou 80 20 (2A) 25 (4A) 35 (6A)*

TREPT

12 - 74 ⑬

Paris 498 - Belley 39 - Bourgoin-Jallieu 14 - Lyon 49 - Pérouges 35 - La Tour-du-Pin 19

38460 Isère - 1 164 h.

Les 3 lacs, 74 92 92 06, E : 2,7 km par D 517, rte de Morestel et chemin à droite, près de deux plans d'eau
25 ha/3 campables (160 empl.) plat, herbeux
- A proximité : toboggan aquatique - Location :
15 avril-15 sept. - **R** *conseillée juil.-août* - GB - *25 5 25 14 (6A)*

TRÉVIÈRES

4 - 54 ⑭

Paris 284 - Bayeux 16 - Caen 45 - Carentan 30 - Saint-Lô 32

14710 Calvados - 889 h.

Municipal, sortie N par D 30, rte de Formigny, près d'un ruisseau
1,2 ha (76 empl.) plat, herbeux
Pâques-15 sept. - *13,50 6 11 14 (10A)*

HINWEIS :
Diese Einrichtungen sind im allgemeinen nur während der Saison in Betrieb – unabhängig von den Öffnungszeiten des Platzes.

TRÉVOU-TRÉGUIGNEC

8 - 59 ①

Paris 513 - Guingamp 35 - Lannion 14 - Paimpol 27 - Perros-Guirec 12 - Saint-Brieuc 62 - Tréguier 13

22660 C.-d'Armor - 1 210 h.

Port le Goff, 96 23 71 45, sortie N rte de Port Blanc et à gauche, à 500 m de la mer
1 ha (45 empl.) plat, herbeux
mai-sept. - **R** *conseillée juil.-août - 8,60 4,70 7/9 9,70 (5A)*

TRIAIZE

9 - 71 ⑪

Paris 442 - Fontenay-le-Comte 39 - Luçon 7 - Niort 70 - La Rochelle 35 - La Roche-sur-Yon 39

85580 Vendée - 1 027 h.

Municipal, 51 56 12 76, au bourg, par r. du stade - dans locations
0,7 ha (70 empl.) plat, pierreux, herbeux, petit étang
- Location :
juil.-août - **R** - *Tarif 94 : 9 5,50 7 9 (2 à 10A)*

La TRINITÉ-PORHOËT

4 - 58 ⑳

Paris 426 - Josselin 17 - Lorient 91 - Loudéac 19 - Ploërmel 23

56490 Morbihan - 901 h.

Municipal St-Yves, sortie NE par D 175, rte de Gomené et à gauche, près d'un plan d'eau
0,6 ha (60 empl.) plat, herbeux (bassin) parcours sportif
15 juin-15 sept. - **R** - *4,80 et 2,30 pour eau chaude 2,90 2,90 13*

La TRINITÉ-SUR-MER

8 - 63 ⑫ G. Bretagne

Paris 485 - Auray 12 - Carnac 4,5 - Lorient 48 - Quiberon 23 - Quimperlé 63 - Vannes 30

56470 Morbihan - 1 433 h.

Office de Tourisme, Môle Loïc-Caradec 97 55 72 21, Fax 97 55 78 07

Schéma à Carnac

La Plage « Cadre et site agréables », 97 55 73 28, Fax 97 55 88 31, S : 1 km, accès direct à la plage de Kervilen
3 ha (200 empl.) plat, herbeux, sablonneux
Toboggan aquatique vélos - A proximité : crêperie
7 mai-17 sept. - **R** *conseillée* - GB - *21 piscine comprise 99 13 (6A) 16 (10A)*

La Baie « Entrée fleurie », 97 55 73 42, Fax 97 55 88 81, S : 1,5 km, à 100 m de la plage de Kervilen
2,2 ha (170 empl.) plat, herbeux, sablonneux
Toboggan aquatique, vélos - A proximité : crêperie
20 mai-17 sept. - **R** *conseillée - Tarif 94 : 22 piscine comprise 99 14 (6A) 17 (10A)*

Kervilor « Entrée fleurie », 97 55 76 75, Fax 97 55 87 26, N : 1,6 km
3,5 ha (200 empl.) (juil.-août) plat et peu incliné, herbeux - - Toboggan aquatique, vélos - Location :
7 mai-17 sept. - **R** *conseillée - 22 piscine comprise 13 50 11 (3A) 14 (6A)*

Park-Plijadur, 97 55 72 05, NO : 1,3 km sur D 781, rte de Carnac, bord d'un petit plan d'eau
5 ha (198 empl.) plat, herbeux, sablonneux - -
juin-sept. - **R** *conseillée juil.-août* - GB - *piscine comprise 2 pers. 86, pers. suppl. 22 12,50 (6A)*

Le Lac « Cadre et site agréables », 97 55 78 78, Fax 97 55 86 03 56340 Carnac, N : 4,5 km par D 186 et à droite, bord de la Rivière de Crach (mer)
2,5 ha (140 empl.) (juil.-août) vallonné, herbeux - -
avril-20 sept. - **R** *conseillée juil.-août* - GB - *22 30 12 (4 à 6A)*

La Rivière « Cadre agréable », 97 55 78 29 56340 Carnac, N : 4,5 km par D 186 et à droite, près de la Rivière de Crach (mer)
0,5 ha (33 empl.) plat, herbeux - -
avril-sept. - R - *Tarif 94 : 10 et 2,50 pour eau chaude 7 8 10 (3A) 12 (6A)*

TRIZAC

10 - 76 ② G. Auvergne

Paris 494 - Aurillac 68 - Mauriac 23 - Murat 51

15400 Cantal - 754 h. alt. 960

Municipal le Pioulat ←, 71 78 64 20, sortie S rte de Mauriac, bord d'un petit lac
1,5 ha (60 empl.) plat, peu incliné et en terrasses, herbeux - - - Location : huttes
10 juin-17 sept. - R - *9,50 6 7,50 12,50 (10A)*

TROYES P

7 - 61 ⑯ ⑰ G. Champagne

Paris 179 - Dijon 179 - Nancy 184

10000 Aube - 59 255 h.

Office de Tourisme et Accueil de France, 16 bd Carnot 25 73 00 36, Fax 25 73 06 81

Municipal, 25 81 02 64 10150 Pont-Ste-Marie, NE : 2 km par rte de Nancy
3 ha (100 empl.) plat, herbeux - - -
avril-15 oct. - **R** - *Tarif 94 : 22,50 10/25 15,50 (5A)*

Le TRUEL

15 - 80 ⑬

Paris 686 - Millau 38 - Pont-de-Salars 38 - Rodez 56 - Saint-Affrique 22 - Salles-Curan 23

12430 Aveyron - 384 h.

Municipal la Prade ← « Situation agréable », 65 46 41 46, à l'est du bourg par D 31, à gauche après le pont, bord du Tarn (plan d'eau)
0,6 ha (28 empl.) plat, pierreux, herbeux - - vélos - A proximité :
15 juin-15 sept. - **R** - *10 20 10 (10A)*

TULETTE

16 - 81 ②

Paris 652 - Avignon 57 - Bollène 15 - Nyons 20 - Orange 22 - Vaison-la-Romaine 16

26790 Drôme - 1 575 h.

Les Rives de l'Aygues « Cadre agréable », 75 98 37 50, S : 3 km par D 193, rte de Cairanne et à gauche
3,6 ha (50 empl.) plat, pierreux, herbeux - pizzeria - - Location :
15 mai-sept. - **R** *conseillée juil.-août* - GB - *piscine comprise 3 pers. 80 14 (4A)*

TULLE P

10 - 75 ⑨ G. Berry Limousin

Paris 484 - Aurillac 87 - Brive-la-Gaillarde 28 - Clermont-Ferrand 140 - Guéret 135 - Limoges 87 - Montluçon 167

19000 Corrèze - 17 164 h.

Office de Tourisme, quai Baluze 55 26 59 61

Municipal Bourbacoup, 55 26 75 97, NE : 2,5 km par D 23, bord de la Corrèze
1 ha (68 empl.) plat et terrasse, herbeux (0,5 ha) - - - A proximité :
mai-sept. - **R** - *11,50 11,50 9*

à Laguenne SE : 4,2 km par N 120, rte d'Aurillac - 1 467 h.
19150 Laguenne :

Le Pré du Moulin « Agréable situation », 55 20 18 60, sortie NO rte de Tulle puis 1,3 km par chemin à droite avant le pont, bord de la St-Bonnette -
0,8 ha (28 empl.) plat, herbeux - - vélos
juil.-sept. - **R** *conseillée 15 juil.-15 août - 22 piscine comprise 20 10 (3A)*

La TURBALLE

4 - 63 ⑭ G. Bretagne

Paris 461 - La Baule 14 - Guérande 7 - Nantes 84 - La Roche-Bernard 30 - Saint-Nazaire 26

44420 Loire-Atl. - 3 587 h.

Office de Tourisme, pl. Charles-de-Gaulle ✆ 40 23 32 01

Parc Ste-Brigitte « Agréable domaine boisé », ✆ 40 23 30 42 et 40 24 88 91, SE : 3 km rte de Guérande
10 ha/4 campables (150 empl.) plat, herbeux - -
avril-sept. - **R** *conseillée juil.-août* - *23 piscine comprise* *13* *23 (49 avec élect. 6A)*

Municipal des Chardons Bleus, ✆ 40 62 80 60, S : 2,5 km, bd de la Grande Falaise, bord de plage
5 ha (300 empl.) plat, sablonneux, herbeux - pizzeria - - A proximité : parcours sportif
15 avril-sept. - **R** - *1 pers. 45,50, pers. suppl. 17,70* *13 (6A) 26 (10A)*

Le Panorama, ✆ 40 24 79 41, SE : 3 km rte de Guérande
1,2 ha (70 empl.) plat et peu incliné, herbeux -
avril-oct. - **R** *conseillée* - *17* *8* *15* *12 (8A)*

TURCKHEIM

8 - 62 ⑱ ⑲ G. Alsace Lorraine

Paris 485 - Colmar 6 - Gérardmer 45 - Munster 12 - Saint-Dié 54 - Le Thillot 66

68230 H.-Rhin - 3 567 h.

Office de Tourisme, pl. Turenne ✆ 89 27 38 44, Fax 89 80 83 22

Municipal les Cigognes, ✆ 89 27 02 00, sortie O rte de Munster, près de la Fecht
2,5 ha (125 empl.) plat, herbeux - - - A proximité :
avril-oct. - **R** - *17* *19* *13,50 (3A) 15 (5A) 25 (10A)*

TURSAC **24** Dordogne - 75 ⑯ - rattaché aux Eyzies-de-Tayac

UCEL

16 - 76 ⑲ G. Vallée du Rhône

Paris 629 - Aubenas 4 - Montélimar 45 - Privas 30 - Vals-les-Bains 3 - Villeneuve-de-Berg 19

07200 Ardèche - 1 677 h.

Domaine de Gil ≤, ✆ 75 94 63 63, Fax 75 94 01 95, au NO du bourg par D 578B, bord de l'Ardèche
4,8 ha/2 campables (80 empl.) plat, pierreux, herbeux, bois attenant - pizzeria - (plage) - Location :
15 mai-15 sept. - **R** *conseillée* - *piscine comprise 2 pers. 92* *17 (3 à 10A)*

URDOS

13 - 85 ⑯ G. Pyrénées Aquitaine

Paris 865 - Jaca 46 - Oloron-Sainte-Marie 41 - Pau 77

64490 Pyr.-Atl. - 162 h. alt. 760

Municipal ≤, ✆ 59 34 88 26, NO : 1,5 km par N 134 et chemin devant l'ancienne gare, bord du Gave d'Aspe
1,5 ha (40 empl.) plat et terrasse, pierreux, herbeux - - - A proximité :
15 juin-15 sept. - **R** - *Tarif 94 :* *10* *5* *9/12* *10*

URRUGNE

13 - 85 ② G. Pyrénées Aquitaine

Paris 798 - Bayonne 26 - Biarritz 21 - Hendaye 8,5 - San Sebastián 30

64122 Pyr.-Atl. - 6 098 h.

Col d'Ibardin « Entrée fleurie », ✆ 59 54 31 21, Fax 59 54 62 28, S : 4 km par D 4, rte d'Ascain, bord d'un ruisseau
4,5 ha (183 empl.) peu incliné, herbeux chênaie - - vélos
mai-sept. - **R** *conseillée juil.-août* - *piscine comprise 2 pers. 90, pers. suppl. 20* *16 (4A) 18 (6A) 28 (10A)*

Mendi Azpian ≤, ✆ 59 54 33 46, SE : 3,5 km par D 4, rte du col d'Ibardin et chemin à droite
3 ha (100 empl.) peu incliné, en terrasses, herbeux - - - Location *(avril-déc.)* :
avril-oct. - **R** *juil., conseillée août* - *15* *20* *13 (6A)*

USSEL

10 - 73 ⑪ G. Berry Limousin

Paris 452 - Aurillac 99 - Clermont-Ferrand 82 - Guéret 103 - Tulle 58

19200 Corrèze - 11 448 h. alt. 631.

Office de Tourisme, pl. Voltaire ✆ 55 72 11 50

Municipal de Ponty « Site agréable », ✆ 55 72 30 05, O : 2,7 km par rte de Tulle et D 157 à droite, près d'un plan d'eau
3,5 ha (140 empl.) plat et peu incliné, herbeux, pierreux (pinède) - - - A proximité :
mars-nov. - **R** *conseillée juil.-août* - *12,80* *12,80* *8,80*

▶

Douches, lavabos et lavoirs avec eau chaude.

Si ces signes ne figurent pas dans le texte, les installations ci-dessus existent mais fonctionnent à l'eau froide seulement.

UZÈS

16 - 80 ⑲ G. Provence

Paris 685 - Alès 34 - Arles 52 - Avignon 39 - Montélimar 76 - Montpellier 85 - Nîmes 25

30700 Gard - 7 649 h.

Office de Tourisme, av. de la Libération ✆ 66 22 68 88

Le Moulin Neuf « Cadre agréable » ✆ 66 22 17 21 ✉ 30700 St-Quentin-la-Poterie, NE : 4,5 km par D 982, rte de Bagnols-sur-Cèze et D 5 à gauche
4 ha (100 empl.) plat, herbeux - snack - - Location :
Pâques-15 sept. - **R** *conseillée saison - piscine comprise 2 pers. 82,50, pers. suppl. 16,50 13 (2,5A) 16 (5A)*

Le Mas de Rey ✆ 66 22 18 27 ✉ 30700 Arpaillargues, SO : 3 km par D 982, rte d'Arpaillargues puis chemin à gauche
2,5 ha (70 empl.) plat, herbeux - - - Location :
22 mars-15 oct. - **R** *conseillée - piscine comprise 2 pers. 70 13 (10A)*

La Paillote, ✆ 66 22 38 55, N : 1 km par r. du Collège et chemin du cimetière
1 ha (56 empl.) peu incliné et en terrasses, herbeux, pierreux - - - A proximité : et poneys - Location :
20 mars-19 oct. - **R** *conseillée juil.-août - piscine comprise 2 pers. 82, pers. suppl. 20 17 (8A)*

VACQUEYRAS

16 - 81 ⑫

Paris 667 - Avignon 34 - Nyons 35 - Orange 21 - Vaison-la-Romaine 19

84190 Vaucluse - 943 h.

Municipal les Queirades, sortie N rte de Bollène
1 ha (40 empl.) (juil.-août) plat, herbeux, pierreux - -
avril-août - **R** - *6 6 9/13 10*

VAGNAS **07** Ardèche - 80 ⑨ - voir à Ardèche (Gorges de l')

VAGNEY

8 - 62 ⑰

Paris 430 - Cornimont 15 - Épinal 36 - Gérardmer 17 - Le Thillot 20

88120 Vosges - 3 772 h.

Syndicat d'Initiative, pl. Caritey ✆ 29 24 88 69 (saison)

Municipal du Mettey « Cadre boisé », E : 1,3 km par rte de Gérardmer et chemin à droite
2 ha (100 empl.) peu incliné et en terrasses, herbeux, pierreux - -
15 juin-15 sept. - **R** - *Tarif 94 : 1 ou 2 pers. 35, pers. suppl. 11 8 (5A)*

VAIRÉ

9 - 67 ⑫

Paris 441 - Challans 30 - La Mothe-Achard 9 - La Roche-sur-Yon 27 - Les Sables-d'Olonne 12

85150 Vendée - 942 h.

Le Roc, ✆ 51 33 71 89, NE : 1,5 km par D 32, rte de Landevieille et rte de Brem-sur-Mer à gauche
1,4 ha (24 empl.) peu incliné, herbeux - -
mai-1er oct. - **R** - *élect. comprise 3 pers. 63*

VAISON-LA-ROMAINE

16 - 81 ② ③ G. Provence

Paris 670 - Avignon 47 - Carpentras 27 - Montélimar 62 - Pont-Saint-Esprit 41

84110 Vaucluse - 5 663 h.

Office de Tourisme, pl. Chanoine-Sautel ✆ 90 36 02 11, Fax 90 28 76 04

L'Ayguette « Cadre sauvage » ✆ 90 46 40 35 ✉ 84110 Faucon, sortie E par D 938, rte de Nyons et 4,1 km par D 71 à droite et D 86
2,8 ha (100 empl.) plat, accidenté et en terrasses, herbeux, pierreux pinède - -
avril-sept. - **R** *conseillée juil.-août* - GB - *piscine comprise 2 pers. 77, pers. suppl. 23 15 (3 ou 6A)*

Carpe Diem, ✆ 90 36 02 02, Fax 90 36 36 90, SE : 2 km, au croisement de la D 938 rte de Malaucène et de la D 151
10 ha/4 campables (84 empl.) en terrasses, herbeux - cases réfrigérées - vélos - Location :
avril-nov. - **R** *conseillée* - GB - *élect. (6A) et piscine comprises 3 pers. 105*

Le Voconce Mont Ventoux, ✆ 90 36 28 10 ✉ 84110 St-Marcellin, SE : 3 km par D 151 et chemin à droite à l'entrée de St-Marcellin, accès direct à l'Ouvèze
2 ha (110 empl.) (saison) plat, pierreux, herbeux - cases réfrigérées -
Pâques-sept. - **R** - GB - *17 piscine comprise 17 17 (10A)*

Théâtre Romain, ✆ 90 28 78 66, NE de la ville, quartier des Arts, chemin du Brusquet
1 ha (55 empl.) plat, herbeux - - A proximité :
15 mars-oct. - **R** *conseillée* - *10 40/60 15 (5A)*

VAL-D'ISÈRE

12 - 74 ⑲ G. Alpes du Nord

Paris 666 - Albertville 83 - Briançon 133 - Chambéry 130

73150 Savoie - 1 701 h. alt. 1 840 - Sports d'hiver : 1 785/3 550 m 6 45.

Office de Tourisme, Maison de Val-d'Isère 79 06 06 60, Fax 79 06 04 56

Les Richardes <, 79 06 26 60, sortie E par D 902, rte du col de l'Iseran, bord de l'Isère
1 ha (75 empl.) plat et accidenté, herbeux, pierreux - A proximité :
15 juin-sept. - *12* *7* *7,50*

VALENÇAY

10 - 64 ⑱ G. Châteaux de la Loire

Paris 237 - Blois 55 - Bourges 72 - Châteauroux 42 - Loches 48 - Vierzon 49

36600 Indre - 2 912 h.

Office de Tourisme, r. de Blois, près du Château, 54 00 04 42

Municipal les Chênes, 54 00 03 92, O : 1 km sur D 960, rte de Luçay-le-Mâle
4 ha (50 empl.) plat et peu incliné, herbeux, étang -
13 avril-1er oct. - **R** *conseillée juil.-août - Tarif 94 : 16 17 10 (4A) 15 (6A) 20 (10A)*

VALEUIL

10 - 75 ⑤

Paris 482 - Brantôme 6,5 - Mareuil 25 - Mussidan 53 - Périgueux 25 - Ribérac 30

24310 Dordogne - 283 h.

Le Bas Meygnaud « Cadre boisé », 53 05 58 44, E : 2,3 km par chemin de Lassère - accès par D 939
1,5 ha (50 empl.) plat et peu incliné, herbeux -
avril-sept. - **R** *conseillée juil.-août - 12,50 piscine comprise 9 20/22 10 (6A)*

VALLABRÈGUES

16 - 80 ⑳

Paris 703 - Arles 23 - Avignon 20 - Beaucaire 7,5 - Nîmes 31 - Pont-du-Gard 24

30300 Gard - 1 016 h.

Lou Vincen, 66 59 21 29, Fax 66 59 07 41, à l'ouest du bourg, à 100 m du Rhône et d'un petit lac
1,4 ha (75 empl.) plat, herbeux - -
A proximité :
27 mars-15 oct. - **R** *conseillée juil.-août - 19 piscine comprise 22 14 (6A) 27 (10A)*

VALLERAUGUE

15 - 80 ⑯ G. Gorges du Tarn

Paris 696 - Mende 99 - Millau 73 - Nîmes 86 - Le Vigan 21

30570 Gard - 1 091 h.

Le Pied de l'Aigoual <, 67 82 24 40, O : 2,2 km par D 986, rte de l'Espérou, à 60 m de l'Hérault
2,7 ha (80 empl.) plat, herbeux verger - - -
Location *(Pâques-Toussaint)* : gîtes
5 juin-22 sept. - **R** - *piscine comprise 2 pers. 55, pers. suppl. 18 15 (3A) 18 (6A)*

VALLET

9 - 67 ④ G. Poitou Vendée Charentes

Paris 374 - Ancenis 26 - Cholet 34 - Clisson 10 - Nantes 26

44330 Loire-Atl. - 6 116 h.

Office de Tourisme, 4 pl. Charles-de-Gaulle (avril-sept.) 40 36 35 87

Municipal les Dorices, 40 33 95 03, N : 2 km par D 763, rte d'Ancenis et chemin à droite
0,9 ha (50 empl.) (juil.-août) plat, herbeux - -
15 mai-sept. - **R** - *Tarif 94 : 8 4 6,50 7 (6A)*

VALLOIRE

12 - 77 ⑦ G. Alpes du Nord

Paris 647 - Albertville 93 - Briançon 52 - Chambéry 103 - Lanslebourg-Mont-Cenis 57 - Col du Lautaret 24

73450 Savoie - 1 012 h. alt. 1 430 - Sports d'hiver : 1 430/2 600 m 1 20.

Office de Tourisme 79 59 03 96, Fax 79 59 09 66

Ste Thècle <, 79 83 30 11, au N de la localité, au confluent de deux torrents
1,5 ha (81 empl.) (été) peu incliné et plat, pierreux, herbeux - - - A proximité : patinoire, toboggan aquatique
déc.-1er mai, 15 juin-15 sept. - **R** *conseillée été* - GB - *1 pers. 26 (hiver 25) 10 (16A)*

VALLON-PONT-D'ARC

07 Ardèche - 80 ⑨ - voir à Ardèche (Gorges de l')

VALLORCINE

12 - 74 ⑨ G. Alpes du Nord

Paris 628 - Annecy 110 - Chamonix-Mont-Blanc 16 - Thonon-les-Bains 97

74660 H.-Savoie - 329 h. alt. 1 261 - Sports d'hiver : 1 360/1 605 m 2

Les Montets <, SO : 2,8 km par N 506, rte de Chamonix-Mont-Blanc, au lieu-dit le Buet, bord d'un ruisseau et près de l'Eau Noire - accès par chemin de la gare - alt. 1 300
1,7 ha (75 empl.) non clos, plat, terrasse, peu accidenté, herbeux, pierreux - -
juin-sept. - **R** *conseillée 10 juil.-20 août*

VALRAS-PLAGE

15 - 83 ⑮ G. Gorges du Tarn

Paris 783 - Agde 24 - Béziers 14 - Montpellier 71

34350 Hérault - 3 043 h.

Office de Tourisme, pl. R.-Cassin
67 32 36 04, Fax 67 32 59 06

La Yole, 67 37 33 87, Fax 67 37 44 89, SO : 2 km, à 500 m de la plage
20 ha (1007 empl.) plat et peu incliné, herbeux, sablonneux (12 ha) - brasserie, pizzeria - half-court, vélos - A proximité : - Location :
6 mai-23 sept. - **R** *conseillée juil.-août* - *élect. (5A) et piscine comprises 2 pers. 100 à 150*

Les Foulègues « Cadre agréable », 67 37 33 65, Fax 67 37 54 75, **à Grau-de-Vendres,** SO : 5 km, à 400 m de la plage
4 ha (305 empl.) plat, herbeux, sablonneux - A proximité : - Location :
juin-sept. - **R** *conseillée juil.-août* - *piscine comprise 2 pers. 120, pers. suppl. 22 18 (5A)*

La Plage et du Bord de Mer « Entrée fleurie », 67 37 34 38, SO : 1,5 km, bord de plage -
13 ha (655 empl.) plat, herbeux, sablonneux - vélos - A proximité :
juin-10 sept. - **R** *conseillée 10 juil.-15 août* - *2 pers. 106, pers. suppl. 19 14 (4 ou 6A)*

Lou Village, 67 37 33 79, Fax 67 37 53 56, SO : 2 km, à 100 m de la plage (accès direct)
11 ha (600 empl.) plat, sablonneux, herbeux, étangs (6 ha) - (étang) - A proximité : - Location :
mai-20 sept. - **R** *conseillée juil.-août* - *piscine comprise 2 pers. 115, 3 pers. 125, 4 pers. 140, pers. suppl. 17 16 (10A)*

Monplaisir, 67 37 35 92, Fax 67 37 54 64, **à Grau-de-Vendres,** SO : 2,5 km, à 400 m de la plage (accès direct)
3,4 ha (240 empl.) plat, sablonneux, herbeux - snack - vélos - Location :
fin avril-15 sept. - **R** *conseillée août* - *Tarif 94 : piscine comprise 2 pers. 109, 3 pers. 125, pers. suppl. 15 14 (6A)*

Le Méditerranée, 67 37 34 29, Fax 67 37 58 47, SO : 1,5 km rte de Vendres, à 200 m de la plage
4,5 ha (367 empl.) plat, sablonneux, herbeux - snack, pizzeria - A proximité : - Location :

Blue-Bayou , 67 37 41 97, Fax 67 37 53 00, **à Grau-de-Vendres** SO : 5 km, à 400 m de la plage
4,5 ha (335 empl.) plat, herbeux, sablonneux - - A proximité : - Location :
mai-15 sept. - **R** *conseillée juil.-août - Tarif 94 : élect. (6A) et piscine comprises 2 pers. 95 ou 130, pers. suppl. 20 ou 30*

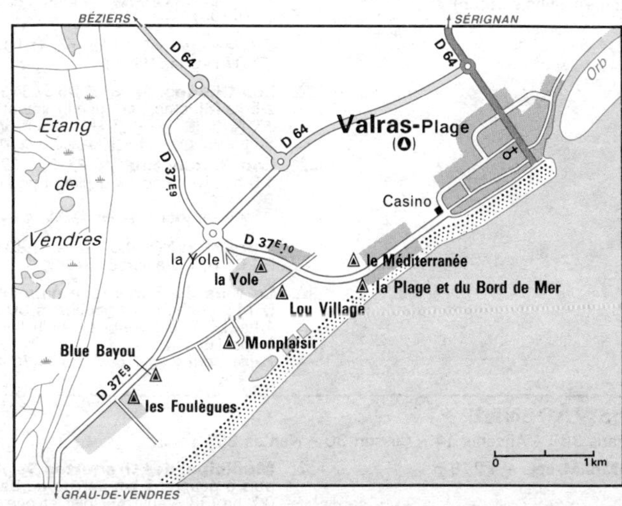

VALRÉAS

16 - 81 ② G. Provence

Paris 642 - Avignon 70 - Crest 52 - Montélimar 37 - Nyons 14 - Orange 35 - Pont-Saint-Esprit 38

84600 Vaucluse - 9 069 h.

Office de Tourisme, pl. Aristide-Briand 90 35 04 71

La Coronne « Cadre agréable », 90 35 03 78, Fax 90 28 11 80, N : 1 km par D 10 et D 196 à droite, rte du Pègue, bord de la Coronne
1,8 ha (90 empl.) plat, herbeux, pierreux -
mars-oct. - **R** *conseillée juil.-août* - *2 pers. 53 8 (3A) 14 (6A) 16 (10A)*

VALVIGNÈRES

16 - 80 ⑨

Paris 626 - Aubenas 32 - Bourg-Saint-Andéol 25 - Privas 47 - Vallon-Pont-d'Arc 27 - Viviers 11,5

07400 Ardèche - 336 h.

Municipal les Termes, sortie E vers St-Thome et chemin à droite
1 ha (40 empl.) plat, herbeux, pierreux
juin-15 sept. - **R** - *2 pers. 38, pers. suppl. 17* *10 (6A)*

VANDENESSE-EN-AUXOIS

11 - 65 ⑱

Paris 275 - Arnay-le-Duc 15 - Autun 42 - Châteauneuf 2 - Dijon 43

21320 Côte-d'Or - 220 h.

Le Lac de Panthier « Site agréable », 80 49 21 94, Fax 80 49 25 80, NE : 2,5 km par D 977 bis, rte de Commarin et rte à gauche, près du lac
1,7 ha (100 empl.) plat et peu incliné, herbeux - snack, pizzeria - A proximité :
mai-sept. - **R** *conseillée juil.-août - 21 piscine comprise 26 15 (6A)*

Les Voiliers « Site agréable », 80 49 21 94, Fax 80 49 25 80, NE : 2,5 km par D 977 bis, rte de Commarin et rte à gauche, près du lac
3,5 ha (130 empl.) en terrasses, herbeux - A proximité : snack, pizzeria
mai-sept. - Location longue durée - *Places disponibles pour le passage* - **R** *conseillée juil.-août - 25 piscine comprise 37 15 (6A)*

VANNES 🅿

3 - 63 ③ G. Bretagne

Paris 457 - Quimper 120 - Rennes 112 - Saint-Brieuc 109 - Saint-Nazaire 75

56000 Morbihan - 45 644 h.
Office de Tourisme, 1 r. Thiers
97 47 24 34, Fax 97 47 29 49

Municipal de Conleau « Site agréable », 97 63 13 88, S : direction Parc du Golfe par l'avenue du Mar.-Juin, à la pointe de Conleau
5 ha (290 empl.) incliné à peu incliné, herbeux - cases réfrigérées - A proximité :
avril-sept. - **R** - GB - *1 pers. 65, pers. suppl. 20 11 (4A)*

à Séné S : 5 km par D 199 - 6 180 h. - ✉ 56860 Séné :

Moulin de Cantizac, 97 66 90 26, N : 1 km par D 199, rte de Vannes, bord de rivière - dans locations
4 ha (100 empl.) plat, herbeux - Location :
mai-15 oct. - **R** *conseillée juil.-août - 22 30 15 (6A)*

Les VANS

16 - 80 ⑧ G. Gorges du Tarn

Paris 667 - Alès 43 - Aubenas 36 - Pont-Saint-Esprit 65 - Privas 66 - Villefort 24

07140 Ardèche - 2 668 h.
Office de Tourisme, pl. Ollier (fermé après-midi hors saison) 75 37 24 48

Le Pradal, 75 37 25 16, O : 1,5 km par D 901, rte de Villefort
1 ha (25 empl.) en terrasses, peu incliné, herbeux -
avril-sept. - **R** *14 juil.-15 août - piscine comprise 2 pers. 55, pers. suppl. 25 15 (6A)*

à Chassagnes E : 4 km par D 104A rte d'Aubenas et D 295 à droite
✉ 07140 les Vans :

Les Chênes, 75 37 34 35
2,5 ha (85 empl.) peu incliné et en terrasses, herbeux, pierreux - Location :
Pâques-sept. - **R** - *piscine comprise 2 pers. 80 16 (6A)*

Lou Rouchétou, 75 37 33 13, bord du Chassezac
1,5 ha (100 empl.) plat et peu incliné, herbeux, pierreux -
Pâques-fin oct. - **R** *conseillée juil.-août - 2 pers. 65 13 (6A)*

à Gravières NO : 4,5 km par D 901 rte de Villefort et D 113 à droite - 369 h.
✉ 07140 Gravières :

Le Mas du Serre (aire naturelle), 75 37 33 84, SE : 1,3 km par D 113 et chemin à gauche, à 300 m du Chassezac
1 ha (25 empl.) plat, peu incliné, herbeux - A proximité : - Location :
Permanent - *1 pers. 25 10 (5A)*

La VARENNE

4 - 63 ⑱

Paris 360 - Ancenis 14 - Clisson 30 - Nantes 26

49270 M.-et-L. - 1 278 h.

Municipal des Grenettes, 40 98 58 92, sortie E rte de Champtoceaux puis à gauche 2 km par rte du bord de Loire
0,7 ha (38 empl.) plat et peu incliné, herbeux - A proximité :
juin-sept. - **R** - *Tarif 94 : 8 11/20 avec élect. (5A)*

VARENNES-EN-ARGONNE

7 - 56 ⑩ ⑳ G. Champagne

Paris 244 - Bar-le-Duc 60 - Dun-sur-Meuse 25 - Sainte-Menehould 24 - Verdun 37 - Vouziers 38

55270 Meuse - 679 h.

Municipal le Paquis, près du pont, bord de l'Aire
1,5 ha (150 empl.) plat, herbeux
8 avril-1er oct. - **R** - *9 4,50 3,50 13 (6A)*

VARENNES-SUR-ALLIER

11 - 69 ⑭

Paris 323 - Digoin 58 - Lapalisse 19 - Moulins 29 - Saint-Pourçain-sur-Sioule 11 - Vichy 26

03150 Allier - 4 413 h.
Office de Tourisme ✆ 70 45 84 37

Château de Chazeuil « Agréable parc boisé », ✆ 70 45 00 10, NO : 2 km rte de Moulins, carrefour N 7 et D 46
12 ha/1,5 campable (60 empl.) plat, herbeux - parcours sportif
15 avril-15 oct. - **R** *conseillée 15 juil.-août* - GB - *25 piscine comprise* *18* *21* *18*

Les Plans d'Eau, ✆ 70 45 01 55, NO : 4 km par N 7 et D 46 à gauche, rte de St-Pourçain-sur-Sioule
3,5 ha (83 empl.) plat, prairie, sous-bois, plans d'eau (2 ha) -
15 mai-15 sept. - **R** - *22 piscine comprise* *14* *14*

VARENNES-SUR-LOIRE

9 - 64 ⑬

Paris 293 - Bourgueil 14 - Chinon 22 - Loudun 27 - Saumur 12

49870 M.-et-L. - 1 847 h.

L'Étang de la Brèche, ✆ 41 51 22 92, Fax 41 51 27 24, O : 6 km par N 152, rte de Saumur, bord d'un étang
14 ha/7 campables (190 empl.) plat, herbeux, sablonneux - pizzeria - vélos
15 mai-15 oct. - **R** *indispensable juil.-août* - GB - *piscine comprise 2 pers. 120, 3 pers. 132, pers. suppl. 24* *15 (6A)*

VARENNE-SUR-LE-DOUBS

12 - 70 ②

Paris 347 - Beaune 39 - Chalon-sur-Saône 37 - Louhans 37 - Poligny 48 - Seurre 12

71270 S.-et-L. - 46 h.

Municipal la Jeannette (aire naturelle), sortie NO par D 473, bord du Doubs
1 ha (25 empl.) plat, herbeux -
avril-sept. - *9* *12* *14*

VARZY

6 - 65 ⑭ G. Bourgogne

Paris 211 - La Charité-sur-Loire 36 - Clamecy 16 - Cosne-sur-Loire 41 - Nevers 51

58210 Nièvre - 1 455 h.

Municipal du Moulin Naudin ≤, ✆ 86 29 43 12, N : 1,5 km par D 977, près d'un plan d'eau
1,5 ha (35 empl.) plat, peu incliné et terrasse, herbeux - A proximité :
mai-sept. - **R** *conseillée juil.-août* - *11* *8* *7 ou 9* *11 (5A)*

VATAN

9 - 68 ⑧ ⑨ G. Berry Limousin

Paris 237 - Blois 76 - Bourges 49 - Châteauroux 32 - Issoudun 21 - Vierzon 26

36150 Indre - 2 022 h.

Municipal, ✆ 54 49 91 37, sortie O par D 34, rte de Guilly, derrière le collège et bord d'un étang
2,3 ha (27 empl.) plat, herbeux, petit étang - A proximité :
Pâques, 23 avril-9 sept. - **R** - *2 pers. 34, pers. suppl. 12*

VAUVERT

16 - 83 ⑧

Paris 731 - Aigues-Mortes 19 - Arles 34 - Beaucaire 40 - Montpellier 39 - Nîmes 21

30600 Gard - 10 296 h.
Office de Tourisme, pl. E.-Renan
✆ 66 88 28 52, Fax 66 88 71 25

Les Tourrades, ✆ 66 88 80 20, Fax 66 88 33 80, O : 3 km par N 572 et D 135 à droite, rte de Nîmes - dans locations
7,5 ha (180 empl.) plat, herbeux, pierreux - - Location :
Permanent - **R** *conseillée* - GB - *piscine comprise 2 pers. 71/78* *12 (3A) 20 (6A)*

Les Mourgues, ✆ 66 73 30 88 ✉ Gallician 30600 Vauvert, SE : 5 km par N 572, rte de St-Gilles
2 ha (100 empl.) plat, pierreux - - - Location :
avril-21 sept. - **R** *conseillée août - Tarif 94 : piscine comprise 2 pers. 59, pers. suppl. 18* *13 (2A) 16 (4A) 19 (6A)*

VAUX-SUR-MER

17 Char.-Mar. - 71 ⑮ - rattaché à Royan

VAYRAC

13 - 75 ⑲

Paris 517 - Beaulieu-sur-Dordogne 14 - Brive-la-Gaillarde 32 - Cahors 82 - Saint-Céré 22 - Souillac 26

46110 Lot - 1 166 h.

Municipal la Palanquière, ✆ 65 32 43 67, S : 1,1 km par D 116, en direction de la Base de Loisirs
1 ha (33 empl.) plat, herbeux - - - Location : huttes
mai-sept. - **R** - *Tarif 94 :* *12* *12* *12 (5A)*

VEDÈNE

16 - 81 ⑫

Paris 679 - Avignon 10,5 - Carpentras 16 - Cavaillon 27 - Orange 24 - Roquemaure 21

84270 Vaucluse - 6 675 h.

Flory, 90 31 00 51, NE : 1,5 km par D 53, rte d'Entraigues
6 ha (134 empl.) (saison) plat, peu incliné, accidenté, herbeux, sablonneux, rocheux (3 ha) -
15 mars-15 oct. - **R** *conseillée juil.-août - 17,70 piscine comprise 17,70 15 (10A)*

VEIGNE

10 - 64 ⑮

Paris 247 - Amboise 29 - Ligueil 30 - Sainte-Maure-de-Touraine 23 - Tours 14

37250 I.-et-L. - 4 520 h.
Office de Tourisme, Moulin de Veigne 47 26 98 37

La Plage, 47 26 23 00, sortie N par D 50, rte de Tours, bord de l'Indre
2 ha (125 empl.) plat, herbeux - vélos - A proximité : - Location : , bungalows toilés
29 avril-sept. - **R** *conseillée juil.-août - GB - 16 piscine comprise 6 11 11 (3A)*

VENAREY-LES-LAUMES

7 - 65 ⑱ G. Bourgogne

Paris 260 - Avallon 53 - Dijon 68 - Montbard 14 - Saulieu 42 - Semur-en-Auxois 13 - Vitteaux 20

21150 Côte-d'Or - 3 544 h.
Office de Tourisme, pl. de Bingerbrück 80 96 89 13, Fax 80 96 02 19

Municipal Alésia, 80 96 07 76, NE : 1 km par D 954, rte des Laumes et à gauche après le 2e pont, près de la Brenne et d'un plan d'eau
1,5 ha (67 empl.) plat, herbeux, goudronné - - A proximité : (plage)
Permanent - **R** - *Tarif 94 : 10 4 4 11 (5A)*

VENCE

17 - 84 ⑨ G. Côte d'Azur

Paris 929 - Antibes 22 - Cannes 30 - Grasse 25 - Nice 21

06140 Alpes-Mar. - 15 330 h.
Office de Tourisme, pl. Grand-Jardin 93 58 06 38, Fax 93 58 91 81

Domaine de la Bergerie , 93 58 09 36, O : 4 km par D 2210, rte de Grasse et chemin à gauche
30 ha/13 campables (450 empl.) plat et accidenté, rocailleux, herbeux - - A proximité : parcours sportif
15 mars-oct. - **R** *indispensable seulement pour empl. aménagés caravanes - Mineurs non accompagnés non admis - GB - Tarif 94 : 3 pers. 74 (89,50 ou 105,50 avec élect. 5A)*

VENDAYS-MONTALIVET

9 - 71 ⑯

Paris 534 - Bordeaux 81 - Lesparre-Médoc 13 - Soulac-sur-Mer 23

33930 Gironde - 1 681 h.

Le Mérin , 56 41 78 64, NO : 3,7 km par D 102, rte de Montalivet et chemin à gauche
3,5 ha (165 empl.) plat, herbeux, sablonneux (1 ha) -
Pâques-Toussaint - **R** *conseillée juil.-août - 10 20 11,50 (6A) 13,50 (10A)*

Laouba (aire naturelle) , 56 41 71 52, SO : 1,2 km par D 101, rte d'Hourtin et 0,4 km par chemin à droite
1,75 ha (25 empl.) plat, herbeux (1 ha) -
juin-sept. - **R** *conseillée 14 juil.-15 août - 2 pers. 35 12 (6A)*

VENDOEUVRES

10 - 68 ⑦

Paris 291 - Argenton-sur-Creuse 31 - Le Blanc 38 - Châteauroux 30 - Mézières-en-Brenne 11

36500 Indre - 1 042 h.

Base de Loisirs de Bellebouche « Site agréable », 54 38 32 36, Fax 54 38 32 96, O : 4 km par D 925 rte de Mézières-en-Brenne et chemin à gauche, à 80 m de l'étang -
1,8 ha (100 empl.) plat et peu incliné, herbeux - - A proximité : brasserie (plage) - Location : huttes
15 mars-oct. - **R** *conseillée juil.-août - 2 pers. 47, pers. suppl. 15 15 (6A)*

VENDÔME

5 - 64 ⑥ G. Châteaux de la Loire

Paris 169 - Blois 34 - Le Mans 78 - Orléans 77 - Tours 58

41100 L.-et-Ch. - 17 525 h.
Office de Tourisme, Hôtel du Bellay-le-Saillant, 47/49 r. Poterie 54 77 05 07, Fax 54 73 20 81

Les Grands Prés, 54 77 00 27, E : à 600 m du centre ville, bord du Loir - accès conseillé par la déviation
3,5 ha (200 empl.) plat, herbeux - - vélos - A l'entrée :
mai-sept. - **R** *conseillée - 15 7 14 12 (4A) 16 (6A) 24 (10A)*

VENEUX-LES-SABLONS

6 - 61 ⑫

Paris 73 - Fontainebleau 8 - Melun 24 - Montereau-Faut-Yonne 18 - Nemours 20 - Sens 49

77250 S.-et-M. - 4 298 h.

Les Courtilles du Lido, (1) 60 70 46 05, NE : 1,5 km, chemin du Passeur
4,5 ha (190 empl.) plat, herbeux - half-court
avril-sept. - Location longue durée - *Places disponibles pour le passage - - 18,50 piscine comprise 11,50 13,50/16,50 12,50 (2A) 15,50 (6A)*

VENSAC

9 - 71 ⑯

Paris 526 - Bordeaux 81 - Lesparre-Médoc 14 - Soulac-sur-Mer 16

33590 Gironde - 658 h.

Les Acacias, ✆ 56 09 58 81, Fax 56 09 50 67, NE : 1,5 km par N 215, rte de Verdon-sur-Mer et chemin à droite
3,5 ha (170 empl.) plat, herbeux, sablonneux - snack - - Location :
juin-15 sept. - **R** *conseillée juil.-18 août* - *piscine comprise 2 pers. 62 (78 avec élect. 4A), pers. suppl. 12*

Tastesoule , ✆ 56 09 54 50, à 5 km à l'ouest de la commune - Accès conseillé par D 101
3 ha (100 empl.) plat, sablonneux, herbeux pinède - pizzeria - (bassin) - Location :
20 juin-4 sept. - **R** *conseillée* - *1 pers. 48, pers. suppl. 14 19 (5A)*

Les Chênes (aire naturelle) , ✆ 56 09 40 57, O : 3 km - Accès conseillé par D 101
0,5 ha (14 empl.) plat, herbeux, sablonneux -
juin-sept. - **R** *conseillée* - *10,50 16*

VENTHON **73** Savoie - 74 ⑰ - rattaché à Albertville

VERCHAIX

12 - 74 ⑧

Paris 581 - Annecy 69 - Chamonix-Mont-Blanc 59 - Genève 52 - Megève 47 - Thonon-les-Bains 56

74440 H.-Savoie - 391 h. alt. 787

Municipal Lac et Montagne , ✆ 50 90 10 12, S : 1,8 km sur D 907, à Verchaix-Gare, bord du Giffre - alt. 660
2 ha (108 empl.) non clos, plat, pierreux, herbeux, bois attenant - -
Permanent - **R** *conseillée été* - *11 4 8 5A : 10 (hiver 15) 10A : 20 (hiver 30)*

VERCHENY

16 - 77 ⑬

Paris 617 - Crest 24 - Die 18 - Dieulefit 44 - Valence 55

26340 Drôme - 427 h.

Les Acacias « Cadre et site agréables », ✆ 75 21 72 51, Fax 75 21 73 98, SO : 2 km sur D 93, rte de Crest, bord de la Drôme
3 ha (90 empl.) plat, terrasses, pierreux, herbeux - - - Location :
avril-sept. - **R** *conseillée juil.-août* - *15 17 12 (3A)*

Du Gap , ✆ 75 21 72 62, NE : 1,2 km par D 93, rte de Die, accès direct à la Drôme
4 ha (90 empl.) plat, herbeux - snack -
mai-sept. - **R** *conseillée* - *Tarif 94 : 17 piscine comprise 20 12 (3A) 15 (6A)*

VERDELOT

6 - 56 ⑭ G. Champagne

Paris 91 - Melun 75 - Reims 82 - Troyes 102

77510 S.-et-M. - 613 h.

Ferme de la Fée , ✆ (1) 64 04 80 19, S : 0,5 km par rte de St-Barthélémy et à droite, bord du Petit Morin et d'un petit étang
4 ha (100 empl.) peu incliné, herbeux verger - - - A proximité :
15 fév.-15 déc. - **Location longue durée** - *Places limitées pour le passage* - **R** *conseillée* - *30 tennis compris 38 avec élect. (3A)*

La VERDIÈRE

17 - 84 ⑤ G. Côte d'Azur

Paris 795 - Aups 26 - Barjols 17 - Gréoux-les-Bains 18 - Riez 37 - Saint-Maximin-la-Sainte-Baume 27

83560 Var - 646 h.

Municipal de Fontvieille , N : 0,5 km par D 554, rte de Manosque
1,8 ha (31 empl.) plat et peu incliné, en terrasses, herbeux - -
15 juin-15 sept. - **R** - *12 15 15*

Le VERDON-SUR-MER

9 - 71 ⑮ G. Pyrénées Aquitaine

Paris 510 - Bordeaux 99 - Lesparre-Médoc 33 - Royan 3,5

33123 Gironde - 1 344 h.
Syndicat d'Initiative, r. F.-Lebreton ✆ 56 09 61 78 et à la Pointe de Grave (juil.-août) ✆ 56 09 65 56

Schéma à Soulac-sur-Mer

Les Alizés , ✆ 56 09 67 54, Fax 56 09 64 65, SO : 1,6 km par l'ancienne rte de Soulac-sur-Mer puis 0,7 km par rue à droite, chemin de Grayan
1,8 ha (75 empl.) plat, sablonneux - - Location :
Permanent - **R** *conseillée juil.-août* - *2 pers. 65 15 (3A) 20 (6A)*

Le Royannais, ✆ 56 09 61 12, SO : 2 km, sur l'ancienne rte de Soulac-sur-Mer
2 ha (116 empl.) plat, sablonneux -
15 juin-15 sept. - **R** *indispensable 15 juil.-15 août* - *2 pers. 45 19 (4A)*

VERDUN
14 - 86 ⑤

Paris 806 - Ax-les-Thermes 17 - Foix 29 - Lavelanet 42 - Vicdessos 25

09310 Ariège - 154 h.

Aire Naturelle ≤, ☎ 61 64 77 48, à l'est du bourg
1 ha (25 empl.) plat, peu incliné, herbeux - Location : gîtes
juin-oct. - **R** *conseillée - 1 pers. 23 10 (5A)*

VÉRETZ
5 - 64 ⑮ G. Châteaux de la Loire

Paris 240 - Bléré 15 - Blois 52 - Chinon 55 - Montrichard 31 - Tours 12

37270 I.-et-L. - 2 709 h.

Municipal, ☎ 47 50 50 48, par N 76, rte de Bléré, près du Cher
1 ha (64 empl.) plat, herbeux, pierreux -
bureau de documentation touristique
juin-sept. - *Tarif 94 : 9,50 7,50 9,50 10,50 (6A) 16 (16A)*

VERGEROUX
9 - 71 ⑬

Paris 470 - Fouras 11 - Rochefort 3 - La Rochelle 31 - Saintes 40

17300 Char.-Mar. - 551 h.

Municipal les Sablons, ☎ 46 99 72 58, au nord du bourg, près de la N 137 et à 200 m d'un étang
2,7 ha (130 empl.) (saison) plat, herbeux - -
A proximité :

VERGT-DE-BIRON
14 - 75 ⑯

Paris 567 - Beaumont 24 - Bergerac 46 - Fumel 25 - Sarlat-la-Canéda 57 - Villeneuve-sur-Lot 31

24540 Dordogne - 190 h.

Las Patrasses ≤, ☎ 53 63 05 87, S : 3,6 km par D 2E, rte de Monflanquin et rte à gauche, au lieu-dit Las Patrasses
34 ha/7 campables (50 empl.) plat, peu incliné, en terrasses, herbeux -
snack - vélos - Location :
mai-sept. - **R** *conseillée - 19 piscine comprise 27 15 (6A)*

VERMENTON
7 - 65 ⑤ G. Bourgogne

Paris 192 - Auxerre 23 - Avallon 27 - Vézelay 27

89270 Yonne - 1 105 h.

Municipal les Coullemières, ☎ 86 81 53 02, au SO de la localité, derrière la gare, près de la Cure
1 ha (40 empl.) plat, herbeux - - vélos -
A proximité :
10 avril-10 oct. - **R** *conseillée juil.-août - 15 8 8 13 (6A)*

Le VERNET
17 - 81 ⑦

Paris 727 - Digne-les-Bains 30 - La Javie 16 - Seyne 11

04140 Alpes-de-H.-Pr. - 110 h.
alt. 1 200

Lou Passavous ≤, ☎ 92 35 14 67, N : 0,8 km par rte de Roussimat, bord du Bès
1,5 ha (80 empl.) peu incliné et plat, pierreux - pizzeria
- A proximité :
Permanent - **R** *conseillée juil.-août -* GB - *14,50 (hiver 16) 13 (hiver 14,50) 13 (3A) 26 (6A)*

VERNET-LES-BAINS
15 - 86 ⑰ G. Pyrénées Roussillon

Paris 920 - Mont-Louis 35 - Perpignan 55 - Prades 12

66820 Pyr.-Or. - 1 489 h. alt. 650 -
12 fév.-22 déc.
Office de Tourisme, pl. de la Mairie
☎ 68 05 55 35, Fax 68 05 60 33

L'Eau Vive ≤ « Site agréable », ☎ 68 05 54 14, sortie vers Sahorre puis, après le pont, 1,3 km par av. St-Saturnin à droite, près du Cady
1,2 ha (57 empl.) plat et peu incliné, herbeux -
- (petit plan d'eau) vélos - Location :
fermé 13 nov.-déc. - **R** *conseillée juil.-août - 3 pers. 109, pers. suppl. 15 10 (10A)*

Del Bosc « Cadre sauvage », ☎ 68 05 54 54, sortie N rte de Villefranche-de-Conflent, bord d'un torrent
2,5 ha (90 empl.) (juil.-août) accidenté et en terrasses, pierreux, rochers
- - A proximité :
avril-oct. - **R** *indispensable juil.-août - 17 18 10 (3 ou 6A)*

à Corneilla-de-Conflent N : 2,5 km par D 116 - 417 h.
✉ 66820 Corneilla-de-Conflent :

Las Closes ≤, ☎ 68 05 64 60, E : 0,5 km par D 47, rte de Fillols - alt. 600
2,2 ha (79 empl.) peu incliné et en terrasses, herbeux verger -
- - Location :
avril-oct. - **R** *conseillée - 14 piscine comprise 14 11 (6A)*

VERNEUIL-SUR-AVRE
5 - 60 ⑥ G. Normandie Vallée de la Seine

Paris 117 - Alençon 75 - Argentan 78 - Chartres 56 - Dreux 36 - Évreux 39

27130 Eure - 6 446 h.
Office de Tourisme, 129 pl. de la Madeleine ☎ 32 32 17 17

Le Vert Bocage, ☎ 32 32 26 79, O : 1 km par N 26, rte d'Argentan
3,5 ha (103 empl.) plat, herbeux - - -
Location :
fermé janv. - **R** *conseillée juil.-août - 25 14 26 (10 à 16A)*

VERNIOZ

12 - 74 ⑫

Paris 503 - Annonay 39 - Givors 25 - Le Péage-de-Roussillon 12 - Rive-de-Gier 41 - Vienne 14

38150 Isère - 798 h.

Bontemps, 74 57 83 52, Fax 74 57 83 70, **à St-Alban-de-Varèze,** E : 4,5 km par D 37 et chemin à droite, bord de la Varèze - dans locations
6 ha (100 empl.) plat, herbeux - snack, crêperie - tir à l'arc - Location :
avril-sept. - **R** - *20 piscine comprise 10 30 15 (6A)*

VERNOU-EN-SOLOGNE

6 - 64 ⑱

Paris 184 - Beaugency 32 - Blois 33 - Contres 24 - Romorantin-Lanthenay 17 - Salbris 33

41230 L.-et-Ch. - 543 h.

Aire Naturelle Municipale, au nord du bourg, carrefour D 13 et D 63, à 100 m de la Bonneure et d'un petit étang
1 ha (25 empl.) plat, herbeux - - A proximité :
15 avril-sept. - - *7 7 7*

VERNOUX-EN-VIVARAIS

11 - 76 ⑳ G. Vallée du Rhône

Paris 590 - Le Cheylard 27 - Lamastre 14 - Privas 42 - Valence 32 - La Voulte-sur-Rhône 22

07240 Ardèche - 2 037 h.

Municipal Bois de Pra ←, 75 58 14 54, Fax 75 58 18 44, sortie NE sur D 14, rte de Valence
2 ha (83 empl.) peu incliné, herbeux - - -
A proximité : (découverte l'été), toboggan aquatique
15 avril-oct. - **R** *conseillée juil.-août - piscine comprise 2 pers. 60, pers. suppl. 15 12*

VERS

14 - 79 ⑧

Paris 582 - Cahors 13 - Villefranche-de-Rouergue 53

46090 Lot - 390 h.

La Chêneraie « Cadre agréable », 65 31 40 29, SO : 2,5 km par D 653, rte de Cahors et chemin à droite après le passage à niveau
0,4 ha (24 empl.) plat, pierreux, herbeux - grill -
- Location :
mai-15 sept. - **R** *indispensable juil.-août - 17 15 12 16*

Le VERT

9 - 72 ① ②

Paris 424 - Beauvoir-sur-Niort 18 - Niort 34 - Saint-Jean-d'Angély 24 - Surgères 30

79170 Deux-Sèvres - 148 h.

Municipal « Situation agréable au bord de la Boutonne », au bourg, devant la mairie
0,26 ha (20 empl.) plat, herbeux -
juin-15 sept. - - *Tarif 94 : 7,60 4,80 4,80 6,30 (4A) 14,70 (10A)*

VERTEILLAC

10 - 75 ④

Paris 493 - Angoulême 47 - Brantôme 30 - Chalais 32 - Périgueux 48 - Ribérac 12

24320 Dordogne - 706 h.

Municipal Pontis Sud-Est, 53 90 37 74, au NE du bourg, près de la piscine et des tennis
1 ha (24 empl.) peu incliné, herbeux - - A proximité :
juin-sept. - **R** - *Tarif 94 : 9 4,50 4,50 10*

VERTOU **44** Loire-Atl. - 67 ③ - rattaché à Nantes

VESDUN

10 - 69 ⑪

Paris 306 - Boussac 37 - La Châtre 37 - Cosne-d'Allier 39 - Montluçon 29 - Saint-Amand-Montrond 26

18360 Cher - 683 h.

Municipal les Bergerolles, au NE du bourg, au terrain de sports
0,5 ha (31 empl.) plat, herbeux - - A proximité :
Pentecôte-sept. - **R** - *4,50 5 7 (10A)*

VESOUL P

8 - 66 ⑤ ⑥ G. Jura

Paris 368 - Belfort 64 - Besançon 47 - Épinal 89 - Langres 75 - Vittel 85

70000 H.-Saône - 17 614 h.
Office de Tourisme, r. des Bains
84 75 43 66, Fax 84 76 54 31

International du Lac, 84 76 22 86, O : 2,5 km, près du lac
3 ha (160 empl.) plat, herbeux - snack -
Permanent - **R** *conseillée juil.-août - hiver - 15 10 15 12 (10A)*

VEULES-LES-ROSES

1 - 52 ③ G. Normandie Vallée de la Seine

Paris 199 - Dieppe 26 - Fontaine-le-Dun 8 - Rouen 58 - Saint-Valery-en-Caux 8

76980 S.-Mar. - 753 h.

Municipal des Mouettes, 35 97 61 98, sortie E sur D 68, rte de Sotteville-sur-Mer
1,5 ha (100 empl.) plat, herbeux - -
mars-15 nov. - - *13,10 10,40 12,60 (5A)*

VEYNES

16 - 81 ⑤

Paris 667 - Aspres-sur-Buëch 9 - Gap 25 - Sisteron 50

05400 H.-Alpes - 3 148 h. alt. 814.

Office de Tourisme, 2 bd Gambetta 92 57 27 43

Les Prés ≤, 92 57 26 22, NE : 3,4 km par D 994, rte de Gap puis 5,5 km par D 937 rte du col de Festre et chemin à gauche, au lieu-dit le Petit Vaux, près de la Béoux - alt. 960
0,35 ha (25 empl.) plat et peu incliné, herbeux - (bassin enfants) vélos - Location :
mai-sept. - **R** *conseillée 14 juil.-15 août - 12 25 10 (4A) 12 (6A)*

VEYRINES-DE-DOMME

13 - 75 ⑰

Paris 537 - Cahors 57 - Fumel 46 - Gourdon 26 - Périgueux 67 - Sarlat-la-Canéda 19

24250 Dordogne - 219 h.

Les Pastourels ≤, 53 29 52 49, N : 3,6 km par D 53, rte de Belvès et chemin à droite, au lieu-dit le Brouillet
2,3 ha (55 empl.) plat, peu incliné, en terrasses, herbeux, pierreux (1,5 ha) -
avril-sept. - **R** - *18 17 12 (4A) 15 (6A)*

VÉZAC

13 - 75 ⑰

Paris 528 - Bergerac 64 - Brive-la-Gaillarde 62 - Fumel 55 - Gourdon 27 - Périgueux 66 - Sarlat-la-Canéda 9

24220 Dordogne - 620 h.

Schéma à la Roque-Gageac

Les Deux Vallées , 53 29 53 55, O : derrière l'ancienne gare - dans locations
2,5 ha (100 empl.) plat, herbeux - snack - vélos - Location :
Pâques-oct. - **R** *conseillée juil.-août - 23 piscine comprise 28 15 (6A)*

La Cabane ≤, 53 29 52 28, Fax 53 59 09 15, SO : 1,5 km, bord de la Dordogne
2,25 ha (80 empl.) non clos, plat, herbeux, sablonneux - (couverte hors saison) - Location *(permanent)* :
avril-15 oct. - **R** *conseillée juil.-août - piscine comprise 2 pers. 44, pers. suppl. 15 10 (3A) 13 (4A) 17 (6A)*

VÉZELAY

7 - 65 ⑮ G. Bourgogne

Paris 223 - Auxerre 51 - Avallon 15 - Château-Chinon 60 - Clamecy 22

89450 Yonne - 571 h.

Syndicat d'Initiative, r. Saint-Pierre (avril-oct.) 86 33 23 69

à St-Père SE : 2 km par D 957 - 348 h. - 89450 Vézelay :

Municipal, sortie SE par D 36, rte de Quarré-les-Tombes, bord de la Cure
1 ha (60 empl.) (juil.-août) plat, herbeux - - A proximité :
Pâques-sept. - - *8,50 6 6 8,50 (3A)*

VIAM

10 - 72 ⑲

Paris 436 - Bugeat 4 - Eymoutiers 22 - Guéret 83 - Limoges 66 - Treignac 16

19170 Corrèze - 133 h.

Municipal Puy de Veix ≤ « Situation agréable », au S du bourg, près d'un plan d'eau, accès direct - alt. 696
2 ha (50 empl.) en terrasses et plat, herbeux, pierreux - -
15 juin-15 sept. - **R** *conseillée juil.-15 août - 7,25 3,40 4,15/6,70 5,50 (2A) 8,10 (4A) 13,65 (6A)*

VIAS

15 - 83 ⑮ G. Gorges du Tarn

Paris 767 - Agde 4 - Béziers 18 - Narbonne 44 - Sète 29 - Valras-Plage 19

34450 Hérault - 3 517 h.

Office de Tourisme, bd de la Liberté 67 21 68 78, Fax 67 21 55 46

à Vias-Plage S : 2,5 km par D 137 - 34450 Vias

La Carabasse « Cadre agréable », 67 21 64 01, Fax 67 21 76 87
20 ha (995 empl.) plat, herbeux (12 ha) - - 116 sanitaires individuels (wc) snack cases réfrigérées - vélos, tir à l'arc - A proximité : - Location :
15 mai-16 sept. - **R** *conseillée - Tarif 94 : élect. et piscine comprises 2 pers. 150, pers. suppl. 28*

Farret et la Plage, 67 21 64 45, Fax 67 21 70 49, en deux camps distincts, bord de plage - dans locations
7 ha (621 empl.) plat, sablonneux, herbeux - - salle de spectacle et d'animation vélos, tir à l'arc - A proximité : - Location :
mai-sept. - - GB - *élect. (5A) et piscine comprises 2 pers. 150*

Les Salisses, 67 21 64 07, Fax 67 21 76 51
7 ha (448 empl.) plat, herbeux - - Toboggan aquatique, half-court - A proximité : - Location :
Pâques-sept. - **R** *conseillée* - GB - *élect. (6A) et piscine comprises 2 pers. 135, pers. suppl. 27*

Le Napoléon, 67 21 64 37, Fax 67 21 75 30, à 250 m de la plage
3 ha (200 empl.) plat, herbeux, sablonneux - pizzeria cases réfrigérées - half-court, vélos - A l'entrée : discothèque - Location :
Pâques-sept. - **R** *conseillée juil.-août - élect. et piscine comprises 1 ou 2 pers. 126, pers. suppl. 27*

L'Air Marin, 67 21 64 90, Fax 67 21 26 73, près du canal du Midi – dans locations
8 ha (330 empl.) plat, herbeux – snack – – A proximité : parcours sportif – Location :
15 mai-sept. – **Location longue durée** – *Places disponibles pour le passage* – **R** *conseillée* – *élect. (4A) et piscine comprises 4 pers. 170*

Californie Plage, 67 21 64 69, Fax 67 21 70 66, au SO par D 137^E et chemin à gauche, bord de plage
5,8 ha (381 empl.) plat, herbeux, sablonneux (4 ha) – cases réfrigérées – – Location :
mars-oct. – **R** *conseillée juil.-août* – *élect. (3A) et piscine comprises 2 pers. 130*

Hélios, 67 21 63 66, près du Libron et à 250 m de la plage
2,5 ha (160 empl.) plat, sablonneux, herbeux – snack – – Location :
20 mai-sept. – **R** *conseillée juil.-août* – *2 à 5 pers. 84 à 126, pers. suppl. 17* *12 (2A) 14 (3A) 17 (4A)*

Le Bourricot, 67 21 64 27, à 250 m de la plage
2 ha (155 empl.) plat, herbeux, sablonneux – snack cases réfrigérées – – A proximité :
20 mai-20 sept. – **R** *conseillée juil.-août* – GB – *Tarif 94 : 2 pers 102, 3 pers. 124, pers. suppl. 25* *14 (4A)*

La Petite Cosse, 67 21 63 83, à 120 m de la plage, accès direct
1 ha (78 empl.) plat, sablonneux, herbeux –
15 mai-sept. – **R** *indispensable* – *2 pers. 95* *14,50 (6A)*

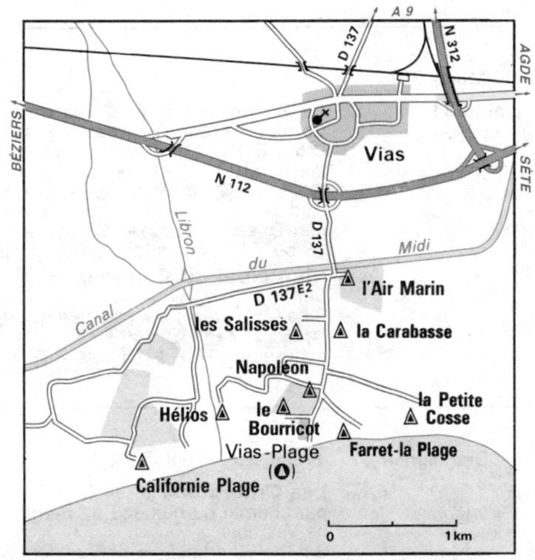

à l'Ouest 4,5 km par N 112, rte de Béziers – 34450 Vias

Domaine de la Dragonnière, 67 01 03 10, Fax 67 21 73 39, (hors schéma)
13 ha (550 empl.) plat, herbeux, sablonneux – cases réfrigérées – – Location :
avril-sept. – **R** *conseillée* – GB – *élect., piscine et tennis compris 3 pers. 90*

VICDESSOS

86 – 86 ⑭ G. Pyrénées Roussillon

Paris 808 – Ax-les-Thermes 38 – Aulus-les-Bains 31 – Foix 31 – Tarascon-sur-Ariège 15

09220 Ariège – 483 h. alt. 730

Municipal la Bexanelle <, 61 64 82 22, au S du bourg, par rte d'Olbier, rive droite du Vicdessos – Passerelle pour piétons reliant le camp au bourg
4 ha (120 empl.) plat, peu incliné, terrasse, pierreux, herbeux (0,8 ha) – – – A proximité : (centre équestre), poneys – Location : , bungalows toilés
Permanent – **R** *conseillée juil.-août* – GB – *12* *12* *7 (5A) - hiver : 30 (10A)*

VICHY

11 – 73 ⑤ G. Auvergne

Paris 409 – Clermont-Ferrand 54 – Montluçon 92 – Moulins 58 – Roanne 75

03200 Allier – 27 714 h. –
fév.-nov.
Office de Tourisme, 19 r. du Parc 70 98 71 94, Fax 70 31 06 00

à Abrest SE : 3 km par D 426 – 2 544 h. – 03200 Abrest :

La Croix-St-Martin, 70 32 67 74, N par av. des Graviers et chemin à gauche, près de l'Allier
2 ha (100 empl.) plat, herbeux –
15 juin-15 sept. – **R** – *20* *20* *15 (10A)*

à Bellerive-sur-Allier SO par D 984 – 8 543 h.
✉ 03700 Bellerive-sur-Allier :

Les Acacias « Cadre agréable, décoration arbustive », ✆ 70 32 36 22, r. Claude-Decloître, près de l'Allier
2 ha (90 empl.) plat, herbeux – A proximité : – Location :
avril-10 oct. – **R** *conseillée juil.-août* – GB – *🏃 26 piscine comprise ▣ 32 ⚡ 14 (6A)*

Beau-Rivage, ✆ 70 32 26 85, rue Claude-Decloître, bord de l'Allier
1,5 ha (80 empl.) plat, herbeux snack – Toboggan aquatique – A proximité : – Location :
mai-sept. – **R** *conseillée* – GB – *🏃 29 piscine comprise ▣ 29 ⚡ 13 (4A)*

VIC-LA-GARDIOLE

16 – 83 ⑰

Paris 774 – Frontignan 7 – La Grande-Motte 29 – Montpellier 16 – Sète 14

34110 Hérault – 1 607 h.

L'Europe, ✆ 67 78 11 50, O : 1,5 km par D 114E
5 ha (324 empl.) plat, herbeux, pierreux snack cases réfrigérées – Toboggan aquatique, vélos, tir à l'arc – Location :
mai-sept. – **R** *conseillée* – GB – *▣ piscine comprise 2 pers. 100 ou 130, pers. suppl. 25 ⚡ 20 (6A)*

VIC-SUR-CÈRE

11 – 76 ⑫ G. Auvergne

Paris 555 – Aurillac 20 – Murat 29

15800 Cantal – 1 968 h. alt. 681.
Office de Tourisme, av. Mercier ✆ 71 47 50 68

La Pommeraie ≤ les monts, la vallée et la ville « Belle situation dominante, cadre agréable », ✆ 71 47 54 18, Fax 71 49 63 30, SE : 2,5 km par D 54, D 154 et chemin à droite – alt. 750
2,8 ha (100 empl.) en terrasses, herbeux, pierreux – tir à l'arc – Location : studios
mai-15 sept. – **R** *conseillée juil.-août* – GB – *Tarif 94 : ▣ piscine comprise 2 pers. 98 ou 110, pers. suppl. 16 ou 18 ⚡ 15 (6A)*

Municipal du Carladez ≤, ✆ 71 47 51 04, rte de Salvanhac, bord de la Cère
3 ha (256 empl.) plat, herbeux – – A proximité :
avril-sept. – **R** – *🏃 13 🚗 7 ▣ 7*

VIDAUBAN

17 – 84 ⑦

Paris 844 – Cannes 64 – Draguignan 17 – Fréjus 28 – Toulon 62

83550 Var – 5 460 h.
Syndicat d'Initiative, pl. F.-Maurel (juin-sept.) ✆ 94 73 00 07

Les Ombrages, ✆ 94 73 06 95, SO : 4 km par N 7, rte du Luc puis 0,8 km par chemin du hameau de Ramatuelle à gauche – Par A 8 : sortie Le Luc, rte de Vidauban
3,6 ha (90 empl.) plat, sablonneux, rocheux – (avril-nov.) snack – – A proximité : (centre équestre) – Location :
mars-nov. – **R** *conseillée juil.-août* – *🏃 17 piscine comprise ▣ 19 ⚡ 14 (3A) 16 (6A) 19 (10A)*

Municipal, ✆ 94 73 61 02, NO par r. du Général-Castelneau, bord de l'Argens
1 ha (60 empl.) plat, herbeux, pierreux –
juin-sept. – **R** – *🏃 12 ▣ 20 avec élect.*

VIELLE

13 – 78 ⑯

Paris 722 – Castets 14 – Dax 34 – Mimizan 36 – Soustons 22

40 Landes – ✉ 40560 Vielle-St-Girons

Le Col Vert « Site agréable », ✆ 58 42 94 06, Fax 58 42 91 88, SO : 1,5 km, bord de l'étang de Léon
24 ha (500 empl.) plat, sablonneux pinède – tir à l'arc, vélos – A proximité : – Location : , bungalows toilés
Pâques-sept. – **R** *conseillée 15 juil.-15 août* – GB – *🏃 22 piscine comprise 🚗 12 ▣ 53/81,50 ⚡ 20 (6A) 32 (10A)*

VIELLE-AURE

14 – 85 ⑲

Paris 860 – Arreau 10 – Bagnères-de-Luchon 42 – La Mongie 48 – Lannemezan 37

65 H.-Pyr. – 285 h. alt. 800
✉ 65170 St-Lary-Soulan

Le Lustou ≤, ✆ 62 39 40 64, Fax 62 39 40 72, NE : 2 km sur D 19, **à Agos,** près de la Neste d'Aure et d'un étang
2,8 ha (65 empl.) plat, gravier, herbeux – – A l'entrée : – Location : (gîtes)
Permanent – **R** *conseillée été et hiver* – *🏃 16 ▣ 19 (hiver 18,50) ⚡ 12 (2A) 30 (6A) 40 (10A)*

VIERVILLE-SUR-MER

4 - 54 ④ G. Normandie Cotentin

Paris 289 - Bayeux 21 - Caen 51 - Carentan 32 - Saint-Lô 42

14710 Calvados - 256 h.

Omaha-Beach ≶ ≤, ✆ 31 22 41 73, sortie NO rte de Grandcamp-Maisy et chemin à droite, accès direct à la plage
4 ha (293 empl.) plat, en terrasses, herbeux - A proximité :
Pâques-15 sept. - R - GB - ✱ *15* ▣ *15* ⚡ *15 (6A) 20 (10A)*

VIERZON

10 - 64 ⑲ ⑳ G. Berry Limousin

Paris 210 - Auxerre 141 - Blois 74 - Bourges 31 - Châteauroux 59 - Orléans 86 - Tours 116

18100 Cher - 32 235 h.
Office de Tourisme, 26, pl. Vaillant Couturier ✆ 48 52 65 24, Fax 48 71 62 21

Municipal de Bellon, ✆ 48 75 49 10, au SE de la ville par rte d'Issoudun et à gauche, quartier de Bellon, près du Cher
1,8 ha (95 empl.) plat et peu incliné, herbeux (0,4 ha) -
mai-sept. - R - ✱ *14,70* ▣ *10,50/16,80* ⚡ *12,60*

VIEURE

11 - 69 ⑬

Paris 338 - Bourbon-l'Archambault 17 - Cérilly 17 - Cosne-d'Allier 5 - Montluçon 32 - Moulins 41

03430 Allier - 287 h.

Intercommunal la Borde ≶, ✆ 70 07 20 82, E : 0,5 km par D 94, rte de Bourbon-l'Archambault, puis 2,4 km par chemin à droite, à 150 m d'un plan d'eau
1 ha (50 empl.) peu incliné et plat, herbeux - - A proximité : - Location : huttes, gîte d'étape
mai-sept. - R *juil.-août* - ✱ *11* ▣ *12,50* ⚡ *8,50 (10A)*

VIEUX-BOUCAU-LES-BAINS

13 - 78 ⑯ G. Pyrénées Aquitaine

Paris 746 - Bayonne 37 - Biarritz 47 - Castets 28 - Dax 34 - Mimizan 55 - Mont-de-Marsan 85

40480 Landes - 1 210 h.

Municipal les Sablères, ✆ 58 48 12 29, au nord du bourg, à 200 m de la plage, accès direct
11 ha (648 empl.) (juil.-août) plat, incliné, sablonneux, herbeux (3 ha) - - - A proximité :
avril-15 oct. - R

Le VIGAN

15 - 80 ⑯ G. Gorges du Tarn

Paris 703 - Alès 66 - Lodève 51 - Mende 106 - Millau 72 - Montpellier 62 - Nîmes 77

30120 Gard - 4 523 h.
Office de Tourisme, pl. Marché ✆ 67 81 01 72, Fax 67 81 86 79

Le Val de l'Arre, ✆ 67 81 02 77, Fax 67 81 71 23, E : 2,5 km par D 999 rte de Ganges et chemin à droite, bord de l'Arre
4 ha (190 empl.) plat, peu incliné et en terrasses, herbeux - -
avril-sept. - R *conseillée juil.-août - Tarif 94 :* ▣ *piscine comprise 2 à 5 pers. 64 à 103, pers. suppl. 12* ⚡ *14 (4A) 18 (6A)*

Le VIGAN

13 - 79 ⑧ G. Périgord Quercy

Paris 540 - Cahors 40 - Gourdon 5 - Labastide-Murat 19 - Payrac 8 - Rocamadour 30

46300 Lot - 922 h.

Le Rêve ≶, ✆ 65 41 25 20, N : 3 km par D 673 puis 2,5 km par chemin à gauche
2,5 ha (52 empl.) plat et peu incliné, en terrasses, herbeux - - vélos - Location :
mai-sept. - R *conseillée 10 juil.-août* - ✱ *20 piscine comprise* ▣ *25* ⚡ *12 (6A)*

VIGEOIS

10 - 75 ⑧ G. Berry Limousin

Paris 458 - Aubusson 107 - Bourganeuf 89 - Brive-la-Gaillarde 31 - Limoges 67 - Périgueux 81 - Tulle 33

19410 Corrèze - 1 210 h.

Municipal du Lac de Pontcharal ≶ ≤ « Site agréable », ✆ 55 98 90 86, SE : 2 km par D 7, rte de Brive, bord du lac
1,7 ha (85 empl.) (juil.-août) peu incliné et en terrasses, herbeux - - - A proximité : (plage)
juin-15 sept. - R *conseillée 15 juil.-15 août - Tarif 94 :* ✱ *8,90* *4,45* ▣ *5,90* ⚡ *10,55 (10A)*

Le Bois Coutal (aire naturelle) ≶, ✆ 55 73 19 33 ✉ 19410 Estivaux, S : 5,5 km par D 156, rte de Perpezac-le-Noir et à droite rte de la Barrière
1 ha (25 empl.) (juil.-août) peu incliné, herbeux - -
15 juin-15 sept. - R *conseillée 14 juil.-15 août* - ✱ *9,40* *4,50* ▣ *6,50* ⚡ *10 (2A) 20 (6A)*

VIGNEC

14 - 85 ⑲

Paris 861 - Arreau 11 - Bagnères-de-Luchon 43 - La Mongie 49 - Lannemezan 38

65170 H.-Pyr. - 135 h. alt. 820

Artiguette-St-Jacques ≶ ≤, ✆ 62 39 52 24, sortie N par D 123, près d'une chapelle, bord d'un ruisseau
1 ha (50 empl.) (été) plat, herbeux -
Permanent - R *conseillée vacances scolaires d'hiver, juil.-août* - ✱ *14* ▣ *16* ⚡ *13,60 (2A) 20,40 (3A) 27,20 (4A)*

Les VIGNES

15 - 80 ⑤ G. Gorges du Tarn

Paris 625 - Mende 52 - Meyrueis 32 - Le Rozier 10 - Sainte-Énimie 25 - Sévérac-le-Château 21

48210 Lozère - 103 h.

Beldoire < « Site agréable », ✆ 66 48 82 79, N : 0,8 km par D 907Bis, rte de Florac, bord du Tarn - Quelques empl. d'accès difficile aux caravanes
4 ha (141 empl.) plat, en terrasses, herbeux, pierreux (2ha) - Location : bungalows toilés
avril-sept. - **R** *conseillée* - GB - *Tarif 94 : 2 pers. 62, pers. suppl. 16 13 (5 ou 10A)*

La Blaquière, ✆ 66 48 54 93, NE : 6 km par D 907Bis, rte de Florac, bord du Tarn
1 ha (76 empl.) plat et terrasse, herbeux, pierreux -
mai-sept. - **R** *conseillée juil.-août* - *2 pers. 58 12 (4A)*

VIGNOLES 21 Côte-d'Or - 69 ⑨ - rattaché à Beaune

VIHIERS

9 - 67 ⑦

Paris 333 - Angers 42 - Cholet 28 - Saumur 39

49310 M.-et-L. - 4 131 h.

Municipal de la Vallée du Lys, ✆ 41 75 00 14, sortie O par D 960, rte de Cholet puis D 54 à droite rte de Valanjou, bord du Lys
0,4 ha (30 empl.) plat, herbeux - vélos
21 mai-15 sept. - **R** - *2 pers. 32, pers. suppl. 7 12 (6A)*

VILLAMBLARD

10 - 75 ⑤

Paris 520 - Bergerac 25 - Mussidan 16 - Périgueux 31

24140 Dordogne - 813 h.

Municipal, ✆ 53 81 91 87, E : 0,8 km par D 39, rte de Douville
1 ha (40 empl.) peu incliné, plat, herbeux -
15 juin-15 sept. - **R** - *10 10 8 (5A)*

VILLAR-D'ARÊNE

12 - 77 ⑦

Paris 650 - Le Bourg-d'Oisans 31 - Briançon 36 - Gap 124 - La Grave 3 - Grenoble 81 - Col du Lautaret 8

05480 H.-Alpes - 178 h. alt. 1 650 - Sports d'hiver : 1 650/2 400 m 4

Municipal d'Arsine < « Site agréable », ✆ 76 79 93 07, sortie E, par rte de Briançon puis 2 km par D 207 à droite, bord d'un torrent
1,5 ha (40 empl.) plat et peu accidenté, herbeux, pierreux - - A proximité :
15 juin-15 sept. - **R** *conseillée - Tarif 94 : 7,70 15,40 6,60 (3A) 11 (6A)*

VILLARD-DE-LANS

12 - 77 ④ G. Alpes du Nord

Paris 594 - Die 65 - Grenoble 34 - Lyon 126 - Valence 67 - Voiron 49

38250 Isère - 3 346 h. alt. 1 023 - Sports d'hiver : 1 150/2 170 m 2 34

Office de Tourisme, pl. Mure-Ravaud ✆ 76 95 10 38, Fax 76 95 98 39

L'Oursière <, ✆ 76 95 14 77, Fax 76 95 58 11, sortie N par D 531, rte de Grenoble - chemin pour piétons reliant le camp au village
3,8 ha (200 empl.) plat, peu incliné, pierreux, herbeux - - A proximité : toboggan aquatique patinoire
fermé 1er au 20 oct. - **R** *conseillée juil.-août - 18 36 5 (2A) 15 (6A) 25 (10A)*

VILLAREMBERT

12 - 77 ⑦

Paris 650 - Aiguebelle 48 - Chambéry 87 - Saint-Jean-de-Maurienne 13 - La Toussuire 7

73300 Savoie - 209 h. alt. 1 300

Municipal la Tigny <, ✆ 79 83 02 51, sortie S par D 78 et chemin à gauche, près d'un ruisseau
0,3 ha (27 empl.) plat et peu incliné, terrasses, gravier, herbeux -
juil.-août - **R** - *15 8 10 10*

VILLAR-LOUBIÈRE

12 - 77 ⑯

Paris 654 - La Chapelle-en-Valgaudémar 5 - Corps 23 - Gap 42 - La Mure 48

05800 H.-Alpes - 59 h. alt. 1 000

Municipal les Gravières <, E : 0,7 km par rte de la Chapelle-en-Valgaudémar et chemin à droite, bord de la Séveraisse (rive gauche)
2 ha (50 empl.) plat, pierreux, herbeux, sous-bois attenant -
fin juin-sept. - **R** - *8 8/11 7 (2A) 12 (5A)*

VILLARS-COLMARS

17 - 81 ⑧

Paris 782 - Annot 33 - Barcelonnette 46 - Colmars 3 - Saint-André-les-Alpes 25

04640 Alpes-de-H.-Pr. - 203 h. alt. 1 200

Le Haut-Verdon <, ✆ 92 83 40 09, sur D 908, bord du Verdon
3,5 ha (130 empl.) plat, pierreux pinède -
24 juin-2 sept. - **R** *conseillée - 25 piscine comprise 20 20 10 (3A) 15 (6A) 20 (10A)*

VILLARS-LES-DOMBES
12 - 74 ② G. Vallée du Rhône

Paris 433 - Bourg-en-Bresse 28 - Lyon 37 - Villefranche-sur-Saône 27

01330 Ain - 3 415 h.

Municipal les Autières « Entrée fleurie et cadre agréable », ✆ 74 98 00 21, sortie SO par rte de Lyon, bord de la Chalaronne
4 ha (238 empl.) plat, herbeux - - A proximité :
avril-sept. - **Location longue durée** - *Places limitées pour le passage* - **R** *indispensable juil.-août*

VILLEDIEU-LES-POÊLES
4 - 59 ⑧ G. Normandie Cotentin

Paris 318 - Alençon 121 - Avranches 22 - Caen 77 - Flers 57 - Saint-Lô 35

50800 Manche - 4 356 h.
Office de Tourisme, pl. des Costils (mai-nov.) ✆ 33 61 05 69

Municipal le Pré de la Rose, ✆ 33 61 02 44, accès par centre ville, r. des Costils à gauche de la poste, bord de la Sienne
1,2 ha (100 empl.) plat, herbeux, sablonneux, gravillons -

VILLEDÔMER
5 - 64 ⑮

Paris 215 - Amboise 23 - Blois 43 - Château-Renault 6 - Tours 27

37110 I.-et-L. - 1 095 h.

Municipal du Moulin, ✆ 47 55 05 50, sortie O par D 73, rte de Crotelles et r. du Lavoir à gauche, bord d'un ruisseau
1 ha (33 empl.) plat, herbeux - - A proximité :
15 juin-15 sept. - **R** - *Tarif 94 : 9 10*

VILLEFORT
16 - 80 ⑦ G. Gorges du Tarn

Paris 627 - Alès 53 - Aubenas 60 - Florac 66 - Mende 58 - Pont-Saint-Esprit 89 - Le Puy-en-Velay 86

48800 Lozère - 700 h. alt. 605.
Office de Tourisme, r. Église (juil.-août) ✆ 66 46 87 30

La Palhère <, ✆ 66 46 80 63, SO : 4 km par D 66, rte du Mas-de-la-Barque, bord d'un torrent - alt. 750
1,8 ha (45 empl.) en terrasses, herbeux, pierreux -
-
mai-sept. - **R** *conseillée juil.-août - élect. (3 ou 5A) et piscine comprises 2 pers. 45/60 ou 65, pers. suppl. 16*

VILLEFORT
15 - 86 ⑥

Paris 800 - Belcaire 24 - Carcassonne 54 - Lavelanet 23 - Mirepoix 25 - Quillan 20

11230 Aude - 80 h.

L'Eden II <, ✆ 68 69 26 33, Fax 68 69 29 95, S : 1 km par D 12, rte de Puivert, bord du Bleau
50 ha/4 campables (75 empl.) plat, terrasses, herbeux -
(8 sanitaires individuels : wc) snack - practice de golf, tir à l'arc
15 avril-1er oct. - **R** *conseillée juil.-août* - GB - *Tarif 94 : piscine comprise 1 à 5 pers. 59 à 104 (avec élect. (10A) 83 à 129 ou 107 à 154, avec sanitaire individuel 132 à 180)*

VILLEFRANCHE-DE-LONCHAT
9 - 75 ⑬

Paris 536 - Bergerac 37 - Castillon-la-Bataille 15 - Libourne 32 - Montpon-Ménestérol 11,5 - Sainte-Foy-la-Grande 21

24610 Dordogne - 735 h.

Intercommunal de Gurson, ✆ 53 80 77 57, SE : 2km, près du lac
2 ha (80 empl.) peu incliné et plat, sablonneux - - -
A proximité : avec toboggan aquatique, poneys - Location *(permanent)* : gîtes
mars-oct. - **R** *conseillée - 14,50 12,50 16 (6A)*

VILLEFRANCHE-DE-ROUERGUE
15 - 79 ⑳ G. Gorges du Tarn

Paris 613 - Albi 68 - Cahors 61 - Montauban 73 - Rodez 57

12200 Aveyron - 12 291 h.
Office de Tourisme, Promenade Guiraudet ✆ 65 45 13 18, Fax 65 45 55 58

Municipal le Teulel < « Cadre agréable », ✆ 65 45 16 24, SO : 1,5 km par D 47, rte de Monteils
1,8 ha (100 empl.) plat, herbeux - - - A proximité :
Pâques-1er oct. - **R** - *Tarif 94 : élect. comprise 1 ou 2 pers. 46, pers. suppl. 15,50*

VILLEFRANCHE-DU-QUEYRAN

14 - 79 ⑬ G. Pyrénées Aquitaine

Paris 680 - Agen 44 - Aiguillon 14 - Casteljaloux 9 - Marmande 26 - Nérac 29

47160 L.-et-G. - 366 h.

Le Moulin du Campech, ✆ 53 88 72 43, S : 7,2 km par D 120, rte d'Anzex et à gauche par D 11, rte de Damazan, bord de l'Ourbise
5 ha (60 empl.) plat, herbeux (0,5 ha) - snack -
avril-sept. - **R** *conseillée* - GB - *19 piscine comprise 39 14 (2A) 19 (6A)*

VILLEFRANCHE-SUR-SAÔNE

11 - 74 ① G. Vallée du Rhône

Paris 434 - Bourg-en-Bresse 51 - Lyon 33 - Mâcon 41 - Roanne 75

69400 Rhône - 29 542 h.
Office de Tourisme, 290 rte de Thizy ✆ 74 68 05 18

Municipal, ✆ 74 65 33 48, SE : 3,5 km, près de la Saône et d'un plan d'eau
2 ha (127 empl.) plat, herbeux - (plage)
avril-29 oct. - **R** - *Tarif 94 : 1 pers. 40 (50 avec élect.), pers. suppl. 10*

VILLELONGUE-DELS-MONTS

15 - 86 ⑲

Paris 895 - Argelès-sur-Mer 11 - Le Boulou 11 - Collioure 18 - La Jonquera 23 - Perpignan 25

66740 Pyr.-Or. - 831 h.

Le Soleil d'Or ✆ 68 89 72 11, sortie N, rte de St-Génis-des-Fontaines
0,6 ha (44 empl.) plat, pierreux, herbeux verger -
A proximité :
15 avril-oct. - **R** *conseillée juil.-15 août - 2 pers. 47, pers. suppl. 13 12 (10A)*

VILLEMOUSTAUSSOU

11 Aude - 83 ⑪ - rattaché à Carcassonne

VILLENEUVE-DES-ESCALDES

15 - 86 ⑯

Paris 878 - Ax-les-Thermes 48 - Bourg-Madame 6 - Font-Romeu-Odeillo-Via 14 - Perpignan 102 - Prades 59

66760 Pyr.-Or. - 457 h. alt. 1 350

Municipal Sol y Neu ✆ 68 04 66 83, sortie NE par D 618, rte de Font-Romeu, à 100 m de l'Angoustrine
2,5 ha (110 empl.) plat et en terrasses, herbeux -
Permanent - **R** *conseillée été - 2 pers. 58, pers. suppl. 16 8 (3A) 15 (6A)*

VILLENEUVE-LÈS-AVIGNON

16 - 81 ⑪ ⑫ G. Provence

Paris 684 - Avignon 5 - Nîmes 45 - Orange 22 - Pont-Saint-Esprit 41

30400 Gard - 10 730 h.
Office de Tourisme, 1 pl. Charles-David ✆ 90 25 61 33, Fax 90 25 91 55 et Bureau d'été "La Valfenière", 58 r. de la République ✆ 90 25 61 55

Municipal de la Laune « Plantations décoratives », ✆ 90 25 76 06, au NE de la ville, chemin St-Honoré, accès par D 980, près du stade et des piscines
2,3 ha (127 empl.) plat, herbeux - snack - -
A proximité :
avril-29 sept. - **R** *conseillée juil. - Tarif 94 : 19 11 13/17 15 (6A)*

VILLENEUVE-LES-GENÊTS

6 - 65 ③

Paris 161 - Auxerre 43 - Bléneau 13 - Joigny 42 - Montargis 47 - Saint-Fargeau 11

89350 Yonne - 230 h.

Le Bois Guillaume « Agréable cadre boisé », ✆ 86 45 45 41, Fax 86 45 49 20, NE : 2,7 km
8 ha/2 campables (60 empl.) plat, sous-bois, étang - - vélos - Location :
Permanent - Location longue durée - *Places disponibles pour le passage* - **R** *conseillée* - GB - *16 piscine comprise 8,50 9,50*

VILLENEUVE-LOUBET

17 - 84 ⑨ G. Côte d'Azur

Paris 920 - Antibes 10 - Cagnes-sur-Mer 3 - Cannes 20 - Grasse 21 - Nice 14 - Vence 12

06270 Alpes-Mar. - 11 539 h.
Office de Tourisme, pl. de Verdun ✆ 93 20 20 09, Fax 93 20 16 49

à Villeneuve-Loubet-Plage S : 5 km - ✉ 06270 Villenueve-Loubet :

Parc des Maurettes, ✆ 93 20 91 91, Fax 93 73 77 20, 730 av. du Dr. Lefebvre par N 7 - tentes
2 ha (140 empl.) en terrasses, pierreux, gravier - snack - - A proximité : - Location :
10 janv.-15 nov. - **R** *conseillée juil.-août* - GB - *2 à 4 pers. 92 à 169/2 à 5 pers. 103,50 à 207 13 (3A) 15 (6A) 18 (10A)*

L'Orée de Vaugrenier, réservé aux caravanes « Cadre agréable », ✆ 93 33 57 30, S : 2 km, près du Parc
0,9 ha (51 empl.) plat, herbeux, gravier (0,3 ha) -
- Location :
15 mars-oct. - **R** *conseillée Pâques, juil.-août - Tarif 94 : 3 pers. 100, 4 pers. 124, 5 pers. 136, pers. suppl. 19,50 10 à 18 (2 à 10A)*

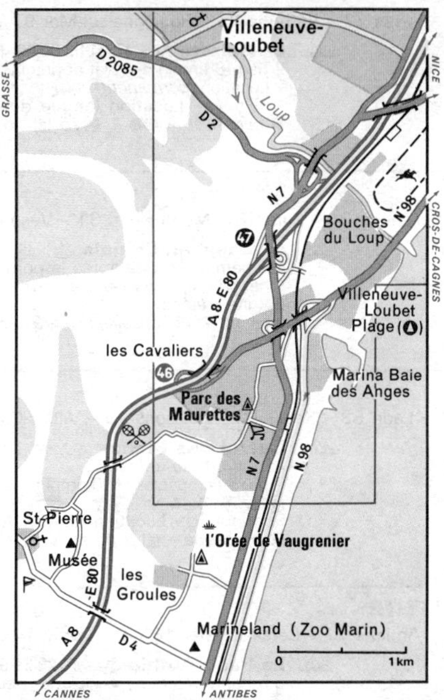

VILLEPINTE

15 - 82 ⑳

Paris 769 - Carcassonne 25 - Castelnaudary 12 - Montréal 13 - Revel 32

11150 Aude - 1 017 h.

Municipal Champ de la Rize « Parc », ✆ 68 94 30 13, sortie NE, rte de Carlipa
1 ha (50 empl.) plat, herbeux - A proximité :
juin-sept. - R - *Tarif 94 : 10 15/20 9*

VILLERÉAL

14 - 79 ⑤ G. Pyrénées Aquitaine

Paris 575 - Agen 61 - Bergerac 35 - Cahors 75 - Marmande 57 - Sarlat-la-Canéda 64 - Villeneuve-sur-Lot 30

47210 L.-et-G. - 1 195 h.

Château de Fonrives « Agréable domaine boisé autour d'un lac », ✆ 53 36 63 38, Fax 53 36 09 98, NO : 2,2 km par D 207, rte d'Issigeac et à gauche, au château
20 ha/6 campables (200 empl.) plat, peu incliné, en terrasses, pierreux, herbeux (2 ha) - parcours sportif - Location : bungalows toilés
15 mai-sept. - R *conseillée* - GB - *Tarif 94 : 28 45 18 (4A) 20 (6A) 25 (10A)*

Fontaine du Roc , ✆ 53 36 08 16, SE : 7,6 km par D 104, rte de Monpazier et à droite par C 1, rte d'Estrade
1,7 ha (30 empl.) plat, herbeux (0,8 ha) -
mai-sept. - R *conseillée* - *20 piscine comprise 30 12 (5A) 16 (10A)*

à St-Étienne-de-Villeréal SE : 3 km par D 255 et à droite - 233 h.
✉ 47210 St-Étienne-de-Villeréal :

Les Ormes , ✆ 53 36 60 26, à 0,9 km au sud du bourg, bord d'un petit lac
20 ha/6 campables (140 empl.) plat, peu incliné et en terrasses, incliné, herbeux, bois attenant (1,5 ha) - - Location *(permanent)* :
avril-sept. - R *conseillée juil.-20 août* - *25 piscine comprise 36 15 (4A) 20 (6A)*

VILLEREST

11 - 73 ⑦ G. Vallée du Rhône

Paris 396 - Clermont-Ferrand 113 - Lyon 84 - Moulins 103 - Saint-Étienne 84

42300 Loire - 4 104 h.
Syndicat d'Initiative ✆ 77 69 71 50

L'Orée du Lac , ✆ 77 69 60 88, SE : 2 km par D 56, rte du barrage
2,5 ha (40 empl.) peu incliné, en terrasses, herbeux - - A proximité : Parc de Loisirs
Pâques-15 oct. - R *conseillée juil.-août*

VILLERS-BRÛLIN
1 - 53 ①

Paris 200 - Abbeville 72 - Arras 23 - Béthune 25 - Boulogne-sur-Mer 97 - Calais 97 - Doullens 34

62690 P.-de-C. - 315 h.

La Hulotte, 21 59 00 68, NO : 2 km, à Guestreville
2 ha (48 empl.) plat et peu incliné, herbeux -
- Location *(permanent)* :
avril-oct. - **Location longue durée** - *Places disponibles pour le passage* - **R** *conseillée* - GB - *16* *15* *16 (10A)*

VILLERSEXEL
8 - 66 ⑦

Paris 394 - Belfort 38 - Besançon 64 - Lure 18 - Montbéliard 31 - Vesoul 27

70110 H.-Saône - 1 460 h.

Le Chapeau Chinois, 84 63 40 60, N : 1 km par D 486, rte de Lure et chemin à droite après le pont, bord de l'Ognon
1 ha (64 empl.) plat, herbeux - - A proximité : half-court - Location : (gîte d'étape)
avril-oct. - **R** *conseillée* - *9* *8* *21* *15 (14A)*

VILLERS-HÉLON
6 - 56 ④

Paris 94 - Compiègne 44 - Laon 53 - Senlis 53 - Soissons 16 - Villers-Cotterêts 14

02600 Aisne - 173 h.

Castel des Biches, 23 96 04 99, Fax 23 72 77 21, sortie N, rte de Longpont, au château
7 ha/5 campables (100 empl.) plat, herbeux, gravillons -
-
Permanent - **Location longue durée** - *Places disponibles pour le passage* - **R** *conseillée* - *2 pers. 78* *15 (2A) 19 (5A)*

VILLERS-SUR-AUTHIE
1 - 51 ⑪

Paris 195 - Abbeville 26 - Amiens 71 - Berck-sur-Mer 16 - Le Crotoy 14 - Hesdin 31

80120 Somme - 354 h.

Le Val d'Authie, 22 29 92 47, sortie S, rte de Vercourt
3,5 ha (117 empl.) plat et peu incliné, herbeux -
-
avril-oct. - **Location longue durée** - *Places limitées pour le passage* - **R** *conseillée juil.-août* - *14* *16* *4,50 par ampère*

VILLERS-SUR-MER
5 - 54 ⑰ G. Normandie Vallée de la Seine

Paris 213 - Cabourg 11 - Caen 40 - Deauville 7 - Lisieux 31 - Pont-l'Évêque 18

14640 Calvados - 2 019 h.
Office de Tourisme, pl. Mermoz (vacances scolaires, 21 mars-15 nov.) 31 87 01 18

Les Ammonites, 31 87 06 06, Fax 31 87 18 00, SO : 3,5 km par rte de Cabourg et, à Auberville, D 163 à droite
3,2 ha (145 empl.) plat, peu incliné, herbeux -
crêperie - solarium vélos - Location :
10 avril-15 oct. - **R** *conseillée juil.-août* - GB - *piscine comprise 2 pers. 125* *20 (6 ou 10A)*

VILLES-SUR-AUZON
16 - 81 ⑬ G. Alpes du Sud

Paris 697 - Avignon 43 - Carpentras 17 - Malaucène 22 - Orange 39 - Sault 24

84570 Vaucluse - 915 h.

Les Verguettes Mont Ventoux « Cadre agréable », 90 61 88 18, Fax 90 61 97 87, sortie O par D 942, rte de Carpentras
1 ha (80 empl.) plat, peu incliné et terrasses, herbeux, pierreux -
grill (dîner seulement) cases réfrigérées -
15 mai-sept. - **R** *conseillée*

VIMOUTIERS
5 - 55 ⑬ G. Normandie Vallée de la Seine

Paris 184 - L'Aigle 44 - Alençon 66 - Argentan 31 - Bernay 37 - Caen 59 - Falaise 37 - Lisieux 27

61120 Orne - 4 723 h.
Office de Tourisme, 10 av. Gén.-de-Gaulle 33 39 30 29

Municipal la Campière « Entrée fleurie », 33 39 18 86, N : 0,7 km vers rte de Lisieux, au stade, bord de la Vie
1 ha (55 empl.) plat, herbeux - -
- A proximité :
Permanent - **R** - *13,30 tennis compris* *7,40* *9,40* *9,70 (6A) hiver : 15,40 (10A)*

VINAY
12 - 77 ③

Paris 563 - Beaurepaire 41 - Grenoble 41 - Romans-sur-Isère 43 - Saint-Marcellin 9,5 - Voiron 35

38470 Isère - 3 410 h.
Office de Tourisme, 19 cours de la Libération 76 36 69 90

Municipal la Vendée, 76 36 91 00, au bourg, accès par N 92, en direction de Valence, près de la piscine
0,8 ha (50 empl.) plat, herbeux - - A l'entrée :
15 mai-15 sept. - **R** *conseillée* - *13* *8* *8* *15 (6A) 26 (10A)*

VINON-SUR-VERDON

17 - 84 ④

Paris 779 - Aix-en-Provence 47 - Brignoles 64 - Castellane 86 - Cavaillon 77 - Digne-les-Bains 67 - Draguignan 73

83560 Var - 2 752 h.

Municipal du Verdon, ✆ 92 78 81 51, sortie N par D 952, rte de Gréoux-les-Bains et à droite après le pont, près du Verdon et d'un plan d'eau
1 ha (70 empl.) plat, pierreux, gravier - A proximité :
mai-sept. - **R** - *15* *17* *12 (6A)*

VINSOBRES

16 - 81 ②

Paris 653 - Bollène 30 - Grignan 21 - Nyons 9,5 - Vaison-la-Romaine 14 - Valence 95

26110 Drôme - 1 062 h.

Sagittaire « Cadre agréable », ✆ 75 27 64 39, Fax 75 27 68 44, **au Pont-de-Mirabel,** angle des D 94 et D 4, près de l'Eygues (accès direct)
14 ha/8 campables (270 empl.) plat, herbeux, gravillons - snack - Toboggan aquatique (plan d'eau avec plage) - Location :
Permanent - **R** *conseillée juil.-août* - GB - *3 pers. 70, pers. suppl. 17* *10 (3A) 17 (6A)*

Municipal , ✆ 75 27 61 65, au sud du bourg par D 190, au stade
1,9 ha (65 empl.) (saison) plat, pierreux, herbeux (1 ha) - -
avril-15 oct. - **R** *conseillée juil.-août* - *9,50* *4,60* *4,60* *10 (2A) 11 (4A) 12 (6A)*

VIOLS-LE-FORT

15 - 83 ⑥ G. Gorges du Tarn

Paris 780 - Aniane 14 - Béziers 69 - Ganges 25 - Montpellier 24 - Sète 52

34380 Hérault - 670 h.

Domaine de Cantagrils « Site sauvage », ✆ 67 55 01 88, S : 4,5 km sur D 127 rte de Murles
500 ha/4 campables (100 empl.) non clos, accidenté et en terrasses, pierreux - - - A proximité :
avril-oct. - **R** *conseillée 15 juil.-15 août* - *2 pers. 70, pers. suppl. 18* *15 (4A)*

VION

12 - 76 ⑩ G. Vallée du Rhône

Paris 538 - Annonay 28 - Lamastre 36 - Tournon-sur-Rhône 7,5 - Valence 25

07610 Ardèche - 701 h.

L'Iserand , ✆ 75 08 01 73, N : 1 km par N 86, rte de Lyon
1,3 ha (70 empl.) en terrasses, pierreux, herbeux - - - Location :
avril-1er oct. - **R** *conseillée juil.-août* - *20 piscine comprise* *20* *10 (6 ou 10A)*

VIRIEU-LE-GRAND

12 - 74 ④

Paris 502 - Aix-les-Bains 38 - Ambérieu-en-Bugey 41 - Belley 11 - Bourg-en-Bresse 71 - Nantua 51

01510 Ain - 922 h.

Municipal du Lac , ✆ 79 87 82 02, S : 2,5 km par D 904, rte d'Ambérieu-en-Bugey et chemin à gauche, bord du lac
1 ha (70 empl.) plat et en terrasses, caillouteux, sablonneux - - vélos
juin-15 sept. - **R** *conseillée juil.-août* - *13* *14/18* *13,50 (6A)*

VIRONCHAUX

1 - 51 ⑫

Paris 198 - Abbeville 26 - Amiens 62 - Berck-sur-Mer 24 - Hesdin 23 - Montreuil 24

80150 Somme - 427 h.

Les Peupliers, ✆ 22 23 54 27, au bourg, 221 r. du Cornet
0,9 ha (30 empl.) plat, herbeux - -
avril-oct. - **R** *conseillée août* - *10* *10* *10 (3A) 12 (5A)*

VISAN

16 - 81 ②

Paris 646 - Avignon 61 - Bollène 19 - Nyons 20 - Orange 26 - Vaison-la-Romaine 16

84820 Vaucluse - 1 514 h.

L'Hérein , ✆ 90 41 95 99, O : 1,1 km par D 161, rte de Bouchet, près d'un ruisseau
2 ha (75 empl.) plat, herbeux, pierreux (0,6 ha) - - - Location :

VITRAC

13 - 75 ⑰ G. Périgord Quercy

Paris 530 - Brive-la-Gaillarde 64 - Cahors 54 - Gourdon 21 - Lalinde 51 - Périgueux 75 - Sarlat-la-Canéda 8

24200 Dordogne - 743 h.

Pour les usagers venant de Beynac, prendre la direction Vitrac-Port

Schéma à la Roque-Gageac

Soleil Plage « Cadre agréable », ✆ 53 28 33 33, Fax 53 29 36 87, E : 2,5 km, bord de la Dordogne
5 ha (180 empl.) plat, herbeux - -
mai-sept. - **R** - GB - *30 piscine comprise* *45*

La Bouysse de Caudon , ✆ 53 28 33 05, Fax 53 30 38 52, E : 2,5 km, près de la Dordogne
3 ha (150 empl.) plat, peu incliné, herbeux - - - Location *(permanent)* : appartements
Pâques-sept. - **R** *conseillée juil.-août* - GB - *24 piscine comprise* *28* *15 (6A)*

Clos Bernard, ☎ 53 28 33 44, NE : 1 km par D 703 – dans locations
1,7 ha (95 empl.) plat, peu incliné et en terrasses, herbeux – A proximité : – Location : appartements
Pâques-sept. – **R** *conseillée juil.-août – 18 18 12 (3A) 14 (5A)*

Le Bosquet ←, ☎ 53 28 37 39 ✉ 24250 Domme, S : 0,9 km de Vitrac-Port
0,6 ha (60 empl.) plat, herbeux –
avril-sept. – **R** – *14 12*

La Rivière ☎ 53 28 33 46 ✉ 24250 Domme, S : 1,6 km, à 300 m de la Dordogne
1,5 ha (50 empl.) plat et peu incliné, herbeux – – A proximité :
15 avril-sept. – **R** *juil.-août – 15 piscine comprise 15 13 (10A)*

VITRY-AUX-LOGES

6 – 64 ⑩

Paris 110 – Châteauneuf-sur-Loire 10,5 – Bellegarde 17 – Malesherbes 46 – Orléans 34 – Pithiviers 28

45530 Loiret – 1 622 h.

Étang de la Vallée « Cadre boisé », ☎ 38 59 35 77, NE : 3,5 km par rte de l'Étang de la Vallée, près d'un plan d'eau
3,7 ha (180 empl.) plat, herbeux – – A proximité : snack (plage)
avril-1er nov. – **R** *conseillée – Tarif 94 : 10 8,50 12 15 (10A)*

VITTEFLEUR

1 – 52 ⑬

Paris 205 – Bolbec 34 – Dieppe 41 – Fécamp 25 – Rouen 59 – Yvetot 26

76450 S.-Mar. – 678 h.

Municipal les Grands Prés, ☎ 35 97 53 82, N : 0,7 km par D 10, rte de Veulettes-sur-Mer, bord de la Durdent
2,6 ha (100 empl.) plat, herbeux –
avril-sept. – **Location longue durée** – *Places disponibles pour le passage* – **R** *conseillée – 13,50 13,50 9,60 (6A)*

VITTEL

7 – 62 ⑭ **G. Alsace Lorraine**

Paris 352 – Belfort 122 – Chaumont 83 – Épinal 41 – Langres 72 – Nancy 70

88800 Vosges – 6 296 h. – 20 fév.-23 déc.
Office de Tourisme, av. Bouloumié ☎ 29 08 37 37, Fax 29 08 37 99

à They-sous-Montfort NE : 4 km par D 68, rte de Domjulien – 178 h.
✉ 88800 They-sous-Montfort :

Les Hierottes, ☎ 29 08 42 42, SO : 0,7 km par D 68, rte de Vittel
0,5 ha (35 empl.) plat et peu incliné, herbeux, pierreux, gravillons, étangs (0,2 ha) – – (bassin)
15 avril-sept. – **R** *juil.-août* – GB – *8 8 8 12 (16A)*

VIVARIO

2B H.-Corse – 90 ⑨ – voir à Corse

VIX

9 – 71 ①

Paris 446 – Fontenay-le-Comte 13 – Luçon 33 – Niort 43 – Marans 15 – La Rochelle 38

85770 Vendée – 1 670 h.

La Rivière ☎ 51 00 65 96, S : 4,5 km, bord de la Sèvre Niortaise
0,5 ha (30 empl.) plat, herbeux – –
mars-oct. – **R** – *9 6 6*

VIZILLE

12 – 77 ⑤ **G. Alpes du Nord**

Paris 586 – Le Bourg-d'Oisans 31 – Grenoble 18 – La Mure 21 – Villard-de-Lans 47

38220 Isère – 7 094 h.
Office de Tourisme, ☎ 76 68 15 16, Mairie ☎ 76 68 08 22

Municipal du Bois de Cornage ←, ☎ 76 68 12 39, sortie N vers N 85, rte de Grenoble et av. de Venaria à droite – interdit aux caravanes de plus de 5 m
2,3 ha (128 empl.) peu incliné, en terrasses, herbeux –
15 mai-sept. – **R** *conseillée juil.-août – 1 pers. 28, 2 pers. 40 20 (6A) 25 (10A)*

VOGÜÉ

16 – 80 ⑨ **G. Vallée du Rhône**

Paris 640 – Aubenas 8,5 – Largentière 15 – Privas 38 – Vallon-Pont-d'Arc 25 – Viviers 35

07200 Ardèche – 631 h.

Domaine du Cros d'Auzon « Site et cadre agréables », ☎ 75 37 75 86, Fax 75 37 01 02 ✉ 07200 St-Maurice-d'Ardèche, S : 2,5 km par D 579 et chemin à droite avant la station Elf, à Vogüé-Gare, bord de l'Ardèche
18 ha/3 campables (170 empl.) (saison) plat, pierreux, sablonneux, herbeux – snack – salle de musculation poneys, parcours sportif, half-court, vélos – Location : (hôtel)
15 avril-15 sept. – **R** *conseillée juil.-août* – GB – *piscine et tennis compris 2 pers. 92, pers. suppl. 20 18 (4 à 6A)*

Les Roches « Cadre sauvage », ☎ 75 37 70 45, S : 1,5 km par D 579, à Vogüé-Gare, à 200 m de l'Auzon et de l'Ardèche
2,5 ha (120 empl.) accidenté, plat, herbeux, rocheux – – – A proximité :
avril-sept. – **R** *conseillée juil.-août – piscine comprise 2 pers. 86 16 (4A)*

Les Peupliers ⑤, ✆ 75 37 71 47, S : 2 km par D 579 et chemin à droite avant la station Elf, à Vogüé-Gare, bord de l'Ardèche
3 ha (100 empl.) (saison) plat, herbeux, sablonneux, pierreux
Pâques-9 sept. - **R** *conseillée juil.-août - Tarif 94 : piscine comprise 2 pers. 80 (⚡) 15 (4 ou 6A)*

Les Chênes Verts « Cadre agréable », ✆ 75 37 71 54, SE : 1,7 km par D 103, rte de St-Germain - véhicule tracteur pour placer les caravanes
1,5 ha (42 empl.) en terrasses, peu accidenté, pierreux, herbeux - vélos - A proximité : - Location :
avril-sept. - **R** *conseillée juil.-août - piscine comprise 2 pers. 68 (⚡) 9 (6A) 15 (9A)*

VOIRON

12 - 77 ④ G. Alpes du Nord

Paris 552 - Bourg-en-Bresse 109 - Chambéry 44 - Grenoble 27 - Lyon 85 - Romans-sur-Isère 73 - Valence 85

38500 Isère - 18 686 h.
Office de Tourisme, 3 r. P.-Vial
✆ 76 05 00 38, Fax 76 65 63 21

Porte de Chartreuse, ✆ 76 05 14 20, NO : 1,5 km par N 75, rte de Bourg-en-Bresse
1,5 ha (70 empl.) plat et peu incliné, herbeux, gravier - - A proximité : discothèque
15 janv.-nov. - **R** *conseillée juil.-août - 20 12 15/20 (⚡) 20 (10A)*

VOLESVRES

11 - 69 ⑰

Paris 362 - Charolles 12 - Digoin 15 - Gueugnon 20 - Montceau-les-Mines 31 - Paray-le-Monial 7,5

71600 S.-et-L. - 536 h.

Municipal les Eglantines, au bourg, par rte de St-Léger-les-Paray
0,4 ha (21 empl.) plat, herbeux - - A proximité :
10 avril-10 nov. - **R** - *10 13 13 (⚡) 12 (10A)*

VOLONNE

17 - 81 ⑯ G. Alpes du Sud

Paris 719 - Digne-les-Bains 27 - Château-Arnoux-Saint-Auban 3 - Forcalquier 33 - Les Mées 12 - Sisteron 13

04290 Alpes-de-H.-Pr. - 1 387 h.

L'Hippocampe « Cadre agréable », ✆ 92 33 50 00, Fax 92 33 50 49, SE : 0,5 km par D 4, bord du lac
8 ha (447 empl.) (juil.-août) plat, herbeux pizzeria, self - Discothèque tir à l'arc - Location : , bungalows toilés
avril-sept. - **R** *conseillée* - GB - *Tarif 94 : piscine comprise 2 pers. 99 (⚡) 21 (6A)*

VOLX

17 - 81 ⑮

Paris 749 - Digne-les-Bains 49 - Forcalquier 15 - Gréoux-les-Bains 20 - Manosque 8 - Reillanne 22

04130 Alpes-de-H.-Pr. - 2 516 h.

Municipal la Vandelle ⑤, ✆ 92 79 35 85, à 1,3 km au SO du bourg
1 ha (50 empl.) plat, peu incliné et terrasses, herbeux - (bassin)
25 juin-4 sept. - **R** *15 juil.-15 août - 13,50 5,50 15,50 (⚡) 15 (3A)*

VONNAS

12 - 74 ②

Paris 409 - Bourg-en-Bresse 24 - Lyon 69 - Mâcon 19 - Villefranche-sur-Saône 40

01540 Ain - 2 381 h.

Municipal ⑤, ✆ 74 50 02 75, sortie O par D 96, rte de Biziat, bord de la Veyle
1,8 ha (70 empl.) plat, herbeux - - A proximité :
Location longue durée - *Places limitées pour le passage*

VOREY

11 - 76 ⑦

Paris 533 - Ambert 57 - Craponne-sur-Arzon 18 - Le Puy-en-Velay 37 - Saint-Étienne 65 - Yssingeaux 27

43800 H.-Loire - 1 315 h.

Les Moulettes, ✆ 71 03 70 48, à l'ouest du centre bourg, bord de l'Arzon
1 ha (40 empl.) plat, herbeux - - - A proximité : toboggan aquatique
mai-sept. - **R** *conseillée juil.-20 août - 16 9 15 (⚡) 15 (10A)*

VOUGLANS

12 - 70 ⑭ G. Jura

Paris 452 - Bourg-en-Bresse 56 - Lons-le-Saunier 42 - Nantua 36 - Oyonnax 21 - Saint-Claude 27

39 Jura - ✉ 39260 Lect

Les Cyprès ←, sortie NO par D 299, rte de Chancia
1,4 ha (100 empl.) (juil.-août) peu incliné, plat, en terrasses, herbeux, pierreux -
avril-oct. - **R** *juil.-août - Tarif 94 : 14 17 (⚡) 14 (5A)*

VOUILLÉ

9 - 68 ⑬

Paris 340 - Châtellerault 44 - Parthenay 34 - Poitiers 19 - Saumur 83 - Thouars 54

86190 Vienne - 2 574 h.

Municipal, ✆ 49 51 90 10, au bourg, bord d'un ruisseau
0,5 ha (47 empl.) plat, herbeux - A proximité : tir à l'arc
juin-15 sept. - **R** *conseillée - 8,80 5,70 6,30 11,30 (jusqu'à 16A)*

VOUVRAY

5 - 64 ⑮ G. Châteaux de la Loire

Paris 239 - Amboise 15 - Château-Renault 26 - Chenonceaux 26 - Tours 10

37210 I.-et-L. - 2 933 h.

Bec de Cisse, ✆ 47 52 68 81, au sud du bourg, bord de la Cisse
2 ha (33 empl.) plat, herbeux - A proximité :
mai-sept. - **R** *juil.-août - 14,50 21 14 (10A)*

VUILLAFANS

12 - 70 ⑥ G. Jura

Paris 432 - Besançon 32 - Morteau 40 - Pontarlier 28 - Salins-les-Bains 39

25840 Doubs - 649 h.

Municipal le Pré Bailly ≤, au bourg, rive gauche de la Loue
0,8 ha (50 empl.) plat et terrasse, herbeux, gravier - Location : gîte d'étape
15 mars-sept. - **R** *juil.-août - 2 pers. 27, pers. suppl. 10 9 (4A) 13 (6A) 21 (10A)*

► *En juillet et août, beaucoup de terrains sont saturés et leurs emplacements retenus longtemps à l'avance.*

N'attendez pas le dernier moment pour réserver ; ou mieux : choisissez une autre période.

WACQUINGHEN **62** P.-de-C. - 51 ① - rattaché à Boulogne-sur-Mer

WARHEM

1 - 51 ④

Paris 287 - Calais 53 - Dunkerque 13 - Hazebrouck 38 - Leper 37 - Saint-Omer 35

59380 Nord - 1 916 h.

La Becque, réservé aux caravanes, ✆ 28 62 00 40, E : 0,8 km et chemin à gauche
1 ha (87 empl.) plat, herbeux -
Permanent - **R** - *2 pers. 66*

WARLINCOURT-LÈS-PAS

1 - 52 ⑨

Paris 187 - Albert 26 - Amiens 36 - Arras 24 - Béthune 56 - Doullens 16

62760 P.-de-C. - 136 h.

La Kilienne, ✆ 21 48 21 74, Fax 21 22 64 14, au bourg, sur D 25E, bord de rivière
7 ha (240 empl.) plat et en terrasses, herbeux -
avril-oct. - **Location longue durée** - *Places limitées pour le passage* - **R** - GB - *élect. (6A) et piscine comprises 2 pers. 60, pers. suppl. 10*

WASSELONNE

8 - 62 ⑨ G. Alsace Lorraine

Paris 463 - Haguenau 39 - Molsheim 15 - Saverne 14 - Sélestat 51 - Strasbourg 26

67310 B.-Rhin - 4 916 h.
Office de Tourisme, pl. du Général-Leclerc (15 juin-15 sept.) ✆ 88 87 17 22 et Mairie (hors saison) ✆ 88 87 03 28

Municipal ≤, ✆ 88 87 00 08, O : 1 km par D 224 rte de Wangenbourg
1,5 ha (100 empl.) en terrasses, herbeux - (découverte l'été) - A proximité :
avril-15 oct. - **R** *conseillée juil.-août - 12,70 7,60 10 (5A) 18 (10A)*

WATTEN

1 - 51 ③ G. Flandres Artois Picardie

Paris 267 - Calais 36 - Cassel 20 - Dunkerque 30 - Lille 69 - Saint-Omer 12

59143 Nord - 3 030 h.

Le Val Joly, ✆ 21 88 23 26, à l'ouest du bourg, près de l'Aa
2,4 ha (68 empl.) plat, herbeux - (saison)
avril-oct. - **Location longue durée** - *Places disponibles pour le passage* - **R** - *13,50 13,50 11 (3A)*

WATTWILLER

8 - 66 ⑨

Paris 471 - Belfort 40 - Bussang 34 - Colmar 32 - Mulhouse 20 - Thann 8

68700 H.-Rhin - 1 506 h.

Les Sources « Agréable cadre boisé », ✆ 89 75 44 94, Fax 89 75 71 98, O : 1,7 km par D 5 III, vers la rte des Crêtes
12 ha (225 empl.) (saison) en terrasses, pierreux, gravillons - et poneys (centre équestre) - Location :
avril-15 oct. - **R** *conseillée juil.-août* - GB - *Tarif 94 : 22 piscine comprise 10 21 16 (5A)*

WILLER-SUR-THUR

8 - 66 ⑨ G. Alsace Lorraine

Paris 475 - Belfort 36 - Bussang 22 - Colmar 45 - Mulhouse 25 - Thann 4,5

68760 H.-Rhin - 1 947 h.

Le Long Pré, 89 82 32 96, NE : 1 km par D 13BVI, rte du Grand Ballon, bord d'un ruisseau
1 ha (50 empl.) peu incliné, herbeux
mai-sept. - R - *13* *8* *8/9* *16 (6A)*

XONRUPT-LONGEMER

8 - 62 ⑰ G. Alsace Lorraine

Paris 441 - Épinal 47 - Gérardmer 3,5 - Remiremont 31 - Saint-Dié 25

88400 Vosges - 1 415 h. alt. 780 - Sports d'hiver : 820/1 213 m 3

Verte Vallée, 29 63 21 77, SE : 4 km, bord de la Vologne
3 ha (90 empl.) plat, herbeux
A proximité : tir à l'arc - Location : gîte d'étape
Permanent - R - *13 (hiver 15)* *13 (hiver 15)* *10 (2A) 15 (4A) 30 (6A)*

Les Jonquilles lac et montagnes boisées, 29 63 34 01, SE : 2,5 km, bord du lac
3 ha (220 empl.) peu incliné, herbeux
avril-15 oct. - R *conseillée juil.-20 août* - *2 pers. 48* *15 (6A)*

La Vologne, 29 60 87 23, SE : 4,5 km, bord de la rivière
2,5 ha (70 empl.) (juil.-août) plat, herbeux
15 mai-15 sept. - R - *12* *5,50* *6* *10 (2A) 14 (4A) 25 (6A)*

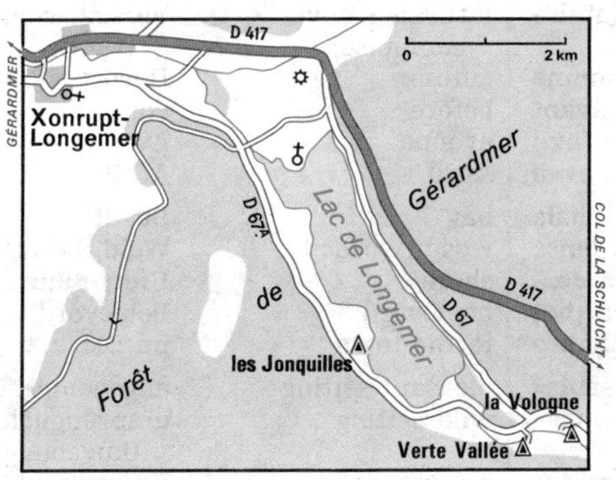

YPORT

1 - 52 ⑫

Paris 210 - Bolbec 23 - Étretat 13 - Fécamp 6 - Le Havre 41 - Rouen 76

76111 S.-Mar. - 1 141 h.

Municipal la Chênaie, 35 27 33 56, sortie SE, sur D 104, rte d'Épreville
1,3 ha (65 empl.) plat et accidenté, herbeux (0,5 ha) - (saison)
- A proximité :

YZEURES-SUR-CREUSE

10 - 68 ⑤

Paris 317 - Châteauroux 78 - Châtellerault 29 - Poitiers 66 - Tours 84

37290 I.-et-L. - 1 747 h.

Municipal Bords de Creuse, 47 94 48 32, sortie S par D 104 rte de Vicq-sur-Gartempe, près de la Creuse
1,7 ha (130 empl.) (juil.-août) plat et peu incliné, herbeux
- A proximité :
15 juin-15 sept. - R - *8,25* *8,25* *14*

Lexique

Lexicon – Lexikon – Woordenlijst

accès difficile	difficult approach	schwierige Zufahrt	moeilijke toegang
accès direct à	direct access to...	Zufahrt zu ...	rechtstreekse toegang tot...
accidenté	uneven, hilly	uneben	heuvelachtig
adhésion	membership	Beitritt	lidmaatschap
août	August	August	augustus
après	after	nach	na
Ascension	Ascension Day	Himmelfahrt	Hemelvaartsdag
assurance obligatoire	insurance cover compulsory	Versicherungspflicht	verzekering verplicht
automne	autumn	Herbst	herfst
avant	before	vor	voor
avenue (av.)	avenue	Avenue	laan
avril	April	April	april
baie	bay	Bucht	baai
bois, boisé	wood, wooded	Wald, bewaldet	bebost
bord de...	shore	Ufer, Rand	aan de oever van...
boulevard (bd)	boulevard	Boulevard	boulevard
au bourg	in the town	im Ort	in het dorp
«Cadre agréable»	pleasant setting	angenehme Umgebung	aangename omgeving
«Cadre sauvage»	wild setting	ursprüngliche Umgebung	woeste omgeving
carrefour	crossroads	Kreuzung	kruispunt
cases réfrigérées	refrigerated food storage facilities	Kühlboxen	Koelvakken
centre équestre	horseriding stables	Reitzentrum	manege
château	castle	Schloß, Burg	kasteel
chemin	path	Weg	weg
conseillé	advisable	empfohlen	aanbevolen
cotisation obligatoire	membership charge obligatory	ein Mitgliedsbeitrag wird verlangt	verplichte bijdrage
croisement difficile	difficult access	Schwierige Überquerung	gevaarlijk Kruispunt
en cours d'aménagement, de transformations	work in progress, rebuilding	wird angelegt, wird umgebaut	in aanbouw, wordt verbouwd
crêperie	pancake restaurant, stall	Pfannkuchen-Restaurant	pannekoekenhuis
décembre (déc.)	December	Dezember	december
«Décoration florale»	floral decoration	Blumenschmuck	bloemversiering
derrière	behind	hinter	achter
discothèque	disco	Diskothek	discotheek
à droite	to the right	nach rechts	naar rechts
église	church	Kirche	kerk
électricité (élect.)	electricity	Elektrizität	elektriciteit
entrée	way in, entrance	Eingang	ingang
«Entrée fleurie»	flowered entrance	blumengeschmückter Eingang	door bloemen omgeven ingang
étang	pond, pool	Teich	vijver
été	summer	Sommer	zomer
exclusivement	exclusively	ausschließlich	uitsluitend

falaise	cliff	Steilküste	steile kust
famille	family	Familie	gezin
fermé	closed	geschlossen	gesloten
février (fév.)	February	Februar	februari
forêt	forest, wood	Wald	bos
garage	parking facilities	üderdachter Abstellplatz	parkeergelegenheid
garage pour caravanes	garage for caravans	unterstellmöglichkeit für Wohnwagen	garage voor caravans
garderie (d'enfants)	children's crèche	Kindergarten	kinderdagverblijf
gare (S.N.C.F.)	railway station	Bahnhof	station
à gauche	to the left	nach links	naar links
gorges	gorges	Schlucht	bergengten
goudronné	surfaced road	geteert	geasfalteerd
gratuit	free, no charge made	kostenlos	kosteloos
gravier	gravel	Kies	grint
gravillons	fine gravel	Rollsplitt	steenslag
herbeux	grassy	mit Gras bewachsen	grasland
hiver	winter	Winter	winter
hors saison	out of season	Vor- und Nachsaison	buiten het seizoen
île	island	Insel	eiland
incliné	sloping	abfallend	hellend
indispensable	essential	unbedingt erforderlich	noodzakelijk, onmisbaar
intersection	crossroads	Kreuzung	kruispunt
janvier (janv.)	January	Januar	januari
juillet (juil.)	July	Juli	juli
juin	June	Juni	juni
lac	lake	(Binnen) See	meer
lande	heath	Heide	hei
licence obligatoire	camping licence or international camping carnet	Lizenz wird verlangt	vergunning verplicht
lieu-dit	spot, site	Flurname, Weiler	oord
location longue durée	weekend and residential site	langfristige Miete	lange termijn verhuur
mai	May	Mai	mei
mairie	town hall	Bürgermeisteramt	stadhuis
mars	March	März	maart
matin	morning	Morgen	morgen
mer	sea	Meer	zee
mineurs non accompagnés non admis	people under 18 must be accompanied by an adult	Minderjährige ohne Begleitung werden nicht zugelassen	minderjarigen zonder geleide niet toegelaten
montagne	mountain	Gebirge	gebergte
Noël	Christmas	Woihnachten	Kerstmis
non clos	open site	nicht eingefriedet	niet omheind
novembre (nov.)	November	November	november
océan	ocean	Ozean	oceaan
octobre (oct.)	October	Oktober	oktober
ouverture prévue	opening scheduled	Eröffnung vorgesehen	vermoedelijke opening
Pâques	Easter	Ostern	Pasen
parcours de santé	fitness trail	Fitneßparcours	trimbaan
passage non admis	no touring pitches	kein kurzer Aufenthalt	niet toegankelijk voor kampeerders op doorreis
pente	slope	Steigung, Gefälle	helling
Pentecôte	Whitsun	Pfingsten	Pinksteren
personne (pers.)	person	Person	persoon

pierreux	stony	steinig	steenachtig
pinède	pine grove	Kiefernwäldchen	dennenbos
place (pl.)	square	Platz	plein
places disponibles pour le passage	touring pitches available	Plätze für kurzen Aufenthalt vorhanden	plaatsen beschikbaar voor kampeerders op doorreis
places limitées pour le passage	limited number of touring pitches	Plätze für kurzen Aufenthalt in begrenzter Zahl vorhanden	beperkt aantal plaatsen voor kampeerders op doorreis
plage	beach	Strand	strand
plan d'eau	stretch of water	Wasserfläche	watervlakte
plat	flat	eben	vlak
poneys	ponies	Ponys	pony's
pont	bridge	Brücke	brug
port	port, harbour	Hafen	haven
prairie	grassland	Wiese	weide
près de...	near	nahe bei ...	bij...
presqu'île	peninsula	Halbinsel	schiereiland
prévu	projected	geplant	verwacht, gepland
printemps	spring	Frühjahr	voorjaar
en priorité	giving priority to...	mit Vorrang	voorrangs...
à proximité	nearby	in der Nähe von	in de nabijheid
quartier	(town) quarter	Stadtteil	wijk
Rameaux	Palm Sunday	Palmsonntag	Palmzondag
réservé	reserved	reserviert	gereserveerd
rive droite, gauche	right, left bank	rechtes, linkes Ufer	rechter, linker oever
rivière	river	Fluß	rivier
rocailleux	stony	steinig	vol kleine steentjes
rocheux	rocky	felsig	rotsachtig
route (rte)	road	Landstraße	weg
rue (r.)	street	Straße	straat
ruisseau	stream	Bach	beek
sablonneux	sandy	sandig	zanderig
saison	(tourist) season	Reisesaison	seizoen
salle de musculation	weight-training gym	Fitnessraum	fitnessruimte
avec sanitaires individuels	with individual sanitary arrangements	mit sanitären Anlagen für jeden Standplatz	met eigen sanitair
schéma	local map	Kartenskizze	schema
semaine	week	Woche	week
septembre (sept.)	September	September	september
site	site	Lage	landschap
situation	situation	Lage	ligging
sortie	way out, exit	Ausgang	uitgang
sous-bois	underwood	Unterholz	geboomte
à la station	at the filling station	an der Tankstelle	bij het benzinestation
supplémentaire (suppl.)	additional	zuzüglich	extra
en terrasses	terraced	in Terrassen	terrasvormig
tir à l'arc	archery	Bogenschießen	boogschieten
toboggan aquatique	water slide	Rutschbahn in Wasser	waterglijbaan
torrent	torrent	Wildbach	bergstroom
Toussaint	All Saints' Day	Allerheiligen	Allerheiligen
tout compris	everything included	alles inbegriffen	alles inbegrepen
vacances scolaires	school holidays	Ferientermine	schoolvakanties
vallonné	undulating	hügelig	heuvelachtig
vélos	bicycles	Fahrräder	fietsen
verger	orchard	Obstgarten	boomgaard
vers	in the direction of	nach (Richtung)	naar (richting)
voir	see	sehen, siehe	zien, zie

Calendrier des vacances scolaires

Voir pages suivantes

School holidays calendar

See next pages

Ferientermine

Siehe nächste Seiten

Kalender van de schoolvakanties

Zie volgende bladzijden

ACADÉMIES ET DÉPARTEMENTS

Zone A

Caen (14-50-61), Clermont-Ferrand (03-15-43-63), Grenoble (07-26-38-73-74), Lyon (01-42-69), Montpellier (11-30-34-48-66), Nancy-Metz (54-55-57-88), Nantes (44-49-53-72-85), Rennes (22-29-35-56), Toulouse (09-12-31-32-46-65-81-82).

Zone B

Aix-Marseille (04-05-13-84), Amiens (02-60-80), Besançon (25-39-70-90), Dijon (21-58-71-89), Lille (59-62), Limoges (19-23-87), Nice (06-83), Orléans-Tours (18-28-36-37-41-45), Poitiers (16-17-79-86), Reims (08-10-51-52), Rouen (27-76), Strasbourg (67-68).

Zone C

Bordeaux (24-33-40-47-64), Créteil (77-93-94), Paris-Versailles (75-78-91-92-95).

Nota : La Corse bénéficie d'un statut particulier.

1995 FÉVRIER

1	M	se Ella
2	J	Présentation
3	V	s Blaise
4	S	se Véronique
5	**D**	se Agathe
6	L	s Gaston
7	M	se Eugénie
8	M	se Jacqueline
9	J	se Apolline
10	V	s Arnaud
11	S	*N.-D. Lourdes*
12	**D**	s Félix
13	L	se Béatrice
14	M	s Valentin
15	M	s Claude
16	J	se Juliette
17	V	s Alexis
18	S	se Bernadette
19	**D**	s Gabin
20	L	se Aimée
21	M	s P. Damien
22	M	se Isabelle
23	J	s Lazare
24	V	s Modeste
25	S	s Roméo
26	**D**	s Nestor
27	L	se Honorine
28	M	**Mardi-Gras**

MARS

1	M	**Cendres**
2	J	s Ch. le Bon
3	V	s Guénolé
4	S	s Casimir
5	**D**	**Carême**
6	L	se Colette
7	M	Se Félicité
8	M	s Jean de D.
9	J	se Françoise
10	V	s Vivien
11	S	se Rosine
12	**D**	se Justine
13	L	s Rodrigue
14	M	se Mathilde
15	M	se Louise
16	J	se Bénédicte
17	V	s Patrice
18	S	s Cyrille
19	**D**	s Joseph
20	L	s Herbert
21	M	PRINTEMPS
22	M	se Léa
23	J	s Victorien
24	V	se Cath. de Su.
25	S	**Annonciation**
26	**D**	se Larissa
27	L	s Habib
28	M	s Gontran
29	M	se Gwladys
30	J	s Amédée
31	V	s Benjamin

AVRIL

1	S	s Hugues
2	**D**	se Sandrine
3	L	s Richard
4	M	s Isidore
5	M	se Irène
6	J	s Marcellin
7	V	s J.-B. de la S.
8	S	se Julie
9	**D**	**Rameaux**
10	L	s Fulbert
11	M	s Stanislas
12	M	s Jules
13	J	se Ida
14	V	s Maxime
15	S	s Paterne
16	**D**	**PÂQUES**
17	**L**	s Anicet
18	M	s Parfait
19	M	se Emma
20	J	se Odette
21	V	s Anselme
22	S	s Alexandre
23	**D**	s Georges
24	L	s Fidèle
25	M	s Marc
26	M	se Alida
27	J	se Zita
28	V	se Valérie
29	S	se Cath. de Si.
30	D	**Jour du Souv.**

MAI

1	**L**	**FÊTE DU TR.**
2	M	s Boris
3	M	ss Phil., Jacq.
4	J	s Sylvain
5	V	se Judith
6	S	se Prudence
7	**D**	se Gisèle
8	**L**	**VICTOIRE 45**
9	M	s Pacôme
10	M	se Solange
11	J	se Estelle
12	V	s Achile
13	S	se Rolande
14	**D**	F. Jean. d'Arc
15	L	se Denise
16	M	s Honoré
17	M	s Pascal
18	J	s Eric
19	V	s Yves
20	S	s Bernardin
21	**D**	s Constantin
22	L	s Emile
23	M	s Didier
24	M	s Donatien
25	**J**	**ASCENSION**
26	V	s Berenger
27	S	s Augustin
28	**D**	**F. des Mères**
29	L	s Aymard
30	M	s Ferdinand
31	M	Visitation

JUIN

1	J	s Justin
2	V	se Blandine
3	S	s Kévin
4	**D**	**PENTECÔTE**
5	**L**	s Igor
6	M	s Norbert
7	M	s Gilbert
8	J	s Médard
9	V	se Diane
10	S	s Landry
11	**D**	s Barnabé
12	L	s Guy
13	M	s Antoire de P.
14	M	s Elisée
15	J	se Germaine
16	V	s J.-F. Régis
17	S	s Hervé
18	**D**	***F.-Dieu***
19	L	s Romuald
20	M	s Silvère
21	M	ETE
22	J	s Alban
23	V	se Audrey
24	S	s Jean-Bapt.
25	**D**	s Prosper
26	L	s Anthelme
27	M	s Fernand
28	M	s Irénée
29	J	ss Pierre, Paul
30	V	s Martial

JUILLET

1	S	s Thierry
2	**D**	s Martinien
3	L	s Thomas
4	M	s Florent
5	M	s Antoine
6	J	se Mariette
7	V	s Raoul
8	S	s Thibaut
9	**D**	se Amandine
10	L	s Ulrich
11	M	s Benoît
12	M	s Olivier
13	J	ss Henri, Joël
14	**V**	**FÊTE NAT.**
15	S	s Donald
16	**D**	N.-D. Mt-Carmel
17	L	se Charlotte
18	M	s Frédéric
19	M	s Arsène
20	J	se Marina
21	V	s Victor
22	S	se Marie-Mad.
23	**D**	se Brigitte
24	L	se Christine
25	M	s Jacques
26	M	ss. Ann. Joa.
27	J	se Nathalie
28	V	s Samson
29	S	se Marthe
30	**D**	se Juliette
31	L	s Ignace de L.

AOÛT

1	M	s Alphonse
2	M	s Julien-Eym.
3	J	se Lydie
4	V	s J.-M. Vianney
5	S	s Abel
6	**D**	Transfiguration
7	L	s Gaëtan
8	M	s Dominique
9	M	s Amour
10	J	s Laurent
11	V	se Claire
12	S	se Clarisse
13	**D**	s Hippolyte
14	L	s Evrard
15	**M**	**ASSOMPTION**
16	M	s Armel
17	J	s Hyacinthe
18	V	se Hélène
19	S	s Jean-Eudes
20	**D**	s Bernard
21	L	s Christophe
22	M	s Fabrice
23	M	se Rose de L.
24	J	s Barthélemy
25	V	s Louis
26	S	se Natacha
27	**D**	se Monique
28	L	s Augustin
29	M	se Sabine
30	M	s Fiacre
31	J	s Aristide

1995 SEPTEMBRE

1	V	s Gilles
2	S	s^{e} Ingrid
3	**D**	s Grégoire
4	L	s^{e} Rosalie
5	M	s^{e} Raissa
6	M	s Bertrand
7	J	s^{e} Reine
8	V	Nativité N.-D.
9	S	s Alain
10	**D**	s^{e} Inès
11	L	s Adelphe
12	M	s Apollinaire
13	M	s Aimé
14	J	La S^{e} Croix
15	V	s Roland
16	S	s^{e} Edith
17	**D**	s Renaud
18	L	s^{e} Nadège
19	M	s^{e} Emilie
20	M	s Davy
21	J	s Matthieu
22	V	s Maurice
23	S	AUTOMNE
24	**D**	s^{e} Thècle
25	L	s Hermann
26	M	ss Côme, Dam.
27	M	s Vinc. de Paul
28	J	s Venceslas
29	V	s Michel
30	S	s Jérôme

OCTOBRE

1	**D**	s^{e} Th. de l'E.-J.
2	L	s Léger
3	M	s Gérard
4	M	s Fr. d'Assise
5	J	s^{e} Fleur
6	V	s Bruno
7	S	s Serge
8	**D**	s^{e} Pélagie
9	L	s Denis
10	M	s Ghislain
11	M	s Firmin
12	J	s Wilfried
13	V	s Géraud
14	S	s Juste
15	**D**	s^{e} Th. d'Avila
16	L	s^{e} Edwige
17	M	s Baudouin
18	M	s Luc
19	J	s René
20	V	s^{e} Adeline
21	S	s^{e} Cécile
22	**D**	s^{e} Elodie
23	L	s Jean de C.
24	M	s Florentin
25	M	s Crépin
26	J	s Dimitri
27	V	s^{e} Emeline
28	S	ss Sim., Jude
29	**D**	s Narcisse
30	L	s^{e} Bienvenue
31	M	s Quentin

NOVEMBRE

1	**M**	**TOUSSAINT**
2	J	**Défunts**
3	V	s Hubert
4	S	s Charles
5	**D**	s^{e} Sylvie
6	L	s^{e} Bertille
7	M	s^{e} Carine
8	M	s Geoffroy
9	J	s Théodore
10	V	s Léon
11	**S**	**ARMIST. 1918**
12	**D**	s Christian
13	L	s Brice
14	M	s Sidoine
15	M	s Albert
16	J	s^{e} Marguerite
17	V	s^{e} Elisabeth
18	S	s^{e} Aude
19	**D**	s Tanguy
20	L	s Edmond
21	M	Prés. de Marie
22	M	s^{e} Cécile
23	J	s Clément
24	V	s^{e} Flora
25	S	s^{e} Catherine L.
26	**D**	s^{e} Delphine
27	L	s Séverin
28	M	s Jacq. de la M.
29	M	s Saturnin
30	J	s André

DÉCEMBRE

1	V	s^{e} Florence
2	S	s^{e} Viviane
3	**D**	**Avent**
4	L	s^{e} Barbara
5	M	s Gérald
6	M	s Nicolas
7	J	s Ambroise
8	V	Im. Conception
9	S	s P. Fourier
10	**D**	s Romaric
11	L	s Daniel
12	M	s^{e} Jeanne F.-C.
13	M	s^{e} Lucie
14	J	s^{e} Odile
15	V	s^{e} Ninon
16	S	s^{e} Alice
17	**D**	s Gaël
18	L	s Gatien
19	M	s Urbain
20	M	s Abraham
21	J	s Pierre C.
22	V	HIVER
23	S	s Armand
24	**D**	s^{e} Adèle
25	**L**	**NOËL**
26	M	s Etienne
27	M	s Jean
28	J	ss Innocents
29	V	s David
30	S	s Roger
31	D	s Sylvestre

1996 JANVIER

1	**L**	**J. DE L'AN**
2	M	s Basile
3	M	s^{e} Geneviève
4	J	s Odilon
5	V	s Edouard
6	S	s Mélaine
7	**D**	**Epiphanie**
8	L	s Lucien
9	M	s^{e} Alix
10	M	s Guillaume
11	J	s Paulin
12	V	s^{e} Tatiana
13	S	s^{e} Yvette
14	**D**	s^{e} Nina
15	L	s Rémi
16	M	s Marcel
17	M	s^{e} Roseline
18	J	s^{e} Prisca
19	V	s Marius
20	S	s Sébastien
21	**D**	s^{e} Agnès
22	L	s Vincent
23	M	s Barnard
24	M	s Fr. de Sales
25	J	Conv. s Paul
26	V	s^{e} Paule
27	S	s^{e} Angèle
28	**D**	s Th. d'Aquin
29	L	s Gildas
30	M	s^{e} Martine
31	M	s^{e} Marcelle

FÉVRIER

1	J	s^{e} Ella
2	V	Présentation
3	S	s Blaise
4	**D**	s^{e} Véronique
5	L	s^{e} Agathe
6	M	s Gaston
7	M	s^{e} Eugénie
8	J	s^{e} Jacqueline
9	V	s^{e} Apolline
10	S	s Arnaud
11	**D**	*N.-D. Lourdes*
12	L	s Félix
13	M	s^{e} Béatrice
14	M	s Valentin
15	J	s Claude
16	V	s^{e} Julienne
17	S	s Alexis
18	**D**	s^{e} Bernadette
19	L	s Gabin
20	M	**Mardi-Gras**
21	M	**Cendres**
22	J	s^{e} Isabelle
23	V	s Lazare
24	S	s Modeste
25	**D**	**Carême**
26	L	s Nestor
27	M	s^{e} Honorine
28	M	s Romain
29	J	s Auguste

Parution de votre nouveau Guide 1996.

Issue of your new Guide 1996.

Ihr neuer Campingführer erscheint 1996.

Uw pas verschenen Gids 1996

MANUFACTURE FRANÇAISE DES PNEUMATIQUES MICHELIN
Société en commandite par actions au capital de 2 000 000 000 de francs.
Place des Carmes-Déchaux - 63 Clermont-Ferrand (France)
R.C.S. Clermont-Fd B 855 200 507

Dépôt légal : Février 95 - ISBN 2-06-006159-8

Printed in the EC - 1-95-150
Photocomposition et impression : MAURY Imprimeur S.A., Malesherbes
Brochage : MAME Imprimeur-Relieur, Tours
Populations : INSEE - 32e recensement général de la population (1990)

Illustrations : Nathalie Benavides/MICHELIN pages 4, 8, 11, 13, 17, 20, 22, 26, 29, 31 et 35.

CARTES DÉTAILLÉES
La France en 40 cartes
1/200 000
Calais
Lille
51
BRUSSEL/ BRUXELLES
Arras
Dieppe
52
Amiens
53
Charleville-Mézières
St-Quentin
Cherbourg
le Havre
Rouen
LUXEMBOURG
54
Caen
55
56
Reims
Verdun
Metz
57
Wissembourg
St-Malo
PARIS
Châlons-s-M.
Brest
58
St-Brieuc
59
Rennes
60
Chartres
61
Troyes
Nancy
62
87
Strasbourg
Quimper
le Mans
Montargis
Epinal
Vannes
63
Angers
Chaumont
la Baule
64
Orléans
Auxerre
66
Mulhouse
Tours
65
Nantes
67
Dijon
Besançon
les Sables d'Olonne
Poitiers
Châteauroux
68
Bourges
Nevers
69
Beaune
Pontarlier
70
BERN
Niort
Montluçon
la Rochelle
Guéret
Mâcon
Evian
71
72
Limoges
73
Vichy
Genève
89
Royan
Angoulême
Clermont-Fd
88
Lyon
74
Chambéry
Périgueux
75
Tulle
St-Etienne
Grenoble
Bordeaux
Aurillac
76
le Puy
Valence
77
Gap
Agen
79
Rodez
Montauban
80
Montélimar
81
Digne
78
Mt-de-Marsan
Albi
Dax
Nimes
Avignon
Nice
Biarritz
Pau
82
Toulouse
83
Montpellier
84
Lourdes
Carcassonne
Marseille
Toulon
Bastia
85
Bagnères-de-Luchon
86
90
Andorra la Vella
Perpignan
Ajaccio

CARTES RÉGIONALES
La France en 17 cartes
1/200 000
Dunkerque
BRUSSEL/ BRUXELLES
Calais
Boulogne
236
Lille
Arras
Dieppe
231
Amiens
St-Quentin
Charleville-Mézières
Cherbourg
le Havre
Rouen
Laon
LUXEMBOURG
St-Lô
Caen
237
Reims
Metz
Wissembourg
Brest
St-Brieuc
St-Malo
Evreux
PARIS
Verdun
Châlons-s-M.
230
Alençon
Chartres
Fontainebleau
241
242
Strasbourg
Quimper
Rennes
le Mans
Troyes
Nancy
Vannes
232
Montargis
Chaumont
Epinal
Colmar
Angers
Tours
Orléans
Gien
Auxerre
Belfort
Mulhouse
Basel
Nantes
Chinon
238
Saulieu
Dijon
Châteauroux
Bourges
Nevers
243
Besançon
les Sables d'Olonne
Poitiers
Pontarlier
BERN
Montluçon
Moulins
Chalon-s-S.
Lausanne
Niort
la Rochelle
233
Guéret
Mâcon
Genève
Evian
Saintes
Angoulême
Limoges
239
Vichy
Clermont-Fd
Lyon
Chambéry
244
Périgueux
Tulle
St-Etienne
Grenoble
Aurillac
le Puy
Valence
Arcachon
Bordeaux
Figeac
Privas
246
Gap
Agen
Rodez
Mende
Montélimar
234
Montauban
Digne
Albi
Avignon
Mt-de-Marsan
Auch
Toulouse
240
Nimes
245
Nice
235
Montpellier
Biarritz
Pau
Tarbes
Carcassonne
Marseille
Toulon
Iruñea/ Pamplona
Bagnères-de-Luchon
Andorra la Vella
Perpignan

911

France

Grands Itinéraires
Temps de Parcours
Itinéraires de dégagement
Prévisions de circulation

1/1000000 - 1 cm : 10 km

MICHELIN

989

France
Francia

1/1000000 - 1 cm : 10 km

MICHELIN

914

France

atlas autoroutier
motorway atlas

MICHELIN

36 15 MICHELIN...

Votre itinéraire détaillé affiché sur votre Minitel :

... Kilométrages
et temps de parcours,

coût des péages,

hôtels, restaurants,
campings,

sites touristiques ●●●